J. von Staudingers
Kommentar zum Bürgerlichen Gesetzbuch
mit Einführungsgesetz und Nebengesetzen
Buch 2 · Recht der Schuldverhältnisse
§§ 651a–651m;
Anhang zu § 651a:
Verordnung über Informations- und Nachweispflichten
nach bürgerlichem Recht
(BGB-Informationspflicht-Verordnung – BGB-InfoV);
Anhang zu § 651d:
Frankfurter Tabelle zur Reisepreisminderung
(Reisevertragsrecht)

Kommentatorinnen und Kommentatoren

Dr. Thomas E. Abeltshauser, LL.M.
Professor an der Universität Hannover, Richter am Oberlandesgericht Celle

Dr. Karl-Dieter Albrecht
Vorsitzender Richter am Bayerischen Verwaltungsgerichtshof, München

Dr. Hermann Amann
Notar in Berchtesgaden

Dr. Christian Armbrüster
Professor an der Bucerius Law School, Hamburg

Dr. Martin Avenarius
Professor an der Universität zu Köln

Dr. Wolfgang Baumann
Notar in Wuppertal

Dr. Roland Michael Beckmann
Professor an der Universität des Saarlandes, Saarbrücken

Dr. Detlev W. Belling, M.C.L.
Professor an der Universität Potsdam

Dr. Andreas Bergmann
Wiss. Assistent an der Universität des Saarlandes, Saarbrücken

Dr. Werner Bienwald
Professor an der Evangelischen Fachhochschule Hannover

Dr. Claudia Bittner, LL.M.
Privatdozentin an der Universität Freiburg i. Br.

Dr. Dieter Blumenwitz
Professor an der Universität Würzburg

Dr. Reinhard Bork
Professor an der Universität Hamburg

Dr. Wolf-Rüdiger Bub
Rechtsanwalt in München, Professor an der Universität Potsdam

Dr. Elmar Bund
Professor an der Universität Freiburg i. Br.

Dr. Jan Busche
Professor an der Universität Düsseldorf

Dr. Michael Coester, LL.M.
Professor an der Universität München

Dr. Dagmar Coester-Waltjen, LL.M.
Professorin an der Universität München

Dr. Heinrich Dörner
Professor an der Universität Münster

Dr. Christina Eberl-Borges
Professorin an der Universität Siegen

Dr. Werner F. Ebke, LL.M.
Professor an der Universität Konstanz

Dr. Jörn Eckert
Professor an der Universität zu Kiel, Richter am Schleswig-Holsteinischen Oberlandesgericht in Schleswig

Dr. Volker Emmerich
Professor an der Universität Bayreuth, Richter am Oberlandesgericht Nürnberg a. D.

Dipl.-Kfm. Dr. Norbert Engel
Ministerialdirigent im Thüringer Landtag, Erfurt

Dr. Helmut Engler
Professor an der Universität Freiburg i. Br., Minister in Baden-Württemberg a. D.

Dr. Karl-Heinz Fezer
Professor an der Universität Konstanz, Honorarprofessor an der Universität Leipzig, Richter am Oberlandesgericht Stuttgart

Dr. Johann Frank
Notar in Amberg

Dr. Rainer Frank
Professor an der Universität Freiburg i. Br.

Dr. Bernhard Großfeld, LL.M.
Professor an der Universität Münster

Dr. Karl-Heinz Gursky
Professor an der Universität Osnabrück

Dr. Ulrich Haas
Professor an der Universität Mainz

Norbert Habermann
Richter am Amtsgericht Offenbach

Dr. Stefan Habermeier
Professor an der Universität Greifswald

Dr. Johannes Hager
Professor an der Universität München

Dr. Rainer Hausmann
Professor an der Universität Konstanz

Dr. Dr. h. c. mult. Dieter Henrich
Professor an der Universität Regensburg

Dr. Reinhard Hepting
Professor an der Universität Mainz

Christian Hertel, LL.M.
Notar a. D., Geschäftsführer des Deutschen Notarinstituts, Würzburg

Joseph Hönle
Notar in Tittmoning

Dr. Bernd von Hoffmann
Professor an der Universität Trier

Dr. Heinrich Honsell
Professor an der Universität Zürich, Honorarprofessor an der Universität Salzburg

Dr. Dr. Dres. h. c. Klaus J. Hopt, M.C.J.
Professor, Direktor des Max-Planck-Instituts für Ausländisches und Internationales Privatrecht, Hamburg

Dr. Norbert Horn
Professor an der Universität zu Köln, Direktor des Rechtszentrums für europäische und internationale Zusammenarbeit, Köln

Dr. Heinz Hübner
Professor an der Universität zu Köln

Dr. Rainer Jagmann
Vorsitzender Richter am Landgericht Freiburg i. Br.

Dr. Ulrich von Jeinsen
Rechtsanwalt und Notar in Hannover

Dr. Joachim Jickeli
Professor an der Universität zu Kiel

Dr. Dagmar Kaiser
Professorin an der Universität Mainz

Dr. Rainer Kanzleiter
Notar in Neu-Ulm, Professor an der Universität Augsburg

Dr. Sibylle Kessal-Wulf
Richterin am Bundesgerichtshof, Karlsruhe

Dr. Hans-Georg Knothe
Professor an der Universität Greifswald

Dr. Helmut Köhler
Professor an der Universität München, Richter am Oberlandesgericht München

Dr. Jürgen Kohler
Professor an der Universität Greifswald

Dr. Heinrich Kreuzer
Notar in München

Dr. Jan Kropholler
Professor an der Universität Hamburg, Wiss. Referent am Max-Planck-Institut für Ausländisches und Internationales Privatrecht, Hamburg

Dr. Hans-Dieter Kutter
Notar in Schweinfurt

Dr. Gerd-Hinrich Langhein
Notar in Hamburg

Dr. Dr. h. c. Manfred Löwisch
Professor an der Universität Freiburg i. Br., vorm. Richter am Oberlandesgericht Karlsruhe

Dr. Dirk Looschelders
Professor an der Universität Düsseldorf

Dr. Stephan Lorenz
Professor an der Universität München

Dr. Dr. h. c. Werner Lorenz
Professor an der Universität München

Dr. Peter Mader
Professor an der Universität Salzburg

Dr. Ulrich Magnus
Professor an der Universität Hamburg, Richter am Hanseatischen Oberlandesgericht zu Hamburg

Dr. Peter Mankowski
Professor an der Universität Hamburg

Dr. Heinz-Peter Mansel
Professor an der Universität zu Köln

Dr. Peter Marburger
Professor an der Universität Trier

Dr. Wolfgang Marotzke
Professor an der Universität Tübingen

Dr. Dr. Dr. h. c. Michael Martinek, M.C.J.
Professor an der Universität des Saarlandes, Saarbrücken

Dr. Annemarie Matusche-Beckmann
Privatdozentin an der Universität zu Köln

Dr. Jörg Mayer
Notar in Pottenstein

Dr. Dr. Detlef Merten
Professor an der Deutschen Hochschule für Verwaltungswissenschaften Speyer

Dr. Peter O. Mülbert
Professor an der Universität Mainz

Dr. Dirk Neumann
Vizepräsident des Bundesarbeitsgerichts a. D., Kassel, Präsident des Landesarbeitsgerichts Chemnitz a. D.

Dr. Ulrich Noack
Professor an der Universität zu Köln

Dr. Hans-Heinrich Nöll
Rechtsanwalt in Hamburg

Dr. Jürgen Oechsler
Professor an der Universität Mainz

Dr. Hartmut Oetker
Professor an der Universität Jena, Richter am Thüringer Oberlandesgericht Jena

Wolfgang Olshausen
Notar in Rain am Lech

Dr. Dirk Olzen
Professor an der Universität Düsseldorf

Dr. Gerhard Otte
Professor an der Universität Bielefeld

Dr. Hansjörg Otto
Professor an der Universität Göttingen

Dr. Lore Maria Peschel-Gutzeit
Rechtsanwältin in Berlin, Senatorin für Justiz a. D. in Hamburg und Berlin, Vorsitzende Richterin am Hanseatischen Oberlandesgericht zu Hamburg i. R.

Dr. Frank Peters
Professor an der Universität Hamburg, Richter am Hanseatischen Oberlandesgericht zu Hamburg

Dr. Axel Pfeifer
Notar in Hamburg

Dr. Jörg Pirrung
Ministerialdirigent im Bundesministerium der Justiz, Berlin, Richter am Gericht erster Instanz der Europäischen Gemeinschaften, Luxemburg, Professor an der Universität Trier

Dr. Ulrich Preis
Professor an der Universität zu Köln

Dr. Manfred Rapp
Notar in Landsberg a. L.

Dr. Thomas Rauscher
Professor an der Universität Leipzig, Dipl. Math.

Dr. Peter Rawert, LL.M.
Notar in Hamburg, Professor an der Universität zu Kiel

Eckhard Rehme
Vorsitzender Richter am Oberlandesgericht Oldenburg

Dr. Wolfgang Reimann
Notar in Passau, Professor an der Universität Regensburg

Dr. Tilman Repgen
Professor an der Universität Hamburg

Dr. Dieter Reuter
Professor an der Universität zu Kiel, Richter am Schleswig-Holsteinischen Oberlandesgericht in Schleswig

Dr. Reinhard Richardi
Professor an der Universität Regensburg

Dr. Volker Rieble
Professor an der Universität Mannheim

Dr. Anne Röthel
Wiss. Mitarbeiterin an der Universität Erlangen-Nürnberg

Dr. Christian Rolfs
Professor an der Universität Bielefeld

Dr. Herbert Roth
Professor an der Universität Regensburg

Dr. Rolf Sack
Professor an der Universität Mannheim

Dr. Ludwig Salgo
Professor an der Fachhochschule Frankfurt a. M., Apl. Professor an der Universität Frankfurt a. M.

Dr. Gottfried Schiemann
Professor an der Universität Tübingen

Dr. Eberhard Schilken
Professor an der Universität Bonn

Dr. Peter Schlosser
Professor an der Universität München

Dr. Dres. h. c. Karsten Schmidt
Professor an der Universität Bonn, Vizepräsident der Bucerius Law School, Hamburg

Dr. Martin Schmidt-Kessel
Privatdozent an der Universität Freiburg i. Br.

Dr. Günther Schotten
Notar in Köln, Professor an der Universität Bielefeld

Dr. Hans Schulte-Nölke
Professor an der Universität Bielefeld

Dr. Hans Hermann Seiler
Professor an der Universität Hamburg

Dr. Reinhard Singer
Professor an der Universität Rostock, Richter am Oberlandesgericht Rostock

Dr. Ulrich Spellenberg
Professor an der Universität Bayreuth

Dr. Sebastian Spiegelberger
Notar in Rosenheim

Dr. Malte Stieper
Wiss. Assistent an der Universität zu Kiel

Dr. Markus Stoffels
Professor an der Universität Bonn

Dr. Hans-Wolfgang Strätz
Professor an der Universität Konstanz

Dr. Dr. h. c. Fritz Sturm
Professor an der Universität Lausanne

Dr. Gudrun Sturm
Assessorin, Wiss. Mitarbeiterin an der Universität Lausanne

Burkhard Thiele
Ministerialdirigent im Justizministerium Mecklenburg-Vorpommern, Schwerin

Dr. Gregor Thüsing, LL.M.
Professor an der Bucerius Law School, Hamburg

Dr. Bea Verschraegen, LL.M.
Professorin an der Universität Wien

Dr. Klaus Vieweg
Professor an der Universität Erlangen-Nürnberg

Dr. Reinhard Voppel
Rechtsanwalt in Köln

Dr. Günter Weick
Professor an der Universität Gießen

Gerd Weinreich
Vorsitzender Richter am Landgericht Oldenburg

Dr. Birgit Weitemeyer
Wiss. Assistentin an der Universität zu Kiel

Dr. Joachim Wenzel
Vizepräsident des Bundesgerichtshofs, Karlsruhe

Dr. Olaf Werner
Professor an der Universität Jena, Richter am Thüringer Oberlandesgericht Jena

Dr. Wolfgang Wiegand
Professor an der Universität Bern

Dr. Susanne Wimmer-Leonhardt
Wiss. Assistentin an der Universität des Saarlandes, Saarbrücken

Dr. Peter Winkler von Mohrenfels
Professor an der Universität Rostock, Richter am Oberlandesgericht Rostock

Dr. Hans Wolfsteiner
Notar in München

Dr. Eduard Wufka
Notar in Starnberg

Dr. Michael Wurm
Richter am Bundesgerichtshof, Karlsruhe

Redaktorinnen und Redaktoren

Dr. Dr. h. c. Christian von Bar, FBA
Dr. Wolf-Rüdiger Bub
Dr. Heinrich Dörner
Dr. Helmut Engler
Dr. Karl-Heinz Gursky
Norbert Habermann
Dr. Dr. h. c. mult. Dieter Henrich
Dr. Norbert Horn
Dr. Heinz Hübner
Dr. Jan Kropholler

Dr. Dr. h. c. Manfred Löwisch
Dr. Ulrich Magnus
Dr. Dr. Dr. h. c. Michael Martinek, M.C.J.
Dr. Gerhard Otte
Dr. Lore Maria Peschel-Gutzeit
Dr. Peter Rawert, LL.M.
Dr. Dieter Reuter
Dr. Herbert Roth
Dr. Hans-Wolfgang Strätz
Dr. Wolfgang Wiegand

J. von Staudingers
Kommentar zum Bürgerlichen Gesetzbuch mit Einführungsgesetz und Nebengesetzen

Buch 2
Recht der Schuldverhältnisse
§§ 651a–651m
Anhang zu § 651a:
Verordnung über Informations- und Nachweispflichten nach bürgerlichem Recht
(BGB-Informationspflicht-Verordnung – BGB-InfoV);
Anhang zu § 651d:
Frankfurter Tabelle zur Reisepreisminderung
(Reisevertragsrecht)

Neubearbeitung 2003
von
Jörn Eckert

Redaktor
Dieter Reuter

Sellier – de Gruyter · Berlin

Die Kommentatorinnen und Kommentatoren

Neubearbeitung 2003
§§ 651a–651m: Jörn Eckert

Dreizehnte Bearbeitung 2001
§§ 651a–651l: Jörn Eckert

12. Auflage
§§ 651a–651k: Prof. Dr. Peter Schwendtner (1991)

11. Auflage
'/.

Sachregister

Rechtsanwalt Dr. Dr. Volker Kluge, Berlin

Zitierweise

Staudinger/Eckert (2003) Vorbem 1 zu §§ 651a ff
Staudinger/Eckert (2003) § 651a Rn 1
Staudinger/Eckert (2003) Anh zu § 651a: Vorbem 1 zu BGB-InfoV
Staudinger/Eckert (2003) Anh zu § 651a: § 4 BGB-InfoV Rn 1

Zitiert wird nach Paragraph bzw Artikel und Randnummer.

Hinweise

Das Vorläufige Abkürzungsverzeichnis 1993 für das „Gesamtwerk Staudinger" befindet sich in einer Broschüre, die den Abonnenten zusammen mit dem Band §§ 985–1011 (1993) bzw seit 2000 gesondert mitgeliefert wird. Eine aktualisierte Neubearbeitung befindet sich in Vorbereitung und wird den Abonnenten wiederum kostenlos geliefert werden.

Der Stand der Bearbeitung ist jeweils mit Monat und Jahr auf den linken Seiten unten angegeben.

Am Ende des Bandes befindet sich eine Übersicht über den aktuellen Stand des „Gesamtwerk Staudinger".

Die Deutsche Bibliothek verzeichnet diese Publikation in der Deutschen Nationalbibliografie; detaillierte bibliografische Daten sind im Internet über http://dnb.ddb.de abrufbar.

ISBN 3-8059-0981-0

© Copyright 2003 by Dr. Arthur L. Sellier & Co. – Walter de Gruyter GmbH & Co. KG, Berlin. – Printed in Germany.

Dieses Werk einschließlich aller seiner Teile ist urheberrechtlich geschützt. Jede Verwertung außerhalb der engen Grenzen des Urheberrechtsgesetzes ist ohne Zustimmung des Verlages unzulässig und strafbar. Das gilt insbesondere für Vervielfältigungen, Übersetzungen, Mikroverfilmungen und die Einspeicherung und Verarbeitung in elektronischen Systemen.

Satz: jürgen ullrich typosatz, Nördlingen.

Druck: H. Heenemann GmbH & Co., Berlin.

Bindearbeiten: Lüderitz und Bauer, Buchgewerbe GmbH, Berlin.

Umschlaggestaltung: Bib Wies, München.

⊗ Gedruckt auf säurefreiem Papier, das die DIN ISO 9706 über Haltbarkeit erfüllt.

Inhaltsübersicht

Seite*

Buch 2 · Recht der Schuldverhältnisse

Abschnitt 8 · Einzelne Schuldverhältnisse

Titel 9 · Werkvertrag und ähnliche Verträge

Untertitel 2 · Reisevertrag _____ 1

Anhang zu § 651a: Verordnung über die Informations- und
Nachweispflichten nach bürgerlichem Recht
(BGB-Informationspflicht-Verordnung – BGB-InfoV) _____ 155

Anhang zu § 651d: Frankfurter Tabelle zur Reisepreisminderung _____ 298

Sachregister _____ 487

---

* Zitiert wird nicht nach Seiten, sondern nach
Paragraph bzw Artikel und Randnummer; siehe
dazu auch S VI.

Unterkapitel 2
Reisevertrag

Vorbemerkungen zu §§ 651a–651m

Schrifttum

ABELTSHAUSER, Europäisierung des Reisevertragsrechts, EWS 1991, 97
ALLGAIER, Wechsel der Fluggesellschaft – ein Reisemangel?, TranspR 1989, 207
ANOLIK, The law and the travel industry, 1989, San Francisco (USA)
ASENDORF, Das Reiserecht im Lichte des Wettbewerbsrechts, RRa 1995, 198, 218
BARANOWSKI, Die Gastwirtshaftung des Reiseveranstalters, RRa 1994, 146
BARTL, Die Urlaubsreise und ihre Beeinträchtigung, NJW 1972, 505
ders, Zum gegenwärtigen Stand des Reiserechts, NJW 1978, 729
ders, Das neue „Reisevertragsrecht", NJW 1979, 1384
ders, Reiserecht. Kommentar zum Reisevertragsgesetz (2. Aufl 1981)
ders, Der Hotelreservierungsvertrag, TranspR 1982, 57
ders, Zwei Jahre Reisevertragsgesetz, DAR 1982, 41
ders, Qualifizierte Reiseleitung – Erfolgsrezepte und Strategien für einen modernen Beruf (1983)
ders, Zum Stand des Reiserechts, NJW 1983, 1092
ders, Aktuelle Probleme aus dem Recht der Touristik, TranspR 1985, 205
ders, Reise- und Freizeitrecht (2. Aufl 1991)
ders, Verträge mit dem Hotelier (2. Aufl 1991)
ders, Das neue Reisevertragsrecht, TranspR 1994, 409
ders, Das neue Reisevertragsrecht: die Umsetzung der EG-Pauschalreiserichtlinie in deutsches Recht ab 1.7.1994 (4. Aufl 1995)
ders, Die Einbeziehung von Allgemeinen Reisebedingungen, RRa 1996, 27
BASEDOW, Passagierschiffahrt, ZHR 148 (1984) 238

ders, Die Neuregelung des Internationalen Privat- und Prozeßrechts, NJW 1986, 2971
BECHHOFER, Reisevertragsrecht (1995)
ders, Rechtsprobleme bei der Geltendmachung von Gewährleistungsanspruchen, in: Deutsche Gesellschaft für Reiserecht (Hrsg), DGfR-Jahrbuch 1999 (2000) 91
ders, Einheitliche Stornopauschalen in § 651i Abs 3, in: Deutsche Gesellschaft für Reiserecht (Hrsg), Notwendigkeit einer weiteren Reiserechts-Novelle (2000) 70
BELLAIRE, 10 Jahre Reisevertragsgesetz, AnwBl 1990, 72
ders, Wettbewerbsrecht in der Touristik, in: Recht der Touristik (2000)
BENDREF, Ersatz der vertanen Urlaubszeit im deutschen und österreichischen Recht (1988)
ders, Die Berechnung der Entschädigung wegen vertaner Urlaubszeit, NJW 1986, 1721
ders, Vertraglicher Schadensersatz für vertane Urlaubszeit, JR 1980, 359
BENSMANN, Die Reise-Gesellschaft (1976)
BERNHARD, Touristikrecht – Gastwirtsrecht (1988)
BERNREUTHER, Der richtige Rügeadressat bei Mängeln der Reise, DAR 1985, 51
ders, Die Pauschalreise (1981)
BETHÄUSER, Aktuelle reiserechtliche Rechtsprechung (Charterflugverkehr), DAR 1990, 396
ders, Reiserecht und Umweltprobleme – Eine systematische Darstellung der Rechtsprechung, DAR 1991, 441
BIDINGER, Das neue Reisevertragsrecht, PersVerk 1979, 342
ders/BARTL, Moderne Bustouristik (1981)
ders/MÜLLER, Der Reisekatalog – ein Vertragsangebot des Veranstalters, RRa, 1993, 49
ders, Reisevertragsrecht (2. Aufl 1995)
BLÄUMAUER, Reiserecht (2000)

BLAUROCK, Der Reiseveranstaltungsvertrag, ZHR 1974, 18
ders, Anmerkung zu BGHZ 77, 116, NJW 1980, 1949
BLAUROCK/WAGNER, Der Anspruch auf Schadensersatz wegen Nichterfüllung im Reisevertragsrecht, Jura 1985, 169
BOCIANIAK, Schadensersatzansprüche gegen den Reiseveranstalter wegen Personen- und Sachschäden, VersR 1998, 1076
BORN, Zusammenschlüsse in der Tourismusindustrie, in: Deutsche Gesellschaft für Reiserecht (Hrsg), DGfR-Jahrbuch 1999 (2000), 47
BREHM/KLEINHEISTERKAMP, Hypothetische Ursachen bei der Berechnung des Schadensersatzes wegen nutzlos aufgewendeter Urlaubszeit – LG Frankfurt aM, RRa 1999, 233, JuS 2000, 844
BRENDER, Das reisevertragliche Gewährleistungsrecht und sein Verhältnis zum allgemeinen Recht der Leistungsstörungen (1985)
BRÖNEKE, Notwendigkeit einer Novelle aus der Sicht der Verbraucher, in: Deutsche Gesellschaft für Reiserecht (Hrsg), Notwendigkeit einer weiteren Reiserechtsnovelle (2000), 97
BROX, Störungen durch geistig Behinderte als Reisemangel, NJW 1980, 1939
BYDLINSKI, Reisevertragsrecht, in: Verbraucherschutz in Österreich und in der EG, hrsg von SCHUMACHER (1992) 211
CORSTEN, Die Rechtsbeziehungen zwischen Gastaufnahmebetrieb, Reisebüro und Kunden nach deutschem und französischem Recht (Diss Kiel 1968)
DAMBECK/TÖPPER, Meine Rechte beim Wintersport (1999)
DEMMIG, Die Mängelhaftung im Reisevertragsrecht (1990)
DENEAU/CORTIN, Droit et choit du tourisme (2. Aufl 1996)
Deutsche Gesellschaft für Reiserecht (Hrsg), DGfR-Jahrbuch 1998 (1999)
dies (Hrsg), DGfR-Jahrbuch 1999 (2000)
dies (Hrsg), DGfR-Jahrbuch 2000 (2001)
dies (Hrsg), DGfR-Jahrbuch 2001 (2002)
dies (Hrsg), Zur Notwendigkeit einer weiteren Reiserechts-Novelle (2000)
DEWENTER, Die rechtliche Stellung des Reisebüros (2000)
ders, Haftung des Reisebüros bei der Vermittlung von Individualreisen, MDR 1998, 1136
STAUDINGER/BEARBEITER (2003) Art 219–245 EGBGB
DORNER, Österreichisches Reiserecht von A–Z (2000)
DREYER, Die Reiserücktrittskostenversicherung (1993)
EBERLE, Die Neuregelung des Reiserechts, DB 1979, 341
ders, Der Reisevertrag. Vertane Urlaubszeit (2. Aufl 1979)
ECHTERMEYER, Verkehrssicherungspflichten im Reiserecht – Der „Balkonsturz" lebt, RRa 2003, 60
H-W ECKERT, Der Konkurs des Reiseveranstalters und seine Auswirkungen für den Reisenden, KTS 1987, 201
ders, Verbraucherschutz im Reiserecht – Auswirkungen der EG-Richtlinie über Pauschalreisen auf das deutsche Recht, ZRP 1991, 454
ders, Das neue Reiserecht, DB 1994, 1069
ders, Die Risikoverteilung im Pauschalreiserecht (3. Aufl 1998)
ders, Die Abwicklung von Reisepreiszahlungen an das vermittelnde Reisebüro in der Insolvenz des Reiseveranstalters, RRa 1999, 43
ders, Das vermittelnde Reisebüro zwischen dem Reisenden und dem Insolvenzverwalter des Reiseveranstalters, DB 2000, 1951
ders, Keine Haftung des Insolvenz-Absicherers bei missbräuchlicher Verwendung von Sicherungsscheinen, RRa 2002, 50
ders/MATTHIESSEN, Der Anspruch des Insolvenzverwalters auf die beim Reisebüro verbuchten Kundengelder, RRa 2003, 98
EDER, Die Haftung des Busreiseveranstalters (1990)
EICHINGER, Grundfälle zum neuen Reisevertragsrecht, Jura 1981, 185
ders, Der Rücktritt des Reisenden vom Reisevertrag vor Reisebeginn (§ 651i BGB) (1984)
EILMANN, Die Abgrenzung des reisevertraglichen Gewährleistungsrechts vom Recht der allgemeinen Leistungsstörungen – unter besonderer Berücksichtigung der Rechtsnatur des Reisevertrags (1990)
EISNER, Algen ein Reisemangel?, DAR 1989, 333

ders, Reiserecht, Entscheidungen (4. Aufl 1997)
ERKELENZ, Urlaub und Reisen, in: Handbuch des Verbraucherrechts, hrsg vd Arbeitsgemeinschaft der Verbraucher und vom DGB, Gruppe 150 (1976)
ERMAN, Handkommentar zum BGB (10. Aufl 2000)
ERNST, Aktuelle Fragen der Online-Vermarktung von Reiseleistungen, RRa 2001, 111
ESSER/WEYERS, Schuldrecht II, Besonderer Teil (7. Aufl 1991)
dies, Schuldrecht II, Besonderer Teil, Teilband 1 (8. Aufl 1998)
ESTEL, Checkliste für das Reisevertragsrecht, NJW 1986, 1734
Fakten und Zahlen zum deutschen Reisemarkt, Eine Zusammenstellung des Deutschen Reisebüro und Reiseveranstalter Verbandes e. V. (DRV), Ausg 2000
Fakten und Zahlen zum deutschen Reisemarkt, Eine Zusammenstellung des Deutschen Reisebüro und Reiseveranstalter Verbandes e. V. (DRV), Ausg 2002
FIKENTSCHER, Das Schuldrecht (9. Aufl 1997)
FISCHER, Haftung des Reiseveranstalters bei Flugbeförderung (1990)
FISCHER/LINDNER, Schließt der formularmäßige Sicherungsschein bisherige Schutzlücken?, RRa 2002, 151
FRANK, Bundesgesetz über Pauschalreisen, Zürich 1994
FREISE, Die Deutsche Bundesbahn und das Reisevertragsrecht, Touristik und Verkehr 1988, 11
FÜHRICH, Die Rechtsprechung des BGH zum neuen Reisevertragsrecht, DB 1988, 2137
ders, Die Verkehrssicherungspflicht des Reiseveranstalters, BB 1990, 1501
ders, Die Risikoverteilung bei höherer Gewalt im Reisevertragsrecht, BB 1991, 493
ders, Umwelteinflüsse bei Pauschalreisen und ihre Konfliktlösungen im Reisevertragsrecht, NJW 1991, 2192
ders, Zur Umsetzung der EG-Pauschalreise-Richtlinie in deutsches Reisevertragsrecht, EuZW 1993, 347
ders, Gemeinschaftsrechtliche Staatshaftung wegen verspäteter Umsetzung der EG-Pauschalreise-Richtlinie, EuZW 1993, 725
ders, Sieben Stolpersteine des neuen Reiserechts, RRa 1994, 90
ders, Stellungnahme zur Anhörung des Bundestages zum Umsetzungsgesetz, RRa 1994, 53
ders, Das neue Reiserecht nach der Umsetzung der EG-Pauschalreise-Richtlinie, NJW 1994, 2446
ders, Arbeitsgesetze in der Hotellerie und Gastronomie (2. Aufl. 1995)
ders, Reisen – auch ein Bürgerrecht für Behinderte, RRa 1995, 101
ders, Der neue Insolvenzschutz des Reisenden, VersR 1995, 1138
ders, Wechsel der zugesicherten Charterfluggesellschaft unzulässig, RRa 1996, 76
ders, 1 Jahr Insolvenzsicherung – Erste Erfahrungen im Reiserecht, RRa 1996, 119
ders, Checkliste zum Reisevertragsrecht, WiB 1996, 189
ders, Wirtschaftsgesetze im Gastgewerbe und Tourismus (3. Aufl 1997)
ders, Reiserecht von A – Z (2. Aufl 2000)
ders, Zur Notwendigkeit der Reform der Insolvenzsicherung für Reiseveranstalter, RRa 1999, 83
ders, Kerosinzuschlag nach derzeitigen Allgemeinen Geschäftsbedingungen, RRa 2000, 43
ders, Preisänderungen beim Reisevertrag, NJW 2000, 3672
ders, Wettbewerbsrecht in Tourismus-Grauzonen zwischen Reiserecht und unfairem Wettbewerb, in: Deutsche Gesellschaft für Reiserecht (Hrsg), DGfR-Jahrbuch 1999 (2000) 11
ders, Abbruch der Reise durch den Leistungsträger, in: Deutsche Gesellschaft für Reiserecht (Hrsg), DGfR-Jahrbuch 2000 (2001) 45
ders, Zweite Novelle des Reisevertragsrechts zur Verbesserung der Insolvenzabsicherung und der Gastschulaufenthalte, NJW 2001, 3247
ders, Reisevertrag nach modernisiertem Schuldrecht, NJW 2002, 1082
ders, Bündelung von Reiseleistungen durch das Reisebüro eine Pauschalreise?, RRa 2002, 194
ders, Reiserecht. Handbuch des Reisevertrags-, Reiseversicherungs- und Individualreiserechts (4. Aufl 2002)
ders, Terror, Angst und höhere Gewalt – Antworten des Reiserechts, RRA 2003, 50
FVW-Dokumentation „Deutsche Veranstalter

in Zahlen 1996/97", in: Beilage zu FVW Nr 28/ 1997
GANSCHEZIAN-FINCK, Das Rechtsverhältnis zwischen Gast und Gastwirt (1971)
GANSFORT, Das Rechtsverhältnis zwischen Gelegenheits-Luftverkehrsunternehmen und Reiseveranstaltern beim Pauschalflugreisevertrag und seine Auswirkungen auf die Rechtsstellung des Reisenden (1991)
ders, Ist der luftverkehrsrechtliche Chartervertrag ein Vertrag zugunsten Dritter?, RRa 1994, 2, 22
ders, Wirksame Einbeziehung der Allgemeinen Beförderungsbedingungen in den Pauschalflugreise-Vertrag, TranspR 1989, 131
GERAUER, Die Haftung des Reiseveranstalters für Mängel des Leistungsträgers aus dem Gesichtspunkt der Verkehrssicherungspflicht, BB 1989, 1003
GIEMULLA, Überbuchungen bei Luftbeförderungen, EuZW 1991, 367
GRANT/MASON, Holiday Law (2. Aufl 1998)
GRAZIANI-WEISS, Reiserecht in Österreich, 1995
GRUNEWALD, Der Leistungsträger als atypischer Erfüllungsgehilfe des Reiseveranstalters, NJW 1980, 1924
GRUNSKY, Entgangene Urlaubszeit als Vermögensschaden, NJW 1975, 609
HÄSSEL/BACHER, Besteuerung, Buchführung und Vertragsrecht der Reisebüros (3. Aufl 1999)
HAGEL, Die Insolvenzsicherungspflicht im Reiserecht (1998)
HART/JÖRGES, Verbraucherrecht und Marktökonomie, in: ASSMANN ua, Wirtschaftsrecht als Kritik des Privatrechts (1980)
HASCHE, Der Rücktritt des Reisenden und der Entschädigungsanspruch des Veranstalters nach § 651i BGB (1987)
HEINICKE, Zur Verjährung von Ansprüchen aus einem Beförderungsvermittlungsvertrag, RRa 1994, 182
T K HEINZ, Reisevertragsrecht in der Praxis (1990)
ders, Reisevertragsrecht von A–Z (2. Aufl 1994)
U HEINZ, Die Rechtsstellung des Reisenden nach Inkrafttreten der Reisevertragsnormen (1983)
ders, Neue Rechtsprechung zum Pauschalreiserecht unter Berücksichtigung konkurrierender Bestimmungen im nationalen und internationalen Beförderungsrecht, TranspR 1991, 45
HELD, Der Reisendenwechsel nach dem neuen Reisevertragsrecht, BB 1980, 185
HOHLOCH, Grundfälle der Gastwirtshaftung, JuS 1984, 357
HONSELL, Die mißlungene Urlaubsreise – BGHZ 63, 98, JuS 1976, 222
HOPPMANN, Reisevertrags-Rechtsprechung seit 1987, VuR 1993, 153 und DRiZ 1993, 223
ders, Reisevertrags-Rechtsprechung 1993 bis 1995, TranspR 1995, 217
ders, Reisevertrags-Rechtsprechung 1993/1994, MDR 1994, 747
ders, Reisevertrags-Rechtsprechung 1995/1996, TranspR 1997, 132 und DRiZ 1995, 373
HÜSSTEGE, Ferienwohnung im Ausland als Spielball der Gerichte?, IPrax 2001, 31
HUFF, Anm zu EuGH NJW 1996, 3139, NJW 1996, 3190
ders, Anm zu EuZW 1993, 521
ders, Anm zu LG Bonn NJW 1994, 2492, EuZW 1994, 446
ders, Sommer, Sonne und die Pleite, EuZW 1993, 521
ders, Luxemburg entscheidet – Fragen bleiben, RRa 1996, 217
ders, Eine erste Bewertung des EuGH-Urteils Dillenkofer, NJW 1996, 3190
ISERMANN, Rechtsfragen zum Reisebüro, VuR 1987, 301
ders, Wenig Prozeßerfolge für Pauschalurlauber, VuR 1987, 199
ders, Reisen – nur noch ein Rechtsabenteuer?, NJW 1988, 873
ders, Minderung des Reisepreises, ZAP 1989, F 6, 3
ders, „1979–1989: 10 Jahre Reisevertragsgesetz", DAR 1989, 374
ders, Reisevertragsrecht (2. Aufl 1991)
ders, Neue Rechtsprechung zum Reisevertragsrecht, ZAP 1992, F 6, 141
ders, Neuregelung zum Reisevertragsrecht, ZAP 1994, F 6, 229
ders, Zur Geltendmachung von Reisemängeln ohne Vollmachtsvorlage nach § 174 BGB, RRa 1995, 98
ders, Keine Vollmachtsvorlage beim Geltendmachen von Reisemängeln, MDR 1995, 224

ders, Klageerhebung vor Ablauf der Ausschlußfrist des § 651g Abs. 1 BGB, RRa 1995, 178
ders, Reisevertragsrecht, in: Beck'sches Richter-Handbuch (1995) 546
ders, Schuldrechtsmodernisierung und Reiserechtsverjährung, RRa 2001, 135
ders, Neues beim Pauschalreiserecht, DRiZ 2002, 213
ISERMANN, Neuregelungen zum Reisevertragsrecht, ZAP 1994, F 6, 229
JACOB-WENDLER, Reisevertragsrecht und Veranstalterreisen (1985)
JANSSEN, Reisevertragliches Gewährleistungsrecht bei Gruppenreisen (Diss Bielefeld 1986)
JAUERNIG, Kommentar zum BGB (10. Aufl 2003)
JOACHIM, Aktuelle Probleme des Reiserechts, DZWir 1994, 56
KAHN, Staatshaftung für verpfuschten Urlaub?, NJW 1993, 2646
KALLER, Reise und Urlaub: Das Buch zur Fernsehserie ARD-Ratgeber Recht (1995)
ders, Die rechtliche Problematik der Ausnahmetatbestände von der Insolvenzsicherungspflicht des § 651k Abs. 6 BGB, RRa 1996, 191
ders, Die Geheimsprache der Reiseprospekte, in: Islas Canarias, 1996, Heft 1, 86
ders, Das Verhältnis des Gewährleistungsrechts nach §§ 651c ff BGB zum allgemeinen Recht der Leistungsstörungen, RRa 1999, 19
ders, Reiserecht (1999)
KALLER/SCHÄFER, Die rechtlichen Probleme der Fortuna-Reisen, RRa 1995, 78
KAPPUS, Originalvollmachtsvorlage bei der Reisemängelanmeldung: Überflüssige Förmelei im Recht, RRa 2001, 19
ders, Formularmäßige Anmeldefrist für deliktische Ansprüche, RRa 2003, 57
KARTZKE, Verträge mit gewerblichen Ferienhausanbietern, NJW 1994, 823
KEMPER, Ersatzfähigkeit von Ausfallschäden des Reisenden in der Insolvenz des Reiseveranstalters, NJW 1993, 3293
KLATT, Die Reisedienstleistung (1962)
ders (Hrsg), Fremdenverkehrsrechtliche Entscheidungen. Ein internationales Archiv, Bd 1 ff (1965 ff)
ders, Gesetz über den Reisevertrag (1979)

ders/FISCHER, Die Gesellschaftsreise (1961)
ders/WAHL, Recht der Touristik (RTour) Bd 1, 2 (1992 ff)
KLOSE, Die Insolvenzsicherungspflicht von Gelegenheitsveranstaltern nach § 651k BGB, MDR 1995, 976
KNEBEL, Soziologische Strukturwandlungen im modernen Tourismus (1960)
KÖHLER, Pauschalurlaub zum Nulltarif, JZ 1985, 1088
KRESSEL, Geschäftsreise und Recht: Fallstricke vermeiden, Verträge optimieren (2002)
KRÜGER, Die Rechtsstellung des Reisebüros bei der Luftbeförderung (Diss Köln 1991)
LARENZ, Zur Typologie des Reisevertrages, VersR 1980, 689
ders, Lehrbuch des Schuldrechts, Bd 2, Besonderer Teil, 1. Halbbd (13. Aufl 1986)
LEIBLE/SOSNITZA, „MP Travel Line", EG-Recht und Staatshaftung, MDR 1993, 1159
LEISS, Gesellschaftsreisen und Reisegesellschaften, JR 1958, 161
LEONARDY, Der Entwurf eines Reiseveranstaltungsgesetzes, DRiZ 1978, 267
LETTOW, Die Rechtsprechung zur höheren Gewalt, insbesondere bei politischen Unruhen, RRa 1994, 38
LEUBE, Die Anmeldung reisevertraglicher Gewährleistungsansprüche und § 174 BGB, RRa 2000, 219
LÖWE, Das neue Reisevertragsgesetz, BB 1979, 1357
ders, Mehr Sicherheit bei Pauschalreisen, DAR 1979, 264
ders, Das neue Pauschalreiserecht (1981)
ders, Staatshaftung für gescheiterte Billigreisen?, ZIP 1993, 1435
ders, Interessenwahrungspflichten bei der Vermittlungstätigkeit durch Reisebüros und Reiseveranstalter, RRa 1996, 215
LÖWE/ZOLLER, Zur Wirksamkeit von Vorausleistungsklauseln im Reisevertrag, BB 1985, 2014
LORENZ, Die Rechtswahlfreiheit im internationalen Schuldvertragsrecht, RIW 1987, 569
MARTIS, Aktuelle Entwicklungen im Reiserecht, MDR 1998, 1381; 1999, 903; 2000, 922; 2001, 901
MEDICUS, Bürgerliches Recht (19. Aufl 2002)

ders, Schuldrecht II, Besonderer Teil (11. Aufl 2002)
MEYER, Das Verhältnis der §§ 651c ff BGB zu den allgemeinen Leistungsstörungsregeln (1986)
ders, Das reisevertragliche Gewährleistungsrecht und sein Verhältnis zu den allgemeinen Leistungsstörungen, VersR 1987, 339
MEYER-KUBIS, Neuorientierung im Pauschalreiserecht, TranspR 1991, 411
MICKLITZ, Die Haftung des Staates für die verspätete Umsetzung der Pauschalreiserichtlinie, RRa 1996, 239
MONTASSER, Reiserecht, Rechtsansprüche vor, während und nach der Reise, auf dem aktuellen Stand von Gesetzgebung und Rechtsprechung (1992)
R MÜLLER, Inkrafttreten des neuen Reisevertragsrechts – Außerkrafttreten des gesetzlichen Schutzes für den Reisenden?, NJW 1994, 2470
W MÜLLER, Schadensersatz aufgrund verdorbenen Urlaubs. Zur dogmatischen Einordnung von § 651f Abs. 2 BGB (1986)
ders, Zur Bemessung der Entschädigung wegen vertaner Urlaubszeit, NJW 1987, 882
ders, Die Pfändbarkeit des Anspruchs nach § 651f Abs. 2 BGB, JurBüro 1986, 1459
MÜLLER/GSCHÖSSL, Reiserechtlicher Gerichtsstand und Verbraucherschutz, ZRP 1988, 201
MÜLLER-LANGGUTH, Stellungnahme zur „Frankfurter Tabelle zur Reisepreisminderung", NJW 1985, 900 und 1886
ders, Zur Wirksamkeit der Vorauszahlungsklausel im Reisevertrag, MDR 1986, 807
Münchener Kommentar zum Bürgerlichen Gesetzbuch, Bd 2a (4. Aufl 2003)
ders, Bd 4 (3. Aufl 1997)
MUNDT, Reiseveranstaltung (4. Aufl 1997)
NETTESHEIM, Haften Veranstalter von Betriebs- und Vereinsreisen nach dem Reisevertragsrecht?, DAR 1995, 319
ders, Reiserechtliche Aspekte schneearmer Winter, DAR 1992, 136
NEUMANN, Zur Novellierungsbedürftigkeit des Reisevertragsrechts, ZRP 1998, 20
ders, Zur Geschäftspolitik der Reisebranche, GewA 1999, 183
NEUNER, Der Reisevermittlungsvertrag, AcP 193 (1993) 1
NIEBLING, Haftungsbeschränkung für Leistungsträger auch durch AGB?, DAR 1982, 151
NIEHUUS, Reisemängel von A–Z, hrsg vom Deutschen Anwaltverein (1997)
NIES, Der Versicherungsumfang der Reiserücktrittskostenversicherung bei nicht planmäßiger Beendigung der Reise, VersR 1984, 1017
dies, Die Reise-Rücktrittskosten-Versicherung. Ein Leitfaden für die Praxis (1985)
dies, Reisebüro – Rechts- und Versicherungsfragen (1996)
dies, Die Beratungspflichten des Reisebüros, RRa 1997, 211
dies, Entwicklung der Reise-Rücktrittskostenversicherung nach dem 11. September 2001, RRa 2002, 251
NIES/TRAUT, Reiserecht (1995)
NOLL, Die Auswirkungen des neuen Reiserechts auf die Allgemeinen Reisebedingungen der Reiseveranstalter und Reisevermittler, RRa 1993, 42
ders, Besteht eine Pflicht des Reisevermittlers, den billigsten Reiseveranstalter zu empfehlen?, RRa 1996, 67
ders, Rechtsfragen des Vertriebs touristischer Leistungen über Online-Medien, in: Deutsche Gesellschaft für Reiserecht (Hrsg), DGfR-Jahrbuch 1999 (2000) 73
ders, Besteht eine Pflicht des Pauschalreiseveranstalters und/oder des Reisebüros, den Reisenden auf die Thrombose-Gefahr bei Langstreckenflügen hinzuweisen?, RRa 2002, 9
ders, Rechtsfragen des Inlandstourismus, in: Deutsche Gesellschaft für Reiserecht (Hrsg), DGfR-Jahrbuch 2001 (2002) 79
NOLTENIUS, Der Wechsel des Reisenden nach dem neuen Reiserecht (Diss Hamburg 1985)
OECHSLER, Schuldrecht Besonderer Teil, Vertragsrecht (2003)
OETKER/MAULTZSCH, Vertragliche Schuldverhältnisse (2002)
PALANDT, Bürgerliches Gesetzbuch (62. Aufl 2003)
PELETT, Die reisevertragliche Gewährleistung in Deutschland, England und Frankreich und die Auswirkungen der EG-Pauschalreise-Richtlinie (Diss Göttingen 1993)
PETER/TONNER, Umweltbeeinträchtigungen auf Reisen, NJW 1992, 1794

PICK, Reiserecht (1995)
POSNER, Konkurrenzen im Reisevertragsrecht (1994)
PY, Droit du Tourisme (4. Aufl 1996)
RAUCH, Ansprüche des Reisenden gegen den Leistungsträger bei gebuchter Pauschalreise, TranspR 1987, 18
RAUSCHER, Die Ferienhausentscheidung des EuGH – Unbilligkeit oder Konsequenz europäischer Rechtspflege, NJW 1985, 892
REBMANN, International einheitliche Regelung des Rechtes des Reisevertrages, DB 1971, 1949
ders, Regelung des Reiseveranstaltungsrechts durch Ergänzung des BGB, DRiZ 1978, 269
RECKEN, Die Rechtsprechung des BGH zum Recht des Reisevertrages, WM 1987, 889
ders, Zur Geschäftsverteilung in Reisesachen, NJW 1988, 679
ders, Die Haftung des Reiseveranstalters für Versagen des Leistungsträgers aus „unerlaubter Handlung", BB 1989, 1709
ders, Neuere Entscheidungen des Bundesgerichtshofs zur Reisestörung durch höhere Gewalt, VuR 1990, 326
REICH/TONNER, Neue Tendenzen im Verbraucherschutz gegenüber Allgemeinen Geschäftsbedingungen I,
dargestellt am finanzierten Abzahlungskauf, am Maklerrecht und am Reiseveranstaltungsvertrag, Teil I, DB 1974, 1146; Teil II, DB 1974, 1212
REITHMANN/MARTINY, Internationales Vertragsrecht (5. Aufl 1996)
RGRK, Das Bürgerliche Gesetzbuch mit besonderer Berücksichtigung der Rechtsprechung des Reichsgerichts und des Bundesgerichtshofs, Kommentar (12. Aufl 1974 ff)
RICHTER, Zum Begriff des Reiseveranstalters, Touristik und Verkehr, 1986, 16
RICHTER, Die Praxis des Insolvenzschutzes bei Pauschalreisen, RRa 2000, 131
ders, Neue BGB-InfoV und Mustersicherungsschein, RRa 2002, 205
RIXECKER, Ausschluß- und Verjährungsfristen im Reisevertragsrecht, VersR 1985, 216
ROBERTO/BUCHER, Schweizer Obligationenrecht, Pauschalreisegesetz (2000)
RÖCKRATH, Verkehrssicherungspflichten für Veranstalter von Berg- und Skireisen, RRa 2002, 197

ROLFS, Der praktische Fall – Bürgerliches Recht: Playa de Palma, JuS 2002, 883
RUPPELT, Grundzüge des Kartellrechts in der Anwendung auf die Tourismusindustrie, in: Deutsche Gesellschaft für Reiserecht (Hrsg), DGfR-Jahrbuch 1999 (2000) 35
SCHLOTMANN, Das Recht der Pauschalreise. Reklamationen in der touristischen Praxis (1993)
dies, Reklamationen in der touristischen Praxis, VuR 1994, 164
dies, Reisereklamation und Reiseklagen in der touristischen Praxis, RRa 1995, 2, 22, 42
dies, Das neue alte Reiserecht, DZWir 1995, 446
dies, Praxis und Rechtsfragen nach drei Jahren Insolvenzschutz für die Reisebranche, DZWiR 1998, 28
dies, Gesetzliches Konkursabsicherungsregister oder freiwillige „weiße Liste" für die Reisebranche, DZWiR 1998, 299
R SCHMID, Der Wechsel der Fluggesellschaft – ein Reisemangel?, BB 1986, 1453
ders, Rechtsprobleme bei der Luftbeförderung im Rahmen von Flugpauschalreisen, NJW 1994, 2451 und NJW 1988, 1911
ders, Kein Beförderungsanspruch des Reisenden aus dem Flugschein, RRa 1994, 7
ders, Der Einfluß des Zusatzabkommens von Guadalajara auf das deutsche Reisevertragsrecht, RRa 1995, 138 und TranspR 1994, 420
ders, Die Rechte des Reisenden beim Wechsel der Fluggesellschaft und des Luftfahrzeugs, NJW 1996, 1636
ders, Einige Überlegungen zur Geltendmachung des Treibstoffzuschlags 2000 im Rahmen von Reiseveranstaltungen, NJW 2000, 1301
ders, „Und führe sie nicht in Versuchung ...", Plädoyer für eine Begrenzung der richterlichen Rechtsfortbildung im Reiserecht, in: Deutsche Gesellschaft für Reiserecht (Hrsg), Zur Notwendigkeit einer weiteren Reiserechts-Novelle (2000) 19
ders, Einige Überlegungen zum Berechnungsmodus des § 651a Abs 3 BGB am Beispiel der Geltendmachung eines Treibstoffzuschlages, in: Deutsche Gesellschaft für Reiserecht (Hrsg), Zur Notwendigkeit einer weiteren Reiserechts-Novelle (2000) 67
ders, Pauschalreiserecht – Die Änderungen

durch die Zweite Reiserechtsnovelle und die Schuldrechtsreform, MDR 2002, 789
ders, Der Concorde-Absturz im Lichte des Reiserechts: Welche Lehren können Reiseveranstalter daraus ziehen?, in: Deutsche Gesellschaft für Reiserecht (Hrsg), DGfR-Jahrbuch 2001, (2002) 17
SCHMID/SONNEN, Rechtsprobleme bei der Luftbeförderung im Rahmen von Flugpauschalreisen, NJW 1992, 464
SCHMID/TONNER, Der Terroranschlag auf Djerba aus rechtlicher und rechtspolitischer Sicht, RRa 2002, 113
SCHMITT, Leistungsstörungen im Reisevertragsrecht, JR 1987, 265
SCHNEIDER, Geldentschädigung wegen Urlaubsbeeinträchtigung, MDR 2000, 1177
SCHOLZ/EHRNSPERGER, Lügen haben kurze Beine. Wie man Ferienangebote kritisch liest (1989)
SCHREMS, Rechtsfragen des neuzeitlichen Reiseverkehrs (Diss Köln 1938)
SCHULZ, Bericht aus Bonn. Regelung des Reiserechts, ZRP 1973, 273
SCHUMACHER/TÜCHLER, Das österreichische Reiserecht nach der Umsetzung der Pauschalreiserichtlinie, VuR 1995, 418
SCHUSTER, Reiserechtliche Probleme bei Kinder- und Jugendreisen, RRa 1997, 107
SCHWENK, Flugpauschalreiserecht, TranspR 1996, 223
ders, Rechtsverhältnisse bei der Flugpauschalreise, RRa 1997, 3
SEIDEL, Die Rechtsstellung des Drittbeteiligten im Reisevertragsrecht (1986)
SEILER, Die Vorauszahlungspflicht der Reisenden beim Reisevertrag, BB 1986, 1932
SEYDERHELM, Reiserecht. Kommentar (1997)
ders, Prozessuale Besonderheiten des Reiseprozesses, ZAP 1998, Fach 6, 265
ders, Minderung im Reiserecht, ZAP 1999, Fach 6, 309
ders, Lösungsrechte des Reisenden vom Reisevertrag, ZAP 2000, Fach 6, 331
ders, Insolvenzschutz im Pauschalreiserecht, ZAP 2000, Fach 6, 323
SIEBERT, Haftung des Reiseveranstalters auch für das allgemeine Lebensrisiko des Reisenden?

– Eine praxisorientierte Darstellung (Teil I), RRa 1994, 110; (Teil II), RRa 1994, 126
SIEGEL, Aus der Rechtsprechung der „Reisekammer" des Landgerichts Frankfurt zum Reisevertragsrecht, VuR 1987, 181
SOERGEL, Bürgerliches Gesetzbuch (12. Aufl 1987 ff)
SOLVEEN/TONNER, Neues Reiserecht; Staatshaftung bei Insolvenz des Reiseveranstalters (1994)
STADER, Ob eine einzige Kakerlake auf Hawaii einen Reisemangel darstellt (2001)
Studienkreis Tourismus, Reiseanalyse 1993
STIFF/BECH, Die Umsetzung der Pauschalreise-Richtlinie in Spanien und Deutschland, VuR 1999, 251
STREINZ, Europarecht (4. Aufl 1998)
STUPPI, Die Bedeutung der Attentate am 11. September 2001 für die Beendigung reiserechtlicher Verträge, RRa 2002, 54
SÜNNER, Die Rechtsbeziehung zwischen dem Gast, dem Speise- und Beherbergungsbetrieb und dem Reiseveranstalter bei Veranstaltung von Gesellschaftsreisen (1968)
TAESLER, Das Reisevertragsgesetz – Entstehungsgeschichte und Auslegung (1983)
TEICHMANN, Die Struktur der Leistungsstörungen im Reisevertrag, JZ 1979, 737
ders, Zur Zulässigkeit von Vorauszahlungsklauseln in Allgemeinen Geschäftsbedingungen der Reiseunternehmen, JZ 1985, 314
ders, Zur Inhaltskontrolle der Allgemeinen Geschäftsbedingungen im Reisevertrag, JZ 1987, 751
ders, Die Haftung für Mängel und höhere Gewalt im Reiserecht, JZ 1990, 1117
ders, Die Entwicklung der Rechtsprechung zum Reiserecht von 1986 bis 1993, JZ 1993, 823 und 990
ders, Die Auswirkungen der Schuldrechtsreform auf das Reisevertragsrecht, in: Deutsche Gesellschaft für Reiserecht (Hrsg), DGfR-Jahrbuch 2001 (2002) 59
TEICHMANN/MICHALEK, Die Buchung eines halben Doppelzimmers, JuS 1985, 763
ders/THEIS, Zum Begriff der höheren Gewalt in § 651j BGB, JZ 1987, 826
TEMPEL, Entwicklungen im Reisevertragsrecht, JuS 1984, 81

ders, Die Bemessung der Minderung der Vergütung in Reisevertragssachen, NJW 1985, 97
ders, Unzulässige Schematisierung der Reisepreisminderung?, NJW 1985, 1885
ders, Voraussetzungen für die Ansprüche aus dem Reisevertrag, NJW 1986, 547
ders, Rechtsfragen der Geltendmachung von Ansprüchen des Reisenden nach Reiseende (§ 651g BGB), NJW 1987, 2841
ders, Unzulässigkeit der Geltendmachung von Ansprüchen wegen Reisemängel vor Beendigung der Reise, NJW 1987, 1532
ders, Stornokosten bei Kündigung des Reisevertrags wegen höherer Gewalt?, NJW 1990, 821
ders, Frankfurter Tabelle zur Reisepreisminderung (Stand: 1.1. 1994), NJW 1994, 1639
ders, Die Zuweisung einer anderen Unterkunft als Reisemangel, RRa 1995, 158
ders, Das Reisebüro als Adressat für die Anmeldung der Ansprüche des Reisenden nach § 651g Abs. 1 BGB, RRa 1996, 3
ders, Zur Berücksichtigung des Synallagmas bei der Berechnung der Minderung in Reisesachen, NJW 1996, 164
ders, Informationspflichten bei Pauschalreisen, NJW 1996, 1625
ders, „Geringfügige Reisemängel", NJW 1997, 2206
ders, Das Hochzeitsessen in der Dominikanischen Republik – eine mißglückte Hochzeitsreise oder eine mißglückte Berechnung der Minderung, RRa 1997, 67
ders, Probleme der Berechnung von Vergütung und Entschädigung bei höherer Gewalt in Reisesachen, NJW 1997, 621
ders, Entwicklung und Tendenzen im Reisevertragsrecht – Rückschau und Zukunftsperspektiven, RRa 1998, 19
ders, Die Pflichten des vermittelnden Reisebüros, NJW 1999, 3657
ders, Zur Kündigung von Reiseverträgen wegen terroristischer Anschläge, NJW 1998, 1827
ders, Das zeitliche Moment bei Bestimmung der erheblichen Beeinträchtigung der Reise im Rahmen des § 651f II BGB, NJW 1999, 2012
ders, Die Zulässigkeit von Vertragsänderungen und Verzichtserklärungen im Reiserecht, RRa 1999, 107
ders, Was ist eine „Tabelle" und was ist ein „Spiegel"?, RRa 2000, 67
ders, Zur Wirksamkeit von Stornoklauseln im Reisevertragsrecht, in: Deutsche Gesellschaft für Reiserecht (Hrsg), Zur Notwendigkeit einer weiteren Reiserechts-Novelle (2000) 79
ders, Die dreißigjährige Verjährungsfrist im Reisevertragsrecht – Zur Bedeutung der Arglist des Reiseveranstalters, NJW 2000, 3677
ders, Der Schadensersatzanspruch des Reisenden auf Gestellung einer Ersatzreise – Rechtsgrundlagen und Inhalt, insbesondere zum Erfordernis der Gleichwertigkeit, RRa 2000, 107
ders, Nochmals: Hypothetische Kausalität bei vorzeitigem Abbruch der Reise?, RRa 2000, 46
ders, Neue „Allgemeine Geschäftsbedingungen für Reiseverträge im Deutschlandtourismus", TranspR 2000, 297
ders, Die Bevollmächtigung bei der Anmeldung von Ersatzansprüchen im Reiserecht, NJW 2001, 1905
ders, Allgemeine Reisebedingungen – Eine kritische Bestandsaufnahme, TranspR 2001, 233 u 337
ders, Zur Haftung des Reiseveranstalters für Verkehrsunfälle im Rahmen des Transfers, RRa 2002, 4
ders, Stornoklauseln im Reisevertrag und neues Schuldrecht, NJW 2002, 2005
ders, Die ungerechtfertigte Kündigung im Reiserecht – Voraussetzungen und Rechtsfolgen, RRa 2002, 146
TONNER, Urlaub im Ferienhaus, NJW 1981, 1921
ders, Schadensersatz wegen vertaner Urlaubszeit – BGHZ 77, 116, JuS 1982, 411
ders, Zur Zulässigkeit der Vorauszahlungsklausel im Reiserecht, NJW 1985, 111
ders, Zum Nachweis der Einhaltung der Einmonatsfrist des § 651g I BGB und zum Anwendungsbereich dieser Rügefrist, VuR 1987, 37
ders, Grenzen der Vorauszahlungspflicht im Reisevertrag, Jura 1988, 185
ders, Der EG-Richtlinienentwurf für Pauschalreisen, VuR 1988, 130
ders, Die Entwicklung des Reisevertragsrechts durch Rechtsprechung, Gesetzgebung und Verbandsverhandlungen, AcP 189 (1989) 122
ders, Die EG-Richtlinie über Pauschalreisen, EuZW 1990, 409

ders, Reiserecht und Umweltschutz, VuR 1992, 13
ders, Reiserecht im Überblick, VuR 1992, 311
ders, Reiserecht in Europa (1992)
ders, Auswirkungen der EG-Richtlinien über mißbräuchliche Klauseln in Verbraucherverträgen auf das Reiserecht, RRa 1993, 2
ders, Harmonisierung oder Disharmonisierung des Reiserechts, EWS 1993, 197
ders, Staatshaftung wegen verspäteter Umsetzung der EG-Pauschalreise-Richtlinie, ZIP 1993, 1205
ders, Verflechtungen und Auslandsbeteiligungen der großen vier deutschen Reiseveranstalter, VuR 1993, 45
ders, Reisevertragsrecht, in: KLATT/WAHL, RTour, 1994
ders, Zur Aufklärungspflicht des Reisebüros über Billig-Angebote, RRa 1995, 221
ders, Der Reisevertrag. Kommentar zu §§ 651a–k BGB (4. Aufl 2000)
ders, Insolvenzschutz und Pauschalreiserichtlinie, VuR 1996, 215
ders, Verbraucherschutz durch gesetzliche Kennzeichnungserfordernisse, BB 1996, 913
ders, Aktuelle Fragen aus dem Reisevertragsrecht, DAR 1998, 434
ders, Theorie und Praxis des Insolvenzschutzes bei Pauschalreisen, EuZW 1999, 395
ders, Das Fernabsatzgesetz – (k)ein Thema für die Tourismuswirtschaft?, RRa 2000, 163
ders, Anmerkung Urlaub im Ferienpark als „Gesamtheit von Reiseleistungen" – BGH, Urteil v. 24. 11. 1999, JZ 2000, 893
ders, Ein Europäischer Verhaltenskodex für Pauschalreisen, RRa 2001, 175
ders, 10 Jahre EG-Pauschalreise-Richtlinie – Eine Bilanz, EWS 2000, 473
ders, Das Schicksal von Zahlungen des Reisenden an das Reisebüro bei Insolvenz des Reisebüros oder des Reiseveranstalters, RRa 2000, 3
ders, Die Insolvenzabsicherung im Pauschalreiserecht und das Zweite Reiserechtsänderungsgesetz (2002)
ders/ECHTERMEYER, Der Regierungsentwurf eines zweiten Reiserechtsänderungsgesetzes, RRa 2001, 67
ders/KRAUSE, Urlaub und Witterungsrisiko, NJW 2000, 3665
ders/LINDNER, Der Wechsel der Fluggesellschaft als Reisemangel?, VuR 1996, 249
dies, Immaterieller Schadensersatz und der EuGH, NJW 2002, 1475
Tourismus in Zahlen 1994, Statistisches Bundesamt (1994)
UIBEL, Der Pauschalreisende und das Charterflugzeug, NJW 1986, 296
WÄGENBAUER, Neuere Entwicklungen im Bereich des Tourismus-Rechts der Europäischen Gemeinschaft, RRa 1997, 27
WEBER, Einführung in das Reisevertragsrecht, JuS 1992, L 25
WEDEPOHL, Das reisevertragliche Gewährleistungsrecht (Diss Marburg 1982)
WESTERHOFF/HINRICHS/DITTMEIER, Reiserecht für Omnibusunternehmer (2001)
WILLINGMANN, Prozessuale Modelle zur Vereinheitlichung der Rechtsprechung – Zur Übertragbarkeit des Rechtsentscheids gem. § 541 ZPO auf den Reiseprozeß, RRa 1997, 91
WINDEL, Der praktische Fall: Der erschlichene Charterflug, JuS 1992, 579
WINDHABER, Reiserecht in Österreich, Deutschland und Kanada (2000)
WITTKOWSKI, Der „MP-Travel-Line"-Konkurs im Lichte der Francovich-Rechtsprechung des EuGH, NVwZ 1993, 3293
WOLF, Die Rechtsstellung des Reiseleiters (1974)
WOLFF, Die Novellierung des Pauschalreiserechts unter besonderer Berücksichtigung der richtlinienkonformen Umsetzung der Insolvenzsicherungspflicht (2000)
WOLTER, Rechtsprobleme der §§ 651 f und 651h BGB, NJW 1988, 396
ders, Umbuchung des Hotelzimmers durch den Reiseveranstalter vor Reiseantritt, NJW 1986, 3062
ders, Das Verhältnis des reiserechtlichen Gewährleistungsrechts der §§ 651c ff zum allgemeinen Recht der Leistungsstörungen, AcP 183 (1983), 35
WÜRFEL, Zur Auslegung von § 651g BGB, MDR 1982, 539
XANKE/DUTSCHKE, Praxis des Pauschalreiserechts – mit den neuen Urlauberschutzbestimmungen (1994)
YAQUB/BEDFORD, European Travel Law (1997)

ZOLLER, Die Billigung der AGB-in-toto-Vorleistungsklausel durch das Urteil des OLG Frankfurt vom 28.11.1985, ZIP 1986, 283.

Systematische Übersicht

I. Gegenstand des Reisevertragsrechts
1. Zweck der gesetzlichen Regelung — 1
2. Rechtsbeziehungen — 2
3. Überblick über die gesetzliche Regelung — 3
4. Anwendbarkeit anderer Vorschriften — 4

II. Wirtschaftliche Bedeutung von Pauschalreisen
1. Reiseverhalten — 5
2. Marktstruktur — 6

III. Entstehungsgeschichte des Reisevertragsrechts — 7
1. Rechtslage vor In-Kraft-Treten des Reisevertragsgesetzes — 8
2. Brüsseler Übereinkommen über den Reisevertrag — 12
3. Entstehung des Reisevertragsgesetzes von 1979 — 13
4. Rechtsprechung nach In-Kraft-Treten des Reisevertragsgesetzes — 16
5. EG-Pauschalreise-Richtlinie — 25
6. Umsetzung der Richtlinie — 27
7. Zweites Gesetz zur Änderung reiserechtlicher Vorschriften — 29
8. Schuldrechtsmodernisierung — 31

IV. Rechtspolitische Bewertung — 33

V. Kommentierung der EG-Pauschalreise-Richtlinie — 38

VI. Europäisches und internationales Reisevertragsrecht — 85
1. Reisevertragsrecht in anderen EU-Staaten — 86
2. Internationales Vertrags- und Deliktsrecht — 89
3. Internationale gerichtliche Zuständigkeit — 94

VII. Reisevertragsrecht und allgemeine Reisebedingungen (ARB) — 95

VIII. Allgemeine Reisebedingungen — 99

Alphabetische Übersicht

Abhilfe
– Pflicht des Reiseveranstalters — 72
Abreiseort — 66
Absage der Reise — 65
Abtretungsverbot — 98
AGB — 10, 95 ff, 98
Agence de voyage — 87
Anmeldefall — 23
ARB — 95 ff, 99
Auslandsreisen — 5
– Minderjähriger — 60
Auslegung, richtlinienkonforme — 38

Balkonsturzfall — 24
Beförderungsvertrag — 91
Belgien — 86, 88
Benachrichtigungspflicht — 98

Berner Übereinkommen — 69
Bestimmtheitsgebot für Richtlinie — 83
Beweislastumkehr beim Reisevertrag — 22, 68
BGB-Informationspflichten-Verordnung — 3, 27, 30, 32, 83
Brüsseler Übereinkommen — 12 ff
Busreiseveranstalter — 98

Dänemark — 86, 88
Deliktsrecht und Reiserecht — 99
Deutscher Reisebüro-Verband — 95
Dienstleistungen touristische — 47

EG-Pauschalreise-Richtlinie — 25 ff, 38 ff, 40 ff
– Informationspflichten — 54 ff, 60 ff
– Umsetzung — 3
– Verbraucherbegriff — 51

Vorbem zu §§ 651a–m Buch 2
Abschnitt 8 · Einzelne Schuldverhältnisse

– Zweck	44	Internationale Übereinkommen	12
Eisenbahnfrachtverkehr	69	Internationales Privatrecht	89 ff
Entschädigung wegen Nichterfüllung	65	– Deliktsrecht	93
Entschädigungsansprüche	84	– Vertragsrecht	89
Ersatzperson	62	Irland	86
Ersatzreise	65	Irreführungsverbot	54 ff
Europäische Institutionen	39, 57	Italien	86, 88
Ferienhaus	48, 91, 98	Kaffeefahrt	90
– Anwendbarkeit der §§ 651a ff	18	Katalog	48, 54 f
Ferienhausfall	11	Kaufgesetz, einheitliches	14
Finnland	86	Kirche	49
Fixgeschäft	9	Konditionenempfehlung (DRV)	95 ff
Frankfurter Reiserecht	37	Körperschäden	69
Frankfurter Tabelle	37	Krankheit	60
Frankreich	86 ff		
		Landesüblichkeitsklausel	97
Garantiefonds	74, 88	Last-Minute-Reisen	61
Gastschulaufenthalt, international	29 f	Leistungsänderungen	64
Gastwirtshaftung	69	Leistungsstörung	
Gerichtsstand	94	– Abgrenzung zu §§ 651c ff	21
Geschäftsbesorgungsvertrag	8	Leistungsträger	68
Gesundheitserfordernisse	56, 60	– Begriff	2
Gewährleistung, verschuldensunabhängige	88	Luftverkehr	69
Gewährleistungsrecht	31		
Griechenland	86, 88	Mängelanzeige	23, 70
Großbritannien	86, 88	Mauritiusentscheidung	19
Grundsatz der freien Rechtswahl	89	Mietwagen	13, 24
		Mindeststandardklausel	81
Haftungsbeschränkung		Mindestteilnehmerzahl	65
– Reiseveranstalter	69		
– Reisevertrag	69	Nichterfüllung	
Haftungsstandard	88	– Entschädigung	66
Höhere Gewalt	87	Niederlande	86, 88
Hotelkosten	77	Nilschiffentscheidung	22
Immaterieller Schaden	22, 68	Österreich	86, 88
Impfschadenfall	11		
Individualreise	2, 7	Pariser Übereinkommen	69
Informationsblätter	55	Passerfordernisse	56, 60
Informationspflichten	26	Pauschalreise	
– Reiseveranstalter	60	– Abgrenzung zur Individualreise	2
Inlandsreise	5	– Begriff nach §§ 651a ff	2, 47
Inserate in Zeitungen	55	– Europäischer Verhaltenskodex	39
Insolvenz des Reiseveranstalters	28	Personalstatut	93
Insolvenzschutz	29 f, 88	Pflichtversicherung	74, 88
Insolvenzsicherung	29 f, 74 ff	Portugal	86, 88
– Höchstbeträge	79	Preisänderungen	63 f, 87
– Staatshaftung	79	Prospekt	48, 54 f

April 2003

Titel 9 · Werkvertrag und ähnliche Verträge
Untertitel 2 · Reisevertrag

Vorbem zu §§ 651a–m

- Abweichungen — 57
- Anforderungen — 55
- Angaben — 55, 57
- Angaben, notwendige — 56
- Inhalt — 54 ff
- vertragliche Bindung — 57

Prospektklarheit — 43, 55
Prospektwahrheit — 43, 55

Rechtswahl
- Einschränkungen für Verbraucherverträge — 89 ff
- Grundsatz der Parteiautonomie — 89

Reiseabbruch, vorzeitiger — 76
Reiseanmeldung, elektronische — 90
Reiseintensität — 5
Reisemangel — 31
Reisemangelentscheidung — 21
Reisemarkt — 5
Reisender
- Mitwirkungspflichten — 34
- Wechsel in der Person — 62

Reisepapiere — 20
Reisepreis — 56
- Anzahlung — 28

ReiseRÄndG — 29 f, 36, 98
Reiserecht
- und Deliktsrecht — 93
- System — 35 ff

Reiseveranstalter
- ausländischer — 92
- Begriff — 2, 49, 52
- gewerbliche — 87
- Haftung — 68 ff
- Informationspflichten — 54
- Insolvenz — 28
- Marktstruktur — 1, 6
- Pflichten — 22
- Verkehrssicherungspflicht — 4, 24, 93

Reiseverlauf — 60
Reisevermittler
- Begriff — 50

Reisevermittlungsvertrag — 2
Reisevertrag
- und AGB — 10 f
- Anmeldung Gewährleistungsansprüche — 23
- Beweislastumkehr — 28, 68
- und Deliktsrecht — 4
- Gegenstand — 1

- Gelegenheitsveranstalter — 49
- Gewährleistung — 33
- Haftungsbeschränkung — 43, 69
- Inhalt — 57
- Mängelgewährleistung — 3
- Pflichten des Veranstalters — 22
- Rechtsfortbildung, richterliche — 16 ff
- und Rechtsprechung — 16, 39
- Rechtsnatur — 7 ff, 34
- Stornierung — 43
- Übertragbarkeit — 43
- und Verbraucherschutz — 34
- Vertragsübernahme — 28
- und Werkvertrag — 4, 8

Reisevertragsgesetz
- Entstehungsgeschichte — 7 ff, 13 ff

Reisevertragsrecht
- und ARB — 95 ff
- europäisches und internationales — 85 ff
- Kodifikation — 95

Richtlinie
- Bestimmtheitsgebot — 83

Richtlinienkonforme Auslegung — 39, 77
Rückreise — 78
Rügeobliegenheit — 72
Rumänienfall — 11

Schadensersatz für vertane Urlaubszeit — 22
Schlichtungskommission — 88
Schuldrechtsmodernisierung — 31 f, 35 ff, 98
Schüleraustausch — 47
Schweden — 86, 88
Seeverkehr — 69
Segelschule — 91
Sicherungsschein — 30, 32
Skischule — 91
Spanien — 86, 88
Sport- und Freizeitmöglichkeiten — 47
Sportverein — 49
Sprachkurs — 47
Sprachreise — 98
Staatshaftung — 27, 79, 84
Stornogebühren — 87
Stornoklausel — 10
Streik — 87
Surfschule — 91

Tagesreise — 48
Terroranschläge — 5

Jörn Eckert

Treibstoffkosten	63	Verschuldensprinzip	88
		Vertragsübernahme	28
Überbuchung	65	Visumerfordernisse	56, 60
Umsetzung EG-Pauschalreise-Richtlinie	27 f, 74, 78 f, 86	Visumfall	22
		Vorauskasse	37
Unfall	60	– Voraussetzungen der Zulässigkeit	20
Unterrichtsvertrag	91	Vorauskasseentscheidungen	20
		Vorauszahlungsklausel	97 f
Verbandsklage	97	Warschauer Übereinkommen	69
Verbraucher, EU-Mitgliedsstaaten	60	Wechselkurs	63
Verbraucherbegriff, EG-Pauschalreise-Richtlinie	51	Werbung	55, 90, 94
Verbraucherschutz	34, 37, 42, 81	Werkvertragsrecht	4
Verbraucherverträge	89	Wettbewerb, europäischer	42
Vereinheitlichung Reiserecht	85 ff	Wettbewerbsverzerrungen	81
Verjährungsfrist	31	Wohnsitz	94
Verkehrssicherungspflichten	24		
Vermittlerklausel	10	Zuständigkeit des Gerichts	94

I. Gegenstand des Reisevertragsrechts

1. Zweck der gesetzlichen Regelung

1 Das Reisevertragsrecht ist in den §§ 651a–651m geregelt. Die Bestimmungen sind durch das Reisevertragsgesetz vom 4. Mai 1979 (BGBl 1979 I 509) in das BGB eingefügt worden. Sie wurden durch das Gesetz zur Durchführung der Richtlinie des Rates vom 13. Juni 1990 über Pauschalreisen vom 29. Juni 1994 (BGBl 1994 I 1322) geändert und erweitert. Weitere Änderungen und Ergänzungen der §§ 651a–651l erfolgten durch das Zweite Gesetz zur Änderung reiserechtlicher Vorschriften (2. ReiseRÄndG) vom 23. Juli 2001 (BGBl 2001 I 1658) und das Gesetz zur Modernisierung des Schuldrechts vom 26. November 2001 (BGBl 2001 I 3138). Die Vorschriften über den Reisevertrag bilden hinter dem Werkvertragsrecht den zweiten Untertitel in dem seit der Gesetzesänderung von 1979 mit „Werkvertrag und ähnliche Verträge" überschriebenen 9. Titel des Besonderen Teils des Schuldrechts. Mit der gesetzlichen Regelung des Reisevertragsrechts sollte einerseits der erheblichen volkswirtschaftlichen Bedeutung der Pauschalreisen, andererseits aber der spezifischen, durch die marktbeherrschende Stellung einiger weniger Reiseveranstalter geprägten Struktur des Reiseveranstaltermarktes in Deutschland Rechnung getragen werden. Der Gesetzgeber wollte mit den §§ 651a–651m das Reisevertragsrecht auf eine eindeutige gesetzliche Grundlage stellen und dadurch den Eigenarten des Reisevertrags gerecht werden. Ziel dabei war es, einen angemessenen **Interessenausgleich** zwischen Reisendem und Reiseveranstalter herzustellen und vor allem die Rechtsstellung des **Verbrauchers** zu verbessern (Bericht des Rechtsausschusses BT-Drucks 8/2343, 6 v 4. 12. 1978). Aus diesem Grunde ist das Reisevertragsrecht mit Ausnahme von § 651g Abs 2 **halb zwingendes Recht**, von dem die Parteien zwar zugunsten, nicht aber zuungunsten des Reisenden abweichende Vereinbarungen treffen können (§ 651m).

2. Rechtsbeziehungen

Im Reiserecht sind drei Rechtsbeziehungen zu unterscheiden: Der **Reisevertrag** zwischen dem Reisenden und dem Reiseveranstalter, der **Reisevermittlungsvertrag** zwischen dem Reisenden und dem Reisebüro sowie der **Vertrag mit dem Leistungsträger** (zB Hotelier, Fluggesellschaft), der vom Reiseveranstalter geschlossen wird. Das in den § 651a–651m geregelte Reisevertragsrecht hat nur die Rechtsbeziehungen zwischen dem Reisenden und dem Reiseveranstalter zum Gegenstand. Es gilt nur für **Pauschalreisen** oder **Veranstalterreisen**, bei denen der Reiseveranstalter in eigener Verantwortung einzelne Reiseleistungen auswählt, aufeinander abstimmt und zu einem Pauschalangebot mit einheitlichem Preis verbindet. Der Reiseveranstalter kann seinerseits zur Erbringung seiner Leistungen mit den Leistungsträgern Beherbergungs-, Bewirtungs- oder Beförderungsverträge abschließen. Die Besonderheit der Pauschalreise besteht darin, dass der Reisende nur zu dem Reiseveranstalter – und bei Einschaltung eines Reisebüros auch zu diesem – in einer unmittelbaren vertraglichen Beziehung steht, während kein Vertragsverhältnis zu den Leistungsträgern besteht, welche die eigentlichen Reiseleistungen selbständig und in eigener Verantwortung erbringen. Der Reiseveranstalter hat also unabhängig voneinander vertragliche Beziehungen zum Reisenden einerseits und zu den einzelnen Leistungsträgern andererseits. Dagegen sind die §§ 651a–651m nicht auf **Individualreisen** anwendbar, die der Reisende selbst nach seinen eigenen Wünschen organisiert und bei denen er die einzelnen Reiseleistungen unmittelbar bei denjenigen Personen bucht, die sie auch tatsächlich erbringen. Hier bestehen unabhängig voneinander vertragliche Beziehungen des Reisenden mit dem Hotelier oder Gastwirt (Beherbergungs- bzw Bewirtungsvertrag) und dem Verkehrsunternehmen (Beförderungsvertrag). Das Reisevertragsrecht gilt auch nicht für den **Reisevermittlungsvertrag**, wie er regelmäßig zwischen dem Reisenden und dem Reisebüro abgeschlossen wird. Inhalt dieses Vertrages ist nicht die Erbringung einer Pauschalreise oder einzelner Reiseleistungen, sondern die Vermittlung eines Vertragsschlusses zwischen dem Reisenden und dem Anbieter einer Reiseleistung.

3. Überblick über die gesetzliche Regelung

Das Reisevertragsrecht legt die beiderseitigen **Rechte und Pflichten des Reisenden und des Reiseveranstalters** fest (§ 651a Abs 1) und nimmt den sog Vermittlerklauseln ihre haftungsfreizeichnende Wirkung (§ 651a Abs 2). Die Zulässigkeit nachträglicher Preis- und Leistungsänderungen sowie eine Absage der Reise und deren Rechtsfolgen behandeln § 651a Abs 4 u 5. Der Reisende ist vor Reiseantritt zur Stellung eines Ersatzreisenden befugt (§ 651b). Die §§ 651c–651g regeln das **Mängelgewährleistungsrecht**. Der Reisende kann bei Mangelhaftigkeit der Reiseleistung innerhalb bestimmter Fristen (§ 651g) den Vertrag kündigen (§ 651e), Abhilfe (§ 651c), die Minderung des Reisepreises (§ 651d) oder Schadensersatz (§ 651f) verlangen. Dem Reiseveranstalter wird das Recht zu einer Haftungsbeschränkung eingeräumt (§ 651h). Dem Reisenden stehen außerhalb des Mängelgewährleistungsrechts Rücktritts- und Kündigungsrechte zu (§§ 651i u 651j). Tritt der Reisende vor Beginn der Reise vom Vertrag zurück, ist die Zulässigkeit pauschalierter Stornogebühren beschränkt (§ 651i Abs 3). Die Umsetzung der EG-Pauschalreise-Richtlinie brachte vor allem eine Absicherung der Gelder des Reisenden gegen eine Insolvenz des Reiseveranstalters vor oder während der Reise (§ 651k) sowie die Normierung umfangreicher Informations- und Hinweispflichten des Reiseveranstalters (Art 238 Abs 1 EGBGB iVm den auf seiner Grundlage erlassenen §§ 4–11 u 15 der Verordnung über Informations- und Nachweispflichten nach bürgerlichem Recht – BGB-InfoV – idF der Bekanntmachung v 5. August 2002, BGBl 2002 I 3002). Durch das 2. ReiseRÄndG wurde ein neuer § 651l in das Reisevertragsrecht eingefügt, der Mindeststandards für internationale Gastschulaufenthalte festlegt. Die reiserechtlichen Bestimmungen sind grds zugunsten des Reisenden zwingend (§ 651m S 1).

4. Anwendbarkeit anderer Vorschriften

4 Der Reisevertrag ist auf die Herbeiführung eines Erfolges, die mangelfreie Durchführung der Reise, gerichtet. Beim Reisevertrag handelt es sich somit um einen Unterfall des Werkvertrages (vgl § 651a Rn 7). Daher können zur Schließung von Regelungslücken der §§ 651a–651l die Vorschriften des **Werkvertragsrechts** (§§ 631 ff) ergänzend herangezogen werden (BGHZ 100, 157, 163; BGH NJW 1983, 2669, 2701; ERMAN/SEILER Rn 4; HK-BGB/EBERT § 651a Rn 2; kritisch MünchKomm/TONNER § 651c Rn 6). Ansprüche des Reisenden aus **unerlaubter Handlung** (§§ 823, 831 iVm §§ 249 ff, 253 Abs 2 u §§ 842–845) kommen daneben in Betracht, wenn der Reiseveranstalter seine eigenen Verkehrssicherungspflichten bei Vorbereitung und Durchführung der von ihm veranstalteten Reisen verletzt. Die Verkehrssicherungspflichten des Reiseveranstalters erstrecken sich dabei insbes auf die Auswahl und Kontrolle der einzelnen Leistungsträger (BGHZ 103, 298, 303 f; OLG Frankfurt NJW-RR 1994, 560).

II. Wirtschaftliche Bedeutung von Pauschalreisen

1. Reiseverhalten

5 Urlaubsreisen sind in den letzten 40 Jahren zu einem Gut des Massenkonsums geworden. Gerade die Deutschen sind überaus reiselustig. Insoweit spiegelt die umfangreiche Rspr zum Reiserecht durchaus die sprunghaft angestiegene Bedeutung des Reisens wider. Die **Reiseintensität** der Deutschen hat in den letzten Jahrzehnten ständig zugenommen (vgl Reiseanalyse 1996, FVW Nr 1/1997, 24 ff; FVW-Dokumentation „Deutsche Veranstalter in Zahlen 1996/97", FVW Nr 16/1997 u Beilage zu FVW Nr 28/1997; Fakten und Zahlen zum deutschen Reisemarkt, Eine Zusammenstellung des Deutschen Reisebüro und Reiseveranstalter Verbandes e. V. [DRV], Ausg 2000 u 2002; FÜHRICH Rn 1; PICK Einl Rn 80 ff; MünchKomm/TONNER Rn 31 ff). Während noch 1970 lediglich 41,6% aller Personen über 14 Jahre eine Urlaubsreise unternahmen, waren dies 1980 bereits 57,7% und 1995 sogar 78%. Bezieht man die Zweit- und Drittreisen in die Betrachtung ein, ergibt sich für das Jahr 1995 eine **Gesamtzahl** von 64,5 Millionen Urlaubsreisen. Auch wenn diese Zahlen 1996 infolge der wirtschaftlichen Rezession auf 72% bzw 61,2 Millionen Urlaubsreisen zurückgingen, bleibt doch immer noch ein sehr weites Feld für Unzufriedenheit und daraus folgende Reklamationen (vgl MIRTSCHING WM 1982, 527 f)! Auch der Anteil der Inlandsreisen an der Gesamtzahl der Reisen ist in den letzten Jahren immer mehr zugunsten der **Auslandsreisen** rückläufig. Betrug der Inlandsreise-Anteil 1969 noch 60% und der Auslandsreise-Anteil 40% (PICK Einl Rn 83), so strebten 1996 nur noch 30% der Urlauber Reiseziele im Inland und bereits 70% solche im Ausland an (FÜHRICH Rn 1). Seit dem Jahre 1998 stieg die Quote der Inlandsreisen dagegen wieder geringfügig auf 32,5% (1998), 32,4% (1999), 36% (2000) und 35% (2001) an (Fakten u Zahlen Ausg 2000, 2 u Ausg 2002, 3). Schließlich nehmen auch die **Pauschalreisen** gegenüber den Individualreisen kontinuierlich an Bedeutung zu. Bereits 1994 buchten 27,5% aller Reisenden eine Pauschalreise, während sich nur noch 72,5% für eine Individualreise entschieden (MünchKomm/Tonner Rn 34). 2000 und 2001 betrug die Quote der über einen Reiseveranstalter bzw ein Reisebüro gebuchten Reisen bereits 44 bzw 45%, während 56 bzw 55% der Reisenden ihren Urlaub selbst organisierten (Fakten u Zahlen Ausg 2002, 3). Der Anstieg der Pauschalreisen in den neunziger Jahren lässt sich mit der deutlichen Zunahme von Mehrfachreisen, der ansteigenden Bedeutung von Auslands(flug)reisen und der größeren Nachfrage nach Teilpauschalreisen, bei denen der Reisende über einen Reiseveranstalter einzelne Reiseleistungen wie Ferienwohnungen, Ferienhäuser, Transport oder Unterkunft bucht, erklären. Gerade die zunehmende „Individualisierung" der Pauschalreise (Seyderhelm, Einführung 3) macht diese für Reisende immer attraktiver. In erhebliche **Turbulenzen** geriet der Reisemarkt nach den Terroranschlägen vom 11. September 2001 in den USA, die sich massiv auf das Reiseverhalten der Menschen auswirkten. Insbesondere Flugreisen wurden storniert oder aufgeschoben. Hinzu kam die deutliche Abkühlung der Weltwirtschaft, die viele Reiseträume platzen ließ. Die Konjunkturkrise und die Reiseflaute hinterließen 2002 deutliche Spuren und führten zu einem Schrumpfen des deutschen Reisemarktes um mehr als 10% im Jahre 2002. Die Umsätze der deutschen Reiseveranstalter brachen ein, beim größten europäischen Touristikkonzern TUI von 22,4 Milliarden Euro im Jahre 2001 um 10,7% auf rund 20 Milliarden Euro im Jahr 2002.

2. Marktstruktur

Der deutsche **Pauschalreisemarkt** wird durch eine starke Konzentration und Verflechtung geprägt (vgl Führich Rn 2; MünchKomm/Tonner Rn 35; Tonner VuR 1993, 45). Zwar gibt es noch knapp 1.000 auch kleine und mittelständische Anbieter von Pauschalreisen, doch zeichnet sich eine deutliche Tendenz hin zu einer immer stärkeren Marktbeherrschung durch wenige Großunternehmen ab. Bereits 1976 hatten die drei führenden Unternehmen einen Marktanteil von 44% und die sechs größten Unternehmen einen solchen von 53% (Hochreiter/Arndt 84). Im Jahre 2001 bestand ein **Oligopol** folgender sechs Reiseunternehmen: TUI Deutschland (28,9% Marktanteil nach Umsatz), Thomas Cook (22,9%), Rewe-Touristik (17,2%), FTI (5,5%), Alltours (5,4%) und Öger (3,6%). Diese sechs Unternehmen erwirtschafteten zusammen einen Marktanteil nach Umsatz von 83,5% (Fakten u Zahlen Ausg 2002, 6). Dabei waren die Wachstumsraten der Branche sowohl hinsichtlich der Teilnehmer als auch des Umsatzes bis zum 11. September 2001 beeindruckend: Von 1990 bis 1999 wurde der Umsatz um 209,8% und die Teilnehmerzahl um 210,1% gesteigert. 1999 buchten 34,9 Millionen Menschen ihre Reise bei einem Reiseveranstalter. 2001 betrug der Gesamtumsatz der Branche 20,2 Milliarden Euro (Fakten u Zahlen Ausg 2002, 5). Zwar verteidigen einige kleinere Unternehmen nach wie vor die von ihnen eroberten Marktnischen. Insgesamt geht der marktbestimmende Konzentrationsprozess jedoch deutlich zu Lasten der Reisebüros, die so von Eigenveranstaltern zu bloßen Buchungsstellen der Großanbieter herabgestuft werden (Mundt, Reiseveranstaltung 47).

III. Entstehungsgeschichte des Reisevertragsrechts

Urlaubsreisen warfen solange keine besonderen rechtlichen Probleme auf, wie Individualreisen vorherrschten. Der Reisende, der selbständig für seinen Transport, seine Unterkunft und seine Verpflegung sorgte, stand in unmittelbaren vertraglichen Beziehungen zu den jeweiligen Leistungsträgern (Hotelier, Gastwirt, Verkehrsunternehmen). Die bei der Abwicklung dieser Beförderungs-, Beherbergungs- und Bewirtungsverträge auftretenden Rechtsprobleme ließen und lassen sich mit dem gewöhnlichen schuldrechtlichen Instrumentarium des Werk-, Kauf-, Miet- und Dienstvertragsrechts ohne größere Probleme bewältigen (vgl im Einzelnen zum Individualreiserecht FÜHRICH Rn 744 ff).

1. Rechtslage vor In-Kraft-Treten des Reisevertragsgesetzes

8 Dies änderte sich erst, als seit den sechziger Jahren die Pauschalreisen an Bedeutung gewannen. Nun stellte sich die Frage, wie die Tätigkeit des Reiseveranstalters, der die einzelnen Reiseleistungen auswählt, sie aufeinander abstimmt, zu einem Pauschalangebot verbindet und dieses zu einem einheitlichen Preis anbietet, rechtlich zu qualifizieren war. Zunächst stellte man, vor allem beim veranstaltenden Reisebüro, die Vermittlung von Verträgen mit den einzelnen Leistungsträgern in den Vordergrund und ordnete den Pauschalreisevertrag als **Maklervertrag** im Sinne der §§ 652 ff ein (KG MDR 1971, 1007 ff; KLATT/FISCHER, Die Gesellschaftsreise 146). Mit der weiteren Entwicklung verlagerte sich aber das Geschäft von den veranstaltenden Reisebüros auf reine Reiseveranstalter. Nun ordnete man den Pauschalreisevertrag als **Geschäftsbesorgungsvertrag** mit Werkvertragscharakter nach § 675 ein (BARTL NJW 1972, 505 ff; REBMANN DB 1971, 1953; SÜNNER 34 f). Da die den Geschäftsbesorgungsvertrag prägenden Weisungs- und Informationsrechte des Reisenden jedoch angesichts der Tatsache, dass die Pauschalreise bereits vor Vertragsschluss vorfabriziert wird, in den Hintergrund traten, setzte sich schließlich die Einordnung der Rechtsbeziehung zwischen dem Reisenden und dem Reiseveranstalter als **Werkvertrag** im Sinne der §§ 631 ff durch (OLG Köln NJW 1972, 1815; OLG Nürnberg MDR 1973, 406; ARNDT 24 ff; BLAUROCK 18 ff). Nachdem auch der BGH im Jahre 1972 den Pauschalreisevertrag als Werkvertrag qualifizierte (BGHZ 60, 14), war diese Einordnung bis zum In-Kraft-Treten der §§ 651a ff nahezu unstreitig.

9 Die Qualifizierung des Pauschalreisevertrags als Werkvertrag führte zu einer **verschuldensunabhängigen Erfolgshaftung** des Reiseveranstalters gegenüber dem Reisenden (BGHZ 60, 14, 20; 61, 275, 279; 77, 310, 318). Insbes konnte dieser mit seinen Gewährleistungsansprüchen nun nicht mehr auf die einzelnen Leistungsträger verwiesen werden. Hinzu kam, dass der Reisevertrag in aller Regel ein **absolutes Fixgeschäft** ist, so dass das endgültige Ausbleiben einer Leistung zur vollständigen oder teilweisen Unmöglichkeit führt. Deren Folgen hat der Reiseveranstalter zu tragen, soweit die Unmöglichkeit nicht vom Reisenden selbst zu vertreten ist (BGHZ 60, 14, 16; 77, 310, 318; 77, 320, 323).

10 Die Reiseveranstalter versuchten frühzeitig, sich durch **AGB** von dieser weitgehenden Haftung freizuzeichnen und ihre Rechtsstellung durch weitere Klauseln auch darüber hinaus auf Kosten der Reisenden zu verbessern. Verbreitet war dabei die Methode, durch **Vermittlerklauseln** einen Haftungsausschluss herbeizuführen. In diesen erklärten die Veranstalter, ausschließlich als Vermittler der Verträge zwischen dem Reisenden und den einzelnen Leistungsträgern zu fungieren. Sie wurden ebenso allgemein üblich wie die **Stornoklauseln**, die für den Fall des Rücktritts des Reisenden eine Pauschalierung der Stornokosten vorsahen. Hinzu kamen weitere Benachteili-

gungen des Reisenden wie die Begrenzung der Haftungshöhe oder einseitige Änderungsvorbehalte zugunsten des Veranstalters.

Es waren neben der rechtlichen Unsicherheit bei der Einordnung des Pauschalreisevertrages gerade auch diese Benachteiligungen der Reisenden durch AGB-Klauseln, die dazu führten, dass sich der BGH in drei Grundsatzentscheidungen aus den Jahren 1972–1974 mit Grundfragen des Reisevertragsrechts und der Zulässigkeit bestimmter AGB-Klauseln befasste. Diese Entscheidungen verdienen insoweit Beachtung, als ihre Kernaussagen später in das Reisevertragsrecht übernommen wurden und damit Eckpunkte auch der heutigen §§ 651a–651m bilden. Im **Impfschadenfall** (BGHZ 60,14) ordnete der BGH den Reisevertrag als Werkvertrag ein und entschied, dass der Reiseveranstalter seine Stornogebühren entsprechend § 645 Abs 1 S 1 an dem zum Zeitpunkt des Rücktritts tatsächlich gemachten Aufwand zu orientieren habe (vgl § 651i). Im **Ferienhausfall** (BGHZ 61, 275) erklärte der BGH die bis dahin allgemein üblichen Vermittlerklauseln, in denen die Veranstalter ihre Tätigkeit als bloße Vermittlung fremder Leistungen qualifizierten, für unzulässig (vgl § 651a Abs 2). Im **Rumänienfall** (BGHZ 63, 98) schließlich erkannte der BGH dem Reisenden einen Schadensersatzanspruch wegen nutzlos aufgewendeter Urlaubszeit zu, weil die Zeit für den Erholungsurlaub durch die Arbeitsleistung „erkauft" sei (vgl § 651f Abs 2).

2. Brüsseler Übereinkommen über den Reisevertrag

Die Entstehung und der Inhalt des Reisevertragsgesetzes von 1979 wurden nicht nur durch die Rspr, sondern auch durch die Versuche um eine internationale Vereinheitlichung des Reisevertrags- und Reisevermittlungsrechts beeinflusst. Das Institut für die Vereinheitlichung des Privatrechts (UNIDROIT) in Rom hatte sich bereits seit 1967 mit dieser Materie befasst und 1968 den Entwurf eines Übereinkommens über den Reisevertrag erarbeitet (vgl RIESE RabelsZ 1968, 651). Dieser Entwurf wurde auf einer diplomatischen Konferenz in Brüssel im April 1970 überarbeitet, die schließlich am 23. April 1970 das „Internationale Übereinkommen über den Reisevertrag (CCV)" verabschiedete (Text in deutscher Übersetzung bei KLATT, Gesetz über den Reisevertrag 37 ff; vgl REBMANN DB 1971, 1949 ff u 2003 ff). Dieses Übereinkommen ist nahezu bedeutungslos geblieben, da es nur von drei Staaten (Republik China, Belgien, Kamerun) ratifiziert wurde.

3. Entstehung des Reisevertragsgesetzes von 1979

Das Brüsseler Übereinkommen und die Sorge um einen ausreichenden Konsumentenschutz im Reisevertragsrecht veranlassten den deutschen Gesetzgeber, einer gesetzlichen Regelung des Reisevertragsrechts näherzutreten. Im Jahre 1973 wurde vom Bundesjustizministerium ein erster Referentenentwurf eines Gesetzes über den Reiseveranstaltungsvertrag erarbeitet (Text bei KLATT, Gesetz über den Reisevertrag 65 ff; zum Inhalt SCHULZ ZRP 1973, 273 ff; REICH/TONNER DB 1974, 1212, 1215 f), dem im Jahre 1975 ein zweiter Referentenentwurf folgte (Text bei KLATT aaO 81 ff; vgl dazu TAESLER 64 ff). Ein dritter Entwurf aus dem Jahre 1976 wurde als Regierungsentwurf ins Parlament eingebracht (BT-Drucks 7/5141 v 6. 5. 1976), doch kam es wegen der Vordringlichkeit des AGB-Gesetzes in der 7. Legislaturperiode nicht mehr zu dessen abschließender Behandlung. Der Entwurf wurde daher in der 8. Legislaturperiode in unveränderter Form erneut vorgelegt (BT-Drucks 8/786 v 27. 7. 1977).

14 Sowohl die Referentenentwürfe als auch der Regierungsentwurf schlugen ein **Spezialgesetz** zum Reisevertragsrecht vor. Die Schwerpunkte der Entwürfe bildeten die Regelung der Aufhebung des Reisevertrages vor Antritt der Reise sowie das Recht der Leistungsstörungen. Bei den Vorschriften über die Vertragsaufhebung stand für den Gesetzgeber der Kampf gegen die bis dahin üblichen Stornoklauseln im Vordergrund. Im Gewährleistungsrecht gingen die Entwürfe im Anschluss an das Einheitliche KaufG und das Brüsseler Übereinkommen von einem einheitlichen Begriff der Leistungsstörung aus, der sowohl das allgemeine Leistungsstörungsrecht des Allgemeinen Schuldrechts (Unmöglichkeit, Verzug, culpa in contrahendo, positive Forderungsverletzung, Wegfall oder Änderung der Geschäftsgrundlage) als auch die Gewährleistungsregeln des Besonderen Schuldrechts umfassen sollte. Dem Bundesrat erschien der Entwurf eines umfangreichen Spezialgesetzes jedoch zu bürokratisch. Er hielt ein solches Gesetz angesichts der gefestigten Rspr zu wesentlichen Fragen des Reisevertragsrechts sowie deren teilweiser Regelung im inzwischen erlassenen AGB-Gesetz für nicht erforderlich. Statt dessen sprach er sich für eine Einfügung des Reisevertragsrechts in das BGB aus (BT-Drucks 8/786, 35). Darüber hinaus lehnte der Bundesrat auch den vom BGB abweichenden **einheitlichen Leistungsstörungsbegriff** des Gesetzentwurfs ab (BT-Drucks aa0).

15 Der Rechtsausschuss des Bundestages trug diesen Bedenken zum großen Teil Rechnung. Er strich die ursprünglich 25 Paragraphen auf 11 zusammen und integrierte diese als §§ 651a—651k im Anschluss an den Werkvertrag in das BGB (BT-Drucks 8/2343 v 4.12.1978). Als Begründung hierfür wurde angeführt, dass eine Ergänzung des BGB eine gestrafftere Regelung erlaube, da an die Systematik und an die Begriffe des Bürgerlichen Gesetzbuchs angeknüpft werden könne. Ein Spezialgesetz hätte auch zu einer weiteren Rechtszersplitterung geführt, die der Rechtsausschuss nicht für wünschenswert hielt (BT-Drucks 8/2343, 6). Eine Minderauffassung im Ausschuss, die es für ausreichend erachtete, das Reisevertragsrecht durch Ergänzung der Vorschriften über den Werkvertrag ohne Schaffung eines eigenen Vertragstyps zu regeln, konnte sich nicht durchsetzen (BT-Drucks aa0). Der **Bericht des Rechtsausschusses** (BT-Drucks 8/2343, 6 ff) ist für die Auslegung des Reisevertragsgesetzes von maßgebender Bedeutung, weil eine Begründung der im Rechtsausschuss neu formulierten Vorschriften fehlt und auf die amtliche Begründung des früheren Gesetzentwurfs wegen der späteren Änderungen nur eingeschränkt zurückgegriffen werden kann. In der vom Rechtsausschuss erarbeiteten Form hat der Bundestag am 13.12.1978 das „Gesetz zur Änderung des Bürgerlichen Gesetzbuchs (Reisevertragsgesetz)" verabschiedet (BR-Drucks 29/1/79 v 31.1.1979), das am 4. Mai 1979 verkündet worden (BGBl 1979 I 509) und am 1. Oktober 1979 in Kraft getreten ist. Im Jahre 1986 wurde § 651h Abs 2 geändert (BGBl 1986 I 1120). Diese Änderung diente der Klarstellung der Möglichkeiten des Reiseveranstalters, sich auf Haftungsbeschränkungen oder -ausschlüsse des Leistungsträgers zu berufen.

4. Rechtsprechung nach In-Kraft-Treten des Reisevertragsgesetzes

16 Die deutliche Kürzung des Regierungsentwurfs und die Einfügung des Reisevertragsrechts in das BGB verursachten eine Reihe rechtstechnischer Mängel der §§ 651a ff. Insbes hatte es der Gesetzgeber versäumt, die Gewährleistungsvorschriften der Entwürfe, denen ein einheitlicher Leistungsstörungsbegriff zugrunde lag, bei der Eingliederung in das BGB zu überarbeiten und der Begrifflichkeit des bürgerlich-rechtlichen Leistungsstörungsrechts anzupassen. Es war daher auch nach dem In-Kraft-Treten des Reisevertragsgesetzes vor allem Aufgabe der Rspr, das Reisevertragsrecht weiterzuentwickeln und die größten Unklarheiten hinsichtlich der Auslegung der gesetzlichen Regelung zu beseitigen (Tonner AcP 189, 122, 136 ff). Dabei hatte es der **BGH** im Reisevertragsrecht von Anfang an schwer, eine eigene Rechtsauffassung zu bilden und durchzusetzen, da wegen der meist niedrigen Streitwerte in Reisesachen in aller Regel die Land- oder Amtsgerichte letztinstanzlich zuständig sind (MünchKomm/Tonner Rn 55). Gleichwohl hat der BGH in mehreren Grundsatzentscheidungen zu zentralen Fragestellungen des Reisevertragsrechts Stellung genommen. Dass es dem Gericht nicht gelungen ist, ein in sich schlüssiges System des Reisevertragsrechts zu entwickeln und manche Entscheidung mehr neue Zweifelsfragen aufwirft als alte zu beantworten, kann dabei kaum überraschen, stellt doch gerade die unbefriedigende Fassung der §§ 651a ff den Rechtsanwender vor ganz erhebliche methodische Schwierigkeiten (Erman/Seiler Rn 8). Diese dogmatischen Probleme beruhen aber auch darauf, dass sich der Reisemarkt ständig verändert und die das Gesetz prägende klassische Pauschalreise gegenüber individualisierten „Bausteinreisen" zunehmend an Bedeutung verliert.

Der BGH war nach dem In-Kraft-Treten des Reisevertragsgesetzes bestrebt, einerseits seine bisherige Rspr fortzuführen, andererseits aber den Verbraucherschutz weiter zu verbessern (Tonner AcP 189, 136). Dies zeigen beispielhaft folgende **Grundsatzentscheidungen:** **17**

a) In den **Ferienhausentscheidungen** (BGHZ 119, 152, 163; BGH NJW 1985, 906) hat der BGH eine analoge Anwendung der §§ 651a ff auf den Ferienhausvertrag bejaht. Es liege eine „planwidrige Unvollständigkeit des Gesetzes" vor, da der Gesetzgeber „übersehen" habe, „daß die wesentlichen Merkmale einer Veranstalterreise auch dann vorliegen können, wenn nur eine einzelne Reiseleistung gebucht wird" (BGHZ 119, 152, 163). Diese analoge Anwendung des Reisevertragsrechts auf Verträge über eine einzelne Reiseleistung ist methodisch überaus fragwürdig, weil sich der Gesetzgeber bewusst auf die Regelung der aus mehreren einzelnen Reiseleistungen vorfabrizierten Pauschalreise beschränkt und die Anwendung der §§ 651a ff auf einzelne Reiseleistungen ausdrücklich ausgeschlossen hat (BT-Drucks 8/786, 11; 8/2343, 7). Die Analogie wirft zudem neue Abgrenzungsprobleme auf, weil sie den Begriffen der Reise und des Reiseveranstalters alle Konturen nimmt. Dies zeigt sich insbes bei der Abgrenzung zu anderen Anbietern einzelner Reiseleistungen wie zB für die Charter einer Hochseeyacht, bei welcher der BGH eine analoge Anwendung der §§ 651a ff abgelehnt hat (BGHZ 130, 128, 130 ff; vgl dazu ausführlich § 651a Rn 25 ff). **18**

b) In der **Mauritiusentscheidung** (BGHZ 85, 50) bestimmte der BGH das Konkurrenzverhältnis zwischen den Kündigungsmöglichkeiten nach § 651e und nach § 651j im Sinne eines Vorrangs des § 651e. Der Reisende solle nach dem für ihn günstigeren § 651e – Tragung der zusätzlichen Rückreisekosten allein durch den Reiseveranstalter – kündigen können, wenn ein Reisemangel durch höhere Gewalt verursacht werde. Inzwischen hat der Gesetzgeber dieser in der Lehre und der instanzgerichtlichen Rspr auf nahezu einhellige Ablehnung (LG Frankfurt a M NJW-RR 1991, 691; Teichmann JZ 1990, 1117) gestoßenen Ansicht durch die Neufassung des § 651j Abs 1 die Grundlage entzogen, indem nunmehr bei einer Beeinträchtigung der Reise infolge höherer Gewalt eine Kündigung ausdrücklich allein nach § 651j möglich ist. **19**

20 c) In seinen **Vorauskasseentscheidungen** (BGH NJW 1986, 1613; BGHZ 100, 157) hat der BGH versucht, die Voraussetzungen zu konkretisieren, nach denen eine Vorauszahlung des Reisepreises zulässig ist. Der Reisende sollte zu einer Vorauszahlung, die über eine verhältnismäßig geringe Anzahlung hinausgeht, nur dann verpflichtet werden können, wenn er hinreichende Sicherheiten, dh grundsätzlich qualifizierte Reisepapiere erhielt. Der BGH wollte damit den Leistungsaustausch dem Zug-um-Zug-Grundsatz des § 320 annähern. Dies ist ihm indessen nur teilweise gelungen, da die Fragen, welche Sicherheiten hinreichend und was unter qualifizierten Reisepapieren zu verstehen ist, weitgehend offen blieben. Die Rspr ist daher in der Lehre als ineffizient kritisiert worden (vgl Führich Rn 454). Durch die Neuregelung des § 651k ist die Problematik zwar entschärft, aber keineswegs endgültig gelöst worden.

21 d) In der **Reisemangelentscheidung** (BGHZ 97, 255) hat sich der BGH hinsichtlich des Konkurrenzverhältnisses der §§ 651c ff zu den allgemeinen Leistungsstörungsregeln auf den Standpunkt der sog Einheitslösung gestellt, nach der die Vorschriften des reisevertraglichen Gewährleistungsrechts für die Zeit ab Vertragsschluss die allgemeinen Leistungsstörungsregeln ausschließen. Dieser Ansicht hat sich die Lehre nahezu einhellig angeschlossen (vgl Erman/Seiler Vor §§ 651c–651g Rn 5; Esser/Weyers SBT 1 § 346 III 4a 302; Führich Rn 193; RGRK/Recken § 651c Rn 2; Soergel/H-W Eckert Vor § 651c Rn 7; MünchKomm/Tonner § 651c Rn 26). Auch wenn sie durch ihre Praktikabilität besticht, da sie Abgrenzungsschwierigkeiten vermeidet (Seyderhelm § 651c Rn 5), widerspricht sie jedoch der eindeutigen Entscheidung des Gesetzgebers gegen einen einheitlichen Leistungsstörungsbegriff und ist daher methodisch unhaltbar (vgl Erman/Seiler Vor §§ 651c ff Rn 18; ablehnend ebenfalls Oetker/Maoltzsch 516).

22 e) Eine Verbesserung des Verbraucherschutzes im Rahmen des § 651f brachten vier Entscheidungen des BGH. Im **Visumfall** (BGH NJW 1985, 1165) qualifizierte das Gericht bestimmte Hinweis- und Beratungspflichten des Reiseveranstalters als unabdingbare Hauptpflichten. Dies führte zu einer Ausdehnung des Anwendungsbereichs des § 651f Abs 1. In der **Nilschiffentscheidung** (BGHZ 100, 185) begründete der BGH im Rahmen des § 651f Abs 1 eine Beweislastumkehr zu Lasten des Reiseveranstalters. Danach habe dieser zu beweisen, dass seinen Leistungsträger kein Verschulden an dem Schiffsbrand traf. Diese Beweislastumkehr hat der Gesetzgeber bei der Neufassung des § 651f in das Gesetz übernommen. In zwei weiteren Entscheidungen (BGH NJW 1983, 35; BGHZ 85, 168) gab der BGH seine bisherige Rspr zum Schadensersatz für vertane Urlaubszeit auf. Hatte er die vertane Urlaubszeit bis dahin als Vermögensschaden angesehen, so wertete er § 651f Abs 2 nunmehr als Ausnahmeregelung zu § 253 und damit als Grundlage für einen **immateriellen Schadensersatzanspruch**.

23 f) Im **Anmeldefall** (BGHZ 102, 80) bezog der BGH zu zwei Problemen hinsichtlich der Ausschlussfrist des § 651g Abs 1 in verbraucherfreundlicher Weise Stellung. Zum einen stellte er fest, der Adressat könne die Gewährleistungsansprüche auch gegenüber dem vermittelnden Reisebüro geltend machen. Zum anderen legte er § 651g Abs 1 dahin aus, dass die Anmeldung von Gewährleistungsansprüchen auch schon während der Reise beim Reiseleiter vor Ort (§§ 651c, d) möglich und ausreichend sei, der Reisende also die während der Reise vorgenommene Anmeldung von Gewährleistungsansprüchen nach Reiseende nicht noch einmal zu wiederholen brauche.

Beide Auffassungen sind überaus fragwürdig: Das vermittelnde Reisebüro ist grundsätzlich kein Reiseveranstalter im Sinne des § 651g Abs 1 S 1 und die Mängelanzeige während der Reise nach §§ 651c, d dient anderen Zwecken als die Geltendmachung der Gewährleistungsansprüche nach Ende der Reise gem § 651g, weshalb beide nicht miteinander vermengt werden dürfen (vgl Führich Rn 367 mwNw; s auch § 651g Rn 12).

g) Im **Balkonsturzfall** (BGHZ 103, 298) nahm der BGH eine sehr weitgehende **24** Verkehrssicherungspflicht des Reiseveranstalters bei Vorbereitung und Durchführung der von ihm veranstalteten Reisen an. Sie erstrecke sich nicht nur auf Auswahl und Kontrolle des eigenen Personals und eigener Transportmittel, sondern auch auf Auswahl und Kontrolle der Leistungsträger, hier des Vertragshotels (BGHZ 103, 298, 305). Dies überrascht, ist doch der Leistungsträger rechtlich selbständig und daher kein Verrichtungsgehilfe des Reiseveranstalters. Den Veranstalter dürfte daher an sich auch keine eigenständige Verkehrssicherungspflicht für die vom selbständigen Leistungsträger genutzten oder dem Reisenden zur Verfügung gestellten Einrichtungen treffen (Erman/Seiler § 651f Rn 5). Diese Rspr begünstigt den Reisenden einseitig, weil dem Reiseveranstalter im Deliktsrecht weder die kurzen Ausschluss- und Verjährungsfristen des § 651g noch die Möglichkeit der Haftungsbeschränkung nach § 651h offen stehen. Umgekehrt belasten derartige in die Nähe einer Gefährdungshaftung reichende Sorgfaltsanforderungen und Kontrollpflichten den Reiseveranstalter unangemessen (vgl Führich Rn 354c; Gerauer BB 1989, 1003; Seyderhelm § 651a Rn 156). Diese Entscheidung wirft im Übrigen die Frage auf, ob vergleichbare Verkehrssicherungspflichten nicht nur für Hotel-, sondern auch für Transportleistungen anzunehmen sind (vgl Bidinger/Müller Vor § 651a 26).

5. EG-Pauschalreise-Richtlinie

Die Richtlinie des Rates vom 13. Juni 1990 über Pauschalreisen (90/314/EWG, ABlEG **25** Nr L 158 v 13. 6. 1990 59 = EuZW 1990, 413; vgl zur Entstehungsgeschichte Tonner EuZW 1990, 409; ders, Reiserecht in Europa 237 ff; Pellet 145 ff) verpflichtete die Mitgliedstaaten, bis zum 31. Dezember 1992 **Mindeststandards** auf dem Gebiet des Pauschalreiserechts zu schaffen. Die Richtlinie sollte zum einen **der Vollendung des Binnenmarktes**, zum anderen **verbraucherpolitischen Zielen** dienen. Binnenmarktpolitisch ging es darum, durch Schaffung einheitlicher reiserechtlicher Mindeststandards Wettbewerbsverzerrungen zu beseitigen und damit die **Dienstleistungsfreiheit** auf dem Gebiet der Pauschalreisen zu verwirklichen (vgl MünchKomm/Tonner Rn 24; Führich Rn 23). Zugleich sollte es dem Verbraucher eines Mitgliedstaates durch Angleichung der Vorschriften über den Verbraucherschutz erleichtert werden, Pauschalreisen in einem anderen Mitgliedstaat zu buchen.

Im März 1988 veröffentlichte die EG-Kommission einen **Richtlinienentwurf** (ABlEG **26** Nr C 96/4 v 12. 4. 1988), der im Europäischen Parlament geändert (ABlEG Nr C 190/10 v 27. 7. 1989) und am 13. Juni 1990 vom Ministerrat verabschiedet wurde (ABlEG Nr L 158/ 59 v 23. 6. 1990). Inhaltliche **Schwerpunkte** der Richtlinie sind die Normierung zahlreicher Informationspflichten des Reiseveranstalters, die Beschränkung der Möglichkeit nachträglicher Leistungs- und Preisänderungen sowie die Absicherung des Reisenden gegen Zahlungsunfähigkeit oder Insolvenz des Reiseveranstalters vor und während der Reise.

6. Umsetzung der Richtlinie

27 Die Richtlinie sollte bis spätestens zum 31. Dezember 1992 in nationales Recht umgesetzt werden (Art 9 Abs 1 RiL), doch wurde erst im August 1992 ein Referentenentwurf vorgelegt. Die Bundesregierung benötigte anschließend fast ein weiteres Jahr, um im Juli 1993 einen Gesetzesentwurf im Bundestag einzubringen (Regierungsentwurf v 26. 3. 1993, BT-Drucks 12/5354 v 1. 7. 1993). Der Bundestag überwies den Entwurf an die zuständigen Ausschüsse, die im Dezember 1993 eine öffentliche Anhörung mit Verbänden und Experten durchführten (vgl PICK Einl Rn 138). Der federführende Rechtsausschuss beriet den Entwurf am 12. Januar und am 24. Februar 1994 und legte dem Bundestag eine gegenüber dem Regierungsentwurf leicht geänderte Fassung vor. Die Beschlussempfehlung und der Bericht des Rechtsausschusses vom 25. Februar 1994 (BT-Drucks 12/7013) wurden vom Bundestag gemeinsam mit dem Gesetzentwurf an die Ausschüsse zurückverwiesen, ehe der Deutsche Bundestag den Gesetzentwurf in der Sitzung am 22. April 1994 schließlich verabschiedete. Dieses „Gesetz zur Durchführung der Richtlinie des Rates vom 13. Juni 1990 über Pauschalreisen" vom 24. Juni 1994 (BGBl 1994 I 1322; vgl zum Inhalt H-W ECKERT DB 1994, 1069; FÜHRICH NJW 1994, 2446) enthielt eine **gespaltene In-Kraft-Tretens-Regelung** (Art 4). Danach galt das Gesetz hinsichtlich der Insolvenzsicherung bereits für nach dem 1. Juli 1994 geschlossene Reiseverträge, die als Reisebeginn den 1. November 1994 oder ein späteres Datum vorsahen. Im Übrigen trat es erst zum 1. November 1994 in Kraft. Die aufgrund des Gesetzes erlassene „Verordnung über die Informationspflichten von Reiseveranstaltern" vom 14. November 1994 (BGBl 1994 I 3436) gilt seit dem 23. November 1994. Insgesamt erfolgte die Umsetzung der Pauschalreise-Richtlinie daher mit **erheblicher Verspätung**. Wegen dieser verspäteten Richtlinien-Umsetzung steht den in der Zwischenzeit durch Insolvenzen von Reiseveranstaltern geschädigten Reisenden ein **Staatshaftungsanspruch** unmittelbar gegen die Bundesrepublik Deutschland zu (EuGH NJW 1996, 3141; vgl § 651k Rn 2).

28 Die Umsetzung der EG-Pauschalreise-Richtlinie erfolgte durch wenige Ergänzungen und Änderungen der §§ 651a ff, die das System dieser Vorschriften kaum veränderten. **§ 651a** wurde um drei Absätze ergänzt. Diese tragen den Vorgaben der Richtlinie hinsichtlich nachträglicher Leistungs- und Preisänderungen Rechnung (§ 651a Abs 3 u 4 aF, § 651a Abs 4 u 5 nF) und enthielten die Ermächtigung zum Erlass einer Verordnung über die Informationspflichten von Reiseveranstaltern (§ 651a Abs 5 aF). In **§ 651b** wurde klargestellt, dass es sich beim Eintritt eines Dritten in den Reisevertrag um einen Fall der Vertragsübernahme handelt, so dass der Ersatzreisende zusammen mit dem ursprünglichen Vertragspartner als Gesamtschuldner haftet. Das System der verschuldensunabhängigen Gewährleistung in den **§§ 651c ff** blieb unverändert. In § 651f Abs 1 wurde die von der Rspr entwickelte Beweislastumkehr zulasten des Reiseveranstalters hinsichtlich seines Verschuldens aufgenommen. **§ 651h** nahm Körperschäden nunmehr ausdrücklich von der Möglichkeit einer Haftungsbeschränkung aus (Abs 1). Das Verhältnis zwischen den Kündigungsmöglichkeiten nach **§ 651e** und **§ 651j** wurde im Sinne eines Vorrangs der Kündigung nach § 651j geklärt (§ 651j Abs 1). Eingefügt wurde ferner ein völlig neuer **§ 651k**, der die Absicherung der Gelder des Reisenden gegen eine Insolvenz des Reiseveranstalters bezweckt. Die Vorschrift galt und gilt ebenso wie die frühere Informationsverordnung und die jetzt an deren Stelle getretenen §§ 4–8 der BGB-InfoV nicht für nichtgewerblich handelnde Gelegenheitsanbieter (§ 651k Abs 6 Nr 1, § 5 InfVO; § 11

BGB-InfoV). Sie wurde mit Wirkung ab dem 1.1.1997 noch einmal modifiziert (BGBl 1996 I 2090). Ziel dieser Änderung war die Streichung der Regelung in Abs 4, wonach der Reiseveranstalter eine Anzahlung in Höhe von 10% des Reisepreises – höchstens jedoch 500,– DM – auch ohne Nachweis einer Insolvenzsicherung verlangen konnte. Der Gesetzgeber trug damit der Rechtsprechung des EuGH Rechnung, der diese Regelung als mit der europarechtlichen Insolvenzschutzvorschrift in Art 7 der Pauschalreise-Richtlinie unvereinbar angesehen hatte (EuGH NJW 1996, 3141, 3144). Durch die Ergänzung des neu eingefügten § 651k aF wurde der bisherige § 651k zu § 651l aF. Kleinere Änderungen der §§ 651a Abs 5 S 1 aF und § 651k Abs 2 S 1 und Abs 6 Nr 2 brachte das Fernabsatzgesetz v 27.6.2000 (BGBl 2000 I, 897), das u a die Umstellung der DM-Beträge in Euro bezweckte (vgl § 651k Rn 4).

7. Zweites Gesetz zur Änderung reiserechtlicher Vorschriften

Weitere Änderungen des Reisevertragsrechts brachte das Zweite Gesetz zur Änderung reiserechtlicher Vorschriften (2. ReiseRÄndG vom 23. Juli 2001, BGBl 2001 I 1658), das am 1. September 2001 in Kraft getreten ist. Der Gesetzgeber ging zwar davon aus, dass sich das 1994 an die EG-Pauschalreise-Richtlinie angepasste Reisevertragsrecht im Wesentlichen bewährt habe und keiner Änderungen bedürfe (Begründung des Gesetzentwurfs der Bundesregierung vom 4. Mai 2001, BT-Drucks 14/5944 8), sah sich aber in zweierlei Hinsicht gleichwohl zum Handeln gezwungen. Auf der einen Seite fühlte er sich durch das Urteil des Europäischen Gerichtshofs in der Rechtssache AFS Intercultural Programs Finland (EuGH Urt vom 11. Februar 1999 RRa 1999, 132), nach dem die EG-Pauschalreise-Richtlinie nicht auf Schüleraustauschverträge anwendbar sei, verpflichtet, neue Regelungen für **internationale Gastschulaufenthalte** in das BGB aufzunehmen. Diese sollten einerseits klarstellen, dass die §§ 651a ff auf internationale Gastschulaufenthalte jedenfalls zum Teil anwendbar sind. Andererseits sollten sie Klarheit über die Rechte und Pflichten des Veranstalters derartiger Reisen bringen (vgl BT-Drucks 14/5944, 8; Führich NJW 2001, 3083 f; R. Schmid MDR 2002, 791). Auf der anderen Seite sah sich der Gesetzgeber durch das Urteil des Europäischen Gerichtshofs in der Rechtssache Rechberger (EuGH Urt vom 15. Juni 1999 NJW 1999, 3181) sowie durch den Ende 1999 von der Europäischen Kommission erstellten Bericht über die Durchführung der EG-Pauschalreise-Richtlinie in den innenstaatlichen Rechtsvorschriften der EG-Mitgliedsstaaten (Arbeitsdokument SEK [1999] 1800 vom 5. November 1999) veranlasst, die **Insolvenzschutzregelung** des § 651k zum Schutz des Reisenden konsequenter auszugestalten (vgl BT-Drucks 14/5944, 8; Führich NJW 2001, 3084). Dem 2. ReiseRÄndG ging ein Diskussionsentwurf vom Oktober 2000 voraus (abgedruckt in: Deutsche Gesellschaft für Reiserecht [Hrsg], DGfR-Jahrbuch 2000, 103 ff). Die Bundesregierung legte dem Bundesrat Anfang 2001 den Entwurf eines 2. ReiseRÄndG vor. Der Bundesrat nahm zu diesem am 30. März 2001 Stellung und schlug einzelne Änderungen vor (Anlage 2 zu BT-Drucks 14/5944, 19–20). Die Bundesregierung brachte daraufhin am 4. Mai 2001 den Gesetzentwurf in der entsprechend ihrer Gegenäußerung (Anlage 3 zu BT-Drucks 14/5944, 21) leicht geänderten Fassung (BT-Drucks 14/5944) in den Bundestag ein, der ihn einstimmig annahm. Das 2. ReiseRÄndG wurde am 24. Juli 2001 im Bundesgesetzblatt verkündet (BGBl 2001 I 1658).

Das 2. ReiseRÄndG hat die bisherige Verordnungsermächtigung des § 651a Abs 5 gestrichen und eine neue **einheitliche Ermächtigungsgrundlage** geschaffen, die aus systematischen Gründen in **Art 238 Abs 1 EGBGB** eingestellt wurde. Diese Verordnungsermächtigung erstreckt sich nunmehr auch auf den Inhalt und die Gestaltung des Sicherungsscheins nach § 651k Abs 3 nF und den Nachweis nach § 651k Abs 5 nF. In § **651g** Abs 1 wurde ein neuer S 2 eingefügt, der § 174 für unanwendbar erklärt und damit klarstellt, dass für die **Anmeldung von Ansprüchen** des Reisenden durch einen Rechtsanwalt keine Vorlage einer Originalvollmacht notwendig ist. In § **651k** wurden vor allem Abs 3 und Abs 4 erweitert, um den **Sicherungsschein** wirkungsvoller auszugestalten. Nach § 651k Abs 3 S 2 ist der Kundengeldabsicherer (der Versicherer oder das Kreditinstitut, vgl § 651k Abs 2 S 1 nF) gegenüber dem Reisenden mit Einwendungen aus dem Kundengeldabsicherungsvertrag ausgeschlossen. Der Kundengeldabsicherer kann sich gegenüber dem Reisenden auch nicht darauf berufen, dass der Sicherungsschein erst nach Beendigung des Kundengeldabsicherungsvertrages ausgestellt worden ist. § 651k Abs 3 S 4 statuiert zudem eine Überprüfungspflicht des Reisebüros, das einem Reisenden den Sicherungsschein übergibt. Das Reisebüro ist in diesen Fällen verpflichtet, den Sicherungsschein auf seine Gültigkeit hin zu überprüfen. Der neue § 651k Abs 4 S 2 stellt klar, dass ein Reisevermittler als vom Reiseveranstalter zur Entgegennahme von Zahlungen auf den Reisepreis ermächtigt gilt, wenn der Vermittler einen Sicherungsschein übergibt oder sonstige dem Reiseveranstalter zuzurechnende Umstände ergeben, dass er von diesem betraut ist, Reiseverträge für ihn zu vermitteln. Zahlungen des Reisenden an den Reisevermittler werden also dem Veranstalter zugerechnet, mit der Folge, dass eine zusätzliche Insolvenzabsicherung des Reisevermittlers überflüssig ist (vgl Führich NJW 2001 3085). Der neu in das BGB eingefügte § **651l** regelt die **internationalen Gastschulaufenthalte**. Er stellt klar, dass diese in den Anwendungsbereich des Reisevertragsrechts fallen und stellt zugleich ergänzende Sonderregelungen auf, die die Einhaltung von Mindeststandards gewährleisten sollen. Durch die Einfügung des § 651l wurde der bisherige § 651l zu § 651m. Außerhalb des BGB wurde in **Art 238 Abs 2 EGBGB** eine Mitteilungspflicht des Kundengeldabsicherers aufgenommen. Dieser muss die zuständige Gewerbebehörde unverzüglich von der Beendigung des Absicherungsvertrages mit dem Reiseveranstalter informieren. Die Gewerbebehörde kann dann überprüfen, ob eine neue Insolvenzabsicherung für den Reiseveranstalter besteht und gegebenenfalls die notwendigen Maßnahmen einleiten. Damit soll die **gewerberechtliche Kontrolle** der Insolvenzabsicherung erleichtert werden (BT-Drucks 14/5944, 11 f). Außerdem wurde § **147b GewO** dahingehend geändert, dass die Ordnungswidrigkeitenvorschrift nunmehr alle Fälle erfasst, in denen dem Reisenden nicht ein ordnungsgemäßer Nachweis der Absicherung übergeben wird. Zudem gilt die Ordnungswidrigkeitenregelung nunmehr eindeutig auch für Reisevermittler, die Anzahlungen fordern oder entgegennehmen, ohne den vorgeschriebenen Sicherungsschein des Reiseveranstalters auszuhändigen. Schließlich wurde in die **InfVO** ein neuer § 4 eingefügt, der die Informationspflichten des Reiseveranstalters bei internationalen Gastschulaufenthalten ergänzend zum neuen § 651l Abs 4 Nrn 1 u 2 regelt (vgl zum Inhalt des 2. ReiseRÄndG im einzelnen Führich NJW 2001 3083; Isermann DRiZ 2002 133; Tonner/Echtermeyer RRa 2001 67; Tonner, Die Insolvenzabsicherung im Pauschalreiserecht und das Zweite Reiserechtsänderungsgesetz). Die durch das 2. ReiseRÄndG vorgenommenen Änderungen und Ergänzungen des BGB traten am 1. September 2001 in Kraft (Art 6 des 2. ReiseRÄndG). Der neu gefasste § 651k und der neue § 651l sind nach Art 229 § 4 Abs 1 EGBGB nur auf neue Reiseverträge, die nach dem 1. September 2001 geschlossen wurden, anwendbar. Die Verordnungsermächtigung des Art 238 Abs 1 EGBGB trat bereits am 25. Juli 2001 in Kraft, der neue § 147b GewO am 1. Januar 2002 (Art 6 S 2 u 3 des 2. ReiseRÄndG).

8. Schuldrechtsmodernisierung

Das am 1. Januar 2002 in Kraft getretene Gesetz zur Modernisierung des Schuld- **31** rechts (BGBl 2001 I 3138) hat das Reisevertragsrecht noch einmal umgestaltet. In **§ 651a** wurde ein neuer Abs 3 eingefügt, wonach der Reiseveranstalter dem Reisenden bei oder unverzüglich nach Vertragsschluss eine Urkunde über den Reisevertrag zur Verfügung zu stellen hat. Diese Urkunde muss ebenso wie ein Prospekt die in der Rechtsverordnung nach Art 238 EGBGB bestimmten Angaben enthalten. Dieser neue Abs 3 knüpft an die Regelung in § 3 Abs 1 InfoVO (jetzt § 6 Abs 1 BGB-InfoV) an. Sie war nötig, weil die Verordnungsermächtigung aus § 651a Abs 5 herausgenommen und durch Art 238 in das EGBGB eingestellt wurde. Durch die dort im neuen 7. Teil des EGBGB vorgesehene Zusammenfassung der Verordnungsermächtigungen, die im BGB geregelte Schuldverhältnisse betreffen, wollte der Gesetzgeber eine größere Übersichtlichkeit erzielen (BT-Drucks 14/6040, 258). Die bisherigen Abs 3 u 4 wurden durch die Einfügung des neuen Abs 3 zu Abs 4 u 5. In § 651a Abs 4 nF wurde ein neuer S 3 eingefügt, der auf § 309 Nr 1 verweist. Im Rahmen einer gesetzlich eigentlich zulässigen Preiserhöhung nach § 651a Abs 4 ist danach § 309 Nr 1 zu beachten, der ein Erhöhungsverbot für Verträge aufstellt, die innerhalb von 4 Monaten erfüllt werden. Bei dieser Einfügung handelt es sich um eine redaktionelle Folgeänderung aus der Einfügung des neuen Abs 3 und der Integration des AGBG in das BGB (BT-Drucks 14/6040, 268). In **§ 651d** Abs 1 S 1 wurde die Verweisung auf die kaufvertragliche Minderungsregelung des § 472 durch die Verweisung auf die werkvertragliche Minderungsregelung des § 386 Abs 3 nF ersetzt. Dies entspricht der werkvertragsähnlichen Rechtsnatur des Reisevertrages. Neu ist die in § 651d Abs 1 S 2 enthaltene Verweisung auf die Rückabwicklungsvorschrift des § 638 Abs 4 nF, die es gestattet, die Minderung, soweit erforderlich, durch Schätzung zu ermitteln. Auch **§ 651e** Abs 3 S 2 verweist nunmehr auf die werkvertragliche Minderungsregelung des § 638 Abs 3 nF statt wie bisher auf die kaufvertragliche Minderungsregelung. In **§ 651g** Abs 2 S 1 wurde die **Verjährungsfrist** für sämtliche vertragliche Gewährleistungsansprüche des Reisenden gegen den Reiseveranstalter nach den §§ 651c – 651 f von bis dahin 6 Monaten auf nunmehr 2 Jahre erhöht. Nach Auffassung des Gesetzgebers bestand nach der Abschaffung der kurzen sechsmonatigen Verjährung beim Kauf- und Werkvertrag kein Grund mehr, allein beim Reisevertrag an der sechsmonatigen Verjährungsfrist festzuhalten. Der Reiseveranstalter sei zudem durch die Ausschlussfrist von einem Monat für die Anmeldung von Gewährleistungsansprüchen nach § 651g Abs 1 geschützt (BT-Drucks 14/6040, 268 f; ablehnend FÜHRICH NJW 2002 1083; ISERMANN RRa 2001, 135 f). § 651g Abs 2 S 1 soll also den Verjährungsgleichlauf mit den Regelungen im Kauf- und Werkvertragsrecht schaffen. Im Gegenzug hat der Gesetzgeber diese zweijährige Verjährungsfrist in **§ 651m** S 2 nF eingeschränkt dispositiv gestellt. Danach hat der Reiseveranstalter die Möglichkeit, vor Mitteilung eines Mangels die Verjährungsfrist des § 651g Abs 2 S 1 von zwei auf bis zu einem Jahr durch vertragliche Vereinbarung zu verkürzen. Das im übrigen zu Gunsten des Reisenden zwingende Reisevertragsrecht wird damit in einem engen begrenzten Bereich dispositives Recht. Eine verjährungsverkürzende Vereinbarung kann sowohl individualvertraglich als auch in Allgemeinen Geschäftsbedingungen erfolgen. In der Praxis wird die Verkürzung regelmäßig in den Reisebedingungen der Reiseveranstalter erfolgen, für die dann die Grenzen des § 309 Nr 7 und 8a zu beachten sind (BT-Drucks 14/6040, 269). § 651g Abs 2 S 3 aF, der eine Hemmung der Verjährung bis zur Zurückweisung der Ansprüche durch den Reiseveranstalter vorsah, ist durch § 203 nF überflüssig geworden. Nach dieser Vorschrift ist die Verjährung gehemmt, wenn zwischen Schuldner und Gläubiger Verhandlungen über den Anspruch oder die den Anspruch begründenden Umstände schweben. Hinsichtlich des **Gewährleistungsrechts** als dem Kernbereich des Reisevertragsrechts hat der Gesetzgeber die Strukturen der §§ 651c bis 651 f nicht verändert (Führich NJW 2002, 1084). Es bleibt also beim Vorrang des Gewährleistungsrechts der §§ 651c – 651 f vor dem allgemeinen Leistungsstörungsrecht des BGB für alle nach dem Reiseantritt auftretenden Leistungsstörungen (vgl Vor §§ 651c ff Rn 18 ff). Auch der **Begriff des Reisemangels** in § 651c Abs 1 ist unverändert geblieben, obwohl im Kaufrecht in § 434 und im Werkrecht in § 633 nicht mehr zwischen zugesicherter Eigenschaft und Fehler unterschieden, sondern auf die vereinbarte Beschaffenheit abgestellt wird. Die Forderungen im reiserechtlichen Schrifttum, im Zuge der Reform entweder den Begriff des Reisemangels der allgemeinen Pflichtwidrigkeit iSd § 280 Abs 1 unterzuordnen oder mit einer eigenständigen einschränkenden Regelung aus dem Reisemangel die persönlichen Lebensrisiken und bloßen Unannehmlichkeiten der Reise herauszunehmen (vgl Bidinger/Müller/Bidinger, in: Deutsche Gesellschaft für Reiserecht [Hrsg], Zur Notwendigkeit einer weiteren Reiserechts-Novelle [2000] 39 ff; Degott, in: ebda 55 ff; Führich, in: ebda 29 ff; R Schmid, in: ebda 19, 25; Zedelmaier, in: ebda 59 ff; vgl aber auch Teichmann, in: Deutsche Gesellschaft für Reiserecht [Hrsg], DGfR-Jahrbuch 2001 [2002] 65 f), hat der Gesetzgeber nicht berücksichtigt.

32 Mit der Schuldrechtsmodernisierung wurde zugleich die bisher nur im Reisevertragsrecht angewandte Regelungstechnik der Verlagerung der Informationspflichten des Reiseveranstalters auf die Ebene einer Verordnung verallgemeinert. Die Verordnung über Informationspflichten von Reiseveranstaltern (InfVO) wurde nunmehr zu einem Teil der allgemeinen **Verordnung über Informations- und Nachweispflichten nach bürgerlichem Recht** (BGB-InfoV vom 2. Januar 2002 [BGBl 2002 I 342] idF der Bekanntmachung der Neufassung der BGB-InfoV vom 5. August 2002 [BGBl 2002 I 3002]), in der die reiserechtlichen Informationspflichten den Abschnitt 3 über die Informations- und Nachweispflichten von Reiseveranstaltern bilden. Das Bundesjustizministerium hat von der Ermächtigung des Art 238 Abs 1 Nr 2 EGBGB, den Inhalt und die Gestaltung des Sicherungsscheins nach § 651k Abs 3 und des Nachweises ausländischer Reiseveranstalter nach § 651k Abs 5 festzulegen, durch Verordnung vom 13. März 2002 (BGBl 2002 I 1141) Gebrauch gemacht und die neuen §§ 9 (Muster für den Sicherungsschein mit Anlage) und 10 (Nachweis nach § 651k Abs 5) in die BGB-InfoV eingefügt. Die Vorschriften über die reiserechtlichen Informationspflichten sind seitdem in den §§ 4–11, 15 BGB-InfoV enthalten. Diese Vorschriften werden im Anhang an § 651a kommentiert.

IV. Rechtspolitische Bewertung

33 Die §§ 651a–651l sind ein typisches Beispiel für die Verbraucherschutzgesetzgebung der jüngeren Zeit. Eine einheitliche Ausrichtung ist nicht erkennbar, erblickt man sie nicht in der Verwirklichung von tatsächlichem oder vermeintlichem Verbraucherschutz. Gleichwohl kann die Schaffung eines selbständigen Reisevertragsrechts nicht als überflüssige Reform bewertet werden. Einmal gibt es **den** Werkvertrag nicht. Es galt also, die allgemeinen Vorschriften der §§ 631–650 für Pauschalreisen zu konkretisieren. In der Begründung des Gesetzentwurfs der Bundesregierung aus dem Jahre 1976 (BT-Drucks 7/5141 v 6.5.1976) wird darauf hingewiesen, dass das Werkvertragsrecht der §§ 631 ff letztlich davon ausgeht, dass der Werkunternehmer das Werk nach den Wünschen des Bestellers herstellt, während die **Pauschalreise** vorfabriziert wird. Zwar trifft diese Unterscheidung oftmals den Kern, doch stellt sie allein kein spezielles Kennzeichen der Pauschalreise dar, da auch für viele andere Werkverträge eine umfassende Planung und Organisation von Werkleistungen erforderlich und kennzeichnend ist (ERMAN/SEILER Rn 4). Das Kaufrecht passt allerdings schon deshalb nicht, weil die Reise nicht übergeben werden kann. Der Reiseveranstaltungsvertrag zielt vielmehr auf die Erfüllung der Pflicht zur Verschaffung verschiedenartigster Leistungen aus dem Bereich des Dienst-, Werk- und Mietvertragsrechts. Es kann daher dem Gesetzgeber nicht vorgeworfen werden, ein an sich überflüssiges Gesetz geschaffen zu haben. Allerdings hat der Gesetzgeber viele noch bestehende Unklarheiten im Reiserecht nicht beseitigt. Unbestimmte Rechtsbegriffe, generalklauselartige Formulierungen und überflüssige Wiederholungen finden sich durchgängig. Es ist aber nicht zu verkennen – und dies zeigt die umfangreiche Rspr zum Reiserecht anschaulich –, dass das Reisevertragsrecht mit seinem Gewährleistungssystem dem Reisenden seine Rechtsstellung durchschaubarer gemacht hat. Jedoch drohen die gegenwärtige Gesetzgebung und die teilweise ausgesprochen verbraucherfreundliche Rechtsprechung Reklamationen geradezu zu provozieren. Der Reisende muss sich jedoch daran gewöhnen, dass die Planbarkeit einer Pauschalreise ihre notwendigen Grenzen hat und dass er sich auch an die Gegebenheiten des Gastlandes anzupassen hat. Da Minderungsansprüche nicht versicherbar sind, führt eine zu weitgehende Einstandspflicht der Veranstalter zwangsläufig zu Preiserhöhungen. Die Erwartungshaltung bei Pauschalreisenden ist nicht zuletzt deshalb so hoch, weil Pauschalreisende die Mühen der Reisevorbereitung und Reiseorganisation selbst nicht mehr kennen (BLAUROCK 1).

Das Reisevertragsrecht hat als **Verbraucherschutzgesetz** seinen Zweck erfüllt. Es hat **34** das Bewusstsein des Pauschalreisenden für seine Rechte gestärkt, was sich schon an der kaum noch überschaubaren Judikatur zum Reiserecht ablesen lässt. Während früher dem Reisenden seine Rechte und Pflichten allein über Allgemeine Geschäftsbedingungen vermittelt wurden, kann er sie nun unmittelbar aus dem Gesetz ablesen, ohne dass ihm deshalb eine detaillierte Kenntnis des Reiserechts abverlangt würde, was gerade im Hinblick auf die Mitwirkungspflichten des Reisenden nach §§ 651c, d für ihn fatale Folgen haben könnte. Die Reiseveranstalter verwenden vielmehr auch weiterhin regelmäßig Allgemeine Geschäftsbedingungen, die dem Reisenden seine Rechte nach den §§ 651a–m im Wesentlichen zutreffend verdeutlichen (vgl aber Rn 98).

Das Reisevertragsrecht leidet erheblich darunter, dass ein geschlossenes System **35** nicht erkennbar ist. Dies ist insbes die Folge daraus, dass der Gesetzgeber ursprünglich ähnlich wie beim Einheitlichen Kaufgesetz von einem einheitlichen Begriff der Leistungsstörung ausgegangen ist (vgl DÖLLE/STOLL, Kommentar zum Einheitlichen Kaufgesetz Art 74 Rn 12 ff). Dem lag die Einsicht zugrunde, dass etwa der Begriff der Unmöglichkeit in vielen Fällen zu starr ist, um eine angemessene Lösung der bei der Veranstaltung von Pauschalreisen auftretenden Probleme leisten zu können (vgl Begründung des Gesetzentwurfs der Bundesregierung 1976, BT-Drucks 7/5141 v 6.5. 1976). Diese Leistung blieb dem Regierungsentwurf jedoch verwehrt. Zu Recht ist festgestellt worden, dass die Systematik im Regierungsentwurf, wenn man sie als eine solche überhaupt bezeichnen will, weder interessengerechter noch klarer ist. Manchmal wirken die Normen eher wie eine kodifizierte Regelung von Einzelfällen, die der zuständige Referent dem Entscheidungsmaterial entnommen hat oder die ihm vielleicht auch durch eigenes Erleben bekannt geworden sind (vgl TEICHMANN JZ 1979, 737). Uneingeschränkt ist es zu begrüßen, dass der Gesetzgeber entgegen seiner ursprünglichen Intention davon abgesehen hat, das Reisevertragsrecht in einem Sondergesetz außerhalb des BGB zu regeln. Zweifelhaft war hingegen stets, ob eine isolierte Reform des Rechts der Leistungsstörungen überhaupt sinnvoll im Rahmen eines einzelnen Rechtsgeschäftstyps angegangen werden konnte und sollte (vgl auch BT-Drucks 8/786 v 27.7.1977). Dies ist, was der Gesetzgeber später auch erkannt hat, eindeutig zu verneinen. Zu leichtfertig war jedoch die überstürzte Rückkehr zum BGB-System. Der Gesetzgeber hätte sich nicht damit begnügen dürfen, die Bestimmungen des ursprünglichen Gesetzentwurfs nach zum Teil nur oberflächlicher Korrektur nahezu unverändert in das BGB einzufügen (vgl FÜHRICH Rn 22; TEICHMANN JZ 1979, 737). Denn so blieb das Reisevertragsgesetz von 1979 trotz seiner letztlich erfolgten äußerlichen Integration in das Bürgerliche Gesetzbuch ein Sondergesetz, ein Fremdkörper innerhalb der Gesamtkodifikation. An diesem Befund hat sich auch durch die Schuldrechtsmodernisierung nichts geändert. Der Gesetzgeber hat zwar im Kauf- und Werkvertragsrecht den Begriff des Mangels in Übereinstimmung mit den Regeln des UN-Kaufrechts neu definiert und in das allgemeine Leistungsstörungsrecht integriert. Zudem knüpft auch das allgemeine Leistungsstörungsrecht mit dem zentralen Begriff der Pflichtverletzung in § 280 Abs 1 an das Regelungsmodell des UN-Kaufrechts an. Dies hätte es nahe gelegt, auch für das Reisevertragsrecht, dessen Gewährleistungsvorschriften ja das UN-Kaufrecht zum Vorbild gehabt hatten, zum einheitlichen Begriff der Leistungsstörung zurückzukehren und den Begriff des Reisemangels der allgemeinen Pflichtwidrigkeit iSd § 280 Abs 1 unterzuordnen. Der Gesetzgeber hat dies nicht getan und sowohl den Begriff des Reisemangels iSd § 651c Abs 1 als auch das Verhältnis der reiserechtlichen Gewährleistungsregeln zum allgemeinen Leistungsstörungsrecht nicht verändert. Das führt zu einer Uneinheitlichkeit des schuldrechtlichen Gewährleistungsrechts, die nicht nur aus „ästhetischen" Gründen unerfreulich ist. Während das Kauf- und Werkvertragsrecht einen einheitlichen Mangelbegriff verwenden, der in das allgemeine Leistungsstörungsrecht integriert ist, setzt das Reisevertragsrecht weiterhin einen Fehler oder das Fehlen einer zugesicherten Eigenschaft voraus (§ 651c Abs 1), die von der Pflichtwidrigkeit des allgemeinen Leistungsstörungsrechts abzugrenzen sind. So ist das Gewährleistungsrecht des Reisevertragsrechts, das ursprünglich dem Vorbild des UN-Kaufrechts am nächsten kam, heute am weitesten von ihm entfernt und nach wie vor ein Fremdkörper im BGB.

36 Was jedoch weit schwerer wiegt, ist der Umstand, dass das Reisevertragsrecht eine Vielzahl von Kompromissformeln enthält, wodurch es klare Lösungsmuster vermissen lässt. Gerade in Zeiten, in denen ein zuweilen unreflektiertes Verbraucherschutzdenken die Gesetzgebung beherrscht, müssen im Interesse der Verbraucher und der Reiseveranstalter die beiderseitigen Rechte und Pflichten klar festgelegt werden. Das Reisevertragsrecht leistet diese Aufgabe nicht. Es macht daher deutlich, wie unfähig der deutsche Gesetzgeber zu einer dem BGB als Denkmal der Rechtskultur angemessenen Gesetzgebung ist (vgl FLUME ZIP 2000, 1429 f). Hieran hat auch die Neufassung des Reisevertragsgesetzes im Zuge der Umsetzung der EG-Pauschalreise-Richtlinie nur wenig geändert, da der Gesetzgeber bei seinen Beratungen der Reiserechtsnovelle von 1994 erstaunlicherweise davon ausging, dass sich die geltenden

Vorschriften der §§ 651a ff „bewährt" hätten (BT-Drucks 12/5354 § 9) und sich daher auf notwendige Änderungen und kleinere Korrekturen beschränkte (ERMAN/SEILER Rn 7). Gleiches gilt von den Änderungen durch das 2. ReiseRÄndG von 2001, bei dem der Gesetzgeber wiederum betonte, auch das 1994 reformierte Reisevertragsrecht habe „sich bewährt und bedarf daher mit zwei Ausnahmen keiner Änderungen" (BT-Drucks 14/5944 8). Auch diese Reform beschränkte sich folglich auf das „Mindestmaß des Allernotwendigsten" und blieb daher „Stückwerk" (R SCHMID MDR 2002, 791). Schließlich ging auch das Gesetz zur Modernisierung des Schuldrechts über die eigentlichen Probleme im reiserechtlichen Gewährleistungsrecht hinweg und ließ, abgesehen vom Verjährungsrecht, im Wesentlichen alles beim Alten. Trotz der wiederholten Nachbesserungen und Reförmchen ist auch die geltende Fassung des Reisevertragsrechts keineswegs gelungen. Nach wie vor bleiben zahlreiche Fragen offen. Die unterschiedlichen Rücktritts- und Kündigungsmöglichkeiten des Reisenden und des Reiseveranstalters lassen keine Systematik erkennen, die BGB-InfoV ist bis an die Grenze der Lächerlichkeit überfrachtet und auch die 1994 neu eingefügte Vorschrift des § 651k wirft hinsichtlich der Insolvenzsicherung viele neue Zweifelsfragen auf (vgl SEYDERHELM 2). Die Warnung vor einer „Reform der Reform" und „gesetzgeberischen Reparaturversuchen" (ERMAN/SEILER[9] Rn 7) war also nur zu begründet.

Die lückenhafte Regelung des Reiserechts in den §§ 651a–m stellt den Rechtsanwender vor ein Dauerdilemma. Die gefundenen oder zu findenden Lösungsmuster stellen Kompromissformeln zwischen den Interessen des Veranstalters und denen des Reisenden dar. Bei der Lückenausfüllung ist eine derartige Interessenabwägung zu leisten. Wer hier vordergründigen Verbraucherschutzgedanken den Vorrang einräumt, verfehlt diese Aufgabenstellung. Der höchstrichterlichen Entscheidungspraxis ist es in den letzten Jahren gelungen, die gröbsten Ungereimtheiten der gesetzlichen Regelung auszubügeln und die meisten der von den §§ 651a–m offen gelassenen Fragen im Ergebnis **sachgerecht** zu beantworten (vgl SOERGEL/H-W ECKERT Rn 30). Diese Handhabung des Reisevertragsrechts durch die Rspr leidet aber darunter, dass die Entscheidungen vielfach methodisch fragwürdig erscheinen. Wichtiger war indessen, dass die Rspr des BGH im Reisevertragsrecht wegen der niedrigen Streitwerte zugunsten der Instanzgerichte zunehmend an Bedeutung verloren hatte. Diese Entwicklung erschwerte es dem BGH, ein eigenes System des Reisevertragsrechts herauszubilden und durchzusetzen. Erschwert wurde diese Entwicklung noch zusätzlich durch die unterschiedliche Bedeutung der einzelnen Landgerichte, da sich die Zuständigkeit in Reiseprozessen wegen der Vorauskasse-Praxis der Reiseveranstalter nach deren Firmensitzen richtet. Dies und die unterschiedliche Veröffentlichungspraxis der Gerichte hat namentlich zur Herausbildung eines **„Frankfurter Reiserechts"** (MünchKomm/TONNER Rn 56) geführt, das sich vor allem in der von der 24. Kammer des Landgerichts Frankfurt veröffentlichten **„Frankfurter Tabelle"** ausdrückt, in der die von der Kammer praktizierten Minderungssätze zusammengefasst werden (abgedruckt im Anhang zu § 651d). In dieser Entwicklung der Rechtsprechung lag die Gefahr der **Rechtszersplitterung** und damit eine Gefährdung effektiven Verbraucherschutzes (vgl BIDINGER/MÜLLER 27). Dieser Gefahr dürfte nunmehr durch das Gesetz zur Reform des Zivilprozessrechts vom 27. Juli 2001 (BGBl 2001 I 1887) wirksam entgegengewirkt werden. Dieses hat die Funktion der Revision als Instrument zur Klärung grundsätzlicher Rechtsfragen, der Rechtsfortbildung und der Wahrung der Rechtseinheit klarer als bisher herausgestellt. Mit der Einführung einer generellen Zulassungsrevision (§ 543 ZPO nF) erhält der BGH künftig alle diejenigen Fälle zur

Überprüfung, die grundsätzliche Bedeutung im oben genannten Sinne haben, unabhängig vom Wert der Beschwer und davon, ob die Berufung vom Landgericht oder vom Oberlandesgericht entschieden wurde. Damit wird der BGH in den Stand gesetzt, auch die Rspr zum Reisevertragsrecht künftig stärker zu vereinheitlichen und fortzubilden. Dies wird ihm allerdings in der Praxis zunächst nur in den Fällen möglich sein, in denen die Berufungsgerichte die Revision ausdrücklich zulassen (§§ 542, 543 ZPO nF), da die Nichtzulassungsbeschwerde (§ 544 ZPO nF) in einer Übergangszeit bis zum 31. Dezember 2006 nur zulässig ist, wenn der Wert der Beschwer 20.000,– Euro übersteigt (§ 26 Nr 8 EGZPO), eine Wertgrenze, die im Reisevertragsrecht nur selten überschritten sein dürfte. Gleichwohl steht zu erwarten, dass der Verbraucherschutz im Reiserecht von dieser prozessrechtlichen Reform auf Dauer profitieren wird, weil die bisherige uneinheitliche Rspr zum Reisevertragsrecht überwunden wird.

V. Kommentierung der EG-Pauschalreise-Richtlinie

Materialien: EG-Richtlinie 90/314 des Rates vom 13. 6. 1990 über Pauschalreisen, ABlEG Nr L 158 v 23. 6. 1990, S 59 ff, abgedruckt EuZW 1990, 413
1. Entwurf der Kommission v 21. 3. 1998, ABlEG Nr. C 96 v 12. 4. 1988 und BT-Drucksache 11/3701 v 9. 12. 1988
Stellungnahme des Europäischen Parlaments Doc A 2-328/88
2. Entwurf der Kommission v 11. 7. 1989, ABlEG Nr C 190/10 v 27. 7. 1989
Gemeinsamer Standpunkt v 21. 12. 1989, ABlEG Nr C 149 v 18. 6. 1990
Referentenentwurf (RefE) August 1992 zum Umsetzungsgesetz Regierungsentwurf (RegE)
v 26. 3. 1993 zum Umsetzungsgesetz, BR-Drucks 190/93 und BT-Drucks 12/5354 v 1. 7. 1993
Beschlußempfehlung und Bericht des Rechtsausschusses v 9. 3. 1994, BT-Drucks 12/7013
Beschluß des Rechtsausschusses v 20. 4. 1994, BT-Drucks 12/7013
Führich, Stellungnahme zur Anhörung des Rechts- und Fremdenverkehrsausschusses, RRa 1994, 53
Bericht der Kommission über die Durchführung der Richtlinie 90/314 EWG über Pauschalreisen in den innerstaatlichen Rechtsvorschriften der EG-Mitgliedsstaaten, Arbeitsdokument SEK (1999) 1800 vom 5. November 1999.

Schrifttum

Abeltshauser, Europäisierung des Reisevertragsrechts, EWS 1991, 97
Anolik, The law and the travel industry, 1989, San Francisco (USA)
Bartl, Das neue Reiserecht, TranspR 1994, 409
Bläumauer, Reiserecht (2000)
Deneau/Cortin, Droit et choit du tourisme (2. Aufl 1996)
Dorner, Österreichisches Reiserecht von A–Z (2000)
H-W Eckert, Das neue Reiserecht, DB 1994, 1069
ders, Verbraucherschutz im Reiserecht, ZRP 1991, 454
Frank, Bundesgesetz über Pauschalreisen, Zürich 1994
Führich, Zur Umsetzung der EG-Pauschalreise-Richtlinie in deutsches Reisevertragsrecht, EuZW 1993, 347
ders, Das neue Reiserecht nach der Umsetzung der EG-Pauschalreise-Richtlinie, NJW 1994, 2446
ders, Defizite bei der Umsetzung der EG-Pauschalreise-Richtlinie, in: Deutsche Gesellschaft für Reiserecht (Hrsg), Zur Notwendigkeit einer weiteren Reiserechts-Novelle (2000) 29
Grant/Mason, Holiday Law (2. Aufl 1998)
Graziani-Weiss, Reiserecht in Österreich, 1995
Hagel, Die Insolvenzsicherungspflicht im Rei-

serecht, Art 7 der EG-Pauschalreise-Richtlinie und dessen Umsetzung durch § 651k BGB (1998)
ISERMANN, Neuregelungen zum Reisevertragsrecht, ZAP 1994, F 6, 229
MEYER/KUBIS, Neuorientierungen im Pauschalreiserecht, TranspR 1991, 411
PICK, Reiserecht, 1995, Anh 1
PY, Droit du Tourisme (4. Aufl 1996)
ROBERTO, in: Bucher, Schweizer Obligationenrecht, Pauschalreisegesetz (2000)
SCHLOTMANN, Das neue alte Reiserecht, DZWir 1995, 446
dies, Gesetzliches Konkursabsicherungsregister oder freiwillige „weiße Liste" für die Reisebranche? Eine rechtsvergleichende Gegenüberstellung der Insolvenzsicherung in Österreich und Deutschland, DZWir 1998, 299
dies, Ein Ende der Doppelzahlungen von Reisenden, DZWir 1998, 344
SCHUMACHER/TÜCHLER, Das österreichische Reiserecht nach der Umsetzung der Pauschalreiserichtlinie, VuR 1995, 418
SOLVEEN/TONNER, Neues Reiserecht, RWS-Skript 265, 1994

STIFF/BECH, Die Umsetzung der Pauschalreise-Richtlinie in Spanien und Deutschland, VuR 1999, 251
STREINZ, Europarecht (4. Aufl. 1998)
TONNER, Die EG-Richtlinie über Pauschalreisen, EuZW 1990, 409
ders, Reiserecht in Europa, 1992
ders, Harmonisierung oder Disharmonisierung des Reiserechts. Zur Umsetzung der EG-Pauschalreise-Richtlinie in den Mitgliedstaaten, EWS 1993, 197
ders, Richtlinie 90/314/EWG des Rates über Pauschalreisen, in: GRABITZ/HILF, Das Recht der Europäischen Union, Bd II A 12: Pauschalreisen
ders, Ist eine Änderungsrichtlinie zur EG-Pauschalreise-Richtlinie wünschenswert?, in: Deutsche Gesellschaft für Reiserecht (Hrsg), Zur Notwendigkeit einer weiteren Reiserechts-Novelle (2000) 9
WINDHABER, Reiserecht in Österreich, Deutschland und Kanada (2000)
YAQUB/BEDFORD, European Travel Law (1997).

Die Richtlinie 90/314/EWG des Rates vom 13. Juni 1990 über Pauschalreisen (ABlEG **38** Nr L 158 vom 23. Juni 1990, 59) ist nicht nur für die Entstehungsgeschichte der Neufassung des Reisevertragsrechts im Jahre 1994 von Bedeutung, sondern auch für deren Anwendung im Einzelfall. Die Richtlinie ist nach Art 189 Abs 3 EGV für die Mitgliedstaaten, an die sie gerichtet ist, hinsichtlich des zu erreichenden Ziels verbindlich, überlässt es aber jedem einzelnen dieser Staaten, die Form und die Mittel zu wählen, die er für die Erreichung des Ziels als geeignet ansieht. Richtlinien haben damit zwar keine unmittelbare Geltung in den Mitgliedstaaten, doch können sie durchaus **horizontale Auswirkungen** bei der Beurteilung von Rechtsverhältnissen zwischen Bürgern haben (STREINZ Rn 405). Das nationale Recht, das die Richtlinie umsetzen soll, ist im Sinne dieser auszulegen. Die §§ 651a ff sind daher nach dem Grundsatz der **richtlinienkonformen Auslegung** des nationalen Rechts im Sinne der effektiven Erreichung der Ziele der Richtlinie auszulegen (vgl dazu EuGHE I 1990, 4135, 4158; EuGHE I 1994, 3325; STREINZ Rn 405).

Der **Europäische Gerichtshof** hat mit mehreren grundlegenden Entscheidungen zur **39** Fortbildung der Richlinie und damit zur Vereinheitlichung des Reisevertragsrechts in den Mitgliedsstaaten der EU beigetragen. Dabei standen vor allem Probleme des Insolvenzschutzes des Reisenden nach Art 7 der Richtlinie im Vordergrund (EuGH NJW 1996, 3141 – DILLENKOFER; NJW 1998, 2201 – Österreichische Kreditsicherung: EuZW 1999, 317 – AMBRY; NJW 1999, 3181 – RECHBERGER). Die **Europäische Kommission** hat bislang darauf verzichtet, die EG-Pauschalreise-Richtlinie zu überarbeiten. Für eine derartige Reform hätte ihr 1999 verabschiedeter Bericht über die Durchführung der Richtlinie in den Mitgliedsstaaten (Arbeitsdokument SEK [1999] 1800 vom 5. November 1999) eine geeignete Grundlage bieten können. Stattdessen hat sie sich für zeitaufwendige Verhandlungen mit Repräsentanten der Reiseindustrie, Verbraucherverbänden und mit neutralen Experten über Verbesserungen der von den Verbänden erarbeiteten Allgemeinen Reisebedingungen entschieden (vgl Tonner RRa 2001 175). Als Ergebnis entsprechender Beratungen einer von der Kommission eingeladenen Sachverständigengruppe wurde im Februar 2001 ein **Europäischer Verhaltenskodex für Pauschalreisen** verabschiedet (vgl die „Schlussfolgerungen des Runden Tisches der Sachverständigen über unlautere Vertragsbedingungen in Reiseverträgen, einberufen von der EU-Kommission", auszugsweise abgedruckt in RRa 2001, 194), die inhaltlich nicht über die Standards des deutschen Reisevertragsrechts hinausgehen (vgl Tonner RRa 2001, 175, 178).

40 EG-Richtlinie (90/314/EWG) des Rates vom 13. Juni 1990 über Pauschalreisen

ABlEG Nr L 158/59 vom 23. Juni 1990, S. 59

Der Rat der Europäischen Gemeinschaften –
gestützt auf den Vertrag zur Gründung der Europäischen Wirtschaftsgemeinschaft, insbesondere auf Artikel 100a,
auf Vorschlag der Kommission,
in Zusammenarbeit mit dem Europäischen Parlament,
nach Stellungnahme des Wirtschafts- und Sozialausschusses,
in Erwägung nachstehender Gründe:
Eines der Hauptziele der Gemeinschaft ist die Vollendung des Binnenmarktes, in dem der Fremdenverkehrssektor einen wichtigen Teil ausmacht.
Die Rechtsvorschriften der einzelnen Mitgliedstaaten über Pauschalreisen weisen zahlreiche Unterschiede auf, und die einzelstaatlichen Praktiken auf diesem Gebiet sind sehr unterschiedlich. Dies führt zu Hindernissen für den freien Dienstleistungsverkehr auf dem Gebiet der Pauschalreisen und zu Verzerrungen des Wettbewerbs zwischen den in den verschiedenen Mitgliedstaaten ansässigen Unternehmen des Reisegewerbes.
Gemeinsame Regeln für Pauschalreisen werden zur Beseitigung dieser Hindernisse und somit zur Verwirklichung eines gemeinsamen Dienstleistungsmarktes beitragen. Die in einem Mitgliedstaat ansässigen Unternehmen des Reisegewerbes werden ihre Dienstleistungen infolgedessen in anderen Mitgliedstaaten anbieten können, und die Verbraucher in der Gemeinschaft erhalten die Möglichkeit, in sämtlichen Mitgliedstaaten Pauschalreisen zu vergleichbaren Bedingungen zu buchen.
Unter Nummer 36 Buchstabe b) des Anhangs zu der Entschließung des Rates vom 19. Mai 1981 betreffend ein zweites Programm der Europäischen Wirtschaftsgemeinschaft für eine Politik zum Schutz und zur Unterrichtung der Verbraucher wird die Kommission aufgefordert, Untersuchungen insbesondere über den Fremdenverkehr durchzuführen und gegebenenfalls geeignete Vorschläge zu unterbreiten; dabei soll sie deren Bedeutung für den Verbraucherschutz sowie die Auswirkungen der Unterschiede zwischen den Rechtsvorschriften der Mitgliedstaaten auf das ordnungsgemäße Funktionieren des Gemeinsamen Marktes berücksichtigen.
In der Entschließung vom 10. April 1984 zu einer Fremdenverkehrspolitik der Gemeinschaft befürwortet der Rat die Initiative der Kommission, auf die Bedeutung des Fremdenverkehrs hinzuweisen, und nimmt Kenntnis von den ersten Überlegungen der Kommission zu einer Fremdenverkehrspolitik der Gemeinschaft.

Titel 9 · Werkvertrag und ähnliche Verträge Vorbem zu §§ 651a–m
Untertitel 2 · Reisevertrag 40

Die Mitteilung der Kommission an den Rat „Neuer Impuls für die Politik zum Schutz der Verbraucher", die durch eine Entschließung des Rates vom 6. Mai 1986 angenommen wurde, nennt in Absatz 37 unter den von der Kommission vorgeschlagenen Maßnahmen die Harmonisierung der Rechtsvorschriften für Pauschalreisen.
Dem Fremdenverkehr kommt eine ständig wachsende Bedeutung im Wirtschaftsleben der Mitgliedstaaten zu. Pauschalreisen bilden einen wichtigen Teil des Fremdenverkehrs. Dieser Zweig des Reisegewerbes in den Mitgliedstaaten würde zu stärkerem Wachstum und erhöhter Produktivität angeregt, wenn es ein Minimum an gemeinsamen Regeln gäbe, um diesen Wirtschaftszweig auf Gemeinschaftsebene zu strukturieren. Dies würde nicht nur den Bürgern der Gemeinschaft zugute kommen, die aufgrund dieser Regeln organisierte Pauschalreisen buchen, sondern würde auch Reisende aus Drittländern anziehen, denen die Vorteile aus garantierten Mindestleistungen bei Pauschalreisen ein Anreiz wären.
Die Vorschriften über den Verbraucherschutz weisen in den Mitgliedstaaten Unterschiede auf, die die Verbraucher eines Mitgliedstaats davon abhalten, Pauschalreisen in einem anderen Mitgliedstaat zu buchen.
Dies ist für die Verbraucher ein besonders starker Hinderungsgrund, Pauschalreisen außerhalb ihres eigenen Mitgliedstaates zu buchen, und beeinflußt seine Entscheidung in diesem Falle mehr als bei dem Erwerb anderer Dienstleistungen, da die besonderen Merkmale der bei einer Pauschalreise zu erbringenden Dienstleistungen im allgemeinen die vorherige Zahlung größerer Geldbeträge voraussetzen und die Dienstleistungen in einem anderen Staat als dem bewirkt werden, in dem der Verbraucher seinen Wohnsitz hat.
Der in dieser Richtlinie vorgesehene Schutz gilt auch für den Verbraucher, der einen Pauschalreisevertrag durch Abtretung erworben hat oder Mitglied einer Gruppe ist, für die eine andere Person einen Pauschalreisevertrag abgeschlossen hat.
Reiseveranstalter und/oder Reisevermittler müssen verpflichtet sein, sicherzustellen, daß die Beschreibungen der von ihnen veranstalteten oder angebotenen Pauschalreisen keine irreführenden Angaben enthalten und daß dem Verbraucher in den ihm zur Verfügung gestellten Reiseprospekten klare und genaue Informationen erteilt werden.
Der Verbraucher muß eine Abschrift der für die Pauschalreise geltenden Vertragsbedingungen erhalten. Zu diesem Zweck sollte vorgeschrieben werden, daß alle Vertragsbedingungen schriftlich oder in einer anderen dem Verbraucher verständlichen und zugänglichen Form festgehalten und ihm in Abschrift ausgehändigt werden.
Dem Verbraucher ist unter bestimmten Umständen die Möglichkeit einzuräumen, eine von ihm gebuchte Pauschalreise auf einen Dritten zu übertragen.
Die vertraglich festgelegten Preise dürfen grundsätzlich nicht geändert werden, es sei denn, die Möglichkeit einer Preiserhöhung oder -senkung ist im Vertrag ausdrücklich vorgesehen. Diese Möglichkeit ist jedoch an gewisse Bedingungen zu knüpfen.
Der Verbraucher muß unter bestimmten Umständen die Möglichkeit haben, von einer gebuchten Pauschalreise vor ihrem Antritt zurückzutreten.
Es ist klar festzulegen, welche Ansprüche der Verbraucher geltend machen kann, falls der Reiseveranstalter die Pauschalreise vor dem vereinbarten Abreisetermin storniert.
Falls dem Verbraucher nach Antritt einer Pauschalreise ein erheblicher Teil der vertraglich vereinbarten Leistungen nicht erbracht wird oder falls der Reiseveranstalter feststellt, daß er einen bedeutenden Teil dieser Leistungen nicht erbringen kann, muß er dem Verbraucher gegenüber bestimmte Verpflichtungen haben.
Der Veranstalter und/oder Vermittler, der Vertragspartei ist, hat gegenüber dem Verbraucher die Haftung für die ordnungsgemäße Erfüllung der sich aus dem Vertrag

ergebenden Verpflichtungen zu übernehmen. Ferner haben der Veranstalter und/oder der Vermittler die Haftung für Schäden zu übernehmen, die dem Verbraucher aus der Nichterfüllung oder der mangelhaften Erfüllung des Vertrages entstehen, es sei denn, daß die bei der Ausführung des Vertrages festgestellten Mängel weder auf einem Verschulden ihrerseits noch auf einem Verschulden eines anderen Dienstleistungsträgers beruhen.

Wenn der Veranstalter und/oder der Vermittler die Nichterfüllung oder die mangelhafte Erfüllung von Leistungen, die Bestandteil der Pauschalreise sind, zu vertreten hat, sollte die Haftung gemäß den internationalen Übereinkommen über diese Leistungen beschränkt werden können, insbesondere gemäß dem Warschauer Übereinkommen von 1929 über den internationalen Luftverkehr, dem Berner Übereinkommen von 1961 über den Eisenbahnfrachtverkehr, dem Athener Übereinkommen von 1974 über den Seeverkehr und dem Pariser Übereinkommen von 1962 über die Haftung der Gastwirte. Bei anderen Schäden als Körperschäden sollte es auch möglich sein, die Haftung im Pauschalreisevertrag zu beschränken, allerdings nicht in unangemessener Weise.

Es sind Maßnahmen zur Unterrichtung des Verbrauchers und zur Regelung von Beanstandungen vorzusehen.

Sowohl dem Verbraucher als auch der Pauschalreisebranche wäre damit gedient, wenn der Reiseveranstalter und/oder -vermittler verpflichtet wäre, Sicherheiten für den Fall der Zahlungsunfähigkeit oder des Konkurses nachzuweisen.

Die Mitgliedstaaten sollten die Möglichkeit haben, für den Bereich der Pauschalreisen strengere Vorschriften zum Schutz der Verbraucher zu erlassen oder beizubehalten –

hat folgende Richtlinie erlassen:

41 **Artikel 1**
Zweck dieser Richtlinie ist die Angleichung der Rechts- und Verwaltungsvorschriften der Mitgliedstaaten über Pauschalreisen (einschließlich Pauschalurlaubsreisen und Pauschalrundreisen), die in der Gemeinschaft verkauft oder zum Kauf angeboten werden.

42 Die **Präambel** und **Art 1** geben über die **Ziele** der Richtlinie eingehend Aufschluss. Sie soll in dem für den Binnenmarkt immer wichtigeren Fremdenverkehrssektor einerseits der **Vollendung des Binnenmarktes,** andererseits **verbraucherpolitischen Zwecken** dienen (vgl EuGH 1996 3131 3134; s o Rn 25). Binnenmarktpolitisch sollen durch die Aufstellung gemeinsamer Regeln für Pauschalreisen Hindernisse für den **freien Dienstleistungsverkehr** und **Wettbewerbsverzerrungen** zwischen den in verschiedenen Mitgliedstaaten ansässigen Reiseveranstaltern beseitigt und ein **gemeinsamer Dienstleistungsmarkt** verwirklicht werden. Den Reiseveranstaltern soll es so erleichtert werden, ihre Dienstleistungen in der ganzen EU anbieten zu können. Damit soll die Dienstleistungsfreiheit verwirklicht werden (vgl Art 49 EGV). Andererseits sollen auch die Verbraucher die Möglichkeit erhalten, in anderen Staaten Pauschalreisen zu vergleichbaren Bedingungen zu buchen. An derartigen Bedingungen fehlte es aus Sicht des Rates der Europäischen Gemeinschaften insbes auf dem Gebiet des **Verbraucherschutzes**, dessen unterschiedliche rechtliche Ausgestaltung in den einzelnen Mitgliedstaaten als besonders starker Hinderungsgrund angesehen wurde, Pauschalreisen in anderen EU-Mitgliedstaaten zu buchen.

43 Die Präambel enthält weiter Vorgaben hinsichtlich des **Regelungsbereichs** der Richtlinie. Angesprochen werden insoweit:

– Verbraucherschutz nach der Richtlinie auch für den durch **Abtretung** erworbenen Pauschalreisevertrag bzw für **Mitglieder einer Gruppe** bei dem durch andere Personen abgeschlossenen Reisevertrag;
– Verpflichtung des Reiseveranstalters zur **Prospektwahrheit** und **Prospektklarheit**;
– **Übertragbarkeit** der Pauschalreise auf Dritte;
– Einschränkung **nachträglicher Preisänderungen**;
– **Rücktrittsrecht** des Verbrauchers vor Reiseantritt;
– Regelung der **Ansprüche des Veranstalters bei Stornierung** der Reise vor dem vereinbarten Abreisezeitpunkt durch den Veranstalter;
– **Haftung des Veranstalters** für Schäden infolge nicht ordnungsgemäßer Erfüllung oder ganzer bzw teilweiser Nichterfüllung der Vertragspflichten;
– Möglichkeit und Grenzen einer **Haftungsbeschränkung des Veranstalters**;
– **Unterrichtung** des Verbrauchers und **Regelung von Beanstandungen**;
– Nachweis von **Sicherheiten** für den Fall der **Zahlungsunfähigkeit oder des Konkurses** des Veranstalters;
– Möglichkeit eines **strengeren Verbraucherschutzes** durch die einzelnen Mitgliedstaaten.

Art 1 beschreibt noch einmal den **Zweck** der Richtlinie. Diese hat danach die **Angleichung der Rechts- und Verwaltungsvorschriften** der Mitgliedstaaten über Pauschalreisen, einschl der Pauschalurlaubsreisen und der Pauschalrundreisen, zum Ziel. Voraussetzung der Anwendbarkeit der Richtlinie ist, dass diese Reisen in der Gemeinschaft verkauft oder zum Kauf angeboten werden.

44

Artikel 2

45

Im Sinne dieser Richtlinie bedeutet:
1. **Pauschalreise:** die im voraus festgelegte Verbindung von mindestens zwei der folgenden Dienstleistungen, die zu einem Gesamtpreis verkauft oder zum Verkauf angeboten wird, wenn diese Leistung länger als 24 Stunden dauert oder eine Übernachtung einschließt:
   a) Beförderung,
   b) Unterbringung,
   c) andere touristische Dienstleistungen, die nicht Nebenleistungen von Beförderung oder Unterbringung sind und einen beträchtlichen Teil der Gesamtleistung ausmachen.
   Auch bei getrennter Berechnung einzelner Leistungen, die im Rahmen ein und derselben Pauschalreise erbracht werden, bleibt der Veranstalter oder Vermittler den Verpflichtungen nach dieser Richtlinie unterworfen.
2. **Veranstalter:** die Person, die nicht nur gelegentlich Pauschalreisen organisiert und sie direkt oder über einen Vermittler verkauft oder zum Verkauf anbietet.
3. **Vermittler:** die Person, welche die vom Veranstalter zusammengestellte Pauschalreise verkauft oder zum Verkauf anbietet.
4. **Verbraucher:** die Person, welche die Pauschalreise bucht oder zu buchen sich verpflichtet („der Hauptkontrahent"), oder jede Person, in deren Namen der Hauptkontrahent sich zur Buchung der Pauschalreise verpflichtet („die übrigen Begünstigten"), oder jede Person, der der Hauptkontrahent oder einer der übrigen Begünstigten die Pauschalreise abtritt („der Erwerber").
5. **Vertrag:** die Vereinbarung, die den Verbraucher an den Veranstalter und/oder Vermittler bindet.

46 Die Vorschrift **definiert** mit den Begriffen Pauschalreise, Veranstalter, Vermittler, Verbraucher und Vertrag **Grundbegriffe des Reisevertragsrechts**. Diese Begriffe werden teilweise wesentlich enger als im deutschen Reisevertragsrecht bestimmt. Dies ist unproblematisch, weil die Richtlinie nach Art 8 nur **Mindestanforderungen** an den Verbraucherschutz enthält, also den Mitgliedstaaten den Erlass oder die Aufrechterhaltung strengerer Vorschriften zum Schutz der Verbraucher gestattet.

47 **Pauschalreise** ist nach Nr 1 eine im voraus festgelegte Verbindung von mindestens zwei der Dienstleistungen Beförderung, Unterbringung und/oder andere touristische Dienstleistungen. Es muss sich stets um **touristische** Dienstleistungen handeln (EuGH RRa 1999, 132 – AFS Intercultural Programs Finland; RRa 2002, 119 – Club Tour). Damit sind Leistungen, die zu Geschäfts-, Konferenz- oder Tagungsreisen gehören, also in erster Linie betrieblichen Zwecken dienen, keine Pauschalreiseleistungen iSd Art 2 (Führich Rn 39). Die Richtlinie ist aber auch nicht auf einen **Schüleraustausch** anwendbar, der aus den Leistungen Beförderung des Schülers in das Gastland mit Linienflügen, Auswahl einer Schule und Auswahl einer Gastfamilie für den Aufenthalt des Schülers besteht (EuGH RRa 1999, 132, 134). Der EuGH sieht in der Aufnahme des Schülers in einer Gastfamilie wie ein Familienmitglied keine „Unterbringung" iSd Art 2 Nr 1b). Es liege aber auch keine „andere touristische Dienstleistung" iSd Art 2 Nr 1c vor, da die Auswahl einer Schule durch den Veranstalter speziell der Bildung der Teilnehmer diene. Die Auswahl der Gastfamilie sei aber als Nebenleistung iSd Art 2 Nr 1c anzusehen und deshalb ebenfalls keine andere touristische Dienstleistung. Der Anwendungsbereich der Richtlinie ist damit stets nur dann eröffnet, wenn bei den in Art 2 Nr 1a–c genannten Dienstleistungen der touristische Zweck im Vordergrund steht (Führich Rn 39; ders, Defizite bei der Umsetzung 29 32; aA Tonner EWS 2000, 473 f). Da die Richtlinie nach Art 8 lediglich einen Mindeststandard setzt, war der deutsche Gesetzgeber allerdings nicht gehindert, den internationalen Gastschulaufenthalt in den Anwendungsbereich der §§ 651a ff einzubeziehen (§ 651 Abs l). Die touristischen Dienstleistungen müssen grds zu einem Gesamtpreis verkauft oder zum Verkauf angeboten werden. Allerdings kann sich der Veranstalter durch eine getrennte Berechnung einzelner Leistungen nicht dem Anwendungsbereich der Richtlinie entziehen, solange diese Leistungen im Rahmen ein und derselben Pauschalreise erbracht werden (Art 2 Nr 1 letzter S). Die Leistung muss länger als 24 Stunden dauern oder eine Übernachtung einschließen. Eine **Verbindung** von mindestens zwei Reisedienstleistungen liegt zB vor bei der Kombination von Beförderung und Unterkunft oder Unterkunft und Sprachkurs. Die anderen Dienstleistungen müssen **wesentlich**, dürfen also keine reinen Nebenleistungen sein. Derartige Nebenleistungen sind zB die Mahlzeiten im Flugzeug oder Sport- und Freizeitmöglichkeiten im Hotel.

48 Die **Verbindung** der beiden Dienstleistungen durch den Reiseveranstalter muss im **Voraus** erfolgt sein. Dies ist sicher dann der Fall, wenn die einzelnen Leistungen in Prospekten, Katalogen usw als Gesamtheit angeboten werden, also vom Veranstalter bereits vor den Vertragsverhandlungen mit dem Verbraucher ausgewählt und zusammengefasst worden sind. Auch ohne eine solche vorherige Verbindung soll nach dem EuGH (EuGH RRa 2002, 119, 120) eine Pauschalreise iSd Art 2 Nr 1 aber dann vorliegen, wenn eine Reise von einem Reisebüro nach den individuellen Wünschen und Vorgaben eines Verbrauchers oder einer beschränkten Verbrauchergruppe organisiert wird. Dies ist mit dem Begriff „im Voraus" in Art 2 Nr 1 nur dann vereinbar, wenn man diesen mit dem EuGH dahin auslegt, dass er Verbindungen von touristi-

schen Dienstleistungen einschließt, die in dem **Zeitpunkt** vorgenommen wurden, in dem der **Vertrag zwischen dem Reisebüro und dem Verbraucher** geschlossen wird (EuGH RRa 2002, 119, 120). Die Richtlinie ist generell **nicht auf Tagesreisen** anwendbar, selbst wenn diese aus zwei oder mehr Dienstleistungen iSd Nr 1 besteht. Der Begriff der Pauschalreise iSd Art 2 Nr 1 ist damit in doppelter Hinsicht **enger** als das deutsche Reisevertragsrecht:
- **Tagesreisen** werden anders als im deutschen Recht nicht erfasst und
- das Angebot **einzelner touristischer Dienstleistungen**, wie namentlich der Ferienhausvertrag, auf den die deutsche Rspr das Reisevertragsrecht analog anwendet (vgl BGH NJW 1985, 906; 1992, 3163; BGHZ 109, 29, 38), reicht für die Annahme einer Pauschalreise nicht aus.

Veranstalter ist die Person, die nicht nur gelegentlich Pauschalreisen organisiert und **49** sie direkt oder über einen Vermittler verkauft oder zum Verkauf anbietet (Art 2 Nr 2). Die Einschränkung „**nicht nur gelegentlich**" bedeutet keine Beschränkung auf Gewerbetreibende, da nichtgewerbliche Veranstalter keineswegs generell ausgeklammert werden sollen (FÜHRICH Rn 40; GRAZIANI-WEISS 24; **aA** MünchKomm/TONNER Rn 8). Sie nimmt aber **Gelegenheitsveranstalter** aus dem Anwendungsbereich der Richtlinie aus. Daher ist der Veranstalterbegriff enger als der des deutschen Reisevertragsrechts, das auch den privaten Gelegenheitsveranstalter erfasst. Entscheidendes Abgrenzungskriterium für die Einordnung eines Reiseveranstalters als bloßen Gelegenheitsanbieter ist weniger die Häufigkeit als vielmehr die Unregelmäßigkeit der von ihm durchgeführten Pauschalreisen. Unregelmäßig durchgeführte Reisen von Sportvereinen, Kirchen oder gemeinnützigen Organisationen fallen daher nicht unter Art 2 Nr 2.

Vermittler ist die Person, welche die vom Veranstalter zusammengestellte Pauschal- **50** reise verkauft oder zum Verkauf anbietet (Art 2 Nr 3). Der Begriff des Vermittlers zielt damit auf die typische Tätigkeit des **Reisebüros** oder der **Agentur** des Reiseveranstalters ab, die vom Veranstalter vorgefertigten Pauschalreisen weiterzuverkaufen. Die Richtlinie behandelt den Reiseveranstalter und den Reisevermittler grundsätzlich gleich und überlässt es den Mitgliedstaaten festzulegen, wer für die Pauschalreise und ihre Mängel haftet.

Verbraucher ist, wer eine Pauschalreise bucht oder zu buchen sich verpflichtet bzw **51** jeder sonstige Kunde des Reiseveranstalters oder Reisevermittlers (Art 2 Nr 4). Die Bestimmung bedient sich dabei einer etwas komplizierten Begrifflichkeit. Der Buchende wird als **Hauptkontrahent**, die Mitreisenden werden als **Begünstigte** und Personen, denen die Pauschalreise abgetreten wird, als **Erwerber** bezeichnet. Damit entspricht der Begriff des Verbrauchers im Ergebnis dem des **Reisenden** iSd deutschen Reisevertragsrechts. Insbes sind Personen, die im Rahmen ihrer **gewerblichen** oder **beruflichen Tätigkeit** reisen, nicht aus dem Verbraucherbegriff ausgeklammert (anders als nach § 13 BGB).

Vertrag ist die Vereinbarung, die den Verbraucher an den Veranstalter und/oder **52** Vermittler bindet (Art 2 Nr 5). Dieser Vertragsbegriff umfasst sowohl den **Reisevertrag** zwischen dem Reisenden und dem Reiseveranstalter als auch den **Reisevermittlungsvertrag** zwischen dem Reisenden und dem Reisebüro.

53 **Artikel 3**
(1) Die dem Verbraucher vom Veranstalter oder Vermittler gegebenen Beschreibungen einer Pauschalreise, ihr Preis und die übrigen Vertragsbedingungen dürfen keine irreführenden Angaben enthalten.
(2) Wenn dem Verbraucher ein Prospekt zur Verfügung gestellt wird, muß dieser deutlich lesbare, klare und genaue Angaben zum Preis und – soweit von Bedeutung – zu folgendem enthalten:
a) Bestimmungsort; Transportmittel, ihre Merkmale und Klasse;
b) Art, Lage, Kategorie oder Komfort und Hauptmerkmale der Unterbringung sowie ihre Zulassung und touristische Einstufung gemäß den Vorschriften des Gastmitgliedstaates;
c) Mahlzeiten;
d) Reiseroute;
e) allgemeine Angaben über Paß- und Visumerfordernisse für Staatsangehörige des bzw. der betreffenden Mitgliedstaaten und gesundheitspolizeiliche Formalitäten, die für die Reise und den Aufenthalt erforderlich sind;
f) absoluter Betrag oder Prozentsatz des Preises, der als Anzahlung zu leisten ist, und Zeitplan für die Zahlung des Restbetrages;
g) Hinweis darauf, ob für das Zustandekommen der Pauschalreise eine Mindestteilnehmerzahl erforderlich ist, und – wenn ja – Angabe, bis wann dem Verbraucher spätestens mitgeteilt wird, ob die Reise storniert wird.
Die in dem Prospekt enthaltenen Angaben binden den Veranstalter bzw. den Vermittler, es sei denn, Änderungen sind
– dem Verbraucher vor Abschluß des Vertrages klar mitgeteilt worden; im Prospekt ist ausdrücklich darauf hinzuweisen;
– später zwischen den Vertragsparteien vereinbart worden.

54 Art 3 hebt die **Informationspflichten** des Reiseveranstalters bzw Reisevermittlers in **Beschreibungen** und namentlich **Prospekten** hervor. Die dem Verbraucher gegebenen Beschreibungen einer Pauschalreise, ihr Preis und die übrigen Vertragsbedingungen dürfen **keine irreführenden Angaben** enthalten (Art 3 Abs 1). Dabei ist unerheblich, ob die Irreführung schuldhaft erfolgt. Dieses allgemeine Verbot der Irreführung bezieht sich nicht nur auf Prospekte oder Kataloge, sondern generell auf alle Beschreibungen der Reise durch den Veranstalter oder Vermittler (Pick 397; aA Tonner EuZW 1990, 409).

55 Art 3 Abs 2 konkretisiert das allgemeine Irreführungsverbot des Abs 1 für **Prospekte**, die dem Verbraucher zur Verfügung gestellt werden. Der **Begriff des Prospektes** ist weit auszulegen. Er umfasst einzelne Informationsblätter, Kataloge, Inserate in Zeitungen sowie Werbung in elektronischen Medien. **Zur Verfügung gestellt** ist ein Prospekt erst, wenn er nicht nur hergestellt, sondern auch so in Umlauf gebracht worden ist, dass Verbraucher von seinem Inhalt tatsächlich Kenntnis nehmen können. Der Veranstalter ist zwar nicht verpflichtet, einen Prospekt herauszugeben, wird dies aber regelmäßig tun, schon um seine Angebote auf dem Markt zu präsentieren. Stellt er einen Prospekt zur Verfügung, muss dieser **deutlich lesbare, klare** und **genaue** Angaben zum **Preis** und – soweit von Bedeutung – zu **bestimmten weiteren Reisemerkmalen** enthalten. Art 3 Abs 2 S 1 betont damit den für Katalogbeschreibungen allgemein anerkannten **Grundsatz der Prospektklarheit und -wahrheit** (vgl Führich Rn 215 ff, 593a; MünchKomm/Tonner § 651c Rn 19).

Während der **Reisepreis** in einem zur Verfügung gestellten Prospekt **zwingend** ange- 56
geben werden muss, sind weitere Angaben über bestimmte Reisemerkmale nur dann
und insoweit erforderlich, als diese **für die Reise von Bedeutung** sind, also nach Art
und Typ der Reise überhaupt vorkommen können. Auch diese ggf **notwendigen
Prospektangaben** müssen deutlich lesbar, klar und genau sein. Zu ihnen zählen Angaben über den Bestimmungsort, das Transportmittel, die Art, Lage und Kategorie
sowie Hauptmerkmale der Unterbringung, die Mahlzeiten, die Reiseroute, allgemeine Angaben über Pass- und Visumerfordernisse, gesundheitspolizeiliche Formalitäten, den Betrag oder Prozentsatz des Preises, der als Anzahlung zu leisten ist, den
Zahlungsplan sowie schließlich über das Erfordernis einer Mindestteilnehmerzahl
und die Angabe, bis zu welchem Zeitpunkt vor dem vertraglich festgesetzten Reisebeginn dem Verbraucher spätestens eine Stornierung der Reise wegen der Unterschreitung dieser Zahl mitgeteilt wird.

Die notwendigen Prospektangaben sind für den Veranstalter bzw Vermittler **vertrag-** 57
lich bindend (Abs 2 S 2). Dies heißt allerdings nicht, dass die im Prospekt enthaltenen
Angaben bereits als Vertragsangebot iSd § 145 BGB zu interpretieren sind (Noll RRa
1993, 42; Bidinger/Müller RRa 1993, 49; Führich Rn 46; Erman/Seiler § 651a Rn 15; aA
MünchKomm/Tonner Vor § 1 InfVO Rn 14 ff). Vielmehr bestimmen die Angaben allein
die durch den Vertragsschluss begründeten Leistungspflichten des Veranstalters, also
den **Inhalt** des nach den allgemeinen Regeln geschlossenen Reisevertrages. Das
Europäische Parlament ging in seiner Stellungnahme (ABlEG Nr C 69/97 [1989] Änderung Nr 7) ebenfalls davon aus, dass der Prospekt kein bindendes Angebot iSd § 145
BGB ist, sondern Inhalt des Reisevertrages wird. Die Bindung an die Prospektangaben besteht nicht, wenn sich der Veranstalter bzw Vermittler im Prospekt eine
Änderung ausdrücklich vorbehalten hat und vor Vertragsschluss eine Änderungserklärung gegenüber dem Verbraucher abgibt. Nach Vertragsschluss ist eine Änderung
nicht mehr einseitig, sondern nur noch durch **Vereinbarung der Vertragsparteien**
möglich.

Artikel 4 58
(1) a) Der Veranstalter und/oder der Vermittler unterrichtet den Verbraucher vor Vertragsabschluß schriftlich oder in einer anderen geeigneten Form allgemein über die
Paß- und Visumerfordernisse für Staatsangehörige des bzw. der betreffenden Mitgliedstaaten, insbesondere über die Fristen für die Erlangung dieser Dokumente
sowie über gesundheitspolizeiliche Formalitäten, die für die Reise und den Aufenthalt erforderlich sind.
b) Der Veranstalter und/oder der Vermittler teilt dem Verbraucher schriftlich oder in
einer anderen geeigneten Form rechtzeitig vor Beginn der Reise folgendes mit:
  i) Uhrzeiten und Orte von Zwischenstationen und Anschlußverbindungen; Angabe
  des vom Reisenden einzunehmenden Platzes, z. B. Kabine oder Schlafkoje auf
  einem Schiff oder Schlafwagen- oder Liegewagenabteil im Zug;
  ii) Name, Anschrift und Telefonnummer der örtlichen Vertretung des Veranstalters
  und/oder des Vermittlers oder – wenn nicht vorhanden – der örtlichen Stellen, die
  dem Verbraucher bei Schwierigkeiten Hilfe leisten können.
  Falls solche Vertretungen oder Stellen nicht bestehen, sind dem Verbraucher auf
  jeden Fall eine Notrufnummer oder sonstige Angaben mitzuteilen, mit deren
  Hilfe er mit dem Veranstalter und/oder dem Vermittler Verbindung aufnehmen
  kann;

iii) bei Auslandsreisen und -aufenthalten Minderjähriger Angaben darüber, wie eine unmittelbare Verbindung zu dem Kind oder dem an seinem Aufenthaltsort Verantwortlichen hergestellt werden kann;

iv) Angaben über den möglichen Abschluß einer Reiserücktrittsversicherung oder einer Versicherung zur Deckung der Rückführungskosten bei Unfall oder Krankheit.

(2) Die Mitgliedstaaten stellen sicher, daß im Vertrag folgende Grundsätze beachtet werden:

a) Je nach der Natur der Pauschalreise umfaßt der Vertrag mindestens die im Anhang dieser Richtlinie aufgeführten Bedingungen.

b) Alle Bedingungen des Vertrages werden schriftlich oder in einer anderen dem Verbraucher verständlichen und zugänglichen Form festgelegt und sind ihm vor Vertragsabschluß zu übermitteln; er erhält eine Abschrift des Vertrages.

c) Die Bestimmung unter Buchstabe b) darf Buchungen und Vertragsabschlüssen, die zu einem späteren Zeitpunkt oder „im letzten Augenblick" erfolgen, nicht entgegenstehen.

(3) Ist der Verbraucher daran gehindert, die Pauschalreise anzutreten, so kann er – nachdem er den Veranstalter oder Vermittler binnen einer vertretbaren Frist vor dem Abreisetermin hiervon unterrichtet hat – seine Buchung auf eine Person übertragen, die alle an die Teilnahme geknüpften Bedingungen erfüllt. Die Person, die ihre Pauschalreise überträgt, und der Erwerber sind gesamtschuldnerisch gegenüber dem Veranstalter oder Vermittler, der Vertragspartei ist, zur Zahlung des noch unbeglichenen Betrages sowie der gegebenenfalls durch diese Übertragung entstehenden Mehrkosten verpflichtet.

(4) a) Die vertraglich festgelegten Preise dürfen nicht geändert werden, es sei denn, daß der Vertrag die Möglichkeit einer Preiserhöhung oder -senkung ausdrücklich vorsieht und genaue Angaben zur Berechnung des neuen Preises enthält, bei der ausschließlich nachstehenden Änderungen Rechnung getragen werden darf: Änderungen
 – der Beförderungskosten, darunter auch der Treibstoffkosten;
 – der Abgaben für bestimmte Leistungen wie Landegebühren, Ein- und Ausschiffungsgebühren in Häfen und entsprechende Gebühren auf Flughäfen;
 – der für die betreffende Pauschalreise geltenden Wechselkurse.

b) Der im Vertrag genannte Preis darf ab dem zwanzigsten Tag vor dem vereinbarten Abreisetermin nicht mehr erhöht werden.

(5) Sieht sich der Veranstalter vor der Abreise gezwungen, an einem der wesentlichen Bestandteile des Vertrages, zu denen auch der Preis gehört, eine erhebliche Änderung vorzunehmen, so muß er dies dem Verbraucher so bald wie möglich mitteilen, um ihm die Möglichkeit zu geben, entsprechende Entscheidungen zu treffen, insbesondere die Möglichkeit,
 – vom Vertrag ohne Verpflichtung zur Zahlung einer Vertragsstrafe zurückzutreten
 oder
 – eine Zusatzklausel zum Vertrag zu akzeptieren, die die vorgenommenen Änderungen und ihre Auswirkung auf den Preis angibt.

Der Verbraucher unterrichtet den Veranstalter oder den Vermittler so bald wie möglich über seine Entscheidung.

(6) Wenn der Verbraucher gemäß Absatz 5 vom Vertrag zurücktritt oder wenn der Veranstalter – gleich aus welchem Grund, ausgenommen Verschulden des Verbrau-

chers – die Reise vor dem vereinbarten Abreisetag storniert, hat der Verbraucher folgende Ansprüche:

a) Teilnahme an einer gleichwertigen oder höherwertigen anderen Pauschalreise, wenn der Veranstalter und/oder der Vermittler in der Lage ist, ihm eine solche anzubieten. Ist die angebotene Pauschalreise von geringerer Qualität, so erstattet der Veranstalter dem Verbraucher den Preisunterschied; oder

b) schnellstmögliche Erstattung aller von ihm aufgrund des Vertrages gezahlten Beträge.

In diesen Fällen hat der Verbraucher gegebenenfalls Anspruch auf Entschädigung wegen Nichterfüllung des Vertrages, die gemäß den Rechtsvorschriften des betreffenden Mitgliedstaates vom Veranstalter oder Vermittler geleistet wird, es sei denn,

  i) die Stornierung erfolgt, weil die Anzahl der Personen, die die Pauschalreise gebucht haben, nicht die geforderte Mindestteilnehmerzahl erreicht, und dem Verbraucher die Stornierung innerhalb der in der Beschreibung der Pauschalreise angegebenen Frist schriftlich mitgeteilt wurde oder

  ii) die Stornierung erfolgt aufgrund höherer Gewalt, d.h. aufgrund ungewöhnlicher und unvorhersehbarer Ereignisse, auf die derjenige, der sich auf höhere Gewalt beruft, keinen Einfluß hat und deren Folgen trotz Anwendung der gebotenen Sorgfalt nicht hätten vermieden werden können; hierzu zählt jedoch nicht die Überbuchung.

(7) Wird nach der Abreise ein erheblicher Teil der vertraglich vereinbarten Leistungen nicht erbracht oder stellt der Veranstalter fest, daß er nicht in der Lage sein wird, einen erheblichen Teil der vorgesehenen Leistungen zu erbringen, so trifft der Veranstalter – ohne Preisaufschlag für den Verbraucher – angemessene andere Vorkehrungen, damit die Pauschalreise weiter durchgeführt werden kann, und zahlt dem Verbraucher gegebenenfalls eine Entschädigung, deren Höhe dem Unterschied zwischen dem Preis der vorgesehenen und der erbrachten Dienstleistungen entspricht.

Falls solche Vorkehrungen nicht getroffen werden können oder vom Verbraucher aus triftigen Gründen nicht akzeptiert werden, sorgt der Veranstalter – ohne Preisaufschlag für den Verbraucher – gegebenenfalls für eine gleichwertige Beförderungsmöglichkeit, mit der der Verbraucher zum Ort der Abreise oder an einen anderen mit ihm vereinbarten Ort zurückkehren kann, und entschädigt gegebenenfalls den Verbraucher.

Anhang

Erforderliche Angaben im Vertrag, sofern sie auf die jeweilige Pauschalreise zutreffen:

– Bestimmungsort(e) und, soweit mehrere Aufenthalte vorgesehen sind, die einzelnen Zeiträume und deren Termine.

– Transportmittel, ihre Merkmale und Klasse; Tag und Zeit sowie Ort der Abreise und Rückkehr.

– Schließt die Pauschalreise eine Unterbringung ein, Angaben über Lage, Kategorie oder Komfort und Hauptmerkmale der Unterbringung, ihre Zulassung und touristische Einstufung gemäß den Vorschriften des Gastmitgliedstaates, Anzahl der inbegriffenen Mahlzeiten.

– Hinweis darauf, ob für das Zustandekommen der Pauschalreise eine Mindestteilnehmerzahl erforderlich ist, und – wenn ja – Angabe, bis wann dem Verbraucher spätestens mitgeteilt wird, ob die Reise storniert wird.

– Reiseroute.

- Besuche, Ausflüge oder sonstige im vereinbarten Gesamtpreis der Pauschalreise inbegriffene Leistungen.
- Name und Anschrift des Veranstalters, des Vermittlers und gegebenenfalls des Versicherers.
- Preis der Pauschalreise sowie Hinweise auf eine etwaige Preisänderung gemäß Artikel 4 Absatz 4 und Hinweise auf etwaige Abgaben für bestimmte Leistungen (Landegebühren, Ein- oder Ausschiffungsgebühren in Häfen und entsprechende Gebühren auf Flughäfen, Aufenthaltsgebühren), sofern diese nicht im Preis der Pauschalreise inbegriffen sind.
- Zeitplan für die Zahlung des Preises sowie Zahlungsmodalitäten.
- Alle Sonderwünsche, die der Verbraucher dem Veranstalter oder dem Vermittler bei der Buchung mitgeteilt hat und die beide Parteien akzeptiert haben.
- Die Fristen, innerhalb derer der Verbraucher etwaige Beanstandungen wegen Nichterfüllung oder mangelhafter Erfüllung des Vertrages erheben muß.

60 Nach Art 4 Abs 1 treffen den Veranstalter bzw Vermittler neben den in Art 3 festgelegten Aufklärungspflichten in einem etwaigen Reiseprospekt **weitere Informationspflichten**. Dabei unterscheidet die Richtlinie zwischen Informationen vor Vertragsschluss (Abs 1 lit a) und solchen vor Reisebeginn (Abs 1 lit b). **Vor Abschluss des Vertrages** muss der Veranstalter den Verbraucher schriftlich oder in sonst geeigneter Form über Pass- und Visumerfordernisse sowie die zur Erlangung der erforderlichen Dokumente gewöhnlich benötigten Fristen informieren. Der Reiseveranstalter muss auch Informationen für **Verbraucher aus anderen EU-Mitgliedsstaaten** bereithalten, da er den Verbraucher nach Art 4 I a über Pass- und Visumerfordernisse für Staatsangehörige „des bzw der betreffenden Mitgliedsstaaten" zu unterrichten hat (FÜHRICH Rn 47). Weiterhin hat er ihn auf Gesundheitserfordernisse (Pflichtimpfungen) hinzuweisen. Nach Abschluss des Vertrages, aber **rechtzeitig vor Beginn der Reise**, sind dem Verbraucher alle **Angaben über den Reiseverlauf** mitzuteilen. Dazu gehören namentlich der Fahrplan einschl des vom Reisenden im Transportmittel einzunehmenden Platzes sowie Name, Anschrift und Telefonnummer der örtlichen Vertretung des Veranstalters. Weiter ist der Verbraucher bei Auslandsreisen eines Minderjährigen darüber zu informieren, wie eine unmittelbare Verbindung zu diesem oder zu dem am Aufenthaltsort für ihn Verantwortlichen herzustellen ist. Schließlich sind Angaben über den möglichen Abschluss einer Reiserücktrittsversicherung sowie eine Versicherung zur Deckung der Rückführungskosten bei Unfall oder Krankheit vorgeschrieben.

61 Abs 2 betrifft die **zwingenden Mindestregelungen**, die ein Reisevertrag enthalten muss. Sie sind in einem **Anhang zur Richtlinie** zusammengestellt. Viele dieser Bedingungen stimmen mit dem zwingenden Inhalt eines etwaigen Prospekts des Reiseveranstalters (Art 3 Abs 2) überein. Zusätzlich muss der Vertrag Name und Adresse des Veranstalters, **Sonderwünsche** des Verbrauchers, die von beiden Parteien akzeptiert worden sind, sowie bei Beanstandungen zu beachtende Fristen enthalten. Alle diese Bedingungen sind **Mindestinhalt** des Reisevertrages (Abs 2 lit a). Sie sind schriftlich oder in anderer dem Verbraucher verständlicher und zugänglicher Form festzulegen und ihm bereits **vor Vertragsabschluss** zu übermitteln (Abs 2 lit b). Der Verbraucher erhält eine Abschrift des Reisevertrages, ggf einschl einbezogener AGB. Diese Erfordernisse dürfen der Buchung von Last-Minute-Reisen nicht entgegenstehen (Abs 2 lit c).

Abs 3 ermöglicht ähnlich der Regelung des § 651b einen Wechsel bei der Person des **Reisenden**, falls der Verbraucher daran gehindert wird, die Pauschalreise anzutreten. Der Verbraucher muss den Veranstalter in diesem Fall binnen einer vertretbaren Frist vor Beginn der Reise von dem Sachverhalt unterrichten. Er ist dann berechtigt, seine Buchung auf einen Dritten zu übertragen, wenn dieser alle an die Teilnahme geknüpften Bedingungen erfüllt. Der ursprüngliche Vertragspartner und der Erwerber haften gegenüber dem Veranstalter als Gesamtschuldner für die Zahlung des noch unbeglichenen Betrages sowie der ggf durch die Übertragung der Reise entstehenden Mehrkosten. **62**

Abs 4 behandelt **Preisänderungen**. Diese sind grundsätzlich nicht statthaft. Ausnahmsweise sind aber Modifikationen des Reisepreises nach Abschluss des Reisevertrages zulässig, wenn die Möglichkeit hierzu im Vertrag ausdrücklich vorgesehen ist und der Vertrag außerdem genaue Angaben zur Berechnung des neuen Preises enthält. Eine Änderung des Preises darf jedoch auch dann nur aus drei Gründen geltend gemacht werden: Es müssen sich die Beförderungskosten, wozu auch die Treibstoffkosten gehören, Abgaben wie Landegebühren oder aber die für die Pauschalreise geltenden Wechselkurse geändert haben. Eine Preissenkung unterliegt keinen zeitlichen Beschränkungen. Dagegen ist eine Preiserhöhung ab dem 20. Tag vor dem vereinbarten Abreisetermin in jedem Fall ausgeschlossen (Abs 4 lit b). Art 4 Abs 4 lit a der Richtlinie verpflichtet den deutschen Gesetzgeber nicht dazu, eine **Verpflichtung** des Reiseveranstalters **zur Preissenkung** in § 651a BGB aufzunehmen. Der Gesetzgeber hat dementsprechend Art 4 Abs 4 lit a in § 651a Abs 4 zutreffend umgesetzt (vgl § 651a Rn 133 146; aA Führich Rn 154; ders NJW 2000, 3672, 3674; Tonner, Pauschalreisen A 12 Art 4 Rn 27). **63**

Abs 5 regelt **erhebliche Leistungsänderungen**, wozu auch **erhebliche Preisänderungen** gehören. Derartige Änderungen muss der Veranstalter dem Verbraucher sobald wie möglich **mitteilen**. Der Verbraucher hat dann die Wahl, kostenfrei vom Vertrag **zurückzutreten** oder die Leistungs- bzw Preisänderung **zu akzeptieren** (Abs 5 S 1). Er muss dem Veranstalter seine Entscheidung sobald wie möglich mitteilen (Abs 5 S 2). Wann eine Änderung des Preises **erheblich** ist, regelt die Vorschrift nicht, so dass diese Frage der Gesetzgebung der Mitgliedstaaten überlassen bleibt. Nach § 651a Abs 5 S 2 liegt der Grenzwert in Deutschland bei 5%, während die Vorschriften fast aller übrigen Mitgliedstaaten einen höheren Wert von 10% vorsehen. **64**

Tritt der Verbraucher gem Art 4 Abs 5 vom Vertrag zurück oder storniert der Veranstalter die Reise vor dem vereinbarten Abreisetag, kann der Verbraucher nach seiner **Wahl** die Teilnahme an einer gleich- oder höherwertigen Ersatzreise verlangen, wenn der Veranstalter eine solche anbieten kann. Bei einer geringwertigeren Ersatzreise hat der Verbraucher einen Anspruch auf Erstattung der Wertdifferenz. Nimmt er aufgrund des Rücktritts oder der Stornierung an keiner Reise des Veranstalters teil, muss ihm dieser umgehend alle Zahlungen erstatten, die der Verbraucher bereits im Hinblick auf den Reisevertrag erbracht hat. **Zusätzlich** kann er eine **Entschädigung wegen Nichterfüllung** des Vertrages nach den Rechtsvorschriften des jeweiligen Mitgliedstaates verlangen. Der Verbraucher hat diese Ansprüche lediglich dann nicht, wenn der Veranstalter den Vertrag allein deshalb kündigt, weil eine vorher angekündigte Mindestteilnehmerzahl nicht erreicht wird oder ein Fall höherer Gewalt vorliegt. Letzteres ist dann der Fall, wenn die Stornierung aufgrund ungewöhnlicher **65** und unvorhersehbarer Ereignisse erfolgt, auf die derjenige, der sich auf höhere Gewalt beruft, keinen Einfluss hat und deren Folgen trotz Anwendung der gebotenen Sorgfalt nicht hätten vermieden werden können. Die Vorschrift stellt dabei ausdrücklich klar, dass eine **Überbuchung** jedenfalls keinen solchen Fall höherer Gewalt darstellt. Abs 6 bestimmt damit zugleich, wann eine Absage der Reise durch den Reiseveranstalter zulässig ist, nämlich nur bei Nichterreichen einer vorab festgelegten Mindestteilnehmerzahl und bei höherer Gewalt. In allen anderen Fällen einer Absage schuldet der Veranstalter Schadensersatz wegen Nichterfüllung (Führich Rn 53; ders EuZW 1993, 347, 350; MünchKomm/Tonner § 651a Rn 99).

66 Wird **nach der Abreise** ein erheblicher Teil der Reiseleistungen nicht erbracht oder stellt der Veranstalter fest, dass er nicht in der Lage sein wird, ihn zu erbringen, ist er verpflichtet, ohne Preisaufschlag für den Verbraucher durch die Erbringung von Ersatzleistungen angemessene Vorkehrungen zu treffen, damit die **Pauschalreise weiter durchgeführt** werden kann. Ggf hat er dem Verbraucher eine **Entschädigung** in Höhe des Unterschiedsbetrages zwischen der vertraglich vorgesehenen und der tatsächlich erbrachten Leistung zu zahlen (Abs 7 S 1). Bei einem **Verschulden des Veranstalters** kann der Verbraucher zusätzlich nach Art 5 **Entschädigung wegen Nichterfüllung** verlangen. Kann eine Ersatzleistung nicht erbracht werden oder wird sie vom Verbraucher aus triftigen Gründen nicht akzeptiert, muss der Veranstalter dem Verbraucher ohne zusätzliche Kosten für diesen die Rückkehr an den Abreiseort mit einem gleichwertigen Beförderungsmittel ermöglichen und ihn daneben ggf entschädigen (Abs 7 S 2).

67 **Artikel 5**
(1) Die Mitgliedstaaten treffen die erforderlichen Maßnahmen, damit der Veranstalter und/oder Vermittler, der Vertragspartei ist, gegenüber dem Verbraucher die Haftung für die ordnungsgemäße Erfüllung der vertraglichen Verpflichtungen unabhängig davon übernimmt, ob er selbst oder andere Dienstleistungsträger diese Verpflichtungen zu erfüllen haben, wobei das Recht des Veranstalters und/oder Vermittlers, gegen andere Dienstleistungsträger Rückgriff zu nehmen, unberührt bleibt.
(2) Die Mitgliedstaaten treffen hinsichtlich der Schäden, die dem Verbraucher aus der Nichterfüllung oder einer mangelhaften Erfüllung des Vertrages entstehen, die erforderlichen Maßnahmen, damit der Veranstalter und/oder der Vermittler die Haftung übernimmt, es sei denn, daß die Nichterfüllung oder die mangelhafte Erfüllung weder auf ein Verschulden des Veranstalters und/oder Vermittlers noch auf ein Verschulden eines anderen Dienstleistungsträgers zurückzuführen ist, weil
– die festgestellten Versäumnisse bei der Erfüllung des Vertrages dem Verbraucher zuzurechnen sind;
– diese unvorhersehbaren oder nicht abwendbaren Versäumnisse einem Dritten zuzurechnen sind, der an der Bewirkung der vertraglich vereinbarten Leistungen nicht beteiligt ist;
– diese Versäumnisse auf höhere Gewalt entsprechend der Definition in Artikel 4 Absatz 6 Unterabsatz 2 Ziffer ii) oder auf ein Ereignis zurückzuführen sind, das der Veranstalter und/oder der Vermittler bzw. der Leistungsträger trotz aller gebotenen Sorgfalt nicht vorhersehen oder abwenden konnte.
In Fällen des zweiten und dritten Gedankenstrichs von Unterabsatz 1 muß sich der Veranstalter und/oder Vermittler, der Vertragspartei ist, darum bemühen, dem Verbraucher bei Schwierigkeiten Hilfe zu leisten.

Bei Schäden aufgrund der Nichterfüllung oder einer mangelhaften Erfüllung der nach dem Vertrag geschuldeten Leistungen können die Mitgliedstaaten zulassen, daß die Entschädigung gemäß den internationalen Übereinkommen über diese Leistungen beschränkt wird.
Bei Schäden, die nicht Körperschäden sind und auf der Nichterfüllung oder einer mangelhaften Erfüllung der nach dem Vertrag geschuldeten Leistungen beruhen, können die Mitgliedstaaten zulassen, daß die Entschädigung vertraglich eingeschränkt wird. Diese Einschränkung darf nicht unangemessen sein.
(3) Unbeschadet des Absatzes 2 Unterabsatz 4 darf von den Bestimmungen der Absätze 1 und 2 nicht durch eine Vertragsklausel abgewichen werden.
(4) Der Verbraucher muß jeden Mangel bei der Erfüllung des Vertrages, den er an Ort und Stelle feststellt, so bald wie möglich schriftlich oder in einer anderen geeigneten Form dem betreffenden Leistungsträger sowie dem Veranstalter und/oder dem Vermittler mitteilen.
Auf diese Verpflichtung muß im Vertrag klar und deutlich hingewiesen werden.

Art 5 regelt die **Haftung des Reiseveranstalters**. Diese Vorschrift war besonders umstritten, da es hierbei um die Frage ging, ob die Gewährleistungshaftung des Reiseveranstalters **verschuldensunabhängig** oder **verschuldensabhängig** ausgestaltet werden sollte. Die meisten Mitgliedstaaten der EU kennen nur eine verschuldensabhängige Gewährleistung, während Deutschland und Dänemark auf ein Verschulden verzichten. Die Regelung des Art 5 ist ein **Kompromiss** zwischen einer verschuldensabhängigen und verschuldensunabhängigen Gewährleistungshaftung des Reiseveranstalters. Einerseits soll seine Haftung für die **ordnungsgemäße Erfüllung der vertraglichen Verpflichtungen** unabhängig davon bestehen, ob er selbst oder andere Dienstleistungsträger die Verpflichtungen zu erfüllen haben (Abs 1). Gleiches gilt für **Schäden**, die dem Verbraucher aus der Nichterfüllung oder einer mangelhaften Erfüllung des Vertrages entstehen (Abs 2 S 1). Der Reiseveranstalter haftet daher sowohl für **eigenes Verschulden** wie für das Verschulden seiner **Leistungsträger**. Andererseits ist er **nicht verantwortlich** in Fällen unvorhersehbarer oder unabwendbarer Umstände, die außerhalb seiner Kontrolle liegen und durch Dritte verursacht wurden. Gleiches gilt für die dem Verbraucher zuzurechnenden Mängel sowie in Fällen höherer Gewalt (Abs 2 S 1). Abs 2 enthält damit zugleich eine **Beweislastumkehr**. Der Reiseveranstalter haftet bei Mängeln der Reise auf Schadensersatz, es sei denn, die Leistungsstörung beruht weder auf seinem eigenen Verschulden noch auf dem seiner Leistungsträger. Welche **Schäden** zu ersetzen sind, lässt Art 5 Abs 2 S 1 offen, da dort nur allgemein auf den Begriff des Schadens Bezug genommen wird. Der EuGH geht zutreffend davon aus, dass Art 5 dahin auszulegen ist, dass er dem Verbraucher grds einen Anspruch auf Ersatz des **immateriellen Schadens** verleiht, der auf der Nichterfüllung oder einer mangelhaften Erfüllung der Reiseleistungen beruht (EuGH RRa 2002, 117 ff; TONNER/LINDNER NJW 2002, 1475). Die Richtlinie bezweckt die Beseitigung der Unterschiede, die zwischen den reiserechtlichen Regelungen und Praktiken in den einzelnen EU-Mitgliedstaaten bestehen und zu Wettbewerbsverzerrungen unter den Reiseveranstaltern führen können. Dies muss auch für die Ersatzfähigkeit immaterieller Schäden gelten, da solche bei Urlaubsreisen häufig auftreten und die unterschiedliche Regelung ihrer Ersatzfähigkeit in den Mitgliedstaaten zu Wettbewerbsverzerrungen führen würde. Auch ist die Ersatzfähigkeit entgangener Urlaubsfreude für den Verbraucher, der durch die Richtlinie geschützt werden soll, von besonderer Bedeutung (EuGH RRa 2002, 118).

69 Art 5 regelt weiter die Möglichkeiten einer **Haftungsbeschränkung**. Bei der Umsetzung der Richtlinie können die Mitgliedstaaten die Haftung des Reiseveranstalters nach den internationalen Übereinkommen beschränken (Abs 2 S 3), wie sie namentlich für den Bereich der Beförderung bestehen. Insoweit verweist bereits die Präambel der Richtlinie auf das Warschauer Übereinkommen von 1929 über den internationalen Luftverkehr, das Berner Übereinkommen von 1961 über den Eisenbahnfrachtverkehr, das Athener Übereinkommen von 1974 über den Seeverkehr und das Pariser Übereinkommen von 1962 über die Haftung der Gastwirte. Sinn dieser Regelung ist es, den Reiseveranstalter nicht unbeschränkt für einen Mangel haften zu lassen, für den sein Leistungsträger, das Beförderungsunternehmen, seinerseits nur beschränkt haftet. Die Vorschrift ähnelt damit § 651h, allerdings mit dem Unterschied, dass das deutsche Reiserecht im Gegensatz zur Richtlinie von einer verschuldensunabhängigen Haftung ausgeht (Tonner EuZW 1990, 411). Die Haftung für Schäden, die **keine Körperschäden** sind, kann zudem **vertraglich eingeschränkt** werden. Diese Beschränkung darf aber nicht unangemessen sein (Abs 2 S 4). Die Ausklammerung von Körperschäden stellte eine Verbesserung der Haftungslage für den deutschen Verbraucher dar, da § 651h aF eine Haftungsbeschränkung auch bei Körperschäden zuließ. Sämtliche Haftungsvorschriften können vertraglich nicht abbedungen werden (Abs 3).

70 Nach Abs 4 muss der Verbraucher jeden Mangel bei der Erfüllung des Vertrages sobald wie möglich schriftlich oder in einer anderen geeigneten Form dem Leistungsträger sowie dem Veranstalter mitteilen: eine dem § 651d Abs 2 entsprechende Regelung. Den Verbraucher trifft damit eine **doppelte Rügeobliegenheit** sowohl gegenüber dem Leistungsträger als auch gegenüber dem Veranstalter. Dies gilt allerdings nur, wenn der Verbraucher hierauf im Vertrag klar und deutlich hingewiesen wurde (Abs 4 S 2). Die **Rechtsfolgen** einer unterlassenen Mängelrüge regelt die Richtlinie nicht. Es ist also Sache des einzelnen Mitgliedstaates, die Rechtsfolgen selbst zu bestimmen. Der deutsche Gesetzgeber hat dies in § 651d Abs 2 getan.

71 **Artikel 6**
Im Fall einer Beanstandung bemüht sich der Veranstalter und/oder der Vermittler oder – wenn vorhanden – sein örtlicher Vertreter nach Kräften um geeignete Lösungen.

72 Art 6 formuliert eine Pflicht des Veranstalters bzw seines örtlichen Vertreters, sich bei Beanstandungen des Verbrauchers nach Kräften um geeignete Lösungen zu bemühen. Damit wird eine dem § 651c Abs 2 vergleichbare **Abhilfepflicht** des Veranstalters statuiert.

73 **Artikel 7**
Der Veranstalter und/oder Vermittler, der Vertragspartei ist, weist nach, daß im Fall der Zahlungsunfähigkeit oder des Konkurses die Erstattung gezahlter Beträge und die Rückreise des Verbrauchers sichergestellt sind.

74 Art 7 will den Verbraucher bei einer Insolvenz des Reiseveranstalters oder Vermittlers schützen. Den Veranstalter trifft daher eine **Nachweispflicht**, dass im Falle der **Zahlungsunfähigkeit** oder der **Insolvenz** die **Rückerstattung** bereits bezahlter Beträge und die **Rückreise** des Verbrauchers sichergestellt sind. Die Vorschrift sagt nichts darüber, durch welche rechtlichen Mittel diese Sicherstellung erfolgen soll, nachdem

von der Einrichtung einer Pflichtversicherung oder eines Garantiefonds abgesehen wurde. Aus Sicht des Richtliniengebers kommen eine Absicherung durch einen Fonds, Einlagen, Kautionen, die Kapitaldecke des Unternehmens oder Versicherungen in Betracht (vgl FÜHRICH Rn 62). Das **Wie** der Sicherstellung wurde damit den Mitgliedstaaten überlassen. Der deutsche Gesetzgeber hat die Regelung in **§ 651k** umgesetzt.

Die Richtlinie schweigt auch darüber, **wem gegenüber** der Nachweis der Sicherstellung zu erfolgen hat. Die Vorschrift verlangt keine Einrichtung einer Aufsichtsbehörde, so dass der Nachweis gegenüber dem Verbraucher ausreicht. Der Veranstalter kann daher im Reisevertrag gegenüber dem Verbraucher die Sicherstellung erklären (FÜHRICH Rn 62; **aA** PICK 405). 75

Der Veranstalter hat zunächst die **Erstattung** aller vom Reisenden tatsächlich **gezahlten Beträge** sicherzustellen (EuGH NJW 1998 2201). Dazu gehört auch die Anzahlung des Reisenden (EuGH NJW 1996 3141). Insoweit ist ebenfalls jede tatsächlich vom Verbraucher gezahlte Anzahlung und nicht nur die nach den AGB des Reiseveranstalters vertraglich vereinbarten Anzahlungen und Restzahlungen abgesichert (BGH NJW 2001 1934). Treten Zahlungsunfähigkeit oder Insolvenz des Veranstalters während der Reise ein, wird es häufig zu einem **vorzeitigen Reiseabbruch** kommen. In diesem Fall ist der Reisepreis zu erstatten, soweit Reiseleistungen ausgefallen sind. Für die bis zum Reiseabbruch erbrachten Leistungen hat eine Erstattung jedenfalls dann zu erfolgen, wenn diese wegen des Abbruchs für den Reisenden **ohne Interesse** waren. Dies gilt insbes für die Beförderung des Reisenden zum Urlaubsort, wenn der Urlaub dort gar nicht erst angetreten werden konnte oder alsbald abgebrochen wurde (FÜHRICH Rn 63; MünchKomm/TONNER § 651k Rn 7). 76

Art 7 ist **erweiternd** dahin auszulegen, dass er unter dem Gesichtspunkt der Erstattung der gezahlten Beträge auch auf Fälle anwendbar ist, in denen ein Pauschalreisender, der seine Unterbringungskosten vor der Reise an den Veranstalter gezahlt hat, aufgrund von dessen Zahlungsunfähigkeit gezwungen wurde, diese Kosten noch einmal gegenüber dem Hotelier zu begleichen, weil er anderenfalls nicht das Hotel hätte verlassen können, um seinen Rückflug anzutreten (EuGH NJW 1998, 2201 f). § 651k Abs 1 S 1 Nr 1 ist daher richtlinienkonform so zu interpretieren, dass unter den Begriff des gezahlten Reisepreises auch die als Reisepreis zusätzlich gezahlten Hotelkosten fallen (HUFF RRa 1998, 133; vgl § 651k Rn 7). 77

Weiter hat der Reiseveranstalter die **Rückreise des Verbrauchers** sicherzustellen. Dies bedeutet nicht nur die Absicherung der vom Verbraucher verauslagten Rückreisekosten, sondern auch die Sicherstellung der **Durchführung der Rückreise** selbst. In diesem Sinne ist die Formulierung des Art 7 eindeutig. Der EuGH weist zu Recht darauf hin, dass dem Pauschalreisenden durch Art 7 ein Recht auf Absicherung **seiner Rückreise** und nicht nur auf die Erstattung seiner Rückreisekosten verliehen wird (EuGH NJW 1996, 3141 ff). Der Veranstalter hat also auch die Organisation der Rückreise abzusichern. § 651k Abs 1 S 1 Nr 2, der nur die Sicherstellung der Erstattung der für die Rückreise notwendigen Aufwendungen verlangt, setzt Art 7 daher **nicht richtlinienkonform** um (FÜHRICH Rn 63; **aA** GRAZIANI-WEISS 55). 78

Art 7 erlaubt **keine Festsetzung von Höchstbeträgen**, verlangt also stets eine volle 79

Entschädigung des Reisenden (EuGH NJW 1999 3181). Auch diese Vorschrift hat der deutsche Gesetzgeber **nicht richtlinienkonform umgesetzt**: § 651k Abs 2, der eine Haftungsbegrenzung auf 110 Mill Euro je Absicherer zulässt, verstößt gegen Art 7 (Führich VersR 1995, 1138, 1141; Seyderhelm § 651k Rn 19; MünchKomm/Tonner § 651k Rn 18). Der Gesetzgeber wollte mit diesem Höchstbetrag das Risiko für den Sicherungsgeber begrenzen und rückversicherbar machen. Dadurch sollten die letztlich auf den Reisenden abgewälzten Versicherungsprämien niedrig gehalten werden. Diese praktischen Erwägungen des Gesetzgebers ändern aber nichts daran, dass eine **Staatshaftung** wegen unzureichender Umsetzung der Richtlinie in Betracht kommt, wenn Reisende aufgrund der Haftungsbeschränkung nur anteilig entschädigt werden (vgl EuGH NJW 1999, 3181; Führich Rn 460; Seyderhelm aa0).

80 **Artikel 8**
Die Mitgliedstaaten können in dem unter diese Richtlinie fallenden Bereich strengere Vorschriften zum Schutze des Verbrauchers erlassen oder aufrechterhalten.

81 Art 8 enthält eine **Mindeststandardklausel**. Danach ist es den Mitgliedstaaten unbenommen, zum Schutz der Verbraucher **strengere Vorschriften** zu erlassen oder aufrechtzuerhalten. Hieraus folgen auch weiterhin unterschiedliche Verbraucherschutzstandards im europäischen Reiserecht und damit gewisse Wettbewerbsverzerrungen. Diese nimmt die Richtlinie im Interesse des Verbraucherschutzes jedoch hin.

82 **Artikel 9**
(1) Die Mitgliedstaaten treffen die erforderlichen Maßnahmen, um dieser Richtlinie spätestens am 31. Dezember 1992 nachzukommen. Sie unterrichten die Kommission unverzüglich davon.
(2) Die Mitgliedstaaten übermitteln der Kommission den Wortlaut der wesentlichen innerstaatlichen Rechtsvorschriften, die sie in dem unter diese Richtlinie fallenden Bereich erlassen. Die Kommission übermittelt diese den übrigen Mitgliedstaaten.

83 **Artikel 10**
Diese Richtlinie ist an die Mitgliedstaaten gerichtet.

Nach Art 9 musste die Richtlinie bis zum 31. 12. 1992 in das Recht der Mitgliedstaaten umgesetzt werden. Nach stRspr des EuGH muss dies in der Weise geschehen, dass die Vorschriften unzweifelhaft verbindlich und so konkret, bestimmt und klar sind, dass sie dem Erfordernis der Rechtssicherheit genügen (EuGH EuZW 1991, 442 Tz 24; EuGH NJW 1996, 3141, 3143 Tz 48). Diese Umsetzung erfolgte in Deutschland durch das „Gesetz zur Durchführung der Richtlinie des Rates vom 13. 6. 1990 über Pauschalreisen" vom 24. 6. 1994 (BGBl 1994 I, 1322). In diesem Gesetz wurden die §§ 651a–k modifiziert, um einen neuen § 651k und eine Ermächtigung zum Erlass einer ministeriellen „Verordnung über die Informationspflichten von Reiseveranstaltern" (§ 651a Abs 5 aF) ergänzt sowie eine Änderung der Gewerbeordnung (§ 147b GewO aF) vorgenommen. Der Gesetzgeber hat die Umsetzung der Richtlinie bedauerlicherweise nicht zum Anlass genommen, der wissenschaftlichen Kritik am Reisevertragsrecht nachzugeben und die §§ 651a ff grundlegend zu überarbeiten. Er hat sich vielmehr darauf beschränkt, das deutsche Reisevertragsrecht an die Mindeststandards der Richtlinie anzupassen, also nur diejenigen Normen überarbeitet, die diesen Standards nicht genügten. Dabei hat der Gesetzgeber zu Recht davon abgesehen, die Informationspflichten der Richtlinie in den Text des BGB einzufügen. Dies hätte den Umfang der gesetzlichen Regelung des Reisevertragsrechts, gemessen am sonstigen Umfang der vertragsrechtlichen Regelungen des BGB, unverhältnismäßig ausgedehnt (BT-Drucks 12/5354, 16; FÜHRICH Rn 66). Die Informationspflichten wurden daher in einer gesonderten Verordnung zusammengefasst. Auch diese „Verordnung über die Informationspflichten von Reiseveranstaltern" vom 14. 11. 1994 (BGBl 1994 I, 3436; jetzt §§ 4–11, 15 BGB-InfoV vom 2. Januar 2002 idF der Bekanntmachung vom 5. August 2002, BGBl 2002 I, 3002) trat erst zum 23. 11. 1994 in Kraft, so dass die Umsetzung der Richtlinie insgesamt wesentlich verzögert erfolgte.

Die **verspätete Umsetzung** der Richtlinie durch den deutschen Gesetzgeber erlangte **84** insbes vor dem Hintergrund der Insolvenzen einiger Reiseveranstalter im Jahre 1993 eine erhebliche Bedeutung. Der EuGH hat den durch diese Insolvenzen geschädigten Reisenden **Entschädigungsansprüche** gegen die Bundesrepublik Deutschland wegen der verspäteten Umsetzung der Richtlinie zugesprochen (EuGH NJW 1996, 3141). Eine derartige **Staatshaftung** bei verzögerter Richtlinienumsetzung besteht nach stRspr des EuGH, soweit das durch die Richtlinie vorgeschriebene Ziel die Verleihung von Rechten an den Einzelnen umfasst, deren Inhalt bestimmbar ist, und ein Kausalzusammenhang zwischen dem Verstoß gegen die dem Staat auferlegte Verpflichtung und dem entstandenen Schaden besteht (EuGH NJW 1992, 165; 1994, 2473). Diese Voraussetzungen hat der EuGH hinsichtlich der insolvenzgeschädigten Reisenden zu Recht angenommen. Das durch Art 7 der Richtlinie vorgeschriebene Ziel umfasst die Verleihung eines Rechts an den Pauschalreisenden, mit dem die Erstattung der von diesem gezahlten Beträge und seine Rückreise im Fall der Zahlungsunfähigkeit oder der Insolvenz des Veranstalters und/oder Vermittlers der Pauschalreise, der Vertragspartei ist, sichergestellt werden. Der Inhalt dieses Rechts ist auch hinreichend bestimmt. An der Kausalität zwischen der verspäteten Umsetzung und dem Schaden, der den Reisenden durch die Insolvenz ihres Veranstalters entstanden ist, bestand von vornherein kein Zweifel. Die Bundesrepublik haftet allerdings nicht für Schäden von Pauschalreisenden, die den Reisevertrag mit einem (später) insolventen Reiseveranstalter bereits vor dem 1. 1. 1993 geschlossen hatten. Der zeitlichen Vorgabe des Art 9 der Richtlinie hätte ein Gesetz genügt, durch das der Schutz der Reisenden für alle nach dem 31. 12. 1992 geschlossenen Verträge gewährleistet worden wäre. Mit einem solchen Gesetz wäre die Richtlinie innerhalb der Frist des Art 9 umgesetzt worden (OLG Köln EuZW 1998, 95 f). Die Staatshaftung besteht allerdings nur in den Grenzen des Schutzbereichs des Art 7 der Pauschalreise-Richtlinie (vgl SOERGEL/H-W ECKERT Rn 10).

VI. Europäisches und internationales Reisevertragsrecht

Im EU-Binnenmarkt werden Pauschalreisen zunehmend **grenzüberschreitend** ange- **85** boten und gebucht. Da die nationalen Rechtsordnungen teilweise erheblich voneinander abweichen, besteht ein erheblicher Bedarf sowohl auf Seiten der Reiseveranstalter als auch auf Seiten der Reisenden an einem **einheitlichen europäischen Reiserecht**. Ein solches konnte bislang weder durch das Brüsseler Übereinkommen über den Reisevertrag (s o Rn 12) noch durch die EG-Pauschalreise-Richtlinie geschaffen werden, da Ersteres nur von wenigen Staaten ratifiziert wurde und Letztere nur Mindeststandards setzt. Auch nach der Umsetzung der Richtlinie stellen sich daher die Fragen nach der Ausgestaltung des **Reisevertragsrechts in anderen Staaten** der EU, dem auf grenzüberschreitende Reiseverträge jeweils **anwendbaren Reisevertragsrecht** und der **gerichtlichen Zuständigkeit**.

1. Reisevertragsrecht in anderen EU-Staaten

86 Die **Umsetzung der Pauschalreise-Richtlinie** erfolgte nur zögerlich. Bis zum 31. 12. 1992 wurde sie nur von **Großbritannien** (The Package Travel, Package Holidays and Package Tours Regulations 1992, Statutory Instruments 1992 No 3288; The Package Travel, Package Holidays and Package Tours Regulations 1998) und den **Niederlanden** (Änderung des Burgerlijk Wetboek, Staatsblad 1992, 669; Besluit v 15. 1. 1993 [VO hinsichtl d Informationspflichten], Staatsblad 1993, 43) umgesetzt. In **Frankreich** wurde am 13. 7. 1992 ein entsprechendes Gesetz erlassen (Loi 92–645 v 13. 7. 1992, JORF v 14. 7. 1992; Decret Nr 94–490 vom 15. 6. 1994), doch fehlen bislang noch die dazugehörigen Ausführungsbestimmungen. Im Jahre 1993 setzten **Portugal** (Decreto-Lei No 198/93 v 27. 5. 1993, Diario da República v 27. 5. 1993) und **Dänemark** (Lov 1993-06-30 nr 472 om pakkerejser v 21. 9. 1993; Lov 1994-06-01 nr 428; Lov 1997-14-05 nr 315; Bek 1998-14-07 nr 536) die Richtlinie um; 1994 folgte **Belgien** (Loi régissant le contrat d'organisation de voyages et le contrat d'intermédiaire de voyages v 16. 2. 1994, Moniteur belge v 1. 4. 1994; Arrêté ministériel vom 1994; Arrêté royal vom 25. 4. 1997), während die neuen EU-Mitgliedstaaten **Finnland** (Lag Nr 1079/ 1080/1080/ 1085 v 28. 11. 1994, Finlans Fórfattningsambing v 5. 12. 1994), **Österreich** (durch Einfügung der §§ 31a–31f in das Konsumentenschutzgesetz, ÖBGBl 1993, 247; ReisebürosicherungsVO ÖBGBl 1999 II nr 316) und **Schweden** (Lag om paketresor, SFS 1992: 1672 v 30. 12. 1992) die Richtlinie bereits im Zeitpunkt ihres Beitritts umgesetzt hatten. 1995 ergingen Umsetzungsgesetze in **Irland** (Package Holidays and Travel Trade Act 1995, Acz no 17 of 1995), **Italien** (Gesetz Nr 111 v 17. 3. 1995, Gazetta officiale della Republica Italiana v 14. 4. 1995) und **Spanien** (Gesetz v 6. 7. 1995, BOE v 7. 7. 1995; Resolución v 4. 7. 1996, BOE v 4. 7. 1996), 1996 schloss sich **Griechenland** an (Präsidialdekret Nr 339, FEK v 11. 9. 1996).

87 Das **Reisevertragsrecht** in den anderen EU-Staaten weicht zT erheblich vom deutschen Reisevertragsrecht ab (vgl TONNER, Reiserecht in Europa; PELLET 45 ff; FÜHRICH Rn 57 ff; GRAZIANI-WEISS; YAQUB/BEDFORD). Bis auf Frankreich, das den Begriff „Agence de voyage" zugrunde legt, unterscheiden alle EU-Staaten begrifflich zwischen dem **Reiseveranstalter** und dem **Reisevermittler**. Nur Deutschland erstreckt das Reisevertragsrecht auch auf **nichtgewerbliche Anbieter** (TONNER, Reiserecht in Europa 305). **Änderungen des Reisevertrages** sind nach Umsetzung der Richtlinie in allen EU-Staaten wegen Nichterreichung einer geforderten **Mindestteilnehmerzahl** sowie bei **höherer Gewalt** möglich (vgl Art 4 EG-Pauschalreise-Richtlinie). Der Begriff der höheren Gewalt wird indessen unterschiedlich definiert. Bei **Streiks** kommt es in den meisten Ländern darauf an, ob der Veranstalter hierauf Einfluss hat oder nicht. Dagegen nimmt Frankreich Streiks generell aus der Haftung des Veranstalters heraus (vgl FÜHRICH Rn 58; GRAZIANI-WEISS 47). Die **Stornogebühren** sind meist höher als in Deutschland (TONNER, Reiserecht in Europa 73 ff). **Preisänderungen** werden in den meisten EU-Staaten erst ab 10% als erheblich angesehen, während in Deutschland nach § 651a Abs 4 S 2 bereits 5% genügen (vgl GRAZIANI-WEISS 77).

88 Abgesehen von Dänemark und Deutschland kennen die anderen EU-Staaten keine verschuldensunabhängige Gewährleistungshaftung. Es lässt sich aber vielfach seit der Umsetzung der EU-Pauschalreise-Richtlinie eine gewisse Tendenz zur **Auflockerung**

des **Verschuldensprinzips** feststellen. Strengere Haftungsstandards werden nicht nur von der Rspr, sondern auch durch Verhaltensregeln der Veranstalter bzw Schlichtungskommissionen gesetzt (vgl MünchKomm/TONNER Rn 36). Insbes wird die Haftung für Vertragspflichtverletzungen zunehmend mit Verletzungen von Informationspflichten oder strenger Überwachungspflichten begründet. Ein **Insolvenzschutz** bestand auch schon vor der Umsetzung der EG-Pauschalreise-Richtlinie mit Ausnahme von Deutschland und Österreich in allen EU-Staaten. Dabei bedienen sich Belgien, Frankreich, Griechenland, Italien, Portugal und Spanien einer **Kombination von Lizensierung und Pflichtversicherung**, während Dänemark, Schweden, Großbritannien, die Niederlande, Griechenland und Italien einen freiwilligen oder staatlich geregelten **Garantiefonds** organisieren (FÜHRICH Rn 60; MünchKomm/TONNER Rn 37).

2. Internationales Vertrags- und Deliktsrecht

Die Frage, welches Recht für die Abwicklung von Pauschalreiseverträgen mit Auslandsberührung maßgeblich ist, richtet sich nach Art 27 ff EGBGB. Nach Art 27 EGBGB gilt für internationale vertragliche Schuldverhältnisse der **Grundsatz der freien Rechtswahl** durch die Parteien. Diese Rechtswahlfreiheit wird aber in Art 29 EGBGB für **Verbraucherverträge** eingeschränkt. Hierzu gehören auch **Reiseverträge**, die für einen Pauschalpreis kombinierte Beförderungs- und Unterbringungsleistungen vorsehen (Art 29 Abs 4 S 2 EGBGB). Damit soll verhindert werden, dass dem Verbraucher, der bei einem ausländischen Reiseveranstalter eine Reise bucht, dadurch Rechtsnachteile entstehen, dass ihm durch die Wahl eines ausländischen Rechts der Schutz entzogen wird, den ihm zwingende Vorschriften des Rechts des Staates, in dem er seinen gewöhnlichen Aufenthalt hat, gewähren. Bucht also ein Verbraucher in Deutschland bei einem ausländischen Reiseveranstalter eine Pauschalreise, unterliegt der Reisevertrag unter den Voraussetzungen des Art 29 EGBGB trotz einer im Vertrag vereinbarten Geltung des ausländischen Rechts nicht nur den §§ 651a ff, sondern auch den zwingenden Verbraucherschutzvorschriften des BGB (§§ 305–310, 312, 312a, 312 f u 491–498).

89

Eine Einschränkung der freien Rechtswahl tritt aber nur beim Vorliegen der in Art 29 Abs 1 Nrn 1–3 EGBGB **alternativ aufgezählten Voraussetzungen** ein: Nach **Nr 1** muss dem Vertragsschluss ein **ausdrückliches Angebot** oder eine **Werbung** im Staat des gewöhnlichen Aufenthalts des Reisenden vorausgegangen sein **und** der Reisende muss in diesem Staat die zum Abschluss des Vertrages **erforderlichen Rechtshandlungen vorgenommen** haben. Diese Voraussetzung ist auch dann erfüllt, wenn die Reise auf einer Webseite im Internet angeboten wird und der Reisende von seinem Wohnort aus die elektronische Reiseanmeldung abgibt (AG Flensburg RRa 1999 49; PALANDT/HEINRICHS Art 29 EGBGB Rn 5; FÜHRICH Rn 76). Gleiches gilt nach **Nr 2**, wenn der Vertragspartner des Reisenden (Reiseveranstalter) oder sein Vertreter (Reisebüro, Agentur) ohne vorausgegangene Werbung oder ohne ein ausdrückliches Angebot die **Bestellung des Reisenden** im Staat des gewöhnlichen Aufenthalts des Reisenden **entgegengenommen** hat (BGH NJW 1997 1697). Schließlich kann sich der Reisende nach **Nr 3** auf Art 29 EGBGB berufen, wenn der Vertrag den **Verkauf von Waren** betrifft und der Reisende vom Staat seines gewöhnlichen Aufenthalts **in einen anderen Staat gereist** ist und dort seine Bestellung aufgegeben hat. Voraussetzung ist allerdings, dass diese Reise vom Verkäufer durchgeführt wurde, um den Verbraucher zum Vertragsabschluss zu veranlassen. Nr 3 ist damit insbes auf die

90

typische **Kaffeefahrt** ins Ausland anwendbar. Dies gilt jedoch nur, soweit die Reise vom Staat des gewöhnlichen Aufenthalts des Reisenden aus angetreten wurde und die Bestellung im Ausland erfolgte. Reisen, die von Drittstaaten aus angetreten wurden, fallen daher nicht unter Nr 3. Weiter ist erforderlich, dass die Reise **vom Verkäufer herbeigeführt** worden ist. Er muss sie also zumindest **organisiert** haben (BGH NJW 1992, 1068; 1997, 1699). Ziel des Verkäufers muss es dabei sein, den Verbraucher zum Vertragsschluss zu veranlassen. Dies ist nicht der Fall, wenn nur eine Auslandsreise stattfindet, bei der es allein Sache der Teilnehmer ist, ob und wo sie im Verlauf der Reise Waren erwerben wollen.

91 Nicht anwendbar ist Art 29 EGBGB dagegen auf **Beförderungsverträge** (Art 29 Abs 4 S 1 Nr 1 EGBGB) und auf Verträge über die **Erbringung von Dienstleistungen**, wenn diese ausschließlich in einem anderen als dem Staat erbracht werden müssen, in dem der Verbraucher seinen gewöhnlichen Aufenthalt hat (Art 29 Abs 4 S 1 Nr 2 EGBGB). Dazu gehören zB **Beherbergungsverträge** mit ausländischen Hotels und **Unterrichtsverträge** mit ausländischen Ski-, Segel- oder Surfschulen. Fraglich ist aber, ob Art 29 EGBGB auf Verträge mit Reiseveranstaltern anwendbar ist, die entgegen Art 29 Abs 4 S 2 keine kombinierten Beförderungs- und Unterbringungsleistungen vorsehen. Dies wird namentlich für Verträge über die Bereitstellung von im Ausland gelegenen **Ferienhäusern** oder **Ferienwohnungen** mit inländischen Reiseveranstaltern vertreten (PICK Einl Rn 146; SOERGEL/H-W ECKERT Rn 27). Begründet wird diese Auffassung damit, dass anderenfalls eine Abweichung von den durch die hM entwickelten Grundsätzen vorliege, die auf derartige Verträge die §§ 651a ff analog anwende (vgl dazu BGHZ 119, 152, 163; BGH NJW 1992, 3158, 3161). Dem stehen aber ebenso wie der analogen Anwendung des Reisevertragsrechts auf einzelne Reiseleistungen ganz erhebliche Bedenken entgegen. Insbes lässt sich diese Auffassung nicht mit dem eindeutigen Wortlaut des Art 29 Abs 4 S 2 EGBGB vereinbaren, der ausschließlich solche Reiseverträge als Verbrauchervertrag iSd Art 29 EGBGB definiert, die für einen Pauschalpreis kombinierte Beförderungs- und Unterbringungsleistungen vorsehen. Hiervon kann beim Ferienhausvertrag keine Rede sein.

92 Ist danach Art 29 EGBGB auf einen in Deutschland angebotenen und geschlossenen Reisevertrag anwendbar, gilt **deutsches Reisevertragsrecht**. Dagegen ist derjenige Verbraucher, der aus eigenem Antrieb **im Ausland** einen für ihn günstigen Anbieter aussucht und dort den Reisevertrag schließt, nicht durch Art 29 EGBGB geschützt. In diesem Fall gelangt eine Rechtswahlklausel in den AGB des ausländischen Reiseveranstalters zu voller Wirkung (MünchKomm/TONNER Rn 41; ders, Reiserecht in Europa 209 ff).

93 Für **deliktische Ansprüche** ist idR an das **Recht des Tatorts** anzuknüpfen (Art 40–42 EGBGB). Verletzt also ein deutscher Reiseveranstalter schuldhaft eine Organisationspflicht, gelten für Ansprüche des Reisenden wegen Verletzung der Verkehrssicherungspflicht die §§ 823 ff. Das Recht des Tatorts tritt allerdings zurück, wenn sich zwei Personen mit gleichem Personalstatut vorübergehend im Ausland aufhalten und dort unerlaubte Handlungen gegeneinander begehen. Schädigt also ein deutscher Reiseveranstalter einen deutschen Reisenden im Ausland, gilt für die deliktischen Ansprüche des Reisenden deutsches Recht (vgl OLG Düsseldorf NJW-RR 1991, 55).

3. Internationale gerichtliche Zuständigkeit

Die Bestimmung der internationalen gerichtlichen Zuständigkeit richtet sich nach 94
dem Europäischen Gerichtsstands- und Vollstreckungsübereinkommen (EuGVÜ).
Da der Reisende regelmäßig **Verbraucher** ist, greift zu seinen Gunsten der zwingende
Gerichtsstand des Art 13 EuGVÜ ein. Danach ist ähnlich wie bei Art 29 EGBGB ua
bei Dienstleistungsverträgen der **Wohnsitz des Reisenden** Gerichtsstand, wenn dem
Vertragsschluss im Wohnsitzstaat ein ausdrückliches Angebot oder eine Werbung
vorausgegangen ist und der Verbraucher in diesem Staat die zum Vertragsabschluss
erforderlichen Rechtshandlungen vorgenommen hat, Art 13 Nr 3 EuGVÜ (vgl Tonner, Reiserecht in Europa 206 ff; MünchKomm/Tonner Rn 39; Führich Rn 74). Für Reiseverträge kann sich die internationale Zuständigkeit nicht aus Art 16 Nr 1 a EuGVÜ
ergeben, wonach für Klagen, welche die Miete oder Pacht von unbeweglichen Sachen
zum Gegenstand haben, eine ausschließliche Zuständigkeit des Gerichts des Belegenheitsstaats besteht (Hüsstege IPrax 2001, 31 ff). Etwas anderes gilt aber für einen
Ferienhausvertrag, soweit es um eine Klage auf Schadensersatz wegen mangelhafter
Instandhaltung und Beschädigung einer Wohnung geht, die eine Privatperson für
einen Urlaub gemietet hat. Hier ist unabhängig davon, ob der Urlauber die Wohnung
unmittelbar vom Eigentümer oder über einen gewerblichen Reiseveranstalter gemietet hat, die ausschließliche Zuständigkeit im Sinne des Art 16 Nr 1 a EuGVÜ zu
bejahen, weil die Klage auf Schadensersatz wegen teilweiser Nichterfüllung der
Pflichten des Mieters unmittelbar an die Miete einer unbeweglichen Sache iSd
Art 16 Nr 1 a EuGVÜ anknüpft (EuGH RRa 2000, 124; LG Kiel RRa 1997, 164; AG Hamburg
NJW RR 2000, 352).

VII. Reisevertragsrecht und allgemeine Reisebedingungen (ARB)

Im Pauschalreisetourismus ist die Verwendung von AGB durch Reiseveranstalter 95
und Reisevermittler die Regel. Ihre Entstehung und Geschichte ist wesentlicher Teil
der Entstehungsgeschichte des Reisevertragsrechts selbst (vgl MünchKomm/Tonner
Rn 42 ff; Tonner AcP 189, 122 ff). Zunächst formulierten die einzelnen Anbieter ihre
AGB unabhängig voneinander, so dass ganz **unterschiedliche AGB** verwendet wurden. Es bildeten sich jedoch einzelne Klauseln heraus, die alsbald allgemein üblich
wurden (Vermittlerklausel, Klauseln über Vorauszahlung, Haftungsausschluss, Stornogebühren, Änderungsvorbehalte). Die darin liegenden Benachteiligungen der Reisenden veranlassten die Rspr zu korrigierenden Eingriffen in die AGB. Es war aber
weniger diese Rspr als vielmehr das Tätigwerden des Gesetzgebers auf dem Gebiet
des Reisevertragsrechts, das die Anbieter von Reiseleistungen zu einer **Vereinheitlichung ihrer AGB** veranlasste. 1976 meldete der Deutsche Reisebüro-Verband (DRV)
als Bundesverband Deutscher Reisebüros und Reiseveranstalter erstmals eine **Konditionenempfehlung** gem § 22 Abs 3 Nr 2 GWB beim Bundeskartellamt an (BAnz
Nr 210 v 2. 11. 1976), um dadurch einer **gesetzlichen Regelung des Reisevertragsrechts
zuvorzukommen** (vgl eingehend Tonner AcP 189, 132 ff). Der DRV lehnte sich deshalb in
seiner Empfehlung inhaltlich an den Referentenentwurf des Gesetzes über den Reiseveranstaltungsvertrag an. Gleichwohl konnte das Ziel, den Gesetzgeber von einer
Kodifikation des Reisevertragsrechts abzuhalten, durch diese ARB nicht erreicht
werden, weil diese die Anbieterseite einseitig begünstigten und damit zu weit hinter
den Erwartungen des Gesetzgebers zurückblieben (vgl Tonner AcP 189, 132 ff).

96 Mit dem In-Kraft-Treten des **AGBG** am 1.4. 1977 und der **§§ 651a–k** am 1.10. 1978 musste diese Konditionenempfehlung an das AGBG und das Reisevertragsgesetz angepasst werden. Dem diente die **Konditionenempfehlung von 1980** (BAnz Nr 191 v 11.10. 1980). Auch hierin sah der Verbraucherschutzverein (VSV) allerdings vielfältige Verstöße gegen das AGBG (vgl hierzu ausführlich TONNER AcP 189, 147 ff). Der VSV mahnte deshalb 1981 zahlreiche Klauseln der Konditionenempfehlung ab und versuchte daneben, in Verhandlungen mit dem DRV zu für beide Seiten annehmbaren ARB zu gelangen. In diesen sich über zwei Jahre hinziehenden Verhandlungen gab der DRV zwar in einigen Punkten nach, doch gelang in der zentralen Frage der vollständigen Vorauszahlungspflicht des Reisenden kein Kompromiss (MünchKomm/ TONNER Rn 45).

97 Der DRV passte **1983** seine Konditionenempfehlungen an die Ergebnisse der Verhandlungen mit dem VSV an, soweit man bei diesen Einigkeit erzielt hatte (BAnz Nr 240 v 23.12. 1983). Hinsichtlich der str gebliebenen Klauseln erhob der VSV dagegen **Verbandsklage gem § 13 AGBG** (jetzt §§ 1 ff UKlaG). Der BGH erklärte daraufhin die seinerzeit verwendete **Vorauszahlungsklausel** für **unzulässig** und stellte für die Zulässigkeit von Vorauszahlungen bestimmte Voraussetzungen auf (BGH NJW 1986, 1613; 1987, 1931). Auch erklärte er die sog **Landesüblichkeitsklausel**, die mit der Verweisung auf die Landesüblichkeit die in den Reisebeschreibungen enthaltenen Angaben und Zusicherungen zum Nachteil des Reisenden relativierte, für unzulässig (BGH NJW 1987, 1931).

98 Die **Umsetzung der EG-Pauschalreise-Richtlinie** führte zu **Überarbeitungen und Anpassungen** der Konditionenempfehlung des DRV in den Jahren 1994 (BAnz Nr 120 v 30.6. 1994) und 1997 (BAnz Nr 160 v 28.8. 1997). Dabei wurden die neuen §§ 651a–l weitgehend in die ARB integriert. Weitere Änderungen der Konditionenempfehlung dienten im Jahre 2001 der Anpassung an das Fernabsatzgesetz (BAnz Nr 37 v 22.2. 2001) und an das 2. ReiseRÄndG (BAnz Nr 168 v 7.9. 2001) sowie im Jahre 2002 an das Schuldrechtsmodernisierungsgesetz (BAnz Nr 103 v 8.6. 2002). Die Übernahme der Regelungen der §§ 651a–m in die ARB hat zur Folge, dass diese heute völlig überfrachtet und unübersichtlich erscheinen. Dies führt dazu, dass die umfangreichen ARB vom Reisenden nicht mehr gelesen und die eigentlich wichtigen Vorschriften, die tatsächlich die §§ 651a ff ergänzen, verschleiert werden (TEMPEL NJW 1999, 3658). Eine Reduzierung des Umfangs der ARB und deren Beschränkung auf die das Gesetz konkretisierenden oder modifizierenden Bestimmungen erscheint daher dringend geboten (vgl FÜHRICH Rn 16; KAPPUS, Reise- und Hotelaufnahmebedingungen Rn 2; TEMPEL RRa 1998, 33; ders NJW 1999, 3658; ders, TranspR 2001, 233 ff). Auf Grundlage der vom DRV **unverbindlich empfohlenen ARB** haben viele Reiseveranstalter eigene AGB formuliert (zB Reisebedingungen der TUI Deutschland GmbH v September 2002, 41. Aufl; Reise- und Zahlungsbedingungen der Thomas Cook Touristik GmbH v Oktober 2002). Diese Reise-AGB bleiben häufig hinter den Regelungen der §§ 651a ff und der ARB-Konditionenempfehlung zurück. AGB-Klauseln, die zum Nachteil des Reisenden von den §§ 651a ff abweichen, sind nach § 651m S 1 nichtig. Machen die Klauseln dagegen nur von den reisevertragsrechtlichen Gestaltungsmöglichkeiten Gebrauch und beachten sie die in den §§ 651a ff gesetzten Grenzen oder betreffen sie Regelungsgegenstände, die von den §§ 651a ff nicht erfasst werden, so unterliegen sie der Inhaltskontrolle nach den §§ 307 ff (BGHZ 100, 157, 179; 108, 52, 54 f; ERMAN/SEILER Rn 5). Dies folgt ohne weiteres aus den unterschiedlichen Regelungszwecken des Reisevertragsrechts und der §§ 305–310. Soweit Klauseln den Bestimmungen der §§ 651a ff bzw der §§ 305–310 widersprechen, sind sie unwirksam und daher den **Korrekturen durch die Rspr** ausgesetzt (vgl zB BGHZ 108, 52, 54 f [Abtretungsverbot und Benachrichtigungspflicht]; NJW 1990, 317 [Kautionsklausel bei Ferienhäusern]; 1992, 3158 [Ferienhausbedingungen]; 1993, 262 [AGB eines Sprachreiseveranstalters]). Neben dem DRV empfiehlt der Internationale Bustouristikverband (RDA) seinen Mitgliedern seit dem 1.12. 1988 eigene AGB speziell für **Busreiseveranstalter** (vgl BAnz Nr 178 v 20. 9. 1994; Bekanntmachung des BKartA Nr 51/98 v 8. 6. 1998, BAnz Nr 113 v 24. 6. 1998), die TEMPEL zu Recht als „erschreckendes Beispiel" für überladene AGB bezeichnet (TEMPEL NJW 1999, 3658).

VIII. Allgemeine Reisebedingungen

Die vom DRV gem § 22 Abs 3 Nr 2 GWB zur Verwendung empfohlenen ARB haben nachfolgend wiedergegebenen Wortlaut:

Allgemeine Reisebedingungen
(ARB 2002)
veröffentlicht im BAnz Nr 240/1983 vom 23. Dezember 1983,
zuletzt geändert im BAnz Nr 120/1994 vom 30. Juni 1994,
BAnz Nr 160/1997 vom 28. August 1997,
BAnz Nr 37/2001 vom 12. Februar 2001,
BAnz Nr 168/2001 vom 7. September 2001 und
BAnz Nr 103/2002 vom 8. Juni 2002

Der Deutsche Reisebüro-Verband e. V. als Bundesverband Deutscher Reisebüros und Reiseveranstalter empfiehlt die nachstehenden Allgemeinen Reisebedingungen unverbindlich.
Es bleibt daher den Verbandsmitgliedern und ihren Vertragspartnern unbenommen, abweichende Geschäftsbedingungen zu verwenden. Diese nachstehenden unverbindlichen „Allgemeinen Geschäftsbedingungen" gelten für Verträge, die die Erbringung einer Gesamtheit von Reiseleistungen (Reise) im Sinne der §§ 651a ff. des Bürgerlichen Gesetzbuches durch einen Reiseveranstalter zum Gegenstand haben.
Die Bestimmungen sind Rahmenbestimmungen, die von den einzelnen Veranstaltern je nach den verschiedenen Reisearten und organisatorischen Gegebenheiten ausgefüllt werden.

1. Abschluß des Reisevertrages
Mit der Anmeldung bietet der Kunde dem Reiseveranstalter den Abschluß eines Reisevertrages verbindlich an.
Die Anmeldung kann schriftlich, mündlich oder fernmündlich vorgenommen werden. Sie erfolgt durch den Anmelder auch für alle in der Anmeldung mitaufgeführten Teilnehmer, für deren Vertragsverpflichtung der Anmelder wie für seine eigenen Verpflichtungen einsteht, sofern er eine entsprechende gesonderte Verpflichtung durch ausdrückliche und gesonderte Erklärung übernommen hat.
Der Vertrag kommt mit der Annahme durch den Reiseveranstalter zustande. Die Annahme bedarf keiner bestimmten Form. Bei oder unverzüglich nach Vertragsschluß wird der Reiseveranstalter dem Kunden die Reisebestätigung aushändigen.
Weicht der Inhalt der Reisebestätigung vom Inhalt der Anmeldung ab, so liegt ein neues Angebot des Reiseveranstalters vor, an das er für die Dauer von 10 Tagen gebunden ist. Der Vertrag kommt auf der Grundlage dieses neuen Angebots zustande, wenn der Reisende innerhalb der Bindungsfrist dem Reiseveranstalter die Annahme erklärt.

2. Bezahlung

Zahlungen auf den Reisepreis vor der Reise dürfen nur gegen Aushändigung des Sicherungsscheines im Sinne von § 651k Abs. 3 BGB erfolgen. Mit Vertragsschluß kann eine Anzahlung gefordert werden. Weitere Zahlungen werden zu den vereinbarten Terminen, die Restzahlung spätestens bei Aushändigung oder Zugang der Reiseunterlagen fällig, sofern die Reise nicht mehr aus den in Ziffern 7 b) oder 7 c) genannten Gründen abgesagt werden kann.

Dauert die Reise nicht länger als 24 Stunden, schließt sie keine Übernachtung ein und übersteigt der Reisepreis 75,- Euro nicht, so darf der volle Reisepreis auch ohne Aushändigung eines Sicherungsscheines verlangt werden.

3. Leistungen

Welche Leistungen vertraglich vereinbart sind, ergibt sich aus den Leistungsbeschreibungen im Prospekt und aus den hierauf bezugnehmenden Angaben in der Reisebestätigung.

Die in dem Prospekt enthaltenen Angaben sind für den Reiseveranstalter bindend. Der Reiseveranstalter behält sich jedoch ausdrücklich vor, aus sachlich berechtigten, erheblichen und nicht vorhersehbaren Gründen vor Vertragsschluß eine Änderung der Prospektangaben zu erklären, über die der Reisende vor Buchung selbstverständlich informiert wird.

4. Leistungs- und Preisänderungen

Änderungen oder Abweichungen einzelner Reiseleistungen von dem vereinbarten Inhalt des Reisevertrages, die nach Vertragsschluß notwendig werden und die vom Reiseveranstalter nicht wider Treu und Glauben herbeigeführt wurden, sind nur gestattet, soweit die Änderungen oder Abweichungen nicht erheblich sind und den Gesamtzuschnitt der gebuchten Reise nicht beeinträchtigen.

Eventuelle Gewährleistungsansprüche bleiben unberührt, soweit die geänderten Leistungen mit Mängeln behaftet sind.

Der Reiseveranstalter ist verpflichtet, den Kunden über Leistungsänderungen oder -abweichungen unverzüglich in Kenntnis zu setzen. Gegebenenfalls wird er dem Kunden eine kostenlose Umbuchung oder einen kostenlosen Rücktritt anbieten.

Der Reiseveranstalter behält sich vor, die ausgeschriebenen und mit der Buchung bestätigten Preise im Fall der Erhöhung der Beförderungskosten oder der Abgaben für bestimmte Leistungen, wie Hafen- oder Flughafengebühren oder einer Änderung der für die betreffende Reise geltenden Wechselkurse, in dem Umfang zu ändern, wie sich deren Erhöhung pro Person bzw. pro Sitzplatz auf den Reisepreis auswirkt, sofern zwischen Vertragsschluss und dem vereinbarten Reisetermin mehr als 4 Monate liegen.

Im Fall einer nachträglichen Änderung des Reisepreises oder einer Änderung einer wesentlichen Reiseleistung hat der Reiseveranstalter den Reisenden unverzüglich, spätestens jedoch 21 Tage vor Reiseantritt, davon in Kenntnis zu setzen. Preiserhöhungen nach diesem Zeitpunkt sind nicht zulässig. Bei Preiserhöhungen um mehr als 5% oder im Falle einer erheblichen Änderung einer wesentlichen Reiseleistung ist der Reisende berechtigt, ohne Gebühren vom Reisevertrag zurückzutreten oder die Teilnahme an einer mindestens gleichwertigen Reise zu verlangen, wenn der Reiseveranstalter in der Lage ist, eine solche Reise ohne Mehrpreis für den Reisenden aus seinem Angebot anzubieten.

Der Reisende hat diese Rechte unverzüglich nach der Erklärung des Reiseveranstalters über die Preiserhöhung bzw. Änderung der Reiseleistung diesem gegenüber geltend zu machen.

5. Rücktritt durch den Kunden, Umbuchungen, Ersatzpersonen

5.1 Der Kunde kann jederzeit vor Reisebeginn von der Reise zurücktreten. Maßgeblich ist der Zugang der Rücktrittserklärung beim Reiseveranstalter. Dem Kunden wird empfohlen, den Rücktritt schriftlich zu erklären.

Tritt der Kunde vom Reisevertrag zurück oder tritt er die Reise nicht an, so kann der Reiseveranstalter Ersatz für die getroffenen Reisevorkehrungen und für seine Aufwendungen verlangen. Bei der Berechnung des Ersatzes sind gewöhnlich ersparte Aufwendungen und gewöhnlich mögliche anderweitige Verwendungen der Reiseleistungen zu berücksichtigen.

Der Reiseveranstalter kann diesen Ersatzanspruch unter Berücksichtigung der nachstehenden Gliederung nach der Nähe des Zeitpunktes des Rücktritts zum vertraglich vereinbarten Reisebeginn in einem prozentualen Verhältnis zum Reisepreis pauschalieren:

I. Flugpauschalreisen mit Bedarfsluftverkehrsgesellschaften (Charter)
Bis 30 Tage vor Reiseantritt
Ab 29. bis 22. Tag vor Reiseantritt
Ab 21. bis 15. Tag vor Reiseantritt
Ab 14. Tag vor Reiseantritt
Ab 6. Tag vor Reiseantritt

II. ABC, APEX u.ä.
Bei ABC-Flügen, APEX-Flügen, BULK- o.ä. Flügen aufgrund behördlich genehmigter Sondertarife, die ständigen Veränderungen unterliegen, sind entsprechend den in diesen Reisebedingungen festgelegten Grundsätzen die jeweils geltenden tariflichen Fristen festzusetzen.

III. Flugpauschalreisen mit Linienfluggesellschaften
1. Einzel-IT
Bis 30. Tag vor Reiseantritt
Ab 29. bis 15. Tag vor Reiseantritt
Ab 14. Tag vor Reiseantritt

2. Gruppen-IT
Bis 95. Tag vor Reiseantritt
Ab 94. bis 45. Tag vor Reiseantritt
Ab 44. bis 22. Tag vor Reiseantritt
Ab 21. bis 15. Tag vor Reiseantritt
Ab 14. bis 7. Tag vor Reiseantritt
Ab 6. Tag vor Reiseantritt

IV. Schiff
Bis 50. Tag vor Reiseantritt
Ab 49. bis 35. Tag vor Reiseantritt
Ab 34. bis 22. Tag vor Reiseantritt
Ab 21. bis 15. Tag vor Reiseantritt
Ab 14. Tag vor Reiseantritt

V. Omnibus
Bis 22. Tag vor Reiseantritt
Ab 21. bis 15. Tag vor Reiseantritt
Ab 14. bis 7. Tag vor Reiseantritt
Ab 6. Tag vor Reiseantritt

VI. Bahn
Bis 30. Tag vor Reiseantritt
Ab 29. bis 15. Tag vor Reiseantritt
Ab 14. Tag vor Reiseantritt

VII. Ferienwohnungen
Bis 45. Tag vor Reiseantritt
Ab 44. bis 30. Tag vor Reiseantritt
Ab 29. Tag vor Reiseantritt

VIII. Andere Reisearten
Die in den Ziffern I bis VII nicht genannten Reisearten werden hinsichtlich der Rücktrittsfolgen entsprechend den in diesen Reisebedingungen entwickelten Grundsätzen behandelt.

5.2 Werden auf Wunsch des Kunden nach der Buchung der Reise für einen Termin, der innerhalb des zeitlichen Geltungsbereiches der Reiseausschreibung liegt, Änderungen hinsichtlich des Reisetermins, des Reiseziels, des Ortes des Reiseantritts, der Unterkunft oder der Beförderungsart vorgenommen (Umbuchung), kann der Reiseveranstalter bei Einhaltung der nachstehenden Fristen ein Umbuchungsentgelt pro Reisenden erheben.

I. Bei Flugpauschalreisen mit Bedarfsverkehrsgesellschaften (Charter)
Bis 29. Tag vor Reiseantritt

II. Bei Flugpauschalreisen mit Linienfluggesellschaften
1. Bei Einzel-IT
Bis 30. Tag vor Reiseantritt
2. Bei Gruppen-IT
Bis 95. Tag vor Reiseantritt

III. Bei Schiff
Bis 50. Tag vor Reiseantritt
IV. Bei Omnibus
Bis 22. Tag vor Reiseantritt
V. Bei Bahn
Bis 30. Tag vor Reiseantritt
VI. Bei Ferienwohnungen
Bis 45. Tag vor Reiseantritt

Umbuchungswünsche des Kunden, die nach Ablauf der Fristen erfolgen, können, sofern ihre Durchführung überhaupt möglich ist, nur nach Rücktritt vom Reisevertrag zu Bedingungen gemäß Ziff. 5.1 und gleichzeitiger Neuanmeldung durchgeführt werden. Dies gilt nicht bei Umbuchungswünschen, die nur geringfügige Kosten verursachen.

5.3 Bis zum Reisebeginn kann der Reisende verlangen, daß statt seiner ein Dritter in die Rechte und Pflichten aus dem Reisevertrag eintritt. Der Reiseveranstalter kann dem Eintritt des Dritten widersprechen, wenn dieser den besonderen Reiseerfordernissen nicht genügt oder seiner Teilnahme gesetzliche Vorschriften oder behördliche Anordnungen entgegenstehen.

Tritt ein Dritter in den Vertrag ein, so haften er und der Reisende dem Reiseveranstalter als Gesamtschuldner für den Reisepreis und die durch den Eintritt des Dritten entstehenden Mehrkosten.

5.4 Im Falle eines Rücktritts kann der Reiseveranstalter vom Kunden die tatsächlich entstandenen Mehrkosten verlangen.

6. Nicht in Anspruch genommene Leistung

Nimmt der Reisende einzelne Reiseleistungen infolge vorzeitiger Rückreise oder aus sonstigen zwingenden Gründen nicht in Anspruch, so wird sich der Reiseveranstalter bei den Leistungsträgern um Erstattung der ersparten Aufwendungen bemühen. Diese Verpflichtung entfällt, wenn es sich um völlig unerhebliche Leistungen handelt oder wenn einer Erstattung gesetzliche oder behördliche Bestimmungen entgegenstehen.

7. Rücktritt und Kündigung durch den Reiseveranstalter

Der Reiseveranstalter kann in folgenden Fällen vor Antritt der Reise vom Reisevertrag zurücktreten oder nach Antritt der Reise den Reisevertrag kündigen:

a) Ohne Einhaltung einer Frist

Wenn der Reisende die Durchführung der Reise ungeachtet einer Abmahnung des Reiseveranstalters nachhaltig stört oder wenn er sich in solchem Maße vertragswidrig verhält, daß die sofortige Aufhebung des Vertrages gerechtfertigt ist. Kündigt der Reiseveranstalter, so behält er den Anspruch auf den Reisepreis; er muß sich jedoch den Wert der ersparten Aufwendungen sowie diejenigen Vorteile anrechnen lassen, die er aus einer anderweitigen Verwendung der nicht in Anspruch genommenen Leistung erlangt, einschließlich der ihm von den Leistungsträgern gutgebrachten Beträge.

b) Bis 2 Wochen vor Reiseantritt

Bei Nichterreichen einer ausgeschriebenen oder behördlich festgelegten Mindestteilnehmerzahl, wenn in der Reiseausschreibung für die entsprechende Reise auf eine Mindestteilnehmerzahl hingewiesen wird. In jedem Fall ist der Reiseveranstalter verpflichtet, den Kunden unverzüglich nach Eintritt der Voraussetzung für die Nichtdurchführung der Reise hiervon in Kenntnis zu setzen und ihm die Rücktrittserklärung unverzüglich zuzuleiten. Der Kunde erhält den eingezahlten Reisepreis unverzüglich zurück.

Sollte bereits zu einem früheren Zeitpunkt ersichtlich sein, daß die Mindestteilnehmerzahl nicht erreicht werden kann, hat der Reiseveranstalter den Kunden davon zu unterrichten.

c) Bis 4 Wochen vor Reiseantritt

Wenn die Durchführung der Reise nach Ausschöpfung aller Möglichkeiten für den Reiseveranstalter deshalb nicht zumutbar ist, weil das Buchungsaufkommen für diese Reise so gering ist, daß die dem Reiseveranstalter im Falle der Durchführung der Reise entstehenden Kosten eine Überschreitung der wirtschaftlichen Opfergrenze, bezogen auf diese Reise, bedeuten würde. Ein Rücktrittsrecht des Reiseveranstalters besteht jedoch nur, wenn er die dazu führenden Umstände nicht zu vertreten hat (z. B. kein Kalkulationsfehler) und wenn er die zu seinem Rücktritt führenden Umstände nachweist und wenn er dem Reisenden ein vergleichbares Ersatzangebot unterbreitet hat.

Wird die Reise aus diesem Grund abgesagt, so erhält der Kunde den eingezahlten Reisepreis unverzüglich zurück. Zusätzlich wird ihm sein Buchungsaufwand pauschal erstattet, sofern er von einem Ersatzangebot des Reiseveranstalters keinen Gebrauch macht.

8. Aufhebung des Vertrages wegen außergewöhnlicher Umstände
Wird die Reise infolge bei Vertragsschluß nicht voraussehbarer höherer Gewalt erheblich erschwert, gefährdet oder beeinträchtigt, so können sowohl der Reiseveranstalter als auch der Reisende den Vertrag kündigen. Wird der Vertrag gekündigt, so kann der Reiseveranstalter für die bereits erbrachten oder zur Beendigung der Reise noch zu erbringenden Reiseleistungen eine angemessene Entschädigung verlangen.

Weiterhin ist der Reiseveranstalter verpflichtet, die notwendigen Maßnahmen zu treffen, insbesondere, falls der Vertrag die Rückbeförderung umfaßt, den Reisenden zurückzubefördern. Die Mehrkosten für die Rückbeförderung sind von den Parteien je zur Hälfte zu tragen. Im übrigen fallen die Mehrkosten dem Reisenden zur Last.

9. Haftung des Reiseveranstalters
9.1 Der Reiseveranstalter haftet im Rahmen der Sorgfaltspflicht eines ordentlichen Kaufmanns für:
die gewissenhafte Reisevorbereitung;
die sorgfältige Auswahl und die Überwachung des Leistungsträgers;
die Richtigkeit der Beschreibung aller in den Katalogen angegebenen Reiseleistungen, sofern der Reiseveranstalter nicht gemäß Ziffer 3 vor Vertragsschluß eine Änderung der Prospektangaben erklärt hat;
die ordnungsgemäße Erbringung der vereinbarten Reiseleistungen.
9.2 Der Reiseveranstalter haftet für ein Verschulden der mit der Leistungserbringung betrauten Person.
9.3 Wird im Rahmen einer Reise oder zusätzlich zu dieser eine Beförderung im Linienverkehr erbracht und dem Reisenden hierfür ein entsprechender Beförderungsausweis ausgestellt, so erbringt der Reiseveranstalter insoweit Fremdleistungen, sofern er in der Reiseausschreibung und in der Reisebestätigung ausdrücklich darauf hinweist. Er haftet daher nicht für die Erbringung der Beförderungsleistung selbst. Eine etwaige Haftung regelt sich in diesem Fall nach den Beförderungsbestimmungen dieser Unternehmen, auf die der Reisende ausführlich hinzuweisen ist und die ihm auf Wunsch zugänglich zu machen sind.

10. Gewährleistung
A. Abhilfe
Wird die Reise nicht vertragsgemäß erbracht, so kann der Reisende Abhilfe verlangen. Der Reiseveranstalter kann die Abhilfe verweigern, wenn sie einen unverhältnismäßigen Aufwand erfordert. Der Reiseveranstalter kann auch in der Weise Abhilfe schaffen, daß er eine gleichwertige Ersatzleistung erbringt. Der Reiseveranstalter kann die Abhilfe verweigern, wenn sie einen unverhältnismäßigen Aufwand erfordert.
B. Minderung des Reisepreises
Für die Dauer einer nicht vertragsgemäßen Erbringung der Reise kann der Reisende eine entsprechende Herabsetzung des Reisepreises verlangen (Minderung). Der Reisepreis ist in dem Verhältnis

herabzusetzen, in welchem zur Zeit des Verkaufs der Wert der Reise in mangelfreiem Zustand zu dem wirklichen Wert gestanden haben würde. Die Minderung tritt nicht ein, soweit es der Reisende schuldhaft unterläßt, den Mangel anzuzeigen.

C. Kündigung des Vertrages

Wird eine Reise infolge eines Mangels erheblich beeinträchtigt und leistet der Reiseveranstalter innerhalb einer angemessenen Frist keine Abhilfe, so kann der Reisende im Rahmen der gesetzlichen Bestimmungen den Reisevertrag – in seinem eigenen Interesse und aus Beweissicherungsgründen zweckmäßig durch schriftliche Erklärung – kündigen. Dasselbe gilt, wenn dem Reisenden die Reise infolge eines Mangels aus wichtigem, dem Reiseveranstalter erkennbaren Grund nicht zuzumuten ist. Der Bestimmung einer Frist für die Abhilfe bedarf es nur dann nicht, wenn Abhilfe unmöglich ist oder vom Reiseveranstalter verweigert wird oder wenn die sofortige Kündigung des Vertrages durch ein besonderes Interesse des Reisenden gerechtfertigt wird.

Er schuldet dem Reiseveranstalter den auf die in Anspruch genommenen Leistungen entfallenen Teil des Reisepreises, sofern diese Leistungen für ihn von Interesse waren.

D. Schadensersatz

Der Reisende kann unbeschadet der Minderung oder der Kündigung Schadensersatz wegen Nichterfüllung verlangen, es sei denn, der Mangel der Reise beruht auf einem Umstand, den der Reiseveranstalter nicht zu vertreten hat.

11. Beschränkung der Haftung

11.1 Die vertragliche Haftung des Reiseveranstalters für Schäden, die nicht Körperschäden sind, ist auf den dreifachen Reisepreis beschränkt,
1. soweit ein Schaden des Reisenden weder vorsätzlich noch grob fahrlässig herbeigeführt wird oder
2. soweit der Reiseveranstalter für einen dem Reisenden entstehenden Schaden allein wegen eines Verschuldens eines Leistungsträgers verantwortlich ist.

11.2 Für alle gegen den Veranstalter gerichteten Schadensersatzansprüche aus unerlaubter Handlung, die nicht auf Vorsatz oder grober Fahrlässigkeit beruhen, haftet der Veranstalter bei Sachschäden bis 4.100,- €; übersteigt der dreifache Reisepreis diese Summe, ist die Haftung für Sachschäden auf die Höhe des dreifachen Reisepreises beschränkt. Diese Haftungshöchststummen gelten jeweils je Reisenden und Reise.

11.3 Der Reiseveranstalter haftet nicht für Leistungsstörungen im Zusammenhang mit Leistungen, die als Fremdleistungen lediglich vermittelt werden (z. B. Sportveranstaltungen, Theaterbesuche, Ausstellungen usw.) und die in der Reiseausschreibung ausdrücklich als Fremdleistungen gekennzeichnet werden.

11.4 Ein Schadensersatzanspruch gegen den Reiseveranstalter ist insoweit beschränkt oder ausgeschlossen, als aufgrund internationaler Übereinkommen oder auf solchen beruhenden gesetzlichen Vorschriften, die auf die von einem Leistungsträger zu erbringenden Leistungen anzuwenden sind, ein Anspruch auf Schadensersatz gegen den Leistungsträger nur unter bestimmten Voraussetzungen oder Beschränkungen geltend gemacht werden kann oder unter bestimmten Voraussetzungen ausgeschlossen ist.

11.5 Kommt dem Reiseveranstalter die Stellung eines vertraglichen Luftfrachtführers zu, so regelt sich die Haftung nach den Bestimmungen des Luftverkehrsgesetzes in Verbindung mit den Internationalen Abkommen von Warschau, Den Haag, Guadalajara und der Montrealer Vereinbarung (nur für Flüge nach USA und Kanada). Diese Abkommen beschränken in der Regel die Haftung des Luftfrachtführers für Tod oder Körperverletzung sowie für Verluste und Beschädigungen von Gepäck. Sofern der Reiseveranstalter in anderen Fällen Leistungsträger ist, haftet er nach den für diese geltenden Bestimmungen.

11.6 Kommt dem Reiseveranstalter bei Schiffsreisen die Stellung eines vertraglichen Reeders zu, so regelt sich die Haftung auch nach den Bestimmungen des Handelsgesetzbuches und des Binnenschifffahrtgesetzes.

12. Mitwirkungspflicht
Der Reisende ist verpflichtet, bei aufgetretenen Leistungsstörungen im Rahmen der gesetzlichen Bestimmungen mitzuwirken, eventuelle Schäden zu vermeiden oder gering zu halten.
Der Reisende ist insbesondere verpflichtet, seine Beanstandungen unverzüglich der örtlichen Reiseleitung zur Kenntnis zu geben. Diese ist beauftragt, für Abhilfe zu sorgen, sofern dies möglich ist. Unterläßt es der Reisende schuldhaft, einen Mangel anzuzeigen, so tritt ein Anspruch auf Minderung nicht ein.

13. Ausschluß von Ansprüchen und Verjährung
Ansprüche wegen nicht vertragsgemäßer Erbringung der Reise hat der Reisende innerhalb eines Monats nach vertraglich vorgesehener Beendigung der Reise gegenüber dem Reiseveranstalter geltend zu machen. Nach Ablauf dieser Frist kann der Reisende Ansprüche geltend machen, wenn er ohne Verschulden an der Einhaltung der Frist verhindert worden ist.
Ansprüche des Reisenden nach den §§ 651c bis 651 f BGB verjähren in einem Jahr. Die Verjährung beginnt mit dem Tag, an dem die Reise dem Vertrag nach enden sollte. Schweben zwischen dem Reisenden und dem Reiseveranstalter Verhandlungen über den Anspruch oder die den Anspruch begründenden Umstände, so ist die Verjährung gehemmt, bis der Reisende oder der Reiseveranstalter die Fortsetzung der Verhandlungen verweigert. Die Verjährung tritt frühestens drei Monate nach dem Ende der Hemmungen ein.

14. Paß-, Visa- und Gesundheitsvorschriften
Der Reiseveranstalter steht dafür ein, Staatsangehörige des Staates, in dem die Reise angeboten wird, über Bestimmungen von Paß-, Visa- und Gesundheitsvorschriften sowie deren eventuelle Änderungen vor Reiseantritt zu unterrichten. Für Angehörige anderer Staaten gibt das zuständige Konsulat Auskunft.
Der Reiseveranstalter haftet nicht für die rechtzeitige Erteilung und den Zugang notwendiger Visa durch die jeweilige diplomatische Vertretung, wenn der Reisende den Reiseveranstalter mit der Besorgung beauftragt hat, es sei denn, daß der Reiseveranstalter die Verzögerung zu vertreten hat.
Der Reisende ist für die Einhaltung aller für die Durchführung der Reise wichtigen Vorschriften selbst verantwortlich. Alle Nachteile, insbesondere die Zahlung von Rücktrittskosten, die aus der Nichtbefolgung dieser Vorschriften erwachsen, gehen zu seinen Lasten, ausgenommen, wenn sie durch eine schuldhafte Falsch- oder Nichtinformation des Reiseveranstalters bedingt sind.

15. Unwirksamkeit einzelner Bestimmungen
Die Unwirksamkeit einzelner Bestimmungen des Reisevertrages hat nicht die Unwirksamkeit des gesamten Reisevertrages zur Folge.

16. Gerichtsstand
Der Reisende kann den Reiseveranstalter nur an dessen Sitz verklagen.
Für Klagen des Reiseveranstalters gegen den Reisenden ist der Wohnsitz des Reisenden maßgebend, es sei denn, die Klage richtet sich gegen Vollkaufleute oder Personen, die nach Abschluß des Vertrages ihren Wohnsitz oder gewöhnlichen Aufenthaltsort ins Ausland verlegt haben, oder deren Wohnsitz oder gewöhnlicher Aufenthalt im Zeitpunkt der Klageerhebung nicht bekannt ist. In diesen Fällen ist der Sitz des Reiseveranstalters maßgebend.

§ 651a
Vertragstypische Pflichten beim Reisevertrag

(1) Durch den Reisevertrag wird der Reiseveranstalter verpflichtet, dem Reisenden eine Gesamtheit von Reiseleistungen (Reise) zu erbringen. Der Reisende ist verpflichtet, dem Reiseveranstalter den vereinbarten Reisepreis zu zahlen.

(2) Die Erklärung, nur Verträge mit den Personen zu vermitteln, welche die einzelnen Reiseleistungen ausführen sollen (Leistungsträger), bleibt unberücksichtigt, wenn nach den sonstigen Umständen der Anschein begründet wird, dass der Erklärende vertraglich vorgesehene Reiseleistungen in eigener Verantwortung erbringt.

(3) Der Reiseveranstalter hat dem Reisenden bei oder unverzüglich nach Vertragsschluss eine Urkunde über den Reisevertrag (Reisebestätigung) zur Verfügung zu stellen. Die Reisebestätigung und ein Prospekt, den der Reiseveranstalter zur Verfügung stellt, müssen die in der Rechtsverordnung nach Artikel 238 des Einführungsgesetzes zum Bürgerlichen Gesetzbuche bestimmten Angaben enthalten.

(4) Der Reiseveranstalter kann den Reisepreis nur erhöhen, wenn dies mit genauen Angaben zur Berechnung des neuen Preises im Vertrag vorgesehen ist und damit einer Erhöhung der Beförderungskosten, der Abgaben für bestimmte Leistungen, wie Hafen- oder Flughafengebühren, oder einer Änderung der für die betreffende Reise geltenden Wechselkurse Rechnung getragen wird. Eine Preiserhöhung, die ab dem 20. Tage vor dem vereinbarten Abreisetermin verlangt wird, ist unwirksam. § 309 Nr 1 bleibt unberührt.

(5) Der Reiseveranstalter hat eine Änderung des Reisepreises nach Absatz 4, eine zulässige Änderung einer wesentlichen Reiseleistung oder eine zulässige Absage der Reise dem Reisenden unverzüglich nach Kenntnis von dem Änderungs- oder Absagegrund zu erklären. Im Falle einer Erhöhung des Reisepreises um mehr als fünf vom Hundert oder einer erheblichen Änderung einer wesentlichen Reiseleistung kann der Reisende vom Vertrag zurücktreten. Er kann stattdessen, ebenso wie bei einer Absage der Reise durch den Reiseveranstalter, die Teilnahme an einer mindestens gleichwertigen anderen Reise verlangen, wenn der Reiseveranstalter in der Lage ist, eine solche Reise ohne Mehrpreis für den Reisenden aus seinem Angebot anzubieten. Der Reisende hat diese Rechte unverzüglich nach der Erklärung durch den Reiseveranstalter diesem gegenüber geltend zu machen.

Schrifttum

BARANOWSKI, Die Gastwirtshaftung des Reiseveranstalters, RRa 1994, 146
BARTL, Die Einbeziehung von Allgemeinen Reisebedingungen, RRa 1996, 27
BIDINGER/MÜLLER, Der Reisekatalog – ein Vertragsangebot des Veranstalters?, RRa 1993, 49

BLÄUMAUER, Kerosinzuschlag: Preisänderungen beim Reisevertrag, ÖRdW 2001 Art 426
ERNST, Aktuelle Fragen der Online-Vermarktung von Reiseleistungen, RRa 2001, 111
FISCHER, Zur Wirksamkeit und den Folgen der Beförderungsfremdleistungsklausel, RRa 1998, 187

FÜHRICH, Preisänderungen beim Reisevertrag, NJW 2000, 3672

ders, Wechsel der zugesicherten Chartergesellschaft unzulässig, RRa 1996, 76

ders, Kerosinzuschlag nach den derzeitigen Allgemeinen Reisebedingungen, RRa 2000, 43

ders, Bündelung von Reiseleistungen durch das Reisebüro nach Kundenwunsch als Pauschalreise, RRa 2002, 194

GANSFORT, Ist der luftverkehrsrechtliche Chartervertrag ein Vertrag zugunsten Dritter?, RRa 1994, 2, 22

ders, Wirksame Einbeziehung der Allgemeinen Beförderungsbedingungen in den Pauschalflugreise-Vertrag, TranspR 1989, 131

GERAUER, Die Haftung des Reiseveranstalters für Mängel des Leistungsträgers aus dem Gesichtspunkt der Verkehrssicherungspflicht, BB 1989, 1003

ISERMANN, Rechtsfragen zum Reisebüro, VuR 1987, 301

JACOB-WENDLER, Reisevertragsrecht und Veranstalterreisen (1985)

KALLER, Einleitung, in: PICK (Hrsg), Reiserecht. Kommentar zu den §§ 651a–l BGB, 1995, 9

KALLER/SCHÄFER, Die rechtlichen Probleme der Fortunareisen, RRa, 1995, 78

LARENZ, Zur Typologie des Reisevertrags, VersR 1980, 689

LEUE, Die grenzüberschreitende „reine Mietzinsklage" beim Ferienhaus, NJW 1983, 1252

LÖWE, Kein „Schutz" des nichtgewerblichen Reiseveranstalters, NJW 1982, 1683

ders, Interessenwahrungspflichten bei der Vermittlungstätigkeit durch Reisebüros und Reiseveranstalter, RRa 1996, 215

LÖWE/ZOLLER, Zur Wirksamkeit von Vorausleistungsklauseln im Reisevertrag, BB 1985, 2014

MEYER/KUBIS, Neuorientierungen im Pauschalreiserecht, TranspR 1991, 411

MÜLLER-LANGGUTH, Zur Wirksamkeit der Vorauszahlungsklausel im Reisevertrag, MDR 1986, 807

NETTESHEIM, Haften Veranstalter von Betriebs- und Vereinsreisen nach dem Reisevertragsrecht?, DAR 1995, 319

NEUNER, Der Reisevermittlungsvertrag, AcP 193, 1

NOLL, Besteht eine Pflicht des Reisevermittlers, den billigsten Reiseveranstalter zu empfehlen?, RRa 1996, 67, 95

PICKARTZ, Schutz des nichtgewerblichen Reiseveranstalters, NJW 1982, 1135

RAUCH, Ansprüche des Reisenden gegen den Leistungsträger bei gebuchter Pauschalreise, TranspR 1987, 18

RAUSCHER, Ferienhausentscheidung des EuGH – Unbilligkeit oder Konsequenz europäischer Rechtspflege, NJW 1985, 892

RICHTER, Zum Begriff des Reiseveranstalters, Touristik und Verkehr (1986) 16

SCHMID, Kein Beförderungsanspruch des Reisenden aus dem Flugschein, RRa 1994, 7

ders, Kerosinzuschläge 2000 auf Reiseverträge, NJW 2000, 1301

SCHUSTER, Reiserechtliche Probleme bei Kinder- und Jugendreisen, RRa 1997, 107

SEILER, Die Vorauszahlungspflicht der Reisenden beim Reisevertrag, BB 1986, 1932

SIEBERT, Haftung des Reiseveranstalters auch für das allgemeine Lebensrisiko des Reisenden, RRa 1994, 110, 126

TEICHMANN, Zur Zulässigkeit von Vorauszahlungsklauseln in AGB der Reiseunternehmen, JZ 1985, 314

ders, Zur Inhaltskontrolle der AGB im Reisevertrag, JZ 1987, 751

TEMPEL, Entwicklungen im Reisevertragsrecht, JuS 1984, 81

ders, Voraussetzungen für die Ansprüche aus Reisevertrag, NJW 1986, 547

ders, Informationspflichten bei Pauschalreisen, NJW 1996, 1625

ders, Entwicklung und Tendenzen im Reisevertragsrecht, RRa 1998, 19

ders, Die Zulässigkeit von Vertragsänderungen und Verzichtserklärungen im Reiserecht, RRa 1997, 107

ders, Der maßgebende Prospekt und der Inhalt der Leistungspflichten des Reiseveranstalters bei einer Vorausbuchung, RRa 1998, 147

ders, Neue Allgemeine Geschäftsbedingungen für Reiseverträge im Deutschland-Tourismus, TranspR 2000, 97

ders, Allgemeine Reisebedingungen – Grundlagen für eine kritische Bestandsaufnahme, TranspR 2001, 233

TONNER, Urlaub im Ferienhaus, NJW 1981, 1921
ders, Zur Zulässigkeit der Vorauszahlungsklausel im Reiserecht, NJW 1985, 111
ders, Grenzen der Vorauszahlungspflicht im Reisevertrag, Jura 1988, 185
ders, Reiserecht im Überblick, VuR 1992, 311
ders, Auswirkungen der EG-Richtlinien über mißbräuchliche Klauseln in Verbraucherverträgen auf das Reiserecht, RRa 1993, 2
ders, Zur Aufklärungspflicht des Reisebüros über Billig-Angebote, RRa 1995, 218
ders, Das Fernabsatzgesetz – (k)ein Thema für die Tourismuswirtschaft, RRa 2000, 163
ders, Anm Urlaub im Ferienpark als „Gesamtheit von Reiseleistungen" – BGH JZ 2000, 895
ZOLLER, Die Billigung der AGB-in-toto-Vorleistungsklausel durch das Urteil des OLG Frankfurt vom 28. 11. 1985, ZIP 1986, 283
ders, Vorleistungspflicht und AGB-Gesetz, 1986.

Systematische Übersicht

I.	**Inhalt und Zweck**	1
II.	**Anwendungsbereich**	5
1.	Rechtsnatur des Reisevertrages	7
2.	Reisevertrag	12
a)	Mehrheit von Reiseleistungen	12
b)	Bündelung zu einer Gesamtheit	19
c)	Erfordernis eines Gesamtpreises	22
d)	Einzelne Reiseleistungen	26
aa)	Ferienhausverträge	29
bb)	Sonstige Einzelleistungen	33
e)	Besondere Arten von Reiseverträgen	36
aa)	Fortuna-Reisen	37
bb)	Bildungs- u Studienreisen	38
cc)	Abenteuer- u Expeditionsreisen	39
dd)	Kreuzfahrten	40
ee)	Clubreisen	41
ff)	Sonstige Spezialreisen	42
3.	Reiseveranstalter	43
4.	Reisender	48
III.	**Rechtsbeziehungen**	49
1.	Reisevertrag	50
2.	Verhältnis Reiseveranstalter – Leistungsträger	51
3.	Rechtsstellung des Reisevermittlers	58
IV.	**Zustandekommen des Reisevertrages**	65
1.	Vertragsschluss	66
2.	Vertragsschluss in Sonderfällen	75
a)	Reisevertrag mit Minderjährigen	76
b)	Reisevertrag bei Eheleuten	77
c)	Vertragsschluss durch Stellvertreter	78
d)	Rechtsstellung von Mitreisenden	80
aa)	Die allgemeine Gruppenreise	80
bb)	Familienreisen	81
cc)	Vereinsreisen	82
dd)	Einstandspflicht aufgrund von ARB	83
ee)	Geltendmachung von Mängeln bei Gruppenreisen, Mehrheit von Reisenden	84
3.	Einbeziehung von Allgemeinen Reisebedingungen	85
4.	Fehlerhaftigkeit von Reiseverträgen	91
V.	**Vermittlerklausel**	
1.	Gesetzgeberischer Ausgangspunkt	96
2.	Reichweite der Vermittlerklausel nach Abs 2	98
a)	Meinungsstand	98
b)	Stellungnahme	99
3.	Vermittlerklausel bei Verschaffung einzelner Reiseleistungen	101
4.	Sonstige Umstände iSd Abs 2	104
a)	Allgemeines	104
b)	Fremdleistungsklauseln	109
c)	Einzelfälle	111
aa)	Verkauf von Fahrkarten, Flugscheinen und Schiffskarten	114
bb)	Ferienhäuser	115
d)	Zusammenfassung	116
5.	Darlegungs- und Beweislast	118
VI.	**Pflichten der Parteien des Reisevertrages**	
1.	Pflichten des Reiseveranstalters	119
a)	Hauptpflichten	120
b)	Nebenpflichten	124
2.	Pflichten des Reisenden	125
a)	Hauptpflicht	125

April 2003

Titel 9 · Werkvertrag und ähnliche Verträge **§ 651a**
Untertitel 2 · Reisevertrag

aa)	Verpflichtung zur Zahlung des vereinbarten Reisepreises	126	2.	Leistungsänderungen	164
bb)	Fälligkeit des Reisepreises	127	a)	Leistungsänderungsvorbehalt	165
cc)	Zulässigkeit abweichender Vereinbarungen	128	b)	Erhebliche Leistungsänderungen	168
(1)	Vorleistungsklauseln	129	c)	Erklärung	172
(2)	Anzahlung	135	d)	Rechte des Reisenden	173
dd)	Verpflichtung zur Preisermäßigung bei Abwertung	139	3.	Absage der Reise	174
ee)	Kreditierte Reise	140	a)	Absagevorbehalt	175
ff)	Höhe des Reisepreises	141	aa)	Nichterreichen der Mindestteilnehmerzahl	176
gg)	Verzug des Reisenden mit der Zahlungspflicht	142	bb)	Rücktrittsrecht bei wirtschaftlicher Unmöglichkeit	180
hh)	Verjährung des Anspruchs auf den Reisepreis	143	b)	Erklärung	183
b)	Nebenpflichten	144	4.	Rechtsfolgen einer Preiserhöhung, Leistungsänderung oder Absage der Reise	184
VII.	**Nachträgliche Preis- und Leistungsänderungen (Abs 4 u 5)**	146	a)	Mitteilungspflicht	185
1.	Preisänderungen	150	b)	Rücktrittsrecht der Reisenden	186
a)	Preisänderungsvorbehalt	151	c)	Ersatzreise	187
b)	Erhöhungsgründe	153	d)	Geltendmachung	190
c)	Berechnungsangaben	154	5.	Einvernehmliche Umbuchungen	191
d)	Zeitliche Grenzen	159			
e)	Erklärung	162	**VIII.**	**BGB- Informationspflichten-Verordnung**	194
f)	5%-Grenze	163	**IX.**	**Darlegungs- und Beweislast**	197

Alphabetische Übersicht

Abenteuerreise	39 f	Anzahlung	126, 131, 135 ff, 177
Abreden, mündliche	122	– bei Buchung	136
Abreisetermin	150, 159	– durch Reisebüro	138
Absage Reise	174 ff, 184 ff	Anzahlungsklausel	136
– Frist	134	Äquivalenzverhältnis	146, 148
– Rechtsfolge	149	ARB	74
Absagevorbehalt	175	– Einbeziehung	85 ff
Abschlussvollmacht	63	Arbeitgeber	45
Abschussmöglichkeit	42	Arbeitskollegen	82
Abtretung	84	Aufbewahrungspflicht	124
Abtretungsverbot	84	Aufklärungspflicht	63
Abwertung	139	Ausflug	16, 100, 117 f
Adressenliste	30	Auskunftspflicht	62
Aktivlegitimation bei Reiseprozess	84	Auslegung, richtlinienkonforme	174
Amtspflichtverletzung	55	Ausstellung	109
Änderungsvorbehalte	147	Autodiebstahl	123
Anfechtungsrecht	92		
Angelreise	42	Bahnbeförderung	12, 33 f, 44, 54, 110
Animateur	41	Baukastenprinzip	5, 19
Annahmefrist Angebot Reisevertrag	71	Bearbeitungsgebühr	94, 141

Jörn Eckert

Beförderung	34, 111	Darlehnsanspruch	140
– Art	94, 148	Dauerschuldverhältnis	7, 8
– Kosten	150 ff	Deliktsrecht	56
– Unternehmen	45, 49, 131	Detailplanung	39
– Vertrag	18, 51, 114	Devisenbestimmungen	123, 144
Beherbergungsunternehmen	131	Dienstleistungen, touristische	13
Beherbergungsvertrag	34	Dienstvertrag	34, 59
Beleidigung von Mitreisenden	144	Dillenkofer-Entscheidung	135
Beratungsfehler	61	Direktionsrecht	52
Beratungspflicht	124	Doppelzimmer	126
Berechnungsangaben	154 ff	Druckfehlerklausel	93
Berechnungsweg	155, 158	Drucklegungsklausel	93, 121
Bereicherungsansprüche	76		
Bergtour	16	Eheleute	77
Beschlagnahme von Hotel	123	Eigenschaftsirrtum	92
Bestellung	68	Eigenverantwortlichkeit Anbieter	27
Betriebsausflug	45	Einreisebestimmungen	62
Beweislast	197	Einreisegebühren	153
Bezugszeitpunkte	155 f	Einzelplatz	18
BGB-Gesellschaft	45	Einziehungsermächtigung	84
BGB-Informationspflichten-Verordnung	194 ff	EisenbahnVO	54
		Endreinigung	141
Bildungsreise	38	Erfüllungsgehilfe	52, 61, 63, 64
Billigpreischarakter	37	Erholung als Erfolg	11
Billigstunterkunft	18	Ersatzreise	163, 168, 187 ff
Bootscharter	33, 35	– Auswahl	187
Bordgewalt des Flugkapitäns	55	– Gleichwertigkeit	188
Bordverpflegung	14, 16 f	– Rücktrittsrecht Reisender	173
Bote	58	Expedition	39, 124
Buchung	65, 71 ff, 92, 115		
– langfristige	146	Fähre	15
– telefonische	87	Fahrkarte	45, 114
Buchungsaufkommen	180	Fahrplanauskunft	62
Buchungsaufwand	175	Fahrzeit	62, 171
Buchungsformular	122	Familienreise	48, 81, 84
Buchungsstelle	60, 89, 122	Fax	71
Buchungsunterlagen	110, 123	Ferienfahrschule	13
Bündelung von Reiseleistungen	19 f	Ferienhaus	26, 29 ff, 101, 115
Bungalow	115, 171	Ferienwohnung	30, 102, 115
Bus	12, 20	Fernabsatzverträge	67 ff
Busunternehmer	51	Filialnetz	64
		Fixgeschäft, absolutes	10
Ceylon	55	Fluggerät	171
Charterflug	18, 51, 111 f, 171	Fluggesellschaft	52, 111 f, 171
Clubreise	41	Flughafen	14, 17
Computerreservierungssystem	87	Flughafengebühr	151, 153
COTIF	54	Flugkapitän	55
CRS	87	Flugreise	14, 17 ff, 33 f, 45, 101, 112 f, 126
		– Wartezeiten	165

Titel 9 · Werkvertrag und ähnliche Verträge § 651a
Untertitel 2 · Reisevertrag

Flugroute	171	Hafengebühr	151, 153
Flugschein	62, 112, 114, 132	Haftung für Auskünfte	62
Flugtauglichkeit	16, 144	Haftung des Reisebüros	61
Flugticket	112, 114	Haftung des Reiseveranstalters	52
Flugzeit	171	Haftungsbeschränkung	52, 90
Flugzeug	12, 55	Haftungsrisiko	66
Form Annahme Reisevertrag	72	Halbpension	16
Fortbildung	42	Handeln mit Verträgen	59
Fortuna-Reise	37	Handelsmakler	63
Freizeitgestaltung	42, 171	Handelsvertreter	63
Fremdenverkehrsausschuss	161	Hausrecht	55
Fremdenverkehrsbüro	30, 34	Hilfsperson	52
Fremdleistung	25	Hinweispflicht	124
Fremdleistungsklausel	109 ff	Hobbykurs	13, 41, 117
Frist für Preiserhöhung	150	Höhere Gewalt	174 f
Fristsetzung	10	Hotel	12, 16 f, 19 f, 25, 33 f, 73, 171
Frühstück	16	Hotelier	49, 51
Fürsorgepflicht	57	Hotelkategorie	37, 171
		Hotelkette	44, 53
Gastschulaufenthalt	42	Hotelvoucher	18, 132
Gattungsschuld	37	Hotelwechsel	171
Gebirgs-Trekking	124	Hotelzimmer	34
Gebührenerhöhung	150		
Gelegenheitsveranstalter	46	IATA-Klausel	171
Generalklausel	182	Impfbestimmungen	144
Gepäck	113	Incentive-Pauschalreisen	21, 48, 79
Gesamtgläubigerschaft	126	Individualabrede	72, 119, 125, 164, 169 f
Gesamtheit von Reiseleistungen	12, 148, 165, 171	Individualreise	5, 19, 29
		Indonesien	124
Gesamtpreis	22 f, 107, 113	Informationspflicht	43, 46, 119, 123, 144, 194 f
Gesamtschuldnerschaft	126	Inhaltsirrtum	92
Geschäftsbesorgungsvertrag	5, 7, 49, 58 f	Inhaltskontrolle AGB	90, 131
Geschäftsmäßigkeit	44	Inserat	34
Geschäftsreise	29	Insolvenzrisiko	56, 62, 125, 128, 131, 133, 134
Geschäftsverkehr, elektronischer	68 ff	Insolvenzsicherung	17, 43, 46
Gestaltungsrecht	177	Insolvenzverfahren	56
Gesundheitsbestimmungen	123, 144	Internet	68, 72, 87
Gesundheitsrisiko	123	invitatio ad offerendum	65
Gesundheitszustand	124	IT-Flugreise	110, 112
Gewährleistungsansprüche	56, 62, 138, 144, 166, 152, 170, 173	Jagdreise	42
Gewährleistungsrecht	92, 164, 171	Jugend-Club	41
Gewerbsmäßigkeit	44	Jugendfreizeit	44
Gleichwertigkeit Ersatzreise	188		
Golfplatz	42	Kairo	55
Graumarkt-Flugticket	62	Kalkulationsfehler	126, 1532 f, 175, 180
Großveranstalter	136	Katalog	19, 31, 34, 102
Gruppenreise	48, 80, 84	Kaufvertrag	34
Gutschein	18	Kerosinpreis	154

Jörn Eckert

Kirche	44
Kleidung	124
Konditionenempfehlung	83, 151 ff, 166, 175 ff, 191 f
Kontingentvertrag	51
Korrespondenzreisebüro	62
Kostenpositionen	155 f
Kreditierte Reise	140
Kreditkartenunternehmen	44
Kreditwürdigkeit	133
Kreuzfahrt	15, 40
Kulturveranstaltung	13
Kündigungsrecht Reiseveranstalter	175
Kündigungsrecht Reisender	186
Kunstführung	16
Kurtaxe	141
Landesüblichkeitsklausel	121
Lebensbedarf der Familie	77
Lebenshaltungskosten	163
Lebensrisiko, allgemeines	42
Leistungsänderung	164 ff
– einseitige	193
– Erheblichkeit	168 ff
– Erklärung	172
– nachträgliche	146 ff
– Rechtsbehelfe Reisender	173, 184 ff
– Rechtsfolge	149
– wirtschaftliche Gründe	165
– Zumutbarkeit	167, 169
Leistungsänderungsvorbehaltsklausel	148, 164 ff
Leistungsbeschreibung	121, 169
Leistungsbestimmungsrecht	37
Leistungseinheit	107
Leistungsträger	51 ff
– Auswahl und Überwachung	120
Leistungsverweigerungsrecht	129
Leitbild Reisevertrag	182
Leserreise	44
Linienflug	13, 16, 111 f
Linienfluggesellschaft	171
Luftaufsicht	55
Luftbeförderung	34
Luftfrachtführer	113
Luftverkehr	55
Luftverkehrsgesellschaft	51
LuftVG	55
Mahnung	142
Makler	58, 64
Mängelanzeige	140, 145
Massentourismus	133
Mehrheit von Reisenden	84
Meldepflicht	144
Messe	13
Mietrecht	26, 28, 30, 34 f
Mietwagen	13, 100, 117
Minderjährige	76
Mindeststandard	37
Mindeststandardprinzip	5
Mindestteilnehmerzahl	134, 174 f, 181
– nachträglicher Wegfall	179
– Nichterreichen	176 ff
Mitreisende	80 ff
Mitteilungspflicht des Reiseveranstalters	168, 172, 185
Mitwirkungsobliegenheiten	145
Moskau	91
Mündliche Abreden	122
Naturkatastrophe	123
Nebenkosten	141
Nebenpflichten des Reisenden	144
Neuanmeldung	192
Nichtigkeit von Reiseverträgen	91
Nichtvermögensschaden	30
Nilreise	171
Nothilfe	55
Notstand	55
Notwehr	55
Obhutspflicht	124, 144
Öffentliche Ordnung	55
Öffentliche Sicherheit	55
Olympische Spiele	91
Online-Angebote	65
Online-Buchung	67 ff
Opfergrenze, wirtschaftliche	175, 180 f
Ortswechsel	171
pacta sunt servanda	146
Passbestimmungen	123, 144
Pauschalgebühren	94
Pauschalpreis	22, 96, 118
Pflichten bei elektronischem Geschäftsverkehr	68 f, 87
Pkw	16

Titel 9 · Werkvertrag und ähnliche Verträge § 651a
Untertitel 2 · Reisevertrag

Preisänderung	150 ff	Reisebetreuung	13
– nachträgliche	146 ff	Reisebüro	20, 30, 45, 49,
– Rechtsfolge	149	59 f, 63, 72, 86, 102, 112, 114, 123, 136, 138	
Preisänderungsklausel	155 ff, 160	– Bezeichnung als	111
Preisänderungsverbot	139	– Haftung	61
Preisänderungsvorbehalt	147, 151 f	– Kompetenzen	64
Preiserhöhung	139	– Pflichten	62
– Erklärung	162	– Übermittlungsfehler	122
– Fristen	150	Reisedokumente	144
– Rechtsbehelfe Reisender	184 ff	Reisegepäckversicherung	14
– Rechtsnatur	162	Reisegruppe	80
– Schonfrist	159	Reisehindernis	123
– Umfang	163	Reiseleistung	
Preissenkung	139, 152	– Bündelung	19 f
– Vorbehalt	139	– Mangelhaftigkeit	117
Preistabelle	141	– Umfang	14
Prospekt	34, 27, 40, 65, 86,	– Vermittlung	25
110 ff, 117, 121 ff, 126, 141, 144, 171, 177, 194		– Zeitgebundenheit	10
– Schriftgröße	112	Reiseleistungen	
Prospektgestaltung	98, 105	– Änderung der Reihenfolge	171
Prospektklarheit	121	– Mehrheit	12 ff
Prospektpreis	126	– Verschmelzung	19
Prospektwahrheit	121	Reiseleitung, örtliche	14, 17
Prospektwerbung	104	Reisender	
Provision	25, 97	– Begriff	48
		– Hauptpflicht	125 ff
Qualifizierte Reisepapiere	131 ff, 137	– Kreditwürdigkeit	133
Querulant	133	– Mitwirkungsobliegenheiten	145
		– Nebenpflichten	144
Ratenzahlung bei Reisepreis	140	– querulatorischer	133
Rechenfehler	93	– Rücktrittsrecht	147, 163, 166, 168, 173
Rechtsfortbildung, richterliche	28	– Rechte bei Leistungsänderungen	173
Rechtsnatur Reisevermittlungsvertrag	59	– Sonderwünsche	62
Rechtsnatur Reisevertrag	7 ff	– Verletzung	124
Rechtsstellung Reisevermittler	58	– Vorleistungspflicht	143
Reederei	53	Reiseort	94
Reihenfolge Reiseleistungen	171	Reisepapiere	127, 145
Reise		– qualifizierte	131 ff, 137
– Absage	174	Reisepreis	19, 73, 83, 92, 125 ff, 175, 179
– Gesamtcharakter	148, 165	– Anzahlung	131, 135 ff, 177
– Legaldefinition	2	– Fälligkeit	126 f
– Stornierung	174	– Höhe	141
Reiseangebot, günstigstes	62	– Kalkulationsgrundlage	154
Reiseantritt	162, 178	– und Konditionenempfehlung	137
– vorbehaltloser	193	– Raten	140
Reisebeschreibung	109	– Rückzahlung	175, 182
Reisebestätigung	65,	– Verzug	142
72 f, 86, 92, 110, 122, 136 f, 147, 171, 177		– Vorleistungspflicht	128
– schriftliche	95	Reisepreisanspruch, Verjährung	143

Reiseprozess, Aktivlegitimation — 84
ReiseRÄndG — 196
Reiserücktrittskostenversicherung — 14, 17
Reisetermin — 94
Reiseveranstalter — 43 ff, 79
– Absagerecht — 131
– Buchungsstelle — 60
– Kündigungsrecht — 131
– Mitteilungspflicht — 168, 172
– Nebenpflichten — 123
– rechtliche Unabhängigkeit — 60
– Rücktrittsrecht — 142, 174, 176
– Umfang Haftung — 52
– Vorleistungspflicht — 127
Reisevermittler, Rechtsstellung — 58 ff
Reisevermittlungsvertrag — 58
– Rechtsnatur — 59
Reisevertrag
– Absagefrist — 134
– Abschluss — 49
– Änderung — 94
– Anfechtung — 92
– Annahmefrist Angebot — 71
– Begriff — 5 ff, 50
– Beteiligung Dritter — 72
– drittfinanzierter — 140
– mit Eheleuten — 77
– fehlerhafter — 91 ff
– Form Annahme — 72
– Hauptpflichten — 120 ff
– und Individualabreden — 119, 125
– konkludente Annahme — 73
– Leistungsänderungen — 164 ff
– mit Minderjährigen — 76
– Minderung — 124
– Pflichten Parteien — 119 ff
– Rechtsnatur — 7 ff
– Rücktritt — 93
– Stellvertretung — 78 ff
– Vertragspartner — 96 ff
– Vertragsverhandlungen — 108
– Zustandekommen — 65 ff
– Zweck — 1 ff
Reisevertragsrecht, Anwendungsbereich — 5 ff
Reisevorbereitung — 120
Reisezeit — 148
Reiseziel — 94, 113
Reithalle — 42
Reservierungsgesellschaft — 44

Richterliche Rechtsfortbildung — 28
Richtlinienkonforme Auslegung — 174
Rückerstattung Reisepreis — 175
Rücktritt — 93, 140, 163, 166, 168, 192
– Erklärung — 183
– Fiktion — 94
Rücktrittsrecht Reisender — 147, 186
Rücktrittsrecht Reiseveranstalter — 142, 174, 176
Rücktrittsvorbehalt — 181
Ruhestörung — 144
Rundreise — 38, 171

Sammelbestellung — 48
Schadensersatz — 54 f, 57, 92, 114 f, 117, 123 f, 142, 144
Schadensersatz wegen vertaner Urlaubszeit — 26, 30
Scheinleistungen — 18
Scheinunterkunft — 18
Schiff — 12, 45
Schiffsaufenthalt — 40
Schiffskarte — 114
Schlafwagen — 15, 17
Schlüsselgewalt — 77
Schnee — 123
Schonfrist bei Preiserhöhungen — 159
Schriftformklausel — 72, 122
Schriftgröße Prospekt — 112
Schüleraustausch — 42
Schutzpflichten — 57, 124
Schweigen als Annahme — 73
Schwimmhalle — 42
Segelboot — 13
Sehenswürdigkeiten — 38
Selbstanbieter — 107
Selbstfahrer — 33
Selbsthilfe — 55
Senioren-Club — 41
Sicherheit, öffentliche — 55
Sicherungsschein — 17, 134 f, 137
Skipper — 13, 35
Skireise — 123
Sonderwünsche Reisender — 62
Sorgfaltspflichten — 57, 63
Sparreise — 37
Spezialreise — 42
Sportanlagen — 41 f
Sportkurs — 13

Titel 9 · Werkvertrag und ähnliche Verträge
Untertitel 2 · Reisevertrag

§ 651a

Sportreise	42, 117, 171	Verbot, gesetzliches	91
Sportveranstaltung	13, 109	Verbraucher	48
Sportverein	44	– Begriff	48
Sprachkurs	13, 42	Verbraucherschutz	139, 161
Sprachreise	42	Verbraucherschutz-Richtlinien	48
START	72	Verein	82
Städtereise	38	Vereinsreise	44, 45, 82
Stellvertreter	58, 78 ff	Verkaufsstelle	114
Störung der Geschäftsgrundlage	181	Verkaufsveranstaltung	13
Stopover-Programm	13	Vermittlerklausel	44, 47, 56, 96 ff, 198
Stornierung Reise	174	– Beweislast	118
Stornogebühren	73, 76, 90, 92	– und einzelne Reiseleistungen	101 ff
Streik	123	– Reichweite	98 ff
Studienreise	38	Verpflegung	13, 15 f
		Verrichtungsgehilfe	52
Tagesreise	137	Verschmelzung von Reiseleistungen	19
Taschengeld	76	Versicherung	126
Teilpauschalreise	102	Verspätung bei Flugverkehr	113
Telefon	72	Verspätung bei Zugverkehr	54
Telefonische Buchung	87	Verteilungsmaßstab	155, 157
Telex	71	Vertrag zugunsten Dritter	48, 56, 72, 81, 83
Tennisplatz	42, 117	Vertrag mit Schutzwirkung zugunsten	
Theaterbesuch	109	Dritter	57
Touristikunternehmen	31 ff	Vertrag, gemischter	34
Transfer	14, 17	Vertragsänderung	191
Transparenzgebot	156	Vertragspartner	79
Transportmittel	35	Vertragsverhandlungen	108
Treibstoffpreis	140, 147	Vertretungsmacht Eheleute	77
Treu und Glauben	106, 108, 123, 165 f	Verwahrungsvertrag	34
Tropentauglichkeit	144	Verzichtsklausel	87
		Visabestimmungen	123, 126, 144
Überbuchung	165, 180	Volkshochschule	44, 107
Übermittlungsfehler	122	Vollpension	16, 102
Überraschungsklausel	97, 178	Vorauskasse-Rechtsprechung	130 ff
Umbuchung	94, 166	Vorbehalt der Absage	175
– einvernehmliche	191 ff	Vorleistungsklauseln	129 ff
Umbuchungsentgelt	191	Vorleistungspflicht Reisender	143
Unerlaubte Handlung	56		
Unfallrisiko	123	Wasserskianlage	42
Unmöglichkeit	10	Wechselkurs	146, 153
– wirtschaftliche	180 ff	– Änderung	150
Unterkunft	12 ff, 42, 94, 102, 110, 115, 123, 148	Weichwährungs-Flugschein	62
Unternehmerrisiko	181	Weisungsgebundenheit	52
Urlaubsland, Wechsel	171	Werbung	98, 106, 112
Urlaubsort	73	Werkunternehmer	96
Urlaubstage, verlorene	177	Werkvertrag	7 f, 26 ff, 34, 58, 115, 127, 129
Urlaubszweck	34	Wettbewerbswidrigkeit	141
		Wild	42
Veranstaltungsprogramm	15	Witterung	40, 42

Jörn Eckert

Wohnmobil	13, 35	Zimmerservice	17
		Zollbestimmungen	144
Yacht	35	Zug	54
		Zugang von elektronischen Willenserklärungen	68 ff
Zeitgebundenheit Reiseleistung	10		
Zeitungsinserat	30	Zug-um-Zug-Leistung	129, 131
Zeitungsverlag	44	Zug-um-Zug-Prinzip	135, 137
Zelt	171	Zusatzgebühr	126
Zielgebiet	37	Zusatzleistung	100, 117, 141

I. Inhalt und Zweck

1 Die Vorschrift umschreibt in Abs 1, der § 631 Abs 1 nachgebildet ist, den Reisevertrag und enthält eine Legaldefinition des Begriffs Reise. Zugleich werden die beiderseitigen Hauptpflichten des Reiseveranstalters und des Reisenden festgelegt. Der Reisevertrag ist ein gegenseitiger Vertrag, der für den Reiseveranstalter die Hauptpflicht begründet, dem Reisenden eine Gesamtheit von Reiseleistungen (Reise) zu erbringen (Abs 1 S 1). Hauptpflicht des Reisenden ist es, dem Reiseveranstalter den vereinbarten Reisepreis zu zahlen (Abs 1 S 2).

2 **Abs 2** nimmt **Vermittlerklauseln** ihre rechtliche Wirkung und grenzt die Reiseveranstaltung von der **Reisevermittlung** ab. Zugleich wird eine **Legaldefinition des Leistungsträgers** gegeben. Der Begriff des **Reiseveranstalters** wird hingegen nicht definiert. Er kann daher nur negativ aus der Abgrenzung zum Reisevermittler und zum Leistungsträger gewonnen werden.

3 Abs 3 wurde durch das Schuldrechtsmodernisierungsgesetz (vgl Vor § 651a ff Rn 31) neu in die Vorschrift eingefügt. Abs 3 S 1 schreibt die unverzügliche Aushändigung einer Reisebestätigung vor, während Abs 3 S 2 auf die neue Ermächtigungsgrundlage des Art 238 EGBGB und die auf ihrer Grundlage erlassenen Regelungen der BGB-InfoV verweist. Durch die Einfügung des neuen Abs 3 sind die bisherigen Abs 3 und 4 zu den Abs 4 und 5 geworden. Diese Abs wurden in Umsetzung der Pauschalreise-Richtlinie durch die Novelle des Reisevertragsrechts von 1994 neu in die Vorschrift eingefügt. Der nunmehrige Abs 4 beschränkt die Voraussetzungen eines Preiserhöhungsvorbehalts hinsichtlich der Gründe und des Zeitraums. Abs 5 regelt die Rechtsfolgen einer nach Abs 4 zulässigen Preiserhöhung, einer zulässigen wesentlichen Leistungsänderung sowie einer zulässigen Absage der Reise durch den Reiseveranstalter. Die Abs 4 u 5 setzen damit Art 4 Abs 4–6 der Pauschalreise-Richtlinie in deutsches Recht um.

4 Der bisherige **Abs 5** enthielt die Ermächtigungsgrundlage für den Erlass einer Verordnung über **Informationspflichten von Reiseveranstaltern** durch das Bundesministerium der Justiz im Einvernehmen mit dem Bundesministerium für Wirtschaft und Technologie. Diese Verordnungsermächtigung wurde durch das 2. ReiseRÄndG gestrichen und durch eine neue einheitliche Ermächtigungsgrundlage ersetzt, die aus systematischen Gründen in Art 238 Abs 1 EGBGB eingestellt wurde (vgl Vor §§ 651a ff Rn 30 f). Zugleich wurde die Verordnungsermächtigung auf den Inhalt und die Gestaltung des Sicherungsscheins erweitert. Art 238 Abs 1 EGBGB selbst

skizziert ebenso wie § 651a Abs 5 aF nur einige Grundgedanken dieser Verordnung. Aus Gründen der Übersichtlichkeit hat der Gesetzgeber zu Recht von einer Regelung dieser durch Art 3 Abs 2 sowie 4 Abs 1 u Abs 2 lit a iVm dem Anhang der Pauschalreise-Richtlinie vorgegebenen zahlreichen detaillierten Informationspflichten im EGBGB abgesehen und diese in den §§ 4–11 u 15 der neuen Verordnung über Informations- und Nachweispflichten nach bürgerlichem Recht (BGB-InfoV vom 2. Januar 2002 [BGBl 2002 I 342] idF der Bekanntmachung der Neufassung der BGB-InfoV vom 5. August 2002 [BGBl 2002 I 3002]; vgl die Kommentierung der InfVO im Anhang zu § 651a) geregelt.

II. Anwendungsbereich

Die §§ 651a–m gelten nur für den sog **Reisevertrag**, dh den Reiseveranstaltungsvertrag als einen Vertrag mit gesteigerter Haftung und Verantwortung (vgl BGHZ 119, 152, 163). Der **Reisevermittlungsvertrag**, wie er idR zwischen Reisendem und Reisebüro abgeschlossen wird (vgl dazu BGHZ 61, 275; BGH NJW 1985, 906 f u Rn 57 ff) wird vom Reisevertragsrecht nicht erfasst (BT-Drucks 8/786, 12, 14; 8/2343, 7). Bereits diese Begrifflichkeit des Gesetzes ist missglückt. Während das Brüsseler Übereinkommen über den Reisevertrag und die Haftung der Reisebüros (vgl dazu RIESE RabelsZ 32, 651 f; REBMANN DB 1971, 1949 f, 2002 f) vom Reisevertrag als Oberbegriff ausgeht, der den Reisevermittlungs- und den Reiseveranstaltungsvertrag umfasst, setzen die §§ 651a ff den Reisevertrag mit dem Pauschalreise- oder Reiseveranstaltervertrag gleich. Nur für diese Reiseverträge gelten die §§ 651a–m. Hieran hat sich auch durch die Umsetzung der Pauschalreise-Richtlinie im Jahre 1994 nichts geändert, obwohl deren Art 2 Nr 1 die Pauschalreise enger definiert als sie im deutschen Reisevertragsrecht verstanden wird. Das Mindeststandardprinzip des Art 8 der Richtlinie ermöglicht es dem deutschen Gesetzgeber, den höheren deutschen Verbraucherschutzstandard aufrechtzuerhalten. Der Anwendungsbereich der §§ 651a ff ist daher durch deren Novellierung weder ausgedehnt noch eingeschränkt worden (vgl BT-Drucks 12/5354, 6). Auch die späteren Änderungen des Reisevertragsrechts haben an dessen Anwendungsbereich nichts geändert. Die §§ 651a–m gelten also nur für die aus unterschiedlichen Einzelleistungen (Beförderung, Unterkunft, Verpflegung) zu einem einheitlichen „Leistungspaket" zusammengesetzte Pauschalreise des modernen Massentourismus (ERMAN/SEILER Rn 2). Sie sind nicht auf sog **Individualreisen** anwendbar, bei denen die einzelnen Reiseleistungen nach den individuellen Wünschen des Reisenden zusammengestellt werden, also nicht ganz oder teilweise (Baukastenprinzip) vorfabriziert sind. Dies gilt selbst dann, wenn die einzelnen Reiseleistungen ausnahmsweise pauschal abgerechnet werden, da der Pauschalpreis nur ein Indiz für die Annahme eines „Leistungspakets" ist. Die von den §§ 651a ff ebenfalls nicht erfasste Reisevermittlung ist als Geschäftsbesorgungsvertrag nach §§ 675, 631 ff anzusehen (vgl BGHZ 52, 194, 198; 62, 71; BGH NJW 1974, 1242; 1982, 377; BARTL Rn 10 ff; H-W ECKERT 22; FÜHRICH Rn 99; ISERMANN VuR 1987, 301, 304; MünchKomm/TONNER Rn 30; PALANDT/SPRAU Vor § 651a Rn 4; SEYDERHELM Rn 56; aA NEUNER AcP 193, 1: Geschäftsbesorgungsdienstvertrag).

Leider hat der Gesetzgeber auch anlässlich der Novellierungen der §§ 651a ff in den Jahren 1994 und 2001 nicht die Kraft aufgebracht, das Reiserecht insgesamt einer Neuregelung zuzuführen. Verschiedene der im Reisevertragsgesetz berührten Materien hätten dringend einer umfassenden und grundsätzlichen Reform bedurft. Dies gilt namentlich für den nach wie vor ungeklärten Anwendungsbereich wichtiger

Vorschriften, unklare Tatbestände und Begriffe sowie die ohne erkennbare Systematik nebeneinander stehenden Rücktritts- und Kündigungsmöglichkeiten des Reisenden und des Reiseveranstalters (vgl Vorbem 36 zu § 651a).

1. Rechtsnatur des Reisevertrages

7 Der Reisevertrag ist auf die Herbeiführung eines **Erfolges**, die mangelfreie Durchführung der Reise in eigener Verantwortung des Reiseveranstalters gegen Vergütung, gerichtet (vgl BGH NJW 1985, 906, 907; BGHZ 119, 152, 163; 130, 128, 132). Er ist daher als **Unterfall des Werkvertrages** einzustufen (BLAUROCK 4; ERMAN/SEILER Vor § 651a Rn 4; BGB-RGRK/RECKEN Rn 26; SCHMITT JR 1987, 265 ff; ULMER/BRANDNER/HENSEN Anh §§ 9–11 Rn 582). Die heute hM sieht in ihm dagegen einen dem Werkvertrag lediglich ähnlichen **eigenständigen Vertragstyp**, der einzelne Elemente des Werk- mit solchen des Miet- und des Geschäftsbesorgungsvertrages vereine (BARTL Rn 6; ders NJW 1983, 1092, 1093; BIDINGER/MÜLLER 32; FÜHRICH Rn 78; ISERMANN NJW 1988, 873, 875; LARENZ, Schuldrecht II/1 379, 381; ders VersR 1980, 689; MünchKomm/TONNER Vor § 651a Rn 16; SEYDERHELM Rn 1; TEMPEL 385; WOLTER AcP 183, 59 ff; ders NJW 1988, 396). Hierfür werden die Überschrift des 7. Titels „Werkvertrag und ähnliche Verträge" sowie die Auffassung des Gesetzgebers, der mit den §§ 651a ff einen eigenen Vertragstyp schaffen wollte (BT-Drucks 8/796, 9; 8/2343, 6) angeführt. Daneben wird auf vermeintliche Besonderheiten des Reisevertrages gegenüber dem Werkvertrag hingewiesen. Die Reise sei kein einheitliches Werk, sondern eine Bündelung verschiedener Einzelleistungen, die über einen gewissen Zeitraum erbracht würden. Der Reisevertrag weise daher Züge eines Dauerschuldverhältnisses auf (BT-Drucks 8/2343, 6; BIDINGER/MÜLLER 32; FÜHRICH Rn 78). Noch weitergehend wird zT darauf hingewiesen, dass der Werkvertrag auf einen Erfolg, der Reisevertrag dagegen auf einen Nutzen gerichtet sei (MünchKomm/TONNER Vor § 651a Rn 16).

8 Diese Auffassung ist abzulehnen. Entgegen der Überschrift des 7. Titels und den missverständlichen Äußerungen des Gesetzgebers ist der Reisevertrag ein bloßer **Sonderfall des Werkvertrages**. Er hat mit dem Werkvertrag gemeinsam, dass der Reiseveranstalter einen Erfolg in Gestalt der mangelfreien Durchführung der Reise schuldet (vgl BGHZ 130, 128, 132). Auch die als Charakteristikum des Reisevertrages angeführte Bündelung von Einzelleistungen, die über einen bestimmten Zeitraum zu erbringen seien, ist für bestimmte Werkverträge durchaus typisch. So etwa für den Bauvertrag, der ebenfalls Züge eines Dauerschuldverhältnisses aufweisen kann. Auch er setzt eine eingehende Planung und Organisation von Werkleistungen voraus, die dem „Vorfabrizieren" einer Reise vergleichbar ist (vgl ERMAN/SEILER Vor § 651a Rn 4; aA SOERGEL/H-W ECKERT Vor § 651a Rn 21).

9 Aus der Einordnung des Reisevertrages als Unterfall des Werkvertrages folgt, dass, soweit in den §§ 651a ff keine Sonderregelungen enthalten sind, weiterhin auf das allgemeine Werkvertragsrecht zurückgegriffen werden kann (BGH NJW 1983, 2699, 2701; BGHZ 100, 158, 163; ERMAN/SEILER Vor § 651a Rn 4; JAUERNIG/TEICHMANN Rn 2; PALANDT/SPRAU Vor § 651a Rn 1). Die Gegenauffassung, die einschränkend darauf abstellt, ob die Heranziehung der §§ 631 ff zur Schließung von Regelungslücken der Interessenlage der Reisevertragsparteien und den Besonderheiten der Pauschalreise gerecht wird (BIDINGER/MÜLLER 32; H-W ECKERT 15; FÜHRICH Rn 79; LARENZ, Schuldrecht II/1 379, 381; MÜLLER-LANGGUTH MDR 1986, 807 f; SOERGEL/H-W ECKERT Vor § 651a Rn 21; TEMPEL

385) ist mit der hier vertretenen Auffassung zur Rechtsnatur des Reisevertrages nicht vereinbar.

Der Sache nach ist der Reisevertrag ein **absolutes Fixgeschäft**, was zur Folge hat, dass das endgültige Ausbleiben einer Leistung zur vollständigen oder teilweisen Unmöglichkeit (§§ 275, 283, 311a Abs 2, 326) führt (BGHZ 60, 14, 16; 77, 320; 85, 301; 86, 284). Der Reisevertrag weist damit Elemente eines zeitlich gebundenen Dauerschuldverhältnisses auf. Infolgedessen ist beim Reisevertrag die Leistungszeit so wesentlich, dass ihre Verfehlung die Leistung dauernd unmöglich (§ 275 Abs 1) macht (BGHZ 60, 14, 16). Da der Reisevertrag wegen der **Zeitgebundenheit der Reiseleistung** ein Fixgeschäft ist, hat der Reisende auch die Rechte aus § 326 Abs 5. Verzögert sich also der Reiseantritt um einen oder mehrere Tage und nicht nur um wenige Stunden, so kann der Reisende gem § 326 Abs 5 ohne Fristsetzung entschädigungslos vom Vertrag zurücktreten. **10**

Die Einordnung des Reisevertrages als Werkvertrag darf aber auch beim Normalfall einer Erholungsreise nicht dahingehend missverstanden werden, dass der Reiseveranstalter die **Erholung als Erfolg** schuldet. Der Reiseveranstalter hat allein die Voraussetzungen dafür zu schaffen, dass ein Erholungserfolg möglich ist. Er übernimmt die Haftung für den Erfolg des Urlaubs nur insoweit, wie dieser von den angebotenen Leistungen abhängt (BGH NJW 1975, 42; BGHZ 85, 50, 58; 130, 128, 132; BGH NJW 2000, 1188, 1189; 1639, 1640 f). **11**

2. Reisevertrag

a) Mehrheit von Reiseleistungen

Der Reisevertrag setzt nach § 651a Abs 1 S 1 voraus, dass sich der Reiseveranstalter verpflichtet, dem Reisenden eine **Gesamtheit von Reiseleistungen** (Reise) zu erbringen. Die klassische Pauschalreise beinhaltet eine **Hotelunterkunft** mit Voll- oder Halbpension sowie die **Beförderung** durch Bus, Bahn, Flugzeug oder Schiff. Hinzu können noch andere Reiseleistungen treten (vgl FÜHRICH Rn 80). So eindeutig diese Definition auch zu sein scheint, so unsicher sind ihre Grenzen, obwohl durch sie der sachliche Anwendungsbereich der §§ 651a ff abgesteckt wird. In jedem Fall notwendig sind aber **mindestens zwei einzelne Reiseleistungen**, die zu einer Gesamtheit **gebündelt** sind. **12**

Während Art 2 Nr 1 der Pauschalreise-Richtlinie die **Beförderung** und **Unterbringung** ausdrücklich erwähnt und diesen klassischen Reiseleistungen „andere touristische Dienstleistungen", die **nicht nur Nebenleistung** der Beförderung oder Unterbringung sind und die einen beträchtlichen Teil der Gesamtleistung ausmachen, gleichstellt, sagt § 651a Abs 1 S 1 nichts darüber, welche **Leistungsarten** als Reiseleistungen gelten können. Die Definition der Richtlinie, deren Übernahme der Gesetzgeber für entbehrlich hielt (BT-Drucks 12/5354, 6), kann als Ausgangspunkt für die Auslegung des Begriffs **Reiseleistungen** herangezogen werden (vgl BGH NJW 2000, 1639, 1640). Auch § 651a Abs 1 S 1 geht wie die Richtlinie von der typischen Pauschalreise aus, welche die Reiseleistungen Beförderung und Unterbringung umfasst. Es können aber auch **andere Dienstleistungen** zu einer Reiseleistung erhoben werden. Diese müssen allerdings einen Bezug zum Reisen haben, so dass in Übereinstimmung mit der Richtlinie nur **touristische** Dienstleistungen in Betracht kommen (vgl dazu EuGH RRa 1999 132). **13**

Dieser Begriff ist indessen im weitesten Sinne zu verstehen, da im modernen Tourismus dem Reisenden die unterschiedlichsten Dienstleistungen aus allen möglichen Lebensbereichen angeboten werden (vgl BIDINGER/MÜLLER 51; ERMAN/SEILER Rn 3). Neben der Beförderung und der Unterbringung kommen daher als Reiseleistungen ua die Teilnahme an Hobby-, Sport- (BGH NJW 2000, 1188) und Sprachkursen (BGH NJW 1993, 263; LG Frankfurt aM NJW-RR 1990, 760), der Besuch einer Ferienfahrschule (LG Frankfurt aM NJW-RR 1989, 1399), die Teilnahme an Messen, Kultur-, Sport- und Verkaufsveranstaltungen, die Stellung eines Mietwagens, Wohnmobils (LG Frankfurt aM NJW-RR 1993, 952), Segelbootes samt Skipper (OLG Düsseldorf NJW-RR 1995, 314; LG Hannover MDR 1984, 313) und eines orts- oder sachkundigen Führers, das Zurverfügungstellen von Verpflegung bzw Reisebetreuung vor Ort oder der Aufenthalt im Rahmen eines Stopover-Programms bei einem Linienflug (LG Frankfurt aM RRa 1995, 168) in Betracht.

14 Eine Haupt- und eine **völlig untergeordnete Nebenleistung** reichen jedoch nicht aus, um eine Gesamtheit von Reiseleistungen annehmen zu können. Es muss sich vielmehr um zwei gleichwertige oder nahezu gleichgewichtige Leistungsteile handeln (vgl BT-Drucks 8/786, 13; EuGH RRa 1999 132; BGH NJW 1985, 906, 907; FÜHRICH Rn 81; PALANDT/ SPRAU Vor § 651a Rn 3). Auch insoweit kann an die Pauschalreise-Richtlinie angeknüpft werden, die zwar zu eng ausschließlich untergeordnete Nebenleistungen von Beförderung und Unterkunft ausnimmt, im Übrigen aber zutreffend darauf abstellt, ob die anderen touristischen Dienstleistungen einen **beträchtlichen Teil der Gesamtleistung** ausmachen. Die Abgrenzung einer mit einer unbedeutenden Nebenleistung verbundenen einzelnen Reiseleistung von einer Gesamtheit von Reiseleistungen iSd §§ 651a ff ist danach vorzunehmen, ob eine einzelne Leistung tatsächlich einen losgelösten Eigenwert hat oder einer anderen Leistung funktionell zugeordnet ist. Legt man dieses Abgrenzungskriterium zugrunde, so ist unmittelbar einleuchtend, dass zB der Transfer vom Flughafen zur Stadt der Beförderungsleistung Flug zuzuordnen ist. Gleiches gilt für die Bordverpflegung gegenüber dem Flug, die örtliche Reiseleitung gegenüber der Unterkunft (LG Frankfurt aM NJW 1984, 1626; **aA** OLG München NJW 1984, 132; LG Frankfurt aM NJW-RR 1987, 175), das Angebot zur Benutzung eines Schwimmbades oder einer Sauna gegenüber der Hotelübernachtung (BGH NJW 2000, 1639, 1640) sowie die Reisegepäck- oder Reiserücktrittskostenversicherung gegenüber der Beförderung (BGHZ 119, 152, 159). Andererseits können aber der Ferienunterkunft in einem Club oder „Center-Parc" die den Urlaubern ohne oder gegen zusätzliche Vergütung bereitgestellten **Sport- und Freizeiteinrichtungen** (zB Minigolfanlage, Sauna, subtropisches Schwimmparadies, Spielplatz und Kindergarten, Reitmöglichkeit) nicht als bloße Nebenleistungen zugeordnet werden. Deren Bedeutung als eigenständige touristische Dienstleistungen mit eigenem Wert ergibt sich aus der Gesamtbewertung eines derartigen **Club- oder Parc-Urlaubs**. Das Veranstaltungsprogramm und die zur Verfügung stehenden Einrichtungen bestimmen den Urlaubsablauf des Reisenden wesentlich. Aus der Sicht des durchschnittlichen Reisenden sind gerade auch die im Preis eingeschlossenen Sport- und Freizeitmöglichkeiten ein wesentlicher Teil des Angebots eines solchen Urlaubs (vgl BGH NJW 2000, 1188, 1189; 1639, 1640 f).

15 Grundsätzlich ist bei der Annahme einer Gesamtheit von Reiseleistungen **großzügig** zu verfahren, damit die §§ 651a ff auf möglichst viele Reiseverträge Anwendung finden. Fraglich ist jedoch schon, ob die typischen Grundleistungen – Beförderung und Unterkunft – ausnahmslos eine Gesamtheit von Reiseleistungen darstellen. Dies ist nur dann zu bejahen, wenn zu der Beförderung oder Gewährung von Unterkunft eine weitere Reiseleistung, die nicht lediglich in einer unbedeutenden Nebenleistung besteht, hinzutritt. Bei einem engen Zusammenhang von Beförderung und Unterkunft – wie zB einer gewöhnlichen Beförderung im **Schlafwagen** oder auf einer Fähre mit Unterkunftsgewährung – liegt keine Gesamtheit von Reiseleistungen vor. Etwas anderes gilt aber für **Kreuzfahrten**, zu deren Leistungsumfang neben der Beförderung und der Unterkunft auch noch die Verpflegung und eine Vielzahl von weiteren Leistungen gehören, die nicht nur als bloße Nebenleistungen angesehen werden können und den gesamten Urlaubsablauf des Reisenden mitbestimmen.

Der Reisevertrag muss also neben der bloßen Beförderung oder neben der bloßen **16** Unterkunft noch mindestens eine andere weitere Reiseleistung, die nicht lediglich in der Gewährung von Verpflegung oder in einer anderen unbedeutenden Nebenleistung besteht, umfassen. Ein **Linienflug**, bei dem regelmäßig Bordverpflegung gereicht wird, ist danach kein Reisevertrag (BT-Drucks 8/786, 13). Zweifelhaft ist aber, ob die Unterbringung in einem Hotel, bei der zusätzlich **Halb- oder Vollpension** gebucht wird, bereits eine ausreichende Gesamtheit von Reiseleistungen darstellt. Die wohl hM geht davon aus, dass nach der Verkehrsanschauung ein Hotelaufenthalt mit Voll- oder Halbpension lediglich als eine einheitliche Leistung anzusehen ist (BT-Drucks 8/786, 13; BECHHOFER 7; ERMAN/SEILER Rn 4; FÜHRICH Rn 71; LÖWE 9; MünchKomm/TONNER Rn 19). Dies wird damit begründet, dass die Verpflegung nach der Verkehrsanschauung der Unterbringung funktionell zuzuordnen sei, also in ihr als Hauptleistung aufgehe (ERMAN/SEILER Rn 4; FÜHRICH Rn 81; MünchKomm/TONNER Rn 19). Diese Auffassung ist jedoch abzulehnen. Die Hotelunterbringung mit Verpflegung muss entgegen der hM jedenfalls dann als eine Mehrheit von Reiseleistungen angesehen werden, wenn die Verpflegung neben der Unterkunft ein prägendes Element der vertraglichen Leistung ist (OLG München NJW 1984, 132; H-W ECKERT 8 ff; ISERMANN NJW 1988, 871, 874; SOERGEL/H-W ECKERT Rn 9). Dies dürfte bei einer Hotelunterkunft mit Frühstück idR abzulehnen, bei Halb- oder Vollpension hingegen anzunehmen sein. Immerhin werden in steigendem Maße von den Reiseveranstaltern Hotels sowohl ohne Verpflegung als auch mit Halb- oder Vollpension angeboten. Die Reisenden wählen aus diesem unterschiedlichen Angebot auch bewusst aus. Es ist daher schwer nachzuvollziehen, wie die hM davon ausgehen kann, dass die Verkehrsanschauung die Hotelunterkunft mit Voll- oder Halbpension als eine einzige Leistung ansieht. Allerdings ist auch der Regierungsentwurf (BT-Drucks 7/5141) davon ausgegangen, dass die Unterbringung mit Verpflegung eine einheitliche Leistung darstellt. Es überzeugt jedoch nicht, dass Halb- oder Vollpension, selbst wenn sie den eigentlichen Anlass für die Reise geben („Schlemmerwochenende" in einem Hotel), als unbedeutende Nebenleistung bewertet werden, während Ausflüge, Bergtouren, sachverständige Kunstführungen, soweit sie der Reise das Gepräge geben, nach derselben Verkehrsanschauung selbständige Leistungen darstellen sollen.

Als **unbedeutende Nebenleistungen**, die der Reise kein Gepräge geben, bleiben da- **17** gegen zB die Bordverpflegung bei einem Flug (BT-Drucks 8/786, 13), die Reiserücktrittskostenversicherung bei einer Beförderung (BGHZ 119, 152, 159), der Zimmerservice bei einer Hotelunterkunft, der Transfer vom Flughafen oder Bahnhof zum Hotel, die Unterkunft bei einer gewöhnlichen Beförderung im Schlafwagen oder die örtliche Reiseleitung bei Buchung einer Unterkunft (LG Frankfurt aM NJW 1984,

1626) außer Betracht (vgl ERMAN/SEILER Rn 4; FÜHRICH Rn 81). Eine lediglich unbedeutende Nebenleistung ist schließlich auch die **Aushändigung eines Sicherungsscheins** durch den Reiseveranstalter. Dieser dient lediglich als Nachweis der Sicherung des Kunden vor den Risiken einer Insolvenz des Reiseveranstalters, kann der jeweiligen Reise also niemals ein eigenständiges Gepräge geben (vgl BIDINGER/MÜLLER 52).

18 An einer Gesamtheit von Reiseleistungen fehlt es schließlich auch bei sog **Scheinleistungen**. Dieses Problem stellt sich namentlich bei Flügen, die nur deshalb mit einer nicht in Anspruch zu nehmenden Unterkunft verbunden werden, um dem Reisenden die günstigeren Tarife eines Charterfluges bieten zu können. Der Reisende, der nur an einem preisgünstigen Flug interessiert ist, erhält zu diesem Zweck einen nahezu wertlosen Gutschein (Hotelvoucher), der sich entweder auf eine Billigstunterkunft oder sogar auf eine in Wirklichkeit gar nicht vorhandene Scheinunterkunft bezieht. Derartige nur zum Schein vereinbarte Unterkunftsleistungen sind bei der rechtlichen Beurteilung des Vertrages außer Betracht zu lassen. Der nur zum Schein abgeschlossene Reisevertrag ist nach § 117 nichtig. Es besteht ausschließlich ein Beförderungsvertrag nach §§ 631 ff, da es neben dem Flug an einer zweiten eigenständigen Reiseleistung fehlt (LG Frankfurt aM NJW-RR 1989, 48; LG Stuttgart NJW-RR 1991, 1272; LG Düsseldorf NJW-RR 1994, 740; LG Berlin RRa 1996, 233; FÜHRICH Rn 91; MünchKomm/TONNER Rn 20; SEYDERHELM Rn 43; SOERGEL/H-W ECKERT Rn 8). In der instanzgerichtlichen Rechtsprechung wurde demgegenüber teilweise ein Reisevertrag bejaht (LG München I NJW RR 1990, 316; AG Baden-Baden RRa 1995, 182). Andere differenzieren danach, ob zusammen mit dem Flug eine existierende Unterkunft mit verkauft – dann Reisevertrag – oder bewusst eine nicht existierende Unterkunft gebucht – dann Beförderungsvertrag – wird (BIDINGER/MÜLLER 53; SCHMID NJW 1994, 2451). Beide Gegenauffassungen überzeugen nicht, lassen sie doch unberücksichtigt, dass der Reisende in aller Regel vom Scheincharakter der Unterkunftsleistung weiß, so dass § 117 unabhängig davon anwendbar ist, ob die versprochene Unterkunft tatsächlich vorhanden ist oder nicht. Für den Bereich der EU ist die Problematik durch die EG-Verordnung Nr 2409/92 des Rates v 23. 7. 1992 (ABlEG Nr L 240 v 24. 8. 1992, 15) hinfällig geworden, da danach auch auf Charterflügen der Verkauf von Einzelplätzen zulässig ist und deshalb keine Billigstunterkünfte mehr verkauft werden müssen (BIDINGER/MÜLLER 53).

b) **Bündelung zu einer Gesamtheit**
19 Der Reisevertrag setzt ferner eine Verbindung und Zusammenfassung der mehreren Reiseleistungen zu einem Programm oder **„Leistungspaket"**, dh zu einer „Gesamtheit von Reiseleistungen", voraus. Der Reiseveranstalter wählt regelmäßig die einzelnen Reiseleistungen aus, stimmt sie aufeinander ab, verbindet sie und bietet sie als einheitliches Arrangement an. Die Einzelleistungen müssen daher von vornherein nach einem festgelegten Gesamtprogramm angeboten werden (vgl BT-Drucks 8/2343, 7; FÜHRICH Rn 82; SOERGEL/H-W ECKERT Rn 11). Beschafft also der Reiseveranstalter mehrere wesentliche, aber voneinander unabhängige Einzelleistungen, so sind die §§ 651a–651m nicht anwendbar (ERMAN/SEILER Rn 4; MünchKomm/TONNER Rn 18; SOERGEL/H-W ECKERT Rn 11). Dies gilt zB, wenn der Reiseveranstalter eine Flugreise nach einem selbständigen Tarif und davon unabhängig ein Hotel am Zielort beschafft. Die Reise darf auch nicht auf **Initiative des Reisenden** zusammengestellt worden sein (FÜHRICH Rn 73; MünchKomm/TONNER Rn 18; SOERGEL/H-W ECKERT Rn 11; TEICHMANN JZ 1993, 823, 824). Auch Art 2 Nr 1 der EG-Pauschalreise-Richtlinie verlangt

eine im Voraus festgelegte Verbindung von mindestens zwei Reiseleistungen. Diese liegt nach Auffassung des EuGH aber auch dann vor, wenn eine Reise von einem Reisebüro nach den Wünschen und Vorgaben des Kunden organisiert wird (EuGH RRa 2002 119 120; vgl Vor §§ 651a ff Rn 48). Ein Reisevertrag iSd §§ 651a–m liegt vor, wenn der Reisende mehrere mit Einzelpreisen versehene und vom Reiseveranstalter vorgefertigte Reiseleistungen nach dem „**Baukastenprinzip**" entsprechend seinen individuellen Wünschen miteinander kombiniert (OLG Saarbrücken NJW RR 1999 1404; LG Frankfurt aM NJW RR 1993 124; Führich Rn 82; MünchKomm/Tonner Rn 17; Seyderhelm Rn 17; Soergel/H-W Eckert Rn 11). Erforderlich ist aber auch insoweit eine Verschmelzung der alternativ angebotenen Reiseleistungen. Dieses setzt in aller Regel einen nach dem Baukastensystem aufgebauten **Gesamtkatalog** voraus. Dabei wird eine Verschmelzung der einzelnen per Baukastensystem angebotenen Reiseleistungen nur dann anzunehmen sein, wenn die gewählten Einzelleistungen auch in der **zeitlichen Abfolge** aufeinander abgestimmt und durch Beförderungsleistungen aus dem Angebot des Veranstalters miteinander verbunden werden (vgl KG NJW-RR 1991, 1017; OLG Frankfurt aM NJW RR 1991 1018; RRa 1995 15; OLG München RRa 1997 47; OLG Hamburg RRa 1997 136; Bidinger/Müller 53; Seyderhelm Rn 18; vgl aber EuGH RRa 2002 119). Dagegen liegt keine Verschmelzung vor, wenn der Reisende die einzelnen Reiseleistungen aus eigener Initiative anhand verschiedener Kataloge zusammenstellt und die Preise **gesondert berechnet** werden (BT-Drucks 8/2343, 7). Ein wichtiges Abgrenzungskriterium ist, ob die gewählten Einzelleistungen zusammen oder voneinander unabhängig nacheinander gebucht werden (OLG Frankfurt aM NJW-RR 1991, 1018).

Eine Verschmelzung ist schließlich auch dann möglich, wenn der **Reiseveranstalter** **20** **selbst** alle oder einzelne **Reiseleistungen** – zB Beförderung im eigenen Bus oder Aufenthalt im eigenen Hotel – **erbringt** (BGH NJW 2000, 1188, 1189; 1639, 1640; Soergel/H-W Eckert Rn 12; MünchKomm/Tonner Rn 14; **aA** OLG Frankfurt aM NJW-RR 1997, 1209). Zwar schaltet der Reiseveranstalter in der touristischen Praxis regelmäßig Leistungsträger zur Erbringung der einzelnen Reiseleistungen ein, doch ist dies keine Voraussetzung des § 651a Abs 1 S 1. Der Begriff des Reiseveranstalters, der in den §§ 651a ff nicht definiert wird, ist anhand der Regelungen in Art 2 der EG-Pauschalreise-Richtlinie auszulegen. Dieser Bestimmung kann nicht entnommen werden, dass die Anwendbarkeit des Reisevertragsrechts davon abhängen soll, dass der Reiseveranstalter die Reiseleistungen nicht selbst, sondern unter Einschaltung eines Leistungsträgers erbringt (BGH NJW 2000, 1188, 1189; 1639, 1640). Daher ist zB der Betreiber sog Center-Parcs, in denen er für Familien-Kurzurlaube Ferienunterkünfte mit im Preis eingeschlossenen weiteren Leistungen anbietet, Reiseveranstalter und nicht bloßer Leistungsträger, soweit diese weiteren Leistungen nicht nur bloße Nebenleistungen zur Unterbringung darstellen und mit der Unterbringung zu einem Leistungspaket verschmolzen sind (BGH NJW 2000, 1188, 1189; 1639, 1640 f; **aA** OLG Frankfurt aM NJW-RR 1997, 1209). Anders verhält es sich jedoch, wenn Einzelleistungen erst **vom Reisebüro** auf Wunsch des Reisenden zu einem Paket verbunden werden. Hier wird zwar der **Anbieter der Einzelleistung** nicht zum Reiseveranstalter (OLG Frankfurt aM RRa 1995, 15; Seyderhelm Rn 20), doch kann das Reisebüro selbst zum Veranstalter werden (vgl oben EuGH RRa 2002, 119).

Ein Reisevertrag iSd §§ 651a–m liegt auch bei **Incentive-Pauschalreisen** vor, die ein **21** Unternehmen als Verkaufsförderungs- oder Motivationsinstrument und damit zu gewerblichen Zwecken bucht, um die gebuchten Reiseleistungen Dritter – Mitarbeitern, Vertragshändlern oder Kunden – zu Urlaubs- oder Erholungszwecken zuzuwenden (BGH RRa 2002, 154 157; J ECKERT EWiR 2002, 1043; FÜHRICH Rn 80). Voraussetzung ist aber auch hier, dass ein vorfabriziertes Paket von Reiseleistungen vorliegt. Dies ist gegeben, wenn die einzelnen Reiseleistungen vom buchenden Unternehmen aus einem alternativen Angebot des Veranstalters zusammengestellt werden. Dagegen fehlt es an der erforderlichen vorherigen Bündelung der Reiseleistungen, wenn diese erst von der Incentive-Agentur nach den individuellen Wünschen des buchenden Unternehmens zusammengestellt werden. In diesem Fall ist die Incentive-Agentur bloßer Vermittler der einzelnen Reiseleistungen zwischen dem buchenden Unternehmen und den einzelnen Leistungsträgern (Hotel, Fluggesellschaft usw). Dies setzt allerdings stets die Offenlegung der Vermittlung durch Offenlegung der Namen und Anschriften der einzelnen Leistungsträger voraus (§ 164 Abs 2). Fehlt es daran, so kommt ein Werkvertrag über die Reiseleistungen zustande (FÜHRICH Rn 113). Ein Werk- oder Reisevertrag liegt auch dann vor, wenn die gebuchten Reiseleistungen nicht Urlaubs- oder Erholungs-, sondern betrieblichen Zwecken dienen. Dies ist zB der Fall, wenn eine Reise zu einem Kongress bzw Event oder zu einer Messe oder Präsentation Gegenstand des Incentives ist (FÜHRICH Rn 82).

c) Erfordernis eines Gesamtpreises

22 Fraglich ist, ob die Anwendung der §§ 651a ff ein Angebot zu einem **Gesamtpreis** voraussetzt (so BARTL Rn 7; **aA** LG Bonn NJW RR 1995 248; LG Hamburg NJW 2001, 835; BERNREUTHER 17 ff; BRENDER 52 f; ERMAN/SEILER Rn 2; H-W ECKERT 20 f; MünchKomm/TONNER Rn 11; SOERGEL/H-W ECKERT Rn 13). § 651a Abs 1 S 1 setzt dies nicht voraus, doch soll sich dieses Erfordernis aus dem Umstand ergeben, dass eine Gesamtheit von Reiseleistungen und nicht einzelne Leistungsteile Gegenstand des Reisevertrages sind (so BARTL Rn 7). Teilpreise sollen ein Indiz dafür sein, dass eine Verschmelzung nicht stattgefunden hat. Andererseits soll das Verlangen eines Pauschalpreises für mehrere Leistungen uU als Indiz dafür gewertet werden, dass der Veranstalter eine Gesamtheit von Reiseleistungen schuldet, selbst wenn einige dieser Leistungen ihrer Natur nach den Charakter bloßer untergeordneter Nebenleistungen haben.

23 Der Gesamtpreis kann schon deshalb keine notwendige Voraussetzung für die Bejahung der Anwendbarkeit der §§ 651a ff sein, weil sonst der Reiseveranstalter die Möglichkeit hätte, sich durch eine Aufspaltung des Gesamtpreises in Einzelpreise dem Anwendungsbereich der §§ 651a ff zu entziehen. Entscheidend muss allein sein, ob eine Mehrheit von Reiseleistungen vom Reiseveranstalter organisatorisch zusammengefasst angeboten wird. Neben der Aufspaltung in Einzelpreise müssen also andere Umstände dafür sprechen, dass der Reiseveranstalter keine Gesamtheit von Reiseleistungen erbringen sollte. Der Pauschalpreis hat daher nur als ein **Indiz** für das Vorliegen eines Reisevertrages Bedeutung (H-W ECKERT 11; ERMAN/SEILER Rn 4; FÜHRICH Rn 82).

24 Dieses Verständnis entspricht auch der Regelung in Art 2 Nr 1 der Pauschalreise-Richtlinie. Danach müssen die Reiseleistungen zwar zu einem Gesamtpreis verkauft oder zum Verkauf angeboten werden (S 1), doch kann sich der Reiseveranstalter durch die getrennte Berechnung einzelner Leistungen nicht den Verpflichtungen nach der Richtlinie entziehen (S 2; vgl dazu Vorbem 47 f zu § 651a).

25 Eine Mehrheit von Reiseleistungen reicht aber für sich nicht aus, um eine Reise anzunehmen. Das Erbringen mehrerer unabhängig nebeneinander stehender Einzelleistungen reicht für die Annahme einer Pauschalreise nicht aus, und zwar unabhängig von der Preisgestaltung (Einzelpreise oder Gesamtpreise). Insoweit ist aber stets zu einer nach § 651a Abs 2 unzulässigen Vermittlerklausel abzugrenzen. Auch bei einer Mehrheit von Leistungen kann im Einzelfall eine Gesamtheit von Reiseleistungen iSv § 651a Abs 1 S 1 zu verneinen sein, wenn durch die Prospektgestaltung und die klaren Hinweise des Veranstalters außerhalb seiner allgemeinen Geschäftsbedingungen dem Reisenden deutlich gemacht wird, dass bestimmte Leistungen nicht als eigene erbracht, sondern nur als **Fremdleistungen vermittelt** werden (vgl AG Bad Homburg RRa 2000, 21 f; Führich Rn 127; MünchKomm/Tonner Rn 62). Die Haftung beschränkt sich hinsichtlich derartiger Leistungen auf deren **ordnungsgemäße Vermittlung**. Die Leistungserbringung selbst wird dagegen nicht geschuldet. Auch bei **fakultativen Fremdleistungen** wie Ausflügen, Sportmöglichkeiten oder Mietwagen, die im Katalog erwähnt und am Urlaubsort bei einem Dritten gebucht werden können, liegt regelmäßig eine Fremdleistung vor, die der Reiseveranstalter nur vermittelt (AG München RRa 1994, 62; AG Stuttgart RRa 1994, 165; AG Nordenham RRa 1994, 17; AG Nürnberg RRa 1997, 242; Führich Rn 127). Eine solche Aufspaltung in eigene und fremde Reiseleistungen setzt auch nicht zwingend voraus, dass für die lediglich vermittelte Fremdleistung ein gesonderter Preis ausgewiesen wird (**aA** Führich Rn 127). Auch dann, wenn ein Pauschalpreis für eigene und fremde Leistungen berechnet wird, ist dies nur ein **Indiz** für eine einheitliche Reise iSv § 651a Abs 1 S 1. Bei der Vereinbarung eines Pauschalpreises als Entgelt ist also ebenso wenig zwingend von einer geschuldeten Gesamtheit von Leistungen auszugehen wie das Fehlen eines Pauschalpreises die Annahme eines Reisevertrages ausschließt (vgl Rn 22). Entscheidend ist daher allein, ob der Veranstalter in seinen Prospekten bzw in der Reisebestätigung beim Reisenden den Eindruck erweckt, er biete eine Gesamtheit von Leistungen an oder ob dies nicht der Fall ist.

d) Einzelne Reiseleistungen

Die Erbringung einer einzelnen Reiseleistung (Beförderung, Unterkunft, Verpflegung, Ferienhausmiete) kann nach dem eindeutigen Wortlaut des § 651a Abs 1 S 1 nicht als Gegenstand eines Reisevertrages qualifiziert werden (BGHZ 119, 152, 161; 130, 128 ff; Bartl Rn 7; Bidinger/Müller 55; Erman/Seiler Rn 4; MünchKomm/Tonner Rn 10; Soergel/H-W Eckert Rn 16). Dies hat der Gesetzgeber in den Materialien zum Reisevertragsgesetz ausdrücklich und unmissverständlich klargestellt: „Auch wenn ein Reiseveranstalter nur eine einzelne Leistung vermittelt, zB Ferienhäuser für Selbstfahrer, liegt grundsätzlich kein Reisevertrag vor, sondern ein Agenturvertrag, unter Umständen auch ein Mietvertrag" (BT-Drucks 8/2343, 7; ähnlich 8/786, 11). Notwendig ist stets eine Gesamtheit von Reiseleistungen. Soweit nur eine einzelne Reiseleistung geschuldet ist, bleibt es bei der Anwendung der allgemeinen Vorschriften des Werkvertrags-, Miet- und Beförderungsrechts. Ob es rechtspolitisch sinnvoll war, derartige isolierte Leistungen den §§ 651a–m nicht zu unterstellen, mag hingegen zweifelhaft sein. Es ist kein vernünftiger Grund ersichtlich, warum der durch das Reisevertragsrecht verbesserte Verbraucherschutz nur dem Pauschalreisenden zugute kommen, dagegen zB dem Mieter eines Ferienhauses vorenthalten bleiben soll. Dies gilt insbesondere für § 651f Abs 2 und die in dieser Bestimmung vollzogene Abkehr von der früheren Rspr des BGH zum Schadensersatz wegen vertanen Urlaubs, das Informationsbedürfnis des Reisenden (vgl §§ 4 ff BGB-InfoV) und sein Sicherungsinteresse hinsichtlich des vorausgezahlten Reisepreises (vgl § 651k). Insgesamt ist daher rechtspolitisch zu beanstanden, dass nach § 651a Abs 1 S 1 das gesamte **Reiserecht** danach aufzuspalten ist, ob eine Gesamtheit von Reiseleistungen oder eine einzelne Reiseleistung den Vertragsgegenstand bildet.

27 Rspr (BGH NJW 1985, 906; BGHZ 119, 152, 163 f; 130, 128, 131 ff; OLG Karlsruhe RRa 1998, 110; LG Frankfurt aM NJW 1983, 233, 234; NJW 1985, 330 f; NJW-RR 1986, 54; LG München I NJW 1985, 331 f) und hL (Führich Rn 86; Kaller Rn 12; MünchKomm/Tonner Rn 118; Oechsler Rn 733 ff; Oetker/Maultzsch 504 f; Pick Rn 50; Seyderhelm Rn 21 f; Soergel/H-W Eckert Rn 16 u 21 f) wollen diese gesetzgeberische Fehlleistung (vgl Tonner AcP 189, 122, 137 f) dadurch korrigieren, dass sie unter bestimmten Voraussetzungen die §§ 651a–m **analog** auch auf einzelne Reiseleistungen anwenden. Der BGH hat in seinen **Ferienhausentscheidungen** (BGHZ 119, 152, 163; BGH NJW 1985, 906; vgl Vor 18 zu § 651a–m) die „Grundvoraussetzung für eine analoge Anwendung der Vorschriften des Reisevertragsrechts", eine planwidrige Regelungslücke, mit der Begründung bejaht, der Gesetzgeber habe „übersehen", dass „die wesentlichen Merkmale einer Veranstalterreise auch dann vorliegen können, wenn nur eine einzelne Reiseleistung" gebucht werde (BGHZ 119, 152, 163). Dem Gesetzgeber sei es mit dem Merkmal der Gesamtheit von Reiseleistungen in Abs 1 S 1 nicht gelungen, den Reiseveranstaltungsvertrag vom gesetzlich nicht geregelten Reisevermittlungsvertrag klar abzugrenzen und damit den „ins Auge gefassten Anwendungsbereich des Reisevertragsgesetzes genau zu beschreiben". Aus diesem Grunde sei nicht auf die Anzahl der geschuldeten Reiseleistungen, sondern auf die durch Auslegung zu ermittelnde Eigenverantwortlichkeit des Anbieters für die Durchführung der geschuldeten Leistung abzustellen (BGH NJW 1985, 906), wobei auf einzelne Reiseleistungen, die von einem Veranstalter in eigener Verantwortung angeboten und ausgeführt würden, die §§ 651a–m analog anwendbar seien. Allerdings scheint inzwischen auch der BGH jedenfalls Bedenken bekommen zu haben, die §§ 651a ff generell auf alle in Betracht kommenden einzelnen Reiseleistungen analog anzuwenden. So hat er in einer Entscheidung aus dem Jahre 1995 die analoge Anwendung des Reisevertragsrechts auf die **Charter von Hochseeyachten** abgelehnt (BGHZ 130, 128, 131 ff). Damit stellt sich jedoch das neue Problem der Abgrenzung zwischen analoger Anwendbarkeit und Nichtanwendbarkeit der §§ 651a ff auf einzelne Reiseleistungen. Insoweit hat der BGH indessen noch kein überzeugendes **Kriterium** gefunden (Erman/Seiler Vor § 651a Rn 8). Wenn in der Yachtcharterentscheidung danach abgegrenzt wird, ob „in erster Linie eine Reiseveranstaltung" oder „eine sonstige Leistung" geschuldet werde, so überzeugt dies nicht, da ja gerade fraglich ist, was beide unterscheidet. Die Aussage, die Reiseveranstaltung als Gegenstand des Reisevertrages bestehe nicht nur in der Beförderung, Unterbringung oder sonstigen Teilleistung, sondern umfasse „weiter reichend die Reise selber", deren „bestimmte Gestaltung" der Veranstalter verspreche (BGHZ 130, 128; BGH NJW 2000, 1188, 1189), hilft nicht weiter, weil vollkommen unklar bleibt, was unter der über die allein geschuldete Einzelleistung (Beförderung, Unterkunft, Ferienhaus, Wohnmobil oder Hochseeyacht) hinausgehenden „Reise selber" zu verstehen ist (so zutreffend Erman/Seiler Vor § 651a Rn 8; Oetker/Maultzsch 504 Rn 14). Jedenfalls leuchtet auch im Einzelfall kaum ein, warum bei der alleinigen Überlassung eines Ferienhauses regelmäßig „die wichtigsten Urlaubsbedingungen" als „Gesamtheit der Reise" feststehen sollen, während bei der Charter einer Hochseeyacht in jedem Einzelfall genau zu prüfen ist, ob es sich nur um die „einfache Miete eines Bootes" oder aber um einen „Urlaubsaufenthalt auf See" handelt (so aber BGHZ 130, 128, 131).

Die analoge Anwendung der §§ 651a ff auf Verträge über einzelne Reiseleistungen **28** ist als **offene Korrektur des Gesetzeswortlauts** abzulehnen (vgl BIDINGER/MÜLLER 56; ERMAN/SEILER Vor § 651a Rn 8; kritisch dazu OECHSLER Rn 733). Sie überschreitet die Grenzen der verfassungsrechtlichen Zulässigkeit analoger Rechtsanwendung (vgl dazu BVerfGE 82, 6). Der in Art 20 Abs 3 GG angeordnete Vorrang des Gesetzes begrenzt die richterliche Rechtsfortbildung dahin, dass der Richter eine vom Gesetzgeber getroffene eindeutige Entscheidung nicht aufgrund eigener rechtspolitischer Vorstellungen verändern und durch eine judikative Lösung ersetzen darf, die so im Parlament nicht erreichbar war (BVerfGE 69, 315, 372; 82, 6, 12). Dies ist bei der hier von der Rspr und hL vorgenommenen Analogie der Fall. Der Gesetzgeber hat mit der ausdrücklichen Aufnahme des Merkmals „Gesamtheit von Reiseleistungen" in Abs 1 S 1 ein bewusst auf die **Pauschalreise** beschränktes Regelungsziel verfolgt (ERMAN/SEILER Vor § 651a Rn 8). Dieser eindeutig erkennbare Wille des Gesetzgebers, nur die aus mehreren Reiseleistungen bestehende Pauschalreise regeln zu wollen, wird durch die analoge Anwendung der §§ 651a–m auf einzelne Reiseleistungen eigenmächtig beiseite geschoben und durch eine neue, autonome Interessenabwägung des Richters ersetzt. Zwar unterliegen auch Gesetze einem Alterungsprozess, weshalb sich mit dem Wandel der Verhältnisse in einer Gesellschaft auch der Inhalt einer Norm in der Weise ändern kann, dass sich aufgrund solcher Wandelungen neue Regelungslücken ergeben. Dies erscheint hier aber schon deshalb fern liegend, weil der Wortlaut des Reisevertragsgesetzes noch recht jung ist. Auch hat der Gesetzgeber die sich zuletzt 2001 bei der Novellierung der §§ 651a ff im Zuge des 2. ReiseRÄndG und der Schuldrechtsmodernisierung anbietende Möglichkeit, den Anwendungsbereich der Vorschriften auf einzelne Reiseleistungen auszudehnen, ungenutzt verstreichen lassen. Es ist dem BGH zwar zuzugestehen, dass unter dem Aspekt der Gleichbehandlung gute Gründe für die von der Rspr und hL vertretene Analogie sprechen, doch scheidet diese methodisch und verfassungsrechtlich bereits deshalb aus, weil es insofern entgegen der Auffassung des BGH an einer planwidrigen Regelungslücke fehlt (**aA** OECHSLER Rn 733). Der Gesetzgeber hat sich klar und unmissverständlich gegen eine Anwendung des Reisevertragsrechts auf einzelne Reiseleistungen ausgesprochen, so dass entgegen dem BGH (s o Rn 27) keine Rede davon sein kann, er habe dieses Problem „übersehen". Im Übrigen sind Verträge über einzelne Reiseleistungen, für welche die §§ 651a–m nicht gelten, in den allgemeinen Vorschriften des Werkvertrags- und Mietrechts hinreichend geregelt.

aa) Ferienhausverträge
Die §§ 651a–m gelten unstr nicht unmittelbar, wenn ausschließlich ein Ferienhaus **29** den Gegenstand des Vertrages bildet (BGHZ 119, 152, 161; 130, 128, 130; BGH NJW 2000, 1639, 1640 f; BARTL Rn 7; ERMAN/SEILER Rn 4; MünchKomm/TONNER Rn 10; SOERGEL/H-W ECKERT Rn 16). Dies ergibt sich unmissverständlich aus § 651a Abs 1 S 1, der eine Gesamtheit von Reiseleistungen voraussetzt. Diese gesetzgeberische Ausgangsentscheidung mag rechtspolitisch zu bedauern sein, doch ändert dies nichts daran, dass der Gesetzgeber den Anwendungsbereich der §§ 651a–m bewusst auf die aus mindestens zwei erheblichen touristischen Reiseleistungen bestehende, als Einheit angebotene Pauschalreise beschränken wollte. Diese Entscheidung, die im Wortlaut des § 651a Abs 1 S 1 ihren unmissverständlichen Ausdruck gefunden hat, ist für die Rechtsanwendung bindend.

Da die bloße Überlassung eines Ferienhauses oder einer Ferienwohnung gegen Ent- **30** gelt keine Reiseveranstaltung im Sinne der §§ 651a ff darstellt, bleibt die Frage, ob insoweit **Werk- oder Mietrecht** anzuwenden ist. Überwiegend wird es als Werkvertrag qualifiziert, wenn ein Ferienhaus oder eine Ferienwohnung über einen Reiseveranstalter gebucht wird (BGHZ 61, 275, 279; OLG München MDR 1984, 845; BUNTE ZIP 1984, 1313, 1315; ERMAN/SEILER Rn 13 f; MünchKomm/TONNER Rn 116; SOERGEL/H-W ECKERT Rn 20). Demgegenüber wurde in der Literatur teilweise die Anwendbarkeit von Mietrecht vorgezogen (BARTL NJW 1979, 1384 f; LARENZ, Schuldrecht II § 53 Va; LÖWE S 10). Jedenfalls dann, wenn der Urlauber ein Ferienhaus oder eine Ferienwohnung unmittelbar beim Eigentümer bucht, liegt in der Tat ein **Mietvertrag** vor (OLG München NJW-RR 1993 215; LG Düsseldorf ZMR 1990 379; LG Ravensbrück ZMR 1993 226; FÜHRICH Rn 926; MünchKomm/TONNER Rn 112; SOERGEL/H-W ECKERT Rn 17). Dies ist zB der Fall, wenn sich der Urlauber auf eine Zeitungsannonce des Eigentümers hin mit diesem direkt in Verbindung setzt und das Ferienhaus bucht. Ein Mietvertrag liegt aber auch dann vor, wenn sich der Reisewillige aufgrund einer ihm von einem örtlichen Fremdenverkehrsbüro zugesandten Adressenliste mit dem Ferienhauseigentümer in Verbindung setzt oder eine solche Verbindung über ein Reisebüro knüpft. Es liegt dann auf Seiten des Fremdenverkehrsbüros oder des Reisebüros eine bloße Vermittlungstätigkeit vor (BARTL Rn 380; ERMAN/SEILER Rn 13; SOERGEL/H-W ECKERT Rn 18). Aus dem Mietvertrag kann sich auch ein Schadensersatzanspruch des Mieters wegen nutzlos aufgewendeter Urlaubszeit ergeben. Dieser folgt zwar mangels eines Reisevertrages nicht aus § 651f, umfasst also insbesondere nicht den nach § 651f Abs 2 ausnahmsweise zu ersetzenden Nichtvermögensschaden – doch ist die Vorenthaltung eines gemieteten Ferienhauses als materieller Schaden nach §§ 538, 541 zu behandeln (BGHZ 77, 116; BGH JZ 1988, 196; TONNER NJW 1981, 1921, 1925; aA FÜHRICH Rn 927). § 651f Abs 2 und die zu dieser Norm ergangene Rspr haben an der früheren Rspr des BGH zum Vermögenswert des Urlaubs außerhalb des Reisevertragsrechts nichts geändert (aA FÜHRICH Rn 346).

31 Bietet dagegen ein Touristikunternehmen über einen Katalog Ferienhäuser oder -wohnungen als eigene Leistung an, so kommt durch die Buchung des Urlaubers und die Bestätigung des Touristikunternehmens ein Vertrag zwischen diesen Parteien zustande (BGHZ 61, 275, 279; NJW 1985, 906; OLG München MDR 1984, 845; ERMAN/SEILER Rn 13; SOERGEL/H-W ECKERT Rn 19). Da das Touristikunternehmen nicht nur die Überlassung des Ferienhauses, sondern auch die gesamte Organisation, Beratung und Information des Urlaubers sowie die Abwicklung der Zahlungen schuldet, ist der Vertrag auf einen Erfolg gerichtet, weswegen in diesem Fall der Urlaub auf einem **Werkvertrag** beruht. Für diesen Vertrag gelten ausschließlich die §§ 631 ff. Die §§ 651a–m sind weder unmittelbar noch analog anwendbar.

32 Entgegen der hier vertretenen Auffassung wenden die Rspr und die hL das **Reisevertragsrecht** jedoch **analog** auf den Ferienhausvertrag an, obwohl keine Gesamtheit von Reiseleistungen vorliegt (BGH NJW 1985, 906; BGHZ 119, 152 ff; 130, 128 ff; LG München I NJW 1985, 331; LG Frankfurt aM NJW 1985, 330; NJW-RR 1986, 854; LG Hannover NJW-RR 1986, 213; OLG München NJW-RR 1987, 366; OLG Frankfurt aM NJW-RR 1988, 1328; OLG Düsseldorf NJW-RR 1990, 186; OLG Karlsruhe RRa 1999, 221; FÜHRICH Rn 925; MünchKomm/TONNER Rn 117 ff; OECHSLER Rn 733; SEYDERHELM Rn 21; TEICHMANN JZ 1983, 823; vgl oben Rn 27 f). Nach Auffassung des BGH könnten die typischen Merkmale einer Reise auch dann vorliegen, wenn nur eine einzelne Reiseleistung gebucht werde. Die Analogie sei nach dem Grundsatz der Gleichbehandlung bei ähnlicher Interessenlage geboten

(BGH NJW 1985, 906 f; BGHZ 119, 152, 164; so auch OECHSLER Rn 733). Folgt man dieser Auffassung, können allerdings nicht nur einseitig die den Urlauber begünstigenden Regelungen der §§ 651a ff analog auf den Ferienhausvertrag angewendet und die den Kunden eher benachteiligenden §§ 651g und h von der Analogie ausgenommen werden (so aber LG Frankfurt aM NJW 1985, 330). Der BGH hat zutreffend klargestellt, dass bei grundsätzlicher Bejahung der Analogie sämtliche Vorschriften der §§ 651a ff analog gelten müssen (BGHZ 119, 152, 164; so auch OETKER/MAULTZSCH 505). Dies erscheint konsequent, da die Vorschriften des Reisevertragsrechts eine **Regelungseinheit** bilden, die nicht durch die analoge Anwendung nur einzelner Vorschriften zerstört werden darf (vgl BIDINGER/MÜLLER 55). Maßgeblich für die Frage der analogen Anwendbarkeit der §§ 651a ff soll nach hM sein, ob der Reiseveranstalter die einzelne Reiseleistung in eigener Verantwortung (vgl Abs 2) erbringt oder nicht. Dieses Merkmal macht die klare Abgrenzung des Reisevertrages von der bloßen Reisevermittlung nicht leichter, sondern verursacht im Gegenteil nur neue Abgrenzungsprobleme im Einzelfall. Auch die vom BGH eingeführte Abgrenzung danach, ob eine bestimmte Gestaltung der Reise versprochen ist oder ob sich die Leistung des Touristikunternehmens in der Bereitstellung der Einzelleistung erschöpft (BGHZ 130, 128, 131 f) hilft hier kaum weiter (vgl bereits oben Rn 27). Gleiches gilt schließlich für das Abgrenzungskriterium, ob sich der Anbieter einer Einzelleistung typischerweise wie ein Reiseveranstalter geriert (MÜLLER NJW 1994, 840; SEYDERHELM Rn 25). Auch mit diesem Kriterium dürfte keine exakte Abgrenzung zwischen Reisevermittlung und Reisevertrag zu erreichen sein. Daher ist fraglich, ob das vom Gesetzgeber zugrunde gelegte Abgrenzungskriterium der Gesamtheit von Reiseleistungen nicht doch letztlich das für die Abgrenzung der Pauschalreise zur Individualreise bzw zur Reisevermittlung geeignetste darstellt.

bb) Sonstige Einzelleistungen

Rspr und hL neigen auch hinsichtlich anderer einzelner Reiseleistungen zu einer analogen Anwendung der §§ 651a ff. Dies wird zB bejaht für den von einem Reiseveranstalter organisierten und katalogmäßig vertriebenen **Hotelurlaub** für Selbstfahrer (LG Frankfurt aM NJW-RR 1993, 124; AG München RRA 1996, 109; FÜHRICH Rn 89; SEYDERHELM Rn 30; SOERGEL/H-W ECKERT Rn 23), das **Chartern eines Bootes** (OLG München NJW-RR 1987, 366; OLG Karlsruhe MDR 1988, 580; OLG Hamm NJW-RR 1994, 441; OLG Schleswig VuR 1994, 334; OLG Düsseldorf NJW-RR 1995, 314; LG Frankfurt aM RRa 1995, 89; FÜHRICH VersR 1995, 1138 f; MünchKomm/TONNER Rn 120; PICK Rn 50; SEYDERHELM Rn 34; SOERGEL/H-W ECKERT Rn 24; aA BGHZ 130, 128 ff), das Mieten eines **Wohnmobils** (OLG Karlsruhe NJW-RR 1988, 954; OLG Düsseldorf TranspR 1993, 121; RRa 1997, 222; LG Frankfurt aM NJW-RR 1993, 952; AG Hamburg RRa 1998, 3; FÜHRICH VersR 1995, 1138 f; SEYDERHELM Rn 35; SOERGEL/H-W ECKERT Rn 25; aA AG München NJW-RR 1995, 368; PICK Rn 51). Dagegen wird eine analoge Anwendung des Reisevertragsrechts auf Verträge, die lediglich einen **Flug** oder eine **Bahnfahrt** zum Gegenstand haben, überwiegend abgelehnt (LG Frankfurt aM NJW 1990, 1211; NJW-RR 1993, 1270; AG Stuttgart NJW-RR 1992, 1082; OLG Düsseldorf VersR 1993, 892; LG Düsseldorf RRa 1995, 53; LG Hamburg RRa 1995, 171; NJW 2001, 835; FÜHRICH Rn 90; SEYDERHELM Rn 32; SOERGEL/H-W ECKERT Rn 26; aA LG Frankfurt NJW-RR 1987, 823; LG Aachen NJW-RR 2000, 133 f; AG Offenbach RRa 1996, 91; RGRK/RECKEN Rn 80). 33

Die analoge Anwendung der §§ 651a ff auf derartige einzelne Reiseleistungen ist aus den og Gründen (s Rn 27 f) generell **abzulehnen**. Dies gilt für **einzelne Beförderungs-** 34

leistungen uneingeschränkt auch dann, wenn ein einzelner Flug oder eine einzelne Bahnfahrt von einem Touristikunternehmen in einem Prospekt angeboten wird. Vertragsgegenstand ist in diesem Fall allein die Luft- oder Bahnbeförderung, so dass ein Beförderungsvertrag vorliegt, der selbst dann nach Werkvertragsrecht zu behandeln ist, wenn er zu Urlaubszwecken geschlossen wird (LG Frankfurt NJW-RR 1993, 1270; R Schmid NJW 1994, 2451; Führich Rn 90). Ähnlich ist die Buchung eines **Hotelzimmers** durch einen Urlauber zu beurteilen. Hierbei handelt es sich um einen **Beherbergungsvertrag**, also einen gemischten Vertrag, der vor allem Elemente der Miete, aber auch solche des Kauf-, des Dienst-, des Werk- und des Verwahrungsvertrags enthält (vgl RGZ 169, 84; BGHZ 63, 65 ff; 63, 333; 71, 175, 177; Führich Rn 868). Dabei ist unerheblich, ob der Hotelier selbst seine Beherbergungsleistung in Prospekten, Inseraten oder über ein Fremdenverkehrsbüro anbietet und der Urlauber unmittelbar bei ihm bucht oder ob der Urlauber die Hotelunterkunft aus dem Katalog eines Reiseveranstalters bucht. In beiden Fällen sind die §§ 651a ff auf den Beherbergungsvertrag weder unmittelbar noch analog anwendbar.

35 Beim **Chartern eines Bootes** mit oder ohne Skipper liegt ebenfalls nur eine einzelne touristische Leistung vor, weshalb die §§ 651a ff weder unmittelbar noch analog angewendet werden können. Auch der BGH hat insoweit die analoge Anwendung der §§ 651a ff an zusätzliche Voraussetzungen gebunden. Es müsse über die geschuldete Einzelleistung – Überlassung des Bootes – hinaus eine bestimmte Gestaltung der Reise Vertragsgegenstand sein und das Boot dürfe nicht nur als bloßes Transportmittel vorgesehen sein. Letzteres sei namentlich der Fall, wenn der Vertrag offen lasse, wohin mit einer Yacht gesegelt werden solle (BGHZ 130, 128, 131 f). Zwar können auch mit dem zusätzlichen Kriterium der „bestimmten Gestaltung der Reise" die Abgrenzungsprobleme nicht geklärt werden (krit Erman/Seiler Vor § 651a Rn 8; Seyderhelm Rn 24, 34; Soergel/H-W Eckert Rn 24; vgl oben Rn 27), doch ist dem BGH jedenfalls im Ergebnis darin zuzustimmen, dass die bloße Bereitstellung eines Bootes lediglich als Mietvertrag anzusehen und allein nach §§ 535 ff zu behandeln ist. Gleiches gilt schließlich für das katalogmäßige Angebot eines **Wohnmobils** durch ein Touristikunternehmen. Auch darin kann lediglich ein Mietvertrag gesehen werden, auf den die §§ 651a ff nicht analog anzuwenden sind.

e) Besondere Arten von Reiseverträgen

36 Die Touristikunternehmen haben in den letzten Jahren immer neue Formen der Urlaubsgestaltung entwickelt, deren rechtliche Behandlung teilweise besondere Probleme aufwirft (vgl Führich Rn 296 ff; Kaller Rn 78 ff).

aa) Fortuna-Reisen

37 Die je nach Veranstalter unter Bezeichnungen wie Fortuna-, Joker-, Glücks- oder Sparreisen auf den Markt gebrachten Angebote zeichnen sich dadurch aus, dass der Reisende lediglich das Reiseziel bestimmt und es im Übrigen dem Veranstalter überlässt, den Inhalt der Leistung, also insbesondere das Hotel, festzulegen (LG Frankfurt aM NJW 1983, 233; 1985, 143; NJW-RR 1986, 727; 1993, 435; LG Hannover NJW-RR 1986, 213; LG Mönchengladbach NJW-RR 1986, 1175; Führich Rn 137; Kaller Rn 79; Kaller/Schäfer RRa 1995, 78). Häufig bestimmt der Reisende sogar nur ein Zielgebiet und die Hotelkategorie, so dass der Veranstalter das Recht hat, innerhalb dieses Zielgebiets den Urlaubsort und innerhalb der gewählten Hotelkategorie die konkrete Unterkunft auszuwählen (vgl Führich Rn 137). Dem Reiseveranstalter steht daher ein **Leistungs-**

bestimmungsrecht nach § 315 zu (BARTL Rn 194; FÜHRICH Rn 137; KALLER Rn 81 ff). Soweit der Reiseveranstalter im Reiseprospekt keine konkreten Angaben gemacht hat, hat er die Leistung nach billigem Ermessen zu bestimmen, wobei die Verkehrssitte und der Empfängerhorizont des Reisenden zu berücksichtigen sind (LG Frankfurt aM NJW-RR 1993, 435). Hat der Veranstalter eine bestimmte Hotelkategorie versprochen, so ist er hieran gebunden (LG Frankfurt aM NJW-RR 1994, 178). In jedem Fall hat der Veranstalter den Mindeststandard zu wahren (BARTL Rn 194). Man kann also bei derartigen Reisen nicht davon ausgehen, dass der Reisende die „Katze im Sack kauft" (OLG Düsseldorf NJW-RR 1991, 1202; KALLER Rn 88). Bei der Überprüfung der Ermessensausübung des Reiseveranstalters ist jedoch der uU gegebene **Billigpreischarakter** zu berücksichtigen. Der Reisende ist dadurch aber nicht verpflichtet, während des Urlaubs in ein anderes Hotel niedrigerer Qualität umzuziehen. Das Leistungsbestimmungsrecht des Veranstalters hat dieser nur einmal. Mit der dabei getroffenen Auswahl eines bestimmten Hotels für den Reisenden im Zielgebiet gilt diese Unterkunft als von Anfang an geschuldet (AG Hannover NJW-RR 1990, 1210; LG Frankfurt aM NJW-RR 1987, 826; KALLER Rn 90). Dies folgt allerdings nicht aus einer Konkretisierung gem § 243 Abs 2, da das Leistungsbestimmungsrecht des Veranstalters nicht mit einer Gattungsschuld gleichzusetzen ist (**aA** LG Frankfurt aM NJW 1985, 143 f; FÜHRICH Rn 137). Der Veranstalter schuldet keine Unterkunft „mittlerer Art und Güte" iSd § 243 Abs 1, sondern nur eine nach seinem billigen Ermessen bestimmte Unterkunft (vgl KALLER Rn 81). Abgesehen von diesen Besonderheiten handelt es sich bei Fortuna-Reisen um gewöhnliche Reiseverträge, die nach den §§ 651a ff zu behandeln sind.

bb) Bildungs- und Studienreisen

Bildungs- und Studienreisen sollen dem Reisenden Länder, Landschaften oder Sehenswürdigkeiten **auf gehobenem Niveau** präsentieren (BARTL, Qualifizierte Reiseleitung Rn 308). Dieser besondere Charakter der Reisen bestimmt die Anforderungen an die vom Veranstalter zu erbringenden Reiseleistungen. Unabhängig davon, ob es sich um eine Rund-, eine Studien- oder eine Städtereise handelt, liegt in allen Fällen ein Reisevertrag vor, der nach den §§ 651a ff zu behandeln ist. 38

cc) Abenteuer- oder Expeditionsreisen

Abenteuer- und Expeditionsreisen sind dadurch gekennzeichnet, dass der Reiseveranstalter zwar ein bestimmtes Reiseziel und -programm einhalten muss, die Reise aber durch nicht erschlossene und schwer zugängliche Gebiete führt. Der Reisende hat also keinen Anspruch auf Komfort, sondern im Gegenteil auf „alle bei diesem Reisetyp nur denkbaren, typischen Unbequemlichkeiten" (KALLER Rn 102). Dazu gehören körperliche Anstrengungen, eine fehlende konkrete Detailplanung, Strapazen, Störungen und Unannehmlichkeiten. Auch diese Reisen sind gewöhnliche Reiseverträge iSd §§ 651a ff. 39

dd) Kreuzfahrten

Für Kreuzfahrten gelten ebenfalls die §§ 651a ff, da der Veranstalter eine Gesamtheit von Reiseleistungen – Unterkunft auf dem Schiff, Verpflegung, Programm und Service – schuldet. Die Beförderung muss dabei grundsätzlich mit dem gebuchten Schiff erfolgen, doch kann der Veranstalter auch ein anderes Schiff einsetzen, wenn beide hinsichtlich ihrer Ausstattung und ihres Komforts gleichwertig sind (AG Würzburg FVE 10 Nr 1072). Gewisse Besonderheiten ergeben sich für Kreuzfahrten ähnlich wie bei Abenteuerreisen daraus, dass der Reiseveranstalter in der Regel die einzelnen Ri- 40 siken des Ablaufs der Reise nicht ganz exakt vorhersagen kann. Insbesondere wird es ihm kaum möglich sein, bereits im Prospekt anzugeben, welche Häfen uU aus Witterungsgründen nicht angelaufen werden können. Für derartige Veränderungen muss der Reisende Verständnis haben (KALLER Rn 101; aA LÖWE Rn 15).

ee) Clubreisen

41 Der Club-Urlaub ist ein Reisevertrag iSd §§ 651a ff (vgl EuGH RRa 2002, 119), bei dem stillschweigend zugesichert wird, dass sich der Urlaub in einem abgeschlossenen Bereich vollzieht, der Außenstehenden grundsätzlich nicht zugänglich ist, und dass sich alle angekündigten Sport-, Hobby- und Unterhaltungsanlagen innerhalb des abgeschlossenen Bereichs befinden. Der Veranstalter ist nicht nur verpflichtet, diese Anlagen bereitzustellen, sondern er hat darüber hinaus für eine Betreuung durch **Animateure** zu sorgen (LG Hannover NJW 1984, 2417; FÜHRICH Rn 300; KALLER Rn 104). Auch die angekündigte personelle Zusammensetzung des Clubs (Jugend-Club, Senioren-Club usw) muss eingehalten werden.

ff) Sonstige Spezialreisen

42 Gewöhnliche Reiseverträge iSd §§ 651a ff sind auch sonstige Spezialreisen, bei denen dem Reisenden neben der Beförderung und der Unterkunft bestimmte Möglichkeiten der Freizeitgestaltung oder Fortbildung eingeräumt werden. Darunter fallen zunächst **Sportreisen** (BGH NJW 2000, 1188), bei denen der Veranstalter idR die Benutzbarkeit der angekündigten Sportanlagen (zB Tennisplatz, Schwimmhalle, Wasserskianlage, Reithalle, Golfplatz) verspricht. Dagegen trägt der Reisende grundsätzlich das allgemeine Lebensrisiko, dass eine Anlage wegen ungünstiger Witterungsverhältnisse nicht benutzt werden kann (vgl FÜHRICH Rn 302). Ebenfalls hierhin gehören **Jagd- und Angelreisen**, bei denen der Veranstalter dem Reisenden eine Möglichkeit zum Abschuss bzw zum Angeln von freilebendem Wild bzw Fisch zu bieten hat (BGHZ 77, 310, 318 f; KALLER Rn 105). Als Reiseverträge iSd §§ 651a ff sind auch **Schüleraustauschprogramme** (LG Köln RRa 1999, 135 ff) und Verträge über einen einjährigen **High-School-Besuch** in den USA anzusehen, bei dem der Veranstalter weitere Leistungen wie Flug oder Unterkunft schuldet (OLG Karlsruhe MDR 1999, 922). Ist ein Schüleraustausch mit einem mindestens 3-monatigen **Gastschulaufenthalt** verbunden, so gilt für nach dem 1. September 2001 geschlossene Verträge die Sonderregelung des § 651 Abs I, die einen Teil des Reisevertragsrechts für anwendbar erklärt. Bislang war die Einbeziehung derartiger Reisen in den Anwendungsbereich der §§ 651a ff str, wurde aber überwiegend bejaht (BGH NJW 1993, 263; OLG Karlsruhe NJW-RR 1998, 841; OLG Köln NJW-RR 2000, 1059; RRa 2001, 3; LG Köln RRa 1999, 135; LG Düsseldorf RRa 2001, 74). Weil der Europäische Gerichtshof die Anwendbarkeit der EG-Pauschalreiserichtlinie auf Gastschulaufenthalte verneinte (EuGH RRa 1999, 132; vgl Vorbem 47 zu §§ 651a–m), hat der Gesetzgeber sich veranlasst gesehen, die Anwendbarkeit der §§ 651a ff durch Einfügung des neuen § 651l durch das 2. ReiseRÄndG klarzustellen. Auf Schüleraustausche, die nicht in den Anwendungsbereich des § 651l fallen – Kurzaufenthalte unter 3 Monaten und Aufenthalte als Au-Pair – bleiben weiterhin die allgemeinen reiserechtlichen Regeln der §§ 651a–m anwendbar, soweit die Erbringung einer Gesamtheit von Reiseleistungen – zB Beförderung und Unterkunft – geschuldet wird (BT-Drucks 14/5944, 14; FÜHRICH Rn 483; aA TEICHMANN RRa 1998, 232). Schließlich sind in diesem Zusammenhang **Sprachreisen** zu nennen, bei denen vom Veranstalter die Durchführung der entsprechenden Sprachkurse versprochen wird. Auch diese stellen Reiseverträge iSd §§ 651a ff dar (vgl BGH NJW 1993, 263).

3. Reiseveranstalter

Reiseveranstalter ist, wer eine Gesamtheit von Reiseleistungen als eigene anbietet. **43** Der im Gesetz nicht definierte Begriff des Reiseveranstalters hängt daher eng mit dem Begriff der Reise zusammen. Liegt eine Reise nach § 651a Abs 1 vor, so ist in Abgrenzung zur bloßen Reisevermittlung nach § 651a Abs 2 derjenige, der diese Reise als Vertragspartner des Reisenden **in eigener Verantwortung** anbietet, Reiseveranstalter (BGH NJW 1985, 906; 1995, 2629; 2000, 1188; 2000, 1639; OLG Frankfurt aM NJW-RR 2000, 351; BIDINGER/MÜLLER 29; FÜHRICH Rn 83; JAUERNIG/TEICHMANN Rn 5; SOERGEL/H-W ECKERT Rn 30). Dagegen ist nicht Reiseveranstalter, wer nur eine einzelne Reiseleistung anbietet. Entscheidend ist damit der Inhalt der getroffenen vertraglichen Vereinbarungen, der nach §§ 133, 157 aus der **Sicht des Reisenden** als des Erklärungsempfängers auszulegen ist (BGHZ 100, 157, 176; 119, 152, 164; BGH NJW 2000, 1188, 1189; 1639, 1640 f; OLG Celle NJW-RR 1990, 445; RRa 1995, 52; OLG Köln NJW-RR 1995, 314; OLG Frankfurt aM NJW-RR 2000, 351; LG Frankfurt aM RRa 1998, 98 f; FÜHRICH Rn 83). Es kommt daher für die Abgrenzung nicht auf die von den Parteien gewählte Bezeichnung als Reiseveranstalter, sondern maßgeblich auf das Verhalten des Anbieters sowie auf die Gestaltung seiner Reiseprospekte an (BIDINGER/MÜLLER 37; FÜHRICH Rn 83; JAUERNIG/TEICHMANN Rn 5; MünchKomm/TONNER Rn 9; PICK Rn 9). Objektive Anhaltspunkte für die Eigenschaft als Reiseveranstalter sind die Beachtung der Insolvenzabsicherungspflicht nach § 651k und die Einhaltung der Informationspflichten nach den §§ 4 ff BGB-InfoV sowie das vorprozessuale Verhalten des als Veranstalter in Anspruch Genommenen, der sich durch Bezugnahme auf die §§ 651a ff als Reiseveranstalter geriert (vgl SEYDERHELM Rn 49 ff). Dagegen ist unerheblich, ob der Anbieter die versprochenen Reiseleistungen selbst oder durch von ihm unabhängige Leistungsträger erbringt (BGH NJW 2000, 1188, 1189; 1639, 1640; vgl oben Rn 20).

Für die Anwendbarkeit der §§ 651a ff kommt es grundsätzlich nicht auf die **Gewerbs-** **44** oder **Geschäftsmäßigkeit** der Reiseveranstaltertätigkeit an (ERMAN/SEILER Rn 6; FÜHRICH Rn 84; PALANDT/SPRAU Vor § 651a Rn 3; SOERGEL/H-W ECKERT Rn 31; aA PICKARTZ NJW 1982, 1135; NETTESHEIM DAR 1995, 319 ff). Vielmehr kann auch das einmalige Angebot einer Reise hierfür bereits genügen (FÜHRICH Rn 84; SOERGEL/H-W ECKERT Rn 31). Daher sind zB als Reiseveranstalter iSd § 651a Abs 1 S 1 anzusehen:
- **Zeitungsverlage**, die Leserreisen durchführen (LG Darmstadt NJW 1978, 2300),
- die **Deutsche Bahn**, die Pauschalreisen veranstaltet (FÜHRICH Rn 85),
- **Volkshochschulen** (LG Hildesheim VuR 1989, 140) und **Privatschulen** (AG Essen NJW-RR 1993, 1401), die für ihre Schüler gelegentlich Reisen veranstalten,
- **Kreditkartenunternehmen**, die ihren Karteninhabern Reisen anbieten (OLG Celle NJW-RR 1990, 445),
- **Kinder- und Jugendfreizeiten** von Kirchen, sozialen Organisationen, Sport- und anderen Vereinen (AG Bielefeld RRa 1996, 204; 1999, 174; AG Bremen RRa 1997, 156; SCHUSTER RRa 1997, 107),
- Pauschalangebote der **Reservierungsgesellschaft einer Hotelkette** (LG Frankfurt aM NJW-RR 1990, 957).

Je mehr sich allerdings der Anbietende in diesen Fällen vom Gewerbsmäßigen entfernt, desto eher kann eine Vermittlerklausel zum Zuge kommen.

Kein Reiseveranstalter ist das **Reisebüro**, das nur Reiseverträge zwischen Reisenden **45**

und Reiseveranstaltern vermittelt oder ausschließlich Flug-, Fahr- und Schiffskarten fremder Beförderungsunternehmen verkauft (vgl BGHZ 61, 276; 62, 71). Kein Reiseveranstalter ist aber auch der bloße **Organisator** einer Reise, der von den Teilnehmern keine Vergütung, sondern lediglich die Aufbringung der tatsächlich anfallenden Reisekosten verlangt (Führich Rn 85; Kaller Rn 16). Dies trifft namentlich für Betriebsausflüge zu, an denen der Arbeitgeber oder seine Vertreter selbst teilnehmen. Es gilt aber häufig auch für Vereinstouren, die von einzelnen Mitgliedern ehrenamtlich organisiert werden (vgl OLG Stuttgart NJW 1996, 1352). Nimmt der Organisator selbst zu den gleichen Bedingungen wie die anderen Reiseteilnehmer an der Reise teil, so liegt eine BGB-Gesellschaft vor (vgl OLG Stuttgart NJW 1996, 1352). Aber auch in diesem Zusammenhang ist zu beachten, dass der Organisator nicht nach aussen als Veranstalter auftreten darf. Tut er dies, muss er sich nach den gleichen Grundsätzen, die Abs 2 zugrunde liegen, als Reiseveranstalter behandeln lassen.

46 Der Begriff des Reiseveranstalters nach deutschem Reisevertragsrecht ist weiter als derjenige nach der Pauschalreise-Richtlinie, die den nur gelegentlichen Veranstalter von Reisen aus ihrem Anwendungsbereich ausnimmt (Art 2 Nr 2; vgl Vorbem 49 § 651a–651m). Da die Richtlinie nach Art 8 aber nur Mindeststandards setzt, ist dieser weitergehende Anwendungsbereich des deutschen Reisevertragsrechts richtlinienkonform. Der Gesetzgeber hat allerdings den **Gelegenheitsveranstalter**, der nur gelegentlich und außerhalb einer gewerblichen Tätigkeit Reisen veranstaltet, von der Insolvenzabsicherungspflicht in § 651k und den Informationspflichten nach den §§ 4 ff BGB-InfoV befreit (§ 651k Abs 6 Nr 1, § 11 InfoV).

47 Der Veranstalter einer Pauschalreise tritt in unmittelbare Rechtsbeziehungen zu den Reisenden. Gegen seine Verpflichtungen aus dem Reisevertrag kann er sich nicht durch sog Vermittlerklauseln schützen (vgl Rn 91 ff).

4. Reisender

48 Der Begriff des Reisenden ist ebenfalls in den §§ 651a–m nicht definiert. Reisender ist der **Vertragspartner des Reiseveranstalters**, der für sich selbst und ggf andere Teilnehmer eine Reise bucht (BGH NJW 1985, 1457, 1458; 1989, 2750; RRa 2002, 154, 157; Bidinger/Müller 29; Erman/Seiler Rn 7; Führich Rn 93; MünchKomm/Tonner Vor § 651a Rn 13; Palandt/Sprau Rn 1). Alle sonstigen Personen, für die der Reisende im eigenen Namen gebucht hat, sind keine unmittelbaren Vertragspartner des Veranstalters, sondern bloße **Reiseteilnehmer**, die Rechte aus einem Vertrag zugunsten Dritter iSd §§ 328 ff haben (BGH NJW 1985, 1457; RRa 2002, 154, 157; OLG Düsseldorf NJW-RR 1990, 186; Bidinger/Müller 29; Führich Rn 82). Die Pauschalreise-Richtlinie kennt den Begriff des Reisenden nicht, sondern verwendet in diesem Zusammenhang den Begriff des **Verbrauchers** (Art 2 Nr 4). Dieser wird ausgesprochen umständlich als Person, welche die Pauschalreise bucht oder zu buchen sich verpflichtet („der Hauptkontrahent"), oder jede Person, in deren Namen der Hauptkontrahent sich zur Buchung der Pauschalreise verpflichtet („die übrigen Begünstigten"), oder jede Person, der der Hauptkontrahent oder einer der übrigen Begünstigten die Pauschalreise abtritt („der Erwerber"), definiert. Zwar ist der Begriff des Reisenden nicht mit dem des Verbrauchers identisch, doch besteht zwischen beiden Begriffen kein Widerspruch, weil der Verbraucherbegriff der Pauschalreise-Richtlinie nicht das in anderen Verbraucherschutz-Richtlinien vorausgesetzte Merkmal des Vertragsschlusses außerhalb einer beruflichen oder gewerblichen Tätigkeit umfasst und sich damit, wie der Begriff des Reisenden, praktisch auf jeden Kunden eines Reiseveranstalters erstreckt. Damit sind beide Begriffe in ihrem Anwendungsbereich deckungsgleich (MünchKomm/TONNER Vor § 651a Rn 13; SOERGEL/H-W ECKERT Rn 33). Dagegen ist der Begriff des Reisenden nicht mit demjenigen des Verbrauchers iSd § 13 identisch, da darunter nur eine natürliche Person fällt, die ein Rechtsgeschäft zum Zwecke des privaten Konsums und nicht zu solchen Zwecken vornimmt, die zu ihrer gewerblichen oder selbständigen beruflichen Tätigkeit gehören (BGH RRa 2002, 154, 157 ff). Damit sind bestimmte Reisende keine Verbraucher iSd § 13. Dies gilt zB für Unternehmen, die zu gewerblichen Zwecken Incentive-Reisen buchen. Sie sind keine Verbraucher iSd § 13, wohl aber Reisende iSd §§ 651a ff und Verbraucher iSd Art 2 Nr 4 der Pauschalreiserichtlinie (BGH RRa 2002, 154, 157 f). Die Bestimmung der Person des Reisenden bereitet idR keine größeren Probleme. Anders kann dies allerdings bei Abschluss eines Reisevertrages in fremdem Namen, Sammelbestellungen oder auch bei Familien- und Gruppenreisen sein. Hier stellt sich jeweils die Frage, wer Vertragspartner des Reiseveranstalters werden sollte und damit als Reisender iSd §§ 651a ff anzusehen ist. Diese Probleme gehören in den Zusammenhang des Zustandekommens des Reisevertrages (vgl Rn 75 ff).

III. Rechtsbeziehungen

Im Reiserecht lassen sich folgende Rechtsbeziehungen unterscheiden: In den §§ 651a ff ist allein der **Reisevertrag**, also die Rechtsbeziehung zwischen dem Reiseveranstalter und dem Reisenden, geregelt. Davon zu unterscheiden ist die Rechtsbeziehung zwischen dem Reiseveranstalter und den einzelnen **Leistungsträgern** (Hoteliers, Beförderungsunternehmen), derer sich dieser zur Erbringung der einzelnen Reiseleistungen bedient. Im Rahmen dieser Rechtsbeziehungen schließt der Reiseveranstalter mit den einzelnen Leistungsträgern Beförderungs- oder Beherbergungsverträge, die nicht in den Anwendungsbereich der §§ 651a ff fallen. Erfolgt der Abschluss des Reisevertrages über ein Reisebüro als **Reisevermittler**, so kommen zwei weitere Rechtsbeziehungen hinzu, die beide nicht vom Reisevertragsrecht erfasst werden: die Rechtsbeziehung zwischen dem Reiseveranstalter und dem Reisevermittler einerseits, die sich entweder nach Handelsvertreter- oder Handelsmaklerrecht richtet, und die Rechtsbeziehung zwischen dem Reisenden und dem Reisevermittler andererseits, die als Geschäftsbesorgungsvertrag nach §§ 675, 631 ff zu behandeln ist.

1. Reisevertrag

Der Reisevertrag ist die in den §§ 651a–m ausschließlich geregelte vertragliche Rechtsbeziehung zwischen dem **Reiseveranstalter** und dem **Reisenden**, welche die eigenverantwortliche Erbringung einer Gesamtheit von Reiseleistungen zum Gegenstand hat.

2. Verhältnis Reiseveranstalter – Leistungsträger

Dem Rechtsverhältnis zwischen dem Reiseveranstalter und dem **Leistungsträger**, der die einzelnen Reiseleistungen unmittelbar ausführen soll (vgl § 651a Abs 2), liegt ein besonderer Vertrag zugrunde, der nicht nach den §§ 651a ff zu behandeln ist. Dies kann ein Beförderungsvertrag mit einem Busunternehmer, ein Chartervertrag mit einer Luftverkehrsgesellschaft, aber auch ein Beherbergungs- oder Kontingentvertrag mit einem Hotelier sein. In all diesen Fällen erfüllt der Leistungsträger mit der Ausführung der einzelnen Reiseleistung gegenüber dem Reisenden nicht nur seine eigene Verpflichtung gegenüber dem Reiseveranstalter, sondern zugleich dessen Pflichten gegenüber dem Reisenden aus dem Reisevertrag. Gleichwohl ist der Reisende selbst nicht Partner dieses Vertrages und hat daher keine unmittelbaren Ansprüche aus dieser Rechtsbeziehung.

52 Der Leistungsträger ist nicht in die Organisation des Reiseveranstalters eingegliedert und unterliegt nicht dessen arbeitsrechtlichen Weisungen. Er hat also eine rechtlich selbständige Stellung (vgl BARTL NJW 1979, 1389; EBERLE DB 1978, 2157 und DB 1979, 341; MünchKomm/TONNER Vor § 651a Rn 13; ERMAN/SEILER Rn 9). Da sich der Reiseveranstalter aber zur Erfüllung seiner Verbindlichkeiten aus dem Reisevertrag des Leistungsträgers bedient, sind die Leistungsträger **Erfüllungsgehilfen** iSv § 278, für deren Leistung und Verschulden der Reiseveranstalter einzustehen hat (ERMAN/SEILER Rn 10; FÜHRICH Rn 223). Die Einstandspflicht erstreckt sich auch auf das Personal des Leistungsträgers, das mit Willen des Reiseveranstalters zur Erbringung der Reiseleistung eingesetzt wird (LG Frankfurt aM NJW 1980, 1626; NJW-RR 1991, 631; GRUNEWALD NJW 1980, 1924). Die Haftung des Reiseveranstalters für ein Verschulden seiner Leistungsträger ist jedoch beschränkt (§ 651h Abs 2) oder beschränkbar (§ 651h Abs 1 Nr 2). Daher müssen die Leistungsträger und ihre Hilfspersonen als sog **qualifizierte Erfüllungsgehilfen** von den sog **einfachen Erfüllungsgehilfen** des Reiseveranstalters abgegrenzt werden, bei denen dieser keine Möglichkeit der Haftungseinschränkung hat. Leistungsträger sind dabei nur die rechtlich und wirtschaftlich selbständigen Unternehmen, die einzelne Reiseleistungen unmittelbar durchführen, während die einfachen Erfüllungsgehilfen als Angestellte oder sonstige Mitarbeiter organisatorisch mit dem Betrieb des Reiseveranstalters verbunden sind und dessen Direktionsrecht unterliegen (vgl ERMAN/SEILER Rn 10; FÜHRICH Rn 7, 96; MünchKomm/TONNER Vor § 651a Rn 14). So ist zB der Reiseleiter regelmäßig einfacher Erfüllungsgehilfe des Veranstalters, auch wenn er freiberuflich tätig ist. Übernimmt jedoch eine ausländische Agentur die Aufgaben des Reiseleiters, liegt ein Fall der Leistungsträgerschaft vor. Erbringt ein Leistungsträger eine mangelhafte Leistung gegenüber dem Reisenden, so haftet der Reiseveranstalter nach §§ 651c ff iVm § 278. Dagegen sind die rechtlich und wirtschaftlich selbständigen Leistungsträger mangels Abhängigkeit und Weisungsgebundenheit gegenüber dem Reiseveranstalter idR keine Verrichtungsgehilfen iSd § 831 (BGHZ 45, 311, 313; 103, 298, 303).

53 Allerdings ist bei der Anwendung von § 278 zu bedenken, dass der Reiseveranstalter auf die **Leistungsträger**, insbesondere soweit es sich um in- oder ausländische Fluggesellschaften (BGH NJW 1983, 448; OLG Düsseldorf NJW-RR 1992, 1330; AG München NJW RR 2001, 1064), Reedereien (LG München I NJW-RR 1995, 1522) oder große Hotelketten (BGHZ 63, 98; OLG Köln OLGZ 1975, 185) handelt, nur in bestimmten Grenzen Einfluss ausüben kann. Der Gesetzgeber hat diesem Umstand Rechnung getragen, wie die Haftungseinschränkungsmöglichkeiten für Leistungsträger (vgl § 651h Abs 1 Nr 2 u Abs 2) zeigen. Demgegenüber ist jedoch auf zwei Gesichtspunkte hinzuweisen: Einmal setzt § 278 nicht voraus, dass der Schuldner auf seine Erfüllungsgehilfen Einfluss nehmen kann (vgl zutreffend SOERGEL/H-W ECKERT Vor § 651a Rn 18). Zum anderen ist der wirtschaftliche Einfluss des Reiseveranstalters auf die Leistungsträger bereits wegen seiner Nachfragemacht stets deutlich stärker als der des Reisenden (vgl TEICHMANN bei BLAUROCK 78).

Unbefriedigend erscheint indessen, dass gem § 17 der EisenbahnVO (vgl auch Über- **54** einkommen über den internationalen Eisenbahnverkehr – COTIF v 9. 5. 1980 [BGBl II 130, 666] sowie die Anl ER/CIV für den internationalen Bahnverkehr) bei **Bahnreisen** alle Schadensersatzansprüche wegen Verspätung oder Ausfall eines Zuges ausgeschlossen sind und deshalb der Reiseveranstalter bei Verspätungen den gesamten Mehraufwand letztlich selbst zu tragen hat. Ob die Einstandspflicht des Veranstalters aber mit dem Hinweis darauf verneint werden kann, der Reisende hätte auch bei Einzelreisen keinen Ersatz erlangen können, erscheint gleichwohl zweifelhaft (vgl auch § 651h Rn 43). Das Reisevertragsrecht will nur die Schwierigkeiten der Durchsetzung von Ansprüchen gegen Leistungsträger beseitigen, nicht aber dem Reiseveranstalter irgendwelche Risiken abnehmen. Die Übertragung derartiger Risiken auf den Reiseveranstalter erscheint vielmehr schon deshalb gerechtfertigt, weil dieser derartige Risiken in der Preiskalkulation berücksichtigen kann. Dieses Ergebnis einer Haftung des Reiseveranstalters für Verspätungen und Ausfälle von Zügen erscheint vor allem auch deshalb geboten, weil die Haftungsbefreiung des § 17 EisenbahnVO nach der Privatisierung der Bahn nicht mehr vertretbar erscheint. Die Vorschrift ist im Sinne der EG-Richtlinie über missbräuchliche Klauseln (93/13/EWG AB1EG Nr L 95 vom 21. April 1993) dahin einschränkend auszulegen, dass sie auf Verträge mit Verbrauchern nicht anzuwenden ist (STAUDINGER NJW 1999, 3664; ders RRa 2000, 19; **aA** AG Frankfurt aM RRa 2001, 171; AG Berlin-Lichtenberg TranspR 2001, 212). Dies führt dazu, dass die Bahn dem Verbraucher für den Ausfall und die Verspätung von Zügen haftet. Dann ist es aber erst recht gerechtfertigt, auch den Reiseveranstalter für diese Risiken haften zu lassen.

Besondere Abgrenzungsprobleme können sich hinsichtlich der sog **Bordgewalt des** **55** **Flugkapitäns** ergeben (vgl dazu BGH WM 1983, 63; OLG Celle NJW 1982, 770). Nach § 29 Abs 1 LuftVG ist die Abwehr von Gefahren für die Sicherheit des Luftverkehrs sowie für die öffentliche Sicherheit oder Ordnung durch die Luftfahrt Aufgabe der Luftfahrtbehörden, die nach § 29 Abs 2 LuftVG diese Aufgaben auf andere Stellen übertragen oder sich anderer geeigneter Personen als Hilfsorgane für bestimmte Fälle bei der Wahrnehmung der Luftaufsicht bedienen können. Eine derartige Übertragung von Hoheitsaufgaben auf den verantwortlichen Luftfahrzeugführer ist mit § 29 Abs 3 S 1 LuftVG erfolgt (vgl OLG Celle NJW 1982, 770; LG Bonn RRa 2000 157). Der Flugzeugführer übt daher als Beliehener luftpolizeiliche Hoheitsgewalt aus (GIEMULLA/SCHMID Frankfurter Kommentar zum Luftverkehrsrecht, § 29 LuftVG Rn 51 ff; LG Bonn RRa 2000, 157). Für Schäden, die als Folgen einer **schuldhaften Amtspflichtverletzung** des verantwortlichen Flugkapitäns oder seiner Vertreter bei Ausübung dieser Hoheitsgewalt eingetreten sind, ist daher die Haftung der Bundesrepublik Deutschland nach Art 34 GG, § 839 BGB gegeben (BGH WM 1983, 63; LG Bonn RRa 2000, 157, 158). Neben diesen hoheitlichen Befugnissen hat der Flugkapitän aber auch als Vertreter der Fluggesellschaft **privatrechtliche Weisungsbefugnisse**, die sich aus dem mit dem Fluggast bzw Reiseveranstalter geschlossenen Beförderungsvertrag ergeben (vgl SCHLEICHER/REYMANN/ABRAHAM, Das Recht der Luftfahrt II, § 29 LuftVG Anm 8 f; RUHWEDEL, Die Rechtsstellung der Flugzeugkommandanten im zivilen Luftverkehr [1964] 139). Der Flugkapitän übt danach nicht nur den Besitz und damit das „Hausrecht" bezüglich des Flugzeugs einschließlich der damit verbundenen Besitzschutzpositionen (§§ 859 ff)

§ 651a
56

aus, sondern darf auch die Rechte der Selbsthilfe (§ 229), Notwehr und Nothilfe (§ 227) ausüben und im Notstandsfall auf fremde Sachen einwirken (§§ 228, 904). Hinzu treten vertragsrechtliche Befugnisse. Sie berechtigen den Flugkapitän, die arbeits- und beförderungsvertraglichen Schutzansprüche des Veranstalters und des Luftfahrtunternehmens zugunsten der Mitreisenden, der Besatzung und des Flugzeugs gegen die Besatzung bzw den Reisenden geltend zu machen. Der Fluggast hat den Anweisungen des Flugkapitäns nach § 29 Abs 1 und 3 S 1 LuftVG zu folgen (§ 29 Abs 3 S 2 LuftVG). So kann der Flugkapitän den Fluggast zB bei Trunkenheit (AG Bad Homburg NJW-RR 1997, 821; LG Bonn RRa 2000, 157, 158), der Nichtbefolgung von Rauchverboten (OLG Düsseldorf NJW 2000, 3223) oder der vergeblichen Aufforderung zum Anschnallen vom Weiterflug ausschließen (vgl FÜHRICH Rn 759). Macht der Kapitän von diesen privatrechtlichen Befugnissen zu Unrecht Gebrauch, so kann ein Reisender, der zB auf einem Flug nach Ceylon in Bahrain ausgesetzt wird, gegen den Veranstalter Schadensersatzansprüche nach §§ 651c–f geltend machen (BGH WM 1983, 63).

56 Die §§ 651a ff regeln nicht die Frage, ob dem Reisenden gegen die Leistungsträger **eigene vertragliche Ansprüche** zustehen. Die praktische Bedeutung dieser Fragestellung erscheint zunächst gering. In aller Regel greift der Reisende nicht auf das Rechtsverhältnis zwischen dem Reiseveranstalter und dessen Leistungsträgern zurück, da er vertragliche Erfüllungsansprüche gegen den Reiseveranstalter hat. Dessen weitgehende Einstandspflicht wird vor allem dadurch erreicht, dass Abs 2 die Wirkung von Vermittlerklauseln erheblich einschränkt. Daher kommt es auf die Frage nach vertraglichen Erfüllungsansprüchen des Reisenden gegen den Leistungsträger meist nur dann an, wenn der Reiseveranstalter zahlungsunfähig geworden ist oder die Eröffnung des Insolvenzverfahrens beantragt hat. Hinzu kommt, dass der Gesetzgeber die Rechtsstellung des Reisenden dadurch beschnitten hat, dass er dem Reiseveranstalter die Möglichkeit der Haftungseinschränkung nach § 651h Abs 1 Nr 2 und Abs 2 eröffnet hat. Dadurch gewinnt die Frage nach der Stellung des Reisenden in der Rechtsbeziehung Leistungsträger – Reiseveranstalter an praktischer Bedeutung. **Ansprüche aus unerlaubter Handlung** (§§ 823 ff) stehen dem Reisenden gegen den Leistungsträger in jedem Fall zu. Problematischer ist dagegen, ob der Vertrag zwischen dem Reiseveranstalter und dem Leistungsträger einen **echten Vertrag zugunsten des Reisenden** darstellt (so BGHZ 93, 271, 274 f mit Anm GOTTWALD JZ 1985, 575; ERMAN/SEILER Rn 11; FÜHRICH Rn 95; PALANDT/SPRAU Rn 6; MünchKomm/TONNER Rn 22; SOERGEL/H-W ECKERT Rn 20; **aA** LG Frankfurt aM NJW-RR 1986, 852; TEMPEL 392; offen gelassen in BGH RRa 2002, 154, 158), so dass diesem auch Gewährleistungsansprüche, Ansprüche aus Verzug usw zustehen. Diese Gewährleistungsansprüche sollen sich allerdings nicht nach §§ 651c ff, sondern nach dem Rechtsverhältnis zwischen dem Reiseveranstalter und dem Leistungsträger, also nach dem Beförderungs-, Charter- oder Hotelvertrag richten. Auch soll das Recht des Leistungsträgers, Einwendungen gegen den Reiseveranstalter auch gem § 334 dem Reisenden gegenüber geltend zu machen, als stillschweigend abbedungen gelten (BGHZ 93, 271). Gegen diese Auffassung spricht zunächst die Unbestimmtheit der Person des Reisenden im Zeitpunkt des Abschlusses des Vertrages zwischen dem Reiseveranstalter und dem Leistungsträger. Hinzu kommt, dass die Parteien dieses Vertrages nicht die Begünstigung des Reisenden, sondern allein ihre eigenen Gewinnerzielungsabsichten im Auge haben. Schließlich können sich besondere Probleme aus einer möglichen Konkurrenz von Gewährleistungsansprüchen des Reisenden gegen den Leistungsträger einerseits und gegen den Reiseveranstalter andererseits ergeben. Eine mögliche Haftungsbeschränkung nach § 651h wirkt sich auf die Kalkulation des Leistungsträgers aus, soweit § 651h als abschließende Regelung erfasst wird. Durch die Einräumung direkter Ansprüche des Reisenden gegen den Leistungsträger würde eine solche Kalkulation deutlich erschwert. Auch erscheint es wenig sinnvoll, dem Reisenden gegen den Reiseveranstalter Gewährleistungsansprüche erst nach der Erfüllung bestimmter Obliegenheiten (vgl zB §§ 651d Abs 2, 651e Abs 2) zu gewähren, gleichzeitig aber durch die Einräumung von Gewährleistungsansprüchen gegen die Leistungsträger dieses Gewährleistungssystem wieder aufzugeben. Das Bemühen um eine Verdoppelung der Ansprüche des Reisenden rührt allein aus der als unbefriedigend empfundenen Regelung des § 651h sowie aus dem Bestreben, dem Reisenden das Risiko einer Insolvenz seines Vertragspartners, des Reiseveranstalters, zu Lasten des Leistungsträgers abzunehmen. Es ist aber unangemessen, den allgemeinen Grundsatz, wonach der Reisende das Insolvenzrisiko seines Vertragspartners, des Reiseveranstalters, zu tragen hat, sowie den hinter § 651h stehenden gesetzgeberischen Ausgangspunkt durch die Einräumung direkter Ansprüche des Reisenden gegen die Leistungsträger zu unterlaufen. Es ist deshalb abzulehnen, wenn in den Verträgen zwischen dem Reiseveranstalter und den Leistungsträgern zugleich ein Vertrag zugunsten der Reisenden erblickt wird.

Ein Teil der Literatur sieht aber im Vertrag zwischen dem Reiseveranstalter und den **57** Leistungsträgern einen Vertrag mit **Schutzwirkung zugunsten des Reisenden**, weil sich der Reisende dem Reiseveranstalter während der Reise in weitem Umfang anvertraue (LG Frankfurt aM NJW-RR 1986, 852; JAUERNIG/TEICHMANN Rn 8; GANSFORT RRa 1994, 2). Auch dies ist abzulehnen. Einmal begründet der Reisevertrag zwischen dem Reisenden und dem Reiseveranstalter kein personenrechtliches Verhältnis mit gesteigerten Fürsorgepflichten. Zum anderen liegt beim Reisevertrag die typische Situation eines Vertrages mit Schutzwirkung für Dritte nicht vor, weil dem Reisenden gegen den Reiseveranstalter, wenn auch uU summenmäßig begrenzt, ein Schadensersatzanspruch wegen der Verletzung von Schutz- und Sorgfaltspflichten durch die Leistungsträger zusteht (§ 278). Wegen dieser eigenen vertraglichen Ansprüche des Reisenden gegen den Reiseveranstalter ist er nicht schutzbedürftig. Die dogmatischen Bemühungen zur Begründung eines Vertrages zugunsten Dritter bzw eines Vertrages mit Schutzwirkung für Dritte können letztlich auch deshalb nicht überzeugen, weil sie den Zielen des Reisevertragsgesetzes widersprechen. Da es dessen Ziel war, dem Reisenden die Möglichkeit zu verschaffen, alle Ansprüche gegen den Reiseveranstalter nach deutschem Recht geltend machen zu können, ist es verwunderlich, wenn nunmehr versucht wird, direkte Ansprüche gegen den – meist ausländischem Recht unterliegenden – Leistungsträger zu begründen. Der Gesetzgeber des Reisevertragsgesetzes ging davon aus, dass dem Reisenden gegen den Leistungsträger keine vertraglichen Ansprüche zustehen (vgl KLATT, in: BLAUROCK 39 ff, 43 f).

3. Rechtsstellung des Reisevermittlers

Reisevermittler ist das rechtlich und wirtschaftlich selbständige **Reisebüro**, das Leis- **58** tungen eines Reiseveranstalters an den Reisenden vermittelt. Zwischen dem Reisebüro und dem Reisenden besteht ein **Reisevermittlungsvertrag**. Der Reisevermittlungsvertrag stellt keinen Maklervertrag gem §§ 652 ff dar (BGHZ 52, 194, 198; OETKER/ MAULTZSCH 506; vgl auch MünchKomm/TONNER Rn 30, unter ausdrücklicher Aufgabe der in der

Voraufl vertretenen Gegenansicht). Dies folgt schon daraus, dass der Reisevermittler den erfolgreichen Vertragsschluss mit zuverlässigen Reiseveranstaltern als Erfolg schuldet und im Gegensatz zum einfachen Maklervertrag nicht befugt ist, den Reisevermittlungsvertrag jederzeit zu kündigen. Der Reisevermittlungsvertrag ist daher ein **Geschäftsbesorgungsvertrag**, der einen Werkvertrag zum Gegenstand hat (BGHZ 52, 194, 198; 62, 71; BGH NJW 1982, 377; OLG Frankfurt aM NJW-RR 1996, 889; OLG München RRa 1997, 47; OLG Hamburg RRa 1997, 136; OLG Hamm NJW-RR 1998, 1668; BARTL Rn 10 ff; ERMAN/SEILER Rn 13; FÜHRICH Rn 99; MünchKomm/TONNER Rn 30; OETKER/MAULTZSCH 506; SEYDERHELM Rn 56 f; SOERGEL/H-W ECKERT Vor § 651a Rn 13). Auf ihn sind daher nicht die §§ 651a – m, sondern ausschließlich die §§ 675, 631 ff anzuwenden. Das Reisebüro hat, vorbehaltlich einer Abtretung, keinen Anspruch auf Zahlung des Reisepreises gegen den Reisenden. Auch steht ihm kein Anspruch auf Vergütung zu, da diese normalerweise in dem Preis inbegriffen ist und vom Reiseveranstalter in Form einer Provision dem Reisebüro zur Verfügung gestellt wird (vgl MünchKomm/TONNER Rn 30). Ihm steht vielmehr ausschließlich ein Anspruch auf Ersatz der Aufwendungen zu, die es für die Reisenden macht (§§ 675, 670). Bucht der Reisende im Reisebüro die Pauschalreise eines Reiseveranstalters, so schließt er nicht nur mit dem Reisebüro einen Reisevermittlungsvertrag ab, sondern auch unter Einschaltung des Reisebüros einen Reisevertrag mit dem Reiseveranstalter. Das Reisebüro wird damit in einer **Doppelfunktion** tätig: als Vertragspartner eines Reisevermittlungsvertrages mit dem Kunden und gleichzeitig als Abschlussbevollmächtigter des Reiseveranstalters (vgl BGHZ 82, 219, 224 f; ISERMANN NJW 1988, 873). In dieser zweiten Funktion wirkt das Reisebüro als **Bote**, zumindest aber als **Stellvertreter** des Reiseveranstalters am Vertragsschluss zwischen diesem und dem Reisenden mit (OLG Köln VersR 1989, 52 f; JAUERNIG/TEICHMANN Rn 8). Es ist daher unabhängig von den Grenzen seiner Abschlussvollmacht als zur Annahme von Vertragsangeboten Dritter gegenüber dem Reiseveranstalter ermächtigt anzusehen. Fehler des Reisebüros und Übermittlungsfehler zwischen Reisebüro und Reiseveranstalter gehen stets zu Lasten des Reiseveranstalters (BGHZ 82, 219, 222; FÜHRICH Rn 99; MünchKomm/TONNER Rn 127).

59 Die Rechtsnatur des Reisevermittlungsvertrages ist allerdings umstr. ZT wird im Reisevermittlungsvertrag ein Geschäftsbesorgungsvertrag, der einen **Dienstvertrag** zum Gegenstand hat, gesehen (NEUNER AcP 93, 1 ff, 8). Eine weitere MA (ROTHER, in: FS Larenz [1973] 435 ff, 452) kennzeichnet die Tätigkeit des Reisevermittlers als „Handeln mit Verträgen", das eine **kaufrechtliche Haftung** des Reisebüros auslösen soll. Eine Lösung über das Kaufrecht erscheint aber dogmatisch kaum begründbar. Insoweit bestimmen die gewünschten Haftungsfolgen das Ergebnis. Schließlich wird die Reisevermittlung auch als **reiner Werkvertrag** (KG MDR 1971, 1008; LG München MDR 1970, 925) oder **Auftrag** (LG Stuttgart NJW-RR 1992, 1020; BGB-RGRK/RECKEN Rn 15) aufgefasst.

60 Eigene Buchungsstellen des Reiseveranstalters sind **keine Reisevermittler** (vgl BIDINGER/MÜLLER 30), auch wenn sie sich als Reisebüro bezeichnen. Ein Reisebüro kann umgekehrt grundsätzlich auch **Reiseveranstalter** sein (BGHZ 61, 275, 278; 77, 310, 312; AG Baden-Baden RRa 1995, 182; MünchKomm/TONNER Rn 26; SEYDERHELM Rn 58 ff). Dies ist dann der Fall, wenn das Reisebüro mehrere Reiseleistungen selbständig zu einem Paket zusammenfasst und dieses zu einem Gesamtpreis als eigene Reise an den Reisenden abgibt (vgl FÜHRICH Rn 100). Für die Abgrenzung, ob ein Reisebüro im Einzelfall als Veranstalter oder lediglich als Vermittler tätig wird, ist die Bezeichnung als Reisebüro unerheblich (BGHZ 61, 275, 279). Entscheidend ist vielmehr allein, wie der Reisende die Erklärungen und das Gesamtverhalten des Reisebüros verstehen darf (Abs 2; vgl BGHZ 61, 275, 279; 77, 310, 312; Seyderhelm Rn 59). Das Reisebüro muss also gem §§ 164 Abs 2, 651a Abs 2 nach außen unmissverständlich deutlich machen, dass es lediglich einen Reisevertrag zwischen dem Reisenden und einem von ihm rechtlich und wirtschaftlich unabhängigen Reiseveranstalter vermittelt, wenn es nicht als Reiseveranstalter behandelt werden will (BGHZ 61, 275, 279; 77, 310, 312; OLG Düsseldorf NJW-RR 1990, 186; OLG Frankfurt aM NJW-RR 1991, 1019; Führich Rn 100; Seyderhelm Rn 59 f).

Da mit der Buchung zwischen dem Reisenden und dem Reisebüro ein Geschäftsbesorgungsvertrag zustande kommt, kann auch eine eigene **Haftung des Reisebüros** gegenüber seinen Kunden wegen fehlerhafter Beratung und Vermittlung in Betracht kommen. Die daneben bestehende Haftung des Reiseveranstalters für Fehler des Reisebüros als seines Erfüllungsgehilfen nach § 278 (vgl dazu AG Düsseldorf RRa 2000, 101; LG Frankfurt aM RRa 2000, 25) steht dem nicht entgegen. Es ist nicht ausgeschlossen, dass der Erfüllungsgehilfe neben dem Geschäftsherrn selbständig haftet (BGH JZ 1982, 249, 250). **61**

Das Reisebüro hat Zahlungen des Kunden an den Reiseveranstalter weiterzuleiten und die vom Reiseveranstalter herausgegebenen Unterlagen dem Kunden auszuhändigen (AG Wiesbaden FVE Bd 10 Nr 1067). Es ist auch verpflichtet, den Reisenden darauf aufmerksam zu machen, dass Ausschlussfristen bei der Geltendmachung von Gewährleistungsansprüchen nur durch Erklärung gegenüber dem Reiseveranstalter gewahrt werden (OLG Frankfurt aM MDR 1982, 772; Isermann VuR 1978, 301). Das Reisebüro hat beim Vertragsabschluss Sonderwünsche eines Kunden an den Veranstalter weiterzuleiten (LG Bremen FVE Bd 8 Nr 848; vgl auch BGH JZ 1982, 249) und ist auch verpflichtet, eine vom Inhalt der Buchung abweichende Reisebestätigung des Veranstalters an den Kunden weiterzuleiten (AG Hamburg RRa 2000, 120). Erteilt ein Reisebüro eine Fahrplanauskunft, so darf der Reisende auf die Richtigkeit dieser Auskunft vertrauen (LG Mönchengladbach NJW-RR 1986, 56; vgl zur Auskunft eines Korrespondenzreisebüros AG Amberg FVE Bd 8 Nr 850). Das Reisebüro haftet aber auch im Übrigen ganz grundsätzlich für die **Richtigkeit seiner Auskünfte**. Auch hat es von sich aus sachdienliche Hinweise zu geben, soweit hierzu Veranlassung besteht. So hat es über die Risiken bei „Graumarkt"-Flugtickets (AG Hannover NJW-RR 1993, 381; aA LG Hannover NJW-RR 1987, 497) und „Weichwährungs"-Flugscheinen aufzuklären (LG Hannover NJW-RR 1987, 497) sowie über eine ihm bekannte drohende Insolvenz des Reiseveranstalters zu informieren (OLG Hamm NJW-RR 1994, 54). Auskünfte über Einreisebestimmungen müssen zutreffen (LG Stuttgart NJW-RR 1993, 1020; AG Hannover NJW-RR 1993, 381; LG Frankfurt aM RRa 2000, 25; einschränkend AG Nürnberg NJW-RR 1995, 1203), Flugscheine rechtzeitig zugesandt (OLG Düsseldorf RRa 1993, 15) und die Ausgabe eines Sicherungsscheins durch den Veranstalter überprüft werden (AG Stuttgart-Bad Cannstatt RRa 1996, 153). Dagegen ist das Reisebüro **nicht verpflichtet**, sich zwischen der Buchung und dem Antritt der Reise über nachträgliche Änderungen von Einreisebestimmungen, Fahrzeiten usw zu informieren (AG Karlsruhe NJW-RR 1994, 1398). Erfährt das Reisebüro allerdings von derartigen Änderungen, so hat es den Reisenden hierüber zu unterrichten (LG Hannover MDR 1983, 53). Das Reisebüro ist jedoch nicht verpflichtet, den Reisenden von sich aus auf das **günstigste Reiseangebot** hinzuweisen (Noll RRa 1996, 67 ff, 95 ff; Seyderhelm Rn 67; Tonner RRa 1995, 218, 221; **aA** Löwe RRa 1996, **62**

215). Etwas anderes gilt nur dann, wenn der Reisende ausdrücklich nach dem billigsten Reiseangebot gefragt hat. In diesem Fall muss ihm das Reisebüro auch das billigste Angebot aus seinem Sortiment nennen (TONNER RRa 1995, 218, 221).

63 Bedient sich ein Reiseveranstalter der Dienste eines Reisebüros, so hat er für schuldhafte Pflichtverletzungen des Reisebüros einzustehen. Das Reisebüro ist insoweit **Erfüllungsgehilfe** des Reiseveranstalters (BGH NJW 1982, 377 f; LG Frankfurt aM RRa 2000, 25; AG Düsseldorf RRa 2000, 101; FÜHRICH Rn 101; SEYDERHELM Rn 57). In dieser Funktion obliegen ihm alle Aufklärungs- und Sorgfaltspflichten, die auch den Reiseveranstalter selbst treffen. Storniert also zB das Reisebüro ohne Wissen und Vollmacht des Reisenden eine Reise, so hat der Reiseveranstalter die Nichtausführung der Reise nach §§ 276, 278 zu vertreten (AG Düsseldorf RRa 2000, 101, 103 f). Reisebüros üben, wenn sie von einem Reiseveranstalter ständig mit der Vermittlung von Vertragsabschlüssen betraut sind, eine **Handelsvertretertätigkeit** iSd §§ 84 ff HGB aus (vgl BGHZ 62, 71, 73; 82, 219, 221; BIDINGER/MÜLLER 239; FÜHRICH Rn 101). Dabei ist das Reisebüro, wie jeder Handelsvertreter, der keine Abschlussvollmacht besitzt, sondern auf die Vermittlung von Geschäften beschränkt ist, im Allgemeinen ermächtigt, Vertragsangebote Dritter entgegenzunehmen (BGH NJW 1982, 377 f). Ist das Reisebüro nicht ständig für einen bestimmten Veranstalter als Vermittler tätig, handelt es als **Handelsmakler** iSd §§ 93 ff HGB (FÜHRICH Rn 102). Auch soweit das Reisebüro Handelsmakler ist, gelten dieselben Grundsätze (BGH NJW 1982, 377 f).

64 Das Reisebüro ist, wenn es mit der Vermittlung betraut ist, für die **Entgegennahme von Angeboten** zuständig. Die eindeutige, vom Reisebüro auch richtig verstandene Erklärung des Reisewilligen bleibt auch dann maßgeblich, wenn das Auftragsformular des Reiseveranstalters von Angestellten des Reisebüros ausgefüllt und vom Reisewilligen lediglich unterzeichnet wird. Die Angestellten des Reisebüros sind keine Gehilfen des Reisenden bei der Abfassung seiner Erklärungen. Es sind also auch mündliche Erklärungen des Reisewilligen für den Inhalt seines Vertragsangebots an den Reiseveranstalter maßgeblich. Das Risiko einer fehlerhaften Weiterleitung des Angebots durch das vermittelnde Reisebüro trägt allein der Reiseveranstalter (BGH NJW 1982, 377; AG Hamburg RRa 2000, 120). Dies rechtfertigt sich schon daraus, dass sich der Reiseveranstalter durch die Inanspruchnahme selbständiger Reisebüros die Errichtung eines eigenen kostenträchtigen Filialnetzes erspart (BGH NJW 1982, 377, 378). Gleichzeitig haftet auch das Reisebüro selbständig neben dem Reiseveranstalter (BGH NJW 1982, 377, 378; BIDINGER/MÜLLER 242). Die Erfüllungsgehilfeneigenschaft des Reisebüros gegenüber dem Reiseveranstalter kann nicht mit dem Hinweis darauf geleugnet werden, dass auch der Makler in der Regel nicht Erfüllungsgehilfe seines Auftraggebers sei. Dies folgt schon daraus, dass der Makler in der Regel nicht die Vertragsverhandlungen führt, sondern lediglich die Vertragsgelegenheit nachweist bzw einen Vertragsschluss, dessen inhaltliche Fixierung den Parteien des Hauptvertrages obliegt, vermittelt.

IV. Zustandekommen des Reisevertrages

65 Für das Zustandekommen von Reiseverträgen gelten die allgemeinen Regeln (§§ 104 ff u 145 ff). Die Vertragspartner müssen sich also über die Hauptleistungspflichten des Reisevertrages einigen. Der **Reisevertrag** kommt wie jeder andere Vertrag durch Angebot und Annahme zustande. Der **Prospekt** des Reiseveranstalters oder dessen Online-Angebote sind lediglich als Aufforderung zur Abgabe eines Angebots – **invitatio ad offerendum** – durch den Reisenden zu verstehen (BIDINGER/ MÜLLER 36; dies RRa 1993, 49; FÜHRICH Rn 104; RGRK/RECKEN Rn 29; SEYDERHELM Rn 90; SOERGEL/H-W ECKERT Rn 38; **aA** MünchKomm/TONNER Rn 35; mit der ganz hL jetzt aber auch TONNER 4. Aufl [2001] § 1 BGB-InfoV Rn 25). Das Angebot geht daher in Gestalt der **Buchung** vom Reisewilligen aus (vgl BT-Drucks 12/5354 18; BIDINGER/MÜLLER 36; PALANDT/SPRAU Rn 1; PICK Rn 29; SEYDERHELM Rn 90; SOERGEL/H-W ECKERT Rn 39). Die Annahme wird in aller Regel mit dem Zugang der schriftlichen **Reisebestätigung** wirksam (BIDINGER/MÜLLER 36; ISERMANN 35; PICK Rn 29; SOERGEL/H-W ECKERT Rn 40).

1. Vertragsschluss

Ein **Prospekt** des Reiseveranstalters kann schon deshalb nicht als Angebot verstan- 66 den werden, weil der Reiseveranstalter gar nicht absehen kann, bis zu welchem Zeitpunkt für die katalogmäßig angebotene Reise noch Plätze frei sind. Läge in jedem Prospekt schon ein rechtlich bindendes Angebot, würde bereits durch die Buchung einer Reise ein wirksamer Reisevertrag zustande kommen. Es ist auch dem Reisewilligen erkennbar, dass ein Reiseveranstalter das mit einer derartigen Konstruktion verbundene Haftungsrisiko nicht eingehen kann und will. Aus diesem Grunde ist die Gegenansicht TONNERS, der bereits im Prospekt ein nach § 145 bindendes Angebot des Reiseveranstalters sieht, das vom Reisenden mit der Buchung angenommen werde (MünchKomm/TONNER Rn 35; **aA** jetzt TONNER 4. Aufl [2001] § 1 BGB-InfoV Rn 25), abzulehnen. Etwas anderes ergibt sich auch nicht aus Art 3 Abs 2 S 2 der EG-Pauschalreise-Richtlinie und aus § 1 Abs 1 S 2 BGB-InfoV. Zwar bestimmen diese Vorschriften, dass die Prospektangaben den Reiseveranstalter grundsätzlich binden, doch bedeutet dies nicht, dass der Prospekt damit zu einem bindenden Angebot eines Reisevertrages durch den Reiseveranstalter wird (ERMAN/SEILER Rn 15; FÜHRICH Rn 530; SOERGEL/H-W ECKERT Rn 38; **aA** MünchKomm/TONNER Rn 35). Der Prospekt ist für den Reiseveranstalter vielmehr nur insoweit bindend, dass er ihn auch vor Abschluss eines Vertrages nur eingeschränkt ändern kann und für die Richtigkeit der darin gemachten Angaben haftet (H-W ECKERT ZRP 1991, 454 f).

Online-Buchungen unterliegen grds denselben Regeln. Auch bei ihnen geht das An- 67 gebot iSd §§ 145 ff nicht vom Reiseveranstalter aus, der Reisen auf seine Webseite stellt. Hierbei handelt es sich nach den oben genannten Grundsätzen vielmehr um eine invitatio ad offerendum (ERNST NJW-CoR 1997, 165; ders, RRa 2001, 111; FÜHRICH Rn 104). Das Angebot liegt vielmehr im Regelfall in der Anmeldung des Reisenden. Die Eingabe der Buchung durch ihn in die Webseite des Reiseveranstalters bindet ihn nach § 145. Dieses Angebot muss der Reiseveranstalter annehmen. Teilt der Reiseveranstalter dem Reisenden online oder per E-Mail mit, dass er die Buchung annimmt, ist der Reisevertrag geschlossen. Die §§ 312b–d über **Fernabsatzverträge** gelten für Reiseverträge nicht. Nach § 312 b Abs 3 Nr 6 sind Verträge über die Erbringung von Dienstleistungen in den Bereichen Unterbringung, Beförderung, Lieferung von Speisen und Getränken sowie Freizeitgestaltung, wenn sich der Unternehmer bei Vertragsschluss verpflichtet, die Dienstleistungen zu einem bestimmten Zeitpunkt oder innerhalb eines genau angegebenen Zeitraums zu erbringen, vom Anwendungsbereich der §§ 312b–d ausgenommen. Dahinter steht die Überlegung, dass die Informationspflichten nach § 312c sowie das Widerrufsrecht nach § 312d bei diesen Verträgen nicht zweckmäßig erscheinen (BT-Drucks 14/2658, 32) und die Verbraucher bereits durch die EG-Pauschalreise-Richtlinie und das in ihrer Umsetzung novellierte Reisevertragsrecht hinreichend geschützt seien (MünchKomm/WENDEHORST § 312b Rn 84). Die Ausnahme des § 312b Abs 3 Nr 6 umfasst nicht nur die in dieser Bestimmung aufgeführten Einzelleistungen, sondern auch das aus ihnen zusammengesetzte Leistungspaket, also die Pauschalreise iSd §§ 651a–m. Voraussetzung ist insoweit allerdings, dass dieses Leistungspaket seinem Gepräge nach insgesamt dem Bereich der in § 312 b Abs 3 Nr 6 aufgeführten Einzelleistungen zuzuordnen ist. Dagegen müssen nicht alle einzelnen Leistungen der Reise in der Bestimmung ausdrücklich genannt sein (vgl TONNER DB 2000, 1413, 1416; MünchKomm/WENDEHORST § 312b Rn 86).

68 Reiseveranstalter unterliegen bei Online-Vertragsschlüssen jedoch den gesteigerten **Pflichten des § 312e**, da ein Vertragsschluss im elektronischen Geschäftsverkehr vorliegt. Unter § 312e fallen allerdings nun solche Tele- oder Mediendienste, die der Nutzer bzw Empfänger individuell elektronisch oder zum Zwecke einer Bestellung abrufen kann (BT-Drucks 14/6040, 171). Diese Voraussetzung ist bei Buchungen über das Internet erfüllt. Auch wird das Internet hier gerade zu dem Zweck eingesetzt, einen Reisevertrag mit dem Kunden zu schließen. Der Reiseveranstalter muss dem Reisenden gem § 312 Abs 1 S 1 Nr 1 technische Mittel zur Verfügung stellen, mit denen dieser **Eingabefehler** vor Abgabe seiner Bestellung **erkennen und berichtigen** kann. Unter **Bestellung** ist dabei nicht nur die auf den Vertragsschluss gerichtete Willenserklärung des Kunden zu verstehen, sondern jede den Vertragsgegenstand betreffende Datenübermittlung, die vom nicht rechtskundigen Kunden für eine Vertragserklärung gehalten werden kann (BT-Drucks 14/7052, 192). Diese technische Bereitstellungspflicht des Reiseveranstalters entsteht vorvertraglich mit der **Eröffnung einer Buchungsmöglichkeit** durch den Veranstalter. Der Veranstalter muss gem § 312e Abs 1 S 1 Nr 2 dem Reisenden weiterhin die in § 3 Nrn 1–5 BGB-InfoV aufgeführten **Informationen** zum Vertragsschluss rechtzeitig vor Abgabe von dessen Buchung klar und verständlich mitteilen. Rechtzeitig erfolgt die Mitteilung dann, wenn der Reisende die Informationen vor der ersten, den Vertragsgegenstand betreffenden Datenübermittlung an den Veranstalter in zumutbarer Weise zur Kenntnis nehmen und eine informierte Entscheidung treffen kann (MünchKomm/WENDEHORST § 312e Rn 70). Nach § 312e Abs 1 S 1 Nr 3 hat der Veranstalter dem Reisenden den **Zugang** der Buchung unverzüglich (§ 121 I) auf elektronischem Wege zu **bestätigen**. Diese Bestätigung erfolgt in der Praxis meist mittels einer E-Mail. Die Zugangsbestätigung hat keinen Einfluss auf das Zustandekommen des Vertrages. Aus ihr kann der Reisende weder schließen, dass seine Buchung lesbar und vollständig ist, noch dass die gebuchte Reise verfügbar ist bzw dass der Veranstalter den Vertrag auch schließen will. Der Veranstalter ist also trotz Zugangsbestätigung frei hinsichtlich der Annahme des Angebots des Reisenden. Schließlich muss der Veranstalter dem Reisenden nach § 312e Abs 1 S 1 Nr 4 die Möglichkeit verschaffen, die **Vertragsbestimmungen einschließlich der Allgemeinen Geschäftsbedingungen** beim Vertragsschluss **abzurufen** und in widergabefähiger Form **zu speichern**. Diese Pflicht steht nicht in Konkurrenz zu § 305. § 312e Abs 1 S 1 Nr 4 stellt nur insofern strenge Anforderungen auf, als die AGB nicht nur abrufbar, sondern auch in wiedergabefähiger Form speicherbar sein müssen. Auch im elektronischen Geschäftsverkehr bleiben die allgemeinen Anforderungen an die Einbeziehung von AGB in § 305 unberührt.

Titel 9 · Werkvertrag und ähnliche Verträge § 651a
Untertitel 2 · Reisevertrag 69–71

Verstößt der Reiseveranstalter gegen die Pflichten aus § 312e Abs 1 Nrn 1–4, so führt 69
dies nicht zur Nichtigkeit des Vertrages. Auch erhält der Reisende kein eigenständiges Widerrufsrecht. § 312e Abs 3 S 2 legt vielmehr als einzige Rechtsfolge fest, dass
die **Frist zur Ausübung** eines dem Kunden zustehenden **Widerrufsrechts** aus § 355
abweichend von § 355 Abs 2 S 1 nicht vor der Erfüllung der Informationspflichten
beginnt. § 312e Abs 3 S 2 setzt also ein bestehendes Widerrufsrecht des Kunden
voraus. Da Reiseverträge aber nicht den Regeln über Fernabsatzverträge unterliegen, hat der Reisende kein Widerrufsrecht aus § 312d Abs 1. Sanktionen können also
im Reiserecht nur aus dem **allgemeinen Privatrecht** oder dem **Wettbewerbsrecht** folgen. So kann der Reisende bei Eingabefehlern seine Willenserklärung wegen **Erklärungsirrtums** nach § 119 Abs 1 Alt 2 **anfechten**. Dies gilt insbes, wenn der Veranstalter
die Pflicht aus § 312e Abs 1 S 1 Nr 1 zur Verfügungstellung technischer Hilfsmittel
zur Verhütung von Eingabefehlern verletzt hat. Da es sich bei den Pflichten aus
§ 312e Abs 1 S 1 Nrn 1–4 um vorvertragliche bzw vertragliche Schutzpflichten handelt, kann deren schuldhafte Verletzung **Schadensersatzansprüche** des Kunden aus
§§ 280 Abs 1, 311 Abs 2, 241 Abs 2 begründen, sofern es Zweck der verletzten Pflicht
war, die vorvertragliche Willensbindung zu schützen (Grigoleit WM 2001, 597, 601 ff).
Besteht der Schaden des Reisenden in einem ungewollten bzw ungünstigen Vertragsschluss, so kann er nach § 249 Abs 1 die Aufhebung und Rückabwicklung des Vertrages oder die Vertragsanpassung verlangen (BGH NJW 1989, 1793 f; MünchKomm/
Wendehorst § 312e Rn 122). Dieser Anspruch ist im Reiserecht deshalb von praktischer
Bedeutung, weil dem Reisenden regelmäßig kein Widerrufs- oder Rückgaberecht
zusteht. Abgesehen von den Rechtsfolgen für den einzelnen Vertrag kann wegen
Verletzung eines Verbraucherschutzgesetzes nach **§ 2 UKlaG** und bei wettbewerbsrelevantem Verhalten auch nach **§§ 1, 13 UWG** Unterlassung und ggf Schadensersatz
verlangt werden. Dies dürfte die praktisch bedeutsamste Rechtsfolge sein, weil schon
die Abmahnung mit Kosten verbunden ist und daher die Abschreckungswirkung für
Reiseveranstalter nicht unerheblich sein dürfte (MünchKomm/Wendehorst § 312e
Rn 125).

Für den **Zugang** von Willenserklärungen **bei Online-Buchungen** ist die **Zugangsfiktion** 70
des § 312e Abs 1 S 2 zu beachten. Danach gelten sowohl die Buchung des Reisenden
als auch die Empfangsbestätigung des Veranstalters iSv § 312e Abs 1 S 1 Nr 3 als
zugegangen, wenn die Parteien, für die sie bestimmt sind, sie unter gewöhnlichen
Umständen abrufen können. Diese Zugangsfiktion deckt sich mit der allgemeinen
Definition des Zugangs in § 130 Abs 1 S 1 (BT-Drucks 14/6040, 172). Sie dient allein der
Ergänzung und Klarstellung des § 130 Abs 1 S 1, die nur deswegen ausdrücklich in
§ 312e aufgenommen wurde, um die E-Commerce-Richtlinie umzusetzen und um die
Unabdingbarkeit der Zugangsregelung für Verbrauchergeschäfte sicherzustellen
(HK-BGB/Schulte-Nölke § 312e Rn 14).

Das in der **Buchung** einer bestimmten Reise durch den Reisenden liegende Angebot 71
zum Abschluss eines Reisevertrages ist grundsätzlich **formfrei**. Es kann also schriftlich, telefonisch, per Fax, Telex, Internet oder mündlich abgegeben werden (Kaller
Rn 27). Die Buchung ist für den Reisenden nach § 145 bindend. Der Zeitraum dieser
Bindung ergibt sich aus einer entsprechenden Parteivereinbarung (§ 148) bzw bei
deren Fehlen aus § 147. Grundsätzlich muss die Annahme des Angebots rechtzeitig
erfolgen. Anderenfalls erlischt das Angebot (§ 146) und es gelten die §§ 149, 150. Die
Rechtzeitigkeit der Annahme richtet sich in erster Linie nach einer von den Parteien

vereinbarten **Annahmefrist** (§ 148). In zweiter Linie gilt § 147, dh ein unter Anwesenden oder telefonisch gemachtes Angebot kann nur sofort (§ 147 Abs 1), ein einem Abwesenden gemachtes Angebot nur bis zu dem Zeitpunkt angenommen werden, in welchem der Buchende unter regelmäßigen Umständen eine Antwort erwarten darf (§ 147 Abs 2). Letzteres hängt entscheidend von den Umständen des Einzelfalls ab. Die Annahmefrist des § 147 Abs 2 dürfte bei Reiseveranstaltern in aller Regel höchstens zwei Wochen betragen (BIDINGER/MÜLLER 36; SEYDERHELM Rn 93; SOERGEL/H-W ECKERT Rn 39). Die Annahmefrist kann indessen auch wesentlich kürzer sein. Dies ist insbesondere anzunehmen, wenn die Reise unmittelbar bevorsteht oder wenn der Reisende sein Angebot per Telex mit dem Zusatz „erbitte schnellstmögliche Nachricht" macht. In diesem Fall beträgt die Annahmefrist wegen der für den Reiseveranstalter erkennbaren Eilbedürftigkeit höchstens vier Tage (AG Frankfurt aM NJW-RR 1989, 47; BIDINGER/MÜLLER 36).

72 Der Reisevertrag kommt durch die **Annahme** des Angebots durch den Reiseveranstalter zustande. Auch diese unterliegt **keiner Form**, so dass der Reisevertrag auch telefonisch, über das Internet oder über das elektronische Reservierungssystem START in einem Reisebüro geschlossen werden kann (FÜHRICH Rn 105; SEYDERHELM Rn 91). In diesen Fällen erfolgt die Annahme durch den Reiseveranstalter bereits mit der mündlichen, telefonischen oder elektronischen Mitteilung an den Reisenden (BIDINGER/MÜLLER 37; SOERGEL/H-W ECKERT Rn 40). Abgesehen von diesen Fällen liegt die Annahme aber idR erst in der **schriftlichen Reisebestätigung**. Der Reiseveranstalter ist gem § 651a Abs 3 S 1 verpflichtet, dem Reisenden bei oder unverzüglich nach Vertragsschluss eine Urkunde über den Reisevertrag (Reisebestätigung) auszuhändigen. Diese Reisebestätigung muss ebenso wie ein Prospekt, den der Reiseveranstalter zur Verfügung stellt, die in § 6 Abs 2 der auf der Grundlage der Verordnungsermächtigung in Art 238 EGBGB erlassenen BGB-InfoV vorgeschriebenen Angaben enthalten (§ 651a Abs 3 S 2; vgl zu diesen Pflichtangaben die Kommentierung zu § 6 BGB-InfoV im Anh zu § 651a; s auch H-W ECKERT DB 1994, 1969, 1071; FÜHRICH EuZW 1993, 347 f; NJW 1994, 2446). Ausgenommen von diesen Pflichtangaben sind lediglich last-minute-Reisen, § 6 Abs 5 BGB-InfoV bzw Gelegenheitsveranstalter (§ 11 BGB-InfoV). Die schriftliche Reisebestätigung hat aber für den Reisevertrag nicht notwendig konstitutive Bedeutung. Ist der Vertragsschluss bei einer Buchung über Telefon, Internet oder START sofort erfolgt, hat die später übersandte schriftliche Reisebestätigung nur noch deklaratorische Bedeutung (SEYDERHELM Rn 91; SOERGEL/H-W ECKERT Rn 40). Dies gilt auch dann, wenn in den ARB eine **Schriftformklausel** enthalten ist. Diese kann wegen des Vorrangs von Individualabreden (§ 305b) die Wirksamkeit eines mündlichen oder elektronischen Vertragsabschlusses nicht berühren (FÜHRICH Rn 103). IÜ ist es für das Zustandekommen des Reisevertrages notwendig, dass dem Reisenden die Annahmeerklärung des Reiseveranstalters **zugeht** (LG Stuttgart FVE Bd 5 Nr 450). Wird der Reisevertrag durch Vermittlung eines **Reisebüros** geschlossen, so ist für den Zeitpunkt des Zugangs nicht der Eingang der Reisebestätigung beim Reisebüro, sondern der Zeitpunkt der Aushändigung der Reisebestätigung an den Reisenden maßgeblich (FÜHRICH Rn 103; **aA** AG Berlin-Schöneberg NJW-RR 1992, 116). Ersucht der Reisewillige, der sich nicht an einem Prospekt orientiert, ein Reisebüro telefonisch um die Buchung einer bestimmten Reise, kommt der Reisevertrag mit demjenigen zustande, der letztlich Veranstalter ist. Der Reisewillige kann sich nicht auf § 164 Abs 2 berufen. Er gibt nämlich in dieser Situation mit seinem Verhalten zu erkennen, dass ihm die Person des Reiseveranstalters gleichgültig ist (AG Berlin-Charlottenburg FVE Nr 282). Es liegt also, obwohl insoweit das obligatorische Geschäft angesprochen ist, ein Geschäft für den vor, den es angeht. Handelt der Anmeldende ausdrücklich oder den Umständen nach im eigenen Namen, stellt der Vertrag dann, wenn ein **Dritter** reisen oder mitreisen soll, einen Vertrag zugunsten Dritter dar (OLG Düsseldorf NJW-RR 1990, 186; Führich Rn 110 ff).

Bei **Abweichungen** der Reisebestätigung von der Buchung – zB hinsichtlich des Reisepreises, des Urlaubsortes oder des Hotels – fehlt es an der erforderlichen Übereinstimmung von Angebot und Annahme. Ein Reisevertrag ist nicht zustande gekommen, es gilt vielmehr § 150 Abs 2. Danach ist die von der Buchung abweichende Reisebestätigung als Ablehnung der Anmeldung und neues Angebot des Reiseveranstalters auf Abschluss eines Reisevertrages zu den Bedingungen der Reisebestätigung anzusehen (AG Hamburg RRa 2000, 120). Dieses Angebot muss der Kunde annehmen. Dafür reicht sein bloßes Schweigen nicht aus. Erforderlich ist zumindest eine konkludente Annahme, die zB in der Zahlung des Reisepreises oder im Antritt der Reise zu sehen ist (LG Frankfurt aM NJW-RR 1989, 308; RRa 1995, 18; Bidinger/Müller 36; MünchKomm/Tonner Rn 38; Seyderhelm Rn 96; Soergel/H-W Eckert Rn 41). Bemerkt der Reisende die Abweichung in der Reisebestätigung erst später, so kann er eine irrtümlich konkludent erklärte Annahme nach § 119 Abs 1 anfechten. Der Reiseveranstalter kann in diesem Fall keine Stornopauschale nach § 651i, sondern lediglich Ersatz des negativen Interesses nach § 122 Abs 1 verlangen (Bidinger/Müller 36). **73**

Der Abschluss eines Reisevertrages wird in Nr 1 der Empfehlungen des Deutschen Reisebüro-Verbandes für „Allgemeine Geschäftsbedingungen für Reiseverträge" wie folgt umschrieben: **74**

„Mit der Anmeldung bietet der Kunde dem Reiseveranstalter den Abschluß eines Reisevertrages verbindlich an.
Die Anmeldung kann schriftlich, mündlich oder fernmündlich vorgenommen werden ...
Der Vertrag kommt mit der Annahme durch den Reiseveranstalter zustande. Die Annahme bedarf keiner bestimmten Form. Bei oder unverzüglich nach Vertragsschluß wird der Reiseveranstalter dem Kunden die Reisebestätigung aushändigen.
Weicht der Inhalt der Reisebestätigung vom Inhalt der Anmeldung ab, so liegt ein neues Angebot des Reiseveranstalters vor, an das er für die Dauer von 10 Tagen gebunden ist. Der Vertrag kommt auf der Grundlage dieses neuen Angebots zustande, wenn der Reisende innerhalb der Bindungsfrist dem Reiseveranstalter die Annahme erklärt" (BAnZ Nr 240/1983 v 23. 12. 1983, Nr 120/1994 v 30. 6. 1994, Nr 160/1997 v. 28. 8. 1997, Nr 37/2001 v 12. 2. 2001, Nr 168 v 7. 9. 2001 u Nr 103/2002 v 8. 6. 2002).

Damit ist das Zustandekommen eines Reisevertrages in rechtlich einwandfreier Form umschrieben. Bedenken könnten sich allenfalls insoweit ergeben, als Nr 1 Abs 4 bei Abweichungen zwischen Reisebestätigung und Buchung dem Reisenden eine Annahmefrist auferlegt. Diese Regelung ist indessen bedeutungslos, da noch kein wirksamer Reisevertrag zustande gekommen ist und die ARB daher noch nicht gelten können (BGB-RGRK/Recken Rn 37; Soergel/H-W Eckert Rn 42).

2. Vertragsschluss in Sonderfällen

Der Reisevertrag nach §§ 651a ff unterliegt als Rechtsgeschäft den allgemeinen Vor- **75** schriften der §§ 104 ff. Bei deren Anwendung lassen sich einzelne **Fallgruppen** unterscheiden:

a) Reisevertrag mit Minderjährigen

76 Der Reisevertrag mit einem **Minderjährigen** bedarf nach §§ 107, 108 der Zustimmung seiner gesetzlichen Vertreter. Liegt weder eine Einwilligung noch eine Genehmigung der gesetzlichen Vertreter vor, so ist der Reisevertrag unwirksam, da er als gegenseitiger Vertrag für den Minderjährigen nicht lediglich rechtlich vorteilhaft ist (§ 107) (FÜHRICH Rn 94). Es können daher gegen den Minderjährigen zB keine Stornogebühren geltend gemacht werden. Bei Durchführung der Reise entfallen auch Bereicherungsansprüche gegen den Minderjährigen (MEDICUS, Bürgerliches Recht Rn 176; MünchKomm/LIEB § 819 Rn 7; aA BGHZ 55, 128 ff). Der von einem Minderjährigen ohne Zustimmung der gesetzlichen Vertreter abgeschlossene Reisevertrag kann aber durch § 110 gedeckt sein, wenn der Minderjährige den Reisepreis mit Geld bewirkt, das ihm zu diesem Zweck oder zur freien Verfügung überlassen worden ist. Ist ihm das Taschengeld zur freien Verfügung überlassen worden, so ist idR nicht zugleich in die Durchführung einer Reise mit eingewilligt. Bei Auslandsreisen Minderjähriger hat der Reiseveranstalter die bei der Buchung angegebene Person darüber zu informieren, wie eine unmittelbare Verbindung zum Minderjährigen oder zu einem Verantwortlichen am Aufenthaltsort des Minderjährigen hergestellt werden kann (§ 8 Abs 1 S 2 BGB-InfoV).

b) Reisevertrag bei Eheleuten

77 Nach § 1357 Abs 1 ist jeder **Ehegatte** berechtigt, Geschäfte zur angemessenen Deckung des Lebensbedarfs der Familie mit Wirkung auch für den anderen Ehegatten zu besorgen. Der Begriff der angemessenen Deckung des Lebensbedarfs knüpft an das Unterhaltsrecht an, so dass bei seiner Auslegung die §§ 1360, 1360a zu berücksichtigen sind (MünchKomm/WACKE § 1357 Rn 19). Die Anmietung eines **Ferienappartements** gehört zum Familienunterhalt und wird daher vom Anwendungsbereich des § 1357 umfasst (AG Frankfurt aM NJW-RR 1993, 1144; LG Hanau RRa 1994, 133; MünchKomm/WACKE § 1357 Rn 23; aA LG Flensburg NJW 1973, 1085; FÜHRICH Rn 110). Auch die Buchung einer angemessenen Pauschalreise wird von § 1357 umfasst (MünchKomm/TONNER Rn 55; MünchKomm/WACKE § 1357 Rn 23; einschränkend OLG Köln NJW-RR 1991, 1092; aA OLG München FVE Nr 82; OLG Düsseldorf NJW-RR 1990, 186; LG Frankfurt aM FamRZ 1983, 913; LG Hamburg NJW 2002, 1005; FÜHRICH Rn 110; GERNHUBER/COESTER-WALTJEN § 19 IV 6). Etwas anderes gilt dann, wenn es sich um die Buchung einer kostspieligen Reise handelt. Bucht ein Ehegatte eine Reise für sich und/oder seinen Ehegatten, so ist davon auszugehen, dass er allein den Reisebetrag aufbringen will, sein Ehegatte jedoch nach § 328 einen eigenen Anspruch erwerben soll (AG Hamburg RRa 2000, 134 f; FÜHRICH Rn 110; MünchKomm/TONNER Rn 56).

c) Vertragsschluss durch Stellvertreter

78 Bucht jemand für sich und eine weitere Person eine Reise, so handelt er, soweit es sich bei dieser weiteren Person nicht um den Ehepartner oder ein Familienmitglied handelt, als **Stellvertreter** (BGH MDR 1978, 1016; OLG Hamburg RRa 1996, 132; OLG Düsseldorf RRa 2000, 159; LG Frankfurt aM NJW 1987, 784; LG Stuttgart NJW-RR 1993, 1018; LG Hamburg RRa 1995, 187; FÜHRICH Rn 111; SEYDERHELM Rn 109). Dies kann insbesondere bei **Namensverschiedenheit** der Reisenden angenommen werden (OLG Düsseldorf RRa 2000, 159; LG Hannover RRa 2002, 122; AG Hannover RRa 2002, 92). Daraus folgt, dass die

mitreisenden Personen Vertragspartner des Reiseveranstalters werden. Etwas anderes gilt nur dann, wenn der Buchende ausdrücklich erklärt, dass er den Reisevertrag nur im eigenen Namen abschließen wolle (§ 164 Abs 2; vgl OLG Düsseldorf RRa 2000, 159). Legt eine Klausel in den ARB fest, dass der mitunterzeichnende gesetzliche Vertreter neben dem minderjährigen Anmelder die eigene Verpflichtung übernimmt, den Rechnungsbetrag oder etwaige Rücktrittskosten zu zahlen, so ist eine derartige Klausel nach § 309 Nr 11 a unwirksam, wenn keine ausdrückliche und gesonderte Erklärung dieses Inhalts vorliegt (vgl ULMER/BRANDENER/HENSEN § 11 Nr 14 AGBG Rn 4; WOLF/HORN/LINDACHER § 11 Nr 14 AGBG Rn 3).

Die Feststellung, wer Vertragspartner des Reiseveranstalters und wer bloßer Reiseteilnehmer ist, ist allein nach dem Inhalt der Willenserklärungen des Anmelders und des Reiseveranstalters und damit unabhängig davon zu treffen, wer die Reise tatsächlich antritt und die Reiseleistungen in Anspruch nimmt. Bucht also jemand eine Reise nur im eigenen Namen für sich und Dritte, so wird nur er Vertragspartner des Reiseveranstalters, während lediglich mitreisende Personen nicht Vertragspartner des Reisevertrages werden. Dabei kann Vertragspartner – und damit zugleich Reisender iSd § 651a – auch jemand sein, der eine Reise für Dritte bucht, ohne selbst eine Reiseleistung in Anspruch zu nehmen. Dies hat der BGH bei **Incentive-Reisen** hinsichtlich des Unternehmens, das als Vertragspartner des Reiseveranstalters Reisen zu Werbe- oder Motivationszwecken bucht, um sie Dritten zuzuwenden, zutreffend bejaht (BGH RRa 2002, 154, 157). 79

d) Rechtsstellung von Mitreisenden
aa) Die allgemeine Gruppenreise
Bucht jemand eine Reise für eine größere **Reisegruppe**, so ist zweifelhaft, wer für den Reisepreis haftet (vgl BGH MDR 1978, 1016; OLG Hamburg RRa 1996, 132; LG Frankfurt aM NJW 1987, 784). Wer für mehrere andere Personen eine Reise (mit-)bucht, handelt als Stellvertreter aller übrigen Reisenden und schließt den Reisevertrag in deren Namen mit dem Reiseveranstalter. Dies hat zur Folge, dass alle Mitglieder der Reisegruppe Vertragspartner des Reiseveranstalters werden. Der BGH (BGH NJW 1989, 2750) hat zu Recht darauf hingewiesen, dass es der allgemeinen Lebenserfahrung widerspricht, dass derjenige, der andere, mit denen er nicht verwandt ist oder zu denen er nicht in einer engen, familienähnlichen Beziehung steht, zu einer Reise anmeldet, für alle Reisenden im eigenen Namen handelt. Insbesondere bei größeren Reisegruppen und bei kostspieligen Reisen liegt dies erkennbar fern (BGH MDR 1978, 1016; LG Frankfurt aM NJW 1987, 784; 1988, 247; LG Düsseldorf MDR 2000, 567). Etwas anderes gilt nur dann, wenn der Buchende ausdrücklich erklärt, nur im eigenen Namen zu handeln (OLG Frankfurt NJW 1986, 1941; OLG Hamburg RRa 1996, 132; FÜHRICH Rn 111). 80

bb) Familienreisen
Bei Buchungen für sich selbst und einen **Familienangehörigen** ist, anders als bei der normalen Gruppenreise, davon auszugehen, dass sich der Buchende allein verpflichten will (OLG Düsseldorf NJW-RR 1991, 1202; AG Düsseldorf RRa 1998, 108; FÜHRICH Rn 110; MünchKomm/TONNER Rn 55; PICK Rn 23; SEYDERHELM Rn 105; SOERGEL/H-W ECKERT Rn 35). Da der Umstand, dass eine Familie reist, nach der Änderung des Namensrechts nicht mehr ohne weiteres an den übereinstimmenden Namen des Buchenden und der Mitreisenden zu erkennen ist, müssen bei unterschiedlichen Namen der Ehepartner und ihrer Kinder aber weitere Umstände hinzukommen, um eine „Familienreise" 81

anzunehmen. Das ist zB der Fall, wenn ein Doppelzimmer gebucht wird. Dieser Gedanke gilt auch für **nichteheliche Lebensgemeinschaften** (AG Hamburg RRa 2000, 134 f; NJW-RR 2002, 702; AG Bad Homburg RRa 2001, 101). Auch bei diesen deutet die Buchung eines Doppelzimmers auf eine familienähnliche Vertrautheit hin. Im Rahmen des in diesen Fällen vorliegenden **Vertrages** des Buchenden mit dem Reiseveranstalter **zugunsten der anderen Familienmitglieder** bzw des nichtehelichen Lebenspartners muss sich der Dritte aber nach § 334 sämtliche Einwendungen entgegenhalten lassen, die dem Reiseveranstalter gegen den Reisenden, der die Reise gebucht hat, zustehen.

cc) Vereinsreisen

82 Tritt jemand für einen Verein oder bei einer Betriebsreise für seine Arbeitskollegen als Buchender auf, so werden hier wie bei anderen Gruppenreisen grundsätzlich die einzelnen Reisenden Vertragspartner des Veranstalters (BARTL Rn 179). Es wäre auch in diesen Fällen lebensfremd, davon auszugehen, dass derjenige, der Vereinsfreunde oder Arbeitskollegen zu einer Reise anmeldet, für alle Mitreisenden im eigenen Namen handeln will (s o Rn 80).

dd) Einstandspflicht aufgrund von ARB

83 Eine ARB-Klausel, nach der der Anmeldende die vertraglichen Verpflichtungen für alle in der Anmeldung enthaltenen Personen übernimmt, ist grds unwirksam (BARTL Rn 179; MünchKomm/TONNER Rn 59; ULMER/BRANDNER/HENSEN Anh §§ 9–11 AGBG Rn 583). Dies folgt aus § 309 Nr 11 a. Danach ist eine Bestimmung in Allgemeinen Geschäftsbedingungen unwirksam, durch die der Verwender einem Vertreter, der den Vertrag für den anderen Vertragsteil abschließt, ohne hierauf gerichtete ausdrückliche oder gesonderte Erklärung eine Eigenhaftung oder Einstandspflicht auferlegt. Nr 1 Abs 2 S 2 der **Konditionenempfehlung** für Reiseverträge ist hingegen wirksam (FÜHRICH Rn 115; MünchKomm/TONNER Rn 59; RGRK/RECKEN Rn 24; SOERGEL/H-W ECKERT Rn 34; ULMER/BRANDNER/HENSEN Anh §§ 9–11 AGBG Rn 583; WOLF/HORN/LINDACHER § 9 AGBG Rn 56; TEMPEL TranspR 2001, 233, 239 hält diese Klausel für überflüssig). Danach erfolgt die Anmeldung durch den Anmelder auch für alle in der Anmeldung mit aufgeführten Teilnehmer, für deren Vertragsverpflichtung der Anmelder wie für seine eigenen Verpflichtungen einsteht, sofern er eine entsprechende gesonderte Verpflichtung durch ausdrückliche und gesonderte Erklärung übernommen hat. Diese Einstandspflicht gilt unabhängig davon, ob der Reisewillige mit oder ohne Vertretungsmacht gehandelt hat. Liegen die Voraussetzungen der Nr 1 Abs 2 S 2 ARB vor, so ist der Dritte nicht zur Zahlung des Reisepreises verpflichtet. Er hat vielmehr die Stellung eines Dritten im Rahmen eines Vertrages zugunsten Dritter.

ee) Geltendmachung von Mängeln bei Gruppenreisen, Mehrheit von Reisenden

84 Gerade bei Gruppenreisen wirft die **Aktivlegitimation** besondere Probleme auf. Fraglich erscheint insbesondere, ob ein Reisender für sich und die Mitreisenden Ansprüche geltend machen und sich zu diesem Zweck deren Ansprüche „abtreten" lassen kann, soweit der Sache nach lediglich eine Einziehungsermächtigung gewollt ist. Dies kann unproblematisch bejaht werden, soweit es um **Familienreisen** geht. Führt ein Familienangehöriger den Mängelprozess und macht er dabei alle Ansprüche der Familienmitglieder geltend, so ist seine Aktivlegitimation daher zu bejahen (OLG Hamburg RRa 1996, 132; LG Düsseldorf NJW-RR 1987, 888; LG Frankfurt aM RRa 1996, 51; NJW 1987, 784; NJW-RR 1987, 1078; NJW-RR 1988, 247; RRa 2000, 223; LG Hamburg RRa

1995, 187; AG München RRa 1995, 133; AG Düsseldorf RRa 1996, 164; AG Bielefeld RRa 2001, 39; BARTL Rn 389; FÜHRICH Rn 370, 509). Im Reiseprozess liegt es aber auch ganz allgemein fern, eine Abtretung als bloße Einziehungsermächtigung zu deuten (vgl aber BARTL Rn 388). Hierfür müssen sich vielmehr aus dem Vortrag des Reisenden im Prozess und aus der Abtretungsurkunde besondere Anhaltspunkte ergeben (OLG Frankfurt aM FVE Nr 293). Dass die Mitreisenden mit der Abtretung eine vereinfachte Durchsetzung ihrer eigenen Ansprüche anstreben, liegt im Interesse aller Prozessbeteiligten und auch der Gerichte (OLG Frankfurt aM FVE Nr 293). Die Abtretung kann aber in den ARB nach § 399 2. Alt wirksam **ausgeschlossen** werden (BGH NJW 1980, 2245; 1988, 1210; BGHZ 108, 52; LG Stuttgart RRa 1993, 11; NJW-RR 1993, 1018; LG Hamburg RRa 1995, 187; 1999, 144; 2000, 188; AG Hamburg RRa 1997, 150; 2002, 24; BIDINGER/MÜLLER 40; FÜHRICH Rn 509). Die Konditionenempfehlung enthält zwar kein Abtretungsverbot. Ein Abtretungsverbot ist aber schon im Interesse des ARB-Verwenders an einer übersichtlichen Vertragsgestaltung grundsätzlich zulässig (BGHZ 108, 52; LG Stuttgart RRa 1993, 11). Etwas anderes kann nur dann gelten, wenn der Verwender kein schutzwürdiges Interesse an einem Abtretungsverbot hat oder wenn die berechtigten Interessen des Kunden an einer Abtretbarkeit seiner vertraglichen Forderungen das Interesse des Verwenders überwiegen (BGHZ 108, 52, 56 f; BIDINGER/MÜLLER 40). Dafür reicht indessen der Zwang zur isolierten Rechtsdurchsetzung allein nicht aus (LG Stuttgart RRa 1993, 11). Die Vereinbarung eines Abtretungsverbots in den ARB benachteiligt jedoch den Reisenden dann unangemessen und ist daher nach § 307 Abs 1 unwirksam, wenn zugleich eine Klausel verwendet wird, wonach ausschließlich der Anmelder berechtigt sein soll, Ansprüche aus dem Reisevertrag geltend zu machen (BGHZ 108, 52; LG München I RRa 1996, 143).

3. Einbeziehung von Allgemeinen Reisebedingungen

Die Einbeziehung von Allgemeinen Reisebedingungen in den Reisevertrag richtet sich nach den allgemeinen Anforderungen des **§ 305 Abs 2**. Danach muss der Reiseveranstalter den Reisenden bei Vertragsschluss ausdrücklich auf seine ARB hinweisen und ihm die Möglichkeit zur zumutbaren Kenntnisnahme verschaffen. Der Reisende muss seinerseits mit der Geltung der ARB einverstanden sein. Nach **§ 6 Abs 3 BGB-InfoV** muss der Reiseveranstalter dem Reisenden zusätzlich seine ARB vor Vertragsschluss vollständig übermitteln. Diese Vorschrift verfolgt ausschließlich den Zweck, den Reisenden über den vollständigen Inhalt der ARB zu informieren (BIDINGER/MÜLLER 42; H-W ECKERT DB 1994, 1069, 1071; FÜHRICH Rn 116; NOLL RRa 1993, 42; SEYDERHELM Rn 104; SOERGEL/H-W ECKERT Rn 45; **aA** KAPPUS Rn 9 ff; MünchKomm/TONNER Rn 41; TEMPEL NJW 1996, 1625, 1630 f; ders RRa 1998, 19, 32; ders TranspR 2001, 233, 240). Dagegen will sie die Frage einer wirksamen Einbeziehung von ARB in den Reisevertrag nicht regeln. Wegen dieses eingeschränkten Regelungszwecks hat der Veranstalter auch die Möglichkeit, für seine ARB auf seinen Prospekt mit den darin abgedruckten Bedingungen zu verweisen (§ 6 Abs 4 BGB-InfoV). § 6 Abs 3, Abs 4 BGB-InfoV verdrängt folglich nicht § 305 Abs 2 als Spezialregelung (BIDINGER/ MÜLLER 42 f; FÜHRICH Rn 103; SEYDERHELM Rn 104; **aA** KAPPUS Rn 9 ff; MünchKomm/TONNER Rn 41; TEMPEL NJW 1996, 1625, 1630; ders RRa 1998, 19, 32; ders TranspR 2001, 233, 240). Die Einbeziehungsvoraussetzungen richten sich daher auch im Reisevertragsrecht ausschließlich nach § 305 Abs 2.

Für eine **wirksame Einbeziehung** von ARB in den Reisevertrag ist nach § 305 Abs 2

Nr 1 ein **ausdrücklicher Hinweis** auf die ARB erforderlich, der schriftlich oder mündlich erfolgen kann (BGH NJW 1983, 404; OLG Frankfurt aM RRa 1996, 84; AG Gelsenkirchen RRa 1997, 12; FÜHRICH Rn 117). Hierfür reicht der bloße Hinweis im Reisevertrag, der Kunde habe Gelegenheit gehabt, einen Aushang der ARB in den Geschäftsräumen des Reiseveranstalters oder Reisebüros zur Kenntnis zu nehmen, nicht aus (KALLER Rn 41). Auch genügt der Abdruck der ARB in einem Prospekt oder auf der Rückseite des Anmeldeformulars allein nicht (LG Berlin MDR 1980, 404; LG Münster VersR 1980, 100). Ein ausdrücklicher Hinweis ist auch bei telefonischer Buchung erforderlich und ausreichend. Ist dem Reisenden bei telefonischem Abschluss des Reisevertrages bekannt, dass der Veranstalter ARB verwendet, und wird er zudem auf einzelne Klauseln – zB über Stornokosten – ausdrücklich hingewiesen, so sind die ARB wirksam in den Reisevertrag einbezogen worden (AG Gelsenkirchen RRa 1999, 195). Der Hinweis muss **bei Vertragsschluss** erfolgen. Werden die Reisebedingungen im Prospekt nur **auszugsweise** abgedruckt, so werden auch nur die abgedruckten Teile Vertragsinhalt, wenn der Auszug den Eindruck der Vollständigkeit erweckt (LG Frankfurt aM NJW 1984, 1625; LG Braunschweig NJW-RR 1986, 144; SEYDERHELM Rn 103). Ein auszugsweiser Abdruck in der Reisebestätigung ist iÜ nach § 6 Abs 3 BGB-InfoV unzulässig, es sei denn, in der Reisebestätigung wird auf die dem Reisenden in einem Prospekt zur Verfügung stehenden vollständigen ARB verwiesen (H-W ECKERT ZRP 1991, 454, 455; FÜHRICH Rn 123). Der Hinweis auf die ARB erfolgt idR auf dem Anmeldeformular. Es reicht aber auch noch der Hinweis in der Reisebestätigung des Veranstalters, wenn erst in dieser die Annahme des Vertragsangebots liegt (BIDINGER/MÜLLER 44; FÜHRICH Rn 117). In diesem Fall stellt die Reisebestätigung nach § 150 Abs 2 ein neues Angebot des Veranstalters zu den Bedingungen seiner ARB dar, das der Kunde durch die Zahlung des Reisepreises oder den Antritt der Reise konkludent annehmen kann (BIDINGER/MÜLLER 44). Ist der Vertrag dagegen zB bei telefonischer Buchung bereits vor Zugang der Reisebestätigung geschlossen worden, so genügt ein Hinweis in der Reisebestätigung auf die ARB nicht mehr (OLG Frankfurt aM NJW 1986, 1941; OLG Düsseldorf NJW-RR 1987, 888, 889; 1990, 186; BIDINGER/MÜLLER 44; FÜHRICH Rn 117; MünchKomm/TONNER Rn 57, 81; RGRK/RECKEN Rn 23; SOERGEL/H-W ECKERT Rn 36). In diesem Fall kann die Einbeziehung der ARB nur noch **einverständlich nachgeholt** werden (FÜHRICH Rn 120; ULMER/BRANDNER/HENSEN § 2 AGBG Rn 57; WOLF/HORN/LINDACHER § 2 AGBG Rn 36 f).

87 Dem Reisenden muss weiter vom Reiseveranstalter die Möglichkeit verschafft werden, in zumutbarer Weise vom Inhalt der ARB **Kenntnis** zu nehmen (§ 305 Abs 2 Nr 2). Hierzu genügt der Abdruck der ARB in Prospekten und Katalogen (FÜHRICH Rn 118; RGRK/RECKEN Rn 32 f; SEYDERHELM Rn 103; SOERGEL/H-W ECKERT Rn 43). Dies folgt schon daraus, dass dem Reiseprospekt die Leistungsbeschreibung im Einzelnen zu entnehmen ist. Ausreichend ist ferner das bloße Bereithalten der ARB in der Buchungsstelle (BIDINGER/MÜLLER 44; FÜHRICH Rn 118; PALANDT/HEINRICHS § 2 AGBG Rn 9; ULMER/BRANDNER/HENSEN § 2 AGBG Rn 48; aA RGRK/RECKEN Rn 32 für umfangreiche Klauselwerke). Dagegen verlangt § 6 Abs 3 BGB-InfoV in jedem Fall die vollständige **Übermittlung** der ARB vor Vertragsschluss. Bei **telefonischer Buchung** ergeben sich keine Besonderheiten, wenn der Reisende auf der Grundlage eines ihm zuvor überlassenen Kataloges bucht, in dem die ARB vollständig abgedruckt sind. Das Angebot bezieht sich in diesem Fall auf den Katalog und damit auch auf die in diesem abgedruckten ARB (WOLF/HORN/LINDACHER § 2 AGBG Rn 26). Ist der Reisende dagegen im Zeitpunkt seiner Buchungserklärung nicht im Besitz der ARB, so müssten ihm diese an sich zunächst übersandt oder am Telefon vorgelesen werden. Solch ein umständliches Vorgehen ist aber nur dann erforderlich, wenn der Kunde nach dem ausdrücklichen Hinweis des Veranstalters auf die ARB auf deren Kenntnisnahme besteht. Der Kunde hat aber auch die Möglichkeit, durch Individualvereinbarung (nicht durch vorformulierte Verzichtsklausel, BGH NJW 1988, 2106, 2108) auf die Kenntnisnahme der ARB zu **verzichten** (LG Braunschweig NJW-RR 1986, 639; BARTL RRa 1996, 27; FÜHRICH Rn 121; SEYDERHELM Rn 104; ULMER/BRANDNER/HENSEN § 2 AGBG Rn 49; WOLF/HORN/ LINDACHER § 2 AGBG Rn 26). Ein derartiger Verzicht liegt regelmäßig dann vor, wenn der Reisende nach dem Hinweis des Veranstalters auf die ARB seine Buchungserklärung abgibt, ohne die vorherige Übersendung der Reisebedingungen zu verlangen (BIDINGER/MÜLLER 45; SOERGEL/H-W ECKERT Rn 44). Die Möglichkeit eines solchen Verzichts wird auch nicht durch § 3 Abs 3 InfVO eingeschränkt, da diese Vorschrift ausschließlich den Zweck verfolgt, den Reisenden über den Inhalt der ARB zu informieren. Der Reisende muss daher das Recht haben, auf diese Informationsmöglichkeit zu verzichten (FÜHRICH Rn 121). Geht man dagegen zu Unrecht davon aus, dass § 6 Abs 3 BGB-InfoV die Regelung des § 305 Abs 2 auch bei telefonischer Buchung verdrängt (MünchKomm/TONNER Rn 41; TEMPEL NJW 1996, 1625, 1630 f; ders TranspR 2001, 233, 241), scheidet bei telefonischer Buchung eine Einbeziehung der ARB im Ergebnis aus. Die gleichen Grundsätze wie für telefonische Buchungen gelten bei Buchungen über **Computerreservierungssysteme (CRS)** oder per **Internet** (vgl ULMER/BRANDNER/HENSEN § 2 AGBG Rn 49 a). Da hier der Reisevertrag idR sogleich mit der Buchung des Reisenden zustande kommt, hat eine spätere schriftliche Reisebestätigung nur deklaratorische Bedeutung. Ein Hinweis auf die ARB kann also nicht erst in dieser Reisebestätigung erfolgen. Eine zumutbare Kenntnisnahmemöglichkeit besteht deshalb nur bei kurzen und klaren ARB, während von umfangreichen ARB grundsätzlich nicht in zumutbarer Weise Kenntnis genommen werden kann (LG Freiburg NJW-RR 1992, 1018; FÜHRICH Rn 122). Auch hier hat allerdings der Reisende die Möglichkeit, auf die Kenntnisnahme zu verzichten. Bei Buchungen per Internet besteht darüber hinaus jedenfalls dann eine zumutbare Kenntnisnahmemöglichkeit, wenn der Reisende die Möglichkeit hat, sich umfangreiche ARB auszudrucken oder auf seinen Rechner herunterzuladen (vgl LÖHNING NJW 1997, 1688; WALDENBURG BB 1996, 2369). Nach § 312e Abs 1 S 1 Nr 4 muss der Veranstalter dem Reisenden die Möglichkeit verschaffen, die Vertragsbestimmungen einschließlich der Allgemeinen Geschäftsbedingungen beim Vertragsschluss **abzurufen** und in wiedergabefähiger Form zu **speichern**. Diese Pflicht steht nicht in Konkurrenz zu § 305 Abs 2. § 312e Abs 1 S 1 Nr 4 stellt nur insofern strenge Anforderungen auf, als die AGB nicht nur abrufbar, sondern auch in wiedergabefähiger Form speicherbar sein müssen. Auch im elektronischen Geschäftsverkehr bleiben die allgemeinen Anforderungen an die Einbeziehung von AGB in § 305 Abs 2 unberührt. Die AGB werden daher auch dann Inhalt des Vertrages, wenn zwar die Anforderungen des § 305 Abs 2, nicht aber diejenigen des § 312e Abs 1 S 1 Nr 4 erfüllt sind. Besondere Bedeutung hat § 312e Abs 1 S 1 Nr 4 naturgemäß für Reiseverträge mit Unternehmern. Ist der Reisende ein Unternehmer (vgl BGH RRa 2002, 154 für Incentive-Reisen), so gilt ihm gegenüber § 305 Abs 2 nicht, während § 312e Abs 1 S 1 Nr 4 nicht abdingbar ist (vgl § 312e Abs 2 S 2).

Der Reisende muss schließlich mit der Geltung der ARB **einverstanden** sein. Für das **88** Einverständnis gibt es keine bestimmte Form. Es kann daher schriftlich, mündlich oder konkludent erklärt werden. Erhält der Reisende die ARB erstmals mit der schriftlichen Reisebestätigung, liegt in einem bloßen Schweigen des Reisenden keine Einverständniserklärung. Deren Abgabe kann indessen konkludent durch die Zahlung des Reisepreises oder den Antritt der Reise erfolgen (BIDINGER/MÜLLER 46).

89 Verweist die rechtlich selbständige Buchungsstelle oder der Reiseveranstalter auf die Bedingungen von Dritten und auf eigene ARB, so ist, selbst wenn die Voraussetzungen des § 305 Abs 2 vorliegen, ein **„Bedingungssalat"** gegeben, und zwar selbst in den Bereichen, wo sich die ARB nicht überschneiden. Der Reisende weiß in diesem Fall nicht, welche Bedingungen gelten sollen. Es liegt daher Dissens vor. Die Folge davon ist, dass keine der ARB als wirksam in den Reisevertrag einbezogen gelten (FÜHRICH Rn 124; TEMPEL TranspR 2001, 233, 241).

90 Sind die ARB nicht wirksam in den Reisevertrag einbezogen worden, ist dieser allein nach den gesetzlichen Bestimmungen der §§ 651a ff zu behandeln (§ 306 Abs 2). Der Reiseveranstalter kann sich daher insbesondere nicht auf eine in den ARB enthaltene Haftungsbeschränkung nach § 651h Abs 1 und die in § 651i Abs 3 vorgesehene Stornopauschale berufen. Klauseln, die zum Nachteil des Reisenden von den gesetzlichen Regelungen der §§ 651a–l abweichen, verstoßen gegen § 651m und sind nach § 134 nichtig. Abgesehen von dieser Grenze des § 651m unterliegen ARB aber auch der **Inhaltskontrolle** nach §§ 307–309 (OLG Frankfurt aM RRa 1998, 195; OLG Celle RRa 1999, 182; BIDINGER/MÜLLER 47; FÜHRICH Rn 494; MünchKomm/TONNER § 651k Rn 3; SEYDERHELM § 651l Rn 6; TEMPEL TranspR 2001, 233, 254; s dazu § 651l Rn 1).

4. Fehlerhaftigkeit von Reiseverträgen

91 Ein Reisevertrag kann wie jeder andere Vertrag nach den allgemeinen Vorschriften (vgl zB §§ 105, 116–118, 125, 134, 138 ff) **nichtig** sein. Spricht eine nationale Regierung die Empfehlung aus, eine bestimmte Veranstaltung im Ausland nicht zu besuchen, so stellt diese Empfehlung kein **gesetzliches Verbot** iSv § 134 dar. Der Reisevertrag ist daher rechtswirksam (AG Berlin-Charlottenburg FVE Nr 250: Olympische Spiele in Moskau 1980).

92 Problematisch erscheint, ob der Reisende nach Vertragsschluss, aber vor Reiseantritt den Reisevertrag wegen eines **Eigenschaftsirrtums** gem § 119 Abs 2 **anfechten** kann, wenn er von einem nicht behebbaren Reisemangel erfährt. Hieran kann er zur Vermeidung der Rechtsfolgen der §§ 651e und i ein Interesse haben. Durch die §§ 651a ff sollte das Anfechtungsrecht des Reisenden ausgeschlossen werden. Das Anfechtungsrecht des Reisenden nach § 119 Abs 2 muss daher wie beim werkvertraglichen Gewährleistungsrecht zumindest dann eingreifen, wenn er sich über Eigenschaften des Veranstalters irrt (vgl STAUDINGER/PETERS [2000] § 631 Rn 79). Dagegen wird das Anfechtungsrecht wegen eines Irrtums über die tatsächliche oder vereinbarte Beschaffenheit der Reise nach § 119 Abs 2 durch das Gewährleistungsrecht der §§ 651c ff verdrängt. Dies gilt jedenfalls dann, wenn der Reisende vor Gefahrübergang wandeln bzw kündigen (§ 651e) kann (LG Frankfurt aM NJW-RR 1988, 1331; FÜHRICH Rn 198; SOERGEL/H-W ECKERT Vor § 651c Rn 11). Im Übrigen hat der Reisende ein Anfechtungsrecht nach §§ **119 Abs 1, 120** und nach § **123**. Ein **Inhaltsirrtum** nach § 119 Abs 1 kommt insbesondere in Betracht, wenn der Reisende eine Abweichung der Reisebestätigung von seiner Buchung nicht bemerkt und das in dieser abweichenden Reisebestätigung liegende neue Angebot des Veranstalters (§ 150 Abs 2) konkludent

durch Zahlung des Reisepreises oder Antritt der Reise annimmt. Hier wie auch in den anderen Fällen der Anfechtung nach §§ 119 Abs 1, 120 wird man dem Reiseveranstalter deshalb bei der Berechnung des Vertrauensschadens keine Stornopauschale nach § 651i, sondern lediglich den auf das negative Interesse gerichteten Schadensersatz nach § 122 Abs 1 gewähren können (vgl BIDINGER/MÜLLER 36).

Eine **Allgemeine Reisebedingung**, nach der bei Abweichungen der Reisebestätigung 93 von den Angaben in der Anmeldung die Abweichungen in der Reisebestätigung für den Reisenden dann verbindlich werden, wenn er von der in der Bestätigung angebotenen Rücktrittsmöglichkeit innerhalb von zehn Tagen keinen Gebrauch macht, ist wegen eines Verstoßes gegen § 307 iVm § 150 Abs 2 unwirksam. Es stellt eine unangemessene Benachteiligung des Reisenden dar, wenn der Reiseveranstalter von dem zivilrechtlichen Grundprinzip abweicht, dass die Annahme unter Änderungen ein neuer Antrag ist (vgl ULMER/BRANDNER/HENSEN Anh §§ 9–11 AGBG Rn 584). Abgesehen von organisatorischen Vorteilen gibt es auch keine schutzwürdigen Gründe des Reiseveranstalters für eine derartige Vertragsgestaltung. Eine Klausel, wonach die Berichtigung von Irrtümern und von Druck- und Rechenfehlern vorbehalten bleibt, ist ebenfalls nach § 307 Abs 1 unwirksam, da durch sie die Regelung der §§ 119, 121 umgangen wird. Bei einer **Druckfehlerklausel** wird nämlich dem Veranstalter ein Lösungsrecht eingeräumt, das von den §§ 119 ff abweicht. Der Veranstalter muss sich daher zunächst an der durch den Druck fehlerhaft gewordenen Reisebeschreibung festhalten lassen (vgl auch FÜHRICH Rn 130). Unwirksam nach § 308 Nr 4 ist aber auch eine **Drucklegungsklausel**, mit der Reiseveranstalter das Risiko sämtlicher Änderungen zwischen der Drucklegung des Prospektes und der Durchführung der Reise auf den Reisenden abwälzen könnten.

Eine Klausel in den ARB, die vorsieht, dass bei einer **Umbuchung** bis 30 Tage vor 94 Reiseantritt eine bestimmte Bearbeitungsgebühr zu zahlen ist und dass spätere Umbuchungen wie ein Rücktritt mit nachfolgender Neuanmeldung berechnet werden, ist nach § 308 Nr 5 unwirksam (BGH NJW 1992, 3158, 3161; OLG Frankfurt aM NJW 1982, 2198, 2199; OLG Hamburg NJW 1985, 3030, 3031; ULMER/BRANDNER/HENSEN Anh §§ 9–11 AGBG Rn 590). Dies folgt bereits aus der Verknüpfung der Klausel über die Berechnung der Pauschalgebühren mit der Umbuchung. Ein Vertragspartner des Reiseveranstalters, der eine Änderung des Reisevertrages (Änderung des Reisetermins, des Reiseziels, des Reiseortes, des Reiseantritts, der Unterkunft oder der Beförderungsart) wünscht, will gerade keinen neuen Reisevertrag abschließen, sondern eine inhaltliche Änderung des abgeschlossenen Reisevertrages erreichen (so zutreffend OLG Frankfurt aM NJW 1982, 2198 f). Damit läuft eine solche Klausel auf eine Rücktrittsfiktion hinaus, die § 308 Nr 5 gerade verhindern will.

Wird in Allgemeinen Reisebedingungen festgelegt, dass der Besteller die **schriftliche** 95 **Reisebestätigung** in angemessener Zeit nach der Anmeldung erhält, so verstößt eine derartige Klausel gegen § 308 Nr 1, weil sich damit der Reiseveranstalter eine nicht hinreichend bestimmte Zeit für die Annahme oder Ablehnung eines Angebots vorbehält (vgl ULMER/BRANDNER/HENSEN § 10 Nr 1 AGBG Rn 8).

V. Vermittlerklausel

1. Gesetzgeberischer Ausgangspunkt

96 Abs 2 kodifiziert die bis zum In-Kraft-Treten der §§ 651a ff ergangene Rechtsprechung zur Unwirksamkeit sog **Vermittlerklauseln** im Reisevertragsrecht. Die Rechtsprechung (vgl zB BGHZ 60, 14, 16; 61, 275; 63, 98, 99; BGH NJW 1974, 1046; 1974, 1187; vgl auch BARTL NJW 1978, 730, 733; FÜHRICH Rn 12) hat sog Vermittlerklauseln, nach denen der Reiseveranstalter lediglich als Vermittler der die Pauschalreise ausmachenden Einzelleistungen auftreten wollte, schon seit längerem nicht mehr anerkannt, weil sie in der Sache auf eine bloße Haftungsfreizeichnung des Veranstalters hinausliefen. Der Reiseveranstalter wurde dabei als selbständiger Schuldner der Einzel- oder Gesamtleistung angesehen. Die Anerkennung derartiger Vermittlerklauseln würde nicht nur zu unbefriedigenden Haftungsfolgen führen, weil sich der Reisende wegen seiner Gewährleistungsrechte nicht an seinen Vertragspartner halten könnte, sondern gezwungen wäre, sie unmittelbar gegenüber dem Leistungsträger geltend zu machen, was häufig eine Rechtsverfolgung im Ausland erforderlich machen würde (MünchKomm/TONNER Rn 61). Vielmehr scheidet die Konstruktion des Vermittlers in solchen Fällen schon deshalb aus, weil der Reisende auf die Zusammenstellung der Reise meist keinen Einfluss hat. Er kennt daher die einzelnen Leistungsträger zumindest im Zeitpunkt des Vertragsabschlusses mit dem Reiseveranstalter nicht, hat also keine Möglichkeit auszuwählen, welche und wessen Leistungen er sich vermitteln lassen will. Auch entrichtet der Reisende die Gegenleistung für die Gesamtheit der ihm erbrachten Leistungen idR in einem Pauschalpreis und nicht aufgeteilt nach den einzelnen Reiseleistungen und Vermittlungstätigkeiten (vgl Begründung des Gesetzentwurfs der Bundesregierung von 1976, BT-Drucks 7/5141). Deshalb ordnet das Gesetz in Abs 2 an, dass die Erklärung, nur Verträge mit den einzelnen Leistungsträgern zu vermitteln, unberücksichtigt bleibt, wenn durch das sonstige Verhalten des Erklärenden nach den Umständen des Einzelfalles der Anschein begründet wird, dass der Erklärende die vertraglich vorgesehenen Reiseleistungen in **eigener Verantwortung** erbringt.

97 Da Abs 2 für Pauschalreisen **unabdingbar** ist (§ 651m), hat sich der Streit erledigt, ob eine Vermittlerklausel dann als eine **überraschende Klausel** iSv § 305c Abs 1 anzusehen ist, wenn das Reiseunternehmen in seiner Werbung als Veranstalter auftritt. Dies ist weitestgehend bejaht worden (vgl BGH NJW 1974, 37; ULMER/BRANDNER/HENSEN § 3 AGBG Rn 15). Dieser Streit behält nur noch Bedeutung für die Reiseverträge, die nicht eine Gesamtheit von Reiseleistungen iSv Abs 1 S 1 zum Gegenstand haben. Bei derartigen Reiseverträgen ist davon auszugehen, dass eine in den ARB enthaltene Vermittlerklausel überraschend ist, wenn der Unternehmer durch sein Verhalten bis zum Vertragsschluss den Anschein erweckt hat, dass er die Reiseleistung eigenverantwortlich erbringen will. Für die Annahme eines Reisevertrages spricht dabei, dass der Anbieter für sich keine Provision berechnet, sondern dem Reisewilligen den gesamten Reisepreis in Rechnung stellt und diesem keine sonstigen Gläubiger gegenüberstehen.

2. Reichweite der Vermittlerklausel nach Abs 2

a) Meinungsstand

Eine Vermittlerklausel bleibt nach Abs 2 unberücksichtigt, wenn nach den **sonstigen** **98**
Umständen (zB Werbung, Prospektgestaltung, Vereinbarung eines Gesamtpreises)
der Anschein begründet wird, dass der Erklärende die vertraglich vorgesehenen
Leistungen in eigener Verantwortung erbringt. Abs 2 ist eine Konkretisierung der
Auslegungsregel der §§ 133, 157, wonach sich der Erklärende an demjenigen Inhalt
seiner Erklärung festhalten lassen muss, der sich bei objektiver Würdigung seines
Gesamtverhaltens aus der Sicht des Empfängers ergibt (Verbot des venire contra factum
proprium; vgl BT-Drucks 8/2347, 7; Führich Rn 126; Soergel/H-W Eckert Rn 55).

b) Stellungnahme

Die Bedeutung des Abs 2 ist umstritten. Im Gesetzgebungsverfahren sah man sie als **99**
Konkretisierung der in §§ 133, 157 enthaltenen Rechtsgrundsätze an (BT-Drucks 8/2347,
7; so auch Führich Rn 126). Andere verstehen sie als Ausdruck des Rechtsgedankens
des § 164 Abs 2 (vgl Bartl NJW 1972, 502, 507). Wiederum andere halten die Bestimmungen für völlig überflüssig (vgl Jauernig/Teichmann Rn 12). Es trifft zwar zu,
dass Abs 2 immer dann, wenn eine Pauschalreise verkauft wird, ins Leere geht. Dies
folgt aber nicht allein daraus, dass der Reiseveranstalter nach Abs 1 die Reiseleistungen zwingend als eigene schuldet, da es im vorliegenden Zusammenhang ausschließlich darum geht, ob jemand Reiseveranstalter oder Reisevermittler ist. Diese
Abgrenzung richtet sich aber allein nach seinem Auftreten aus der Sicht des Reisenden. Bietet er diesem eine Pauschalreise an, die er selbst organisiert, oder ruft er beim
Reisenden durch sein sonstiges Verhalten einen entsprechenden Eindruck hervor, so
kann er sich nicht anschließend auf eine Vermittlerklausel berufen. Dies folgt aber
schon aus allgemeinen Grundsätzen und hätte daher keiner ausdrücklichen Regelung
in Abs 2 bedurft. Diese Bestimmung hat daher allenfalls eine klarstellende Bedeutung gegenüber der allgemeinen Auslegungsregel der §§ 133, 157.

Bietet der Reiseveranstalter neben der Pauschalreise weitere einzelne Reiseleis- **100**
tungen an (zB Mietwagen oder Ausflüge am Urlaubsort), so ist für die Frage, ob
er hinsichtlich dieser **Zusatzleistungen** als Vermittler oder Veranstalter auftritt, allein
entscheidend, ob er beim Reisenden den Eindruck erweckt, diese Zusatzleistungen in
eigener Verantwortung zu erbringen, oder ob er einen entsprechenden Eindruck
gerade vermeidet (vgl Führich Rn 126; Soergel/H-W Eckert Rn 57).

3. Vermittlerklausel bei Verschaffung einzelner Reiseleistungen

Problematisch ist, ob Abs 2 auch dann eingreift, wenn keine Zusatzleistung, sondern **101**
überhaupt nur eine **einzelne Reiseleistung** – zB Bereitstellung eines Ferienhauses,
Flug – erbracht wird. Der BGH hat in seiner Rspr vor In-Kraft-Treten des Reisevertragsgesetzes nicht zwischen Vermittlerklauseln bei der Vermittlung einer einzelnen und Vermittlerklauseln bei der Vermittlung einer Gesamtheit von Reiseleistungen unterschieden (vgl BGHZ 61, 275). Seit dem In-Kraft-Treten der §§ 651a ff
wird dieser Unterschied von der Rspr und hL durch eine **analoge Anwendung** des
Abs 2 auf Einzelleistungen überbrückt (BGH NJW 1985, 906; BGHZ 119, 152, 166; OLG
Frankfurt aM NJW-RR 1988, 1328; OLG Karlsruhe RRa 1999, 221; OLG Celle RRa 1999, 182;
Führich Rn 126; Tonner NJW 1981, 1921; Ulmer/Brandner/Hensen Anh §§ 9–11 AGBG

Rn 597). Diese Ausweitung des sachlichen Anwendungsbereichs der §§ 651a ff im Wege der Analogie ist aus den og methodischen Gründen jedoch abzulehnen, da es insbesondere an einer Regelungslücke fehlt (vgl Rn 27).

102 Denkbar wäre die Überlegung, ob Abs 2 gegenüber Abs 1 eine **Erweiterung** dahin enthält, dass immer dann, wenn es an einer Gesamtheit von Reiseleistungen fehlt bzw wenn – wie bei der Unterkunft mit Vollpension – das Leistungspaket nicht vom Reiseveranstalter geschnürt wird, der Reiseveranstalter aber den Eindruck begründet, er erbringe die Leistungen in eigener Verantwortung, die §§ 651a–m eingreifen, obwohl die Voraussetzungen des Abs 1 nicht vorliegen. Im Ergebnis ist aber festzustellen, dass Abs 2 sich nur auf Reiseverträge iSd Abs 1 bezieht, also auf Reiseverträge, die eine **Gesamtheit** von Reiseleistungen zum Gegenstand haben (so iE BARTL NJW 1979, 1384, 1385; EBERLE DB 1979, 341, 342; ULMER/BRANDNER/HENSEN Anh §§ 9–11 AGBG Rn 597). Da der Gesetzgeber in Abs 2 nur die bisherige Rspr des BGH übernehmen wollte und die bisherige Rspr bei Vermittlerklauseln nicht zwischen einzelnen Reiseleistungen und einer Gesamtheit von Reiseleistungen unterschieden hat, ist im Anwendungsbereich außerhalb des Reisevertragsgesetzes von der Weitergeltung dieser Rspr auszugehen (ERMAN/SEILER Rn 20). Es bleibt also dabei, dass das Reiseunternehmen zB für die Güte eines Quartiers einzustehen hat, wenn es nicht klar erkennbar als Vermittler aufgetreten ist. Die durch die Rspr erfolgte Verbesserung der Rechtsstellung des Verbrauchers besteht demnach hinsichtlich der Vermittlerklauseln auch außerhalb der §§ 651a ff fort, da der Gesetzgeber mit der Regelung in Abs 2 die Rechtsstellung des Verbrauchers iÜ nicht verschlechtern wollte. Auch wenn Abs 2 nichts daran ändert, dass eine Einzelreiseleistung nicht Gegenstand einer Reiseveranstaltung iSd §§ 651a ff sein kann, sind bei einzelnen Reiseleistungen Vermittlerklauseln keineswegs uneingeschränkt zulässig.

103 Durch Abs 2 sollte der bisherigen Rspr des BGH zum Angebot einer einzelnen Reiseleistung nicht der Boden entzogen werden (ERMAN/SEILER Rn 20; aA BARTL NJW 1979, 1385; EBERLE DB 1979, 342). Der Anbieter einer einzelnen Reiseleistung muss sich weiterhin, wenn er seine Stellung als Vermittler nicht deutlich macht, als Veranstalter, wenngleich nicht als Reiseveranstalter iSd Abs 1, behandeln lassen. Der Veranstalter, der nur eine einzelne Reiseleistung anbietet, ist eben kein Reiseveranstalter iSd Abs 1. Abs 2 hat nur die Bedeutung, den Reiseveranstalter von einem Reisevermittler abzugrenzen. Ist der Anbieter Veranstalter, so regeln sich die Rechte und Pflichten nach §§ 651a ff oder nach §§ 631 ff, je nachdem, ob es sich um einen Pauschalreisevertrag oder um eine andersartige Reiseleistung handelt. Diese Frage entscheidet sich wiederum danach, ob eine Gesamtheit von Reiseleistungen angeboten worden ist. Daraus folgt nicht, dass Vermittlerklauseln nunmehr bei der Verschaffung einer einzelnen Reiseleistung schlechthin rechtswirksam wären. Zwar kann Abs 2 in diesen Fällen weder in unmittelbarer noch in analoger Anwendung zur Unwirksamkeit der Vermittlerklauseln führen, doch kann sich diese Rechtsfolge im Einzelfall aus den **allgemeinen Grundsätzen der §§ 133, 157, 242 bzw 164 Abs 2** ergeben.

4. Sonstige Umstände iSd Abs 2

a) Allgemeines

104 Sonstige Umstände, die entgegen einer Vermittlerklausel den Anschein begründen, dass der Erklärende vertraglich vorgesehene Reiseleistungen in eigener Verantwortung erbringen will, hat die Rspr (BGH NJW 1974, 1046; WM 1980, 1087, 1088; NJW 2000, 1188, 1189; OLG Frankfurt aM NJW-RR 1988, 1328; RRa 2002, 272, 273; OLG Köln NJW-RR 1995, 314; LG Hildesheim VuR 1989, 140; AG Nürnberg RRa 1997, 242; AG Stuttgart RRa 1998, 118) insbesondere in der Herausgabe eigener **Prospekte** gesehen. Hieran hat der Gesetzgeber angeknüpft (vgl Begründung des Gesetzentwurfs der Bundesregierung von 1976 BT-Drucks 7/5141). Über die Abgrenzung entscheidet danach nicht die Willensrichtung des Veranstalters, sondern allein der beim verständigen Reisewilligen erweckte Anschein (BIDINGER/MÜLLER 64).

Der BGH stellt dabei entscheidend auf die **Prospektgestaltung** ab, weil die Reisewilligen in erster Linie auf seiner Grundlage zu einer Vorstellung darüber gelangen, mit wem sie in Vertragsbeziehungen treten und wer ihnen gegenüber verpflichtet ist, die jeweilige Reiseleistung zu erbringen (BGHZ 61, 275; BGH WM 1980, 1087, 1088). Stellt der Reiseprospekt den Namen des Reiseunternehmens deutlich in den Vordergrund, während die Namen der Leistungsträger nicht genannt werden, so muss sich der Reiseunternehmer als Schuldner der Reise behandeln lassen, auch wenn er eine Vermittlerklausel verwendet. Letztlich entscheidet damit das Vertrauen, das der Reisende dem Unternehmen bezüglich Zusammenstellung, Organisation und Ausführung der Reise entgegenbringen kann. Weist der Veranstalter nur in seinen ARB auf die Vermittlung hin, liegen daher keine besonderen Umstände iSd Abs 2 vor. **105**

Da **Werbung** die Grundlage bildet, auf der die Vertragsverhandlungen aufgenommen werden, bestimmt sie maßgeblich die Vorstellungen des Reisenden darüber, wie ihm das Reiseunternehmen gegenübertritt. Es sind aber auch **alle anderen Umstände** einzubeziehen. Dies gilt auch und gerade bei Auslandsreisen. Hier hat der Reisende immer Schwierigkeiten bei der Durchsetzung seiner Rechte, zumal er naturgemäß die Leistungsträger, die den Reisevertrag letztlich erfüllen sollen, nicht kennt. Der Reisende ist deshalb an einer unmittelbaren Vertragsbeziehung zum Reiseunternehmen besonders interessiert (BGHZ 61, 275, 281; BGH WM 1980, 1087, 1088). Das Reiseunternehmen muss daher seinen gegenteiligen Willen klar zum Ausdruck bringen. Darf der Reisende bis zum Abschluss des Reisevertrages das Gesamtverhalten des Reiseunternehmens – Angebot einer Gesamtheit von Reiseleistungen, eigene Werbung des Veranstalters, Ausgestaltung des Prospekts, Vereinbarung eines Gesamtpreises – dahin verstehen, dass es selbst Veranstalter der Reise und damit Vertragspartner ist, so setzt sich das Reiseunternehmen in einen Widerspruch zu seinem früheren tatsächlichen Verhalten, wenn es bei Abschluss des Vertrages über eine Vermittlerklausel vorgibt, nicht im eigenen, sondern in fremdem Namen zu handeln. Dies folgt allein daraus, dass es nach dem objektiven Erklärungswert aller Umstände Vertragspartner des Reisenden geworden ist. **106**

Ob allein damit schon die notwendige Rechtssicherheit in der Abgrenzung von Reiseveranstaltungs- und Reisevermittlungsverträgen erreicht ist, erscheint allerdings fraglich. Entscheidend ist jedenfalls allein, aufgrund welcher Umstände der Kunde das Reiseunternehmen als seinen Vertragspartner ansehen kann, an den er sich bei auftretenden Schwierigkeiten halten kann. Dies ist der Reiseveranstalter, wenn er mehrere Reiseleistungen auswählt, zeitlich aufeinander abstimmt und im eigenen Namen als eigene Leistung anbietet. Die erforderliche **Leistungseinheit** zeigt sich insbesondere im **Gesamtpreis**. Als Indiz kommen aber auch die Umstände in Betracht, dass der Kunde zu keinem Zeitpunkt erfährt, wer außer dem Reiseveran- **107** stalter sein Vertragspartner sein soll oder dass bei Angabe eines Pauschalpreises die Preise der einzelnen Teilleistungen nicht zu erkennen sind. Wer die angeblich vermittelten Leistungen auf diese Weise in den Hintergrund treten lässt, muss sich als Reiseveranstalter behandeln lassen. Der bloße Hinweis, dass „Veranstalter die Firma ..." sei, schließt die Annahme eines Reiseveranstaltungsvertrages nicht aus, da der Reisende dies so verstehen darf, dass sich das Reiseunternehmen dieser Firma lediglich zur Erbringung der von ihm selbst geschuldeten Reiseleistungen bedienen wird. Organisiert andererseits zB eine **Volkshochschule** Reisen, so wird sie regelmäßig nicht als Veranstalter, sondern als bloßer Vermittler auftreten (vgl LG Darmstadt FVE Bd 9 Nr 990; sa LG Hildesheim VuR 1989, 140). Neben dem Prospekt können aber auch die Umstände der Buchung Anhaltspunkte für die Abgrenzung einer Vermittler- von einer Veranstaltertätigkeit geben. Wer seine Reiseleistungen in Verbindung mit einer anderen Firma ankündigt, muss sich als Reiseveranstalter behandeln lassen (OLG Bamberg FVE Bd 8 Nr 844). Im Übrigen haftet jeder, der im Reiseprospekt als Veranstalter erscheint, im Außenverhältnis für Minderleistungen.

108 Die Vermittlereigenschaft kann nach einer entgegenstehenden Werbung auch nicht erst bei Vertragsschluss aufgedeckt werden. Darf der Reisende, der eine Pauschalreise bucht, das Gesamtverhalten des Reiseunternehmens, mit dem er **Vertragsverhandlungen** aufgenommen hat, dahin verstehen, dass dieses selbst der Veranstalter der Reise und damit sein Vertragspartner ist, so setzt sich das Reiseunternehmen nach den Grundsätzen von Treu und Glauben in einen unvereinbaren Widerspruch zu seinem tatsächlichen Auftreten, wenn es bei Abschluss des Reisevertrages vorgibt, nicht im eigenen Namen, sondern in fremdem Namen zu handeln (BGH WM 1980, 1086, 1087).

b) Fremdleistungsklauseln

109 Die in **Nr 11 Abs 3** der Konditionenempfehlung verwendete Fremdleistungsklausel, nach welcher der Reiseveranstalter nicht für Leistungsstörungen im Zusammenhang mit Leistungen haftet, die als Fremdleistungen lediglich vermittelt werden (zB Sportveranstaltungen, Theaterbesuche, Ausstellungen) und die in der Reisebeschreibung ausdrücklich als Fremdleistungen bezeichnet werden, ist nach den og Grundsätzen inhaltlich unbedenklich (vgl aber MünchKomm/Tonner Rn 63). Sie macht deutlich, dass sich der Reiseveranstalter durch die bloße Bezeichnung einer Reiseleistung als Fremdleistung nicht seiner Haftung nach den §§ 651a ff entziehen kann. Vielmehr muss hinzukommen, dass die Leistung auch **tatsächlich nur vermittelt** ist (vgl OLG Frankfurt aM RRa 2002, 272, 273).

110 **Nr 9 Abs 3** der Konditionenempfehlung enthält eine weitere Fremdleistungsklausel. Nach dieser erbringt der Reiseveranstalter eine Beförderung im Linienverkehr auch dann als Fremdleistung, wenn diese „im Rahmen einer Reise" erfolgt, sofern er in der Reiseausschreibung und in der Reisebestätigung ausdrücklich darauf hinweist. Diese Klausel ist **unzulässig** (Führich Rn 128; MünchKomm/Tonner Rn 64; aA Ulmer/Brandner/Hensen Anh §§ 9–11 AGBG Rn 597; Wolf/Horn/Lindacher § 9 AGBG Rn R 59). Sie ermöglicht es dem Veranstalter einer IT-Flug- oder Bahnpauschalreise, sich durch die bloße Klausel in seinen ARB, seiner Haftung nach §§ 651a ff zu entziehen. Dies ist mit den oben entwickelten Grundsätzen nicht zu vereinbaren. Entscheidend ist nicht die Bezeichnung als Fremdleistung, sondern das gesamte Auftreten des Anbieters aus der Sicht des Reisenden. Hierbei kommt der Bündelung einzelner Reiseleistungen

(Flug- oder Bahnbeförderung und Unterkunft) ebenso starke Bedeutung zu wie der Vereinbarung eines Gesamtpreises. Nur dann, wenn der Anbieter in seinem gesamten Auftreten gegenüber dem Reisenden in Prospekten, Buchungsunterlagen und Reisebestätigung unmissverständlich auf seine Stellung als bloßer Vermittler hinweist, handelt es sich um eine Fremdleistung. Eine bloße Fremdleistungsklausel in ARB genügt diesen Anforderungen nicht (OLG Frankfurt aM NJW 1988, 1328; RRa 2002, 272, 273; OLG Köln NJW-RR 1995, 314; OLG Celle RRa 1995, 52; LG Frankfurt aM MDR 1982, 229; NJW-RR 1994, 308; RRa 1995, 169; Führich Rn 115; MünchKomm/Tonner Rn 64; aA LG Frankfurt aM [31. Kammer] FVE Nr 308/309).

c) **Einzelfälle**

Der Reiseveranstalter wird auch hinsichtlich der Beförderungsleistung nicht durch den bloßen Hinweis im Prospekt zum Vermittler, dass alle Flüge mit **Linienmaschinen** erfolgen. Diesem Hinweis kann, auch wenn die Fluggesellschaft angegeben wird, nicht entnommen werden, dass nur eine Vermittlung gewollt war. Erforderlich ist also eine weitergehende Klarstellung. Der Hinweis, dass im Gegensatz zu Charterflügen die Beförderung mit Linienmaschinen nur vermittelt werden kann, ändert am Vorliegen eines Reisevertrages nichts. Ein Linienflug ist nur dann vermittelt, wenn er isoliert neben einer Gesamtleistung versprochen wird (OLG Frankfurt aM RRa 2002, 272, 273; LG Frankfurt aM MDR 1982, 229). Will daher der Reiseveranstalter nur als Vermittler fungieren, so muss er dies in der Reiseausschreibung unmissverständlich klarstellen. Dabei kommt es nicht auf die verwendeten Begriffe an, sondern allein darauf, wie sich die möglichen Vertragspartner tatsächlich gegenüberstehen. Entscheidend ist, wie das Reiseunternehmen aus der Sicht des Reiseinteressenten auftritt. Allein die Bezeichnung als **Reisebüro** lässt noch nicht automatisch darauf schließen, dass das Unternehmen nur vermittelt. Es kann trotzdem Reiseveranstalter sein (BGH NJW 1983, 1322; 1985, 906; OLG Düsseldorf NJW-RR 1990, 186; OLG Frankfurt aM NJW-RR 1991, 1019; LG Hamburg NJW-RR 1987, 370).

111

Bei einer **Flugpauschalreise**, die mit einem IT-Flug durchgeführt werden soll, kann der Reiseveranstalter, der zugleich die Unterkunft schuldet, allein durch eine **Aufspaltung** der Reiseleistungen in ein Beförderungs- und ein Unterkunftselement nichts an seiner Stellung als Veranstalter ändern (Bartl Rn 269; Tempel BB 1982, 627). Dies gilt jedenfalls dann, wenn er einen Pauschalpreis verlangt und gesonderte Preise für die einzelnen Leistungen weder ausweisen kann noch darf. Die separate Aushändigung eines Flugtickets ohne gesonderten Preis ändert hieran nichts. Bietet ein Veranstalter den Hin- und Rückflug mit einer Linienmaschine sowie eine Unterkunft zu einem Pauschalpreis an und stellt er sich dabei als „Linienveranstalter" vor, so ändert der Hinweis in dem Prospekt, dass jeder Partner für die von ihm zu erbringende Leistung eigenverantwortlich einsteht, am Vorliegen einer Pauschalreise nichts. Dies gilt erst recht, wenn dieser Text nur in kleiner Schrift erscheint. Bei der Abgrenzung von Eigen- und Fremdleistungen ist allein auf die objektiven Umstände des Einzelfalles (Anbieten einer Gesamtheit von Leistungen, Verlangen eines Gesamtpreises, Werbung) abzustellen. Wird durch diese der Eindruck einer Eigenleistung erweckt, so kommt es auf sonstige Umstände iSd Abs 2 nicht mehr an (vgl LG Frankfurt aM FVE Nr 305). Entscheidend ist also, wie der Reiseunternehmer auftritt (MünchKomm/Tonner Rn 64). Bei einem Linienflug handelt es sich danach nicht ohne weiteres um eine Leistung der Fluggesellschaft, bei der ein Reiseunternehmen nur als Vermittler auftritt (OLG Frankfurt aM RRa 2002, 272, 273). Dies gilt auch dann, wenn die sonstigen

112

Leistungen einer Pauschalreise (Unterkunft, Verpflegung) ebenfalls von dieser Fluggesellschaft angeboten werden (LG Frankfurt aM MDR 1982, 229; LG Berlin FVE Nr 514; **aA** LG Frankfurt aM FVE Nr 308/309). Zwar bestimmt die Fluggesellschaft beim Linienflug anders als beim Charterflug den Zeitpunkt und den Ablauf des Fluges selbständig, doch kommt es auf die Einwirkungsmöglichkeiten des Veranstalters auf den Leistungsträger nicht entscheidend an. Maßgebend ist vielmehr, wer dem Reisenden gegenüber aus dessen Sicht als Veranstalter erscheint. Allerdings kann der Kunde bei der Ankündigung von Linienflügen auch unter Berücksichtigung von Abs 2 nicht unbedingt damit rechnen, dass der Erklärende die vertraglich vorgesehene Leistung in eigener Verantwortung erbringt (LG Frankfurt aM FVE Nr 309). Beim Angebot von Linienflügen neben sonstigen Reiseleistungen ist also eine bloße Vermittlerleistung wahrscheinlicher. Es müssen aber jedenfalls Umstände vorliegen, die auf eine Fremdleistung hindeuten. Wird in den Anmeldeformularen festgelegt, dass die Ausgabe der Flugscheine durch das Reisebüro erfolgt, so stellt dies noch keinen entsprechend klaren Hinweis auf den Fremdleistungscharakter dar (vgl AG Frankfurt aM FVE Nr 314).

113 Ist ein Flug **Bestandteil einer Pauschalreise**, so stellen die beförderungsrechtlichen Bestimmungen Sonderregelungen dar. Eventuelle Haftungsbeschränkungen können daher auch zugunsten des Veranstalters eingreifen. Bedeutung kann dies zB im Hinblick auf die Pflicht des Veranstalters erlangen, dafür einzustehen, dass das Gepäck rechtzeitig am Reiseziel anlangt (Art 19, 20 WA). Nach Art 19 WA hat der Luftfrachtführer nämlich lediglich den Schaden zu ersetzen, der durch die **Verspätung** bei der Luftbeförderung von Reisenden, Gütern oder Gepäck entsteht. Von einem solchen Verzögerungsschaden kann aber nur bei einem Zusammenhang mit dem Flugbetrieb die Rede sein, nicht dagegen, wenn die Verspätung erfolgt, weil die vorgesehene Luftbeförderung ganz unterbleibt (BGH NJW 1979, 495). Der Luftfrachtführer kann sich außerdem nach Art 20 WA **exkulpieren**, wenn er beweist, dass er und seine Leute alle erforderlichen Maßnahmen zur Vermeidung der Verspätung getroffen haben. Er haftet also nur aus vermutetem Verschulden. Dabei ist hinsichtlich des Umfangs der Haftung str, ob Art 22 WA nur solche Schäden erfasst, die unmittelbar durch den Lufttransport oder durch Störungen beim Lufttransport entstehen oder ob von dieser Bestimmung auch die weitergehenden Folgeschäden abgedeckt sind (vgl AG Frankfurt aM FVE Nr 320).

aa) Verkauf von Fahrkarten, Flugscheinen und Schiffskarten

114 Beim Verkauf einzelner **Fahrkarten, Flugscheine** oder **Schiffskarten** handeln Reisebüros erkennbar nur als Vermittler (BGHZ 61, 275, 278). Der Beförderungsvertrag iSd §§ 631 ff kommt daher unmittelbar zwischen dem Verkehrsunternehmen und dem Kunden des Reisebüros zustande. Das Reisebüro handelt insoweit als Vertreter des Verkehrsunternehmens. Hieraus folgt, dass das Reisebüro bei Ausfällen oder Mängeln der Beförderung nicht als Veranstalter haftet. Es muss lediglich alle für die Buchung erforderlichen Schritte unternehmen. Hierzu gehört insbesondere die Beratung und die Betreuung des Reisenden zB durch Zusenden von Flugtickets (OLG Düsseldorf RRa 1993, 15; vgl Führich Rn 577 ff). Dass das Reisebüro die erforderlichen Schritte unternommen und daher eine Pflichtverletzung nicht zu vertreten hat, muss es im Schadensersatzprozess beweisen (BGH NJW 1987, 1938; LG Stuttgart NJW-RR 1993, 1020). Auch bei Reisen, die ein anderes Unternehmen zusammengestellt hat und die nach einem vom Veranstalter herausgegebenen Prospekt angeboten werden, sind

Reisebüros, wenn sie Bestellungen für die Reiseveranstalter entgegennehmen, in der Regel nur Vermittler (BGHZ 62, 71; BGH NJW 1974, 1242).

bb) Ferienhäuser

Wie die Verschaffung eines **Ferienhauses** oder einer **Ferienwohnung** rechtlich zu erfassen ist, ist zweifelhaft (vgl Rn 28 ff). Hier kann der Reiseunternehmer bloßer Vermittler sein. Er kann sich aber auch wie ein Reiseveranstalter verpflichten, selbst dafür zu sorgen, dass sein Vertragspartner den Urlaub in einer Unterkunft der gewünschten Art verbringen kann. Im letzteren Fall liegt ein Werkvertrag iSd §§ 631 ff vor. Ist der Unternehmer, insbesondere durch sein Prospektmaterial, als Veranstalter aufgetreten, so ist sein innerer Wille, nicht im eigenen, sondern im fremden Namen zu handeln, sofern er nicht erkennbar hervortritt, nach § 164 Abs 2 unbeachtlich. Seine Verpflichtungen gegenüber dem Reisenden hat der Veranstalter noch nicht dadurch erfüllt, dass er Vertragsbeziehungen zu dem Eigentümer begründet. Er hat vielmehr dafür zu sorgen, dass die Unterkunft in dem vereinbarten Zeitraum auch tatsächlich zur Verfügung steht (BGHZ 61, 275). Ist ein vertraglich zugesagtes Ferienhaus belegt, so umfasst die Schadensersatzverpflichtung des Reiseunternehmers alle Schäden, die mit der Buchung zusammenhängen. Ein Urlauber, der einen Bungalow gebucht hat, braucht sich, wenn dieser belegt ist, nicht auf ein Hotel verweisen zu lassen, da es an der erforderlichen Gleichwertigkeit fehlt (LG Frankfurt aM FVE Nr 1052; vgl auch OLG Köln NJW-RR 1994, 55).

d) Zusammenfassung

Abs 2 schließt die Tätigkeit als bloßer **Reisevermittler** nicht aus. Die Erklärung, nur Verträge mit den Leistungsträgern zu vermitteln, ist nur unbeachtlich, wenn nach den Umständen des Einzelfalles der Anschein begründet wird, dass der Erklärende die vertraglich vorgesehenen Reiseleistungen in eigener Verantwortung erbringen will. Soweit es sich bei einer Reiseleistung danach tatsächlich um eine nur vermittelte Fremdleistung handelt, haftet der Veranstalter grundsätzlich auch nur für eine ordnungsgemäße Vermittlungsleistung.

Der Reiseveranstalter kann auch nach Abs 2 jede Reiseleistung zum Gegenstand eines bloßen Vermittlungsvertrages machen. Ob der Reiseunternehmer eine Leistung als Veranstalter oder als bloßer Vermittler erbringt, hängt allein von der Vertragsgestaltung und insbesondere davon ab, wie der Reisende die Erklärungen und das Verhalten des Reiseunternehmers verstehen darf (BGH NJW 1985, 906; OLG Frankfurt aM FVE Nr 509; RRa 2002, 272, 273; OLG Köln RRa 1995, 29; LG Frankfurt aM NJW-RR 1994, 308; RRa 1995, 169). Es ist aber stets erforderlich, dass für die nur vermittelten Leistungen **gesonderte Preise** berechnet werden und nicht etwa ein Pauschalpreis für die Gesamtheit der Reiseleistungen verlangt wird (vgl MünchKomm/Tonner Rn 62). Weist der Reiseveranstalter auf **Zusatzleistungen** wie zB Sportmöglichkeiten, Hobbykurse, Mietwagen oder Ausflüge hin, die gesondert bezahlt werden müssen, so verpflichtet er sich nicht zur eigenverantwortlichen Erbringung dieser Leistungen. Trotzdem kann ein Fehler der Reise vorliegen, wenn diese Zusatzleistungen am Urlaubsort überhaupt nicht angeboten werden. Der Reisende kann in diesen Fällen nicht allein auf Schadensersatzansprüche wegen Verletzung des Vermittlungsvertrages verwiesen werden. Hat der Veranstalter den Vermittlungsvertrag schuldhaft verletzt, so wirkt sich diese Verletzung auf die Reiseleistungen aus. Dadurch wird der Inhalt des Reisevertrages nicht unzulässig erweitert. Hat der Veranstalter im Prospekt zB auf die entgeltliche Möglichkeit einer Nutzung von Tennisplätzen hingewiesen, so ist die Reise mangelhaft, wenn es nicht möglich ist, Tennis zu spielen. Die Berechnung der Minderung kann dabei allerdings schwierig sein, doch ist dies keine Besonderheit dieser Fälle.

5. Darlegungs- und Beweislast

118 Die Voraussetzungen für die Unbeachtlichkeit einer Vermittlerklausel sind vom Reisenden zu beweisen (vgl BAUMGÄRTEL/STRIEDER Rn 1). Da der Reisende die entsprechenden Umstände, die auf eine eigenverantwortliche Leistung seines Vertragspartners hindeuten, kennen muss, um die Unbeachtlichkeit der Vermittlerklausel geltend machen zu können, ist er für diese Umstände darlegungs- und beweispflichtig. Die Abrechnung einer Mehrheit von Reiseleistungen zu einem **Pauschalpreis** ist mehr als nur ein Indiz für die eigenverantwortliche Erbringung einer Reiseleistung, da dann eine bloße Vermittlung nicht mehr vorliegen kann (BAUMGÄRTEL/STRIEDER Rn 1). Stellt der Reiseveranstalter nicht hinreichend klar, dass er bestimmte Einzelleistungen innerhalb einer Pauschalreise (zB Ausflüge während eines Urlaubs) nur vermitteln will, so gehen derartige Unklarheiten zu seinen Lasten (BARTL Rn 21 u 236; BAUMGÄRTEL/STRIEDER Rn 2).

VI. Pflichten der Parteien des Reisevertrages

1. Pflichten des Reiseveranstalters

119 Der Reiseveranstalter ist verpflichtet, die vereinbarten **Reiseleistungen** zu planen, zu organisieren, durchzuführen sowie die dafür erforderlichen Leistungsträger sorgfältig auszuwählen und zu überwachen (Abs 1 S 1). Der Umfang dieser Pflicht ergibt sich insbesondere aus den Angaben des Reiseveranstalters in seinem Prospekt, in der Reisebestätigung und aus Individualabreden mit dem Reisenden. Zu den Pflichten des Reiseveranstalters gehören auch umfangreiche **Informationspflichten**. Insbesondere muss der Reiseveranstalter bei Auslandsreisen den Reisenden auf Abweichungen der landesüblichen Maßstäbe vom deutschen Standard hinweisen (BGHZ 100, 157, 175). Die in Abs 3 S 2 in Bezug genommenen Richtlinien des Art 238 Abs 1 EGBGB für die Aufklärungspflichten des Reiseveranstalters werden durch die §§ 4–11, 15 der BGB-InfoV vom 2. Januar 2002 (BGBl 2002 I 342; idF der Bekanntmachung v 5. 8. 2002 BGBl 2002 I 3002) konkretisiert. Ganz überwiegend handelt es sich auch bei diesen Informationspflichten um Hauptpflichten des Reiseveranstalters (Münch-Komm/ TONNER Rn 42; PICK Rn 62 u 66; SOERGEL/H-W ECKERT Rn 46). Wegen der ausgedehnten Hauptpflichten des Reiseveranstalters bleibt wenig Raum für Nebenpflichten (SOERGEL/H-W ECKERT Rn 49; nach FÜHRICH Rn 129 wird die Unterscheidung in Haupt- und Nebenpflichten der Rechtsnatur des Reisevertrages nicht gerecht; noch weitergehend Münch-Komm/TONNER Rn 46, der gar keinen Anwendungsbereich für Nebenpflichten sieht).

a) Hauptpflichten

120 Beim Reisevertrag dürfen die verschiedenen Einzelleistungen nicht isoliert betrachtet werden. Vielmehr ist der Veranstalter verpflichtet, dem Reisenden die Möglichkeit zu verschaffen, einen nützlichen Urlaub zu verbringen. Hierzu gehört auch die **Koordination** der ineinander greifenden Einzelleistungen (BIDINGER/MÜLLER 58; Münch-Komm/TONNER Rn 42; RGRK/RECKEN Rn 39; SEYDERHELM Rn 142; SOERGEL/H-W ECKERT

Rn 46). Der Reiseveranstalter schuldet daher die Reise als Ganzes. Diese besteht nicht nur aus den einzelnen Reiseleistungen und deren Koordinierung, sondern auch aus der sorgfältigen **Reisevorbereitung** und der verantwortungsvollen **Auswahl und Überwachung der Leistungsträger** (Bidinger/Müller 58; Führich Rn 129; Münch-Komm/Tonner Rn 42). Nr 9 Abs 1 der Konditionenempfehlung beschreibt diese Pflichten des Reiseveranstalters zutreffend folgendermaßen:

„Der Reiseveranstalter haftet im Rahmen der Sorgfaltspflicht eines ordentlichen Kaufmanns für:
1. die gewissenhafte Reisevorbereitung;
2. die sorgfältige Auswahl und Überwachung des Leistungsträgers;
3. die Richtigkeit der Beschreibung aller in den Katalogen angegebenen Reiseleistungen, sofern der Reiseveranstalter nicht gemäß Ziff 3 vor Vertragsschluß eine Änderung der Prospektangaben erklärt hat;
4. die ordnungsgemäße Erbringung der vertraglich vereinbarten Reiseleistungen."

Der Reiseveranstalter muss den Reisenden darüber hinaus über alle wesentlichen Veränderungen im Urlaubsgebiet unterrichten, die die Reise beeinträchtigen oder vereiteln können (vgl hierzu unten, Rn 123).

Die Hauptpflicht des Reiseveranstalters besteht darin, die versprochene Gesamtheit von Reiseleistungen zu erbringen. Deren **Umfang** bestimmt sich nach der **Leistungsbeschreibung** in der Buchungserklärung des Reisenden und der Reisebestätigung des Veranstalters (vgl § 651a Abs 3 S 1 u § 6 BGB-InfoV). Zur Konkretisierung des Leistungsinhalts ist ergänzend die Reisebeschreibung im **Prospekt** heranzuziehen (LG Frankfurt aM NJW-RR 1987, 747; 1988, 635; Erman/Seiler Rn 15; Führich Rn 130; Pick Rn 66 f; Soergel/H-W Eckert Rn 47). Die im Prospekt enthaltenen Angaben, die dem Reiseveranstalter in § 4 Abs 1 BGB-InfoV vorgeschrieben sind, müssen nach den **Grundsätzen der Prospektwahrheit und Prospektklarheit** richtig, vollständig und eindeutig sein. Maßgebend ist dabei nach §§ 133, 157, 242 die für einen Durchschnittsreisenden erkennbare Sprachbedeutung (BGHZ 100, 157, 176). Unklarheiten gehen nach § 305 Abs 2 zu Lasten des Reiseveranstalters (Seyderhelm Rn 144). Den genannten Grundsätzen widersprechen Beschreibungen der Reiseleistungen, bei denen der Reisende viel Phantasie aufbringen muss, um „zwischen den Zeilen" zu lesen (Kaller Rn 55). Der Prospekt muss weiter so beschaffen sein, dass der Reisende alle für ihn wesentlichen Informationen zusammenfassend und einheitlich dort dargestellt findet, wo er sie erwarten darf (LG Frankfurt aM VuR 1986, 37, 39). Für den Leistungsumfang sind dabei die Beschreibungen des Urlaubsortes, nicht aber allgemeine Beschreibungen des Zielgebiets maßgebend (AG Düsseldorf RRa 1994, 104). Die früher häufig verwendete **Drucklegungsklausel** in den ARB, nach der für Prospektbeschreibungen die Verhältnisse im Zeitpunkt der Drucklegung des Prospekts maßgebend sind, ist wegen Verstoßes gegen § 308 Nr 4 und § 307 unwirksam (so Rn 93). Sie höhlt die Hauptleistungspflicht des Reiseveranstalters aus (vgl Erman/Seiler Rn 15). Auch die sog **Landesüblichkeitsklausel**, nach der sich der Umfang der Leistungen aus Leistungsbeschreibung und Reisebestätigung „unter Berücksichtigung der Landesüblichkeit" ergibt, ist zu unbestimmt und allgemein gefasst und daher nach § 307 unwirksam. Der Reiseveranstalter muss die landesüblichen Besonderheiten daher genau bezeichnen (BGHZ 100, 157, 173 ff; OLG Frankfurt aM NJW 1986, 1618; Erman/Seiler Rn 15; Führich Rn 138; MünchKomm/Tonner Rn 45).

122 Der Umfang der vom Reiseveranstalter zu erbringenden Leistungen ergibt sich aber auch aus der **Reisebestätigung**, die er dem Reisenden gem § 651a Abs 3 S 1 bei oder unverzüglich nach Vertragsschluss auszuhändigen hat und deren Inhalt in § 6 Abs 2 BGB-InfoV zwingend vorgeschrieben ist. Daneben können auch **Individualabreden** zwischen dem Reisenden und dem Veranstalter bzw dessen Buchungsstellen über den Inhalt der Reise geschlossen werden. Diese betreffen vor allem **Sonderwünsche** des Reisenden, zB bezüglich der Lage des Zimmers. Vereinbarte Sonderwünsche sind nach § 6 Abs 2 Nr 5 BGB-InfoV in die Reisebestätigung aufzunehmen. Dies ist aber nicht in dem Sinne zu verstehen, dass mündliche Nebenabreden ohne schriftliche Bestätigung unwirksam wären (FÜHRICH Rn 135). Mündlichen Abreden kann auch nicht durch eine **Schriftformklausel** in den ARB, wonach mündliche Nebenabreden ungültig sind, die Wirksamkeit genommen werden. Dem steht der Vorrang der Individualabrede nach § 305 b (BGH NJW 1982, 377; LG München I VuR 1989, 34; 1989, 138; BIDINGER/MÜLLER 58; FÜHRICH Rn 135; MünchKomm/TONNER Rn 44; BGB-RGRK/RECKEN Rn 40) entgegen. Die Unwirksamkeit der Schriftformklausel ergibt sich aber auch aus § 307 (BGH NJW 1982, 1389; LG München I VuR 1989, 259; LG Frankfurt aM NJW-RR 1994, 1542; BIDINGER/MÜLLER 58). Insoweit ist das schutzwürdige Vertrauen des Reisenden auf die Verbindlichkeit mündlicher Zusicherungen des Reiseveranstalters oder seiner Vertreter gegen das berechtigte Interesse des Veranstalters von Massengeschäften daran, durch die schriftliche Bestätigung eine verlässliche Übersicht über Art und Umfang der zu erfüllenden Verpflichtungen zu erhalten, abzuwägen. Die Entscheidung kann daher nicht generell, sondern nur nach den Umständen des Einzelfalles getroffen werden (ERMAN/SEILER Rn 15; FÜHRICH Rn 135; TEMPEL JuS 1984, 81, 83). Namentlich bei mündlichen Nebenabreden kann es zu Abweichungen der Reisebestätigung von dem Angebot des Reisenden kommen. In diesem Fall kann der Reisende allein daraus, dass die Bestätigung zu einem von ihm geäußerten Sonderwunsch schweigt, nicht auf eine Annahme dieses Sonderwunsches durch den Reiseveranstalter schließen (BIDINGER/MÜLLER 59; **aA** LG Frankfurt aM NJW-RR 1991, 878). Vielmehr enthält die Bestätigung nach § 150 Abs 2 ein neues Angebot, das der Reisende durch Zahlung des Reisepreises oder Antritt der Reise konkludent annehmen kann (ERMAN/SEILER Rn 15; FÜHRICH Rn 135). Übermittlungsfehler der Mitarbeiter des Reisebüros muss sich der Reiseveranstalter idR zurechnen lassen (BGHZ 82, 219, 222). Möchte sich der Reiseveranstalter die Bestätigung von Sonderwünschen selbst vorbehalten und dazu die Handlungsvollmacht seiner Buchungsstellen beschränken, so sollte er dies in seinen Prospekten und Buchungsformularen für den Reisenden klar und unmissverständlich deutlich machen (BGH NJW 1982, 1389, 1390; BIDINGER/MÜLLER 58; BGB-RGRK/RECKEN Rn 40).

123 Die vom Reiseveranstalter geschuldete Gesamtheit von Reiseleistungen umfasst auch die **Beseitigung** aller denkbaren **Reisehindernisse**. Deshalb hat der Reiseveranstalter den Reisenden grundsätzlich ungefragt über alle für eine ordnungsgemäße Durchführung der Reise erforderlichen Umstände zu informieren (BGH NJW 1982, 1521). Insbesondere hat der Veranstalter den Reisenden über Pass-, Visa-, Devisen- und Gesundheitsbestimmungen, welche für das Zielland oder für Durchreiseländer gelten, zu unterrichten (BGH NJW 1985, 1165; LG Frankfurt aM NJW-RR 1980, 1230; 1989, 312; LG Hamburg N JW 2001, 835; AG Hannover RRa 2001, 64). Er muss den Reisenden darüber hinaus über alle wesentlichen Veränderungen zwischen Buchung und Reiseantritt im Zielgebiet informieren (Streiks, Beschlagnahme von Hotels, Naturkatastrophen usw; vgl LG Frankfurt aM NJW-RR 1980, 1196; 1991, 313; NJW 1980, 1696; NJW-RR 1991, 313 f; RRa

1997, 203; LG Düsseldorf NJW-RR 1987, 176; LG Hannover NJW-RR 1989, 820; 1989, 821; AG Gelsenkirchen VuR 1988, 331; FÜHRICH Rn 132). Auch gehört es zu den Vertragspflichten eines Reiseveranstalters, den Kunden über die Gefahren des jeweiligen Reiselandes aufzuklären. Der Reisende wendet sich auch gerade deshalb an ein erfahrenes Reisebüro, weil dieses bessere Erkenntnismöglichkeiten über das Reiseland und die dortigen Verhältnisse hat. Die Informationspflicht ist aber nicht unbegrenzt. Der Veranstalter hat nur über die Risiken aufzuklären, über die der Reisewillige nach Treu und Glauben erkennbar aufgeklärt werden will. Dies ist zB nicht der Fall, wenn es sich um Verhältnisse handelt, die in der Bundesrepublik allgemein bekannt sind. So besteht keine Informationspflicht darüber, dass bei einem Grenzübertritt ein gültiger Personalausweis benötigt wird. Der Veranstalter muss auch nicht über das allgemeine Lebensrisiko des Reisenden informieren (zB die Gefahr, während der Reise bestohlen zu werden, LG Berlin NJW 1985, 144). Auch das gewöhnliche Gesundheits- oder Unfallrisiko hat der Reisende selbst zu tragen (OLG Karlsruhe VersR 1984, 795; LG Frankfurt aM NJW-RR 1986, 1521; 1991, 1076). Gleiches gilt für andere allgemein bekannte Umstände. Daher braucht der Reiseveranstalter zB bei einer Skireise nicht darauf hinzuweisen, dass evtl kein Schnee liegt (LG Frankfurt aM NJW-RR 1992, 890). Er muss jedoch in besonders gefährdeten Gebieten den Reisenden auf die spezielle mit seiner Unterkunft verbundene Gefahr von Überfällen aufmerksam machen (BGH NJW 1982, 1521). Im Übrigen genügt der Veranstalter seiner Informationspflicht durch Hinweise im Reiseprospekt bzw in den Buchungsunterlagen. Die Informationspflichten sind durch die in Umsetzung der Pauschalreise-Richtlinie auf der Grundlage von Art 238 Abs 1 EGBGB erlassenen §§ 4–11, 15 BGB-InfoV im Einzelnen geregelt worden (vgl dazu die Kommentierung der §§ 4–11, 15 BGB-InfoV im Anh zu § 651a). Bei diesen Informationspflichten handelt es sich nicht nur um eine Nebenpflicht, sondern um eine Hauptpflicht des Veranstalters (BGHZ 130, 128; FÜHRICH Rn 131; MünchKomm/TONNER Rn 42; PICK Rn 62, 66; SOERGEL/H-W ECKERT Rn 46), da ohne deren Einhaltung der Vertragszweck, die Durchführung der Reise, überhaupt nicht erreicht werden kann. Verletzt der Veranstalter schuldhaft seine Informationspflichten, so ist er entweder nach den allgemeinen Bestimmungen über Leistungsstörungen oder nach § 651f schadensersatzpflichtig. Für Ansprüche aus positiver Forderungsverletzung gem §§ 280 Abs 1, 241 Abs 2 ist dagegen wie bei der Verletzung sonstiger Informationspflichten kein Raum. Die Verletzung derartiger Informationspflichten beeinträchtigt die Durchführungspflicht des Veranstalters, weshalb die Gewährleistungsregelungen der §§ 651c ff eingreifen.

b) Nebenpflichten
Den Reiseveranstalter treffen neben seiner Hauptleistungspflicht, die geschuldeten Reiseleistungen zu erbringen, auch Nebenpflichten. Diese sind allerdings wegen des weiten Umfangs der Hauptleistungspflichten von untergeordneter Bedeutung. Als Nebenpflichten kommen namentlich **Beratungs-, Hinweis-, Schutz-** und **Obhutspflichten** im Umfeld der durchzuführenden Reise in Betracht (OLG Frankfurt aM RRa 1994, 8). So gehört zu den Nebenpflichten des Reiseveranstalters aus dem Reisevertrag zB die sorgfältige Aufbewahrung liegen gelassener Kleidungsstücke und anderer Gegenstände des Reisenden (LG Frankfurt aM FVE Bd 23 Nr 546). Eine Verletzung von Schutz- und Obhutspflichten ist zB anzunehmen, wenn der Reiseleiter eines „Gebirgs-Trekkings" durch Indonesien mit der übrigen Gruppe das Expeditionsgebiet verlässt, ohne sich zuvor Gewissheit über den Gesundheitszustand und eine eventuelle Erkrankung eines im Lager zurückgebliebenen erschöpften und verletzten Reisenden

zu verschaffen (OLG Frankfurt aM RRa 1994, 8). Auch bezüglich derartiger Nebenpflichten kommt aber der Klassifikation als Neben- oder Hauptpflicht kein erheblicher Stellenwert zu. Jedenfalls stehen dem Reisenden bei einer schuldhaften Verletzung der Schutz- und Obhutspflichten durch den Veranstalter Minderungs- und Schadensersatzansprüche aus den §§ 651d bzw f zu (OLG Frankfurt aM RRa 1994, 8).

2. Pflichten des Reisenden

a) Hauptpflicht

125 Hauptpflicht des Reisenden ist es, den vereinbarten **Reisepreis** zu zahlen (Abs 1 S 2). Dies muss nach den ARB idR vor Beginn der Reise erfolgen. Vor dem damit verbundenen Insolvenzrisiko wird der Reisende durch § 651k geschützt.

aa) Verpflichtung zur Zahlung des vereinbarten Reisepreises

126 Nach Abs 1 S 2 ist der Reisende verpflichtet, dem Reiseveranstalter den vereinbarten **Reisepreis** sowie evtl vereinbarte **Zusatzgebühren** wie zB für vom Veranstalter beschaffte Visa oder Versicherungen zu zahlen (JAUERNIG/TEICHMANN Rn 11; PICK Rn 70 f; SOERGEL/H-W ECKERT Rn 50). Hierin liegt die im Gegenseitigkeitsverhältnis stehende Hauptleistungspflicht des Reisenden. Bei dem Reisepreis handelt es sich regelmäßig um den Gesamtpreis, der das Entgelt für eine Mehrzahl von Reiseleistungen darstellt. Der Reisepreis, die Höhe einer zu leistenden Anzahlung und die Fälligkeit des Restbetrages sind schon im Prospekt deutlich lesbar, klar und genau anzugeben (§ 4 Abs 1 BGB-InfoV). Der Reisepreis ist als **Endpreis** unter Einschluss anderer obligatorischer Nebenleistungen anzugeben (§ 1 Abs 1 PAngVO; vgl BGH GRUR 1981, 140; OLG Frankfurt aM RRa 1996, 137; LG Berlin RRa 1994, 66; BIDINGER/MÜLLER 59; FÜHRICH Rn 140). Weicht der in der Reisebestätigung genannte Reisepreis (vgl § 6 Abs 2 BGB-InfoV) vom Prospektpreis ab, so liegt nach § 150 Abs 2 ein neues Angebot des Veranstalters vor, das der Reisende mit seiner vorbehaltlosen Zahlung annimmt. Der Reisende kann in diesem Fall seine Erklärung wegen Inhaltsirrtums nach § 119 Abs 1, 1. Alt anfechten, wenn er die Reise nur zu dem im Prospekt angegebenen Preis buchen wollte. Wird dagegen in der Reisebestätigung ein zu niedriger Reisepreis angegeben, kann der Reiseveranstalter den Preis nicht nachträglich unter Berufung auf einen **Kalkulationsirrtum** erhöhen, wenn dem Reisenden die Berechnungsgrundlage bei der Buchung nicht bekannt war (LG Frankfurt aM NJW-RR 1988, 1331). Zahlt der Reisende in einem solchen Fall einen vom Veranstalter verlangten Aufpreis unter Vorbehalt, so kann er diesen zurückverlangen (LG Frankfurt aM NJW-RR 1988, 1331; AG Frankfurt aM NJW-RR 1990, 116; FÜHRICH Rn 140; TEMPEL TranspR 2001, 337). Betraf die Reise eine Flugreise für zwei Personen mit Unterbringung in Doppelzimmern, so sind die Reisenden gem § 427 Gesamtschuldner hinsichtlich des gesamten Reisepreises. Die Gesamtgläubigerschaft führt notwendigerweise zur Annahme einer Gesamtschuldnerschaft (AG Charlottenburg FVE Nr 282).

bb) Fälligkeit des Reisepreises

127 Die §§ 651a ff enthalten keine Regelung über die **Fälligkeit des Reisepreises**. Es gilt daher das Werkvertragsrecht entsprechend. Dabei kann nicht auf die Fälligkeitsregelung des § 641 Abs 1 zurückgegriffen werden, da die Abnahme einer Reise als eines nicht körperlichen Gegenstandes nicht möglich ist. Daher tritt nach allgemeinem Werkvertragsrecht an die Stelle der Abnahme die Vollendung des Werkes (vgl § 646). Diese tritt zu dem Zeitpunkt ein, zu dem der Reiseveranstalter alle Reiseleis-

tungen erbracht hat (Führich Rn 143; Palandt/Sprau Rn 3; RGRK/Recken Rn 47). Danach trifft den Reiseveranstalter grundsätzlich eine **Vorleistungspflicht** (BGHZ 100,157).

cc) Zulässigkeit abweichender Vereinbarungen
In der Praxis enthalten allerdings die ARB regelmäßig Klauseln, die eine **Vorleis- 128 tungspflicht des Reisenden** festlegen. Die Vorleistungspflicht des Reiseveranstalters wird also zu Lasten des Reisenden umgekehrt. Dieser hat idR bei Vertragsschluss eine Anzahlung und vor Reiseantritt den Restbetrag im Voraus zu zahlen. Die Problematik der Vorleistungspflicht des Reisenden liegt einmal im **Verlust von Erfüllungsverweigerungsrechten** (§§ 273, 320) und zum anderen in der **Verlagerung des Insolvenzrisikos** auf ihn. Das aus der Vorleistungspflicht resultierende Insolvenzrisiko des Reisenden ist allerdings durch § 651k, der Art 7 der Pauschalreise-Richtlinie umsetzt, entschärft worden. Nach § 651k Abs 4 S 1 darf der Reiseveranstalter Zahlungen des Reisenden auf den Reisepreis vor Beendigung der Reise nur verlangen, wenn er dem Reisenden einen Sicherungsschein übergeben hat. Damit bleibt jedoch nach wie vor ungeklärt, innerhalb welcher Fristen der Reiseveranstalter Anzahlungen oder Vorauszahlungen gegen Aushändigung eines Sicherungsscheins verlangen darf (vgl dazu § 651k Rn 18).

(1) Vorleistungsklauseln
Problematisch ist zunächst, ob die eine Vorleistungspflicht des Reisenden anordnen- 129 den Vorleistungsklauseln in den ARB mit **§ 309 Nr 2 a** vereinbar sind. Danach ist in AGB eine Klausel unwirksam, durch die das Leistungsverweigerungsrecht, das dem Vertragspartner des Verwenders nach § 320 zusteht, ausgeschlossen oder eingeschränkt wird. Fest steht, dass der Gesetzgeber mit der Regelung in § 309 Nr 2 die Vorleistungspflicht nicht ausschließen wollte, weil mit Vorleistungsklauseln im Rechtsverkehr zwischen Verwender und Nichtkaufmann kein Missbrauch getrieben worden war und weil für die Vorkasse des Kunden mitunter gute sachliche Gründe sprechen. Hier sind vor allem das Risiko des Verwenders, das Entgelt zu erhalten, sowie die vom Verwender bereits erbrachten – und vorfinanzierten – erheblichen Vorleistungen zu nennen (BT-Drucks 7/3919; vgl Soergel/Stein § 11 Nr 2 AGBG Rn 18; Ulmer/Brandner/Hensen § 11 Nr 2 AGBG Rn 11). Hinzu kommt, dass der Reiseveranstalter beim Reisevertrag anders als beim Werkvertrag nach Beendigung der Reise kein Zurückbehaltungsrecht mehr geltend machen kann, eine wirkliche Zug-umZug-Leistung also ausscheidet. Beim Reisevertrag muss daher eine der Vertragsparteien in die Vorleistung treten. Dass dies uneingeschränkt und zwingend der Reiseveranstalter sein muss, ist wenig überzeugend.

Nach hL verbietet denn auch § 11 Nr 2 a AGBG Vorleistungsklauseln nicht (Bartl **130** Rn 188; Führich Rn 144; Löwe/Zoller BB 1985, 2014, 2015; Seiler BB 1986, 1932; Staudinger/ Schlosser § 11 Nr 2 AGBG Rn 1; Teichmann JZ 1985, 314 ff; Ulmer/Brandner/Hensen § 11 Nr 2 AGBG Rn 11; Wolf/Horn/Lindacher § 11 Nr 2 AGBG Rn 7 u § 9 AGBG Rn 60; aA Löwe/ Graf v Westphalen § 11 Nr 2 AGBG Rn 13; Tonner DB 1980, 1629; NJW 1985, 111; Jura 1988, 185). Der Wortlaut der Norm sei zu weit gefasst und müsse daher einschränkend in dem Sinne ausgelegt werden, dass nur solche Fälle einer formularmäßigen Begründung von Vorleistungspflichten gemeint seien, in denen der Verwender ausschließlich die ungehinderte Durchsetzung seiner Rechte sicherstellen wolle. So liege es aber nicht, wenn andere, legitime Gründe für die Vorleistungspflicht des Kunden hinzuträten, zB die Absicht, einen Ausgleich für die von ihm bereits erbrachten Aufwendungen zu erhalten (MünchKomm/BASEDOW § 11 Nr 2 AGBG Rn 35). Die **Rspr** des BGH zur rechtlichen Behandlung von Vorleistungsklauseln ist uneinheitlich (vgl MünchKomm/BASEDOW § 309 Nr 2 Rn 12; ULMER/BRANDNER/HENSEN § 309 Nr 2 Rn 14). Während der VIII. Zivilsenat die rechtliche Wirksamkeit der Vorleistungsklauseln nur nach § 307 beurteilt (BGH NJW 1985, 850; 1998, 3119; 1999, 2180), wendet der VII. Zivilsenat einmal nebeneinander §§ 306 a u 309 Nr 2 an (BGH NJW 1985, 852), bei anderer Gelegenheit aber gleichzeitig §§ 307 u 309 Nr 2 (BGH NJW 1985, 855, 857). Erst in seiner Grundsatzentscheidung zur Vorauskassepraxis im Reisevertragsrecht hat der VII. Senat festgestellt, dass grundsätzlich § 307 heranzuziehen ist und §§ 307 iVm 309 Nr 2 nur dann anwendbar seien, wenn die Vorleistungspflicht des Reisenden zu dem Zweck begründet wurde, das Klauselverbot des § 309 Nr 2 zu umgehen (BGHZ 100, 157; BGH NJW-RR 1986, 959). Ähnlich ist nach Auffassung des III. Zivilsenats „jedenfalls" § 307 zu prüfen, wenn §§ 306 a, 309 Nr 2 nicht einschlägig seien (BGH NJW 1984, 2816; 1986, 3199). Demgegenüber steht TONNER (DB 1980, 1629, 1630; NJW 1985, 111, 112) auf dem Standpunkt, dass Vorauszahlungsklauseln schon begrifflich unter § 309 Nr 2 a fallen. Das durch § 309a Nr 2 unabdingbar gewordene Leistungsverweigerungsrecht des § 320 werde durch die Vorauszahlungsklausel inhaltlich ausgehöhlt. Zwar werde im § 320 eine abweichende Regelung ausdrücklich für zulässig erklärt, aber § 309 Nr 2 hebe diese Dispositivität des § 320 auf. Diesem Ergebnis stehe auch der Wille des Gesetzgebers entgegen. TONNER sieht zwar auch, dass bei Reiseveranstaltungen ein gleichzeitiger Leistungsaustausch nicht möglich ist. Er will dem Reiseveranstalter über ARB aber nur das Recht auf Teilvorleistungen des Reisenden einräumen. Es sei durchaus denkbar, einen ersten Teil des Reisepreises nach Ankunft am Urlaubsort fällig zu stellen und dann wöchentliche Zahlung zu vereinbaren. Die Vereinbarung einer uneingeschränkten Vorleistungspflicht soll dagegen nur im Wege der Individualabrede möglich sein.

131 Der BGH ist in seinen **Vorauskasse-Entscheidungen** (BGH NJW 1986, 1613; BGHZ 100, 157; 119, 152; BGH NJW 1993, 263) einen anderen Weg gegangen. Er hat zwar einerseits einen Verstoß gegen § 309 Nr 2 a verneint und das berechtigte Interesse des Veranstalters an der Vorauszahlung des vollen Reisepreises grundsätzlich bejaht, andererseits aber die **Anforderungen** an eine nach **§ 307 Abs 1** zulässige Vorauszahlungsklausel konkretisiert. Dabei ging es dem BGH darum, auch beim Reisevertrag durch die Gewährung von Sicherheiten für den Reisenden einer **Zug-um-Zug-Leistung** (§ 320) zeitlich und wertmäßig möglichst nahe zu kommen, um so den Reisenden gegenüber dem **Insolvenzrisiko** des Reiseveranstalters zu schützen (BGHZ 100, 157, 164). Abgesehen von einer „verhältnismäßig geringen Anzahlung" von idR 10% des Reisepreises sollte der Reiseveranstalter eine Vorauszahlung des vollen Reisepreises daher nur verlangen können, wenn dem Reisenden bei der Zahlung **qualifizierte Reisepapiere** ausgehändigt wurden, die ihm nach den Grundsätzen des Vertrages zugunsten Dritter (§§ 328 ff) unmittelbare Rechte gegen die wichtigsten Leistungsträger (Beförderungs- und Beherbergungsunternehmen) „verbrieften" (BGH NJW 1986, 1613; BGHZ 100, 157, 171; 119, 152, 175; BGH NJW 1993, 263). Soweit derartige Sicherheiten wegen der Eigenart der Reise nicht verschafft werden könnten, müsse es dem Reisenden zumindest gestattet sein, den Reisepreis erst „kurz vor Antritt der Reise" (ca zwei Wochen) zu zahlen. Auch könne die Restzahlung noch nicht verlangt werden, bevor die tatsächliche Durchführung der Reise feststehe. Daher müsse die Frist für ein vom Reiseveranstalter vorbehaltenes Kündigungs- oder Absagerecht verstrichen sein. Vorleistungsklauseln in den ARB, die diesen Grundsätzen nicht entsprächen, verstießen gegen § 307 Abs 1 und seien unwirksam.

Diese Vorauskasse-Rechtsprechung des BGH unterliegt grundsätzlichen **Bedenken** 132 (vgl FÜHRICH Rn 451; ders EuZW 1993, 725, 728; MünchKomm/TONNER Rn 51; SEYDERHELM Rn 168; TONNER VuR 1987, 213; ders AcP 189, 122, 140; ders ZIP 1993, 1205,1209). Diese richten sich namentlich gegen die vom BGH verlangten „qualifizierten Reisepapiere". Die Konstruktion des BGH setzt zunächst voraus, dass der Vertrag zwischen Veranstalter und Leistungsträger überhaupt als Vertrag zugunsten Dritter iSd §§ 328 ff angesehen werden kann. Dies ist indessen nicht der Fall (vgl Rn 61). Auch „verbriefen" die dem Reisenden in der Praxis ausgehändigten Reisepapiere keinesfalls eigene Rechte des Reisenden gegen die Leistungsträger. Dies gilt sowohl für den Hotelvoucher (FÜHRICH[3] Rn 457; JOACHIM DZWir 1994, 96; MünchKomm/TONNER Rn 51; RGRK/RECKEN Rn 8; SEYDERHELM Rn 168) als auch für den Flugschein (SCHMID RRa 1994, 7; **aA** FÜHRICH[3] Rn 457; MünchKomm/TONNER Rn 51; BGB-RGRK/RECKEN Rn 8). Völlig ineffektiv wird die Rechtsprechung des BGH schließlich dadurch, dass die Übergabe qualifizierter Reisepapiere im Ausnahmefall entbehrlich sein soll (BGHZ 100, 157, 171; vgl dazu FÜHRICH[3] Rn 457; ders EuZW 1993, 725, 728; TONNER ZIP 1993, 1205, 1209).

Allerdings sind Individualabreden im Massentourismus kaum erreichbar. Jede schematische Lösung nach dem Alles-oder-Nichts-Prinzip überzeugt daher nicht. Dabei ist zu berücksichtigen, dass § 320 auf einmalige Umsatzgeschäfte zugeschnitten ist. Wer dagegen bei Dauerschuldverhältnissen oder beim Reisevertrag vorzuleisten hat, lässt sich nicht allein mit der Schwäche oder Stärke des jeweiligen Vertragspartners beantworten. Vielmehr sind die berechtigten Interessen des Reiseveranstalters gegen jene des Reisenden abzuwägen. Dabei ist zu hinterfragen, ob der Reiseveranstalter tatsächlich bis zum Reiseantritt organisatorische Aufwendungen hat, dh ob er bereits Zahlungen an die Leistungsträger erbringen muss (vgl TONNER DB 1980, 1629, 1631; ders NJW 1985, 111, 112). Andererseits ist zu problematisieren, ob der Reisende auch im Lichte des § 651k noch ein berechtigtes Interesse an einem Insolvenzschutz hat, der eine Vorleistung seinerseits ausschließt. Insgesamt ist zu bedenken, dass ein Teilleistungssystem bei Reiseverträgen nur schwer zu verwirklichen sein dürfte (dagegen auch BGHZ 100, 157, 167 ff). Dann stellt sich aber die Frage, warum der Reiseveranstalter ausnahmslos die Rolle des Klägers spielen soll. Daher ist davon auszugehen, dass einerseits § 309 Nr 2 a nicht uneingeschränkt die Vereinbarungsfähigkeit von Vorleistungspflichten zulässt, dem Reisenden also nicht eine uneingeschränkte Vorleistungspflicht auferlegt werden kann. Andererseits wird man aber angesichts der Willkürlichkeit jeder Einschränkung der Vorleistungspflicht davon ausgehen müssen, dass Veranstalter auch über ARB anordnen können, dass der volle Reisepreis im Voraus zu entrichten ist (BGHZ 100, 157; TEICHMANN JZ 1987, 751). Darüber hinaus spricht gegen die Vorauskasse-Rechtsprechung des BGH aber auch, dass bei einer Aufhebung oder Einschränkung der Vorleistungspflicht des Reisenden der Reiseveranstalter vor Reiseantritt die Kreditwürdigkeit des Reisenden prüfen und bei nachträglicher Zahlung mit unberechtigten Reklamationen rechnen muss. Ob sich dies nennenswert in der Kalkulation niederschlagen wird, ist unsicher. Ein wesentliches Ärgernis der Vorleistungspflicht ist jedenfalls bereits dadurch beseitigt, dass der Reisende durch den neuen § 651k im Hinblick auf den Veranstalter nicht mehr dem **Insolvenzrisiko** ausgesetzt ist.

134 Aus § 651k Abs 4 S 1 kann allerdings nicht geschlossen werden, dass der Veranstalter nunmehr bei Aushändigung des Sicherungsscheins nach Belieben die Vorauszahlung des vollen Reisepreises verlangen kann. Zwar ist in diesem Fall die Insolvenzsicherung des Reisenden gewährleistet, doch kann eine unangemessene Benachteiligung des Reisenden iSd § 307 Abs 1 vorliegen, wenn in den ARB die Zahlung des vollen Reisepreises schon lange vor Reiseantritt verlangt wird (BIDINGER/MÜLLER 63; SEYDERHELM Rn 169; SOERGEL/H-W ECKERT Rn 51). Auch nach In-Kraft-Treten des § 651k Abs 4 wird man daher verlangen müssen, dass die Zahlung des vollen Reisepreises erst einige Zeit vor Reiseantritt verlangt werden darf. Da wegen der Aushändigung eines Sicherungsscheins das Insolvenzrisiko des Reisenden wegfällt, erscheint eine Frist von **vier Wochen vor Reisebeginn** für die Restpreisfälligkeit mit § 307 Abs 2 Nr 1 vereinbar (BIDINGER/MÜLLER 63; FÜHRICH Rn 467; SEYDERHELM Rn 169). Steht die Durchführung der Reise zu diesem Zeitpunkt aber noch nicht fest, weil die zulässige zweiwöchige **Absagefrist** wegen Nichterreichung einer ausgeschriebenen Mindestteilnehmerzahl noch nicht abgelaufen ist, so kann der Veranstalter die Restzahlung auch erst **zwei Wochen vor Reisebeginn** verlangen (vgl FÜHRICH Rn 467).

(2) Anzahlung

135 Nach den ARB ist der Reisende regelmäßig mit Vertragsschluss zur Leistung einer Anzahlung verpflichtet. Nach den Vorauskasse-Entscheidungen des BGH war die Vereinbarung einer „verhältnismäßig geringen Anzahlung" von idR 10% des Reisepreises zulässig (BGHZ 100, 157, 167, 169, 171; BGH NJW 1992, 3158, 3163). Der in Umsetzung von Art 7 der Pauschalreise-Richtlinie eingefügte § 651k Abs 4 aF beschränkte die zulässige Höhe der Anzahlung auf 10% des Reisepreises, höchstens aber 500 DM. Eine Anzahlung in dieser Höhe durfte nach der vom 1. 11. 1994 bis zum 31. 12. 1996 geltenden Fassung der Vorschrift auch ohne Übergabe eines Sicherungsscheins gefordert und entgegengenommen werden. Diese Regelung entsprach nicht den Vorgaben von Art 7 der Pauschalreise-Richtlinie (EuGH NJW 1996, 3141, 3144 – „DILLENKOFER") und wurde daher durch Gesetz vom 20. 12. 1996 novelliert (BGBl I 2090). Nach den seit dem 1. 1. 1997 geltenden Fassungen des § 651k Abs 4 gibt es keine Begrenzung der Höhe von Anzahlungen mehr. Dafür ist nunmehr auch für Anzahlungen die Aushändigung eines Sicherungsscheins grundsätzlich (sa § 651k Abs 6) erforderlich. Dies bedeutet allerdings nicht, dass der Reiseveranstalter nunmehr gegen Aushändigung des Sicherungsscheins Anzahlungen in beliebiger Höhe verlangen könnte. Es ist vielmehr weiterhin das Zug-um-Zug-Prinzip zu beachten. Andererseits ist aber zu berücksichtigen, dass das Insolvenzrisiko des Reisenden gegenüber der Rechtslage, welche die Grundlage für die Vorauskasse-Rechtsprechung des BGH bildete, durch die Übergabe des Sicherungsscheins erheblich verringert worden ist. Berücksichtigt man, dass der Reiseveranstalter ein sachlich begründetes Interesse daran hat, seine Vorausleistungen an Leistungsträger abzusichern und den Reisenden mit einer Anzahlung frühzeitig an die Buchung zu binden, so erscheint eine Anzahlung in Höhe von **bis zu 20% des Reisepreises** durchaus angemessen (FÜHRICH Rn 145 u 467; ders RRa 1994, 90; NOLL RRa 1993, 42 f; **aA** Münch-Komm/TONNER § 651k Rn 30; SEYDERHELM Rn 32). Dies entspricht auch der Praxis in den meisten EU-Staaten (FÜHRICH Rn 145; TONNER, Reiserecht in Europa 153 ff).

136 **Anzahlungen bei der Buchung** können jedoch nicht aufgrund von ARB vom Reisenden verlangt werden. Derartige Klauseln lassen sich insbesondere nicht damit rechtfertigen, dass die Anzahlung bei Einschaltung eines selbständigen Reisebüros als

Vergütung im Rahmen des mit dem Reisebüro geschlossenen Geschäftsbesorgungsvertrages angesehen werden kann (BARTL Rn 188). Bei dieser Sicht wird verkannt, dass dies nach derartigen ARB-Klauseln gerade nicht gewollt ist. Im Übrigen scheidet eine solche Einordnung zumindest immer dann aus, wenn der Reisende die Reise bei einer unselbständigen Buchungsstelle eines Großveranstalters bucht. In diesem Fall soll die Anzahlung als Individualabrede mit vorvertraglichen Verpflichtungen gedeutet werden können (BARTL Rn 188). Auch dies vermag aber nicht zu überzeugen. Durch derartige ARB-Klauseln wird nämlich der Eindruck erweckt, der Kunde sei zu einem Zeitpunkt zur Zahlung verpflichtet, zu dem ein Reisevertrag noch überhaupt nicht zustande gekommen ist. Klauseln, die eine Anzahlung bereits bei der Anmeldung vorsehen, sind deshalb wegen Verstoßes gegen §§ 651a, 651m und gegen § 307 Abs 2 Nr 1 unwirksam (BGH NJW 1992, 3158, 3163; 1993, 263; KG NJW 1985, 151; OLG Hamburg NJW 1985, 3030; LG München I VuR 1989, 137; LG Düsseldorf VuR 1990, 83; LG Frankfurt aM ZIP 1993, 1714; FÜHRICH Rn 146; MünchKomm/TONNER Rn 53; RGRK/RECKEN Rn 59; TEICHMANN JZ 1985, 314, 321; WOLF/HORN/LINDACHER § 9 AGBG Rn R 62). Der Reisende ist nach § 651a Abs 1 S 2 nur verpflichtet, dem Reiseveranstalter den vereinbarten Reisepreis zu zahlen. Daher benachteiligen Anzahlungsklauseln, die auf den Zeitpunkt der Anmeldung abstellen, den Reisenden unangemessen, da dieser ohne eine vertragliche Bindung auf eine Leistung in Anspruch genommen wird. Der Reiseveranstalter kann somit eine Anzahlung frühestens mit der **Reisebestätigung** verlangen, da erst mit deren Zugang ein Reisevertrag zustande gekommen ist.

Nr 2 der Konditionenempfehlung des DRV bestimmt zur Zahlung des Reisepreises Folgendes:

„Zahlungen auf den Reisepreis vor der Reise dürfen nur gegen Aushändigung des Sicherungsscheines im Sinne von § 651k Abs 3 BGB erfolgen. Mit Vertragsschluß kann eine Anzahlung gefordert werden. Weitere Zahlungen werden zu den vereinbarten Terminen, die Restzahlung spätestens bei Aushändigung oder Zugang der Reiseunterlagen fällig, sofern die Reise nicht mehr aus den in Ziffern 7 b) oder 7 c) genannten Gründen abgesagt werden kann.

Dauert die Reise nicht länger als 24 Stunden, schließt sie keine Übernachtung ein und übersteigt der Reisepreis 75 Euro nicht, so darf der volle Reisepreis auch ohne Aushändigung eines Sicherungsscheines verlangt werden."

Diese Regelung orientiert sich an § 651k und ist damit weitgehend unbedenklich. Dies gilt allerdings bezüglich der Anzahlung nur, soweit die Formulierung „**mit Vertragsschluss**" in Nr 2 Abs 1 S 2 iSv **nach Vertragsschluss** ausgelegt wird, da Anzahlungen erst nach Abschluss des Reisevertrages, dh idR frühestens mit der Reisebestätigung, verlangt werden können (FÜHRICH Rn 146, 478). Problematisch erscheint hingegen Nr 2 Abs 2, nach dem der volle Reisepreis bei Tagesreisen iSv § 651k Abs 6 Ziff 2 auch ohne Sicherungsschein verlangt werden kann. Es entspricht zwar der Gesetzeslage, dass für derartige Reisen ein Sicherungsschein nicht erforderlich ist. Auch hier wird man aber am Zug-um-Zug-Prinzip festhalten müssen, so dass der Reiseveranstalter nach Vertragsschluss lediglich eine Anzahlung in Höhe von 15% des Reisepreises und die Restzahlung erst vier Wochen vor Reiseantritt gegen Aushändigung qualifizierter Reisepapiere verlangen darf. Insoweit ist also eine Korrektur von Nr 2 Abs 2 erforderlich (SEYDERHELM § 651k Rn 48; ähnlich FÜHRICH Rn 478, nach dem eine verhältnismäßig geringe Anzahlung von ca 25 Euro und die Restzahlung nur zwei Wochen vor Reiseantritt verlangt werden kann).

138 Hat ein **Reisebüro** entsprechend den Reisebedingungen die **Anzahlung** dem Reiseveranstalter gegenüber erbracht, kann es diese Aufwendungen nach §§ 675, 670 vom Reisenden erstattet verlangen. Dies gilt ohne Rücksicht darauf, ob die Reisenden einen ausdrücklichen Auftrag zur Verauslagung der Anzahlung erteilt haben oder nicht. Um den Vermittlungserfolg nicht in Frage zu stellen, darf das Reisebüro nämlich diese Aufwendungen für erforderlich iSd § 670 halten (OLG München FVE Nr 206). Gewährleistungsansprüche können diesem Anspruch nicht entgegengehalten werden, solange das Reisebüro nicht aus abgetretenem Recht klagt (§ 404; vgl BGH NJW 1983, 1424; OLG München MDR 1984, 492).

dd) Verpflichtung zur Preisermäßigung bei Abwertung

139 Preisermäßigungen bei Leistungsträgern im Zielland, zB aufgrund einer **Abwertung**, brauchen die Reiseveranstalter nicht an die Reiseteilnehmer weiterzugeben, wenn dem Reisevertrag ein Pauschalpreis zugrunde liegt (OLG Düsseldorf NJW 2002, 447, 448; BIDINGER/MÜLLER 68). Ein Auftragnehmer, der seine Leistungen zu einem Festpreis anbietet, ist schon nach allgemeinen vertragsrechtlichen Gesichtspunkten nicht verpflichtet, wider Erwarten eintretende Vergünstigungen an den Auftraggeber weiterzugeben. Auch Verbraucherschutzgesichtspunkte wirklicher oder vermeintlicher Art ändern an diesem Ergebnis nichts. Ebenso ist in diesem Zusammenhang unerheblich, ob und in welchem Umfang der Veranstalter bei zusätzlich notwendig werdenden Aufwendungen zu Preiserhöhungen berechtigt ist (vgl dazu Rn 153 f). Etwas anderes ergibt sich auch nicht aus Art 4 Abs 4 lit a der Pauschalreise-Richtlinie, der eine Durchbrechung des grundsätzlichen Preisänderungsverbots für den Fall festlegt, dass „der Vertrag die Möglichkeit einer Preiserhöhung oder -senkung ausdrücklich vorsieht...". Denn dies zwingt den Veranstalter nicht dazu, Preissenkungsvorbehalte in seine ARB aufzunehmen. Aus der Vorschrift folgt vielmehr allein, dass der Veranstalter auch Preissenkungen nicht ohne weiteres einseitig vornehmen darf (BIDINGER/MÜLLER 68). Der Gesetzgeber hat eine Verpflichtung zur Preissenkung daher richtigerweise auch nicht in § 651a Abs 3 aufgenommen (aA FÜHRICH Rn 154; MünchKomm/TONNER Rn 71; TONNER § 651a Rn 64; ders RRa 2000, 214; vgl u Rn 152).

ee) Kreditierte Reise

140 Verzichtet der Reiseveranstalter auf eine Vorauszahlung des Reisenden und hat dieser den Reisepreis in Monatsraten zu entrichten, so findet eine Kreditierung des Reisepreises statt. Vor Antritt der Reise können Raten allerdings nur nach vorheriger Aushändigung des Sicherungsscheins verlangt werden (§ 651k Abs 4 S 1). Dies gilt nach §§ 358 Abs 3, 359 auch für drittfinanzierte Reiseverträge. Bei nicht nur geringfügigen **Mängeln** der kreditierten Reise kann der Reisende seine Mängelansprüche auch im Hinblick auf den Darlehnsanspruch geltend machen und die Zahlung der Raten zumindest bis zur Beendigung der Reise (SEYDERHELM Rn 173) gem § 320 verweigern. Bestreitet der Veranstalter die Mängel, muss er dann den gesamten Reisepreis fällig stellen und nach seinem Rücktritt (vgl §§ 498 Abs 1, 503 Abs 2) gegen den Reisenden klagen.

ff) Höhe des Reisepreises

141 Der Reiseveranstalter ist verpflichtet, auch die Preise für sämtliche Nebenleistungen,

die er im Rahmen der Pauschalreise zu erbringen hat, in den Preis mit einzubeziehen. Dies ergibt sich aus § 1 Abs 1 PAngVO. Unzulässig ist es danach zB, wenn ein Reiseveranstalter in seinen Prospekten und Preistabellen neben dem Reisepreis eine „Bearbeitungsgebühr" einsetzt, die unabhängig von der Anzahl der Personen bei jeder Buchung einer Reise erhoben wird (OLG Frankfurt aM NJW-RR 1988, 555). Nur hinsichtlich vermittelter Fremdleistungen – wie zB einer Reiserücktrittskostenversicherung – darf der Preis gesondert ausgewiesen werden. Gleiches gilt für **Zusatzleistungen**, auf deren wechselnde Höhe der Reiseveranstalter keinen Einfluss hat und die der Reisende beliebig wählen kann. So können zB die Kosten für Endreinigungen, örtliche Kurtaxen oder Strom-, Gas- und Wasserpauschalen separat abgerechnet werden (OLG Frankfurt aM NJW-RR 1988, 1509). Eine Vereinbarung, nach der Nebenkosten gesondert zu zahlen sind, wäre, wenn sie nur in den ARB ihren Ausdruck fände, gem § 305 c Abs 1 unwirksam. Der Reisewillige kann nämlich davon ausgehen, dass der Pauschalpreis alle Nebenkosten miterfasst. Finden jedoch die Nebenkosten in Buchung und Reisebestätigung Eingang, ist der Reisende auch zur Zahlung dieser Nebenkosten verpflichtet. Es liegt dann nur eine Wettbewerbswidrigkeit iSd § 1 UWG vor. In die Preisgestaltung können die Gerichte iÜ nur unter den Voraussetzungen der §§ 134, 138 eingreifen. Derartige Fallgestaltungen werden aber höchst selten gegeben sein.

gg) Verzug des Reisenden mit der Zahlungspflicht
Kommt der Reisende mit der Zahlung des Reisepreises in Verzug, so kann der Veranstalter vom Reisevertrag nach §§ 280 Abs 2, 286, 323 zurücktreten oder Schadensersatz wegen Verzögerung der Leistung verlangen. Eine Mahnung ist wegen § 286 Abs 2 Nr 1 regelmäßig nicht erforderlich. Dagegen setzt der Rücktritt regelmäßig eine ergebnislose Fristsetzung voraus (vgl aber § 323 Abs 2). Schadensersatz statt der Leistung kann der Reiseveranstalter bei Verzögerungen mit der Zahlung des Reisepreises und unter den zusätzlichen Voraussetzungen der §§ 280 Abs 1 u 3, 281, also ebenfalls nach erfolglosem Ablauf der dem Reisenden gesetzten Frist, verlangen. Eine Klausel in den ARB, die unabhängig von den Voraussetzungen der §§ 281, 286, 323 eine Schadensersatzpflicht des Reisenden oder ein Rücktrittsrecht des Reiseveranstalters vorsieht, ist gem § 309 Nr 4 unwirksam (vgl zu § 326 aF: LG Frankfurt aM NJW-RR 1994, 1542 f; BIDINGER/MÜLLER 63).

hh) Verjährung des Anspruchs auf den Reisepreis
§ 651g Abs 2 gilt nicht für Ansprüche des Reiseveranstalters. Der Anspruch auf den vereinbarten Reisepreis nach § 651a Abs 1 S 2 verjährt daher nach §§ 195, 199 in **drei Jahren** ab dem Ende des Jahres, in dem der Anspruch fällig geworden ist und der Veranstalter Kenntnis von den seinen Zahlungsanspruch begründenden Tatsachen und der Person des Reisenden erlangt hat oder ohne grobe Fahrlässigkeit hätte erlangen müssen. Allerdings wird diese Verjährungsproblematik angesichts der praktizierten Vorleistungspflicht des Reisenden kaum einmal aktuell werden.

b) Nebenpflichten
Neben der Verpflichtung zur Zahlung des Reisepreises trifft den Reisenden die Verpflichtung, rechtzeitig zu den Terminen der Reise zu erscheinen, für die notwendigen Reisedokumente zu sorgen und auch die einzelnen Pass-, Zoll-, Devisen- und Gesundheitsbestimmungen des Reiselandes einzuhalten (vgl Nr 14 Abs 3 der Konditionenempfehlung). Er hat also grundsätzlich selbst dafür zu sorgen, dass in

seiner Person die Voraussetzungen für die Einreise in das Zielland gegeben sind (Pass-, Visa- und Impfbestimmungen). Den Reiseveranstalter trifft jedoch eine Informationspflicht im Prospekt (§ 4 Abs 1 Nr 6 BGB-InfoV) und vor Vertragsschluss (§ 5 BGB-InfoV). Sind die von ihm gegebenen Informationen falsch oder unvollständig, so ist er dem Reisenden gem § 651f zum Schadensersatz verpflichtet. Diese Grundsätze gelten ua auch hinsichtlich der Flug- und Tropentauglichkeit. Nebenpflichten treffen den Reisenden aber auch während des Urlaubs (**Obhuts-, Melde-** und **Verhaltenspflichten**). Selbstverständlich hat er darüber hinaus **Störungen** des Urlaubsgenusses anderer Reisender zu vermeiden (zB Beleidigung von Mitreisenden, nächtliche Ruhestörung). Verletzt er schuldhaft diese Pflichten, ist er dem Veranstalter aus §§ 280 Abs 1, 241 Abs 2 schadensersatzpflichtig, wenn andere Reisende deswegen den Reisepreis mindern oder sonstige Gewährleistungsansprüche geltend machen (vgl OLG Frankfurt aM NJW 1983, 235).

145 Im Übrigen treffen den Reisenden **Mitwirkungsobliegenheiten**. Er muss sich um die vertragsgemäße Vorbereitung, Durchführung und Abwicklung der Reise kümmern. Der Rechtsgedanke des § 642 ist auch in diesem Zusammenhang heranzuziehen. So muss sich zB der Reisende um die Reisepapiere kümmern, wenn er sie nicht vertragsgemäß rechtzeitig erhält. Bei der Bestimmung der Mitwirkungspflichten sind jedoch auch die Grenzen der in §§ 651c und 651d angeordneten Obliegenheiten des Reisenden zu beachten. Daher kann dem Reisenden in den ARB nicht auferlegt werden, ganz allgemein bei der Behebung von Mängeln und Störungen mitzuwirken (vgl FÜHRICH Rn 151). Keine Bedenken bestehen allerdings gegen die Obliegenheit der rechtzeitigen Mängelanzeige während der Reise (§§ 651c Abs 2, 651d Abs 2; vgl Nr 12 Abs 2 S 1 der Konditionenempfehlung). Unbedenklich ist auch eine Vereinbarung, nach der der Reisende Schäden nach Möglichkeit vermeiden oder gering halten muss (Nr 12 Abs 1 der Konditionenempfehlung). Eine derartige Abrede geht nicht über den Regelungsgehalt des § 254 hinaus.

VII. Nachträgliche Preis- und Leistungsänderungen (Abs 4 u 5)

146 Da Pauschalreisen lange vor Beginn der Reise geplant und kalkuliert werden, kann der Reiseveranstalter insbesondere bei langfristigen Buchungen ein berechtigtes Interesse daran haben, den Inhalt des Reisevertrages zwischen Vertragsschluss und Reiseantritt zu ändern. Ein derartiges Interesse an nachträglichen Preisänderungen kann zB entstehen, wenn der Reiseveranstalter seinen Leistungsträgern wegen veränderter Wechselkurse oder gestiegener Treibstoffpreise höhere Einkaufspreise bezahlen muss. So berechtigt dieses Interesse des Reiseveranstalters auch sein mag, so sehr ist doch darauf zu achten, dass durch nachträgliche Preis- und Leistungsänderungen das **Äquivalenzverhältnis** von Leistung und Gegenleistung nicht einseitig zum Nachteil des Reisenden gestört wird. Auch im Reisevertragsrecht gilt der Grundsatz pacta sunt servanda, von dem nur im Ausnahmefall abgewichen werden darf.

147 Bis zur Novellierung der §§ 651a ff im Jahre 1994 waren **Änderungsvorbehalte** in den ARB allein an §§ 308 Nr 4, 309 Nr 1 und 307 zu messen. Für **Preisänderungsvorbehalte** erlangte dabei insbesondere **§ 309 Nr 1** Bedeutung, der für eine Preisänderung eine Frist von mehr als vier Monaten zwischen Reisebestätigung und Reiseantritt voraussetzt. Daraus folgt, dass innerhalb von vier Monaten Preisänderungen absolut unwirksam sind, und zwar unabhängig davon, ob dem Reisenden ein Rücktrittsrecht

eingeräumt ist oder nicht. Dies folgt schon daraus, dass der Reisende nicht zurücktreten, sondern zum vereinbarten Preis die Reise antreten will. Über die Vier-Monats-Grenze hinaus sind Preisänderungsvorbehalte an § 307 zu messen (aA LG Düsseldorf NJW 2001, 834, wonach § 651a Abs 4 und 5 eine abschließende Regelung der Voraussetzungen einer nachträglichen Preiserhöhung darstellt, die dem Reiseveranstalter keinen dispositiven Freiraum lässt, weshalb eine Inhaltskontrolle nach den §§ 307 ff ausscheidet), weshalb auch eine Preiserhöhung nach mehr als vier Monaten nicht nach Belieben des Reiseveranstalters, sondern nur in gewissen Grenzen zulässig ist. Entscheidend ist dabei, dass die Umstände, die eine Erhöhung des Reisepreises rechtfertigen, erst **nach Vertragsschluss** eingetreten sind und für den Reiseveranstalter **nicht vorhersehbar** waren (vgl LG Berlin RRa 2000, 27, 28; FÜHRICH NJW 2000, 3676; LÖWE/GRAF V WESTPHALEN/TRINKNER § 11 Nr 1 AGBG Rn 13; RGRK/RECKEN Rn 67; WOLF/HORN/LINDACHER § 11 Nr 1 AGBG Rn 41). Dies bedeutet, dass als **Vergleichszeitpunkt** für eine Preisänderung nur der Zeitpunkt des Abschlusses des Reisevertrages in Betracht kommt. Auf den Abschluss des Vertrages des Veranstalters mit dem Leistungsträger oder den Zeitpunkt der Kostenkalkulation des Veranstalters kann es schon deshalb nicht ankommen, weil diese Zeitpunkte von Veranstalter zu Veranstalter erheblich abweichen und häufig nicht sicher bestimmt werden können (FÜHRICH NJW 2000, 3676).

Leistungsänderungsvorbehalte in den ARB müssen insbesondere mit **§ 308 Nr 4** vereinbar sein (aA LG Düsseldorf NJW 2001, 834 s o). Allerdings erscheint es problematisch, eine Klausel wegen Verstoßes gegen die §§ 307, 308 Nr 4 für unwirksam zu erklären, mit welcher der Reiseveranstalter von einer gerade für diesen Fall im Gesetz vorgesehenen Möglichkeit Gebrauch gemacht hat (so LG Düsseldorf NJW 2001, 834). Letztlich wollte der Gesetzgeber aber mit der Einfügung des § 651a Abs 4 die Rechte des Reisenden gegenüber der früheren Rechtslage verbessern, ohne zugleich die früheren Maßstäbe der §§ 307 ff aufzugeben. Daher kann sich ein Reiseveranstalter nach § 308 Nr 4 nur solche Änderungsmöglichkeiten vorbehalten, die dem Reisenden **zumutbar** sind. Dies setzt in jedem Fall ein berechtigtes Interesse des Reiseveranstalters an der Änderung voraus. Umgekehrt sind wesentliche Änderungen regelmäßig unzumutbar iSv § 308 Nr 4. Darüber hinaus muss es sich stets um eine **notwendige** Änderung handeln. Der Reiseveranstalter darf deshalb nicht etwa allein aus wirtschaftlichen Gründen die vorgesehene Reiseroute ändern. Dagegen ist ein Leistungsänderungsvorbehalt hinsichtlich unerheblicher Änderungen und Abweichungen, die der Veranstalter nicht zu vertreten hat, sowohl mit § 308 Nr 4 als auch mit §§ 309 Nr 1 und 307 vereinbar. Der Reisende verstößt iÜ gegen §§ 242, 254, wenn er auf ein berechtigtes Leistungsänderungsbegehren des Veranstalters nicht eingeht. Seine Gewährleistungsansprüche können daher in diesem Fall ausgeschlossen sein. Der Gesamtcharakter der Reise darf allerdings durch ein Änderungsangebot niemals verändert werden, da es sonst zu einer Störung des Äquivalenzverhältnisses zwischen Leistung und Gegenleistung zu Lasten des Reisenden kommt. Verschiebungen der Reisezeit, qualitative Verschlechterungen der Unterkunft oder der Beförderungsart, wesentliche Veränderungen des Urlaubsortes usw sind dem Reisenden nicht zumutbar (vgl WOLF/HORN/LINDACHER § 9 AGBG Rn R 69).

In Umsetzung von Art 4 Abs 4–6 der Pauschalreise-Richtlinie hat das Gesetz vom 24. 6. 1994 (BGBl I 1322) die **Abs 4 u 5** neu in § 651a eingefügt. Diese konkretisieren die Voraussetzungen und Rechtsfolgen nachträglicher Preis- und Leistungsänderungen und beschränken deren Zulässigkeit über die §§ 307 ff hinaus erheblich. Gleichwohl unterliegen Preis- und Leistungsänderungsklauseln in ARB nicht nur den Schranken der Abs 4 u 5, sondern auch weiterhin der Inhaltskontrolle nach §§ 307 ff (OLG Düsseldorf NJW 2002, 447). Abs 4 nennt die Voraussetzungen einer nachträglichen Erhöhung des Reisepreises, während Abs 5 die Geltendmachung und die Rechtsfolgen einer Preis- oder Leistungsänderung sowie einer Absage der Reise regelt.

1. Preisänderungen

150 Abs 4 hält in Übereinstimmung mit Art 4 Abs 4 lit a der Pauschalreise-Richtlinie am **Grundsatz der Unzulässigkeit** nachträglicher Preiserhöhungen fest (vgl BT-Drucks 12/5354, 9). Nur unter bestimmten engen Voraussetzungen sind nachträgliche Erhöhungen des Reisepreises durch den Reiseveranstalter ausnahmsweise gestattet. So dürfen Reisepreiserhöhungen nur bis zum **20. Kalendertag** vor dem vereinbarten Abreisetermin vorgenommen werden (Abs 4 S 2). Außerdem muss der Abschluss des Reisevertrages mindestens **vier Monate** vor dem Beginn der Reise erfolgt sein (Abs 4 S 3 iVm § 309 Nr 1). Ferner ist erforderlich, dass der Reiseveranstalter sich eine solche Preiserhöhung **im Reisevertrag vorbehalten** hat, die Erhöhung aus **bestimmten**, abschließend aufgezählten **Gründen** erfolgt, nämlich dem Ausgleich von Steigerungen der Beförderungskosten, Gebührenerhöhungen oder Wechselkursänderungen dient (Abs 4 S 1), und der Reiseveranstalter dem Reisenden die Preiserhöhung **unverzüglich** nach Kenntniserlangung von dem Änderungsgrund **erklärt** (Abs 5 S 1).

a) Preisänderungsvorbehalt

151 Der Reiseveranstalter muss sich die Erhöhung des Reisepreises bereits **im Reisevertrag** unter genauer Angabe der Berechnungsgrundlagen für den neuen Preis **ausdrücklich vorbehalten** haben (BGH NJW 2003, 507, 509; RRa 2003, 40, 42; OLG Düsseldorf NJW 2002, 447; OLG Celle RRa 2002, 270, 271). Eine erst in der Reisebestätigung (vgl § 6 Abs 2 Nr 4 BGB-InfoV) enthaltene oder nach Vertragsschluss versandte Information darüber, wie sich die in dem Vertrag vereinbarte Preiserhöhung berechnet, genügt den Anforderungen des § 651a Abs 4 S 1 bzw des Art 4 Abs 4 der EG-Pauschalreise-Richtlinie nicht (BGH NJW 2003, 507, 509; RRa 2003, 40, 42). Die Vereinbarung einer Preisänderungsmöglichkeit für den Veranstalter kann durch Individualvereinbarung geschehen, erfolgt aber idR in den ARB. Die Auffassung, auch ohne einen Änderungsvorbehalt könne auf die gesetzliche Regelung des § 651a Abs 4 zurückgegriffen werden (BECHHOFER 20; NIEHUUS § 9 Rn 8 f), ist mit dem Wortlaut des Gesetzes nicht vereinbar und daher abzulehnen (FÜHRICH Rn 154; ders NJW 2000, 3674). Nach § 6 Abs 2 Nr 4 BGB-InfoV müssen die Angaben zu Preisänderungsvorbehalten grundsätzlich auch in der Reisebestätigung enthalten sein. Der Preisänderungsvorbehalt in **Nr 4 Abs 4 u 5** der Konditionenempfehlung lautet auszugsweise:

„Der Reiseveranstalter behält sich vor, die ausgeschriebenen und mit der Buchung bestätigten Preise im Fall der Erhöhung der Beförderungskosten oder der Abgaben für bestimmte Leistungen, wie Hafen- oder Flughafengebühren oder einer Änderung der für die betreffende Reise geltenden Wechselkurse, in dem Umfang zu ändern, wie sich deren Erhöhung pro Person bzw. pro Sitzplatz auf den Reisepreis auswirkt, sofern zwischen Vertragsschluß und dem vereinbarten Reisetermin mehr als 4 Monate liegen.

Im Fall einer nachträglichen Änderung des Reisepreises oder einer Änderung einer wesentlichen Reiseleistung hat der Reiseveranstalter den Reisenden unverzüglich, spätestens jedoch 21 Tage vor Reiseantritt, davon in Kenntnis zu setzen. Preiserhöhungen nach diesem Zeitpunkt sind nicht zulässig ..."

Diese Klausel entspricht der gesetzlichen Regelung in Abs 4 u 5 und ist auch unter **152** dem Gesichtspunkt der §§ 307, 309 Nr 1 nicht zu beanstanden (BGH NJW 2003, 507, 509; RRa 2003, 40, 41; OLG Düsseldorf NJW 2002, 447; OLG Celle RRa 2002, 270; **aA** LG Düsseldorf NJW 2001, 834; anders auch noch die Kommentierung in der Vorauflage, vgl Staudinger/J ECKERT[13] Rn 146 ff). Die Klausel verstößt auch nicht deswegen gegen § 308 Nr 4, weil sie keine Verpflichtung zur Preissenkung vorsieht (OLG Düsseldorf NJW 2002, 447; LG Düsseldorf NJW 2001, 834 f; RRa 2001, 123; LG Frankfurt aM RRa 2001, 125; 2001, 127; TEMPEL RanspR 2000, 297, 298; **aA** FÜHRICH Rn 154; MünchKomm/TONNER Rn 71; TONNER Rn 64; ders RRa 2000, 214). Der Gesetzgeber hat zu Recht darauf verzichtet, eine Pflicht des Veranstalters zur Preissenkung in § 651a zu statuieren. Hierzu war er auch nicht nach Art 4 Abs 4 lit a Pauschalreise-Richtlinie verpflichtet. Diese Bestimmung gibt dem Veranstalter nur ausnahmsweise die Möglichkeit, nachträglich Preiserhöhungen oder -senkungen an den Reisenden weiterzugeben, verpflichtet ihn aber nicht dazu, von dieser Möglichkeit Gebrauch zu machen (OLG Düsseldorf NJW 2002, 447; LG Düsseldorf NJW 2001, 834 f). Eine ARB-Klausel, die keine Pflicht des Veranstalters zur Weitergabe von Preissenkungen vorsieht, ist daher inhaltlich unbedenklich (vgl OLG Düsseldorf NJW 2002, 447; LG Düsseldorf NJW 2001, 834 f; RRa 2001, 123; LG Frankfurt aM RRa 2001, 125; 2001, 127; BIDINGER/MÜLLER 68; TEMPEL TRanspR 2000, 297, 298; **aA** FÜHRICH Rn 154; ders, NJW 2000, 3674; MünchKomm/TONNER Rn 71; TONNER Rn 64; ders RRa 2000, 214; vgl Rn 139).

b) Erhöhungsgründe
Eine nachträgliche Preiserhöhung ist nur aus den in Abs 4 S 1 **abschließend** aufge- **153** zählten Gründen möglich. Dies sind die Erhöhung der **Beförderungskosten**, wozu auch die Treibstoffpreise zählen (vgl Art 4 Abs 4 lit a der Pauschalreise-Richtlinie; FÜHRICH Rn 155; WOLF/HORN/LINDACHER § 9 AGBG Rn 63), die Erhöhung bestimmter **Abgaben** wie zB Flughafen-, Hafen- oder Einreisegebühren (vgl BT-Drucks 11/3701, 21) sowie Änderungen der für die betreffende Reise geltenden **Wechselkurse**. Bei Änderungen der für eine Pauschalreise geltenden Wechselkurse darf allerdings keine unangemessene Risikoverlagerung auf den Reisenden erfolgen. Der Veranstalter muss deshalb offenlegen, zu welchem Termin er welchen Wechselkurs zugrunde gelegt hat und auf welche der Preisanteile dieser Wechselkurs entfällt (LG Hannover RRa 2002, 41; FÜHRICH NJW 2000, 3675; MünchKomm/TONNER Rn 69). Dies setzt jedenfalls die Angabe eines genauen Datums und des Kurses voraus (LG Berlin RRa 2000, 27). Eine Erhöhung des Reisepreises aus anderen Gründen wie zB einem **Kalkulationsirrtum** des Reiseveranstalters ist unzulässig (vgl LG Frankfurt aM NJW-RR 1988, 1331; AG Frankfurt aM NJW-RR 1990, 116). Der Reisende würde unangemessen benachteiligt, wenn er mit einem knapp kalkulierenden Reiseveranstalter einen Vertrag schließt und dieser bei geänderter Kalkulationsgrundlage die Kostenerhöhungen an ihn weitergeben könnte (vgl FÜHRICH NJW 2000, 3676). Die in der abschließenden Aufzählung liegende Begrenzung der Preiserhöhungsmöglichkeiten ist auch unter Berücksichtigung der legitimen Interessen des Reiseveranstalters angemessen, weil die genannten Erhöhungsgründe die praktisch wichtigsten Fälle erfassen (vgl SOERGEL/H-W ECKERT Rn 60).

c) Berechnungsangaben
Eine zulässige Reisepreiserhöhung setzt weiter voraus, dass der Reiseveranstalter **154** bereits im Vertrag **genaue Angaben zur Berechnung** des neuen Preises macht (Abs 4

S 1; vgl BGH NJW 2003, 507, 509; RRa 2003, 40, 41 f; OLG Düsseldorf NJW 2002, 447; OLG Celle RRa 2002, 270, 271; FÜHRICH RRa 2003, 45 f). Daran fehlt es bei pauschalen Preiserhöhungsverlangen, die zB mit „5% Kerosinpreis-Zuschlag" oder „Treibstoffzuschlag 24 DM" begründet werden (FÜHRICH Rn 143; MünchKomm/TONNER Rn 70; SOERGEL/H-W ECKERT Rn 61). Allerdings ist nicht erforderlich, dass der Reiseveranstalter in seine ARB komplizierte Berechnungsformeln aufnimmt und seine Kalkulationsgrundlagen so genau offen legt, dass der Reisende in der Lage ist, die möglichen Preissteigerungen selbst zu errechnen. Dies würde nicht nur den Reiseveranstalter, sondern auch die meisten Reisenden überfordern (vgl BIDINGER/MÜLLER 67; H-W ECKERT Risikoverteilung 207; NOLL RRa 1993, 42, 44; SOERGEL/H-W ECKERT Rn 61). Es muss daher entgegen dem Wortlaut des Abs 4 S 1 genügen, wenn hinsichtlich der aufgezählten Erhöhungsgründe deutlich wird, wie sich eine den Reiseveranstalter treffende Kostensteigerung für den Reisenden auswirken wird, wobei zu berücksichtigen ist, dass gerade die erhöhte Kostenbelastung ursächlich für den von dem Reisenden verlangten Mehrbetrag sein muss (BT-Drucks 12/5354, 9). Es genügt daher, ist aber auch zugleich erforderlich, dass der Reisende zumindest nachvollziehbare Angaben erhält, die ihm die Nachprüfung ermöglichen, ob eine vom Reiseveranstalter vorgenommene Preiserhöhung berechtigt ist (vgl BGH NJW 2003, 507, 509; RRa 2003, 40, 41 f; OLG Düsseldorf NJW 2002, 447; OLG Celle RRa 2002, 270, 271; BIDINGER/MÜLLER 67; FÜHRICH Rn 156; ders RRa 2000, 43, 45; ders NJW 2000, 3675; ders RRa 2001, 59, 66; ders RRa 2003, 4, 6; NOLL RRa 1993, 42, 44; PICK Rn 85; SOERGEL/H-W ECKERT Rn 61). Die in Nr 4 Abs 4 der Konditionenempfehlung des DRV enthaltene Bestimmung, wonach der Umfang der Preiserhöhung sich danach richtet „wie sich deren Erhöhung pro Person bzw. pro Sitzplatz auf den Reisepreis auswirkt", enthält die für eine solche Prüfung des Reisenden notwendigen Angaben zur Berechnung des neuen Preises nicht, sondern führt ausschließlich den Gesichtspunkt der Proportionalität als Verteilungsmaßstab an. Entgegen der Vorauflage (STAUDINGER/ECKERT[13] Rn 148) halte ich diese Klausel daher mangels konkreter Angaben zum Berechnungsweg für unwirksam (ebenso BGH NJW 2003, 507, 509; RRa 2003, 40, 41 f; OLG Düsseldorf NJW 2002, 447; OLG Celle RRa 2002, 270, 271; LG Köln RRa 2001, 128; LG Hannover RRa 2002, 41; FÜHRICH Rn 156; ders NJW 2000, 3672, 3675; ders RRa 2003, 4, 6; ULMER/BRAUDNER/HENSEN Anh §§ 9–11 AGBG Rn 586; aA BIDINGER/MÜLLER 67; ERMAN/SEILER Rn 32; LG Düsseldorf RRa 2001, 123; LG Frankfurt aM 2001, 125 u 127).

155 Welche Anforderungen danach gem §§ 307 Abs 1, 651a Abs 4 S 1 an die Wirksamkeit einer Preisänderungsklausel in ARB zu stellen sind, lässt sich nur anhand des Zwecks von Abs 4 S 1, den Reisenden in die Lage zu versetzen, im Falle einer den Veranstalter treffenden Kostensteigerung nachzuvollziehen, wie sich diese im Einzelfall auf den Reisepreis auswirkt, beantworten. Dabei kann sicher nicht verlangt werden, den Kostenanteil im ursprünglichen Reisepreis und dessen jeweilige Erhöhung anzugeben (OLG Düsseldorf NJW 2002, 447; vgl aber MünchKomm/TONNER Rn 70; TONNER Rn 63). Dem steht bereits entgegen, dass die Berechnungsangaben nach Abs 4 S 1 bereits in der Preisanpassungsklausel enthalten und daher vorab abstrakt formuliert sein müssen (FÜHRICH RRa 2000, 43, 46; ders NJW 2002, 3672, 2677; ders RRa 2001, 59, 60; ders RRa 2003, 4, 5 f), so dass konkrete Angaben einzelner Kostenpositionen und deren Erhöhung von vornherein ausgeschlossen sind (zutr OLG Düsseldorf NJW 2002, 447). Andererseits darf der Reisende eben nur mit überprüfbaren Kostensteigerungen belastet werden. Daher muss eine Preisänderungsklausel die relevanten **Kostenpositionen**, die **Bezugszeitpunkte**, den für die einzelnen Kostenpositionen anzuwendenden **Verteilungsmaßstab** und den daran anknüpfenden **Berechnungsweg** bezeichnen (BGH

NJW 2003, 507, 509; RRa 2003, 40, 41 f; OLG Düsseldorf NJW 2002, 447; LG Köln RRa 2001, 128; LG Hannover RRa 2002, 41; Führich Rn 156).

Die **Kostenpositionen**, die als Erhöhungsgrund in Betracht kommen, sind in Abs 4 S 1 **156** abschließend aufgezählt. Diese (Beförderungskosten, Abgaben, Wechselkursänderungen) sind konkret zu bezeichnen. Weiter sind die **Bezugszeitpunkte** für die Ermittlung der an den Reisenden weiterzureichenden Kostensteigerungen anzugeben. Eine Preisänderungsklausel, die zeitlich unbegrenzte Rückwirkung der Erhöhungsmöglichkeit zuließe, würde den Reisenden unangemessen benachteiligen (BGH NJW 2003, 507, 509; RRa 2003, 40, 41 f.; LG Hannover RRa 2002, 41; LG Köln RRa 2001, 128; AG Kleve NJW 2000, 3723; Führich Rn 156; ders NJW 2000, 3672, 3676; ders RRa 2001, 59, 60). Aber auch eine Klausel, die eine Rückwirkung auf den Zeitpunkt der Preisbildung des Veranstalters oder der Drucklegung des Prospekts zulässt, würde das Kostenrisiko des Veranstalters auf den Reisenden abwälzen und diesen unangemessen iSd § 307 Abs 1 benachteiligen (BGH NJW 2003, 507, 509; RRa 2003, 40, 41 f; OLG Düsseldorf NJW 2002, 447; LG Berlin RRa 2000, 27 f; Führich Rn 156; ders NJW 2000, 3672, 3676; ders RRa 2000, 43, 46 f; ders RRa 2001, 59, 60; ders RRa 2003, 4, 6 f; Kappus Rn 59; Palandt/Sprau Rn 9 a; Pick Rn 84; Schmid NJW 2000, 1301, 1303 f; Tempel TranspR 2001, 337, 340; Tonner Rn 63 a; Wolf/Horn/Lindacher § 11 Nr 1 AGBG Rn 41). Es ist daher allein auf den **Zeitpunkt des Vertragsschlusses** mit dem Reisenden abzustellen und es dürfen nur solche Mehrbelastungen des Veranstalters (zB durch Wechselkursänderungen oder Erhöhung der Treibstoffkosten) in die Berechnung einer Preisänderung einbezogen werden, die danach eingetreten sind (BGH NJW 2003, 507, 509; RRa 2003, 40, 41 f; OLG Düsseldorf NJW 2002, 447; LG Berlin RRa 2000, 27; AG Kleve NJW 2000, 3723, 3724; Führich Rn 156; ders RRa 2003, 4, 6 f). Nr 4 Abs 4 der Konditionenempfehlung des DRV genügt mit der Formulierung, der Reiseveranstalter behalte sich eine Änderung der „ausgeschriebenen **und** mit der Buchung bestätigten Preise" vor, nicht dem **Transparenzgebot** des § 307 Abs 1 S 2. Sie lässt nämlich offen, ob danach nur Preiserhöhungen wegen nach Vertragsschluss gestiegener Kosten möglich sein sollen oder auch wegen solcher Kosten, deren Anstieg dem Veranstalter schon bei Vertragsschluss, aber nach „Ausschreibung" der Preise, bekannt gewesen ist. Damit erlaubt sie dem Reiseveranstalter, Preiserhöhungen auch dann zu verlangen, wenn die Kostensteigerungen zwar nach der Drucklegung der Prospekte, aber noch vor Abschluss des Reisevertrages eingetreten sind. Die objektive mehrdeutige Klausel ist daher wegen Verstoßes gegen das Transparenzgebot des § 307 Abs 1 S 2 unwirksam (BGH NJW 2003, 507, 509; RRa 2003, 41, 40 f). Die Klausel wird insbes auch nicht durch Nr 4 Abs 5 der Konditionenempfehlung wirksam, wonach der Veranstalter verpflichtet ist, den Reisenden unverzüglich über eine nachträgliche Änderung des Reisepreises zu unterrichten. Auch insoweit lässt die Formulierung „**Im Fall** einer nachträglichen Änderung des Reisepreises..." offen, ob Bezugspunkt der Unterrichtungspflicht der Eintritt der Kostensteigerung selbst oder erst die Entscheidung des Veranstalters, eine Preiserhöhung zu verlangen, ist. Auch diese Klausel ist daher objektiv mehrdeutig und wegen Verstoßes gegen das Transparenzgebot des § 307 Abs 1 S 2 unwirksam (BGH RRa 2003, 40, 41 f).

Weiter muss die Klausel Angaben zu den für die einzelnen Kostenpositionen heranzuziehenden **Verteilungsmaßstäbe** enthalten. Insoweit genügt die Klausel in Nr 4 Abs 4 der Konditionenempfehlung („pro Person bzw pro Sitzplatz") nicht, da sie diese Maßstäbe nicht den einzelnen Kostenpositionen zuordnet und zugleich offen lässt, wie das Verhältnis beider Maßstäbe zueinander – alternativ, kumulativ, Wahl- **157** recht des Veranstalters – ist. Sie eröffnet daher dem Veranstalter einen zu weiten Gestaltungsspielraum und ist wegen Verstoßes gegen das Transparenzgebot des § 307 Abs 1 S 2 unwirksam (BGH RRa 2003, 40, 41 f; OLG Düsseldorf NJW 2002, 447; FÜHRICH Rn 156). Dem Reisenden ist daher in der Preisänderungsklausel abstrakt der Maßstab mitzuteilen, der der ursprünglichen Preiskalkulation zugrunde gelegen hat. Erhöhte Beförderungskosten können entweder als Einzelkosten für jeden einzelnen Transport per Flugzeug, Bahn, Bus oder Schiff auf die jeweiligen Teilnehmer oder als Gesamtkosten des Veranstalters auf alle betroffenen Reisenden umgelegt werden. Insoweit kommt sowohl eine Verteilung nach der Zahl der vom Veranstalter gebuchten Plätze als auch nach der voraussichtlichen Auslastung in Betracht. Wechselkursänderungen können nach der Zahl der Einheiten, der Kapazität, der tatsächlichen oder voraussichtlichen Belegung oder dem Preisverhältnis der Reiseleistungen umgelegt werden (vgl OLG Düsseldorf NJW 2002, 447; AG Kleve RRa 2000, 3723; FÜHRICH Rn 156).

158 Schließlich muss auch noch der **Berechnungsweg** bezeichnet werden, auf dem der neue Preis ermittelt werden soll. Der Reisende muss jedenfalls nachvollziehen und überprüfen können, ob der Reisepreis um den Betrag der auf die Reise entfallenden Kostensteigerung erhöht, ob die von der Erhöhung betroffenen Kalkulationsansätze prozentual angehoben oder ob für bestimmte Gruppen von Reisen einheitliche Pauschalen angesetzt werden sollen (OLG Düsseldorf NJW 2002, 447; AG Kleve RRa 2000, 166 f; NJW 2000, 3723; FÜHRICH Rn 156; ders NJW 2000, 3672, 3675; ders RRa 2001, 59 f; ders RRa 2003, 4, 6; KAPPUS Rn 59; aA BIDINGER/MÜLLER 67; ERMAN/SEILER Rn 32; TEMPEL TranspR 2000, 297, 298).

d) Zeitliche Grenzen
159 Nach Abs 4 S 2 ist eine Preisänderung, die ab dem **20. Tag** vor dem vereinbarten Reiseantritt verlangt wird, unwirksam (vgl Art 4 Abs 4 lit b der Pauschalreise-Richtlinie; s auch Nr 4 Abs 5 S 1 der Konditionenempfehlung). Durch diese **Schonfrist** soll sichergestellt werden, dass der Reisende nicht bis unmittelbar vor Urlaubsantritt mit einer Preiserhöhung belastet werden kann. Das Preiserhöhungsverlangen des Reiseveranstalters muss dem Reisenden daher spätestens am 21. Kalendertag vor dem vereinbarten Abreisetermin zugehen. Diese Frist entspricht der bereits lange üblichen Praxis der Reiseveranstalter und war auch schon in der alten Fassung von Nr 4 der Konditionenempfehlung festgeschrieben (vgl OLG München VuR 1989, 257; FÜHRICH Rn 159; ders NJW 2000, 3675).

160 Für Preisänderungsklauseln in den **ARB** gilt zusätzlich die zeitliche Schranke des **§ 309 Nr 1** (§ 651a Abs 4 S 3). Danach ist eine Preiserhöhungsklausel nur bei langfristigen Buchungen möglich, die über **4 Monate** vor Reisebeginn erfolgen (LG Köln RRa 2001, 128; FÜHRICH Rn 157). Diesen Anforderungen genügt Nr 4 Abs 4 der Konditionenempfehlung (SOERGEL/H-W ECKERT Rn 63; ULMER/BRANDNER/HENSEN Anh §§ 9–11 AGBG Rn 586; WOLF/HORN/LINDACHER § 9 AGBG Rn R 63).

161 Die **Weitergeltung** von § 309 Nr 1 für Preiserhöhungsverlangen von Reiseveranstaltern war im Gesetzgebungsverfahren zur Umsetzung der EG-Pauschalreise-Richtlinie umstritten (vgl BT-Drucks 12/7013, 9; FÜHRICH Rn 157; SOERGEL/H-W ECKERT Rn 64). Die Touristikbranche verlangte insoweit eine Bereichsausnahme für Reiseverträge, weil Preisanstiege der Leistungsträger kalkulatorisch aufgefangen werden müssten. Auch der Fremdenverkehrsausschuss des Deutschen Bundestages befürwortete eine solche Bereichsausnahme (vgl BT-Drucks 12/7013, 9). Der Bundesrat forderte hingegen die unveränderte Beibehaltung der 4-Monats-Grenze für Reiseverträge (BT-Drucks 12/ 5354, 21). Für diese dann auch vom Bundestag getroffene Entscheidung sprechen die besseren Gründe. Einerseits wird dadurch eine Aufspaltung des Anwendungsbereichs des § 309 Nr 1 für einzelne Branchen vermieden. Andererseits gab es keinen Grund, anlässlich der Umsetzung der Pauschalreise-Richtlinie, die den Verbraucherschutz verbessern sollte, hinter den Stand zurückzugehen, den der Verbraucherschutz in Deutschland bereits erreicht hatte. Auch § 309 Nr 1 bewirkt mit der 4-Monats-Grenze einen gerechten Interessenausgleich zwischen dem Reisenden und dem Reiseveranstalter (so Rn 160).

e) Erklärung

Der Reiseveranstalter hat eine zulässige Preisänderung dem Reisenden unverzüglich **162** (§ 121) nach Kenntnis vom anzugebenden Änderungsgrund zu erklären (Abs 5 S 1). Ihrer Rechtsnatur nach handelt es sich bei dieser Erklärung um eine **rechtsgestaltende Willenserklärung** des Reiseveranstalters, mit der dieser sein Recht zur einseitigen Leistungsbestimmung ausübt (BT-Drucks 12/5354, 10; OLG Düsseldorf NJW 2002, 447; FÜHRICH Rn 158; PALANDT/SPRAU Rn 8; PICK Rn 89; SOERGEL/H-W ECKERT Rn 65). Die Erklärung muss dem Reisenden spätestens bis zum 21. Tag vor Reiseantritt zugehen.

f) 5%-Grenze

Wird der Reisepreis um **mehr als 5%** erhöht, so ist diese Erhöhung zwar nicht ohne **163** weiteres unzulässig (BIDINGER/MÜLLER 67; **aA** BECHHOFER 20), doch hat der Reisende in diesem Fall die Rechte aus Abs 5 S 2 – kostenfreier Rücktritt – oder S 3 – Teilnahme an einer gleichwertigen Ersatzreise – (vgl dazu Rn 187 ff). Die Grenze von 5% entspricht der Rechtsprechung zur alten Rechtslage, wonach eine Erhöhung, die über dem Anstieg der allgemeinen Lebenshaltungskosten lag, unzulässig war (BGH NJW 1982, 331; 1984, 1177; 1985, 622; 1990, 115; OLG Frankfurt aM NJW 1982, 2198; OLG München NJW-RR 1989, 46; 1989, 1389; LG München I VuR 1986, 98; 1989, 137; LG Frankfurt aM VuR 1990, 25; vgl FÜHRICH Rn 166). Ein Preiserhöhungsvorbehalt in den ARB, der ein kostenloses Rücktrittsrecht erst ab einer 10%igen Preiserhöhung vorsieht, ist wegen Verstoßes gegen § 307 unwirksam (OLG München NJW-RR 1989, 46; LG München I VuR 1986, 98; LG Frankfurt aM VuR 1990, 25; BIDINGER/MÜLLER 67; MünchKomm/TONNER Rn 79).

2. Leistungsänderungen

§ 651a Abs 5 regelt nicht die Voraussetzungen, sondern allein die **Rechtsfolgen einer** **164** **zulässigen Leistungsänderung** durch den Reiseveranstalter zwischen Vertragsschluss und Reiseantritt. Ob eine einseitige Leistungsänderung zulässig ist oder nicht, bestimmt sich daher wie bisher nach §§ 651m, 242 bzw bei Leistungsänderungsvorbehalten in den ARB nach §§ 307, 308 Nr 4. Bei der Anwendung dieser Normen iVm § 651a Abs 5 sind folgende **Konstellationen** zu unterscheiden:

– **Änderungen unwesentlicher Reiseleistungen** fallen nicht unter Abs 5 und sind vom Reisenden hinzunehmen.

– **Unerhebliche Änderungen wesentlicher Reiseleistungen** darf der Reiseveranstalter nur vornehmen, wenn der Reisevertrag einen entsprechenden Vorbehalt enthält und der Reiseveranstalter die Änderung dem Reisenden unverzüglich nach Kenntnis vom Änderungsgrund erklärt hat (Abs 5 S 1).

– **Erhebliche Änderungen wesentlicher Reiseleistungen**, die sich der Reiseveranstalter in **Individualvereinbarungen** vorbehalten hat, sind zulässig, wenn der Reiseveranstalter die Änderung dem Reisenden unverzüglich nach Kenntnis vom Änderungsgrund erklärt hat (Abs 5 S 1; aA Seyderhelm Rn 122). Der Reisende hat in diesem Fall die Rechte aus Abs 5 S 2 und 3. Dagegen sind entsprechend weite Leistungsänderungsvorbehaltsklauseln in den **ARB** in jedem Fall unzulässig, da erhebliche Änderungen wesentlicher Reiseleistungen dem Reisenden niemals **zumutbar** sein können (§ 308 Nr 4). Sie begründen daher einen Mangel und eröffnen dem Reisenden die **Gewährleistungsrechte** aus §§ 651c ff (vgl Noll RRa 1993, 43, 45; Soergel/H-W Eckert Rn 70).

a) Leistungsänderungsvorbehalt

165 Grundsätzlich ist eine nachträgliche Leistungsänderung durch den Reiseveranstalter nur zulässig, wenn er sich diese im Reisevertrag rechtswirksam **vorbehalten** hat. Etwas anderes gilt nur für **unerhebliche Änderungen** nicht wesentlicher Reiseleistungen wie zB geringfügige Wartezeiten bei Flugreisen. Auf diese muss sich der Reisende auch ohne Vorbehalt im Vertrag nach §§ 242, 254 einlassen. Leistungsänderungsvorbehalte sind regelmäßig in den ARB enthalten. Für deren Zulässigkeit gelten die Schranken der §§ 307, 308 Nr 4. Danach sind nur solche Änderungen zulässig, die dem Reisenden **zumutbar** sind (LG Lübeck RRa 2000, 133; vgl Rn 148). Dies ist nur bei solchen Leistungsänderungen der Fall, die der Reiseveranstalter nicht unter Verstoß gegen Treu und Glauben herbeigeführt hat (sog **organisatorisch eingeplante Änderungen**), die erst nach Vertragsschluss **notwendig** geworden sind und die schließlich den **Gesamtcharakter der Reise** nicht verändern (vgl Bartl Rn 196 f; Führich Rn 162; MünchKomm/Tonner Rn 91; Soergel/H-W Eckert Rn 168; Ulmer/Brandner/Hensen Anh §§ 9–11 AGBG Rn 586; Wolf/Horn/Lindacher § 9 AGBG Rn R 69). Von einer unzulässigen organisatorisch eingeplanten Änderung ist auszugehen, wenn der Reiseveranstalter gewisse Umstände im Zielgebiet kennt und von vornherein bestimmte Abweichungen einplant (vgl Bartl Rn 196; Soergel/H-W Eckert Rn 68). Den Leistungsänderungsklauseln sind aber noch weitere Grenzen zu ziehen. So muss es sich stets um eine nach Vertragsschluss notwendig gewordene Änderung handeln. Der Reiseveranstalter darf deshalb nicht aus wirtschaftlichen Gründen Leistungsänderungen vornehmen. Selbstverständlich darf ein Leistungsänderungsvorbehalt auch nicht dazu dienen, die nach den allgemeinen Grundsätzen anzunehmende Haftung des Veranstalters für schuldhaft herbeigeführte Unmöglichkeit der Reise zu beschränken oder gar auszuschließen (vgl LG Frankfurt aM FVE Nr 212). Weiß also der Reiseveranstalter schon im Zeitpunkt der Reisebestätigung, dass er nicht erfüllen kann, oder hätte er dies wissen müssen, so greift der Leistungsänderungsvorbehalt nicht. Dies gilt auch für den Fall der Überbuchung, obwohl der Veranstalter davon ausgehen kann, dass erfahrungsgemäß ein gewisser Prozentsatz der Reisenden die Reise nicht antritt. Der Reiseveranstalter kann sich deshalb im Falle der Überbuchung nicht durch ein Ersatzangebot, auch wenn es ein gleichwertiges Reiseangebot darstellt, von seinen Verpflichtungen einseitig lösen. Dabei ist insbesondere zu berücksichtigen, dass die Gleichwertigkeit schon wegen der höchst individuellen Entscheidung des Reisenden für ein bestimmtes Urlaubsziel häufig nur schwer feststellbar ist. Schließlich darf durch ein Änderungsangebot niemals der Gesamtcharakter der Reise verändert werden. Wer zB eine Indonesienreise gebucht hat, braucht sich deshalb nicht auf eine Reisemöglichkeit nach Kreta oder Gran Canaria verweisen zu lassen (LG Frankfurt aM FVE Nr 212; vgl auch OLG Köln OLGZ 75, 185).

Nr 4 Abs 1–3 der Konditionenempfehlung des DRV enthält folgende Leistungs- 166
änderungsvorbehaltsklausel:

„Änderungen oder Abweichungen einzelner Reiseleistungen von dem vereinbarten Inhalt des Reisevertrages, die nach Vertragsschluß notwendig werden und die vom Reiseveranstalter nicht wider Treu und Glauben herbeigeführt wurden, sind nur gestattet, soweit die Änderungen oder Abweichungen nicht erheblich sind und den Gesamtzuschnitt der gebuchten Reise nicht beeinträchtigen.

Eventuelle Gewährleistungsansprüche bleiben unberührt, soweit die geänderten Leistungen mit Mängeln behaftet sind.

Der Reiseveranstalter ist verpflichtet, den Kunden über Leistungsänderungen oder -abweichungen unverzüglich in Kenntnis zu setzen. Gegebenenfalls wird er dem Kunden eine kostenlose Umbuchung oder einen kostenlosen Rücktritt anbieten."

Diese Klausel erfasst mit ihren in Abs 1 aE genannten Einschränkungen die wesent- 167
lichen Zumutbarkeitsgesichtspunkte und entspricht daher den inhaltlichen Anforderungen des § 308 Nr 4 (BIDINGER/MÜLLER 69; FÜHRICH Rn 162; MünchKomm/TONNER Rn 90; PALANDT/HEINRICHS § 10 AGBG Rn 23; RGRK/RECKEN Rn 43; SEYDERHELM Rn 120; aA OLG Hamburg NJW-RR 1986, 1440; UIBEL NJW 1986, 296, 298, welche die Klausel für zu schwammig halten und fordern, dass wenigstens konkretisierende Beispiele angegeben werden müssen).

b) Erhebliche Leistungsänderungen
Abs 5 S 1 spricht von einer **zulässigen Änderung** einer wesentlichen Reiseleistung und 168
statuiert für diese eine Mitteilungspflicht des Reiseveranstalters. Abs 5 S 2 u 3 geben
dem Reisenden bei einer **erheblichen Änderung** einer wesentlichen Reiseleistung ein
kostenfreies Rücktrittsrecht oder ein Recht auf eine Ersatzreise. Daraus könnte man
schließen, dass nicht nur unerhebliche, sondern sogar erhebliche Änderungen wesentlicher Reiseleistungen grundsätzlich zulässig sind, wenn sich der Reiseveranstalter derartige Änderungen im Reisevertrag vorbehalten hat, die Änderungen dem
Reisenden zumutbar sind und der Reiseveranstalter der Mitteilungspflicht des Abs 5
S 1 genügt (so FÜHRICH[3] Rn 146 ff; vgl jetzt aber Rn 160 ff). Andererseits könnte man aus
der Gegenüberstellung von Abs 5 S 1 u 2 schließen, dass eine erhebliche Änderung
einer wesentlichen Reiseleistung iSd S 2 gerade keine zulässige Änderung iSd S 1
mehr darstellt (so SEYDERHELM Rn 122).

ME treffen beide Auffassungen in ihrer Allgemeinheit nicht zu. Aus dem Vergleich 169
von Abs 5 S 1 u 2 kann entgegen SEYDERHELM nicht auf die generelle Unzulässigkeit
erheblicher Änderungen wesentlicher Reiseleistungen geschlossen werden. Die Einfügung der Abs 4 u 5 in § 651a diente allein der Umsetzung von Art 4 Abs 4–6 der
Pauschalreise-Richtlinie. Art 4 Abs 5 S 1 der Richtlinie erlaubt aber ausdrücklich
auch erhebliche Änderungen an einem der wesentlichen Bestandteile des Vertrages
(vgl MünchKomm/TONNER Rn 93). Es kann daher nicht davon ausgegangen werden, dass
der Gesetzgeber mit Abs 5 S 1 u 2 hinter der Richtlinie zurückbleiben wollte. Jedenfalls gibt der Wortlaut des Gesetzes hierfür nichts her. Andererseits kann aber auch
nicht davon ausgegangen werden, dass damit erhebliche Änderungen wesentlicher
Reiseleistungen generell zulässig sind und dem Reisenden lediglich die besonderen
Rechte aus Abs 5 S 2 u 3 geben. Vielmehr bleibt es grundsätzlich bei der Anwendbarkeit des § 308 Nr 4, der nicht durch § 651a Abs 5 verdrängt wird (MünchKomm/

TONNER Rn 93). Daraus folgt, dass nur solche Leistungsänderungen in den **ARB** vorbehalten werden können, die dem Reisenden **zumutbar** sind (so auch FÜHRICH Rn 160 u 162). Dies ist bei erheblichen Änderungen wesentlicher Reiseleistungen aber niemals der Fall. Erhebliche Leistungsänderungen sind stets unzumutbar iSd § 308 Nr 4. Für Leistungsänderungsvorbehaltsklauseln in den ARB sind also die Begriffe der **Erheblichkeit** iSd Abs 5 S 2 und der **Unzumutbarkeit** der Änderung iSd § 308 Nr 4 gleichzusetzen (so im Ergebnis auch MünchKomm/TONNER Rn 93). Dagegen gilt die Zumutbarkeitsschranke des § 308 Nr 4 für Leistungsänderungsvorbehalte durch **Individualvereinbarungen** zwischen dem Reiseveranstalter und dem Reisenden nicht. Insoweit bleibt es bei der grundsätzlichen Zulässigkeit auch erheblicher Änderungen wesentlicher Reiseleistungen, ohne dass es darauf ankäme, ob die Änderung dem Reisenden auch zumutbar ist. Der Reiseveranstalter kann sich also im Wege einer Individualvereinbarung mit dem Reisenden auch so weitgehende Änderungen vorbehalten, die er im Wege einer ARB-Klausel wegen § 10 Nr 4 AGBG nicht rechtswirksam erreichen könnte. Erforderlich und ausreichend ist insoweit die Aufnahme eines entsprechenden Änderungshinweises in die **Leistungsbeschreibung** der einzelnen Reise (vgl BIDINGER/MÜLLER 70; H-W ECKERT Risikoverteilung 97 f; SOERGEL/H-W ECKERT Rn 69).

170 Der Erheblichkeit einer Leistungsänderung kommt nach der hier vertretenen Auffassung somit **unterschiedliche Bedeutung** zu, je nachdem, ob die Leistungsänderung in den ARB oder einer Individualvereinbarung vorbehalten worden ist. Bei Änderungsvorbehalten in den ARB führt die Erheblichkeit der Leistungsänderung zur Unzulässigkeit der Klausel und damit auch der auf ihrer Grundlage begehrten Leistungsänderung. Dem Reisenden stehen in diesem Fall die Gewährleistungsansprüche nach §§ 651c ff zu. Bei einem Leistungsvorbehalt durch Individualvereinbarung ist die Erheblichkeit der Leistungsänderung dagegen nur für die Rechtsfolgen der an sich zulässigen Änderung nach Abs 5 S 2 u 3 maßgebend.

171 Die Frage, ob im Einzelfall eine Leistungsänderung erheblich ist oder nicht, beantwortet sich danach, ob die Änderung einen **Reisemangel** mit den daraus folgenden Gewährleistungsrechten des Reisenden nach §§ 651c ff begründet oder nicht (vgl FÜHRICH Rn 162; MünchKomm/TONNER Rn 91). Für die Erheblichkeit einer Änderung kann also die Kasuistik zum Reisemangel herangezogen werden. Erheblich ist danach generell ein **Wechsel des Urlaubslandes** (LG Frankfurt aM FVE Nr 212). Ein **Hotelwechsel** kann dann unerheblich sein, wenn das Ersatzhotel der ursprünglichen oder einer höheren Kategorie angehört und jedenfalls am vereinbarten Urlaubsort liegt (BLAUROCK 69; FÜHRICH Rn 162; MünchKomm/TONNER Rn 91; aA BGH NJW 1983, 35, 36; LG Frankfurt aM NJW 1983, 233). Zu weit geht es, einen Hotelwechsel auch bei einem damit verbundenen Ortswechsel für unerheblich anzusehen, sofern der Ersatzort noch im gebuchten Feriengebiet liegt und der Prospekt in seiner Beschreibung des Feriengebietes auch den Ersatzort mit aufgeführt hat (so LG Hannover NJW-RR 1986, 213; dagegen FÜHRICH Rn 162). Vielmehr ist jeder Wechsel des Urlaubsortes oder zu einer niedrigeren Hotelkategorie erheblich. Erheblich ist auch die Unterbringung in Zelten statt in Bungalows oder der Wegfall von Freizeitmöglichkeiten bei einem ausgesprochenen Sporturlaub (BARTL Rn 197). Eine in den AGB einer Linienfluggesellschaft enthaltene Regelung, wonach etwa notwendig werdende Änderungen von Fluggesellschaft, Fluggerät und Flugroute vorbehalten werden (IATA-Klausel), ist dem Kunden unzumutbar und verstößt daher gegen § 308 Nr 4 (BGHZ 86, 284, 294;

FÜHRICH Rn 162; MünchKomm/TONNER Rn 91). Erheblich ist auch der Wechsel einer in der Reisebestätigung angegebenen Charterfluggesellschaft (LG Frankfurt aM NJW-RR 1991, 877; LG Kleve RRa 2001, 204; AG Kleve RRa 1999, 180; NJW-RR 2000, 135; FÜHRICH Rn 162; MünchKomm/TONNER Rn 91 a; SCHMID NJW 1996, 1636; aA AG Bad Homburg RRa 1994, 175). Änderungen von **Flug- und Fahrzeiten**, die zu einer Verkürzung des Urlaubs führen, sind ebenfalls erheblich. Schließlich liegt auch eine erhebliche Leistungsänderung vor, wenn entgegen der gebuchten Reihenfolge zunächst der der Erholung dienende Hotelaufenthalt und erst anschließend die mit Strapazen verbundene **Rundreise** angeboten wird (LG Mönchengladbach NJW-RR 1990, 317; aA AG Stuttgart RRa 1994, 133; SEYDERHELM Rn 127). Die Auswechslung der Reihenfolge hat hier eine Änderung des Gesamtcharakters der Reise zur Folge. Anders verhält es sich jedoch, wenn zB lediglich eine Nilreise flussabwärts statt flussaufwärts durchgeführt wird (LG Bonn NJW-RR 1994, 884).

c) Erklärung

Der Reiseveranstalter hat eine nach diesen Maßstäben zulässige Leistungsänderung **172** dem Reisenden mitzuteilen (Abs 5 S 1). Diese **Mitteilungspflicht** über Leistungsänderungen würde sich auch ohne die gesetzliche Anordnung aus allgemeinen schuldrechtlichen Grundsätzen ergeben. Die Information muss unverzüglich iSd § 121 Abs 1 erfolgen. Angesichts der technischen Möglichkeiten, die idR bestehen werden, wird der Zeitraum immer gering zu bemessen sein, wenn auch letztlich die Umstände des Einzelfalls über die Rechtzeitigkeit der Mitteilung entscheiden.

d) Rechte des Reisenden

Ist die Leistungsänderung zulässig, so stehen dem Reisenden die Rechte aus Abs 5 **173** S 2 u 3 zu, wenn die Änderung erheblich ist (vgl Rn 168 ff). Ist die Änderung hingegen unzulässig, hat der Reisende ein **Wahlrecht**: Er kann entweder auch hier die Rechte aus Abs 5 S 2 u 3 geltend machen oder die geänderte Reise antreten und Gewährleistungsansprüche nach §§ 651c ff erheben (vgl SEYDERHELM Rn 124 ff).

3. Absage der Reise

Nach § 651a Abs 5 S 1 hat der Reiseveranstalter dem Reisenden auch eine zulässige **174** Absage der Reise vor Reisebeginn unverzüglich nach Kenntniserlangung vom Absagegrund zu erklären. Abs 5 regelt wiederum nur die **Rechtsfolgen** einer zulässigen Absage, ohne die Voraussetzungen für deren Zulässigkeit zu bestimmen. Dies erfolgt nach hL vielmehr durch Rückgriff auf Art 4 Abs 6 der Pauschalreise-Richtlinie. Danach habe der Reiseveranstalter nur zwei Rücktrittsgründe, nämlich **Nichterreichen einer geforderten Mindestteilnehmerzahl** und **höhere Gewalt**. Diese Beschränkung auf nur zwei Rücktrittsgründe ergebe sich aus den §§ 651a ff nicht eindeutig, weshalb die Richtlinie insoweit nicht korrekt umgesetzt worden sei. Die Rücktrittsvorbehalte der Reiseveranstalter seien daher **richtlinienkonform auszulegen**, damit der von der Richtlinie gebotene Rechtszustand erreicht werden könne (H-W ECKERT DB 1994, 1069, 1073 Fn 39; FÜHRICH Rn 163; MünchKomm/TONNER Rn 100; SEYDERHELM Rn 136 u 141). Ein solches Verständnis des Art 4 Abs 6 der Pauschalreise-Richtlinie findet im Wortlaut dieser Bestimmung indessen keine Grundlage. Art 4 Abs 6 nennt zwar in der Tat diese beiden Rücktrittsgründe, doch ist dies nicht im Sinne einer abschließenden Aufzählung zu verstehen. Die Vorschrift gewährt dem Reisenden vielmehr bei einer Stornierung der Reise durch den Veranstalter ggf einen Anspruch auf Entschädigung wegen Nichterfüllung und nennt die Rücktrittsgründe des Nichterreichens der geforderten Mindestteilnehmerzahl und der höheren Gewalt nur als **Ausnahmetatbestände**, bei deren Vorliegen dieser Entschädigungsanspruch nicht besteht. Dies bedeutet aber keineswegs, dass eine Stornierung der Reise überhaupt nur aus diesen beiden Gründen zulässig sein soll. Der Kreis zulässiger Rücktrittsgründe des Veranstalters ist vielmehr wesentlich weiter, da Art 4 Abs 6 die Ansprüche des Reisenden immer dann regelt, wenn der Veranstalter – „**gleich aus welchem Grund**, ausgenommen Verschulden des Verbrauchers" – die Reise vor dem vereinbarten Abreisetag storniert. Aus Art 4 Abs 6 der Pauschalreise-Richtlinie kann also nicht auf eine Beschränkung auf nur zwei Rücktrittsgründe geschlossen werden. Die Parteien können daher über das gesetzlich geregelte Stornierungsrecht des Reiseveranstalters in den Fällen höherer Gewalt (§ 651j) hinaus grundsätzlich **jeden sachlich gerechtfertigten Rücktrittsgrund** zugunsten des Veranstalters vertraglich vereinbaren (BECHHOFER 22; BIDINGER/MÜLLER 71; PALANDT/SPRAU Rn 10). Allerdings sind Rücktrittsvorbehalte an §§ 651m, 242 bzw solche in den ARB an §§ 307, 308 Nr 3 zu messen.

a) Absagevorbehalt

175 Eine Absage der Reise im Zeitraum zwischen Vertragsschluss und Reiseantritt ist grundsätzlich nur zulässig, wenn sich der Reiseveranstalter dieses Recht im Reisevertrag **ausdrücklich vorbehalten** hat und der Grund für die Stornierung genannt wird (BECHHOFER 22; BIDINGER/MÜLLER 70; PALANDT/SPRAU Rn 10). Etwas anderes gilt nur für das gesetzlich vorgegebene Kündigungsrecht des Reiseveranstalters und des Reisenden wegen höherer Gewalt (§ 651j). Dieses bedarf keiner ausdrücklichen vertraglichen Vereinbarung. Auch ist dieser gesetzliche Rücktrittsgrund stets sachlich gerechtfertigt (FÜHRICH Rn 163; vgl § 651j Rn 2). Die Konditionenempfehlung des DRV räumt dem Reiseveranstalter in **Nr 7 b u c** folgende Absagemöglichkeiten ein:

„Der Reiseveranstalter kann in folgenden Fällen vor Antritt der Reise vom Reisevertrag zurücktreten ...:

b) Bis 2 Wochen vor Reiseantritt

Bei Nichterreichen einer ausgeschriebenen oder behördlich festgelegten Mindestteilnehmerzahl, wenn in der Reiseausschreibung für die entsprechende Reise auf eine Mindestteilnehmerzahl hingewiesen wird. In jedem Fall ist der Reiseveranstalter verpflichtet, den Kunden unverzüglich nach Eintritt der Voraussetzung für die Nichtdurchführung der Reise hiervon in Kenntnis zu setzen und ihm die Rücktrittserklärung unverzüglich zuzuleiten. Der Kunde erhält den eingezahlten Reisepreis unverzüglich zurück.

Sollte bereits zu einem früheren Zeitpunkt ersichtlich sein, dass die Mindestteilnehmerzahl nicht erreicht werden kann, hat der Reiseveranstalter den Kunden davon zu unterrichten.

c) Bis 4 Wochen vor Reiseantritt

Wenn die Durchführung der Reise nach Ausschöpfung aller Möglichkeiten für den Reiseveranstalter deshalb nicht zumutbar ist, weil das Buchungsaufkommen für diese Reise so gering ist, dass die dem Reiseveranstalter im Falle der Durchführung der Reise entstehenden Kosten eine Überschreitung der wirtschaftlichen Opfergrenze, bezogen auf diese Reise, bedeuten würde. Ein Rücktrittsrecht des Reiseveranstalters besteht jedoch nur, wenn er die dazu führenden Umstände nicht zu vertreten hat (zB kein Kalkulationsfehler) und wenn er die zu seinem Rücktritt führenden Umstände nachweist und wenn er dem Reisenden ein vergleichbares Ersatzangebot unterbreitet hat.

Wird die Reise aus diesem Grund abgesagt, so erhält der Kunde den eingezahlten Reisepreis unverzüglich zurück. Zusätzlich wird ihm sein Buchungsaufwand pauschal erstattet, sofern er von einem Ersatzangebot des Reiseveranstalters keinen Gebrauch macht."

aa) Nichterreichen der Mindestteilnehmerzahl

176 Nr 7 b der Konditionenempfehlung des DRV ist als unbedenklich anzusehen (vgl BT-Drucks 7/3919, 26; Art 4 Abs 6 Pauschalreise-Richtlinie; OLG München VuR 1993, 182). Allerdings kann ein derartiges Rücktrittsrecht nur anerkannt werden, wenn das Ungewissheitsrisiko hinsichtlich der Durchführung der Reise klargestellt und das Rücktrittsrecht ausdrücklich vereinbart wird. Darüber hinaus sieht Abs 5 S 1 als weitere Voraussetzung dieses Rücktrittsrechts vor, dass die Rücktrittserklärung dem Reisenden unverzüglich nach Kenntnis vom Absagegrund mitgeteilt wird. Hinter dieser Erklärungsfrist steht die Erwägung, dass es mit den berechtigten Interessen des Reisenden unvereinbar ist, wenn die Ausübung des Rücktrittsrechts regelmäßig bis unmittelbar vor Vertragsbeginn zugelassen wird. Deshalb muss der Reiseveranstalter den Reisenden bei Wissen um das Nichterreichen der Teilnehmerzahl unverzüglich benachrichtigen, damit dieser in die Lage versetzt wird, rechtzeitig eine Ersatzreise zu buchen.

177 Die Regelung in Nr 7 b der Konditionenempfehlung des DRV für ARB ist **mit § 308 Nr 3** vereinbar (OLG München VuR 1993, 182; LG München I VuR 1992, 238; Führich Rn 163; Seyderhelm Rn 138 ff; Soergel/H-W Eckert Rn 73; Ulmer/Brandner/Hensen Anh §§ 9—11 AGBG Rn 588; Wolf/Horn/Lindacher § 9 AGBG Rn R 78). Nach § 308 Nr 3 ist in Allgemeinen Geschäftsbedingungen die Vereinbarung eines Rechts des Verwenders, sich ohne **sachlich gerechtfertigten** und **im Vertrag angegebenen Grund** von seiner Leistungspflicht zu lösen, unwirksam. Ein derartiger sachlicher Grund ist jedoch gegeben, wenn bei einer Reise die Mindestteilnehmerzahl nicht erreicht wird (Ulmer/Brandner/Hensen Anh §§ 9—11 AGBG Rn 588). Auch wird der sachliche Grund in Nr 7 b ausgewiesen. Darüber hinaus wird entsprechend Abs 5 S 1 die Unverzüglichkeit der Ausübung dieses Gestaltungsrechts als Rücktrittsvoraussetzung genannt. Der Reiseveranstalter macht sich schadensersatzpflichtig, wenn er bei Wissen um das Nichterreichen der Teilnehmerzahl nicht unverzüglich den Reisenden informiert und dem Reisenden dadurch Urlaubstage verloren gehen. § 651f Abs 1 u 2 ist entsprechend anzuwenden. Die Darlegungs- und Beweislast für die unverzügliche Ausübung des Rücktrittsrechts trifft den Reiseveranstalter, da der Reisende keinen Einblick in die Organisation des Reiseunternehmens hat. Man wird jedoch darüber hinaus entsprechend der Konditionenempfehlung des DRV davon ausgehen müssen, dass dieses Rücktrittsrecht unabhängig von dem Wissen um das Nichterreichen der Teilnehmerzahl **nur bis 2 Wochen vor Reiseantritt** ausgeübt werden kann. Der Reiseveranstalter muss also durch organisatorische Vorkehrungen sicherstellen, dass er rechtzeitig vor diesem Zeitpunkt überblickt, ob die Voraussetzungen für sein Rücktrittsrecht vorliegen und er hiervon Gebrauch machen will. Darüber hinaus ist dem Reisenden bei Ausübung des Rücktrittsrechts auch eine bereits geleistete **Anzahlung** gem § 346 zurückzugewähren. Selbstverständlich kommt die Wirksamkeit einer Mindestteilnehmerklausel aber nur in Betracht, wenn diese überhaupt Aufnahme in die Reisebeschreibung gefunden hat und damit Vertragsbestandteil geworden ist. Eine für die Durchführung der Reise erforderliche **Mindestteilnehmerzahl** sowie die Angabe, bis zu welchem **Zeitpunkt** vor dem vertraglich vereinbarten Reisebeginn dem Reisenden die Erklärung spätestens zugegangen sein muss, dass die Teilnehmerzahl nicht erreicht wurde und die Reise daher nicht durchgeführt wird, muss im Prospekt (§ 4 Abs 1 Nr 7 BGB-InfoV) oder, falls ein solcher nicht vorhanden ist, in der Reisebestätigung (§ 6 Abs 2 BGB-InfoV) vermerkt werden, damit das Rücktrittsrecht für den Reisenden kontrollierbar bleibt (vgl Seyderhelm Rn 138).

178 Es ist also sachlich nicht gerechtfertigt, wenn sich der Reiseveranstalter **bis unmittelbar vor Reiseantritt** das Recht vorbehält, deshalb vom Reisevertrag zurückzutreten, weil eine bestimmte Mindestzahl an Teilnehmern nicht erreicht wurde (LG München I AGBE II [1981] § 10 Nr 41). Dem Reisenden ist bei einer kurzfristigen Absage mit der Erstattung des Mehraufwandes für eine gleichwertige Reise nicht gedient, soweit der Rücktritt nicht rechtzeitig ausgeübt wird. Ein Verstoß gegen das Verbot überraschender Klauseln des § 305 c Abs 1 kann in dieser Vereinbarung zwar nicht erblickt werden (**aA** LG München I AGBE II [1981] § 10 Nr 41). Allerdings sollte der Reiseveranstalter derartige Klauseln trotzdem in die konkrete Leistungsbeschreibung für das jeweilige Pauschalangebot aufnehmen.

179 Fraglich ist, ob der Veranstalter von einem Rücktrittsvorbehalt wegen Nichterreichen einer Mindestteilnehmerzahl auch dann Gebrauch machen kann, wenn die Mindestteilnehmerzahl zunächst erreicht worden ist, später jedoch durch Rücktritte der Reisenden wieder unterschritten wird. Dies kann nicht uneingeschränkt verneint werden (**aA** Löwe Pauschalreiserecht 66; MünchKomm/Tonner Rn 105). Es ist vielmehr zu unterscheiden. Einzuräumen ist, dass der Veranstalter in diesen Fällen von den zurücktretenden Reisenden nach § 651i Abs 2 u 3 eine Entschädigung verlangen kann. Hat er jedoch ausnahmsweise für die tatsächliche Teilnahme einer bestimmten Anzahl von Reisenden einzustehen, so ist ihm mit einer Rücktrittsentschädigung nicht gedient. Auch in den sonstigen Fällen kann ihm ein Rücktrittsrecht aber nur verwehrt werden, wenn ihm der Reisepreis bereits bezahlt ist. Es ist nämlich dem Veranstalter bei Nichterreichen der Mindestteilnehmerzahl nicht zumutbar, die Reise durchzuführen, wenn er die Entschädigung nicht im Wege der Aufrechnung realisieren kann. Die **Beweislast** für das Nichterreichen der Teilnehmerzahl trifft den Veranstalter.

bb) Rücktrittsrecht bei wirtschaftlicher Unmöglichkeit

180 Nr 7 c der Konditionenempfehlung für ARB sieht ein Rücktrittsrecht bei **wirtschaftlicher Unmöglichkeit** der Reise vor. Danach kann der Reiseveranstalter bis 4 Wochen vor Reiseantritt vom Reisevertrag zurücktreten, wenn die Pflicht, die Reise durchzuführen, für den Reiseveranstalter nach Ausschöpfung aller Möglichkeiten deshalb nicht zumutbar ist, weil das Buchungsaufkommen für diese Reise so gering ist, dass die dem Veranstalter bei Durchführung der Reise entstehenden Kosten eine Überschreitung der wirtschaftlichen Opfergrenze, bezogen auf die jeweilige Reise, bedeuten würde, es sei denn, dass der Reiseveranstalter die dazu führenden Umstände zu vertreten hat. Der Veranstalter muss in diesem Fall die zu seinem Rücktritt führenden Umstände nachweisen und dem Reisenden ein vergleichbares Ersatzangebot unterbreiten. Wird die Reise aus diesem Grund abgesagt, so erhält der Kunde nach Nr 7 c S 2 den bezahlten Reisepreis unverzüglich zurück. Zusätzlich wird ihm nach S 3 sein Buchungsaufwand pauschal erstattet, sofern er von einem Ersatzangebot des Veranstalters keinen Gebrauch macht. Zu den Umständen, die der Reiseveranstalter zu vertreten hat, gehören zB Kalkulationsfehler oder die Überbuchung schon bei Vertragsabschluss. Das dann gegebene anfängliche Unvermögen hat der Reiseveranstalter immer zu vertreten.

Die Regelung in Nr 7 c der Konditionenempfehlung des DRV ist an sich mit § 308 **181** Nr 3 vereinbar, da der dort umschriebene Tatbestand einen sachlich gerechtfertigten Grund darstellt. Gegen dieses formularmäßig vorgesehene Rücktrittsrecht werden allerdings **erhebliche Bedenken** vorgebracht. Zum einen wird eingewandt, dass die Angabe des Rücktrittsgrundes insoweit nicht klar und bestimmt genug iSv § 308 Nr 3 erfolge (ULMER/BRANDNER/HENSEN Anh §§ 9–11 AGBG Rn 588). Das Nebeneinander von Nr 7 b und Nr 7 c der Konditionenempfehlung soll darüber hinaus beim unbefangenen Reisenden den Eindruck erwecken, dass das Nichterreichen einer Mindestteilnehmerzahl bei Fehlen dieser Einschränkung im Rahmen der Reiseausschreibung keine Rolle spielen kann, die gebuchte Reise also in jedem Fall durchgeführt wird. Dies vermag nicht zu überzeugen. Der Hinweis auf ein zu geringes Buchungsaufkommen oder auf die Überschreitung der wirtschaftlichen Opfergrenze ist für einen derartigen, allein auf zukünftige ungewisse Ereignisse darstellenden Tatbestand hinreichend bestimmt. Wäre der Veranstalter zu einer näheren Konkretisierung in der Lage, wäre dies eher Anlass, an der sachlichen Rechtfertigung des Rücktrittsgrundes zu zweifeln (vgl ULMER/BRANDNER/HENSEN Anh §§ 9–11 AGBG Rn 588). Auch kann der Reisende bei einem Rücktrittsvorbehalt, der sich auf ein zu geringes Buchungsaufkommen bezieht, nicht davon ausgehen, dass die Reise in jedem Fall durchgeführt wird. Eine ganz andere Frage ist es allerdings, ob die Überschreitung der Opfergrenze überhaupt als sachlich gerechtfertigter Rücktrittsgrund angesehen werden kann. Eine derartige **Überwälzung des Unternehmensrisikos** erscheint nur dann gerechtfertigt, wenn man die Schwelle der Überschreitung der Opfergrenze sehr hoch ansetzt. In diesem Zusammenhang kann auf die Grundsätze über die **Störung der Geschäftsgrundlage** (§ 313) zurückgegriffen werden. Letztlich sind diese Fälle aber abschließend in § 651j geregelt. Eine weitergehende Klausel ist daher **unwirksam** (BARTL Rn 218; BECHHOFER 22; BIDINGER/MÜLLER 212; FÜHRICH Rn 164; KAPPUS Rn 23 MünchKomm/TONNER Rn 106; SEYDERHELM Rn 141; SOERGEL/H-W ECKERT Rn 74; TEMPEL TranspR 2001, 337, 353; ders RRa 1998, 19, 34; ULMER/BRANDNER/HENSEN Anh §§ 9–11 AGBG Rn 588; aA nur WOLF/HORN/LINDACHER § 9 AGBG Rn R 79).

Ein Rückgriff auf die Generalklausel des § 307 ist zur weiteren Begründung der **182** Unwirksamkeit dieser Klausel allerdings nicht möglich (aA BIDINGER/MÜLLER 212). Dies folgt schon daraus, dass in diesen Fällen eine unangemessene Benachteiligung der Vertragspartner des Verwenders nicht festgestellt werden kann. Soweit darauf aufmerksam gemacht wird, dass in diesem Zusammenhang die Vorschriften der §§ 651a ff das für die Beurteilung maßgebliche und nach § 651m nicht zum Nachteil des Reisenden abänderbare Leitbild abgeben, vermag dies nicht zu überzeugen (WOLF/HORN/LINDACHER § 9 AGBG Rn R 79; aA ULMER/BRANDNER/HENSEN Anh §§ 9–11 AGBG Rn 588). Die §§ 651a ff regeln gerade diese Rücktrittsfälle nicht. Diesem Regelungskomplex kann nur insoweit eine Leitbildfunktion zugeschrieben werden, als ihm entnommen werden kann, dass die Vertragslösung nicht dazu führen darf, dass der Reiseveranstalter Vorteile behält, die an sich eine Gegenleistung für Leistungen darstellen, die nicht erbracht werden und die nach der allgemeinen Regelung des § 346 zurückzugewähren sind. Die Konditionenempfehlung des DRV wird diesen

Anforderungen gerecht, da sie durchgängig die Rückzahlung des Reisepreises vorsieht.

b) Erklärung

183 Liegt ein gesetzlicher (§ 651j) oder vertraglich vereinbarter Rücktrittsgrund vor, so muss der Reiseveranstalter dem Reisenden **unverzüglich**, also ohne schuldhaftes Zögern (§ 121 Abs 1), nach Kenntnis vom Absagegrund den **Rücktritt erklären** (Abs 5 S 1). Die **Rechte des Reisenden** ergeben sich bei einer zulässigen Absage aus Abs 5 S 2 u 3, bei einer unzulässigen Absage – zB einer Absage aus einem vom Reiseveranstalter zu vertretenden Grund – stehen dem Reisenden die Gewährleistungsansprüche aus §§ 651c ff zu.

4. Rechtsfolgen einer Preiserhöhung, Leistungsänderung oder Absage der Reise

184 Abs 5 regelt in Umsetzung von Art 4 Abs 5 u 6 der Pauschalreise-Richtlinie die Rechtsfolgen einer vom Reiseveranstalter zwischen Vertragsschluss und Reisebeginn zulässigerweise einseitig erklärten Preiserhöhung, Leistungsänderung oder Reiseabsage (vgl BT-Drucks 12/5354, 9 f).

a) Mitteilungspflicht

185 Der Reiseveranstalter hat nach Abs 5 S 1 eine Preisänderung nach Abs 4, eine zulässige Änderung einer wesentlichen Reiseleistung oder eine zulässige Absage der Reise dem Reisenden unverzüglich nach Kenntniserlangung vom Änderungs- oder Absagegrund zu erklären. Diese **Mitteilungspflicht** bestünde aufgrund der allgemeinen schuldrechtlichen Prinzipien auch ohne ihre ausdrückliche Anordnung im Gesetz bzw ihre Aufnahme in die ARB. Die Mitteilung muss **unverzüglich**, dh ohne schuldhaftes Zögern erfolgen (§ 121 Abs 1). Insoweit sind schon angesichts der immer schnelleren technischen Kommunikationsmöglichkeiten strenge Anforderungen zu stellen, so dass dieser Zeitraum idR gering zu bemessen sein wird. Letztlich entscheiden jedoch die Umstände des Einzelfalles über die **Rechtzeitigkeit** der Information. Die Erklärung des Reiseveranstalters ändert die vertraglichen Vereinbarungen ab und hat deshalb **rechtsgestaltende Wirkung** (vgl BT-Drucks 12/5354, 10; FÜHRICH Rn 165).

b) Rücktrittsrecht der Reisenden

186 Im Falle einer **Erhöhung des Reisepreises um mehr als 5%** oder einer **erheblichen Änderung einer wesentlichen Reiseleistung** erlangt der Reisende nach Abs 5 S 2 ein besonderes Rücktrittsrecht. Dessen Ausübung ist für ihn **kostenfrei**, wie sich aus Art 4 Abs 5 der Pauschalreise-Richtlinie ergibt. Insbesondere findet § 651i Abs 2 u 3 keine Anwendung. Der Rücktritt des Reisenden führt zur Rückabwicklung des Reisevertrages gem §§ 346 ff. Soweit der Reisende den Reisepreis bereits bezahlt hat, kann er somit dessen Rückzahlung verlangen. Weitergehende Gewährleistungsansprüche nach §§ 651c ff und namentlich Schadensersatz- bzw Entschädigungsansprüche nach § 651f Abs 1 u 2 stehen ihm dagegen nur dann zu, wenn er, statt von seinem Rücktrittsrecht Gebrauch zu machen, den Reisevertrag gem § 651e kündigt, weil die Reise insgesamt erheblich beeinträchtigt ist (vgl BGHZ 97, 255; OLG Düsseldorf NJW-RR 1998, 51; FÜHRICH Rn 167). Das **Kündigungsrecht des Reisenden nach § 651e** wird durch das Rücktrittsrecht gem Abs 5 S 2 nicht verdrängt (PALANDT/SPRAU Rn 14) und kann nach zutreffender Ansicht auch schon vor Antritt der Reise ausgeübt werden (BGHZ

97, 255, 261; OLG Düsseldorf NJW-RR 1998, 51; Führich NJW 1994, 2446, 2448; vgl § 651e Rn 7).

c) Ersatzreise
Bei einer Erhöhung des Reisepreises um mehr als 5% oder einer erheblichen Än- **187** derung einer wesentlichen Reiseleistung kann der Reisende statt des Rücktritts ebenso wie bei einer Absage der Reise die Teilnahme an einer **mindestens gleichwertigen Ersatzreise** verlangen, wenn der Reiseveranstalter in der Lage ist, eine solche Reise ohne Mehrpreis für den Reisenden **aus seinem Programm** anzubieten (Abs 5 S 3). Die Auswahl der Ersatzreise erfolgt dabei grundsätzlich durch den Reiseveranstalter. Abgesehen davon, dass allein dieser übersehen kann, bei welcher seiner anderen Reisen noch Plätze verfügbar sind, ergibt sich dies schon aus der Formulierung, es müsse sich bei der Ersatzreise um eine „mindestens" gleichwertige Reise handeln. Würde die Auswahl der Ersatzreise dem Reisenden freistehen (so Bidinger/Müller 72), wäre nicht einzusehen, warum dieser nicht auch eine minderwertige Reise aus dem Angebot des Reiseveranstalters wählen können sollte. Umgekehrt bedürfte es in diesem Fall der Festlegung, ob und ggf in welchem Ausmaß der Wert der Ersatzreise über dem der ursprünglich gebuchten Reise liegen können soll. An einer solchen Regelung fehlt es jedoch. Der Reisende kann sich für die ihm angebotene Reise entscheiden, ist hierzu aber nicht verpflichtet (H-W Eckert DB 1994, 1069, 1073; Führich Rn 167; Palandt/Sprau Rn 16; Tempel RRa 2000, 107). Selbstverständlich ist aber auch nicht ausgeschlossen, dass der Reisende selbst die Initiative ergreift und dem Reiseveranstalter mitteilt, an welcher anderen Reise er gerne teilnehmen würde.

Der Ersatzreiseanspruch ist auf das Angebot des Veranstalters im Zeitpunkt der **188** Geltendmachung des Rechts aus Abs 5 S 3 beschränkt. Der Reisende kann daher nicht verlangen, eine Ersatzreise aus dem Programm eines anderen Veranstalters zu buchen. Eine Pflicht des Reiseveranstalters, Reisen anderer Veranstalter oder einzelne zusätzliche Leistungen seiner Leistungsträger zu erwerben und dem Reisenden in Erfüllung des Ersatzreiseanspruchs anzubieten, besteht nicht. Darüber hinaus muss die Ersatzreise **mindestens gleichwertig** sein. Hierfür ist allein auf den **Reisepreis**, nicht dagegen auf subjektive Einschätzungen der Vertragsparteien abzustellen (Bidinger/Müller 72). Eine Reise minderen Werts kann nur im Wege einer Vereinbarung der Parteien als Ersatzreise gelten. In diesem Fall hat der Reisende einen Anspruch auf Erstattung der Differenz zum höheren Preis der ursprünglich gebuchten Reise (Art 4 Abs 6 lit a Pauschalreise-Richtlinie).

Der Reisende ist nur berechtigt, nicht aber verpflichtet, eine Ersatzreise aus dem **189** Angebot des Veranstalters zu beanspruchen. Er hat zwischen dem Anspruch auf Teilnahme an einer Ersatzreise nach Abs 5 S 3 und dem Rücktrittsrecht nach S 2 ein **uneingeschränktes Wahlrecht** (Seyderhelm Rn 125). Weicht die dem Reisenden angebotene Ersatzreise in ihrer Gesamtheit von der ursprünglich gebuchten Reise erheblich ab, so kann er neben seinen Rechten aus Abs 5 S 2 u 3 den Reisevertrag auch bereits vor Antritt der Reise wegen eines Reisemangels gem **§ 651e** kündigen (BGH NJW 1980, 2192; OLG Düsseldorf NJW-RR 1998, 51; Führich NJW 1994, 2446, 2448). Auch andere, weiterreichende Gewährleistungsrechte nach §§ 651c ff bleiben durch Abs 5 S 2 u 3 unberührt (vgl BT-Drucks 12/5354, 7).

d) Geltendmachung

190 Der Reisende hat seine Rechte nach Abs 5 S 2 u 3 **unverzüglich** (§ 121 Abs 1) nach Zugang der Änderungs- oder Absageerklärung des Reiseveranstalters diesem gegenüber **geltend zu machen** (Abs 5 S 4). Damit soll der Reiseveranstalter Klarheit darüber erlangen, welches der in Abs 5 genannten Rechte der Reisende wählt. Mit der Geltendmachung übt der Reisende zugleich sein **Wahlrecht** zwischen den ihm zustehenden Rechtsbehelfen mit bindender Wirkung aus. Ein verspätet erklärter Rücktritt ist unwirksam. Dies führt dazu, dass der ursprüngliche Vertrag mit den zulässigerweise geänderten Leistungen weitergilt. Bietet der Reiseveranstalter dem Reisenden von sich aus eine gleichwertige Ersatzreise an, kann der Reisende dieses Angebot ablehnen. In diesem Fall bleibt es bei der vom Veranstalter erklärten Reiseabsage, eine Vertragsänderung kommt nicht zustande (PALANDT/SPRAU Rn 16). Dem Reisenden ist allerdings eine Überlegungsfrist von 2–3 Tagen einzuräumen. Die Erklärung des Reisenden ist grundsätzlich **formfrei**, doch empfiehlt sich schon aus Beweisgründen die Schriftform. Einer Preiserhöhung muss der Reisende unverzüglich vor der Zahlung bzw. dem Reiseantritt widersprechen, da sonst die vorbehaltlose Zahlung des höheren Preises bzw. der widerspruchslose Antritt der Reise als konkludente Zustimmung zur Änderung des Reisevertrages auszulegen ist (vgl AG Bad Homburg RRa 2001, 53; FÜHRICH Rn 168).

5. Einvernehmliche Umbuchungen

191 Den Vertragspartnern bleibt es selbstverständlich unbenommen, nach Vertragsschluss eine Änderung des Reisepreises, der Reiseleistungen oder eine Umbuchung zu **vereinbaren**. Es handelt sich in diesem Fall um eine jederzeit zulässige **Vertragsänderung**. Der Reiseveranstalter kann ein **angemessenes Umbuchungsentgelt** verlangen, wenn er Umbuchungswünschen des Reisenden hinsichtlich des Reisetermins, des Reiseziels, des Ortes des Reiseantritts, der Unterkunft oder der Beförderungsart (Nr 5.2 S 1 der Konditionenempfehlung) entspricht, es sei denn, der Umbuchungswunsch verursacht ihm nur geringfügige Kosten (§§ 307, 308 Nr 7 b; vgl Nr 5.2 S 3 der Konditionenempfehlung).

192 Eine Klausel in den ARB, wonach eine **Umbuchung** nach Ablauf bestimmter Fristen als Rücktritt mit nachfolgender Neuanmeldung gilt oder behandelt wird, ist nach § 308 Nr 5 unwirksam (BGH NJW 1992, 3158, 3161; OLG Frankfurt aM NJW 1982, 2198, 2199; ULMER/BRANDNER/HENSEN Anh §§ 9–11 AGBG Rn 590). Dagegen ist gegen Nr 5.2 S 2 der Konditionenempfehlung für ARB nichts einzuwenden, da in dieser Klausel keine Erklärungsfiktion enthalten ist. Der Reiseveranstalter weist in dieser Klausel vielmehr nur darauf hin, dass er einen nach Ablauf der genannten Fristen erfolgenden Umbuchungswunsch des Kunden grundsätzlich nicht mehr annehmen wird, sondern allenfalls dann, wenn der Kunde seinen Rücktritt erklärt und gleichzeitig eine Neuanmeldung vornimmt (vgl ULMER/BRANDNER/HENSEN Anh §§ 9–11 AGBG Rn 590). Damit weist er lediglich auf die geltende Vertragslage hin.

193 Geht dem Reisenden erst kurz vor Reisebeginn ein Informationsschreiben des Reiseveranstalters zu, in dem dieser eine einseitige Leistungsänderung ankündigt, kann in einem solchen Schreiben allenfalls ein Angebot des Veranstalters zur einvernehmlichen Abänderung des Reisevertrages gesehen werden. Der Reisende nimmt dieses Angebot indessen auch mit dem vorbehaltlosen Reiseantritt nicht konkludent an (LG

Frankfurt aM NJW-RR 1987, 747; SEYDERHELM Rn 130). Dies beruht vor allem darauf, dass der Reisende kurz vor Reiseantritt idR keine andere Alternative sieht, als die geänderte Reise gleichwohl anzutreten. Eine solche unzulässige einseitige Leistungsänderung seitens des Reiseveranstalters löst die allgemeinen Gewährleistungsansprüche des Reisenden nach §§ 651c ff aus. Reisemängel, die sich aus der Leistungsänderung ergeben, können ohne weiteres geltend gemacht werden. Einer Rüge während der Reise bedarf es nicht (FÜHRICH Rn 170; SEYDERHELM Rn 130; aA LG Hannover NJW-RR 1987, 496; AG Emden RRa 1996, 154). Zur Klarstellung empfiehlt es sich jedoch für den Reisenden, noch vor Reiseantritt schriftlich einen ausdrücklichen Vorbehalt gegenüber dem Reiseveranstalter zu erklären, wonach im Reiseantritt gerade kein Einverständnis hinsichtlich der einseitigen Leistungsänderung liegt (SEYDERHELM Rn 130). Umgekehrt hat der Reisende selbstverständlich auch bei derart kurzfristigen Leistungsänderungen die Möglichkeit, sein Einverständnis mit der Leistungsänderung nach Abs 5 S 4 zu erklären. In diesem Fall liegt eine einvernehmliche Vertragsänderung vor.

VIII. BGB-Informationspflichten-Verordnung

In Umsetzung der Pauschalreise-Richtlinie fügte der Gesetzgeber 1994 im Abs 5 aF **194** eine **Ermächtigungsgrundlage** iSd Art 80 I GG für den Erlass einer „Verordnung über Informationspflichten von Reiseveranstaltern" durch das Bundesministerium der Justiz im Einvernehmen mit dem Bundesministerium für Wirtschaft und Technologie in das Reisevertragsrecht ein. **Zweck** dieser Ermächtigung war es, den Verbraucher vor irreführenden Angaben bei der Beschreibung von Reisen zu schützen (Abs 5 S 1 aF). Diese Regelungstechnik, im Gesetz eine Ermächtigungsgrundlage für den Erlaß einer Rechtsverordnung zu schaffen, war dem BGB abgesehen von § 482 Abs 2 aF (Viehmängelverordnung) fremd. Der Gesetzgeber hat sich für diesen Weg entschieden, um die §§ 651a ff durch die Einarbeitung der in der Pauschalreise-Richtlinie in Art 3 II (Prospektangaben), Art 4 II a iVm dem Anhang (Vertragsangaben) und Art 4 I (Informationen vor Vertragsschluss und Reisebeginn) vorgegebenen umfangreichen Informationspflichten **nicht zu überfrachten** (vgl BT-Drucks 12/5354, 6 f; BIDINGER/ MÜLLER 74; H-W ECKERT DB 1994, 1069; FÜHRICH Rn 171; SOERGEL/H-W ECKERT Rn 79). Diese Entscheidung war und ist zu begrüßen (FÜHRICH EuZW 1993, 347, 348; SEYDERHELM Rn 5; SOERGEL/H-W ECKERT Rn 79; TEMPEL NJW 1996, 1625, 1626). Abgesehen von der erhöhten Übersichtlichkeit der §§ 651a ff gibt sie dem Verordnungsgeber die Möglichkeit, die Informationspflichten schneller an veränderte Rahmenbedingungen anzupassen. Auch aus verfassungsrechtlicher Sicht stößt es nicht auf Bedenken, die Normierung der Informationspflichten für Reiseveranstalter aus der parlamentarischen Gesetzgebung auszugliedern. Die Gestaltungsmöglichkeiten des Verordnungsgebers sind sowohl durch die Ermächtigungsgrundlage als auch durch die bis ins einzelne gehenden Vorgaben der Pauschalreise-Richtlinie hinreichend begrenzt (H-W ECKERT DB 1994, 1069).

Aufgrund der Ermächtigung des Abs 5 aF ist vom Bundesministerium der Justiz am **195** 14. November 1994 die „**Verordnung über die Informationspflichten von Reiseveranstaltern (InfVO)**" erlassen worden (BGBl 1994 I 3436 f). Sie trat bereits am nächsten Tag in Kraft, ohne den Reiseveranstaltern eine Frist zur Umsetzung der in ihr detailliert geregelten Informationspflichten zu geben. Dies war verfassungsrechtlich unbedenklich, da der Touristikbranche die entsprechenden Vorgaben der Pauschalreise-Richtlinie schon lange vorher bekannt waren und ihren Interessenverbänden bereits Mitte Juli 1994 der endgültige Wortlaut der Verordnung übermittelt worden war (BIDINGER/ MÜLLER 74).

196 Durch das Zweite Gesetz zur Änderung reiserechtlicher Vorschriften (2. Reise-RÄndG) vom 23. Juli 2001 (BGBl 2001 I 1658) wurde zum 1. September 2001 die bisherige Verordnungsermächtigung des § 651a Abs 5 gestrichen und eine neue **einheitliche Ermächtigungsgrundlage** geschaffen, die aus systematischen Gründen in **Art 238 Abs 1 EGBGB** eingestellt wurde. Diese Verordnungsermächtigung erstreckt sich nunmehr auch auf den Inhalt und die Gestaltung des Sicherungsscheins nach § 651k Abs 3 nF und den Nachweis nach § 651k Abs 5 nF. Weiterhin wurde in die **InfoV** ein neuer § 4 eingefügt, der die Informationspflichten des Reiseveranstalters bei internationalen Gastschulaufenthalten ergänzend zum neuen § 651l Abs 4 Nrn 1 u 2 regelt (vgl zum Inhalt des 2. ReiseRÄndG im einzelnen FÜHRICH NJW 2001, 3083; ISERMANN DRiZ 2002, 133; TONNER/ECHTERMEYER RRa 2001, 67; TONNER, Die Insolvenzabsicherung im Pauschalreiserecht und das Zweite Reiserechtsänderungsgesetz). Das am 1. Januar 2002 in Kraft getretene Gesetz zur Modernisierung des Schuldrechts (BGBl 2001 I 3138) hat die bisher nur im Reisevertragsrecht angewandte Regelungstechnik der Verlagerung der Informationspflichten des Reiseveranstalters auf die Ebene einer Verordnung verallgemeinert. Die Verordnung über Informationspflichten von Reiseveranstaltern (InfoV) wurde nunmehr zu einem Teil der **allgemeinen Verordnung über Informations- und Nachweispflichten nach bürgerlichem Recht** (BGB-InfoV vom 2. Januar 2002, BGBl 2002 I 342 idF der Bekanntmachung der Neufassung der BGB-InfoV vom 5. August 2002, BGBl 2002 I 3002), in der die reiserechtlichen Informationspflichten den Abschnitt 3 über die Informations- und Nachweispflichten von Reiseveranstaltern bilden. Das Bundesjustizministerium hat von der Ermächtigung des Art 238 Abs 1 Nr 2 EGBGB, den Inhalt und die Gestaltung des Sicherungsscheins nach § 651k Abs 3 und des Nachweises ausländischer Reiseveranstalter nach § 651k Abs 5 festzulegen, durch Verordnung vom 13. März 2002 (BGBl 2002 I 1141) Gebrauch gemacht und die neuen §§ 9 (Muster für den Sicherungsschein mit Anlage) und 10 (Nachweis nach § 651k Abs 5) in die BGB-InfoV eingefügt. Die Vorschriften über die reiserechtlichen Informationspflichten sind nunmehr in den §§ 4–11, 15 BGB-InfoV enthalten. Diese teilweise überflüssig und überladen anmutenden Vorschriften werden im Anhang nach § 651a kommentiert.

IX. Darlegungs- und Beweislast

197 Darlegungs- und beweispflichtig für den **Abschluss**, für einen bestimmten **Inhalt** (Nebenabreden, Zusicherungen) und für **nachträgliche Änderungen** des Reisevertrages ist derjenige, der sich auf eine entsprechende Abrede beruft. Dies ist idR der Reisende, der Gewährleistungsrechte geltend macht. Er hat auch eine An- oder Vorauszahlung des Reisepreises zu beweisen (FÜHRICH Rn 172; MünchKomm/TONNER Rn 131; SEYDERHELM Rn 182). Dagegen trägt der Reiseveranstalter für die Einbeziehung der ARB, die Übergabe der Reisebestätigung und des Sicherungsscheins, die Erfüllung der Pflichten aus der BGB-InfoV sowie die Voraussetzungen einer nachträglichen Erhöhung des Reisepreises die Darlegungs- und Beweislast.

198 Die Voraussetzungen der **Unbeachtlichkeit einer Vermittlerklausel**, also die Umstände, die den Anschein begründen, dass die Reiseleistungen in eigener Verant-

wortung erbracht werden, sind vom Reisenden darzulegen und zu beweisen (BAUMGÄRTEL/STRIEDER Rn 1; FÜHRICH Rn 172). Dies folgt daraus, dass der Reisende die entsprechenden Umstände, die auf eine eigenverantwortliche Leistung hindeuten, erkennen muss, um die Unbeachtlichkeit der Vermittlerklausel geltend machen zu können (vgl oben, Rn 96 ff).

Anhang zu § 651a

§§ 4–11 und 15 der Verordnung über Informations- und Nachweispflichten nach bürgerlichem Recht (BGB-InformationspflichtVerordnung – BGB-InfoV)

vom 2. Januar 2001 idF vom 5. August 2002

Materialien: RefE BR-Drucks 190/93; RegE BT-Drucks 12/5353; Beschlußempfehlung und Bericht des Rechtsausschusses BT-Drucks 12/7334; Gesetzesbeschluß BR-Drucks 363/94; Verordnung über die Informationspflichten von Reiseveranstaltern vom 14. 11. 1994, BGBl I 3436; Begr 2. ReiseRÄndG vom 4. 5. 2001 BT-Drucks 14/5499; Verordnung über die Informationspflichten von Reiseveranstaltern vom 14.11. 1994, BGBl 1994 I 3436; Neufassung: Verordnung über Informations- und Nachweispflichten nach bürgerlichem Recht (BGB-Informationspflichten-Verordnung – BGB-InfoV) vom 2.1. 2002, BGBl 2002 I 342, idF der Bekanntmachung der Neufassung der BGB-InfoV vom 5. 8. 2002, BGBl 2002 I 3002.

Schrifttum

H-W ECKERT, Das neue Reiserecht, DB 1994, 1069
FÜHRICH, Die Umsetzung der EG-Pauschalreise-Richtlinie in deutsches Reisevertragsrecht, EuZW 1993, 347
ders, Das neue Reiserecht nach der Umsetzung der EG-Pauschalreise-Richtlinie, NJW 1994, 2446
ders, Sieben Stolpersteine des neuen Reiserechts, RRa 1994, 90
ders, Zweite Novelle des Reisevertragsrechts zur Verbesserung der Insolvenzsicherung und der Gastschulaufenthalte, NJW 2001, 3083
ISERMANN, Neuregelung zum Reisevertragsrecht, ZAP 1994, F 6, S 229
ders, Neues beim Pauschalreiserecht, DRiZ 2002, 133

MEYER/KUBIS, Neuorientierungen im Pauschalreiserecht, TranspR 1991, 411
NOLL, Die Auswirkungen des neuen Reiserechts auf die Allgemeinen Reisebedingungen der Reiseveranstalter und Reisevermittler, RRa 1993, 42
TEMPEL, Informationspflichten bei Pauschalreisen, NJW 1996, 1625
TONNER, Die Zweite Reiserechts-Novelle, in: Deutsche Gesellschaft für Reiserecht (Hrsg), DGfR Jahrbuch 2001 (2002) 45
ders, Die Insolvenzabsicherung im Pauschalreiserecht und das Zweite Reiserechtsänderungsgesetz (2002)
ders/ECHTERMEYER, Der Regierungsentwurf eines zweiten Reiserechtsänderungsgesetzes, RRa 2001, 67.

Vorbemerkungen zur BGB-InfoV

I. Zweck der BGB-InfoV

1 Die am 14. November 1994 vom Bundesministerium der Justiz erlassene „**Verordnung über die Informationspflichten von Reiseveranstaltern (InfVO)**" (BGBl I 3436) ging auf die Ermächtigungsgrundlage des § 651a Abs 5 aF zurück. Diese Ermächtigungsgrundlage ist nunmehr aus systematischen Gründen aus § 651a herausgenommen und in Art 238 Abs 1 EGBGB eingestellt worden (s § 651a Rn 196). Die bisherige InfVO wurde auf dieser neuen Grundlage zu einem Teil der „**Verordnung über Informations- und Nachweispflichten nach bürgerlichem Recht (BGB-Informationspflichten-Verordnung – BGB-InfoV**" (BGBl 2002 I, 342 idF d Bekanntmachung v 5.8. 2002, BGBl 2002 I 3002). Art 238 Abs 1 EGBGB ermöglicht es dem Verordnungsgeber, zum **Schutz der Verbraucher** bei Reisen Festsetzungen zu treffen, durch die sichergestellt wird, dass die Beschreibungen von Reisen keine irreführenden, sondern klare und genaue Angaben enthalten und dass der Reiseveranstalter dem Verbraucher die notwendigen Informationen erteilt (Art 238 Abs 1 S 1 Nr 1 EGBGB). Um dies zu gewährleisten, kann insbesondere bestimmt werden, welche Angaben in einem vom Veranstalter herausgegebenen Prospekt und in einem Reisevertrag enthalten sein müssen sowie welche Informationen der Reiseveranstalter dem Reisenden vor dem Vertragsabschluss und vor dem Antritt der Reise geben muss (Art 238 Abs 1 S 2 EGBGB). Daneben ist er ermächtigt, zum Schutz des Verbrauchers vor Zahlungen oder Reisen ohne die in § 651k vorgeschriebene Sicherung, den Inhalt und die Gestaltung der Sicherungsscheine nach § 651k Abs 3 und der Nachweise nach § 651k Abs 5 festzulegen und zu bestimmen, wie der Reisende über das Bestehen der Absicherung informiert wird (Art 238 Abs 1 S 1 Nr 1 EGBGB). Mit dieser Ermächtigung und der auf ihrer Grundlage erlassenen Vorschriften der BGB-InfoV hat der Gesetz- bzw Verordnungsgeber die Verpflichtung aus Art 3 u 4 der Pauschalreise-Richtlinie, dem Reiseveranstalter detaillierte Informationspflichten gegenüber dem Reisenden aufzuerlegen, umgesetzt. Der reiserechtliche 3. Abschnitt der BGB-InfoV ist damit **notwendiger Teil der Umsetzungsgesetzgebung** der Pauschalreise-Richtlinie (FÜHRICH NJW 1994, 450; MünchKomm/TONNER Rn 1; PICK § 651a Rn 104). Die Informationspflichten betreffen den Inhalt eines vom Veranstalter zur Verfügung gestellten Prospekts (§ 4 BGB-InfoV), die individuelle Unterrichtung des Reisenden vor Vertragsschluss (§ 5 BGB-InfoV), in der Reisebestätigung (§ 6 BGB-InfoV), bei Gastschulaufenthalten (§ 7 BGB-InfoV) und vor Beginn der Reise (§ 8 BGB-InfoV). Die §§ 9 u 10 BGB-InfoV betreffen Inhalt und Gestaltung des Sicherungsscheins iSd § 651k Abs 3 und des Nachweises iSd § 651k Abs 5. § 9 BGB-InfoV wird durch das Muster zum Sicherungsschein (Anl zu § 9 BGB-InfoV, BGBl 2002 I 1142) ergänzt. Die BGB-InfoV gilt nach § 11 nicht für die diejenigen Veranstalter, die nur gelegentlich und außerhalb ihrer gewerblichen Tätigkeit Pauschalreisen organisieren (**nichtgewerbliche Gelegenheitsveranstalter**). § 15 BGB-InfoV enthält eine Überleitungsregelung für das Muster zum Sicherungsschein.

2 Bei der Umsetzung der Pauschalreise-Richtlinie hat sich der Verordnungsgeber eng an die detaillierten Vorgaben in den Art 3 u 4 gehalten und auf die Statuierung zusätzlicher Informationspflichten weitgehend verzichtet. Der Verordnungsgeber kann daher den Inhalt der BGB-InfoV nicht vermindern, da er dann die Pflicht der Bundesrepublik Deutschland zur korrekten Umsetzung der Pauschalreise-Richtlinie nach dem EGV verletzen würde (MünchKomm/Tonner Rn 6). Überzogene Anforderungen an den Reiseveranstalter vermeidet die BGB-InfoV dadurch, dass zahlreiche Pflichtangaben nur dann und soweit notwendig sind, wie sie **für die konkrete Reise von Bedeutung** sind (vgl §§ 4 Abs 1, 6 Abs 2 BGB-InfoV; Art 3 Abs 2 u 4 Abs 2a iVm dem Anhang der Pauschalreise-Richtlinie). Auch kann der Reiseveranstalter hinsichtlich aller Pflichtangaben auf bereits früher gegebene Informationen **verweisen**, wenn sich die Tatsachen zwischenzeitlich nicht geändert haben (vgl §§ 5, 6 Abs 4, 8 Abs 2 BGB-InfoV).

Gleichwohl gab es während des Gesetzgebungsverfahrens teilweise heftige **Kritik** an 3 der detaillierten Regelung der Informationspflichten (vgl Noll RRa 1993, 42). In der Tat enthält die InfVO teilweise überflüssige **Selbstverständlichkeiten**, wie die Pflicht des Reiseveranstalters, dem Reisenden die Abfahrtszeit rechtzeitig vor dem Beginn der Reise mitzuteilen (§ 8 Abs 1 S 1 Nr 1 BGB-InfoV). Es ist jedoch zu bedenken, dass der Verordnungsgeber wegen der genauen Vorgaben der Pauschalreise-Richtlinie bei deren Umsetzung **keinen inhaltlichen Spielraum** hatte (MünchKomm/Tonner Rn 8; Soergel/H-W Eckert Rn 3). Zu berücksichtigen ist weiter, dass viele Informationspflichten des Reiseveranstalters nicht erst durch die BGB-InfoV begründet worden sind. Sie ergeben sich vielmehr unmittelbar aus dem Reisevertrag und wurden dem Reiseveranstalter bereits vor In-Kraft-Treten der BGB-InfoV und ihrer Vorgängerin von der Rechtsprechung auferlegt. Diese **vertraglichen Informationspflichten** des Reiseveranstalters beziehen sich sowohl auf die Prospektangaben als auch auf notwendige Angaben über Pass-, Visum- und Gesundheitsbestimmungen am Zielort (vgl BGH NJW 1985, 1165; Soergel/H-W Eckert Rn 3).

II. Inhalt der Informationspflichten

Die BGB-InfoV unterscheidet entsprechend den Vorgaben der Pauschalreise-Richt- 4 linie zwischen vorvertraglichen und vertraglichen Informationspflichten, die für insgesamt **vier verschiedene Zeitpunkte** bis zum Reisebeginn vorgesehen sind. In der **vorvertraglichen** Phase regelt § 4 BGB-InfoV die Pflichtangaben im **Reiseprospekt**, während § 5 BGB-InfoV die **vor Vertragsschluss** erforderliche Unterrichtung über Pass- und Visumerfordernisse sowie über gesundheitspolizeiliche Formalitäten betrifft. Für die Phase **nach Vertragsschluss** verpflichtet § 6 BGB-InfoV den Veranstalter in Übereinstimmung mit § 651a Abs 3 S 1 zur Aushändigung einer **Reisebestätigung** und regelt die darin erforderlichen Angaben, während § 8 BGB-InfoV die Pflichtangaben **vor Reisebeginn** statuiert. Die Pauschalreise-Richtlinie sieht vor, dass der Reisende über einige Reiseangaben mehrfach zu informieren ist. Dies gilt zB für die Angaben über Bestimmungsort, Transportmittel, Unterkunft, Reiseroute und Mahlzeiten, die sowohl im Prospekt als auch im Reisevertrag enthalten sein müssen. Um dem Reiseveranstalter die mehrfache Erteilung gleichlautender Informationen zu ersparen, hat er die Möglichkeit, auf bereits früher gegebene Informationen **zu verweisen**, wenn zwischenzeitlich keine Änderungen eingetreten sind (§§ 5, 6 Abs 4, 8 Abs 2 BGB-InfoV). Diese Erleichterung soll zugleich dazu führen, dass der Reisende bereits im Prospekt die wichtigsten Informationen erhält, weil die späteren Informationspflichten zwischen Buchung und Reisebeginn um so geringer sind, je ausführlicher und genauer bereits die Reisebeschreibung des Prospekts informiert (vgl H-W Eckert DB 1994, 1069, 1070; Führich Rn 520; ders EuZW 1993, 347 f; ders NJW 1994, 2446, 2450).

III. Sanktionen bei der Verletzung von Informationspflichten

5 Die BGB-InfoV sieht **keine besonderen Sanktionen** für die Verletzung der Informationspflichten durch den Reiseveranstalter vor. Der Verordnungsgeber hielt die **reisevertragsrechtlichen Konsequenzen** fehlender oder falscher Informationen für hinreichend, um die Durchführung der Regelungen der BGB-InfoV sicherzustellen (BT-Drucks 12/5354, 16). Beachtet der Reiseveranstalter eine Vorschrift der BGB-InfoV nicht, so verletzt er vorvertragliche oder vertragliche Pflichten aus dem Reisevertrag gegenüber dem Reisenden. Hierfür haftet er nach allgemeinen **schuldrechtlichen Grundsätzen** (BT-Drucks 12/5354, 16 f; BIDINGER/MÜLLER 82 f; FÜHRICH 521; MünchKomm/TONNER Rn 21 ff; PICK § 651a Rn 106; SEYDERHELM InfVO Einf Rn 3; SOERGEL/H-W ECKERT Rn 4).

6 Ein Schadensersatzanspruch aus §§ 280 Abs 1 S 1, 311 Abs 2, 241 Abs 2 **(culpa in contrahendo)** wegen vorvertraglicher Pflichtverletzungen nach §§ 4, 5 BGB-InfoV ist zwar denkbar (vgl BT-Drucks 12/5354, 16 f), dürfte aber in der Praxis kaum einmal durchgreifen. Zum einen wird es oft an einem Schaden des Reisenden fehlen, zum anderen kommen Ansprüche aus culpa in contrahendo nur dann in Betracht, wenn es nicht zum Vertragsschluss gekommen ist (vgl BIDINGER/MÜLLER 82 f; MünchKomm/TONNER Rn 22). Bedeutsamer sind daher **vertragliche Ansprüche**. Insoweit kommen reisevertragliche **Gewährleistungsansprüche** nach §§ 651c–f in Betracht, wenn die Pflichtverletzung zu einem **Reisemangel** führt. Dabei geht die hM davon aus, dass die Informationspflichten, die im Bürgerlichen Recht sonst grundsätzlich als bloße Nebenpflichten über die positive Forderungsverletzung (§§ 280 Abs 1 S 1, 241 Abs 2) sanktioniert werden (vgl MünchKomm/EMMERICH § 275 Rn 285 ff), im Reisevertragsrecht **Hauptpflichten** des Reiseveranstalters darstellen (vgl FÜHRICH Rn 131, 219 u 521; MünchKomm/TONNER Rn 17; **aA** [Nebenpflicht, die über §§ 280 Abs 1 S 1, 241 Abs 2, 311 Abs 2 cic oder pFV sanktioniert wird] TEMPEL, Materielles Recht 398; ders NJW 1996, 1625, 1626 ff). Dies gilt auch für die vielfältigen vertraglichen Informationspflichten zur Vermeidung von Reisemängeln, die sich mittelbar aus dem verschuldensunabhängigen Begriff des Reisemangels nach § 651c Abs 1 ergeben und die auch nach In-Kraft-Treten der BGB-InfoV weitergelten (vgl BIDINGER/MÜLLER 82; FÜHRICH Rn 204 ff; MünchKomm/TONNER Rn 16 ff). Fallen also die nach dem Prospekt geschuldete und die tatsächlich erbrachte Reise zum Nachteil des Reisenden auseinander, liegt ein Reisemangel iSd § 651c vor, der Gewährleistungsrechte des Reisenden nach den §§ 651c–f begründet. Führt die Verletzung der Informationspflichten dagegen nicht zu einem Reisemangel, so kommt für Schäden des Reisenden infolge der fehlenden oder falschen Information ein Schadensersatzanspruch aus **positiver Forderungsverletzung** gem §§ 280 Abs 1 S 1, 241 Abs 2 in Betracht (vgl H-W ECKERT DB 1994, 1069, 1072; FÜHRICH Rn 521; MünchKomm/TONNER Rn 17; PALANDT/SPRAU Anh zu §§ 651a–l § 1 Rn 3). Bei der Verletzung vieler der in §§ 6 u 8 BGB-InfoV genannten Pflichten dürfte es allerdings häufig an einem Schaden des Reisenden fehlen (BIDINGER/MÜLLER 83; MünchKomm/TONNER Rn 17; SEYDERHELM InfVO Einf Rn 3).

7 Eine Verletzung der in der BGB-InfoV geregelten Pflichten kann neben den reiserechtlichen Gewährleistungsansprüchen auch **wettbewerbsrechtliche Ansprüche nach dem UWG** begründen. Ein Reiseveranstalter, der gegen die BGB-InfoV verstößt, verschafft sich einen unlauteren Wettbewerbsvorteil gegenüber den gesetzestreuen Mitbewerbern, der nach der Rspr sittenwidrig iSd § 1 UWG ist (BGHZ 109, 127; Münch-

Komm/Tonner Rn 25). Unmittelbar verletzte Mitbewerber (§ 13 Abs 1 UWG) und klagebefugte Verbraucherverbände und Kammern (§ 13 Abs 2 UWG) können daher nach dem UWG vorgehen und namentlich bei falschen oder fehlenden Prospektangaben wettbewerbsrechtliche **Unterlassungsansprüche** geltend machen (vgl Asendorf RRa 1995, 198, 199; Bidinger/Müller 83; MünchKomm/Tonner Rn 25). Die klagebefugten Verbraucherverbände und Kammern haben auch unabhängig von den Voraussetzungen der §§ 1, 3 UWG bei der Verletzung reiserechtlicher Vorschriften einen Unterlassungs- und Widerrufsanspruch nach den §§ 2 Abs 1 u 2 Nr 1, 3 **Unterlassungsklagegesetz** (UKlaG vom 26. 11. 2000, BGBl 2000 I 3138, 3173), so dass der Umweg über das UWG nicht mehr nötig ist (Führich Rn 597 c; Tonner Vorbem Rn 36 a). Der Reisende selbst hat keine Unterlassungs- oder Schadensersatzansprüche nach dem UWG (vgl Baumbach/Hefermehl, Wettbewerbsrecht § 1 UWG Rn 912 u § 3 UWG Rn 440; Bidinger/Müller 83), doch kann er unter den Voraussetzungen des § 13a UWG vom Vertrag zurücktreten. Dies setzt aber einen absichtlichen Verstoß gegen das Verbot irreführender Werbung (§ 4 UWG) voraus, da der Reisende durch die unwahre oder eine zur Irreführung geeignete Werbeangabe, die für den Personenkreis, an den sie sich richtet, für den Abschluss von Verträgen wesentlich ist, zum Vertragsschluss bestimmt worden sein kann (§ 13a Abs 1 UWG). Hieran fehlt es in aller Regel.

§ 4 [Prospektangaben]

(1) Stellt der Reiseveranstalter über die von ihm veranstalteten Reisen einen Prospekt zur Verfügung, so muss dieser deutlich lesbare, klare und genaue Angaben enthalten über den Reisepreis, die Höhe einer zu leistenden Anzahlung, die Fälligkeit des Restbetrages und außerdem, soweit für die Reise von Bedeutung, über folgende Merkmale der Reise:
1. **Bestimmungsort,**
2. **Transportmittel (Merkmale und Klasse),**
3. **Unterbringung (Art, Lage, Kategorie oder Komfort und Hauptmerkmale sowie – soweit vorhanden – ihre Zulassung und touristische Einstufung),**
4. **Mahlzeiten,**
5. **Reiseroute,**
6. **Paß- und Visumerfordernisse für Angehörige des Mitgliedstaates, in dem die Reise angeboten wird, sowie über gesundheitspolizeiliche Formalitäten, die für die Reise und den Aufenthalt erforderlich sind,**
7. **eine für die Durchführung der Reise erforderliche Mindestteilnehmerzahl sowie die Angabe, bis zu welchem Zeitpunkt vor dem vertraglich vereinbarten Reisebeginn dem Reisenden die Erklärung spätestens zugegangen sein muß, daß die Teilnehmerzahl nicht erreicht und die Reise nicht durchgeführt wird.**

Die in dem Prospekt enthaltenen Angaben sind für den Reiseveranstalter bindend. Er kann jedoch vor Vertragsschluss eine Änderung erklären, soweit er sich dies in dem Prospekt vorbehalten hat. Der Reiseveranstalter und der Reisende können vom Prospekt abweichende Leistungen vereinbaren.

(2) Absatz 1 gilt entsprechend, soweit Angaben über die veranstalteten Reisen in einem von dem Reiseveranstalter zur Verfügung gestellten Bild- und Tonträger enthalten sind.

I. Prospektangaben

1 § 4 BGB-InfoV setzt Art 3 Abs 2 der Pauschalreise-Richtlinie in deutsches Recht um. Die Bestimmung schreibt bestimmte Prospektangaben vor, um dem Reiseinteressenten von vornherein eine sachgerechte Auswahl unter den Angeboten verschiedener Veranstalter zu ermöglichen. Die Vorschrift **verpflichtet** den Reiseveranstalter **nicht**, einen **Prospekt herauszugeben**. Stellt er aber einen solchen zur Verfügung, so muss dieser **deutlich lesbare, klare und genaue Angaben** zum Reisepreis und den Zahlungsmodalitäten sowie – soweit sie für die Reise Bedeutung haben – zu weiteren reisebezogenen Merkmalen enthalten (Grundsatz der Prospektwahrheit und -klarheit, FÜHRICH Rn 218; SCHLOTMANN 18 ff; TEMPEL NJW 1996, 1625, 1628 f; ders RRa 1998, 19, 25 f; vgl auch § 651a Rn 115). Der **Begriff des Prospekts** ist dabei weit auszulegen (BIDINGER/ MÜLLER 83; FÜHRICH Rn 524). Er umfasst **alle Werbeschriften** über Pauschalreiseangebote, wie zB Kataloge, einzelne Informationsblätter sowie Bild- und Tonträger (§ 4 Abs 2 BGB-InfoV). Der Veranstalter hat auch weiterhin die Möglichkeit, mit Flugblättern oder Kurzinseraten zu werben, muss dann aber dem Reiseinteressenten einen Prospekt bzw eine Reisebestätigung aushändigen, die den Anforderungen der §§ 4, 6 BGB-InfoV genügt (BT-Drucks 11/3701, 3; FÜHRICH Rn 524). Ein Prospekt wird dann vom Reiseveranstalter **zur Verfügung gestellt**, wenn er in einer Weise in Umlauf gebracht wird, dass Reiseinteressenten von seinem Inhalt tatsächlich Kenntnis nehmen können. Dazu muss der Prospekt dem Interessenten ausgehändigt oder zur Mitnahme in den Geschäftsräumen ausgelegt worden sein (BIDINGER/MÜLLER 83).

II. Pflichtangaben

2 Hinsichtlich der im Prospekt erforderlichen Pflichtangaben unterscheidet § 4 Abs 1 BGB-InfoV zwischen den **in jedem Fall** erforderlichen Angaben über den Reisepreis, die Höhe einer zu leistenden Anzahlung und die Fälligkeit des Restbetrages einerseits sowie den weiteren Reisemerkmalen des § 4 Abs 1 S 1 Nrn 1–7 BGB-InfoV, hinsichtlich derer Angaben nur insoweit erforderlich sind, als sie **für die Reise von Bedeutung sind**. Der Begriff „für die Reise von Bedeutung" ist **objektiv** unter Berücksichtigung der Reiseart aus der Sicht eines Durchschnittsreisenden auszulegen (vgl BGH NJW 1992, 3158, 3162; FÜHRICH Rn 526). Es soll verhindert werden, dass der Reiseveranstalter überflüssigen und zu weit gehenden Informationspflichten ausgesetzt ist. Der Verordnungsgeber wollte aber vor allem auch besonderen Reisearten wie den Fortuna-Reisen (vgl § 651a Rn 37) Rechnung tragen, bei denen das genaue Zielgebiet und das konkrete Hotel erst nach Vertragsschluss einseitig durch den Reiseveranstalter festgelegt werden (BT-Drucks 12/5354, 17). Hier hat der Reisende keinen Anspruch auf vorherige Informationen über den Bestimmungsort und die konkrete Unterkunft, weil dies dem Charakter dieser Reiseart widerspräche und das einseitige Leistungsbestimmungsrecht des Reiseveranstalters unterliefe. Es genügt daher im Prospekt die Angabe des Zielgebiets und der Kategorie des Hotels (BT-Drucks 12/5354, 17; vgl LG Frankfurt aM NJW-RR 1991, 690; 1993, 435; 1994, 178; KALLER/SCHÄFER RRa 1995, 78).

1. Reisepreis und Zahlungsmodalitäten

Stellt der Reiseveranstalter einen Prospekt zur Verfügung, so muss dieser deutlich lesbare, klare und genaue Angaben über den **Reisepreis**, die Höhe der zu leistenden **Anzahlung** und die **Fälligkeit des Restbetrages** enthalten. Maßgebender Reisepreis ist nach § 1 Abs 1 PAngVO stets der **Endpreis einschließlich der Umsatzsteuer und sonstiger Preisbestandteile** (Bidinger/Müller 84; MünchKomm/Tonner Rn 2; Seyderhelm Rn 2). Dazu gehören zu zahlende **Buchungs- bzw Bearbeitungsgebühren** (OLG Frankfurt aM NJW-RR 1988, 555), **Flughafengebühren**, also Start- und Landegebühren, Ein- und Ausreisegebühren sowie Gebühren für eine Sicherheitskontrolle (BGH GRUR 1981, 140; LG Berlin RRa 1994, 66). Bei einer Ferienwohnung sind auch die Pauschal- und sonstige in jedem Fall zu zahlenden Kosten für Energieverbrauch, Bettwäsche und Endreinigung anzugeben, sofern die Inanspruchnahme dieser Leistungen nicht ausdrücklich freigestellt ist (BGH NJW 1991, 2706; Bidinger/Müller 84; aA OLG Frankfurt aM NJW-RR 1988, 1509; Seyderhelm Rn 1). Ist ein **Katalog im Baukastensystem** aufgebaut, so ist der Endpreis nur für die einzelnen Teilleistungen anzugeben, die der Kunde selbst zu einer Pauschalreise zusammenstellt. Repräsentative Musterberechnungen müssen im Katalog nicht abgedruckt werden (Bidinger/Müller 84; aA Führich Rn 525; MünchKomm/Tonner Rn 4). **Nicht anzugeben** sind variable Kosten, wie zB für Reiserücktrittskostenversicherungen oder eine Kurtaxe (Führich Rn 525; Seyderhelm Rn 1).

Die **Höhe der zulässigen Anzahlung** ergab sich bis zum 1. 1. 1997 aus § 651k Abs 4 aF, heute gilt insofern das allgemeine Zug-um-Zug-Prinzip (vgl § 651k Rn 18). Für die **Fälligkeit des Restbetrages** bleibt die Rechtsprechung des BGH zur Vorauskasse bedeutsam (BGHZ 100, 157; vgl § 651a Rn 130 ff).

2. Reisemerkmale

Dem Reisenden müssen alle für die konkrete Reise **bedeutsamen Informationen** gegeben werden. Hiervon ist der Umfang der Pflichtangaben zu den nach § 4 Abs 1 S 1 lit Nrn 1–7 BGB-InfoV verbindlichen Reisemerkmalen abhängig.

a) Bestimmungsort (Nr 1)

Bestimmungsort ist der **Zielort** der Reise, der entweder geographisch oder postalisch korrekt zu bezeichnen ist. Der Reisende muss durch die klare und verständliche Angabe des Ortes in den Stand versetzt werden, festzustellen, wo genau der Ort liegt, an dem er sich aufhalten wird. Bei einer Rundreise sind die einzelnen Stationen, also mehrere Bestimmungsorte, anzugeben. Dies gilt naturgemäß nicht für „Fahrten ins Blaue" oder Fortuna-Reisen, bei denen die Angabe des **Zielgebietes** ausreicht.

b) Transportmittel (Nr 2)

Im Prospekt ist weiter anzugeben, mit welchen **Transportmitteln** – Bahn, Bus, Flugzeug, Schiff oder eine Kombination aus diesen – die Beförderung erfolgt (BT-Drucks 12/5354, 17; H-W Eckert DB 1994, 1069, 1070; Führich Rn 527). Weiter ist der Reisende darüber zu informieren, welches Transportmittel für den **Transfer** zum Hotel am Urlaubsort eingesetzt wird. Nicht erforderlich ist eine genaue Herstellerbezeichnung eines Transportmittels, zB die Angabe des genauen Flugzeugtyps (AG Düsseldorf RRa 1998, 690; H-W Eckert DB 1994, 1069, 1070; Führich Rn 527; Seyderhelm Rn 3). Anzugeben ist auch nicht die ausführende **Luftfahrtgesellschaft**. Zwar ist diese wegen der unterschiedlichen Standards und des Sicherheitsinteresses des Reisenden für seine Auswahlentscheidung häufig von Bedeutung, doch wäre dann jeder Wechsel der Fluggesellschaft wegen der Bindung des Reiseveranstalters an seine Prospektangaben (§ 4 Abs 1 S 2 BGB-InfoV) eine Leistungsänderung, die er sich vorbehalten haben müsste, damit sie keinen Reisemangel darstellen kann (TEMPEL NJW 1996, 1625, 1629; **aA** AG Bonn RRa 1979, 179; AG Düsseldorf RRa 1998, 61; LG Frankfurt aM RRa 1999, 187; FÜHRICH Rn 527; ders RRa 1996, 76; MünchKomm/TONNER Rn 6; SCHMID BB 1986, 1453; SEYDERHELM Rn 3; TONNER/LINDNER VuR 1996, 249). Der Reiseveranstalter kann daher auch ohne einen Leistungsänderungsvorbehalt die Fluggesellschaft wechseln. Etwas anderes gilt nur dann, wenn ein qualitativer Unterschied besteht, also etwa statt des Fluges mit einer renommierten Fluglinie ein ausgesprochener „Billigflug" angeboten wird (vgl § 651c Rn 62). Anzugeben ist auch, ob die Beförderung mit einem Linien- oder Charterflug erfolgen soll. Soweit eine **Klassifizierung** des Transportmittels existiert und diese für die Reise von Bedeutung ist, ist auch diese anzugeben. Dies gilt zB für die Bahnfahrt 1. oder 2. Klasse, die Flugbeförderung in der Touristen-, Business- oder Economyklasse sowie die Sternekategorisierung von Reisebussen nach RAL-Gütezeichen der Gütegemeinschaft Buskomfort (vgl LG Frankfurt aM NJW-RR 1991, 316; BIDINGER/MÜLLER 85; FÜHRICH Rn 527; MünchKomm/TONNER Rn 6; SEYDERHELM Rn 3; SOERGEL/H-W ECKERT Rn 5; TEMPEL NJW 1996, 1625, 1629).

c) **Unterbringung (Nr 3)**

8 Die Prospektangaben über die Unterbringung müssen deren Art, Lage, Kategorie oder Komfort und weitere Hauptmerkmale umfassen. Mit der **Art** der Unterbringung ist gemeint, ob die Unterkunft zB in einem Hotel, Appartement, Ferienhaus, Zelt, Wohnwagen, einer Pension oder einer Clubanlage erfolgt. Die **Lage** charakterisiert die Umgebung des Unterkunftsobjekts (zB in der Stadtmitte oder am Strand) sowie die Entfernungen zu den üblichen Urlaubsaktivitäten (FÜHRICH Rn 527; MünchKomm/TONNER Rn 8), zum Zentrum oder zum Flughafen (LG Düsseldorf RRa 2001, 74). Anzugeben ist insbesondere auch, wenn lagebedingte Besonderheiten zu einer Beeinträchtigung der Reise führen können (zB Lage an einer verkehrsreichen Straße oder in der Nähe einer Diskothek). **Kategorie oder Komfort** umfassen Angaben wie Luxus-, Mittelklasse oder einfache Unterkunft. Zu den **Hauptmerkmalen** zählen Angaben zu den Hoteleinrichtungen, zur Ausstattung und Möblierung der Zimmer, ihrer Lage im Hotel, zu Zusatzeinrichtungen, die der Reisende in der Unterkunft in Anspruch nehmen kann (zB Swimming-Pool, AG Kleve RRa 1998, 174 ff) sowie zu den sanitären Verhältnissen – Bad, Dusche, WC – (vgl AG Düsseldorf RRa 1998, 116; FÜHRICH Rn 527; MünchKomm/TONNER Rn 10 f). Weiterhin ist die **Zulassung** und **touristische Einstufung** der Unterkunft (zB Sterne) anzugeben. Dabei ist in erster Linie die Einstufung nach den Vorschriften des Gastlandes gemeint (vgl Art 3 Abs 2 lit b EG-Pauschalreise-Richtlinie). Der Veranstalter kann auch eine eigene Klassifizierung vornehmen, die er allerdings im Prospekt erläutern muss (vgl BT-Drucks 12/5354, 17; BIDINGER/MÜLLER 85; FÜHRICH Rn 527; MünchKomm/TONNER Rn 12; SOERGEL/H-W ECKERT Rn 6). Ob er auf eine Klassifizierung aus dem Gastland zurückgreift oder eine eigene entwickelt, steht dem Reiseveranstalter dabei grundsätzlich frei (FÜHRICH Rn 527). Der Name der Unterkunft und die Adresse müssen nicht angegeben werden.

d) **Mahlzeiten (Nr 4)**

9 Hinsichtlich der Mahlzeiten ist die **Art der Verpflegung** (ohne Verpflegung, Frühstück, Halbpension, Vollpension, „all inclusive") anzugeben. Daneben ist über die Aus-

gestaltung der Mahlzeiten wie Frühstücksbuffet, Menüwahl, kalte oder warme Mahlzeiten, Essen im Nachbarhotel sowie über Besonderheiten der Küche wie „landestypisch" oder „international" zu informieren.

e) Reiseroute (Nr 5)

Die Reiseroute betrifft vor allem **Kreuzfahrten** und **Rundreisen**. Hier sind die wichtigsten Häfen bzw Stationen anzugeben. Im Übrigen ist der Reisende über den Abflug- und Zielflughafen sowie die Transfermodalitäten zu informieren (vgl MünchKomm/Tonner Rn 16). Enthält der Prospekt keinen Hinweis auf eine Zwischenlandung, so darf der Reisende von einem Direktflug ausgehen (AG Kleve NJW-RR 2000, 135). **10**

f) Pass- und Visumerfordernisse, gesundheitspolizeiliche Formalitäten (Nr 6)

Der Reiseveranstalter hat den Reisenden auch über Pass- und Visumerfordernisse sowie über gesundheitspolizeiliche Formalitäten zu informieren. Eine derartige Informationspflicht des Reiseveranstalters über bestehende Visum- bzw Impfpflichten wurde von der Rechtsprechung auch schon vor In-Kraft-Treten der BGB-InfoV bejaht (vgl BGH NJW 1985, 1165; LG Frankfurt aM NJW 1980, 1230; NJW-RR 1989, 312; 1998, 196; AG Stuttgart NJW-RR 1986, 142; AG Hannover NJW-RR 1993, 381). Im Reiseprospekt beschränkt sich die Informationspflicht über Pass- und Visumerfordernisse auf Angehörige des Mitgliedstaates, in dem die Reise angeboten wird, also bei Inlandsbuchungen auf deutsche Staatsangehörige. Sie sind über die Notwendigkeit von Reisepässen, Kinderausweisen, Visa und sonstige Einreiseunterlagen zu informieren. Bei der Buchung der Reise ist der Veranstalter allerdings verpflichtet, auch ausländische Reisende in zumutbarem Umfang über etwaige abweichende Bestimmungen zu informieren, sofern die fremde Staatsangehörigkeit erkennbar ist (vgl LG Frankfurt aM NJW-RR 1987, 175; AG Bad Homburg NJW-RR 1998, 923; NJW-RR 2000, 225; Führich Rn 527; Seyderhelm Rn 7). Zu den **gesundheitspolizeilichen Formalitäten**, die für die Reise und den Aufenthalt erforderlich sind, gehören die im Urlaubsland vorgeschriebenen Schutzimpfungen sowie sonstige gesundheitspolizeiliche Vorschriften, deren Nichtbeachtung ein Einreisehindernis darstellt. Hierfür kommt zB auch die Information in Betracht, ob ein negatives HIV-Attest erforderlich ist (Führich Rn 527; Seyderhelm Rn 8). Der Reiseveranstalter hat den Reisenden über die von ihm zu veranlassenden Maßnahmen, die dabei einzuhaltenden Fristen und darüber zu informieren, welche Papiere er zum Nachweis der gesundheitspolizeilichen Erfordernisse mitführen muss (Bidinger/Müller 86). Dagegen ist der Reiseveranstalter nicht verpflichtet, den Reisenden auf nicht vorgeschriebene, wohl aber empfohlene Impfungen hinzuweisen (Bidinger/Müller 86; MünchKomm/Tonner Rn 19; Seyderhelm Rn 9; aA Tempel NJW 1996, 1625, 1629). **11**

g) Mindestteilnehmerzahl (Nr 7)

Ist für die Durchführung der Reise eine Mindestteilnehmerzahl erforderlich (vgl dazu § 651a Rn 174 ff), so müssen im Prospekt die **Zahl** der notwendigen Reiseteilnehmer sowie der **Zeitpunkt**, bis zu welchem dem Reisenden eine eventuelle Absageerklärung des Veranstalters spätestens zugegangen sein muss, angegeben werden. **12**

III. Bindungswirkung der Prospektangaben

Die Prospektangaben sind für den Reiseveranstalter nach § 4 Abs 1 S 2 u 3 BGB-InfoV **bindend** (vgl Art 3 Abs 2 S 2 EG-Pauschalreise-Richtlinie; vgl BGH NJW 2000, **13**

1188). Dies führt allerdings nicht dazu, dass die Prospektangaben bereits als **Vertragsangebot** anzusehen sind. Der Prospekt ist für den Reiseveranstalter vielmehr insoweit bindend, dass er ihn auch bereits vor Abschluss eines Reisevertrages nur eingeschränkt ändern kann und für die Richtigkeit der darin gemachten Angaben haftet (vgl H-W Eckert ZRP 1991, 454 f; Soergel/H-W Eckert Rn 10; **aA** MünchKomm/Tonner § 651a Rn 35; vgl auch § 651a Rn 66).

14 Die **Bindungswirkung** nach § 4 Abs 1 S 2 BGB-InfoV besteht also zum einen darin, dass bereits im vorvertraglichen Bereich die Möglichkeiten des Veranstalters, die Prospektangaben zu ändern, beschränkt sind. Zum anderen führt sie dazu, dass diese Prospektangaben Vertragsinhalt werden, also die vertragliche Leistungspflicht des Reiseveranstalters bestimmen, so dass er in diesem Umfang für die Richtigkeit der Angaben nach §§ 651c ff haftet (vgl Bidinger/Müller 87; Führich Rn 528; Palandt/Sprau Rn 2; Soergel/H-W Eckert Rn 10).

15 Will der Reiseveranstalter diese vorvertragliche Bindungswirkung verhindern, so kann er einen **Leistungsänderungsvorbehalt** in den Reiseprospekt aufnehmen (§ 4 Abs 1 S 3 BGB-InfoV). Dieser ermöglicht es ihm, vor Vertragsschluss einseitig eine Änderung des Leistungsinhalts zu erklären. Nach Vertragsschluss ist dies nur nach § 651a Abs 5 und § 308 Nr 4 zulässig (vgl § 651a Rn 165 ff). Der Leistungsänderungsvorbehalt muss sich auf ein **bestimmtes Reisemerkmal**, dessen Änderung möglich ist, beziehen und im Rahmen der konkreten Leistungsbeschreibung erklärt werden (Bidinger/Müller 87; Führich Rn 529; Soergel/H-W Eckert Rn 11). Ein allgemeiner Leistungsänderungsvorbehalt in den ARB bzw in der allgemeinen Leistungsbeschreibung ist dagegen nicht ausreichend (H-W Eckert DB 1994, 1069, 1070; Führich Rn 529; Palandt/Sprau Anh zu §§ 651a–m Rn 2). Der Reiseveranstalter kann aber auch selbstverständlich weiterhin mit dem Reisenden vor oder nach Vertragsschluss vom Reiseprospekt abweichende Leistungen **vertraglich vereinbaren** (§ 4 Abs 1 S 4 BGB-InfoV).

IV. Bild- und Tonträger (§ 4 Abs 2 BGB-InfoV)

16 § 4 Abs 2 BGB-InfoV dehnt den Anwendungsbereich der Informationspflichten des § 4 Abs 1 BGB-InfoV auf Bild- und Tonträger aus. Damit wird dem Umstand Rechnung getragen, dass für Pauschalreisen zunehmend mit audiovisuellen Medien geworben wird bzw diese in elektronischen Medien angeboten werden. Die Bestimmung erfasst vor allem Videokassetten. Sie gilt aber auch für Datenträger wie CD-Rom, Disketten oder Internetangebote. Allerdings müssen die Prospektpflichtangaben des § 4 Abs 1 BGB-InfoV nicht vollständig auf dem Bild- und Tonträger selbst enthalten sein. Es ist auch möglich, die erforderlichen Angaben den Bild- und Tonträgern in schriftlicher Form beizulegen (so zutreffend MünchKomm/Tonner Rn 29).

§ 5 [Unterrichtung vor Vertragsschluss]

Der Reiseveranstalter ist verpflichtet, den Reisenden, bevor dieser seine auf den Vertragsschluss gerichtete Willenserklärung (Buchung) abgibt, zu unterrichten, über
1. Pass- und Visumerfordernisse, insbesondere über die Fristen zur Erlangung dieser Dokumente; diese Verpflichtung bezieht sich auf die Erfordernisse für Angehörige des Mitgliedstaates, in dem die Reise angeboten wird,

2. gesundheitspolizeiliche Formalitäten,
soweit diese Angaben nicht bereits in einem von dem Reiseveranstalter herausgegebenen und dem Reisenden zur Verfügung gestellten Prospekt enthalten und inzwischen keine Änderungen eingetreten sind.

§ 5 BGB-InfoV setzt Art 4 Abs 1 lit a der EG-Pauschalreise-Richtlinie in deutsches **1** Recht um. Der Reiseveranstalter ist danach verpflichtet, den Reisenden, bevor dieser seine auf den Vertragsschluss gerichtete Buchungserklärung abgibt, über die Pass- und Visumvorschriften und die gesundheitspolizeilichen Erfordernisse zu informieren, und zwar gerade auch dann, wenn er dem Reisenden keinen Prospekt zur Verfügung gestellt hat. Der **Umfang** dieser vor Vertragsschluss bestehenden Informationspflichten deckt sich weitgehend mit der Informationspflicht in einem zur Verfügung gestellten Prospekt nach § 4 Abs 1 S 1 Nr 6 BGB-InfoV (vgl zu deren Inhalt § 4 BGB-InfoV Rn 2). Zusätzlich hat der Veranstalter den Reisenden aber auch noch auf die **Fristen zur Erlangung der erforderlichen Dokumente** hinzuweisen. Hierin besteht der wesentliche Unterschied zu § 4 Abs 1 S 1 Nr 6 BGB-InfoV, da dort keine Unterrichtung über die Fristen zur Erlangung der Visa verlangt wird (BIDINGER/MÜLLER 87 f; aA MünchKomm/TONNER Rn 2). Mit den Fristen idS sind die **gewöhnlich einzuhaltenden Fristen** (BIDINGER/MÜLLER 88; FÜHRICH Rn 532) gemeint. Da die Angaben über Pass- und Visumerfordernisse sowie über gesundheitspolizeiliche Formalitäten auch in einem etwaigen Prospekt des Reiseveranstalters enthalten sein müssen (§ 4 Abs 1 S 1 Nr 6 BGB-InfoV), sind die entsprechenden Angaben entbehrlich, wenn dem Reisenden tatsächlich ein Prospekt mit diesen Angaben zur Verfügung gestellt wurde und zwischenzeitlich keine Änderungen hinsichtlich der Pass- und Visumerfordernisse bzw der gesundheitspolizeilichen Formalitäten eingetreten sind. Allerdings ist der Reiseveranstalter darüber hinaus verpflichtet, sich **bis zum Reiseantritt** über Änderungen der Einreisevorschriften zu informieren und diese Informationen an den Reisenden weiterzugeben (BGH NJW 1985, 1165; FÜHRICH Rn 533; SEYDERHELM Rn 2).

Der Entwurf des Verordnungstextes sah über die endgültige Fassung des § 5 BGB- **2** InfoV hinaus auch die Information über Pass- und Visumerfordernisse für **Angehörige anderer Staaten** vor, wenn deren Staatsangehörigkeit **erkennbar** war (vgl BT-Drucks 12/5354, 14; BT-Drucks 12/7013, 10; vgl dazu BIDINGER/MÜLLER 88; FÜHRICH Rn 535; MünchKomm/ TONNER Rn 4; TONNER, Reiserecht in Europa 261; SOERGEL/H-W ECKERT Rn 2). Nach einer im Schrifttum vertretenen Auffassung ist die endgültige Fassung des § 5 Nr 1 BGB-InfoV mit Art 4 Abs 1 lit a der EG-Pauschalreise-Richtlinie nicht vereinbar, da nach § 5 Nr 1 BGB-InfoV die Informationspflicht nur „für Angehörige des Mitgliedstaates, in dem die Reise angeboten wird", nicht hingegen für Reisende aus anderen EU-Mitgliedstaaten gilt (vgl FÜHRICH Rn 535; MünchKomm/TONNER Rn 4; TONNER, Reiserecht in Europa 261). Dem kann nicht gefolgt werden, da Art 4 Abs 1 lit a der EG-Pauschalreise-Richtlinie mit seiner Formulierung „für Staatsangehörige des bzw der betreffenden Mitgliedstaaten" keineswegs zwingend verlangt, dass die Informationspflicht hinsichtlich der Pass- und Visumerfordernisse auch auf Staatsangehörige aus anderen EU-Mitgliedstaaten ausgedehnt wird (so zutreffend BIDINGER/MÜLLER 88). Es ist also durchaus **richtlinienkonform**, wenn § 5 Nr 1 BGB-InfoV die Informationspflicht über Pass- und Visumerfordernisse nur auf Angehörige des EU-Mitgliedstaates beschränkt, in dem die Reise angeboten wird (ebenso BIDINGER/MÜLLER 88; SOERGEL/H-W ECKERT Rn 2; aA FÜHRICH Rn 535; MünchKomm/TONNER Rn 4). Allerdings ist der Reiseveranstalter unabhängig von § 2 BGB-InfoV nach allgemeinen reisevertraglichen

Grundsätzen verpflichtet, auch ausländische Staatsangehörige, deren Staatsangehörigkeit erkennbar ist, bei der Buchung darauf hinzuweisen, dass im Urlaubsland für sie möglicherweise andere Pass- und Visumsbestimmungen gelten als für Deutsche (vgl LG Frankfurt aM NJW-RR 1989, 312; 1997, 175; AG Stuttgart NJW-RR 1986, 142; AG Bad Homburg NJW-RR 1998, 923 f; BIDINGER/MÜLLER 88; FÜHRICH Rn 535).

§ 6 [Reisebestätigung, Allgemeine Reisebedingungen]

(1) Der Reiseveranstalter hat dem Reisenden bei oder unverzüglich nach Vertragsschluss eine Urkunde über den Reisevertrag (Reisebestätigung) auszuhändigen.

(2) Die Reisebestätigung muß, sofern nach der Art der Reise von Bedeutung, außer den in § 4 Abs. 1 genannten Angaben über Reisepreis und Zahlungsmodalitäten sowie über die Merkmale der Reise nach § 4 Abs. 1 Nr 2, 3, 4, 5 und 7 folgende Angaben enthalten:
1. endgültiger Bestimmungsort oder, wenn die Reise mehrere Aufenthalte umfasst, die einzelnen Bestimmungsorte sowie die einzelnen Zeiträume und deren Termine,
2. Tag, voraussichtliche Zeit und Ort der Abreise und Rückkehr; c) Besuche, Ausflüge und sonstige im Reisepreis inbegriffene Leistungen,
3. Hinweise auf etwa vorbehaltene Preisänderungen sowie deren Bestimmungsfaktoren (§ 651a Abs. 4 des Bürgerlichen Gesetzbuchs) und auf nicht im Reisepreis enthaltene Abgaben,
4. vereinbarte Sonderwünsche des Reisenden,
5. Name und ladungsfähige Anschrift des Reiseveranstalters,
6. über die Obliegenheit des Reisenden, dem Reiseveranstalter einen aufgetretenen Mangel anzuzeigen, sowie darüber, dass vor der Kündigung des Reisevertrages (§ 651e des Bürgerlichen Gesetzbuchs) dem Reiseveranstalter eine angemessene Frist zur Abhilfeleistung zu setzen ist, wenn nicht die Abhilfe unmöglich ist oder vom Reiseveranstalter verweigert wird oder wenn die sofortige Kündigung des Vertrags durch ein besonderes Interesse des Reisenden gerechtfertigt wird,
7. über die nach § 651g des Bürgerlichen Gesetzbuchs einzuhaltenden Fristen, unter namentlicher Angabe der Stelle, gegenüber der Ansprüche geltend zu machen sind,
8. über den möglichen Abschluss einer Reiserücktrittskostenversicherung oder einer Versicherung zur Deckung der Rückführungskosten bei Unfall oder Krankheit unter Angabe von Namen und Anschrift des Versicherers.

(3) Legt der Reiseveranstalter dem Vertrag Allgemeine Geschäftsbedingungen zugrunde, müssen diese dem Reisenden vor Vertragsschluss vollständig übermittelt werden.

(4) Der Reiseveranstalter kann seine Verpflichtungen nach den Absätzen 2 und 3 auch dadurch erfüllen, dass er auf die in einem von ihm herausgegebenen und dem Reisenden zur Verfügung gestellten Prospekt enthaltenen Angaben verweist, die den Anforderungen nach den Absätzen 2 und 3 entsprechen. In jedem Fall hat die Reisebestätigung den Reisepreis und die Zahlungsmodalitäten anzugeben.

(5) Die Absätze 1 bis 4 gelten nicht, wenn die Buchungserklärung des Reisenden weniger als sieben Werktage vor Reisebeginn abgegeben wird. Der Reisende ist jedoch spätestens bei Antritt der Reise über die in Absatz 2 Nr 7 bezeichnete Obliegenheit und die in Absatz 2 Nr 8 bezeichneten Angaben zu unterrichten.

I. Inhalt und Zweck

§ 6 BGB-InfoV regelt einerseits das Erfordernis (Abs 1) und den Mindestinhalt (Abs 2) einer **Reisebestätigung** sowie andererseits die Einbeziehung von **Allgemeinen Reisebedingungen** in den Vertrag (Abs 3). Abs 4 eröffnet für die bereits im Reiseprospekt enthaltenen notwendigen Angaben eine **Verweisungsmöglichkeit** und Abs 5 enthält eine Sonderregelung für **Last-minute-Reisen**. **1**

§ 6 BGB-InfoV setzt Art 4 Abs 2 der EG-Pauschalreise-Richtlinie in deutsches Recht um. Dieser sieht eine **zweistufige Information** im Zusammenhang mit dem Vertragsschluss vor (vgl H-W Eckert DB 1994, 1069, 1070; Führich NJW 1994, 2446, 2450; Meyer/Kubis TranspR 1991, 411, 416). Nach lit a muss der **Vertrag** einen bestimmten Mindestinhalt haben, der sich aus dem Anhang der Richtlinie ergibt. Nach lit b sind dem Reisenden alle Bedingungen des Vertrages **vor Vertragsschluss** zu übermitteln. Der Vertrag hat also nicht nur umfangreiche Mindestangaben zu enthalten, sondern alle Vertragsbedingungen müssen dem Reisenden auch bereits vor Vertragsschluss zugänglich gemacht werden (vgl Führich Rn 536; Soergel/H-W Eckert Rn 1). **2**

Diese Zweistufigkeit der Information ist mit den oben dargestellten Grundsätzen über das Zustandekommen von Reiseverträgen im deutschen Recht (vgl § 651a Rn 66 ff) kaum vereinbar (so zutreffend Soergel/H-W Eckert Rn 2). Danach kommt der Reisevertrag in aller Regel durch die Annahme des in der Buchung des Reisenden liegenden Vertragsangebots durch den Veranstalter zustande. In diesem Fall ist eine zusätzliche vorherige Information nicht notwendig (H-W Eckert DB 1994, 1069, 1071). Erklärt der Veranstalter dagegen seine Annahme nur mit Änderungen des Angebots, so gilt dies nach § 150 Abs 2 als Ablehnung, verbunden mit einem neuen Angebot des Veranstalters. Auch dann ist aber eine erneute Übersendung aller Vertragsbedingungen iSd Art 4 Abs 2 lit b der Pauschalreise-Richtlinie nicht erforderlich. § 6 BGB-InfoV versucht, die zweistufige Informationspflicht des Reiseveranstalters in der Weise richtlinienkonform umzusetzen, dass der Veranstalter verpflichtet ist, dem Reisenden „bei oder unverzüglich nach Vertragsabschluss" eine Reisebestätigung auszuhändigen. Damit fallen beide Stufen der Information (vor Vertragsschluss und im Vertrag) in der schon bisher üblichen Reisebestätigung zusammen. Hierdurch wird sichergestellt, dass der Reisende auch ohne schriftlichen Vertrag in zeitlicher Nähe mit dem Vertragsschluss die notwendigen Informationen durch Aushändigung der Reisebestätigung erhält (vgl BT-Drucks 12/5354, 18; H-W Eckert DB 1994, 1069, 1071; Führich NJW 1994, 2446, 2451). **3**

II. Erfordernis der Reisebestätigung (§ 6 Abs 1 BGB-InfoV)

Die Reisebestätigung ist eine vom Reiseveranstalter ausgestellte **Beweisurkunde**, aus welcher der Reisende den Inhalt des geschlossenen Vertrages ersehen kann (vgl Bidinger/Müller 88; Führich Rn 536). Das Erfordernis einer Reisebestätigung bedeutet **4** nicht, dass der Reisevertrag der **gesetzlichen Schriftform nach § 126** oder der **Testform nach § 126 a** unterliegt (BIDINGER/MÜLLER 88; FÜHRICH Rn 537; PALANDT/SPRAU Rn 1). Der Vertrag unterliegt vielmehr keiner Form, die Urkunde soll allein dem **Beweis** über den Vertragsinhalt dienen. Die Reisebestätigung muss dem Reisenden **bei oder unverzüglich nach Vertragsschluss** ausgehändigt werden. Unverzüglich bedeutet gem § 121 Abs 1 S 1 ohne schuldhafte Verzögerung (vgl BT-Drucks 12/5354, 18).

III. Inhalt der Reisebestätigung (§ 6 Abs 2 BGB-InfoV)

5 § 6 Abs 2 BGB-InfoV schreibt für den Inhalt der Reisebestätigung eine Vielzahl von **Pflichtangaben** vor, die erforderlich sind, soweit sie nach der Art der Reise von Bedeutung sind (vgl zum ähnlichen Merkmal in § 4 Abs 1 S 1 BGB-InfoV die Erläuterung zu § 4 BGB-InfoV Rn 2). Dazu gehören zunächst die Prospektpflichtangaben des § 4 Abs 1 BGB-InfoV über Reisepreis und Zahlungsmodalitäten als **Mindestangaben** (§ 6 Abs 4 S 2 BGB-InfoV) sowie Angaben über Transportmittel, Unterbringung, Mahlzeiten, Reiseroute und eine erforderliche Mindestteilnehmerzahl. Hinsichtlich dieser Reisemerkmale kann auf die Ausführungen bei § 4 BGB-InfoV verwiesen werden (vgl § 4 BGB-InfoV Rn 3 ff).

6 Darüber hinaus sind nach § 6 Abs 2 Nr 1–9 BGB-InfoV weitere Angaben erforderlich, die sich ebenfalls teilweise mit den Angaben im Reiseprospekt überschneiden, in der Reisebestätigung aber **präziser** und **ausführlicher** erfolgen müssen (vgl BIDINGER/MÜLLER 89; MünchKomm/TONNER Rn 4; SOERGEL/H-W ECKERT Rn 3).

1. Bestimmungsort (Nr 1)

7 Anzugeben ist der **endgültige** Bestimmungsort. Hier sind dem Reisenden eventuelle Änderungen gegenüber der Prospektbeschreibung (vgl § 4 Abs 1 S 1 Nr 1 BGB-InfoV) mitzuteilen. Bei Rundreisen und anderen Reisen mit mehreren Aufenthaltsorten sind die einzelnen **Zeiträume** und deren **Termine** anzugeben.

2. Reisedatum (Nr 2)

8 Weiter sind der **Tag**, die **voraussichtliche Zeit** und der **Ort der Abreise** anzugeben. Dabei reicht die Angabe nur der Tageszeit, zB mit „vormittags" oder „abends", nicht aus (so aber FÜHRICH Rn 543; SOERGEL/H-W ECKERT Rn 3; dagegen zutreffend MünchKomm/TONNER Rn 6; wohl auch SEYDERHELM Rn 3). Der Reisende muss **Datum und Uhrzeit** von Abreise und Rückkehr kennen, um rechtzeitig disponieren zu können. Eine Mitteilung unmittelbar vor dem Reiseantritt (vgl § 8 Abs 1 S 1 Nr 1 BGB-InfoV) käme insoweit zu spät (so zutreffend MünchKomm/TONNER Rn 6; aA SOERGEL/H-W ECKERT Rn 3). Die daraus resultierenden Schwierigkeiten des Veranstalters, die Zeiten oftmals Monate im Voraus festlegen zu müssen, werden dadurch relativiert, dass die Angabe der **voraussichtlichen** Zeiten genügt.

3. Sonstige Leistungen (Nr 3)

9 Angaben sind weiter zu Besuchen, Ausflügen und sonstigen **im Reisepreis inbegriffenen Leistungen** erforderlich. Dazu gehört alles, was über die touristischen Grundleistungen – Beförderung, Unterkunft, Verpflegung – hinaus zum Leistungs-

umfang gehört, also zB Sprach-, Sport- und Hobbykurse sowie Jagd- und Angelgelegenheiten (vgl MünchKomm/TONNER Rn 7).

4. Preisänderungsvorbehalte (Nr 4)

Hinweise auf etwa vorbehaltene **Preisänderungen** sowie deren **Bestimmungsfaktoren** 10 (vgl dazu § 651a Rn 151) und auf nicht im Reisepreis enthaltene **Abgaben** (zB Landegebühren, Ein- oder Ausschiffungsgebühren in Häfen, Flughafengebühren, Aufenthaltsgebühren, Einreisegebühren) sind ebenfalls erforderlich.

5. Sonderwünsche (Nr 5)

Sonderwünsche des Reisenden (zB bezüglich der Lage des Zimmers) sind ebenfalls 11 in die Reisebestätigung aufzunehmen, soweit sie **vereinbart wurden**. Dies kann nicht in dem Sinne verstanden werden, dass mündliche Nebenabreden ohne schriftliche Bestätigung unwirksam wären (so zutreffend FÜHRICH Rn 135). Es geht vielmehr bei § 6 Abs 2 Nr 5 BGB-InfoV allein um die Information des Reisenden über die vorherige vertragliche Vereinbarung durch deren Aufnahme in die Reisebestätigung. Da der Reisevertrag regelmäßig durch den Zugang der Reisebestätigung beim Reisenden zustande kommt, ist ein Sonderwunsch bereits dann vereinbart, wenn er in der Reisebestätigung aufgeführt wird. Allerdings kann es namentlich bei mündlichen Nebenabreden zu Abweichungen der Reisebestätigung von dem Angebot des Reisenden kommen. Führt die Reisebestätigung einen bereits mit dem Veranstalter vereinbarten Sonderwunsch nicht auf, so kann der Reisende deren **Ergänzung** verlangen (FÜHRICH Rn 546). Schweigt die Reisebestätigung zu einem vom Reisenden lediglich geäußerten, aber bislang nicht vereinbarten Sonderwunsch, so kann dieser nicht auf die Annahme des Sonderwunsches durch den Reiseveranstalter schließen (so zutreffend BIDINGER/MÜLLER 59; **aA** LG Frankfurt aM NJW-RR 1991, 878; FÜHRICH Rn 546; MünchKomm/TONNER Rn 9; TEMPEL NJW 1996, 1625, 1632; vgl auch § 651a Rn 122). Vielmehr enthält die Bestätigung dann, da sie von der Buchungserklärung des Reisenden abweicht, nach § 150 Abs 2 ein neues Angebot, das der Reisende durch Zahlung des Reisepreises oder Antritt der Reise konkludent annehmen kann. Gleiches gilt, wenn die Reisebestätigung einen Sonderwunsch deutlich erkennbar ablehnt.

6. Name und Anschrift des Reiseveranstalters (Nr 6)

Es gehört zu den Selbstverständlichkeiten, dass der Reiseveranstalter in der Reise- 12 bestätigung seinen Namen und seine Anschrift angeben muss. Nach lit g des Anh der EG-Pauschalreise-Richtlinie müssen „gegebenenfalls" auch Name und Anschrift eines **Versicherers** angegeben werden. Dazu gehören nicht die Insolvenzversicherer (vgl § 651k Abs 1 S 2 Nr 1), weil § 9 BGB-InfoV eine eigene Unterrichtungspflicht für den Sicherungsschein nach § 651k Abs 3 aufstellt und die EG-Pauschalreise-Richtlinie das Kundengeldabsichern nicht kennt (vgl Art 7 der EG-Pauschalreise-Richtlinie). Unter lit g des Anh der Richtlinie fallen daher vor allem Reiserücktrittskosten-, Unfall- oder Krankheitsversicherer, falls derartige Versicherungen bei der Buchung mit abgeschlossen wurden (vgl MünchKomm/TONNER Rn 10).

7. Obliegenheiten bei Reisemängeln (Nr 7)

13 Der Reisende muss über seine Obliegenheiten bei auftretenden Reisemängeln belehrt werden. Dies gilt für die Erfordernisse einer **Mängelanzeige** nach § 651d Abs 2 und einer angemessenen **Fristsetzung** vor der Kündigung nach § 651e Abs 2 S 1 sowie deren **Entbehrlichkeit** im Ausnahmefall nach § 651e Abs 2 S 2. Nicht genannt ist die Frist vor einer Selbstabhilfe nach § 651c Abs 3, doch sollte der Veranstalter über diese schon im eigenen Interesse ebenfalls informieren (vgl BIDINGER/MÜLLER 90).

8. Ausschluss- und Verjährungsfrist (Nr 8)

14 Der Reiseveranstalter hat den Reisenden auch über die nach § 651g einzuhaltenden Ausschluss- und Verjährungsfristen zu informieren. Dazu gehören die **einmonatige Ausschlussfrist** gem § 651g Abs 1, die gesetzliche zweijährige oder die vertraglich auf bis zu ein Jahr verkürzte Verjährungsfrist gem § 651g Abs 2. Dagegen muss der Veranstalter den Reisenden nicht über die allgemeine dreijährige Verjährungsfrist nach §§ 195 ff informieren (FÜHRICH Rn 549). Anzugeben ist namentlich die **Stelle**, gegenüber der der Reisende seine Ansprüche geltend zu machen hat. Hierfür genügt die Angabe des Namens nicht, sondern es ist die **Postanschrift** vollständig und korrekt zu benennen (FÜHRICH Rn 549; MünchKomm/TONNER Rn 13; SOERGEL/H-W ECKERT Rn 3). Gibt der Veranstalter die Stelle nicht oder nicht richtig an, so ist der Reisende iSv § 651g Abs 1 S 3 entschuldigt (vgl § 651g Rn 20). Anstelle der zweijährigen Verjährungsfrist des § 651g Abs 2 gilt in diesem Fall entsprechend § 638 Abs 3 die 3-jährige Verjährungsfrist nach § 195 (vgl § 651g Rn 30). Daneben kann eine unterlassene oder fehlerhafte Information des Reisenden Schadensersatzansprüche aus §§ 280 Abs 1 S 1, 241 Abs 2, 311 Abs 2 begründen, mit der Folge, dass eine unterlassene Mängelanzeige oder Fristsetzung bzw eine Überschreitung der Ausschluss- oder Verjährungsfrist nicht zum Nachteil des Reisenden berücksichtigt werden kann (FÜHRICH Rn 549).

9. Reiseversicherungen (Nr 9)

15 Schließlich ist der Reisende bei der Buchung über die Möglichkeit des Abschlusses einer **Reiserücktrittskosten-Versicherung** oder einer Versicherung zur Deckung der **Rückführungskosten** bei Unfall oder Krankheit unter Angabe von Namen und Anschrift des Versicherers zu informieren. Der Name und die Anschrift des Versicherers sind aber entgegen dem Wortlaut von § 6 Abs 2 Nr 9 BGB-InfoV nicht in jedem Fall, sondern in Übereinstimmung mit lit g des Anhangs der EG-Pauschalreise-Richtlinie nur „gegebenenfalls" anzugeben (vgl oben Rn 12). Der Reiseveranstalter ist kein Versicherungsberater, so dass er Name und Anschrift eines Versicherers nur dann angeben muss, wenn solche Versicherungen bei der Buchung vom Reisenden mit abgeschlossen werden (so zutreffend BIDINGER/MÜLLER 90; MünchKomm/TONNER Rn 10; vgl oben Rn 12).

IV. Allgemeine Geschäftsbedingungen (§ 6 Abs 3 BGB-InfoV)

16 Will der Reiseveranstalter dem Reisevertrag allgemeine Reisebedingungen zugrunde legen, so müssen diese nach § 6 Abs 3 BGB-InfoV dem Reisenden vor Vertragsschluss vollständig übermittelt werden. Die Übermittlung eines bloßen **Auszuges**

reicht hierfür nicht aus (vgl BIDINGER/MÜLLER 90; H-W ECKERT ZRP 1991, 454, 455; FÜHRICH EuZW 1993, 347, 349; MünchKomm/TONNER Rn 14; SOERGEL/H-W ECKERT Rn 4; aA NOLL RRa 1993, 42, 43; TEMPEL NJW 1996, 1625, 1631). Die allgemeinen Reisebedingungen müssen dem Reisenden **übermittelt** werden, dh sie müssen ihm in der Buchungsstelle ausgehändigt oder vom Reiseveranstalter übersandt werden. Eine bloße Auslage der ARB in der Buchungsstelle genügt den Anforderungen nicht (vgl BIDINGER/MÜLLER 90). Die Übermittlung hat **vor Vertragsschluss** zu erfolgen, also nicht bereits vor Abgabe der Buchungserklärung durch den Reisenden (so zutreffend BIDINGER/MÜLLER 90).

Die Einbeziehung der ARB in den Reisevertrag richtet sich hingegen nach den allgemeinen Anforderungen des **§ 305 Abs 2**. Diese werden durch § 6 Abs 3 BGB-InfoV lediglich in der Weise modifiziert, dass die erforderliche Möglichkeit der Kenntnisnahme iSv § 305 Abs 2 Nr 2 dahingehend verstärkt wird, dass eine tatsächliche Übermittlung der ARB notwendig ist. § 6 Abs 3 BGB-InfoV verfolgt ausschließlich den Zweck, den Reisenden über den vollständigen Inhalt der ARB zu informieren (BIDINGER/MÜLLER 42; H-W ECKERT DB 1994, 1069, 1071; FÜHRICH Rn 103; ders RRa 1994, 90, 93; ISERMANN ZAPFG 995, 998; NOLL RRa 1993, 42, 43; SEYDERHELM § 651a Rn 104; SOERGEL/H-W ECKERT Rn 5; TONNER § 3 InfVO Rn 11; aA MünchKomm/TONNER § 651a Rn 41; TEMPEL NJW 1996, 1625, 1630 f; vgl dazu § 651a Rn 85). Dagegen will § 6 Abs 3 BGB-InfoV die Frage einer wirksamen Einbeziehung von ARB in den Reisevertrag nicht regeln. Die Bestimmung des § 6 Abs 3 BGB-InfoV verdrängt folglich nicht als Spezialregelung § 305 Abs 2 (vgl BIDINGER/MÜLLER 42 f; FÜHRICH Rn 116; SEYDERHELM § 651a Rn 104; aA MünchKomm/TONNER § 651a Rn 41; TEMPEL NJW 1996, 1625, 1630; ders RRa 1998, 19, 32; vgl § 651a Rn 79), was angesichts der Höherrangigkeit von § 305 Abs 2 auch nicht denkbar wäre (so zutreffend FÜHRICH Rn 551; SEYDERHELM Rn 8; SOERGEL/H-W ECKERT Rn 5). Liegen also die Voraussetzungen für eine Einbeziehung der ARB nach § 305 Abs 2 vor, so kann ein Verstoß gegen § 6 Abs 3 BGB-InfoV – zB bei einer nur auszugsweisen Übermittlung der ARB – nichts daran ändern, dass die ARB Vertragsbestandteil werden (vgl BT-Drucks 12/5354, 18; SOERGEL/H-W ECKERT Rn 5; aA MünchKomm/TONNER § 651a Rn 41). 17

V. Verweisungsmöglichkeit (§ 6 Abs 4 BGB-InfoV)

Nach § 6 Abs 4 BGB-InfoV ist der Reiseveranstalter von den Informationspflichten des § 6 Abs 2 und der Pflicht zur Übermittlung der vollständigen ARB nach § 6 Abs 3 BGB-InfoV **befreit**, wenn und soweit er die erforderlichen Informationen bzw die vollständigen ARB bereits in einen von ihm herausgegebenen Reiseprospekt aufgenommen hat, der dem Reisenden zur Verfügung gestellt worden ist, und wenn in der Reisebestätigung ausdrücklich auf die Prospektangaben hingewiesen wird. In jedem Fall sind aber Angaben über den Reisepreis und die Zahlungsmodalitäten in der Reisebestätigung anzugeben. Im Übrigen wäre es jedoch sinnlos, dem Reiseveranstalter aufzuerlegen, dem Reisenden dieselben Informationen mehrfach zu erteilen. So wird dem Reiseveranstalter die Möglichkeit eröffnet, den Umfang der Reisebestätigung durch ausführliche Informationen im Reiseprospekt überschaubar zu halten (vgl MünchKomm/TONNER Rn 16; SOERGEL/H-W ECKERT Rn 6). Die **Verweisung** muss allerdings genau und unter Angabe der Seitenzahlen des Prospekts erfolgen. Der Reisende muss in der Lage sein, die entsprechenden Informationen im Prospekt auffinden zu können. Eine pauschale Verweisung auf den Prospekt ist daher keines- 18 falls ausreichend (vgl BIDINGER/MÜLLER 91). Da der Reiseveranstalter beweisen muss, dass er dem Reisenden tatsächlich einen Katalog mit den entsprechenden Informationen zur Verfügung gestellt hat (BIDINGER/MÜLLER 91; MünchKomm/TONNER Rn 17), ist es für ihn allerdings sicherer, die nach § 6 Abs 2 BGB-InfoV erforderlichen Informationen in die Reisebestätigung aufzunehmen und die ARB dem Reisenden vor der Buchung auszuhändigen (BIDINGER/MÜLLER 91; MünchKomm/TONNER Rn 18; aA NOLL RRa 1993, 42).

VI. Last-minute-Reisen (§ 6 Abs 5 BGB-InfoV)

19 Die Pflichten nach § 6 Abs 1–4 BGB-InfoV treffen den Reiseveranstalter nicht bei Last-minute-Reisen, bei denen die Buchungserklärung weniger als 7 Tage vor Reiseantritt abgegeben wird (vgl auch Art 4 Abs 2 lit c der EG-Pauschalreise-Richtlinie). Allerdings hat auch hier spätestens bei Reiseantritt eine Belehrung über die Obliegenheiten des Reisenden nach §§ 651d Abs 2, 651e Abs 2, die Fristen des § 651g sowie die Stelle, gegenüber der er seine Ansprüche nach Reiseende anzumelden hat, zu erfolgen.

§ 7 [Verträge über Gastschulaufenthalte (§ 651l des Bürgerlichen Gesetzbuchs)]

Über die in § 6 bestimmten Angaben hinaus hat der Reiseveranstalter dem Reisenden folgende Informationen zu erteilen:

1. Namen und Anschrift der Gastfamilie, in welcher der Schüler oder die Schülerin untergebracht ist, einschließlich von Veränderungen,
2. Namen und Erreichbarkeit eines Ansprechpartners im Aufnahmeland, bei dem auch Abhilfe verlangt werden kann, einschließlich von Veränderungen und
3. Abhilfeverlangen des Schülers oder der Schülerin und die vom Reiseveranstalter ergriffenen Maßnahmen.

I. Inhalt und Zweck

1 § 7 BGB-InfoV stellt ergänzend zu § 651l Abs 3 Nr 1 und Nr 2 spezielle Informationspflichten für Veranstalter von **Gastschulaufenthalten** auf. Dabei handelt es sich um solche Informationspflichten, die während der Dauer des Aufenthaltes des Gastschülers im Aufnahmeland eingreifen. Die Informationspflichten nach § 7 BGB-InfoV überschneiden sich teilweise mit den als Obliegenheiten ausgestalteten Informationspflichten nach § 651l Abs 3. Dies ist aus dem Grund notwendig, weil eine Verletzung dieser vor Reiseantritt bestehenden Obliegenheiten gem § 651l Abs 3 dazu führt, dass der Gastschüler die Reise nicht antreten muss, sondern ohne Entschädigungspflicht nach § 651i Abs 2 S 2 u 3 Abs 3 vom Reisevertrag zurücktreten kann. Macht er von dieser Möglichkeit keinen Gebrauch und entscheidet er sich trotz der nicht oder unvollständig erteilten Informationen für die Durchführung der Reise, so will § 7 BGB-InfoV sicherstellen, dass er die erforderlichen Informationen über die Gastfamilie und Ansprechpartner jedenfalls während der Dauer seines Gastschulaufenthalts erhält (BT-Drucks 14/5944 17; vgl FÜHRICH Rn 553; TONNER, Insolvenzabsicherung 63). § 7 BGB-InfoV stellt zunächst klar, dass auch bei Gastschulaufenthalten die

Informationspflichten des § 6 BGB-InfoV gelten. Diese Informationspflichten sind gegenüber dem Reisenden – also dem Vertragspartner des Reiseveranstalters, vgl § 651a Rn 48, 79 – dem Gastschüler und seinem gesetzlichen Vertreter, soweit dieser nicht selbst den Vertrag abgeschlossen hat und deshalb bereits Reisender idS ist, zu erfüllen (Führich Rn 553; Tonner, Insolvenzabsicherung 63). Damit sollen der Gastschüler bzw seine Eltern als gesetzliche Vertreter, die im Regelfall den Reisevertrag abschließen und damit Reisende iSd §§ 651a ff sind, zugleich über Änderungen der Gastfamilie, des Ansprechpartners und über etwaige Abhilfeverlangen des Gastschülers und die vom Veranstalter ergriffenen Maßnahmen informiert werden. Nur so ist sichergestellt, dass die Eltern des Gastschülers jederzeit über den Ort und die Umstände des Aufenthalts ihres Kindes informiert sind (BT-Drucks 14/5944, 17). § 7 BGB-InfoV trägt damit der Besonderheit der Gastschulaufenthalte gegenüber „normalen" Reisen Rechnung, dass hier die Person des Reisenden iSd §§ 651a ff, also des Vertragspartners des Veranstalters – die Eltern des Gastschülers – und des Reiseteilnehmers – des Gastschülers – im Regelfall auseinander fallen. Die zusätzlichen Informationspflichten des § 7 BGB-InfoV überbrücken diese Kluft (vgl Tonner, Insolvenzabsicherung 64). Hat ausnahmsweise der Gastschüler selbst den Reisevertrag geschlossen, so sind die Informationen ihm zu erteilen (BT-Drucks 14/5155, 117; Führich Rn 553).

II. Inhalt der zusätzlichen Informationspflichten des § 7 BGB-InfoV

1. Name und Anschrift der Gastfamilie (Nr 1)

Nach § 7 Nr 1 BGB-InfoV muss der Veranstalter dem Reisenden Namen und Anschrift der Gastfamilie spätestens nach Ankunft im Aufnahmeland mitteilen und über alle späteren Veränderungen informieren. Diese Pflicht ergänzt § 651l Abs 3 Nr 1, wonach dem Reisenden spätestens zwei Wochen vor Reiseantritt die Ankunftsadresse mitzuteilen ist. Hier geht es um die **Aufenthaltsadresse** einschließlich einer eventuellen **Umzugsadresse**. Die Vorschrift soll also sicherstellen, dass die Eltern stets über den tatsächlichen Aufenthaltsort ihres Kindes informiert sind.

2. Name und Erreichbarkeit eines Ansprechpartners (Nr 2)

§ 7 Nr 2 BGB-InfoV ergänzt § 651l Abs 3 Nr 2. Während § 651l Abs 3 Nr 2 verlangt, dass der Veranstalter den Reisenden spätestens zwei Wochen vor Reiseantritt über Namen und Erreichbarkeit eines Ansprechpartners informiert, dehnt § 7 Nr 2 BGB-InfoV diese Informationspflicht auf die **Dauer des Gastschulaufenthalts** aus. Der Reiseveranstalter muss den Reisenden spätestens nach Ankunft im Aufnahmeland Namen und Adresse eines vor Ort erreichbaren Ansprechpartners mitteilen und ihm während der Dauer des Aufenthalts über alle Veränderungen in dieser Beziehung informieren (vgl BT-Drucks 14/5944, 17).

3. Abhilfeverlangen und Abhilfemaßnahmen (Nr 3)

Nach § 7 Nr 3 BGB-InfoV ist der Reiseveranstalter weiterhin verpflichtet, den Reisenden – also idR die Eltern – über Abhilfeverlangen des Gastschülers und über die daraufhin vom Veranstalter ergriffenen Maßnahmen zu unterrichten. Diese Pflicht hängt damit zusammen, dass der Gastschüler selbst, auch wenn er nicht der Vertragspartner des Veranstalters und minderjährig ist, ein Abhilfeverlangen im Aufnahmeland stellen kann (BT-Drucks 14/5944, 17 f; FÜHRICH Rn 553 a; ders NJW 2001, 3083, 3087; TONNER, Insolvenzabsicherung 637). Das Abhilfeverlangen nach § 651c Abs 2 S 1 ist keine Willenserklärung, sondern eine **geschäftsähnliche Handlung**, weil die Wirkungen der §§ 651c Abs 3, 651e unabhängig vom Willen des Erklärenden eintreten (vgl § 651c Rn 147). Zu diesem Abhilfeverlangen ist der Gastschüler von seinen Eltern ermächtigt. Macht er von dieser Ermächtigung Gebrauch, müssen die Eltern als Reisende hierüber informiert werden. Diese Information über das Abhilfeverlangen macht daher keinen Sinn, wenn die gesetzlichen Vertreter selbst das Abhilfeverlangen stellen. Auch dann bleibt es bei der Informationspflicht über die vom Veranstalter ergriffenen Abhilfemaßnahmen (BT-Drucks 14/5944, 18).

§ 8 [Unterrichtung vor Beginn der Reise]

(1) Der Reiseveranstalter hat den Reisenden rechtzeitig vor Beginn der Reise zu unterrichten:
1. **über Abfahrt- und Ankunftszeiten, Orte von Zwischenstationen und die dort zu erreichenden Anschlussverbindungen,**
2. **wenn der Reisende bei der Beförderung einen bestimmten Platz einzunehmen hat, über diesen Platz,**
3. **über Namen, Anschrift und Telefonnummer der örtlichen Vertretung des Reiseveranstalters oder – wenn nicht vorhanden – der örtlichen Stellen, die dem Reisenden bei Schwierigkeiten Hilfe leisten können; wenn auch solche Stellen nicht bestehen, sind dem Reisenden eine Notrufnummer und sonstige Angaben mitzuteilen, mit deren Hilfe er mit dem Veranstalter Verbindung aufnehmen kann.**

Bei Auslandsreisen Minderjähriger ist die bei der Buchung angegebene Person darüber zu unterrichten, wie eine unmittelbare Verbindung zu dem Kind oder dem an dessen Aufenthaltsort Verantwortlichen hergestellt werden kann.

(2) Eine besondere Mitteilung nach Absatz 1 ist nicht erforderlich, soweit die jeweilige Angabe bereits in einem dem Reisenden zur Verfügung gestellten Prospekt oder der Reisebestätigung enthalten ist und inzwischen keine Änderungen eingetreten sind.

I. Inhalt und Zweck

1 § 8 BGB-InfoV begründet in Umsetzung des Art 4 Abs 1 lit b der EG-Pauschalreise-Richtlinie **weitere Informationspflichten** des Reiseveranstalters, die rechtzeitig vor Beginn der Reise erfüllt werden müssen (Abs 1). Da diese Informationen aber in der Regel bereits Bestandteil des Prospekts bzw der Reisebestätigung sind, eröffnet auch Abs 2 insoweit eine **Verweisungsmöglichkeit**.

II. Inhalt der Informationspflichten (§ 8 Abs 1 BGB-InfoV)

1. Fahrplanzeiten (§ 8 Abs 1 Nr 1 BGB-InfoV)

Die in § 8 Abs 1 S 1 BGB-InfoV genannten weiteren Informationspflichten des Reiseveranstalters müssen dem Reisenden gegenüber **rechtzeitig vor Beginn der Reise** erfüllt werden. Da die hier aufgeführten Reisedaten keine weiteren Dispositionen des Reisenden mehr verlangen, reicht es aus, wenn diese Informationen zusammen mit den üblichen Reiseunterlagen **kurz vor Reiseantritt** übermittelt werden. Diese Voraussetzung ist bei einer Übersendung 1–2 Tage vor Reiseantritt erfüllt. Ob dagegen eine Aushändigung unmittelbar vor Reisebeginn noch als rechtzeitig angesehen werden kann (so BIDINGER/MÜLLER 93) erscheint angesichts des Wortlauts des § 8 Abs 1 BGB-InfoV fraglich.

Entgegen Art 8 Abs 1 Nr 1 iVm der EG-Pauschalreise-Richtlinie hat die Belehrung des Reisenden über die Möglichkeit zum Abschluss einer **Reiserücktrittskosten-Versicherung** oder einer Versicherung zur Deckung der **Rückführungskosten** bei Unfall oder Krankheit nicht erst vor Beginn der Reise, sondern bereits bei der Buchung (vgl § 6 Abs 2 Nr 9 BGB-InfoV) zu erfolgen. Diese Abweichung der BGB-InfoV von der EG-Pauschalreise-Richtlinie ist gem Art 8 der Richtlinie zulässig, da sie den Verbraucherschutz durch die Pflicht zur rechtzeitigen Information des Reisenden gegenüber der Richtlinie verstärkt (MünchKomm/TONNER Rn 7; SOERGEL/H-W ECKERT Rn 5; aA SEYDERHELM Rn 2).

Der Reiseveranstalter hat den Reisenden über Abfahrts- und Ankunftszeiten, Orte von Zwischenstationen und die dort zu erreichenden Anschlussverbindungen zu unterrichten. Dies gilt selbstverständlich nur dann, wenn die Beförderung überhaupt **Gegenstand des Reisevertrages** ist (BIDINGER/MÜLLER 91). Dem Reisenden ist ein Fahrplan mit den planmäßigen Abfahrts- und Ankunftszeiten jeder Einzelstrecke auszuhändigen. Unter **Zwischenstationen** sind keine bloßen Unterbrechungen der Beförderung, sondern nur Umsteigestationen zu verstehen, da der Reisende durch die Angabe der Zwischenstationen in die Lage versetzt werden soll, Anschlussverbindungen zu erreichen. Daher sind auch Zwischenlandungen bei Direktflügen nicht anzugeben (BIDINGER/MÜLLER 91; SOERGEL/H-W ECKERT Rn 2; aA FÜHRICH Rn 555; MünchKomm/TONNER Rn 2). Die Angabe der Anschlussverbindungen erfordert die genaue Bezeichnung des Flugterminals, des Bahnsteigs oder der Busabfahrtsstelle (AG Frankfurt aM NJW-RR 1995, 694) sowie die Angabe der Reiseroute bei Package-Touren (FÜHRICH Rn 555; TEMPEL NJW 1996, 1625, 1632).

2. Sitzplatz (§ 8 Abs 1 Nr 2 BGB-InfoV)

Wenn der Reisende bei der Beförderung einen bestimmten Platz einzunehmen hat, muss ihm der Reiseveranstalter diesen benennen. Diese Unterrichtung muss aber nur dann erfolgen, wenn der bestimmte Platz für die Beförderung von Bedeutung ist (vgl BT-Drucks 12/5354, 19). Art 4 Abs 1 lit b der EG-Pauschalreise-Richtlinie nennt beispielhaft die Kabine oder Schlafkoje auf einem Schiff bzw das Schlaf- oder Liegewagenabteil im Zug. Nicht notwendig ist dagegen die Mitteilung, welcher Platz im Flugzeug, in der Bahn oder dem Reisebus eingenommen wird. Da es sich hier um den bloßen Transport zum Urlaubsort handelt, reicht insoweit vielmehr die Zuweisung des Platzes bei Reiseantritt (BIDINGER/MÜLLER 92; H-W ECKERT DB 1994, 1069, 1071; FÜHRICH Rn 556; SOERGEL/H-W ECKERT Rn 3).

3. Örtliche Vertretung (§ 8 Abs 1 Nr 3 BGB-InfoV)

6 Der Reiseveranstalter ist weiter verpflichtet, den Reisenden über Name, Anschrift und Telefonnummer der **örtlichen Vertretung** des Reiseveranstalters zu unterrichten. Dabei kann es sich zB um einen örtlichen Reiseleiter oder eine Agentur des Veranstalters handeln. Ist keine örtliche Vertretung des Reiseveranstalters vorhanden, so hat dieser die **örtlichen Stellen** zu benennen, die dem Reisenden bei Schwierigkeiten Hilfe leisten können. Dies können örtliche Fremdenverkehrsbüros oder die Leistungsträger des Veranstalters sein. Der Veranstalter muss aber sicherstellen, dass diese Stellen tatsächlich Reisenden bei Schwierigkeiten Hilfe leisten (BIDINGER/MÜLLER 93; MünchKomm/TONNER Rn 5). Sind auch solche örtlichen Stellen nicht vorhanden, muss der Reiseveranstalter dem Reisenden eine **Notrufnummer** und sonstige Angaben mitteilen, mit deren Hilfe er mit dem Veranstalter Verbindung aufnehmen kann. Der Reiseveranstalter hat hier die Möglichkeit, seine eigene Telefonnummer oder die einer Service-Zentrale bzw eines Hilfsdienstes anzugeben. Die Notrufnummer muss nicht Tag und Nacht besetzt sein, doch ist in der Nacht die Schaltung eines Anrufbeantworters zu verlangen (BIDINGER/MÜLLER 93; **aA** MünchKomm/TONNER Rn 6).

4. Auslandsreisen Minderjähriger (§ 8 Abs 1 S 2 BGB-InfoV)

7 Bei Auslandsreisen Minderjähriger hat der Reiseveranstalter eine bei der Buchung angegebene Person darüber zu unterrichten, wie eine unmittelbare Verbindung zu dem Kind oder dem an dessen Aufenthaltsort Verantwortlichen hergestellt werden kann. Diese Informationspflicht besteht aber nur dann, wenn dem Veranstalter bei der Buchung eine **Kontaktperson** angegeben wurde und dem Veranstalter aus der Buchungserklärung die Minderjährigkeit des Reisenden erkennbar war (BIDINGER/MÜLLER 93; FÜHRICH Rn 558; SOERGEL/H-W ECKERT Rn 4). Regelmäßig kann aber aus der Angabe einer Kontaktperson in der Buchungserklärung auf die Minderjährigkeit eines Reiseteilnehmers geschlossen werden (vgl BT-Drucks 12/5354, 19).

III. Verweisungsmöglichkeit (§ 8 Abs 2 BGB-InfoV)

8 Sind die nach § 8 Abs 1 BGB-InfoV erforderlichen Angaben bereits in einem dem Reisenden zur Verfügung gestellten **Prospekt** oder der **Reisebestätigung** enthalten und sind inzwischen keine Änderungen eingetreten, so ist eine erneute Unterrichtung vor Reiseantritt nicht erforderlich, da der Zweck des § 8 Abs 1 BGB-InfoV bereits erreicht ist. Von der dadurch eröffneten Möglichkeit, durch frühere Informationen den Umfang der Angaben vor Reiseantritt zu beschränken, dürften die Reiseveranstalter aber nur hinsichtlich der unter § 8 Abs 1 S 1 Nr 3 BGB-InfoV genannten örtlichen Vertretungen Gebrauch machen können, da die übrigen Angaben erst kurz vor Reisebeginn bekannt sein dürften (so zutreffend FÜHRICH Rn 559; MünchKomm/TONNER Rn 9).

§ 9 [Muster für den Sicherungsschein]

(1) Der Reiseveranstalter hat vorbehaltlich des § 10 für den Sicherungsschein nach § 651k Abs 3 des Bürgerlichen Gesetzbuchs das in der Anlage 1 bestimmte Muster zu verwenden.

(2) Der Reiseveranstalter darf in Format und Schriftgröße von dem Muster abweichen und auf dem Sicherungsschein die Firma oder ein Kennzeichen des Kundengeldabsicherers und seines Beauftragten abdrucken. Ist der Sicherungsschein befristet ist darauf in der Reisebestätigung in deutlich hervorgehobener Form hinzuweisen.

(3) Der Sicherungsschein ist der Reisebestätigung anzuheften oder auf ihrer Rückseite zu drucken.

(4) Wird der Sicherungsschein auf der Rückseite der Reisebestätigung abgedruckt, ist auf deren Vorderseite auf den abgedruckten Sicherungsschein in deutlich hervorgehobener Form hinzuweisen. In einem solchen Sicherungsschein können mehrere Kundengeldabsicherer angegeben werden; der Hinweis nach Satz 1 ist dann wie folgt zu fassen: „Der Sicherungsschein ist auf der Rückseite abgedruckt. Ihr Absicherer ist (Namen einsetzen)."

(5) Enthält die Urkunde neben dem Sicherungsschein weitere Angaben oder Texte, muss sich der Sicherungsschein hiervon deutlich abheben.

(6) Der Sicherungsschein kann auch in Textform nachgewiesen werden und elektronisch mit der Reisebestätigung verbunden werden.

I. Inhalt und Zweck

§ 9 BGB-InfoV wurde nebst einer Anlage (Muster für den Sicherungsschein, Abdruck bei Rn 3) durch die Erste Verordnung zur Änderung der BGB-Informationspflichten-Verordnung vom 13. März 2002 (BGBl 2002 I 1141 u 1230) neu in die BGB-InfoV eingefügt. Die Vorschrift wurde auf Grund der neuen Ermächtigungsgrundlage des Art 238 Abs 1 Nr 2 EGBGB erlassen, die es dem Verordnungsgeber gstattet, den Inhalt und die Gestaltung der Sicherungsscheine nach § 651k Abs 1 festzulegen. Durch diese neue Verordnungsermächtigung und die auf ihrer Grundlage erlassene Bestimmung des § 2 BGB-InfoV soll das Vertrauen des Reisenden in die Sicherungsscheine geschützt werden, um die Wirksamkeit des in § 651k geregelten Sicherungssystems zu stärken (BT-Drucks 14/5944 16). Dieses Sicherungssystem, nach dem der Reisende den Reisepreis nicht zahlen muss, solange ihm nicht eine ausreichende Absicherung durch Übergabe eines Sicherungsscheins nachgewiesen wird, setzt notwendig die **Transparenz des Sicherungsscheins** voraus. Hier sah der Gesetzgeber sowohl hinsichtlich des Inhalts als auch hinsichtlich der Gestaltung des Sicherungsscheins in der reisevertraglichen Praxis deutliche Mängel. Die Sicherungsscheine enthielten häufig Texte, deren Inhalt der durchschnittliche Kunde nicht ohne Schwierigkeiten erfassen könne. Außerdem beeinträchtige der Umstand, dass sich die Sicherungsscheine von ihrer äußeren Gestaltung her stark unterschieden, ihre Handhabbarkeit für den Kunden. Aus diesen Gründen wollte der Gesetzgeber Inhalt und Gestaltung der Sicherungsscheine möglichst weitgehend vereinheitlichen, damit der Reisende die Übersicht behalten und eine unzureichende Absicherung sofort erkennen könne (BT-Drucks 14/5944, 17; FÜHRICH RRa 1999, 83).

II. Muster für den Sicherungsschein

1. Verwendungspflicht

2 Nach § 9 Abs 1 BGB-InfoV ist der Reiseveranstalter verpflichtet, für den Sicherungsschein nach § 651k Abs 3 das in der Anlage zu § 9 enthaltene Muster (BGBl 2002 I 1142) zu verwenden. Es galt allerdings für alte Sicherungsscheinformulare eine Aufbrauchfrist bis zum Ablauf des Jahres 2002 (§ 15 BGB-InfoV). Diese Verwendungspflicht trifft nur Reiseveranstalter **mit Sitz in Deutschland**. Reiseveranstalter aus anderen Mitgliedsstaaten der EU sind nicht an die Vorgaben des Musters gebunden (§ 9 Abs 1 iVm § 10 BGB-InfoV).

2. Inhalt und Gestaltung des Musters

3 Der standardisierte Sicherungsschein soll den Reisenden in die Lage versetzen, auf Anhieb alle für ihn bedeutsamen Informationen zur Kundengeldabsicherung aufzufinden. Das in der Anlage zu § 9 BGB-InfoV abgedruckte Muster (BGBl 2002 I 1142) enthält alle insoweit notwendigen **Pflichtangaben** (vgl dazu bereits FÜHRICH RRa 1996, 119, 122):

Anlage
(zu § 9 Abs 1 BGB-InfoV)

Muster
für den Sicherungsschein

(ggf einsetzen Ordnungszeichen des Kundengeldabsicherers und des Reiseveranstalters)

Sicherungsschein
für Pauschalreisen
gemäß § 651k des Bürgerlichen Gesetzbuchs

für ....

(einsetzen: Namen des Reisenden, die Wörter „den umseitig bezeichneten Reisenden" oder die Nummer der Reisebestätigung)[1]

(ggf. einsetzen: Geltungsdauer des Sicherungsscheins)[2]

Der unten angegebene Kundengeldabsicherer stellt für (einsetzen: die Wörter „für den umseitig bezeichneten Reiseveranstalter" oder: Namen und Anschrift des Reiseveranstalters) gegenüber dem Reisenden sicher, dass von ihm erstattet werden

1. der gezahlte Reisepreis, soweit Reiseleistungen infolge Zahlungsunfähigkeit oder Eröffnung des Insolvenzverfahrens über das Vermögen des Reiseveranstalters ausfallen, und

2. notwendige Aufwendungen, die dem Reisenden Infolge Zahlungsunfähigkeit oder Eröffnung des Insolvenzverfahrens über das Vermögen des Reiseveranstalters für die Rückreise entstehen.

Die vorstehende Haftung des Kundengeldabsicherers ist begrenzt. Er haftet für alle durch ihn in einem Jahr insgesamt zu erstattenden Beträge nur bis zu einem Betrag von 110 Mio. Euro. Sollte diese Summe nicht für alle Reisenden ausreichen, so verringert sich der Erstattungsbetrag in dem Verhältnis, in dem ihr Gesamtbetrag zu dem Höchstbetrag steht. Die Erstattung fälliger Beträge erfolgt erst nach Ablauf des Jahres (Angabe des Zeitraums), in dem der Versicherungsfall eingetreten ist.[3]

Bei Rückfragen wenden Sie sich an: (mindestens einsetzen. Namen, Anschrift und Telefonnummer der anzusprechenden Stelle: falls diese nicht für die Schadensabwicklung zuständig ist, auch Namen, Anschrift und Telefonnummer der dafür zuständigen Stelle).

(einsetzen: Namen, ladungsfähige Anschrift des Kundengeldabsicherers)

Kundengeldabsicherer

1 Diese Angaben können entfallen. In diesem Fall ist folgender Satz einzufügen:
2 Falls der Sicherungsschein befristet ist, muss die Frist mindestens den Zeitraum vom Vertragsschluss bis zur Beendigung der Reise umfassen.
3 Dieser Absatz entfällt bei Kundengeldabsicherungen, bei denen die Haftungsbeschränkung nach § 651k Abs. 2 BGB nicht vereinbart wird.

Der Sicherungsschein muss der einzelnen Reise bzw dem einzelnen Reisenden **zuge-** **4** **ordnet** werden können. Aus diesem Grund sieht das Muster **alternativ** die Angabe des Namens des Reisenden, der Nummer der Reisebestätigung oder die allgemeine Erklärung, dass der Sicherungsschein „für den Buchenden und alle Reiseteilnehmer" gilt, vor. Enthält die Reisebestätigung (§ 651a Abs 2; § 6 Abs 1 BGB-InfoV) neben dem Sicherungsschein **weitere Angaben oder Texte**, so muss sich der Sicherungsschein gem § 9 Abs 5 BGB-InfoV hiervon deutlich abheben. Der Veranstalter kann also zwar auf der Rückseite eines gesonderten Sicherungsscheins oder auf der Reisebestätigung Hinweise auf Zahlungsmodalitäten oder Versicherungen aufnehmen, muss diese aber erkennbar hervorheben, zB durch Fettdruck oder Umrandung (vgl FÜHRICH Rn 560a).

3. Abweichungen

Da es sich um ein „Muster" für den Sicherungsschein handelt, ist nur dessen Text **5** standardisiert. Dagegen kann der Reiseveranstalter in **Format** und **Schriftgröße** von dem Muster abweichen (§ 9 Abs 2 S 1 BGB-InfoV). Eine weitergehende Abweichung von der vorgeschriebenen Gestaltung oder vom vorgeschriebenen Inhalt führt dagegen dazu, dass der Reiseveranstalter keinen Sicherungsschein im Sinne des § 651k Abs 3 aushändigt und damit seine Verpflichtung nach § 651k Abs 4 nicht erfüllt. Er kann damit vor Beendigung der Reise keine Zahlungen des Reisenden auf den Reisepreis verlangen. Zulässig ist es nach § 9 Abs 2 S 1 BGB-InfoV auch, auf dem Sicherungsschein die Firma oder ein Kennzeichen (Logo) des Kundengeldabsicherers und seines Beauftragten (zB eines Versicherungsmaklers) abzudrucken.

Ist die Geltung des Sicherungsscheins **befristet**, so muss darauf in der Reisebestätigung in deutlich sichtbarer Form hingewiesen werden (§ 9 Abs 2 S 2 BGB-InfoV). Dementsprechend enthält auch das Muster eine Rubrik für eine ggf einzusetzende Geltungsdauer des Sicherungsscheins.

III. Reisebestätigung

6 Der Sicherungsschein ist nach § 9 Abs 3 BGB-InfoV stets der Reisebestätigung **anzuheften** oder **auf deren Rückseite abzudrucken**. Bei elektronischen Buchungen kann diese Verbindung mit der Reisebestätigung durch **Anhängen einer Datei** erfolgen (§ 9 Abs 5 BGB-InfoV). Diese Regelung soll sicherstellen, „dass der Reisende den Sicherungsschein ohne Schwierigkeiten finden kann". Ein einfaches Übersenden des Sicherungsscheins mit den anderen Reiseunterlagen reicht nicht aus (vgl FÜHRICH Rn 560 c). Wird der Sicherungsschein auf der Rückseite der Reisebestätigung abgedruckt, so ist zusätzlich ein deutlich hervorgehobener **Hinweis** auf der Vorderseite erforderlich (§ 9 Abs 4 S 1 BGB-InfoV). Sind in einem auf der Rückseite der Reisebestätigung abgedruckten Sicherungsschein mehrere Kundengeldabsicherer angegeben – zB bei Verwendung elektronischer Buchungssysteme –, so muss auf der Vorderseite der Reisebestätigung ebenfalls in deutlich hervorgehobener Form darauf hingewiesen werden, welcher der genannten Kundengeldabsicherer die jeweilige Reise absichert. § 9 Abs 4 S 2 schreibt für diesen Fall als Wortlaut des Hinweises vor: „Der Sicherungsschein ist auf der Rückseite abgedruckt. Ihr Absicherer ist (Namen einsetzen)."

§ 10 [Nachweis nach § 651k Abs 5 des Bürgerlichen Gesetzbuchs]

Ein Reiseveranstalter, der seine Hauptniederlassung in einem anderen Mitgliedsstaat der Europäischen Gemeinschaften oder einem Vertragsstaat des Abkommens über den Europäischen Wirtschaftsraum hat und dem Reisenden Sicherheit in Übereinstimmung mit den Vorschriften des anderen Staates leistet, hat den Nachweis nach § 651k Abs 5 Satz 2 des Bürgerlichen Gesetzbuchs nach Maßgabe der am Ort seiner Hauptniederlassung geltenden Vorschriften, jedoch in deutscher oder einer anderen für den Verbraucher leicht verständlichen Sprache zu führen.

1 Reiseveranstalter, die ihre Hauptniederlassung in einem anderen **EU- bzw EWR-Mitgliedsstaat** haben, können auf Grund der **Dienstleistungsfreiheit** des Art 49 EGV ebenfalls auf dem deutschen Markt Pauschalreisen anbieten. Dazu müssen sie allerdings die Bestimmungen in ihrem Herkunftsland einhalten. Dem entspricht die Regelung in § 651k Abs 5 S 1, wonach der Reiseveranstalter dem Reisenden Sicherheit in Übereinstimmung mit den Vorschriften des anderen Staates leisten muss, die allerdings dem Schutzumfang des § 651k Abs 1 entsprechen muss. Der Reiseveranstalter muss eine Sicherheitsleistung nach § 651k Abs 5 S 2 dem Reisenden nachweisen. Auch insoweit gilt jedoch wieder das **Herkunftslandprinzip** mit der Folge, dass der Veranstalter auch den Nachweis nach § 651k Abs 5 S 2 allein nach Maßgabe der in seinem Sitzstaat geltenden Vorschriften führen muss. § 10 BGB-InfoV bestimmt insoweit lediglich, dass der Nachweis in deutscher oder einer anderen für den Ver-

braucher leicht verständlichen Sprache zu führen ist. Jede weitere Einschränkung verstieße gegen Europarecht.

§ 11 [Gelegenheitsreiseveranstalter]

Die §§ 4 bis 8 gelten gilt nicht für Reiseveranstalter, die nur gelegentlich und außerhalb ihrer gewerblichen Tätigkeit Pauschalreisen veranstalten.

§ 11 BGB-InfoV nimmt den **nichtgewerblichen Gelegenheitsveranstalter** aus dem Anwendungsbereich der §§ 4–8 BGB-InfoV aus. Eine Ausnahme vom Anwendungsbereich der §§ 9 und 10 BGB-InfoV erübrigt sich, weil diese Bestimmungen wegen der entsprechenden Ausnahme in § 651k Abs 6 Nr 1 ohnehin nicht für den nichtgewerblichen Gelegenheitsveranstalter gelten. Die Ausnahmeregelung des § 11 BGB-InfoV ist europarechtlich zulässig, da diese Veranstalter ohnehin nicht von der EG-Pauschalreise-Richtlinie erfasst werden (vgl Art 2 Nr 2 der EG-Pauschalreise-Richtlinie). Im deutschen Recht unterliegen auch nichtgewerbliche Gelegenheitsveranstalter grundsätzlich den §§ 651a ff, doch werden sie nach § 651k Abs 6 Nr 1 von der Insolvenzsicherungspflicht ausgenommen. Im Rahmen der Ausnahmeregelungen nach § 651k Abs 6 Nr 1 und § 11 BGB-InfoV deckt sich daher das deutsche Reisevertragsrecht mit dem Anwendungsbereich der EG-Pauschalreise-Richtlinie, während es außerhalb dieser Ausnahmen über die Reichweite der Richtlinie hinausgeht, was im Interesse eines effektiven Verbraucherschutzes zulässig ist (vgl Art 8 der EG-Pauschalreise-Richtlinie; vgl auch SOERGEL/H-W ECKERT Rn 2). Da der Begriff des nichtgewerblichen Gelegenheitsveranstalters mit dem in § 651k Abs 6 Nr 1 identisch ist, kann auf die dortigen Erläuterungen verwiesen werden (vgl § 651k Rn 23). 1

§ 15 [Überleitungsregelung für das Muster nach § 9]

Bisherige Sicherungsscheinformulare können bis zum Ablauf des 31. Dezember 2002 aufgebraucht werden.

Die Vorschrift enthält eine Aufbrauchfrist für alte Sicherungsscheinformulare. Diese ist am 31. Dezember 2002 abgelaufen, so dass ab dem 1. Januar 2003 neue, dem Muster nach § 9 BGB-InfoV entsprechende Sicherungsscheine zu verwenden sind. 1

§ 651b
Vertragsübertragung

(1) Bis zum Reisebeginn kann der Reisende verlangen, dass statt seiner ein Dritter in die Rechte und Pflichten aus dem Reisevertrag eintritt. Der Reiseveranstalter kann dem Eintritt des Dritten widersprechen, wenn dieser den besonderen Reiseerfordernissen nicht genügt oder seiner Teilnahme gesetzliche Vorschriften oder behördliche Anordnungen entgegenstehen.

(2) Tritt ein Dritter in den Vertrag ein, so haften er und der Reisende dem Reiseveranstalter als Gesamtschuldner für den Reisepreis und die durch den Eintritt des Dritten entstehenden Mehrkosten.

Schrifttum

H-W ECKERT, Das neue Reiserecht, DB 1994, 1069
FÜHRICH, Das neue Reiserecht nach der Umsetzung der EG-Pauschalreise-Richtlinie, NJW 1994, 2446
HELD, Der Reisendenwechsel nach dem neuen Reisevertragsrecht, BB 1980, 185

ISERMANN, Neuregelung zum Reisevertragsrecht, ZAP 1994, F 6, 229
NOLTENIUS, Der Wechsel des Reisenden nach dem neuen Reiserecht (1985)
SEIDEL, Die Rechtsstellung des Drittbeteiligten im Reisevertragsrecht (1986).

Systematische Übersicht

I.	Inhalt und Zweck des § 651b	1	III.	Rechtsfolgen der unwirksamen Ausübung des Widerspruchsrechts 16
II.	Voraussetzungen der Ersetzungsbefugnis		IV.	Umdeutung eines unzulässigen Ersetzungsverlangens 17
1.	Wirksamer Reisevertrag und Erklärung des Reisenden	5	V.	Rechtsfolgen einer wirksamen Ersetzung
2.	Auswechslung eines Reiseteilnehmers	6	1.	Rechtsstellung des Ersatzreisenden 18
3.	Zeitpunkt der Ausübung des Ersetzungsverlangens	7	2.	Gesamtschuldnerische Haftung 23
4.	Kein Widerspruchsrecht des Veranstalters (Abs 1 S 2)	8	a)	Reisepreis 24
a)	Besondere Reiseerfordernisse	10	b)	Mehrkosten 25
b)	Gesetzliche Vorschrift und behördliche Anordnungen	12	aa)	Rechtsnatur des Anspruchs 26
c)	Vertragliche Vereinbarungen zwischen Reiseveranstalter und Leistungsträger	13	bb)	Umfang der Mehrkosten 27
			(1)	Konkrete Berechnung 27
			(2)	Zulässigkeit der Pauschalierung 28
d)	Darlegungs- und Beweislast	14	(3)	Regelungen in Allgemeinen Geschäftsbedingungen (ARB) für Reiseverträge 30
e)	Zeitpunkt der Ausübung des Widerspruchsrechts	15	(4)	Beweislast hinsichtlich der Mehrkosten 31
			VI.	§ 651b als zwingendes Recht 32

Alphabetische Übersicht

ABC-Flug	12	Auswechslung Reiseteilnehmer	6
Abenteuerreise	11		
Alter Ersatzreisender	11	Beförderungsunternehmen	13
Änderungsvertrag	32	Beweislast	14, 31
Aufwendungsersatzanspruch	26	Buchung	7
Austauschrecht, personelles	1	Bürokosten	27

Titel 9 · Werkvertrag und ähnliche Verträge § 651b
Untertitel 2 · Reisevertrag

Drittschadensliquidation	3
Eintritt Dritter in Reisevertrag	
– gesetzliche Hindernisse	10, 12
– Rechtsfolgen	18 ff
– Rechtsnatur	3
Ersatzreisender	
– Alter	11
– Beweislast	14
– Geschlechtszugehörigkeit	11
– Gesundheit	11 f
– Gewährleistungsrechte	3, 21
– Informationspflichten	20
– Mehrkosten	4, 23 ff, 32
– Rechtsstellung	18 ff
– Reisepreis	1, 22 ff
– Sicherungsschein	20
– vertragliche Hindernisse	13
Ersetzungsbefugnis	
– Abdingbarkeit	32
– Wirksamkeit	29
Ersetzungsverlangen	
– Umdeutung	17
– Voraussetzungen	5 ff
– Zeitpunkt	7
Fahrschein	27
Familienreise	6
Flugreise	11
Gesamtschuldner	4, 18, 22 ff, 30
Geschlechtszugehörigkeit Ersatzreisender	11
Gesundheit Ersatzreisender	11
Gewährleistungsrechte Ersatzreisender	3, 21
Gruppenreise	6
Haftung, gesamtschuldnerische	4, 18, 22 ff, 32
Hochgebirgstour	11
Homogenität Reisegruppe	11
Hotel	13, 27
Impfung	11 f
Inhaltskontrolle von AGB	28
Jugendreise	11
Konditionenempfehlung	30
Last-minute-Reise	7
Luftverkehrsgesellschaft	13
Luftverkehrsgesetz	12 f
Mehrkosten	4, 23 ff
– Beweislast	31
– Pauschalierung	28
– Umfang	27 ff
Neubuchung	33
pacta sunt servanda	1
Pauschalierungsabrede	28
Portokosten	27
Preisnachlass	22
Prospekt	11
Rationalisierungsgewinn	18
Reisebeschränkungen	12
Reisebestätigung	11
Reisender	
– besondere Erfordernisse	10 ff
– Pflicht zur persönlichen Teilnahme	2
– Rücktritt	1 f, 17, 30, 33
Reisepreis	1, 4, 16, 18, 22 ff, 32
Reiseveranstalter	
– unwirksamer Widerspruch	16
– Widerspruchsrecht	1, 8, 9
– Zeitpunkt Widerspruchsrecht	15
– Zustimmung zu Ersatzreisendem	19 f
Rücktritt des Reisenden	1, 17, 30, 33
Rücktrittsfiktion	33
Sammelvisum	10, 12
Schadensersatz bei unwirksamem Widerspruch	16
Schwangerschaft	11
Seniorenreise	11
Sicherheitsbestimmungen von Fluggesellschaften	13
Skiurlaub	11
Stornogebühren	1, 16
Stornopauschale	33
Tauchurlaub	11
Telefongespräche	27
Teleologische Reduktion	7
Trekking-Reise	11
Tropentauglichkeit	10

Jörn Eckert

Übernahmevertrag — 22	Vertrag zugunsten Dritter — 3, 4
Umbuchung — 32	Vertragsübernahme — 3, 18 f, 32
Umbuchungskosten — 27	
Umdeutung Ersetzungsverlangen — 17	Widerspruch, unwirksamer — 16
	Widerspruchsrecht Reiseveranstalter — 8, 9
Vertrag zu Lasten Dritter — 19	– Zeitpunkt — 15

I. Inhalt und Zweck des § 651b

1 § 651b erlaubt es dem Reisenden zu verlangen, dass statt seiner ein Dritter (**Ersatzreisender**) an der Reise teilnimmt. Diese Regelung bedeutet im **Interesse des Reisenden** eine Einschränkung des Grundsatzes „pacta sunt servanda", (vgl MünchKomm/Tonner Rn 2), indem sie ihm insbesondere bei längerfristigen Buchungen die Möglichkeit einer **Vertragsübernahme** durch einen Dritten eröffnet. Das Ersetzungsverlangen des Reisenden nach § 651b steht alternativ neben der Möglichkeit zum **Rücktritt nach § 651i**, der allerdings regelmäßig mit der Zahlung von Stornogebühren verbunden ist (vgl § 651i Abs 2 S 2 u 3). § 651b eröffnet dem Buchenden damit eine kostengünstige Alternative zu den sonstigen Möglichkeiten, sich vom Vertrag zu lösen, wenn er nicht selbst an der Reise teilnehmen kann oder will. Der Reisende wird von ihr Gebrauch machen, wenn er sich aus wirtschaftlichen Gründen vom Reisevertrag lösen will oder wenn er dem Dritten eine Reise „schenken" will. In jedem Fall muss er dabei aber seine bestehen bleibende Mithaftung nach Abs 2 bedenken. Von der Regelung des § 651b und dem Rücktritt nach § 651i ist der Fall zu unterscheiden, dass Reisende und der Reiseveranstalter von vornherein eine **vertragliche Vereinbarung** treffen, wonach der Reisende das Recht hat, innerhalb einer bestimmten Frist die Rechte und Pflichten aus dem Reisevertrag auf einen Dritten zu übertragen. Eine derartige Vertragsgestaltung, die bereits vor In-Kraft-Treten der §§ 651a ff weithin üblich war, wird durch § 651b nicht ausgeschlossen. Die praktische Bedeutung von § 651b ist gering. Dies lässt sich bereits daran ablesen, dass zu dieser Vorschrift nur zwei Gerichtsentscheidungen ergangen sind (AG Baden-Baden RRa 1994, 154 f; LG Baden-Baden RRa 1996, 13 ff). In der Praxis wird die Geltendmachung des durch § 651b eröffneten personellen Austauschrechts insbesondere davon abhängen, ob sich der Reisende mit dem Ersatzreisenden über den Reisepreis einigen kann (Pick Rn 3).

2 Dem Reisenden bleibt bis zum Reiseantritt das Recht vorbehalten, den Eintritt eines Dritten in die Rechte und Pflichten aus dem Reisevertrag verlangen zu können (Abs 1 S 1). Der Sinn der gesetzlichen Regelung besteht darin, die durch eine frühzeitige Buchung bewirkte langfristige Bindung des Reisenden in dessen Interesse abzumildern, da sich Reisehindernisse kurzfristig einstellen können. Dem Reiseveranstalter ist es grundsätzlich gleichgültig, wer an der Reise teilnimmt. Der Reisende ist daher in der Regel nicht verpflichtet, persönlich an der Reise teilzunehmen (so zutreffend Führich Rn 173; Soergel/H-W Eckert Rn 1). Die Interessen des Reiseveranstalters werden durch das Widerspruchsrecht des Abs 1 S 2 und den Anspruch auf Ersatz der Mehrkosten nach Abs 2 hinlänglich gewahrt. Auch abgesehen davon ist die Regelung bereits deshalb **veranstalterfreundlich** (Pick Rn 7), weil der Reiseveranstalter seinen Anspruch auf den Reisepreis behält und nicht nur, wie bei § 651i, auf eine regelmäßig niedrigere Stornogebühr verwiesen wird (Soergel/H-W Eckert Rn 3). Es wäre darüber hinaus auch unbillig, den Reiseteilnehmer zum Rücktritt (vgl § 651i zu drängen. Denn ein Rücktritt löst für den Reisenden weiterreichende Kostenfolgen aus, da der Reiseveranstalter berechtigt ist, eine Stornopauschale zu verlangen, die bei einem Rücktritt kurz vor Reiseantritt fast den vollständigen Reisepreis ausmachen kann (Soergel/H-W Eckert Rn 2).

Nach dem **alten Wortlaut** des § 651b konnte der Reisende lediglich verlangen, dass **3** statt seiner ein Dritter „**an der Reise teilnimmt**". Dieser Gesetzeswortlaut warf vielfältige dogmatische Probleme auf. Insbesondere war umstr, wie die Durchführung der Ersetzung **rechtskonstruktiv** zu erfassen war und ob der Buchende oder der Ersatzreisende die **Gewährleistungsrechte** geltend machen durfte (vgl dazu BGB-RGRK/Recken Rn 11 ff; Staudinger/Schwerdtner[12] Rn 28 ff). Zur Frage, wie sich die auf Ersetzung gerichtete Willenserklärung des Reisenden auf den Reisevertrag auswirkte, ergab sich aus den Motiven eindeutig, dass das Vertragsverhältnis zwischen Buchendem und Reiseveranstalter durch das Ersetzungsverlangen nicht berührt werden sollte. Der Ersatzreisende konnte nicht kraft Gesetzes und möglicherweise gegen den Willen des Reiseveranstalters in den Vertrag eintreten. Vertragspartner des Reiseveranstalters blieb vielmehr weiterhin der Buchende. Nur an ihn sollte sich der Reiseveranstalter wegen seiner Ansprüche aus dem Reisevertrag halten können. Etwaige Schäden, die dem Ersatzreisenden entstünden, mussten daher vom Buchenden geltend gemacht werden (Fall der Drittschadensliquidation). Dem Reiseveranstalter und dem Buchenden sollte es jedoch vorbehalten bleiben, hierüber andere Vereinbarungen zu treffen (BT-Drucks 8/2343, 8). Der historische Gesetzgeber hatte sich damit im Gegensatz zu den Regelungen in §§ 566, 613 a nicht für eine Vertragsübernahme entschieden, sondern wollte dem Ersatzreisenden nur die Stellung des Dritten bei einem unechten Vertrag zugunsten Dritter geben. Diese rechtskonstruktive Lösung hätte aber die Zuordnung von eigenen Leistungsansprüchen an den Ersatzreisenden verhindert und es ihm insbesondere unmöglich gemacht, Gewährleistungsansprüche aus eigenem Recht, also ohne Mitwirkung der ursprünglich als Reisender vorgesehenen Person, geltend zu machen. Im Schrifttum wurden deshalb verschiedene andere rechtliche Konstruktionen diskutiert. Die hM sah entgegen dem Gesetzgeber die Ersetzung als **echten Vertrag zugunsten Dritter** an, räumte dem Ersatzreisenden also die Stellung eines Dritten nach § 328 ein, einschl der Befugnis zur selbständigen Geltendmachung von Gewährleistungsrechten (Bartl Rn 26; Erman/Seiler Rn 4 [bis Reisebeginn]; Noltenius 57 ff; Staudinger/Schwerdtner[12] Rn 31 ff). Andere gaben einer Vertragsübernahme (Erman/Seiler Rn 4 [ab Reisebeginn]; Held BB 1980, 185) oder einer Abtretungslösung (AK-BGB/Derleder Rn 3) den Vorzug.

Durch die am 11.11.1994 in Kraft getretene **Neufassung** des § 651b wurde Art 4 **4** Abs 3 der EG-Pauschalreise-Richtlinie umgesetzt. Zwar genügte bereits § 651b aF dessen Vorgaben insoweit, als dieser forderte, dem Reisenden bei einer Verhinderung das Recht zu gewähren, seine Buchung auf eine andere Person zu übertragen (vgl BT-Drucks 12/5354, 10). Einer Änderung des früheren Gesetzeswortlauts des § 651b bedurfte dagegen die Bestimmung, dass für den Reisepreis und die durch den Vertragseintritt des Ersatzreisenden entstehenden Mehrkosten eine **gesamtschuldnerische Haftung** des Buchenden und des Ersatzreisenden vorzusehen war (Art 4 Abs 3 S 2 Pauschalreise-Richtlinie). Dementsprechend ordnet § 651b Abs 2 nunmehr hinsichtlich des Reisepreises und der Mehrkosten eine gesamtschuldnerische Haftung von Buchendem und Drittem an, während § 651b Abs 2 aF den Buchenden zum alleinigen Schuldner der Mehrkosten bestimmt hatte. Der Gesetzgeber nahm diese

Neufassung des Abs 2 zugleich zum Anlass, auch Abs 1 neu zu fassen und die bis dahin umstr **Rechtsstellung des Ersatzreisenden** zu klären. Dahinter stand die Überlegung, dass es nicht sachgerecht wäre, den Ersatzreisenden für den Reisepreis haften zu lassen, ihm aber eigene vertragliche Rechte vorzuenthalten (BT-Drucks 12/5354, 11). Nunmehr tritt daher nach Abs 1 S 1 der Ersatzreisende in die Rechte und Pflichten des Reisenden aus dem Reisevertrag ein. Hierdurch werden alle Zweifel beseitigt, dass es sich bei dem Eintritt des Dritten in den Reisevertrag um eine **Vertragsübernahme** handelt, die den **Ersatzreisenden zum neuen Vertragspartner des Reiseveranstalters** macht (BIDINGER/MÜLLER 94; H-W ECKERT DB 1994, 1069, 1073; FÜHRICH Rn 174; MEYER/KUBIS TranspR 1991, 411, 417; PALANDT/SPRAU Rn 1; PICK Rn 11; SEYDERHELM Rn 3; SOERGEL/H-W ECKERT Rn 5; aA MünchKomm/TONNER Rn 7: Vertrag zugunsten Dritter; ERMAN/SEILER Rn 4: bis Reisebeginn § 328 Abs 1 analog, ab Reisebeginn Vertragsübernahme). Damit ist die frühere Streitfrage über die rechtskonstruktive Erfassung der Durchführung der Ersetzung vom Gesetzgeber im Sinne einer Vertragsübernahme entschieden worden. Zugleich ist damit geklärt, dass der Ersatzreisende die Gewährleistungsrechte aus dem Reisevertrag ohne Mitwirkung des Buchenden eigenständig geltend machen kann. § 651b verlangt auch in der Neufassung für die Geltendmachung der Ersetzungsbefugnis weder eine konkrete Verhinderung des Reisenden noch die Einhaltung einer bestimmten Frist. Die Vorschrift stellt damit geringere Anforderungen als Art 4 Abs 3 der Pauschalreise-Richtlinie. Dies ist zulässig, da Art 8 der Pauschalreise-Richtlinie einen solchen erhöhten Verbraucherschutz ausdrücklich gestattet (vgl BT-Drucks 12/5354, 11; FÜHRICH Rn 173; KALLER Rn 109).

II. Voraussetzungen der Ersetzungsbefugnis

1. Wirksamer Reisevertrag und Erklärung des Reisenden

5 Das Ersetzungsverlangen nach § 651b setzt selbstverständlich einen wirksamen Reisevertrag voraus. Darüber hinaus ist seine **ausdrückliche** Geltendmachung gegenüber dem Reiseveranstalter erforderlich (BARTL Rn 23). Die Erklärung des Reisenden muss dabei das Verlangen nach Teilnahme eines konkret bezeichneten Dritten enthalten (ERMAN/SEILER Rn 1). Dieser muss naturgemäß damit einverstanden sein, in den bestehenden Vertrag einzutreten, da es ja um seine Rechte und Pflichten geht. Ist er nicht damit einverstanden, geht das Ersetzungsverlangen ins Leere. Gründe für die Verhinderung braucht der Reisende dagegen nicht anzugeben (s o). Das Ersetzungsverlangen stellt eine einseitige empfangsbedürftige Willenserklärung dar, die mit Zugang beim Reiseveranstalter oder dessen Agentur wirksam wird (FÜHRICH Rn 175; SOERGEL/H-W ECKERT Rn 9).

2. Auswechslung eines Reiseteilnehmers

6 Obwohl § 651b Abs 1 S 1 voraussetzt, dass der Reisende verlangt, dass statt seiner ein Dritter an der Reise teilnimmt, ist § 651b nach seinem Sinn und Zweck auch dann anzuwenden, wenn es um die bloße **Auswechslung eines Reiseteilnehmers** auf Verlangen des Reisenden geht (so zutreffend LÖWE BB 1979, 1359, 1361; FÜHRICH Rn 175; NOLTENIUS 25, 40; SOERGEL/H-W ECKERT Rn 8). Diese Situation kann sich insbesondere bei Gruppen- und Familienreisen ergeben, wenn der Buchende vom Reiseveranstalter die Ersetzung eines Mitreisenden verlangt.

3. Zeitpunkt der Ausübung des Ersetzungsverlangens

Das Ersetzungsrecht kann nach § 651b Abs 1 S 1 bis zum **Reisebeginn** geltend gemacht werden. Ob dieser Zeitpunkt mit dem tatsächlichen Antritt der Reise identisch ist, ist zweifelhaft. An sich stellt § 651b auf den tatsächlichen Reisebeginn ab (AG Baden-Baden RRa 1994, 154; Bartl Rn 23; Führich Rn 176; Palandt/Sprau Rn 1). Diese Norm verlangt jedoch eine **teleologische Reduktion**. Zutreffender Auffassung nach wird man unter Reisebeginn im Sinne dieser Bestimmung den spätesten Zeitpunkt zu verstehen haben, zu dem es dem Reiseveranstalter noch möglich und zumutbar ist, etwaige Widerspruchsgründe zu prüfen, die Leistungsträger zu informieren und neue Reiseunterlagen für den neuen Teilnehmer zu besorgen (so zutreffend Erman/Seiler Rn 2; Führich Rn 176; Jauernig/Teichmann Rn 3; Pick Rn 13; Soergel/H-W Eckert Rn 10; nach aA sind diese Gründe ohne restriktive Auslegung der Norm im Rahmen von § 242 zu berücksichtigen, vgl Bechhofer 29). Die Erklärung muss also angemessene Zeit vor Reisebeginn vorliegen (Erman/Seiler Rn 2; Jauernig/Teichmann Rn 3; MünchKomm/Tonner Rn 4). Regelfristen des Inhalts, dass ein bis drei Tage (RGRK/Recken Rn 4; vgl LG Baden-Baden RRa 1996, 13) oder mindestens eine Woche (Bechhofer 28) ausreichen, lassen sich angesichts der Vielgestaltigkeit der möglichen Anforderungen an die Reiseteilnehmer nicht aufstellen (Kaller Rn 114). Auf jeden Fall wird man ein kurzfristiges Ersetzungsverlangen für unzulässig erachten müssen, soweit der Veranstalter in der verbleibenden Zeit das Vorliegen eines Widerspruchsgrundes nicht überprüfen kann. Bei **Last-minute-Reisen** darf für die Geltendmachung der Ersetzungsbefugnis keine längere Frist gelten als für die Buchung selbst. Ist eine Buchung noch wenige Stunden vor Reiseantritt möglich, so gilt dies auch für die Teilnahme eines Ersatzreisenden (AG Baden-Baden RRa 1994, 154; Kaller Rn 114; Seyderhelm Rn 4).

4. Kein Widerspruchsrecht des Veranstalters (Abs 1 S 2)

Ein Ersetzungsverlangen des Reisenden hat nur Rechtswirkungen, wenn der Reiseveranstalter **kein Widerspruchsrecht** im Sinne von § 651b Abs 1 S 2 ausübt.

Der Reiseveranstalter kann nach § 651b Abs 1 S 2 der Teilnahme eines Dritten **widersprechen**, wenn dieser den besonderen Reiseerfordernissen nicht genügt oder seiner Teilnahme gesetzliche Vorschriften oder behördliche Anordnungen entgegenstehen. Daraus folgt im Umkehrschluss, dass der Reiseveranstalter grundsätzlich verpflichtet ist, einem Ersetzungsverlangen stattzugeben (so zutreffend Löwe BB 1979, 1357, 1361). Die in § 651b Abs 1 S 2 aufgeführten Widerspruchsgründe stellen eine **abschließende** Aufzählung dar (vgl BT-Drucks 8/2343, 8; Führich Rn 177; Soergel/H-W Eckert Rn 11). Dies ergibt sich bereits aus § 651m. Andere Gründe scheiden daher aus. Dies gilt insbesondere für vertraglich vereinbarte Hinderungsgründe, selbstverständlich auch und erst recht soweit diese zwischen dem Reiseveranstalter und den Leistungsträgern vereinbart wurden (s u Rn 13).

a) Besondere Reiseerfordernisse
Hinsichtlich der **besonderen Reiseerfordernisse** hat der Gesetzgeber zB die Möglichkeit vor Augen gehabt, dass der Dritte nicht tropentauglich ist (vgl BT-Drucks 8/2343, 8; Soergel/H-W Eckert Rn 12). Bei den **gesetzlichen Vorschriften**, die der Auswechslung eines Reisenden entgegenstehen können, stand im Mittelpunkt des Gesetzgebungs-

verfahrens das Sammelvisum, bei dem eine angemeldete Person nach den gesetzlichen Bestimmungen des Gastlandes nicht kurzfristig durch eine andere Person ersetzt werden (Gesetzentwurf der Bundesregierung BT-Drucks 7/5141, Begründung zu § 5) bzw eine andere Person aus zeitlichen Gründen nicht mehr einbezogen werden kann (SOERGEL/H-W ECKERT Rn 13).

11 Der Begriff der **besonderen Reiseerfordernisse** ist jedoch in einem weiteren Sinne zu verstehen. Danach umfasst er alle besonderen Erfordernisse, die sich aus der Art, dem Ziel oder dem Programm der Reise ergeben. Hierzu gehören selbstverständlich die Fälle, in denen ein Reisender den **gesundheitlichen Anforderungen** einer Reise nicht genügt (Alter und allgemeiner Gesundheitszustand bei Hochgebirgstouren oder Abenteuerreisen, Schwangerschaft bei Flugreisen, fehlende Impfungen, vgl BARTL Rn 24; FÜHRICH Rn 178; SOERGEL/H-W ECKERT Rn 12). Weiter sind unter diesen Reiseerfordernissen auch **besondere Kenntnisse und Fähigkeiten** zu verstehen, die für Reisen mit einem besonderen Programm erforderlich sind (zB fehlende Skifahr-, Kletter- oder Tauchkenntnisse bei einem Hochgebirgs-, Kletter- oder Tauchurlaub; fehlende nautische Kenntnisse bei einer Segeltour; fehlende Reitkenntnisse bei einer Wüstenreise, die auf Pferden oder Kamelen durchgeführt werden soll, vgl BT-Drucks 8/2343, 8). Im Rahmen der besonderen Reiseerfordernisse ist der Reiseveranstalter aber auch berechtigt, auf die **Homogenität einer Reisegruppe** zu achten. So können an einer Jugendreise keine Senioren teilnehmen und an einer Seniorenreise keine Jugendlichen. Auch bei einer Studentenreise kann der Reiseveranstalter, soweit weitere Umstände hinzutreten, ein berechtigtes Interesse daran haben, die Einheitlichkeit der Gruppe zu erhalten (KALLER Rn 122). Ebenso kann ein Widerspruchsrecht des Reiseveranstalters in Betracht kommen, wenn der Dritte anderen Geschlechts und die Unterbringung in Doppelzimmern vorgesehen ist (vgl BARTL Rn 24; SEYDERHELM Rn 5; TEICHMANN/MICHALEK JuS 1985, 673, 674 f). Dies kann aber nur dann gelten, wenn eine Umverteilung bzw Umbuchung der Zimmer nicht mehr möglich ist. Bei Abenteuerreisen oder Trekking-Reisen muss der Ersatzreisende den durchschnittlichen Anforderungen bei einer derartigen Reise genügen. Die besonderen Reiseerfordernisse brauchen nicht ausdrücklich im Prospekt oder der Reisebestätigung aufgeführt zu sein, sondern können sich aus den Umständen der Reise ergeben (BT-Drucks 8/786, 8; FÜHRICH Rn 178).

b) Gesetzliche Vorschrift und behördliche Anordnungen

12 Zu den **gesetzlichen Vorschriften und behördlichen Anordnungen**, die dem Reiseveranstalter ein Widerspruchsrecht einräumen, gehören neben dem Sammelvisum (BT-Drucks 8/786, 18) andere Reisebeschränkungen aller Art, also etwa der Fall, dass sich die Ersatzperson einer aus Gesundheitsgründen vorgeschriebenen Impfung nicht unterziehen kann bzw eine langfristige Voranmeldung zu Meldezwecken notwendig ist (vgl ERMAN/SEILER Rn 3; FÜHRICH Rn 179; SOERGEL/H-W ECKERT Rn 13). Unter den gesetzlichen Vorschriften sind alle Rechtsnormen iSd Art 2 EGBGB zu verstehen (BARTL Rn 24). Behördliche Anordnungen sind sämtliche einschlägigen Verwaltungsentscheidungen (BARTL Rn 24; FÜHRICH Rn 179, PICK Rn 26 ff; RGRK/RECKEN Rn 7). Behördliche Anordnungen können auch innerstaatliche Anordnungen sein wie zB die vom Bundesminister für Verkehr genehmigten ABC-Flüge. Nach Nr 1.2.2. dieser Genehmigung gem § 22 Luftverkehrsgesetz kann von den Teilnehmern der ABC-Gruppe, die mindestens 20 Reisende umfassen muss, bis spätestens 14 Tage vor Durchführung des beabsichtigten Fluges eine Quote von derzeit bis zu 15% der gebuchten Teilnehmer durch Personen auf der Warteliste ersetzt werden. Ist diese

Quote erschöpft, so steht diese behördliche Anordnung einer Ersetzung des gebuchten ABC-Reisenden entgegen. Keine Anordnungen idS sind Bestimmungen in AGB der Fluggesellschaften (s aber u Rn 13).

c) Vertragliche Vereinbarungen zwischen Reiseveranstalter und Leistungsträger
Vertragliche Vereinbarungen zwischen dem Reiseveranstalter und seinen Leistungsträgern reichen nicht aus, um ein Widerspruchsrecht zu begründen (vgl dazu BT-Drucks 8/786, 8; ERMAN/SEILER Rn 3; MünchKomm/TONNER Rn 13; PALANDT/SPRAU Rn 2). Der Gesetzgeber wollte mit der Bindung des Widerspruchsrechts an die gesetzlichen Vorschriften bzw behördlichen Anordnungen verhindern, dass der Reiseveranstalter durch Vereinbarungen mit dem Leistungsträger „rechtliche Hindernisse" für die Ersetzung schafft und damit § 651b leer laufen lässt. Der Reiseveranstalter kann sich daher nicht darauf berufen, dass ihm eine entsprechende vertragliche Gestaltung vom Leistungsträger aufgezwungen worden ist. Er hat seine Veranstaltungen so zu organisieren, dass er die Rechte des Reisenden nach § 651b erfüllen kann. Dies ist jedoch zB bei Sicherheitsbestimmungen von Fluggesellschaften und ähnlichen Beförderungsunternehmen zweifelhaft. Insoweit hat deshalb eine Gleichstellung mit Gesetzen und behördlichen Anordnungen zu erfolgen (so zutreffend BIDINGER/MÜLLER 96; BLAUROCK 9; aA JAUERNIG/TEICHMANN Rn 4; MünchKomm/TONNER Rn 13; NOLTENIUS 16; SEYDERHELM Rn 5). Darüber hinaus ist ein Widerspruchsrecht des Reiseveranstalters gegeben, wenn es sich um behördlich genehmigte Vertragsbedingungen handelt (Beförderungsbedingungen der Luftverkehrsgesellschaften im Inland nach § 21 Luftverkehrsgesetz; Hotelvertragsbedingungen mit behördlicher Genehmigung im Ausland). Zwar ist eine Differenzierung zwischen behördlich genehmigten und gewöhnlichen Vertragsbedingungen an sich nicht überzeugend, doch dürfen willkürliche Vereinbarungen zwischen dem Reiseveranstalter und dem Leistungsträger keinesfalls für Abs 1 S 2 genügen, während die behördlich genehmigten Vertragsbedingungen für den Reiseveranstalter unausweichlich und deshalb gesetzlichen Vorschriften oder behördlichen Anordnungen gleichzustellen sind.

d) Darlegungs- und Beweislast
Übt der Reiseveranstalter das Widerspruchsrecht des Abs 1 S 2 aus, so trägt er für das Bestehen der Widerspruchsgründe grundsätzlich die **Darlegungs- und Beweislast** (vgl ERMAN/SEILER Rn 3; MünchKomm/TONNER Rn 17; SEYDERHELM Rn 10; BAUMGÄRTEL/STRIEDER Rn 1). Dagegen muss der Reisende den Schaden nachweisen, der ihm durch einen unberechtigten Widerspruch des Reiseveranstalters entstanden ist.

e) Zeitpunkt der Ausübung des Widerspruchsrechts
Der Reiseveranstalter kann das Widerspruchsrecht, soweit ein Widerspruchsgrund vorliegt, nur **unverzüglich** nach dem Ersetzungsverlangen des Reisenden ausüben (ERMAN/SEILER Rn 3). Dies ergibt sich zwar nicht unmittelbar aus § 651b Abs 1 S 2, folgt aber aus Sinn und Zweck des Ersetzungsverlangens. Der Reisende muss schnell Klarheit darüber erlangen, ob der Eintritt des Dritten in den Vertrag möglich ist oder nicht. Sind dem Reiseveranstalter alle Daten des vorgesehenen Ersatzreisenden mitgeteilt worden, so hat er sofort die Erfüllung der besonderen Reiseerfordernisse und der gesetzlichen Vorschriften oder behördlichen Anordnungen zu prüfen. Soweit die Angaben des Reisenden unvollständig sind, hat der Reiseveranstalter diesen umgehend zu ergänzenden Informationen aufzufordern.

III. Rechtsfolgen der unwirksamen Ausübung des Widerspruchsrechts

16 Widerspricht der Reiseveranstalter einem Ersetzungsverlangen des Reisenden zu Unrecht und hat dies zur Folge, dass weder der Reisende noch der Dritte an der Reise teilnehmen, so ist der Reiseveranstalter gem den §§ 280 ff zum **Schadensersatz** verpflichtet. Dies führt zugleich zum Wegfall der Verpflichtung zur Zahlung des Reisepreises (vgl AG Baden-Baden RRa 1994, 154, 155; FÜHRICH Rn 182; LÖWE BB 1979, 1357, 1359; RGRK/ RECKEN Rn 17; SOERGEL/H-W ECKERT Rn 17). Entsteht dem Reisenden aufgrund der durch die unberechtigte Ausübung eines Widerspruchsrechts „erzwungenen" Teilnahme an der Reise ein Schaden, ist der Veranstalter allerdings nicht verpflichtet, auch diesen Schaden zu ersetzen.

IV. Umdeutung eines unzulässigen Ersetzungsverlangens

17 Widerspricht der Reiseveranstalter wirksam dem Ersetzungsverlangen des Reisenden, so ist das Ersetzungsverlangen unwirksam und es bleibt beim Reisevertrag mit dem bisherigen Reisenden (BECHHOFER 29; FÜHRICH Rn 180; PALANDT/SPRAU Rn 2; SOERGEL/ H-W ECKERT Rn 16). Der Reisende kann gem § 651i den Rücktritt vom Reisevertrag erklären, doch muss er dann idR Stornogebühren zahlen. Das unbegründete Ersetzungsverlangen kann nicht in einen Rücktritt nach § 651i **umgedeutet** werden. Dies ist bereits aus allgemeinen Grundsätzen wegen der weiterreichenden Wirkungen des Rücktritts zu verneinen. Dies gilt insbesondere dann, wenn über die Benennung des Dritten hinaus keine weiteren Umstände gegeben sind, die für einen Rücktritt sprechen. ARB, die bei einem wirksamen Widerspruch des Reiseveranstalters von einem Rücktritt des Reisenden ausgehen, verstoßen gegen § 308 Nr 5 (vgl FÜHRICH Rn 186; BGB-RGRK/RECKEN Rn 16; SOERGEL/H-W ECKERT Rn 16). Da ein Rücktritt stets eine Rücktrittserklärung voraussetzt, kann bei Ablehnung einer Vertragsübertragung nicht automatisch ein Rücktritt nach § 651i fingiert werden (FÜHRICH Rn 186; TEMPEL TranspR 2001, 337, 349).

V. Rechtsfolgen einer wirksamen Ersetzung

1. Rechtsstellung des Ersatzreisenden

18 Nach der Neufassung des § 651b Abs 1 S 1 ist Rechtsfolge einer wirksamen Ausübung der Ersetzungsbefugnis, dass der Dritte in den Reisevertrag mit allen daraus folgenden Rechten und Pflichten **„eintritt"**. Bei der Ersetzungsbefugnis ist daher von einer **Vertragsübernahme** auszugehen (BT-Drucks 12/5354, 10; BIDINGER/MÜLLER 95; FÜHRICH NJW 1994, 2448; ders Rn 174; KALLER Rn 115; PALANDT/SPRAU Rn 3; SEYDERHELM Rn 6; SOERGEL/H-W ECKERT Rn 19; aA MünchKomm/TONNER Rn 7). Der buchende Reisende ist nicht mehr Vertragspartner; er wird durch den Dritten ersetzt (BT-Drucks 12/5354, 10). Der Buchende bleibt nach einer wirksamen Ersetzung nur noch insoweit am Reisevertrag beteiligt, als er dem Reiseveranstalter nach Abs 2 als **Gesamtschuldner** neben dem Dritten für den Reisepreis und die durch den Reisendenwechsel entstehenden Mehrkosten haftet.

19 Die Vertragsübernahme nach § 651b Abs 1 S 1 erfolgt anders als in den Fällen der §§ 566, 613a **nicht** ohne weiteres **kraft Gesetzes**. Dies folgt unmittelbar aus dem Wortlaut der Vorschrift, nach dem der Reisende **„verlangen kann"**, dass statt seiner ein Dritter in den Vertrag eintritt (so zutreffend KALLER Rn 116; aA ERMAN/SEILER Rn 4; FÜHRICH Rn 174: gesetzlicher Wechsel des Vertragspartners). Die Rechte aus dem Reisevertrag gehen also nicht gesetzlich auf den Ersatzreisenden über. Es kommt vielmehr nur eine **rechtsgeschäftliche Vertragsübernahme** in Betracht, deren Konstruktion allerdings str ist. ZT wird vertreten, es sei nur ein Übernahmevertrag zwischen dem Buchenden und dem Ersatzreisenden erforderlich, ohne dass es der Zustimmung des Reiseveranstalters bedürfte (KALLER Rn 118; MEYER/KUBIS TransportR 1991, 411, 417; PALANDT/SPRAU Rn 1). Bei diesem Übernahmevertrag handele es sich zwar um einen Vertrag zu Lasten Dritter, der aber zulässig sei, weil dem Reiseveranstalter nur ausnahmsweise ein Widerspruchsrecht nach § 651b Abs 1 S 2 zustehe, er also kraft Gesetzes nicht an der Vereinbarung über den Reisendenwechsel beteiligt werden müsse (KALLER Rn 118). Diese Auffassung ist mit dem Wortlaut des § 651b Abs 1 S 1 nicht zu vereinbaren und deshalb abzulehnen. Sie kann insbesondere nicht erklären, warum der buchende Reisende vom Veranstalter den Eintritt des Dritten „verlangen" kann. Richtigerweise kann der Dritte nicht allein aufgrund seiner Benennung durch den Buchenden zum Vertragspartner des Veranstalters werden, da dies ein unzulässiger Vertrag zu Lasten Dritter wäre (BIDINGER/MÜLLER 95, JAUERNIG/TEICHMANN Rn 2). Der Vertragsübernahmevertrag zwischen Buchendem und Ersatzreisendem bedarf also der **Zustimmung des Reiseveranstalters**. § 651b Abs 1 S 1 hat damit die Funktion, dem Buchenden einen Anspruch gegen den Reiseveranstalter auf Zustimmung zur Vertragsübernahme zu geben (BIDINGER/MÜLLER 95). Der Reiseveranstalter hat allerdings nur eine beschränkte Entscheidungsfreiheit, da er, abgesehen von einem ausnahmsweise bestehenden Widerspruchsrecht nach § 651b Abs 1 S 2, grundsätzlich zur Zustimmung verpflichtet ist.

Mit dem Zugang der Zustimmungserklärung des Reiseveranstalters wird die Vertragsübernahme wirksam. Der Vertrag wird mit den Rechten und Pflichten übernommen, wie er in diesem Zeitpunkt besteht (BIDINGER/MÜLLER 95). Der Ersatzreisende muss daher alle vom Veranstalter gegenüber dem Buchenden **bereits erbrachten Leistungen** gegen sich gelten lassen. Insbesondere braucht der Veranstalter bereits erfüllte Informationspflichten nach den §§ 4–10 BGB-InfoV nicht erneut vorzunehmen (BT-Drucks 12/5354, 11; FÜHRICH Rn 174; PICK Rn 11; SEYDERHELM Rn 6; SOERGEL/H-W ECKERT Rn 20). Gleiches gilt für die Pflichten nach § 651k, soweit der Buchende bereits einen Sicherungsschein erhalten hat (PALANDT/SPRAU Rn 1; SOERGEL/H-W ECKERT Rn 20). **20**

Der Ersatzreisende erwirbt mit der Vertragsübernahme alle **Gewährleistungsrechte** des Buchenden und kann diese unabhängig von diesem selbständig geltend machen (FÜHRICH Rn 174; PICK Rn 12; SOERGEL/H-W ECKERT Rn 21). Einer konkludenten Ermächtigung des bisherigen Reisenden (so aber SEIDEL 56 f, 73 ff, 101 f) oder einer Abtretung (so aber AK-BGB/DERLEDER Rn 3 f) bedarf er hierzu nicht. **21**

Die **Rechte und Pflichten zwischen Ersatzreisendem und Buchendem** ergeben sich allein aus dem zwischen diesen geschlossenen **Übernahmevertrag**. Danach ist der Buchende verpflichtet, dem Ersatzreisenden alle Reiseunterlagen und Informationen herauszugeben. Der Ersatzreisende ist regelmäßig verpflichtet, dem Buchenden den Reisepreis zu erstatten, soweit dieser bereits Zahlungen an den Veranstalter geleistet hat (SOERGEL/H-W ECKERT Rn 22). Bei der Preisgestaltung ist der Buchende allerdings völlig frei, so dass hier je nach Exklusivität der Reise und zeitlicher Nähe **22** zum Reisebeginn erhebliche Preisnachlässe vereinbart werden können und müssen (Pick Rn 3). Soweit der Reisepreis noch nicht bezahlt wurde, haften Buchender und Dritter im Außenverhältnis zum Veranstalter als Gesamtschuldner (Abs 2). Im Innenverhältnis zum Ersatzreisenden wird der Buchende dagegen auf die Vereinbarung seiner Freistellung von dieser Haftung Wert legen.

2. Gesamtschuldnerische Haftung

23 Nach Abs 2 haften der Buchende und der Ersatzreisende für den **Reisepreis** und die durch den Eintritt des Dritten entstehenden **Mehrkosten** als Gesamtschuldner.

a) Reisepreis

24 Der **Ersatzreisende** ist dem Reiseveranstalter bereits aus dem von ihm übernommenen Reisevertrag zur Zahlung des Reisepreises verpflichtet (§ 651a Abs 1 S 2). Der Veranstalter behält aber nach Abs 2 auch den aus dem Vertrag ausgeschiedenen **Buchenden** als Schuldner des Reisepreises. Beide haften gesamtschuldnerisch (§ 421). Der Veranstalter kann sich folglich aussuchen, von wem er die Zahlung des Reisepreises verlangt. Hat der Buchende bereits Zahlungen an den Veranstalter erbracht, so kommen diese nach § 422 auch dem Ersatzreisenden zugute (Bidinger/Müller 97; Pick Rn 11; Soergel/H-W Eckert Rn 23). Der Ausgleich zwischen Buchendem und Ersatzreisendem richtet sich nach der im Übernahmevertrag getroffenen Ausgleichsregelung, hilfsweise nach § 426 (Bidinger/Müller 97).

b) Mehrkosten

25 Die gesamtschuldnerische Haftung von Buchendem und Ersatzreisendem erstreckt sich auch auf die durch den Reisendenwechsel entstehenden **Mehrkosten** (Abs 2).

aa) Rechtsnatur des Anspruchs

26 Bei diesem Anspruch auf Ersatz der Mehrkosten handelt es sich um einen **Aufwendungsersatzanspruch** iSd § 670 (so zutreffend Erman/Seiler Rn 5; Führich Rn 183; Soergel/H-W Eckert Rn 24).

bb) Umfang der Mehrkosten
(1) Konkrete Berechnung

27 Unter die **Mehrkosten** im Sinne des § 651b Abs 2 fallen insbesondere die durch Umbuchung beim Beförderer und/oder beim Hotel entstandenen und die sonstigen Kosten (neue Fahrscheine, Porti, Telefongespräche etc). Die Mehrkosten umfassen auch die eigenen Bürokosten (vgl Erman/Seiler Rn 5; Führich Rn 183; Pick Rn 46; BT-Drucks 8/876, 18). Die Mehrkosten werden jedoch nur erstattet, soweit sie erforderlich waren (vgl Erman/Seiler Rn 5; Führich Rn 183; BGB-RGRK/Recken Rn 18; Soergel/H-W Eckert Rn 24; **aA** wohl Pick Rn 39). Eine Vergütung für die Umbuchung darf der Reiseveranstalter nicht verlangen (Bartl Rn 25). Auch ein Gewinn darf nicht veranschlagt werden. Schuldner dieser Mehrkosten sind der ursprüngliche Reisende und der Ersatzreisende als Gesamtschuldner.

(2) Zulässigkeit der Pauschalierung

28 Umstr ist, ob der Reiseveranstalter diesen Aufwendungsersatz in seinen ARB **pauschalieren** darf. § 651b Abs 2 enthält keine dem § 651i Abs 3 entsprechende Regelung. Der Wortlaut des § 651b Abs 2 spricht daher im Zusammenhang mit § 651m S 1

eher dafür, dass der Reiseveranstalter nur die tatsächlich im Einzelfall entstandenen Mehrkosten verlangen kann, also darlegen und beweisen muss, welcher Mehraufwand ihm durch die Ausübung der Ersetzungsbefugnis entstanden ist. Es erscheint aber fraglich, ob § 651m S 1 eine Pauschalierungsabrede ausschließt. Versteht man § 651m S 1 ganz streng in dem Sinne, dass eine Übereinstimmung zwischen den Regelungen in §§ 651a ff und den entsprechenden Vereinbarungen vorliegen muss, so wäre eine entsprechende Pauschalierungsabrede unwirksam. Ein derartiges Verständnis des § 651m S 1 ginge jedoch zu weit, da bereits nach dem Wortlaut des § 651m S 1 zu fragen ist, ob die jeweilige abweichende Vereinbarung zum Nachteil des Reisenden getroffen worden ist. Davon kann bei Pauschalierungsabreden als Gestaltungsmittel jedoch nicht uneingeschränkt die Rede sein (so iE auch BIDINGER/ MÜLLER 97; FÜHRICH Rn 184; JAUERNIG/TEICHMANN Rn 5; PALANDT/SPRAU Rn 3; SEYDERHELM Rn 8; **aA** MünchKomm/TONNER Rn 15; BGB-RGRK/RECKEN Rn 19; SOERGEL/H-W ECKERT Rn 25). Dieser Sicht wird entgegengehalten, dass trotz theoretischer Vorteile für die Gesamtheit der Reisenden (Rationalisierungsgewinn) sowie insbesondere für diejenigen Reisenden, bei denen die Pauschale die tatsächlichen Kosten unterschreitet, die weiterhin für zulässig erachtete Kontrolle der Angemessenheit der Pauschale (vgl §§ 308 Nr 7, 309 Nr 5) kaum möglich sein werde (so ERMAN/SEILER Rn 5). Soweit eine derartige Pauschalierung in ARB „vereinbart" wird, was der Regelfall sein dürfte, müssen allerdings die in §§ 308 Nr 7, 309 Nr 5 a zum Ausdruck kommenden Wertungen im Rahmen einer Inhaltskontrolle nach § 307 beachtet werden (so zutreffend BIDINGER/MÜLER 97; FÜHRICH Rn 184). Im Gegensatz zu § 651i Abs 3 stellt nämlich § 651b Abs 2 nicht ausdrücklich klar, an welchen Maßstäben sich die Pauschale zu orientieren hat. Es sind dabei die durchschnittlichen Mehrkosten an der unteren Grenze anzusetzen (BARTL Rn 25; FÜHRICH Rn 184; **aA** AK-BGB/DERLEDER Rn 1; vgl auch BARTL NJW 1979, 1386). Dies empfiehlt sich schon deshalb, weil nach dem Wortlaut von § 651b Abs 2 auch die Auffassung vertreten werden kann, dass nur konkret entstandene Mehrkosten abgerechnet werden dürfen (vgl BARTL Rn 25). Pauschalbeträge bis 30 Euro erscheinen danach jedenfalls unbedenklich (vgl BIDINGER/MÜLLER 97; FÜHRICH Rn 184; SEYDERHELM Rn 8).

Ein Streit um die Wirksamkeit einer Pauschalierungsabrede kann aber die Rechtswirksamkeit der Ausübung der Ersetzungsbefugnis nicht berühren, soweit die Voraussetzungen nach § 651b Abs 1 vorliegen. Ob im Streitfall der Reiseveranstalter auch bei pauschalierten Mehrkosten nachzuweisen hat, dass Mehrkosten in der verlangten Höhe entstanden sind, ist fraglich (so aber FÜHRICH Rn 184; LÖWE BB 1979, 1357, 1361), da dies den Sinn einer Pauschalierung teilweise aufheben würde (vgl § 651i Rn 45). **29**

(3) Regelungen in Allgemeinen Geschäftsbedingungen (ARB) für Reiseverträge
Die Konditionenempfehlung des DRV sieht in Nr 5.3. eine Regelung vor, die lediglich die gesetzliche Bestimmung wiederholt. Danach kann der Reisende bis zum Reisebeginn verlangen, dass statt seiner ein Dritter in die Rechte und Pflichten aus dem Reisevertrag eintritt. Für die hierdurch entstehenden Mehrkosten und den Reisepreis haften der Dritte und der Reisende als Gesamtschuldner. Der Reiseveranstalter kann dem Wechsel in der Person des Reisenden widersprechen, wenn der Dritte den besonderen Reiseerfordernissen nicht genügt oder gesetzliche Vorschriften oder behördliche Anordnungen entgegenstehen. Im Falle des Rücktritts kann der Reiseveranstalter nach Nr 5.4. vom Kunden die tatsächlich entstandenen Mehrkosten verlangen (vgl dazu auch ULMER/BRANDNER/HENSEN Anhang §§ 9–11 AGBG **30**

Rn 589 f). Die Reiseveranstalter sollten, um Schwierigkeiten auszuweichen, diese Konditionenempfehlung benützen (vgl auch BARTL Rn 25; FÜHRICH Rn 185).

(4) Beweislast hinsichtlich der Mehrkosten

31 Will der Reiseveranstalter Mehrkosten geltend machen, so muss er nachweisen, dass und in welcher Höhe Mehrkosten entstanden sind (BARTL Rn 209; BAUMGÄRTEL/STRIEDER Rn 2) bzw bei Pauschalen üblicherweise entstehen. Der Reiseveranstalter muss auch beweisen, dass die Mehrkosten kausal durch die personelle Ersetzung entstanden sind (BAUMGÄRTEL/STRIEDER Rn 2).

VI. § 651b als zwingendes Recht

32 § 651b stellt **zwingendes Recht** dar. Da § 651m S 1 jedoch lediglich vertragliche Abweichungen zum Nachteil des Reisenden ausschließt, können der Reisende, der Reiseveranstalter und der Dritte auch einen **Änderungsvertrag** abschließen, der eine Vertragsübernahme zum Inhalt hat (vgl ERMAN/SEILER Rn 6). Eine derartige Vereinbarung ist für den Reisenden deshalb günstig, weil er aus seiner gesamtschuldnerischen Verpflichtung zur Zahlung des Reisepreises entlassen wird (vgl Vorbem 28 zu § 651a) und auch nicht für die Zahlung der durch die Umbuchung entstehenden Mehrkosten haftet. Diese werden bei dieser Gestaltung nur geschuldet, wenn dies besonders vereinbart ist (so zutreffend LÖWE BB 1979, 1357, 1361).

33 Eine Klausel in ARB, wonach eine Ersetzung des Reisenden als **Rücktritt** mit nachfolgender **Neubuchung** gilt, ist nach § 651m S 1 und § 308 Nr 5 **unwirksam** (BGH NJW 1992, 3158, 3161; OLG Frankfurt aM NJW 1982, 2198, 2199; FÜHRICH Rn 186; ULMER/BRANDNER/HENSEN Anhang §§ 9–11 AGBG Rn 590). Die darin liegende Rücktrittsfiktion belastet den Reisenden idR mit einer Stornopauschale (§ 651i), ohne dass dem Rücktritt zumindest eine konkludente Erklärung zugrunde liegt (BGH NJW 1992, 3158; TEMPEL TranspR 2001, 337, 349; vgl o Rn 17).

34 Die Grenzen der Gestaltungsmöglichkeiten in ARB im Rahmen des § 651b sind auf jeden Fall dann überschritten, wenn die Ersetzungsbefugnis selbst ausgeschlossen oder mit Einschränkungen versehen wird, die über § 651b Abs 1 S 2 hinausgehen. Derartige ARB-Klauseln sind mit § 651m S 1 nicht zu vereinbaren (vgl BARTL Rn 26; PICK Rn 28; SOERGEL/H-W ECKERT Rn 14).

Vorbemerkungen zu §§ 651c–g

Systematische Übersicht

I. Überblick über das reisevertragliche Gewährleistungsrecht _____ 1	III. Verhältnis des Gewährleistungsrechts zu anderen Vorschriften
	1. Verhältnis zum allgemeinen
II. Gewährleistungsrecht in den ARB _ 7	Werkvertragsrecht _____ 9

Titel 9 · Werkvertrag und ähnliche Verträge
Untertitel 2 · Reisevertrag

Vorbem zu §§ 651c–g

2.	Verhältnis zum Recht der Leistungsstörungen	11	3. Verhältnis zum Deliktsrecht	30
a)	Unmöglichkeit	20	4. Verhältnis zum Recht einzelner Reiseleistungen	31
b)	Schuldnerverzug	23	a) Vermieterhaftung	32
c)	Verletzung nicht leistungsbezogener Nebenpflichten	24	b) Gastwirtshaftung	33
			c) Haftung bei Luftbeförderung	34
d)	culpa in contrahendo	27	d) Haftung bei Seebeförderung	39
e)	Irrtumsanfechtung	28	e) Haftung bei Eisenbahnbeförderung	41
f)	Störung der Geschäftsgrundlage	29		

Alphabetische Übersicht

Abbruch der Reise	22	– Abdingbarkeit	1
Abdingbarkeit der Gewährleistungsrechte	1	– und ARB	7 ff
Abhilfeverlangen des Reisenden	2, 8	– Ausschlussfristen	6, 8
– Fristsetzung	4	– und Deliktsrecht	30
Abschluss des Reisevertrages	15	– und Leistungsstörungsrecht	11 f
Anfechtung	28	– Verjährung	6
Aufklärungspflichten	24, 27	– und Werkvertragsrecht	9 f
Ausschlussfristen Gewährleistungsrechte	8		
Ausstellungen	8	Haager Protokoll	34
		Haftung des Reiseveranstalters	8
Balkon	30	Haftungsbeschränkungen	8, 30, 37
Binnengewässer	40	Handelsgesetzbuch	8, 39
Binnenschifffahrtsgesetz	8, 40	Hotel	
		– Überbuchung	16
Charterflug	35	– Zimmer	30
culpa in contrahendo	27		
		Informationspflichten	24
Deliktsrecht und Gewährleistungsrechte	30		
		Kanada	8
Eigenschaftsirrtum	28	Krankheit des Reisenden	4
Einheitslösung	16	Kündigungsrecht des Reisenden	8
Einreiseverbot	21		
Eisenbahnbeförderung	41	Leistungsaustausch	19
Erfüllungspflicht des Reiseveranstalters	1	Leistungshindernis	
Ersatzleistung, gleichwertige	8	– anfängliches	21
		– nachträgliches	22
Fixgeschäft, absolutes	23	Leistungsstörungsbegriff	11, 17
Fluggesellschaft	35	Leistungsstörungsrecht und Gewährleistungsrecht	11 f
Fluglinie	35		
Flugreise	8, 14, 34	Luftbeförderung, Haftung bei	34 ff
– Überbuchung	16, 20	Luftfrachtführer	35
Gastwirtshaftung	33	Mangelbegriff	9
Gefahrübergang	28	Mangelfolgeschaden	5
Gesamtheit von Reiseleistungen	31	Mietrecht	32
Geschäftsgrundlage, Störung	4	Minderung des Reisepreises	3, 8
Gewährleistungsrecht			

Nebenpflichten, Verletzung nicht leistungsbezogener _____ 24 ff

Personenschaden _____ 8
Positive Forderungsverletzung _____ 11, 24 ff
Prospektangaben, unrichtige _____ 27

Reise, Abbruch _____ 22
Reiseantritt _____ 15, 19 f
Reisegepäckversicherung _____ 8
Reisender
– Abhilfeverlangen _____ 2, 8
– Krankheit _____ 4
– Kündigungsrecht _____ 4, 8
– Mitwirkungspflicht _____ 8
– Rückbeförderung _____ 4
– Schadensersatz wegen Nichterfüllung _____ 8
Reisepreis
– Minderung _____ 3, 8
– Rückzahlung _____ 22
– Zahlungsverzug _____ 23
Reiseunfallversicherung _____ 8
Reiseveranstalter
– Aufklärungspflichten _____ 24, 27
– Entschädigungsanspruch _____ 4
– Erfüllungspflicht _____ 1
– Gastwirtshaftung _____ 33
– Haftung _____ 8
– Haftungsbeschränkungen _____ 8
– Informationspflichten _____ 24
– Nebenpflichten _____ 25
– Verkehrssicherungspflichten _____ 30
– Vermieterhaftung _____ 32
Reisevertrag
– Abschluss _____ 15
– Anfechtung _____ 28
– und culpa in contrahendo _____ 27
– und Gastwirtshaftung _____ 33
– Gefahrübergang _____ 28
– Haftungsbeschränkung _____ 30, 37
– Leistungsstörungsbegriff _____ 11

– Schuldnerverzug _____ 23
– Unmöglichkeit _____ 20 ff
– und Verletzung nicht leistungsbezogener
  Nebenpflichten _____ 24 ff
– und Vermieterhaftung _____ 32
– Störung der Geschäftsgrundlage _____ 29
Rückzahlung Reisepreis _____ 22

Schadensersatz wegen Nichterfüllung _____ 8
Schiffsreise _____ 8
Schmerzensgeld _____ 36
Schuldnerverzug _____ 23
Schuldrechtsmodernisierung _____ 19, 11
Seebeförderung, Haftung bei _____ 39 ff
Seehandelsrecht _____ 39
Seerechtsänderungsgesetz _____ 39
Sicherheitsstandard _____ 30
Störung der Geschäftsgrundlage _____ 4, 29
Sportveranstaltung _____ 8
Stammesfehden _____ 25

Theater _____ 8

Überbuchung _____ 16
– Flugreise _____ 20
Unmöglichkeit _____ 11, 20 ff
Urlaubszeit, vertane _____ 5
USA _____ 8

Verjährungsfristen _____ 6
Verkehrssicherungspflichten _____ 30
Vermieterhaftung _____ 32
Verschulden bei Vertragsverhandlungen _____ 27
Verzug _____ 11

Warschauer Abkommen _____ 8, 34
Werkvertragsrecht _____ 9 f

Zahlungsverzug bei Reisepreis _____ 23
Zusatzabkommen von Guadalajara _____ 34

I. Überblick über das reisevertragliche Gewährleistungsrecht

1 Die §§ 651c–g regeln die Gewährleistung des Reiseveranstalters **abschließend** und **zwingend**. Zentrale Vorschrift ist § **651c**, der das werkvertragliche Gewährleistungsrecht den besonderen Bedürfnissen des Reisevertragsrechts anpasst. Er ist § 633 aF nachgebildet. Der Reiseveranstalter hat wie der Werkunternehmer (§ 633) einen

Erfolg mangelfrei herbeizuführen. Er hat also die Reise so durchzuführen, dass sie frei von Mängeln ist und die zugesicherten Eigenschaften aufweist. Die Mangelfreiheit gehört daher zur **Erfüllungspflicht** des Reiseveranstalters. Angesichts der Zeitgebundenheit der Reiseleistungen sind die Gewährleistungsansprüche im Reisevertragsrecht dominierend (vgl auch ERMAN/SEILER Rn 9). Danach trifft den Reiseveranstalter eine umfassende, **verschuldensunabhängige Einstandspflicht** für Mängel der Reise. § 651c Abs 1 bestimmt, wann ein Mangel vorliegt. Liegt ein Reisemangel vor, bestehen nach §§ 651c – f folgende **Rechte des Reisenden**:

– § 651c räumt dem Reisenden bei mangelhafter Reiseleistung zunächst das Recht 2 ein, vom Reiseveranstalter **Abhilfe** zu verlangen (§ 651c Abs 2 S 1). Unter bestimmten Voraussetzungen kann der Reisende nach § 651c Abs 3 auch **selbst Abhilfe** schaffen.

– Liegt ein Reisemangel vor, tritt nach § 651d Abs 1 eine **Minderung** des Reiseprei- 3 ses kraft Gesetzes und unabhängig von einem Verschulden des Reiseveranstalters ein (MünchKomm/TONNER § 651d Rn 1; JAUERNIG/TEICHMANN § 651d Rn 1; PALANDT/SPRAU § 651d Rn 5). Voraussetzung ist lediglich, dass der Reisende es nicht schuldhaft unterlässt, den Mangel unverzüglich beim Reiseveranstalter oder seinem Vertreter anzuzeigen (§ 651d Abs 2).

– Wird die Reise durch einen Reisemangel erheblich beeinträchtigt, hat der Rei- 4 sende nach § 651e Abs 1 S 1 ein **Kündigungsrecht**. Gleiches gilt, wenn dem Reisenden wegen eines nicht erheblichen Mangels die Reise aus subjektiven, dem Reiseveranstalter erkennbaren Gründen (zB Krankheit) objektiv nicht zugemutet werden kann (§ 651c Abs 1 S 2). In formeller Hinsicht setzt eine wirksame Kündigung ein Abhilfeverlangen des Reisenden gegenüber dem Reiseveranstalter oder der örtlichen Reiseleitung, verbunden mit einer angemessenen Frist für die Behebung der Mängel (vgl § 651c), das erfolglose Verstreichen dieser Frist (§ 651e Abs 2 S 1) sowie die Abgabe der Kündigungserklärung voraus. Die Notwendigkeit der Fristsetzung entfällt, wenn Abhilfe unmöglich ist, vom Reiseveranstalter verweigert wird oder wenn der Reisende ein besonderes Interesse an der sofortigen Kündigung hat (§ 651e Abs 2 S 2), zB weil die Beseitigung der Mängel aussichtslos erscheint oder der Reiseleiter nicht erreichbar ist (MünchKomm/TONNER § 651e Rn 12). § 651e regelt außerdem den Entschädigungsanspruch des Reiseveranstalters (§ 651e Abs 3 S 2) und das Recht des Reisenden auf Rückbeförderung (Abs 4). Beruht der Mangel der Reise auf höherer Gewalt, so hat § 651j stets Vorrang vor § 651e (vgl § 651j Rn 7; **aA** BGH NJW-RR 1990, 1334, 1335: nur, wenn die Geschäftsgrundlage berührt ist, sonst § 651e lex specialis zu § 651j).

– § 651f gewährt dem Reisenden bei einem vom Reiseveranstalter zu vertretenden 5 Reisemangel einen Anspruch auf Ersatz des Nichterfüllungsschadens einschließlich des Mangelfolgeschadens (Abs 1) sowie des Schadens wegen nutzlos aufgewendeter Urlaubszeit (Abs 2) gegen den Veranstalter. Dieser **verschuldensabhängige Schadensersatzanspruch** kann neben den Gewährleistungsrechten nach §§ 651c – 651e geltend gemacht werden.

– § 651g unterwirft die Geltendmachung von Gewährleistungsansprüchen des Rei- 6 senden **kurzen Ausschluss- und Verjährungsfristen**, um dem Reiseveranstalter alsbald nach dem vereinbarten Ende der Reise einen Überblick über etwa gegen ihn bestehende Forderungen zu ermöglichen. Darüber hinaus soll die Überprüfung der Berechtigung erhobener Mängelrügen und die Verfolgung von Regressansprüchen des Reiseveranstalters gegenüber seinen Leistungsträgern erleichtert werden. Die Geltendmachung von Gewährleistungsansprüchen durch den Reisenden unterliegt einer einmonatigen Ausschlussfrist (§ 651g Abs 1 S 1). Die reisevertraglichen Gewährleistungsansprüche verjähren nach zwei Jahren ab dem Tag des vereinbarten Endes der Reise (§ 651g Abs 2 S 1 u 2). Diese Verjährungsfrist kann vor der Mitteilung eines Mangels auf bis zu einem Jahr durch vertragliche Vereinbarung verkürzt werden (§ 651m S 2). Hat der Reiseveranstalter den Mangel arglistig verschwiegen, tritt entsprechend § 634a Abs 3 an die Stelle der Verjährungsfrist des § 651g Abs 2 S 1 die regelmäßige dreijährige Verjährungsfrist bei kenntnisabhängigem Beginn (§§ 195, 199) (BGH NJW 1983, 2699, 2701; MünchKomm/ TONNER § 651g Rn 25; einschränkend [Treuwidrigkeit der Verjährungseinrede bei nicht erkennbaren Spätschäden]: JAUERNIG/TEICHMANN § 651g Rn 6).

II. Gewährleistungsrecht in den ARB

7 Die Gewährleistung des Reiseveranstalters ist in **Nr 9–13** der **Konditionenempfehlung** des DRV für ARB geregelt. Diese Regelung sieht Folgendes vor:

8 **9. Haftung des Reiseveranstalters**
9.1 Der Reiseveranstalter haftet im Rahmen der Sorgfaltspflicht eines ordentlichen Kaufmanns für:
die gewissenhafte Reisevorbereitung;
die sorgfältige Auswahl und die Überwachung des Leistungsträgers;
die Richtigkeit der Beschreibung aller in den Katalogen angegebenen Reiseleistungen, sofern der Reiseveranstalter nicht gemäß Ziffer 3 vor Vertragsschluss eine Änderung der Prospektangaben erklärt hat;
die ordnungsgemäße Erbringung der vereinbarten Reiseleistungen.
9.2 Der Reiseveranstalter haftet für ein Verschulden der mit der Leistungserbringung betrauten Person.
9.3 Wird im Rahmen einer Reise oder zusätzlich zu dieser eine Beförderung im Linienverkehr erbracht und dem Reisenden hierfür ein entsprechender Beförderungsausweis ausgestellt, so erbringt der Reiseveranstalter insoweit Fremdleistungen, sofern er in der Reiseausschreibung und in der Reisebestätigung ausdrücklich darauf hinweist. Er haftet daher nicht für die Erbringung der Beförderungsleistung selbst. Eine etwaige Haftung regelt sich in diesem Fall nach den Beförderungsbestimmungen dieser Unternehmen, auf die der Reisende ausführlich hinzuweisen ist und die ihm auf Wunsch zugänglich zu machen sind.
10. Gewährleistung
A. Abhilfe
Wird die Reise nicht vertragsgemäß erbracht, so kann der Reisende Abhilfe verlangen. Der Reiseveranstalter kann die Abhilfe verweigern, wenn sie einen unverhältnismäßigen Aufwand erfordert. Der Reiseveranstalter kann auch in der Weise Abhilfe schaffen, dass er eine gleichwertige Ersatzleistung erbringt. Der Reiseveranstalter kann die Abhilfe verweigern, wenn sie einen unverhältnismäßigen Aufwand erfordert.
B. Minderung des Reisepreises
Für die Dauer einer nicht vertragsgemäßen Erbringung der Reise kann der Reisende eine entsprechende Herabsetzung des Reisepreises verlangen (Minderung). Der Reisepreis ist in dem Verhältnis herabzusetzen, in welchem zur Zeit des Verkaufs der Wert der Reise in mangelfreiem Zustand zu

dem wirklichen Wert gestanden haben würde. Die Minderung tritt nicht ein, soweit es der Reisende schuldhaft unterlässt, den Mangel anzuzeigen.

C. Kündigung des Vertrages

Wird eine Reise infolge eines Mangels erheblich beeinträchtigt und leistet der Reiseveranstalter innerhalb einer angemessenen Frist keine Abhilfe, so kann der Reisende im Rahmen der gesetzlichen Bestimmungen den Reisevertrag – in seinem eigenen Interesse und aus Beweissicherungsgründen zweckmäßig durch schriftliche Erklärung – kündigen. Dasselbe gilt, wenn dem Reisenden die Reise infolge eines Mangels aus wichtigem, dem Reiseveranstalter erkennbaren Grund nicht zuzumuten ist. Der Bestimmung einer Frist für die Abhilfe bedarf es nur dann nicht, wenn Abhilfe unmöglich ist oder vom Reiseveranstalter verweigert wird oder wenn die sofortige Kündigung des Vertrages durch ein besonderes Interesse des Reisenden gerechtfertigt wird.

Er schuldet dem Reiseveranstalter den auf die in Anspruch genommenen Leistungen entfallenen Teil des Reisepreises, sofern diese Leistungen für ihn von Interesse waren.

D. Schadensersatz

Der Reisende kann unbeschadet der Minderung oder der Kündigung Schadensersatz wegen Nichterfüllung verlangen, es sei denn, der Mangel der Reise beruht auf einem Umstand, den der Reiseveranstalter nicht zu vertreten hat.

11. Beschränkungen der Haftung

11.1 Die vertragliche Haftung des Reiseveranstalters für Schäden, die nicht Körperschäden sind, ist auf den dreifachen Reisepreis beschränkt,

1. soweit ein Schaden des Reisenden weder vorsätzlich noch grob fahrlässig herbeigeführt wird oder
2. soweit der Reiseveranstalter für einen dem Reisenden entstehenden Schaden allein wegen eines Verschuldens eines Leistungsträgers verantwortlich ist.

11.2 Für alle gegen den Veranstalter gerichteten Schadensersatzansprüche aus unerlaubter Handlung, die nicht auf Vorsatz oder grober Fahrlässigkeit beruhen, haftet der Reiseveranstalter bei Sachschäden bis 4.100,– €; übersteigt der dreifache Reisepreis diese Summe, ist die Haftung für Sachschäden auf die Höhe des dreifachen Reisepreises beschränkt. Diese Haftungshöchstsummen gelten jeweils je Reisenden und Reise.

11.3 Der Reiseveranstalter haftet nicht für Leistungsstörungen im Zusammenhang mit Leistungen, die als Fremdleistungen lediglich vermittelt werden (z. B. Sportveranstaltungen, Theaterbesuche, Ausstellungen usw.) und die in der Reiseausschreibung ausdrücklich als Fremdleistungen gekennzeichnet werden.

11.4 Ein Schadensersatzanspruch gegen den Reiseveranstalter ist insoweit beschränkt oder ausgeschlossen, als aufgrund internationaler Übereinkommen oder auf solchen beruhenden gesetzlichen Vorschriften, die auf die von einem Leistungsträger zu erbringenden Leistungen anzuwenden sind, ein Anspruch auf Schadensersatz gegen den Leistungsträger nur unter bestimmten Voraussetzungen oder Beschränkungen geltend gemacht werden kann oder unter bestimmten Voraussetzungen ausgeschlossen ist.

11.5 Kommt dem Reiseveranstalter die Stellung eines vertraglichen Luftfrachtführers zu, so regelt sich die Haftung nach den Bestimmungen des Luftverkehrsgesetzes in Verbindung mit den Internationalen Abkommen von Warschau, Den Haag, Guadalajara und der Montrealer Vereinbarung (nur für Flüge nach USA und Kanada). Diese Abkommen beschränken in der Regel die Haftung des Luftfrachtführers für Tod oder Körperverletzung sowie für Verluste und Beschädigungen von Gepäck. Sofern der Reiseveranstalter in anderen Fällen Leistungsträger ist, haftet er nach den für diese geltenden Bestimmungen.

11.6 Kommt dem Reiseveranstalter bei Schiffsreisen die Stellung eines vertraglichen Reeders zu, so regelt sich die Haftung auch nach den Bestimmungen des Handelsgesetzbuches und des Binnenschifffahrtgesetzes.

12. Mitwirkungspflicht

Der Reisende ist verpflichtet, bei aufgetretenen Leistungsstörungen im Rahmen der gesetzlichen Bestimmungen mitzuwirken, eventuelle Schäden zu vermeiden oder gering zu halten.

Der Reisende ist insbesondere verpflichtet, seine Beanstandungen unverzüglich der örtlichen Reiseleitung zur Kenntnis zu geben. Diese ist beauftragt, für Abhilfe zu sorgen, sofern dies möglich ist. Unterlässt es der Reisende schuldhaft, einen Mangel anzuzeigen, so tritt ein Anspruch auf Minderung nicht ein.

13. Ausschluss von Ansprüchen und Verjährung

Ansprüche wegen nicht vertragsgemäßer Erbringung der Reise hat der Reisende innerhalb eines Monats nach vertraglich vorgesehener Beendigung der Reise gegenüber dem Reiseveranstalter geltend zu machen. Nach Ablauf der Frist kann der Reisende Ansprüche geltend machen, wenn er ohne Verschulden an der Einhaltung der Frist verhindert worden ist.

Ansprüche des Reisenden nach den §§ 651c bis 651 f BGB verjähren in einem Jahr. Die Verjährung beginnt mit dem Tag, an dem die Reise dem Vertrag nach enden sollte. Schweben zwischen dem Reisenden und dem Reiseveranstalter Verhandlungen über den Anspruch oder die den Anspruch begründenden Umstände, so ist die Verjährung gehemmt, bis der Reisende oder der Reiseveranstalter die Fortsetzung der Verhandlungen verweigert. Die Verjährung tritt frühestens drei Monate nach dem Ende der Hemmungen ein.

III. Verhältnis des Gewährleistungsrechts zu anderen Vorschriften

1. Verhältnis zum allgemeinen Werkvertragsrecht

9 Der Gesetzgeber ist dem im Gesetzgebungsverfahren zum Reisevertragsgesetz im Jahre 1978 gelegentlich gemachten Vorschlag, die reisevertraglichen Gewährleistungsregelungen im allgemeinen Werkvertragsrecht anzusiedeln, nicht gefolgt (Forderung der CDU-CSU-Fraktion BT-Drucks 8/2343; vgl auch die Stellungnahme des Deutschen Richterbundes DRiZ 1978, 278). Eine solche Einordnung hätte auch das werkvertragliche Gewährleistungsrecht vollkommen undurchschaubar gemacht. Es kommt hinzu, dass die reisevertragsrechtlichen Gewährleistungsregelungen sich zT auch in begrifflicher Hinsicht sehr weit von der Begrifflichkeit des BGB entfernen. Hieran hat sich auch durch das am 1. Januar 2002 in Kraft getretene Schuldrechtsmodernisierungsgesetz (BGBl 2002 I 3138) nichts geändert. Zwar hat der Gesetzgeber im Kauf- und Werkvertragsrecht die Unterscheidung zwischen Fehlern und zugesicherten Eigenschaften zugunsten des einheitlichen Begriffs des Sachmangels aufgegeben (§§ 434, 633 Abs 2) und damit einen Schritt vollzogen, den er vor 1979 auch für das Reisevertragsrecht erwogen, letztlich aber nicht umgesetzt hatte. Der Gesetzgeber des Schuldrechtmodernisierungsgesetzes hat aber darauf verzichtet, auch im Reisevertragsrecht die Zweiteilung des § 651a Abs 1 zu einem einheitlichen Mangelbegriff zusammenzuführen (vgl Vorbem 31 zu §§ 661a ff).

Damit ergibt sich der befremdliche Befund, dass heute das einst als besonders modern konzipierte Gewährleistungsrecht des Reisevertragsrechts als Relikt eines überkommenen Gewährleistungssystems erscheint. In der Sache wirkt sich dieser unterschiedliche Mangelbegriff allerdings nicht aus, da die Zusicherung einer Eigenschaft im Reisevertragsrecht schon immer die Bedeutung einer Beschaffenheitsvereinbarung iSd §§ 434 Abs 1 S 1, 633 Abs 2 S 1 hatte. Es hat also keine Konsequenzen für die Rechtsfolgen, ob man den zweigeteilten Mangelbegriff des § 651c Abs 1 S 1 zu einem einheitlichen Mangelbegriff zusammenführt und diesen in Anlehnung an § 633

Abs 2 S 1 konkretisiert (so OETKER/MAULTZSCH 511 f) oder ob man es bei der Zweiteilung belässt und zwischen Fehler und zugesicherter Eigenschaft unterscheidet. Letzteres erscheint allerdings wegen des eindeutigen Wortlauts des § 651c Abs 1 S 1 und der zu respektierenden Entscheidung des Gesetzgebers gegen einen einheitlichen Mangelbegriff im Reisevertragsrecht vorzugswürdig.

Die damit fortbestehende Doppelgleisigkeit des Gewährleistungsrechts – Reisevertragsrecht und allgemeines Werkvertragsrecht – darf aber keinesfalls dahingehend missverstanden werden, dass auf das allgemeine Werkvertragsrecht und namentlich dessen Gewährleistungsrecht nicht mehr zurückgegriffen werden dürfte (vgl aber LÖWE BB 1979, 1357, 1358). Das Gegenteil folgt bereits aus der hier vertretenen Einordnung des Reisevertrages als Unterfall des Werkvertrages (vgl § 651a Rn 8 f). Hinzu kommen noch folgende Gründe: Einmal wurde in den Gesetzesmaterialien des Reisevertragsgesetzes von 1979 immer wieder bei der Begründung der einzelnen Rechtsinstitute auf das allgemeine Werkvertragsrecht zurückgegriffen. Zum anderen sollte man bei Zweifelsfragen immer versuchen, eine Angleichung der Lösungsmuster der §§ 651c ff an die des allgemeinen Werkvertragsrechts anzustreben. Die rechtspolitische Alternative, die Unterwerfung der Gesamtheit der möglichen Reisen unter §§ 651a ff, ist ohnehin nur in Grenzen möglich. Eine noch weitergehende Auseinanderentwicklung des Reiserechts muss aber verhindert werden. Im Übrigen regelt das Reiserecht nur Reisemängel, so dass bei Leistungsstörungen ohnehin in bestimmtem Umfang auf die allgemeinen Leistungsstörungsregeln zurückgegriffen werden muss, was vielfältige Abgrenzungsschwierigkeiten schafft (LÖWE BB 1979, 1357, 1358). **10**

2. Verhältnis zum Recht der Leistungsstörungen

In welchem Verhältnis die Gewährleistungsansprüche der §§ 651c–f zu den **allgemeinen Leistungsstörungsregeln** und insbesondere zu denen über die Unmöglichkeit stehen, ist unsicher. Dies hängt im Wesentlichen mit der Entstehungsgeschichte des Reisevertragsgesetzes zusammen. Die Regierungsentwürfe von 1976 und 1977, die von einem Sondergesetz über den Reiseveranstaltungsvertrag außerhalb des BGB ausgingen, hatten eine gemeinsame Regelung über die „Gewährleistung wegen Nichterbringung und nicht vertragsgemäßer Erbringung von Reiseleistungen" vorgesehen (BT-Drucks 7/5141, 8/786, 4 u 7). Damit wollte sich der Gesetzgeber vom System der Leistungsstörungen des BGB lösen und, ausgehend von einem **einheitlichen Begriff der Leistungsstörungen** – der Unmöglichkeit, Verzug, positive Forderungsverletzung und Mängelgewährleistung umfassen sollte –, an das System des Einheitlichen Gesetzes über den internationalen Kauf beweglicher Sachen vom 17. Juli 1973 (BGBl I 856; iVm d Bek v 12.2. 1974, BGBl I 358) anknüpfen (vgl BT-Drucks 8/786, 25). Aus diesem Grunde wurde auch die Begrifflichkeit des BGB aufgegeben. Hätte der Gesetzgeber diese ursprüngliche Absicht umgesetzt, wäre das Abgrenzungsproblem hinfällig geworden. Dieser Gesetzesvorschlag der Bundesregierung und insbesondere die neue Konzeption des Gewährleistungsrechts, die heute durch das Schuldrechtsmodernisierungsgesetz für das Kauf- und Werkvertragsrecht geltendes Recht geworden ist, sind jedoch seinerzeit auf heftige Kritik des Bundesrates gestoßen und letztlich nicht weiter verfolgt worden. Der Gesetzgeber sah von der Schaffung eines eigenständigen Gesetzes ab und fügte eine gekürzte Fassung des Reiserechts in das BGB ein. Dabei nahm er auch vom einheitlichen Begriff der Leistungsstörung Abstand (vgl BT-Drucks 8/2343 zu § 651c), gegen den sich erhebliche Bedenken des Bundesrates ge- **11** richtet hatten (vgl Anlage 2 zu BT-Drucks 8/786). Allerdings wurde in der Begründung des Rechtsausschusses des Bundestages hierauf nicht eingegangen. Aus dem Verlauf der Gesetzgebung ergibt sich aber unmissverständlich die Entscheidung des Gesetzgebers gegen den einheitlichen Leistungsstörungsbegriff für das Reisevertragsrecht. Die Gewährleistungsvorschriften der §§ 651c–g sollten wieder an die Systematik des BGB anknüpfen und die Tatbestände der allgemeinen Leistungsstörungen – Unmöglichkeit, Verzug, positive Forderungsverletzung – nicht erfassen (vgl BARTL Rn 155; LARENZ VersR 1980, 689; TEICHMANN JZ 1979, 737).

12 Ausgehend hiervon ist neben dem reiserechtlichen Gewährleistungsrecht der §§ 651c – g grundsätzlich auch das allgemeine Recht der Leistungsstörungen (§§ 275, 280 ff, 311a Abs 2, 320) anwendbar. Damit bleibt die Notwendigkeit, das Mängelgewährleistungsrecht von den allgemeinen Leistungsstörungsregeln abzugrenzen. Dieser Abgrenzung kommt auch nach der Annäherung der Verjährungsfristen in § 651g Abs 2 S 1 einerseits und § 195 andererseits immer noch **praktische Bedeutung** zu, und zwar im Hinblick auf die Verjährung (vgl § 651g Abs 2 einerseits und §§ 195, 199 andererseits), die Anwendbarkeit des § 651e Abs 3 u 4 (vgl § 651e Rn 28) sowie die Grenzen der Abdingbarkeit (§§ 651m S 1, 309 Nr 7–8).

13 Trotz der an sich eindeutigen Materialien kann sich die Abgrenzung zwischen Unmöglichkeit und Mangelhaftigkeit im Einzelfall schwierig gestalten (OLG Celle NJW 1982, 770, 771). Dies gilt insbesondere dann, wenn die Reise nicht angetreten worden ist. Einigkeit besteht darüber, dass trotz der Zeitgebundenheit nicht jede Nichtleistung während der Reise zur Unmöglichkeit führt. Zur Abgrenzung zwischen allgemeinem Leistungsstörungsrecht und reisevertraglichem Gewährleistungsrecht werden in Rechtsprechung und Schrifttum vielfältige **Lösungsvorschläge** diskutiert (vgl dazu eingehend FÜHRICH Rn 192). Dieser Meinungsstreit rührt ua daher, dass die Einpassung des reisevertraglichen Gewährleistungsrechts in das BGB zT ohne die notwendigen begrifflichen und systematischen Anpassungen erfolgte (TEICHMANN JZ 1979, 737).

14 Teilweise wird **inhaltlich abgegrenzt**: Nach einer Auffassung soll das allgemeine Leistungsstörungsrecht immer dann anwendbar sein, wenn nach Vertragsschluss entweder die **ganze Reise** oder ein **wesentlicher Teil** der Reise nicht erbracht wird (OLG Celle NJW 1982, 770, 771; OLG Hamburg NJW 1982, 1537; LG Frankfurt aM NJW 1982, 1538; AG Hamburg NJW-RR 1989, 564; BLAUROCK 11; BLAUROCK/WAGNER Jura 1985, 177 f; EBERLE DB 1979, 341, 342; LÖWE BB 1979, 1361; RIXECKER VersR 1985, 216, 218). Nach anderen Ansichten sollen die allgemeinen Leistungsstörungsregeln nur dann zur Anwendung kommen, wenn die Mängel der einzelnen Reiseleistungen die **Reise als Ganzes** beeinträchtigen (TEMPEL NJW 1986, 547) oder eine **Hauptpflicht** des Reisevertrages betreffen (BROX JA 1979, 493, 494; HEINZ 58 f; ähnlich KALLER RRa 1999, 19, 21 f). Hierzu rechnet TEICHMANN (JZ 1979, 737, 738) zB den Fall, dass eine Flugreise wegen der Überbuchung des Flugzeugs überhaupt nicht erbracht und innerhalb einer angemessenen Zeit auch nicht nachgeholt werden kann. LARENZ (VersR 1980, 673) erachtet es als einen Fall der Unmöglichkeit, wenn die Reise ganz oder für einen wesentlichen Zeitraum ausfällt oder vorzeitig abgebrochen wird. Das OLG Celle (NJW 1982, 770, 771) knüpft daran an, ob der Reisende überhaupt zum vorgesehenen Reiseort gelangt ist und dort für die gesamte Dauer untergebracht wurde.

Andere befürworten eine **zeitliche Abgrenzung**. Danach sollen die reisevertraglichen **15** Gewährleistungsregeln als speziellere Normen die allgemeinen Leistungsstörungsbestimmungen **ab Reiseantritt** (BARTL Rn 155; ders NJW 1979, 1384, 1388; ders NJW 1983, 1092, 1096; BERNREUTHER 127; SCHWARK JR 1986, 500; SOERGEL/MÜHL § 651c Rn 1; WEDEPOHL 14 f), ab **Übergabe der Reiseunterlagen** (SCHMITT JR 1987, 265, 272) oder bereits **ab Abschluss des Reisevertrages** (BGHZ 97, 255, 259 f; 100, 157, 180 f; 130, 128; BGH NJW 2000, 1188; LG Frankfurt aM RRa 2001, 202; BECHHOFER 4; BRENDER 235 ff, 242, 244; ERMAN/SEILER Rn 5; FÜHRICH Rn 193; ders NJW 2002, 1082, 1084; MünchKomm/TONNER § 651c Rn 26 f; BGB-RGRK/RECKEN § 651c Rn 2; RECKEN WM 1987, 891; SEYDERHELM § 651c Rn 4 f; SOERGEL/H-W ECKERT Rn 7; TEICHMANN JZ 1986, 759; WOLTER AcP 183, 35, 45) ausschließen.

Seitdem sich der BGH in einer Grundsatzentscheidung aus dem Jahre 1986 (BGHZ 97, **16** 255, 259 f) der zuletzt genannten Auffassung angeschlossen hat, ist diese sog **Einheitslösung** zur „ganz herrschenden Meinung" (FÜHRICH Rn 193; SEYDERHELM § 651c Rn 4) in Rechtsprechung (BGHZ 97, 25, 259 f; 100, 157, 180 f; 130, 128; BGH NJW 2000, 1188; OLG Frankfurt aM RRa 2001, 202) und Schrifttum (vgl BECHHOFER 4; BIDINGER/MÜLLER 34 u 99; FÜHRICH Rn 193; ders, NJW 2002, 1082, 1084; JAUERNIG/TEICHMANN Rn 1; MünchKomm/TONNER § 651c Rn 4 u 26 f; PALANDT/SPRAU Rn 9; BGB-RGRK/RECKEN § 651c Rn 2; SEYDERHELM § 651c Rn 4; SOERGEL/H-W ECKERT Rn 7) geworden. Danach sollen ab Vertragsschluss für alle Leistungsstörungen, deren Gründe nicht allein in der Sphäre des Leistenden liegen, ausschließlich die Vorschriften des reisevertraglichen Gewährleistungsrechts anzuwenden und die allgemeinen Leistungsstörungsregeln ausgeschlossen sein. Dies soll selbst dann gelten, wenn bereits die erste Reiseleistung – und damit die ganze Reise – ausfällt, zB bei Nichtantritt der Reise wegen Überbuchung des Flugzeugs oder Hotels (BGHZ 97, 255, 259 f).

Für die Einheitslösung der hM sprechen vor allem Gründe der **Einfachheit** und **17 Praktikabilität** (FÜHRICH Rn 193; SEYDERHELM § 651c Rn 5). Die einheitliche Behandlung aller Störungen über die §§ 651c ff vermeidet komplizierte Abgrenzungen. Dies mag kunden- und verbraucherfreundlich sein. Die Einheitslösung kehrt zudem zum Ausgangspunkt des Gesetzgebers zurück, der dem Reisevertragsrecht ursprünglich ebenfalls einen einheitlichen und umfassenden Leistungsstörungsbegriff zugrunde legen wollte (s o). Sie deckt sich weiter mit der durch das Schuldrechtsmodernisierungsgesetz erfolgten Neuregelung des allgemeinen Leistungsstörungsrechts, die ebenfalls einen einheitlichen Leistungsstörungsbegriff zugrunde legt.

Gegen die Einheitslösung spricht indessen der in dieser Hinsicht unmissverständliche **18** Wille des Gesetzgebers und namentlich der oben skizzierte Verlauf der Gesetzgebung. Zwar wollte sich der Gesetzgeber **ursprünglich** vom damaligen System der Leistungsstörungen des BGB verabschieden und dem Reiserecht einen einheitlichen Leistungsstörungsbegriff zugrunde legen; er hat diese Absicht dann aber wegen des Widerstandes des Bundesrates gerade gegen diese Neukonzeption des Gewährleistungsrechts (BT-Drucks 8/786, 35) wieder aufgegeben und das reiserechtliche Gewährleistungsrecht in das BGB integriert (s o). Damit hat er sich zugleich für eine Rückkehr zum seinerzeitigen Leistungsstörungssystem des BGB und gegen jede Einheitslösung entschieden. Diese gesetzgeberische Entscheidung mag unpraktisch und unmodern anmuten, sie ist aber von der Rechtsanwendung als bindend hinzunehmen. Die von der hM vertretene Einheitslösung verkehrt den Willen des Gesetzgebers in sein Gegenteil. Sie ist daher abzulehnen.

19 Damit kann der Zeitpunkt des Vertragsschlusses für den Vorrang des Gewährleistungsrechts nicht entscheidend sein. Stattdessen wird man erst, aber auch stets dann von der Mangelhaftigkeit der Reiseleistungen ausgehen können und müssen, wenn die Reise angetreten worden ist. **Ab Reiseantritt** verdrängen folglich die reisevertraglichen Gewährleistungsregeln die allgemeinen Leistungsstörungsinstitute (BARTL Rn 155; ders NJW 1979, 1384, 1388; ders NJW 1983, 1092, 1096; BERNREUTHER 127; OETKER/ MAULTZSCH 516; SCHWARK JR 1986, 500; WEDEPOHL 14 f). Entscheidend ist insoweit, dass erst durch den Antritt der Reise eine Situation herbeigeführt wird, die es rechtfertigt, nun nicht mehr die allgemeinen Leistungsregeln der §§ 275, 280 ff, 311 a, 320 ff, sondern die spezielleren Gewährleistungsregeln der §§ 651c–g anzuwenden. Diese Situation ist in der **Aufnahme des Leistungsaustausches** zu sehen, die ein erhöhtes Vertrauen der Parteien des Reisevertrages in die Rechtsbeständigkeit der bei Reiseantritt erbrachten Leistungen begründet. Dieses Vertrauen und das dadurch bedingte gesteigerte Schutzbedürfnis der Parteien würde bei einer weiteren Anwendung der allgemeinen Leistungsstörungsregeln zu kurz kommen. Erst ab dem Zeitpunkt des Reiseantritts machen zB bei einem gänzlichen Ausfall der Reise das Selbsthilferecht des Reisenden nach § 651c Abs 3 oder die einmonatige Ausschlussfrist des § 651g Abs 1 Sinn (so überzeugend OETKER/MAULTZSCH 516 u 70 ff: „vertrauensschaffender Leistungstransfer"). Nach dem Beginn der Reise sind die allgemeinen Leistungsstörungsregeln damit auch dann nicht anwendbar, wenn die ganze Reise oder wesentliche Reiseteile bzw Hauptpflichten des Reisevertrages von einer Störung betroffen sind. Es ist zwar richtig, dass die Beförderung und die Unterbringung die zwei wesentlichen Reiseleistungen sind (OLG Celle NJW 1982, 771). Es ist aber nicht einzusehen, warum nur ein Fall der Gewährleistung vorliegen soll, wenn die geschuldete Verpflegung ausfällt, jedoch ein Fall der Unmöglichkeit gegeben sein soll, wenn die vorgesehene Unterkunft nicht zur Verfügung steht. § 651c Abs 3 (Selbstabhilfe) und § 651e (Kündigung) behalten auch bei dieser Sicht ihre Bedeutung. Darüber hinaus spricht auch § 651f Abs 2 für die vertretene Ansicht, da der Schadensersatz wegen vertanen Urlaubs in allen Fällen gleich bemessen werden muss (vgl auch BGH WM 1983, 63).

a) Unmöglichkeit

20 Die §§ 275, 280, 283 ff, 311 a, 326 sind daher im Reisevertragsrecht nur anwendbar, wenn der Reiseveranstalter schon einen Reiseantritt nicht ermöglicht, also den Reisenden zB wegen der Überbuchung eines Flugzeugs schon vor Abflug vom Heimatort wieder nach Hause schickt. Ein weitergehender Anwendungsbereich der Unmöglichkeitsregeln ist nur schwer zu begründen. Soweit darauf aufmerksam gemacht wurde, dass kaum einsichtig sei, weshalb der Teilnehmer einer Pauschalreise, dessen Rechtsstellung mit dem Reisevertragsgesetz verbessert werden sollte, plötzlich insofern nicht mehr die vom Gesetzgeber angediente Fürsorge genießen sollte (TEICHMANN JZ 1979, 737), vermag dies nicht zu überzeugen. Eine Einschränkung der regelmäßigen Verjährungsfrist des § 195 ist bei vielen Vertragstypen üblich und auch unbedenklich. Außerdem wird die vom Reisevertragsgesetz angestrebte Verbraucherschutzfunktion durch § 651m S 1 hinreichend gewahrt. IÜ ist nach der hier vertretenen Auffassung hinsichtlich der Unmöglichkeit **zu differenzieren**:

21 – **Anfängliches Leistungshindernis**: Wird die Reise wegen eines bereits **bei Vertragsschluss** bestehenden Leistungshindernisses aus der **Sphäre des Reiseveranstalters** nicht angetreten, so sind im Falle der Unmöglichkeit die §§ **275, 284f, 311a** anwendbar (ERMAN/SEILER Rn 4; **aA** [§§ 651c ff] FÜHRICH Rn 193 mwN; MünchKomm/TONNER § 651c

Rn 27). Eine anfängliche objektive Unmöglichkeit wird nur selten vorkommen. Ein derartiger Sachverhalt ist zB gegeben, wenn im Zeitpunkt der Buchung bereits die Einreise in das Zielland verboten wurde (vgl TEICHMANN JZ 1979, 737, 739). Wesentlich häufiger wird ein anfängliches Unvermögen des Reiseveranstalters vorliegen, zB bei einer Überbuchung der Zubringermaschine zum Charterflugzeug (vgl BGHZ 97, 255, 259 f). Liegt eine anfängliche Unmöglichkeit wegen eines aus der Sphäre des Reiseveranstalters stammenden Leistungshindernisses vor, so ist der Reisevertrag nach § 311 a Abs 1 wirksam, doch hat er wegen § **275 Abs 1** keine primäre Leistungspflicht. Der Reiseveranstalter ist also von seiner Leistungspflicht frei, doch kann der Reisende Sekundäransprüche geltend machen und insbes unter den Voraussetzungen des § **311a Abs 2** Schadensersatz statt der Leistung verlangen bzw nach §§ 284, 285 vorgehen. Stammt das Leistungshindernis dagegen aus der **Sphäre des Reisenden**, so sind die §§ 275, 284 f, 311a nicht anwendbar. Der Vertrag ist auch hier – selbstverständlich – wirksam, doch kann der Reisende vor Reisebeginn gem § **651i** jederzeit ohne besonderen Grund vom Reisevertrag zurücktreten (ERMAN/SEILER Rn 4). Ist zB der Reisewillige bei der Buchung leicht erkrankt und stellen sich anschließend Komplikationen des Heilungsprozesses heraus, liegt also kein Fall der §§ 275, 311a, sondern ein Fall des § 651i vor (vgl JAUERNIG/ TEICHMANN Rn 3; TEICHMANN JZ 1979, 737, 739; vgl auch § 651i Rn 3).

– **Nachträgliches Leistungshindernis**: Wird die Reise wegen eines **nach Vertragsschluss** 22 entstehenden Leistungshindernisses aus der **Sphäre des Reiseveranstalters** überhaupt **nicht angetreten**, so liegt wegen des Zeitablaufs Unmöglichkeit iSd §§ **275, 326** vor (TEICHMANN JZ 1979, 737, 738; aA [§§ 651c ff]: BGHZ 97, 255, 259 ff; FÜHRICH Rn 193 mwN). Sagt also zB der Reiseunternehmer die Reise ab, steht dem Reisenden auf jeden Fall ein Anspruch auf Rückzahlung des Reisepreises zu (§ 326 Abs 1, 3). Hat der Veranstalter die Absage zu vertreten, so ist er nach §§ 280 Abs 1 u 3, 283 S 1 schadensersatzpflichtig. Bleiben dagegen **nach Reiseantritt** einzelne Reiseleistungen ganz oder teilweise aus, gelten ausschließlich die §§ **651c ff** (BGHZ 97, 255, 259 ff). Stammt das Leistungshindernis aus der **Sphäre des Reisenden** und wird die Reise deshalb **nicht angetreten**, so wird der an sich anwendbare § 326 Abs 2 S 1 durch die Sonderregelung des § **651i** verdrängt (WOLTER AcP 183, 35, 72). Kommt es dagegen **nach Reiseantritt** zu einem **Abbruch der Reise** aus Gründen, die in der Sphäre des Reisenden liegen – zB schwere Krankheit, Tod eines Mitreisenden –, so gilt, da es für diesen Fall an einer spezielleren Regelung in den §§ 651c ff fehlt, § 326. § 651i greift nach Reisebeginn nicht mehr ein (OLG Frankfurt aM NJW-RR 1983, 494; H-W ECKERT, Risikoverteilung 158 ff; aA [§ 651i analog] FÜHRICH Rn 411; PICK § 651i Rn 64 ff; RGRK/RECKEN § 651i Rn 2; aA [§§ 645, 649 analog] LG Frankfurt aM NJW-RR 1991, 498; JAUERNIG/TEICHMANN Rn 3; SEYDERHELM § 651i Rn 6; vgl § 651i Rn 14).

b) Schuldnerverzug
Die allgemeinen Vorschriften über den Schuldnerverzug (§§ 280 Abs 2, 286) sind 23 auch beim Reisevertrag **grundsätzlich anwendbar** (ERMAN/SEILER Rn 6; JAUERNIG/ TEICHMANN Rn 3; aA [Vorrang der §§ 651c ff]: BIDINGER/MÜLLER 34 f; BRENDER 246 ff; FÜHRICH Rn 194; JANSSEN 66 ff, 73; WOLTER AcP 183, 66). Wird also eine **einzelne Reiseleistung** oder die **Reise insgesamt verzögert**, so finden die §§ 280 Abs 2, 286 Anwendung. Der Reisende kann daher den **Ersatz des Verzögerungsschadens** verlangen. Da der Reisevertrag aber häufig ein **absolutes Fixgeschäft** darstellt und eine Terminüberschreitung damit zur (Teil-)Unmöglichkeit führt (BGHZ 60, 14, 16; 77, 310, 318; 77, 320, 323; 85, 301, 304;

WOLTER AcP 183, 66), kann von Verzug im Rahmen der Reiseleistungen allerdings nur ausgegangen werden, wenn die (Teil-)Leistung ausnahmsweise noch zu einem späteren Zeitpunkt unverändert erbracht werden kann (vgl TEICHMANN JZ 1979, 737, 740). Dies ist wohl nur bei kürzeren Terminüberschreitungen denkbar (ERMAN/SEILER Rn 6; JAUERNIG/TEICHMANN Rn 3). Dagegen gelten die §§ 280 Abs 2, 286 uneingeschränkt, wenn der **Reisende den Reisepreis** zum Fälligkeitszeitpunkt nicht zahlt (BIDINGER/ MÜLLER 35; FÜHRICH Rn 194). Wird eine Reiseleistung oder die ganze Reise verzögert, kann der Reisende auch unabhängig von den Voraussetzungen des Verzuges nach § 286 dem Reiseveranstalter zur Leistung eine angemessene Frist setzen und nach deren erfolglosem Ablauf gem §§ **280 Abs 1 u 3, 281 Schadensersatz statt der Leistung** verlangen oder gem § **323 Abs 1** vom Reisevertrag **zurücktreten**.

c) Verletzung nicht leistungsbezogener Nebenpflichten

24 Die allgemeinen Vorschriften über die Verletzung nicht leistungsbezogener Nebenpflichten (**§§ 280, 282, 324 iVm § 241 Abs 2**) werden im Reisevertragsrecht weitgehend durch die §§ 651c–g verdrängt. Da § 651f auch die durch Reisemängel verursachten Mangelfolgeschäden umfasst (BT-Drucks 8/2343, 10; BGH NJW 1985, 132; 1986, 1748, 1749; 1987, 1931, 1937; OLG München RRa 1999, 174; BIDINGER/MÜLLER 35; BLAUROCK/WAGNER Jura 1985, 169, 175, 178; FÜHRICH Rn 195; KALLER Rn 265; MünchKomm/TONNER § 651f Rn 6), bleibt für Schadensersatzansprüche **des Reisenden** aus §§ 280 Abs 1, 241 Abs 2 (Ersatz des negativen Interesses neben dem Erfüllungsanspruch) und §§ 280 Abs 1 u 3, 282 (Schadensersatz statt der Leistung) oder einen Rücktritt des Reisenden vom Vertrag gem § 324 somit nur wenig Raum (vgl ERMAN/SEILER Rn 7; MünchKomm/TONNER § 651c Rn 29; SOERGEL/H-W ECKERT Rn 9; WOLTER AcP 183, 35, 64 ff). Der Anwendungsbereich der §§ 280, 282, 324 wird zusätzlich dadurch eingeengt, dass im Reiserecht **Hinweis- und Aufklärungspflichten** häufig keine bloßen Neben-, sondern Hauptpflichten darstellen. Dies gilt insbesondere für die **Informationspflichten** des Reiseveranstalters (BGHZ 130, 128; FÜHRICH Rn 521; MünchKomm/TONNER § 651a Rn 42; PICK § 651a Rn 62, 66; SOERGEL/H-W ECKERT § 651a Rn 46; aA TEMPEL NJW 1996, 1625, 1627; vgl § 651a Rn 117), da ohne deren Einhaltung der Vertragszweck – Durchführung der Reise – nicht erreicht werden kann. Verletzt der Reiseveranstalter schuldhaft seine Informationspflichten, so ist er entweder nach den allgemeinen Bestimmungen über Leistungsstörungen oder nach § 651f schadensersatzpflichtig. Für Ansprüche aus §§ 280 Abs 1, 241 Abs 2 oder §§ 280 Abs 1 u 3, 282 ist hier ebenso wenig Raum wie für einen Rücktritt gem § 324.

25 Diese Rechte kommen vielmehr nur dann zur Anwendung, wenn eine **Verletzung von nicht leistungsbezogenen Nebenpflichten** nicht zu einem Reisemangel geführt hat. Dies ist insbesondere dann denkbar, wenn der Reiseveranstalter es schuldhaft unterlässt, den Reisenden über besondere Risiken einer Reise oder Gefahren am Urlaubsort aufzuklären (BGH NJW 1985, 1165; OLG München RRa 1999, 174; OLG Celle NJW-RR 2001, 1558; BLAUROCK/WAGNER Jura 1985, 169, 178; FÜHRICH Rn 195; HEINZ 123; KALLER Rn 265; PICK § 651c Rn 96; WOLTER AcP 183, 64 ff), etwa darüber, dass in einem afrikanischen Land Stammesfehden größeren Ausmaßes bestehen, die auch auf Touristenzentren übergreifen. Erleidet der Reisende infolge derartiger Ereignisse einen Schaden, so hat er gegen den Veranstalter Schadensersatzansprüche aus §§ 280 Abs 1, 241 Abs 2 bzw §§ 280 Abs 1 u 3, 282 (PICK § 651c Rn 97).

26 Umgekehrt stehen dem **Reiseveranstalter** Schadensersatzansprüche aus §§ 280 Abs 1,

241 Abs 2 bzw. §§ 280 Abs 1 u 3, 282 stets dann zu, wenn der Reisende nicht leistungsbezogene **Nebenpflichten** aus dem Reisevertrag schuldhaft verletzt und dadurch dem Reiseveranstalter Schäden entstehen. Hier greifen die §§ 651c ff als speziellere Leistungsstörungsinstitute nicht ein (FÜHRICH Rn 182).

d) Culpa in contrahendo
Auch Ansprüche des Reisenden aus Verschulden bei Vertragsverhandlungen (**§§ 280 Abs 1, 311 Abs 2, 241 Abs 2**) sind im Anwendungsbereich des Reisevertragsrechts weitgehend durch die §§ 651c ff ausgeschlossen. Dies gilt jedenfalls dann, wenn eine schuldhafte Pflichtverletzung des Reiseveranstalters bei der Buchung zu einem Reisemangel führt, wie dies namentlich bei der Verletzung vorvertraglicher Aufklärungs- und Hinweispflichten oder unrichtiger Prospektangaben denkbar ist. Insoweit verdrängen die §§ 651c ff Ansprüche aus §§ 280 Abs 1, 311 Abs 2, 241 Abs 2 (LG Heidelberg NJW 1984, 133 f; BIDINGER/MÜLLER 35; ERMAN/SEILER Rn 8; FÜHRICH Rn 196; HEINZ 115 f; KALLER Rn 265; PALANDT/SPRAU Rn 9; SOERGEL/H-W ECKERT Rn 10). Die Grundsätze des Verschuldens bei Vertragsverhandlungen finden daher nur Anwendung, wenn es **nicht zum Abschluss eines Reisevertrages** gekommen ist oder wenn das Verschulden des Reiseveranstalters bzw seiner Erfüllungsgehilfen zu **keiner Beeinträchtigung der Reise** geführt hat (BGHZ 100, 157, 180 f; BIDINGER/MÜLLER 35; ERMAN/SEILER Rn 8; FÜHRICH Rn 196; MünchKomm/TONNER § 651c Rn 29; PICK § 651c Rn 98 f; SEYDERHELM § 651c Rn 4). Letzteres ist allerdings kaum denkbar.

e) Irrtumsanfechtung
Der Reisende kann den Reisevertrag nach Vertragsschluss, aber vor Reiseantritt nicht wegen eines Eigenschaftsirrtums gem **§ 119 Abs 2** anfechten, wenn er von einem nicht behebbaren Reisemangel erfährt. Hieran kann er allerdings zur Vermeidung der Rechtsfolgen der §§ 651e und i ein Interesse haben. Man wird zwar nicht davon ausgehen können, dass mit §§ 651a ff das Anfechtungsrecht des Reisenden ausgeschlossen werden sollte. Das Anfechtungsrecht nach § 119 Abs 2 muss aber wie beim werkvertraglichen Gewährleistungsrecht zumindest dann durch das Gewährleistungsrecht der §§ 651c ff verdrängt werden, wenn der Reisende vor Gefahrübergang zurücktreten bzw kündigen (§ 651e) kann (LG Frankfurt aM NJW-RR 1988, 1331; FÜHRICH Rn 185; SOERGEL/H-W ECKERT Vor § 651c Rn 11). Etwas anderes gilt nur dann, wenn sich der Reisende über Eigenschaften des Veranstalters irrt. Im Übrigen wird man dem Reisenden aber ein Anfechtungsrecht nach **§§ 119 Abs 1, 120** und nach **§ 123** nicht versagen können (vgl § 651a Rn 86).

f) Störung der Geschäftsgrundlage
Eine Störung der Geschäftsgrundlage wird gem § 313 bei Reiseverträgen kaum einmal eintreten können, wenn man wie hier (vgl § 651j Rn 14) die höhere Gewalt dahingehend kennzeichnet, dass sie jedes von außen kommende Ereignis erfasst, das von den Parteien auch bei Beachtung äußerster zumutbarer Sorgfalt nicht verhindert werden konnte (so zutreffend TEICHMANN JZ 1979, 737, 741).

3. Verhältnis zum Deliktsrecht

Die reisevertraglichen Gewährleistungsansprüche aus §§ 651c ff lassen eine Schadensersatzpflicht des Reiseveranstalters aus **unerlaubter Handlung** nach §§ 823, 831 unberührt. Beide Haftungsgründe stehen selbständig nebeneinander

(BGH NJW 1988, 1380; 2000, 1188; LG Frankfurt aM NJW 1985, 2424; Hannover NJW-RR 1986, 1055; Bidinger/Müller 35; Führich Rn 200; Kaller Rn 266; Palandt/Sprau Rn 11; Pick § 651c Rn 100; Soergel/H-W Eckert Rn 20). Entsprechende Schadensersatzpflichten können sich insbesondere aus der **Verletzung von Verkehrssicherungspflichten** des Reiseveranstalters ergeben. Eine solche ist zB zu bejahen, wenn sich ein Reisender schwer verletzt, weil er wegen eines morschen Geländers vom Balkon seines Hotelzimmers stürzt. Hier haftet der Veranstalter wegen Verletzung seiner Verkehrssicherungspflicht aus § 823 Abs 1, wenn er das Vertragshotel nicht genügend im Hinblick auf den erforderlichen Sicherheitsstandard überprüft hat (BGH NJW 1988, 1380). Für den Reisenden kann eine deliktische Haftung des Reiseveranstalters **günstiger** sein als eine solche nach §§ 651c ff. Insbesondere gilt hier statt der zweijährigen Verjährungsfrist des § 651g Abs 2 die regelmäßige **Verjährung** der §§ 195, 199. Auch ist bei Sachschäden fraglich, inwieweit die nach § 651h uU bestehenden Haftungsbeschränkungen auch die §§ 823 ff erfassen (vgl Seyderhelm § 651f Rn 25).

4. Verhältnis zum Recht einzelner Reiseleistungen

31 Die §§ 651a ff sind nur anwendbar, wenn Gegenstand des Vertrages eine **Gesamtheit von Reiseleistungen** ist (§ 651a Abs 1 S 1; vgl § 651a Rn 12 ff). Die zur rechtlichen Einheit „Reise" zusammengefassten touristischen Einzelleistungen verlieren damit ihre rechtliche Eigenständigkeit. Der Reiseveranstalter schuldet zwar jede dieser Einzelleistungen, doch hat er sie nicht isoliert, sondern nur als Bestandteil der „Reise" zu erbringen. Daraus folgt, dass er für die von ihm geschuldete Erbringung der Reise vertraglich allein nach den §§ 651c ff einzustehen hat. Es ist daher unzulässig, neben den §§ 651c ff die für einzelne Reiseleistungen geltenden Vorschriften anzuwenden und den Veranstalter zB hinsichtlich der Unterkunftsgewährung als Vermieter nach § 536 a (LG Berlin NJW 1985, 144; Bartl Rn 383; Soergel/H-W Eckert Rn 19; **aA** LG Frankfurt aM NJW 1983, 2264, 2265 f; NJW-RR 1989, 1213; Tempel JuS 1984, 81, 90; ders RRa 1998, 19, 20) oder als Gastwirt nach §§ 701 ff (OLG München RRa 199, 174; LG Berlin NJW 1985, 144; LG Frankfurt aM NJW-RR 1994, 1477; Baranowski RRa 1994, 146; Führich Rn 199; Seyderhelm § 651c Rn 51; Tempel RRa 1998, 19, 20; **aA** LG Berlin NJW 1985, 2425; LG Frankfurt aM NJW 1983, 2263) haften zu lassen. Anderenfalls käme es zu systemwidrigen und unbilligen **Haftungskumulationen** (Blaurock/Wagner Jura 1985, 169, 174; Erman/Seiler Rn 10; Soergel/H-W Eckert Rn 12). Dies heißt natürlich nicht, dass einzelne Vorschriften zB des Miet- oder Beförderungsrechts nicht zur Füllung von Lücken des Reisevertragsrechts herangezogen werden dürften. Auch gilt der Vorrang des Reisevertragsrechts dann nicht, wenn die Normen des anderen Vertragstyps ausdrücklich deren Geltung neben oder vorrangig vor anderen Vorschriften anordnen (Soergel/H-W Eckert Rn 12).

a) Vermieterhaftung

32 Nach dem oben Gesagten ist hinsichtlich der zur Reise gehörenden Unterkunft eine Haftung des Reiseveranstalters nach **§§ 536, 536a abzulehnen**, da sie das reiserechtliche Gewährleistungssystem zu Lasten des Veranstalters verändern würde (LG Berlin NJW 1985, 144, 145; Bartl Rn 383; H-W Eckert, Pauschalreiserecht 61; Erman/Seiler Rn 10; **aA** LG Frankfurt aM NJW 1983, 2264, 2265 f; aufgegeben in LG Frankfurt aM NJW-RR 1994, 1477; Tempel JuS 1984, 81, 90; ders RRa 1998, 19, 20). Mietrecht kommt also nur dann zur Anwendung, wenn ausschließlich eine Unterkunft Gegenstand des Vertrages ist, zB wenn der Urlauber ein Ferienhaus oder eine Ferienwohnung unmittelbar beim Eigentümer bucht (vgl § 651a Rn 30).

b) Gastwirtshaftung

33 Str ist, ob den Reiseveranstalter die verschuldensunabhängige Gastwirtshaftung für eingebrachte Sachen nach §§ 701 ff treffen kann, wenn diese aus dem Hotelzimmer des Reisenden gestohlen bzw dort zerstört werden. Dies wurde zT bejaht (LG Frankfurt aM NJW 1983, 2263; LG Berlin NJW 1985, 2425; AG Bamberg NJW-RR 1994, 1137; LG München I RRa 1994, 68; TEMPEL JuS 1984, 81, 90), ist aber aus denselben Gründen wie eine Vermieterhaftung des Veranstalters **abzulehnen**, da auch eine Anwendung der §§ 701 ff die Risikoverteilung im reisevertraglichen Gewährleistungsrecht durchbrechen würde (OLG Frankfurt aM FVE Nr 542; OLG München RRa 1999, 174; LG Berlin NJW 1985, 144; LG Frankfurt aM RRa 1994, 156; AG Stuttgart RRa 1996, 225; BARANOWSKI RRa 1994, 146; BECHHOFER 93; H-W ECKERT, Pauschalreiserecht 60; FÜHRICH Rn 199; SEYDERHELM § 651c Rn 51; TEMPEL RRa 1998, 19, 20). Dies gilt auch für eine analoge Anwendung der §§ 701 ff für den Fall, dass der Reiseveranstalter gleichzeitig selbst Beherbergungsunternehmer ist (FÜHRICH Rn 186; **aA** SOERGEL/H-W ECKERT Rn 19). Dabei ist zu berücksichtigen, dass es auch deshalb keiner analogen Anwendung der §§ 701 ff auf den Reisevertrag bedarf, weil sich von denen der §§ 701 ff die Rechtsfolgen der §§ 651c ff in der Praxis kaum unterscheiden, dem Reisenden also durch die Verweisung auf die Gewährleistungsrechte kaum Rechtsnachteile entstehen (vgl FÜHRICH Rn 186; SEYDERHELM § 651c Rn 51; TEMPEL RRa 1998, 18, 20).

c) Haftung bei Luftbeförderung

34 Bei **Flugreisen** gelten für Personen- und Sachschäden, die auf innerstaatlichen Flügen eintreten, die **§§ 44 ff LuftVG**. Bei internationalen Luftbeförderungen finden das **Warschauer Abkommen – WA –** (Abkommen zur Vereinheitlichung von Regeln über die Beförderung im internationalen Luftverkehr v 12. 10. 1929, RGBl 1933 II 1039 ff), das **Haager Protokoll – HP –** (Protokoll zur Änderung des Abkommens zur Vereinheitlichung von Regeln über die Beförderung im internationalen Luftverkehr v 28. 9. 1955, BGBl 1958 II 291 ff) sowie das **Zusatzabkommen von Guadalajara – ZAG –** (Zusatzabkommen zum Warschauer Abkommen zur Vereinheitlichung von Regeln über die von einem anderen als dem vertraglichen Luftfrachtführer ausgeführte Beförderung im internationalen Luftverkehr v 18. 9. 1961, BGBl 1963 II 1159 ff) Anwendung, soweit deren jeweilige Voraussetzungen gegeben sind.

35 Das WA und das ZAG stellen ebenso wie § 49 a LuftVG den „**vertraglichen Luftfrachtführer**" (Reiseveranstalter) dem „**ausführenden Luftfrachtführer**" (Fluggesellschaft) weitgehend gleich (BGH NJW 1985, 1457; 1987, 1931; LG Bonn RRa 1998, 121; FÜHRICH Rn 201; LÖWE 127 f; RUHWEDEL Rn 88 u 102; SCHMID RRa 1995, 138). Dies führt bei Flugreisen zu einer eigenen Haftung des Reiseveranstalters nach dem Luftverkehrsrecht, und zwar unabhängig davon, ob er die Luftbeförderung mit eigenen Maschinen ausführt oder dazu veranstalterunabhängige, fremde Fluglinien oder Charterfluggesellschaften einsetzt (FÜHRICH Rn 188; HEINZ Rn 35; SOERGEL/H-W ECKERT Rn 13).

36 Nach § 48 Abs 1 LuftVG und Art 24 Abs 1 WA können Schadensersatzansprüche gegen den Luftfrachtführer, unabhängig davon, auf welchem Rechtsgrund sie bestehen, nur unter den im LuftVG bzw WA genannten Voraussetzungen geltend gemacht werden. Dies führt dazu, dass Ansprüche aus **§ 651f Abs 1 u 2** durch die spezielleren Schadensersatznormen des LuftVG (§ 44 LuftVG) und des WA (Art 17 ff WA) **verdrängt** werden, soweit der Reiseveranstalter als **vertraglicher Luftfrachtführer** im Sinne von § 49a LuftVG bzw des ZAG haftet (OLG Frankfurt aM RRa

1993, 13; OLG Düsseldorf NJW-RR 1998, 921; LG Hannover NJW 1985, 2903; LG Frankfurt aM NJW-RR 1986, 216; Führich Rn 201; Schmid/Leffers NJW 1998, 1911, 1917; Schmid/Sonnen NJW 1992, 464, 472; Seyderhelm III Rn 10). Etwas anderes gilt dann, wenn der Schaden vom Luftfrachtführer oder einem seiner Leute in Ausführung ihrer Verrichtungen **vorsätzlich oder grob fahrlässig** herbeigeführt wurde. In diesem Fall haftet der Reiseveranstalter über Art 25 WA, § 1 des Durchführungsgesetzes zum WA (DGWA) und § 48 Abs 1 S 2 LuftVG wieder nach § 651f Abs 1 u 2 (AG Bad Homburg RRa 2001, 82; Führich Rn 202; Giemulla/Schmid Art 25 Rn 53, Art 24 Rn 10, 15; Heinz TransportR 1991, 45, 47; Schmid RRa 1996, 90; Seyderhelm III Rn 10). Das ist gerade für Köperverletzungen oder Gesundheitsbeschädigungen infolge Luftbeförderungen wichtig, weil für § 651f die Haftungsobergrenzen des § 46 Abs 1 LuftVG, Art 22 Abs 1 WA nicht gelten und der Reiseveranstalter nach § 651h Abs 1 seine Haftung auch vertraglich nicht beschränken kann (Soergel/H-W Eckert Rn 14). Gem § 253 Abs 2 ist bei Körper- und Gesundheitsverletzungen auch ein **Schmerzensgeld** zu leisten.

37 Ist das ZAG wegen der **fehlenden Ratifizierung** – das ZAG ist ua von folgenden Urlaubsländern nicht ratifiziert worden: Barbados, China, Dominikanische Republik, Indien, Indonesien, Israel, Italien, Kenia, Kuba, Malaysia, Portugal, Singapur, Spanien, Sri Lanka, Thailand, Türkei, USA – nicht anwendbar und wird der Reiseveranstalter auch nicht als ausführender Luftfrachtführer tätig, ist **§ 651f Abs 1 u 2 uneingeschränkt anwendbar** (LG Berlin NJW-RR 1990, 1018; Führich Rn 201; Seyderhelm III Rn 11; aA LG Düsseldorf RRa 1997, 184). Der aus § 651f in Anspruch genommene Reiseveranstalter kann sich allerdings nach § 651h Abs 2 auf die **Haftungsbeschränkungen** des WA berufen (vgl § 651h Rn 43).

38 Anders als § 651f werden die **§§ 651c bis e** durch das Luftverkehrsrecht **nicht verdrängt**, selbst wenn ein spezieller Haftungstatbestand zB des WA eingreift (OLG Frankfurt aM TransportR 1993, 122; OLG Celle RRa 1995, 163; LG Frankfurt aM NJW-RR 1986, 216; NJW-RR 1993, 1270; RRa 1997, 43; LG Düsseldorf RRa 1997, 184; Führich Rn 202; Schmid/ Leffers NJW 1998, 1911, 1917; Schmid/Sonnen NJW 1992, 464; Seyderhelm III Rn 9). Dies beruht darauf, dass § 48 LuftVG und Art 24, 25 WA sich nur auf Schadensersatzansprüche, nicht aber auch auf sonstige **verschuldensunabhängige Gewährleistungsansprüche** auf Selbstabhilfe (§ 651c Abs 3), Minderung (§ 651d) und Kündigung (§ 651e) beziehen.

d) Haftung bei Seebeförderung

39 Soweit der Reisende eine Seepassage unternimmt, es also zu einer **Beförderung auf internationalen Seegewässern** kommt, gelten hierfür die §§ 664 ff HGB und die Anlage zu § 664 HGB („Bestimmungen über die Beförderung von Reisenden und ihrem Gepäck auf See"). Diese Bestimmungen sind durch das Zweite Seerechtsänderungsgesetz v 25. 7. 1986 (BGBl 1986 I 1120 ff) neu gefasst worden. Dadurch wurden insbesondere die Bestimmungen des Athener Übereinkommens von 1974 über die Haftung bei der Beförderung von Reisenden und ihrem Gepäck (Text bei Schaps/ Abraham, Seehandelsrecht Anh zu § 678) mit höheren Haftungsbeträgen und einigen anderen Änderungen ins deutsche Recht übernommen. Nach Art 11 der Anlage zu § 664 HGB werden die **§§ 651c ff** im Anwendungsbereich des Seebeförderungsrechts durch dieses **verdrängt** (Soergel/H-W Eckert Rn 16 mwN). Die §§ 651c ff kommen also bei Personen- und Sachschäden, die bei der Beförderung auf internationalen Seegewässern auftreten, nicht zur Anwendung. Der Reiseveranstalter haftet aber als Beförderer für Personen- und Sachschäden bei Seebeförderungen zwingend (Art 11 der Anlage zu § 664 HGB) unter den besonderen Voraussetzungen der Anlage zu § 664 HGB (Führich Rn 402 u 834). Dabei gelten für ihn über § 651h **Abs 2** die im Zweiten Seerechtsänderungsgesetz vorgesehenen Haftungssummen. Auf diese kann sich der Reiseveranstalter nur dann nicht berufen, wenn der Seeschaden vorsätzlich oder grob fahrlässig herbeigeführt wurde.

Für Seebeförderungen auf **Binnengewässern** gelten die §§ 3–5m, 77 Binnenschiff- **40** fahrtsgesetz (idF d Bekanntmachung v 20.5. 1898 RGBl 1898 I 369, 868, zuletzt geändert durch Gesetz v 22.5. 2001 BGBl 2001 I 898), die im Wesentlichen dem Recht der internationalen Seepassage entsprechen (vgl Führich Rn 865 f).

e) Haftung bei Eisenbahnbeförderung

Ist eine **grenzüberschreitende Bahnbeförderung** Bestandteil einer Pauschalreise, so **41** gelten für Personen- und Sachschäden als Sondervorschriften die Art 26 ff des Übereinkommens über den internationalen Eisenbahnverkehr – COTIF v 9.5. 1980, (BGBl II 130, 666) sowie dessen Anlage A („Einheitliche Rechtsvorschriften für den Vertrag über die internationale Eisenbahnbeförderung von Personen und Gepäck – ER/CIV"). Nach Art 46 CIV stellen die COTIF bzw ER/CIV Sondervorschriften dar, deren Schadensersatznormen in ihrem Anwendungsbereich die §§ 651c ff **verdrängen**. Außerhalb des Anwendungsbereichs dieser Schadensersatzvorschriften bleiben die §§ 651c ff hingegen anwendbar. Für **innerstaatliche Bahnbeförderungen** kommen die §§ 17, 25 ff der Eisenbahnverkehrsordnung (v 8.9. 1938 RGBl 1938 II 663; id Neufassung v 20.4. 1999 BGBl 1999 I 782), §§ 453 ff HGB sowie §§ 5 f HaftpflG zur Anwendung. Auch diese Nomen schließen nur in ihrem jeweiligen Anwendungsbereich die §§ 651c ff aus.

§ 651c
Abhilfe

(1) Der Reiseveranstalter ist verpflichtet, die Reise so zu erbringen, dass sie die zugesicherten Eigenschaften hat und nicht mit Fehlern behaftet ist, die den Wert oder die Tauglichkeit zu dem gewöhnlichen oder nach dem Vertrag vorausgesetzten Nutzen aufheben oder mindern.

(2) Ist die Reise nicht von dieser Beschaffenheit, so kann der Reisende Abhilfe verlangen. Der Reiseveranstalter kann die Abhilfe verweigern, wenn sie einen unverhältnismäßigen Aufwand erfordert.

(3) Leistet der Reiseveranstalter nicht innerhalb einer vom Reisenden bestimmten angemessenen Frist Abhilfe, so kann der Reisende selbst Abhilfe schaffen und Ersatz der erforderlichen Aufwendungen verlangen. Der Bestimmung einer Frist bedarf es nicht, wenn die Abhilfe von dem Reiseveranstalter verweigert wird oder wenn die sofortige Abhilfe durch ein besonderes Interesse des Reisenden geboten wird.

Schrifttum

BETHÄUSER, Reiserecht und Umweltprobleme – Eine systematische Darstellung der Rechtsprechung, DAR 1991, 441
BRENDER, Das reisevertragliche Gewährleistungsrecht und sein Verhältnis zum allgemeinen Recht der Leistungsstörungen (1985)
BROX, Störungen durch geistig Behinderte als Reisemangel, NJW 1980, 1939
COESTER-WALTJEN, Die Rechte des Reisenden bei mangelhaften Leistungen im Reisevertragsrecht, Jura 1995, 329
DEMMIG, Die Mängelhaftung im Reisevertragsrecht (1990)
H-W ECKERT, Die Risikoverteilung im Pauschalreiserecht (2. Aufl 1995)
EILMANN, Die Abgrenzung des reisevertraglichen Gewährleistungsrechts vom Recht der allgemeinen Leistungsstörungen – unter besonderer Berücksichtigung der Rechtsnatur des Reisevertrags (1990)
EISNER, Algen – ein Reisemangel?, DAR 1989, 333
FÜHRICH, Die Risikoverteilung bei höherer Gewalt im Reisevertragsrecht, BB 1991, 493
ders, Umwelteinflüsse bei Pauschalreisen und ihre Konfliktlösungen im Reisevertragsrecht, NJW 1991, 2192
ders, Reisen – auch ein Bürgerrecht für Behinderte, RRa 1995, 101
ders, Wechsel der zugesicherten Charterfluggesellschaft unzulässig, RRa 1996, 76
U HEINZ, Die Rechtsstellung des Reisenden nach Inkrafttreten der Reisevertragsnormen (1983)
JANSSEN, Reisevertragliches Gewährleistungsrecht bei Gruppenreisen (Diss Bielefeld 1986)
KALLER, Das Verhältnis des Gewährleistungsrechts nach §§ 651c ff BGB zum allgemeinen Recht der Leistungsstörungen, RRa 1999, 19
KALLER/SCHÄFER, Die rechtlichen Probleme der Fortuna-Reisen, RRa 1995, 78
LÖWE, Ausfall von Leistungen aus einem Reisevertrag als Reisemangel im Sinne der §§ 651c ff BGB, EWiR 1986, 469
MEYER, Das Verhältnis der §§ 651c ff BGB zu den allgemeinen Leistungsstörungsregeln (1986)
ders, Das reisevertragliche Gewährleistungsrecht und sein Verhältnis zu den allgemeinen Leistungsstörungen, VersR 1987, 339
NETTESHEIM, Reiserechtliche Aspekte schneearmer Winter, DAR 1992, 136
PELETT, Die reisevertragliche Gewährleistung in Deutschland, England und Frankreich und die Auswirkungen der EG-Pauschalreise-Richtlinie (Diss Göttingen 1993)
PETER/TONNER, Umweltbeeinträchtigungen auf Reisen, NJW 1992, 1794
POSNER, Konkurrenzen im Reisevertragsrecht (1994)
SCHMID, Der Wechsel der Fluggesellschaft – ein Reisemangel?, BB 1986, 1453
SCHMID/SONNEN, Rechtsprobleme bei der Luftbeförderung im Rahmen von Flugpauschalreisen, NJW 1992, 464
dies, Die Rechte des Reisenden beim Wechsel der Fluggesellschaft und des Luftfahrzeugs, NJW 1996, 1636
SCHMITT, Leistungsstörungen im Reisevertragsrecht, JR 1987, 265
SIEBERT, Haftung des Reiseveranstalters auch für das allgemeine Lebensrisiko des Reisenden?, RRa 1994, 110, 126
TEICHMANN, Die Struktur der Leistungsstörungen im Reisevertrag, JZ 1979, 737
ders, Die Haftung für „Mängel" und „höhere Gewalt" im Reiserecht, JZ 1990, 1117
TEMPEL, „Geringfügige Reisemängel", NJW 1997, 2206
ders, Die Zuweisung einer anderen Unterkunft als Reisemangel, RRa 1995, 158
ders, Voraussetzungen für die Ansprüche aus dem Reisevertrag, NJW 1986, 547
TONNER/LINDNER, Der Wechsel der Fluggesellschaft als Reisemangel, VuR 1996, 249.
WEDEPOHL, Das reisevertragliche Gewährleistungsrecht (Diss Marburg 1982)
WOLTER, Das Verhältnis des reiserechtlichen Gewährleistungsrechts der §§ 651c ff zum allgemeinen Recht der Leistungsstörungen, AcP 183 (1983) 35.

Titel 9 · Werkvertrag und ähnliche Verträge § 651c
Untertitel 2 · Reisevertrag

Systematische Übersicht

I.	**Inhalt und Zweck**	1
II.	**Reisemangel**	4
1.	Fehlerbegriff	5
a)	Vertragliche Sollbeschaffenheit	10
aa)	Stellenwert von Reiseprospekten und Reisebeschreibungen	10
bb)	Regelungen in Allgemeinen Reisebedingungen, Abweichungen, Nebenabreden	17
b)	Ortsspezifische Besonderheiten	21
aa)	Allgemeines	21
bb)	Regelungen in Allgemeinen Reisebedingungen	25
c)	Besonderheiten bei speziellen Reisetypen	26
aa)	Billigreisen	26
bb)	Luxusreisen	28
cc)	Abenteuer- und Expeditionsreisen	29
dd)	Kreuzfahrten	32
ee)	Bildungs- und Studienreisen	33
ff)	Clubreisen	34
gg)	Sportreisen	35
hh)	Sprachreisen	36
ii)	Fortuna- oder Joker-Reisen	37
d)	Leistungsänderungsvorbehalte	38
e)	Sicht des Durchschnittsreisenden als Maßstab für die Fehlerhaftigkeit	39
f)	Mangelhaftigkeit einzelner Reiseleistungen	41
2.	Zugesicherte Eigenschaft	44
3.	Grenzen der Einstandspflicht	49
a)	Völlig unerhebliche Mängel, bloße Unannehmlichkeiten	49
b)	Beherrschbarkeit des Mangels, allgemeines Lebensrisiko	51
aa)	Beherrschbarkeit der Störung	51
bb)	Beeinträchtigungen durch Dritte	53
cc)	Höhere Gewalt	55
dd)	Allgemeines Lebensrisiko	56
4.	Einzelfälle	58
a)	Beförderung	59
aa)	Ausstattung der Beförderungsmittel, Art der Beförderung	59
bb)	Anschluss- und Koordinationsfehler	64
cc)	Abweichungen von der Reiseroute	69
dd)	Mängel bei Schiffsreisen	74
b)	Urlaubsort	76
aa)	Abwässer/Strandverschmutzung	76
bb)	Lärm	79
(1)	Baulärm	79
(2)	Lärm durch Diskotheken, Fahrstühle	81
(3)	Verkehrslärm	85
c)	Unterkunft	86
aa)	Hellhörigkeit	86
bb)	Hotelwechsel	88
cc)	Mangelhaftigkeit der Unterkunft	92
dd)	Ungeziefer	119
ee)	Ausfall von Hoteleinrichtungen	121
ff)	Zusammensetzung der Gäste	122
d)	Verpflegung	125
e)	Ausfall einzelner Reiseleistungen	131
aa)	Sportmöglichkeiten, FKK-Urlaub	131
bb)	Animation, Reiseleitung	137
cc)	Zugesagter Mietwagen	139
dd)	Kinderbetreuung	140
ee)	Ausfall von Leistungsträgern bei Quarantäne	143
ff)	Safari	144
III.	**Abhilfeverlangen und Abhilfe nach § 651c Abs 2**	145
1.	Rechtsnatur des Anspruchs	146
2.	Anforderungen an Abhilfeverlangen	147
3.	Form des Abhilfeverlangens	148
4.	Adressat des Abhilfeverlangens	149
a)	Reiseveranstalter, örtliche Reiseleitung	149
b)	Leistungsträger	150
5.	Zeitpunkt der Ausübung des Abhilfeverlangens	152
6.	Notwendigkeit der Nachfristsetzung?	153
7.	Kosten der Abhilfe	154
8.	Recht zur Verweigerung der Abhilfe	155
a)	Allgemeines	155
b)	Darlegungs- und Beweislast	156
9.	Form der Abhilfe	157
10.	Rechtsfolgen der Abhilfe	162
IV.	**Selbstabhilferecht nach § 651c Abs 3**	
1.	Voraussetzungen des Selbstabhilferechts	163
2.	Angemessenheit der Nachfrist	165

213   Jörn Eckert

3. Entbehrlichkeit der Nachfristsetzung 168
4. Verpflichtung zum Ersatz der erforderlichen Aufwendungen 171
5. Vorschusspflicht des Reiseveranstalters 173

V. Darlegungs- und Beweislast 174

Alphabetische Übersicht

Abendessen	125
Abenteuerreise	10, 13, 24, 29 ff, 71
Abfalllagerung	112
Abflugtermin	168
Abhilfe	79
– eigentliche	146
– erweiterte	146
– Form	157 ff
– Kosten	154 f
– Recht zur Verweigerung	155 f
– Rechtsfolgen	162
– Unmöglichkeit	155, 168 f
– unverhältnismäßiger Aufwand	155 f
Abhilferecht	4
Abhilfeverlangen	145 ff
– Adressat	149
– Anforderungen	147
– Form	148
– Fristsetzung	163
– Nachfristsetzung	153
– Rechtsnatur	146 f
– Zeitpunkt	152
Abreisetermin	64
Abwässer	51, 76 f
Abweichung von Reiseroute	69 ff
Affenbiss	56
Afrika	21, 56
Algenpest	8, 52, 57
All-Inclusive-Reisen	34
Alter des Reisenden	84, 106
Ameisen	21, 23, 49, 119 f
Amerikanisches Frühstück	15
Änderungsvorbehalt	62, 73
Angemessenheit der Nachfrist	165 f
Animateur	34, 81, 137 f
Anmeldeformular	10
Anreisetermin	64
Anschlussflug	64
Anzeigeobliegenheit	145
Appartement	12, 158
ARB	17 ff, 26, 38, 145, 148 f, 151

Armbänder	34
Arbeitskampf	22
Arzt	130
Aufklärungspflicht	11
Aufpreis	159
Auftrittsverbot	138
Aufwand, unverhältnismäßiger	3
Aufwendungen	
– Angemessenheit	172
– für erfolglose Bemühungen	171
– Erforderlichkeit	171
Aufwendungsersatz bei Selbsthilfe	171
Aufzug	74, 83, 106
Ausflugsboot	56
Auslandsreise	11, 21, 56, 105, 137
Ausrüstungsgegenstände	31
Aussicht	100
Ausweichquartier	79
Bad	100
Badebuchten	12
Bademöglichkeit	76 ff
Badesee	131
Badeurlaub	8, 52, 57, 70, 76, 78
Bahnreise	64
Bali	119
Balkon	113
Bar	23, 48, 74, 81 f, 87
Bauarbeiten	39, 79, 121
Baulärm	79 f
Bedienung	39
Beeinträchtigung durch Dritte	53 f
Beeinträchtigung, Erheblichkeit	9, 164
Beförderungsklasse	62
Beförderungsmittel, Wechsel	62
Behinderte	84, 100, 122, 169
Beinabstand	60
Belästigung	
– durch Behinderte	122
– durch Bettler	77
– durch Kinder	77

April 2003

– durch Mitreisende	123
– sexuelle	54, 56
– durch Tiere	115
Beleuchtung	74
Belüftung	113
Beobachtungspflichten	57
Beschaffenheit der Reise, objektiv	6, 9
Beschwerden, körperliche	84
Besichtigungsprogramm	7, 32 f, 62, 69
Bettenwechsel	114
Bettenzahl	117
Bettler	77
Bettwäschewechsel	49
Beweislast	120, 156, 174 ff, 177
Bilder	49
Bildungsreise	32 f, 52
Billigflug	62
Billigreisen	26 f, 37
Binnensee	77
Bodenfliesen	106
Borneo	74
Boutique	104
Buchungsbeleg	64
Bungalow	16, 100, 158
Business-Class	62
Busreise	21, 50, 59, 157
– Beinabstand	60
– Nichtraucherzone	60
– Platzwechsel	60
– Sauberkeit	60
Campingplatz	118
Ceylon	77
Charterflug	62, 157, 172
Club-Reisen	22, 34, 124, 129, 138
culpa in contrahendo	11
Dauerschuldverhältnis	40, 58
Deutsche Küche	126
Dias als Beweismittel	120
Diätgericht	125
Diebstahl	56, 60
Diskothek	22 f, 81 f
Diskriminierung von Behinderten	122
Doppelbett	96
Doppelzimmer	96, 100, 158
– Belegung	100
– Buchung durch unverheiratetes Paar	100
– halbes	100

Druckabfall	62
Drucklegungsklausel	13
Durchschnittsreisender als Maßstab für Fehlerhaftigkeit	39 f, 122
Dusche	32, 109, 114
Duschvorhang	21
Economy-Class	62
Eigenschaft, zugesicherte	5, 44 ff
– Abgrenzung zum Fehler	46
Eilbedürftigkeit	3
Einfachkabine	27
Einheimische Gerichte	126
Einheimische	22, 54
Einheitsgericht	125
Einkaufsmöglichkeiten	69, 104
Einzelbett	96
Einzelfallwürdigung	58
Einzelunterricht	131
Einzelzimmer	96
Entbehrlichkeit Fristsetzung	177
Entfernungsangaben	12, 76, 131
Entlüftung	113
Entlüftungsschacht	113
Entwicklungsland	77
Epidemieverdacht	143
Erforderlichkeit von Aufwendungen	171
Erfüllungsanspruch	146
Erfüllungsgehilfen	53
Erfüllungspflicht Reiseveranstalter	8
Erheblichkeit Beeinträchtigung	164
Erholung	9, 39
Erholungsreise	10, 32
Erholungszweck	6
Erkrankung	31, 130
Ersatzhotel	171
Ersatzleistung	157
– höherwertige	157, 159
– Gleichwertigkeit	158 ff
Ersatzquartier	89 f, 95, 158
Ersatzquartier, Gleichwertigkeit	90
Ersatzunterkunft	161, 172
Expeditionsreise	29 ff, 137
Fahrtkosten	171
Familienreisen	50, 94, 158
Fehler, Abgrenzung zu zugesicherter Eigenschaft	46
Fehlerbegriff	5 ff, 135

– enger	8
– normativer	122
Fehlerhaftigkeit, Maßstab	39 f
Ferien vom Ich	12
Feriengebiet	79
Ferienwohnungen	94, 97
Fernsehgerät	49, 105
Feuchtigkeitsschäden	108
Filzläuse	119
Firmensitz	151
Fitnessraum	121
Fixschuld	171
FKK-Urlaub	14, 131, 135
Flohbefall	56, 120
Fluggesellschaft	53
– renommierte	62
– Wechsel	62
Flughafen	41, 64, 68, 85
Fluglärm	85
Fluglotsenstreik	64
Flugplan	64
Flugreise	61
– Ausschluss Reisender	64
– internationale	64
– Verzögerungen	73
Flugunterbrechung	64
Flugverlegung	73
Flugverspätung	49, 62, 64, 68
Flugzeitänderung	64
Flugzeugschaden	64
Folkloregruppe	54
Fortuna-Reise	37
Fotos	11 f
Frankfurter Flughafen	64
Frankfurter Tabelle	49
Frankreich	56
Frauenhotel	123
Freiluftaufführung	22
Freizeitmöglichkeit	39
Fristsetzung bei Abhilfeverlangen	153
Fristsetzung, Entbehrlichkeit	177
Frühstück	49, 125, 130
– amerikanisches	15
Funkgerät	31
Ganzjahresskilauf	51 f, 57
Gaststätte	23
Gebirgssee	131
Gecko	21

Gefahren, besondere	52
Gejodel	54
Gepäck	
– Ankunft, verspätete	63
– Verlust	63
Geruchsbelästigung	56, 112, 121
Gesamtheit der Reise und Mangelhaftigkeit	41 ff
Geschirr	23, 129
Gesellschaftsreise	50
Gesundheitsbeeinträchtigung	79
– durch Unterkunft	116
Gesundheitszustand, Reisender	106
Gleichwertigkeit von Ersatzleistungen	158
Gletscherspalte	56
Golfplatz	35, 131 f, 134
Gran Canaria	119
Grönland	32
Großbaustelle	79 f
Gruppenunterricht	131
Hafen	32, 69, 72, 143
Haftungsausschluss	143
Haftungsbeschränkung	53
Halbes Doppelzimmer	100
Hallenbad	110, 121 f
Handgepäck	63
Handtücher	74, 113
Handtuchwechsel	49
Hauseigentümer	80
Hautfarbe	123
Hawaii	21
Heizung	28, 111
Hellhörigkeit	86 f
Herzinfarkt	56
Hinweispflicht Reiseveranstalter	12
Hitze	56
Hochstuhl	141
Höhere Gewalt	55
Holzsplitter	56
Homosexuelle	123
Hotel	9, 10, 12, 22 f, 39, 41, 46, 51, 53, 76, 78, 80, 86 ff, 100, 112, 130, 131, 158
– Ausfall Einrichtungen	121
– Ausstattung	27
– Betten	10
– Bettenzahl	117
– Boutique	104
– Gäste	122

– Größe _____ 106
– Grünanlage _____ 118
– Kategorie _____ 89, 113, 157, 160, 172
– Kinderfreundlichkeit _____ 141
– Kindergarten _____ 142
– Personal _____ 141
– Prospekt _____ 16
– Wechsel _____ 88 ff
Hotelzimmer _____ 113, 157
– Ausstattung _____ 28, 48, 99, 176
– Belüftung _____ 113
– Feuchtigkeit _____ 108
– Größe _____ 99
– Lage _____ 48, 96
– Sauberkeit _____ 113
– Seeblick _____ 146
– Ungeziefer _____ 119
Hunde _____ 115
Hygiene _____ 27

Ibiza _____ 93
Ikonensammlung _____ 65
Indien _____ 21
Informationspflicht _____ 57
Inlandsreise _____ 56, 105
Insekten _____ 56
Insel _____ 12, 70
Intensität der Reisebeeinträchtigung _____ 4
Italien _____ 21, 56, 70, 76, 111

Jagdgebiet _____ 51
Jagdmöglichkeit _____ 144
Joker-Reise _____ 37
Jordanien _____ 33, 102

Kabine _____ 74
– Mindestgröße _____ 32
Kakerlaken _____ 21, 119
Kamerun _____ 97
Kapitän _____ 143
Katalog _____ 11 ff, 18 f
– Änderung _____ 12
Kegelbahn _____ 87, 121
Keller _____ 100
Kellerbar _____ 81
Kellner _____ 23
Kenia _____ 21, 56
Kinder _____ 77
– Betreuung _____ 140 ff

– Betten _____ 99
Kinderfreundlichkeit _____ 141
Kindergarten _____ 141 f
Kindermenü _____ 141
Kinderspielplatz _____ 140 ff
Kino _____ 10
Kirche _____ 65
Kläranlage _____ 112
Klavierspielen _____ 22
Klimaanlage _____ 32, 59, 97, 111
Kochnische _____ 97
Komfort _____ 12, 29, 32, 75
– als Mangel _____ 29
Konditionenempfehlung _____ 17
Koordinationsfehler _____ 64 ff
Körperliche Beschwerden _____ 84
Körperpflegemöglichkeiten _____ 107
Kosten Abhilfe _____ 154 f
Krankheit _____ 168
Kreta _____ 70
Kreuzfahrt _____ 32, 69, 72
– Austausch von Schiffen _____ 75
– Komfort _____ 32
– Schiff _____ 54
Küche _____ 97
Kündigung _____ 4, 112 f, 120, 164
Kündigungsrecht _____ 55, 113
Kunstschätze _____ 65
Kurort _____ 22
Kursbuch der Bahn _____ 64
Kururlaub _____ 109
Kurzausflug _____ 69
Küste _____ 23

Landausflug _____ 69 f, 74
Länder, „unterentwickelte" _____ 23
Lärm _____ 12, 22, 39, 46, 50, 54, 86 f, 115
– durch Bauarbeiten _____ 79 f
– durch Diskotheken _____ 81
– durch Fahrstühle _____ 81
– zur Nachtzeit _____ 82
– Ortsüblichkeit _____ 82
Lebensrisiko, allgemeines _____ 51 ff, 56
Leistung, höherwertige _____ 157
Leistungsänderung
– vertragswidrige _____ 157
– Vorbehalt _____ 38
Leistungsbeschreibung _____ 8, 45
Leistungsträger _____ 53, 149 ff

– Koordination	31
Lichtausfall	23
Liegestuhl	74, 121
Linienflug	62, 64
Luxusbungalow	24, 52, 157
Luxushotel	10, 12, 172
Luxusreise	10, 28
Luxusschiff	74
Mahakam-Flussschiff	74
Malediven	119
Mallorca	21, 93
Mangel	
– Begriff	5 ff
– Beherrschbarkeit	51 ff
– der Reiseleitung	5
– unerheblicher	49
Mängelrügen, pauschale	174
Marokko	21
Massagemöglichkeiten	107
Massentourismus	9, 49, 54, 121
Mäuse	119
Medienausstattung	36
Medikamente	63
Meer	52, 56
Mehrkosten	90, 154
Menüwahl	125
Mietwagen	139
Militär	102
Mindeststandard	23, 27, 37
Minigolfanlage	121
Mitreisende	54
– als Reisemangel	122
Mitreisende, Geschlechtszugehörigkeit	123
Mittelklassehotel	176, 172
Mittelmeer	77 f
– Kreuzfahrt	70
Mülldeponie	112
Mündliche Zusicherung	19
Museumsbesuch	68
Museumspersonal	52
Musiklärm	82
Nachbargrundstück	79
Nachbarkabine	54
Nachbesserung	146
Nacherfüllungsanspruch	146
Nachfrist	
– bei Abhilfeverlangen	153

– Angemessenheit	165 ff
– Bemessungskriterien	167
– Beweislast	177
– Darlegungslast	177
– Entbehrlichkeit	177 ff
– und besonderes Interesse	177 ff
Nachtleben	12
Nachtlokale	39
Nachtruhe	22, 79 ff, 87
Nacktbaden	14
Nationalität	123
Naturereignis	51 f
Nerven-Relaxer	61
Nichtraucherzone	60
Nichtvermögensschaden	79
Nilkreuzfahrt	32
Non-Stop-Flug	62
Normalbetten	10
Normativer Fehlerbegriff	122
Normzweck	1 ff
Oman	137
Orient	33
Ortskenntnis	172
Ortsprospekt	16
Ortsüblichkeit	10, 21 ff, 113, 119
Ortsüblichkeitsklausel	26
Ortsveränderung	158
Passagierklassen	74
Pauschale Mängelrüge	174
Pension	12
Personal	23, 53, 141
Platzwechsel bei Busreise	60
Polizei	68, 103
Porto	171
Preisklasse	27
Programmumstellung	73
Promenade	15
Propellerflugzeug	62
Prospekt, Retuschierungen	12
Prospekthaftung	19
Prospektklarheit	11
Prospektwahrheit	11
Prostituierte	54
Prüfungsobliegenheit	79
Quarantäne	143

Titel 9 · Werkvertrag und ähnliche Verträge
Untertitel 2 · Reisevertrag

§ 651c

Radio	49
Ratte	119
Raupen	119
Rechtsscheinhaftung	150
Reedereien	53
Reinigungskosten	171
Reise, Ist-Beschaffenheit	11
Reise, Soll-Beschaffenheit	11
Reiseart	174
Reisebeschreibung	10 f, 57
Reisebestätigung	17, 18, 20
Reisebüro	12, 48, 53, 84
Reisebus	59
Reisedauer	174
Reisegepäck	60
Reiseleistung, vertragliche Festlegung	10 ff
Reiseleiter	3, 79, 137, 149 f
– Befähigung	137
– deutschsprachiger	137, 149
– Sprachkenntnisse	33, 137
Reiseleitung, örtliche	151, 169
Reisemängel, Arten	4
Reisender	
– Alter	84, 106
– Erfüllungsanspruch	146
– Festhaltung durch Polizei	68
– Gesundheitszustand	106
– Kündigungsrecht	55
– Mitverschulden	63
Reiseorganisation	64
Reisepreis	26, 66, 71, 107, 111 ff, 122, 134, 139
Reiseprogramm	33
Reiseroute, Abweichung	69 ff
Reiseveranstalter	
– Auskunftspflicht	11
– deutsche Zentrale	151
– Einflusssphäre	8
– Empfangsbote	149
– Erfüllungspflicht	8
– Hinweispflicht	12
– Kenntnis von Baustellen	79 f
– Kenntnis von Mangel	170
– Organisationsmangel	150
– Prüfungsobliegenheiten	79
– Unerreichbarkeit	151
– Vorschusspflicht für Aufwendungen	173
Reiseverlauf	32
Reiseziel	37
Reisezuschnitt, Veränderungen	158

Reisezweck	39, 52, 57, 71
– vereinbarter	51
Reiten	35, 131, 134
Reparaturarbeiten	121
Retuschierungen im Prospekt	12
Risiko	
– besonderes	52
– erhöhtes	24
– unternehmerisches	51, 57
Rollstuhlfahrer	84, 100
Rückbeförderung	147
Rückflugroute	73
Rückflugzeiten	64
Rücktritt	13
Ruhe	23, 46, 79, 84
Russland	119
Safari	29, 51, 56, 69, 129, 144
Salmonellen	130
Sauberkeit	23, 27, 129
Sauna	107, 109, 121
Schadensersatz	4, 13, 53, 60, 62 ff, 66, 80 f, 85, 97, 120, 128, 134, 139, 162
Schiffsreise	32, 69 ff, 74, 143
– Überfüllung	56
Schlafstörungen	87
Schlafzimmer	96, 100, 111
Schlange	56
Schlemmertour	172
Schneemangel	52
Schrankraum	99
Schriftformklausel	19, 148
Schuldrechtsmodernisierung	5, 146
Schwimmbad	133
Seeblick	97, 146
Seereise	64
Segeln	33, 131, 136
Selbstabhilfe	128
– Aufwendungsersatz	171
– eigentliche	164
– erweiterte	164
– Maßnahmen	147
Selbstabhilferecht	3 f, 163 ff
– Voraussetzungen	163
Service	12, 25, 141
Sicherheitsvorkehrungen	31
Sizilien	22
Skiabfahrt	56
Skireise	8, 52, 57

219   Jörn Eckert

– Schneemangel	51	Tauchurlaub	8, 131, 134
Skorpion	56	Taxi	154, 157
Soldaten	54, 102	Teilnehmerzahl	60
Sollbeschaffenheit der Reise	8 f	Teilvergütungsanspruch	152
Sonderwunsch Reisender	48	Telefon	49
Sonnenschirm	121	– Kosten	154, 171
Spanien	21, 70, 113	Tennis	131 f, 136
Speisesaal, Wartezeiten	49	Tennisplatz	35, 121
Sperrgebiet, militärisches	102	Tennisurlaub	131, 134
Spiegel	106	Teppiche	74
Spinnweben	49	Terrasse	97, 113
Sportanlage	131, 171	Thailand	56
Sportarten	136	Thermalbad	109, 132
Sportausrüstung	132	Thrombose	56
Sportmöglichkeiten	34 f, 124, 131	Tiere	51, 56, 115
Sportprogramm	138	Transfer	41
Sportreise	35, 134, 136	Trinkwasser	21
Sportveranstaltung	71	Trockenheit	56
Sprachkenntnisse	23	Truppenübungsplatz	81 f
Sprachkurs	36	Tunesien	21
Sprachreise	36		
Sprengarbeiten	79	Überbelegung	88 f
Stadthotel	158	Überbuchung	64, 88 f
Stadtrundfahrt	65	Überfall	56 f
Stadtverwaltung	101	Überfüllung bei Schiffsreise	56
Standard		Übermittlungsrisiko	48
– inländischer	25, 57	Übermüdung	168
– mittlerer	23	Uferpromenade	15
Stechfliegen	49	Umsteigeflug	62
Steinfußboden	56	Umsteigezeit	64
Stornogebühren	13	Unannehmlichkeiten	4, 29, 43, 119, 121
Strand	12, 14, 51 f, 79	Unfall	56
Stranddusche	109	Ungeziefer	119 f
Strandfoto	76	Unmöglichkeit	13, 142, 171
Strandhotel	92, 158	– der Abhilfe	155, 168
Strandverschmutzung	76 ff	Unterhaltungsprogramm	34, 138, 160
Strandzubringer	61	Urlaubsort	12
Strapazen	29	Urlaubszeit, vertane	120
Straße	12, 79, 85	Urlaubszweck	9
Straßensperren	12		
Streik	52	Veranstaltungen, kulturelle	71
Strom	27	Verdorbenes Essen	130
Stromausfall	49, 101	Vergütungsgefahr	72
Studienreise	10, 33, 52, 137	Verkehrsaufkommen	85
Surfen	131, 136	Verkehrserschließung	12
Swimmingpool	78, 121, 133	Verkehrslärm	85
– Verschmutzung	121	Verkehrsmittel	64
– Wassertemperatur	133	Verkehrssicherungspflicht	56
		Verpflegung	10, 21, 23, 27, 39, 74, 130 ff, 172

– einheimische	126	Wasserfall	56
– einheitliche	129	Wasserski	131, 136
– Geschmack	127	WC	32, 100
– als Krankheitsauslöser	130	Wechsel Fluggesellschaft	62
Verspätungen bei Flugreisen	62	Weiterleitungsrisiko	48
Vertane Urlaubszeit	79, 120	Welthafen	15
Vertragsänderung	157	Werbung	11
Vertretungsmacht	19	Werkvertragsrecht	173
Verwendungsrisiko	52	Wetter	32, 72
Verzögerungen bei Flugreise	73	Wochenendkurzurlaub	169
Villa	24, 52		
Vollständigkeitsgrundsatz	11	Zeltunterkünfte	21, 97
Vorschusspflicht Reiseveranstalter für		Zimmerwunsch	10
Aufwendungen	173	Zubringerdienst	61
		Zugesicherte Eigenschaft	44 ff
Wachpersonal	103	– Abgrenzung zu Fehler	46
Wanderung	23	Zurechnung von Wissen	19
Wandhaken	49	Zusagen	
Wanzen	120	– haftungsbegründende	57
Wartezeiten	49, 60, 129	– individuelle	48
Wasser		– mündliche	48
– Ausfall	21, 23	Zusicherung, mündliche	19
– Mangel	101	Zweck der Reise	9, 39, 57, 71
– Temperatur Swimmingpool	133	Zwischenlandung	62
– Verschmutzung	130	Zwischenübernachtung	64
– Versorgung	27	Zyklon	56
– warmes	101		

I. Inhalt und Zweck

Die Vorschrift passt das werkvertragliche **Gewährleistungsrecht** der §§ 633 f den besonderen Bedürfnissen des Reisevertragsrechts an. Danach trifft den Reiseveranstalter eine umfassende, **verschuldensunabhängige Einstandspflicht** für Mängel der Reise. **1**

Der Reiseveranstalter haftet nach § 651c Abs 1 **verschuldensunabhängig** dafür, dass die Reise so erbracht wird, dass sie die **zugesicherten Eigenschaften** aufweist und **nicht mit Fehlern behaftet** ist, die den Wert oder die Tauglichkeit zu dem gewöhnlichen oder nach dem Vertrag vorausgesetzten Nutzen aufheben oder mindern. Anderenfalls erfüllt er seine vertraglichen Pflichten nicht, da die Mangelfreiheit nach § 651c Abs 1 zu den Erfüllungspflichten des Veranstalters gehört (Erman/Seiler Rn 9; MünchKomm/Tonner Rn 1). Da das Reisevertragsrecht unter einer Reise eine Gesamtheit von Reiseleistungen versteht (vgl § 651a Abs 1), hat der Reiseveranstalter jede einzelne mangelfrei geschuldete Reiseleistung fehlerfrei bzw mit den zugesicherten Eigenschaften zu erbringen. Andererseits ist aber nach der Legaldefinition des § 651a Abs 1 an sich davon auszugehen, dass § 651c Abs 1 hinsichtlich der Mangelhaftigkeit auf die Gesamtheit der Reiseleistung abstellt. Dieser Widerspruch ist jedoch im Ergebnis unerheblich, da der Mangel einer Einzelleistung in der Regel auch einen **2**

Mangel der Reise auslöst (vgl Rn 42). Da eine Reise nicht in Gebrauch genommen werden kann, stellt § 651c auf die **Aufhebung oder Minderung des Nutzens** ab (BT-Drucks 8/2343, 9; ERMAN/SEILER Rn 2; EBERLE DB 1979, 341, 343). Eine sachliche Änderung verbirgt sich hinter dieser von § 633 Abs 2 abweichenden sprachlichen Fassung nicht.

3 Liegt ein Mangel der Reise iSv Abs 1 vor, kann der Reisende **Abhilfe verlangen** (§ 651c Abs 2 S 1). Könnte Abhilfe nur durch **unverhältnismäßigen Aufwand** geschaffen werden, kann der Reiseveranstalter diese allerdings verweigern (§ 651c Abs 2 S 2). Setzt der Reisende dem Reiseveranstalter für dessen Abhilfe eine angemessene Frist und verstreicht diese erfolglos, steht dem Reisenden ein **Selbstabhilferecht** zu. Er kann dann also selbst für Abhilfe sorgen und die ihm hierfür entstehenden Kosten vom Reiseveranstalter ersetzt verlangen (§ 651c Abs 3 S 1). Weigert sich der Reiseveranstalter, Abhilfe zu leisten, oder ist aufgrund eines besonderen Interesses des Reisenden sofortige Abhilfe geboten (mangelnde Erreichbarkeit des Reiseleiters, Eilbedürftigkeit), entfällt die Pflicht zur Fristsetzung (§ 651c Abs 3 S 2).

II. Reisemangel

4 Die Reisemängel lassen sich nach ihrem Gewicht in mehrere Gruppen einteilen. Diese **systematische Einteilung der Reisemängel** ist für die Gewährleistungsrechte des Reisenden bedeutsam, da diese von der **Intensität der Reisebeeinträchtigung** abhängen:

– Obwohl die §§ 651c–g keine dem § 536 Abs 1 S 3 entsprechende Regelung enthalten, ist auch im Reiserecht davon auszugehen, dass eine unerhebliche Minderung des Nutzens außer Betracht zu bleiben hat. Bloße **Unannehmlichkeiten** und **geringfügige Beeinträchtigungen** begründen keine Gewährleistungsrechte des Reisenden; sie sind vom Reisenden hinzunehmen (FÜHRICH Rn 230; KALLER Rn 154; PICK Rn 5).

– **Einfache Reisemängel** sind Voraussetzung für das Abhilferecht (§ 651c Abs 2), das Recht auf Selbstabhilfe (§ 651c Abs 3), die Minderung (§ 651d) und den Anspruch auf Schadensersatz wegen Nichterfüllung (§ 651f Abs 1).

– **Erhebliche Reisemängel** berechtigen den Reisenden darüber hinaus zur Kündigung des Reisevertrages (§ 651e) und zur Entschädigung wegen nutzlos aufgewendeter Urlaubszeit (§ 651f Abs 2).

1. Fehlerbegriff

5 Die verschuldensunabhängige Gewährleistungshaftung des § 651c Abs 1 setzt zunächst einen **Mangel der Reiseleistung** voraus. Das Gesetz spricht unscharf von einer Reise, welche die **zugesicherten Eigenschaften** hat und nicht mit **Fehlern** behaftet ist, die den Wert oder die Tauglichkeit zu dem gewöhnlichen oder nach dem Vertrag vorausgesetzten Nutzen aufheben oder mindern. Dieser Mangelbegriff entspricht mit seiner Zweiteilung in Fehler und zugesicherte Eigenschaften dem überkommenen Gewährleistungssystem, von dem sich das Schuldrechtsmodernisierungsgesetz für das Kauf- und Werkvertragsrecht zugunsten eines einheitlichen Mangelbegriffs (§§ 434, 633 Abs 2) verabschiedet hat (vgl Vor §§ 651c ff Rn 9). Es liegt daher die

Versuchung nahe, den zweigeteilten Mangelbegriff des § 651c Abs 1 S 1 zu einem einheitlichen Mangelbegriff zusammenzuführen und diesen entsprechend § 633 Abs 2 S 1 zu konkretisieren (so OETKER/MAULTZSCH 511 f). Im Ergebnis wirkt sich eine solche Korrektur des Mangelbegriffs allerdings nicht aus, da im Reisevertragsrecht ohnehin der subjektive Fehlerbegriff gilt, so dass der Fehler iSd § 651c Abs 1 S 1 dem Mangel in § 633 Abs 2 S 1 entspricht (vgl JAUERNIG/TEICHMANN Rn 1). Hinzu kommt, dass auch die Zusicherung einer Eigenschaft in § 651c Abs 1 S 1 schon immer die Bedeutung einer Beschaffenheitsvereinbarung isd § 633 Abs 2 S 1 hatte. Wegen dieser Übereinstimmung hinsichtlich der Rechtsfolgen besteht kein zwingender Grund, von der Begrifflichkeit des § 651 Abs 1 S 1 abzuweichen, das Unterlassen einer Anpassung der Vorschrift an die §§ 434, 633 Abs 2 durch den Gesetzgeber zu korrigieren und einen einheitlichen Mangelbegriff zugrunde zu legen (so auch im Ergebnis FÜHRICH Rn 203 ff; JAUERNIG/TEICHMANN Rn 1 u 2; PALANDT/SPRAU Rn 2). Die Zweiteilung des Mangelbegriffs in Fehler und zugesicherte Eigenschaften wird daher den folgenden Ausführungen zugrunde gelegt. Dies heißt allerdings nicht, dass zur Konkretisierung dieses zweigeteilten Mangelbegriffs nicht auf § 633 zurückgegriffen werden kann. Dies ergibt sich bereits aus der hier vertretenen Einordnung des Reisevertrages als Unterfall des Werkvertrages (vgl § 651a Rn 8 f). Mangelhaft iSd § 651c Abs 1 S 1 wird meist nur die einzelne Reiseleistung sein; die Fehlerhaftigkeit der einzelnen Reiseleistung wird in der Regel aber zu einer Beeinträchtigung des Leistungspakets führen, da die Leistungen miteinander verschmolzen sind (BGH NJW 1986, 1748, 1749; **aA** LG Frankfurt aM NJW 1983, 2264).

Ein Fehler iSv § 651c Abs 1 liegt entsprechend § 633 Abs 2 S 1 vor, wenn die vom **6** Reiseveranstalter erbrachte Reiseleistung von der im Vertrag vereinbarten Beschaffenheit in einer Weise abweicht, durch die ihr Wert oder ihre Tauglichkeit zu dem vertraglich vorausgesetzten Zweck und Nutzen der Reise (zB Erholungszweck) wesentlich beeinträchtigt wird **(subjektiver Fehlerbegriff)**. Soweit der Vertrag ausnahmsweise keine konkreten Vereinbarungen über die Beschaffenheit der Reise enthält, kann auch eine Abweichung von der nach allgemeiner Verkehrsauffassung gewöhnlichen, objektiven Beschaffenheit der Reiseleistung (vgl § 633 Abs 1 S 2 Nr 2) einen Fehler begründen (vgl BARTL Rn 37; TEMPEL JuS 1984, 81, 85).

Einen Mangel begründet nicht nur die **qualitativ schlechte**, sondern auch die **quanti- 7 tativ geringere Leistung** (BGHZ 100, 157, 174; 128, 130, 132; BGH NJW 2000, 1188; OLG Düsseldorf NJW-RR 1986, 280; OLG Frankfurt aM RRa 1998, 95; so zutreffend SEYDERHELM Rn 7; TEICHMANN JZ 1979, 737, 738; **aA** EBERLE DB 1978, 341, 342). Kann also auf einer Besichtigungsreise ein bestimmter Zielort nicht erreicht werden, so ist die Reise mangelhaft. Der Fehlerbegriff des § 651c ist weit, um eine Auflösung des reisevertraglichen Gewährleistungssystems zu vermeiden.

Bei der Bestimmung des Fehlers ist im Anschluss an das allgemeine Werkvertrags- **8** recht vom **subjektiven Fehlerbegriff** auszugehen (vgl auch OLG Frankfurt aM NJW-RR 1988, 1328; ERMAN/SEILER Rn 2; FÜHRICH Rn 214; HEINZ 60 f; MünchKomm/TONNER Rn 8 f; PICK Rn 5; SOERGEL/H-W ECKERT Rn 8; TEICHMANN JZ 1979, 737, 738; TEMPEL JuS 1984, 81, 85). Dieser **subjektive Fehlerbegriff** ist **weit** zu fassen (so zutreffend BGHZ 77, 310; 85, 50; BGH NJW-RR 1990, 1334; NJW 1995, 2629; MünchKomm/TONNER Rn 5; SCHLOTMANN DZWiR 1995, 453; TEICHMANN JZ 1979, 737, 738). Da die Mangelfreiheit zur Erfüllungspflicht des Reiseveranstalters gehört (vgl Rn 2), entscheiden die Parteien des Reisevertrages selbst, wann eine Reise vertragsgerecht und damit fehlerfrei ist. Abweichend von diesem weiten Fehlerbegriff wird in der Rspr (LG Frankfurt aM NJW 1983, 2264; NJW-RR 1990, 761; 1990, 1017; 1991, 879; 1992, 890) und Lit (FÜHRICH Rn 209; TEMPEL, Materielles Recht 401 ff) zT ein **enger Fehlerbegriff** vertreten, nach dem nur Störungen aus dem Verantwortungsbereich des Reiseveranstalters einen Fehler begründen (so auch PALANDT/SPRAU Rn 2). Die verschuldensunabhängige Einstandspflicht des Reiseveranstalters beschränkt sich danach auf das von diesem versprochene Leistungsprogramm und wird durch die Einflusssphäre des Veranstalters begrenzt (TEMPEL, Materielles Recht 403). Die unterschiedlichen Fehlerbegriffe wirken sich vor allem in den Fällen aus, in denen eine **Beeinträchtigung des Umfeldes** die Reise stört. Wird zB ein Badeurlaub in Italien durch eine Algenpest erheblich beeinträchtigt, stellt dies nach dem weiten Fehlerbegriff einen Fehler der Reise dar, weil die Reise nicht die vertraglich geschuldete Sollbeschaffenheit eines Badeurlaubs aufweist, während nach dem engen Fehlerbegriff kein Fehler vorliegt, weil die Algenpest als nicht beherrschbarer Umweltfaktor der Einflusssphäre des Reiseveranstalters entzogen ist (vgl OLG Frankfurt aM NJW-RR 1988, 1328; RRa 2001, 137; OLG Düsseldorf NJW-RR 1992, 1401; LG Frankfurt aM NJW-RR 1990, 761; 1991, 695; LG Hannover NJW-RR 1991, 376; LG Tübingen NJW-RR 1991, 376; LG Düsseldorf RRa 2000, 12). Der enge Mangelbegriff ist jedoch abzulehnen. Zwar darf der Reisende nicht erwarten, dass der Reiseveranstalter mit seiner Leistungsbeschreibung uneingeschränkt für alle Unwägbarkeiten der Natur einstehen wolle, doch erhalten derartige Reisen gerade durch ihre Verschmelzung zum Bade-, Ski- oder Tauchurlaub ihr besonderes Gepräge, das sich der Veranstalter durch seine Beschreibung im Prospekt zu Eigen und zu Nutze macht. Vor allem spricht aber gegen den engen Mangelbegriff, dass er über das Merkmal der Beherrschbarkeit in unzulässiger Weise Verschuldenselemente in den Fehlerbegriff einführt (so zutreffend BIDINGER/MÜLLER 110; MünchKomm/TONNER Rn 5; SOERGEL/H-W ECKERT Rn 16).

9 Ein Fehler im Sinne von § 651c Abs 1 liegt also vor, wenn die vom Reiseveranstalter erbrachte Reiseleistung von der im Vertrag vorgesehenen Beschaffenheit dergestalt abweicht, dass hierdurch der vertraglich festgesetzte Zweck oder Nutzen der Reise beeinträchtigt wird. Soweit allerdings ausnahmsweise der Vertrag auch stillschweigend keine spezifischen Beschaffenheitsangaben für die Reise enthält, kann auch eine Abweichung von der nach allgemeiner Verkehrsauffassung gewöhnlichen **(objektiven) Beschaffenheit** der Reiseleistung einen Fehler begründen. Dies ergibt sich bereits aus dem Wortlaut von § 651c Abs 1 folgt aber auch aus § 633 Abs 2 S 2 Nr 2 (vgl BARTL Rn 37; BIDINGER/MÜLLER 100; SOERGEL/H-W ECKERT Rn 8; TEMPEL JuS 1984, 81, 85). Abweichungen von der Sollbeschaffenheit führen dann zu einem Mangel, wenn durch sie der **Wert** oder die **Tauglichkeit** der Reise **aufgehoben oder gemindert** wird. Gelegentlich wird die Auffassung vertreten, dass der Hinweis in § 651c Abs 1, der Fehler müsse den Wert oder die Tauglichkeit zu dem gewöhnlichen Nutzen aufheben oder mindern, lediglich im Sinne von § 157 als **Auslegungshilfe** zu verstehen sei, falls die Parteien den Leistungsgegenstand nicht eindeutig gekennzeichnet haben (so TEICHMANN, Schuldrecht I Rn 753, im Anschluss an JAUERNIG/SCHLECHTRIEM § 633 Rn 3). Dies überzeugt nicht. Bei einer Gesamtheit von Leistungen müssen selbst dann, wenn die Parteien den Leistungsgegenstand eindeutig bezeichnet haben, **geringe Abweichungen** wegen ihrer Unvermeidlichkeit im Massentourismus hingenommen werden. Die Zusicherung bestimmt die vertragliche Leistung. Verspricht der Reiseveranstalter eine Hotelunterkunft, so schuldet er nach der unter Berücksichtigung der Verkehrsanschauung vorzunehmenden Auslegung nicht nur die

Wohn- und Schlafgelegenheit, sondern auch eine urlaubsgemäße Wohn- und Schlafgelegenheit einschließlich einer urlaubsgemäßen Umgebung, in der die vom Urlauber erstrebte Entspannung und Erholung objektiv möglich ist. Was hierfür erforderlich ist, ist durch Auslegung des Reisevertrages zu ermitteln (so zutreffend BROX NJW 1980, 1940; HAGEN DRiZ 1981, 295, 297; aA wohl SCHOLLER JZ 1980, 672, der unmittelbar bei der Auslegung der §§ 633, 651c ansetzt).

a) Vertragliche Sollbeschaffenheit
aa) Stellenwert von Reiseprospekten und Reisebeschreibungen
Bei der Beurteilung der Mangelhaftigkeit kommt wegen des subjektiven Fehlerbegriffs der Bestimmung des Inhalts des Reisevertrages besondere Bedeutung zu. Dabei ist zunächst von der individualvertraglichen Festlegung des Leistungsgegenstandes (Qualität des Hotels, Art des Zimmers, Verpflegung etc) und dem Inhalt der Reisebestätigung auszugehen. In diesem Zusammenhang muss auf die **Prospekte** und **Reisebeschreibungen** zurückgegriffen werden. Im Übrigen entscheiden die Art der Reise (Luxus-, Kreuzfahrt-, Studien-, Erholungs- oder Abenteuerreise), der Preis und die Ortsüblichkeit über Qualität, Art sowie Umfang der geschuldeten Reiseleistung. Dabei kommt es, da das Leistungsangebot vom Reiseveranstalter ausgeht, darauf an, wie ein verständiger potentieller Durchschnittsreisender die Beschreibung im Prospekt verstehen durfte (vgl BGHZ 84, 268, 272; 100, 157, 176; BGH NJW 2000, 1188, 1189; OLG Düsseldorf NJW-RR 1986, 280; OLG Frankfurt aM RRa 1988, 95; LG Frankfurt aM NJW 1986, 1173; NJW-RR 1991, 316; 1991, 1341; FÜHRICH Rn 214). Hat ein Reisender in dem Anmeldeformular vermerkt „Zimmer, ruhige Lage (Normalbetten)" und hat der Reiseveranstalter daraufhin geantwortet, „Zimmerwünsche weitergeleitet, können aber nicht bestätigt werden", so sollen Zimmer in ruhiger Lage nicht Vertragsgegenstand geworden sein (LG Frankfurt aM FVE Nr 208). Dies erscheint fragwürdig. Ein Reiseveranstalter, der den Wunsch des Reisenden nicht mit Sicherheit bestätigen kann, muss den Reisenden auf diesen Umstand ausdrücklich und eindeutig hinweisen. Eine verbleibende Unklarheit hinsichtlich des „Wunsches" des Reisenden geht zu Lasten des Veranstalters (vgl auch LG Hannover FVE Nr 484). Im Übrigen ist aber stets zu prüfen, ob der Reiseveranstalter für eine Leistung eine vertragliche Einstandspflicht übernehmen wollte oder ob er lediglich die am Zielort gegebenen Möglichkeiten (zB Existenz eines Kinos) zu umschreiben versuchte (vgl LG München I FVE Bd 9 Nr 926).

Bei der Heranziehung der Prospekte und sonstigen Reisebeschreibungen zur Bestimmung des Leistungsgegenstandes ist auch der Doppelcharakter der **Kataloge** als Werbung einerseits und Informationsquelle andererseits zu beachten. Die Grenze zwischen zulässiger Werbung und Täuschung durch geschickte Darstellung, Fotos (Teilausschnitte) ist fließend (so zutreffend LG Stuttgart MDR 1978, 1022; MünchKomm/TONNER Rn 17). In diesem Zusammenhang darf der Grundsatz der **Prospektwahrheit und Prospektklarheit** nicht überzogen werden. Es ist heute in der Werbung im Allgemeinen und bei der Werbung von Reiseunternehmen im Besonderen üblich, dass man einen besonders günstigen Eindruck zu erwecken versucht. Allgemeine Anpreisungen wie „Traumurlaub" oder „einmaliges Urlaubserlebnis" sind so inhaltsleer, dass sie keinen Schluss auf den Inhalt des Vertrages zulassen (vgl AG Frankfurt aM NJW-RR 1991, 1144; FÜHRICH Rn 218; MünchKomm/TONNER Rn 17). Etwas anderes gilt erst dann, wenn derartige Werbeaussagen einen bestimmbaren tatsächlichen Gehalt aufweisen, wie zB „paradiesischer Sandstrand". In diesem Fall handelt es sich um eine Beschreibung der Reiseleistung. Werden auf einem Foto in einem Prospekt Zimmer in bestimmter Lage abgebildet und ist das Bild für die Hälfte der vorhandenen Zimmer repräsentativ, so kann der Reisende bei einer als weitläufig beschriebenen Anlage nicht davon ausgehen, dass ihm ein Zimmer in dieser Lage zugesagt worden ist (vgl LG Stuttgart FVE Nr 130, AG Stuttgart RRa 1996, 106). Etwas anderes gilt dann, wenn Werbefotos nicht repräsentativ sind, zB weil sie das einzig vorzeigbare Zimmer eines Hotels als Standardausstattung darstellen (vgl AG Düsseldorf RRa 1998, 116; AG Stuttgart NJW-RR 1999, 489; BECHHOFER 40 f). Trotzdem dürfen die Anforderungen an die Prospektwahrheit und -klarheit auch nicht zu weit herabgesetzt werden. So überzeugt es nicht, wenn die Rechtsprechung zT auf dem Standpunkt steht, dass das Beschönigen in der Werbung eine so verbreitete Verhaltensweise sei, dass ein Kunde einem Werbefoto von vornherein mit erheblicher Skepsis und mit gebührender Vorsicht begegnen müsse (so aber LG München I FVE Bd 9 148 ff, 150; zurückhaltender LG Stuttgart FVE Nr 130). Zu Recht ist darauf aufmerksam gemacht worden, dass die Praxis mancher Reiseveranstalter, in Prospekten alles günstiger und schöner darzustellen, als es in Wirklichkeit ist, ein bezeichnendes Licht auf ihre Einstellung werfe (so AG Frankfurt aM FVE Bd 2 Nr 153). Ob hinsichtlich der Intensität der Aufklärungspflicht zwischen **Inlands- und Auslandsreisen** unterschieden werden kann, erscheint fraglich (vgl aber AG Frankfurt aM FVE Bd 2 Nr 153). Es trifft zwar zu, dass gerade bei Auslandsreisen der Reisende völlig auf die Auskunft des Veranstalters angewiesen ist. Auch bei Inlandsreisen ist der Reisende aber nicht verpflichtet, vor Reiseantritt die Prospektangaben auf ihren Wahrheitsgehalt hin zu überprüfen. Da der Prospektinhalt vorrangig den Vertragsgegenstand bestimmt, kommen bei Auseinanderfallen von Ist- und Soll-Beschaffenheit allein Ansprüche auf Gewährleistung in Betracht. Die Einräumung besonderer Ansprüche aus **culpa in contrahendo** würde das Gewährleistungsrecht sprengen. Aus dem Grundsatz der Prospektwahrheit folgt auch der **Vollständigkeitsgrundsatz**: Der Veranstalter muss im Prospekt auf alle wesentlichen Umstände hinweisen (FÜHRICH Rn 218).

12 Im Einzelnen kann der Reiseinteressent, der sein Urlaubsziel ohne eigene Kenntnis anhand eines Reiseprospekts auswählt, grundsätzlich davon ausgehen, dass er über **Art der Reise** (Erholungs-, Bildungs-, Bade-, Abenteuer- oder Aktivurlaub), ihren **spezifischen Charakter** und die **Ausstattung** (Billig-, Normal- oder Luxusreise) zutreffend unterrichtet wird. Er kann daher zB erwarten, dass dem beschriebenen **Charakter eines Urlaubsorts** die aus diesem angeführten Pensionen und Hotels entsprechen, falls bei diesen nicht abweichende Besonderheiten erwähnt sind (OLG Köln FVE Nr 61). Wer auf eine Insel abseits des großen Touristenstroms hinweist, ihre mangelnde Verkehrserschließung, die Einsamkeit ihrer Badebuchten und ihre Bevorzugung durch Angler hervorhebt und weit weg vom großen Trubel „Ferien vom Ich" anbietet, muss daher dafür einstehen, wenn sich die Unterkunft an einem lärmerfüllten Platz mit regem Nachtleben befindet (vgl OLG Köln FVE Nr 60). Ein **Retuschieren** im Prospekt ist auf jeden Fall unzulässig (so zutreffend EBERLE DB 1979, 341, 344). Auch Entfernungsangaben vom Hotel zum Strand müssen stimmen (vgl LG Frankfurt aM NJW-RR 1993, 61; LG Kleve RRa 1998, 15; AG Stuttgart-Bad Cannstatt RRa 1994, 57; AG Düsseldorf RRa 1994, 116). Nur unerhebliche Abweichungen sind unschädlich. Ein Reiseveranstalter hat auch dafür einzustehen, wenn sich nachträglich durch Straßensperren die Entfernungen verändern. Auf vorhandene Lärmquellen, insbesondere Straßenverkehr und Baustellen, hat er hinzuweisen (vgl FÜHRICH Rn 218 mwN). Dieser Hinweispflicht muss er spätestens vor Reisebeginn genügen und dem Reisenden die Möglichkeit der Umbuchung einräumen (KG FVE Bd 10 Nr 1045). Man wird auch verlangen müssen, dass das Fotomaterial auf Prospekten ein realistisches Bild des Urlaubsziels vermittelt. Davon kann nicht ausgegangen werden, wenn das Foto der Unterkunft eine daran vorbeiführende stark befahrene Straße nicht – auch nicht teilweise – wiedergibt (aA LG München I FVE Bd 9 Nr. 919; zurückhaltender OLG Stuttgart FVE Nr 130). Der Reiseveranstalter ist zumindest dann gewährleistungspflichtig, wenn der Vergleich des Katalogs mit der durch Fotos nachgewiesenen Wirklichkeit eindeutig zeigt, dass die Beschreibung in vielen Punkten im Katalog grob fahrlässig falsch ist (LG Frankfurt aM FVE Nr 179; AG Düsseldorf RRa 1998, 116). Wenn das Wohnen in Appartements als unabhängig und zwanglos bezeichnet wird, bedeutet dies jedoch nicht, dass die Gäste mit dem Komfort und Service eines Luxushotels rechnen können (LG Frankfurt aM FVE Bd 7 Nr 686). Ist der Katalog im Zeitpunkt der Buchung bereits ungültig, so bestimmt sich der Umfang der Leistungen nach dem neuen Katalog. Der Reiseveranstalter ist verpflichtet, auf mögliche Katalogänderungen hinzuweisen (vgl LG Frankfurt aM NJW-RR 1987, 747).

Die sog **Drucklegungsklausel** hat zum Inhalt, dass für die Katalogbeschreibung die **13** Verhältnisse bei der Drucklegung des Katalogs maßgebend sind. Obwohl das Veränderungsrisiko zwischen Drucklegung und Buchung vom Veranstalter nur begrenzt beherrscht werden kann, ist eine derartige Klausel gem § 308 Nr 4 und § 307 unwirksam, da mit ihr die Hauptleistungspflicht des Veranstalters einseitig verändert wird (vgl ERMAN/SEILER § 651a Rn 15; FÜHRICH Rn 130; LÖWE 18; vgl § 651a Rn 87 u 115). Bei Änderungen bis zur Buchung muss der Veranstalter den Reisewilligen daher auf die inzwischen eingetretenen Veränderungen hinweisen. Ereignet sich die Veränderung zwischen Buchung und Erteilung der Reisebestätigung bzw Reiseantritt, so liegt ein Fall der Unmöglichkeit im Sinne der §§ 275, 280, 283, 326 vor; die Schadensersatzpflicht des Reiseveranstalters gem §§ 280 Abs 1 u 3, 283 S 1 ist demnach davon abhängig, ob der Veranstalter die Unmöglichkeit zu vertreten hat oder nicht (§ 280 Abs 1 S 2). Unabhängig von dem Vertretenmüssen muss der Veranstalter den Reisenden über die zwischenzeitlichen Veränderungen stets aufklären. Ansonsten macht er sich schadensersatzpflichtig. Für einen Rücktritt nach § 651i ist insoweit kein Raum (vgl LÖWE 19). Dies wäre auch wegen der dann anfallenden Stornogebühren nicht sachgerecht. Allgemein gehaltene Prospekthinweise eines Veranstalters über Schwierigkeiten am Reiseziel sind nicht geeignet, Minderungsansprüche abzuschneiden. Besonderheiten gelten nur bei Abenteuerreisen (vgl AG Frankfurt aM FVE Nr 277).

Unklare oder **unvollständige Angaben** in der Leistungsbeschreibung gehen nach **14** § 305c Abs 2 zu Lasten des Veranstalters (LÖWE 13; OLG Frankfurt aM FVE Nr 293; OLG Düsseldorf FVE Nr 336; LG Frankfurt aM NJW-RR 1986, 1173; FÜHRICH Rn 217). Es darf also zB nicht ein „FKK-Urlaub am Meer" angeboten werden, wenn am Strand für Nackte weder Gelegenheit zum Sonnen noch zum Baden besteht, diese vielmehr nur auf einem abgegrenzten Teil der Dachterrasse des Hotels Gelegenheit zum Nacktbaden haben (LÖWE 14; vgl FÜHRICH Rn 287). Wird in dem Prospekt nicht zwischen hoteleigenem und öffentlichem Strand unterschieden, so ist der Reiseveranstalter für den Zustand des gesamten Strandes verantwortlich.

Wird ein „Steinbungalow" (bis 4 Personen), zwei Wohneinheiten unter einem Dach, **15** angeboten, so muss der unbefangene Reisende davon ausgehen, dass für 4 Personen zwei Wohneinheiten zur Verfügung stehen, also eine Wohneinheit für 2 Personen, und dass es sich um mehr als ein Zimmer handelt, weil ansonsten schlicht von einem Zimmer gesprochen werden könnte (OLG Frankfurt aM FVE Nr 293). Wird allerdings der Zielort als pulsierende Welthafenstadt für schwungvolle Gäste angekündigt und die Uferpromenade als Treffpunkt bei Tag und Nacht vorgestellt, dann kann der Reisende, der in einer Querstraße zur Promenade untergebracht ist, nicht mit einem geruhsamen Urlaub rechnen (OLG Düsseldorf FVE Nr 299; vgl auch AG Syke RRa 1996, 154; AG Kleve RRa 1998, 138). Soweit im Prospekt ein amerikanisches Frühstück ohne Aufpreiszahlung herausgestellt wird, können die Reisenden davon ausgehen, dass auch sie in den Genuss dieser Leistung kommen (AG Frankfurt aM FVE Nr 317).

16 Soweit der Veranstalter bei der Buchung **Hotel- und Ortsprospekte** aushändigen lässt, muss er darauf hinweisen, dass dieses Material nur Informationscharakter hat und nicht zum Inhalt der Leistungsbeschreibung wird (vgl LÖWE 17), wenn er verhindern will, dass diese Unterlagen den Leistungsgegenstand festlegen.

bb) Regelungen in Allgemeinen Reisebedingungen, Abweichungen, Nebenabreden

17 Der Umfang der vertraglichen Leistungen ergibt sich nach Nr 3 Abs 1 der **Konditionenempfehlung** des DRV für ARB aus den Leistungsbeschreibungen im Prospekt sowie aus den hierauf Bezug nehmenden Angaben in der Reisebestätigung.

18 Fraglich ist, wonach sich der Vertragsinhalt richtet, wenn Katalog und Reisebestätigung voneinander **abweichen**. Zutreffend ist hier eine rechtsgeschäftliche Lösung zu suchen. Der Inhalt des Antrags des Kunden wird nach dem Prospekt bestimmt, die hiervon abweichende Reisebestätigung folgerichtig als neuer Antrag qualifiziert (§ 150 Abs 2). Der Reisende, der nunmehr die Reise antritt, hat dadurch konkludent den Vertrag zum Inhalt der Reisebestätigung abgeschlossen (vgl BARTL Rn 192). Die Prospekthaftung wird dadurch im Übrigen nicht berührt.

19 Neben Katalog und Prospekt sind selbstverständlich auch **mündliche Zusicherungen und Angaben** von Bedeutung. Auch diese legen den Inhalt des Reisevertrages fest. Schriftformklauseln können die Verbindlichkeit derartiger individueller Abreden nicht in Frage stellen (§ 305b; LG Frankfurt aM NJW-RR 1994, 1542). Problematisch ist allein, ob sich der Veranstalter auf eine fehlende Vollmacht der Angestellten der Buchungsstelle auch dann berufen kann, wenn er den Kunden nicht in deutlicher Weise ausdrücklich auf die fehlende Vertretungsmacht hingewiesen hat (vgl LÖWE 81). Grundsätzlich sind dem Reiseveranstalter mündliche Zusagen und Informationen seiner Angestellten oder seiner Buchungsstellen nach §§ 164 ff bzw §§ 54 ff zuzurechnen (AG Hannover RRa 1996, 222). Das Wissen des Reisevermittlers wird dem Reisenden nach § 166 zugerechnet. Hat der Angestellte bzw die Buchungsstelle diesbezüglich keine ausdrückliche Vollmacht, so ergibt sich die Verbindlichkeit von mündlichen Zusagen und Informationen aus den Grundsätzen der Anscheinsvollmacht bzw aus §§ 54 ff HGB, wenn der Reisende auf solche Nebenabreden vertraut (BGH NJW 1982, 1390; AG Hamburg NJW-RR 1997, 1138; FÜHRICH Rn 219). Dies kann er allerdings nur, soweit die mündlichen Angaben den Prospektangaben nicht erkennbar widersprechen (OLG Frankfurt aM NJW-RR 1995, 1462; RRa 1998, 67; LG Frankfurt aM NJW-RR 1987, 495; 1999, 931; LG Hanau RRa 1996, 199; AG Kleve RRa 1999, 115; AG Düsseldorf RRa 2001, 33; FÜHRICH Rn 135).

Der Reiseveranstalter kann in Allgemeinen Reisebedingungen nicht festlegen, dass 20
sich der Umfang der vertraglichen Leistungen ausschließlich aus der Beschreibung
im Prospekt und den Angaben in der Reisebestätigung ergibt. Damit wird den verbindlichen Zusagen einer vertretungsberechtigten Person des Veranstalters jeder
Stellenwert abgesprochen, was mit § 305b unvereinbar ist.

b) Ortsspezifische Besonderheiten
aa) Allgemeines
Der Reisende kann naturgemäß bei Auslandsreisen nicht unbedingt die Umwelt 21
erwarten, die er gerade bewusst verlassen hat (vgl auch BIDINGER/MÜLLER 111; FÜHRICH
Rn 236; SEYDERHELM Rn 34 ff; SOERGEL/H-W ECKERT Rn 13). Bei einer Auslandsreise kann
der Reisende daher nicht damit rechnen, dass er im Zielland dieselben Verhältnisse
wie im Heimatland vorfindet (vgl AG Frankfurt aM FVE Bd 9 Nr 951; OLG Frankfurt aM FVE
Nr 297). So sind zB ein fehlender Duschvorhang in einem Hotel in Italien (LG Frankfurt aM FVE Nr 457), Ameisen auf Mallorca (LG Frankfurt aM TranspR 1987, 41), Flöhe auf
Kuba (OLG Köln NJW-RR 1993, 252), wenige Kakerlaken in Tunesien (AG Bad Homburg
NJW-RR 1996, 820), drei Geckos im Hotelzimmer auf Hawaii (LG Frankfurt aM NJW-RR
1992, 630), zwei Tage Wasserausfall in Kenia (OLG Frankfurt aM NJW-RR 1988, 632), öliges
Essen (AG Frankfurt aM FVE Nr 478) bzw nach Salz schmeckendes Trinkwasser in
Spanien (AG Frankfurt aM FVE Nr 479) sowie fehlender Komfort in einem indischen
(AG Königstein RRa 1994, 45) oder marokkanischen Reisebus (AG Stuttgart RRa 1994, 133)
als landesüblich hinzunehmen. Auch stellt es keinen Reisemangel dar, wenn die
Silvestergala bei einer Türkeireise ausschließlich auf die türkische Bevölkerung ausgerichtet ist und deren Bräuchen entspricht (LG Düsseldorf RRa 2003, 68 f). Dieser
Standpunkt darf jedoch nicht verabsolutiert werden. Es kann deshalb auch bei fehlenden anderweitigen Vereinbarungen nicht davon ausgegangen werden, dass der
Reiseveranstalter hinsichtlich der Hotelunterkunft und der Beförderungsmittel nur
eine **landestypische Verpflichtung** eingegangen ist (so aber BLAUROCK 12). Der Reiseveranstalter erweckt immer Erwartungen. Wer neu erschlossene Erholungsgebiete in
Afrika anpreist, kann den Reisenden deswegen selbstverständlich nicht auf Zeltunterkünfte verweisen.

Bei der Festlegung eines Mangels ist bei der Würdigung der andersartigen Verhält- 22
nisse des Gastlandes Vorsicht geboten (vgl SEYDERHELM Rn 42). Die Rechtsprechung
geht insoweit zT zu weit. So muss es überraschen, wenn festgestellt wird, dass bei
einem Urlaub in südlichen Gefilden andere Maßstäbe anzulegen seien als beim Urlaub in einem mitteleuropäischen Kurort. Wegen der südlichen Lebensverhältnisse,
insbesondere der andersartigen klimatischen Verhältnisse und der in die Abendstunden verschobenen Lebensgewohnheiten der Einheimischen, soll ein Reisender allenfalls von einer Nachtruhe ab 24 Uhr ausgehen können (vgl LG Frankfurt aM FVE Nr 264;
Nr 307; AG Düsseldorf FVE Nr 475; AG Hannover FVE Nr 483; einschränkend LG Hannover FVE
Nr 582; ISERMANN 54; SEYDERHELM Rn 36). Selbst täglichen Lärm bis 24 Uhr aus Diskotheken, Freiluftaufführungen oder vom Klavierspielen (vgl LG Frankfurt aM FVE
Nr 208), sonstigen Lärm bis 4 Uhr (LG Essen MDR 1991, 1132) oder Lärm im Hotel
bis 5 Uhr morgens (AG Köln FVE Nr 487) soll er hinzunehmen haben. Dem kann in
dieser Allgemeinheit nicht gefolgt werden. Wird bezüglich anderer Störungsursachen
wie zB arbeitskampfbedingten Störungen (vgl LG Frankfurt aM NJW-RR 1987, 823) dem
Reiseveranstalter vieles und sogar zu vieles angelastet (vgl § 651f Rn 23 ff), so kann ihn
bei Lärm nicht allein die südliche Szenerie entlasten. Soweit der Lärm in einem Hotel

oder seiner unmittelbaren Umgebung erzeugt wird, ist vielmehr vom Veranstalter zu fordern, dass er auf die Lärmbelästigung deutlich hinweist (vgl auch BGHZ 100, 157, 175). Dieser Hinweispflicht genügt der Reiseveranstalter nicht mit dem bloßen Hinweis im Prospekt auf einen Club oder eine Diskothek. Daraus braucht nämlich nicht auf eine erhebliche Lärmbelästigung auch im Hotelzimmer geschlossen zu werden (so zutreffend AG Frankfurt aM FVE Nr 221). Im Einzelfall ist allerdings entsprechend der Reisebeschreibung im Prospekt zu unterscheiden. Je detaillierter und bestimmter eine Beschreibung im Prospekt ist, desto mehr tritt die Ortsüblichkeit in den Hintergrund (so zutreffend LG Hannover FVE Nr 582; SEYDERHELM Rn 35). Der Reiseveranstalter kann sich nicht darauf berufen, dass es eine Frage der persönlichen Einstellung jedes Urlaubsgastes sei, ob musikalische Veranstaltungen als störend oder nicht störend empfunden werden und dass die Heterogenität der Hotelgäste Vorsicht bei der Bejahung eines Mangels verlange (vgl aber AG Frankfurt aM FVE Bd 9 Nr 951). Die Frage, ob ruhestörender Lärm gegeben ist, ist vielmehr objektiv zu beurteilen.

23 Gelegentlich wird das Vorliegen eines Mangels noch stärker relativiert. Wer seinen Urlaub in einem teilweise noch „unentwickelten" Land verbringt, soll danach auch an die Unterkunft, an die Sprachkenntnisse der Kellner und des Personals, die Sauberkeit in den Zimmern und Gaststätten nicht die Anforderungen stellen können, die in Deutschland selbstverständlich seien und verlangt werden müssten. In solchen Ländern muss danach mit dem Auftreten gewisser Mängel und mit der Entstehung von Unzuträglichkeiten gerechnet werden. Ameisen, schmutziges Geschirr, Wasser- und Lichtausfall sollen hinzunehmen sein (vgl AG Mülheim/Ruhr FVE Bd 9 Nr 970; vgl aber auch LG Frankfurt aM FVE Bd 8 Nr 880; RRa 1994, 63). Dabei wird übersehen, dass der Reiseveranstalter die Reiseleistungen im Inland anbietet und dass er daher dafür Sorge tragen muss, dass Hotel- und Verpflegungsleistungen zumindest einem **mittleren Standard** entsprechen (OLG Frankfurt aM RRa 1998, 95; LG Frankfurt aM NJW-RR 1987, 368; FÜHRICH Rn 236). Die ortsspezifischen Besonderheiten kommen daher erst dort zum Tragen, wo die Organisationsgewalt des Reiseveranstalters endet (vgl auch BT-Drucks 8/2343, 8). Wird in einem Prospekt lebhaftes Treiben in Bars und Diskotheken in Aussicht gestellt und Ruhe nur bei Wanderungen in der reizvollen Landschaft der wilden Küsten, so muss der Reisende damit rechnen, dass Ruhe am Ort nicht zu finden ist (vgl AG Frankfurt aM FVE Bd 9 Nr 944). Ganz allgemein gilt, dass dann, wenn der Reiseveranstalter im Prospekt oder in einer Leistungsbeschreibung genaue und bis in Einzelheiten gehende Angaben zu bestimmten, vom **inländischen Mindeststandard** abweichenden Umständen macht, diese nicht mehr als Reisemängel geltend gemacht werden können (LG Stuttgart NJW-RR 1989, 1400 f; LG Frankfurt aM RRa 1994, 63; BIDINGER/MÜLLER 111).

24 Der BGH (NJW 1982, 1521) macht zu Recht darauf aufmerksam, dass zB der Reisende, der eine als Luxusbungalow vorgestellte Villa mit einzigartigem Standard in einer paradiesischen Umgebung bucht, keine Abenteuerreise in ein Land erwartet, dessen zurückgebliebene Entwicklung die Inkaufnahme ungewohnter Risiken und den Verzicht auf den gewohnten Lebenszuschnitt einschließt. Etwas anderes kann danach allenfalls dann gelten, wenn der Reisende in Kenntnis der unsicheren Verhältnisse im Zielland ein erhöhtes Risiko uU deshalb in Kauf genommen hat, weil ihn das in einer solchen Reise liegende Abenteuer lockte.

bb) Regelungen in Allgemeinen Reisebedingungen

Eine **Allgemeine Reisebedingung** des Inhalts, dass die ordnungsgemäße Erbringung 25 der vertraglich vereinbarten Reiseleistung der **Ortsüblichkeit des Ziellandes** zu entsprechen hat, ist unwirksam. Der Reiseveranstalter hat die Serviceleistungen grundsätzlich nach den üblichen inländischen Standards zu erbringen, sieht man einmal von den immer zu berücksichtigenden ortsspezifischen Besonderheiten ab. Ergibt sich aufgrund der besonderen Verhältnisse im Zielland ein unter den üblichen Durchschnitt fallendes Leistungsniveau, so hat der Reiseveranstalter den Reisenden darüber umfassend aufzuklären. Der Reiseveranstalter kann dieser Verpflichtung selbstverständlich nicht dadurch entgehen, dass er sich über derartige Klauseln nur zu Leistungen auf ortsüblicher Basis verpflichtet, da für den Kunden die andersartigen Qualitätsstandards nicht durchschaubar sind. Eine derartige Klausel ist daher wegen Verstoßes gegen § 307 Abs 1 Nr 2 unwirksam (vgl auch Löwe 112).

c) Besonderheiten bei speziellen Reisetypen
aa) Billigreisen

Ob eine Reise mangelhaft ist, ist aber nicht nur danach zu bestimmen, was nach dem 26 Vertrag als Durchschnittsleistung angesehen werden kann. Vielmehr ist bei der Bestimmung von Mängeln auch der **Reisepreis** zu berücksichtigen. Der Reisepreis prägt den Zuschnitt der Reise (vgl Bartl NJW 1979, 1384, 1386; Bidinger/Müller 105; Eberle DB 1979, 342, 344; Erman/Seiler Rn 2; Löwe 75; MünchKomm/Tonner Rn 13, 32 f; Soergel/H-W Eckert Rn 14). **Billigreisen** schließen hohe Ansprüche an die Qualität auf jeden Fall aus (so zutreffend OLG Düsseldorf FVE Nr 297; AG Wiesbaden FVE Bd 10 Nr 1061; AG Frankfurt aM FVE Bd 9 Nr 949; AG Wiesbaden FVE Bd 8 Nr 832; Erman/Seiler Rn 2; Löwe 75, 79; MünchKomm/Tonner Rn 13). Jedoch wird man verlangen müssen, dass der Reiseveranstalter bei Billigangeboten die Qualitätsangaben konkretisiert. Der Reisende muss abschätzen können, was ihn erwartet. Selbstverständlich sind auch bei Billigreisen Gewährleistungsansprüche nicht schlechthin ausgeschlossen (vgl AG Frankfurt aM FVE Bd 7 Nr 697; vgl auch LG Berlin NJW 1982, 343; Soergel/H-W Eckert Rn 14). Dies gilt auch für Last-Minute-Flugreisen (AG Flensburg RRa 1999, 48 f).

Gewisse **Mindeststandards** müssen gewahrt sein. Dies gilt insbesondere für die Ver- 27 sorgung mit elektrischem Strom und fließendem Wasser (LG Frankfurt aM NJW-RR 1987, 368) und die Gewährleistung ausreichender Sauberkeit und Hygiene (LG Frankfurt aM RRa 1995, 48, 49). Es versteht sich auch von selbst, dass sich der Reisende vom Reiseveranstalter nicht entgegenhalten lassen muss, dass der niedrigere Preis der Einfachkabine auch schlechtes Essen für Gäste rechtfertige, die eine höhere Preisklasse bezahlt haben (vgl AG Frankfurt aM FVE Nr 200). Der Reisende muss nicht damit rechnen, dass möglicherweise seine Preisklasse die Niedrigklasse mitsubventioniert oder in der höheren Klasse übermäßige Gewinne erzielt werden.

bb) Luxusreisen

Der Teilnehmer einer Luxusreise, der einen außergewöhnlich hohen Übernachtungs- 28 preis zahlt, kann auch dann eine überdurchschnittliche Größe und Ausstattung des Hotelzimmers erwarten, wenn der Prospekt hierüber keine bestimmten Angaben enthält (LG Frankfurt aM NJW-RR 1992, 380). Bei einer „erstklassigen" oder „großzügig konzipierten" Unterkunft kann der Reisende selbstverständlich eine Heizung erwarten (LG Hannover NJW-RR 1986, 146; LG Dortmund NJW-RR 1986, 1174; Bidinger/Müller 105).

cc) Abenteuer- und Expeditionsreisen

29 Abenteuer- und Expeditionsreisen müssen durch unzivilisierte und schwer zugängliche Gebiete führen und stellen erhöhte Anforderungen an die Belastbarkeit der Reisenden. Da körperliche Strapazen, fehlende Planung im Detail und Unannehmlichkeiten zum Charakter dieser Reisen gehören, kann der Reisende weder mit Komfort noch mit perfekter Organisation rechnen. Er muss sich vielmehr auf **Pannen, Störungen, Unwägbarkeiten** und **Unbequemlichkeiten** einstellen, deren Bewältigung gerade zu den Erlebnissen einer solchen Reise gehört (OLG Karlsruhe OLGZ 1984, 250, 252; BIDINGER/MÜLLER 104, KALLER Rn 102). Unbequeme Unterkünfte, schmutziges Geschirr und unsauberes Essen sind daher vom Reisenden ebenso hinzunehmen wie Fahrzeuge und Boote, die keinen mitteleuropäischen Sicherheitsstandards genügen (OLG München OLGZ 1984, 234 f; LG München NJW-RR 1994, 124; AG Königstein RRa 1994, 29). Dies bedeutet indessen nicht, dass der Reisende ohne weiteres in seine Selbstgefährdung einwilligt, zB bei einer Safarireise (OLG München NJW-RR 1999, 1358). Die Reise ist also gleichermaßen mangelhaft, wenn der Expeditionsgehalt zu gering (LG Frankfurt aM RRa 1994, 173; AG Königstein RRa 1994, 28) oder der Abenteuerinhalt zu hoch ist (OLG München OLGZ 1984, 234). **Übermäßiger Komfort** stellt bei diesen Reisen in jedem Fall einen Reisemangel dar (LG Frankfurt aM RRa 1994, 173). Der Komfort ist allerdings noch nicht allein deshalb übermäßig, weil die Fahrt mit dem Auto auf befestigten Straßen und ohne extreme Schwierigkeiten erfolgt (AG Königstein RRa 1994, 29) bzw die Indianer nicht völlig wild und unzivilisiert sind (OLG München OLGZ 1984, 234 f).

30 Ob der Reiseveranstalter bei einer Abenteuer- oder Expeditionsreise bereits im Prospekt im Detail die einzelnen Risiken vom Lebenssachverhalt her zu umschreiben hat (so LÖWE 15), ist zweifelhaft. Wenn der Kunde schon für derartige Risiken Verständnis haben muss und Prognosen bei derartigen Reisen nur begrenzt möglich sind, muss ein entsprechender Haftungsausschluss als Leistungsänderungsvorbehalt verstanden werden, an dessen Präzisierung keine übersteigerten Anforderungen gestellt werden dürfen.

31 Mängel einer **Abenteuerreise** können in wesentlichen Abweichungen von der vorgesehenen Route (OLG Karlsruhe OLGZ 1984, 250, 251 f; vgl aber OLG Düsseldorf NJW-RR 1995, 622; LG Frankfurt aM RRa 2001, 94 u 184), im Auslassen von bestimmten, im Prospekt herausgestellten Reisezielen, in mangelhaftem Beförderungsgerät und fehlenden Ausrüstungsgegenständen, in der unzureichenden Koordination von Leistungsträgern und fehlenden Sicherheitsvorkehrungen für den Fall der Erkrankung oder Gefährdung (zB infolge fehlender Funkgeräte) bestehen (BARTL, Recht im Urlaub, Abenteuerreise 110)

dd) Kreuzfahrten

32 Kreuzfahrten verbinden Elemente der **Bildungs-** (Besichtigungsprogramm) mit solchen der **Erholungsreise** (vgl BIDINGER/MÜLLER 105, MünchKomm/TONNER Rn 15). Der Reisende kann grundsätzlich erwarten, mit dem **gebuchten Schiff** befördert zu werden (AG Braunschweig RRa 1994, 77). Dieses kann nur dann gegen ein anderes Schiff ausgetauscht werden, wenn das Ersatzschiff den gleichen Komfort wie das gebuchte aufweist (KALLER Rn 101; vgl LG Frankfurt aM RRa 1997, 218). Die **Kabine** muss eine bestimmte Mindestgröße haben (also zB nicht 9 m^2 große 4-Bett-Kabine, AG München NJW-RR 1989, 1528) und bei entsprechender Zusage auch über Dusche und WC sowie Klimaanlage verfügen (AG Königstein RRa 1996, 150). Weiter kann der Reisende grundsätzlich von der **Einhaltung des vorgesehenen Reiseverlaufs** ausgehen. Daher ist eine Kreuzfahrt zB fehlerhaft, wenn nur fünf von zehn geplanten Häfen angelaufen werden und die Kreuzfahrt zwei Tage früher endet (BGH FVE Nr 234) oder wenn die vorgesehene Umrundung Grönlands ausfällt (LG Frankfurt aM RRa 1995, 169). Mangelhaft ist auch eine Segelreise, wenn trotz günstiger Witterung mit Motorkraft gefahren wird (LG Hannover NJW-RR 1999, 1004). Unbedeutende Abweichungen bleiben dagegen außer Betracht (zB Durchführung einer Nilkreuzfahrt nilabwärts statt nilaufwärts, LG Bonn NJW-RR 1994, 884). Auch **witterungsbedingte Abweichungen** von der Reiseroute oder das Nichtanlaufen eines Hafens wegen Schlechtwetters hat der Reisende hinzunehmen (AG Ludwigsburg RRa 1998, 67). Ob der Reiseveranstalter bereits im Prospekt bis ins Detail anzugeben gehalten ist, welche Häfen uU aus Witterungsgründen nicht angelaufen werden können (so LÖWE 15), erscheint zweifelhaft (KALLER Rn 101).

ee) Bildungs- und Studienreisen
Bei Bildungs- und Studienreisen handelt es sich um **Besichtigungsreisen**, bei denen 33 das Besichtigungsprogramm und die fachkundige Reiseleitung im Vordergrund stehen (BIDINGER/MÜLLER 105; FÜHRICH Rn 297; MünchKomm/TONNER Rn 15). Die Reise kann daher insbesondere mangelhaft sein, wenn **wesentliche Teile** des Besichtigungs- oder Reiseprogramms **ausfallen** (zB Jordanien bei einer wissenschaftlichen Reise in den Vorderen Orient, OLG München OLGZ 1983, 83) oder wenn der **Reiseleiter die deutsche Sprache nicht beherrscht** (LG Heidelberg RRa 1995, 13) bzw **keine besonderen Kenntnisse** über das kulturelle Hauptreiseziel hat (LG Frankfurt aM MDR 1985, 141).

ff) Clubreisen
Clubreisen dienen sowohl der Erholung als auch der ausgiebigen sportlichen, künst- 34 lerischen und sonstigen kreativen Betätigung, die idR durch Animateure unterstützt wird. Eine solche Reise ist insbesondere dann mangelhaft, wenn die angekündigten **Sport- und Unterhaltungsmöglichkeiten** fehlen oder nicht durch entsprechend qualifizierte Animateure betreut werden (BGH NJW 2000, 1188; LG Hannover NJW 1984, 2417, 2418). Verlangt der Reiseveranstalter bei „**All-inclusive-Reisen**" das **Tragen von nicht abnehmbaren Armbändern** während des Urlaubs, so ist fraglich, ob er hierauf im Prospekt hinweisen muss. Dies wird teilweise verlangt und anderenfalls ein Reisemangel angenommen, weil ein Verstoß gegen die Menschenwürde und das allgemeine Persönlichkeitsrecht des Reisenden vorliege (LG Frankfurt aM RRa 1997, 52; 2000, 65; AG Köln RRa 1998, 193; AG München RRa 1999, 193; AG Baden-Baden NJW 1999, 1340). Richtigerweise handelt es sich hierbei auch ohne einen ausdrücklichen Hinweis im Prospekt um eine bloße Unannehmlichkeit (OLG Düsseldorf RRa 2001, 49; LG Hamburg NJW-RR 2000, 131; LG Köln NJW-RR 2000, 132; AG Hannover RRa 1998, 94; AG Berlin-Charlottenburg RRa 1999, 139; AG Kleve RRa 1999, 115; AG Bad Homburg RRa 1999, 155; FÜHRICH Rn 300), die keine Gewährleistungsrechte des Reisenden begründet und bei einem Hinweis in jedem Fall als übliche Abrechnungsmethode hinzunehmen ist.

gg) Sportreisen
Ähnliches gilt für Sportreisen, soweit der Veranstalter bestimmte **Sporteinrichtungen** 35 **oder -möglichkeiten** – zB Tennis- oder Golfplatz, Reiten, Segeltörn – zugesagt hat. Sind diese Einrichtungen nicht vorhanden oder nicht benutzbar, so hat der Veranstalter hierfür verschuldensunabhängig einzustehen (vgl BGH NJW 2000, 1188; OLG Hamm NJW-RR 1995, 441; OLG Düsseldorf NJW-RR 1995, 314; LG Hannover MDR 1984, 313; LG Frankfurt aM NJW-RR 1990, 700).

hh) Sprachreisen

36 Bietet ein Reiseveranstalter Sprachreisen als eigene Leistung an, so haftet er für die **Durchführung** der entsprechenden Sprachkurse (BGH NJW 1993, 263; FÜHRICH Rn 303). Werden mehrere Kurse zusammengelegt (LG Frankfurt aM NJW-RR 1990, 760), wird nur ein Anfängerkurs statt eines Intensivkurses angeboten (LG Hannover NJW-RR 1992, 50) oder fehlt es an der versprochenen Medienausstattung (LG Frankfurt aM NJW-RR 1990, 760), so ist die Reise mangelhaft.

ii) Fortuna- oder Joker-Reisen

37 Bestimmt der Reisende allein das Reiseziel und überlässt er es im Übrigen dem Reiseveranstalter, den Inhalt der Leistung zu bestimmen, so steht Letzterem ein Leistungsbestimmungsrecht nach § 315 zu (BARTL Rn 194; KALLER Rn 83 ff). Soweit der Reiseveranstalter keine konkreten Angaben gemacht hat, hat er sein Bestimmungsrecht nach billigem Ermessen auszuüben. Der Mindeststandard ist stets zu wahren (BARTL Rn 194; FÜHRICH Rn 296; KALLER Rn 91; vgl auch LG Frankfurt aM NJW 1985, 143 f; NJW-RR 1987, 495 f; 1988, 248; 1991, 317 f). Man kann also bei **Fortuna- oder Joker-Reisen** nicht davon ausgehen, dass der Reisende die „Katze im Sack" kauft (vgl LG Frankfurt aM NJW-RR 1987, 826; AG Düsseldorf NJW-RR 1999, 1147 f). Bei der Überprüfung der Ermessensausübung ist jedoch der uU gegebene Billigpreischarakter zu berücksichtigen. Vor allem sind Gewährleistungsansprüche des Reisenden ausgeschlossen, die sich auf **die Lage und den Standard der Unterkunft** beziehen und daher gerade mit dem Charakter dieser Reiseart zusammenhängen (LG Frankfurt aM NJW-RR 1987, 495 f; 1987, 826; 1991, 317; KALLER Rn 92). Hat der Reiseveranstalter von seinem Leistungsbestimmungsrecht Gebrauch gemacht, so ist diese Bestimmung für ihn **bindend**. Er kann also nicht nachträglich dem Reisenden eine schlechtere Unterkunft zuweisen, selbst wenn er diese bei der erstmaligen Bestimmung hätte auswählen können (MünchKomm/TONNER Rn 14).

d) Leistungsänderungsvorbehalte

38 Gestatten **Allgemeine Reisebedingungen** dem Reiseveranstalter unter bestimmten Voraussetzungen „Änderungen oder Abweichungen einzelner Reiseleistungen von dem vereinbarten Inhalt des Reisevertrages" (so Nr 4 Abs 1–3 der Konditionenempfehlung des DRV, vgl § 651a Rn 156), so sind derartige **Leistungsänderungsvorbehalte** in engen Grenzen zulässig (vgl § 651a Rn 168 ff). Ist ein Leistungsänderungsvorbehalt wirksam und eine vom Veranstalter erklärte Leistungsänderung zulässig, **entfallen** bezüglich der Leistungsänderung sämtliche **Gewährleistungsansprüche** des Reisenden (BLAUROCK 68; H-W ECKERT, Pauschalreiserecht 96; SOERGEL/H-W ECKERT Rn 20; WOLF/HORN/LINDACHER § 9 AGBG Rn 69). Diese bestehen allerdings fort, wenn auch die **geänderte Leistung mangelhaft** ist (BARTL RN 197; SOERGEL/H-W ECKERT Rn 20). Ist die Leistungsänderung **zulässig**, so stehen dem Reisenden die Rechte aus § 651a Abs 5 S 2 u 3 zu, wenn die Änderung erheblich ist. Ist die Leistungsänderung dagegen **unzulässig**, so kann er entweder ebenfalls die Rechte aus § 651a Abs 5 S 2 u 3 geltend machen oder er kann die veränderte Reise antreten und die **Gewährleistungsansprüche** nach §§ 651c–f erheben (SEYDERHELM § 651a Rn 124 ff; SOERGEL/H-W ECKERT § 651a Rn 70; vgl § 651a Rn 164 u 173).

e) Sicht des Durchschnittsreisenden als Maßstab für die Fehlerhaftigkeit

39 Der Reiseveranstalter haftet nur dafür, dass alle vertraglich vereinbarten Reiseleistungen (Beförderung, Unterkunft, Verpflegung, Freizeitmöglichkeiten usw) vertragsgemäß erbracht werden. Dabei ist es selbstverständlich, dass auch ein **Mangel einer einzelnen Reiseleistung** genügt, um einen **Mangel der Gesamtheit der Reiseleistungen** annehmen zu können (vgl BROX NJW 1980, 1939, 1940; EBERLE DB 1979, 341, 343; Brox, Schuldrecht BT [24. Aufl 1999] Rn 289 e). Hat der Reiseveranstalter nach dem Reisevertrag für eine bestimmte Hotelunterkunft zu sorgen, so schuldet er nicht nur die Wohn- und Schlafgelegenheit, sondern auch eine urlaubsangemessene Umgebung, in der die vom Reisenden gesuchte Entspannung und Erholung möglich ist (so zutreffend BROX NJW 1980 1939, 1940). Eine isolierte Betrachtung der einzelnen Reiseleistungen – und zwar unabhängig von Hinweisen im Reiseprospekt – ist nicht angemessen (vgl BT-Drucks 8/2343, 9; BGH NJW 1986, 1748, 1749; BIDINGER/MÜLLER 101; SOERGEL/H-W ECKERT Rn 9; aA LG Frankfurt aM NJW 1983, 2264, 2265; SEYDERHELM Rn 14 ff; TEMPEL JuS 1984, 81, 85 f; ders NJW 1985, 97, 99 f; ders RRa 1998, 19, 21 ff). Lärmbelästigung durch benachbarte Baustellen oder Nachtlokale können daher einen Mangel der Reiseleistung „Unterkunft" auslösen (so zutreffend BROX NJW 1980, 1939, 1940; KG MDR 1971, 1008; OLG Frankfurt aM NJW 1973, 470; OLG Köln NJW 1973, 1083; OLG Nürnberg MDR 1976, 1020; OLG Düsseldorf VersR 1981, 554; NJW-RR 1998, 921; LG Hannover VuR 1987, 106; LG Düsseldorf NJW-RR 1987, 176; MDR 1988, 965). Dies folgt schon daraus, dass allein der Reiseveranstalter regelmäßig über die besonderen Verhältnisse vor Ort informiert ist. Soweit der Urlaubszweck durch Störungen gefährdet ist, hat dies der Reiseveranstalter dem Reisenden mitzuteilen (OLG Köln NJW 1973, 1083). Hinsichtlich der Verpflegung schuldet der Reiseveranstalter nicht nur die Verpflegung und Bedienung, sondern auch die Möglichkeit der Einnahme der Mahlzeiten in angenehmer Atmosphäre (so BROX NJW 1980, 1939, 1940). Im Prospekt angebotene Sport- und Freizeitanlagen müssen nicht nur tatsächlich zur Verfügung stehen, sondern auch in einer für den Reisenden geeigneten Weise (BGH NJW 2000, 1188, 1189).

Für die Frage, ob ein Mangel vorliegt, kann aber keinesfalls auf den überempfindlichen Reisenden abgestellt werden. Vielmehr ist eine Wertung aus der Sicht des normal empfindenden **Durchschnittsreisenden** zu treffen (BGHZ 84, 268, 272; 100, 157, 176; BGH NJW 2000, 1188, 1189; vgl BECHHOFER 39; BIDINGER/MÜLLER 110, FÜHRICH Rn 231; BROX NJW 1980, 1939, 1940; BARTL Rn 37; HAGEN DRiZ 1981, 295 f, 297; SCHOLLER JZ 1980, 672, 674). Dies folgt schon daraus, dass das Risiko des Reiseveranstalters kalkulierbar bleiben muss. Die vertragliche Einstandspflicht eines Veranstalters von Pauschalreisen bemisst sich allein nach der Tauglichkeit der Leistung für einen durchschnittlichen, also **nicht übermäßig empfindlichen Touristen** (HAGEN DRiZ 1981, 295, 297). Der Mangel wird jedoch auch durch den Charakter des Reisevertrages als Dauerschuldverhältnis bestimmt. Deshalb stellen einmalige Vorkommnisse zumindest bei einem längeren Urlaub keinen Mangel dar (LG Frankfurt aM FVE Nr 307). **40**

f) Mangelhaftigkeit einzelner Reiseleistungen

Weisen nur **einzelne Reiseleistungen** Mängel auf, so ist davon auszugehen, dass auch die aus einer Gesamtheit von Reiseleistungen sich zusammensetzende Reise insgesamt mangelhaft ist (so für den Regelfall BT-Drucks 8/2343, 9; BIDINGER/MÜLLER 101; Münch-Komm/TONNER Rn 34). Wenn dem entgegengehalten wird, dass diese Feststellung nicht generell getroffen werden könne, dass es vielmehr sowohl auf den Gesamtcharakter der Reise als auch auf die Bedeutung und den Umfang des einzelnen Fehlers ankomme, vermag dies nicht zu überzeugen (so aber ERMAN/SEILER Rn 2). Selbstverständlich ist der verzögerte Transfer vom Flughafen zum Hotel anders zu gewichten als die minderwertige Unterkunft in einem Hotel. Offen bleibt aber, ob zB bei einem ver- **41** zögerten Transfer überhaupt ein Mangel vorliegt. Da es auf die Beeinträchtigung der Gesamtleistung ankommt, kann auch bei einer Mehrzahl von Mängeln, die jeder für sich gesehen unwesentlich sind, im Rahmen einer Gesamtwürdigung von einer insgesamt mangelhaften ausgegangen werden (vgl dazu LG Stuttgart FVE Nr 130; BIDINGER/ MÜLLER 101). Dies gilt zumindest dann, wenn durch diese Mängel der Schwerpunkt der Reise beeinträchtigt worden ist.

42 Anknüpfungspunkt für einen Mangel ist die Reise, also das **Leistungspaket** (BGHZ 97, 255, 260; BIDINGER/MÜLLER 101; H-W ECKERT, Pauschalreiserecht 87 ff; ERMAN/SEILER Rn 2; MünchKomm/TONNER Rn 34; PALANDT/SPRAU Rn 2 SCHLOTMANN, Pauschalreise 35 ff SOERGEL/ H-W ECKERT Rn 9). Die Gegenansicht, die an die **einzelnen Reiseleistungen** anknüpft (LG Frankfurt aM NJW 1983, 2264; 2265 f; SEYDERHELM Rn 14 ff; TEMPEL JuS 1984, 81, 85 f; ders NJW 1985, 97, 99 f; ders RRa 1998, 19, 21 ff), um so die Beschränkung der Verantwortlichkeit des Reiseveranstalters auf die von ihm **beherrschbaren** Bereiche zu erreichen, ist abzulehnen. Sie ist mit dem Gesetzeswortlaut unvereinbar, der ausdrücklich und unmissverständlich auf **die Reise** und damit auf die Gesamtheit der Reiseleistungen in ihrer spezifischen Verbindung abstellt. Gleiches gilt für die Eingrenzung der Gewährleistung des Veranstalters durch das Merkmal der **Organisierbarkeit** (so aber FÜHRICH Rn 209 ff; vgl dazu SOERGEL/H-W ECKERT Rn 9). Ungeachtet der Anknüpfung an die Reise als Gesamtheit ist jedoch ein Minderungsrecht ausnahmsweise auch dann bei der **Beeinträchtigung einer Teilleistung** zu bejahen, wenn die Beeinträchtigung nicht auf das Leistungspaket ausstrahlt (vgl auch AG Frankfurt aM FVE Nr 254; BARTL Rn 69–71). Bei der Mangelhaftigkeit lediglich einer Teilleistung ist jedoch verstärkt zu prüfen, ob überhaupt ein Mangel der Reise vorliegt. So erscheint die kurzfristige Störung der Nachtruhe als so geringfügig, dass eine Minderung nicht in Betracht kommt (vgl LG Frankfurt aM FVE Nr 264). Bei erheblichen Mängeln erscheint es dagegen nicht sachgerecht und rechtlich unmöglich, das Gesamtpaket in einzelne Teile aufzuspalten und vom Teilpreis der Einzelleistungen auszugehen. Aus der Sicht des betreffenden Reisenden, die zugrunde zu legen ist, sind in diesen Fällen im Regelfall Ausstrahlungen der Störung auf den gesamten Vertragsgegenstand anzunehmen (vgl LG Frankfurt aM FVE Nr 268; BIDINGER/MÜLLER 101). Ist nicht nur eine einzelne Reiseleistung, sondern ein **Teil einer Reise** mangelhaft, während ein anderer Teil mangelfrei erbracht wurde, so bestehen nur für den mangelhaften Teil Gewährleistungsrechte des Reisenden. Dies gilt selbst dann, wenn der in der zweiten Reisehälfte eintretende Mangel so schwer wiegt, dass er den Erholungswert der ersten Hälfte beseitigt, zB bei einer schweren Salmonellenvergiftung (LG Hannover NJW-RR 1989, 633, 635; ERMAN/SEI-LER Rn 2; aA LG Frankfurt aM NJW-RR 1990, 1396).

43 Bei einer Pauschalreise ist daher für das Vorliegen eines Mangels entscheidend, ob die Störung einer einzelnen Reiseleistung bereits die Reise als beeinträchtigt erscheinen lässt. Soweit nicht eine gewährleistungsrechtlich unbeachtliche **Unannehmlichkeit** vorliegt, kann jedoch auch die bloße Mangelhaftigkeit einer einzelnen Reiseleistung ohne Ausstrahlung auf die Leistungseinheit ausnahmsweise einen Mangel darstellen (vgl auch OLG Hamm DB 1973, 2296; OLG Frankfurt aM FVE Nr 297).

2. Zugesicherte Eigenschaft

44 Welchen Stellenwert die Zusicherung von Eigenschaften im Rahmen von § 651c Abs 1 hat, ist unsicher. Es wird zutreffend darauf aufmerksam gemacht (vgl ERMAN/

SEILER Rn 3), dass zugesicherten Eigenschaften keine praktische Bedeutung zukommt, da der subjektive Fehlerbegriff auf die vertragliche Vereinbarung abstellt und damit auch das Fehlen zugesicherter Eigenschaften erfasst. Fehlen **zugesicherte Eigenschaften**, so wird allerdings an sich allein dadurch ein Gewährleistungsanspruch ausgelöst, ohne dass es – anders als beim Fehler – auf die Beeinträchtigung des Wertes oder der Tauglichkeit der Reise ankommt (vgl ERMAN/SEILER Rn 3). Dieser Grundsatz erfordert jedoch im Reisevertragsrecht bestimmte **Einschränkungen**, da vertragliche Beschaffenheit und Eigenschaft kaum voneinander getrennt werden können (vgl Vorbem 9 zu §§ 651c ff).

Als zugesicherte Eigenschaft sollen alle wesentlichen, für die Wahl des Urlaubsorts in **45** Betracht zu ziehenden Verhältnisse anzusehen sein, die wegen ihrer Art und Dauer nach der Verkehrsanschauung Einfluss auf die vertragsgemäße Beschaffenheit der Reise haben. Hierzu sollen Angaben zB zur Beförderung, Unterkunft, Verpflegung usw zählen, die der Reiseveranstalter im **Prospekt** gemacht hat (vgl BGH NJW 2000, 1188; KG FVE Bd 7 Nr 691). Konkrete Leistungsbeschreibungen im Prospekt (vgl § 4 BGB-InfoV) wären danach regelmäßig zugesicherte Eigenschaften (BARTL Rn 30 ff; BLAUROCK/WAGNER Jura 1985, 169, 170; COESTER/WALTJEN Jura 1995 329, 330 f; EISNER DAR 1989, 333, 335; HEINZ 63; LÖWE 77 f; PALANDT/SPRAU Rn 2; RGRK/RECKEN Rn 5; SCHMIDT BB 1986, 1453, 1454 f). Dies überzeugt nicht. Wie sich aus § 651d und § 651f ergibt, geht das Gesetz davon aus, dass die Reise **nur einheitlich mangelhaft** sein kann. Daraus folgt, dass die zugesicherten Eigenschaften nur den Vertragsinhalt bestimmen, der seinerseits wiederum für die Feststellung eines Mangels maßgebend ist. Im Reisevertragsrecht ist daher bei der Annahme von Zusicherungen keine derartige Zurückhaltung geboten, wie sie früher dem Kaufrecht angemessen war. Die Prospektangaben sind häufig die einzigen Informationen, an denen sich der Reisende orientieren kann (vgl BGHZ 100, 157, 177; 119, 152, 172; BGH NJW 2000, 1188). Würde man sie allzu rasch in die Kategorie der allgemeinen Anpreisung einstufen, so wäre der Reisende zwar nicht schutzlos, aber in seiner Rechtsstellung beeinträchtigt (vgl zutreffend BLAUROCK 12; ähnlich BARTL NJW 1979, 1384, 1386; vgl auch BT-Drucks 8/786, 25). Hinsichtlich der zugesicherten Eigenschaften deshalb von einer gesteigerten Form der Leistungsbeschreibung zu sprechen, weil sich bei ihrem Fehlen gegebenenfalls strengere Rechtsfolgen für den Veranstalter ergeben können (so LÖWE 13), ist unscharf. Es kann nämlich nicht von den Rechtsfolgen auf die Tatbestandsvoraussetzungen geschlossen werden. Wer in den jeweiligen Prospektangaben zugesicherte Eigenschaften sieht, kann bei Pauschalreisen praktisch niemals eine gewöhnliche Fehlerhaftigkeit annehmen (vgl BARTL, Recht im Urlaub, Fehler 37).

Die scharfe Abgrenzung des Fehlens zugesicherter Eigenschaften von Fehlern führt **46** im Ergebnis dazu, dass eine mangelhafte Reiseleistung beim Fehlen einer zugesicherten Eigenschaft auch dann bejaht werden muss, wenn überhaupt **keine Tauglichkeitsminderung** vorliegt. Eine Haftungsbeschränkung in ARB, die auf eine allgemeine Freizeichnung von der Einstandspflicht für zugesicherte Eigenschaften und der Bindungswirkung nach § 4 Abs 1 S 2 BGB-InfoV für Prospektangaben hinausläuft, wäre an § 307 Abs 2 Nr 2 iVm § 444 zu messen (BGH NJW 1992, 3158, 3162; FÜHRICH Rn 227; WOLFF/HORN/WINDACHER § 9 AGBG Rn 84). Wenn bereits die bloßen Angaben in Katalogen und Prospekten zu zugesicherten Eigenschaften aufgewertet werden, verliert die 2. Alternative des § 651c Abs 1 fast jede Bedeutung. Daraus kann nur die Schlussfolgerung gezogen werden, dass entgegen dem Wortlaut des

§ 651c Abs 1 auch beim Fehlen zugesicherter Eigenschaften zu verlangen ist, dass dadurch der Wert oder die Tauglichkeit der Reiseleistungen berührt wird oder dass an das Vorliegen zugesicherter Eigenschaften **besondere Anforderungen** zu stellen sind (ERMAN/SEILER Rn 3; MünchKomm/TONNER Rn 18; **aA** BGHZ 82, 219, 224; FÜHRICH Rn 227; PALANDT/SPRAU Rn 2; RGRK/RECKEN Rn 5; SEYDERHELM Rn 8; TEMPEL NJW 1997, 2206, 2207). Es darf keinen Unterschied machen, ob das Hotel im Prospekt als ruhiges Hotel angepriesen wurde oder ob zur Ruhe überhaupt nichts ausgesagt worden ist (vgl aber auch AG Bad Homburg RRa 2201, 164; LÖWE 77). Kommt den Angebotsunterlagen, insbesondere dem Prospekt des Veranstalters, bei der Bestimmung der Mangelhaftigkeit einer Reiseleistung entscheidende Bedeutung zu, da sich aus ihnen der im Vertrag vorausgesetzte Nutzen ermitteln lässt (BGHZ 100, 157, 177; BGH NJW 1992, 3158, 3162; OLG Frankfurt aM FVE Nr 297; OLG Köln NJW 1973, 1083; BIDINGER/MÜLLER 101 f; FÜHRICH Rn 201; MünchKomm/TONNER Rn 11), so verbietet sich jede schrankenlose Bejahung zugesicherter Eigenschaften. Von einer zugesicherten Eigenschaft kann daher bei bloßen Prospektangaben nicht gesprochen werden (vgl LG Frankfurt aM NJW 1983, 237; BIDINGER/MÜLLER 108; BRENDER 85; H-W ECKERT, Pauschalreiserecht 83 ff, 86; ERMAN/SEILER Rn 3; PICK Rn 41; SEYDERHELM Rn 10; TEMPEL RRa 1998, 19, 23 f).

47 Eine Eigenschaftszusicherung kann vielmehr nur dann angenommen werden, wenn einzelne **Leistungsmerkmale ausdrücklich hervorgehoben werden** und dadurch verdeutlicht wird, dass diese gerade für die beschriebene Reise von besonderer Bedeutung sind (BIDINGER/MÜLLER 108). Nur dann, wenn die Reise ganz bestimmte Vorzüge haben soll oder auf das Vorhandensein bestimmter Einrichtungen besonders hingewiesen wird, **garantiert** der Reiseveranstalter mit seinem Reiseprospekt das Vorliegen dieser Eigenschaften. Für eine solche Zurückhaltung bei der Annahme von Zusicherungen spricht auch **§ 4 Abs 1 BGB-InfoV**, wonach der Prospekt deutlich lesbare, klare und genaue Reiseangaben enthalten muss. Gerade deshalb kann nicht aus jeder derartigen Angabe auf eine Zusicherung des Veranstalters geschlossen werden (BIDINGER/MÜLLER 108).

48 Außerhalb von Prospekten kann die Zusicherung von Eigenschaften durch **individuelle Zusagen** des Reiseveranstalters erfolgen. Dazu muss eine **ausdrückliche** oder **stillschweigende** Erklärung des Reiseveranstalters vorliegen (FÜHRICH Rn 227). Äußert also ein Reisender einen Sonderwunsch zB hinsichtlich der Lage oder Ausstattung des Zimmers und wird dieser Wunsch dadurch zum Vertragsgegenstand, dass der Reiseveranstalter dies in der Reisebestätigung zusagt, so ist die Lage oder Ausstattung des Zimmers ausdrücklich zugesichert (vgl LG Frankfurt aM NJW-RR 1986, 143; BIDINGER/MÜLLER 107; MünchKomm/TONNER Rn 22; SOERGEL/H-W ECKERT Rn 4). Derartige Zusicherungen können auch **mündlich** erfolgen, und zwar sowohl durch den **Reiseveranstalter** und seine Mitarbeiter (§ 54 Abs 1 HGB, vgl MünchKomm/TONNER Rn 24) als auch durch das selbständige **Reisebüro**. Für mündliche Erklärungen des Reisebüros hat der Veranstalter nach §§ 84 ff, 54 HGB grundsätzlich einzustehen (BGHZ 82, 219, 222; BIDINGER/MÜLLER 107; MünchKomm/TONNER Rn 23; SOERGEL/H-W ECKERT Rn 4). Erklärt also zB ein Reisender im Reisebüro, er buche die Reise nur, wenn er „in der **obersten** Etage" des Hotels einquartiert werde, trägt die Mitarbeiterin des Reisebüros dann aber im Anmeldeformular „unbedingt obere Etage" ein und bestätigt der Veranstalter dies anschließend dem Reisebüro, so ist die „**oberste**" Etage" zugesichert, wenn die Mitarbeiterin den Reisenden von der Bestätigung seines Sonderwunsches („oberste Etage") verständigt hat (BGHZ 82, 219, 222). Das **Risiko der fehlerhaften Weiter-**

leitung des Vertragsangebots des Reisenden durch das vermittelnde Reisebüro trägt der Veranstalter. Dies gilt aber nur, soweit Zusagen des Reisebüros an Prospektbeschreibungen anknüpfen oder auf gesonderte Anfrage erteilt werden (LG Frankfurt aM RRa 1994, 60 f), nicht dagegen, wenn sie in erkennbarem Widerspruch zum Prospekt stehen (OLG Frankfurt aM RRa 1995, 147 f; LG Frankfurt aM NJW-RR 1987, 495; NJW-RR 1999, 931; AG Frankfurt aM RRa 1994, 58; BIDINGER/MÜLLER 108; FÜHRICH Rn 581).

3. Grenzen der Einstandspflicht

a) Völlig unerhebliche Mängel, bloße Unannehmlichkeiten
Einigkeit besteht darüber, dass **völlig unerhebliche Mängel** keine Gewährleistungsansprüche auslösen. Eine Bestimmung wie § 536 Abs 1 S 3 fehlt zwar in § 651c Abs 1. Aber auch im allgemeinen Werkvertragsrecht ist anerkannt, dass völlig unerhebliche Mängel keine Gewährleistungspflicht zur Folge haben (vgl OLG Hamm DB 1973, 2296; BARTL Rn 36; ders NJW 1979, 1384, 1386; FÜHRICH Rn 230 ff; MünchKomm/TONNER Rn 32; PALANDT/SPRAU Rn 2; PICK Rn 6 ff; SEYDERHELM Rn 25 ff; SOERGEL/H-W ECKERT Rn 12; TEMPEL NJW 1997, 2206 ff). So stellt das Fehlen einer Bar oder das Fehlen eines Fernsehgeräts zwar einen Fehler dar. Dieser Fehler führt jedoch meist nicht zu einer Beeinträchtigung und schon gar nicht zu einer Aufhebung des Nutzens des Urlaubs. Bloße Unannehmlichkeiten sind vielmehr im Zeitalter des Massentourismus hinzunehmen (OLG Hamm DB 1973, 2296, 2297; OLG Düsseldorf NJW-RR 1992, 1330; 1995, 368; OLG Frankfurt VuR 1993, 237). Diese Feststellung darf aber nicht als Freibrief für Reiseveranstalter missverstanden werden. Auch der Massentourismus muss insoweit differenziert gesehen werden (vgl ERMAN/SEILER Rn 2). Die Nichtberücksichtigung bloßer Unannehmlichkeiten gilt erst recht für eine auf einer besonderen persönlichen Einstellung beruhende **Empfindlichkeit**. Diese vermag Ersatzansprüche daher nicht auszulösen (vgl FÜHRICH Rn 231). Eine bloße Unannehmlichkeit kann auch eine vierstündige Flugverzögerung darstellen, zumindest bei einer vierzehntägigen Reise (vgl OLG Düsseldorf NJW-RR 1992, 1330; LG Hannover NJW-RR 1986, 603; AG Düsseldorf MDR 1991, 839; LG Frankfurt aM NJW 1986, 1174; RRa 1997, 43). Gleiches gilt bei einer Vorverlegung des Rückflugs am gleichen Tag ohne Verlust der Nachtruhe (AG Düsseldorf RRa 1995, 151; 1998, 165; AG Bonn RRa 1996, 231; AG Hamburg RRa 1998, 152; AG Bad Homburg RRa 2000, 13; 2001, 53; 2002, 182; problematisch: AG Hannover RRa 2002, 227: Vorverlegung um 9 1/2 Stunden). Erst recht sind bloße Unannehmlichkeiten während des Fluges selbstverständlich hinzunehmen (vgl AG Bonn RRa 1996, 231). Dazu gehören zB Turbulenzen während des Fluges ohne physische Auswirkungen (AG Bonn RRa 1996, 251), unzureichender Bordservice bei kurzen Flügen (OLG Düsseldorf NJW-RR 1998, 923; AG Bad Homburg RRa 1995, 18) oder eine außerplanmäßige Zwischenlandung von 30 Minuten, bei der das Flugzeug nicht verlassen werden muss (FÜHRICH Rn 232). Gleiches gilt für das Fehlen von Bildern und Wandhaken im Hotel (OLG Frankfurt aM FVE Nr 332), Stechfliegen außerhalb der Unterkunft (AG Hamburg RRa 1997, 97), Ameisen oder Spinnweben im Zimmer (AG München RRa 1994, 85), einmaligen Stromausfall (AG Köln FVE Nr 488), defektes Radio und Telefon im Zimmer (AG Düsseldorf RRa 1995, 209), Geräusche der Klimaanlage, wenn bei entspanntem Aufenthalt ein Schlafen noch möglich ist (OLG Düsseldorf RRa 2001, 49), Bettwäschewechsel einmal pro Woche und Handtuchwechsel zweimal pro Woche bei einer preisgünstigen Reise (LG Köln FVE Nr 469; AG Köln FVE Nr 488), ein hartes und trockenes Brötchen zum Frühstück (LG Düsseldorf MDR 1993, 212) oder 30-minütige Wartezeiten im Speisesaal (LG Frankfurt aM FVE Nr 448; LG Düsseldorf RRa 2003, 68 f). Auch rülpsende (AG Hamburg RRa 1995, 121) oder schnar-

chende Mitreisende (AG Frankfurt aM 2002, 23) hat der Reisende hinzunehmen. Dass bloße Unannehmlichkeiten (für weitere Beispiele vgl die Zusammenstellungen bei FÜHRICH Rn 232 ff; SEYDERHELM Rn 26 ff) hinzunehmen sind, liegt einmal darin begründet, dass sie selbst durch eine äußerst sorgfältige Organisation nicht vermieden werden können. Zum anderen würde eine zu großzügige Einräumung von Gewährleistungsrechten nur allzu leicht dazu führen, Querulanten auf den Plan zu rufen. Deshalb setzt § 651c – wenn auch unscharf – eine Beeinträchtigung der Reise voraus, was zur Folge haben kann, dass bei Fehlern von untergeordneter Bedeutung eine Beeinträchtigung der Gesamtreise ausscheidet (vgl EBERLE DB 1979, 341, 343). Bei der Annahme eines Fehlers ist daher Zurückhaltung geboten. Mit Reiserechtsratgebern reisen offenbar schon genügend Urlauber. Ein Rückgriff auf § 242 ist insoweit nicht erforderlich.

50 Bucht eine Familie eine Pauschalreise, so kann eine mangelhafte Reiseleistung gegenüber einem Familienmitglied zur Urlaubsbeeinträchtigung auch bei den anderen Familienmitgliedern führen (so OLG Hamm FVE Nr 76). Die Notwendigkeit, Beeinträchtigungen hinzunehmen, kann sich auch aus der Art der Reise ergeben. Wer zB eine Gesellschaftsreise in einem Bus unternimmt, weiß, dass er sich uU der Mehrheit der Mitreisenden anpassen muss und Beeinträchtigungen durch Mitreisende, sofern sie sich im Rahmen des Vertretbaren halten, nicht dem Veranstalter anlasten kann (AG Berlin-Wedding FVE Nr 269; vgl zum Lärm durch Mitreisende auch OLG Frankfurt aM NJW 1983, 235; LG Frankfurt aM NJW-RR 1993, 951).

b) Beherrschbarkeit des Mangels, allgemeines Lebensrisiko
aa) Beherrschbarkeit der Störung

51 Nach dem hier vertretenen weiten Mangelbegriff (s o Rn 8 f) kommt es für einen Fehler der Reise nicht darauf an, ob der Reiseveranstalter oder einer seiner Erfüllungsgehilfen die zum Reisemangel führenden Umstände **beeinflussen** konnte. Dies wirkt sich namentlich dann aus, wenn Störungen in dem im Prospekt des Veranstalters beschriebenen **Umfeld der Reise** auftreten – zB verschmutzter nicht hoteleigener Strand (AG Düsseldorf MDR 1991, 839; RRa 1999, 39; AG Berlin-Tiergarten RRa 1997, 151; LG Frankfurt aM NJW-RR 1987, 566; 1993, 124), durch Abwässer verschmutztes Meer (AG Baden-Baden RRa 1994, 12), bürgerkriegsähnliche Unruhen, die ein Verlassen des Hotels verhindern (LG Frankfurt aM NJW-RR 1992, 115) – oder die Erreichung des vertraglich vereinbarten **besonderen Zwecks der Reise** von bestimmten Umständen abhängt, auf die der Reiseveranstalter keinen Einfluss hat – zB wenn trotz der Angabe „Ganzjahresskilauf" Schneemangel herrscht (AG München NJW-RR 1990, 190), wenn sich bei einer Safari, bei der die Erlegung einer bestimmten Tierart vereinbart ist, diese Tiere aus dem Jagdgebiet verzogen haben (BGHZ 77, 310, 318 f) oder wenn eine Überquerung des Kilimanjaro durch eine Reisegruppe, der zwei Übernachtungen im Krater und Gelegenheiten zum Fotografieren in Aussicht gestellt worden waren, wegen schlechten Wetters und dessen Einwirkungen auf die Träger nicht durchgeführt wurden, soweit sich der Veranstalter auf 20 Jahre Kilimanjaro-Erfahrung berufen und nicht auf das Wetterrisiko hingewiesen hat (OLG Frankfurt aM RRa 2001, 137). Der Reiseveranstalter haftet in diesem Rahmen sowohl für Reisemängel, die auf **Naturereignissen** beruhen, als auch für solche, die **durch Dritte** (zB Leistungsträger oder Mitreisende) herbeigeführt werden (vgl BGHZ 85, 50 ff; OLG Frankfurt aM NJW 1983, 235; LG Frankfurt aM NJW-RR 1988, 248; 1990, 761; 1991, 695; SOERGEL/H-W ECKERT Rn 15; TEICHMANN JZ 1979, 737, 740 f). Der Reiseveranstalter, der das Umfeld oder bestimmte Ereignisse in seinen Prospekt aufnimmt und sie sich dadurch zunutze macht, ist zur Durchführung der Reise mit dem im Prospekt beschriebenen Inhalt verpflichtet und trägt das volle **unternehmerische Risiko** dafür, dass er diese Verpflichtung auch erfüllen kann (Bidinger/Müller 110; Erman/Seiler Rn 2; MünchKomm/Tonner Rn 5; Soergel/H-W Eckert Rn 15; Teichmann JZ 1990, 1117 ff; JZ 1993, 823 ff, 827).

Dieses „**Verwendungsrisiko**" (Teichmann JZ 1990, 1117, 1119; JZ 1993, 823, 827; Jauernig/ Teichmann Rn 1) trifft den Reiseveranstalter hinsichtlich **unbeeinflussbarer Naturereignisse** oder **besonderer Gefahren am Urlaubsort** aber nur dann, wenn er sich das Umfeld der Reise für sein Angebot zunutze gemacht hat, indem er es **in seinem Prospekt beschrieben** hat. In diesem Fall darf der Reisende die Erbringung der Reiseleistungen in der beschriebenen Form erwarten und auch eine Beeinträchtigung des Umfeldes der Reise als Fehler empfinden. Die Überfallgefährdung einer Villa, die vom Veranstalter als „Luxusbungalow mit einzigartigem Strand in geradezu paradiesischer Umgebung" angeboten wird (BGH NJW 1982, 1521), ist daher ein Fehler der Reise. Fehlt es hingegen an näheren Angaben im Prospekt, so kann sich ein Fehler nur aus dem **besonderen Zweck** der speziellen Reise ergeben. In diesem Sinne ist zB bei einer reinen **Badereise** eine Algenpest auch ohne nähere Beschreibung der Strand- und Meeresverhältnisse als Fehler anzusehen (vgl LG Tübingen NJW-RR 1991, 376; Eisner DAR 1989, 333; Seyderhelm Rn 20; Tonner, Reiserecht in Europa 300; aA LG Frankfurt aM NJW-RR 1990, 761; LG Hannover NJW-RR 1991, 376). Gleiches gilt von einem Streik des Museumspersonals und die dadurch bedingte Schließung der Museen bei einer **Studien- und Bildungsreise** (AG Frankfurt aM FVE Nr 284; Seyderhelm Rn 20; aA LG Frankfurt aM NJW 1983, 237). 52

bb) Beeinträchtigungen durch Dritte
In diesem Rahmen kommt auch eine Haftung des Reiseveranstalters für **Beeinträchtigungen der Reise durch Dritte** in Betracht. Darunter sind **nicht** das eigene **Personal** des Reiseveranstalters, die von ihm mit der Erbringung der einzelnen Reiseleistungen beauftragten **Leistungsträger** und das vom Veranstalter eingeschaltete **Reisebüro** (vgl BGHZ 82, 219) zu verstehen, da der Veranstalter für deren Fehler ohnehin nach den §§ 651c ff haftet, weil beide **Erfüllungsgehilfen** iSd § 278 sind. Dabei ist allerdings zwischen den eigenen Leuten des Veranstalters – zB eigene Beförderungs- oder Hotelbetriebe des Veranstalters, dessen Reiseleiter oder andere Angestellte – einerseits und den selbständigen Leistungsträgern – zB selbständige Fluggesellschaften, Hoteliers, Reedereien – zu unterscheiden. Anders als bei den eigenen Leuten (**einfache Erfüllungsgehilfen**) ist nämlich bei den selbständigen Leistungsträgern (**qualifizierte Erfüllungsgehilfen**) eine vertragliche (§ 651h Abs 1 Nr 2) oder gesetzliche (§ 651h Abs 2) Beschränkung der Haftung auf Schadensersatz (§ 651f) mit Ausnahme von Körperschäden möglich. 53

Dritte idS sind somit nur solche Personen, die **keine Erfüllungsgehilfen** des Reiseveranstalters sind. Insoweit kommen namentlich Beeinträchtigungen der Reise durch **Mitreisende** oder **Einheimische** (AG Aschaffenburg RRa 1997, 147) in Betracht (Bidinger/ Müller 109). Gerade auf Mitreisende, von denen über das im Massentourismus Übliche hinausgehende Beeinträchtigungen ausgehen, kann der Reiseveranstalter einwirken und notfalls den Reisevertrag mit diesen kündigen, weil sie eine ihnen obliegende Nebenpflicht verletzt haben (OLG Frankfurt aM 1983, 235, 236; Bartl Rn 214; Soergel/H-W Eckert Rn 18). So kann der Reiseveranstalter zB für den Lärm zweier 54 streitsüchtiger **Mitreisender** in der Nachbarkabine eines Kreuzfahrtschiffes (OLG Frankfurt aM NJW 1983, 235) oder das Gejodel von Folkloregruppen auf einem Kreuzfahrtschiff (LG Frankfurt aM NJW-RR 1993, 951, 952; **aA** LG Hamburg NJW-RR 1993, 1465) verantwortlich gemacht werden (vgl BARTL Rn 214; BIDINGER/MÜLLER 109; FÜHRICH Rn 226; SOERGEL/H-W ECKERT Rn 18). Auch massive, erhebliche sexuelle Belästigungen weiblicher Reisender durch **Einheimische** im Hotel (LG Frankfurt aM NJW 1984, 1762; NJW-RR 1993, 632; AG Bad Homburg RRa 1996, 8; AG Frankfurt aM NJW-RR 1998, 709) oder bordellartige Zustände durch die Anwesenheit von Soldaten und Prostituierten im Hotel (OLG Frankfurt aM NJW-RR 1988, 632) fallen in den Verantwortungsbereich des Veranstalters. Gleiches gilt selbstverständlich, wenn der Reiseleiter selbst die Reisenden belästigt (LG Frankfurt aM NJW 1984, 1762).

cc) Höhere Gewalt

55 Für das Vorliegen eines Fehlers ist es unerheblich, worauf die zum Reisemangel führenden Störungen beruhen. Liegt also nach allgemeinen Grundsätzen ein Reisemangel vor, so ist es für die Einstandspflicht des Veranstalters ohne Bedeutung, dass dieser auf **höhere Gewalt**, also ein von außen kommendes, keinen betrieblichen Zusammenhang aufweisendes, auch durch die äußerste vernünftigerweise zu erwartende Sorgfalt nicht abwendbares Ereignis (BGH NJW 1987, 1938; OLG Frankfurt aM RRa 2001, 137; LG Kleve RRa 2000, 99 ff; AG Kleve RRa 2001, 96; vgl § 651j Rn 14 ff) zurückzuführen ist. Beeinträchtigt zB ein Hurrikan am Urlaubsort den Reisenden erheblich, so kann der Reisepreis ab Einsetzen des Hurrikans um bis zu 100% gemindert sein (LG Kleve RRa 2000, 99 ff). Auch die im Vorfeld eines erwarteten Hurrikans getroffenen umfangreichen Sicherheitsvorkehrungen wie das Verkleben der Fenster mit Klebestreifen, Wälle am vollständig geräumten Strand, die Räumung der Hotelaußenanlagen vom Mobiliar oder die Zumauerung einzelner Zugänge können den Aufenthalt in einem Luxushotel erheblich beeinträchtigen und einen Reisemangel begründen (AG Bad Homburg RRa 2000, 24 f). Höhere Gewalt und Reisemangel schließen einander nicht aus (BGH NJW 1983, 33; OLG Frankfurt aM RRa 2001, 137; LG Frankfurt aM NJW-RR 1990, 1017; SEYDERHELM Rn 48; TEICHMANN JZ 1990, 1117; TEMPEL, Materielles Recht 405; ders RRa 1996, 210; TONNER, Reiserecht in Europa 299; unklar LG Hannover NJW-RR 1989, 82; LG Frankfurt aM NJW-RR 1991, 414; FÜHRICH Rn 437; **aA** AG Königstein RRa 1996, 147; BECHHOFER 45; BIDINGER/ MÜLLER 112). § 651j begrenzt daher nicht die gewährleistungsrechtliche Einstandspflicht des Reiseveranstalters (FÜHRICH Rn 213; **aA** BIDINGER/MÜLLER 112). Der Reiseveranstalter ist verpflichtet, den Reisenden vor Reiseantritt über im Urlaubsgebiet drohende höhere Gewalt **aufzuklären**. Das gilt aber nicht, wenn die Wahrscheinlichkeit ihres Eintritts weit unter dem langjährigen statistischen Mittel liegt (AG Kleve RRa 2000, 7 f). Soweit durch eine Reisebeeinträchtigung, die auf bei Vertragsschluss nicht vorhersehbare höhere Gewalt zurückzuführen ist, die Reise erheblich erschwert oder gefährdet wird, haben aber sowohl der Reiseveranstalter als auch der Reisende ein **Kündigungsrecht**, das sich allein nach § **651j** richtet (vgl dazu § 651j Rn 4).

dd) Allgemeines Lebensrisiko

56 Die weite Einstandspflicht des Reiseveranstalters wird nach verbreiteter Ansicht durch das **allgemeine Lebensrisiko des Reisenden** begrenzt (vgl OLG Frankfurt aM NJW-RR 1988, 1328; 1990, 317; RRa 2001, 243; OLG Düsseldorf NJW-RR 1990, 825; 1993, 315; RRa 2001, 157, 158; LG Frankfurt aM RRa 2000, 76 f; AG Bad Homburg RRa 1996, 126; LG Kleve RRa 2000, 206; BECHHOFER 46; BIDINGER/MÜLLER 111 f; FÜHRICH Rn 196; SEYDERHELM Rn 44 ff;

Siebert RRa 1994, 110, 126 ff, 130 f; Soergel/H-W Eckert Rn 17; aA [vom engen Fehlerbegriff ausgehend] Tempel RRa 1998, 19, 22). Der Reiseveranstalter haftet danach nicht, wenn kein Zusammenhang zwischen einer Beeinträchtigung und der geschuldeten Reise besteht. Dies ist insbesondere dann der Fall, wenn außerhalb des Organisationsbereichs des Reiseveranstalters Umstände auftreten, mit deren Eintritt auch im **privaten Alltagsleben** vernünftigerweise gerechnet werden muss (Siebert RRa 1994, 115, 120). Dazu gehören auch solche erhöhten Risiken, die bei Auslandsreisen immer einzukalkulieren sind. So fallen unter das allgemeine Lebensrisiko des Reisenden zB **Unfälle und Verletzungen** durch Umstände, die außerhalb der vertraglich geschuldeten Leistungen liegen und für die der Reiseveranstalter auch nicht verkehrssicherungspflichtig ist (zB Sturz in eine Gletscherspalte auf einer vom Reiseleiter privat organisierten Skiabfahrt, OLG Karlsruhe VersR 1984, 795, 796; Unfälle auf der Skipiste, OLG Karlsruhe VersR 1984, 795, OLG Celle RRa 2002, 16; Verletzung durch Holzsplitter eines Ausflugsbootes, OLG Düsseldorf NJW-RR 1990, 825; Sturz auf feuchtem Steinfußboden in der Unterkunft auf einer Safari, AG München RRa 1994, 62; Stürze und Wasserglätte im Bereich von Swimmingpools OLG Düsseldorf NJW-RR 1998, 923, RRa 2001, 157, 158, OLG Frankfurt aM RRa 2001, 243, LG Frankfurt aM RRa 2000, 14 f; Herzinfarkt auf einem überfüllten Schiff, OLG Düsseldorf NJW-RR 1992, 1461). Weiter gehören hierzu ua die **allgemeine Gefahr des Überfalls oder Diebstahls** in der Urlaubsregion (OLG Düsseldorf NJW-RR 1991, 879; OLG Karlsruhe NJW-RR 1993, 1076; LG Frankfurt aM NJW-RR 1993, 632; RRa 2000, 76 f; LG Bremen NJW-RR 2002, 918; AG München RRa 1996, 204; AG Kleve RRa 1996, 185), die **Thrombose** eines Flugpassagiers nach einem Langstreckenflug in der Economy-Class bei einem Sitzabstand von 81 cm (LG Frankfurt aM RRa 200, 43), **sexuelle Belästigungen** von weiblichen Reisenden am öffentlichen Strand (LG Frankfurt aM NJW 1984, 1762; NJW-RR 1993, 632; AG Bad Homburg RRa 1996, 8) sowie Belästigungen durch **vereinzelte Insekten und andere Tiere** (zB geringer Flohbefall in tropischen oder subtropischen Ländern, OLG Köln NJW-RR 1993, 252, 253; Skorpion in Italien, LG Frankfurt aM NJW-RR 1993, 1146; Affenbiss in Kenia, AG München RRa 1996, 88; hochgiftige Schlange in Unterkunft in Afrika, AG Bad Homburg RRa 1997, 154; aber auch Bienenschwärme in einer Ferienanlage, LG Frankfurt aM NJW-RR 2000, 786, AG Bad Homburg RRa 1999, 2 f), **natürliche Gerüche und Geräusche** (AG Hamburg RRa 1995, 51, 52 f) sowie **besondere klimatische Verhältnisse** (zB durch Zyklon aufgewühltes Meer, LG Düsseldorf FVE Nr 245; starke Hitze in Südfrankreich, AG München FVE Nr 401; extreme Trockenheit in Nord-Thailand und dadurch bedingte Austrocknung eines im Prospekt angekündigten Wasserfalls, LG München I NJW-RR 1994, 124; vgl auch LG Köln NJW-RR 2001, 1064).

Allerdings darf dem Reisenden auch über das Merkmal des allgemeinen Lebensrisikos nicht das unternehmerische Risiko des Reiseveranstalters überbürdet werden. Soweit sich also Gefahren verwirklichen, die im unmittelbaren Zusammenhang mit den reisevertraglichen Pflichten des Veranstalters stehen, stellt dies einen Fehler der Reise dar. Dieser Zusammenhang kann sich aus der **Reisebeschreibung im Prospekt** (zB der Angabe „Ganzjahresskilauf", AG München NJW-RR 1990, 190), sonstigen **haftungsbegründenden Zusagen** (zB hinsichtlich der Überfallgefährdung, vgl BGH NJW 1982, 1521; vgl auch LG Frankfurt aM NJW-RR 1992, 115, 116) und dem **besonderen Zweck einer Reise** (zB bei einer reinen Badereise hinsichtlich der Algenpest, vgl LG Tübingen NJW-RR 1991, 376) ergeben. Eine Haftung des Reiseveranstalters kann in diesen Fällen aber vor allem auch aus einer Verletzung von **Beobachtungs- und Informationspflichten** folgen (Soergel/H-W Eckert Rn 19). Grundsätzlich hat der Reisende aus dem

Vertrag einen Anspruch darauf zu erfahren, mit welchen erheblichen, vom inländischen Standard abweichenden Besonderheiten und Gefahren er am Urlaubsort rechnen muss. Dies gilt bereits **vor der Buchung**, verpflichtet den Veranstalter aber auch **zwischen Buchung und Reiseantritt**, die Gegebenheiten am Urlaubsort zu beobachten (LG Kleve RRa 2000, 99 ff; Führich Rn 212; Peter/Tonner NJW 1992, 1794, 1796 f; Soergel/H-W Eckert Rn 19; **aA** Tempel RRa 1998, 19, 22). Verletzt er diese Beobachtungspflicht oder informiert er den Reisenden nicht über für ihn wesentliche Veränderungen und besondere Gefahren, so begründet dieses Unterlassen Gewährleistungsansprüche des Reisenden nach §§ **651c–f** (Führich Rn 211 ff; Soergel/H-W Eckert Rn 19). Der Reiseveranstalter muss dabei möglichst detaillierte und eindeutige Angaben zu möglichen Beeinträchtigungen und besonderen Gefahren am Urlaubsort machen, die dem Reisenden eine eigenständige Einschätzung der Verhältnisse erlauben. Allgemeine Hinweise genügen insoweit nicht (BGHZ 100, 157, 175; LG Frankfurt aM NJW 1984, 1626; NJW-RR 1986, 1173). Auch diese Pflicht gilt in verstärktem Maße, wenn die Veränderungen im Umfeld der Reise deren besonderen Zweck gefährden (Führich Rn 212). **Unerheblich** ist dagegen, ob der Reiseveranstalter mit einer Gefahrensituation oder einer Veränderung im Umfeld des Urlaubsorts rechnen konnte oder nicht. Auch dann, wenn sich eine solche Situation **erstmals kurzfristig und überraschend** ergibt, hat der Veranstalter für den dadurch hervorgerufenen Reisemangel einzustehen (Peter/Tonner NJW 1992, 1794, 1796; Tonner, Reisevertrag Rn 10; ders VuR 1992, 13; ders/Krause NJW 2000, 3665; **aA** [einschränkend] Führich Rn 212; Soergel/H-W Eckert Rn 19).

4. Einzelfälle

58 Bei der Feststellung von Reisemängeln verbietet sich jedes schematische Vorgehen. Den Reisemangel **an sich** im Sinne von § 651c Abs 1 gibt es ebenso wenig wie den wichtigen Grund zur außerordentlichen Kündigung eines Dauerschuldverhältnisses (§ 314). Es kommt immer auf die **Würdigung der konkreten Umstände des Einzelfalles** an. In der Rechtsprechung haben sich jedoch gewisse **Fallgruppen** herausgebildet, die einen Mangel umschreiben:

a) Beförderung
aa) Ausstattung der Beförderungsmittel, Art der Beförderung

59 Sichert der Reiseveranstalter einen **Reisebus** mit bestimmten Einrichtungen wie Klimaanlage oder Toilette zu und weist der Bus diese nicht auf, so stellt dies einen Mangel der Beförderungsleistung dar (vgl AG Würzburg FVE Nr 146; AG Bielefeld RRa 1996, 204; AG Ludwigsburg RRa 1995, 188; AG Frankfurt aM RRa 2000, 138), und zwar unabhängig vom Nachweis etwaiger gesundheitlicher Beeinträchtigungen. Dies gilt aber nur, wenn es aufgrund der Temperaturen auf die Klimatisierung ankam, zB bei einer Sommerreise nach Griechenland.

60 Ist bei einer Busreise **täglicher Platzwechsel** zugesagt, so können Reisende bei einem Verstoß gegen diese Zusage zumindest dann keine Minderungs- und Schadensersatzansprüche geltend machen, wenn es sich um eine kurzfristige Reise (14 Tage) mit einer großen Teilnehmerzahl handelt. In dieser Situation kann nämlich der Reisende nicht davon ausgehen, dass auch er einmal in den Genuss eines günstigen Platzes kommt (AG Berlin-Wedding FVE Nr 269). Bei Busreisen stellt es weiter ua einen Reisemangel dar, wenn das **Reisegepäck** auf einer Rundreise abhanden kommt (OLG Frankfurt aM FVE Nr 435), der Reisebus wegen **Diebstahls** ausfällt (LG Frankfurt aM

NJW-RR 1990, 571), der **Beinabstand** zum vorderen Sitzplatz nur 10 Zentimeter beträgt (LG Frankfurt aM NJW-RR 1991, 247), entgegen der Ankündigung eine **Nichtraucherzone** im vorderen Busteil fehlt (AG Borken NJW-RR 1991, 377), der Bus **verdreckt** ist (AG Ludwigsburg RRa 1995, 188), die vorgesehene **Teilnehmerzahl** um mehr als das Doppelte **erhöht** wird (LG München I FVE Nr 396) oder die **Wartezeit am Zusteigepunkt** mehr als zwei Stunden beträgt (LG Frankfurt aM NJW-RR 1988, 1451).

Ein Mangel ist ferner anzunehmen, wenn eine Strecke statt mit dem Flugzeug mit dem Auto zurückgelegt werden muss (AG Frankfurt aM FVE Nr 277). Dies gilt erst recht dann, wenn die Reise mit dem Hinweis „Nerven-Relaxer" angekündigt wird. Ist ein Bus, der der Beförderung vom Hotel zum Strand dienen soll, ständig übersetzt, so stellt dies einen Mangel und nicht nur eine bloße Unannehmlichkeit, die in Zeiten des Massentourismus hinzunehmen wäre, dar (so zutreffend BARTL, Recht im Urlaub, Bus 119). **61**

Auch von diesen Fällen abgesehen kann ein **Wechsel der Beförderungsart** einen Mangel darstellen. Wird also die geschuldete Beförderung statt mit dem Flugzeug mit Bus, Bahn oder einem sonstigem Verkehrsmittel erbracht, so ist ein Mangel gegeben. Der Umfang der Minderung ergibt sich dabei aus der Preisdifferenz zwischen den verschiedenen Beförderungsentgelten (BARTL, Recht im Urlaub, Flugzeug 123). Bei erheblichem Zeitverlust aufgrund einer andersartigen Beförderung kann der Reisende auch Schadensersatz wegen vertaner Urlaubszeit und einer dadurch uU ausgelösten Einschränkung des Besichtigungsprogramms fordern. Erfolgt die **Beförderung mangelhaft** (Verspätung, schlechter Service), liegt ebenfalls ein Mangel vor (vgl LG Hannover TranspR 1990, 67: Druckabfall in der Kabine; vgl auch FÜHRICH Rn 288 ff; KALLER Rn 222; MünchKomm/TONNER § 651e Anh Rn 12; SEYDERHELM Rn 77 ff; SOERGEL/H-W ECKERT Rn 21). Wird statt des zugesagten **Linienflugs** ein **Charterflug** durchgeführt, so liegt auch bei Vereinbarung eines Änderungsvorbehalts ein Mangel vor (BARTL, Recht im Urlaub, Linienflug 28; aA bei Änderungsvorbehalt AG Frankfurt aM FVE Bd 10 Nr 1071; vgl auch LG Frankfurt aM TransportR 1991, 79; SCHMID/SONNEN NJW 1992, 464, 466). Dagegen stellt die Beförderung mit einem **Propellerflugzeug** keinen Reisemangel dar, falls kein Jet zugesichert war (LG Berlin RRa 1994, 101). Auch im bloßen **Wechsel der Fluggesellschaft** ist grundsätzlich kein Mangel zu sehen, soweit kein qualitativer Unterschied besteht (LG Kleve RRa 1999, 14; AG Bad Homburg RRa 1994, 175; 2000, 13; AG Hamburg RRa 1998, 45; 2002, 77; AG Kleve RRa 1999, 180; ALLGAIER TransportR 1989, 207; ERMAN/SEILER Rn 4; aA LG Frankfurt aM NJW-RR 1991, 877; AG Bonn RRa 1997, 197; FÜHRICH RRa 1996, 76; SCHMID BB 1986, 1453; ders NJW 1996, 1636; SCHMID/SONNEN NJW 1992, 464, 466; SEYDERHELM § 651d Rn 79; TONNER/LINDNER VuR 1996, 249). Etwas anderes gilt naturgemäß, wenn es sich um einen ausgesprochenen **„Billigflug"** handelt, der statt des Fluges mit einer renommierten Fluglinie angeboten wird (SEYDERHELM § 651d Rn 79), oder wenn der ungepflegte Zustand im Innern der Maschine auf einen **schlechten technischen Zustand** schließen lässt (KALLER Rn 222). Die Abgrenzung ist hier allerdings im Einzelfall durchaus problematisch. So liegt der Fall, dass der gebuchte Flug mit einer spanischen anstatt der vertraglich zugesicherten **deutschen Fluggesellschaft** durchgeführt wird, auf der Grenze. Hier liegt jedenfalls dann noch kein Mangel vor, wenn es sich bei der spanischen Gesellschaft um ein Tochterunternehmen einer deutschen Fluggesellschaft handelt (**aA** LG Köln NJW-RR 2000, 786). War ein **Non-Stop-Flug** zugesagt, so stellen ein **Umsteigeflug** oder **Zwischenlandungen** einen Reisemangel dar, es sei denn, die dadurch verursachte Verspätung wäre geringfügig (LG Frankfurt aM NJW-RR 1991, **62**

1271; AG Frankfurt aM RRa 1994, 58; AG Berlin-Charlottenburg RRa 1994, 83; AG Düsseldorf RRa 1994, 103; AG Stuttgart RRa 1994, 83; 1995, 125; AG Essen RRa 1995, 130; AG Würzburg RRa 1998, 81; AG Kleve NJW-RR 2000, 135; AG Hamburg RRa 2000, 197; Führich Rn 290 c; Uibel NJW 1986, 296, 299). Ein Mangel ist schließlich gegeben, wenn bei der Beförderung zum Nachteil des Reisenden von der **gebuchten Klasse** abgewichen wird (LG Frankfurt aM NJW-RR 1991, 316: Flug in der Economy- statt in der Businessclass).

63 Bei **verspäteter Gepäckankunft** oder vollständigem **Gepäckverlust** liegt ein Mangel der Beförderungsleistung vor (OLG Frankfurt aM NJW-RR 1983, 1147; MDR 1984, 667; LG Köln NJW 1973, 191; LG Hannover NJW 1985, 2903; LG Stuttgart NJW RR 1992, 1272; AG Hamburg RRa 1997, 79; AG Frankfurt aM RRa 2001, 142; 2002, 22; AG Bad Homburg RRa 202, 72; vgl aber OLG Köln FVE 9, 101, 104). Medikamente gehören jedoch in das Handgepäck und nicht in das aufgegebene Gepäck. Der Veranstalter muss nicht damit rechnen, dass der Reisende auf eine medikamentöse Versorgung angewiesen ist, soweit dieser ihn nicht besonders darauf aufmerksam gemacht hat. Ein Schadensersatzanspruch scheitert dann auf jeden Fall an § 254 (Bartl, Recht im Urlaub, Medikamente 128; AG Frankfurt aM Urt v 27. 11. 1979 – 30 C 10237/79; **aA** LG Hannover Urt v 20. 3. 1986 – 15 0 1/86).

bb) Anschluss- und Koordinationsfehler

64 **Anschlusszeiten** müssen bei unterschiedlichen Beförderungsmitteln bzw notwendigem Wechsel der Verkehrsmittel so gestaltet sein, dass der Reisende regelmäßig keine Schwierigkeiten hat, die Weiterfahrt zu erreichen. Ansonsten ist ein Mangel gegeben (OLG Frankfurt aM NJW 1973, 470; LG München I NJW 1974, 1874 f; AG Düsseldorf RRa 1994, 103; Führich Rn 290 c). Der Reiseveranstalter muss die Reisenden auch über ein „go slow" bei Fluglotsen unterrichten und zB bei Anschlussflügen für eine Seereise eine Umbuchung auf eine frühere Maschine empfehlen oder anderweitig Vorsorge treffen (vgl LG Frankfurt aM FVE Bd 8 Nr 823). Ändert ein Reiseveranstalter den **An- oder Abreisetermin** bei einer Flugreise, so ist er zum Schadensersatz verpflichtet, und zwar unabhängig davon, ob man von Unmöglichkeit oder Mangelhaftigkeit der Reiseleistung ausgeht (vgl AG Berlin-Charlottenburg FVE Bd 5 Nr 454). Dies gilt nicht bei bloßen Flugzeitänderungen, soweit lediglich der erste und der letzte Reisetag betroffen ist und nicht die Nachtruhe des letzten Reisetages beeinträchtigt wird. Insoweit sind bei Charterflügen Vorverlagerungen des Hin- bzw Rückflugs um bis zu 8 Stunden hinzunehmen, wenn diese rechtzeitig mitgeteilt werden (AG Düsseldorf RRa 1995, 151; AG Essen RRa 1995, 130; AG Bonn RRa 1996, 231; AG Düsseldorf RRa 1998, 165; AG Kleve RRa 1999, 115; AG Bad Homburg RRa 2000, 13; 2001, 53; AG Hannover RRa 2001, 250). Dagegen sind Vorverlegungen um 10 Stunden (AG Hamburg RRa 1996, 44) oder um einen Tag mit verkürzter Nachtruhe (AG Hamburg RRa 2001, 5) ebenso wie eine Verspätung um 2 ½ Tage auf dem Hinflug bei gleichzeitiger Vorverlegung des Rückflugs um einen halben Tag (AG Düsseldorf RRa 1996, 17) als Reisemangel anzusehen. Der Reiseveranstalter hat darüber hinaus auch besondere Umstände im Rahmen der Reiseorganisation zu berücksichtigen. Er verstößt deshalb gegen seine Vertragspflichten, wenn er bei Unsicherheiten durch Fluglotsenstreiks die normale **Umsteigezeit** von 55 Minuten auf dem Frankfurter Flughafen nicht verlängert (vgl LG München NJW 1974, 1874, 1875; vgl zur Haftung des Reiseveranstalters auch OLG Frankfurt aM NJW 1973, 470). Ist bei einer von einem Reiseveranstalter angebotenen Bahn-Schiffsreise die Schiffspassage der wichtigste Reiseabschnitt, so ist während der Hauptreisezeit eine Übergangszeit von 22 Minuten zwischen zwei Zügen vor allem dann zu kurz, wenn der erste Zug insgesamt eine Strecke von mehr als 1000 km zurückzulegen hat.

Der Reiseveranstalter handelt nicht sorgfaltsgemäß, wenn er sich bei der Planung der Reisedauer darauf verlässt, dass die ausgewählten Züge die im Kursbuch der Bahn angegebenen Fahrzeiten tatsächlich einhalten. Der Reiseveranstalter hat also generell beim Ineinandergreifen verschiedener Beförderungsmittel den Reisenden so rechtzeitig zum Reiseantritt aufzufordern, dass Verspätungen ausgeschlossen erscheinen (vgl AG Bonn NJW 1973, 469, 470). Ein Reisemangel liegt daneben insbesondere dann vor, wenn der Reisende zB wegen einer **Überbuchung** des Flugs (LG Frankfurt aM MDR 1985, 580; AG Hamburg RRa 1999, 192) bzw eines Zubringerflugzeugs (BGH NJW 1986, 7148), eines **Flugausfalls** (LG Frankfurt aM MDR 1985, 580; AG Stuttgart NJW-RR 1992, 1082) oder eines **Flugzeugschadens** (AG Berlin-Charlottenburg Urt v 10. 4. 1980 – 19 C 2/80) nicht zum Urlaubsort oder zurück (vgl LG Frankfurt aM NJW 1982, 1538) befördert wird. Gleiches gilt, wenn der verspätet am Abflugschalter erscheinende Reisende vom Personal zu Unrecht vom Flug ausgeschlossen wird, zB während der Abfertigungsvorgang noch lief (LG Frankfurt aM NJW 1991, 2572), oder wenn er zu Unrecht aus dem Flugzeug verwiesen wird (BGHZ 85, 301, 304 f; Führich Rn 291; Soergel/H-W Eckert Rn 21; dagegen AG Bad Homburg RRa 1997, 19, 20, m Anm Schmid). In gleichem Maße trifft den Reiseveranstalter auch eine Schadensersatzpflicht, wenn er den Reisenden über veränderte Rückflugzeiten nicht informiert (vgl LG München I FVE Nr 132; AG München FVE Nr 147). Obwohl im Linienverkehr immer wieder Verspätungen vorkommen, hat der Reiseveranstalter auch für den Rückflug zum gebuchten Flughafen Sorge zu tragen (vgl AG Frankfurt aM FVE Bd 9 Nr 959; vgl auch AG Frankfurt aM TransportR 1991, 530; AG Essen RRa 1995, 131; AG Düsseldorf Urt v 19. 3. 1997 – 53 C 19823/96). Eine Flugunterbrechung von 2 (OLG Düsseldorf FVE Nr 336) oder 4 Stunden beeinträchtigt bei einer 14-tägigen Reise jedoch den Wert des Urlaubs nicht (vgl LG Darmstadt FVE Bd 9 Nr 924; Erman/Seiler Rn 4). Keinen Mangel stellt eine nicht angekündigte Zwischenübernachtung dar, die aus dem Buchungsbeleg ersichtlich ist (AG Stuttgart RRa 1994, 76). Mehrstündige Verspätungen bei der Rückkehr sind von Reisenden zumindest bei weiten Reisen hinzunehmen (vgl LG Frankfurt aM FVE Bd 9 Nr 926; AG Frankfurt aM FVE Bd 9 Nr 973). Fraglich erscheint allerdings, wo genau bei **Flugverspätungen** die Grenze zu ziehen ist. Hier wird man allenfalls **4 Stunden** für zumutbar halten können (vgl OLG Düsseldorf FVE Nr 336; LG Frankfurt aM NJW 1985, 113; NJW-RR 1991, 630; 1991, 1270; LG Münster MDR 1992, 450; AG Düsseldorf VersR 1987, 827; AG Berlin-Charlottenburg RRa 1994, 183; AG Frankfurt aM MDR 1992, 451; AG Hamburg RRa 1995, 71; AG Essen RRa 1996, 60 f; AG Kleve RRa 1996, 113; Erman/Seiler Rn 4). Wenn nach einem Teil der Rechtsprechung Flugverspätungen bis zu 8 Stunden bei Flügen in die USA (OLG Düsseldorf NJW-RR 1992, 1330), $11^{3}/_{4}$ (AG Frankfurt aM NJW-RR 1996, 238) oder sogar 21 Stunden (AG Stuttgart RRa 1996, 61) entschädigungslos hinzunehmen sein sollen, kann dem nicht gefolgt werden (kritisch auch Seyderhelm Rn 26). Etwas anderes kann indessen bei der Verschiebung der Abflugzeit für einen Charterflug im Rahmen einer Pauschalreise um 8 Stunden gelten, wenn im Reisekatalog nur der Abflugtag angegeben ist, nicht aber die Abflugzeit (s o). In diesem Fall stellt auch die Übersendung der Flugscheine mit angegebener Abflugzeit jedenfalls dann noch keine bindende Konkretisierung dar, wenn bei der Übersendung ausdrücklich ein Änderungsvorbehalt gemacht wird (LG Frankfurt aM RRa 2000, 96 f). Dass der Reisende Verspätungen unter 5 Stunden jedenfalls bei internationalen Flügen hinnehmen muss, soll auch aus der Auslegung des Reisevertrages folgen. Der Reiseveranstalter verspricht danach gerade nicht, für die Einhaltung des Flugplans einzustehen. Dass gerade im Flugverkehr stets mit nicht beeinflussbaren Verspätungen gerechnet werden müsse, sei jedem Flugreisenden bekannt (vgl AG Mainz FVE Bd 9 Nr 973; vgl aber auch AG Frankfurt aM FVE Bd 8 Nr 836;

LG Darmstadt FVE Bd 9 Nr 924; MünchKomm/TONNER § 651e Anh Rn 12; PALANDT/SPRAU Rn 3). Grundsätzlich andere Maßstäbe gelten, wenn die gesamte Reise verschoben wird (LG Frankfurt aM NJW-RR 1991, 1271; ERMAN/SEILER Rn 4).

65 Fällt eine vertraglich vorgesehene **Stadtrundfahrt** aus, so liegt hierin ein Mangel (vgl AG Stuttgart FVE Nr 145). Gleiches gilt, wenn die Stadtrundfahrt gleich im Anschluss an den Flug durchgeführt wird und anstelle der vorgesehenen „sehenswerten antiken Kunstschätze" nur eine Kirche mit Ikonensammlung besichtigt wird (AG Frankfurt aM FVE Nr 194).

66 Hat der Veranstalter die Verspätung **zu vertreten**, so steht dem Reisenden, soweit der Urlaub nicht unwesentlich verkürzt wurde, ein Anspruch auf Rückzahlung des anteiligen Reisepreises und Schadensersatz wegen vertanen Urlaubs zu.

67 Der Veranstalter hat auch für eine **mangelhafte Reiseleistung** einzustehen (AG Frankfurt aM FVE Nr 316; vgl zur **fehlerhaften Koordination** auch LG Frankfurt aM FVE Nr 310). Keinen Mangel stellt das Fehlen von Liegewagen auch auf einer längeren Bahnfahrt dar (AG Stuttgart FVE 6, 304).

68 War ein **Museumsbesuch** geplant, der wegen der Schließung des Museums an dem betreffenden Tag ausfallen muss, so ist der Reiseveranstalter gewährleistungspflichtig. Von einem Reiseveranstalter muss erwartet werden, dass er sich darüber informiert, an welchen Wochentagen in dem betreffenden Land bzw der betreffenden Stadt Museen geschlossen sind. Unterlässt er dies, so macht er sich sogar schadensersatzpflichtig (vgl AG Stuttgart FVE Nr 145; LG Frankfurt aM NJW 1983, 237; AG Frankfurt aM FVE Nr 284). Wird ein Kunde mehrere Stunden durch die Polizei des Gastlandes auf dem Flughafen festgehalten, so berechtigt dies dagegen nicht zur Minderung (vgl AG Moers FVE Bd 9 Nr 964). Diese Vorkommnisse liegen nämlich außerhalb der Leistungspflicht und damit des Verantwortungsbereichs des Reiseveranstalters (vgl zu Flugverspätungen auch AG Frankfurt aM FVE Nr 279; AG Frankfurt aM FVE Nr 276).

cc) **Abweichungen von der Reiseroute**

69 Wird die **Reiseroute** geändert, so liegt hierin nicht in jedem Fall ein Mangel (vgl auch MünchKomm/TONNER § 651e Anh Rn 20 für Abenteuerreisen). Dies folgt bereits daraus, dass jeder Leistung organisatorische Grenzen gesetzt sind. Bei der völligen Abänderung einer Schiffs- oder Safarireise liegt jedoch ein Mangel vor (vgl AG Frankfurt aM 30 C 10 314/78). Es muss sich also, damit ein Mangel bejaht werden kann, stets um eine **wesentliche Abweichung** handeln. Die Grenzziehung zwischen wesentlichen und unwesentlichen Abweichungen ist allerdings oftmals schwierig. So hat das LG München (LG München I FVE Bd 9 Nr 935) die Auffassung vertreten, dass der wesentliche Zweck einer 18-tägigen Kreuzfahrt die Erholung und das Vergnügen einer Schiffsreise sei. Abweichungen bezüglich der Aufenthaltszeiten bei Landaufenthalten stellten keinen Mangel dar, der zur Minderung führe. Nach der Verkehrsauffassung, auf die bei der Bestimmung des Mangels zurückgegriffen werden muss, soll es während einer Kreuzfahrt nicht so sehr auf den Aufenthalt zu ganz bestimmter Zeit an einem ganz bestimmten Ort, sondern wesentlich darauf ankommen, dass insgesamt die Schiffsreise mehrmals durch Landaufenthalte mit Gelegenheit zu kurzem Besuch exotischer Häfen und Inselorte unterbrochen wird und dass bei solchen Besuchen Gelegenheit zu den üblichen Vergnügungen eines touristischen Kurzaufenthalts wie Einkauf,

Kurzausflug, Besichtigung oder Lokalbesuch besteht (vgl LG München I FVE Bd 9 Nr 935; vgl auch AG Nürnberg FVE Bd 6 Nr 597).

Diese Sicht ist abzulehnen (kritisch auch ERMAN/SEILER Rn 4). Wer eine Mittelmeer- **70** Kreuzfahrt mit Kreta-Aufenthalt antritt, will, dass der Landaufenthalt sich auf Kreta und nicht auf irgendeiner anderen Mittelmeerinsel ereignet (vgl auch OLG München FVE Nr 175; NJW-RR 1999, 1358). Wer einen Badeurlaub in Spanien gebucht hat, braucht sich auch nicht auf einen Badeurlaub in Italien verweisen zu lassen.

Hat die Reise einen besonders herausgestellten Hauptzweck (Besuch einer bestimm- **71** ten kulturellen oder sportlichen Veranstaltung) und kann dieser nicht erreicht werden, weil der Zielort verfehlt wird, so kommt der Ersatz des vollen Reisepreises in Betracht (BARTL, Recht im Urlaub, Ausfall 117). Im Übrigen können insbesondere bei **Schiffs- und Abenteuerreisen** Abweichungen erheblich sein.

Kann bei einer Pauschalreise ein Schiff wegen schlechten Wetters bestimmte **Häfen** **72** **nicht anlaufen**, so trägt allein der Veranstalter die Vergütungsgefahr (BGHZ 77, 320). Eine entsprechende Anwendung des § 645 ist nicht möglich. Wird nämlich eine Kreuzfahrt einschließlich der Möglichkeit des Besuches bestimmter Orte gebucht, so können die Reisenden nur entscheiden, ob sie dieses Angebot annehmen oder ablehnen wollen. Von einer Weisungsbefugnis ihrerseits kann keine Rede sein. Die Reisenden können daher von dem verschuldensunabhängigen Recht der Minderung Gebrauch machen.

Dagegen löst bei Pauschalreisen eine Programmumstellung, die lediglich die **zeitliche** **73** **Reihenfolge** der einzelnen Unternehmungen verändert, keine Gewährleistungsansprüche des Reisenden aus (vgl AG Stuttgart FVE Nr 145). Ist eine bestimmte Rückflugroute zu ganz bestimmten Zeiten nicht vertraglich vereinbart worden, so darf der Reiseveranstalter die Rückflugroute ändern (vgl LG Frankfurt aM FVE Bd 9 Nr 126). Der Reiseveranstalter hat es daher in der Hand, innerhalb dieses Rahmens, soweit dadurch keine qualitative Veränderung eintritt, die angebotenen Bestandteile noch auszutauschen und durch gleichwertige zu ersetzen. Dies gilt aber nicht, wenn die Reisebestätigung einen ganz bestimmten Flug auf einer ganz bestimmten Route benennt. Hier stellt eine Flugverlegung nur dann keinen Reisemangel dar, wenn ein entsprechender **Änderungsvorbehalt** in den ARB des Veranstalters enthalten ist und dieser sowie die Änderung für den Reisenden **zumutbar** sind (AG Frankfurt aM Urt v 21. 5. 1985 – 30 C 1027/85 – 47; Urt v 11. 7. 1985 – 30 C 2/3/84 – 45; AG Stuttgart RRa 1995, 188). Dies ist zB dann denkbar, wenn der Rückflug um 8 Stunden vorverlegt wird (AG Hannover Urt v 19. 3. 1991 – 528 C 797/91) oder es beim Rückflug zu zwei Stunden Verspätung und einer unplanmäßigen Zwischenlandung von gut einer Stunde kommt (AG Berlin-Charlottenburg RRa 1994, 83).

dd) Mängel bei Schiffsreisen
Wird in der Beschreibung ein „außergewöhnlich modernes" Schiff angeboten, das **74** „den Bedürfnissen der anspruchsvollsten internationalen Kundschaft" genüge und „überall Luxus und raffinierte Eleganz" aufweise, so stellt es einen Mangel dar, wenn die Teppiche auf diesem Schiff verschmutzt, die Deckliegestühle von Ruß verdreckt sind, der Aufzug defekt ist, die Kabinen mangelhaft gereinigt werden, die Handtücher verfleckt sind und darüber hinaus das Essen sich als sehr schlecht herausstellt

(vgl AG Frankfurt aM FVE Nr 200). Dabei ist zu bedenken, dass die Reisenden auf einem Schiff nur wenig Ausweichmöglichkeiten haben und deshalb ganz besonders unter Ausstattungs- und Servicemängeln leiden (vgl MünchKomm/TONNER § 651e Anh Rn 19). Sind die Matratzen auf einem Mahakam-Flussschiff auf Borneo erheblich verschmutzt und fehlt die Beleuchtung des Schlafraums, so liegt ebenfalls ein Mangel vor, und zwar selbst dann, wenn nur eine einfache Unterkunft versprochen wurde (LG Frankfurt aM RRa 1995, 48, 49). Führt ein Luxusschiff keine Trennung von 1. und 2. Klasse durch, so liegt darin andererseits kein Mangel (LG Wuppertal FVE Bd 4 Nr 348). Das Gleiche gilt für fahrtwindbedingte Verschmutzungen an Deck und eine salzige Reling auf dem offenen Meer sowie vorübergehende Engpässe in der Bar nach einem Landausflug (OLG Frankfurt aM RRa 1993, 50, 51 f; vgl auch Rn 37).

75 Wird auf einer **Kreuzfahrt** ein anderes Schiff eingesetzt, so liegt kein Mangel vor, wenn beide Schiffe hinsichtlich ihrer Ausstattung und ihres Komforts gleichwertig sind (vgl AG Würzburg FVE Nr 146; AG Düsseldorf RRa 1994, 105; **aA** AG Braunschweig RRa 1994, 77; vgl Rn 41).

b) Urlaubsort
aa) Abwässer/Strandverschmutzung

76 Bei einem **Badeurlaub**, bei dem die **Bademöglichkeit** vor dem Hotel direkt oder indirekt herausgestellt wird (Entfernungsangaben oder Strandfoto), stellt eine 500 bis 700 Meter **größere Strandentfernung** einen Mangel dar, der zu einer Minderung von 5% führt (LG Frankfurt aM NJW-RR 1993, 61; ähnlich [600 statt 300 Meter] LG Kleve RRa 1998, 15). Liegt der Strand nicht direkt vor dem Hotel, sondern 1 km entfernt, so kommt eine Minderung von 10–20% in Betracht (KALLER Rn 228). Weiter stellt die **Strandverschmutzung** einen Mangel dar (vgl LG Frankfurt aM NJW-RR 1987, 566; 1993, 124; AG Düsseldorf MDR 1991, 839; AG Frankfurt aM RRa 1994, 58; AG Hannover VuR 1992, 23; SEYDERHELM Rn 71 f). Es soll in diesen Fällen eine Minderung von 10–20% in Betracht kommen, sofern nicht eine andere gute Badegelegenheit gegeben ist. Es ist aber auch die Auffassung vertreten worden, dass die Leitung von Abwässern ins Meer für süditalienische Verhältnisse, unabhängig von der Hotelunterkunft, nicht ungewöhnlich sei; mangels abweichender Vereinbarungen soll der Gast nicht davon ausgehen können, dass der hoteleigene Strand zum Baden geeignet ist (so LG Bielefeld FVE Bd 9 Nr 918). Dies geht jedoch zu weit. Der Reiseveranstalter steht diesem Wissen näher. Er muss zumindest auf die Ungeeignetheit des Strandes zum Baden hinweisen, will er Gewährleistungsansprüchen entgehen (vgl auch AG Baden-Baden RRa 1994, 12).

77 Bietet der Veranstalter „**die besten Strände Ceylons**" an, so kann der Reisende nur erwarten, dass überhaupt ein Strand existiert, der nicht allzu weit vom Hotel entfernt liegt, und eine Bademöglichkeit besteht. Er kann jedoch nicht erwarten, dass er geruhsame Bademöglichkeiten wie am Mittelmeer oder an einem Binnensee vorfindet (OLG Frankfurt aM FVE Nr 297). Wird der Reisende **am Strand von Bettlern oder Kindern belästigt**, so ist dies zumindest in Entwicklungsländern hinzunehmen. Hiermit muss nämlich der Reisende rechnen (OLG Frankfurt aM FVE Nr 297).

78 Ist der **vor dem Hotel befindliche Strand verschmutzt**, so stellt dies einen Mangel dar. Dies gilt unabhängig davon, ob es sich um einen öffentlichen oder einen privaten Strand handelt (BECHHOFER 59). Der Veranstalter hat dafür Sorge zu tragen, dass er von seinen Leistungsträgern gesäubert wird (vgl AG München FVE Bd 9 Nr 975 [5% Min-

derung]). Die Höhe der in Betracht kommenden Minderung ist davon abhängig, ob dem Reisenden eine andere Badegelegenheit zur Verfügung stand (vgl AG München FVE Bd 9 Nr 975). Ob bei der Bemessung der Höhe der Minderung auch zu berücksichtigen ist, dass die Bademöglichkeit am Strand nur eine von mehreren Leistungen des Veranstalters darstellte, ist unsicher (so aber AG München FVE Bd 9 Nr 975). Fällt nämlich zB bei einem Mittelmeerurlaub die Bademöglichkeit gänzlich aus, so sind auch die weiteren Reiseleistungen davon in ihrem Wert betroffen. In solchen Fällen ist, sofern ein Badeurlaub zugesagt und eine andere Bademöglichkeit nicht gegeben ist, von einer Minderung von 20% auszugehen (AG Baden-Baden RRa 1994, 12). Die Benutzung des hoteleigenen Swimmingpools stellt demgegenüber keine Alternative dar.

bb) Lärm
(1) Baulärm
Wird der Reisende durch Baulärm (Baustelle neben dem Hotel, Lärm von Umbauten im Hotel) in seinem Urlaubsgenuss gestört, so liegt ein **gravierender Reisemangel** vor, der sogar zur vollen Rückerstattung des Reisepreises und zu Schadensersatzansprüchen wegen vertaner Urlaubstage führen kann (vgl OLG Stuttgart FVE Bd 8 Nr 812; OLG Düsseldorf VersR 1981, 554; OLG Nürnberg MDR 1976, 1020; OLG Köln FVE Nr 102; LG Flensburg FVE Bd 4 Nr 355; AG Frankfurt aM FVE Nr 313; AG Berlin-Charlottenburg VersR 1984, 373; LG Düsseldorf FVE Nr 533; NJW-RR 1987, 176; LG Hannover NJW-RR 1987, 496; FÜHRICH Rn 285; MünchKomm/TONNER § 651e Anh Rn 7). Der Unterkunft muss eine ruhige Umgebung entsprechen. Soweit Gerichte (LG Frankfurt aM FVE Bd 7 Nr 695; AG Stuttgart-Bad Cannstatt RRa 1996, 152) feststellen, dass der Reiseveranstalter nicht für den von Nachbargrundstücken oder Straßen herüberschallenden Baulärm verantwortlich sei, überzeugt dies nicht. Es mag sein, dass bei dem in bestimmten Feriengebieten herrschenden Bauboom immer in der Nachbarschaft bereits errichteter Hotels mit Baustellen gerechnet werden muss. Wenn aber zB ein Hotel in ruhiger Bucht angeboten wird (vgl LG Frankfurt aM FVE Bd 7 Nr 695) und in der Nähe des Strandes Sprengarbeiten durchgeführt werden, so liegt ein Mangel vor. Allerdings ist insoweit zwischen Minderung und Schadensersatz zu unterscheiden. Da es nämlich nicht in der Hand des Reiseveranstalters liegt zu bestimmen, ob und wann auf Nachbargrundstücken der von ihm angebotenen Hotels gebaut wird, trifft ihn insoweit kein Verschulden. Trotzdem haftet er nach §§ 651c–e verschuldensunabhängig, also ohne Rücksicht auf seine Kenntnis und seine Kenntnismöglichkeiten (LG Düsseldorf FVE Nr 253; NJW-RR 1987, 176; LG Frankfurt aM VuR 1992, 104; LG Hannover NJW-RR 1989, 821; **aA** AG Hamburg RRa 1995, 193). Hätte der Reiseveranstalter bei der Buchung jedoch hiervon wissen müssen, hat er sogar Schadensersatz zu leisten (LG Düsseldorf NJW-RR 1987, 176). Er ist auch verpflichtet, die Reisenden beim Antritt der Reise auf derartige Baustellen und den daraus resultierenden Baulärm hinzuweisen, und zwar selbst dann, wenn er bei dem Angebot der Reiseleistung den Baulärm nicht kennen konnte (vgl OLG Düsseldorf FVE Nr 299). Das **Veränderungsrisiko** hat er zu tragen, da er die Reiseleistung angeboten hat (FÜHRICH Rn 212). Der Reiseveranstalter ist also verpflichtet, am Zielort nachzuprüfen, ob Lärmbelästigungen gegeben sind (vgl OLG Stuttgart FVE Bd 8 Nr 812). Sobald er dies feststellt, muss er die Reisenden darauf aufmerksam machen und Abhilfe (Ausweichquartiere) zu schaffen versuchen (vgl KG FVE Bd 7 Nr 697). Soweit jedoch der Reiseveranstalter während des Urlaubs von neuen Baustellen „überrascht" wird, kommen Schadensersatzansprüche nicht in Betracht. Eine Zurechnung dieser Störungsursache gegenüber dem Reiseveranstalter ist nicht möglich (vgl FÜH-

RICH Rn 212; SOERGEL/H-W ECKERT Rn 19). Es ist auch zu berücksichtigen, dass „absolute" Ruhe nie, nicht nur nicht in südlichen Ländern, garantiert werden kann (vgl auch KG FVE Bd 6 Nr 559). Ein Reiseveranstalter hat jedoch – gegebenenfalls sogar kurzfristig – einen Bungalow in seinem Programm zu streichen, wenn er durch die Reiseleitung erfährt, dass eine **Großbaustelle** mit Lärmbeeinträchtigung ihre Tätigkeit aufgenommen hat. Er handelt auch pflichtwidrig, wenn er die Reiseleiter nicht anweist, ihm entsprechende Vorkommnisse unverzüglich zu melden (vgl AG Hannover FVE Bd 6 Nr 578). Der Reiseveranstalter kann ein derartiges Ansinnen nicht mit dem Hinweis abtun, dass in bevorzugten Urlaubsorten mit Baustellen immer gerechnet werden müsste. Der Reiseveranstalter weiß, dass ein Reisender keine Unterkunft in der Nähe einer Baustelle wünscht oder auch nur in Kauf nimmt (so zutreffend KG FVE Nr 40). Die daraus folgende **Prüfungsobliegenheit ist unabdingbar** (vgl auch KG FVE Nr 40; OLG Stuttgart FVE Nr 79; MünchKomm/TONNER Rn 40). Führt die Lärmbelästigung sogar zu einer **Gesundheitsbeeinträchtigung**, kann dem Reisenden auch ein Anspruch auf Ersatz des Nichtvermögensschadens in Geld zustehen (vgl OLG Stuttgart FVE Nr 79). Wird ein Zielort als betriebsam umschrieben, so hat ein Veranstalter damit nicht auf Verkehrs- und Baulärm aufmerksam gemacht (KG FVE Bd 7 Nr 691). Das Gleiche gilt, wenn er Hotels in „aufstrebenden Urlaubsgebieten" anbietet (**aA** AG Hamburg RRa 1994, 131). Weist der Reiseveranstalter seine Kunden darauf hin, dass in der Nähe des Urlaubsquartiers nur am Tage gebaut werde, so haftet er gleichwohl wegen Mangelhaftigkeit der Reise, wenn der Kunde auch während der Zeit der üblichen Nachtruhe durch Baulärm gestört wird. Anhaltende Störungen der Nachtruhe durch Baulärm während der gesamten Urlaubsdauer sollen sogar Minderungsansprüche bis zu 90% des Reisepreises rechtfertigen (vgl OLG Nürnberg MDR 1976, 1020, 1021; OLG Köln FVE Nr 102; LG Düsseldorf FVE Nr 533; LG Köln RRa 1996, 226; AG Frankfurt aM FVE Nr 313; AG Berlin-Charlottenburg VersR 1984, 373). Derartige Minderungsansprüche sind immer gegeben, also unabhängig davon, wann die Lärmquelle entstanden ist.

80 Gelegentlich wird in der Rechtsprechung danach differenziert, ob es sich um eine **Großbaustelle** oder um Baustellen von Hauseigentümern in der Nähe des Hotels handelt (vgl AG Frankfurt aM FVE Bd 9 Nr 966). Ein Mangel ist aber in beiden Fällen zu bejahen. Die Schadensersatzpflicht nach § 651f entfällt jedoch bei kleineren Baustellen. Die Sorgfaltsanforderungen an den Reiseveranstalter würden überdehnt, wenn er sich über jedes kleinere Bauvorhaben informieren und die Kunden darüber benachrichtigen müsste (vgl AG Frankfurt aM FVE Bd 9 Nr 966). Erst recht reicht es für eine Minderung wegen Lärmbelästigungen durch Bauarbeiten nicht aus, dass der Reisende nur auf den **„Ausblick auf eine Baustelle"** hinweist. Da der bloße Ausblick auf eine Baustelle grds noch keinen Reisemangel darstellt, muss der Reisende vielmehr stets die Entfernung der Baustelle, die Zimmerlage, die Dauer des Lärms, die Tages- oder Nachtzeit und die Arbeiten darlegen (LG Essen RRa 2003, 24, 25).

(2) Lärm durch Diskotheken, Fahrstühle
81 Ebenso stellt es einen Reisemangel dar, wenn der Gast in seiner Nachtruhe durch Lärm aus **Diskotheken** gestört wird (vgl OLG Köln FVE Nr 60; OLG München FVE Nr 111 – Lärm durch Kellerbar; KG FVE Nr 579; OLG Frankfurt aM NJW 1973, 470; LG Frankfurt aM RRa 1998, 138; AG Hannover VuR 1987, 106; AG Frankfurt aM FVE Nr 478; vgl zum Lärm durch Animateure LG Frankfurt aM FVE Nr 312). Die **zeitliche Grenze** des Hinnehmbaren wird meist um Mitternacht gezogen (OLG München FVE Nr 111; KG FVE Nr 579; OLG

Köln NJW-RR 2000, 1439; LG Frankfurt aM FVE Nr 208, 264, 307 u 312; LG Hannover VuR 1987, 106; AG Kleve RRa 1999, 183 f). Späterer Lärm ist nur unter besonderen Umständen (zB Hinweis auf „Lage im Ortszentrum" oder „Diskothek") hinzunehmen (AG Köln FVE Nr 487). Gleiches gilt, wenn ein Ort und ein Hotel speziell auf ein jüngeres Publikum zugeschnitten sind (ERMAN/SEILER Rn 7) oder wenn nächtlicher Lärm nach den Lebensgewohnheiten des Gastlandes üblich ist (LG Frankfurt aM FVE 9, 222, 233). Ein Mangel ist auch gegeben, wenn der Lärm von einem **Truppenübungsplatz** in der Nähe des Hotels ausgeht (vgl KG MDR 1977, 402). Bei fehlendem Hinweis auf einen Truppenübungsplatz kann sogar ein Schadensersatzanspruch nach § 651f in Betracht kommen.

Weist der Veranstalter im Prospekt auf Bar, Diskothek oder einen nahe gelegenen **82** Truppenübungsplatz hin, so entfällt seine Gewährleistungspflicht hinsichtlich des Lärms nicht bereits aufgrund des bloßen Hinweises auf diese Einrichtungen in vollem Umfang. Ein derartiger Hinweis stellt nämlich nicht klar, dass auch zur Nachtzeit mit Störungen gerechnet werden muss (vgl BARTL, Recht im Urlaub, Musiklärm 130; vgl aber auch LG München FVE Bd 10 Nr 1058; OLG München FVE Bd 10 Nr 1046). Der Beginn der Nachtruhe richtet sich nach den jeweiligen ortsspezifischen Besonderheiten.

Auch Lärmauswirkungen von **Fahrstühlen** in der Nachtzeit stellen einen Mangel dar **83** (LG Hagen FVE Bd 7 Nr 692; BARTL, Recht im Urlaub, Fahrstuhl 122). Wird ein Hotel für „Leute empfohlen, die gern spät zu Bett gehen", so ist damit klargestellt, dass Nachtruhe nicht zu finden ist (LÖWE 75, 76).

Der durch **Alter** und/oder **körperliche Beschwerden** bedingte Wunsch nach völliger **84** Ruhe wird jedoch nicht allein dadurch zum Vertragsinhalt, dass Angestellte des Reisebüros den Reisewilligen und seine Wünsche kennen (LG Frankfurt aM FVE Nr 307). Diese Grundsätze gelten auch und gerade bei **Behinderten**. Weiß der Reiseveranstalter, dass der Reisende **Rollstuhlfahrer** ist, so hat er ihn von sich aus über die Rollstuhlgeeignetheit des Beförderungsmittels und der Unterkunft unmissverständlich und vollständig aufzuklären. Dies gilt auch dann, wenn der Reisende nicht ausdrücklich darauf hinweist, dass die Rollstuhlgeeignetheit der einzelnen Reiseleistungen gewährleistet sein muss (LG Frankfurt aM NJW 1989, 2397; RRa 1999, 189 f; NJW-RR 2000, 580; AG Kleve RRA 2000, 156; AG Frankfurt aM RRa 1999, 191; FÜHRICH RRa 2003, 124 f; **aA** AG Hannover RRa 2003, 122 ff). Andererseits kann der Veranstalter aus der bloßen Mitteilung des Buchenden, ein Mitreisender sei Rollstuhlfahrer, nicht ohne weiteres auf das Erfordernis einer 100% behindertengerechten Reise und namentlich Unterkunft schließen. Hier ist es Sache des Reisenden, dem Veranstalter entsprechende Bedürfnisse ausdrücklich mitzuteilen (AG Frankfurt aM RRa 1999, 191 f). In jedem Fall muss sich der Veranstalter die Kenntnis eines Mitarbeiters eines selbständigen Reisebüros von der **Schwerbehinderung** eines Reisenden zurechnen lassen (AG Kleve RRa 2000, 156 f; FÜHRICH RRa 2003, 124 f; **aA** AG Hannover RRa 2003, 122 ff).

(3) Verkehrslärm
Wird eine Unterkunft im ruhigen Teil eines Ortes angeboten, so stehen dem Reisen- **85** den Minderungs- und Schadensersatzansprüche zu, wenn er durch **erheblichen Verkehrslärm** gestört wird (AG Frankfurt aM FVE Nr 193;NJW-RR 1993, 1144). Dies gilt selbstverständlich nicht, wenn der Veranstalter im Prospekt zB darauf aufmerksam macht, dass eine Straße mit großem Verkehrsaufkommen am Hotel vorbeiführt (vgl AG

Frankfurt aM FVE Nr 229; RRA 1998, 3; LG Frankfurt aM FVE Nr 457 u Nr 460; AG Hamburg RRa 1994, 100). Macht der Reisende geltend, dass er durch Lärm von einem nahe gelegenen **Flugplatz** gestört worden sei, so muss er die Entfernung des Hotels vom Flugplatz und die Zahl der Flüge pro Tag angeben, um Gewährleistungsansprüche geltend machen zu können. Fünf Flüge am Tag stellen nur einen unerheblichen Mangel dar (vgl AG Frankfurt aM FVE Nr 218, 798, 800).

c) **Unterkunft**
aa) **Hellhörigkeit**

86 Gelegentlich wird die Auffassung vertreten, dass bei **Hellhörigkeit des Hotels** ein Mangel im Sinne von § 651c Abs 1 nicht angenommen werden könne. Die Begründung, dass die heutige Bauweise von Hotels zu sehr schalldurchlässigen Räumen führe und dass dies allgemein bekannt sei und deshalb in Kauf genommen werden müsse, überzeugt nicht (so aber LG Frankfurt aM FVE Bd 7 [1975] Nr 695). Auch bei Reisen in südliche Länder muss der Reisende nicht mit einer solchen sehr schalldurchlässigen Bauweise rechnen. Es kann daher einen Reisemangel darstellen, wenn Wasserhähne im Nachbarzimmer ein ohrenbetäubendes Quietschen verursachen (**aA** AG Frankfurt aM Urt v 26.2. 1985 – 30 C 1291/84–87). Allein der Umstand, dass derartige Mängel geltend gemacht werden, zeigt, dass sie nicht allgemein hingenommen werden. Im Übrigen ist die Hellhörigkeit eines Baus bei Hotels keine allgemeine Erscheinung. Es ist deshalb selbstverständlich Aufgabe des Reiseveranstalters, hierauf aufmerksam zu machen. Dies gilt auch, wenn die Bauvorschriften des Ziellandes eingehalten sind.

87 Problematisch ist, ob die Hellhörigkeit einer Unterkunft auch dann als Mangel geltend gemacht werden kann, wenn der Veranstalter im Prospekt darauf hingewiesen hat, dass es sich um ein **lebhaftes Hotel** handele. Auch in diesen Fällen muss jedoch gewährleistet sein, dass die Gäste ausreichend Gelegenheit zum Schlaf erhalten. Dies ist nicht mehr der Fall, wenn die Reisenden in Zimmern unmittelbar über einer Bar oder Kegelbahn untergebracht werden, in denen sie keinen Schlaf finden können (vgl AG Frankfurt aM FVE Nr 189).

bb) **Hotelwechsel**

88 Der Reiseveranstalter hat die Pflicht, dem Reisenden einen nützlichen, dh erholsamen Urlaub zu verschaffen. Es liegt deshalb eine mangelhafte Reise vor, wenn die Unterkunft wegen **Überbelegung, Überbuchung** oder **Mängeln des Hotels** nicht zur Verfügung gestellt werden kann (LG Frankfurt aM NJW 1983, 233; FVE Nr 212). Gleiches gilt, wenn das **Hotel wiederholt gewechselt** werden muss (vgl OLG Frankfurt aM FVE Nr 162; FVE Nr 259; OLG Düsseldorf RRa 1997, 216; LG Düsseldorf RRa 1997, 13; AG Düsseldorf RRa 1994, 123; 1995, 208; 1997, 101; 1998, 116, 118; AG Hannover RRa 1997, 74; AG Hersbruck RRa 1997, 237; AG Hanau RRa 1997, 113).

89 Der Reiseveranstalter hat es insbesondere zu vertreten, wenn eine gebuchte Unterkunft bei Ankunft **nicht zur Verfügung** steht. Regelmäßig wird zumindest ein Verschulden des Leistungsträgers vorliegen (vgl LG München I FVE Nr 134). Aber auch dann, wenn den Veranstalter an der Überbuchung oder Überbelegung des Hotels durch den Hotelier kein Verschulden trifft, kann allein die **abweichende Unterbringung** des Reisenden einen Reisemangel begründen. Dies ist aber nur dann der Fall, wenn das Ersatzquartier von seiner Ausstattung, Kategorie, Lage und seinem sons-

tigen **Standard** her nicht dem gebuchten Hotel **entspricht** und in nicht unerheblicher **räumlicher Entfernung** zu diesem liegt (BGH NJW 1983, 35; OLG München NJW 1984, 152; LG Marburg FVE Nr 470; LG Stuttgart NJW-RR 1986, 349; AG Hamburg RRa 1994, 32; 1994, 188; FÜHRICH Rn 249; MünchKomm/TONNER Rn 57; **aA** [Mangel auch bei gleichem Standard und räumlicher Nähe des Ersatzquartiers] LG Frankfurt aM NJW 1983, 233; 1985, 143; NJW-RR 1992, 310; AG Stuttgart RRa 1995, 127; AG Düsseldorf RRa 1996, 13; AG Hamburg RRa 1997, 124; SEYDERHELM § 651d Rn 58; TEMPEL RRa 1995, 158).

Ein **Ersatzquartier** hat der Reisende – wenn überhaupt (LG Frankfurt aM NJW 1983, 233) **90** – nur zu akzeptieren, wenn ihm bestätigt wird, dass dadurch keine Mehrkosten entstehen (vgl LG München I FVE Nr 134). Der Reiseveranstalter hat im Übrigen den gesamten Reisepreis zurückzuzahlen, wenn das gebuchte Zimmer nicht zur Verfügung steht, eine entsprechende anderweitige Unterbringung nicht zustande kommt und der Kunde deshalb vorzeitig zurückreist (vgl OLG Frankfurt aM FVE Nr 61). Das Ersatzquartier muss stets **gleichwertig** sein (vgl BGH NJW 1983, 35; OLG Celle FVE Nr 347; OLG München NJW 1984, 132; LG Marburg FVE Nr 470; LG Frankfurt aM FVE Nr 266). Wird ein geringerwertiges Hotel angeboten, so liegt ein Mangel vor (LG Frankfurt aM FVE Nr 265).

Wird also der Reisende wegen der Belegung des gebuchten Hotels umgehend in **91** einem gleichwertigen Hotel in örtlicher Nähe untergebracht, so liegt kein Mangel vor (vgl AG Frankfurt aM FVE Nr 184; FVE Nr 187; OLG Karlsruhe NJW-RR 1988, 246). Der Reisende muss jedoch eine gleichwertige Ersatzunterkunft nur annehmen, wenn sie für die **gesamte vorgesehene Urlaubszeit** zur Verfügung steht (vgl LG Frankfurt aM NJW-RR 1989, 312; AG Frankfurt aM FVE Nr 195) und der Veranstalter die Leistungsstörung nicht verschuldet hat.

cc) **Mangelhaftigkeit der Unterkunft**
Ein Umzug in ein Ersatzquartier ist dem Reisenden im Übrigen nur zumutbar, wenn **92** eine konkrete Ersatzunterkunft genannt wird (OLG Düsseldorf FVE Nr 299). Wird der Reisende nach dem Umzug erneut umquartiert, liegt darin ein Reisemangel (LG Frankfurt aM NJW-RR 1989, 312). Das Gleiche gilt, wenn das Ersatzquartier an einem anderen als dem vereinbarten Ort liegt (OLG München NJW 1984, 132; LG Frankfurt aM NJW 1983, 33).

Wird ein Strandhotel in einem bestimmten Ort offeriert, so stellt es einen Mangel dar, **93** wenn das Strandhotel 20 km vom Stadtzentrum entfernt liegt. Der Reisende hat selbst bei einem Badeurlaub ein Interesse daran, die Stadt unmittelbar aufsuchen zu können (vgl AG Frankfurt aM FVE Nr 145; vgl auch OLG München NJW 1984, 132; AG Frankfurt aM FVE Bd 5 Nr 461; AG Hamburg RRa 2000, 185; TEMPEL RRa 1995, 158 ff).

Bei der Auswechslung der vorgesehenen Unterkunft muss sich also das gleichwertige **94** Hotel **am gleichen Ort** oder wenigstens in räumlicher Nähe zu diesem befinden (ERMAN/SEILER Rn 5). Es wird zu Recht darauf hingewiesen, dass derjenige, der eine Reise bucht, sich aufgrund bestimmter Vorstellungen einen speziellen Ort aussucht (vgl LG Frankfurt aM NJW-RR 1989, 312; AG Frankfurt aM FVE Nr 186; vgl auch AG Frankfurt aM FVE Nr 192). Die Gleichwertigkeit der Unterkunft kann nicht dazu führen, dass der Ibiza-Urlauber auf Mallorca landet oder statt in Hurghada eine Unterkunft in Luxor zur Verfügung gestellt bekommt (LG Köln RRa 2001, 180) und dies hinzunehmen hat.

Vielmehr erachten es die Gerichte gelegentlich sogar schon als Mangel, wenn der Reisende den Urlaub nicht im gebuchten Hotel verbringen kann (vgl LG Köln FVE Bd 6 Nr 583; LG Frankfurt aM NJW 1983, 233; 1985, 143; NJW-RR 1992, 310; AG Düsseldorf RRa 1994, 102; 1996, 13; vgl auch AG Hamburg RRa 1994, 188; AG Stuttgart RRa 1995, 127; **aA** zutreffend LG Marburg FVE Nr 470).

95 Liegt die gebuchte Ferienwohnung so ungünstig, dass sich das Familienleben wie auf einem **Präsentierteller** abspielen muss, so berechtigt dies zu einer Minderung (vgl AG Frankfurt aM FVE Bd 7 Nr 953)

96 Selbstverständlich liegt auch ein Mangel vor, wenn statt **Einzel- und Doppelzimmer** nur ein Doppelzimmer mit drei Betten zur Verfügung gestellt wird (vgl AG Frankfurt aM FVE Nr 188) oder statt der gebuchten zwei Doppelzimmer nur ein Doppelzimmer (vgl AG Frankfurt aM FVE Nr 198; LG Frankfurt aM NJW 1982, 1884). Ist ein Doppelzimmer zugesagt, so liegt in der Zuweisung von Einzelzimmern nicht unbedingt ein Mangel (**aA** BARTL, Recht im Urlaub, Doppelzimmer 120). Gleiches gilt, wenn statt der Unterbringung im Doppelbett nur eine solche in Einzelbetten erfolgt (AG Mönchengladbach NJW 1995, 884). Wenn in einem als „familiengerecht" beworbenen Hotel ein als Doppelzimmer vorgesehener Raum nur notdürftig für die Benutzung durch eine Familie mit Kindern hergerichtet wurde, liegt indessen ein Reisemangel vor (LG Kleve RRa 2000, 195).

97 Der Reiseveranstalter haftet aber sogar auf Schadensersatz, wenn er bei einer Kamerunreise die Reiseteilnehmer in Zelten statt in Bungalows unterbringt (vgl LG Essen VersR 1971, 947). Er soll auch haften, wenn am Urlaubsort eine zugesicherte Terrasse mit Seeblick nicht vorhanden ist (vgl LG Berlin FVE Bd 4 Nr 343) oder statt einer Terrasse nur ein Balkon existiert (AG Bad Homburg RRa 1998, 236). Ebenso liegt ein Mangel vor, wenn bei einer Ferienwohnung statt einer Küche nur eine Kochnische und statt zwei Schlafzimmern nur eines vorhanden ist (vgl AG Berlin-Schöneberg FVE Bd 9 Nr 982). Wird eine vollklimatisierte Unterkunft zugesagt, so stellt das Fehlen einer entsprechenden Einrichtung einen Mangel dar (vgl AG München FVE Bd 10 Nr 1065; vgl auch LG Frankfurt aM FVE Nr 302; AG Düsseldorf RRa 1995, 209; AG Kleve RRa 2000, 169).

98 Weist ein Hotel nicht die zugesagte **Hotelkategorie** auf, so stellt dies allein noch keinen Reisemangel dar (OLG Düsseldorf NJW-RR 1989, 1528; LG Frankfurt aM NJW-RR 1994, 178; AG Essen NJW-RR 1991, 53; AG Hamburg RRa 1995, 112; AG Kleve RRa 1996, 10; AG Bad Homburg RRa 1998, 61; SEYDERHELM § 651d Rn 57; **aA** AG Düsseldorf FVE Nr 475; RRa 1996, 13; AG Düren MDR 1995, 232). Es kommt vielmehr allein auf die tatsächlichen Verhältnisse an, die Grundlage einer Klassifizierung durch Symbole (Sterne, Sonnen etc) sind. Der Reisende muss daher nicht nur eine andere Kategorisierung eines Hotels, sondern konkrete Tatsachen vortragen und beweisen, aus denen sich eine Qualitätsabweichung ergibt (FÜHRICH Rn 276; SEYDERHELM § 651d Rn 57).

99 Da der Reiseveranstalter nicht nur eine Unterkunft zur Verfügung zu stellen hat, sondern die Unterkunft auch **durchschnittlichen Anforderungen** entsprechen muss, liegt ein Mangel vor, wenn nicht genügend Schrankraum zur Verfügung steht, so dass der Reisende weitestgehend aus dem Koffer leben muss und eine Begehung der Räume wegen der Enge nicht mehr möglich ist (vgl AG Frankfurt aM FVE Nr 198). Dies kann bei der Unterbringung in einem 8,5 qm großen Doppelzimmer der Fall

sein, wenn die neben dem Bett verbliebene Fläche so gering ist, dass nur eine Person stehen kann (AG Bad Homburg RRa 2003, 28). Übertriebene Ausrüstungserwartungen sind aber fehl am Platz (vgl LG München I FVE Bd 9 Nr 913 – Größe und Sicherheit von Kinderbetten).

Die Prospektbeschreibung „Bungalow" kennzeichnet ein eingeschossiges Wohnhaus **100** mit Flachdach und nicht eine Wohnung in einem mehrstöckigen Gebäude (vgl LG Frankfurt aM FVE Bd 9 Nr 932). Wer einen **Bungalow** gebucht hat, muss es daher nicht hinnehmen, im ausgebauten Keller eben dieses Bungalows mit Blick auf eine Steinwand mit abblätterndem Verputz untergebracht zu werden (vgl AG Völklingen FVE Bd 9 Nr 952). Er muss sich auch nicht mit einer Unterbringung in einem Doppelzimmer im Hotel statt in einem Bungalow mit zwei Schlafzimmern abfinden (AG Düsseldorf Urt v 24.3. 1997 – 29 C 16897/96). Werden Einzelzimmer oder Wohnungen mit einer bestimmten Ausstattung angeboten und weisen die Wohnungen bzw Zimmer diese Ausstattung auf, so liegt ein Mangel dagegen nicht vor, wenn dem Zimmer bestimmte andere Vorzüge (zB Meeresblick) fehlen, die vertraglich nicht zugesagt worden sind (vgl AG Frankfurt aM FVE Nr 187; vgl auch LG Stuttgart FVE Nr 130; AG Kleve RRa 1996, 244). Dies gilt auch dann, wenn der Reiseveranstalter den Leistungsträger um Zimmer dieser Art gebeten hat (vgl AG Frankfurt aM FVE Nr 187). Andererseits ist ein Mangel gegeben, wenn das Zimmer entgegen einer Zusage nicht in der **obersten Etage** liegt (BGHZ 82, 219), trotz entsprechender Buchung keine nebeneinander liegenden Zimmer vorhanden sind (OLG Düsseldorf NJW-RR 1992, 1273) oder der Reisende nur in seitlicher Haltung um die Betten herumgehen kann (AG Würzburg RRa 1998, 81). Auch dann, wenn ein unverheiratetes Paar nicht im gebuchten **Doppelzimmer** untergebracht wird (LG Frankfurt aM NJW 1982, 1884; NJW-RR 1986, 727), ein **Rollstuhlfahrer** wegen der engen Badezimmertür weder Bad, Dusche noch Toilette mit seinem Rollstuhl aufsuchen kann und auf erhebliche Hilfeleistungen seiner Frau angewiesen ist (LG Frankfurt aM NJW 1989, 2397) oder eine 17-jährige Reisende im gebuchten „halben Doppelzimmer" zusammen mit einem Mann untergebracht wird (LG Frankfurt aM NJW 1984, 806; AG Königstein RRa 1996, 53), liegen Reisemängel vor.

Steht während des gesamten Urlaubs im Hotel kein **warmes Wasser** und an einigen **101** Tagen überhaupt **kein Wasser** zur Verfügung, so liegt darin ein Mangel, und zwar auch dann, wenn die Stadtverwaltung das Wasser abstellt (vgl OLG Frankfurt aM RRa 1998, 95; RRa 2002, 56; LG Frankfurt aM RRa 1998, 173; AG Frankfurt aM FVE Nr 278; FVE Nr 315; AG Wuppertal FVE Bd 8 Nr 833; AG München RRa 1994, 211; AG Düsseldorf RRa 1995, 208; AG Bielefeld RRA 2001, 20). Dies gilt erst recht für den vom Leistungsträger zu vertretenden Wassermangel (vgl AG Frankfurt aM FVE Nr 221; AG Wuppertal FVE Bd 8 Nr 833). Entsprechende Maßstäbe sind bei Stromausfällen anzulegen (vgl zum Stromausfall in Hotels LG München FVE Bd 9 Nr 936; vgl aber auch AG Mülheim FVE Bd 9 Nr 970; LG München FVE Bd 10 Nr 1058).

Die Stationierung von **Militär** in unmittelbarer Nähe des Hotels oder im Hotel und **102** die Erklärung von wesentlichen Teilen des Urlaubsortes zum militärischen Sperrgebiet stellt eine erhebliche Beeinträchtigung der Reise dar (AG Frankfurt aM FVE Nr 248 – Jordanien).

Die **Anwesenheit von Polizeibeamten und sonstigem Wachpersonal** in der Unterkunft **103** kann zwar insbesondere in exotischen Ländern das Gefühl der Sicherheit aufkommen lassen, doch zumindest bei Einzelüberwachung wird hierdurch der Reisegenuss gemindert (vgl BGH WM 1982, 668, 669).

104 Fehlt eine zugesagte **Hotelboutique**, so stellt dies angesichts des regelmäßig beschränkten Angebots derartiger Ladeneinrichtungen wohl keinen Mangel dar (AG Frankfurt aM FVE Nr 270).

105 Weist das Zimmer nicht die zugesagte **Fernsehmöglichkeit** auf, so liegt uU (Inlands-/ Auslandsaufenthalt, Art des Urlaubs ua) ein Mangel vor (OLG Düsseldorf RRa 2001, 89; LG Frankfurt aM NJW-RR 1989, 380; 1993, 62; AG Kleve RRa 1998, 104). Bei der Möglichkeit zur Miete eines Fernsehgeräts soll das hierfür erforderliche Entgelt das Ausmaß der Minderung bestimmen (vgl BARTL, Recht im Urlaub, Fernsehen 122).

106 Ist das Hotel nicht mit dem zugesagten **Fahrstuhl** ausgestattet, so liegt eine fehlerhafte Reiseleistung vor. Welcher Stellenwert diesem Mangel zukommt, ist von den Umständen des Einzelfalles abhängig (Größe des Hotels, Lage des Zimmers, Alter und Gesundheitszustand des Reisenden; vgl aber auch BARTL, Recht im Urlaub, Fahrstuhl 122). Im Einzelfall kann sogar ein Kündigungsrecht nach § 651e in Betracht kommen. Insbesondere einem älteren Reisenden kann das tägliche Treppensteigen im Urlaub nicht zugemutet werden. Auch **ungesicherte Treppenstufen** (OLG Düsseldorf NJW-RR 1993, 315; RRa 2003, 14, 16 f: „Stolperfalle"), **gefährliche Bodenfliesen** (AG Hannover NJW-RR 1992, 51), **schlecht befestigte Spiegel** (LG Frankfurt aM NJW-RR 1989, 1213) oder ein **Boiler**, der auf den Reisenden herunterfällt und diesen verletzt (OLG Frankfurt aM NJW-RR 1994, 560), stellen Reisemängel dar.

107 Fehlen zugesagte **Massage-** und andere **Körperpflegemöglichkeiten**, so liegt ein Mangel vor, und zwar unabhängig davon, ob die Nutzung dieser Möglichkeiten im Reisepreis inbegriffen war oder ein zusätzliches Entgelt voraussetzte. Das Gleiche gilt, wenn eine zugesagte Sauna nicht vorhanden ist bzw nicht genutzt werden kann (vgl LG Frankfurt aM TranspR 1990, 121; AG Frankfurt aM FVE Nr 270).

108 Die Unterkunft muss sich auch darüber hinaus in einem **einwandfreien Zustand** befinden. Der Reisende braucht deshalb **feuchte Zimmer** nicht hinzunehmen (OLG Hamm NJW 1975, 123; vgl aber auch AG München FVE Bd 9 Nr 974). Ebenso muss ein Neubau auch trocken und beendet sein (vgl BARTL, Recht im Urlaub, Feuchtigkeit 131). Der Umfang der Minderung orientiert sich daran, ob Gesundheitsbeeinträchtigungen zu befürchten sind. Daraus folgt aber nicht, dass bei bloß ästhetischen Beeinträchtigungen wie Feuchtigkeitsschäden an den Decken ein Mangel verneint werden könnte (so zutreffend BARTL, Recht im Urlaub, Feuchtigkeit 123; vgl aber auch AG München FVE Bd 9 Nr 974). Feuchte Decken berechtigen vielmehr zu einer Minderung von 20% und mehr.

109 Das Fehlen eines zugesagten **Thermalbades** oder einer **Sauna** stellt – zumal bei Ankündigung eines „Kururlaubs" – einen Mangel dar (LG Frankfurt aM TransportR 1990, 121; AG Frankfurt aM FVE Nr 270; vgl auch schon Rn 71). Dabei kommt es nicht darauf an, ob eine kostenlose oder entgeltliche Nutzung dieser Einrichtungen in Aussicht gestellt worden ist (**aA** wohl AG Frankfurt aM FVE Nr 270). Der Ausfall einer Stranddusche stellt hingegen keinen Mangel dar (AG Frankfurt aM FVE Nr 278).

110 Fehlt ein zugesagtes **Hallenbad**, so liegt ein Mangel vor (LG Düsseldorf RRa 2003, 68 f;

AG Frankfurt aM FVE Bd 8 Nr 837), der den Reisenden uU sogar zur Kündigung berechtigt. Ein Kündigungsrecht wird jedoch nur eingreifen, wenn der Reisende auf die Benutzung eines Hallenbades aus gesundheitlichen Gründen angewiesen ist, er den Veranstalter auf diesen Umstand aufmerksam gemacht hat und ihm die Nutzung eines Ersatzbades nicht zumutbar ist. Fehlt ein vertraglich zugesichertes Hallenbad während der Wintersaison in der Türkei, so soll dies eine Minderung von 10% des Reisepreises rechtfertigen (LG Düsseldorf RRa 2003, 68 f).

Fällt die **Heizung** aus, so liegt eine fehlerhafte Unterbringungsleistung vor, wenn dem **111** Reisenden eine unbeheizte Unterkunft nicht zumutbar ist. Die Intensität der Beeinträchtigung entscheidet über das Ausmaß der Minderung (vgl zum kurzfristigen Ausfall der Heizung LG München FVE Bd 10 Nr 1058). Dies gilt auch für einen Urlaub in Italien im Juni, wenn dieser in einem „erstklassigen Haus" verbracht wird und die Außentemperaturen auf 10 °C fallen (LG Hannover NJW-RR 1986, 146). Zieht sich der Reisende eine Erkältung zu, so kann er den Vertrag kündigen und die Rückerstattung des Reisepreises verlangen. Auch die zugesagte **Klimaanlage** muss funktionsfähig sein. Ein Ventilator stellt keine Klimaanlage dar. Bei Ausfall der Klimaanlage soll je nach dem Grad der Beeinträchtigung eine Reduzierung des Reisepreises von 10%, 20% und mehr in Betracht kommen (vgl BARTL, Recht im Urlaub, Klimaanlage 127; vgl auch AG München FVE Bd 9 Nr 1978; AG München FVE Bd 10 Nr 1065; LG Bielefeld FVE Bd 9 Nr 918; AG Kleve RRa 2000, 169 f). Ist Vollklimatisierung zugesagt, so müssen auch die Schlafzimmer klimatisiert sein (vgl LG Frankfurt aM FVE Nr 302).

Abfalllagerungen mit **Geruchsauswirkungen** stellen immer einen Mangel der **112** Hotelleistung dar. Das Gleiche gilt für Geruchsauswirkungen von nahe gelegenen Mülldeponien und Kläranlagen. Der Veranstalter hat eben auch für eine urlaubsgerechte Umgebung des Hotels zu sorgen. In besonders krassen Fällen steht dem Reisenden sogar das Kündigungsrecht nach § 651e zu (vgl BARTL, Recht im Urlaub, Abfälle 117). Dagegen sind Geruchsbeeinträchtigungen im Hotelzimmer durch Insektenschutzmittel zur Bekämpfung des drohenden Ungezieferbefalls insbesondere im Mittelmeerraum als bloße Unannehmlichkeit vom Reisenden hinzunehmen (AG Kleve RRa 1999, 183 f).

Die Hotelzimmer müssen stets auch ausreichend **entlüftet und entlüftbar** sein. Wahr- **113** nehmbare Gerüche stellen einen Mangel dar, der in Extremfällen zur Kündigung berechtigt (vgl BARTL, Recht im Urlaub, Entlüftung 121). Allerdings entspricht die Entlüftung über Entlüftungsgitter im Badezimmer durch einen gemeinsamen Entlüftungsschacht in einigen südlichen Ländern wie zB Spanien der Ortsüblichkeit (KG Urt v 9. 6. 1980 – 8 U 758/80). Im Übrigen hat der Hotelier für die **Sauberkeit der Unterkunft** zu sorgen (vgl AG Frankfurt aM FVE Bd 9 Nr 957; FVE Nr 251; LG Frankfurt aM NJW 1978, 1080). **Handtücher** müssen im üblichen Rhythmus gewechselt werden. Die Anforderungen an die Sauberkeit der Unterkunft orientieren sich an der Hotelkategorie. In als gut geführt bezeichneten Hotels kann der Gast erwarten, dass die Zimmer mindestens einmal wöchentlich feucht und einmal trocken gereinigt werden (vgl AG Frankfurt aM FVE Bd 9 Nr 957). Die zugesagte Unterkunft muss auch den vertraglichen Festlegungen entsprechen. Wird zB ein Zimmer mit **Balkon oder Terrasse** zugesagt, so liegt bei einem Zimmer ohne Balkon oder Terrasse eine fehlerhafte Reiseleistung vor. Der Reisepreis kann entsprechend gemindert werden (vgl AG Frankfurt aM FVE Bd 9 Nr 953; LG Kleve RRa 2001, 103). Ist ein Balkon oder eine Terrasse für einen Reisenden aufgrund einer Erkrankung von besonderer Bedeutung und hat der Reisende bei der Buchung darauf aufmerksam gemacht, so kann bei deren Fehlen eine Minderung von über 30% des Reisepreises in Betracht kommen (vgl auch BARTL, Recht im Urlaub, Balkon 118). Dem Reisenden steht in diesen Fällen auch ein Kündigungsrecht nach § 651e zu.

114 Hinsichtlich des **Bettenwechsels** kann man in normalen Hotels nur von einem Wechsel im Abstand von 8 Tagen ausgehen (vgl LG Frankfurt aM FVE Bd 7 Nr 686; LG Köln FVE Nr 469). In gut geführten Hotels kann der Reisende erwarten, dass die Betten täglich, auch an Sonn- und Feiertagen, gemacht werden (vgl AG Frankfurt aM FVE Bd 9 Nr 957). Fehlt in der Hotelunterkunft eine zugesagte **Dusche** oder bestehen nur eingeschränkte Duschmöglichkeiten, so sprechen die Gerichte dem Reisenden das Recht zu, den Reisepreis pro Ausfalltag um 5% zu mindern (vgl auch LG Frankfurt aM Urt v 15. 10. 1979 – 2/24 S 73/79; OLG München FVE Bd 10 Nr 1046). Derartige Minderungsansprüche vermögen nicht zu überzeugen. Es kommt jeweils auf die Ausweichmöglichkeiten an. Fällt die Warmwasserversorgung aus, so liegt hierin dann kein Mangel, wenn die Temperatur des Leitungswassers 27 °C beträgt (OLG Frankfurt aM FVE Nr 297).

115 Die **Anwesenheit von Hunden** und sonstigen Tieren stellt nur dann einen Mangel dar, wenn das Hotel als „hundefrei" beschrieben wurde. Werden jedoch Reisende nachts durch Tiere gestört, so handelt es sich um einen Mangel, und zwar unabhängig davon, ob es sich dabei um Hunde des Leistungsträgers, anderer Gäste oder um herrenlose Tiere handelt (vgl auch AG Frankfurt aM FVE Nr 189; NJW-RR 1993, 1209). Der Veranstalter kann sich hinsichtlich herrenloser Tiere nicht auf höhere Gewalt berufen. Er muss den Reisenden zumindest auf diese Lärmquelle aufmerksam machen. Auch stellt es selbstverständlich einen Mangel dar, wenn dem Reisenden die Mitnahme seines Hundes in das Hotel ohne hinreichende Begründung (zB besondere Gefährlichkeit des konkreten Tieres) verweigert wird, obwohl ihm die Möglichkeit der Mitnahme des Hundes vom Reiseveranstalter zugesichert worden war. Allerdings kann der Reisende auch bei einer solchen Zusicherung nicht davon ausgehen, dass er den Hund in alle Räume des Hotels einschließlich das Restaurant mitnehmen darf (LG Frankfurt aM NJW-RR 1993, 1145).

116 Die Gebrauchsüberlassung von Räumen und die Erbringung von Dienstleistungen muss im Übrigen auch so erfolgen, dass der Reisende **keinen Schaden** an seiner Gesundheit nimmt (vgl dazu auch § 651f Rn 79).

117 Weist das gebuchte Hotel eine **weit größere Bettenzahl** auf, als im Prospekt angegeben ist, so liegt hierin nicht unbedingt ein Mangel. Es kommt vielmehr auf die Anlage der Hotels, die Intensität des Geschäftsbetriebes und auf dessen Auswirkungen an (vgl OLG Frankfurt aM FVE Nr 297).

118 Ein in unmittelbarer Nähe der Hotelunterkunft befindlicher **Camping-Platz** stellt zumindest dann einen Mangel dar, wenn der Reisende nach dem Prospekt (Text und Fotos) davon ausgehen kann, dass das Haus zB von einem Pinienwald umgeben wird (AG Frankfurt aM FVE Nr 199).

dd) Ungeziefer
119 Auch **Ungeziefer** in der Unterkunft kann einen Reisemangel begründen. So stellen ein **erheblicher Kakerlakenbefall** in einem Hotelbungalow auf Gran Canaria (LG

Frankfurt aM NJW-RR 1988, 245), eine **Ratte** im Hotelzimmer auf Bali (OLG Düsseldorf NJW-RR 1991, 377), eine **Raupenplage** auf den Malediven (OLG Düsseldorf NJW 1992, 245), eine Vielzahl von **Ameisen** im Hotelzimmer bzw auf der Bettkante (LG Frankfurt aM NJW-RR 1989, 311) oder **Filzläuse** auf einem russischen Schiff (LG Frankfurt aM RRa 1993, 50) Mängel dar. Gleiches gilt von **sechs bis acht** Kakerlaken, die trotz täglichen Spritzens bei jedem Betreten eines Bungalows in der Karibik erneut auftreten (OLG Düsseldorf RRa 2001, 49) oder von Käfern, die nachts durch das Schlafzimmer auf Djerba wandern (AG Hamburg RRa 2002, 75). Allerdings ist es gerade bei Ungeziefer geboten, die Verantwortlichkeit des Veranstalters über die Merkmale der **Ortsüblichkeit** und des **allgemeinen Lebensrisikos** einzuschränken und bloße **Unannehmlichkeiten** auszunehmen (Führich Rn 278). Gelangen etwa in ländlichen Gegenden gelegentlich **Mäuse** in den Speiseraum, so ist dies hinzunehmen (vgl AG Frankfurt aM FVE Bd 9 Nr 955). Auch das Auftreten von Mücken in einem Hotelzimmer kann dem Veranstalter nicht angelastet werden (LG Frankfurt aM RRa 2000, 75 f). Gleiches gilt für einen plötzlich ausgebrochenen Bienenschwarm, der erst nach drei Stunden wieder eingesammelt werden kann (LG Frankfurt aM NJW-RR 2000, 786 f).

Normales Ungeziefer kann im Regelfall leicht beseitigt werden. Das Vorhandensein **120** von Wanzen und Flöhen stellt dagegen einen schweren Mangel dar, der den Reisenden auch zur Kündigung nach § 651e berechtigt. Wird der Reisende von Wanzen gestochen und erkrankt er infolge dieser Stiche, so kann er auch wegen vertaner Urlaubszeit Schadensersatz verlangen (vgl OLG Hamm NJW 1975, 123; LG Frankfurt aM Urt v 27. 6. 1977 – 2/24 S 99/77). Der Reisende wird aber häufig seiner **Beweislast** nur schwer nachkommen können. Selbstverständlich reicht ein Dia, auf dem Ameisen abgebildet sind, nicht aus, um den Mangel zu beweisen (vgl LG Frankfurt aM FVE Nr 302; RRa 2000, 75 f).

ee) **Ausfall von Hoteleinrichtungen**
Sind entgegen den Prospektangaben bestimmte Hoteleinrichtungen wie zB **Sauna,** **121** **Hallenbad, Tennisplatz, Fitnessraum, Kegelbahn, Minigolf-Anlage** oder **Bar** nicht vorhanden oder nicht funktionsfähig, so trifft den Reiseveranstalter grundsätzlich eine Einstandspflicht (MünchKomm/Tonner Rn 40; Seyderhelm § 651d Rn 53). Da aber jede organisatorische Leistung scheitern kann, verdient es Zustimmung, dass die Rechtsprechung nicht bereits im Ausfall einer jeden Annehmlichkeit, die zwar die Urlaubsfreude erhöht, deren Ausfall die Freude aber nicht entscheidend beeinträchtigt, einen Mangel erblickt. Unannehmlichkeiten sind eben im Zeitalter des Massentourismus unvermeidbar und daher hinzunehmen (vgl auch OLG Köln FVE Bd 9 Nr 911). So hat der Reisende zB keinen Anspruch auf einen „eigenen" Sonnenschirm oder Liegestuhl am Swimmingpool (AG Düsseldorf RRa 1995, 209, 210), doch sind 23 Sonnenschirme für 500 Hotelgäste (OLG Düsseldorf NJW-RR 1996, 887) oder 21 Sonnenschirme in einem Hotel mit 750 Betten (vgl AG München FVE Bd 9 Nr 978) jedenfalls dann zu wenig, wenn auf die Sonnenschirme im Prospekt hingewiesen wurde. Gleiches gilt, wenn nur zwei Surfbretter für 180 Gäste vorhanden sind (AG Düsseldorf RRa 1994, 122). Kumulieren sich derartige Ausfälle, so kann eine Minderung des Reisepreises in Betracht kommen (vgl AG München FVE Bd 10 Nr 1065). Es kommt immer darauf an, wie der Urlaub konzipiert war. Bei Ausfall einer Minigolf-Anlage orientiert sich die Minderung, soweit sie überhaupt in Betracht kommt, am Entgelt, das für die Benutzung einer Ersatzanlage aufgewandt werden muss (AG Frankfurt aM MDR 1986, 57; FVE Nr 562). Ist ein Swimmingpool wegen Bauarbeiten und Geruchsbelästigung nicht benutzbar, liegt

ebenfalls ein Mangel vor (OLG Düsseldorf RRa 1995, 70, 71). Gleiches gilt, wenn im Swimmingpool eines 4-Sterne-Hotels wegen schmutzigen Wassers nicht gebadet werden kann (LG Frankfurt aM FVE Nr 312) oder wenn von zwei Pools wegen Reparaturarbeiten nur einer teilweise benutzbar und dieser daher ständig überfüllt ist (LG Berlin Urt v 1.11.79 – 52 S 162/79).

ff) Zusammensetzung der Gäste

122 Äußerst str ist, ob sich ein Mangel iSd § 651c Abs 1 auch aus der **Zusammensetzung der Hotelgäste** ergeben kann (vgl dazu LG Frankfurt aM NJW 1980, 1169 = JZ 1980, 684 = FVE Nr 213; AG Frankfurt aM NJW 1980, 1965; AG Flensburg NJW 1993, 272; BROX NJW 1980, 1939 f; SCHOLLER JZ 1980, 672; HAGEN DRiZ 1981, 295 f; FÜHRICH Rn 282; SEYDERHELM § 651d Rn 55; BECHHOFER 62; SIEBERT RRa 1994, 126, 127). Dies ist insbesondere hinsichtlich der Frage in Streit, ob der gleichzeitige **Aufenthalt von Behinderten** im Hotel einen Mangel darstellen kann. Die **bloße Anwesenheit** einer kleineren Gruppe von geistig oder körperlich behinderten Personen stellt keinen zur Minderung des Reisepreises berechtigenden Umstand dar (so zutreffend BROX NJW 1980, 1939, 1940; ERMAN/SEILER Rn 7; FÜHRICH Rn 282; MünchKomm/TONNER Rn 39; SEYDERHELM § 651d Rn 55; vgl aber auch LG Frankfurt aM NJW 1980, 1169 und zur fehlenden Aufklärung durch das LG Frankfurt aM, SCHOLLER JZ 1980, 672). Auch die Anwesenheit blinder Menschen in einem Urlaubshotel stellt keinen Reisemangel dar (AG Bad Homburg RRa 1999, 206 f). Es geht daher entschieden zu weit, einen Reisemangel bereits allein darin zu sehen, dass Urlaubsreisende über eine Woche in einem kleinen Hotel gemeinsamen Mahlzeiten mit Schwerbehinderten „nicht ausweichen können" (AG Flensburg NJW 1993, 272). Der unausweichliche **Anblick** der Behinderten auf engem Raum bei jeder Mahlzeit begründet für sich keine Störung der vom Veranstalter geschuldeten Reiseleistung, auch wenn die Reisenden bei jeder Mahlzeit Ekel empfinden und sich ständig in ungewöhnlich eindringlichem Maße an die Möglichkeiten menschlichen Leids erinnert fühlen (so aber AG Flensburg NJW 1993, 272; dagegen zu Recht AG Kleve RRa 1999, 190 f). **Art 1 und Art 3 Abs 3 S 2 GG** verbieten über die Generalklauseln der §§ 138, 157, 242 die Einstufung des bloßen Anblickes Schwerbehinderter als Reisemangel (AG Kleve RRa 1999, 190 f; AG Bad Homburg RRa 1999, 206 f; FÜHRICH Rn 282; ders RRa 1995, 101; SEYDERHELM § 651d Rn 55; vgl auch REUTER SchlHA 1992, 217; Stellungnahme des BMJ RRa 1995, 115). Dies gilt auch, wenn es sich um geistig und körperlich schwerbehinderte Menschen handelt, die keiner Sprache mächtig sind, von denen der eine oder andere in unregelmäßigem Rhythmus unartikulierte Schreie ausstößt und gelegentlich Tobsuchtsanfälle bekommt (vgl auch LG Frankfurt aM NJW 1980, 1169). Die Grenze der gebotenen Toleranz ist auch dann noch nicht überschritten, wenn behinderte Menschen am Nachbartisch gefüttert werden und unartikulierte Laute ausstoßen (AG Kleve RRa 1999, 190 f). **Einmalige Vorfälle** dieser Art können auf keinen Fall einen Mangel begründen. Sie sind vielmehr vom Reisenden als allgemeines Lebensrisiko zu tragen. Sobald aber von Behinderten für den durchschnittlich empfindenden Reisenden **erhebliche und dauernde Störungen** ausgehen, liegt wohl ein Reisemangel vor (vgl BROX NJW 1980, 1939, 1940). Ob dies nur in Ausnahmefällen angenommen werden kann, bei der Annahme eines Mangels also Zurückhaltung geboten ist, ist zweifelhaft (so aber BROX NJW 1980, 1939, 1940). Es ist zwar einleuchtend, dass eine Rspr, die die Anwesenheit geistig oder körperlich behinderter Personen in einem Urlaubshotel als Reisemangel qualifiziert, dazu führen kann, dass dieser Personenkreis im Interesse der Erhaltung eines größeren Kundenkreises vom Pauschaltourismus ausgeschlossen wird. Natürlich ist zu hoffen, dass Reisende so tolerant gegenüber behinderten Menschen sind, dass sie diese nicht zum Gegenstand reisevertraglicher Gewährleistungsansprüche machen (vgl BECHHOFER 63; BROX NJW 1980, 1939; SEYDERHELM § 651d Rn 55). Sind Reisende aber zu dieser mitmenschlichen Solidarität nicht fähig und willens, können sie immer andere Wege finden, die Ausgrenzung fortzusetzen. Davon abgesehen kann – so hart dies auch klingen mag – der Reisende, der aufgrund von Geruchs- und Lärmbelästigung durch körperlich und geistig behinderte Personen in seinem Urlaubsgenuss beeinträchtigt ist, ebenso wie bei Baulärm oder Geräuschimmissionen von Nachtlokalen, Minderung bzw Schadensersatz verlangen (vgl BECHHOFER/BROX NJW 1980, 1939, 1940; vgl aber auch HAGEN DRiZ 1981, 295, 298). Wird der Speisesaal wiederholt von Behinderten verunreinigt, die bei den Mahlzeiten erbrechen und Wasser lassen, so ist ein Mangel gegeben (vgl LG Frankfurt aM NJW 1980, 1169; AG Frankfurt aM NJW 1980, 1965; HAGEN DRiZ 1981, 295, 298; BROX NJW 1980, 1939; SCHOLLER JZ 1980, 672). Das Zivilrecht ist nicht dazu da, eine nicht vorhandene gesellschaftliche Solidarität vorzutäuschen. Wer den Reisemangel nach den **Empfindungen des Durchschnittsreisenden** bestimmt, trägt die Last, sich an diesem Maßstab des Mittelmaßes orientieren zu müssen; die Rechtsordnung kann nicht die sittlichen Maßstäbe einiger weniger „Heiliger" verabsolutieren (vgl HAGEN DRiZ 1981, 295, 298; vgl auch SCHOLLER JZ 1980, 672, 676). Deshalb ist es auch nicht möglich, den Mangelbegriff normativ zu bestimmen. Mit einem **normativen Fehlerbegriff** würde die Praxis der gleichen Unsicherheit ausgesetzt wie beim normativen Schadensbegriff (vgl auch OLG Frankfurt aM NJW 1981, 2707).

Die andersartige **Hautfarbe** oder **Nationalität** eines Hotelgastes stellt niemals einen Reisemangel dar. Dies gebietet schon der über die Generalklauseln der §§ 138, 157, 242 auch in das Privatrecht einfließende Grundgedanke von Art 3 Abs 3 GG. Ähnliches gilt idR auch für das Geschlecht der anderen Hotelgäste, soweit sich nicht aus dem besonderen Zuschnitt der Reise oder den Zusicherungen des Reiseveranstalters (Unterbringung im Frauenhotel, Club-Urlaub speziell für Homosexuelle) etwas anderes ergibt (vgl aber zum **Lärm** und zu **anderen Belästigungen** durch Mitreisende OLG Frankfurt aM NJW 1983, 253; LG Frankfurt aM NJW 1984, 1762; NJW-RR 1993, 632; 1993, 951; LG Hamburg NJW-RR 1993, 1465; vgl auch oben Rn 50). 123

Bei sog **Club-Reisen** muss allerdings die personelle Zusammensetzung zum jeweiligen Angebot passen. Auch müssen die zugesagten Sport- und Vergnügungsmöglichkeiten gegeben sein (LG Frankfurt aM Urt v 5. 2. 1979 – 2/24 S 226/78; LG Hannover NJW 1984, 2417, 2418; BARTL, Recht im Urlaub, Club-Urlaub 119; vgl oben Rn 43). Werden diese Zielsetzungen verfehlt, so liegt ein Mangel vor. Von einem Fall der Nichterfüllung kann aber trotzdem nicht ausgegangen werden. 124

d) Verpflegung
Auch unzulängliche **Verpflegungsleistungen** stellen einen Mangel dar. Wird zB in einem Prospekt ein reichhaltiges Frühstück angepriesen und erweist sich dieses als karg oder wird beim Abendessen statt der versprochenen Menüwahl ein Einheitsgericht angeboten, so liegt ein Mangel vor (vgl OLG Hamm FVE Nr 207). Ein Mangel liegt auch dann vor, wenn anstatt des versprochenen Service nur ein Büfett angeboten wird. Ebenso ist ein Mangel gegeben, wenn dem Reisenden am Zielort nicht das in einem Hotel gebuchte Doppelzimmer mit Vollpension, sondern ein privates Doppelzimmer und Morgenkaffee zur Verfügung gestellt wird (vgl AG Frankfurt aM FVE Bd 2 Nr 155). Wird in einem Prospekt darauf hingewiesen, dass **Diätgerichte** nach Möglichkeit serviert werden, so ist es auf jeden Fall vertragswidrig, wenn während 125

des gesamten Aufenthalts keine Diätgerichte angeboten werden (AG Frankfurt aM FVE Nr 221). Der Hinweis auf Diätgerichte „nach Möglichkeit" ist wohl so zu verstehen, dass nicht jeder Diätwunsch erfüllt werden kann, dass also besonders seltene Diätwünsche nicht berücksichtigt werden können (AG Frankfurt aM FVE Nr 221).

126 Der Reisende kann aber nicht mit der Begründung Minderung beanspruchen, dass am Zielort einheimische Gerichte serviert worden seien. Wer sich an ausländischen Gerichten stößt, muss sich, sofern ihm nicht „deutsche" Küche zugesagt wurde, ein anderes Urlaubsziel suchen (OLG Frankfurt aM RRa 1994, 50; AG Frankfurt aM FVE Bd 9 [1977] Nr 949; Bd 9 Nr 954).

127 Auch in **geschmacklicher Hinsicht** ist bei der Bejahung eines Mangels Vorsicht geboten (vgl OLG Düsseldorf RRa 2001, 49 zur Eintönigkeit der Verpflegung). Es kommt in diesem Zusammenhang mehr noch als bei den anderen Störungsursachen einer Reise nicht darauf an, was von einem besonders empfindlichen oder besonders verwöhnten Gast als Mangel empfunden wird. Entscheidend ist vielmehr, sieht man von konkreten vertraglichen Festlegungen ab, was durchschnittlich erwartet werden kann (vgl AG Frankfurt aM FVE Nr 221). In diesem Zusammenhang können bloße Wertungen einen Mangel nicht begründen (vgl LG Bielefeld FVE Bd 9 Nr 918).

128 Liegt hinsichtlich der Verpflegung ein Mangel vor, so kann der Reisende nach § 651c auch zur **Selbstabhilfe** schreiten. Daneben kommen Minderungs- und Schadensersatzansprüche in Betracht. Das Ausmaß der Minderung richtet sich wiederum nach dem Einzelfall. Richtwerte können hierfür nicht aufgestellt werden.

129 Mängel können sich auch in der **technischen Abwicklung** der Verpflegung einstellen. So stellt selbstverständlich **unsauberes Geschirr** einen erheblichen Mangel dar (LG Hagen FVE Bd 7 Nr 692; vgl auch LG Frankfurt NJW-RR 1991, 880). Das Servieren auf einer Terrasse kann dagegen nicht als Mangel eingestuft werden (vgl LG Bielefeld FVE Bd 9 Nr 944). Auch das Essen in zwei Schichten bzw unerhebliche Wartezeiten von 30 Minuten sind hinzunehmen (vgl LG Düsseldorf RRa 2003, 68 f; AG Frankfurt aM FVE Bd 9 Nr 944; FVE Bd 7 Nr 697; siehe aber LG Frankfurt aM NJW-RR 1994, 178). Ist das Büfett-System eingeführt, wie dies fast durchgängig bei Clubs der Fall ist, so müssen gewisse Wartezeiten hingenommen werden (BARTL, Recht im Urlaub, Essen 121, 122). Auch muss der Reisende hinnehmen, dass das Essen auf einer Safari auf schmutzigen Brettern zubereitet wird (LG München I NJW-RR 1994, 124) oder dass es auf einer Gruppenreise für die Reisenden einheitliches Essen gibt (OLG Düsseldorf NJW-RR 1995, 368). Bei einer **„All-inclusive-Reise"** ist es nicht als Reisemangel, sondern als bloße Unannehmlichkeit anzusehen, wenn die Inanspruchnahme der Verpflegungsleistungen ohne ausdrückliche Vereinbarung im Reisevertrag oder besonderen Hinweis im Prospekt davon abhängig gemacht wird, dass der Reisende während der gesamten Reise ein nicht abnehmbares **Plastikarmband** trägt (OLG Köln ZAP EN-Nr 712/99; OLG Düsseldorf RRa 2001, 49; LG Hamburg NJW-RR 2000, 131; LG Köln NJW-RR 2000, 132 f; AG Hannover NJW-RR 1998, 1356; aA LG Frankfurt aM NJW-RR 2000, 1161 f; AG Baden-Baden NJW 1999, 1340; AG München RRa 1999, 224). Durch diese Kennzeichnung der Gäste wird weder deren Menschenwürde noch deren Persönlichkeitsrecht verletzt.

130 Behauptet der Reisende, dass eine **Erkrankung** auf schlechte Verpflegung zurückzuführen ist, so wird ihm – sieht man von Extremfällen ab – ein entsprechender

Nachweis nur gelingen, wenn er am Urlaubsort durch einen Arzt entsprechende Feststellungen hat treffen lassen (BARTL, Recht im Urlaub, Attest 15). Der Reiseveranstalter ist nicht verpflichtet, den Reisenden darüber zu informieren, dass in einem Komforthotel zwei Wochen vor Reisebeginn ein **Salmonellenbefall** festgestellt wurde, wenn dieser zur Zeit der Reise beseitigt ist und der Veranstalter hiermit rechnen konnte (AG Düsseldorf FVE Nr 559). Allgemein ist zu berücksichtigen, dass **Erkrankungen** des Magen-Darm-Trakts oftmals auch durch klimatische Verhältnisse, ungewohntes Essen, den Verzehr von Speisen und Getränken außerhalb des Hotels sowie unsauberen Wassers hervorgerufen werden können (AG Hamburg RRa 1995, 108; AG Frankfurt aM RRa 1996, 11; SEYDERHELM § 651d Rn 64). Erkranken aber mehrere Reisende an den gleichen Symptomen, so spricht der **Beweis des ersten Anscheins** gegen den Reiseveranstalter bzw Hotelier. Der Reiseveranstalter muss in diesem Fall beweisen, dass die Erkrankung nicht durch die Verpflegung im Hotel verursacht wurde (OLG Düsseldorf NJW-RR 1990, 187; RRa 49, 50; LG Hannover NJW-RR 1989, 633; LG Frankfurt aM NJW-RR 1990, 1396; 1993, 1330; RRa 1994, 94; LG Berlin RRa 1994, 64 u 102; AG Nordenham RRa 1994, 17; MünchKomm/TONNER § 651e Anh Rn 11; SEYDERHELM § 651d Rn 64). Ob dies allerdings auch gelten kann, wenn unmittelbar im Anschluss an ein Hotelessen eine geringe Zahl von Gästen erkrankt (LG Hannover NJW-RR 1989, 633), erscheint zweifelhaft. Es ist wohl zumindest vorauszusetzen, dass zur selben Zeit eine Vielzahl von Reisenden an denselben Krankheitssymptomen leidet. Das OLG Düsseldorf (RRa 2001, 49, 50) zieht die Grenze zu Recht bei 10 Prozent. Eine auf verdorbenes Essen zurückzuführende Erkrankung in der zweiten Urlaubswoche kann zu einer Entwertung der ganzen Reise führen (LG Frankfurt aM NJW-RR 1990, 1396; RRa 1994, 94; einschränkend LG Hannover NJW-RR 1989, 633). Ein Mangel der Reise wegen Mängeln bei der Verpflegung liegt aber stets nur dann vor, wenn die schlechte Verpflegungsleistung zum gebuchten Leistungsumfang gehört. So gelten die §§ 651c–f nicht, wenn nur eine Reise mit Übernachtung und Frühstück gebucht wurde und der Reisende an einem verdorbenen Abendessen erkrankt (AG Bad Homburg RRa 1996, 127). Auch die Beweislastumkehr gilt in diesem Fall nicht (LG Frankfurt aM RRa 1996, 144; TONNER RRa 1996, 171).

e) Ausfall einzelner Reiseleistungen
aa) Sportmöglichkeiten, FKK-Urlaub

Entfällt für einen Segler die Segelmöglichkeit, obwohl sie zugesagt worden war, so **131** liegt ein Mangel vor (LG Frankfurt aM RRa 1994, 60). Ganz allgemein ist von einem Mangel der Reise auszugehen, wenn in dem Reiseprospekt das Betreiben verschiedener **Sportarten** (Tennis, Segeln, Surfen, Tauchen, Wasserski, Reiten etc) angeboten wird und die Ausübung dieser Sportarten am Zielort nicht möglich ist. Dies gilt auf jeden Fall dann, wenn der Reiseveranstalter eine entsprechende vertragliche Verpflichtung übernommen hat (vgl BGH NJW 2000, 1188, 1189; LG München FVE Bd 10 Nr 1057; AG München FVE Bd 9 Nr 972; vgl auch OLG München, FVE Nr 128; OLG Hamm FVE Nr 207; LG Frankfurt aM NJW-RR 1990, 700; AG Frankfurt aM FVE Nr 150; FVE Nr 315; NJW-RR 1991, 954). Von einer entsprechenden Gewährleistung ist auch auszugehen, wenn der Preis für die sportliche Betätigung im Reisepreis nicht eingeschlossen ist. Eine Minderung greift also nicht nur in den Fällen ein, in denen die Sportanlage zum Hotel gehören soll (vgl dazu AG München FVE Bd 9 Nr 972). Ein Veranstalter von Clubreisen, der in seinem Prospekt auf umfangreiche Sportmöglichkeiten hinweist, die vor Ort gegen Entgelt gebucht werden können, hat dafür einzustehen, dass die im Prospekt beschriebenen Sportmöglichkeiten im Rahmen des Clubs tatsächlich vorhanden sind und dass die zur Ausübung der Sportarten erforderlichen Clubeinrichtungen und -ausstattungen in einer für den Reisenden geeigneten Weise zur Verfügung stehen. Dabei ist es unerheblich, ob der Reisende die einzelnen Sportaktivitäten erst im Club bucht und ob der Veranstalter sie selbst ausführt oder ausführen lässt (BGH NJW 2000, 1188, 1189). Etwas anderes gilt nur dann, wenn der Veranstalter ausdrücklich und eindeutig auf die Ausführung der Sportaktivitäten durch ein Fremdunternehmen hinweist und dadurch seine Tätigkeit als bloßer Vermittler zum Ausdruck bringt. Auch wenn der Reiseveranstalter nicht die vertragliche Verpflichtung übernommen hat, für das Betreiben der betreffenden Sportart zu sorgen, ist er bei Werbung mit den Sportmöglichkeiten verpflichtet, den Reisenden auf den Ausfall einer Sportmöglichkeit umgehend hinzuweisen (vgl § 651a Rn 121). Ist eine ganz spezielle Urlaubsart wie zB ein **Tennis- oder Tauchurlaub** Gegenstand des Vertrages, so stellt der Ausfall der Ausübbarkeit dieser Sportarten einen Mangel dar (vgl AG Frankfurt aM FVE Nr 218; AG Düsseldorf RRa 1994, 122) Wurde die Möglichkeit des Wasserskilaufens zugesagt, so kann bei Ausfall der Ausübbarkeit dieser Sportart ein Mangel nicht mit dem Hinweis auf andere Sportmöglichkeiten als unerheblich angesehen werden, und zwar unabhängig davon, ob das Wasserskilaufen kostenlos oder nur gegen Entgelt möglich sein sollte (AG Frankfurt aM FVE Nr 315; vgl aber AG Frankfurt aM FVE Nr 218). Ist der im Prospekt angegebene Golfplatz nicht 10 km, sondern 21 km vom Hotel entfernt, so soll hierin lediglich ein unerheblicher Mangel liegen, weil die Vorbereitung des Golfers für die Ausübung dieser Sportart von vornherein zeitlich großzügig angelegt sein müsse (vgl AG Frankfurt aM FVE Nr 218; vgl aber auch AG München FVE Bd 10 Nr 274). Dies überzeugt nicht, da gerade im Urlaub die Mobilität des Reisenden, der ohne Auto reist, eingeschränkt ist. Hier wirkt sich eine Verdoppelung der Entfernung zu einer Sportstätte als Reisemangel aus. Findet der Kurs bei einer Golfreise mit ganztägigem Gruppenunterricht nur mit einem zeitlich verkürzten Einzelunterricht statt, so liegt ein Mangel vor (LG Frankfurt aM NJW-RR 1990, 770). Wird ein Badesee offeriert, der sich als kalter Gebirgssee herausstellt, so liegt ebenfalls ein Mangel vor (vgl AG Frankfurt aM FVE Bd 9 Nr 955). Fehlt das zugesagte hauseigene Hallenbad, so wird auch durch das Angebot, den Reisenden zu einem benachbarten Hallenbad zu transportieren, der Mangel nicht behoben, wenn es sich um eine Winterreise handelt (vgl AG Frankfurt aM FVE Bd 8 Nr 837).

132 Erweist sich ein in Aussicht gestelltes **Thermalbad** im Rahmen eines „Kururlaubs" als nicht benutzbar, so entfällt ein Mangel nicht bereits deshalb, weil andere Sportarten ausgeübt werden können (**aA** LG Frankfurt aM FVE Nr 270). Wer schwimmen will, hat eben uU mit Golf, Tennis oder Reiten nichts im Sinn. Wer jedoch keine Tennisschläger mitbringt, kann das Fehlen einer Tennisanlage nicht beanstanden, soweit er nicht nachweisen kann, dass er sich am Urlaubsort die Sportausrüstung kaufen, mieten oder leihen wollte (LG Frankfurt aM FVE Nr 270).

133 Fehlt ein zugesagtes **Schwimmbad**, so liegt ein Mangel vor. Das Gleiche gilt, wenn das Schwimmbad verschmutzt bzw unbeheizt ist und deshalb nicht benutzt werden kann (LG München FVE Bd 9 Nr 936; LG Frankfurt aM FVE Nr 312; AG Hannover FVE Nr 483; AG München FVE Bd 9 Nr. 978: zu viel Chlor; AG Wuppertal FVE Bd 8 Nr 833). Wird im Prospekt ein „temperierter" Swimmingpool angeboten, so kann der Reisende nicht erwarten, dass das Wasser über 21 bis 22 °C aufgeheizt wird (LG München I FVE Bd 9 Nr 936). Kein Mangel liegt umgekehrt aber auch darin, dass die Wassertemperatur im Swimmingpool 34 °C beträgt, da der Pool auch mit dieser Temperatur benutzbar ist und die Möglichkeit besteht, sich anschließend abzukühlen (AG Frankfurt aM FVE Nr 218).

Ist ein **Sporturlaub** (Tennis-, Golf-, Reit- oder Tauchurlaub) Gegenstand der Buchung, so steht dem Reisenden, wenn diese Sportarten überhaupt nicht ausgeübt werden können, ein Anspruch auf Schadensersatz bis 10% des Reisepreises abzüglich ersparter Aufwendungen zu. Der Reisende muss allerdings gleichwertige Ersatzmöglichkeiten am Zielort wahrnehmen. **134**

Ebenso liegt ein Mangel vor, wenn die zugesagte **FKK-Möglichkeit** fehlt (vgl LG Frankfurt aM Urt v 22.10. 1979 – 2/24 S 173/79; BARTL, Recht im Urlaub, FKK 123). Handelt es sich um einen FKK-Urlaub, so soll bei Ausfall dieser Möglichkeit sogar ein erheblicher Mangel vorliegen, der zur Rückerstattung des vollen Reisepreises abzüglich ersparter Aufwendungen führt. **135**

Wird im Prospekt angekündigt, dass Tennis, Wasserski, Segeln und Surfen im Preis eingeschlossen sind, so kann bei Ausfall einer dieser **Sportarten** dem Reisenden nicht entgegengehalten werden, dass er keinen speziellen Sporturlaub gebucht habe (vgl aber AG Frankfurt aM FVE Nr 315). Bei einer derartigen Ankündigung hat nämlich der Reisewillige gar keinen Anlass, einen speziellen Sporturlaub zu buchen. **136**

bb) Animation, Reiseleitung

Erfüllt ein Reiseveranstalter die ausdrücklich vom Kunden gemachte Bedingung „deutscher Reiseleiter" bei einer Auslandsfahrt nicht, so liegt ein Mangel vor (vgl LG Kempten FVE Bd 5 Nr 448). Dies gilt zB bei einer Chinareise, auf der nur chinesisch sprechende Führer eingesetzt werden (LG Frankfurt aM RRa 1997, 218). Gleiches gilt, wenn sich das Erfordernis eines **befähigten Reiseleiters** aus dem besonderen Zweck der Reise ergibt (vgl Rn 33). So stellt es einen Mangel dar, wenn der Reiseleiter auf einer Studienreise keine genügenden kulturellen Kenntnisse und Sprachfähigkeiten aufweist (LG Frankfurt aM MDR 1985, 141) oder wenn der Reiseleiter bei einer Expeditionsreise nach Oman nur englisch statt deutsch spricht, obwohl sich das Reiseangebot in erster Linie an Deutsche richtet (AG Heidelberg RRa 1995, 13). **137**

Ebenso hat der Reisende Gewährleistungsansprüche, wenn bei einer **Clubreise** das im Reiseprospekt versprochene Unterhaltungs- und Sportprogramm mit **Animateuren** nicht erbracht wird, selbst wenn deren Tätigwerden deswegen unterbleibt, weil die örtlichen Behörden ein Auftreten verbieten (LG Hannover NJW 1984, 2417). Dagegen liegt kein Mangel vor, wenn das Animationsprogramm bei einer 14-tägigen Reise wetterbedingt an drei Tagen ausfällt (AG Frankfurt aM Urt v 20.6. 1985 – 30 C 659/85). **138**

cc) Zugesagter Mietwagen

Steht am Zielort der **zugesagte Mietwagen** nicht zur Verfügung, so stellt dies einen Mangel dar, der zur Minderung berechtigt, soweit im Reisepreis Mietwagenkosten enthalten sind (LG Frankfurt aM FVE Bd 10 Nr 1056). Ein Schadensersatzanspruch kommt nur in Betracht, wenn der Reisende ein Taxi benutzt hat und hierdurch höhere Kosten entstanden sind (LG Frankfurt aM FVE Bd 10 Nr 1056). Wurde hierdurch der Urlaub erheblich beeinträchtigt, kann daneben ein Anspruch auf gänzliche oder teilweise Rückzahlung des Reisepreises bestehen. **139**

dd) Kinderbetreuung

Die Zusage einer **Kinderbetreuung** in einem Reiseprospekt ist ein wesentlicher Teil der Reiseleistung. Ihr Ausfall ist daher ein Mangel (LG Köln MDR 1991, 839). Fraglich **140** ist jedoch, in welchem **Umfang** der Reiseveranstalter bei einer derartigen Zusage zur Betreuung der Kinder verpflichtet ist. Die Rechtsprechung (OLG München FVE Nr 128; AG Bad Homburg RRa 1996, 19) steht auf dem Standpunkt, dass eine derartige Zusage nur eine zeitlich begrenzte Betreuung zum Gegenstand hat. Dies verdient schon deshalb Zustimmung, weil an Ferienorten nur eine stundenweise und keine ganztägige Kinderbetreuung üblich ist. Im Übrigen kann der Reiseveranstalter davon ausgehen, dass Eltern, die ihre Kinder mit in den Urlaub nehmen, sich mit diesen in beschränktem Umfang auch selbst beschäftigen wollen (vgl zu den Anforderungen an einen angekündigten Kinderspielplatz AG Frankfurt aM FVE Nr 270).

141 Wirbt ein Reiseveranstalter mit „**Kinderfreundlichkeit**" des Hotels, so bedeutet dies nur, dass Kinder nicht als störend empfunden, vom Personal freundlich behandelt werden und dass von der Anlage oder der Umgebung keine Gefahren für Kinder ausgehen (BARTL, Recht im Urlaub, Kinderfreundlich 58). Die Existenz eines Kindergartens ist damit nicht zugesichert. Ein Anspruch auf Kindermenüs, Hochstühle und andere Serviceleistungen besteht beim Fehlen einer besonderen Vereinbarung nicht (LG Köln MDR 1991, 839).

142 Ist ein **Kindergarten** zugesichert und fällt die Kinderbetreuung völlig aus, so soll nach BARTL (Recht im Urlaub, Kindergarten 59) sowohl ein Fall der teilweisen Unmöglichkeit als auch ein Fall der Mangelhaftigkeit vorliegen. Die Konkurrenz zwischen Mangelhaftigkeit und Unmöglichkeit muss jedoch aufgelöst werden. Dies hat dahingehend zu erfolgen, dass lediglich von der Mangelhaftigkeit der Reise auszugehen ist. Fällt die zugesicherte Kinderbetreuung aus, so stellt dies eine erhebliche Beeinträchtigung im Sinne von § 651e Abs 1 dar, so dass die übrigen Familienmitglieder zur Kündigung berechtigt sind (vgl BARTL, Recht im Urlaub, Kindergarten 59). Der Reisende kann andererseits nicht erwarten, dass bereits **10 Monate alte Kinder** in einem Hotelkindergarten betreut werden können, weil die Betreuung derart kleiner Kinder besonders aufwendig ist (LG Frankfurt aM Urt v 5. 3. 1984 – 2/24 S 223/83).

ee) Ausfall von Leistungsträgern bei Quarantäne

143 Wenn der Kapitän eines Schiffes wegen **Epidemieverdacht** aus Gründen der Fürsorge für die Gesundheit der Passagiere einer behördlichen Auflage nachkommt und das Schiff drei Tage im Hafen bleibt, stellt dies keinen Mangel dar, den der Reiseveranstalter **zu vertreten** hätte (vgl AG München FVE Nr 143), und zwar unabhängig vom Vorliegen eines Haftungsausschlusses. Trotzdem liegt ein **Mangel** vor, auch wenn die teilweise Neuorganisation der Reise sachlich unumgänglich war (**aA** AG München aaO).

ff) Safari

144 Entfällt für den Reisenden auf einer Safari die Möglichkeit, eine bestimmte, vertraglich festgelegte Tierart zu erlegen, so liegt ein Mangel der Reise vor (BGHZ 77, 310 = WM 1980, 1087, 1089; vgl oben Rn 51).

III. Abhilfeverlangen und Abhilfe nach § 651c Abs 2

145 Nach § 651c Abs 2 S 1 kann der Reisende **Abhilfe** verlangen, wenn die Reise nicht von der Beschaffenheit ist, die vertraglich zugesichert wurde. Dieses Abhilfeverlangen ist scharf von der **Anzeigeobliegenheit nach § 651d Abs 2** abzugrenzen. Bei dem

Abhilfeverlangen handelt es sich nur um ein Recht des Reisenden. In ARB kann daher nicht festgelegt werden, dass der Reisende alle Ansprüche verliert, wenn er keine Abhilfe verlangt (vgl Löwe 84).

1. Rechtsnatur des Anspruchs

Früher wurde zT die Auffassung vertreten, dass das **Abhilfeverlangen** des § 651c **146** Abs 2 S 1 dem werkvertraglichen Anspruch auf Nachbesserung nach § 633 Abs 2 aF nachgebildet sei (vgl auch Erman/Seiler Rn 10). Die Möglichkeit der Nachbesserung auch im Rahmen des Reiserechts solle durch das System des Werkvertragsrechts vorgegeben sein (vgl Blaurock 75; vgl auch Leonardy DRiZ 1978, 267; Bartl Rn 39; BT-Drucks 8/2343, 9). Eine derartige Sicht unterlag stets dogmatischen Bedenken. Wird dem Reisenden zB nicht das vertragsgemäß zugesagte Zimmer mit Seeblick zugewiesen, so ist das zugewiesene Zimmer ohne Seeblick einer Nachbesserung, also einer Beseitigung des Mangels, nicht zugänglich. Es hilft in diesem Zusammenhang auch nicht weiter, zwischen der Beseitigung eines Reisemangels durch Herbeiführung des vertraglich geschuldeten Zustandes („**eigentliche Abhilfe**") einerseits und der Beseitigung durch eine vertraglich nicht vereinbarte Leistung („**erweiterte Abhilfe**") andererseits zu unterscheiden, wobei Letztere aus Gründen von Treu und Glauben und der Zumutbarkeit zulässig sein soll (so aber LG Frankfurt aM NJW 1983, 2884, 2885; 1985, 1473; 1985, 1474; Tempel NJW 1986, 547, 554; vgl auch Bidinger/Müller 113). Diese Auffassung berücksichtigt nicht, dass § 651c Abs 2 S 1 nicht den Begriff der **Beseitigung** des Mangels, sondern den der **Abhilfe** verwendet, der in die Zukunft weist (so zutreffend Brender 159 f; MünchKomm/Tonner Rn 54). Das Gesetz trennt auch nicht begrifflich zwischen beiden Arten der Abhilfe. Es geht allein und generell darum, mit dem Abhilfeanspruch des Reisenden dessen Erfüllungsinteresse zu befriedigen. Dies hat zwar grundsätzlich durch die Erbringung der versprochenen Reiseleistungen zu erfolgen, doch sind diese vielfach austauschbar (MünchKomm/Tonner Rn 54). Daher unterscheidet die hM zu Recht nicht zwischen „eigentlicher" und „erweiterter" Abhilfe, sondern sieht von vornherein in **jeder Beseitigung des Reisemangels** und damit auch in der Erbringung einer vertraglich nicht geschuldeten, aber gleich- oder höherwertigen Leistung eine Abhilfe (LG Marburg FVE Nr 470; Brender 159 f; Erman/Seiler Rn 10; Führich Rn 242; MünchKomm/Tonner Rn 54; Isermann 95). Infolge der Schuldrechtsmodernisierung sind die Unterschiede zwischen den Strukturen des werk- und des reisevertraglichen Gewährleistungsrechts insoweit aneinander angeglichen worden. Der Abhilfeanspruch des Reisenden nach § 651c Abs 2 S 1 entspricht heute in seiner Struktur weitgehend dem **werkvertraglichen Nacherfüllungsanspruch** des § 635 nF. Dementsprechend handelt es sich auch beim Abhilfeanspruch um einen **modifizierten Erfüllungsanspruch**, der kein Verschulden des Reiseveranstalters voraussetzt. Das Abhilfeverlangen des Reisenden hat also die Geltendmachung eines **Erfüllungsanspruchs** zum Gegenstand (Erman/Seiler Rn 10; Führich Rn 241; Heinz 64; MünchKomm/Tonner Rn 54; Seyderhelm Rn 55; Soergel/H-W Eckert Rn 31; Wedepohl 17). Es setzt daher selbstverständlich voraus, dass die Reiseleistung an sich erbracht wird (BT-Drucks 8/786, 26).

2. Anforderungen an Abhilfeverlangen

Die bloße Anzeige eines Mangels stellt kein **Abhilfeverlangen** dar (Bidinger/Müller **147** 113; Führich Rn 241; MünchKomm/Tonner Rn 50; Soergel/H-W Eckert Rn 31). Der Veranstalter muss vielmehr aus der Erklärung des Reisenden entnehmen können, dass Selbstabhilfemaßnahmen drohen (nicht ganz eindeutig BARTL Rn 43). Andererseits genügt auch ein bloßes **Anspruchsschreiben** nicht, das lediglich ein Zahlungsverlangen, aber keine konkreten Mängel enthält. Ein solches Schreiben setzt den Veranstalter nicht in den Stand, in die sachliche Prüfung der Mängel einzutreten (LG Frankfurt aM RRa 2003, 116). Das Abhilfeverlangen stellt jedoch **keine** einseitige empfangsbedürftige **Willenserklärung**, sondern nur eine **geschäftsähnliche Handlung** dar, weil die Wirkungen der §§ 651c Abs 3, 651e unabhängig vom Willen des Erklärenden eintreten (vgl ERMAN/SEILER Rn 10; **aA** MünchKomm/TONNER § 651 Rn 51; FÜHRICH Rn 243; RGRK/RECKEN Rn 17; SOERGEL/H-W ECKERT Rn 31). Ein **Rückbeförderungsverlangen** im Sinne von § 651e Abs 4 ist allein nicht als Abhilfeverlangen im Sinne von § 651c Abs 2 zu deuten (LG Frankfurt aM FVE Nr 268).

3. Form des Abhilfeverlangens

148 Das Abhilfeverlangen ist nicht **formbedürftig** (FÜHRICH Rn 243; PICK Rn 61; RGRK/RECKEN Rn 18). Wird in Allgemeinen Reisebedingungen eine Form vorgeschrieben, so kommt dem lediglich beweissichernde Bedeutung zu. Zur Wirksamkeitsvoraussetzung darf die Schriftform wegen § 651m S 1 nicht erhoben werden (FÜHRICH Rn 243; LÖWE 86; SOERGEL/H-W ECKERT Rn 31).

4. Adressat des Abhilfeverlangens

a) Reiseveranstalter, örtliche Reiseleitung

149 Adressat des Abhilfeverlangens ist der **Reiseveranstalter**. Ist ein **örtlicher Reiseleiter** vorhanden, so soll der Reisende gehalten sein, sich an diesen zu wenden (vgl AG Hamburg RRa 1995, 26; AG Berlin-Charlottenburg RRa 1995, 142; AG Stuttgart RRa 1995, 226; BARTL Rn 40; BIDINGER/MÜLLER 115; FÜHRICH Rn 244; MünchKomm/TONNER Rn 51; SOERGEL/H-W ECKERT Rn 32). Dies entspricht der durch Allgemeine Reisebedingungen vor In-Kraft-Treten des Reisevertragsrechts geschaffenen Rechtslage (vgl OLG Stuttgart FVE Nr 110). Unter der Geltung des Reisevertragsrechts ist nicht sicher, an wen das Abhilfeverlangen zu richten ist. Da der Reiseveranstalter am Reiseziel regelmäßig nicht erreichbar ist, soll sich der Reisende an den örtlichen Reiseleiter halten müssen (vgl SOERGEL/H-W ECKERT Rn 32 u die Nachweise oben). Allerdings ist der **Veranstalter nicht** – auch nicht nach § 8 Abs 1 Nr 3 BGB-InfoV – **verpflichtet**, einen örtlichen Reiseleiter oder eine örtliche Vertretung einzusetzen (LG Frankfurt aM NJW-RR 1988, 634; MünchKomm/TONNER Rn 52; BIDINGER/MÜLLER 115; SOERGEL/H-W ECKERT Rn 32; TEMPEL BB 1982, 627; **aA** LÖWE 110; weitergehend auch [deutschsprechender Repräsentant am Ankunftstag] FÜHRICH Rn 244). Soweit ein solcher **Reiseleiter** fehlt, soll der Reisende sein Abhilfeverlangen auch ohne eine entsprechende Allgemeine Reisebedingung dem **Leistungsträger** gegenüber erklären können, der insoweit als **Empfangsbote** des Reiseveranstalters fungieren soll (vgl JAUERNIG/TEICHMANN Rn 3; BARTL Rn 40; BIDINGER/MÜLLER 116; ERMAN/SEILER Rn 10; FÜHRICH Rn 244; MünchKomm/TONNER Rn 51; OETKER/MAULTZSCH 519; SOERGEL/H-W ECKERT Rn 32; **aA** OLG Stuttgart FVE 10; LG Duisburg RRa 2003, 114; BROX JA 1979, 493, 495; BLAUROCK 12; vgl auch LG Berlin Urt vom 6. 6. 1977 – 52 S 86/77 –; LG München I FVE Bd 9 Nr 922).

b) Leistungsträger

150 Eine derartige Ausweitung des Personenkreises, an den das Abhilfeverlangen zu richten ist, ist abzulehnen. Ein Leistungsträger wird nur schwerlich bereit sein, durch Weiterleitung von Beanstandungen an die Reiseleitung ihre eigenen Vertragsbeziehungen zu dem Veranstalter zu belasten (so zutreffend OLG Stuttgart FVE Nr 109). Er ist kein Repräsentant des Reiseveranstalters und damit auch kein geeigneter Empfänger eines Abhilfeverlangens (MünchKomm/Tonner Rn 51; Pick Rn 65; aA Palandt/Sprau Rn 4). Deshalb kann wegen der weitreichenden Folgen der Nichtabhilfe ein Abhilfeverlangen gegenüber dem Leistungsträger **nicht als ausreichend** angesehen werden. Dies gilt ausnahmslos. Soweit gelegentlich (vgl Bartl Rn 40) aus der Natur der Sache gefolgert wird, dass es auch nicht im Interesse des Reiseleiters liegen könne, dass er wegen jeder Beeinträchtigung sogleich beansprucht werde und dass eine Einschaltung des Reiseleiters erst dann geboten sei, wenn das Abhilfeverlangen gegenüber dem Leistungsträger nicht fruchte, vermag dies nicht zu überzeugen. Einmal belastet diese Sicht den Reisenden mit der Einschätzung, ob ein Fehler erheblich oder unerheblich ist. Zum anderen ist wohl auch nach dieser Meinung davon auszugehen, dass Rechte des Reisenden nach § 651c Abs 3 erst mit dem Abhilfeverlangen gegenüber dem Reiseveranstalter eingreifen. Alles andere bleibt sanktionslos. Nach § 651c Abs 2, 3 ist das Abhilfeverlangen nun einmal an den Reiseveranstalter zu richten. Einem möglichen Organisationsmangel ist im Rahmen der Fristsetzung des § 651c Abs 3 Rechnung zu tragen. Hat also der Reiseveranstalter am Ort keinen Bevollmächtigten gestellt oder den Leistungsträger nicht zum Adressaten des Abhilfeverlangens bestimmt, was auch in Allgemeinen Reisebedingungen geschehen kann (vgl LG Frankfurt aM NJW-RR 1991, 1076; LG Verden RRa 1995, 127; Bernreuther DAR 1985, 51; Bidinger/Müller 115; Führich Rn 244; MünchKomm/Tonner Rn 51; RGRK/Recken Rn 19; Soergel/H-W Eckert Rn 32; Tempel NJW 1986, 547, 549), so ist das Abhilfeverlangen an den Reiseveranstalter zu richten. Nr 10 A Abs 1 der Konditionenempfehlung für Allgemeine Reisebedingungen legt die Person desjenigen nicht fest, an den das Abhilfeverlangen zu richten ist. Reiseleiter, die am Zielort für den Reiseveranstalter tätig werden, müssen jedoch auf jeden Fall bereits nach Rechtsscheinsgrundsätzen als autorisiert angesehen werden, Abhilfeverlangen für diesen entgegenzunehmen. Will der Reiseveranstalter, dass diese Personen als Adressaten des Abhilfeverlangens ausscheiden, so muss er dies in seinen Allgemeinen Reisebedingungen ausdrücklich klarstellen. Unabhängig davon trifft den Reiseveranstalter keine Verpflichtung zur Stellung eines Reiseleiters (vgl oben Rn 149).

151 Zulässig ist auch eine Klausel in den Allgemeinen Reisebedingungen, die den Reisenden verpflichtet, bei **Fehlen einer örtlichen Reiseleitung** den **Veranstalter an seinem Firmensitz** zu benachrichtigen, sofern der Veranstalter den Reisenden darauf hinweist, dass er seine Gewährleistungsansprüche nur bei schuldhaftem Unterlassen der Anzeige verliert (OLG Frankfurt aM NJW 1985, 145; aA Führich Rn 244; Tempel NJW 1986, 547, 549). Etwas anderes gilt dann, wenn eine örtliche Reiseleitung oder ein anderer Ansprechpartner vor Ort zur Verfügung steht, aber **nicht erreichbar** ist. Eine Klausel in den Allgemeinen Reisebedingungen, die den Reisenden in diesem Fall ausnahmslos verpflichtet, ein Abhilfeverlangen an die **deutsche Zentrale** des Reiseveranstalters zu richten, ist wegen Verstoßes gegen § 307 unwirksam (BGHZ 108, 52, 60 ff; Bechhofer 71 f; Führich Rn 244; Palandt/Sprau Rn 4; Soergel/H-W Eckert Rn 32). Daher dürfen für den Reisenden keine Nachteile daraus folgen, dass er sich mit dem vergeblichen Versuch begnügt, das Abhilfeverlangen an den örtlichen Reiseleiter oder Vertreter zu richten (BGHZ 108, 52, 62; BGH NJW 1992, 3158, 3162; 1993, 263).

5. Zeitpunkt der Ausübung des Abhilfeverlangens

152 Fraglich ist, wann der Reisende das Abhilfeverlangen stellen muss. Größere praktische Bedeutung erlangt diese Fragestellung nicht, da der Reisende idR alsbald nach Feststellung der Beeinträchtigung Abhilfe verlangen wird. Trotzdem ist zu klären, ob der Reisende, der etwa wegen einer Geräuschempfindlichkeit ein besonders ruhiges Hotel gebucht hat, Wochen **abwarten** muss und erst **gegen Ende des Urlaubs** Abhilfe beanspruchen kann. Hier wird zu unterscheiden sein. Sicherlich ist der Reisende bei Störungen, die ihrer Natur nach vorübergehender Art sein können, auch wenn sie zu einer erheblichen Beeinträchtigung der Reise führen, nicht genötigt, bereits beim ersten Störfall Alarm zu schlagen. Nimmt er jedoch über längere Zeit die Beeinträchtigung hin, so kann er sich nachträglich nicht rückwirkend darauf berufen, dass die Reise für ihn infolge eines Mangels der in § 651c bezeichneten Art beeinträchtigt ist. Dies folgt schon daraus, dass er dem Reiseveranstalter, der auf die Mängelinformation durch den Reisenden angewiesen ist, nicht die Möglichkeit eingeräumt hat, Abhilfe zu leisten. Er hat zwar mit seinem Abwarten **nicht das Recht verwirkt**, Abhilfe zu verlangen und nach erfolglosem Fristablauf die Kündigung auszusprechen. Man wird jedoch die Kündigungswirkung des § 651e Abs 3 S 1, 2 auf die Zukunft beschränken müssen, so dass dem Reiseveranstalter für die Vergangenheit, also bis zum Zeitpunkt der ersten Fristsetzung, ein **Teil-Vergütungsanspruch** zusteht. Dies gilt aber nur dann, wenn es sich um Mängel handelt, die ihrer Natur nach behebbar sind. Folglich wirkt bei Kenntnis des Reisenden um den Mangel die Kündigung nur für die **Zukunft**. Es ist also festzuhalten, dass der Reisende nur dann uneingeschränkt die Rechtsfolgen des § 651e herbeiführen kann, wenn er, ähnlich wie bei der Minderung nach § 651d Abs 2, den Mangel **alsbald anzeigt**. Das Abhilfeverlangen für die Zukunft wird davon allerdings nicht berührt.

6. Notwendigkeit der Nachfristsetzung?

153 Ein ordnungsgemäßes Abhilfeverlangen nach § 651c Abs 2 S 1 setzt nicht voraus, dass der Reisende eine angemessene Frist zur Abhilfe setzt (BIDINGER/MÜLLER 117; FÜHRICH Rn 243). Die **Fristsetzung** ist vielmehr ausschließlich zur Wahrung der Rechte aus § 651c Abs 3 erforderlich, weshalb sie allerdings dem Reisenden stets zu empfehlen ist.

7. Kosten der Abhilfe

154 Trotz der fehlenden Verweisung auf § 439 Abs 2 ist es selbstverständlich, dass die **Kosten der Abhilfe** allein dem Reiseveranstalter zur Last fallen (vgl BGHZ 85, 301, 303; LG Frankfurt aM NJW-RR 1987, 496; H-W ECKERT, Pauschalreiserecht 99; ERMAN/SEILER Rn 10; FÜHRICH Rn 239; MünchKomm/TONNER Rn 55; RGRK/RECKEN Rn 21; SEYDERHELM Rn 78 ff; SOERGEL/H-W ECKERT Rn 34; aA [wegen der fehlenden Verweisung auf § 476a aF] der Rechtsausschuss des Bundesrates, BR-Drucks 29/1979 v 31.1.1979). Dies gilt auch hinsichtlich der Mehrkosten des Reisenden (Taxi, Telefonkosten etc).

8. Recht zur Verweigerung der Abhilfe

a) Allgemeines

155 Nach § 651c Abs 2 S 2 kann der Reiseveranstalter die Abhilfe verweigern, wenn sie einen **unverhältnismäßigen Aufwand** erfordert. § 651c Abs 2 S 2 entspricht § 635 Abs 3 im Rahmen des allgemeinen Werkvertragsrechts. Der Stellenwert dieser Einschränkung der Zulässigkeit des Abhilfeverlangens ist zweifelhaft. Im Rahmen des allgemeinen Werkvertragsrechts geht man davon aus, dass eine unverhältnismäßige Kostenlast auch dann gegeben ist, wenn die Nacherfüllungskosten zu dem durch die Nacherfüllung erzielbaren Erfolg in keinem vertretbaren Verhältnis stehen, was regelmäßig nur dann der Fall sein soll, wenn der Mangel nur zu einer geringfügigen Funktionsstörung des Werks führt (vgl zB BGHZ 59, 365 = NJW 1973, 138; BGH NJW 1996, 3269 f; ERMAN/SEILER § 633 Rn 31; MünchKomm/SOERGEL § 633 Rn 136). Im Schrifttum wird demgegenüber gelegentlich die Auffassung vertreten, dass § 651c Abs 2 S 2 im Reisevertragsrecht eine verhältnismäßig geringe praktische Bedeutung hat (vgl MünchKomm/TONNER Rn 53; SEYDERHELM Rn 87). Immer ausgeschlossen ist ein Abhilfeverlangen jedenfalls, wenn die Abhilfe **objektiv unmöglich** ist. Ob allerdings die Funktion des § 651c Abs 2 S 2 im Wesentlichen darin besteht, den Reiseveranstalter vor querulatorischen Abhilfebegehren zu schützen, erscheint zweifelhaft. Bei derartigen Abhilfeverlangen wird es ohnehin meist bereits an einem Mangel iSd § 651c Abs 2 fehlen. Richtig ist aber, dass der Fall eines nicht unerheblichen Mangels, dessen Abstellung einen großen Aufwand erfordert, selten sein wird (so auch BARTL Rn 41). Ein unverhältnismäßiger Aufwand ist aber zumindest immer dann erforderlich, wenn die Mängelbeseitigung in Bezug auf Gewicht und Bedeutung des Mangels und den Reisepreis mit **unverhältnismäßig hohen Kosten** verbunden wäre (H-W ECKERT, Pauschalreiserecht 99; LÖWE 86; PICK Rn 75).

b) Darlegungs- und Beweislast
Wie sich aus der Gesetzesfassung ergibt, trifft den **Reiseveranstalter** die Beweislast **156** für die **Unverhältnismäßigkeit des Aufwands** (vgl BAUMGÄRTEL/STRIEDER, Beweislast Rn 2; FÜHRICH Rn 260; MünchKomm/TONNER Rn 69; PALANDT/SPRAU Rn 6).

9. Form der Abhilfe

Der funktionelle Zusammenhang von § 651c Abs 1 und Abs 2 ist so zu verstehen, **157** dass der Reiseveranstalter Abhilfe zu schaffen hat, damit die Reise so erbracht wird, dass sie über die zugesicherten Eigenschaften verfügt und nicht mit Fehlern behaftet ist, die den Wert oder die Tauglichkeit zu dem gewöhnlichen oder nach dem Vertrag vorausgesetzten Nutzen aufheben oder mindern. Abhilfe bedeutet daher **Beseitigung des Mangels** und damit **Herstellung des Zustandes**, der nach Art und Wert vertraglich geschuldet wird (so ERMAN/SEILER Rn 10; SOERGEL/H-W ECKERT Rn 33). Ist das nicht möglich, so kann der Reisende eine **höherwertige Leistung** fordern. Bis zur Grenze des § 651c Abs 2 S 2 darf der Reisende in diesen Fällen statt eines Charterfluges einen Linienflug, eine Beförderung durch Taxi statt Bus oder ein Hotelzimmer höherer Kategorie fordern (vgl KG NJW-RR 1993, 1209; ERMAN/SEILER Rn 10; LÖWE 87; vgl iÜ JAUERNIG/TEICHMANN Rn 3). Da der vertraglich geschuldete Gegenstand im Rahmen der Abhilfe erbracht werden muss, sind die Grenzen der zulässigen **Vertragsänderung** zu bestimmen. Überwiegend wird die Auffassung vertreten, dass es dem Reiseveranstalter nicht gestattet sei, im Wege der Abhilfe **vertragswidrige Leistungsänderungen** durchzusetzen (BGH NJW 1983, 35; OLG München NJW 1984, 132; LG Stuttgart NJW-RR 1986, 349; FÜHRICH Rn 249; MünchKomm/TONNER Rn 57). Deshalb sollen Abhilfen durch gleichwertige Ersatzleistungen nur in sehr **engen Grenzen** zulässig sein (vgl BARTL NJW 1979, 1384 ff, 1386; ders Rn 39; BROX JA 1979, 493, 494; EBERLE DB 1979, 341, 343; FÜHRICH Rn 248, 249;

Löwe 84, 85; MünchKomm/Tonner Rn 54; Soergel/H-W Eckert Rn 33). Nur die Beschaffung einer im Wesentlichen mindestens gleichwertigen Ersatzleistung stellt eine hinreichende Abhilfemaßnahme dar.

158 Insoweit sind Zweifel anzumelden. Hat ein Reiseveranstalter einen Mangel nicht zu vertreten, wird der Reisende gem § 242 eine **gleichwertige Ersatzleistung** annehmen müssen (OLG Celle FVE Nr 347). Dies gilt insbesondere für Ersatzquartiere. Gelegentlich wird allerdings die Auffassung vertreten, dass der Reisende ein Ersatzquartier nicht hinnehmen muss (so zB Bartl NJW 1978, 729, 731). Auch die Zuweisung einer gleichwertigen Unterkunft kann danach Reisemängel begründen (LG Frankfurt aM NJW 1983, 233; AG Stuttgart RRa 1995, 127). Die Rechtsprechung hat zum Teil den gegenteiligen Standpunkt vertreten (vgl zB KG NJW-RR 1993, 1209; LG Frankfurt aM NJW 1985, 1474; AG Frankfurt aM FVE Bd 9 Nr 946; offen gelassen von OLG Frankfurt aM FVE Bd 7 Nr 704), andererseits (OLG Frankfurt aM FVE Bd 7 Nr 704) aber auch Zweifel geäußert, ob einem Reiseveranstalter der Einwand gestattet sei, ein anderes als das gebuchte Hotel sei diesem gleichwertig. In der Tat können die vielfältigsten Gründe für die Entscheidung, ein bestimmtes Hotel zu buchen, maßgebend gewesen sein, deren Nichtberücksichtigung auch bei einer Unterkunft in einem vergleichbaren Hotel uU eine Urlaubsbeeinträchtigung darstellen kann. Es sei hier nur an den Fall erinnert, dass befreundete Familien, die zusammen den Urlaub verbringen wollen, auf diese Weise getrennt werden (vgl zB Eberle DB 1979, 341, 343). Geht man vom Wortlaut des § 651c Abs 1, 2 aus, so orientiert sich das Gesetz aber ausschließlich daran, ob die einzelne Reiseleistung mit Fehlern behaftet ist oder nicht die zugesicherten Eigenschaften besitzt. Die sonstigen Motive, die jenseits der Qualitätsfrage den Reisenden zur Inanspruchnahme einer Reiseleistung veranlasst haben, bleiben danach unberücksichtigt. Dies ist grundsätzlich auch gerechtfertigt. Selbst wenn die Mahlzeiten von befreundeten Familien nicht gemeinsam eingenommen werden können, kann, soweit das Ersatz-Hotel nicht zu weit entfernt liegt, nicht von einer Beeinträchtigung des Urlaubs gesprochen werden. Zumindest muss ein solches atypisches Urlaubsverständnis des Reisenden dem Reiseveranstalter bei Vertragsschluss deutlich vor Augen geführt und das gemeinsame Wohnen zum Vertragsgegenstand gemacht werden (vgl ohne nähere Stellungnahme auch Eberle DB 1979, 341, 343). Von einer **Gleichwertigkeit der Reiseleistungen** kann allerdings nur dann ausgegangen werden, wenn der Reisende eine durchschnittliche Leistung der geschuldeten Art erhält. Eine notwendig werdende **Ortsveränderung** schließt die Gleichwertigkeit immer aus (vgl LG Köln RRa 1996, 226; LG Frankfurt aM RRa 1998, 173; ;AG Kleve RRa 1996, 151; AG Düsseldorf RRa 1997, 87; Führich Rn 249; Seyderhelm Rn 63; vgl iÜ oben Rn 94). Bei Hotels entscheidet die jeweilige Kategorie. Ersatzleistungen, die den **Reisezuschnitt verändern** (Hotel statt Bungalow und umgekehrt), sind niemals gleichwertig (vgl zB LG Frankfurt aM FVE Bd 9 Nr 185: Appartement statt Bungalow; OLG Düsseldorf NJW-RR 1986, 1175: Doppelzimmer statt Appartement; AG Königstein RRa 1996, 149: Stadthotel statt Strandhotel; vgl iÜ LG Frankfurt aM FVE Bd 7 Nr 275 u 280; NJW 1983, 233; NJW-RR 1990, 699; 1991, 631; LG Kleve NJW-RR 1992, 1525; LG München NJW-RR 1994, 124; AG Düsseldorf RRa 1996, 78; AG Königstein RRa 1997, 175; Bartl Rn 39; Führich Rn 249; Soergel/H-W Eckert Rn 33). Fällt zB eine Busreise durch Australien aus, so ist die ersatzweise Teilnahme an einer vier Tage zuvor gestarteten Busrundreise bei einer insgesamt elftägigen Reise keine gleichwertige Abhilfe (LG Frankfurt aM RRa 2003, 25, 26 f).

159 Wird dem Reisenden ersatzweise eine objektiv **höherwertige Reiseleistung** angeboten, ohne dass er einen Aufpreis zahlen muss, so hat der Reisende nach Treu und Glauben diese Ersatzleistung anzunehmen, es sei denn, dass ihm aus bestimmten Gründen gerade an der Erbringung der vertraglich vereinbarten Leistung gelegen ist (vgl auch Führich Rn 249; Löwe 22; Seyderhelm Rn 66; Tempel NJW 1997, 2206, 2210).

Die Abhilfe muss also eine mindestens gleichwertige Ersatzleistung zum Gegenstand haben. Die Ersatzunterkunft muss sich daher am **selben** Ort befinden, **derselben oder einer höheren Kategorie** angehören und mit den **gleichen oder besseren Unterhaltungsmöglichkeiten** ausgestattet sein. **Lehnt der Reisende** aber kategorisch **ab**, in ein Ersatzhotel **umzuziehen**, so muss der Reiseveranstalter keine konkreten Abhilfevorschläge unterbreiten. Insbesondere kann dann nicht festgestellt werden, ob eine eventuelle Ersatzunterkunft gleichwertig wäre oder nicht. Die Weigerung führt vielmehr zum Verlust der Gewährleistungsansprüche des Reisenden (AG Duisburg RRa 2003, 76). **160**

Keinesfalls liegt eine gleichwertige Reiseleistung vor, wenn die Ersatzunterkunft **nicht mangelfrei** ist (LG Frankfurt aM NJW-RR 1993, 436; Führich Rn 249; Seyderhelm Rn 65). **161**

10. Rechtsfolgen der Abhilfe

Leistet der Reiseveranstalter Abhilfe, so bedeutet dies notwendigerweise, dass der **Mangel entfällt**. Der Reisende kann nicht mehr kündigen. Für den Zeitraum bis zur Abhilfe kann er jedoch Minderung und ggf Schadensersatz verlangen (vgl Bidinger/Müller 118; Blaurock 12). **162**

IV. Selbstabhilferecht nach § 651c Abs 3

1. Voraussetzungen des Selbstabhilferechts

Leistet der Reiseveranstalter nicht innerhalb einer vom Reisenden bestimmten angemessenen Frist Abhilfe, so kann der Reisende nach § 651c Abs 3 S 1 selbst Abhilfe schaffen und Ersatz der dazu erforderlich gewordenen Aufwendungen verlangen. § 651c Abs 3 S 1 setzt in Übereinstimmung mit den werkvertraglichen Regeln zur Selbstvornahme in § 637 Abs 1 und 2 **keinen Verzug des Reiseveranstalters** und damit auch nicht dessen Verschulden (§ 286 Abs 4) voraus. Dies bedeutet insbesondere, dass dem Reisenden das **Selbstabhilferecht** auch dann zusteht, wenn der Reiseveranstalter die fehlende Abhilfe nicht zu vertreten hat (vgl Eberle DB 1979, 341, 343; H-W Eckert, Pauschalreiserecht 101 f; Erman/Seiler Rn 11; MünchKomm/Tonner Rn 64; RGRK/Rekken Rn 25; Soergel/H-W Eckert Rn 36). Das Selbstabhilferecht setzt aber grundsätzlich den **fruchtlosen Ablauf** einer vom Reisenden gesetzten **angemessenen Frist** voraus. Diese kann nur durch eine ausdrückliche Erklärung gesetzt werden (vgl Bartl Rn 42; Bechhofer 74; Soergel/H-W Eckert Rn 37). Deshalb empfiehlt es sich in der Tat, bereits das Abhilfeverlangen nach § 651c Abs 2 mit der Fristsetzung zu verbinden (vgl Rn 156). **163**

Die teilweise vertretene Auffassung, es sei zwischen „eigentlicher" und „erweiterter" **Selbstabhilfe** zu unterscheiden (LG Frankfurt aM NJW 1983, 2884; NJW-RR 1992, 310; 1992, 630; 1995, 1521; RRa 1995, 48; AG Hamburg RRa 1995, 10; 1995, 226; AG Bad Homburg RRa 1996, **164**

186; Pick Rn 78; Seyderhelm Rn 93; Tempel NJW 1986, 547, 548; ders JuS 1984, 81; des, Materielles Recht 427; ders RRa 1995, 158; ders RRa 1998, 18, 27; vgl bereits oben Rn 149) und im Rahmen von § 651c Abs 3 nur die „eigentliche" Selbstabhilfe generell, die „erweiterte" dagegen nur bei **erheblicher Beeinträchtigung** zuzulassen (OLG Frankfurt aM RRa 1994, 147, LG Frankfurt aM NJW 1983, 2884; NJW-RR 1995, 1521), überträgt die Wertung des § 651e Abs 1 auf § 651c Abs 3. Diese Übertragung erscheint jedoch nicht geboten, weil die Selbstabhilfe durch den Reisenden weniger weitgehend in die Rechte des Veranstalters eingreift als die Kündigung nach § 651e Abs 1, die daher nur bei einem erheblichen Reisemangel möglich ist (so zutreffend Bidinger/Müller 122). Diese Auffassung höhlt zudem das Recht des Reisenden auf Selbstabhilfe in unzulässiger Weise aus und ist mit dem Wortlaut des § 651c Abs 3 nicht zu vereinbaren (ebenso KG NJW-RR 1993, 1209; LG Mönchengladbach NJW-RR 1986, 1175; AG Baden-Baden RRa 1996, 175; AG Bad Homburg RRa 2002, 19; Bidinger/Müller 122; Führich Rn 253; MünchKomm/Tonner Rn 66; Soergel/H-W Eckert Rn 36). Die Selbstabhilfe kommt also grundsätzlich bei **jedem Reisemangel** in Betracht, unabhängig von der Schwere der durch ihn ausgelösten Beeinträchtigung.

2. Angemessenheit der Nachfrist

165 Der Reisende kann, soweit der Reiseveranstalter nicht innerhalb einer angemessenen Frist Abhilfe leistet, nach § 651c selbst Abhilfe schaffen und Ersatz der erforderlichen Aufwendungen verlangen. Hat der Reisende den Mangel zwar angezeigt, dem Veranstalter aber **keine Nachfrist** gesetzt, kann er zwar noch eine Minderung des Reisepreises gem § 651d, nicht aber das Selbstabhilferecht nach § 651c Abs 3 geltend machen. Beseitigt er dennoch selbst den Mangel, so kann er dafür keinen Aufwendungsersatz verlangen (LG Freiburg NJW-RR 1994, 125; AG Hamburg RRa 1998, 39; Bidinger/ Müller 121; Führich Rn 254; Soergel/H-W Eckert Rn 37).

166 Welche Frist insoweit angemessen ist, hängt von den **Umständen des Einzelfalls** ab (vgl MünchKomm/Tonner Rn 64; Bartl Rn 43; Soergel/H-W Eckert Rn 37). In diesem Zusammenhang sind das Interesse des Reisenden an alsbaldiger mangelfreier Reiseleistung und das Interesse des Reiseveranstalters an eigener Abhilfe gegeneinander abzuwägen (vgl Bartl Rn 43; Führich Rn 254). Mit diesem Abstellen auf den Einzelfall ist es schwer zu vereinbaren, wenn für eine Regelfrist von zwei oder drei Stunden eingetreten wird, die sich bei besonderen Umständen (Ankunft am späten Abend) noch kürzer gestalten soll.

167 Die **Angemessenheit einer Frist** wird nicht von dem Umstand beeinflusst, ob der Reiseveranstalter eine örtliche Vertretung unterhält. Die im Fehlen einer örtlichen Reiseleitung zum Ausdruck kommende unzulängliche Organisation hat also keine Bedeutung für die Bemessung der Frist. Die Angemessenheit der Frist bestimmt sich vielmehr ausschließlich nach der **Art und Schwere des Mangels**. Bei **besonders schweren Mängeln** der Unterkunft, die den Wert der Reise um mehr als 50% mindern, liegt die angemessene Frist bei höchstens 2 Tagen (LG Frankfurt aM NJW 1985, 1473; NJW-RR 1991, 631). Die Art und Schwere eines Mangels bemisst sich wiederum auch nach der **Länge des Urlaubs** (Bidinger/Müller 120; Erman/Seiler Rn 11; Führich Rn 254; MünchKomm/Tonner Rn 64; Soergel/H-W Eckert Rn 37). Sind etwa bei einem längeren Urlaub (4 Wochen) schwerwiegende Mängel aufgetreten, so wird man aus organisatorischen Gründen dem Reiseveranstalter eine längere Frist zur Abhilfe einräumen müssen als

bei einem Kurzurlaub von einem Tag (vgl ERMAN/SEILER Rn 11). Ob diese Differenzierung nach der Urlaubsdauer sachgerecht ist, erscheint jedoch nicht zweifelsfrei. Es spricht manches dafür, dass kurze Fristen ganz allgemein, und zwar unabhängig von der jeweiligen Reisedauer, als angemessen anzusehen sind, wenn sie den Reiseveranstalter in den Stand setzen, den Mangel zu beseitigen (vgl BLAUROCK 13). Die Frist muss also auf jeden Fall so bemessen sein, dass Abhilfe überhaupt möglich ist (vgl ERMAN/ SEILER Rn 11; vgl auch BT-Drucks 8/786, 23 f).

3. Entbehrlichkeit der Nachfristsetzung

Die Fristsetzung nach § 651c Abs 3 S 1 ist entbehrlich, wenn der Reiseveranstalter **168** die Abhilfe **verweigert** oder **besondere Interessen des Reisenden** sofortige Abhilfe erforderlich werden lassen (vgl ERMAN/SEILER Rn 11; FÜHRICH Rn 255). Dies ist zB der Fall, wenn bei einem zugesagten Bus wegen dessen Ausfall ein Abflugtermin nur durch die Benutzung eines Taxis eingehalten werden kann (vgl AG Stuttgart RRa 1995, 125; ERMAN/SEILER Rn 11; FÜHRICH Rn 256; MünchKomm/TONNER Rn 65; SOERGEL/H-W ECKERT Rn 38). Zu berücksichtigen sind auch in der **Person des Reisenden** liegende Umstände, die eine sofortige Mängelbeseitigung verlangen (zB Übermüdung, Krankheit, Gebrechen; vgl BARTL Rn 47; ders NJW 1979, 1386; BECHHOFER 74 f; BIDINGER/MÜLLER 121; EICHINGER Jura 1981, 185, 189; FÜHRICH Rn 256; MünchKomm/TONNER Rn 65; SOERGEL/H-W ECKERT Rn 38). Einer Verweigerung der Abhilfe steht der Fall gleich, dass der Reiseveranstalter auf das Abhilfeverlangen des Reisenden nur ausweichend und hinhaltend reagiert (MünchKomm/TONNER Rn 65). Bei **objektiver Unmöglichkeit** entfällt die Möglichkeit der Abhilfe. Deshalb ist dieser Fall in § 651c Abs 3 S 2 nicht erwähnt (vgl BIDINGER/MÜLLER 121; ERMAN/SEILER Rn 7; FÜHRICH Rn 255).

Bereits in den Materialien (Gesetzentwurf der Bundesregierung BT-Drucks 7/5141) wird **169** hervorgehoben, dass eine Nachfristsetzung dann nicht erforderlich ist, wenn der Reiseveranstalter auch bei einer Mängelanzeige mit Abhilfeverlangen keine Abhilfe hätte schaffen können, etwa weil der **Mangel** der Unterkunft **nicht beseitigt werden kann** (vgl AG Frankfurt aM Urt v 13.3.1979 – 30 C 10573/78; vgl auch BARTL Rn 47; RGRK/ RECKEN Rn 27; SOERGEL/H-W ECKERT Rn 38; TEMPEL NJW 1986, 547, 550 f) und auch keine Ersatzleistung möglich ist. Dies entsprach auch der bisherigen Rechtsprechung (vgl zB KG FVE Bd 7 Nr 691). Ähnliches soll nach den Materialien gelten, wenn der Mangel **erst kurz vor dem Ende** der Reise aufgetreten ist. Hat in einem derartigen Fall der Reiseveranstalter keine örtliche Reiseleitung, der gegenüber die Mängelanzeige abgegeben werden könnte, so soll eine Anzeige an die Niederlassung des Reiseveranstalters in Deutschland entbehrlich sein, weil eine Abhilfe aus rein zeitlichen Gründen nicht mehr in Betracht komme. Das Gleiche soll für Wochenendkurzurlaube gelten (vgl BLAUROCK 13; vgl auch EBERLE DB 1979, 341, 344 unter Hinweis auf BT-Drucks 8/2343, 30). In solchen Fällen soll sowohl die Mängelanzeige als auch das Abhilfeverlangen einen **bloßen Formalismus** (H-W ECKERT, Pauschalreiserecht 102 f; MünchKomm/TONNER Rn 65) darstellen. Insoweit ist jedoch Vorsicht geboten, da der Reisende im Streitfall diese Voraussetzungen zu beweisen hat.

Fraglich ist, ob das Abhilfeverlangen auch dann als überflüssig anzusehen ist, wenn **170** der **Reiseveranstalter den Mangel kennt**. Dieser Auffassung kann nicht einmal für die Anzeige nach § 651d Abs 2 und schon gar nicht für das Abhilfeverlangen nach § 651c Abs 1, 3 gefolgt werden. Soweit nämlich Mängel vom Reisenden nicht gerügt werden, kann der Veranstalter von deren Billigung ausgehen. In diesem Zusammenhang danach zu differenzieren, ob ein vernünftiger Mensch von einer Billigung ausgehen konnte, wird kaum möglich sein (vgl aber BARTL Rn 40).

4. Verpflichtung zum Ersatz der erforderlichen Aufwendungen

171 Veranlasst der Reiseveranstalter nicht innerhalb einer vom Reisenden bestimmten angemessenen Frist Abhilfe, so kann der Reisende, sofern er selbst Abhilfe geschaffen hat, Ersatz der dafür erforderlichen Aufwendungen verlangen. Es handelt sich dabei um einen **Aufwendungsersatzanspruch** (vgl ERMAN/SEILER Rn 12). Dazu gehören einmal die Aufwendungen für die unmittelbare **Behebung der Mängel** (zB Kosten für einwandfreie Unterbringung, Zusatzkosten für vorenthaltene Sportanlagen, zusätzliche Restaurationskosten usw). Hierzu gehören aber zB auch Aufwendungen für den **Umzug** in ein Ersatzhotel (LG Frankfurt aM NJW-RR 1992, 310), einschließlich der **Fahrtkosten** für dessen Suche (LG Mönchengladbach NJW-RR 1986, 1175; vgl auch LG Frankfurt aM NJW-RR 1991, 879) oder die **Reinigungskosten** für ein verdrecktes Appartement (LG Frankfurt aM FVE Nr 457). Zu erstatten sind darüber hinaus auch die mit den Selbstabhilfemaßnahmen **notwendig verbundenen Aufwendungen** (Telefonkosten, Porti, Tarife etc; Gesetzentwurf der Bundesregierung BT-Drucks 7/5141; OLG Köln OLGZ 1975, 185; MDR 1991, 840; LG Frankfurt aM FVE Bd 10 Nr 1052; AG Völklingen FVE Bd 9 Nr 952; BIDINGER/ MÜLLER 123; ERMAN/SEILER Rn 12; FÜHRICH Rn 257; MünchKomm/TONNER Rn 67; SOERGEL/ H-W ECKERT Rn 39). In diesem Zusammenhang wird wiederum zu berücksichtigen sein, dass durch den Reisevertrag eine Fixschuld begründet wird. Mit jedem Reisetag, der verstreicht, ohne dass dem Mangel abgeholfen wurde, wird die Erbringung der Reise auf die Weise, wie sie vertraglich geschuldet war, daher unmöglich. Daraus folgt, dass zwar grundsätzlich Aufwendungen nur insoweit ersetzt verlangt werden können, als sie den **Umständen nach erforderlich** waren, dh soweit sie der Reisende nach sorgfältiger, die Umstände des Falles berücksichtigender Prüfung für angemessen halten durfte (vgl Gesetzentwurf der Bundesregierung BT-Drucks 7/5141). Unter die Aufwendungen iSd § 651c Abs 3 S 1 fallen aber auch Aufwendungen für aussichtsreiche, wenn auch letztlich **erfolglose Bemühungen** des Reisenden um Abhilfe (vgl ERMAN/SEILER Rn 12; SOERGEL/H-W ECKERT Rn 39). Es ist nicht einzusehen, warum die Kosten für ein Telefonat, das erfolgreich der Zimmersuche diente, ersetzt werden müssen, die Kosten für vorangehende erfolglose Telefonate dagegen nicht. Die Erforderlichkeit der Aufwendungen kann sinnvollerweise nicht ex-post, sondern nur **exante** beurteilt werden. Aufwendung iSd § 651c Abs 3 S 1 kann auch ein nutzlos aufgewendeter Urlaubstag sein (vgl OLG Frankfurt aM NJW 1976, 1320; BARTL Rn 46). Der Richter ist dabei befugt, den Wert der Aufwendungen nach § 287 Abs 1 ZPO zu schätzen (vgl BARTL Rn 46).

172 Die Aufwendungen müssen stets **angemessen** sein. Dies beurteilt sich aus der **Sicht des Reisenden** in der konkreten Situation (vgl KG NJW-RR 1993, 1209, 1210; BIDINGER/ MÜLLER 123; FÜHRICH Rn 257). Geringfügige Fehleinschätzungen sind jedoch unschädlich. Der Reisende darf aber nicht in ein Luxushotel ziehen, wenn er am Zielort die gebuchte einfache Hotelkategorie nicht, wohl aber Mittelklassehotels vorfindet (OLG Köln NJW-RR 1993, 252; KG NJW-RR 1993, 1209, 1210; MünchKomm/TONNER Rn 67). Der häufigste Fall der Selbstabhilfe wird gerade die **Buchung eines anderen Hotels** darstellen (vgl LG Aachen FVE Bd 10 Nr 1049; vgl auch BGH NJW 1979, 496). Bei diesen Maßnahmen ist der Reisende grundsätzlich verpflichtet, auf die Interessen des Reiseveranstalters Rücksicht zu nehmen. Er muss sich also um Ersatzmöglichkeiten bemühen, die der **vertraglich geschuldeten Leistung am nächsten** kommen (Soergel/H-W Eckert Rn 39). Daraus folgt jedoch nicht, dass sich der Reisende uneingeschränkt an den Vertragsrahmen zu halten hätte. Er muss auch eine wesentlich teurere Hotelkategorie buchen dürfen, wenn die vertraglich geschuldete Kategorie am Zielort nicht anzutreffen ist (vgl OLG Köln NJW-RR 1993, 252; KG NJW-RR 1993, 1209, 1210; Bartl Rn 45; MünchKomm/Tonner Rn 67). Ein Rückgriff auf § 254 ist insoweit nicht geboten. Vielmehr sind, soweit eine Ersatzunterkunft der vertraglich geschuldeten Art möglich ist, darüber hinausgehende Aufwendungen nicht erforderlich und damit nicht erstattungsfähig (vgl H-W Eckert, Pauschalreiserecht 100 f; Führich Rn 257; Seyderhelm Rn 98 f; Soergel/H-W Eckert Rn 39). Die Prüfungspflichten des Reisenden dürfen aber nicht überspannt werden. Der Reisende verfügt nämlich im Regelfall über keine Ortskenntnis. Ihm fehlt also ein Überblick über die Ersatzlösungen (vgl Bartl Rn 45). Es ist deshalb für ausreichend zu erachten, dass sich der Reisende zB vergeblich an ein oder zwei gleichwertige Hotels wendet und sich sodann zur Buchung eines teureren Hotels entschließt (vgl KG NJW-RR 1993, 252; OLG Köln NJW-RR 1993, 1209, 1210; Bartl Rn 45). Die entsprechenden Mehrkosten sind dann Aufwendungen iSd § 651c Abs 3 S 1. Selbstverständlich darf der Reisende bei Mängeln bezüglich der **Verpflegung** nicht eine Schlemmertour durchführen oder bei der Buchung einer Maschine eine Chartermaschine wählen, die 2865 Euro statt der vereinbarten 120 Euro kostet (vgl BGH NJW 1979, 495; Eberle DB 1979, 341, 344).

5. Vorschusspflicht des Reiseveranstalters

Die hM (OLG Frankfurt aM MDR 1984, 668; Bidinger/Müller 123; Führich Rn 258; Löwe 87; MünchKomm/Tonner Rn 68; Seyderhelm Rn 97; Soergel/H-W Eckert Rn 40) steht auf dem Standpunkt, dass der Reisende, der idR die Reise schon bezahlt hat, für die Zusatzaufwendungen vom Reiseveranstalter einen **Vorschuss** nach allgemeinem Werkvertragsrecht verlangen kann (vgl dazu BGHZ 47, 272; 68, 372; BGH NJW-RR 1989, 406). Das Gesetz gibt keinen sicheren Aufschluss, ob eine derartige Vorschusspflicht anzuerkennen ist. Berücksichtigt man jedoch, dass der Reiseveranstaltervertrag bereits vor In-Kraft-Treten des Reisevertragsgesetzes als Werkvertrag qualifiziert wurde und dass der Gesetzgeber nur eine Teilregelung mit dem Ziel der Verbesserung der Rechtsposition des Reisenden leisten wollte, so ist nicht einsichtig, warum in Bezug auf die Vorschussleistung die Rechtsstellung des Reisenden verschlechtert worden sein sollte. Verweigert der Reiseveranstalter den Vorschuss, so ist er schadensersatzpflichtig, wenn die Selbstabhilfe gerechtfertigt war. Der Reiseveranstalter muss sodann dem Reisenden zB die Kreditkosten ersetzen (vgl Erman/Seiler Rn 12; Führich Rn 258; MünchKomm/Tonner Rn 68; Soergel/H-W Eckert Rn 40). Der Reisende hat mit dem Reiseveranstalter auch über den Vorschuss abzurechnen (vgl Erman/Seiler Rn 12).

V. Darlegungs- und Beweislast

Den **Mangel** im Sinne von § 651c Abs 1 muss der Reisende darlegen und beweisen (vgl AG Frankfurt aM FVE Nr 218; AG Wiesbaden RRa 1997, 115; Baumgärtel/Strieder Rn 1; Bidinger/Müller 123; H-W Eckert, Pauschalreiserecht 142; Führich Rn 260; MünchKomm/Tonner Rn 69; Palandt/Sprau Rn 6; RGRK/Recken Rn 30). Er muss die Reiseart, die Reisedauer sowie Art, Umfang und Dauer der Beeinträchtigung substantiiert vortragen.

Dies wird in Reiseprozessen häufig verkannt (vgl exemplarisch AG Frankfurt aM FVE Nr 218). **Pauschale Angaben und Rügen** sind also unzureichend. Vielmehr muss der Reisende die gerügten Mängel hinreichend substantiiert und konkret darlegen, damit sie nachgeprüft werden können (vgl LG München I FVE Bd 9 Nr 936; AG Wiesbaden RRa 1997, 115).

175 Daraus folgt hinsichtlich der Darlegungs- und Beweislast auch, dass der Reisende in Grenzfällen eine Mehrheit von **Zeugen** zu stellen hat. Allein ein größeres Zeugenaufgebot ermöglicht es, eine etwaige Überempfindlichkeit des einzelnen Reisenden auszuscheiden (vgl OLG Frankfurt aM FVE Nr 55). Ob jedoch bei der Abgrenzung Mangel/persönliche Empfindlichkeit der Umstand von Bedeutung sein kann, dass der Reisende trotz der behaupteten Mängel nicht sofort abreist, erscheint fraglich (vgl aber OLG Frankfurt aM FVE Nr 55; AG Duisburg FVE Nr 215). Es ist zwar im allgemeinen Werkvertragsrecht anerkannt, dass bei fortgesetztem Gebrauch des mangelhaften Werks ein Verzicht auf Mängelansprüche vorliegen bzw Verwirkung eingreifen kann (vgl RGZ 90, 18). Eine mangelhafte Reiseleistung kann dem aber kaum gleichgestellt werden.

176 Die mindere Qualität der Leistung muss also **substantiiert** dargetan werden. Ein Hinweis auf die Spärlichkeit einer Zimmereinrichtung genügt diesen Anforderungen nicht (LG Frankfurt aM FVE Nr 268). Deshalb reichen Feststellungen wie „ohne jegliches Niveau", „Zumutung", „katastrophal", oder man habe „von einem Mittelklassehotel nichts gespürt" nicht aus (vgl AG München FVE Bd 9 Nr 974; AG Frankfurt aM FVE Nr 270 u 274; LG Düsseldorf MDR 1993, 212).

177 Die **Darlegungs- und Beweislast** für die Angemessenheit der Frist bzw für die Voraussetzungen ihres Wegfalls nach § 651c Abs 3 trägt der Reisende (vgl BARTL Rn 49; BAUMGÄRTEL/STRIEDER Rn 1; FÜHRICH Rn 260, MünchKomm/TONNER Rn 69; PALANDT/SPRAU Rn 6; PICK Rn 107 f; RGRK/RECKEN Rn 30; SOERGEL/H-W ECKERT Rn 41). Diese Feststellung ist allerdings nicht ganz exakt. Ob nämlich eine Frist angemessen ist, ist ebenso wie der Wegfall der Notwendigkeit einer Fristsetzung eine Rechtsfrage. Der Reisende hat daher lediglich die Umstände darzulegen und zu beweisen, aus denen sich ergibt, dass die Frist angemessen bzw eine Fristsetzung entbehrlich war. Er hat auch die Umstände darzutun und zu beweisen, aus denen sich das besondere Interesse an einer sofortigen Abhilfe ergibt (BARTL Rn 49; BAUMGÄRTEL/STRIEDER Rn 1). Weiterhin hat der Reisende die Aufwendungen und ihre Erforderlichkeit zu beweisen (BAUMGÄRTEL/ STRIEDER Rn 1).

§ 651d
Minderung

(1) Ist die Reise im Sinne des § 651c Abs. 1 mangelhaft, so mindert sich für die Dauer des Mangels der Reisepreis nach Maßgabe des § 638 Abs 3. § 638 Abs 4 findet entsprechende Anwendung.

(2) Die Minderung tritt nicht ein, soweit es der Reisende schuldhaft unterlässt, den Mangel anzuzeigen.

Titel 9 · Werkvertrag und ähnliche Verträge § 651d
Untertitel 2 · Reisevertrag

Schrifttum

ALLGAIER, Wechsel der Fluggesellschaft – ein Reisemangel?, TranspR 1989, 207
BERNREUTHER, Der richtige Rügeadressat bei Mängeln der Reise, DAR 1985, 51
BROX, Störungen durch geistig Behinderte als Reisemangel?, NJW 1980, 1939
FISCHER, Haftung des Reiseveranstalters bei Flugbeförderung (1990)
FÜHRICH, Reisen – auch ein Bürgerrecht für Behinderte, RRa 1995, 101
ders, Wechsel der zugesicherten Charterfluggesellschaft unzulässig, RRa 1996, 76
KALLER, Das Verhältnis des Gewährleistungsrechts nach §§ 651c ff BGB zum allgemeinen Recht der Leistungsstörungen, RRa 1999, 19
LORENZ, Rechtsgrundlagen des Anspruchs „aus Minderung", JuS 1993, 727
MÜLLER-LANGGUTH, Stellungnahme zur „Frankfurter Tabelle zur Reisepreisminderung", NJW 1985, 900 und 1886
SCHMID, Der Wechsel der Fluggesellschaft – ein Reisemangel?, BB 1986, 1453
ders, Die Rechte des Reisenden beim Wechsel der Fluggesellschaft und des Luftfahrzeugs, NJW 1996, 1636
SIEGEL, Aus der Rechtsprechung der „Reisekammer" des Landgerichts Frankfurt zum Reisevertragsrecht, VuR 1987, 181
TEICHMANN/MICHALEK, Die Buchung eines halben Doppelzimmers, JuS 1985, 763
TEMPEL, Die Bemessung der Minderung der Vergütung in Reisevertragssachen, NJW 1985, 97 und 113
ders, Unzulässige Schematisierung der Reisepreisminderung? NJW 1985, 1885
ders, Frankfurter Tabelle zur Reisepreisminderung (Stand: 1. 1. 1994), NJW 1994, 1639
ders, Die Zuweisung einer anderen Unterkunft als Reisemangel, RRa 1995, 158
ders, Unzulässige Schematisierung der Reisepreisminderung? NJW 1985, 1885
ders, Zur Berücksichtigung des Synallagmas bei der Berechnung der Minderung in Reisesachen, NJW 1996, 164
ders, Das Hochzeitsessen in der Dominikanischen Republik – eine mißglückte Hochzeitsreise oder eine mißglückte Berechnung der Minderung, RRa 1997, 67
ders, Entwicklung und Tendenzen im Reisevertragsrecht – Rückschau und Zukunftsperspektiven, RRa 1998, 19
TONNER/LINDNER, Der Wechsel der Fluggesellschaft als Reisemangel?, VuR 1996, 249.

Systematische Übersicht

I. Inhalt und Zweck	
1. Minderung kraft Gesetzes ___ 1	d) Verhältnis der Anzeige nach § 651d Abs 2 S 1 zum Abhilfeverlangen nach § 651c Abs 2 ___ 13
2. Berechnung und Ausschluss der Minderung ___ 2	e) Adressat der Mängelanzeige ___ 14
3. Dauer des Minderungsrechts ___ 3	f) Form der Rüge ___ 16
4. Verhältnis zur Kündigung ___ 4	g) Zeitpunkt der Anzeige ___ 23
5. Verhältnis zum Schadensersatz ___ 5	h) Entbehrlichkeit der Anzeige ___ 24
6. Rechtsgrundlagen des Rückzahlungsanspruchs ___ 6	i) Rechtsfolgen der schuldhaft unterlassenen Anzeige ___ 28
	k) Schuldhaftes Unterlassen der Anzeige ___ 29
II. Voraussetzungen der Minderung	
1. Reisemangel ___ 7	3. Abweichende Vereinbarungen, Regelungen in Allgemeinen Reisebedingungen ___ 31
2. Mängelanzeige ___ 8	
a) Allgemeines ___ 8	
b) Rechtspolitischer Grund der Anzeigeobliegenheiten ___ 9	**III. Berechnung der Minderung** ___ 33
c) Zweck der Anzeigeobliegenheit ___ 12	

281 Jörn Eckert

IV. Darlegungs- und Beweislast 41

Alphabetische Übersicht

Abhilfe — 4, 10, 12, 28, 42
– Unmöglichkeit — 15, 24 ff, 30
Abhilfeverlangen — 11, 13, 30 f
– fruchtloses — 32
Anerkenntnis, deklaratorisches — 19
Anzeigeobliegenheit — 9 ff, 29 f
– Zweck — 12
ARB — 11, 16, 19 f, 30 ff
Ausschluss der Minderung — 8, 2

Badeaufenthalt — 38
Baulärm — 25
Beeinträchtigung
– Dauer — 41
– Erheblichkeit — 35
Berechnung der Minderung — 2, 33 ff
Beweiserleichterung — 19
Beweislast — 27, 41 f
Beweislastumkehr — 19 f
Beweislastverteilung bei unterlassener Mängelanzeige — 42
Beweissicherung — 10, 16, 19
Beweiswürdigung — 19
BGB-InfoV — 8, 10, 30

Diskothek — 10
Doppelzimmer — 34

Eigenschaft, zugesicherte — 7, 41
Einzelzimmer — 34
Entbehrlichkeit Mängelanzeige — 24 ff
Erheblichkeitsgrenze — 4
Ersatzunterkunft — 25

Fehler — 7
Ferienwohnung — 25
Flugbeförderung — 37
Flugklasse — 37
Form der Mängelanzeige — 16 ff
Frankfurter Tabelle (s a Anh zu § 651d) — 40
Fristsetzung — 1

Gesamtheit von Leistungen — 33, 35
Gleichbehandlung — 40
Großbaustelle — 34

Hinweisobliegenheit — 30
Höhere Gewalt — 1
Hotel — 34, 35
Hotelzimmer, Kategorie — 36

Kalkulation, betriebswirtschaftliche — 37
Kategorie Hotelzimmer — 36
Kenntnis Reiseveranstalter von Mangel — 25
Kenntnis Reisender von Mangel — 29
Kenntnisnahmevermerk — 19
Konditionenempfehlung — 31
Krankenversicherung — 37
Kündigung — 4, 11

Lärmbelästigung — 34
Lebensmittelvergiftung — 29
Leistungskondiktion — 6
Leistungsträger — 15

Mainzer Minderungsspiegel — 40
Mangel, Ausstrahlung auf Gesamtreise — 7, 37
Mängelanzeige — 8 ff, 41
– Adressat — 14 f
– Beweislast bei Unterlassung — 42
– Entbehrlichkeit — 24 ff
– Form — 16 ff
– Rechtsfolgen Unterlassung — 28
– Rechtsnatur — 8
– schriftliches Beendigungsprotokoll — 16 f
– Verschulden bei Unterlassen — 29 f
– Zeitpunkt — 23
Mängelprotokoll — 18 f, 31
– Vorbehalte — 19
Minderung
– Ausschluss — 2
– Berechnung — 2, 33 ff
– Kündigung — 4
– hypothetische — 4
– Prozentsatz — 34, 40
– Rechtsnatur — 1
– Schadensersatz — 5
– Zeitraum — 3
Minderungsbeträge, geringfügige — 35
Minderungsquoten — 34
Minderungstabellen — 40

Nacherfüllung	10	Schätzung	33, 40
Normzweck	1	Schadensersatz	5
		Schadensminderungspflicht	10, 30
Obliegenheiten	8	Schriftliches Beanstandungsprotokoll	16 f
		Störungen, dauernde	39
Prospekt	30	Strand	25
		Streik	1
Rechtsscheinshaftung	14	Stromausfall	37
Reise, zusammengesetzte	38		
Reise, Qualität	39	Teilleistung	37
Reisebüro	15	Transparenz	40
Reiseleiter	15	Treu und Glauben	4 f, 10, 26, 30
– Kenntnisnahmevermerk	19		
– örtlicher	14, 16, 24, 26, 30	Überzahlung	2
Reisender, Kenntnis vom Mangel	29	Unfallversicherung	37
Reisepreis	33 ff	Unmöglichkeit der Abhilfe	4, 15, 24 ff, 30
– Bezugsgröße für Minderung	37 ff	Unterkunft	34
– prozentuale Abschläge	34	Urlaubszeit, vertane	5
– Vorauszahlung	6		
Reiserücktrittskostenversicherung	37	Vergütungsanspruch, Wegfall	34
Reiseveranstalter		Versicherungen	37
– Entschädigungsanspruch	4	Versicherungsvertragsrecht	10
– Kenntnis vom Mangel	25		
– Regress bei Leistungsträger	26	Wasserausfall	37
– Verschulden	1		
Rückzahlungsanspruch	2, 6	Zeitpunkt Mängelanzeige	23
Rundreise	38	Zeitraum der Minderung	3

I. Inhalt und Zweck

1. Minderung kraft Gesetzes

Liegt ein **Mangel** im Sinne von § 651c Abs 1 vor, so tritt **kraft Gesetzes** eine Minderung des Reisepreises ein (BT-Drucks 8/2343, 9; BARTL Rn 57; EBERLE DB 1979, 341, 344; ERMAN/SEILER Rn 1; LÖWE 88 f; TEMPEL NJW 1986, 547, 548). § 651d Abs 1 weicht in zwei Richtungen von der allgemeinen Minderungsregelung des Werkvertragsrechts ab: Einmal ist die Minderung im Gegensatz zu § 638 Abs 1 („Statt zurückzutreten") nicht regelmäßig von einer **Fristsetzung zur Nacherfüllung** (vgl § 323 Abs 1 mit den Ausnahmen in §§ 326 Abs 5 HS 2, 323 Abs 2, 636; vgl JAUERNIG/SCHLECHTRIEM § 638 Rn 3) abhängig. Zum anderen tritt die Minderung, abweichend von § 638, wie im Mietrecht (§ 536), kraft Gesetzes ein; einer **Erklärung der Minderung** bedarf es nicht (vgl zum Ganzen BT-Drucks 8/2343, 9; SOERGEL/H-W ECKERT Rn 1). Die Minderung ist also anders als im Kauf- und Werkvertragsrecht (§§ 441, 638) **kein** Gestaltungsrecht des Reisenden, sondern Ausprägung des Rechtsgedankens des § 326 Abs 1 S 1 (OETKER/MAULTZSCH 517). Die Minderung des Reisepreises ist damit unabhängig davon, ob der Reiseveranstalter die Mangelhaftigkeit der Reiseleistung **verschuldet** hat oder nicht (BIDINGER/MÜLLER 124). Die Minderung greift deshalb auch bei streikbedingtem Ausfall von Reiseleistungen oder in Fällen **höherer Gewalt** (BGHZ 85, 50, 56; RGRK/RECKEN

1

Rn 2; SOERGEL/H-W ECKERT Rn 3) ein, jedenfalls soweit es um Hauptleistungen des Reiseveranstalters wie zB die Beförderung oder Unterkunft geht (LG Frankfurt aM RRa 2000, 118 ff). Auch bei außergewöhnlichen Umständen, die zur Mangelhaftigkeit der Reiseleistung führen, ist der Reisende zur Minderung befugt. Ein Minderungsverlangen ist niemals treuwidrig. Es ist Sache des Reiseveranstalters, sich gegen solche Störfälle bei seinem Vertragspartner abzusichern bzw entsprechende Versicherungen abzuschließen (vgl LG Frankfurt aM NJW 1980, 1696).

2. Berechnung und Ausschluss der Minderung

2 Für die **Berechnung** des Betrages, um den sich der Reisepreis mindert, verwies § 651d Abs 1 aF auf die Minderungsberechnung in § 472 aF. Nachdem der Entwurf des Schuldrechtsmodernisierungsgesetzes noch auf diese Vorschrift verwiesen hatte, verweist § 651d Abs 1 nunmehr für die Berechnung der Minderung und für den vertraglichen Anspruch auf Rückerstattung eines zuviel gezahlten Reisepreises auf die entsprechenden Vorschriften des Werkvertragsrechts in **§ 638 Abs 3 und 4**. Der Gesetzgeber trägt damit dem Umstand Rechnung, dass der Reisevertrag seiner Natur nach dem Werkvertrag näher steht als dem Kaufvertrag. Zu beachten ist insoweit die Verweisung des § 651d Abs 1 S 1 auf die neue Schätzvorschrift des § 638 Abs 3 S 2. Neu aufgenommen wurde § 651d Abs 1 S 2, der die Rückabwicklungsregelungen des § 638 Abs 4 für entsprechend anwendbar erklärt. Das ist sinnvoll, weil der Reisende regelmäßig den vollen Reisepreis im Voraus bezahlt hat. Nach § 651d Abs 1 S 1 iVm § 638 Abs 3 ist der Reisepreis in dem Verhältnis herabzusetzen, in dem der objektive Wert der Reiseleistung in mangelfreiem Zustand zum objektiven Wert der Reiseleistung in mangelhaftem Zustand steht. Nach § 651d Abs 1 S 1 iVm § 638 Abs 3 S 2 kann die Höhe der Reisepreisminderung nach § 287 ZPO entsprechend der bisherigen Praxis **geschätzt** werden. Hinsichtlich einer nach der Minderung etwa bestehenden Überzahlung hat der Reisende einen **vertraglichen Rückerstattungsanspruch** aus § 651d Abs 1 S 2 iVm § 638 Abs 2 u §§ 346 Abs 1, 347 Abs 1. Auch dies entspricht der bisherigen Rechtslage. Die Minderung tritt allerdings nicht ein, wenn der Reisende es **schuldhaft unterlässt**, den Mangel anzuzeigen (§ 651d Abs 2). Mit diesem **Ausschlusstatbestand** soll der Reiseveranstalter von Reisemängeln in Kenntnis gesetzt werden und so Gelegenheit zur Abhilfe erhalten (BT-Drucks 8/2343, 10; BGHZ 92, 177, 181 f; 102, 80, 83). Die Herstellung des vertraglich geschuldeten Zustandes durch den Veranstalter hat damit Vorrang vor Gewährleistungsansprüchen des Reisenden (SEYDERHELM Rn 97). Zugleich soll verhindert werden, dass der Reisende behebbare Reisemängel zunächst klaglos erduldet, um dann nach der Beendigung der Reise daraus Gewährleistungsansprüche herzuleiten (BGHZ 92, 177, 181 f; BIDINGER/MÜLLER 130; SOERGEL/H-W ECKERT Rn 1).

3. Dauer des Minderungsrechts

3 Das Minderungsrecht besteht, wie § 651d Abs 1 ausdrücklich klarstellt, nur „**für die Dauer des Mangels**". Hilft also der Reiseveranstalter im Laufe der Reise dem Mangel ab oder beseitigt der Reisende den Mangel selbst (§ 651c Abs 2 u 3), so greift eine Minderung nur für die Dauer der Mangelhaftigkeit der Reiseleistung ein. Allerdings kann auch ein zeitlich begrenzter Mangel eine Reise insgesamt beeinträchtigen.

4. Verhältnis zur Kündigung

Hat der Reisende den Reisevertrag gem § 651e **wirksam** (LG Frankfurt aM NJW-RR 1991, 880) **gekündigt** und verliert der Reiseveranstalter deshalb seinen Anspruch auf den Reisepreis vollständig (§ 651e Abs 3 S 1), so kommt nicht noch zusätzlich eine Minderung des Reisepreises in Betracht (BECHHOFER 77; BIDINGER/MÜLLER 127; PALANDT/SPRAU Rn 2; SEYDERHELM Rn 5; SOERGEL/H-W ECKERT Rn 2). Allerdings kann die Minderung des Wertes der Reise im Rahmen des Entschädigungsanspruchs des Veranstalters nach § 651e Abs 3 S 2 berücksichtigt werden (BIDINGER/MÜLLER 127). Reist der Reisende dagegen nach einer **unwirksamen Kündigung** (zB weil kein Kündigungsgrund vorliegt oder die Fristsetzung nach § 651e Abs 2 fehlt) vorzeitig ab, so hat er für die bis zum Zeitpunkt der Abreise aufgetretenen Mängel Minderungsansprüche. Für die Zeit nach der Abreise kommt dagegen keine „**hypothetische" Minderung** in Betracht (LG Kleve NJW-RR 1997, 1140, 1142; BIDINGER/MÜLLER 127; aA OLG Düsseldorf RRa 1995, 70; LG Frankfurt aM NJW-RR 1991, 880; 1993, 1330, 1331; RRa 1995, 48; LG Offenbach NJW-RR 1997, 626; LG Kleve NJW-RR 2002, 634; AG Kleve NJW-RR 2001, 1560; LG Düsseldorf RRa 2001, 199; BECHHOFER 77; FÜHRICH Rn 327 a; SEYDERHELM § 651e Rn 57; TEMPEL, Materielles Recht 440; ders RRa 1997, 70; ders RRa 2202, 146, 148 f). Eine solche Minderung würde voraussetzen, dass der Reisende darlegt und beweist, dass auch bei einem Verbleib am Urlaubsort der Mangel seitens des Reiseveranstalters nicht beseitigt worden wäre, weil eine Abhilfe entweder nicht möglich oder der Reiseveranstalter dazu nicht bereit war. Gegen eine derartige hypothetische Minderung spricht bereits, dass nach der Abreise des unberechtigt kündigenden Reisenden keine Reiseleistungen mehr erbracht wurden, die mangelhaft sein können. Eine Nichtleistung ist eben keine mangelhafte Leistung. Hinzu kommen erhebliche Bemessungsprobleme, da die für die Minderung nach § 651d Abs 1 S 1 iVm § 638 Abs 3 maßgebende relative Berechnungsmethode, die das subjektive Äquivalenzverhältnis des Reisevertrages, das sich aus der Abweichung des Reisepreises vom objektiven Wert der vertragsgemäßen Reiseleistung ergeben kann, auch im geminderten Reisepreis berücksichtigt, ins Leere geht, wenn die Reiseleistungen gar nicht – weder mangelfrei oder mangelhaft – erbracht worden sind. Dies zeigt sich besonders deutlich, wenn der ursprüngliche Mangel, der den Reisenden zur unberechtigten Kündigung und Abreise veranlasste, später wieder durch eine Abhilfemaßnahme des Veranstalters oder ohne dessen Zutun wegfällt. Hier müsste folgerichtig auch der hypothetisch geminderte Vergütungsanspruch des Reiseveranstalters wieder auf die volle Höhe anwachsen, was Tempel aber im Regelfall gerade ablehnt (TEMPEL RRa 2002, 146, 149: anders nur bei einer Abreise ohne Abhilfeverlangen). Eine derartige hypothetische Korrektur der hypothetischen Minderung führt indessen das ganze Verfahren ad absurdum. Der Reisende, der nach einer unberechtigten Kündigung abreist, macht dem Reiseveranstalter die Erbringung der Reiseleistung unmöglich. Dies hat nach dem Grundsatz des § 326 Abs 2 S 1 zur Folge, dass dieser den Anspruch auf den vollen Reisepreis behält (BIDINGER/MÜLLER § 651e Anm 21; H-W ECKERT Risikoverteilung 326). Wenn Tempel demgegenüber auf § 242 hinweist und argumentiert, der Veranstalter erhielte bei Ablehnung der fiktiven Minderung einen Anreiz, nicht unerheblich unter der Grenze des § 651e vorhandene Reisemängel nicht zu beseitigen und auf eine vorzeitige Abreise des Reisenden zu setzen (TEMPEL RRa 2202, 146, 148 f), so überzeugt dies nicht. Das Gesetz hat mit der Erheblichkeitsgrenze in § 651e die Kündigung des Reisevertrages durch den Reisenden davon abhängig gemacht, dass ein schwerer Mangel vorliegt, der das Verbleiben am Urlaubsort unzumutbar macht. Liegt diese Voraussetzung nicht vor, stehen dem Reisenden ausschließlich die anderen Rechtsbehelfe der §§ 651c ff zur Verfügung. Führt er unberechtigt die Rechtsfolgen der Kündigung herbei, indem er abreist, obwohl kein Reisemangel vorliegt, der die Reise erheblich beeinträchtigt, so gibt es keinen Grund, ihn durch eine hypothetische Minderung von seiner vollen Zahlungspflicht zu entlasten. Der Reiseveranstalter wird schon deshalb alles tun, um Reisemängel auch unterhalb der Erheblichkeitsschwelle zu beseitigen, weil er anderenfalls mit einer Minderung des Reisepreises bzw Schadensersatzansprüchen des Reisenden rechnen muss.

5. Verhältnis zum Schadensersatz

5 Für das **Verhältnis zum Schadensersatz** stellt § 651f Abs 1 ausdrücklich klar, dass der Reisende Schadensersatz „unbeschadet der Minderung" verlangen kann, wenn der Reiseveranstalter den Mangel zu vertreten hat. Der Reisende hat also die Rechte aus § 651d und § 651f **nebeneinander** (BT-Drucks 8/2343, 10; BIDINGER/MÜLLER 124; FÜHRICH Rn 262; MünchKomm/TONNER Rn 3). Allerdings darf dies nicht dazu führen, dass derselbe Vermögensverlust zweimal ausgeglichen wird (BGHZ 92, 177, 180; LG Hannover NJW 1984, 1626; BECHHOFER 77; BIDINGER/MÜLLER 124; FÜHRICH Rn 262; ISERMANN 105; MünchKomm/TONNER Rn 3; PALANDT/SPRAU Rn 2; SEYDERHELM Rn 4; TEMPEL NJW 1986, 547, 548). Nach **§ 651f Abs 1** kann daher nur der Ersatz eines über die vorrangige Minderung **hinausgehenden Schadens** verlangt werden. Dagegen kommt ein Anspruch wegen nutzlos vertaner Urlaubszeit nach **§ 651f Abs 2** neben dem Recht auf Minderung nach § 651d stets in Betracht (BECHHOFER 77; FÜHRICH Rn 262).

6. Rechtsgrundlagen des Rückzahlungsanspruchs

6 Da im Rahmen des § 651d Abs 1 ähnlich wie bei § 536 die Minderung kraft Gesetzes eintritt, handelt es sich bei dem **Rückzahlungsanspruch** des Reisenden hinsichtlich des vorausgezahlten Reisepreises an sich um einen **Anspruch aus Leistungskondiktion**. Ein Rückgriff auf die §§ 812 ff ist aber nicht erforderlich, weil § 651d Abs 1 S 2 iVm § 638 Abs 4 dem Reisenden einen **vertraglichen Rückzahlungsanspruch** gewährt, auf den die §§ 346 ff Anwendung finden. Dies entsprach bereits vor der Neufassung des § 651d durch das Schuldrechtsmodernisierungsgesetz der hM (vgl BIDINGER/MÜLLER 133; ERMAN/SEILER Rn 5; MünchKomm/TONNER Rn 14; RGRK/RECKEN Rn 8 f; SEYDERHELM Rn 1; SOERGEL/H-W ECKERT Rn 10; vgl näher § 651e Rn 37).

II. Voraussetzungen der Minderung

1. Reisemangel

7 Die Minderung setzt das objektive Vorliegen eines Reisemangels voraus. Der **Begriff des Mangels** in Abs 1 entspricht dem in § 651c Abs 1. Eine Reise ist danach **mangelhaft**, wenn sie mit einem **Fehler** behaftet ist, der den mit der Reise bezweckten Nutzen aufhebt oder mindert, oder wenn ihr eine **zugesicherte Eigenschaft** fehlt (vgl § 651c Rn 4 ff).

2. Mängelanzeige

a) Allgemeines

Die Minderung tritt nach § 651d Abs 2 nicht ein, wenn es der Reisende schuldhaft **8** unterlässt, den Mangel anzuzeigen. Bei dieser Mängelanzeige handelt es sich um eine **Obliegenheit** (vgl § 6 Abs 2 Nr 7 BGB-InfoV; vgl LG Hannover NJW 1984, 1626; BIDINGER/ MÜLLER 129; BROX JA 1979, 493, 495; ERMAN/SEILER Rn 2; PALANDT/SPRAU Rn 4; SOERGEL/H-W ECKERT Rn 4). Zu Anzeigen dieser Art war der Reisende bereits vor In-Kraft-Treten des Reisegesetzes verpflichtet (vgl BARTL Rn 58; ders NJW 1978, 729, 731; OLG Stuttgart FVE Bd 10 Nr. 1044; AG Frankfurt aM FVE Nr 227; LG Berlin Urt v 27. 2. 1978 – 52 S 348/77; LG Berlin Urt v 6.6. 1977 – 52 S 36/77). Ihrer **Rechtsnatur** nach ist die Mängelanzeige **keine formelle Entstehungsvoraussetzung** des Minderungsanspruchs (so aber BGHZ 92, 177, 180; LG Hannover NJW 1984, 1626, 1627; FÜHRICH Rn 265; MünchKomm/TONNER Rn 4), sondern ein **Ausschlusstatbestand**, der die kraft Gesetzes eintretende Minderung entfallen lässt (LG Frankfurt aM NJW-RR 1986, 540, 541; BIDINGER/MÜLLER 129; H-W ECKERT, Pauschalreiserecht 142; LÖWE 92; PALANDT/SPRAU Rn 4; TEMPEL, Materielles Recht 428; vgl auch BT-Drucks 8/2343, 10).

b) Rechtspolitischer Grund der Anzeigeobliegenheiten

Die Berechtigung der **Anzeigeobliegenheiten**, die eine lange Tradition im Reisege- **9** werbe haben, wird nicht nur im Bereich des Reisevertragsrechts immer wieder in Zweifel gezogen. Insbesondere wird aber auf die große Rolle hingewiesen, welche die Mängelanzeige in der Reisepraxis spielt (vgl zB MünchKomm/TONNER Rn 4). Dabei wird betont, dass ein nicht unerheblicher Teil der Klagen von Reisenden scheiterten, weil diese die ihnen auferlegten Obliegenheiten aufgrund intellektueller Unterlegenheit gegenüber dem Reiseveranstalter nicht oder nicht rechtzeitig erfüllten (so BARTL in BLAUROCK, Tourismus und Recht 75, vgl auch SEYDERHELM Rn 98).

Obliegenheiten sind wegen des nach dem „Alles-oder-Nichts-Prinzip" eintretenden **10** einschneidenden Rechtsverlustes im Falle ihrer Verletzung immer problematisch und für den Betroffenen ausgesprochen ärgerlich. Dies gilt unabhängig davon, ob es sich um Obliegenheiten im Versicherungsvertragsrecht (vgl insbes § 6 VVG) oder im Reisevertragsrecht handelt. Gleichwohl kann nicht generell von einer intellektuellen Unterlegenheit des Reisenden gesprochen werden. Ist das gebuchte Hotel noch im Bau, so dass Wasser, Gas und Strom ausfallen, trifft das Reisegepäck erst am vorletzten Urlaubstag im Hotel ein oder wird die Nachtruhe durch eine Diskothek oder eine Kellerbar gestört, so muss sich der Reisende, dessen Urlaubsgenuss gestört wird, beim Reiseleiter oder Veranstalter beschweren (vgl § 8 Abs 1 S 1 Nr 3 BGB-InfoV) und wird dies im Regelfall auch tun. Allerdings ist dies vielen Reisenden nicht sehr angenehm. Anstatt die Mängel sofort geltend zu machen und sich vor Ort unmittelbar mit dem Reiseleiter auseinander zu setzen, scheint es vielen deutschen Urlaubern besser zu gefallen, nach außen so zu tun, als sei alles in Ordnung, die Beweise zu sichern und nach der Heimreise Rechtsanwälte mit der Geltendmachung der Gewährleistungsansprüche zu beauftragen. Genau dies wollen die Anzeigeobliegenheiten aber verhindern. Die Anzeigeobliegenheiten sind im Reisevertragsrecht auch nicht übertrieben. Sie lassen vielmehr eine flexible Gestaltung des Minderungsausschlusses zu (vgl WEDEPOHL 44 f). Bereits aus Gründen der **Beweissicherung** am Urlaubsort sind sie im Übrigen notwendig (vgl BLAUROCK 75). Würde man von ihnen absehen, müsste bei der Geltendmachung eines Minderungsanspruchs nach Schweigen während des Urlaubs der Rechtsgedanke des § 254 Abs 2 auch im Rahmen des Minderungsrechts zur Anwendung kommen. Denn dann wäre die Gefahr nicht von der Hand zu weisen, dass nach dem Urlaub Prozesslawinen in Gang gesetzt werden, obwohl der Reiseleiter uU in der Lage gewesen wäre, Abhilfe zu schaffen. Auch dem Reiseveranstalter muss aber bereits nach allgemeinen werkvertraglichen Regeln die **Möglichkeit der Nacherfüllung** gegeben werden (so zutreffend BLAUROCK 75). Dies ergibt sich schon daraus, dass der Reisevertrag dem Werkvertragsrecht nachgebildet ist. Ob jemand, der ohne Protest den mängelbehafteten Urlaub „**erduldet**" haben will, mit seinem Mängeleinwand nachträglich noch überzeugend wirken kann, sei hier dahingestellt. In jedem Fall handelt er **unredlich**, wenn er in dieser Weise vorgeht (vgl BIDINGER/MÜLLER 130). Die Frage kann daher nur sein, ob der Reiseveranstalter den Reisenden in seinen ARB auf die Anzeigeobliegenheit auch deutlich hinzuweisen hat. Nach § 6 Abs 2 Nr 7 BGB-InfoV ist der Reisende im Katalog, den ARB oder in der Reisebestätigung über die Obliegenheit der Mängelanzeige ausdrücklich zu belehren.

11 Die in der Anzeige liegende **Rüge** ist nicht nur **Voraussetzung** für die **Minderung**, sondern in Verbindung mit einem Abhilfeverlangen auch für die **Kündigung** nach § 651e.

c) Zweck der Anzeigeobliegenheit

12 Dem Reiseveranstalter, der in großem Umfang Leistungen durch sog Leistungsträger erbringt, können Reisemängel leicht verborgen bleiben. Es muss ihm also ermöglicht werden, im Wege der Abhilfe nach § 651c Abs 2 den Umfang der Minderung gering zu halten. Dem Gesetzgeber schien es daher nicht angemessen, eine Minderung wegen solcher Mängel zuzulassen, die dem Reiseveranstalter unbekannt geblieben sind, wenn der Veranstalter bei Kenntnis des Mangels ohne weiteres hätte Abhilfe schaffen können (vgl Gesetzentwurf der Bundesregierung BT-Drucks 7/5141; BARTL Rn 58; BIDINGER/MÜLLER 129 f; H-W ECKERT, Pauschalreiserecht 105; TEMPEL NJW 1986, 547, 552; vgl iÜ oben Rn 10). Die Anzeigeobliegenheit soll dem Veranstalter also eine Nacherfüllung (AG Frankfurt aM FVE Nr 253) und so für die Zukunft eine vertragsgemäße Leistung ermöglichen (vgl BT-Drucks 8/2343, 10; BGHZ 92, 177, 181 f).

d) Verhältnis der Anzeige nach § 651d Abs 2 S 1 zum Abhilfeverlangen nach § 651c Abs 2

13 Das Abhilfeverlangen nach § 651c Abs 2 S 1 beinhaltet stets als Minus die zur Minderung erforderliche Anzeige. Die Anzeige nach § 651d Abs 2 erfüllt aber umgekehrt grundsätzlich nicht die Anforderungen an ein Abhilfeverlangen (FÜHRICH Rn 265 a; MünchKomm/TONNER Rn 4; PICK Rn 9; SOERGEL/H-W ECKERT Rn 5).

e) Adressat der Mängelanzeige

14 Die Mängelanzeige muss gegenüber dem **Reiseveranstalter** erfolgen (modifizierend BARTL Rn 65). Dieser kann im Einzelnen **näher bestimmen**, wem gegenüber diese Obliegenheit zu erfüllen ist (vgl § 8 Abs 1 S 1 Nr 3 BGB-InfoV; BERNREUTHER DAR 1985, 15 f; FÜHRICH Rn 265 b; PICK Rn 7 u 12; SOERGEL/H-W ECKERT Rn 6). Dies wird regelmäßig in der Weise geschehen, dass die Anzeige gegenüber dem **örtlichen Reiseleiter** zu erfolgen hat. Wird ein Reiseleiter gestellt, wozu der Veranstalter allerdings nicht verpflichtet ist (TEMPEL BB 1982, 627; vgl auch § 651c Rn 149), so ist dieser nach Rechtsscheinsgrundsätzen immer zur Entgegennahme von Anzeigen ermächtigt.

Man kann nicht so weit gehen, dass bei einer **fehlenden örtlichen Reiseleitung** die 15
Anzeige gegenüber dem Reiseveranstalter mangels einer Abhilfemöglichkeit entbehrlich ist (aA PALANDT/SPRAU Rn 4). Dem Reiseveranstalter sollte zumindest die Chance der Abhilfe eingeräumt werden. Eine Ausnahme kann nur dann zugestanden werden, wenn der **Mangel gegen Ende der Reise** auftritt (vgl aber LG Frankfurt aM NJW-RR 1988, 634; BARTL Rn 60–62; ders NJW 1979, 1384, 1386; BROX JA 1979, 493, 495; EBERLE DB 1979, 341, 344; MünchKomm/TONNER Rn 5; PALANDT/SPRAU Rn 4; SEYDERHELM Rn 107; einschränkend OLG Frankfurt aM NJW 1985, 145; aA LG Berlin RRa 1996, 167; vgl zum selben Problem für den Adressaten des Abhilfeverlangens § 651c Rn 158). Eine Rüge gegenüber dem Hotelier oder sonstigen **Leistungsträgern** ist jedoch allenfalls dann ausreichend, wenn diese ausdrücklich vom Veranstalter als Adressaten für Mängelanzeigen angegeben worden sind (vgl BIDINGER/MÜLLER 130; SEYDERHELM Rn 105). Rügen gegenüber **Reisebüros** können in keinem Fall genügen, da diese den Reisevertrag regelmäßig nur vermitteln und selbst nicht für die Erbringung der Reiseleistungen verantwortlich sind (so zutreffend BGH NJW 1988, 488; EBERLE DB 1979, 341, 344; SEYDERHELM Rn 108). Der Reiseveranstalter, dessen Interessen durch die Rügeobliegenheit gewahrt werden sollen, kann jedoch die einzelnen Leistungsträger und das Reisebüro zu Adressaten der Mängelanzeige bestimmen. Irgendwie geartete Belange des Reisenden werden dadurch nicht beeinträchtigt. Auch bei Fehlen eines Repräsentanten am Urlaubsort kann daher nicht allgemein davon ausgegangen werden, dass die Unterlassung einer Mängelanzeige unverschuldet ist (so aber BAUMGÄRTEL/STRIEDER Rn 3).

f) Form der Rüge
Die Anzeige ist grundsätzlich **formlos** wirksam (vgl BIDINGER/MÜLLER 131; ERMAN/SEILER 16
Rn 1; MünchKomm/TONNER Rn 4; SEYDERHELM Rn 110). Sie kann daher **auch mündlich** erfolgen. Soweit in Allgemeinen Reisebedingungen gelegentlich ein sog **Beanstandungsprotokoll** zwischen Reiseleiter und Reisendem zur Wahrung der Rechte des Reisenden verlangt wird, verstößt eine derartige Abrede – auch als Individualvereinbarung – gegen § 651m S 1 und ist daher rechtsunwirksam (BGH NJW 1984, 1752; BARTL Rn 64; H-W ECKERT, Pauschalreiserecht 106; ERMAN/SEILER Rn 2; FÜHRICH Rn 265 c; MünchKomm/TONNER Rn 4; SOERGEL/H-W ECKERT Rn 5). Der Reiseveranstalter darf ein derartiges Protokoll lediglich zu **Beweissicherungszwecken** empfehlen (vgl LG Frankfurt aM NJW 1988, 1219). Die Bearbeitung der Mängelanzeige darf dagegen nicht vom Vorliegen eines solchen Beanstandungsprotokolls abhängig gemacht werden (vgl zum französischen Recht AG Frankfurt aM FVE Bd 9 Nr 222, 223). Die frühere Praxis war jedoch anders. Danach war regelmäßig vorgesehen, dass die örtliche Reiseleitung zu informieren und über die Mängel ein Protokoll aufzunehmen war, das an den Veranstalter übersandt werden musste (vgl AG Stuttgart FVE Nr 203). Diese Regelung war mit erheblichen Nachteilen für den Reisenden verbunden, weil die Reiseunternehmen die Haftung für die örtliche Reiseleitung nach § 278 ausschlossen.

Nach § 651d kann der Reisende auch Mängel geltend machen, die nicht in einer 17
schriftlichen **Mängelanzeige** erfasst sind (so BAUMGÄRTEL/STRIEDER Rn 1). Für solche Mängel ist er aber beweispflichtig (BARTL NJW 1978, 729, 731; ders NJW 1979, 1384, 1388; BAUMGÄRTEL/STRIEDER Rn 2; SEYDERHELM Rn 127).

Mängelprotokollen kommt im Hinblick auf die Beweisführung durch den Reisenden 18
eine große Bedeutung zu. Dieser Beweisführung hat der Gesetzgeber viel zu wenig Beachtung geschenkt (vgl TEMPEL BB 1982, 627). Es hätte nahe gelegen, eine Pflicht der

Vertragsparteien zur Aufstellung einer gemeinsamen Niederschrift über die Mängel anzuordnen. Dies hätte aber vorausgesetzt, dass der Gesetzgeber gleichzeitig den Reiseveranstalter verpflichtet hätte, einen Reiseleiter zu stellen.

19 Wird jedoch ein derartiges **Mängelprotokoll gemeinsam unterschrieben** oder zeichnet der Reiseleiter eine Mängelliste mit „zur Kenntnis genommen" oder „für gelesen" ab, so ist str, welche rechtliche Bedeutung einem solchen **vorbehaltlosen Mängelprotokoll** zukommt. Nach der hier vertretenen Auffassung findet es nicht nur im Rahmen der **freien Beweiswürdigung** Berücksichtigung (vgl aber TEMPEL BB 1982, 627, 628). Auch eine **bloße Beweiserleichterung** kann hierin nicht gesehen werden (so indessen LG Hannover NJW-RR 1988, 1454; LG Berlin NJW-RR 1989, 1213; LG Kleve NJW-RR 1995, 316; ISERMANN 111; MünchKomm/TONNER Rn 4). Beide Auffassungen berücksichtigen zu wenig, dass der Reisende am Urlaubsort häufig im Vertrauen auf die beweiskräftige Feststellung der Mängel im Protokoll von einer weitergehenden Beweissicherung absehen wird. Da er in diesem Vertrauen auf eine effektive Beweissicherung geschützt werden muss, **kehrt sich** hinsichtlich der protokollierten Mängel die **Beweislast um**. Ein deklaratorisches Anerkenntnis kann hingegen in der Niederschrift nicht erblickt werden (so aber LG Frankfurt aM NJW 1988, 1219; NJW-RR 1988, 309; AG Berlin-Charlottenburg VersR 1984, 373; AG Bad Homburg RRa 1994, 76; AG Düsseldorf RRa 1997, 37, 38; BECHHOFER 80 f; FÜHRICH Rn 265 d; PICK Rn 90; SEYDERHELM Rn 95). Dagegen spricht bereits, dass der bloße Kenntnisnahmevermerk des Reiseleiters nicht im Sinne einer abschließenden inhaltlichen Stellungnahme zu den im Protokoll aufgelisteten Mängeln verstanden werden kann (LG Berlin NJW-RR 1989, 1213; LG Hannover NJW-RR 1988, 1454 f; BIDINGER/MÜLLER 131; ISERMANN 111). Ein vom Reiseleiter vorbehaltlos unterzeichnetes Mängelprotokoll ist somit **keine materiell-rechtliche Regelung** im Sinne eines deklaratorischen Anerkenntnisses (so aber ausdrücklich BECHHOFER 81; FÜHRICH Rn 265 d), sondern es entfaltet als Beweislastumkehr ausschließlich prozessuale Wirkung. Der Reiseveranstalter muss also nunmehr den vollen Beweis führen, dass tatsächlich keine Mängel vorgelegen haben.

20 Soweit in Allgemeinen Reisebedingungen angeordnet wird, dass die Unterschrift unter die gemeinsame Niederschrift nicht als Anerkenntnis der Beanstandung zu werten ist, ändert dies nichts an der **Beweislastumkehr**. Würde eine Allgemeine Reisebedingung auch hierauf ausgedehnt, so wäre sie mit § 307 unvereinbar.

21 Legt eine Klausel fest, dass der Reisende Minderung nur verlangen kann, wenn er die Leistungsmängel meldet, so ist diese Klausel unwirksam, da bei unverschuldet unterlassener Anzeige das Minderungsrecht erhalten bleibt (vgl LG Berlin FVE Nr 301).

22 Lässt ein Veranstalter Reisende **Formulare** ausfüllen, um einen Eindruck von der Zufriedenheit der Gäste zu gewinnen, so stellt dies keine Anzeige im Sinne von § 651d Abs 2 dar (LG Frankfurt aM FVE Nr 307).

g) Zeitpunkt der Anzeige
23 Fraglich ist, ob die Anzeige nach § 651d Abs 2 **unverzüglich** iSd § 121 erfolgen muss. Die Rechtsprechung (LG Frankfurt aM FVE Bd 8 Nr 821) stand vor In-Kraft-Treten des Reisevertragsrechts auf dem Standpunkt, dass der Kunde mit der Nichtanzeige eines Mangels auf Gewährleistungsansprüche verzichte. Die Anzeige muss sicherlich **alsbald** nach Feststellung des Mangels erfolgen (OLG Düsseldorf NJW-RR 1989, 735; LG Kleve NJW-RR 1997, 1207; AG Düsseldorf RRa 1995, 209; AG Kleve RRa 2000, 169; BECHOFER 81;

FÜHRICH Rn 265 e; TEMPEL NJW 1986, 547, 555). Unverzüglichkeit kann jedoch nicht gefordert werden, da einmal die Verhältnisse sich stets ändern (Verpflegung, Lärm etc) und zum anderen dem Reisenden eine gewisse Überlegungsfrist einzuräumen ist (aA AG Frankfurt aM FVE Nr 283; ERMAN/SEILER Rn 1; JAUERNIG/TEICHMANN Rn 1; PICK Rn 7; BGB-RGRK/RECKEN Rn 3). Erfolgt die Anzeige nicht rechtzeitig, so kommt eine Minderung erst ab dem Zeitpunkt der verspäteten Anzeige in Betracht (vgl OLG Düsseldorf NJW-RR 1989, 735; LG Hannover NJW 1984, 1626). Dagegen entfallen Ansprüche aus Minderung für die vorangegangene Zeit, soweit tatsächlich eine Abhilfe möglich war und der Reisende von einer Anzeige abgesehen hat, obwohl er eine Anzeigegelegenheit hatte (vgl AG Frankfurt aM FVE Nr 283; OLG Düsseldorf NJW-RR 1989, 735; LG Hannover NJW 1984, 1626; vgl auch OLG Düsseldorf FVE Nr 299; FÜHRICH Rn 265 e).

h) Entbehrlichkeit der Anzeige

Obwohl § 651d Abs 2 keine Einschränkung der Notwendigkeit der Mängelanzeige **24** vorsieht, besteht Einigkeit darüber, dass eine Mängelanzeige nicht erforderlich ist, wenn aus tatsächlichen Gründen **Abhilfe überhaupt nicht geschaffen werden kann** (vgl auch § 536 c; vgl BGHZ 92, 177, 179; OLG Frankfurt aM NJW 1983, 235, 237; NJW-RR 1988, 632; 1999, 202; AG Baden-Baden RRa 1994, 12; AG Bad Hersfeld RRa 1997, 237; ERMAN/SEILER Rn 1, 2; FÜHRICH Rn 265 f; MünchKomm/TONNER Rn 5; SOERGEL/H-W ECKERT Rn 7; aA LG Düsseldorf RRa 2001, 51; 2001, 200). Ähnliches soll gelten, wenn der **Mangel erst kurz vor dem Ende der Reise aufgetreten** ist und der Reiseveranstalter **keine örtliche Reiseleitung** unterhält (vgl BT-Drucks 7/5141; OLG Frankfurt aM RRa 1998, 67, 69; LG Frankfurt aM NJW 1985, 330; NJW-RR 1990, 760; NJW 1991, 631; NJW-RR 1992, 760; LG Köln NJW-RR 1989, 565; LG Düsseldorf MDR 1991, 839).

So unmittelbar einleuchtend der Wegfall der Notwendigkeit der Mängelanzeige bei **25** einer Unmöglichkeit der Abhilfe ist, weil die Anzeige dem Reiseveranstalter gerade Gelegenheit zur Abhilfe geben soll, so schwer ist doch im Einzelfall zu bestimmen, **wann** davon ausgegangen werden kann, dass eine **Beseitigung** des Mangels **nicht mehr möglich** war. Davon ist die Rechtsprechung (OLG Köln FVE Bd 9 Nr 911) zB bei Baulärm und schlechtem Zustand des Strandes (AG Baden-Baden RRa 1994, 12) ausgegangen. Gleiches wurde angenommen, wenn bei einem Aufenthalt von nur einer Nacht schon aus Zeitgründen eine Abhilfe ausscheidet (OLG Frankfurt aM RRa 2001, 29). Dagegen ist dies aber zB hinsichtlich der Unterkunft nur der Fall, wenn man dem Reisenden schlechthin das Recht einräumt, eine Ersatzunterkunft abzulehnen (vgl zutreffend EBERLE DB 1979, 341, 344) oder eine gleichwertige Ersatzunterkunft nicht zur Verfügung steht (LG Köln RRa 2001, 180). Ferner soll eine Anzeige nach § 651d Abs 2 auch dann entbehrlich sein, wenn der Reiseveranstalter den **Mangel positiv kennt** (LG Frankfurt aM NJW 1983, 233, 234; AG Frankfurt aM NJW-RR 2000, 787; BLAUROCK 13; ERMAN/SEILER Rn 1, 2; JAUERNIG/TEICHMANN Rn 2; MünchKomm/TONNER Rn 5). Selbst fahrlässige Unkenntnis des Reiseveranstalters vom Mangel soll die Anzeige entbehrlich machen (so LG Frankfurt aM NJW-RR 1986, 145; MünchKomm/TONNER Rn 5; vgl auch JAUERNIG/ TEICHMANN Rn 2). Dem kann zumindest für den Fall der fahrlässigen Nichtkenntnis nicht gefolgt werden, weil bei fahrlässiger Unkenntnis der Reiseveranstalter noch der Information über einen ihm – wenngleich fahrlässig – unbekannten Mangel bedarf, der Normzweck des § 651d Abs 2 also noch erfüllt werden kann und muss (vgl auch ERMAN/SEILER Rn 1). Der positiven Kenntnis des Reiseveranstalters kann der Fall, dass ein Reisemangel **evident** ist, nicht gleichgestellt werden (so aber AG Frankfurt aM RRa 2000, 159), da es stets allein auf die Sicht des Reiseveranstalters ankommt. Ihm ist auch dann durch eine Mängelanzeige Gelegenheit zur Abhilfe zu geben, wenn ihm der Mangel bei ordnungsgemäßer Pflichterfüllung nicht hätte unbekannt bleiben dürfen. Im Übrigen ist die Anzeige auch ein Indiz für die Reisebeeinträchtigung. Es ist also gefährlich, auf eine Mängelanzeige zu verzichten. Dies gilt auch dann, wenn die Anzeige entbehrlich sein soll, weil der Veranstalter den **Mangel gezielt herbeigeführt** hat, indem er zB eine Ferienwohnung falsch beschreibt und unzureichend über die tatsächlichen Verhältnisse informiert (LG Frankfurt aM NJW-RR 1986, 145; FÜHRICH Rn 265 f), oder wenn ein **Schaden** des Reisenden auch bei erfolgreicher Abhilfe **unvermeidlich** ist (BGH NJW 1985, 132). ME sollte auf die Voraussetzung der Anzeige daher nur verzichtet werden, wenn der Reiseveranstalter in Kenntnis des Mangels vergeblich eine **Abhilfe** versucht oder die **Abhilfe unmöglich** war.

26 Fraglich ist auch, ob die Berufung des Reiseveranstalters auf die fehlende Anzeige nach § 651d Abs 2 dann gegen Treu und Glauben (§ 242) verstößt, wenn bereits **andere Reisende** denselben Mangel bei der Reiseleitung gerügt haben (so FÜHRICH Rn 265 f; SEYDERHELM § 651c Rn 116; **aA** AG München RRa 1994, 17; vgl zur früheren Rechtslage AG Frankfurt aM FVE Nr 227). Dies ist jedoch abzulehnen. Der Reiseveranstalter hat ein berechtigtes Interesse daran, dass jeder der vom Mangel betroffenen Reisenden den Mangel gesondert anzeigt. Dies folgt bereits aus den Regressmöglichkeiten gegenüber den Leistungsträgern. Dem Reisenden wird auch nichts Übermäßiges zugemutet, wenn er auf die Notwendigkeit individueller Anzeigen festgelegt wird. Der Hinweis auf die Rücksichtnahme gegenüber dem örtlichen Reiseleiter überzeugt schon deshalb nicht, weil dem Reiseleiter eben auch die Aufgabe zugewiesen ist, derartige Anzeigen entgegenzunehmen (so zutreffend AG Frankfurt aM FVE Nr 227).

27 Zutreffender Auffassung nach wird man dann, wenn man die Anzeige für entbehrlich erachtet, dem Reisenden die **Darlegungs- und Beweislast** für die deren **Entbehrlichkeit begründenden Umstände** auferlegen müssen (BARTL Rn 62 u 392; BAUMGÄRTEL/STRIEDER Rn 3; BIDINGER/MÜLLER 134; MünchKomm/TONNER Rn 15; SOERGEL/H-W ECKERT Rn 11).

i) **Rechtsfolgen der schuldhaft unterlassenen Anzeige**

28 Unterlässt der Reisende **schuldhaft** die Anzeige nach § 651d Abs 2, so ist die Minderung ausgeschlossen. Auch ein teilweiser Ausschluss ist möglich. Verzögert etwa der Reisende schuldhaft die Anzeige, so stehen ihm Minderungsansprüche nur für die verbleibende Zeit zu (vgl FÜHRICH Rn 265 e; SOERGEL/H-W ECKERT Rn 7; LG Frankfurt aM FVE Nr 270). Dies gilt allerdings nur, wenn der Veranstalter bei früherer Anzeige tatsächlich hätte Abhilfe schaffen können (LG Frankfurt aM NJW 1983, 235; vgl auch AG Stuttgart-Bad Cannstatt RRa 1996, 56) und der Veranstalter zur Abhilfe bereit war.

k) **Schuldhaftes Unterlassen der Anzeige**

29 Fraglich ist, wann die Anzeigeobliegenheit, wie von § 651d Abs 2 vorausgesetzt, **schuldhaft verletzt** ist. Der Reisende hat sicherlich die Nichtanzeige nicht zu vertreten, wenn eine Mitteilung **unmöglich** ist (vgl BLAUROCK 13). Vorab ist auch festzustellen, dass eine schuldhafte Unterlassung der Anzeige voraussetzt, dass der Reisende den Mangel kennt. Selbst **grob fahrlässige Unkenntnis** ist insoweit **unschädlich**. Es ist nicht Aufgabe des Reisenden, die ordnungsgemäße Vertragserfüllung zu überprüfen. Damit ist aber noch nicht geklärt, wann von einer schuldhaft unterlassenen Anzeige gesprochen werden kann. Die Stellungnahmen im Schrifttum beschränken sich weitgehend auf Fallbeispiele. Soweit darauf verwiesen wird, dass das Unterlassen der

Anzeige dann schuldhaft sei, wenn der Reiseveranstalter infolgedessen nicht in der Lage war, dem Mangel abzuhelfen, vermag das nicht zu überzeugen. Damit wird nämlich nur der Zweck der Anzeigeobliegenheit umschrieben. Auch wer eine Lebensmittelvergiftung erst nach Beendigung eines Urlaubs anzeigt, hat den Reiseveranstalter nicht in den Stand gesetzt, dem Mangel abzuhelfen, nicht aber unbedingt in zu vertretender Weise die Anzeige unterlassen. Der Reisende handelt vielmehr nur dann schuldhaft, wenn er in Kenntnis des Mangels die Möglichkeit hatte, den Mangel anzuzeigen, und dies dennoch unterlässt (vgl BIDINGER/MÜLLER 132).

Gelegentlich wird auch die Auffassung vertreten, dass eine Verletzung der Anzeigeobliegenheit, sieht man eine Anzeige in diesen Fällen nicht ohnehin schon als überflüssig an (vgl oben Rn 24), zumindest dann nicht schuldhaft sei, wenn dem Veranstalter schon aus tatsächlichen Gründen eine **Abhilfe unmöglich** gewesen sei, weshalb eine Mängelbeseitigung ohnehin entfallen wäre. Dies wird zB angenommen, wenn eine örtliche Reiseleitung nicht vorhanden und bei einer Anzeige gegenüber dem Veranstalter in Deutschland mit keiner rechtzeitigen Abhilfe zu rechnen ist (vgl BROX JA 1979, 493, 495; ERMAN/SEILER Rn 2). In diesen Fällen geht es jedoch allein um die Frage, ob bereits die Notwendigkeit der Anzeige entfällt (vgl MünchKomm/TONNER Rn 5). Ob ein schuldhaftes Unterlassen der Anzeigeobliegenheit auch dann abzulehnen ist, wenn der Reisende entgegen § 6 Abs 2 Nr 7 BGB-InfoV weder im **Prospekt** noch in den **ARB** des Reiseveranstalters ausdrücklich über diese Obliegenheit belehrt wird und äußerlich der Eindruck erweckt wird, die ARB seien vollständig und gäben die beiderseitigen Rechte und Pflichten umfassend wieder, ist zweifelhaft (so OLG Frankfurt aM NJW 1985, 145; H-W ECKERT, Pauschalreiserecht 106; FÜHRICH Rn 265; LÖWE 92, 108; MünchKomm/TONNER Rn 6; RGRK/RECKEN Rn 5; aA BIDINGER/MÜLLER 132 f; ERMAN/SEILER Rn 1). Obwohl eine derartige Obliegenheit des Reiseveranstalters leicht zu umfangreichen ARB führen kann, ist wohl davon auszugehen, dass immer dann, wenn in **Allgemeinen Reisebedingungen** nicht auf die Anzeigeobliegenheit verwiesen wird, von einer schuldhaften Verletzung der Anzeigeobliegenheit nicht gesprochen werden kann. Von einer entsprechenden **Hinweisobliegenheit** ist daher auszugehen (vgl § 6 Abs 2 Nr 7 BGB-InfoV; so auch H-W ECKERT, Pauschalreiserecht 106; FÜHRICH Rn 265; LÖWE 92, 108, 149; MünchKomm/TONNER Rn 6; RGRK/RECKEN Rn 5; SEYDERHELM Rn 100; SOERGEL/ H-W ECKERT Rn 7; aA BIDINGER/MÜLLER 132 f; ERMAN/SEILER Rn 1). Dem kann nicht entgegengehalten werden, dass die gesetzliche Regelung des Abhilfeverlangens und der Mängelanzeige nur Ausdruck des Grundsatzes von Treu und Glauben (§ 242) und der jedem Gläubiger obliegenden Pflicht zur Schadensminderung sei (so aber TEMPEL BB 1982, 627). Immerhin ist eine Belehrungspflicht entsprechend § 568 Abs 2 erwägenswert. Auch wenn man nämlich in dem Abhilfeverlangen und in der Mängelanzeige eine Konkretisierung des Rechtsgedankens von Treu und Glauben erblickt, vermag der Reisende deren rechtstechnische Ausgestaltung nicht zu durchblicken. Eine **umfassende Hinweispflicht** ist daher zu bejahen. Bei fehlendem Hinweis ist das Unterlassen einer Mängelanzeige somit stets unverschuldet.

3. Abweichende Vereinbarungen, Regelungen in Allgemeinen Reisebedingungen

Wegen der halbzwingenden Regelung des § 651m S 1 darf der Reiseveranstalter weder auf dem rechtstechnischen Wege von **Allgemeinen Reisebedingungen** noch über eine Individualvereinbarung die Minderung von einem fruchtlosen Abhilfeverlangen oder einem Mängelprotokoll abhängig machen (vgl ERMAN/SEILER Rn 2; FÜHRICH

Rn 265 g). Nr 10 B der Konditionenempfehlung des DRV für Allgemeine Reisebedingungen wiederholt nur die gesetzliche Regelung. Danach tritt die Minderung nicht ein, wenn es der Reisende schuldhaft unterlässt, den Mangel anzuzeigen.

32 Bestimmt also eine Allgemeine Reisebedingung, dass der Reisende (nur dann) Minderung des Reisepreises in Höhe der Differenz zwischen gebuchter und erhaltener Reiseleistung verlangen kann, wenn die Reiseleistungen **nach fruchtlosem Abhilfeverlangen** nicht oder nicht vertragsgemäß erbracht werden, so ist eine derartige Klausel wegen Verstoßes gegen § 307 Abs 1 Nr 2 iVm § 651d unwirksam, da § 651d zur Erhaltung des Minderungsanspruchs nicht ein Abhilfeverlangen, sondern lediglich eine Anzeige voraussetzt (vgl LG München I Urt v 22. 9. 1981 – 7 O 7694/81). Auch eine Klausel in den ARB, die **undifferenziert** eine Anzeigepflicht des Reisenden verlangt, ist stets unwirksam (BGH NJW 1989, 2750; FÜHRICH Rn 265 g; MünchKomm/TONNER Rn 6).

III. Berechnung der Minderung

33 Bei der Minderung ist der **Reisepreis** nach § 651d Abs 1 S 1 iVm § 638 Abs 3 bis auf den Wert herabzusetzen, den die tatsächlich durchgeführte Reise für den Reisenden im Vergleich zu der vertraglich vereinbarten Reise noch hatte (vgl BARTL Rn 54 f; FÜHRICH Rn 266; MünchKomm/TONNER Rn 7 f; SOERGEL/H-W ECKERT Rn 8; XANKE/DUTSCHKE Rn 100 f). Die Berechnung kann sich im Einzelfall als schwierig gestalten, da bei der notwendigerweise vorliegenden **Gesamtheit von Leistungen** häufig schwer ausmachbar ist, wie stark sich die Mangelhaftigkeit einer Teilleistung auf die Gesamtleistung auswirkt. Der Hinweis darauf, dass das Ausmaß der Beeinträchtigung nur nach den tatsächlichen Umständen des Einzelfalls festgelegt werden kann, verdeckt das Moment der notwendigerweise vagen Schätzung (vgl zB BGH NJW 1980, 2189, 2190). Die für die Berechnung der Minderung erforderlichen Werte der Reise im mangelfreien und mangelbehafteten Zustand sind nach § 651d Abs 1 S 2 iVm § 638 Abs 4 erforderlichenfalls durch **Schätzung** zu ermitteln. Entscheidend kommt es auch in diesem Zusammenhang sicherlich auf die Art des Urlaubs an (Erholungsurlaub, Studienfahrt, Abenteuerreise).

34 Eine Urlaubsreise kann für einen Touristen **insgesamt wertlos** sein, also zu einer **Reduzierung** des Reisepreises **auf Null** führen, auch wenn der Reisende nur für einige Tage des Urlaubs in einem unzureichenden, weil feuchten und durchwanzten Quartier untergebracht war (vgl OLG Hamm NJW 1975, 123; WM 1982, 1204, 1205; LG Frankfurt aM NJW-RR 1989, 310, 311). Bei schwerwiegenden Mängeln kann die Minderung also zum Wegfall des Vergütungsanspruchs führen. Dies gilt zB, wenn das vertraglich vereinbarte Diabetikerhotel geschlossen ist und ein anderes Hotel mit Diätverpflegung nicht zur Verfügung steht (OLG Nürnberg MDR 1973, 581) oder wenn der Urlauber durch verdorbenes Essen im Hotel schwer erkrankt (LG Frankfurt aM NJW-RR 1990, 1396). Gleiches gilt bei einer erheblich verwahrlosten Ferienanlage (LG Frankfurt aM NJW 1983, 1127; LG Bonn RRa 1996, 83) oder ungewöhnlich starkem Kakerlakenbefall (LG Frankfurt aM NJW RR 1989, 311; AG Bonn RRa 1996, 220; AG Kleve RRa 1998, 138). Die Berechnung der Minderung löst daher erhebliche Schwierigkeiten aus. Wird etwa der Strand, der tatsächlich nur aus groben Kieselsteinen besteht, im Prospekt als „grober Sandstrand" bezeichnet, so soll eine Minderung von **10%** gerechtfertigt sein (LG Essen RRa 2003, 24 f). Gleiches soll bei „eintönigem" Essen – täglich nur eine Sorte Fleisch und Spaghetti – anzunehmen sein (AG Bad Homburg RRa 2003, 28 f). Auch das Fehlen

eines vertraglich zugesicherten Hallenbades während der Wintersaison in der Türkei soll eine zehnprozentige Minderung rechtfertigen (LG Düsseldorf RRa 2003, 68 f). Ist zB der Swimmingpool eines Ferienhauses nicht benutzbar, so soll eine Minderung von **20%** angemessen sein (OLG Köln VersR 1989, 52). Das Gleiche soll beim Fehlen eines Animationsangebots für Kinder (OLG Nürnberg RRa 2000, 91 f) oder dann gelten, wenn bei einer Busrundreise durch Alaska in einem modernen Bus mit Klimaanlage bei Außentemperaturen von über 30 °C die Klimaanlage ausfällt und anschließend die Heizungsanlage auf vollen Touren läuft (AG Frankfurt aM RRa 2000, 138). Eine Minderung von **30%** soll in Betracht kommen, wenn die Nachtruhe im Hotel durch ständiges Hundegebell nachhaltig gestört wird (AG Frankfurt aM NJW-RR 1993, 1203). Wird der Reisende in einem Dreibettzimmer anstatt in dem gebuchten Zweibettzimmer untergebracht und ist zugleich die Toilettenspülung defekt und der Duschablauf verstopft, so soll dies eine Reisepreisminderung in Höhe von **40%** des täglichen Reisepreises begründen (AG Frankfurt aM NJW-RR 2000, 787). Eine Lärmbelästigung durch mehrere Tag und Nacht betriebene Großbaustellen soll mit einem prozentualen Abschlag in Höhe von **60%** vom Reisepreis zu berücksichtigen sein (vgl LG Köln RRa 1996, 226; vgl auch LG Frankfurt aM NJW-RR 1987, 746; 1988, 248; 1993, 124; LG Düsseldorf FVE Nr 533; RRa 1994, 202; AG Berlin-Charlottenburg FVE Nr 472). Eine Minderung um 60% soll auch dann in Betracht kommen, wenn die als „First-Class-Hotel" ausgeschriebene Unterkunft verschmutzt ist, die Betten verfleckt, die Badarmaturen verrostet sind, die WC-Lüftung nicht funktioniert, eine Minibar fehlt, im Garten Unrat und Speisereste liegen, es als Abendessen nur einige ausgewählte Gerichte an einem Buffet im Garten inmitten umherstreunender Katzen gibt und auch noch der dazu gehörende Strand verdreckt ist (OLG Frankfurt aM RRa 2001, 29).

Da eine Minderung des Reisepreises eine Beeinträchtigung der **Gesamtleistung** voraussetzt, wirken allzu **geringfügige Minderungsbeträge** merkwürdig. Hierbei ist die Abgrenzung im Einzelfall aber schwierig. Jedenfalls kann der Reiseveranstalter bei Zurverfügungstellung eines minderwertigen Hotels dem Minderungsanspruch nicht entgegensetzen, dass der Wert eines Urlaubs nicht allein vom Hotel abhängt. Liegt insoweit ein Mangel vor, so ist der Urlaub insgesamt beeinträchtigt (vgl AG Frankfurt aM FVE Nr 192). **35**

Wird einem Reisenden zB statt des gebuchten Zimmers der Preisgruppe 1 lediglich ein Zimmer der Preisgruppe 2 zur Verfügung gestellt, so stehen dem Reisenden nur die Gewährleistungsansprüche nach den §§ 651c ff zu. Ein unmittelbarer Rückgriff auf § 812 entfällt bei einer Vorleistung des Reisepreises, da dieser Weg zu einer Umgehung der Anzeigeobliegenheiten des Reisevertragsrechts führen würde. **36**

Grundsätzlich ist bei der **Berechnung der Minderung** vom **Gesamtpreis** auszugehen, da Mängel der Gesamtleistung vorliegen müssen (hM vgl BGH NJW 2000, 1188, 1191; KG MDR 1982, 317; 1987, 317; OLG Düsseldorf NJW-RR 1991, 1202; 1995, 368; OLG München NJW 1984, 132; OLG Frankfurt aM RRa 2001, 138; LG Hannover FVE Nr 462; MDR 1985, 496; LG München I NJW 1984, 132; LG Frankfurt aM RRa 1995, 65; LG Mönchengladbach NJW-RR 1996, 1175; BARTL Rn 51 u 53; BECHHOFER 78; BIDINGER/MÜLLER 125; FÜHRICH Rn 260; JAUERNIG/TEICHMANN Rn 1; LÖWE 89 f; MünchKomm/TONNER Rn 8; PICK Rn 13 ff; PALANDT/SPRAU Rn 5; SEYDERHELM Rn 8; SOERGEL/H-W ECKERT Rn 8). Nach der Gegenauffassung ist grundsätzlich der Preis der jeweiligen **mangelhaften Teilleistung** als Bezugsgröße der Berechnung zugrunde zu legen (OLG Celle RRa 1995, 163; LG Hannover NJW 1984, 2417, 2418 f; **37**

NJW-RR 1989, 633; 1989, 1398; LG Frankfurt aM NJW 1983, 2264, 2265; AG Hannover FVE Nr 483; AG Berlin-Charlottenburg VersR 1984, 373; AG St Blasien MDR 1986, 757; Müller-Langguth NJW 1985, 900). Nur wenn der Mangel der einzelnen Reiseleistung die gesamte Reise tatsächlich beeinträchtigt, soll auf den Gesamtpreis abgestellt werden (LG Hannover NJW 1984, 2417, 2418 f; NJW-RR 1989, 633). Diese Auffassung widerspricht jedoch der Verweisung auf § 638 Abs 3 („Wert des Werkes", dh der Reise) und dem eindeutigen Wortlaut des § 651d Abs 1, der auf den **„Reisepreis"** und nicht auf den „anteiligen Reisepreis" abstellt. Mit diesem Wortlaut ist es unvereinbar, der Minderung lediglich den Preis einzelner Reiseteile zugrunde zu legen (vgl zutreffend Bidinger/Müller 125; Führich Rn 266 a). Hinzu kommt, dass es den Gerichten in der Praxis kaum möglich sein dürfte, den Pauschalpreis in Einzelpreise für die jeweiligen Teilleistungen aufzugliedern, ohne Einblick in die betriebswirtschaftliche Kalkulation des Reiseveranstalters zu haben (Bechhofer 78; Führich Rn 260; MünchKomm/Tonner Rn 8; Tempel NJW 1985, 97, 99). Legt man zutreffend den Gesamtpreis zugrunde, so kommt es auf die **tatsächlich zu zahlende Vergütung** an (AG Düsseldorf VersR 1987, 927). Davon sind zusätzliche Beträge für **gleichzeitig abgeschlossene Versicherungen** (zB Reiserücktrittskosten-, Kranken- oder Unfallversicherung) abzuziehen, da diese Leistungen keinesfalls mangelhaft sein können (LG Frankfurt aM NJW-RR 1992, 51; Bechhofer 78; Bidinger/ Müller 128). Gleiches gilt für den vom Reisenden gezahlten **Zuschlag für die Flugbeförderung erster Klasse** (LG Frankfurt aM NJW-RR 1992, 890). Jedoch auch dann, wenn man grundsätzlich auf den Gesamtpreis als Ausgangspunkt abstellt, kann es Fälle geben, bei denen sich die Berechnung der Minderung so gestaltet, dass zB von dem Aufenthaltspreis für eine Woche oder dem Wert einer einzelnen Teilleistung auszugehen ist. Eine solche Fallgestaltung soll insbesondere dann gegeben sein, wenn der geltend gemachte Reisemangel keine **Ausstrahlung auf die Gesamtreise** hatte und sich in seiner Wirkung lediglich auf einen Reiseteil beschränkte. Dies soll zB anzunehmen sein, wenn es zu zeitweiligen Wasser- und Stromausfällen kommt (vgl auch Bartl Rn 69–71; Bidinger/Müller 125; Tempel NJW 1985, 97, 99; AG Frankfurt aM FVE Nr 254).

38 Auch bei **zusammengesetzten Reisen**, bei denen nur ein Reiseteil mangelhaft ist (zB Rundreise mit Badeaufenthalt), ist die Minderung stets nach dem Gesamtreisepreis und nicht nach dem Teilpreis der beeinträchtigten Teilreise zu berechnen (OLG Frankfurt aM NJW-RR 1992, 115; Bechhofer 78; Bidinger/Müller 129; Führich Rn 266 d; differenzierend OLG Düsseldorf NJW-RR 1991, 1202; aA AG Hanau NJW-RR 1990, 1336; LG Hamburg RRa 1998, 76; AG Hamburg RRa 2001, 35).

39 Die Berechnung der Minderung auf der Basis des Gesamtpreises ist vor allem dann gerechtfertigt, wenn es sich um **dauernde Störungen** handelt (vgl AG Frankfurt aM FVE Nr 254). Selbstverständlich ist bei der Festsetzung der Minderung der **Grad der Beeinträchtigung** mit zu berücksichtigen. Dieser ist wiederum von der Qualität der Reise abhängig (vgl AG Frankfurt aM FVE Nr 254).

40 Nach § 651d Abs 1 S 1 iVm § 638 Abs 3 ist der Reisepreis in dem Verhältnis herabzusetzen, indem der Wert der Gesamtreise ohne Mangel zu ihrem tatsächlichen Wert steht. Hiervon weicht die Praxis idR ab, indem sie nach § 287 II ZPO auf der Grundlage von Dauer und Schwere der Beeinträchtigung durch **Schätzung** einen Prozentsatz des Gesamtreisepreises festsetzt, um den dieser gemindert wird (Bartl Rn 54 ff, 56; ders NJW 1979, 1384, 1386; Bechhofer 78; Erman/Seiler Rn 3 f; Isermann DAR 1989, 374, 376 f; MünchKomm/Tonner Rn 7 ff; Palandt/Sprau Rn 5; Schlotmann 51 ff; Soergel/H-W Eckert

Rn 9). Diese Schätzung ist nunmehr ausdrücklich gestattet (§ 651d Abs 1 S 2 iVm § 638 Abs 4). Seit 1985 orientiert sich ein Teil der Rechtsprechung dabei an der Tabelle der 24. Zivilkammer des Frankfurter Landgerichts – „Frankfurter Tabelle zur Reisepreisminderung" –, die für typische Mängel von Pauschalreisen Richtwerte für die Höhe dieser **Minderungsquoten** vorsieht (abgedruckt als Anhang zu § 651d). Für derartige **Minderungstabellen** (vgl auch den „Mainzer Minderungsspiegel" bei KALLER Rn 221 ff) wird angeführt, sie erhöhten die Transparenz, trügen zu stärkerer Gleichbehandlung bei und verkörperten damit ein Stück Rechtssicherheit (vgl FÜHRICH Rn 269; MünchKomm/TONNER Rn 12; SCHLOTMANN DZWir 1995, 446, 455; SEYDERHELM Rn 19 ff; TEMPEL NJW 1985, 97, 98; ders NJW 1985, 1885 f; ders NJW 1996, 164 ff; ders RRa 1998, 19, 26 f). Gleichwohl ist die **Heranziehung von Minderungstabellen** als unzulässig abzulehnen. Es kommt immer auf die Umstände des Einzelfalls an, so dass sich jede **Schematisierung der Rechtsanwendung** verbietet (vgl auch OLG Hamburg NJW 1985, 3030, 3031; H-W ECKERT, Pauschalreiserecht 104 f; ISERMANN DAR 1989, 374, 377; ders NJW 1988, 873, 876; MÜLLER-LANGGUTH NJW 1985, 900, 902; ders NJW 1985, 1887, 1888; RGRK/RECKEN Rn 6). MÜLLER-LANGGUTH weist zu Recht darauf hin, dass auch ein Pauschalreisender einen Anspruch „auf mehr als ein Pauschal-Urteil" habe (NJW 1985, 1887, 1888). Die „Frankfurter Tabelle" wird daher auch von anderen Gerichten zT mit Recht abgelehnt (vgl OLG Hamburg NJW 1985, 3030; OLG Stuttgart RRa 1994, 28; AG St Blasien MDR 1986, 757; AG Frankfurt aM NJW-RR 1991, 954, 955; **aA** OLG Düsseldorf NJW-RR 1986, 280; LG Berlin NJW-RR 1990, 1018; AG Bad Homburg NJW-RR 1997, 819; 1997, 1341).

IV. Darlegungs- und Beweislast

Der Reisende muss, will er mindern, den **Mangel** bzw das Fehlen zugesicherter Eigenschaften sowie die Dauer der Beeinträchtigung der Reise darlegen und beweisen (BAUMGÄRTEL/STRIEDER Rn 1; FÜHRICH Rn 270; MünchKomm/TONNER Rn 12; PICK Rn 82). Ebenso muss der **Reisende** die Vornahme einer **Mängelanzeige** beweisen (vgl BGHZ 92, 177, 183; LG Hannover NJW-RR 1990, 1018; BARTL Rn 62; BAUMGÄRTEL/STRIEDER Rn 1).

Unterbleibt die Anzeige aus Gründen, die der Reisende zu vertreten hat, so ist die Minderung ausgeschlossen. Die Beweislastverteilung ist insoweit streitig. Zum Teil wird die Auffassung vertreten, dass der **Reiseveranstalter** die schuldhafte Unterlassung zu beweisen hat (so AK-BGB/DERLEDER Rn 3; LÖWE 92; PALANDT/SPRAU Rn 7). Die Funktion des § 651d Abs 2 als Ausschlusstatbestand vermag jedoch eine derart pauschale Beweislastverteilung nicht zu rechtfertigen. Es ist vielmehr im Anschluss an BAUMGÄRTEL/STRIEDER (Rn 3) von einer **differenzierenden Lösung** auszugehen: Der Reiseveranstalter hat zu beweisen, dass eine Mängelanzeige überhaupt möglich war. Ist das nachgewiesen, so hat der Reisende die Umstände darzutun und zu beweisen, aus denen sich ergibt, dass er die Unterlassung einer Mängelanzeige nicht zu vertreten hat bzw dass die Anzeige nach den Umständen entbehrlich war. Da die Anzeige den Reiseveranstalter in den Stand versetzen soll, Abhilfe zu schaffen (vgl Rn 12), hat dieser wiederum zu beweisen, dass er bei rechtzeitiger Anzeige in der Lage gewesen wäre, den Mangel zu beseitigen (LG Frankfurt aM NJW-RR 1986, 540; 1988, 1451; 1991, 378; LG Kleve RRa 1997, 72; AG Stuttgart RRa 1995, 226; AG Hamburg RRa 1997, 80; vgl BAUMGÄRTEL/STRIEDER Rn 3; BIDINGER/MÜLLER 133; ESTEL NJW 1986, 1734, 1737; MünchKomm/TONNER Rn 15; SEYDERHELM Rn 124 ff; SOERGEL/H-W ECKERT Rn 11; TEMPEL, Materielles Recht 473). An diesen Nachweis dürfen jedoch keine allzu strengen Anforderungen gestellt werden. Bei zeitlich gebundenen Reiseleistungen wird es nämlich dem Reiseveranstalter nach längerer Zeit schwerfallen zu beweisen, dass er bei einer Anzeige noch rechtzeitig hätte Abhilfe schaffen können.

Anhang zu § 651d
Frankfurter Tabelle zur Reisepreisminderung*

I. Unterkunft

	Mängelposition	Prozentsatz	Bemerkungen
1	Abweichung von dem gebuchten Objekt	10–25	je nach Entfernung
2	Abweichende örtliche Lage (Strandentfernung)	5–15	
3	Abweichende Art der Unterbringung im gebuchten Hotel (Hotel statt Bungalow, abweichendes Stockwerk)	5–10	
4	Abweichende Art der Zimmer a) DZ statt EZ b) DreibettZ statt EZ c) DreibettZ statt DZ d) VierbettZ statt DZ	20 25 20–25 20–30	Entscheidend, ob Personen der gleichen Buchung oder unbekannte Reisende zusammengelegt werden.
5	Mängel in der Ausstattung des Zimmers a) zu kleine Fläche b) fehlender Balkon c) fehlender Meerblick d) fehlendes (eigenes) Bad/WC e) fehlendes (eigenes) WC f) fehlende (eigene) Dusche g) fehlende Klimaanlage h) fehlendes Radio/TV i) zu geringes Mobiliar k) Schäden (Risse, Feuchtigkeit etc) l) Ungeziefer	5–10 5–10 5–10 15–25 15 10 10–20 5 5–15 10–50 10–50	 bei Zusage/je nach Jahreszeit bei Zusage bei Buchung bei Buchung bei Zusage/je nach Jahreszeit bei Zusage
6	Ausfall von Versorgungseinrichtungen a) Toilette b) Bad/Warmwasserboiler c) Stromausfall/Gasausfall d) Wasser e) Klimaanlage f) Fahrstuhl	 15 15 10–20 10 10–20 5–10	 je nach Jahreszeit je nach Stockwerk

---

* Die Tabelle wurde von der *24. Zivilkammer des LG Frankfurt aM* entwickelt, die als Berufungskammer ausschließlich für Reisevertragsrecht zuständig ist; die Tabelle wurde in NJW 1985, 113 veröffentlicht. In NJW 1994, 1639 wurde die Tabelle ergänzt (Stand: 1.1.1994).

	Mängelposition	*Prozentsatz*	*Bemerkungen*
7	Service a) vollkommener Ausfall b) schlechte Reinigung c) ungenügender Wäschewechsel (Bettwäsche, Handtücher)	25 10–20 5–10	
8	Beeinträchtigungen a) Lärm am Tage b) Lärm in der Nacht c) Gerüche	5–25 10–40 5–15	
9	Fehlen der (zugesagten) Kureinrichtungen (Thermalbad, Massagen)	20–40	je nach Art der Projektzusage (zB „Kururlaub")

II. Verpflegung

	Mängelposition	*Prozentsatz*	*Bemerkungen*
1	Vollkommener Ausfall		50
2	Inhaltliche Mängel a) Eintöniger Speisezettel b) Nicht genügend warme Speisen c) Verdorbene (ungenießbare) Speisen	5 10 20–30	
3	Service a) Selbstbedienung (statt Kellner) b) lange Wartezeiten c) Essen in Schichten d) Verschmutzte Tische e) Verschmutztes Geschirr, Besteck	10–15 5–15 10 5–10 10–15	
4	Fehlende Klimaanlage im Speisesaal	5–10	bei Zusage

III. Sonstiges

	Mängelposition	*Prozentsatz*	*Bemerkungen*
1	Fehlender oder verschmutzter Swimmingpool	10–20	bei Zusage
2	Fehlendes Hallenbad a) bei vorhandenem Swimmingpool b) bei nicht vorhandenem Swimmingpool	10 20	bei Zusage soweit nach Jahreszeit benutzbar
3	Fehlende Sauna	5	bei Zusage
4	Fehlender Tennisplatz	5–10	bei Zusage
5	Fehlendes Mini-Golf	3–5	bei Zusage
6	Fehlende Segelschule, Surfschule, Tauchschule	5–10	bei Zusage
7	Fehlende Möglichkeit zum Reiten	5–10	bei Zusage
8	Fehlende Kinderbetreuung	5–10	bei Zusage

	Mängelposition	Prozentsatz	Bemerkungen
9	Unmöglichkeit des Badens im Meer	10–20	je nach Prospektbeschreibung und zumutbarer Ausweichmöglichkeit
10	Verschmutzter Strand	10–20	
11	Fehlende Strandliegen, Sonnenschirme	5–10	bei Zusage
12	Fehlende Snack- oder Strandbar	0–5	je nach Ersatzmöglichkeit
13	Fehlender FKK-Strand	10–20	bei Zusage
14	Fehlendes Restaurant oder Supermarkt a) bei Hotelverpflegung b) bei Selbstverpflegung	0–5 10–20	bei Zusage/je nach Ausweichmöglichkeiten
15	Fehlende Vergnügungseinrichtungen (Disco, Nightclub, Kino, Animateure)	5–15	bei Zusage
16	Fehlende Boutique oder Ladenstraße	0–5	je nach Ausweichmöglichkeit
17	Ausfall von Landausflügen bei Kreuzfahrten	20–30	des anteiligen Reisepreises je Tag des Landausfluges
18	Fehlende Reiseleitung a) bloße Organisation b) bei Besichtigungsreisen c) bei Studienreisen mit wissenschaftlicher Führung	0–5 10–20 20–30	bei Zusage
19	Zeitverlust durch notwendigen Umzug a) im gleichen Hotel b) in anderes Hotel		anteiliger Reisepreis für 1/2 Tag 1 Tag

III. Transport

	Mängelposition	Prozentsatz	Bemerkungen
1	Zeitlich verschobener Abflug über 4 Stunden hinaus	5	des anteiligen Reisepreises für einen Tag für jede weitere Stunde
2	Ausstattungsmängel a) Niedrigere Klasse b) Erhebliche Abweichung vom normalen Standard	10–15 5–10	
3	Service a) Verpflegung b) Fehlen der in der Flugklasse üblichen Unterhaltung (Radio, Film etc)	5 5	

	Mängelposition	Prozentsatz	Bemerkungen
4	Auswechslung des Transportmittels		der auf die Transportverzögerung entfallende anteilige Reisepreis
5	Fehlender Transfer vom Flugplatz (Bahnhof) zum Hotel		Kosten des Ersatztransportmittels

Erläuterungen zur Tabelle
(Stand 1.1.1994)

1. Geringfügige Beeinträchtigungen bleiben außer Betracht.
2. Die Höhe des Prozentsatzes richtet sich bei Rahmensätzen nach der Intensität der Beeinträchtigung. Diese ist in der Regel unabhängig von den Eigenschaften des einzelnen Reisenden (Alter, Geschlecht, besondere Empfindlichkeit, besondere Unempfindlichkeit). Ausnahmen:
a) Bei besonderen Eigenschaften oder Gebrechen eines Reisenden, die dem Reiseveranstalter bei Buchung bekannt waren, kann bei besonders erheblicher Beeinträchtigung der einzelne Tabellensatz und der Höchstprozentsatz um 50% erhöht werden.
b) Bei Mängeln der Gruppe III unterbleibt eine Minderung, wenn eine Beeinträchtigung für den Reisenden offenkundig oder nachweisbar nicht gegeben war.
3. Der Prozentsatz wird grundsätzlich vom Gesamtpreis (also einschließlich Transportkosten) erhoben.
a) Soweit Beeinträchtigungen während der Reisedauer nur zeitweilig auftreten, wird für die Minderung der auf die entsprechende Zeit umgelegte Gesamtreisepreis der Minderung zugrunde gelegt. Gleiches gilt, wenn die Gewährleistung des Reiseveranstalters wegen schuldhaft unterlassener Anzeige des Mangels (§ 651d II BGB) oder wegen Nichtannahme eines zumutbaren Ersatzangebots entfällt.
b) In Ausnahmefällen (kleinere Mängel bis höchstens 10%) kann der Prozentsatz dem (anteiligen) Aufenthaltspreis entnommen werden, wenn durch die Mängel der Gesamtzuschnitt der Reise nicht wesentlich verändert worden ist.
c) Bei zusammengesetzten Reisen (zB Rundreise mit anschließendem Erholungsaufenthalt), von denen mindestens ein Reiseteil getrennt gebucht werden kann, ist die Minderung in der Regel aus dem Preis für den Reiseteil zu berechnen, auf den die Mängel entfallen. Ziff 3 b und Ziff 5 bleiben unberührt.
4. Bei Vorliegen mehrerer Mängelpositionen werden die Prozentsätze addiert.
a) Ist Gegenstand des Vertrages die Leistung von Unterkunft und Vollpension, so dürfen folgende Gesamtprozentsätze innerhalb einer Leistungsgruppe nicht überschritten werden:

      Gruppe I   (Unterkunft)   50%
      Gruppe II   (Verpflegung) 50%
      Gruppe III   (Sonstiges)   30%
      Gruppe IV   (Transport)   20%

b) Ist Gegenstand des Vertrages die Leistung von Unterkunft und Halbpension, so erhöhen sich die Tabellensätze der Gruppe I (mit Ausnahme von Position I/1) um 1/4 = 25% und vermindern sich die Tabellensätze der Gruppe II um 1/4 = 25%. Dabei dürfen folgende Gesamtprozentsätze innerhalb einer Leistungsgruppe nicht überschritten werden:

Gruppe I	(Unterkunft)	62,5%
Gruppe II	(Verpflegung)	37,5%
Gruppe III	(Sonstiges)	30%
Gruppe IV	(Transport)	20%

c) Ist Gegenstand des Vertrages die Leistung von Unterkunft mit Frühstück, so erhöhen sich die Tabellensätze der Gruppe I (mit Ausnahme der Position I/1) um 2/3 = 66,6% und vermindern sich die Tabellensätze der Gruppe II um 2/3 = 66,6%. Dabei dürfen folgende Gesamtprozentsätze innerhalb einer Leistungsgruppe nicht überschritten werden:

Gruppe I	(Unterkunft)	83,3%
Gruppe II	(Verpflegung)	16,7%
Gruppe III	(Sonstiges)	30%
Gruppe IV	(Transport)	20%

d) Ist Gegenstand des Vertrages nur die Leistung von Unterkunft (ohne Verpflegung), so erhöhen sich die Tabellensätze der Gruppe I (mit Ausnahme von Position I/1) um 100%; im Einzelfall kann der Gesamtprozentsatz der Gruppe I bis 100% gehen. Für die Gruppe III verbleibt es beim Gesamtprozentsatz von 30%, für die Gruppe IV beim Gesamtprozentsatz von 20%.

5. Ist die Reise in ihrer Gesamtheit durch Mängel einzelner Reiseleistungen oder durch Pflichtverletzungen des Reiseveranstalters schuldhaft erheblich beeinträchtigt worden, so kann dem Reisenden über die Minderungssätze der Tabelle nach Ziff 2 und über die in Ziff 3 a vorgesehene Begrenzung auf den betroffenen Zeitraum hinaus der Reisepreis ganz oder teilweise als nutzlose Aufwendung gemäß § 651f II BGB erstattet werden.

6. a) Eine Kündigung nach § 651e I BGB kommt in der Regel nur in Betracht, wenn Mängel mit einem Gesamtgewicht von mindestens 20% vorliegen. Hierbei ist bei einer Kündigung nach Fristsetzung (§ 651e II S 1 BGB) auf die nicht fristgerecht behobenen Mängel, bei einer sofortigen Kündigung (§ 651e II S 2 BGB) auf die bei Abgabe der Kündigungserklärung vorliegenden Mängel abzustellen.

b) Ein Schadensersatzanspruch nach § 651f II BGB in Form der Kosten für einen Ersatzurlaub kommt in der Regel nur in Betracht, wenn – nicht fristgerecht behobene – Mängel mit einem Gesamtgewicht von mindestens 50% vorliegen.

c) Eine Reiseleistung ist ohne Interesse für den Reisenden iS des § 651e III S 3 BGB, wenn – nicht fristgerecht behobene – Mängel im Gesamtgewicht von mindestens 50% vorgelegen haben.

d) Im Rahmen dieser Ziff 6 a–c bleiben die in Ziff 4 b–d vorgesehene Erhöhung und Verminderung der Prozentsätze außer Betracht.

Die 24. Zivilkammer hat in den nachfolgenden Fällen die Erläuterungen der Tabelle[1] abgeändert bzw ergänzt.

a) *Erläuterung 3.* Der Grundsatz: „Der Prozentsatz wird grundsätzlich von dem Gesamtreisepreis (also einschließlich Transportkosten) erhoben" gilt nach wie vor[2]. Es sind aber – zusätzlich zu den in 3 a) + b) erwähnten Fällen – folgende Ausnahmen zugelassen worden.

(1) Etwaige von dem Reisenden gezahlte Versicherungsbeiträge sind von dem Ge-

---

[1] NJW 1985, 115.   [2] Hierzu *Tempel,* NJW 1985, 99.

samtreisepreis abzuziehen, da der Reisende hierfür eine von dem Pauschalreisevertrag abweichende Versicherungsleistung erhält[3].
(2) Etwaige Zuschläge für Flugbeförderungen erster Klasse bleiben außer Ansatz[4]. Gleiches gilt sinngemäß für sonstige Zuschläge betreffend einen zusätzlichen Komfort.
(3) Kosten für zusätzliche Zwischenübernachtungen bei der An- und Abreise bleiben ebenfalls außer Ansatz[5]. Dieser Ausnahmefall ist aber durch Nr 3 b bereits gedeckt.
b) *Erläuterung 3 c.* Bei zusammengesetzten Reisen ist in Abweichung von der bisherigen Fassung *die Kammer* dazu übergegangen, von dem Gesamtpreis auszugehen und diesen auf die einzelnen Reiseteile umzulegen[6]. Dies bedeutet im Ergebnis, daß die Transportkosten (Flug etc), die meist in der Vergütung für *einen* Reiseteil voll erfaßt sind, anteilig auf die Reiseteile umgelegt werden, also vermieden wird, daß sie bei einem Reiseteil voll, bei dem anderen Reiseteil (zB anschließende Erholungs-Verlängerungswoche nach einer Rundreise) überhaupt nicht zu Buche schlagen[7].
c) *Erläuterung 5.* Die Erstattung des Reisepreises als nutzlose Aufwendung hat die *24. Zivilkammer* nicht mehr auf § 651f II BGB, sondern auf § 651f I BGB gestützt[8]. Dieser Wechsel in der Anspruchsgrundlage war notwendig geworden, nachdem die *Kammer* im Grundsatzurteil vom 19. 9. 1988[9] die Entschädigung nach § 651f II BGB als *immateriellen* Ausgleich eingestuft hatte. Notwendige Folge ist, daß nunmehr auch Beeinträchtigungen unter 50% je nach Intensität zu einer teilweisen Erstattung des Reisepreises führen können und bei Erreichen der 50%-Grenze eine zusätzliche Entschädigung nach § 651f II BGB in Betracht kommt[10].
d) *Erläuterung 6 e.* Ebenso wie bei der Erläuterung 5[11] ist der Anspruch auf Ersatz der Kosten für eine Ersatzreise nunmehr auf § 651f *I* BGB zu stützen, da es sich um den Ersatz für einen *materiellen* Schaden handelt. Damit gilt die bei § 651f II BGB zugezogene Grenze von 50% nicht mehr. Allerdings wird man auch bei § 651f I BGB einen Ersatzurlaub nur dann für notwendig halten können, wenn der Urlaub erheblich beeinträchtigt worden ist. Ein Grundsatzurteil der *Kammer,* wann dies der Fall ist und ob hierbei auf einen bestimmten Prozentsatz der Mängel abzustellen ist, steht noch aus[12]. Über die Berechnung des Anspruchs auf Erstattung der Kosten der Ersatzreise enthält die Erläuterung erst recht keine Angaben[13].
Unter Beachtung der vorangegangenen Ausführungen müssten die Erläuterungen der Tabelle unter Nrn 3, 5, 6 b wie folgt lauten:
3. Der Prozentsatz wird grundsätzlich vom Gesamtreisepreis (also einschließlich Transportkosten) erhoben. Dabei werden die vom Reisenden gezahlten Beiträge für Versicherungen und Zuschläge für erhöhten Flugkomfort abgezogen.
a) unverändert.
b) unverändert.

---

3 NJW-RR 1992, 51.
4 NJW-RR 1992, 890.
5 NJW-RR 1993, 952.
6 NJW-RR 1992, 115.
7 Vgl. hierzu *Tempel,* NJW 1985, 100, re Sp.
8 NJW-RR 1989, 1213.
9 NJW-RR 1988, 1451.
10 NJW-RR 1992, 823; 1993, 1330: **aA** hier *OLG Düsseldorf* NJW-RR 1991, 55.
11 S o c.

12 Es spricht aber viel dafür, auch hier die zu § 651f II bisher praktizierte Grenze von 50% zumindest als Regelsatz zu übernehmen.
13 So müßten wohl auf die Kosten der Ersatzreise die aufgrund der mangelhaften Reisen erstatteten Minderungsbeträge und der nach § 651f I BGB erstattete nutzlose Reisepreis (s o im Text unter 3 c) angerechnet werden, so daß nur der überschießende Differenzbetrag als Ausgleich in Betracht kommt.

c) Bei zusammengesetzten Reisen (zB Rundreise mit anschließendem Hotelaufenthalt) ist die Minderung aus dem Gesamtreisepreis zu berechnen. Soweit einzelne Reiseteile betroffen sind, ist Nr 3 a entsprechend anzuwenden.
5. Ist die Reise in ihrer Gesamtheit durch Mängel einzelner Reiseleistungen oder durch Pflichtverletzungen des Reiseveranstalters schuldhaft erheblich beeinträchtigt worden, so kann dem Reisenden über die Minderungssätze der Tabelle nach Nr 2 und über die in Nr 3 a vorgesehene Begrenzung auf den betroffenen Zeitraum hinaus der Reisepreis ganz oder teilweise als nutzlose Aufwendung nach § 651f I BGB erstattet werden.
6. a) unverändert.
b) Ein Schadensersatzanspruch nach § 651f I BGB in Form der Kosten für einen Ersatzurlaub kommt in der Regel nur in Betracht, wenn – nicht fristgerecht behobene – erhebliche Mängel die Reise derart beeinträchtigt haben, daß eine Ersatzreise für den Reisenden notwendig ist.

§ 651e
Kündigung wegen Mangels

(1) Wird die Reise infolge eines Mangels der in § 651c bezeichneten Art erheblich beeinträchtigt, so kann der Reisende den Vertrag kündigen. Dasselbe gilt, wenn ihm die Reise infolge eines solchen Mangels aus wichtigem, dem Reiseveranstalter erkennbaren Grund nicht zuzumuten ist.

(2) Die Kündigung ist erst zulässig, wenn der Reiseveranstalter eine ihm vom Reisenden bestimmte angemessene Frist hat verstreichen lassen, ohne Abhilfe zu leisten. Der Bestimmung einer Frist bedarf es nicht, wenn die Abhilfe unmöglich ist oder vom Reiseveranstalter verweigert wird oder wenn die sofortige Kündigung des Vertrags durch ein besonderes Interesse des Reisenden gerechtfertigt wird.

(3) Wird der Vertrag gekündigt, so verliert der Reiseveranstalter den Anspruch auf den vereinbarten Reisepreis. Er kann jedoch für die bereits erbrachten oder zur Beendigung der Reise noch zu erbringenden Reiseleistungen eine nach § 638 Abs 3 zu bemessende Entschädigung verlangen. Dies gilt nicht, soweit diese Leistungen infolge der Aufhebung des Vertrags für den Reisenden kein Interesse haben.

(4) Der Reiseveranstalter ist verpflichtet, die infolge der Aufhebung des Vertrags notwendigen Maßnahmen zu treffen, insbesondere, falls der Vertrag die Rückbeförderung umfasste, den Reisenden zurückzubefördern. Die Mehrkosten fallen dem Reiseveranstalter zur Last.

Schrifttum

FÜHRICH, Abbruch der Reise durch den Leistungsträger, in: Deutsche Gesellschaft für Reiserecht (Hrsg), DGfR-Jahrbuch 2000 (2001), 45

TEICHMANN, Die Haftung für „Mängel" und „höhere Gewalt" im Reiserecht, JZ 1990, 117
TEMPEL, Voraussetzungen für die Ansprüche aus dem Reisevertrag, NJW 1986, 574.

Titel 9 · Werkvertrag und ähnliche Verträge § 651e
Untertitel 2 · Reisevertrag

Systematische Übersicht

I. Inhalt und Zweck
1. Allgemeines _____ 1
2. Abgrenzung von anderen Möglichkeiten zur Lösung vom Vertrag _____ 3
3. Zeitlicher Anwendungsbereich des Kündigungsrechts _____ 8
4. Abweichende Vereinbarungen _____ 10

II. Voraussetzungen des Kündigungsrechts
1. Reisemangel von besonderem Gewicht _____ 11
   a) Allgemeines _____ 12
   b) Objektive Erheblichkeit der Beeinträchtigung _____ 14
   c) Subjektive Unzumutbarkeit der Reise _____ 18
2. Abhilfefrist _____ 23
   a) Fristsetzung nach § 651e Abs 2 S 1 _ 23
   aa) Keine Kündigungsandrohung _____ 26
   bb) Fristablauf als formelle Kündigungsvoraussetzung _____ 27
   b) Entbehrlichkeit der Fristsetzung (§ 651e Abs 2 S 2) _____ 28
   aa) Allgemeines _____ 28
   bb) Unmöglichkeit der Abhilfe _____ 29

cc) Verweigerung der Abhilfe _____ 30
dd) Besonderes Interesse des Reisenden 31
3. Kündigungserklärung _____ 33
4. Besonderheiten bei Gruppenreisen _ 34

III. Rechtsfolgen der Kündigung
1. Verlust des Anspruchs auf Zahlung des Reisepreises (§ 651e Abs 3 S 1) _ 35
2. Entschädigungsanspruch (§ 651e Abs 3 S 2) _____ 39
   a) Allgemeines _____ 39
   b) Berechnung der Entschädigung ____ 42
   c) Wegfall der Entschädigungspflicht (§ 651e Abs 3 S 3) _____ 47
3. Verpflichtung zur Vornahme der notwendigen Maßnahmen (§ 651e Abs 4) _____ 59
   a) Notwendige Maßnahmen, insbesondere Rückbeförderung _____ 60
   aa) Grenzen des § 651e Abs 4 _____ 66
   bb) Maßgebender Zeitpunkt _____ 67
   b) Mehrkosten (§ 651e Abs 4 S 2) ____ 68
   c) Erstattungsanspruch des Reisenden _ 71

IV. Darlegungs- und Beweislast _____ 73

Alphabetische Übersicht

Abflugverzögerung _____ 15
Abhilfe _____ 27
– nach Fristablauf _____ 25, 34
– Unmöglichkeit _____ 29
– Verweigerung _____ 30
Abhilfeverlangen _____ 9, 23 ff, 65
– Fristsetzung _____ 23 ff
Abmahnung _____ 7
AGBG _____ 77
Änderung
– Reiseleistung _____ 5
– Reisepreis _____ 5
Appartement _____ 14
ARB _____ 10, 41, 58
Arbeitskollegen _____ 34
Aufwendungen
– häusliche _____ 56
– Reisender _____ 66

Auslandsflug _____ 53

Badmöglichkeiten _____ 14
Bahnreise _____ 64
Baulärm _____ 14, 45
Bauruine _____ 16
Beeinträchtigung, Erheblichkeit _____ 9, 12
Beförderungskosten _____ 70
Behinderte _____ 15, 21 f
Beleidigungen _____ 7
Berechnungsformel Entschädigungsanspruch _____ 42
Bereicherungsrecht _____ 36 ff
Besichtigungsmöglichkeiten _____ 14
Beweislast _____ 73, 75, 76 f
Beweissicherung _____ 73 f

Charterflug _____ 64, 70

Jörn Eckert

Dauerschuldverhältnis	7	Höhere Gewalt	3
Defekte, technische	15	Hotel	13 f, 21, 45
Diätverpflegung	21, 32	– Kategorie	70
Diskothek	45	– Streik	14
Doppelzimmer	7, 14	Hotelzimmer	34
Drei-Insel-Reise	14	Hund	15
Drei-Zimmer-Appartement	14		
Dusche	14	InfVO	28
		Interessewegfall	48, 52, 57
EG-Pauschalreise-Richtlinie	3		
Eigenschaft, zugesicherte	9, 11	Jagdrevier	8
Eindeutigkeit Kündigungserklärung	33		
Einheimische	14	Kalkulation des Reiseveranstalters	77
Einzelmangel	34	Kenntnis Reiseveranstalter von Mangel	32
Einzelvisum	62	Klimaanlage	15
Elefanten	8	Konditionenempfehlung	10, 58
Entschädigungsanspruch, Reiseveranstalter		Kosten Rückreise	7, 68
Berechnung	8, 35, 39 ff	Krankheit Reisender	7
– Pauschalierung	58	Kündigung	
Entschädigungspflicht, Wegfall	47 ff	– außerordentliche	7
Erheblichkeit Beeinträchtigung	12	– Rechtsfolgen	35 ff
Erheblichkeitsgrenze	15, 17	– Rechtsnatur	2
Erkrankung Reisender auf Reise	34	– unberechtigte	70
Erlebniswert Reise	49, 53	Kündigungsandrohung	23, 26
Ersatzunterkunft	31, 60, 72	Kündigungserklärung, Anforderungen	33
Ersparnisse des Reisenden	46	Kündigungsrecht	
Erstattungsanspruch Reisender	71	– Voraussetzungen	11 ff
		– aus wichtigem Grund	7
Fahrstuhl	14, 22	– Zeitpunkt	8 f
Familie	34	Kurzurlaub	45, 54
Fehlen zugesicherter Eigenschaften	11		
Ferienwohnung	14 f	Lärm	14 f, 45
Fiktion Fortbestehen Vergütungsanspruch	43	Lebensmittelvergiftung	45
Fliegende Händler	15	Leistungsträger	7, 36
Flugreise	15, 53, 64	Linienflug	64, 70
Flugunterbrechung	15		
Freundeskreis	34	Mängel, Dauer und Umfang	15
Fristsetzung		Massentourismus	31
– für Abhilfe	23 ff	Maßnahmen, notwendige	59 ff, 67
– Entbehrlichkeit	28 ff	Mehrkosten	68 ff
– Notwendigkeit	27	– bei unberechtigter Kündigung	70
		Minderung	1, 37, 42 f
Gastschulaufenthalt	6	– Quote	17
Gesamtheit der Leistungen	14, 45	– Tabellen	17
Gesamtmangel	34	Mitreisende	7
Gestaltungsrecht	3	Moskitos	15
Grenzwert für Interessenfortfall	48		
Gruppenreise	34	Nachfristsetzung	
		– Abhilfe	23 ff

– Angemessenheit	24
Nachtruhe	14 f
Nichterfüllung Reiseleistung	16
Normzweck	1
Pauschalierung Entschädigungsanspruch	58
Pauschalierungsabrede	58, 77
Preisänderung	5
Prospekt	8, 21
Prozentsatz Minderung	17
Randalieren	7
Rechtsnatur Kündigung	2
Rechtssicherheit	17
Regress Reiseveranstalter beim Leistungsträger	37
Reise	
– Erlebniswert	49, 53
– Unzumutbarkeit	18 ff, 22
Reiseantritt	4, 8
Reiseart	15
Reisebüro	22
Reisedauer	42
Reisegepäck	31
– Nichtaushändigung	15, 51
Reiseleistung, Änderung	5
Reiseleiter, örtlicher	32
Reisender	
– Erkrankung auf Reise	34
– Ersparnis häuslicher Aufwendungen	46, 56
– Erstattungsanspruch	71
– Gesundheit	22, 64
– Krankheit	7
– Rückbeförderung	1, 49, 55, 60, 64, 66
– Rücktrittsrecht	4 f, 16
– Rückzahlungsanspruch	1, 38, 41
– Selbstabhilfe	71
– Vorausleistungspflicht	38
– zusätzliche Aufwendungen	66
Reisepapiere	20
Reisepreis	1 f, 5, 7, 38
– Wegfall	35 ff
Reiseveranstalter	
– Berechnung Entschädigungsanspruch	42 ff
– Entschädigungsanspruch	8, 35, 39 ff
– Fiktion Fortbestehen Vergütungsanspruch	43
– Kalkulation	40, 77
– Kenntnis von Mangel	32

– Kenntnis von Unzumutbarkeit	22
– nachwirkende Vertragspflichten	61
– Pauschalierung Entschädigungsanspruch	59
– Rechtsfolgen Unterlassen notwendiger Maßnahmen	71
– Regress beim Leistungsträger	37
– Rückbeförderungspflicht	63
– Vergütungsanspruch	1
– Wegfall Vergütungsanspruch	35 ff
Reisevertrag	
– sofortige Rückabwicklung	7
– Umgestaltung	38
Reisezweck	15
– Verfehlung	1
Rollstuhl	22
Rückabwicklung Reisevertrag	7
Rückbeförderung Reisender	1, 49, 54, 60, 66
– Kosten	68
Rückbeförderungsanspruch, Fälligkeit	64
Rückbeförderungspflicht	63
Rückreise, Kosten	7
Rücktritt	2, 16, 38
Rücktrittsrecht Reisender	4 f, 16
Rückvergütungsanspruch Reisender	1, 38, 41
Safari	8
Schadensersatz	1, 72
– wegen Nichterfüllung	66
Schätzung	56
Schiffsreise	53
Schreibkosten	38
Selbstabhilferecht	24, 72
Servicemangel	14
Skorpion	15
Soldaten	15
Sportmöglichkeiten	14 f
Stadthotel	15
Streik	14
Teilkündigung	34
Teilvergütung	39, 43
Telefonkosten	38
Telegrammkosten	38
Tiere	8
Todesfall	7
Transfer	62
Treu und Glauben	7, 9

Unannehmlichkeiten	14	Vorausleistungspflicht Reisender	38
Ungeziefer	44	Wartezeit	
Unmöglichkeit der Abhilfe	29	– Vertragsdauer	65
Unterbringungskosten	70	– Zumutbarkeit	64 f
Unterkunft	14 f, 45, 53, 56, 60	Wegfall Entschädigungspflicht	47 ff
Unzumutbarkeit Reise	8, 18 ff	Wegfall Bereicherung	37
Urlaubszweck	47	Wild	8
Verpflegung	14 f, 45, 53, 60		
Vertragsauflösung	1	Zeitpunkt Kündigung	34 f
Vertragspflichten, nachwirkende	61	Zimmerservice	14
Verweigerung Abhilfe	30	Zumutbarkeit Reise	18 f

I. Inhalt und Zweck

1. Allgemeines

1 Neben der **Minderung** (§ 651d) und dem **Schadensersatz** wegen Nichterfüllung (§ 651f Abs 1) kann der Reisende bei Mängeln der Reiseleistung den Reisevertrag unter bestimmten inhaltlichen (§ 651e Abs 1) und formellen (§ 651e Abs 2) Voraussetzungen kündigen. Mit der Kündigung verliert der Reiseveranstalter seinen Vergütungsanspruch (§ 651e Abs 3 S 1). Hat der Reisende den **Reisepreis** bereits bezahlt, steht ihm deswegen ein Rückzahlungsanspruch direkt aus dem vertraglichen Rückabwicklungsverhältnis zu (BGHZ 85, 50, 59 ff). An die Stelle des Vergütungsanspruchs des Reiseveranstalters tritt grundsätzlich ein **Entschädigungsanspruch** für bereits erbrachte oder bis zur Beendigung der Reise noch zu erbringende Reiseleistungen. Dieser ist nach § 638 Abs 3 zu berechnen (§ 651e Abs 3 S 2). Der Entschädigungsanspruch **entfällt**, wenn aufgrund der Vertragsauflösung die bereits erbrachten Leistungen für den Reisenden ohne Interesse sind (§ 651e Abs 3 S 3), zB weil der Reisezweck insgesamt völlig verfehlt wurde. Der Reiseveranstalter hat alle Maßnahmen zu treffen, die aufgrund der Vertragsauflösung erforderlich werden. Hierzu zählt idR vor allem die unverzügliche **Rückbeförderung** des Reisenden. Daraus entstehende Mehrkosten gehen (anders als nach § 651j Abs 2 S 2 u 3) zu Lasten des Reiseveranstalters (§ 651e Abs 4).

2 Nach § 651e Abs 1 S 1 kann der Reisende den Vertrag kündigen, wenn die Reise infolge eines Mangels der in § 651c bezeichneten Art objektiv **erheblich beeinträchtigt** wird. Dieses Kündigungsrecht tritt mit Rücksicht auf das Wesen der Reise und das besonders gelagerte Interesse des Reisenden an die Stelle des nach allgemeinem Werkvertragsrecht (vgl § 634 Nr 3 Alt 1) eingreifenden Rücktrittsrechts. Dieses Kündigungsrecht hat der Reisende nach § 651e Abs 1 S 2 auch dann, wenn ihm die Reise infolge eines solchen Mangels aus einem wichtigen, dem Reiseveranstalter erkennbaren Grund subjektiv nicht zuzumuten ist. Das in § 651e ausgesprochene Gestaltungsrecht des Reisenden kann mit dem Begriff Kündigung nur ungenau erfasst werden. Die Ausübung eines Kündigungsrechts hätte nämlich zur Folge, dass das Rechtsverhältnis zwischen dem Reiseveranstalter und dem Reisenden nur mit ex-nunc-Wirkung beendet würde. Andererseits schied das Rechtsinstitut des Rücktritts beim Reisevertrag von vornherein als unangemessen aus, weil der Reisende die

erhaltenen Leistungen infolge Zeitablaufs und Verbrauchs in aller Regel nicht mehr zurückgewähren kann. Insoweit käme allenfalls Wertersatz in Betracht. Eine **Kündigung mit ex-nunc-Wirkung** ist jedoch schon deshalb unpassend, weil der Urlaub eine Einheit ist und zwei halbe Teilurlaube einem Gesamturlaub nicht gleichgestellt werden können. Von daher ist die Terminologie des Gesetzgebers verwirrend und unglücklich. Der Gesetzgeber wollte jedenfalls ein **eigenständiges Kündigungsrecht** schaffen (vgl auch BARTL Rn 72, S 69; ders NJW 1979, 1387; BROX JA 1979, 495). Materiell handelt es sich bei dem in § 651e geregelten Recht hingegen um einen **modifizierten Rücktritt** (BIDINGER/MÜLLER 154; JAUERNIG/TEICHMANN Rn 1; MünchKomm/TONNER Rn 1; PICK Rn 5; BGB-RGRK/RECKEN Rn 1 f; SEYDERHELM Rn 2; SOERGEL/H-W ECKERT Rn 1). Dass der Gesetzgeber tatsächlich ein Rücktrittsrecht einräumen wollte, zeigt sich schon darin, dass der Reiseveranstalter bei Ausübung des Kündigungsrechts den Vergütungsanspruch auf jeden Fall und mit ex-tunc-Wirkung, auch in Bezug auf die bereits durchgeführten Reiseleistungen, verliert (vgl § 651e Abs 3 S 1). Die Regelung des § 651e Abs 3 S 2 löst jedoch wiederum Zweifel aus, ob tatsächlich davon ausgegangen werden kann, dass das Vertragsverhältnis durch die Kündigung rückwirkend aufgehoben wird (vgl ERMAN/SEILER Rn 1). Danach bestehen für den Reiseveranstalter nämlich bestimmte Rechte und Pflichten sogar über den Zeitpunkt der Kündigung hinaus. Die Einordnung als modifiziertes Rücktrittsrecht trifft daher den Kern. Mit der Ausübung des Kündigungsrechts wandelt sich folglich das zwischen den Parteien bestehende Rechtsverhältnis in ein **Rückabwicklungsverhältnis eigener Art** um (zutreffend SEYDERHELM Rn 2).

2. Abgrenzung von anderen Möglichkeiten zur Lösung vom Vertrag

Beruht ein erheblicher Reisemangel auf **höherer Gewalt**, so war früher str, in welchem Verhältnis das Kündigungsrecht nach § 651e zu demjenigen nach § 651j stand. Nach einer insbesondere vom BGH vertretenen Auffassung regelte § 651j aF nur dann die Kündigungsmöglichkeit des Reisenden, wenn die Reise aufgrund höherer Gewalt zwar erheblich beeinträchtigt worden war, Mängel im Sinne des § 651e aber nicht aufgetreten waren (BGHZ 85, 50, 55 ff; COESTER-WALTJEN Jura 1995, 329, 332, 333; PETER/TONNER NJW 1992, 1794, 1797; RGRK/RECKEN § 651j Rn 7 ff, 11 f; TONNER VuR 1992, 13, 17). Demgegenüber geht die Literatur seit längerem ganz überwiegend davon aus, dass das speziellere Kündigungsrecht nach § 651j dasjenige nach § 651e ausschließt (BARTL NJW 1983, 1092, 1096; FÜHRICH BB 1991, 493 f; TEICHMANN JZ 1979, 737, 740 f; ders JZ 1983, 109, 111; ders JZ 1990, 1117, 1119 ff; WOLTER AcP 183, 35, 51). Dafür spricht, dass es nicht von dem **Kündigungswettlauf** zwischen Reiseveranstalter und Reisendem abhängen kann, welche Rechtsfolgen die Ausübung eines Gestaltungsrechts auslöst. Gerade dies wäre jedoch der Fall, würde man mit dem BGH die Lösungstatbestände des § 651e und des § 651j nebeneinander eingreifen lassen (vgl auch § 651j Rn 4). Die Neufassung des § 651j Abs 1 in Umsetzung der EG-Pauschalreise-Richtlinie stellt klar, dass in Fällen höherer Gewalt sowohl der Veranstalter als auch der Reisende den Vertrag „allein nach Maßgabe" des § 651j kündigen kann. Damit hat der Gesetzgeber die bis dahin str Abgrenzung zwischen den beiden Kündigungsmöglichkeiten entgegen der Rechtsprechung des BGH im Sinne eines **Vorrangs des § 651j** entschieden (vgl § 651j Rn 7). § 651e kommt also nur dann zur Anwendung, wenn der Reisemangel durch andere Umstände als höhere Gewalt verursacht worden ist.

Bis zum Reiseantritt kann der Reisende nach **§ 651i** ohne Angabe von Gründen 4 jederzeit vom Vertrag zurücktreten. Die Ausübung dieses Rücktrittsrechts hat aber grundsätzlich zur Folge, dass der Reisende **Stornogebühren** zu zahlen hat (§ 651i Abs 1 u 2). § 651i schließt aber ein Kündigungsrecht des Reisenden nach § 651e vor Reiseantritt nicht aus (vgl BGH NJW 1980, 2192; **aA** LG Frankfurt aM NJW 1986, 1616; NJW-RR 1987, 178; vgl § 651i Rn 3). Kann der Reisende wegen einer erheblichen Beeinträchtigung der Reise schon vor Reiseantritt nach § 651e kündigen (vgl BGH NJW 1990, 572; Näheres dazu unten Rn 7), so ist diese Kündigungsmöglichkeit für den Reisenden günstiger, weil dann für ihn keine Stornokosten anfallen. Da die Kündigung nach § 651e durch die Notwendigkeit eines erheblichen Reisemangels speziellere Voraussetzungen hat, geht sie in ihrem Anwendungsbereich der allgemeinen Rücktrittsnorm des § 651i vor (vgl AK-BGB/Derleder § 651i Rn 2; Führich Rn 307a u 409; Löwe 53 f u 63; ders BB 1979, 1357, 1366; Soergel/H-W Eckert Rn 4; **aA** Hansen 56 ff; vgl auch § 651i Rn 2).

5 Nimmt der Reiseveranstalter eine **Preisänderung um mehr als 5%** oder eine **erhebliche Änderung einer wesentlichen Reiseleistung** vor und teilt er dies dem Reisenden mit, so kann dieser nach § **651a Abs 5 S 2 u 3** vom Vertrag zurücktreten oder die Teilnahme an einer mindestens gleichwertigen Ersatzreise verlangen. Dieses Rücktrittsrecht ist **kostenfrei**. Es schließt das Kündigungsrecht des Reisenden nach § 651e wegen eines Reisemangels, der die Reise insgesamt erheblich beeinträchtigt, nicht aus (vgl § 651a Rn 186).

6 § **651l Abs 3** gibt dem Reisenden bei **Gastschulaufenthalten vor Reisebeginn** grdsl ein **kostenloses Rücktrittsrecht**, wenn ihm nicht bis spätestens zwei Wochen vor Antritt der Reise bestimmte Informationen vorliegen. Damit wird der nach § 651i Abs 1 stets mögliche Rücktritt dahin modifiziert, dass er keinen Entschädigungsanspruch des Reiseveranstalters nach § 651i Abs 2 S 2 u 3 oder 3 auslöst (BT-Drucks 14/5944, 15). Das Verhältnis des Rücktrittsrechts aus § 651i zum Kündigungsrecht aus § 651l ändert sich dadurch nicht. § 651l geht der Anwendung des § 651i vor (vgl Rn 4). § 651l Abs 4 S 1 gewährt dem Reisenden nach Reiseantritt und **bis zur Beendigung des Gastschulaufenthalts** ein allgemeines **Kündigungsrecht**. Dieses Kündigungsrecht setzt keine Angabe von Gründen voraus, um eine Kündigung aus Gründen zu ermöglichen, die in der Person des Gastschülers liegen (BT-Drucks 14/5944, 16). Allerdings kann der Reiseveranstalter in diesem Fall vom Reisenden den vereinbarten Reisepreis abzüglich der ersparten Aufwendungen (§ 651l Abs 4 S 2) sowie Ersatz der Mehrkosten (§ 651l Abs 4 S 4) verlangen. Damit wollte der Gesetzgeber eine leichtfertige Kündigung verhindern (BT-Drucks 14/5144, 16). Wegen dieser Rechtsfolgen der Kündigung ist es für den Reisenden vorteilhafter, ein etwa bestehendes Kündigungsrecht wegen eines erheblichen Mangels nach § 651e bzw wegen höherer Gewalt nach § 651j auszuüben. Dementsprechend ordnet § 651l Abs 4 S 5 einen **Vorrang** der Kündigungsvorschriften wegen Reisemängel (§ **651e**) und wegen höherer Gewalt (§ **651j**) vor dem Kündigungsrecht aus § 651l Abs 4 S 1 und seinen besonderen Rechtsfolgen an. Stützt der Reisende seine Kündigung nicht auf § 651e oder § 651j, obwohl deren Voraussetzungen vorliegen, so ist die Kündigung nicht etwa wegen § 651l Abs 4 S 5 unwirksam. Die Bestimmung will den Reisenden nur besser stellen. Die ausgesprochene Kündigung bleibt daher wirksam, doch richten sich die Rechtsfolgen dieser Kündigung allein nach den Spezialvorschriften der §§ 651e und j (Führich Rn 490; Palandt/Sprau § 651l Rn 7).

7 Ist das Festhalten am Reisevertrag für eine Partei **aus wichtigem Grund** unzumutbar,

ohne dass die Voraussetzungen für eine der im Gesetz geregelten Möglichkeiten zur Lösung vom Vertrag (§§ 651e, 651i, 651j und 651l Abs 4) gegeben sind, besteht darüber hinaus wie bei allen anderen **Dauerschuldverhältnissen** ein Kündigungsrecht aus wichtigem Grund nach § 314 (vgl BGHZ 41, 104, 108; FÜHRICH Rn 308; SEYDERHELM Rn 6). Für ein außerordentliches Kündigungsrecht **des Reisenden** bleibt indessen wegen des weiten Anwendungsbereichs der §§ 651e, 651i, 651j und 651l kein Raum, soweit die Störung aus der **Sphäre des Reiseveranstalters** herrührt (vgl FÜHRICH Rn 308; SEYDERHELM Rn 6). Stammt die Störung dagegen aus der **Sphäre des Reisenden** – zB Tod eines nahen Angehörigen oder eigene schwere Krankheit –, ist ein Kündigungsrecht in unmittelbarer oder analoger Anwendung des § **651i** sachgerechter (vgl dazu aber § 651i Rn 12). Der **Reiseveranstalter** hat dagegen nach dem Gesetz nur bei höherer Gewalt ein Kündigungsrecht gem § 651j. Daher kann er den Reisevertrag nach § **314** kündigen, wenn in der Person oder dem Verhalten des Reisenden ein Grund vorliegt, der dem Reiseveranstalter und/oder Mitreisenden seine weitere Teilnahme nach Treu und Glauben unzumutbar macht. Hierfür sind aber **schwerwiegende Gründe** erforderlich, die über ein einfaches vertragswidriges Verhalten des Reisenden hinausgehen (vgl LG Frankfurt aM NJW-RR 1993, 1145; 1994, 375; RRa 2000, 72; LG Arnsberg RRa 1996, 144; AG Bad Homburg RRa 1996, 182; AG Bielefeld RRa 1997, 136; FÜHRICH Rn 309; SEYDERHELM Rn 7). Dies ist zB bei nachhaltigem Randalieren, Beleidigungen von Mitreisenden oder dann der Fall, wenn ein Reisender, der ein halbes Doppelzimmer gebucht hat, sich im Bett des fremden Mitreisenden, mit dem er das Zimmer teilt, mit einer Prostituierten vergnügt (LG Frankfurt aM NJW-RR 1994, 375). Eine fristlose Kündigung des Reisevertrages durch den Reiseveranstalter aus wichtigem Grund setzt nach § 314 Abs 2 S 1 grds eine **Abmahnung** des Reisenden voraus; hiervon kann **ausnahmsweise** abgesehen werden, wenn die Pflichtverletzung des Reisenden so schwer wiegt, dass ein **weiteres Abwarten** dem Veranstalter **nicht zumutbar** ist (LG Frankfurt aM NJW-RR 1994, 375). Gleiches gilt, wenn der Reisende die Abmahnung verhindert oder wenn diese von vornherein nicht erfolgversprechend ist (§§ 314 Abs 2 S 2, 323 Abs 2; vgl BIDINGER/MÜLLER 211). Die Kündigung kann nur durch den Reiseveranstalter bzw die Reiseleitung, nicht aber vom Leistungsträger ausgesprochen werden, da dieser nicht Vertragspartner des Reisenden ist (vgl LG Frankfurt aM NJW-RR 1993, 1145, 1146; 1994, 375, 376; LG Arnsberg RRa 1996, 144; FÜHRICH Rn 310; SEYDERHELM Rn 7). Rechtsfolge einer außerordentlichen Kündigung ist die **sofortige Rückabwicklung** des Reisevertrages mit **ex-nunc-Wirkung**. Soweit das LG Frankfurt aM (NJW-RR 1994, 375, 376) in minderschweren Fällen (von ihm für das og Prostituierten-Beispiel bejaht – sehr zweifelhaft) eine Pflicht des Veranstalters zur Fortsetzung des Reisevertrages, wenn auch zB unter Zuweisung einer anderen Unterkunft, statuiert, kann dem nicht gefolgt werden (ebenso BIDINGER/MÜLLER 211). Der Reiseveranstalter wird vielmehr stets von seinen Leistungspflichten frei, behält aber **analog § 649 S 2** den Anspruch auf den **Reisepreis** abzüglich ersparter Aufwendungen oder der durch anderweitige Verwendung der Reiseleistungen erzielten Vorteile (BECHHOFER 90; BIDINGER/MÜLLER 211; **aA** FÜHRICH Rn 310: § 326 Abs 2). Der Reiseveranstalter kann außerdem aufgrund nachvertraglicher Schutzpflichten ausnahmsweise zur Mithilfe bei der Organisation der Rückreise bzw eines Zwischenquartiers verpflichtet sein. Ihn trifft dagegen **grundsätzlich keine Rückbeförderungspflicht** analog § 651e Abs 4 (so aber LG Frankfurt aM NJW-RR 1994, 375, 376; AG Kleve RRa 1996, 227; SEYDERHELM Rn 7); eine solche besteht nur in ganz besonders gelagerten Ausnahmefällen (wie hier: BIDINGER/MÜLLER 211; FÜHRICH Rn 310; BGB-RGRK/RECKEN § 651i Rn 7). Die **Kosten** einer anderweitigen Unterbringung und der Rückreise hat der Reisende zu tragen (BIDINGER/MÜLLER 211;

FÜHRICH Rn 310; **aA** LG Frankfurt aM NJW-RR 1994, 375, 376; AG Kleve RRa 1996, 227; SEYDERHELM Rn 7).

3. Zeitlicher Anwendungsbereich des Kündigungsrechts

8 Im Regelfall wird die Kündigung des Reisenden **während der Reise** erfolgen, wenn er objektiv gravierende Mängel feststellt oder ihm die Fortsetzung der Reise subjektiv unzumutbar erscheint. Es entspricht aber allgemeiner Auffassung, dass der Reisende **bereits vor Reiseantritt kündigen kann**, wenn der erhebliche Mangel schon zu diesem Zeitpunkt feststeht (vgl BGHZ 77, 310, 318 f; 97, 255, 261; OLG Düsseldorf RRa 1997, 21; LG Landau RRa 1994, 133; BIDINGER/MÜLLER 155; H-W ECKERT, Pauschalreiserecht 35 f; ERMAN/SEILER Rn 1 f; HEINZ 55, 77; MünchKomm/TONNER Rn 3; PALANDT/SPRAU Rn 1; SOERGEL/H-W ECKERT Rn 2; TEICHMANN JZ 1979, 737, 738; WEDEPOHL 10 f; WOLTER NJW 1986, 1616; **aA** LG Frankfurt aM NJW 1986, 1616, 1617). Teilt also etwa der Veranstalter einer Safari, der ausdrücklich eine Gewährleistung für eine hinreichende Wahrscheinlichkeit dafür übernommen hat, dass die im Prospekt bzw im maßgeblichen Angebot aufgeführten Wildarten erlegt werden können, dem Reisenden vor Reisebeginn mit, dass sich die dort angegebenen Elefanten aus dem in Aussicht genommenen Jagdrevier verzogen haben, so kann der Reisende kündigen (BGHZ 77, 310). Kann der Reisevertrag ausnahmsweise bereits vor Reiseantritt gekündigt werden, so hat der Reiseveranstalter keinen Entschädigungsanspruch nach § 651e Abs 3 S 2 (LÖWE 99).

9 Treten während der Reise erhebliche Mängel auf, so muss der Reisende innerhalb **angemessener** Zeit die Kündigung erklären. Wartet er damit bis Reiseende, so kann er das Kündigungsrecht **verwirken** (OLG Düsseldorf NJW-RR 1994, 950 f; 1998, 52; FÜHRICH Rn 317; SOERGEL/H-W ECKERT Rn 11). Dagegen behält er seine Minderungsansprüche nach § 651d. Hat der Reisende dagegen gekündigt, so stellt es keinen Verstoß gegen Treu und Glauben dar, wenn er an der Kündigung festhält, obwohl der Veranstalter **nachträglich Abhilfe** anbietet oder schafft (OLG Köln RRa 1995, 29, 30; FÜHRICH Rn 317; MünchKomm/TONNER Rn 11; zu etwaigen Ausnahmen vgl Rn 24). **Nach der Rückkehr** von der Reise soll eine Kündigung des Reisevertrages ausnahmsweise dann möglich sein, wenn für eine Kündigung während der Reise mangels örtlicher Reiseleitung oder sonstiger Repräsentanz des Reiseveranstalters am Urlaubsort kein Adressat vorhanden ist (vgl SEYDERHELM Rn 4). Dieses nachträgliche Kündigungsrecht hat indessen keine praktische Bedeutung, weil eine Kündigung mit den Rechtsfolgen des § 651e Abs 3 wirtschaftlich auf nichts anderes hinausläuft als auf eine Minderung des Reisepreises nach § 651d. Insbesondere steht dem Reisenden nach seiner Rückkehr kein Anspruch auf Ersatz der Rückreisekosten nach § 651e Abs 4 S 1 mehr zu, da diese nicht „infolge der Aufhebung des Vertrags" notwendig geworden sind (so zutreffend SEYDERHELM Rn 4).

4. Abweichende Vereinbarungen

10 Vereinbarungen zwischen dem Reiseveranstalter und dem Reisenden, die die Rechte des Reisenden aus § 651e verkürzen, sind **unwirksam** (§ 651m S 1). Trotz der unklaren Fassung der Nr 10 C der Konditionenempfehlung des DRV für ARB schuldet der Veranstalter alle infolge der Vertragsaufhebung notwendigen Maßnahmen (ULMER/BRANDNER/HENSEN Anh §§ 9–11 AGBG Rn 591).

II. Voraussetzungen des Kündigungsrechts

1. Reisemangel von besonderem Gewicht

Das Kündigungsrecht des Reisenden setzt einen Reisemangel im Sinne des § 651c, **11** eine dadurch verursachte **erhebliche Beeinträchtigung** bzw die **Unzumutbarkeit der Reise** und ein **Abhilfeverlangen** des Reisenden voraus. Der Mangel kann entweder auf tauglichkeitsmindernden Fehlern oder dem Fehlen zugesicherter Eigenschaften beruhen.

a) Allgemeines
Nach § 651e Abs 1 S 1 muss ein Reisemangel von besonderem Gewicht vorliegen. **12** Erforderlich ist entweder eine objektiv **erhebliche Beeinträchtigung** oder die subjektive **Unzumutbarkeit der Reise** für den Reisenden. Der Mangel muss in objektiver oder in subjektiver Hinsicht von einigem Gewicht sein, „einfache" Reisemängel genügen nicht (vgl ERMAN/SEILER Rn 2; SOERGEL/H-W ECKERT Rn 5).

Zum Teil wird auch im Rahmen des § 651e zwischen **Fehlern**, die die Reise beein- **13** trächtigen, und dem Fehlen **zugesicherter Eigenschaften** unterschieden, indem beim Fehlen zugesicherter Eigenschaften auf eine erhebliche Beeinträchtigung geschlossen wird (so zB LÖWE 77 f; **aA** BARTL Rn 68; ERMAN/SEILER § 651c Rn 3; MünchKomm/TONNER Rn 4). Diese Auffassung überzeugt nicht. Das Kündigungsrecht gem § 651l setzt nicht nur irgendeine, sondern stets eine erhebliche Beeinträchtigung voraus. Es ist auch fraglich, ob beim Fehlen zugesicherter Eigenschaften überhaupt eine objektiv erhebliche Beeinträchtigung oder nicht eher eine subjektive Unzumutbarkeit der Reise zu bejahen ist (so zB ERMAN/SEILER Rn 4). Beim Fehlen zugesicherter Eigenschaften kann daher ohne eingehende Feststellungen im konkreten Einzelfall **nicht automatisch** davon ausgegangen werden, dass die Reise erheblich beeinträchtigt ist. Dies gilt jedenfalls dann, wenn man in den Prospektangaben bereits die Zusicherung von Eigenschaften erblickt (FÜHRICH Rn 311a; MünchKomm/TONNER Rn 4; vgl aber LÖWE 94). Bei dieser Sicht würde § 651e zu einem **allgemeinen Kündigungsrecht** des Reisenden auch bei „einfachen" Reisemängeln umfunktioniert. Es ist deshalb auch beim Fehlen zugesicherter Eigenschaften in jedem Einzelfall zu prüfen, ob die Reise hierdurch erheblich beeinträchtigt wird oder nicht (BARTL Rn 68; BIDINGER/MÜLLER 155; FÜHRICH 311a; MünchKomm/TONNER Rn 4).

b) Objektive Erheblichkeit der Beeinträchtigung
„Einfache" Reisemängel stellen keine erhebliche Beeinträchtigung im Sinne von **14** § 651e Abs 1 dar (vgl BIDINGER/MÜLLER 156; FÜHRICH Rn 311a; MünchKomm/TONNER Rn 5). Hierunter fallen zB die einmalige Störung der Nachtruhe, ein einmaliger Servicemangel, ein gelegentlicher Ausfall der Fahrstühle, Wartezeiten beim Essen etc (MünchKomm/TONNER Rn 5 im Anschluss an BARTL NJW 1979, 1386). Der Ausschluss derartiger kurzfristiger und unerheblicher Mängel folgt schon daraus, dass es im Rahmen des § 651e Abs 1 auf die Beeinträchtigung der gesamten Reise ankommt. Die Beschränkung des Rechts, den Vertrag rückgängig zu machen, auf erhebliche Beeinträchtigungen soll nach dem Willen des Gesetzgebers (Gesetzentwurf der Bundesregierung, BT-Drucks 7/5141) dazu dienen, die Rückgängigmachung des Reisevertrages in den Fällen auszuschließen, in denen die Reisenden nur unvermeidliche Unannehmlichkeiten der Reise rügen. Im Gegensatz zur Minderung der Vergütung nach § 651d

setzt die Rückgängigmachung voraus, dass die Reise als Gesamtheit von Reiseleistungen insgesamt erheblich beeinträchtigt ist. Soweit eine einzelne **Teilleistung** nur in ihrer Tauglichkeit eingeschränkt ist, kommt eine erhebliche Beeinträchtigung nur in Betracht, wenn eine für die Reise zentrale Leistung – wie etwa die Beförderung oder Unterkunft – gravierende Mängel aufweist. Leichte Mängel, wie kurzfristiger Lärm oder kurzfristige Hotelstreiks, rechtfertigen daher die Annahme einer erheblichen Beeinträchtigung nicht. Etwas anderes kann jedoch dann gelten, wenn sich leichtere Mängel häufen, weil die Summe aller kleineren Mängel eine erhebliche Beeinträchtigung der Reise darstellen kann (vgl BARTL NJW 1979, 1384, 1386; BIDINGER/MÜLLER 156; FÜHRICH Rn 311a; MünchKomm/TONNER Rn 4; SOERGEL/H-W ECKERT Rn 6; aA ERMAN/SEILER Rn 5). So rechtfertigt das Fehlen einer Dusche nur im Zusammenhang mit anderen Mängeln die Annahme einer erheblichen Beeinträchtigung der Reise (BARTL, Recht im Urlaub, Dusche 120). Umgekehrt liegt eine erhebliche Beeinträchtigung der Reise zB bei ständig schlechtem Zimmerservice, durchgehend schlechter Verpflegung und dem Ausfall vertraglich vereinbarter Sportmöglichkeiten vor.

15 Der Grad der objektiven Beeinträchtigung ist stark von den jeweiligen **Bedingungen des Einzelfalls** abhängig (ERMAN/SEILER Rn 4; FÜHRICH Rn 311c; MünchKomm/TONNER Rn 6). Bei der Beurteilung einer objektiven Beeinträchtigung sind **Reisezweck, Reiseart, Dauer und Umfang der Mängel** zu berücksichtigen (ERMAN/SEILER Rn 4). Bei der Unterbringung in einem Hotel niedrigerer Kategorie oder dem Fehlen zugesagter Bade-, Sport- und Besichtigungsmöglichkeiten soll eine erhebliche Beeinträchtigung vorliegen (vgl ERMAN/SEILER Rn 4). Dies ist zu weitgehend. Streitkräfte im Hotel und in der Umgebung des Hotels, „fliegende Händler" am Strand, unfreundliche Einheimische, Eintönigkeit der Verpflegung und Musik bis Mitternacht geben dem Reisenden kein Recht zum Abbruch der Reise (LG Frankfurt aM FVE Nr 262). Auch ein einzelner Skorpion in einer Ferienwohnung (LG Frankfurt aM NJW-RR 1993, 1146, 1147), durch einen Türspalt im Hotelzimmer eindringende Moskitos (OLG Düsseldorf NJW-RR 1993, 315), eine defekte Klimaanlage und geringer Baulärm (LG Frankfurt aM NJW 1985, 1167), eine Flugunterbrechung wegen eines technischen Defekts (AG Düsseldorf RRa 1998, 82) oder das Gebissenwerden eines Hundes des Reisenden durch einen anderen Hund bei nur ca. 30 € Behandlungskosten (LG Köln RRa 1996, 19) rechtfertigen keinesfalls eine mängelbedingte Kündigung (vgl FÜHRICH Rn 312 mwN). Steht das Reiseende bei Eintritt der Störung ohnehin bereits unmittelbar bevor, so hat der Reisende diese hinzunehmen (vgl LG Frankfurt aM FVE Nr 262). Dagegen ist eine **Kündigung berechtigt** bei ständigem Baulärm (LG Stuttgart NJW-RR 1986, 349), der Unterbringung in einem Doppelzimmer statt in einem Drei-Zimmer-Appartement (OLG Düsseldorf NJW-RR 1986, 1175), der Unterbringung in einem wesentlich einfacheren Stadthotel statt in einem „Luxus-Beach-Hotel" (LG Frankfurt aM NJW-RR 1992, 1083), der Unterbringung eines Gehbehinderten in einem Hotelzimmer mit Wendeltreppe (LG Bonn NJW-RR 2001, 345), dem Fehlen von Animateuren beim Cluburlaub (LG Hannover NJW 1984, 2418), der Nichtunterrichtung über Smog in Borneo (AG Hamburg RRa 2000, 187) der unberechtigten Verweisung des Reisenden aus einem Flugzeug (BGHZ 85, 301), dem Wechsel des Zielflughafens um mehrere 100 km (AG Hamburg RRa 2000, 182), der Nichtaushändigung des Gepäcks nach 4 Tagen bei einer 14-tägigen Reise (LG Hannover NJW 1985, 2903), einem völlig verschmutzten und verwahrlosten Appartement (LG Frankfurt aM NJW 1985, 330), einer Abflugverzögerung von mehr als 10 Stunden (LG Aachen MDR 1989, 317), einer erheblichen Verkürzung der Besichtigung einer Insel bei einer Drei-Insel-Reise (LG Frankfurt aM NJW-RR 1990, 571), einem

Schlafzimmer in 150 m Entfernung von einer Autobahn (LG Düsseldorf RRa 2001, 74) oder der Unterbringung in einem anderen, vom gebuchten Ort weit (80 bzw 100 km) entfernt liegenden Ort (LG Hamburg NJW-RR 1997, 1204; AG Bad Homburg RRa 2000, 96; 2002, 17; vgl auch AG Kleve RRa 1996, 179).

Von einer erheblichen Beeinträchtigung der Reise ist auch bei einer teilweisen oder **16** vollständigen **Nichterfüllung einer Reiseleistung** auszugehen. Steht das gebuchte Ferienhaus nicht zur Verfügung oder stellt der Reisende bei Urlaubsantritt fest, dass es sich bei dem gebuchten Hotel um eine Bauruine handelt, so liegt ebenfalls eine erhebliche Beeinträchtigung vor. Der Gesetzgeber (Gesetzentwurf der Bundesregierung BT-Drucks 7/5141) ist stets davon ausgegangen, dass eine nicht unerhebliche Beeinträchtigung regelmäßig dann gegeben sei, wenn eine Reiseleistung überhaupt nicht erbracht wird. Zwar ist wegen der vielfältigen Meinungsänderungen im Rahmen des Gesetzgebungsverfahrens Vorsicht geboten, die Materialien heranzuziehen, doch wäre es unangemessen, den Reisenden bei teilweiser oder vollständiger Nichterfüllung auf die allgemeinen Rücktrittsvorschriften zu verweisen (vgl auch EBERLE DB 1979, 341, 344). Dies hätte zur Folge, dass der Anwendungsbereich des § 651e stark reduziert würde und gerade derjenige Fall vom Kündigungsrecht ausgenommen würde, auf den dieses Gestaltungsrecht vorrangig zugeschnitten ist.

Die Rechtsprechung ist vielfach dazu übergegangen, die **Erheblichkeit** zu quantifi- **17** zieren, um durch eine gleiche und einheitliche Auslegung die **Rechtssicherheit** zu steigern. Eine erhebliche Beeinträchtigung der Reise soll danach dann vorliegen, wenn die Reisemängel eine bestimmte **Minderungsquote** überschreiten. Die Erheblichkeitsgrenze wird dabei zT bereits bei einer **20%**igen Minderung der Reise gezogen (so OLG Frankfurt aM RRa 1994, 48; 1995, 274; LG Bonn RRa 1996, 223; LG Frankfurt aM NJW 1983, 2884; NJW-RR 1986, 539; 1990, 571; 1992, 1083; RRa 1995, 89; 1997, 42; AG Essen RRa 1996, 252; 1997, 104; AG Bad Homburg RRA 2001, 182; vgl auch TEMPEL NJW 1986, 547, 551; ähnlich wohl auch SEYDERHELM Rn 14), während andere von **33%** (LG Koblenz RRa 2002, 215; FÜHRICH Rn 311c; MünchKomm/TONNER Rn 7) oder **50%** (OLG Stuttgart RRa 1994, 28; OLG Nürnberg RRa 2000, 91; LG Hannover NJW-RR 1986, 213, 214; 1992, 50; 1998, 194; LG Köln MDR 1991, 840; LG Stuttgart RRa 1994, 28; LG Kleve NJW-RR 1997, 1140; AG Stuttgart RRa 1996, 151; BECHHOFER 85; BIDINGER/MÜLLER 156; dagegen aber LG Düsseldorf RRa 2000, 28 f) ausgehen. Eine solche Bildung starrer Erheblichkeitsgrenzen ist indessen abzulehnen, da sie mit der gebotenen Berücksichtigung aller Umstände des Einzelfalles unvereinbar ist (kritisch auch OLG Frankfurt aM RRa 1995, 224, 225; H-W ECKERT, Pauschalreiserecht 108; SOERGEL/H-W ECKERT Rn 7; vgl zur ähnlichen Problematik der Minderungstabellen § 651d Rn 40).

c) Subjektive Unzumutbarkeit der Reise

Der Reisende hat nach § 651e Abs 1 S 2 auch dann ein Kündigungsrecht, wenn ihm **18** die Reise infolge eines Mangels iSd § 651e Abs 1 S 1 aus wichtigem, dem Reiseveranstalter erkennbaren Grund nicht **zuzumuten** ist. Hier geht es also im Gegensatz zu § 651e Abs 1 S 1 um subjektive Gründe, die in der spezifischen Situation des Reisenden und seinen persönlichen Verhältnissen ihre Ursache haben (BT-Drucks 8/786, 23 f; ERMAN/SEILER Rn 5; RGRK/RECKEN Rn 6; SOERGEL/H-W ECKERT Rn 8; TEMPEL NJW 1986, 547, 551; aA PICK Rn 47 ff: subjektiver Fehlerbegriff).

Die Kündigungsmöglichkeit des § 651e Abs 1 S 2 steht zu derjenigen des § 651e **19** Abs 1 S 1 im Verhältnis der **Alternativität**. Der Tatbestand ist allerdings sprachlich misslungen. Nähme man seinen Wortlaut ernst, so verlöre die Bestimmung jede eigenständige Bedeutung, da der Fall, dass die Reise dem Reisenden infolge eines Mangels iSd § 651e Abs 1 S 1 aus wichtigem, dem Reiseveranstalter erkennbaren Grund nicht zumutbar ist, immer einen Fall des § 651e Abs 1 S 1 darstellt. Anders herum ist kaum eine Konstellation denkbar, in der dem Reisenden die Fortsetzung der Reise unzumutbar sein wird, obwohl kein Fall des § 651e Abs 1 S 1 vorliegt (so SEYDERHELM Rn 20). Selbst in den Fällen, in denen ein „einfacher" Reisemangel den Reisenden wegen dessen persönlicher Verhältnisse – Rollstuhlfahrer, Nichtraucher, Diabetiker – besonders trifft, dürfte regelmäßig § 651e Abs 1 S 1 eingreifen, falls entsprechende vertragliche Vereinbarungen getroffen wurden. Der Gesetzgeber wollte aber mit § 651e Abs 1 S 2 eine alternative Kündigungsmöglichkeit schaffen, die gerade nicht an das Vorliegen eines erheblichen Mangels anknüpft (vgl BARTL Rn 72; ders NJW 1979, 1387; BIDINGER/MÜLLER 157; BROX JA 1979, 493, 495; H-W ECKERT, Pauschalreiserecht 110; HEINZ 74; MünchKomm/TONNER Rn 8). Die Fassung des § 651e Abs 1 S 2 ist auf jeden Fall missglückt (vgl ERMAN/SEILER Rn 4; BROX JA 1979, 493, 495; MünchKomm/ TONNER Rn 8). In der Begründung des Regierungsentwurfs zum inhaltsgleichen § 17 Nr 2 wird ausdrücklich darauf hingewiesen, dass § 17 Nr 1 (jetzt: § 651e Abs 1 S 1) auf die objektiv festzustellende Schwere der Beeinträchtigung der Reise abstellt, während § 17 Nr 2 (jetzt: § 651e Abs 1 S 2) dem Reisenden auch dann ein Recht auf Rückgängigmachung der Reise gibt, wenn der Mangel zwar nicht objektiv schwerwiegend ist, gerade dem betroffenen Reisenden die Durchführung der Reise aber dennoch aus wichtigem, dem Veranstalter erkennbaren Grund nicht zugemutet werden kann (vgl BT-Drucks 7/5141 § 8/786, 7, 23 f, 28; MünchKomm/TONNER Rn 8).

20 Danach können **rein subjektive, einer objektiven Würdigung** nicht standhaltende Erwägungen des Reisenden keinen wichtigen Grund iSd § 651e Abs 1 S 2 abgeben (Gesetzentwurf der Bundesregierung BT-Drucks 7/5141). Ein wichtiger Grund iSv § 651e Abs 1 S 2 iVm Abs 3 S 3 ist aber zB auch nicht allein deshalb gegeben, weil der Veranstalter dem Reisenden die **Reisepapiere** nicht 8–10 Tage vor Reiseantritt zur Verfügung stellt (AG Mainz FVE Nr 275).

21 Der Gesetzgeber wollte vielmehr einen wichtigen Grund in Anlehnung an § 119 Abs 1 nur annehmen, wenn der Reisende die „Abnahme" der Reiseleistung frei von Eigensinn, törichten Launen und subjektiven Anschauungen entsprechend den Umständen des Falles, zu denen auch seine persönlichen Verhältnisse gehören, ablehnen kann (Gesetzentwurf der Bundesregierung BT-Drucks 7/5141). Als Beispiel wird in den Materialien der Fall angeführt, dass ein körperbehinderter Reisender, der ein Hotel gewählt hat, das im Prospekt des Veranstalters als für Behinderte geeignet bezeichnet wird, in einem anderen Hotel untergebracht wird, das diese Eignung nicht aufweist (BT-Drucks 7/5141; vgl auch MünchKomm/TONNER Rn 9 f; BLAUROCK 13; SOERGEL/H-W ECKERT Rn 8). Ähnlich verhält es sich, wenn einem Reisenden, der auf Diätverpflegung angewiesen ist, diese entgegen der Zusage nicht zur Verfügung gestellt wird (LÖWE 95). Zuzugeben ist allerdings, dass diese Fälle sehr wohl auch unter § 651e Abs 1 S 1 subsumiert werden können, eine trennscharfe Abgrenzung beider Kündigungsrechte so also kaum möglich ist (so o Rn 20). Das Verhältnis beider Tatbestände kann daher nur als ein alternatives verstanden werden, bei dem in allen Fällen, in denen es um subjektive Kriterien geht, § 651e Abs 1 S 2 **lex specialis** zu § 651e Abs 1 S 1 ist.

Das Kündigungsrecht nach § 651e Abs 1 S 2 setzt daneben zusätzlich voraus, dass der **22** Reisende den **Reiseveranstalter** beim Vertragsschluss **auf die subjektiven Gründe hingewiesen** hat, die die Unzumutbarkeit auslösen. Nur dann liegt bei Nichteinhaltung einer entsprechenden Zusage eine erhebliche Beeinträchtigung iSd § 651e Abs 1 S 2 vor. Demgegenüber steht TONNER (MünchKomm/TONNER Rn 9; ähnlich BIDINGER/MÜLLER 158; vgl auch LG Frankfurt aM NJW 1989, 2397, 2398; AG Düsseldorf VersR 1987, 674) auf dem Standpunkt, dass es ausreicht, dass der Reiseveranstalter bei der Buchung den Umstand kennt bzw hätte erkennen können. Die Zurechnung fahrlässiger Unkenntnis wird dabei auf eine Analogie zu § 122 Abs 2 gestützt (vgl auch ERMAN/SEILER Rn 5). Weiß also der Reiseveranstalter oder hätte er bei der Buchung erkennen müssen, dass ein Reisender schwer gehbehindert oder gar Rollstuhlfahrer ist, so kann danach der Reisende nur in einem für seine persönlichen Verhältnisse geeigneten Hotel, nicht aber zB in einem Zimmer im 1. Stock eines Hotels, das keinen Aufzug hat, untergebracht werden (vgl LG Frankfurt aM NJW 1989, 2397 f; RRa 1999, 187 ff; vgl aber AG Düsseldorf VersR 1987, 674; AG Frankfurt aM RRa 1999, 191 f). Diese Auffassung übersteigt die organisatorischen Möglichkeiten eines Reisebüros bei weitem, da sie dem Personal praktisch eine Bestandsaufnahme in Sachen Gesundheit der Reisenden abverlangt. Dem Reiseveranstalter und dem vermittelnden Reisebüro werden damit bei einem Rollstuhlfahrer nicht nur Aufklärungs- und Hinweispflichten hinsichtlich der Rollstuhlgeeignetheit des Transportmittels und der Unterkunft auferlegt (so ausdrücklich LG Frankfurt aM RRa 1999, 187 ff). Ihnen wird zugleich abverlangt, von sich aus die notwendigen Voraussetzungen für eine behindertengerechte Unterkunft zu schaffen und durch Nachfrage beim Reisenden zu klären, welche besonderen Bedürfnisse er hat, diese in der schriftlichen Anmeldung festzuhalten und für ihre Verwirklichung bis zum Reiseantritt zu sorgen (so ausdrücklich LG Frankfurt aM NJW 1989, 2397 f). Die in § 651e Abs 4 getroffene Risikoverteilung hinsichtlich der Mehrkosten rechtfertigt diese Sicht keineswegs. Man wird daher sogar über die bloße Kenntnis hinaus verlangen müssen, dass der Reisende auf seine besonderen Bedürfnisse von sich aus und ausdrücklich hingewiesen hat (vgl FÜHRICH Rn 313). Damit wird jedoch die Abgrenzung zu § 651e Abs 1 S 1 wiederum in Frage gestellt (s o Rn 20 u 21). Auch im Schrifttum wurde hervorgehoben, dass § 651e Abs 1 S 2 keine große praktische Bedeutung gewinnen wird, da wichtige Umstände, die in der Person des Reisenden begründet sind, meist bei der Vertragsgestaltung berücksichtigt würden und daher schon in die Wertung einzubeziehen seien, wenn die (objektiv) erhebliche Beeinträchtigung iSd § 651e Abs 1 S 1 geprüft werde (vgl BIDINGER/MÜLLER 157; ERMAN/SEILER Rn 6; MünchKomm/TONNER Rn 8 f; SEYDERHELM Rn 20). Dass der Reisende auf seine speziellen Bedürfnisse hinweist, liegt darüber hinaus in seinem eigenen Interesse. Er kann sich dann entsprechende Zusagen bestätigen lassen und wird damit in den Stand gesetzt, im Streitfall den von ihm zu führenden Beweis zu erbringen. Es ist also nicht ausreichend, dass Mitarbeiter des Veranstalters bei Vertragsschluss die Behinderung eines Reisenden wahrgenommen haben (vgl aber LG Frankfurt aM NJW 1989, 2397 f; RRa 1999, 187 f; **aA** AG Düsseldorf VersR 1987, 674).

2. Abhilfefrist

a) Fristsetzung nach § 651e Abs 2 S 1

Formelle Kündigungsvoraussetzung ist nach § 651e Abs 2 S 1, dass der Reisende dem **23** Reiseveranstalter vor der Kündigungserklärung eine angemessene **Frist zur Abhilfe** gesetzt hat und Abhilfe nicht geleistet worden ist. Eine **Kündigungsandrohung** muss

nicht mit der Fristsetzung verbunden werden (vgl BT-Drucks 8/2589, 4 Nr 4 b; ERMAN/
SEILER Rn 6; BLAUROCK 13; EBERLE DB 1979, 341, 344; SEYDERHELM Rn 25; SOERGEL/H-W ECKERT
Rn 9). Im Übrigen ist das Abhilfeverlangen nach § 651e Abs 2 S 1 ähnlich ausgestaltet
wie dasjenige nach § 651c Abs 2 (vgl BARTL Rn 71; MünchKomm/TONNER Rn 11; SOERGEL/H-
W ECKERT Rn 9; TEMPEL NJW 1986, 547, 550). Wird eine Frist gesetzt, so ist dies dahin zu
verstehen, dass Abhilfe verlangt wird (vgl BT-Drucks 8/2343, 10). Für die Fristsetzung
und ihre Angemessenheit gelten die gleichen Grundsätze wie bei § 651c Abs 3 (vgl
ERMAN/SEILER Rn 8; MünchKomm/TONNER Rn 11). Die Voraussetzungen der Abhilfe entsprechen denen bei § 651c Abs 2.

24 Die **Angemessenheit** der Nachfristsetzung beurteilt sich insbesondere nach der Intensität der Mängel und der Notwendigkeit der alsbaldigen Beseitigung (LG Frankfurt aM
NJW 1985, 1473; LÖWE 95; SEYDERHELM Rn 26). Da § 651c Abs 3 dem Reisenden nur ein
Recht auf **Selbstabhilfe** einräumt, ihn aber nicht zur Selbstabhilfe verpflichtet, kann
der Veranstalter den Reisenden im Rahmen des § 651e Abs 2 nicht auf diese Hand-
lungsalternative verweisen (so zutreffend LÖWE 95).

25 Eine Abhilfe nach Fristablauf kann das Kündigungsrecht im Einzelfall als **rechtsmiss-
bräuchlich** erscheinen lassen. Dies gilt insbesondere dann, wenn die Abhilfe bereits
kurz nach Ablauf der Frist geleistet worden ist und der Reisende noch keine Dispositionen für seine Rückkehr getroffen hat.

aa) **Keine Kündigungsandrohung**
26 Da § 651e Abs 2 S 1 keine **Kündigungsandrohung** des Reisenden voraussetzt, kann
dieser auch nach Ablauf der Frist noch Abhilfe verlangen (vgl Gesetzentwurf der Bundesregierung BT-Drucks 7/5141). Der Verzicht des Gesetzgebers auf die Notwendigkeit einer
Kündigungsandrohung ist aber auch sachgerecht, weil der Reisende durch die Fristsetzung deutlich zum Ausdruck bringt, dass er nach erfolglosem Fristablauf Konsequenzen ziehen, also im Zweifel kündigen will (vgl EBERLE DB 1979, 341, 344).

bb) **Fristablauf als formelle Kündigungsvoraussetzung**
27 Die Kündigung ist erst zulässig, wenn der Reiseveranstalter die vom Reisenden
gesetzte **angemessene Frist** ergebnislos hat verstreichen lassen. Er darf also keine
Abhilfe geleistet haben. Hat der Reiseveranstalter innerhalb der Frist Abhilfe geleistet, hat der Reisende keinen Kündigungsgrund mehr. Dieses selbstverständliche
Ergebnis kann nur in den Fällen hinterfragt werden, in denen der Reiseveranstalter
zwar Abhilfe leistet, diese aber nicht vollständig erfolgt. Hier stellt sich die Frage, ob
auch eine **teilweise Abhilfe** den Kündigungsgrund entfallen lässt. Dies kann nur dann
angenommen werden, wenn die nach der unvollständigen Abhilfe verbleibenden
Mängel die Erheblichkeitsgrenze des § 651e Abs 1 nicht mehr erreichen (SEYDERHELM
Rn 26; TEMPEL 438).

b) **Entbehrlichkeit der Fristsetzung (§ 651e Abs 2 S 2)**
aa) **Allgemeines**
28 Es bedarf keiner Fristsetzung, wenn die Abhilfe **unmöglich** ist, vom Reiseveranstalter
zu Unrecht verweigert wird oder wenn die sofortige Kündigung des Vertrages durch
ein **besonderes Interesse des Reisenden** gerechtfertigt wird (§ 651e Abs 2 S 2). Die
Regelung in § 651e Abs 2 S 2 entspricht der des § 634 Abs 2. Selbstverständlich entfällt in diesen Fällen auch eine Anzeigeobliegenheit hinsichtlich des Mangels. Eine

Fristsetzung ist auch dann entbehrlich, wenn der Veranstalter den Reisenden entgegen **§ 6 Abs 2 Nr 7 BGB-InfoV** nicht über dieses Erfordernis informiert hat.

bb) Unmöglichkeit der Abhilfe

Die Abhilfe ist ausschließlich bei **objektiver Unmöglichkeit** unmöglich im Sinne des § 651e Abs 2 S 2. Es ist also nicht ausreichend, dass die Abhilfe nur dem konkreten Reiseveranstalter unmöglich ist (vgl OLG Köln RRa 2001, 3; LG Hamburg NJW-RR 1997, 1204; AG Heidelberg RRa 1998, 52; Bechhofer 87; Bidinger/Müller 159; Führich Rn 315; MünchKomm/Tonner Rn 12; Erman/Seiler Rn 7; Pick Rn 59; Soergel/H-W Eckert Rn 10). Es gelten auch insoweit die gleichen Grundsätze wie bei §§ 281 Abs 2, 323 Abs 2. Häufig bedeutet die objektive Unmöglichkeit der Abhilfe zugleich die Unmöglichkeit einer Hauptleistungspflicht, so dass sich die Anwendungsbereiche der §§ 275, 280 ff, 323 ff mit dem des § 651e überschneiden (vgl auch Vorbem 12 ff zu §§ 651c ff).

cc) Verweigerung der Abhilfe

Ein bloßer sinnloser Formalismus wäre das Erfordernis einer angemessenen Fristsetzung auch dann, wenn der Reiseveranstalter die **Abhilfe verweigert**. Insoweit ist § 323 Abs 2 Nr 1 entsprechend heranzuziehen. Diese Verweigerung muss aber so eindeutig erklärt werden, dass sie als endgültig und ernsthaft zu verstehen ist. Dafür genügt jedes Verhalten, das einen entsprechend eindeutigen Schluss zulässt. So stellt es eine Verweigerung der Abhilfe dar, wenn der Veranstalter das Vorhandensein von Mängeln zu Unrecht bestreitet (vgl LG Frankfurt aM RRa 1997, 42; Bidinger/Müller 159; Erman/Seiler Rn 7; Führich Rn 315; MünchKomm/Tonner Rn 12; RGRK/Recken Rn 8; Seyderhelm Rn 31). ZT wird dies aber auch als ein Umstand gewertet, der ein besonderes Interesse des Reisenden an einer sofortigen Kündigung iSd § 651e Abs 2 S 1 begründet. Ebenso stellt es eine Verweigerung der Abhilfe dar, wenn sich vor Reiseantritt ein Mangel zeigt und der Reiseveranstalter selbst erklärt, dass er die Reise voraussichtlich nicht mangelfrei durchführen können wird und er nichts dazu beitragen könne, die ordnungsgemäße Vertragserfüllung sicherzustellen (BGHZ 77, 310).

dd) Besonderes Interesse des Reisenden

Ein **besonderes Interesse des Reisenden** an der sofortigen Kündigung ist dann anzunehmen, wenn das Vertrauen des Reisenden auf eine ordnungsgemäße Abhilfe durch das vertragswidrige Verhalten des Reiseveranstalters schwer erschüttert ist (BT-Drucks 8/786, 29; Bidinger/Müller 159; Erman/Seiler Rn 7; vgl auch BGHZ 46, 242, 245). Ob ein besonderes Interesse des Reisenden und damit das sofortige Kündigungsrecht iSd § 651e Abs 2 S 2 auch dann gegeben ist, wenn der Reisende am Urlaubsort sein Gepäck nicht vorfindet, ist aber zweifelhaft (so OLG Frankfurt aM FVE Bd 9 Nr 907; aA LG Hannover NJW 1985, 2903; Führich Rn 315). Diese Konsequenz erscheint zu hart. Im modernen Massentourismus kommt es leider immer wieder vor, dass Gepäck fehlgeleitet oder bei der Ausgabe verwechselt wird. Man wird daher dem Reiseveranstalter eine angemessene Frist zur Wiederbeschaffung des Gepäcks einräumen müssen. Diese Frist kann angesichts des Umstandes, dass der Reisende auf sein Gepäck angewiesen ist, aber nur kurz (bis zu vier Tage) bemessen sein (vgl LG Hannover NJW 1985, 2903; Eberle DB 1979, 341, 344; Führich Rn 315). Ob ein besonderes Interesse an einer sofortigen Kündigung auch dann zu bejahen ist, wenn die **Mängel so zahlreich** sind, dass es aussichtslos erscheint, sie vor Urlaubsende zu beseitigen, erscheint ebenfalls fraglich (so aber OLG Köln FVE Bd 7 Nr 711; AG Bielefeld RRa 1995, 152; Führich Rn 315; MünchKomm/Tonner Rn 12). Dies ist wohl abzulehnen. Der Reisende ist hinreichend dadurch geschützt, dass dem Reiseveranstalter nur eine angemessene Frist zur Leistung der Abhilfe verbleibt. Diese Frist bemisst sich nach der Art und Intensität der Mängel. Wird dem Reisenden bei zahlreichen Mängeln ein sofortiges Kündigungsrecht eingeräumt, so wird ihm das **Risiko der Fehleinschätzung** übertragen, das angesichts der organisatorischen Möglichkeiten des Reiseveranstalters nicht unerheblich sein kann. Ein sofortiges Kündigungsrecht hat die Rspr (AG Frankfurt aM FVE Bd 6 Nr 580) aber dann bejaht, wenn der Reisende am Zielort feststellen muss, dass eine Reservierung überhaupt nicht erfolgt ist. Hieran ist unter der Geltung des Reisevertragsgesetzes festzuhalten (Führich Rn 315). Ein Reisender darf jedoch nicht sofort die Rückreise antreten, wenn ihm zunächst ein, wenn auch mangelhaftes, Ersatzquartier angeboten wird (AG Frankfurt aM FVE Bd 6 Nr 580). Die Notwendigkeit der Fristsetzung entfällt schließlich zB auch dann, wenn sich die Unterkunft in gesundheitsschädlichem Zustand befindet (Bartl, Recht im Urlaub, Feuchtigkeit 123).

32 Ein besonderes Interesse des Reisenden iSd § 651e Abs 2 S 2 ist auch in den Fällen, in denen die Fristsetzung wegen des **Fehlens eines örtlichen Reiseleiters** auf besondere Schwierigkeiten stößt, etwa der Reisende vom Ausland aus dem inländischen Reiseveranstalter die Frist zu setzen hat, nicht anzunehmen (so aber BT-Drucks 8/786, 29; LG Köln NJW-RR 1989, 566; LG Frankfurt aM NJW-RR 1991, 880; Führich Rn 315; MünchKomm/ Tonner Rn 12). Da das Reisevertragsgesetz den Reiseveranstalter nicht verpflichtet, an jedem Zielort oder in jeder Region einen Reiseleiter zu stellen (vgl Rn 33), kann allein aus dessen Fehlen kein fristloses Kündigungsrecht abgeleitet werden. Auch bleiben die Rechte des Reisenden nach § 651e Abs 2, Abs 4 auch dann ungeschmälert, wenn die Fristsetzung gegenüber einem am Zielort nicht präsenten Reiseveranstalter erfolgen muss. Denn der Umstand, dass der Reiseveranstalter keine örtliche Reiseleitung hat, führt nicht zu einer Fristverlängerung. Ein besonderes Interesse an einer sofortigen Kündigung ist aber anzuerkennen, wenn dem Reiseveranstalter die **Mängel bereits vor Reiseantritt bekannt** waren und er den Reisenden nicht darüber informiert hat. Einem Reisenden, der auf eine Diätverpflegung angewiesen ist, ist es auch nicht nur einen Tag zumutbar, auf diese zugesagte Verpflegungsart zu verzichten. Auch in den Fällen des § 651e Abs 1 S 2 wird regelmäßig ein besonderes Interesse iSv § 651e Abs 2 S 2 gegeben sein.

3. Kündigungserklärung

33 Für die Kündigungserklärung gelten die allgemeinen Grundsätze. Sie ist dem Reiseveranstalter oder dem von ihm bestellten Empfangsboten oder Vertreter – in aller Regel dem örtlichen Reiseleiter – gegenüber zu erklären (vgl Löwe 96; Pick Rn 67 ff; RGRK/Recken Rn 9; Tempel NJW 1986, 547, 551 f). Aus der Erklärung muss eindeutig hervorgehen, dass der Reisende kündigen will. Allerdings braucht die Kündigung **nicht ausdrücklich** erklärt zu werden. Eine konkludente Kündigungserklärung genügt. So ist es als Kündigung aufzufassen, wenn der Reisende aufgrund erheblicher Mängel die angemietete Unterkunft räumt und abreist (LG Köln MDR 1991, 840; AG Kleve RRa 1996, 179; LG Frankfurt aM RRa 2000, 52 ff; Seyderhelm Rn 36). Der Veranstalter ist nicht verpflichtet, einen örtlichen Reiseleiter zu stellen, der für die Entgegennahme der Kündigungserklärung zuständig ist (Tempel BB 1982, 627; aA Löwe 110). Ist keine örtliche Reiseleitung oder sonstige Repräsentanz des Reiseveranstalters am Urlaubsort vorhanden, so ist der Reisende zwar nicht verpflichtet, die Kündigung bereits vom Urlaubsort aus gegenüber der Zentrale des Reiseveranstalters in

Deutschland zu erklären, er muss diese Erklärung aber unmittelbar nach seiner Rückkehr nach Deutschland und spätestens mit der Anmeldung seiner Ansprüche nach § 651g Abs 1 nachholen (LG Frankfurt aM NJW-RR 1991, 880). Die Kündigung wird wirksam mit ihrem Zugang (§ 130).

4. Besonderheiten bei Gruppenreisen

Buchen mehrere Personen als Gruppe (zB Familie, Arbeitskollegen, Freundeskreis) **34** eine Reise, so ist für die Kündigung danach zu unterscheiden, ob ein Mangel nur ein einzelnes Gruppenmitglied betrifft – **„Einzelmangel"** – oder alle Gruppenmitglieder gleichermaßen – **„Gesamtmangel"** – (vgl BIDINGER/MÜLLER 161; MünchKomm/TONNER Rn 13; SEIDEL 53 f; SOERGEL/H-W ECKERT Rn 12; gegen diese Unterscheidung LG Frankfurt aM NJW-RR 1986, 1173; FÜHRICH Rn 318; SEYDERHELM Rn 40). Bei einem Gesamtmangel ist die Kündigung nur wirksam, wenn sie sich auf alle Reiseteilnehmer bezieht, also alle gemeinsam die Reise abbrechen wollen. In diesem Fall muss aber gleichwohl jedes Gruppenmitglied eine eigene Kündigungserklärung abgeben, auch wenn nur ein Mitreisender den Vertrag geschlossen hat (MünchKomm/TONNER Rn 14; BGB-RGRK/RECKEN Rn 10; SOERGEL/H-W ECKERT Rn 12; aA [Kündigung nur einheitlich für alle Mitglieder der Gruppe] FÜHRICH Rn 318; SEYDERHELM Rn 40). Dagegen genügt bei einem Einzelmangel die isolierte Kündigung durch den betroffenen Reisenden, die Mitreisenden können also ihre Reise fortsetzen. Die Wirkungen der Kündigung nach § 651e Abs 3 u 4 treten in diesem Fall nur für den Kündigenden ein. Auch wenn davon auszugehen ist, dass ein Reisemangel häufig und gerade bei Familien nicht nur einen Mitreisenden berührt, sondern – jedenfalls mittelbar – die gesamte Gruppe, sind Einzelmängel denkbar (zB ein einzelnes Hotelzimmer ist mangelhaft, ein Reisender erkrankt an verdorbenem Essen), die den Rest der Gruppe nicht betreffen. Daher muss auch – vor allem bei lockerer zusammengeschlossenen Gruppen – eine **„Teilkündigung"** des allein betroffenen Reisenden zulässig sein (BIDINGER/MÜLLER 159; MünchKomm/TONNER Rn 13; **aA** LG Frankfurt aM NJW-RR 1986, 1173; FÜHRICH Rn 318; SEYDERHELM Rn 40).

III. Rechtsfolgen der Kündigung

1. Verlust des Anspruchs auf Zahlung des Reisepreises (§ 651e Abs 3 S 1)

Mit der rechtswirksamen Kündigung des Reisevertrages verliert der Reiseveranstal- **35** ter nach § 651e Abs 3 S 1 den **Anspruch auf den vereinbarten Reisepreis**, und zwar nicht nur ex-nunc, sondern auch bezüglich der Reiseleistungen, die bereits erbracht worden sind (ERMAN/SEILER Rn 9; BLAUROCK 14; vgl aber auch § 651c Rn 79). Eine **Minderung entfällt** also. Dies ist dogmatisch mit einem Kündigungsrecht nicht vereinbar (vgl ERMAN/SEILER Rn 9; vgl aber zur Erfassung als Kündigungsrecht oben, Rn 2). Der Reiseveranstalter kann jedoch nach § 651e Abs 3 S 2 für die bereits erbrachten oder bis zur Beendigung der Reise noch zu erbringenden Reiseleistungen eine nach § 638 Abs 3 zu bemessende **Entschädigung** verlangen. Dies gilt allerdings nicht, soweit diese Leistungen infolge der Aufhebung des Vertrages für den Reisenden kein Interesse mehr haben.

Da der Reiseveranstalter nach § 651e Abs 3 S 1 mit der wirksamen Kündigung wegen **36** eines Mangels iSv § 651e Abs 1 S 1, 2 rückwirkend seinen Anspruch auf den vereinbarten Reisepreis verliert, steht dem Reisenden, der regelmäßig bereits bei Reiseantritt den vollen Reisepreis bezahlt hat, an sich ein **Anspruch auf Herausgabe** dieses Betrages **gem §§ 812 ff** zu, soweit er nicht zu Recht für die Entschädigung nach § 651e Abs 3 S 2 in Anspruch genommen wird und sich dieser Gegenanspruch zur Aufrechnung eignet (vgl ERMAN/SEILER Rn 14; PICK Rn 74; unklar bei Mitverschulden BGHZ 85, 50, 59 ff).

37 § 651e Abs 3 S 1 führt anders als die Regelung bei der Minderung in § 651d Abs 1 S 2 iVm § 638 Abs 4 an sich zu keinem vertraglichen Rückzahlungsanspruch. Ob dies wegen der Möglichkeit des **Wegfalls der Bereicherung** (§ 818 Abs 3) tatsächlich eine Schlechterstellung des Reisenden darstellt, ist zweifelhaft (so aber LEONARDY DRiZ 1978, 269; vgl auch die Begründung des Vermittlungsausschusses BT-Drucks 8/2589, 4; ERMAN/SEILER Rn 14). Dies wäre jedenfalls dann der Fall, wenn sich der Reiseveranstalter gegenüber dem Reisenden darauf berufen könnte, dass er den bereits vor dem Reiseantritt bezahlten Reisepreis schon an den oder die mangelhaft leistenden Leistungsträger ausbezahlt hat und dass er bei diesen aus rechtlichen oder faktischen Gründen keinen erfolgreichen Regress nehmen könne. Da die Rechte des Reisenden im Außenverhältnis zum Reiseveranstalter aber vom Innenverhältnis zwischen dem Reiseveranstalter und den Leistungsträgern grundsätzlich nicht berührt werden (vgl Rn 41), ist dies abzulehnen. Bedenken gegen die Vorleistungspflicht des Reisenden ergeben sich aus ganz anderen Gründen (vgl § 651a Rn 132).

38 Dennoch bleibt fraglich, ob nicht auch im Rahmen des § 651e Abs 3 S 1 von einem **vertraglichen Rückzahlungsanspruch nach § 346** auszugehen ist (so BGHZ 85, 50, 59 ff). Der Gesetzgeber hat zwar in § 651e den Rücktritt den Besonderheiten des Reisevertrages angepasst, doch hatte er keinen Anlass, dem Reisenden einen vertraglichen Rückzahlungsanspruch abzuerkennen. Der in § 651e Abs 3 S 1 getroffenen Anordnung, dass der Reiseveranstalter mit der rechtswirksamen Ausübung des Kündigungsrechts seinen Anspruch auf den Reisepreis verliert, lässt sich vielmehr entnehmen, dass dem Reisenden bezüglich bereits geleisteter Zahlungen ein vertraglicher Rückzahlungsanspruch zustehen soll. Dieser ergibt sich mangels ausdrücklicher Verweisung auf § 638 Abs 4 aus einer analogen Anwendung dieser Vorschrift (PALANDT/ SPRAU Rn 5). Der Reiseveranstalter kann also weder Abzüge wegen angefallener Schreib-, Telegramm- oder Telefonkosten noch wegen der Weiterleitung eines Teils der Anzahlung an die Leistungsträger geltend machen (so zum früheren Recht BGHZ 77, 310). Es ist davon auszugehen, dass der Rückzahlungsanspruch wie bei § 638 Abs 4 auf dem durch die Kündigung **umgestalteten Vertragsverhältnis** beruht (so auch BGHZ 85, 50, 59 ff; BIDINGER/MÜLLER 162; BRENDER 172; H-W ECKERT, Pauschalreiserecht 113 ff; ERMAN/ SEILER Rn 14; FÜHRICH Rn 319; HEINZ 76; LARENZ VersR 1980, 689, 692; PALANDT/SPRAU Rn 5; BGB-RGRK/RECKEN Rn 11; SEYDERHELM Rn 41; SOERGEL/ H-W ECKERT Rn 14; TEICHMANN JZ 1979, 737, 741; WOLTER AcP 183, 35, 46 f; **aA** [Rückabwicklung nach §§ 812 ff] BT-Drucks 8/2589, 4; BARTL Rn 80; EICHINGER Jura 1981, 185, 190; KÖHLER JuS 1979, 868, 874; LÖWE BB 1979, 1357, 1363; PICK Rn 74; SEILER BB 1986, 1932, 1938; WEDEPOHL 66 ff).

2. Entschädigungsanspruch (§ 651e Abs 3 S 2)

a) Allgemeines

39 An die Stelle des durch die Kündigung vollständig wegfallenden Vergütungsanspruchs des Reiseveranstalters tritt nach § 651e Abs 3 S 2 ein **Entschädigungsanspruch** für die mangelfrei erbrachten oder bis zum Reiseende noch zu erbringenden

Reiseleistungen. § 651e Abs 3 S 2 verwies hinsichtlich der Berechnung dieses Entschädigungsanspruchs auf § 471 aF. An die Stelle dieser Verweisung trat durch das Schuldrechtsmodernisierungsgesetz eine solche auf die werkvertragliche Berechnungsgrundlage des § 638 Abs 3. Der Gesetzgeber wollte damit die inhaltliche Nähe des Reisevertragsrechts zum Werkvertragsrecht betonen, ohne damit eine inhaltliche Änderung zu verbinden (vgl Führich NJW 2002, 1982, 1084). Die Bemessung des Entschädigungsgrundes ist und bleibt ausgesprochen schwierig. Der Gesetzgeber verwies wegen der Einzelheiten ausschließlich auf die „Erläuterungsbücher" zum BGB hinsichtlich des früher in Bezug genommenen § 471 aF (vgl BT-Drucks 7/5141 unter § 17). In der Sache wollte der Gesetzgeber dem Reiseveranstalter also für die erbrachten und noch zu erbringenden Reiseleistungen einen **Anspruch auf eine Teilvergütung** einräumen. Es handelt sich dabei um **keine Wertvergütung**. Die Vergütung ist nunmehr **nach § 638 Abs 3** zu bemessen.

Dieser Weg über § 638 Abs 3 ist in der Praxis kaum gangbar, weil der für die Ermittlung des Wertes der einzelnen mangelfreien und mangelhaften Reiseleistungen erforderliche Einblick in die Kalkulationsweise des Reiseveranstalters nicht besteht (vgl MünchKomm/Tonner Rn 16 zu § 471 aF). Hinzu kommt, dass ein gravierender Mangel häufig auf die ganze Reise ausstrahlt, was die Berechnung zusätzlich erschwert (Soergel/H-W Eckert Rn 15). **40**

Sieht eine **Allgemeine Reisebedingung** vor, dass dem Kunden nach der Kündigung nur die Beträge zurückerstattet werden, die der Leistungsträger dem Reiseveranstalter gutschreibt, so ist eine derartige Klausel wegen Verstoßes gegen § 651m S 1 unwirksam. Für die Bemessung der Entschädigung ist das Innenverhältnis zwischen Reiseveranstalter und Leistungsträgern ohne Belang. Erst recht ist daher die sich im Extremfall aus einer solchen Klausel ergebene Konsequenz unzulässig, dass der Reisepreis voll einbehalten wird, soweit keine Rückvergütung durch den Leistungsträger erfolgt (so zutreffend Löwe 100). **41**

b) Berechnung der Entschädigung
Überwiegend wird dann, wenn es überhaupt möglich ist, die mangelhafte Reiseleistung in einen mangelfreien und einen mangelhaften Teil zu zerlegen, eine **zeitbezogene Berechnung** vorgenommen (vgl LG Frankfurt aM NJW 1984, 1762; NJW-RR 1986, 55; RRa 2001, 76; Bechhofer 88; Bidinger/Müller 162; Führich Rn 320; Isermann 155; MünchKomm/Tonner Rn 17; Pick Rn 75 ff; Seyderhelm Rn 42 f; Siegel VuR 1987, 181, 191; Soergel/H-W Eckert Rn 16; Tempel NJW 1985, 97, 102), die im Ergebnis auf eine ex-nunc-Wirkung der Kündigung hinausläuft (Bidinger/Müller 162; Führich Rn 320; MünchKomm/Tonner Rn 17). Dabei wird als Entschädigung der vereinbarte Reisepreis bis zur Kündigung abzüglich der Minderung für die Reisemängel zugrunde gelegt. Die Entschädigung des Reiseveranstalters soll danach den Teil am Gesamtreisepreis ausmachen, der dem Verhältnis der tatsächlichen zur vertraglich vereinbarten Reisedauer entspricht, abzüglich der Minderung der Reiseleistungen für die tatsächliche Reisedauer (vgl Tonner, Reisevertrag Rn 11; MünchKomm/Tonner Rn 17). Daraus ergibt sich für die Berechnung des Entschädigungsanspruchs (x) folgende **Formel** (Führich Rn 320; Pick Rn 78; Tonner, Reisevertrag Rn 10 f): **42**

$$x = \frac{\text{Reisepreis} \times \text{tatsächliche Reisedauer}}{\text{vereinbarte Reisedauer}} - \text{geminderter Reisepreis}$$

43 Bei der Berechnung der Teilvergütung hat man sich an den Kriterien zu orientieren, die für die **Minderung** entwickelt worden sind (so zutreffend ERMAN/SEILER Rn 10). Zusätzliche Schwierigkeiten entstehen aber dadurch, dass der Reiseveranstalter mit der Kündigung seinen Vergütungsanspruch verliert, dieser also auch nicht bis zum Zeitpunkt der Ausübung des Kündigungsrechts gemindert werden kann. Man muss daher im Rahmen der Berechnung der Teilvergütung von der **Fiktion des Fortbestehens eines Vergütungsanspruchs** für die Zeit bis zur Kündigung ausgehen und unter Berücksichtigung des Ausmaßes der Beeinträchtigung die Entschädigung berechnen. Dies kann zu einer Reduzierung auf Null führen.

44 Wird der Gesamtpreis mit „g", der Gesamtwert aller Reiseleistungen in mangelfreiem Zustand mit „gw" und der Gesamtwert der von der Kündigung nicht ergriffenen Leistungen mit „mw" bezeichnet, so ergibt die Formel

$$x = \frac{mw \times g}{gw}$$

den mit „x" bezeichneten Minderungsbetrag. Bei einem Gesamtpreis von 2000 Euro, einem Gesamtwert aller Leistungen in mangelfreiem Zustand von 1500 Euro und einem Gesamtwert der von der Kündigung nicht ergriffenen Leistungen von 700 Euro ist der Minderungsbetrag wie folgt zu berechnen:

$$\frac{700 \times 2000}{1500} = 933{,}33 \text{ Euro}$$

(vgl auch ERMAN/WEITNAUER § 471 Rn 1; LÖWE 99).

45 In der Praxis scheitert eine solche Berechnung jedoch in aller Regel schon deshalb, weil die Werteinheiten nur schwer ermittelt werden können und der Urlaub in Form einer Pauschalreise eine Gesamtleistung, eine Einheit, darstellt, bei der die Mangelhaftigkeit einer Teilleistung auf den Wert der übrigen Teilleistungen ausstrahlt (SOERGEL/H-W ECKERT Rn 15). Wenn man eine Lebensmittelvergiftung erlitten hat, wird man auch die Unterbringung in einer Pracht-Suite nicht zu schätzen wissen. Dieser Grundsatz gilt unabhängig von § 651e Abs 3 S 2. Wer einen Traumflug erlebt hat, wird ihn bei einer Unterkunft in Zimmern mit Ungeziefer alsbald vergessen. Wer nachts wegen Diskothekenlärm kein Auge zutut, wird auch bei exzellenter Verpflegung selbst als Gourmet nicht in Stimmung geraten. Man muss also weitestgehend auf exakt berechenbare Größen verzichten. Andererseits ist an folgenden Grundlagen festzuhalten: Stellt man tatsächlich auf die einzelnen Reiseleistungen ab, so kommt ein Entschädigungsanspruch, wenn überhaupt, nur für mangelfreie Reiseleistungen in Betracht, nicht jedoch für mangelhafte Reiseleistungen, deretwegen der Reisende gekündigt hat (BARTL Rn 79; FÜHRICH Rn 320; HEINZ 76; SOERGEL/H-W ECKERT Rn 15), da das Kündigungsrecht ja eine erhebliche Beeinträchtigung der Reise voraussetzt. Ob sich aber eine mangelhafte Reiseleistung überhaupt in einen mangelfreien und einen mangelhaften Teil zerlegen lässt, ist mehr als zweifelhaft. Eröffnet zB nach zwei Wochen Urlaub eine lautstarke Diskothek ihren Betrieb neben einem ruhigen Hotel und wird dadurch dem Reisenden in der dritten und vierten Urlaubswoche der Schlaf geraubt (Beispiel bei TONNER, Reisevertrag Rn 13 ff) und wird daraufhin der Reisevertrag gekündigt, so wird man dem Reiseveranstalter hinsichtlich der Leistung der Unterkunft für die Zeit der Lärmfreiheit kaum einen ungekürzten Teil der Reisekosten zusprechen können (vgl aber TONNER Reisevertrag Rn 13 ff). Vielmehr strahlt die spätere Beeinträchtigung auf die ersten beiden Urlaubswochen aus und beeinträchtigt den Urlaubserfolg im Ganzen. Insoweit kommt es jedoch auf die Umstände des Einzelfalles an. Wer einen Kurzurlaub von einer Woche in einem ruhigen Hotel bucht, wird kaum Verständnis dafür aufbringen, für die ersten beiden ruhigen Tage bezahlen zu müssen, wenn der Resturlaub durch den Lärm einer neu eröffneten Baustelle beeinträchtigt wird. Wer dagegen drei Wochen Ruhe gehabt hat und in der vierten Woche wegen Lärms nach 24 Stunden kündigt, kann kaum in Abrede stellen, mangelfreie und damit entschädigungspflichtige Leistungen des Reiseveranstalters erhalten zu haben (vgl BARTL Rn 79; EBERLE DB 1979, 341, 344; HEINZ 76 f; SOERGEL/H-W ECKERT Rn 16; TONNER, Reisevertrag Rn 14). Auf jeden Fall ist die **Beeinträchtigung des Gesamturlaubs** bei der Bemessung der Entschädigung nach § 651e Abs 3 S 2 immer zu berücksichtigen.

Im Rahmen der Entschädigung verbleiben dem Veranstalter die **Beförderungskosten** **46** (vgl aber auch Rn 52) und die **effektiv aufgewandten Unkosten** für die verbliebenen Urlaubstage (LG Frankfurt aM FVE Nr 261). War die Unterkunft mangelhaft, so bemisst sich die Entschädigung für die Verpflegung nach der Höhe der häuslichen Ersparnisse für den Reisenden (so LÖWE 100).

c) Wegfall der Entschädigungspflicht (§ 651e Abs 3 S 3)
Nach § 651e Abs 3 S 3 entfällt die Entschädigungspflicht des Reisenden ganz, wenn **47** die Leistungen des Reiseveranstalters für ihn infolge der Aufhebung des Vertrages **kein Interesse** haben. Wann dies der Fall ist, bestimmt sich nach den **Umständen des Einzelfalls**, wobei insbesondere auf die **Schwere des Mangels** und den **vereinbarten Urlaubszweck** abzustellen ist (vgl LG Frankfurt aM RRa 2000, 52; LG Düsseldorf RRa 2000, 28; AG Kleve NJW-RR 2001, 1560, 1562; FÜHRICH Rn 321; MünchKomm/TONNER Rn 18; PICK Rn 79; SOERGEL/H-W ECKERT Rn 17).

Demgegenüber nehmen andere auch für die Beurteilung des Interessenfortfalls nach **48** § 651e Abs 3 S 3 eine **prozentuale Quantifizierung** vor. Danach sind die Reiseleistungen für den Reisenden erst dann ohne Interesse, wenn die Reisemängel zu einer Minderung des Reisepreises um **mindestens 50%** berechtigen würden (vgl OLG Frankfurt aM Urt v 29. 2. 1984 – 17 U 55/83; LG Frankfurt aM NJW 1984, 1762, 1763; SEYDERHELM Rn 47; TEMPEL NJW 1985, 97, 102; ders NJW 1986, 547, 551). Diese Auffassung, die denselben Grenzwert anwendet, den ein Teil der Rspr auch bei der Feststellung einer erheblichen Beeinträchtigung in § 651f Abs 2 zugrunde legt (vgl dazu § 651f Rn 65), ist mit der gebotenen Einzelfallbetrachtung unvereinbar und daher **abzulehnen** (vgl auch H-W ECKERT, Pauschalreiserecht 116; FÜHRICH Rn 321; MünchKomm/TONNER Rn 18; vgl auch § 651d Rn 40 und oben Rn 17). Soweit entgegen der hier vertretenen Auffassung bereits die Zulässigkeit der Kündigung nach § 651e an das Erreichen einer bestimmten Minderungsquote gekoppelt wird (vgl oben Rn 17), ist jedenfalls zu beachten, dass der Grenzwert für einen Wegfall der Entschädigungspflicht nach § 651e Abs 3 S 3 deutlich über dem für die Zulässigkeit der Kündigung liegenden Prozentsatz liegen muss. Denn § 651e Abs 3 S 2 sieht die Entschädigung des Reiseveranstalters bei einer Kündigung des Reisenden nach Abs 1 eindeutig als Regelfall vor. Fordert man wie ein Teil der Lit und Rspr (vgl oben Rn 17) also bereits für die Kündigung als solche das Erreichen einer Minderungsquote von 50%, verbietet sich dieser Grenzwert für den Wegfall der Entschädigungspflicht des Reiseveranstalters schon deshalb, weil dann kein Fall denkbar wäre, bei dem es anlässlich einer wirksamen Kündigung zu einer Entschädigungspflicht des Reisenden kommen könnte.

49 SEILER weist zutreffend darauf hin, dass vielfach der mit der Reise erstrebte Erlebniswert nicht völlig verfehlt wird, so dass eine Entschädigung in Höhe eines geminderten Reisepreises für die bereits erbrachten Reiseleistungen, für die Unterkunft bis zur Rückbeförderung sowie für Letztere selbst festzusetzen ist (vgl ERMAN/SEILER Rn 10). Dies gilt naturgemäß in ganz besonderem Maße, wenn der Reisende, da ihn der Veranstalter nicht zurückbefördert hat, am Urlaubsort geblieben ist. In diesem Fall kann der Reiseveranstalter für die von ihm tatsächlich erbrachten Reiseleistungen wie Flug, Unterkunft und Verpflegung eine nach § 638 Abs 3 zu bemessende Entschädigung während der gesamten Zeit verlangen (LG Düsseldorf RRa 2000, 28 f).

50 Bei der Abgrenzung der Entschädigungspflicht nach § 651e Abs 3 S 2 zum Ausschlusstatbestand des § 651e Abs 3 S 3 wird man davon ausgehen müssen, dass **§ 651e Abs 3 S 3 kein eigenständiger Regelungsgehalt** zukommt. Mit dieser Norm sollen nur die Sachverhalte erfasst werden, in denen typischerweise eine Entschädigungspflicht per se entfällt.

51 Rechtsprechung und Schrifttum behandeln in diesem Zusammenhang vornehmlich die Fälle **einwandfreier Beförderung** bei ansonsten mangelhaften Reiseleistungen bzw der **Nichtaushändigung des Gepäcks** (vgl OLG Düsseldorf NJW-RR 1998, 53; LG Frankfurt aM NJW-RR 1989, 312; LG Hannover NJW 1985, 2903, 2904; BIDINGER/MÜLLER 163; FÜHRICH Rn 321; MünchKomm/TONNER Rn 18).

52 Der Gesetzgeber ist ebenfalls davon ausgegangen, dass sich die Beförderungsleistung bei kurz darauf erfolgender Kündigung am Zielort als wertlos herausstellt. In der Begründung zu dem Regierungsentwurf (BT-Drucks 7/5141 zu § 17) wird ausgeführt, dass ein derartiger **Interessenfortfall** etwa dann vorliegen wird, wenn der Reisende wegen des untragbaren Zustandes der Unterkunft den Vertrag rückgängig macht. In diesem Fall habe die Beförderungsleistung, aber auch die Betreuung durch einen örtlichen Reiseleiter für den Reisenden keinen Wert.

53 Dies erscheint plausibel. **Beförderungsleistungen zum Urlaubsort** dürfen bei alsbaldiger Kündigung in die Entschädigung nicht mit aufgenommen werden. Dies gilt auch für einen **Auslandsflug**. Dessen Erlebniswert kann nicht in die Entschädigungsrechnung eingehen, wenn sich die Unterkunft am Zielort zB wegen des Ausfalls von Strom und Wasser sowie erheblichem Nachtlärm als unbenutzbar herausstellt und deshalb die Vertragskündigung erfolgt (vgl LG Frankfurt aM NJW-RR 1986, 55, 56; BARTL Rn 80; ders NJW 1979, 1384, 1387; BLAUROCK 14; ERMAN/SEILER Rn 10; LÖWE 100; SEYDERHELM Rn 47; SOERGEL/H-W ECKERT Rn 16; TONNER, Reisevertrag Rn 13 ff). Gleiches gilt, wenn der Reisende nach seiner Ankunft feststellen muss, dass für ihn keine Reservierung im Hotel vorliegt (OLG Düsseldorf NJW-RR 1986, 1175). Auch der Ausfall einer Busrundreise durch Australien macht den Hin- und Rückflug wertlos (LG Frankfurt aM RRa 2003, 25, 26 f). Dies gilt unabhängig von der Beförderungsart. Auch eine **Schiffsreise** kann jeden Eigenwert verlieren, wenn sie nur kurzfristig dazu diente, den Reisenden an einen bestimmten Zielort zu bringen. In diesem Zusammenhang ist also danach zu unterscheiden, welchen Stellenwert die Schiffsreise im Rahmen der Pauschalreise hatte. War die Schiffsreise nach Art und Umfang die primäre Reiseleistung, wurde also nur kurze Zeit an einem oder mehreren Zielorten mit Übernachtung Halt gemacht, so ist die Beförderungsleistung im Falle der Kündigung wegen unzureichender Verpflegung oder Unterkunft anlässlich der Aufenthalte an Land in die Entschädigungsberechnung einzubeziehen. Diente die Schiffsreise dagegen nur kurzfristig dem Transport zum Zielort, so kann dieser Beförderung kein eigenständiger Wert zugesprochen werden (vgl BIDINGER/MÜLLER 162; vgl zum Erlebniswert eines Fluges auch OLG Düsseldorf FVE Nr 299).

Diese Grundsätze gelten indessen nicht, wenn die Kündigung **nicht unmittelbar nach** 54 **Ankunft**, sondern erst nach Ablauf einer bestimmten, störungslosen Urlaubszeit ausgesprochen wird. Wird die Kündigung zB bei einem auf drei Wochen geplanten Urlaub erst nach einer Woche ausgesprochen, so kann dem Reisenden nicht nur ein Drittel der Kosten dieser Beförderungsleistung in Rechnung gestellt werden, da eben ein Kurzurlaub von einer Woche nicht einfach mit dem Drittel eines dreiwöchigen Urlaubs gleichgesetzt werden kann (so aber wohl BIDINGER/MÜLLER 162; TONNER, Reisevertrag Rn 14). Eine vollständige Herausrechnung der Beförderungsleistung aus der Entschädigung kommt in diesem Fall erst recht nicht in Betracht (so auch TONNER, Reisevertrag Rn 14). Es ist allerdings einzuräumen, dass damit ein einfacher und praktikabler Weg zur Berechnung der Entschädigung ausscheidet.

Diese Grundsätze gelten auch für die **Rückbeförderung**, deren Mehrkosten nach 55 § 651e Abs 4 S 2 ausnahmslos der Reiseveranstalter zu tragen hat. Hinsichtlich der Vertragskosten wird man jedoch darauf abzustellen haben, welchen Wert die Beförderungsleistung trotz Kündigung des Reisevertrages noch hatte.

War die **Unterkunft mangelhaft**, so kann eine Entschädigung in Höhe der **ersparten** 56 **häuslichen Aufwendungen** in Betracht kommen.

Praktisch wird vielfach nur eine **Schätzung nach § 287 ZPO** weiterhelfen, in dessen 57 Rahmen Zweck der Reise und Gewicht bzw Umfang der Mängel als maßgebende Faktoren anzusehen sind (vgl ERMAN/SEILER Rn 10). Dem trägt das Gesetz mit der Verweisung in § 651c Abs 3 S 2 auch auf § 638 Abs 3 S 2 Rechnung, der eine Ermittlung der für die Berechnung notwendigen Werte erforderlichenfalls durch eine Schätzung gestattet.

Der Reiseveranstalter kann die angemessene Entschädigung auch **pauschalieren** 58 (ISERMANN 157; aA BIDINGER/MÜLLER 162 f; FÜHRICH Rn 328; MünchKomm/TONNER Rn 19; BGB-RGRK/RECKEN Rn 16). § 651l steht dem nicht entgegen, solange sich die Pauschale an vernünftigen wirtschaftlichen Kriterien orientiert und, gemessen am typischen Schadensumfang, nicht überhöht ist. Eine Pauschalierung ist nicht nur individualvertraglich, sondern auch in **Allgemeinen Reisebedingungen** zulässig. Insbesondere greift § 309 Nr 5 nicht ein, weil der Anspruch aus § 651e Abs 3 S 3 keinen Schadensersatzanspruch darstellt. Die Konditionenempfehlung des DRV für ARB enthält allerdings keine Pauschalierungsabrede.

3. Verpflichtung zur Vornahme der notwendigen Maßnahmen (§ 651e Abs 4)

Die Besonderheiten des Reisevertrages machen es erforderlich, dem Reisenden nach 59 einer berechtigten Kündigung nicht nur einen Rückforderungsanspruch hinsichtlich des vollen oder anteiligen Reisepreises zu geben. Er muss vielmehr vor den besonderen Schwierigkeiten bewahrt werden, die eine vorzeitige Auflösung des Reisevertrages mit sich bringt. Daher begründet § 651e Abs 4 für den Reiseveranstalter bestimmte über das Ende des Reisevertrages hinaus **nachwirkende Vertragspflichten** (vgl SOERGEL/H-W ECKERT Rn 18). Der Reiseveranstalter ist nach § 651e Abs 4 S 1 verpflichtet, die infolge der Aufhebung des Vertrages **notwendigen Maßnahmen** zu treffen. Dazu gehört insbesondere, falls der Vertrag die **Rückbeförderung** umfasste, den Reisenden zurückzubefördern.

a) Notwendige Maßnahmen, insbesondere Rückbeförderung

60 Zu den **notwendigen Maßnahmen** nach § 651c Abs 4 S 1 gehört namentlich die Pflicht, den Reisenden **zurückzubefördern**, falls der Vertrag die Rückbeförderung umfasste. Weiter gehört hierhin selbstverständlich auch die **weitere Gewährung von Unterkunft und Verpflegung**, soweit diese vertraglich geschuldet sind, und zwar bis zum tatsächlichen Zeitpunkt der Rückreise (vgl BIDINGER/MÜLLER 163 f; BLAUROCK 14; ERMAN/SEILER Rn 11; FÜHRICH Rn 323 f; LÖWE 101; ders BB 1979, 1357, 1363; MünchKomm/TONNER Rn 21; PICK Rn 86; SOERGEL/H-W ECKERT Rn 18). Auf den nächstmöglichen Zeitpunkt der Rückreise kann dagegen nicht abgestellt werden, soweit der Reiseveranstalter die Rückbeförderung schuldet. Der Reisende muss dem Veranstalter Gelegenheit bieten, die notwendigen Maßnahmen zu treffen (vgl auch BLAUROCK 14). Grundsätzlich hat aber der Reiseveranstalter die Maßnahmen zu treffen, die erforderlich sind, um den Reisenden vor Schwierigkeiten zu bewahren, die sich aus der vorzeitigen Vertragsbeendigung ergeben haben (vgl FÜHRICH Rn 324; SOERGEL/H-W ECKERT Rn 18). Die Rückbeförderung ist, soweit sie Vertragsbestandteil war, der Hauptanwendungsfall des § 651e Abs 4. Hierunter fällt aber auch die Verpflichtung des Reiseveranstalters, dem Reisenden eine angemessene Unterkunft, uU also eine Ersatzunterkunft bis zum Rückreiseantritt, zu stellen (vgl ERMAN/SEILER Rn 11).

61 Hinter § 651e Abs 4 steht die Erwägung, dass die Kündigung auf einer **Vertragswidrigkeit** in der Sphäre des Reiseveranstalters beruht (BT-Drucks 8/2343, 10). Bei den in § 651e Abs 4 festgelegten Verpflichtungen handelt es sich um eine **nachwirkende Vertragspflicht** des Reiseveranstalters (vgl ERMAN/SEILER Rn 11; FÜHRICH Rn 322; SOERGEL/H-W ECKERT Rn 18).

62 Zu den „infolge der Aufhebung des Vertrages notwendigen Maßnahmen" gehören zB das **Dulden** des weiteren Hotelaufenthalts bis zur Abreise, die **Organisation** der Rückreise einschließlich des **Transfers** zum Abfahrts- oder Abflugort, die Beschaffung eines Einzelvisums oder die Verschaffung einer Ersatzunterkunft bei Unzumutbarkeit des Verbleibens im gebuchten Hotel (vgl FÜHRICH Rn 324; MünchKomm/TONNER Rn 21).

63 Da die **Rückbeförderungspflicht** immer dann, wenn die Beförderung Gegenstand des Reisevertrages war, zu den nach § 651e Abs 4 notwendigen Maßnahmen zählt, ist auch dieser Anspruch **sofort fällig**. Der Reiseveranstalter als Schuldner hat daher so schnell zu leisten, wie es den Umständen nach möglich ist. Das Gesetz enthält insoweit keine Lücke.

64 Da es sich bei der Pflicht zur Rückbeförderung um eine Pflicht handelt, die sich aus der Aufhebung des Reisevertrages ergibt und damit mit dem ursprünglichen Inhalt

der Beförderungsleistung nichts zu tun hat, muss der Reiseveranstalter dem Reisenden, der eine Flugreise mit Charterflug gebucht hat, uU auch einen Linienflug verschaffen (vgl OLG Düsseldorf NJW-RR 1986, 1175; BROX JA 1979, 493 ff, 496; BARTL NJW 1979, 1384 ff, 1387; TEICHMANN JZ 1979, 737 ff, 742; AK-BGB/DERLEDER § 651c Rn 6; BIDINGER/MÜLLER 163; FÜHRICH Rn 323; MünchKomm/TONNER Rn 21; SOERGEL/H-W ECKERT Rn 18). Dies folgt aber nicht daraus, dass die Maßnahmen „unverzüglich" zu treffen sind; vielmehr begründet § 651e Abs 4 für den Reisenden einen eigenständigen, **sofort fälligen Anspruch** auf Rückbeförderung, der nur insoweit mit der vertragsmäßigen Ausgestaltung des Reisevertrages gekoppelt ist, dass dieser überhaupt die Rückbeförderung umfassen muss (vgl LÖWE 102; MünchKomm/TONNER Rn 21; anders zT BIDINGER/MÜLLER 164; FÜHRICH Rn 323). Daraus folgt aber nicht, dass der Reisende unmittelbar nach Wirksamwerden der Kündigung bei einer Charter-Buchung den Rückflug mit einer Linienmaschine fordern dürfte. Er muss vielmehr auch auf die **berechtigten Gegeninteressen** des Reiseveranstalters im Rahmen des Zumutbaren Rücksicht nehmen (§ 242). Dies folgt schon daraus, dass der Reiseveranstalter die Mehrkosten zu tragen hat (vgl auch LG Frankfurt aM NJW 1985, 143, 144; BIDINGER/MÜLLER 164; ERMAN/SEILER Rn 11). Dabei lassen sich feste Richtwerte für die **zumutbare Wartezeit** nicht aufstellen. Allerdings dürfte der Reisende nach Treu und Glauben nur verpflichtet sein, kurze Zeit auf die Rückbeförderung mit einem Linienflugzeug zu verzichten, wenn etwa ein oder zwei Tage nach der Kündigung der vertraglich geschuldete Charterflug zur Verfügung steht (vgl auch OLG Düsseldorf NJW-RR 1986, 1175; LG Frankfurt aM NJW 1985, 143; FÜHRICH Rn 323; MünchKomm/TONNER Rn 21). Dem Reisenden ist es umgekehrt uU aber auch zumutbar, sich mit einem **geringerwertigen Beförderungsmittel** zurückbefördern zu lassen (Bahn statt Flug), wenn die gebuchte Beförderungsart nicht zur Verfügung steht (vgl BIDINGER/MÜLLER 163 f; FÜHRICH Rn 323; MünchKomm/TONNER Rn 21). In diesem Zusammenhang ist insbesondere auf die gesundheitliche Belastbarkeit des Reisenden abzustellen.

Die **geplante Vertragsdauer** hat indessen keine Auswirkungen auf die zumutbare Wartezeit (so aber LÖWE 102). Insbesondere ist die Verpflichtung zum Warten nicht umso kürzer, je kürzer die vertragliche Reisedauer ist. Wenn sich zB bei einem Urlaub von 4 Wochen am dritten Tag ein erheblicher Mangel herausstellt und ein Abhilfeverlangen fruchtlos bleibt, so ist nicht einzusehen, warum der Reisende nach der Kündigung länger warten sollte als ein Kurzurlauber. Die geplante Vertragsdauer kann sich vielmehr allein auf die Angemessenheit der Frist beim Abhilfeverlangen auswirken (vgl auch BIDINGER/MÜLLER 164). 65

aa) Grenzen des § 651e Abs 4
Der Reiseveranstalter ist nach § 651e Abs 4 S 1 nur dann zur unverzüglichen Organisation und Durchführung der Rückreise verpflichtet, wenn der Reisevertrag die **Rückbeförderung** mit umfasste. Hat ein Reisender also den Urlaubsort als Selbstfahrer aufgesucht, so schuldet der Reiseveranstalter **keine Rückbeförderung** nach § 651e Abs 4 S 1, soweit überhaupt ein Reisevertrag im Sinne der §§ 651a ff vorliegt (vgl § 651a Rn 33). Dem Reisenden soll aber in diesen Fällen ein Anspruch auf **Ersatz seiner zusätzlichen Aufwendungen** nach § 651f zustehen, sofern der Reiseveranstalter die Vertragswidrigkeit zu vertreten hat. Fraglich könnte allerdings sein, ob § 651f in diesem Zusammenhang überhaupt herangezogen werden kann (vgl auch MünchKomm/TONNER Rn 22). Im Ergebnis ist dies jedoch zu bejahen. Der Reisende kann immer, wenn der Mangel der Reise auf einem Umstand beruht, den der Reiseveranstalter zu 66

vertreten hat, unbeschadet des Rechts der Minderung oder Kündigung Schadensersatz wegen Nichterfüllung verlangen. Wäre ordnungsgemäß erfüllt worden, so wären die Mehraufwendungen bezüglich der Rückreise eben nicht entstanden.

bb) Maßgebender Zeitpunkt

67 Der Reiseveranstalter hat die notwendigen Maßnahmen **unverzüglich** zu treffen (vgl BECHHOFER 89; BIDINGER/MÜLLER 164; FÜHRICH Rn 323; MünchKomm/TONNER Rn 21; BGB-RGRK/RECKEN Rn 17; SEYDERHELM Rn 49; SOERGEL/H-W ECKERT Rn 18; XANKE/DUTSCHKE Rn 109). Liegt eine erhebliche Beeinträchtigung der Reise oder ein wichtiger Grund im Sinne von § 651e Abs 1 vor, so ist es dem Reisenden nicht zumutbar, diese Umstände längere Zeit hinzunehmen. Die sofortige Fälligkeit des Anspruchs auf Abhilfemaßnahmen ergibt sich also aus dem Normzweck des § 651e Abs 4 S 1 (vgl LG Frankfurt aM NJW 1985, 143, 144; BIDINGER/MÜLLER 164; ERMAN/SEILER Rn 11; FÜHRICH Rn 323).

b) Mehrkosten (§ 651e Abs 4 S 2)

68 Nach § 651e Abs 4 S 2 hat der Reiseveranstalter auch die durch die notwendigen Maßnahmen iSd § 651e Abs 4 S 1 entstehenden **Mehrkosten** zu tragen. Dies ist auch interessengerecht, da eine Vertragswidrigkeit aus der Sphäre des Reiseveranstalters zur Vertragsaufhebung geführt hat (vgl BT-Drucks 8/2342, 10; BROX JA 1979, 493, 496; EBERLE DB 1979, 341, 344; LÖWE BB 1979, 1357, 1363; SOERGEL/H-W ECKERT Rn 19; WEDEPOHL 91 f). Die normalen Kosten der Rückbeförderung fallen dagegen dem Reisenden zur Last, soweit die nach § 651e Abs 3 zu ermittelnde Entschädigung auch diese Leistung erfasst (vgl oben Rn 52 ff). Dies wird aber – wenn überhaupt – immer nur teilweise der Fall sein.

69 § 651e Abs 4 S 2 ist unscharf formuliert, da der Reiseveranstalter nicht nur die **Mehrkosten**, sondern auch die **„normalen" Kosten** zu tragen hat, soweit sie nicht im Rahmen der Entschädigung nach Abs 3 vom Reisenden zu tragen sind (vgl zutreffend FÜHRICH Rn 326).

70 Die Mehrkosten bestehen aus der **Differenz** zwischen den vertraglich vorgesehenen und den tatsächlich anfallenden Beförderungs- bzw. Unterbringungskosten. Wenn also der Reiseveranstalter eine höherwertige Rückreise durchführt (Linienflug statt Charterflug) oder eine höherwertige Unterbringung leistet (Hotel höherer Kategorie), so hat er die dadurch ausgelösten Mehrkosten zu tragen (vgl ERMAN/SEILER Rn 12; FÜHRICH Rn 326). Ist dagegen die Rückbeförderung geringerwertig, so mindert sich die Entschädigung entsprechend. Bei **unberechtigter Kündigung** hat selbstverständlich der Reisende die Mehrkosten zu tragen (vgl zur hypothetischen Minderung bei unberechtigter Kündigung § 651d Rn 4).

c) Erstattungsanspruch des Reisenden

71 § 651e Abs 4 lässt den Fall, dass der Reiseveranstalter die dort als geschuldet herausgestellten **Maßnahmen nicht trifft**, ungeregelt. Auch ohne Anordnung eines Selbstabhilferechts wie in § 651c Abs 3 S 1 kann der Reisende in dieser Situation die **notwendigen Maßnahmen selbst treffen** (FÜHRICH Rn 325; MünchKomm/TONNER Rn 22; SOERGEL/H-W ECKERT Rn 19). Dies folgt bereits daraus, dass ansonsten der Reiseveranstalter die Rechte aus § 651e Abs 4 leerlaufen lassen könnte. Ein **Erstattungsanspruch** hinsichtlich der Mehrkosten folgt auch bei einer Selbstabhilfe des Reisenden unmittelbar aus § 651e Abs 4 S 2 (FÜHRICH Rn 326; MünchKomm/TONNER Rn 22; PICK Rn 88;

RGRK/Recken Rn 17; Soergel/H-W Eckert Rn 19). Ein Rückgriff auf §§ 683, 670 ist insoweit nicht geboten (vgl auch Führich Rn 326; Soergel/H-W Eckert Rn 19).

Verletzt der Reiseveranstalter die Verpflichtungen aus § 651e Abs 4 schuldhaft, so ist **72** er dem Reisenden auch nach § 651f **schadensersatzpflichtig** (vgl Blaurock 14; Münch-Komm/Tonner Rn 22). Setzt er also den Reisenden zB einfach auf die Straße, so muss er ihm die Kosten für seine Ersatzunterkunft erstatten.

IV. Darlegungs- und Beweislast

Die **Voraussetzungen des § 651e Abs 1 S 1** hat der Reisende darzulegen und zu be- **73** weisen. Diese Regelung steht im Gegensatz zu § 543 Abs 4 S 2. Die daraus folgende Verteilung der Darlegungs- und Beweislast ist gerade hinsichtlich der Erheblichkeit des Reisemangels ausgesprochen unbefriedigend, weil leicht mögliche Fehlbeurteilungen des Gewichts vorhandener Reisemängel danach zu Lasten des Reisenden gehen (vgl zutreffend Teichmann JZ 1979, 737, 741, 742; Wedepohl 60 f; Löwe 94; Soergel/ H-W Eckert Rn 21). Dem Reisenden wird regelmäßig auch eine Beweissicherung nur in Grenzen möglich sein.

Dennoch muss aber nach dem klaren Gesetzeswortlaut der Reisende das Vorliegen **74** eines **Mangels**, dessen **Erheblichkeit** und die **Voraussetzungen des § 651e Abs 1 S 2** beweisen (vgl LG Frankfurt aM NJW-RR 1986, 540, 541; Baumgärtel/Strieder Rn 1; AK-BGB/Derleder Rn 4; Führich Rn 329; MünchKomm/Tonner Rn 23; Palandt/Sprau Rn 7; Seyderhelm Rn 53; Soergel/H-W Eckert Rn 20).

Die **Voraussetzungen des § 651e Abs 2** hat ebenfalls der **Reisende zu beweisen**. Der **75** Reisende ist also auch für die Setzung einer angemessenen Frist darlegungs- und beweispflichtig (so Baumgärtel/Strieder Rn 2; MünchKomm/Tonner Rn 23; Palandt/Sprau Rn 7; Soergel/H-W Eckert Rn 20). Behauptet der Reisende, dass eine Abhilfe unmöglich gewesen oder dass sie vom Reiseveranstalter verweigert worden ist, so trifft den Reisenden auch insoweit die Beweislast (vgl Baumgärtel/Strieder Rn 2). Ebenso hat er die Voraussetzungen eines besonderen Interesses an der sofortigen Kündigung im Sinne von § 651e Abs 2 darzutun und zu beweisen (so Baumgärtel/Strieder Rn 2; MünchKomm/Tonner Rn 23).

Macht der Reiseveranstalter den **Anspruch auf angemessene Entschädigung** (§ 651e **76** Abs 3 S 2 u 3) geltend, so ist er für dessen Voraussetzungen beweispflichtig (so Baumgärtel/Strieder Rn 4; MünchKomm/Tonner Rn 23; Soergel/H-W Eckert Rn 21).

Hinsichtlich des **Entschädigungsanspruchs** des Reiseveranstalters nach § 651e Abs 3 **77** S 2 erscheint die Beweislastverteilung insbesondere bei **Pauschalierungsabreden** ausgesprochen problematisch (vgl dazu BGHZ 67, 312, 315; OLG Koblenz NJW-RR 1993, 1078, 1080; Löwe/vWestphalen § 11 Nr 5 AGBG Rn 27; Ulmer/Brandner/Hensen § 11 Nr 5 AGBG Rn 15 f; Wolf/Horn/Lindacher § 11 Nr 5 AGBG Rn 21 f). Ein einfaches Bestreiten der Angemessenheit der Pauschale reicht nicht aus, um deren Unangemessenheit darzutun (so zutreffend OLG Koblenz NJW-RR 1993, 1078, 1080; Baumgärtel/Strieder Rn 4; Gerth/ Panner BB 1984, 813, 817; Ulmer/Brandner/Hensen § 11 Nr 5 AGBG Rn 16). Der Reisende hat vielmehr substantiiert darzulegen, dass die Pauschale überhöht ist. Da er jedoch die interne Kalkulation seines Vertragspartners nicht kennt und er diese meist auch nicht in Erfahrung bringen kann (vgl BGHZ 67, 312, 317), genügt er seiner Darlegungs- und Beweislast, wenn er nachweist, dass Pauschalen anderer Reiseveranstalter bei vergleichbaren Reisen niedriger sind (vgl ERMAN/HEFERMEHL § 11 Nr 5 AGBG Rn 13; HENSEN DB 1977, 1690; ULMER/BRANDNER/HENSEN § 11 Nr 5 AGBG Rn 16; WOLF/HORN/ LINDACHER § 11 Nr 5 AGBG Rn 22). Aber auch dieser Weg ist dem Reisenden kaum zumutbar, ganz abgesehen davon, dass die Vergleichbarkeit von Reisen uU schwierig festzustellen ist (vgl aber auch BAUMGÄRTEL/STRIEDER Rn 4). Daher ist davon auszugehen, dass der Reiseveranstalter im Bestreitensfall den durch Erfahrungssätze belegbaren typischen Schadensumfang nachzuweisen hat. Dabei hat er anhand einer Vielzahl vergleichbarer Fälle die Angemessenheit der Entschädigung darzulegen (vgl auch BAUMGÄRTEL/STRIEDER Rn 4; BARTL Rn 142; ders NJW 1979, 1384, 1389). Das statistische Mittel dieser Vergleichsfälle stellt aber nicht die angemessene Entschädigung dar. Ansonsten würde der Sinn der Pauschalierung ausgehöhlt. Die Vergleichsfälle haben nur die Angemessenheit der Entschädigung zu **dokumentieren**. Eine Heranziehung von **§ 309 Nr 5 b** kommt nicht in Betracht, da der Anspruch auf angemessene Entschädigung keinen Schadensersatzanspruch darstellt (aA zB BAUMGÄRTEL/STRIEDER Rn 4). Der Reisende ist demgegenüber wiederum dafür darlegungs- und beweispflichtig, dass die bereits erbrachten Leistungen infolge der Aufhebung des Vertrages für ihn ohne Interesse waren (so zutreffend LG Frankfurt aM NJW-RR 1996, 540; BAUMGÄRTEL/STRIEDER Rn 5).

§ 651f
Schadensersatz

(1) Der Reisende kann unbeschadet der Minderung oder der Kündigung Schadensersatz wegen Nichterfüllung verlangen, es sei denn, der Mangel der Reise beruht auf einem Umstand, den der Reiseveranstalter nicht zu vertreten hat.

(2) Wird die Reise vereitelt oder erheblich beeinträchtigt, so kann der Reisende auch wegen nutzlos aufgewendeter Urlaubszeit eine angemessene Entschädigung in Geld verlangen.

Schrifttum

BENDREF, Die Berechnung der Entschädigung wegen vertaner Urlaubszeit, NJW 1986, 1721
ders, Ersatz der vertanen Urlaubszeit im deutschen und österreichischen Recht (1988)
ders, Vertraglicher Schadensersatz für vertane Urlaubszeit, JR 1980, 359
BLAUROCK/WAGNER, Der Anspruch auf Schadensersatz wegen Nichterfüllung im Reisevertragsrecht, Jura 1985, 169
BREHM/KLEINHEISTERKAMP, Hypothetische Ursachen bei der Berechnung des Schadensersatzes wegen nutzlos aufgewendeter Urlaubszeit, JuS 2000, 844

BÜRGER, Die Haftung des Reiseveranstalters für nutzlos aufgewendete Urlaubszeit, NJW 1980, 1249
ECHTERMEYER, Verkehrssicherungspflichten im Reiserecht – Der „Balkonsturz" lebt, RRa 2003, 60
FÜHRICH, Die Verkehrssicherungspflicht des Reiseveranstalters, BB 1990, 1501
GERAUER, Die Haftung des Reiseveranstalters für Mängel des Leistungsträgers aus dem Gesichtspunkt der Verkehrssicherungspflicht, BB 1989, 1003
HEINZ, Neue Rechtsprechung zum Pauschal-

reiserecht unter Berücksichtigung konkurrierender Bestimmungen im nationalen und internationalen Beförderungsrecht, TranspR 1991, 45
KAPPUS, Formularmäßige Anmeldefrist für deliktische Ansprüche, RRa 2003, 57
W MÜLLER, Schadensersatz aufgrund verdorbenen Urlaubs (1986)
ders, Zur Bemessung der Entschädigung wegen vertaner Urlaubszeit, NJW 1987, 882
ders, Die Pfändbarkeit des Anspruchs nach § 651f Abs 2 BGB, JurBüro 1986, 1459
RECKEN, Die Haftung des Reiseveranstalters für Versagen des Leistungsträgers aus „unerlaubter Handlung", BB 1989, 1709
SCHMID/SONNEN, Rechtsprobleme bei der Luftbeförderung im Rahmen von Flugpauschalreisen, NJW 1992, 464
SCHNEIDER, Geldentschädigung wegen Urlaubsbeeinträchtigung, MDR 2000, 1177

TEMPEL, Das zeitliche Moment bei der Bemessung von Minderung und Schadensersatz in Reisesachen, RRa 1997, 67
ders, Das zeitliche Moment bei der Bestimmung der erheblichen Beeinträchtigungen der Reise im Rahmen des § 651f II BGB, NJW 1999, 2012
ders, Der Schadensersatzanspruch des Reisenden auf Gestellung einer Ersatzreise, RRa 2000, 107
ders, Nochmals: Hypothetische Kausalität, RRa 2001, 46
ders, Zur Haftung des Reiseveranstalters für Verkehrsunfälle im Rahmen des Transfers, RRa 2002, 4
TONNER, Schadensersatz wegen vertaner Urlaubszeit – BGHZ 77, 116, JuS 1982, 411
WOLTER, Rechtsprobleme der §§ 651 f und 651h, NJW 1988, 396.

Systematische Übersicht

I.	**Inhalt und Zweck**	
1.	Allgemeines	1
2.	Verhältnis zu anderen Vorschriften	3
3.	Haftungsbegrenzung	6
II.	**Voraussetzungen des Schadensersatzanspruchs (§ 651f Abs 1)**	
1.	Reisemangel	7
2.	Mängelanzeige	8
a)	Meinungsstand	8
b)	Stellungnahme	9
3.	Vertretenmüssen	11
4.	Einzelfälle	14
III.	**Umfang des Schadensersatzanspruchs nach § 651f Abs 1**	
1.	Allgemeines	31
2.	Berechnung	35
3.	Schadensminderungspflicht des Reisenden	37
4.	Aktivlegitimation	38
IV.	**Entschädigung für nutzlos aufgewendete Urlaubszeit (§ 651f Abs 2)**	
1.	Rechtsprechung vor In-Kraft-Treten des Reisevertragsgesetzes	39
2.	Dogmatische Einordnung des § 651f Abs 2	45
a)	Meinungsstand	45
b)	Stellungnahme	54
3.	Analoge Anwendbarkeit des § 651f Abs 2	60
a)	Klinikaufenthalte mit stationärer Behandlung	60
b)	Einzelne Reiseleistungen	61
4.	Voraussetzungen des Anspruchs gem § 651f Abs 2	62
a)	Zu vertretender Reisemangel	62
b)	Vereitelung oder erhebliche Beeinträchtigung der Reise	63
c)	Nutzlos aufgewendete Urlaubszeit	67
5.	Umfang der Entschädigung nach § 651f Abs 2	71
V.	**Deliktische Haftung bei mangelhafter Reiseleistung**	75
VI.	**Darlegungs- und Beweislast bei Schadensersatzansprüchen nach § 651f**	80

Alphabetische Übersicht

Abbruch Reise	63
Abhilfe	3, 8
Abreise	37
Abwendungsverschulden	26 ff
Anreisekosten	32, 36
Arbeit, Wiederaufnahme nach vorzeitiger Rückkehr	69
Arbeitskampf	23
– rechtmäßiger	27
– rechtswidriger	25
Arbeitskampfmaßnahmen	25
Arbeitskraft	43
Arbeitslose	41, 43, 49, 55, 57
Aufzug	76
Auswahlverschulden Reiseveranstalter	76
Balkonsturz-Urteil	76
Baulärm	16, 79
Beeinträchtigung, Erheblichkeit	64 ff, 74
Beerdigungskosten	34
Beförderungsmittel, Beschlagnahme	22
Besichtigungsprogramm	17
Beweislast	13, 80 ff
Beweislastumkehr	13
Bildungsreise	67
Bootscharter	61
Chartermaschine	15
culpa in contrahendo	4
Deliktsrecht	5, 75 ff
Diabetiker	14
Diebstahl	20 f
Ehepartner	38
Einrichtungsgegenstände	19
Eisenbahn	5
Elektriker	75
Elektrische Anlagen	81
Erdbeben	63
Erfüllungsgehilfe	11, 25, 27, 30
Erfüllungsinteresse	1
Erheblichkeit Beeinträchtigung	11, 42, 64 ff, 74
Erholungsurlaub	42 f, 44, 46
Erkrankung Reisender	69
Ersatzreise	70
Ersatzreisender	38
Ersatzurlaub	74
Erwerbstätige	43, 51, 57
Familienreise	38
Ferienhaus	61
Fernreise	70
Flughafenpersonal	30
Fluglotse	30
Flugzeug	15 f
Fotokosten	32
Fristsetzung	8
Gefährdungshaftung	76
Generalschlüssel	21
Gesamtheit von Reiseleistungen	61
Gesundheitsbeeinträchtigung	39, 79
Gewährleistungsansprüche	38
Großer Schadensersatz	35
Haftungsbegrenzung	3, 6
Hausfrau	43, 57
Heilerfolg	60
Höhere Gewalt	29
Hotel	11, 14, 16, 25, 37, 76
– Schließfächer	20
– Streik Personal	23
– Terrasse	75
Immaterieller Schaden	41 ff
Informationspflichten	4, 16, 24
Inlandsreise	70
Insolvenz	63
Kinder	38, 43, 55
Kleiner Schadensersatz	35
Klinikaufenthalt	60
Kommerzialisierung des Urlaubs	43
Kommerzialisierungsrechtsprechung	52, 58, 61, 66
Körperschäden	3, 33
Kraftfahrzeug	46, 55
Krankenhaus	60
Krankenkasse	60
Kündigung	9, 11
Leistungsträger	11, 25, 27, 78

Titel 9 · Werkvertrag und ähnliche Verträge **§ 651f**
Untertitel 2 · Reisevertrag

Luftbeförderung	5
Luftverkehrsgesellschaft	15
Mangel, Erheblichkeit	11
Mangel, streikbedingter	14 ff
Mängelanzeige, Notwendigkeit	8 ff
Mangelfolgeschaden	1, 4, 31, 33
Mangelschaden	31, 33
Mietrecht	31
Minderung	9 f, 23
Mitverschulden Reisender	9 f, 19
Museumspersonal	30
Nachfristsetzung	9
Näherprinzip	27
Nebenpflichten	4
Nichtvermögensschaden	41 ff, 49 ff
– Uminterpretation	56 ff
Normzweck	1
Organisationspflicht	75
Organisationsverschulden	14, 26, 28
Parkplatzgebühr	36
Persönlichkeitsrecht, allgemeines	41
Pflichtverletzung	31
Portokosten	32
Positive Forderungsverletzung	4, 33
Postzustellung	14
Rechtsnatur Entschädigungsanspruch	52
Reiseabbruch	14
Reisegepäck	15
Reisender	
– Einkommen	73
– Einreiseverweigerung	14
– Gesundheitsverletzung	79
– Nichtantritt Reise	63
– Mitverschulden	9 f, 19
– Recht zur Abreise	37
– Schadensminderungspflicht	37
– Tod	34
– Vermögensverhältnisse	56
Reisepreis	36, 73 f
– Rückzahlung	14
Reiseveranstalter	
– Vertretenmüssen des Mangels	11
– Verschuldensgrad	74
– Organisationsverschulden	14, 26 ff, 78
– Sorgfaltsmaßstab	25
– Sorgfaltspflichten	12
– Informationspflichten	4, 16
– Vertretenmüssen des Mangels	2
– Überprüfungspflichten	16, 19, 77
– Auswahlverschulden	77
Reiseversicherung	20
Reisezweck	67
Rentner	43, 45 ff, 55, 57
Resterholungswert	68
Resturlaubszeit	67
Risikobegrenzung	26
Rückzahlung Reisepreis	14
Sachschäden	33
Schadensersatz	
– Berechnung	35 f
– wegen Nichterfüllung	1
– Umfang	31
Schadensersatzanspruch,	
Voraussetzungen	7 ff
Schadensersatzprozess, Aktivlegitimation	38
Schadensminderungspflicht	
Reisender	9 f, 37
Schiffsbeförderung	5
Schlafstörung	79
Schmerzensgeld	74, 79
Schüler	43, 52, 55, 57
Selbsthilfe	3, 8
Sicherheitsmängel	77
– Unterkunft	19
Sicherheitsmaßnahmen	21
Sicherheitsstandard	77
Sicherheitsvorschriften	75, 77
Sonderleistung	77
Sorgfaltsmaßstab, Reiseveranstalter	12, 25
Sportausrüstung	18
Sportmöglichkeiten, Ausfall	18
Sportreise	18, 67
Statiker	75
Störungsursache, Zurechnung	25
Streik	14 ff, 63
– Hotelpersonal	23
Streikgefahr	29
Student	43, 45 f, 49, 55, 57
Studienurlaub	42
Tarifvertrag	23
Taxikosten	32

Technische Anlagen	75	Verletzung allgemeines Persönlichkeitsrecht	41
Telefonkosten	32	Vermögensschaden	39, 45, 47 f
Tod Reisender	34	Verpflegung	14
Truppenübungsplatz	16	Verrichtungsgehilfe	78
Überbuchung	14	Verschuldensmaßstab	12
Überprüfungspflichten Reiseveranstalter	76	Versicherungsschutz	20
Überwachungsverschulden	10	Versorgungsleitungen	19
Uminterpretation von Nichtvermögensschäden	56 ff	Vertane Urlaubszeit	39 ff
		– Bemessungskriterien für Entschädigung	45, 71 ff
Unterkunft	16	– ersatzberechtigte Personen	54
– Beschlagnahme	22	– Erstattungsfähigkeit	45 ff
– Sicherheitsmängel	19	– Klageantrag	74
Urlaub		– und Krankenhausaufenthalt	60
– zu Hause	44, 68	– Rechtsnatur	39 ff, 45 ff, 52
– Zweckverfehlung	40	– Voraussetzungen für Entschädigung	62 ff
Urlaubsfreude	58, 74, 79	Vertrag mit Schutzwirkung für Dritte	38
Urlaubszeit, vertane	39 ff	Vertrag zugunsten Dritter	60
Urlaubsziel	74		
Urlaubszweck	44, 68	Wanzen	16
Verjährung	31, 33	Werkvertragsrecht	31, 33
Verkehrssicherungspflichten	5, 75 ff	Wertgegenstände	20
		Wohnmobil	61

I. Inhalt und Zweck

1. Allgemeines

1 Beruht der Mangel der Reise auf einem Umstand, den der Reiseveranstalter **zu vertreten** hat, so kann der Reisende **unbeschadet** der Minderung oder der Kündigung **Schadensersatz wegen Nichterfüllung** verlangen (§ 651f Abs 1). Dieser Anspruch ist auf den Ersatz des **Nichterfüllungsschadens** einschließlich der durch Reisemängel verursachten **Mangelfolgeschäden** gerichtet (BT-Drucks 8/2343, 10; BGH NJW 1985, 132; 1986, 1748, 1749; 1987, 1931, 1937; BIDINGER/MÜLLER 35; FÜHRICH Rn 182; MünchKomm/TONNER Rn 6; vgl unten Rn 33). Der Anspruch aus § 651f Abs 1 umfasst also nicht allein das Erfüllungsinteresse des Reisenden (Schadensersatz statt der Leistung iSd § 281), sondern auch etwaige Integritätsschäden, die aus dem Mangel entstammen, zB eine Körperverletzung des Reisenden (OETKER/MAULTZSCH 524). Im Gegensatz zu § 651e setzt die Verpflichtung zum Schadensersatz nicht voraus, dass eine erhebliche Beeinträchtigung der Reise vorliegt (vgl EBERLE DB 1979, 341, 345; ERMAN/SEILER Rn 2; GIORTSOS 143; HEINZ 118; LÖWE 116; ders BB 1979, 1357, 1363 f; PICK Rn 47; SOERGEL/H-W ECKERT Rn 5). Ob diese gesetzgeberische Entscheidung sachgerecht ist, erscheint zweifelhaft. § 651f Abs 2 begründet einen Entschädigungsanspruch für **nutzlos aufgewendete Urlaubszeit**.

2 Die Schadensersatzansprüche nach § 651f setzen voraus, dass der Reiseveranstalter den **Mangel zu vertreten** hat. Die durch das Gesetz zur Durchführung der EG-Richtlinie von Pauschalreisen (BGBl 1994 I, 1322 ff) mit Wirkung vom 1.11. 1994 vorgenommene Neufassung des § 651f Abs 1 hat die **Beweislast** hinsichtlich des Vertretenmüssens ausdrücklich dem Reiseveranstalter auferlegt (so bereits zur früheren Rechtslage BGHZ 100, 185, 188 f). Das Vertretenmüssen des Reiseveranstalters iSd §§ 276 ff wird vermutet.

2. Verhältnis zu anderen Vorschriften

In Übereinstimmung mit der durch das Schuldrechtsmodernisierungsgesetz geschaffenen allgemeinen Rechtslage (§§ 437 Nr 2 u 3, 536a Abs 1, 634 Nr 3 u 4) tritt der Schadensersatzanspruch nach § 651f nicht an die Stelle **sonstiger Gewährleistungsrechte** (Minderung und Kündigung), sondern neben diese (vgl BT-Drucks 8/2343, 10; BARTL Rn 100; ERMAN/SEILER Rn 1; MünchKomm/TONNER Rn 13; SOERGEL/H-W ECKERT Rn 3). Als geglückt kann diese Bestimmung allerdings nicht bezeichnet werden, da die Voraussetzungen der Kündigung nach § 651e Abs 1 enger sind als diejenigen der Minderung nach § 651d Abs 1 (vgl BLAUROCK 14). Der Reisende kann folglich seine durch die Minderung des Reisepreises gem **§ 651d** nicht abgegoltenen Schäden nach § 651f ersetzt verlangen. Dagegen ist es nicht möglich, wegen des Minderwertes der Reise selbst noch einmal Schadensersatz geltend zu machen (vgl BGHZ 92, 177, 180; BIDINGER/MÜLLER 170; MünchKomm/TONNER Rn 15). Selbstverständlich kann der Reisende aber auch dann Schadensersatz verlangen, wenn er den Vertrag wegen eines erheblichen Mangels gem **§ 651e** gekündigt hat (vgl SOERGEL/H-W ECKERT Rn 3). Auch eine **erfolgreiche Abhilfe** (§ 651c Abs 2) oder **Selbstabhilfe** (§ 651c Abs 3) schließt Ansprüche aus § 651f hinsichtlich der bis dahin bereits entstandenen Schäden nicht aus (vgl SOERGEL/H-W ECKERT Rn 3). § 651f ist im Zusammenspiel mit den nach **§ 651h** zulässigen Haftungsbeschränkungen zu sehen. Hiernach kann der Reiseveranstalter den Schadensersatzanspruch aus § 651f unter bestimmten Voraussetzungen für Schäden, die **keine Körperschäden** sind, vertraglich auf den dreifachen Reisepreis beschränken (§ 651h Abs 1) bzw sich auf Haftungsbeschränkungen oder Haftungsausschlüsse seiner Leistungsträger in internationalen Übereinkünften berufen (vgl § 651h Rn 43).

Für Ansprüche des Reisenden aus **positiver Forderungsverletzung** gem §§ 280 Abs 1, 241 Abs 2 bzw. §§ 280 Abs 1, 3, 282, 241 Abs 2 bleibt wegen des weiten Anwendungsbereichs des § 651f, der auch Mangelfolgeschäden umfasst, nur wenig Raum (vgl Vorbem 24 zu §§ 651c ff). Sie kommen nur bei der **Verletzung von nicht leistungsbezogenen Nebenpflichten** in Betracht, die nicht zu einem Reisemangel führen (vgl Vorbem 25 zu §§ 651c ff). Hierzu gehört nicht die Verletzung der **Informationspflichten** nach den §§ 4 ff BGB-InfoV, da diese Hauptpflichten darstellen, deren Verletzung nicht über die positive Forderungsverletzung, sondern entweder nach den allgemeinen Nichterfüllungsregeln der §§ 275, 280f, 283 ff oder nach § 651f schadensersatzpflichtig macht (vgl Vorbem 24 zu §§ 651c ff). Auch Ansprüche aus **culpa in contrahendo** gem §§ 280 Abs 1, 311 Abs 2, 241 Abs 2 kommen nur ausnahmsweise zum Zuge, wenn es nicht zum Abschluss eines Reisevertrages gekommen ist oder ein vorvertragliches Verschulden des Veranstalters zu keiner Beeinträchtigung der Reise geführt hat (vgl Vorbem 27 zu §§ 651c ff).

§ 651f lässt eine Schadensersatzpflicht des Reiseveranstalters aus **unerlaubter Handlung** nach §§ 823, 831 unberührt. Dies ist insbesondere bei der Verletzung von Verkehrssicherungspflichten des Reiseveranstalters bedeutsam (vgl Vorbem 30 zu §§ 651c ff u unten Rn 75 ff). Das **Recht einzelner Reiseleistungen** kann namentlich bei einer Luft-, Schiffs- und Eisenbahnbeförderung die Schadensersatzpflicht nach § 651f überlagern (vgl Vorbem 31–44 zu §§ 651c ff).

3. Haftungsbegrenzung

6 Der Reiseveranstalter kann in den Grenzen des § 651h seine Haftung summenmäßig **beschränken** (s dort). Die Ansprüche auf Abhilfe und Minderung (§ 651d) und die Kündigungsmöglichkeit (§ 651e) sind hingegen nicht abdingbar.

II. Voraussetzungen des Schadensersatzanspruchs (§ 651f Abs 1)

1. Reisemangel

7 § 651f Abs 1 setzt zunächst das Vorliegen eines Reisemangels voraus. Es genügt jeder Mangel iSd § 651c Abs 1; auf die Erheblichkeit des Mangels kommt es nicht an (vgl oben Rn 1).

2. Mängelanzeige

a) Meinungsstand

8 Streitig ist, ob der Schadensersatzanspruch nach § 651f Abs 1 auch eine **Mängelanzeige** voraussetzt, wie dies für die Geltendmachung der Gewährleistungsrechte gem § 651d Abs 2, § 651e Abs 2 der Fall ist. Die Bestimmung des § 651f Abs 1 ist insofern unklar gefasst, als sie den Schadensersatzanspruch „unbeschadet der Minderung oder Kündigung" gewährt. Teilweise wird dies dahin verstanden, dass sich diese Formulierung nur auf die Folgen des Anspruchs, nicht aber auf dessen Voraussetzungen beziehe, so dass die Vorschrift des § 651d Abs 2 entsprechend anzuwenden sei. Der Normzweck der §§ 651d und e, die Eröffnung der Möglichkeit für den Reiseveranstalter, ihm unbekannte Mängel abzustellen, treffe auch hier zu (vgl BGHZ 92, 177, 179 ff; OLG Düsseldorf NJW-RR 1989, 735; LG Hannover NJW 1985, 132; Brox JA 1979, 493, 496; Eberle DB 1979, 341, 344 f; Eichinger Jura 1981, 185, 192; Erman/Seiler Rn 4; Führich Rn 337; Gitter JR 1985, 328, 329 f; Pick Rn 77 f; BGB-RGRK/Recken Rn 5; Seyderhelm Rn 10; Soergel/H-W Eckert Rn 6; Tempel NJW 1986, 547, 552). Nach der Gegenansicht entfalle, weil die Voraussetzungen der Selbstabhilfe oder der Minderung bzw der Kündigung nicht vorzuliegen brauchten, auch die Notwendigkeit eines Abhilfeverlangens nach § 651c Abs 2, einer Anzeige nach § 651d Abs 2 oder einer Fristsetzung zur Abhilfe nach § 651e Abs 2 im Rahmen des § 651f (so zB AK-BGB/Derleder Rn 1; Bendref JR 1980, 359, 360; Bartl Rn 84; Bernreuther 102 f; ders DAR 1985, 51; Blaurock/Wagner Jura 1985, 169, 172; Heinz 119 f; Jauernig/Teichmann Rn 3; Löwe 116 u 106; ders DAR 1979, 264, 269; ders BB 1979, 1357, 1363; MünchKomm/Tonner Rn 17; Teichmann JZ 1979, 737, 742).

b) Stellungnahme

9 Dieser Streit ist letztlich ohne größere praktische Relevanz. Selbst wenn man ein Abhilfeverlangen und eine Mängelanzeige für entbehrlich hält, trifft den Reisenden die **Obliegenheit**, den Mangel anzuzeigen. Kann der Reiseveranstalter darlegen und beweisen, dass er den Mangel und damit den Schaden bei einer Anzeige sofort hätte abstellen oder geringer halten können, so führt dies daher über **§ 254** zur Minderung

oder zum vollständigen Wegfall des Schadensersatzanspruchs des Reisenden (vgl MünchKomm/TONNER Rn 17; SOERGEL/H-W ECKERT Rn 6). Im Einzelfall können sich wegen der Darlegungs- und Beweislast jedoch Probleme ergeben, weshalb diese Frage hier doch nicht dahingestellt bleiben kann. Der **Wortlaut** des § 651f Abs 1 spricht dafür, auf ein Abhilfeverlangen oder eine Anzeige zu verzichten. Der Gesetzgeber hat in § 651f das Wort „unbeschadet" eingefügt, während nach § 635 aF Schadensersatz nur „statt" Wandelung oder Minderung geltend gemacht werden konnte. Da der Reisevertrag dem Werkvertrag angenähert werden sollte, kann aus der sprachlich unterschiedlichen Fassung der §§ 635 aF, 651 f Abs 1 auf eine Entscheidung des Gesetzgebers gegen das Erfordernis einer Mängelanzeige geschlossen werden (vgl LÖWE BB 1979, 1363, 1364; BENDREF JR 1980, 359, 360). In systematischer Hinsicht räumt § 651f Abs 1 völlig selbständig neben der Minderung und Kündigung das Recht ein, Schadensersatz zu verlangen (vgl BIDINGER/MÜLLER 170). Andererseits kann sich der Reisende nicht darauf beschränken, die mangelhaften Reiseleistungen stillschweigend zu erdulden und anschließend Schadensersatz zu verlangen.

Gleichwohl erscheint es sachgerechter, für den Schadensersatzanspruch nach § 651f **10** Abs 1 auf eine Mängelanzeige zu verzichten. Hat der Reisende einen vom Reiseveranstalter selbst oder über § 278 zu vertretenden Mangel bemerkt, diesen jedoch nicht angezeigt und tritt ein Schaden ein, so würde bei Annahme einer Anzeigepflicht der Reisende trotz eines möglichen höheren Überwachungsverschuldens des Personals des Veranstalters allein mit dem vollen Schadensrisiko belastet. Dies wäre nicht sachgerecht (so zutreffend TEICHMANN JZ 1979, 737, 740). Die unterlassene Mängelanzeige ist daher allein im Rahmen des § 254 von Bedeutung (vgl LG Frankfurt aM NJW 1980, 1230; BARTL Rn 84; BENDREF JR 1980, 359, 360; BERNREUTHER DAR 1985, 51; BLAUROCK/WAGNER Jura 1985, 169; ERMAN/SEILER Rn 4; LÖWE 116 u 106; MünchKomm/TONNER Rn 17; SEYDERHELM Rn 10; TEICHMANN JZ 1979, 737, 742). Dem Reisenden ist aber gleichwohl in jedem Fall eine unverzügliche Benachrichtigung des Reiseveranstalters zu empfehlen (vgl BENDREF JR 1980, 359, 360), da es zB einen Verstoß gegen die Schadensminderungspflicht darstellen kann, wenn sich ein Reisender erst nach 9 Tagen bei der Reiseleitung meldet (vgl AG Frankfurt aM FVE Nr 283). Der Reiseveranstalter kann bei einem zu langen Zuwarten des Reisenden davon ausgehen, dass die Reiseleistung vorbehaltlos abgenommen wird. Etwas anderes gilt nur dann, wenn eine Beanstandung nicht vorgebracht werden konnte, der Reisende die Verzögerung also nicht zu vertreten hat.

3. Vertretenmüssen

Schadensersatzansprüche nach § 651f setzen voraus, dass der Reiseveranstalter den **11** Mangel **zu vertreten** hat. Voraussetzung für einen Schadensersatzanspruch ist daher eine vom Reiseveranstalter zu vertretende Mangelhaftigkeit der Leistung als Ganzes, ohne dass die **Erheblichkeit** des Mangels im Rahmen des § 651f Abs 1 von Bedeutung wäre (vgl PALANDT/SPRAU Rn 2; JAUERNIG/TEICHMANN Rn 1; EBERLE DB 1979, 341, 345; BENDREF JR 1980, 359, 360). Dabei muss der Reiseveranstalter nicht nur für eigenes Verschulden, sondern auch für dasjenige seiner **Erfüllungsgehilfen** eintreten (§§ **276, 278**). Zu diesen Erfüllungsgehilfen zählen die **eigenen Mitarbeiter** des Reiseveranstalters (LÖWE 111 f) und nach § 651a Abs 2 auch seine **Leistungsträger**, also die Beförderungsunternehmen, Hoteliers etc (OLG Celle MDR 2000, 644; vgl BRENDER 100 ff; ERMAN/SEILER § 651a Rn 10; LÖWE 133; ders BB 1979, 1363, 1364; MünchKomm/TONNER Vor § 651a Rn 14; PALANDT/

Sprau § 651a Rn 6; vgl auch § 651a Rn 52). Die Abgrenzung zwischen den Leistungsträgern und ihren Hilfspersonen einerseits und den sonstigen Erfüllungsgehilfen des Veranstalters andererseits ist für § 651f ohne jede Bedeutung. Sie spielt aber im Rahmen des § 651h eine entscheidende Rolle, da die Haftung des Veranstalters für ein Verschulden der Leistungsträger beschränkt (§ 651h Abs 2) oder beschränkbar (§ 651h Abs 2 Nr 2) ist (vgl § 651a Rn 52).

12 Hinsichtlich des **Verschuldensmaßstabs** gilt § 276. Abzustellen ist dabei nach dem Rechtsgedanken des § 347 HGB auf die im Verkehr objektiv erforderliche Sorgfalt eines **ordentlichen Reiseveranstalters** (Bartl NJW 1979, 1384, 1387; H-W Eckert, Pauschalreiserecht 121; Führich Rn 338; Löwe 111; ders BB 1979, 1357, 1364; Seyderhelm Rn 4 f), unter Berücksichtigung der besonderen Verhältnisse, unter denen der Reiseveranstalter arbeitet (vgl LG Frankfurt aM FVE Nr 124).

13 Die Bedeutung des Verschuldenserfordernisses für den Schadensersatzanspruch aus § 651f hat der BGH schon unter der Geltung des früheren Rechts dadurch relativiert, dass er unter Rückgriff auf die allgemeinen Grundsätze des Werkvertragsrechts eine **Beweislastumkehr** angenommen hat (BGHZ 100, 185, 188 f). Der Reiseveranstalter muss danach beweisen, dass ihn kein Verschulden an den aus seinem Risikobereich stammenden schädigenden Umständen trifft. Der im Zuge der Umsetzung der EG-Pauschalreise-Richtlinie zum 1.11.1994 geänderte Wortlaut des § 651f Abs 1 bringt nunmehr durch die negative Formulierung des Verschuldens („es sei denn ... nicht zu vertreten hat") unmissverständlich zum Ausdruck, dass das **Verschulden** des Reiseveranstalters **vermutet** wird, dieser also darlegen und beweisen muss, dass er den Umstand, auf dem der Mangel der Reise beruht, nicht zu vertreten hat (Bidinger/Müller 168; Führich Rn 338; Seyderhelm Rn 6; Soergel/H-W Eckert Rn 19). Den Veranstalter trifft demnach die Beweislast, dass weder ihn selbst noch einen seiner Erfüllungsgehilfen im Hinblick auf die gehörige Information des Reisenden oder die sorgfältige Vorbereitung, Organisation und Durchführung der Reise ein Verschulden an den aus seinem Gefahrenbereich stammenden schädigenden Umständen trifft (Bidinger/Müller 168; Palandt/Sprau Rn 4). Die Neufassung des § 651f Abs 1 war geboten, weil **Art 5 Abs 2 S 1** der EG-Pauschalreise-Richtlinie ebenfalls eine Beweislastumkehr vorsieht (vgl H-W Eckert ZRP 1991, 454, 475; Führich 338 u 355; vgl auch Vorbem 63 zu §§ 651a ff).

4. Einzelfälle

14 Der Reiseveranstalter hat nicht für jeden Umstand einzustehen, der für das Gelingen einer Reise von Bedeutung ist. So hat der Reiseveranstalter Ereignisse infolge **höherer Gewalt** nicht zu vertreten. Das gilt insbesondere für **Naturkatastrophen**, wie zB Beeinträchtigungen einer Reise durch einen Hurrikan (LG Kleve RRa 2000, 99; LG Frankfurt aM RRa 2000, 118 ff). Insoweit kommt ein Schadensersatzanspruch des Reisenden aus § 651f Abs 1 u Abs 2 nur dann in Betracht, wenn der Veranstalter eine ihm im Hinblick auf eine bevorstehende Naturkatastrophe obliegende Hinweis- und Warnpflicht verletzt hat (LG Frankfurt aM NJW-RR 1991, 313). Weiter hat der Reiseveranstalter nicht die Hotelkosten zu ersetzen, die dadurch entstehen, dass einem Reiseteilnehmer die Einreise verweigert wird (vgl AG München FVE Nr 126). Der Reiseveranstalter hat jedoch, wenn er diese Aufgabe übernommen hat, dafür Sorge zu tragen, dass dem Reisenden rechtzeitig vor der Abreise sein Pass mit dem da-

zugehörigen Visum (vgl LG Frankfurt aM FVE Nr 211) und die erforderlichen Reisepapiere (OLG Düsseldorf VersR 1992, 892; MDR 1993, 724) verschafft werden. Auf einen möglichen Fehler der Post kann er sich zur Entlastung nicht berufen, ist er doch auf diese Übermittlungsform nicht allein angewiesen. Der Reiseveranstalter kann sich auch nicht darauf verlassen, dass ein Brief innerhalb von 48 Stunden zugeht. Die Entscheidungspraxis des BVerfG (BVerfGE 41, 25; 43, 78; 44, 306) zur Wiedereinsetzung bei Versäumung von Rechtsmittelfristen kann allerdings auf die Organisationspflicht eines Reiseveranstalters nicht übertragen werden (so zutreffend LG Frankfurt aM Nr 211). Der Reiseveranstalter hat vielmehr rechtzeitig die **notwendigen organisatorischen Maßnahmen** in die Wege zu leiten. Er hat deshalb auch grundsätzlich die **Überbuchung** eines Hotel zu vertreten (vgl LG Frankfurt aM FVE Nr 212; vgl auch LG Köln TranspR 1991, 149). Diese stellt, wie auch die **Überbuchung** des Fluges, die schwerste Form der Vertragsverletzung dar. War die Pauschalreise als für Diabetiker geeignet ausgeschrieben, so ist der Schadensersatzanspruch bei Ausfall einer entsprechenden Verpflegung auf Rückzahlung des Reisepreises gerichtet. Bricht der Reisende den Urlaub völlig ab, so kann er daneben auch Schadensersatz wegen nutzlos aufgewendeter Urlaubstage verlangen.

Ebenso haftet der Reiseveranstalter auf Schadensersatz, wenn das **Reisegepäck** verspätet am Zielort eintrifft, verloren geht oder beschädigt wird. Dabei hat der Reiseveranstalter – und zwar unabhängig davon, ob er den Transport durch eine Charter- oder Linienmaschine hat durchführen lassen – für ein Verschulden der Luftverkehrsgesellschaft einzustehen. Dies gilt auch, wenn die Luftverkehrsgesellschaft ihm gegenüber die Haftung ausgeschlossen hat (vgl LG Frankfurt aM FVE Bd 7 Nr 915). Allerdings trifft den Reisenden, der bei einer Flugreise wertvollen Schmuck nicht im Handgepäck, sondern im aufgegebenen Reisegepäck mit sich führt, bei einem Verlust des Gepäcks der Vorwurf einer groben Sorgfaltspflichtverletzung, so dass die Haftung von Veranstalter und Luftfrachtführer wegen eines erheblichen Mitverschuldens nach § 254 Abs 1 vollständig ausgeschlossen ist (AG Baden-Baden RRa 1999, 216 f). Bei der Beförderung der Reisenden mit Flugzeugen hat der Reiseveranstalter auch Mängel beim Flug zu vertreten (vgl LG Köln FVE Bd 9 Nr 923).

15

Der Reiseveranstalter hat **Hotels und Ferienclubs**, die er für eine Überlassung an Urlauber in Aussicht genommen hat, vor Abschluss des Reservierungsvertrages und während des Saisonbetriebes in regelmäßigen Abständen stichprobenartig zu überprüfen (vgl BGHZ 103, 298, 305 ff; OLG Köln NJW-RR 1992, 1185 f; LG Hagen FVE Bd 7 Nr 692). Hinsichtlich aller Reiseleistungen können sich **Informationspflichten** des Reiseveranstalters über die den Reisemangel verursachenden Umstände ergeben (vgl dazu LG Frankfurt aM NJW 1980, 1696, 1697; BLAUROCK/WAGNER Jura 1985, 169, 173; LÖWE 108 f). Da die Beförderung mit Flugzeugen gefährlicher ist als der Transport mit anderen Verkehrsmitteln und außerdem bei finanziell schwachen Flugunternehmen das Risiko besonders groß ist, dass sie ihrer Beförderungspflicht nicht ordnungsgemäß nachkommen können, hat der Reiseveranstalter die Pflicht, Erkundigungen über die Unternehmen einzuholen, deren Flugzeuge er zu chartern beabsichtigt (vgl LG Düsseldorf FVE Bd 2 Nr 160; LG Frankfurt aM RRa 1993, 32, 35; ähnlich LG München I RRa 1997, 199). Ein Verschulden des Reiseveranstalters kann auch bei falschen (vgl AG Frankfurt aM FVE Bd 9 Nr 955) oder irreführenden Angaben im Reiseprospekt gegeben sein (vgl dazu LG Stuttgart MDR 1978, 1022). So stellt es zB ein Verschulden dar, wenn der Reiseveranstalter nicht auf einen in Hotelnähe gelegenen Truppenübungsplatz hinweist (vgl KG

16

MDR 1977, 402). Handelt es sich bei der zugewiesenen Unterkunft um ein feuchtes, unbeheiztes und von Wanzen befallenes Bungalowhotel, so ist ebenfalls ein Verschulden des Reiseveranstalters gegeben (vgl OLG Hamm NJW 1975, 123; BENDREF JR 1980, 359, 360). Auch bei **Baulärm** und unzureichenden Unterkünften kann Schadensersatz in Betracht kommen (vgl zB OLG Hamm NJW 1975, 123; vgl auch § 651c Rn 62). Der Reiseveranstalter haftet indessen nicht auf Schadensersatz nach § 651f Abs 2 wegen Verletzung der Informationspflicht hinsichtlich solcher Gefahren einer Reise in ein bestimmtes Urlaubsland, über die in den letzten Jahren vor der Reise in allen Medien ausführlich und in teils sensationeller Aufmachung berichtet worden ist, wie zB über die Gefahr von Terroranschlägen bei Ägyptenrundreisen. In diesem Fall spricht vielmehr eine Vermutung dafür, dass die unzureichende Information von Seiten des Veranstalters **nicht ursächlich** für die Buchung der Reise war. Das hat zur Folge, dass der Reisende, der einem solchen Terroranschlag zum Opfer fällt, darlegen und beweisen muss, warum er von dieser Gefahr nichts wusste bzw eingehenderer Informationen bedurft hätte (OLG Köln MDR 2000, 141 f).

17 Wird eine **geringerwertige Beförderungsleistung** erbracht, so liegt der Schaden zunächst in der Preisdifferenz zwischen den Entgelten für die unterschiedlichen Beförderungsarten. Der Veranstalter ist aber auch dafür schadensersatzpflichtig, wenn durch eine mangelhafte Beförderungsleistung Urlaubstage verbraucht werden. Muss zB ein vorgesehenes Besichtigungsprogramm abgekürzt werden, so umfasst der Schadensersatzanspruch auch diesen Posten (vgl auch LG Frankfurt aM NJW-RR 1991, 1271; LG Mönchengladbach NJW-RR 1986, 56; AG Düsseldorf RRa 1995, 210).

18 Bei einem Sporturlaub führt der **Ausfall der Sportmöglichkeiten** zu einer uneingeschränkten Rückzahlungspflicht des Reisepreises abzüglich ersparter Aufwendungen des Reisenden. Hat der Reisende eine Sportausrüstung gekauft, die er nicht verwenden kann, so können auch diese Kosten als nutzlose Aufwendungen ersatzfähig sein (vgl MünchKomm/TONNER Rn 21). Problematisch ist, ob in diesen Fällen auch von vertaner Urlaubszeit gesprochen werden kann. Da hierfür die gleichen Maßstäbe gelten wie für eine erhebliche Beeinträchtigung iSv § 651e (vgl Rn 64), ist dies wohl zu bejahen.

19 Der Reiseveranstalter und seine Leistungsträger als Erfüllungsgehilfen haben auch zu prüfen, ob nicht von Einrichtungsgegenständen und Versorgungsleitungen in den Unterkünften Gefahren für die Reisenden ausgehen (LG Frankfurt aM NJW 1977, 1687, 1688; FVE Nr 210; HOPPMANN BlGBW 1979, 161, 168; aA SOERGEL/H-W ECKERT Rn 9). Sie sind daher verpflichtet, diese Gegenstände sorgfältig auf ihre Sicherheit hin zu überprüfen und ihren Zustand in bestimmten Zeitabständen zu untersuchen sowie beschädigte, zur Verletzung anlassgebende Gegenstände zu entfernen bzw zu reparieren (LG Frankfurt aM FVE Nr 210; NJW 1977, 1687, 1688; OLG Bamberg RRa 1997, 14 ff; enger: LG Frankfurt aM RRa 1995, 62 f; kritisch zu dieser Rechtsprechung SIEBERT RRa 1994, 100 ff; SOERGEL/H-W ECKERT Rn 9). So haftet der Veranstalter für den Hotelbetreiber als seinen Erfüllungsgehilfen, wenn durch ein Verschulden des Hotelbetreibers unhygienische Verhältnisse in einem Hotelschwimmbecken geschaffen werden, die zu einer Darminfektion aller Mitglieder einer Familie führen (OLG München RRa 2000, 77). Ein **Mitverschulden des Reisenden** wird insoweit nur in Ausnahmefällen in Betracht kommen können, da von diesem nicht erwartet werden kann, dass er ohne jeden Anhaltspunkt bei Ankunft am Zielort Einrichtungsgegenstände in der Unterkunft auf ihre Sicherheit hin überprüft (vgl aber AG Bad Homburg RRa 2000, 63; 2001, 141).

Empfiehlt der Reiseveranstalter die Hinterlegung von Wertgegenständen in Hotel- 20
schließfächern, so haftet er bei **Diebstählen** nicht, falls für die Hotelschließfächer kein
Versicherungsschutz besteht (LG Düsseldorf FVE Nr 243; FVE Nr 244; LG München RRa
1994, 68; LG Berlin NJW 1985, 144; MünchKomm/TONNER Rn 25; **aA** LG Duisburg NJW-RR 1995,
693; AG Neuwied RRa 1994, 157). Erteilt der Reiseveranstalter den Rat, Wertgegenstände
in Hotelschließfächern zu deponieren, so ist dieser Rat auch dann angemessen, wenn
ein Versicherungsschutz nicht besteht. Das Fehlen eines entsprechenden Versicherungsschutzes ist allenfalls dem Leistungsträger anzulasten. Dieser ist insoweit jedoch nicht Erfüllungsgehilfe des Veranstalters, da er, soweit keine entsprechende
Obhutspflicht vereinbart wurde, nicht für die Sicherheit von **Wertgegenständen** haftet. Dies gilt erst recht, wenn der Reiseveranstalter den Abschluss von Reiseversicherungen empfohlen hat (so zutreffend LG Düsseldorf FVE Nr 243).

Bei Diebstählen kann der Veranstalter nur zum Schadensersatz herangezogen wer- 21
den, wenn er oder seine Leistungsträger notwendige **Sicherheitsmaßnahmen** unterlassen haben (zB unsorgfältige Aufbewahrung von Generalschlüsseln, defekte
Schlösser; vgl MünchKomm/TONNER Rn 25). Dies ist nicht der Fall, wenn Wertgegenstände aus einem nicht dem europäischen Sicherheitsstandard entsprechenden Hotelsafe gestohlen werden, da insoweit von den örtlichen Verhältnissen auszugehen ist
(OLG München RRa 1999, 174 f).

Ist die vom Veranstalter vorgesehene Unterkunft oder das vorgesehene Beförde- 22
rungsmittel **beschlagnahmt** worden, so hat der Reiseveranstalter dies nicht zu vertreten, soweit er diese Möglichkeit nicht vorhersehen konnte.

Fraglich erscheint, ob der Reisende nach § 651f auch dann Schadensersatz verlangen 23
kann, wenn der Urlaub durch einen **Streik** in der Sphäre des Veranstalters oder seiner
Leistungsträger beeinträchtigt wird. Ein **Minderungsrecht** hat der Reisende in diesen
Fällen stets, da § 651d kein Verschulden voraussetzt und ein Reisemangel vorliegt.
Dass der Urlaub durch das Ausbleiben einer Verpflegung des Reisenden im gebuchten Hotel objektiv beeinträchtigt wird, ist klar. Fraglich ist aber, ob der Reiseveranstalter diese Störung auch zu vertreten hat (vgl dazu OLG Düsseldorf NJW-RR 1992, 1330;
LG Frankfurt aM NJW 1980, 1696; NJW-RR 1987, 823; AG Frankfurt aM FVE Nr 202; BARTL
Rn 146; EBERLE DB 1979, 341, 342; FÜHRICH Rn 339; MünchKomm/TONNER Rn 26). Die Rspr
(LG Frankfurt aM NJW 1980, 1696, 1697; NJW-RR 1987, 823) und ein Teil der Lehre (vgl
FÜHRICH Rn 339; MünchKomm/TONNER Rn 26; SOERGEL/H-W ECKERT Rn 10) sind der Auffassung, dass der Reiseveranstalter derartige Streikrisiken in der **Sphäre seiner Leistungsträger** schlechthin zu vertreten hat. Dabei wird nicht einmal zwischen rechtmäßigen und rechtswidrigen Streiks unterschieden. Ein rechtmäßiger Arbeitskampf sei
grundsätzlich vorhersehbar. Dies folge daraus, dass Tarifverträge befristet seien.
Hinzu komme die allgemeine Erfahrung, dass bei Scheitern von Tarifvertragsverhandlungen mit Arbeitskämpfen gerechnet werden muss. Es soll Sache des Reiseveranstalters sein, sich Informationen über solche Umstände zu verschaffen und zu
sammeln, die wie ein Streik zu beträchtlichen Leistungsstörungen führen können (LG
Frankfurt aM NJW 1980, 1696; vgl auch LG Frankfurt aM FVE Bd 5 Nr 389; NJW-RR 1987, 823).

Verletzt der Reiseveranstalter diese **Informations- bzw Informationsbeschaffungs-** 24
obliegenheit und teilt er dem Reisenden die Gefahr eines Streiks nicht so rechtzeitig

mit, dass dieser von der Reise Abstand nehmen kann, hat er dies zu vertreten (ERMAN/ SEILER Rn 3).

25 Dagegen ist bei **rechtswidrigen Arbeitskämpfen** eine Einstandspflicht des Reiseveranstalters abzulehnen (vgl aber zB LG Frankfurt aM NJW 1980, 1696, 1697; dagegen TEICHMANN JZ 1979, 731). Die für die Gegenauffassung angeführte Begründung überzeugt nicht. Danach sollen Fälle denkbar sein, in denen auch rechtswidrige Streiks vorhersehbar sind, so zB, wenn dem Arbeitskampf „unpopuläre" Maßnahmen des Arbeitgebers vorangegangen sind (so LG Frankfurt aM NJW 1980, 1696, 1697). Da einem rechtswidrigen Arbeitskampf immer auch unpopuläre Maßnahmen des Arbeitgebers oder anderer politischer Instanzen vorausgehen werden, da ja kein Streik grundlos vom Zaun gebrochen wird, wären bei dieser Sicht Arbeitskampfmaßnahmen immer vorhersehbar, soweit man entsprechende Informationsobliegenheiten des Reiseveranstalters aufstellt. Hinzu kommt, dass der Reiseveranstalter nach § 278 nur ein Fehlverhalten seiner **Erfüllungsgehilfen** zu vertreten hat. Hierzu gehören aber **nur die einzelnen Leistungsträger**, also das Beförderungsunternehmen oder der Hotelier, nicht aber die Angestellten dieser Unternehmen. Diese sind nur Erfüllungsgehilfen des Beförderungsunternehmens oder des Hoteliers, der daher für ihr rechtswidriges und schuldhaftes Verhalten einzustehen hat, soweit er in Erfüllung einer Verbindlichkeit gegenüber dem Veranstalter tätig wird. Gerade dies ist aber bei einem Streik nicht der Fall (vgl aber LG Frankfurt aM NJW 1980, 1696). Die umfassende Zurechnung von Störungsursachen, die in einem Streik ihre Ursache haben, führt zu einer unbilligen Risikoverteilung (**aA** LG Frankfurt aM NJW 1980, 1696,1697; NJW-RR 1987, 823; MünchKomm/ TONNER Rn 26). Es trifft zwar zu, dass der Reiseveranstalter uU vertragliche Schadensersatzansprüche gegen den Hotelier bzw nach Abtretung von dessen arbeitsvertraglichen Ansprüchen gegen das rechtswidrig streikende Personal geltend machen kann (vgl auch BGHZ 70, 277; BVerfG NJW 1980, 169), doch sind derartige Ansprüche in der Praxis kaum durchzusetzen. Der Reiseveranstalter muss sich daher darauf verlassen können, dass das jeweilige national geltende Arbeitskampfrecht von den Beteiligten beachtet wird.

26 Die Einstandspflicht des Reiseveranstalters für streikbedingte Störungen bedarf der Begrenzung. Ein Verschulden des Reiseveranstalters kann daher vor allem unter dem Gesichtspunkt des **Abwendungsverschuldens** gegeben sein, wenn er sich nicht um eine Umorganisation der Reise kümmert oder den Reisenden nicht rechtzeitig über Streikmaßnahmen informiert, um diesem die Abstandnahme von der Reise zu ermöglichen (ERMAN/SEILER Rn 3).

27 Von diesen Fällen des Abwendungsverschuldens abgesehen, muss sich zwar der Reiseveranstalter auch das Verschulden der **Erfüllungsgehilfen seiner Erfüllungsgehilfen** (Leistungsträger) als eigenes Verschulden zurechnen lassen (vgl dazu AG Frankfurt aM FVE Nr 201), doch ist damit noch nicht entschieden, ob dies auch für arbeitskampfbedingte Leistungsstörungen zu gelten hat. Mit dem bloßen Hinweis auf die Rechtmäßigkeit der Arbeitskampfmaßnahmen kann eine Zurechnung jedenfalls nicht verneint werden (vgl aber LÖWISCH AcP Bd 174, 202, 251), soweit im Streik Arbeitnehmer überhaupt Erfüllungsgehilfen sind. Dies folgt schon allein daraus, dass die Rechtmäßigkeit einer Arbeitskampfmaßnahme nichts über das Vertretenmüssen von daraus resultierenden Leistungsstörungen besagt (vgl auch AG Frankfurt aM FVE Nr 201; LG Frankfurt aM NJW 1980, 1696). Allerdings setzt die Haftung für den Erfüllungsge-

hilfen eine **Einflussmöglichkeit** des Schuldners auf eben diesen Erfüllungsgehilfen voraus (vgl U Huber JZ 1974, 433, 437). Das Einstehenmüssen für einen Streik kann jedoch auch nicht mit einem **Näherprinzip** begründet werden; der Leistungsträger und damit der Reiseveranstalter ist nicht näher als der Reisende daran, dieses Risiko zu tragen (vgl aber auch Bartl NJW 1979, 1384, 1390; Eberle DB 1979, 341, 342, 347; Erman/Seiler Rn 3; Löwisch AcP 174, 202, 205; Teichmann JZ 1979, 731, 739 f).

Es fehlt damit sowohl bei rechtmäßigen als auch bei rechtswidrigen Arbeitskampfmaßnahmen an einem Vertretenmüssen des Reiseveranstalters (vgl aber auch Erman/Seiler Rn 3), soweit nicht ein **Abwendungs- bzw Organisationsverschulden** vorliegt. 28

Das Vertretenmüssen der Auswirkungen eines Arbeitskampfes im Rahmen des § 651f Abs 1 lässt sich folglich ebenso wenig pauschal feststellen wie sich die Frage beantworten lässt, ob eine Arbeitskampfmaßnahme **höhere Gewalt** iSd § 651j darstellt (vgl dazu § 651j Rn 22 ff). Ein Reiseveranstalter handelt auf jeden Fall dann schuldhaft, wenn er Reisen in Ländern organisiert, in denen Streiks während der Urlaubssaison üblich sind bzw wenn er den Reisenden nicht rechtzeitig über die Streikgefahr vor Reiseantritt informiert. Im letzteren Fall ist er gewährleistungspflichtig. Der Verweis auf § 651j oder § 326 Abs 1 ist nicht interessengerecht. In den Fällen des § 651j ist ein Schadensersatzanspruch auch wegen vertanen Urlaubs zwingend ausgeschlossen. **Höhere Gewalt** und Verschulden des Veranstalters bzw seiner Leistungsträger schließen sich begriffsnotwendig aus, es sei denn, dass ein **Abwendungs- bzw Organisationsverschulden** des Veranstalters vorliegt (vgl OLG Frankfurt aM FVE Nr 300; LG Frankfurt aM RRa 2000, 118 ff). 29

Dagegen hat der Reiseveranstalter Streiks in Einrichtungen, die **nicht** zu seinen **Erfüllungsgehilfen** gehören, unstreitig nicht zu vertreten (vgl Erman/Seiler Rn 3; Führich Rn 339; MünchKomm/Tonner Rn 26). Dies gilt zB für Streiks des Museumspersonals (LG Frankfurt aM NJW 1983, 237), des Flughafenpersonals (LG Hannover NJW-RR 1989, 820; Führich Rn 339; **aA** OLG Düsseldorf NJW-RR 1992, 1330; MünchKomm/Tonner Rn 26) oder der Fluglotsen (OLG Düsseldorf NJW-RR 1992, 1330; LG Hannover NJW-RR 1989, 820). 30

III. Umfang des Schadensersatzanspruchs nach § 651f Abs 1

1. Allgemeines

Problematisch ist im Rahmen des § 651f Abs 1 auch der **Schadensumfang**. Das Gesetz billigt dem Reisenden in Abs 2 auch wegen **nutzlos aufgewendeter Urlaubszeit** eine angemessene Entschädigung in Geld zu. Im Übrigen wird in den Materialien (BT-Drucks 8/2343, 10) hinsichtlich der Schadensersatzpflicht auch auf **Begleitschäden** (zB nutzlose Aufwendungen) und **Mangelfolgeschäden** verwiesen. Der Gesetzgeber wollte daher an den mietrechtlichen Begriff des **Nichterfüllungsschadens** anknüpfen, der ebenfalls Mangelfolgeschäden an sonstigen Rechtsgütern des Reisenden, zB Eigentum oder Gesundheit, mit umfasst (vgl RGZ 81, 200; BGHZ 49, 350, 355; 92, 177, 180; BGH WM 1979, 1448; 1991, 736, 737; Jauernig/Teichmann § 536c Rn 8; Palandt/Weidenkaff § 536c Rn 14)). Dieser weite Umfang der Schadensersatzverpflichtung führt dazu, dass die im Werkvertragsrecht bei § 635 aF erforderliche Abgrenzung zwischen Mangel- und Mangelfolgeschäden im Reiserecht obsolet ist (vgl auch Erman/Seiler Rn 5; Führich Rn 341 ff; MünchKomm/Tonner Rn 18 ff; Soergel/H-W Eckert Rn 12; Teichmann JZ 1979, 731, 31

737, 742). Seit der Schuldrechtsmodernisierung unterscheidet das Werkvertragsrecht hinsichtlich der Anspruchsgrundlage zwar nicht mehr nach der Schadensursache – Folge der mangelhaften Herstellung des Werkes oder Folge einer anderen Pflichtverletzung des Werkunternehmers –; in der Sache behält der BGB jedoch die Unterscheidung zwischen dem Mangelschaden und dem Mangelfolgeschaden des Bestellers bei. Grundlage für den Ersatz des **Mangelfolgeschadens** sind jetzt die §§ **634 Nr 4, 280 Abs 1**, während der **Mangelschaden** als Schadensersatz statt der Leistung gem § **280 Abs 3** nun unter den zusätzlichen Voraussetzungen des § **281 Abs 1** bzw der §§ **282, 283** ersetzt verlangt werden kann (AnwKomm-BGB/Raab § 636 Rn 32). Aber auch diese Differenzierung ist für das Reisevertragsrecht ohne Bedeutung. Dies folgt schon daraus, dass eine Zweispurigkeit hinsichtlich der Verjährung nicht überzeugt. Allerdings ist das vom Gesetzgeber gewünschte Verständnis des Schadensumfangs nur mit einer streng subjektiven historischen Auslegung zu erreichen. Auch der systematische Zusammenhang, dh die Einordnung des Reisevertrages in das Werkvertragsrecht, legt an sich eine dem werkvertraglichen Gewährleistungsrecht entsprechende Interpretation näher als den Rückgriff auf das Mietvertragsrecht (Teichmann JZ 1979, 731, 737, 742).

32 Zu den Schäden im Sinne von § 651f gehören danach auch sog **Begleitschäden** (zB nutzlose Aufwendungen für eine vergebliche Anreise; Taxi-, Telefon-, Porto- und Fotokosten). Dies ergibt sich auch aus den Gesetzesmaterialien (BT-Drucks 8/2343, 10; so auch BGHZ 92, 177, 180; Erman/Seiler Rn 5; Führich Rn 343; Heinz 122; MünchKomm/Tonner Rn 18; Seyderhelm Rn 13 ff; Soergel/H-W Eckert Rn 12).

33 Hinsichtlich der **Mangelfolgeschäden** kann schon aus deren Erwähnung in den Materialien (BT-Drucks 8/2343, 10) geschlossen werden, dass der Gesetzgeber abweichend von der Regelung im Werkvertragsrecht die Mangelfolgeschäden uneingeschränkt in die Regelung des § 651f Abs 1 einbeziehen wollte. Zwar hat die Unanwendbarkeit der positiven Forderungsverletzung im Rahmen des § 651f Abs 1 zur Folge, dass auch für Mangelfolgeschäden die zweijährige Verjährungsfrist des § 651g Abs 2 und die Ausschlussfrist von einem Monat gemäß § 651g Abs 1 gelten. Damit führt die Zuordnung von Mangelfolgeschäden zu § 651f zu einer gewissen Schlechterstellung des Reisenden in der Verjährungsfrage. Andererseits erscheint die Verjährungsfrist des § 651g Abs 2 für das Reisevertragsrecht ohnehin recht lang bemessen. Vor allem hat gerade die von der Rechtsprechung und herrschenden Lehre im Rahmen des § 635 aF vertretene Zweispurigkeit des Schadensersatzes zu einem Höchstmaß an Rechtsunsicherheit geführt. Diese Rechtsunsicherheit ist zwar durch das Schuldrechtsmodernisierungsgesetz deutlich abgemildert worden, doch sollte die Zweispurigkeit von Mangel- und Mangelfolgeschäden gleichwohl nicht ohne Not im Reisevertragsrecht fortgeführt werden. Mangelfolgeschäden – also insbesondere Körper- und Sachschäden des Reisenden – werden daher von § 651f Abs 1 erfasst (vgl BGHZ 92, 177, 180; BGH NJW 1986, 1748, 1749 f; Bechhofer 94; Bidinger/Müller 166 f; Blaurock/Wagner Jura 1985, 169, 175; Erman/Seiler Rn 5; Führich Rn 341 f; Heinz 122; Pick 91 f; Soergel/H-W Eckert Rn 12; Tonner, Reisevertrag Rn 6; Wolter AcP 183, 35, 65).

34 Verstirbt ein Reisender aufgrund einer schuldhaften Pflichtwidrigkeit des Veranstalters, so sind den Erben die **Beerdigungskosten** zu ersetzen (§ 844 Abs 1).

2. Berechnung

Der Reisende kann im Rahmen des § 651f Abs 1 ähnlich wie bei § 634 Abs 4 iVm 35
§ 281 Abs 1 S 1 bzw S 3 (vgl dazu BT-Drucks 14/6040, 225; Canaris JZ 201, 499; ders DB 2001, 1817) den **„großen"** oder **„kleinen" Schadensersatz** verlangen (vgl Erman/Seiler Rn 5). Der „große" Schadensersatz kann allerdings schon rein tatsächlich nicht in der Zurverfügungstellung des bereits verbrachten Urlaubs bestehen (Erman/Seiler Rn 5). Es kann also nur darum gehen, den Wertunterschied zwischen der versprochenen mangelfreien und der tatsächlich erbrachten, also mangelbehafteten, Reiseleistung auszugleichen (BGHZ 63, 98, 106).

Kündigt der Reisende nicht nach § 651e, so ist im Regelfall bei völlig vertanem 36
Urlaub der **volle Reisepreis** abzüglich ersparter Aufwendungen nach § 651f Abs 1 zurückzuzahlen. Ferner sind dem Reisenden gem § 284 die sonstigen nutzlosen Aufwendungen (Anfahrt, Parkplatzgebühren etc) zu ersetzen (KG MDR 1982, 317; OLG Celle NdsRpfl 1982, 61; OLG Düsseldorf NJW-RR 1998, 54; LG Mönchengladbach NJW-RR 1986, 56; LG Hannover NJW-RR 1987, 496; AG Düsseldorf RRa 1995, 210).

3. Schadensminderungspflicht des Reisenden

Kann der Reisende nicht in dem vorgesehenen Hotel untergebracht werden, so muss 37
er bei dem Bemühen des Reiseveranstalters bzw der Reiseleitung um eine Ersatzlösung mitwirken. Er kann zB gehalten sein, eine ihm vom Reiseveranstalter angebotene Ersatzunterkunft anzunehmen und eine andere als die gebuchte Reise anzutreten (LG Düsseldorf RRa 2003, 113 f). Insoweit gelten allerdings die zu § 651c entwickelten Grenzen entsprechend (vgl § 651c Rn 158 ff). Er darf, ohne seine **Schadensminderungspflicht** nach § 254 Abs 2 zu verletzen, nicht sofort abreisen (vgl AG Frankfurt aM FVE Nr 197; LG Frankfurt aM FVE Nr 262). Die Zumutbarkeitsgrenzen sind hier wie bei Leistungsänderungsvorbehalten (§ 651a Rn 152) zu bestimmen.

4. Aktivlegitimation

Will der Ehemann Ansprüche der Ehefrau und der Kinder aus einer gebuchten 38
Familienreise geltend machen, so muss er sich diese Ansprüche abtreten lassen (vgl BGH NJW 1980, 1947 f; AG Frankfurt aM FVE Nr 190). Der BGH (NJW 1980, 1947, 1949; WM 1982, 1206) geht davon aus, dass der mitreisende Ehepartner und mitreisende Kinder, wenn sie aus dem Reisevertrag nicht ohnehin mitberechtigt sind, zumindest unter dem Gesichtspunkt der Schutzwirkung des Vertrages für Dritte schadensersatzberechtigt sind. Dies trifft nicht zu, da der Vertrag mit Schutzwirkung für Dritte nur die Verpflichtung zur sorgsamen Leistungserbringung auf Dritte erstreckt, nicht aber Dritte zur Geltendmachung von Gewährleistungsansprüchen legitimiert (vgl Larenz I § 17 II). Mit dieser Rspr deutet jedoch der BGH an, dass er eine Geltendmachung von Gewährleistungsansprüchen erst recht im Rahmen eines **Vertrages zugunsten Dritter**, also zB durch den Ersatzreisenden bzw mitreisende Familienmitglieder, zulassen würde (vgl auch Führich Rn 110).

IV. Entschädigung für nutzlos aufgewendete Urlaubszeit (§ 651f Abs 2)

1. Rechtsprechung vor In-Kraft-Treten des Reisevertragsgesetzes

39 Nach der Rechtsprechung des BGH vor In-Kraft-Treten des Reisevertragsgesetzes hatte der **Urlaub** jedenfalls dann **Vermögenswert**, wenn es sich um einen Urlaub handelte, der der Erhaltung oder Wiederherstellung der Arbeitskraft diente. Dann war der Urlaub durch Arbeitsleistung verdient oder durch besondere Aufwendungen für eine Ersatzkraft ermöglicht worden. Wurde der mit einem solchen Urlaub verfolgte Zweck vereitelt oder in erheblichem Umfang verfehlt, so entstand danach ein **Vermögensschaden** (vgl BGHZ 63, 98; 77, 116, 120; BGH WM 1981, 849, 850; OLG Frankfurt aM FVE Nr 30; NJW 1967, 1372; 1973, 470; KG NJW 1970, 474; OLG Köln NJW 1973, 191; 1973, 1083; LG München MDR 1970, 925; vgl zum Ganzen auch Honsell JuS 1976, 222). Auf eine Gesundheitsbeeinträchtigung durch den Verlust der Urlaubstage wurde dabei nicht abgestellt (vgl OLG Frankfurt aM NJW 1967, 1372).

40 Der BGH ging dabei davon aus, dass Mängel der Reiseleistungen den Urlaub als solchen im Regelfall nicht, auch nicht teilweise, als vertan erscheinen ließen. Die Mängel sollten vielmehr idR durch Minderung der Vergütung oder durch Schadensersatzansprüche ausgleichbar sein, die dem Wertunterschied zwischen der versprochenen und der erbrachten Leistung entsprachen (vgl BGHZ 77, 320, 323). Erst wenn der **Zweck des Urlaubs gänzlich** oder doch in **sehr erheblichem Umfang verfehlt** wurde, war danach eine Herabsetzung des Reisepreises als Schadensausgleich unzureichend (vgl BGHZ 63, 98, 106; 77, 116, 121).

41 ZT wurde in nutzlos aufgewendeter Urlaubszeit auch nur ein **immaterieller Schaden** gesehen, der lediglich unter den besonderen Voraussetzungen einer Analogie zu § 847 aF (§ 253 Abs 2 nF) zu ersetzen war (vgl zB KG NJW 1972, 769; OLG Düsseldorf NJW 1974, 150; Grunsky NJW 1975, 609). Schließlich wurde noch vertreten, dass die Urlaubsbeeinträchtigung eine Verletzung des **allgemeinen Persönlichkeitsrechts** darstelle (vgl Landwehrmann NJW 1970, 1867; ders NJW 1972, 1204).

42 Nach dieser früheren BGH-Rechtsprechung musste, damit wegen vertanen Urlaubs Schadensersatz geltend gemacht werden konnte, eine **erhebliche Beeinträchtigung** der Reise vorliegen. Dies sollte dann der Fall sein, wenn der mit der Reise typischerweise verfolgte Zweck in weitem Ausmaß nicht erreicht werden konnte, sei es, dass erhebliche Teile der zugesagten Leistungen überhaupt nicht erbracht wurden, sei es, dass Einzelleistungen so schlecht angeboten wurden, dass sich Auswirkungen auf den gesamten Reisezweck ergaben. Die qualitative Schwelle, von der ab eine erhebliche Beeinträchtigung anzunehmen war, war nur dann erreicht, wenn die Gesamtwürdigung aller Umstände des Einzelfalles unter Berücksichtigung der **Urlaubsart** (Studienurlaub, Erholungsurlaub etc) den Urlaub ganz oder teilweise als vertan erscheinen ließ. Bei schwerwiegenden Unterbringungsmängeln konnte der Urlaub danach etwa zur Hälfte vertan sein (OLG Düsseldorf FVE Nr 299).

43 Da der BGH (BGHZ 63, 98; BGH WM 1980, 1007, 1008) dem Urlaub jedenfalls dann **Vermögenswert** zumaß, wenn es sich um einen Erholungsurlaub handelte, welcher der Erhaltung oder Wiedererlangung der Arbeitskraft diente und der Urlaub durch Arbeitsleistung verdient oder durch besondere Aufwendungen für eine Ersatzkraft ermöglicht worden war, gelangte er, wenn der mit einem derartigen Urlaub verfolgte Zweck vereitelt oder in erheblichem Umfang verfehlt wurde, zur Annahme eines **Vermögensschadens** (BGHZ 63, 89, 98; 86, 212, 215; BGH NJW 1985, 906 f). Mit dieser Kommerzialisierung des Urlaubs umging der BGH die eindeutige Regelung des § 253 Abs 1. Andererseits konnten mit Hilfe des **Kommerzialisierungsgedankens** nur **Erwerbstätige** einschließlich **Hausfrauen** Schadensersatz wegen nutzlos aufgewendeter Urlaubszeit verlangen, nicht hingegen Kinder, Schüler, Studenten, Arbeitslose und Rentner (vgl LG Frankfurt aM NJW 1983, 1127; ERMAN/SEILER Rn 6; PALANDT/ HEINRICHS Vor § 249 Rn 39).

Um einer **Ausuferung** der Schadenshaftung entgegenzuwirken, sollte nicht jede auch noch so geringe Beeinträchtigung der Urlaubsgestaltung den Erholungszweck, dem der Urlaub diente, in Frage stellen und deshalb zum Schadensersatz verpflichten können. Das bloße Unlustgefühl des Urlaubers, nicht seinen Erwartungen entsprechend untergebracht zu sein, sollte danach ein immaterieller Schaden sein, der nicht ersetzt zu werden brauchte (BGHZ 63, 98, 106; BGH WM 1980, 1007, 1009). Auch dann, wenn die **Beschädigung eines Kraftfahrzeuges** zur Änderung noch nicht realisierter Urlaubspläne führte (BGHZ 60, 214; KG NJW 1972, 769) oder wenn die Unterkunft von geringerer Qualität war, als es die Buchung vorsah (OLG Düsseldorf NJW 1974, 150), sollte es keinen Ersatzanspruch geben.

2. Dogmatische Einordnung des § 651f Abs 2

a) Meinungsstand

Nach § 651f Abs 2 kann der Reisende auch wegen nutzlos aufgewendeter Urlaubszeit eine angemessene Entschädigung in Geld verlangen, wenn die Reise vereitelt oder erheblich beeinträchtigt wird. Ob damit die **bisherige Rechtsprechung des BGH** übernommen wurde, lässt sich weder aus dem Wortlaut noch aus der Entstehungsgeschichte der Vorschrift eindeutig entnehmen und ist daher zweifelhaft. Der Gesetzgeber hat es nämlich unterlassen, klarzustellen, welche **Kriterien für die Bemessung** der Entschädigung maßgebend sein sollen. Auch ist im Verlauf des Gesetzgebungsverfahrens unklar geworden, welcher Schaden über diese Norm erfasst wird. Der Gesetzentwurf der Bundesregierung stellte unter Hinweis auf den dortigen fast inhaltsgleichen § 18 Abs 2 fest, dass bei der Bemessung des Ersatzanspruchs die **Umstände des Einzelfalls** zu würdigen seien. Ein Moment der Bemessung der Entschädigung sollte der **Aufwand** sein, der für die **Beschaffung zusätzlichen Urlaubs** erforderlich ist (BT-Drucks 8/786, 30; vgl aus der früheren Rspr BGHZ 63, 98, 105; OLG Hamm NJW 1975, 1364): „Ein Abstellen allein auf diesen Gesichtspunkt würde allerdings zu unangemessenen Ergebnissen führen, da nicht oder nicht mehr berufstätige Personen wie etwa Studenten und Rentner keinen Ersatz für nutzlos aufgewendete Urlaubstage erhalten könnten" (vgl auch STOLL Anm zu BGHZ 63, 98 in JZ 1975, 252, 255). Das Gesetz sieht daher vor, dass für die Bemessung der Entschädigung **sämtliche Umstände zu würdigen** sind, insbesondere aber das Ausmaß der Beeinträchtigung und die Schwere des dem Reiseveranstalter zur Last fallenden Verschuldens. „Die Berücksichtigung dieser Umstände entspricht gefestigter Rspr bei der Bemessung des Schmerzensgeldes (§ 847 [§ 253 Abs 2]) und beruht auf der Erwägung, dass die nach § 18 Abs 2 des Entwurfs geschuldete Entschädigung zwar auch dem Ersatz eines materiellen Schadens dient, daneben aber bei einem Ersatz für nutzlos aufgewendete Urlaubstage auch **immaterielle Momente** von Bedeutung sind..." (BT-Drucks 8/786, 30).

46 Da die Rspr bis zum In-Kraft-Treten des Reisevertragsgesetzes bei der Beeinträchtigung des Urlaubs eines **Studenten** oder **Rentners** einen Ersatz für nutzlos aufgewendete Urlaubstage verneint hat (vgl zB OLG Köln FVE Bd 8 Nr 869), spielte der Gesichtspunkt der „Sozialisierung" des Ersatzanspruchs (vgl ERMAN/SEILER Rn 6) zwar zunächst eine große Rolle, doch kam er dann in der Begründung des Referentenentwurfs des BJM in der Beschlussempfehlung und im Bericht des Rechtsausschusses vom 4. 12. 1978 (BT-Drucks 8/2343, 11) nicht mehr so klar zum Ausdruck. Vielmehr glaubte der Ausschuss mit § 651f Abs 2 einen wichtigen Grundsatz der höchstrichterlichen Rspr festzuschreiben, „die auch dem Erholungsurlaub als solchem einen entschädigungsfähigen Wert beimesse, für den Schadensersatz begehrt werden könne...". Die Erstattungsfähigkeit dieses Schadens sollte von der typischen Zweckbestimmung des Reisevertrages, dem Reisenden durch die versprochene Gestaltung der Urlaubszeit auch entsprechende Urlaubsfreude zu vermitteln, gerechtfertigt werden. Die Vorschrift sehe deshalb davon ab, einen starren Maßstab für die Bemessung der Entschädigung festzulegen. Der Ausschuss ging davon aus, dass bei der Bemessung der Entschädigung **alle Umstände des Einzelfalls** zu berücksichtigen sind. Dabei sollte neben dem Ausmaß der Beeinträchtigung auch die Höhe des Reisepreises von Bedeutung sein. Ein weiteres Moment bei der Bemessung der Entschädigung sollte der Aufwand darstellen, den der Reisende für die **Beschaffung eines Ersatzurlaubs** zu betreiben hatte (BT-Drucks 8/2343, 11).

47 Dieser **unklare gesetzgeberische Ausgangspunkt** setzte sich in der Auseinandersetzung in Rechtsprechung und Schrifttum fort. Nach In-Kraft-Treten des § 651f Abs 2 war zunächst lebhaft umstritten, ob die nutzlos aufgewendete Urlaubszeit einen **Vermögensschaden** oder aber einen **immateriellen Schaden** darstellt (vgl dazu ausführlich H-W ECKERT, Pauschalreiserecht 126 ff; W MÜLLER 119 ff; STAUDINGER/SCHWERDTNER[12] Rn 47 ff). Im Wesentlichen standen sich bei der dogmatischen Einordnung der Schadensersatznorm des § 651f Abs 2 **vier Auffassungen** gegenüber:

48 (1)   § 651f Abs 2 wurde als eine Fortschreibung der bisherigen Rechtsprechung des BGH zum vertanen Urlaub gedeutet, also als Anordnung des Ersatzes von **Vermögensschäden** (vgl ua KG MDR 1982, 317; LG Aachen MDR 1982, 670; LG Frankfurt aM FVE Nr 212; NJW 1982, 2452; 1983, 112 f, 1128 f; 1983, 2264, 2266; 1983, 2284 f; AK-BGB/RÜSSMANN Vor §§ 249–253 Rn 37; BARTL Rn 91, 100; ders NJW 1979, 1388; ders DAR 1982, 44; BAUMGÄRTEL/ STRIEDER Rn 2; ERMAN/SEILER[7] Rn 9; GRUNEWALD NJW 1980, 1927; LEONARDY DRiZ 1978, 269; PALANDT/HEINRICHS Vor § 249 Anm 2 b ee; SOERGEL/MÜHL[11] Rn 6; TEICHMANN JZ 1979, 737, 740; TONNER JuS 1982, 414 f; ders JZ 1983, 207). Hiervon ging auch der BGH (BGHZ 76, 179, 185; 77, 116, 120; 80, 366, 368; 82, 219, 226) zunächst aus, ohne jedoch abweichende Auffassungen überhaupt zur Kenntnis zu nehmen.

49 (2)   Daneben wurde die Auffassung vertreten, § 651f Abs 2 sei so auszulegen, dass der Gesetzgeber in dieser Norm für diejenigen Personen einen Ersatz des **Nichtvermögensschadens in Geld** anordnen wollte, bei denen der Verlust der Urlaubszeit keinen Vermögensschaden auslöst (Studenten, Rentner, Arbeitslose, vgl BURGER NJW 1980, 1252).

50 (3)   Wieder andere gingen davon aus, dass mit § 651f Abs 2 die bisherige Rspr zum vertanen Urlaub als Vermögensschaden generell abgelöst werden sollte, so dass nunmehr bei vertanem Urlaub ausschließlich die **Gewährung einer Entschädigung**

für einen **Nichtvermögensschaden in Geld** in Betracht komme (vgl ua AG Berlin-Schöneberg NJW 1982, 771 f; AK-BGB/DERLEDER Rn 6; BENDREF JR 1980, 361; ders VersR 1982, 1063; BLAUROCK NJW 1980, 1949; EICHINGER Jura 1981, 192 f; LARENZ, SchuldR I^{13} 463; ders, SchuldR II^{12} 314; LÖWE BB 1979, 1364; ders DAR 1979, 263; LOEWENHEIM AcP 181, 241; MEDICUS, BR^{11} Rn 830; SCHIEMANN JuS 1980, 713; WEDEPOHL 126 f; WOLTER AcP 183, 54).

(4) Schließlich wurde auch vertreten, dass § 651f Abs 2 für jedermann einen Ersatz des Nichtvermögensschadens in Geld neben dem Vermögensschaden für vertanen Urlaub anordne, der als solcher ausschließlich über § 651f Abs 1 erstattungsfähig sei und nur Erwerbstätigen zustehe (vgl STAUDINGER/SCHWERDTNER^{12} Rn 56 ff; ähnlich ESSER/SCHMIDT, SchuldR I^6 506 ff). **51**

Der BGH (BGHZ 76, 179, 185; 77, 116, 120) hat zunächst § 651f Abs 2 als Festschreibung seiner bisherigen Rechtsprechung vor In-Kraft-Treten des Reisevertragsgesetzes gedeutet. Dies geschah jedoch mehr beiläufig. Eine eingehende Auseinandersetzung erfolgte nicht. In einem Urteil vom 25. 3. 1982 (WM 1982, 670 = NJW 1982, 1522) stellte der BGH fest, dass der Richter durch § 651f Abs 2 bei der Festlegung des Ersatzanspruchs für vertanen Urlaub **wesentlich freier** gestellt werde, als dies nach der bisherigen Rechtsprechung möglich war. In einem Urteil vom 23. 9. 1982 (BGH NJW 1983, 35) rückte der BGH dann von seiner alten Kommerzialisierungsrechtsprechung ab und lässt es seither zu, dass bei der Bemessung der Entschädigung wegen nutzlos aufgewendeter Urlaubszeit nach § 651f Abs 2 nicht mehr nur das Einkommen des Reisenden, sondern auch alle anderen Umstände des Einzelfalles, wie namentlich die Schwere des Mangels, der Reisepreis oder der für die Finanzierung eines gleichwertigen Ersatzurlaubs notwendige Geldbetrag, berücksichtigt werden. Anspruch auf Entschädigung sollen nunmehr grundsätzlich alle, insbesondere auch Schüler haben (BGH NJW 1983, 35 u 218). Diese Ausdehnung des Kreises der Anspruchsberechtigten auf Nichterwerbstätige lässt sich nur dann rechtfertigen, wenn die vertane Urlaubszeit als **immaterieller Schaden** verstanden wird (vgl ERMAN/SEILER Rn 6). Diesen Schluss hat der BGH indessen nicht ausdrücklich gezogen, sondern allein auf die Gesetzesmaterialien Bezug genommen, nach denen auch „immaterielle Momente von Bedeutung" sein sollten. Dagegen spielte der BGH die Grundsatzfrage der Erfassung der Vorschrift herunter, indem er betonte, dass die dogmatische Frage nach dem Rechtscharakter des Entschädigungsanspruchs gem § 651f Abs 2 von untergeordneter Bedeutung sei (BGH NJW 1983, 35, 36). Gleichwohl wird heute zu Recht davon ausgegangen, dass der BGH mit den genannten Entscheidungen zu einem immateriellen Schadensbegriff übergegangen ist, die vertane Urlaubszeit also als **Nichtvermögensschaden** ansieht (vgl nur FÜHRICH Rn 351). **52**

Die Rechtsprechung der **Instanzgerichte** ist der Auffassung des BGH ganz überwiegend gefolgt, sieht die nutzlos aufgewendete Urlaubszeit also heute als **immateriellen Schaden** an (OLG Düsseldorf NJW-RR 1986, 1175; 1989, 1078; OLG Celle OLGZ 1982, 476, 479; OLG Frankfurt aM NJW-RR 1981, 827; 1988, 633; RRa 1995, 149; 1998, 67, 71, OLG München NJW 1984, 132; NJW-RR 1987, 748; LG Frankfurt aM NJW-RR 1988, 1451; 1989, 310; 1990, 1396; 1991, 315; LG Hannover NJW-RR 1989, 633; 1990, 1019, NJW 1989, 1936; AG Hamburg NJW-RR 1989, 564; vgl auch EuGH NJW 2002, 1255). Auch im Schrifttum hat sich inzwischen ein weitgehender Meinungsumschwung in diese Richtung vollzogen. Die **herrschende Lehre** versteht die nutzlos aufgewendete Urlaubszeit heute ebenfalls als **Nichtvermögensschaden** (vgl AK-BGB/DERLEDER Rn 6; BENDREF JR 1980, 359, 361; BIDINGER/MÜLLER 171 f; BLAUROCK NJW **53**

1980, 1949; BLAUROCK/WAGNER Jura 1985, 169 ff, 176; EBERLE DB 1979, 341, 345; ERMAN/SEILER Rn 6; FÜHRICH Rn 351; LÖWE 121; W MÜLLER 119 ff, 165; MünchKomm/TONNER Rn 44 ff, 53; PALANDT/SPRAU Rn 5; SEYDERHELM Rn 45; SORGEL/H-W ECKERT Rn 16; TEMPEL, Materielles Recht 445).

b) Stellungnahme

54 Entgegen der Auffassung des BGH (BGH NJW 1983, 35, 36) ist die rechtsdogmatische Einordnung des Entschädigungsanspruchs nach § 651f Abs 2 keineswegs nur von untergeordneter Bedeutung (so zutreffend ERMAN/SEILER Rn 6). Von ihr hängen vielmehr entscheidend der **Kreis der ersatzberechtigten Personen** und die Kriterien für die **Bemessung der Entschädigung** wegen vertanen Urlaubs ab. Ohne diese Einordnung wird die Anwendung des § 651f Abs 2 konturenlos und diffus.

55 Als Ausgangspunkt ist zunächst festzuhalten, dass nach wie vor plausible Gründe für die frühere Rechtsprechung des BGH zum Schadensersatz wegen vertanen Urlaubs sprechen. Sie knüpfte an den arbeitsrechtlichen Urlaubsbegriff an, hielt nur den durch Arbeitsleistung verdienten oder durch besondere Aufwendungen für eine Ersatzkraft erkauften Urlaub für einen entschädigungsfähigen Wert und setzte deshalb stets einen Vermögensschaden voraus (vgl ERMAN/SEILER Rn 6). Damit gab es klare Abgrenzungs- und Bemessungskriterien. Es war folgerichtig, dass Personen, die sich nicht im Arbeitsprozess befanden, wie **Kindern, Schülern, Studenten, Arbeitslosen** und **Rentnern**, kein Schadensersatz wegen vertaner Urlaubstage zuerkannt werden konnte. Niemand käme auf die Idee, jemandem eine Nutzungsentschädigung wegen Ausfalls eines Kraftfahrzeugs zuzusprechen, der überhaupt kein Kraftfahrzeug besitzt. Auch ergab sich aus der Deutung des vertanen Urlaubs als Vermögensschaden, dass Richtgröße für die **Bemessung des Schadensersatzes** der mutmaßliche Aufwand für die Verschaffung zusätzlichen Ersatzurlaubs zu sein hatte (BGHZ 63, 98, 105; 77, 116, 123, 125; 80, 366, 368).

56 Andererseits ist unverkennbar, dass diese Rechtsprechung vornehmlich dazu diente, den rechtspolitisch umstrittenen § 253 Abs 1 zu umgehen, indem auch Beeinträchtigungen, die an sich immaterieller Art sind, als Vermögensschaden anerkannt wurden. Dieser Weg der „Uminterpretation" eines Nichtvermögens- in einen Vermögensschaden ist naturgemäß nur eine Notlösung, die durch § 253 Abs 1 erzwungen wird. Es ist daher stets der klarere und vorzugswürdigere Weg, wenn der Gesetzgeber für notwendig gehaltene Durchbrechungen des in § 253 Abs 1 festgelegten Grundsatzes normiert. Hinzu kommt, dass die Kommerzialisierungsrechtsprechung des BGH dem von sozialen Präferenzen geprägten **Zeitgeist** nicht mehr entspricht (vgl ERMAN/SEILER Rn 6). Dabei überzeugen die gegen die **Schadensbemessung** vorgebrachten sozialen Argumente allerdings nicht. Es ist sicherlich zutreffend, dass der vertane Urlaub die Familie eines Normalverdieners, die sich die eine große Reise ihres Lebens mühsam zusammengespart hat, ungleich härter trifft als den alleinstehenden Großverdiener, dem – bei Zugrundelegung der Kosten für Ersatzurlaub – wesentlich mehr zugesprochen werden müsste (so H LANGE, Schadensersatz § 6 XIV 4 c, 394). Auch handelt es sich bei den Lebenssachverhalten, die entsprechende Schadensersatzansprüche auslösen können, nicht immer um die eine große Reise im Leben eines Menschen. Vielmehr geht es um die Beeinträchtigung dessen, was als die schönsten Wochen des Jahres bezeichnet wird. Dass bei der Beeinträchtigung dieser Position unterschiedliche Schadensbeträge in Erscheinung treten, liegt in den verschiedenen

Vermögensverhältnissen begründet. Vor diesen kann das Schadensrecht bei der Feststellung des Umfangs eines Vermögensschadens nicht die Augen verschließen.

Der Gesetzgeber hat aber die Kritik an der **Ungleichbehandlung** erwerbstätiger und 57 nichterwerbstätiger Reisender aufgenommen. Er hielt es für ein „unangemessenes Ergebnis", dass nicht oder nicht mehr berufstätige Personen wie Schüler, Studenten, Rentner und Arbeitslose keinen Ersatz für nutzlos aufgewendete Urlaubstage erhalten könnten (BT-Drucks 8/786, 30). Gerade deshalb sollten auch „immaterielle Momente von Bedeutung" sein (BT-Drucks 8/786, 30). Auch wenn die **historische Auslegung** wegen der Unklarheit des gesetzgeberischen Ausgangspunktes wenig zur Klärung der dogmatischen Einordnung des § 651f Abs 2 beiträgt (MünchKomm/TONNER Rn 47), lässt sich doch festhalten, dass die Materialien deutlich zeigen, dass der Gesetzgeber mit § 651f Abs 2 zumindest auch eine **immaterielle Beeinträchtigung** ausgleichen wollte. Von ihr werden ua auch nicht im Arbeitsprozess stehende Personen betroffen. Es kann also nicht davon ausgegangen werden, dass die bisherige Rspr des BGH zum Schadensersatz wegen nutzlos aufgewendeten Urlaubs in § 651f Abs 2 festgeschrieben werden sollte (vgl aber BARTL NJW 1979, 1388; TEICHMANN JZ 1979, 737, 740). Nur so wird erreicht, dass § 651f Abs 2 auch den Personenkreis erfasst, bei dem ein Ersatzurlaub zu keinem Einkommensverlust und damit zu keinem Vermögensschaden führt. In den Genuss des Ersatzes ihres Nichtvermögensschadens in Geld nach § 651f Abs 2 kommen daher auch nicht erwerbstätige Personen wie Hausfrauen, Arbeitslose und Studenten, während ein Vermögensschaden diesem Personenkreis nicht erwachsen kann, sieht man einmal von dem Fall ab, dass der Student in der als Ersatzreisezeit in Betracht kommenden Zeit einen Job annehmen wollte.

Es überzeugt aber auch nicht, die frühere Kommerzialisierungsrechtsprechung da- 58 durch wenigstens teilweise fortzusetzen, dass die vertane **Urlaubszeit** des erwerbstätigen Reisenden als Vermögensschaden in § 651f Abs 1 verortet wird, während § 651f Abs 2 den jedem Reisenden zustehenden Ersatz für seinen immateriellen Schaden in Gestalt entgangener **Urlaubsfreude** regeln soll (so STAUDINGER/SCHWERDTNER[12] Rn 56 ff). Diese Differenzierung bei der Bestimmung der Anwendungsbereiche der beiden Absätze von § 651f ist mit dem Wortlaut der Norm unvereinbar, der die nutzlos aufgewendete Urlaubszeit einheitlich in Abs 2 regelt (so zutreffend W MÜLLER 166). Gegen sie spricht auch, dass die Kommerzialisierungsrechtsprechung nur eine Notlösung darstellte, um § 253 Abs 1 zu umgehen. Dieser bedarf es nicht mehr, wenn die von § 651f Abs 2 nunmehr ausdrücklich erfasste vertane Urlaubszeit einheitlich als Nichtvermögensschaden begriffen wird. Es ist daher plausibler, die Notlösung der „Uminterpretation" bestimmter Nichtvermögensschäden in Vermögensschäden nach dem In-Kraft-Treten des § 651f Abs 2 zu den Akten zu legen und die nutzlos aufgewendete Urlaubszeit einheitlich als Nichtvermögensschaden aufzufassen. Auch erscheint zweifelhaft, ob die Beeinträchtigung der Urlaubszeit überhaupt exakt von der Urlaubsfreude abgegrenzt werden kann. Zwar können als Urlaubsfreude der eigentliche Reise- und Erholungsgenuss und als Urlaubszeit die „erkauften" Urlaubstage klassifiziert werden, doch ist ein enger Zusammenhang unverkennbar. Auch wenn die Urlaubszeit im strengen Sinne bei einer Mangelhaftigkeit der Reiseleistungen nicht beeinträchtigt wird, wird aber doch ihr Wert durch die Reiseleistung mitbestimmt. Hinzu kommt, dass es auch bei dieser Unterscheidung zu einer unterschiedlichen Behandlung von erwerbstätigen und nicht erwerbstätigen Reisenden käme. Während der nichterwerbstätige Reisende ausschließlich für seine verdorbene Urlaubsfreude nach § 651f Abs 2 entschädigt würde, könnte der Erwerbstätige daneben – und insoweit unter Umgehung der engen Voraussetzungen des § 651f Abs 2 – nach § 651f Abs 1 seine vertane Urlaubszeit als Vermögensschaden ersetzt verlangen (vgl Soergel/H-W Eckert Rn 16 Fn 35).

59 Diese dogmatischen Schwierigkeiten lassen sich nur dadurch vermeiden, dass die nutzlos aufgewendete Urlaubszeit als ausnahmsweise ersatzfähiger **Nichtvermögensschaden** aufgefasst wird. § 651f Abs 2 ist dann neben § 253 Abs 2 und § 611 a Abs 2, 3 als weiterer gesetzlicher Ausnahmefall von § 253 Abs 1 anzusehen (so ausdrücklich Bidinger/Müller 171; Blaurock 18; Erman/Seiler Rn 6). Die Begründung eines Vermögensschadens mit Hilfe des Kommerzialisierungsgedankens scheidet damit im Anwendungsbereich dieser Vorschrift aus (vgl BGHZ 85, 168; MünchKomm/Tonner Rn 44 ff). Der Erfassung des § 651f Abs 2 als Anordnung des Ersatzes des Nichtvermögensschadens in Geld (vgl dazu auch Löwe 119) kann auch nicht entgegengehalten werden, dass sie eine **Nivellierung** der Ersatzleistungen nach sich ziehe (so aber Tempel BB 1982, 627). Dies träfe vielmehr nur dann zu, wenn man entgegen der hier vertretenen Auffassung den zur Erlangung der Reisezeit erbrachten Aufwand nicht als Rechnungsposten bei der Bemessung der Entschädigung berücksichtigte (vgl unten Rn 74).

3. Analoge Anwendbarkeit des § 651f Abs 2

a) Klinikaufenthalte mit stationärer Behandlung

60 Wird bei einem **Klinikaufenthalt** zwar der mit der stationären Behandlung bezweckte **Heilerfolg** erreicht, ist aber durch Störungen bei der Unterbringung die zugleich erhoffte und angestrebte **Erholung** ausgeblieben, kann der Patient gleichwohl keinen Schadensersatz wegen vertanen Urlaubs fordern (BGHZ 80, 366 = BGH WM 1981, 849; Bidinger/Müller 172; Soergel/H-W Eckert Rn 13). Dem steht allerdings nicht entgegen, dass der Patient hier mit der Klinik wegen der Übernahme der Kosten durch die Krankenkasse nur insoweit in unmittelbare vertragliche Beziehungen getreten ist, als er mit ihr eine Abrede über die Unterbringung in einer höheren Pflegeklasse getroffen hat. Aus dem Krankenhausaufnahmevertrag, nach dem der Krankenhausträger ärztliche Behandlung, allgemeine Pflege, Beköstigung und Unterbringung des Patienten schuldet, erwirbt der Patient vielmehr auch dann eigene vertragliche Ansprüche gegen den Krankenhausträger, wenn der Vertrag zwischen diesem und der Krankenkasse des Patienten geschlossen worden ist. Es liegt dann ein **Vertrag zugunsten Dritter** vor (BGHZ 1, 383, 386; BGH NJW 1956, 1106; 1959, 816; 1969, 553, 554; BGH WM 1981, 849, 850). Einem Schadensersatzanspruch wegen vertanen Urlaubs unter entsprechender Anwendung des § 651f Abs 2 steht in diesen Fällen jedoch entgegen, dass der stationäre Klinikaufenthalt, bei dem der Heilerfolg erreicht und nur der Erholungszweck beeinträchtigt wurde, einem Erholungsurlaub nicht gleichgestellt werden kann (BGH WM 1981, 849, 850). Der BGH geht zutreffend davon aus, dass der Krankenhausaufnahmevertrag sein Gesamtgepräge durch die ärztliche Versorgung erhält. Ansonsten würde die Krankenkasse die Kosten des Krankenhausaufenthalts gar nicht tragen. Bei Erreichen des medizinischen Erfolges kann auch nicht von vertaner Zeit gesprochen werden. Dies schließt jedoch nicht aus, dass der Patient im Einzelfall entsprechend der früheren Rspr zum Reiserecht bei Störungen hinsichtlich der Nebenwirkung „Erholung" durch Minderung der Vergütung oder Schadensersatz Ausgleich verlangen kann (BGH WM 1981, 849, 850).

b) Einzelne Reiseleistungen

Der Anspruch aus § 651f Abs 2 ist nur auf den Reisevertrag anwendbar, der wie- **61** derum eine **Gesamtheit von Reiseleistungen** umfassen muss. Die Rechtsprechung wendet § 651f Abs 2 daneben aber auch auf solche Verträge **analog** an, die nur auf eine **einzelne wesentliche Reiseleistung** gerichtet sind. Diese Analogie wurde zB für die Bereitstellung eines **Ferienhauses** (BGH NJW 1985, 906; 1992, 3158; 1992, 3163; OLG Frankfurt aM NJW-RR 1988, 1328; OLG Düsseldorf NJW-RR 1990, 186; 1994, 950; OLG Köln NJW-RR 1994, 55; LG Frankfurt aM NJW-RR 1986, 854; 1988, 1330; 1991, 1272; 1992, 187; 1993, 1211; LG Köln NJW-RR 1994, 741), eines **Wohnmobils** (OLG Karlsruhe NJW-RR 1988, 954; OLG Düsseldorf TranspR 1993, 121; NJW-RR 1998, 50; LG Frankfurt aM NJW-RR 1993, 952; aA AG München NJW-RR 1995, 368) und die **Bootscharter** (BGH NJW 1995, 2629; OLG München NJW-RR 1987, 366) bejaht (vgl Bidinger/Müller 172; Führich Rn 87). Es ist in der Tat schwer von der Hand zu weisen, dass § 651f Abs 2 sinnvoll nicht auf den Reisevertrag iSd §§ 651a ff beschränkt werden kann, und zwar unabhängig davon, ob man diesen Schadensersatzanspruch als Anordnung des Ersatzes von Vermögens- oder des Ersatzes von Nichtvermögensschäden ansieht. Es fehlt tatsächlich jeder vernünftige Grund dafür, etwa dem mit seiner Familie vergeblich anreisenden Mieter eines Ferienhauses die Inanspruchnahme der Geldentschädigung nach § 651f Abs 2 zu versagen. Gleichwohl ist diese Analogie **abzulehnen** (so auch Erman/Seiler Rn 11). Dabei kommt dem Ausschlusstatbestand des § 253 Abs 1 und dem daraus folgenden Charakter des § 651f Abs 2 als einer nicht analogiefähigen Ausnahmeregelung, die nur dann eine Entschädigung für einen Nichtvermögensschaden gewährt, wenn ihre Voraussetzungen vorliegen, entscheidende Bedeutung zu. Darüber hinaus liegen aber auch die methodischen Voraussetzungen für eine analoge Anwendung dieser Sonderregelung nicht vor, weil es in den hier fraglichen Fällen an einer planwidrigen Regelungslücke fehlt (ebenso LG Berlin NJW-RR 1990, 636; LG Frankfurt aM NJW-RR 1990, 1212; Erman/Seiler Rn 11; vgl im Übrigen § 651a Rn 27). Es kommen insofern vielmehr die Grundsätze der früheren Kommerzialisierungsrechtsprechung des BGH weiterhin zur Anwendung.

4. Voraussetzungen des Anspruchs gem § 651f Abs 2

a) Zu vertretender Reisemangel
Der Anspruch gem § 651f Abs 2 setzt zunächst voraus, dass ein Reisemangel vorliegt, **62** der auf einem vom Reiseveranstalter zu vertretenden Umstand beruht (§ 651f Abs 1, vgl oben Rn 11).

b) Vereitelung oder erhebliche Beeinträchtigung der Reise
Dieser Reisemangel muss die Reise vereitelt oder erheblich beeinträchtigt haben. **63** Eine **Vereitelung der Reise** liegt vor, wenn sie **überhaupt nicht angetreten** oder gleich **zu Anfang wieder abgebrochen** worden ist (BGHZ 85, 301, 303 f; OLG Düsseldorf NJW-RR 1989, 1078; LG Düsseldorf NJW-RR 1987, 176; AK-BGB/Derleder Rn 5; Bidinger/Müller 172; H-W Eckert, Pauschalreiserecht 125; Erman/Seiler Rn 7; Führich Rn 347; MünchKomm/Tonner Rn 30; Pick Rn 95 f; Soergel/H-W Eckert Rn 14). Dies ist zB dann anzunehmen, wenn die Reise ausfällt (abgesehen von Fällen höherer Gewalt), der Hinflug zum Urlaubsort wegen Streiks oder Insolvenz ersatzlos gestrichen wurde, die Unterkunft infolge Verschuldens des Leistungsträgers überbucht ist (OLG Düsseldorf NJW-RR 1989, 1078; OLG Frankfurt aM OLG-Report 1992, 193, 194) oder der Reisende am Urlaubsort feststellt, dass das Hotel durch ein Erdbeben zerstört worden ist (BGHZ 85, 168). Kündigt der

Reisende nach § 651e, so sind die Urlaubstage am Zielort, die Anfahrt und die Rückfahrzeit sowie die eventuellen Rasttage auf der Fahrt völlig vertan.

64 Ein Schadensersatzanspruch nach § 651f Abs 2 kommt aber auch dann in Betracht, wenn die Reise infolge des Mangels **erheblich beeinträchtigt** worden ist. Dem Mangel muss daher unter Berücksichtigung des Zwecks der Reise und aller Umstände des Einzelfalles ein ganz besonderes Gewicht zukommen (vgl BLAUROCK/WAGNER Jura 1985, 169, 175; FÜHRICH Rn 348; MünchKomm/TONNER Rn 31; PICK Rn 100; SEYDERHELM Rn 32 f; SOERGEL/H-W ECKERT Rn 14). Wann dies der Fall ist, ist genauso zu bestimmen wie die Erheblichkeit der Beeinträchtigung in **§ 651e Abs 1** (vgl FÜHRICH Rn 348; vgl dazu § 651e Rn 9 ff). Die qualitative Schwelle, von der ab eine erhebliche Beeinträchtigung vorliegt, ist somit nur dann erreicht, wenn die **Gesamtwürdigung aller Umstände des Einzelfalles** unter Berücksichtigung der Reiseart, des Reisezwecks, des Urlaubsgebiets und der Art und des Umfangs der Reisemängel den Urlaub ganz oder teilweise vertan erscheinen lässt (vgl OLG Karlsruhe NJW-RR 1988, 954, 955; FÜHRICH Rn 348; MünchKomm/TONNER Rn 31).

65 Demgegenüber wird in Rechtsprechung und Schrifttum zT auch hier die Erheblichkeit der Beeinträchtigung anhand des fiktiv nach § 651d berechneten Minderungsbetrags **quantifiziert**. Danach soll die Reise erst dann als erheblich beeinträchtigt anzusehen sein, wenn die zugrunde liegenden Mängel zu einer Minderung des Reisepreises von **mindestens 50%** berechtigen würden (OLG Düsseldorf NJW-RR 1986, 280; 1988, 632; 1990, 187, RRa 1994, 205; OLG Frankfurt aM FVE Nr 433; FVE Nr 436; NJW-RR 1988, 632; 1995, 1462; RRa 1998, 71; OLG Stuttgart RRa 1994, 28; 1994, 143; LG Frankfurt aM NJW 1984, 1762; 1985, 143; NJW-RR 1988, 1451; 1990, 189; 1992, 187; LG Hannover NJW-RR 1986, 213; 1989, 633; 1989, 1936; LG Köln MDR 1991, 840; NJW-RR 1992, 187; LG Hamburg RRa 1999, 238 f; LG Düsseldorf RRA 2000, 151; ebenso BIDINGER/MÜLLER 173; **aA** [30%iger Minderungsbetrag] KG MDR 1982, 317; FÜHRICH Rn 348; MünchKomm/TONNER Rn 31). Derartige Quantifizierungen sind indessen wie bei § 651e Abs 1 nicht mit der gebotenen Einzelfallbeurteilung und Einzelfallgerechtigkeit vereinbar und daher **abzulehnen** (vgl OLG Celle RRa 1995, 163, 165; H-W ECKERT, Pauschalreiserecht 125 f; TH MÜLLER VuR 1990, 22 ff; vgl auch § 651e Rn 13).

66 Liegen nur während eines **Teils der Reise** Mängel von erheblichem Gewicht vor, so ist auch nur für diesen Zeitraum eine Entschädigung nach § 651f Abs 2 zu zahlen. Bezugspunkt sind dabei die einzelnen Reisetage (LG Hannover NJW-RR 1990, 1019; FÜHRICH Rn 348). Grundsätzlich können mangelfreie Reisetage nicht rückwirkend erheblich beeinträchtigt werden, so dass ein Schadensersatzanspruch nach § 651f Abs 2 nur für die Zeit in Betracht kommt, in der tatsächlich eine erhebliche Beeinträchtigung vorlag. Jedenfalls wird wegen einzelner mangelbehafteter Reisetage der bis dahin eingetretene Erholungseffekt nur selten rückwirkend entfallen können (LG Düsseldorf RRa 2000, 12 f; **aA** OLG Düsseldorf NJW-RR 1990, 187). Bei einer nur vorübergehenden Beeinträchtigung der Reise ist daher ein Schadensersatzanspruch nach § 651f Abs 2 nicht erst dann gegeben, wenn unter Berücksichtigung des Restwertes der nicht beeinträchtigten Urlaubszeit ein Ersatzurlaub von mehr als zwei Tagen angemessen wäre (so aber LG Frankfurt aM NJW-RR 1986, 1440; BECHHOFER 103). Hinter dieser Betrachtungsweise steht noch der frühere Ausgangspunkt der Kommerzialisierungsrechtsprechung des BGH. Sie ist daher mit der immateriellen Rechtsnatur des Schadens, der durch § 651f Abs 2 entschädigt werden soll, nicht mehr vereinbar (so zutreffend FÜHRICH Rn 348; TEMPEL, Materielles Recht 446; **aA** AG Baden-Baden RRa 1998, 83). Eine

Toleranzgrenze von zwei Tagen, in denen eine erhebliche Beeinträchtigung der Reise entschädigungslos hinzunehmen wäre, ist deshalb abzulehnen (vgl Führich Rn 348; Seyderhelm Rn 35; Teichmann JZ 1993, 990, 994; aA LG Frankfurt aM NJW-RR 1986, 1440).

c) Nutzlos aufgewendete Urlaubszeit

Der Entschädigungsanspruch nach § 651f Abs 2 setzt weiter voraus, dass die Urlaubszeit vom Reisenden **nutzlos aufgewendet** worden ist. Dies ist dann der Fall, wenn der vertraglich festgelegte **Reisezweck** (zB Erholung, Sport, Bildung) infolge des Reisemangels nicht erreicht werden konnte (Bechhofer 104; Bidinger/Müller 173; Führich Rn 349; MünchKomm/Tonner Rn 32; RGRK/Recken Rn 9; Soergel/H-W Eckert Rn 15). Dies kann während der ganzen Reise oder auch lediglich während eines Teils der Reise der Fall sein. Daher ist stets die **Dauer** der erheblichen Beeinträchtigung festzustellen und die anderweitig verbrachte **Resturlaubszeit** zu berücksichtigen. 67

Verbringt der Reisende wegen Nichtantritts oder vorzeitigen Abbruchs der Reise seinen Urlaub ganz oder teilweise zu Hause („Balkonurlaub"), so hat auch dieser Resturlaub in aller Regel einen eigenständigen Erholungswert, der sich mindernd auf die nach § 651f Abs 2 zu zahlende Entschädigung auswirken kann (vgl BGHZ 77, 116; BGH NJW 1983, 35; OLG München NJW 1984, 132; LG Frankfurt aM NJW 1982, 2452; 1985, 143; NJW-RR 1988, 1451; LG Hannover NJW-RR 2000, 1162; LG Düsseldorf RRa 2001, 74; AG Kleve NJW-RR 1999, 489; AG Bad Homburg RRa 201, 74; Bechhofer 104; Bidinger/Müller 174; MünchKomm/Tonner Rn 32 ff; Seyderhelm Rn 37; aA AG Hamburg NJW-RR 1989, 564, 565; RRa 2000, 188; Führich Rn 349; W Müller 186 f). Maßgeblich für die Ermittlung des Resterholungswerts sind der vertraglich vereinbarte **Urlaubszweck** einerseits und die **konkreten Verhältnisse**, unter denen der Reisende seinen Urlaub zu Hause gestalten kann – zB Größe und Lage der Wohnung, Ausflugs- und Erholungsmöglichkeiten am Wohnort, Witterungsverhältnisse, Versorgung des Haushalts (vgl BGHZ 77, 116, 123; BGH NJW 1983, 35, 36; Bidinger/Müller 174; MünchKomm/Tonner Rn 33; BGB-RGRK/Recken Rn 9; Soergel/H-W Eckert Rn 15). Von der Rechtsprechung wird der Resterholungswert quotenmäßig **auf 50% pauschaliert**, wenn der Reisende keine konkreten Umstände für eine Einzelfallberechnung vorträgt (LG Frankfurt aM NJW-RR 1988, 1451, 1453; 1991, 1203, 1204; RRa 2000, 91, 2000, 190; LG Stuttgart NJW-RR 1986, 349; für den „Normalfall" zustimmend Seyderhelm Rn 37). Auch diese Pauschalierung ist mit dem Gebot der Einzelfallgerechtigkeit nicht vereinbar, obwohl anzuerkennen ist, dass die Ermittlung der individuellen Umstände praktische Probleme aufwirft (vgl AG Hamburg NJW-RR 1989, 564; RRa 2000, 188; Führich Rn 349; W Müller 186 ff; Seyderhelm Rn 37). 68

Keinen Einfluss hat es auf den Entschädigungsanspruch nach § 651f Abs 2, wenn der Reisende unmittelbar nach seiner vorzeitigen Rückkehr noch innerhalb der eigentlichen Urlaubszeit **erkrankt** oder seine **Arbeit wieder aufnimmt** (LG Frankfurt aM NJW-RR 1991, 315; LG Berlin NJW-RR 1990, 1018; Bidinger/Müller 174; Seyderhelm Rn 40; aA OLG Düsseldorf NJW-RR 1990, 573; Bechhofer 106). Dies folgt zwingend aus dem immateriellen Charakter des Schadens, für den der Reisende die Entschädigung nach § 651f Abs 2 entschädigt werden soll. 69

Hat der Reisende den Reisevertrag vor Reisebeginn aus Gründen, die der Veranstalter zu vertreten hat, gekündigt (§ 651e) oder tritt er aus solchen Gründen berechtigt vom Reisevertrag zurück (§ 651i), so kann er keine Entschädigung wegen vertaner Urlaubszeit verlangen, wenn er eine **Ersatzreise** antritt. Dies gilt selbst dann, 70 wenn die Ersatzreise wegen ihres anderen Zuschnitts (Inlands- statt Fernreise) und ihres niedrigeren Preises nur einen geringeren Erholungswert gehabt hat (LG Frankfurt aM NJW-RR 1987, 568; 1992, 187; 1992, 823; BIDINGER/MÜLLER 174; FÜHRICH Rn 349; PICK Rn 119 f; SEYDERHELM Rn 38 f). Auch eine Ersatzreise ist ein Urlaub, selbst wenn sie andersartig ist. Gleiches gilt, wenn er sich bei einer Kündigung nach Reiseantritt am Urlaubsort eine andere Unterkunft sucht (LG Frankfurt aM NJW-RR 1991, 187). Auch dann ist der Urlaub nicht nutzlos vertan.

5. Umfang der Entschädigung nach § 651f Abs 2

71 Über die **Kriterien für die Bemessung** der Entschädigung herrscht in Rechtsprechung und Lehre keine Einigkeit. Die Rechtsprechung versucht zT, über bestimmte **Tagessätze** unbillige Ergebnisse zu vermeiden und eine weitgehende Gleichbehandlung aller Reisenden, unabhängig von ihrem Einkommen, zu erreichen. So legt zB das **OLG Düsseldorf** einen Regelbetrag von **100,- DM** pro Person und Tag als Mindestsatz zugrunde (OLG Düsseldorf RRa 2003, 14, 18). Das **LG Frankfurt aM** geht für einen völlig vertanen Urlaubstag pro Person von einem einheitlichen Betrag von früher **100,- DM** später **130,- DM** und jetzt **72 €** aus (LG Frankfurt aM NJW-RR 1988, 1451; RRa 1998, 119; 2000, 190; RRa 2003, 26 f). Dieser Satz soll zugleich die **Höchstgrenze** der Entschädigung bilden, während dort Abzüge zu machen sind, wo die Minderungsquote unter 100% liegt (LG Frankfurt aM NJW-RR 1988, 1451). Das **LG Hannover** geht demgegenüber von einem **Mindesttagessatz** von **50,- DM** aus, lehnt aber eine feste Obergrenze ab und berücksichtigt bei der nach § 287 ZPO zu schätzenden Höhe der Entschädigung alle Umstände des Einzelfalls – Grad und Schwere der Reisebeeinträchtigung, Nettoeinkommen des Reisenden, Höhe des Reisepreises, Verschulden des Reiseveranstalters (LG Hannover NJW-RR 1989, 633, 634 f; 2000, 1162). Das **AG Hamburg** legt ebenfalls einen Tagessatz von **100,- DM** zugrunde (AG Hamburg RRa 1999, 192; 2000, 187). Auch im Schrifttum hält man derartige Tagessatzsysteme zT für vorzugswürdig (W MÜLLER 185 ff; SEYDERHELM Rn 48 f).

72 Zwar ist den Einheitslösungen zuzugestehen, dass sie zu einer weitgehenden Gleichbehandlung aller Reisenden führen und damit der Intention des Gesetzgebers, den Anspruch nach § 651f Abs 2 vom Einkommen des Reisenden abzukoppeln, gerecht werden. Auch sprechen Gründe der Vereinfachung und Praktikabilität für diesen Weg. Andererseits ist er aber mit dem Ziel des § 651f Abs 2, die im jeweiligen Einzelfall nutzlos aufgewendete Urlaubszeit zu entschädigen, unvereinbar und daher abzulehnen (so zutreffend SOERGEL/H-W ECKERT Rn 17). Dies gilt namentlich für die vom LG Frankfurt aM angenommene **feste Obergrenze**. Eine solche wird der Vielgestaltigkeit der Verhältnisse nicht gerecht.

73 Die Bemessung der Entschädigung hat also unter **Berücksichtigung aller Umstände des Einzelfalles** zu erfolgen (BT-Drucks 8/2343, 11; BGH NJW 1983, 35, 36 f; OLG München NJW 1984, 132; OLG Düsseldorf NJW 1986, 1175; OLG Frankfurt aM NJW-RR 1988, 632; OLG Karlsruhe NJW-RR 1988, 954; LG Frankfurt aM VuR 1992, 235, 237; SOERGEL/H-W ECKERT Rn 17). Als **Kriterien** wurden insoweit der Reisepreis, das Nettoeinkommen des Reisenden, die mutmaßlichen Aufwendungen für einen Ersatzurlaub sowie die Schwere der Beeinträchtigung und des Verschuldens des Reiseveranstalters angeführt, allerdings in ganz **unterschiedlichen Kombinationen** und mit abweichenden **Schwerpunktbildungen** (vgl BGH NJW 1983, 35, 36; 1983, 218; OLG München NJW 1984, 132; RRa 2002, 57; OLG

Düsseldorf NJW 1986, 1175; NJW-RR 1994, 950; OLG Frankfurt aM NJW-RR 1988, 632; RRa 1995, 224, 225; OLG Karlsruhe NJW-RR 1988, 954; LG Frankfurt aM VuR 1992, 235, 237; LG Aachen MDR 1989, 817; LG Hannover NJW-RR 1990, 1019; LG Köln MDR 1991, 840; NJW-RR 1994, 741; LG München RRa 1996, 78; 2001, 138; LG Stutttgart NJW-RR 1986, 349; LG Düsseldorf RRa 2001, 74; LG Kleve RRa 2000, 155; 2001, 9; vgl dazu BIDINGER/MÜLLER 175; FÜHRICH Rn 352; ISERMANN 141 ff; RGRK/RECKEN Rn 12; TONNER, Reisevertrag Rn 40 ff; SOERGEL/H-W ECKERT Rn 17). So stellen einige auf **alle diese Kriterien** ab (OLG Düsseldorf NJW 1986, 1175; OLG Frankfurt aM NJW-RR 1988, 632; LG Frankfurt aM VuR 1992, 235, 237; AG Düsseldorf RRa 1996, 164; SOERGEL/H-W ECKERT Rn 17), während andere nur die **Kombination von Einkommen und Reisepreis** heranziehen (OLG Karlsruhe NJW-RR 1988, 954; LG Hannover NJW-RR 1990, 1019; AG Hamburg NJW-RR 1989, 564, 565; AG Düsseldorf RRa 1994, 121; TONNER, Reisevertrag Rn 40). Wieder andere halten **allein** den **Reisepreis** für maßgebend (OLG Düsseldorf NJW-RR 1990, 187; 1994, 950; OLG Frankfurt aM RRa 1995, 224, 225; OLG München RRa 2002, 57; LG Köln NJW-RR 1994, 741; LG München I RRa 1996, 78; 2001, 138; LG Kleve RRa 2000, 155; 2001, 9; ähnlich BIDINGER/MÜLLER 177; FÜHRICH Rn 352 b). Das **Nettoeinkommen** soll zT wegen des immateriellen Charakters des durch die Entschädigung nach § 651f Abs 2 zu vergeltenden Schadens ganz aus der Betrachtung ausgeklammert werden (vgl BIDINGER/MÜLLER 177; FÜHRICH Rn 352), während teilweise gerade allein oder in erster Linie auf dieses Kriterium abgestellt wird (OLG München NJW-RR 1987, 748; LG Stuttgart NJW-RR 1986, 349; LG Berlin NJW-RR 1990, 1018; LG Düsseldorf RRa 2001, 74; vgl auch OLG Frankfurt aM NJW-RR 1998, 632; 1999, 202; BENDREF NJW 1986, 1721, 1724).

Die Fülle der Bemessungskriterien ist danach ausgesprochen groß, ein sinnvolles **74** System nur schwer erkennbar. Ausgangspunkt muss die dogmatische Einordnung der nutzlos aufgewendeten Urlaubszeit als **Nichtvermögensschaden** sein. Diese Sicht des § 651f Abs 2 wirkt sich auf die Bemessungsfaktoren aus. Bei der Bemessung der Entschädigung müssen, da der Kreis der Anspruchsberechtigten nicht auf Erwerbstätige beschränkt ist, andere Bemessungskriterien als das Nettoeinkommen und der zur Erlangung der Urlaubszeit erbrachte Aufwand ins Spiel kommen. Entscheidende Bedeutung kommt im Rahmen des § 651f Abs 2 dabei der **Beeinträchtigung der Urlaubsfreude** zu. Diese kann nur erfasst werden, wenn bei der **Bemessung der Entschädigung** nach § 651f Abs 2 die **Höhe des Reisepreises**, das **Urlaubsziel** und **die Intensität der Beeinträchtigung** berücksichtigt werden. Der **Nettoverdienst** des Reisenden findet insoweit dagegen keine Berücksichtigung, auch nicht als ein Bemessungsfaktor unter mehreren (BIDINGER/MÜLLER 177; FÜHRICH Rn 352 b). Ebenso scheidet der **Aufwand für die Beschaffung zusätzlichen Ersatzurlaubs** bei der Bemessung des Nichtvermögensschadens als Kriterium aus (aA SOERGEL/H-W Eckert Rn 17). Allerdings bleibt trotz des Schmerzensgeldcharakters der Entschädigung der **Grad des Verschuldens** im Rahmen des § 651f Abs 2 bei der Bemessung der Höhe der Entschädigung unberücksichtigt. Macht der Reisende seinen Anspruch aus § 651f Abs 2 gerichtlich geltend, kann er wie bei anderen Schmerzensgeldansprüchen auch nach allgemeinen Grundsätzen einen **unbezifferten Klageantrag** stellen (LG Hannover NJW 1989, 1936; BIDIINGER/MÜLLER 177; FÜHRICH Rn 513; ISERMANN 190; PALANDT/SPRAU Rn 5; SEYDERHELM VII Rn 23; aA AG Bad Homburg RRa 1997, 819; BENDREF NJW 1986, 1721, 1722).

V. Deliktische Haftung bei mangelhafter Reiseleistung

Neben die vertragliche Haftung aus § 651f Abs 1 kann eine Schadensersatzpflicht des **75** Reiseveranstalters aus **Deliktsrecht** treten. Insoweit kommt insbesondere eine Verletzung von **Verkehrssicherungspflichten** als Anknüpfungspunkt in Betracht. So verstößt zB ein Reiseveranstalter gegen seine Verkehrssicherungspflicht, wenn er Appartements in sein Reiseprogramm aufnimmt, ohne die Einhaltung der örtlichen Sicherheitsvorschriften für die Gasinstallation zu überprüfen (vgl LG Frankfurt aM FVE Nr 112; vgl aber auch LG Frankfurt aM NJW 1985, 2424). Gleiches soll gelten, wenn der Reiseveranstalter dem Reisenden die Benutzung von Sporteinrichtungen, die vor Ort beim Leistungsträger gesondert zu buchen sind, anbietet und zB der vom Vertragshotel oder Vertragsferienclub betriebene Pferdestall, der Reitausflüge organisiert, nicht daraufhin überwacht wird, ob die bei den Ausflügen eingesetzten Pferde die dafür erforderliche Eignung und Zuverlässigkeit besitzen (BGH NJW 2000, 1188, 1190 f). Diese Verkehrssicherungspflicht des Reiseveranstalters folgt daraus, dass der Reiseveranstalter die einzelnen Leistungen als eigene anbietet und dass er damit beim Reisenden den Eindruck erweckt, dass er auch für die Qualität der einzelnen Angebote und Einrichtungen sorgen wird (BGH NJW 2000, 1188, 1190). Hinzu kommt, dass es dem Veranstalter ohne weiteres möglich ist, sich Informations- und Überwachungsrechte vertraglich auszubedingen. Die Pflicht zur Überprüfung der Reiseleistungen beschränkt sich schon deshalb nicht auf die Auswahl der Hotels und Appartements, weil der Urlauber selbst gar nicht in der Lage ist, die Sicherheit von Versorgungseinrichtungen zu überprüfen (vgl LG Frankfurt aM FVE Nr 112; vgl auch OLG Frankfurt aM NJW 1973, 470 f). Nach Auffassung des BGH (BGH RRa 2002, 207, 208) trifft den Veranstalter einer Helikopter-Skipassreise daher die **Organisationspflicht**, dafür Sorge zu tragen, dass eine über das bei Skiabfahrten bestehende allgemeine Risiko hinausgehende Gefährdung der Reiseteilnehmer ausgeschlossen ist. Der Veranstalter von Helikopter-Skiing auf Gletschern habe daher insbes dafür zu sorgen, dass zuverlässige, orts- und fachkundige Ski- und Bergführer sowie geeignete Flugzeuge zur Verfügung stehen und die Teilnehmer den Anforderungen einer Gletschertour entsprechend eingewiesen und ausgerüstet seien. Allerdings dürfen die Verkehrssicherungspflichten **nicht überdehnt** werden. Die Rspr hält zu Recht daran fest, dass ein Reiseveranstalter nicht dazu verpflichtet sein kann, durch eigene Statiker, Elektriker ua alle baulichen und technischen Anlagen zu überprüfen, insbes, wenn eine öffentliche Abnahme erfolgt ist (LG Frankfurt aM FVE Nr 112; AG Frankfurt aM FVE Bd 10 Nr 1059 – Einsturz einer abgenommenen Hotelterrasse). Der Reiseveranstalter hat aber zu prüfen, ob die jeweiligen örtlichen Sicherheitsbestimmungen eingehalten sind bzw ob eine Abnahme erfolgt ist (LG Frankfurt aM FVE Nr 112). Eine Grenze findet die Verkehrssicherungspflicht des Veranstalters auch dort, wo das eigene **Mitverschulden des Reisenden** (§ 254) den Mitverursachungsbeitrag des Reiseveranstalters verdrängt. So ist ein Reiseveranstalter nicht haftbar, wenn ein alkoholisierter Reisender nachts in einen ihm unbekannten und unbeleuchteten Swimmingpool springt und dabei zu Schaden kommt. Der Reiseveranstalter ist insbes nicht verpflichtet, dafür zu sorgen, dass der Zugang zum Swimmingpool des Vertragshotels außerhalb der Betriebsstunden gesperrt ist (OLG Celle RRA 2003, 109 f).

76 Grundsätzlich ist dabei aber fraglich, wie weit eine **eigene Verkehrssicherungspflicht** des Reiseveranstalters reichen kann. Während die Rspr hier teilweise eine Begrenzung auf ein Verschulden hinsichtlich der **Auswahl des Leistungsträgers** bzw **offensichtliche** oder von der Reiseleitung **angezeigte Mängel** befürwortet (vgl LG Frankfurt aM NJW 1985, 2424), hat der BGH diese Grenzen im **Balkonsturz-Urteil** (BGHZ 103, 298, 303) sehr viel weiter gezogen. Den Reiseveranstalter trifft danach eine eigene, berufsspezifische Verkehrssicherungspflicht bei der Vorbereitung und Durchführung der Reise. Diese erstrecke sich nicht nur auf die sorgfältige Auswahl und Kontrolle des eigenen Personals und der eigenen Transportmittel, sondern auch auf die sorgfältige Auswahl und Kontrolle der Leistungsträger, hier des Vertragshotels (BGHZ 103, 298, 304). Der Veranstalter hat danach alle sicherheitsrelevanten Teile des **Hotels** (zB Treppen, Aufzüge, elektrische Anlagen) vor Vertragsschluss und in regelmäßigen Abständen während der Vertragsdauer durch einen sachkundigen und pflichtbewussten Beauftragten überprüfen zu lassen (vgl BGHZ 103, 298, 305 ff; vgl auch OLG Köln NJW-RR 1992, 1185 f; OLG Celle NJW-RR 2000, 1438). Eine Verletzung der Verkehrssicherungspflicht kommt nach Auffassung des BGH aber nicht nur hinsichtlich der Unterkunft, sondern auch hinsichtlich der **Beförderungsleistungen** in Betracht. Denn auch insoweit habe der Veranstalter auf die Auswahl des Busses und des Fahrers Einfluss auszuüben (vgl OLG Düsseldorf NJW-RR 2000, 787; LG Stuttgart RRa 1995, 102; RECKEN BB 1989, 1709). Die Verletzung einer Verkehrssicherungspflicht durch den Reiseveranstalter soll aber auch hinsichtlich solcher sonstigen, **an sich fremden Reiseleistungen** in Betracht kommen, die der Veranstalter als eigene anbietet. Auch insoweit eröffne der Reiseveranstalter im Rahmen seines Gewerbebetriebes eine Gefahrenquelle für Dritte. Die Verpflichtung, die Sicherheitsvorkehrungen zu treffen, die erforderlich und ihm zumutbar sind, um seine Kunden vor Schäden zu bewahren, die bei der Vorbereitung und Durchführung der von ihm veranstalteten Reise entstehen können, betreffe nicht nur die Auswahl und Kontrolle des eigenen Personals und der eigenen Transportmittel, sondern auch der von ihm eingesetzten Leistungsträger. Auch diese habe er im Hinblick auf ihre Eignung und Zuverlässigkeit sorgfältig auszusuchen und ihre Leistungen regelmäßig zu überwachen (BGHZ 103, 298, 305; BGH NJW 2000, 1188, 1190; RRa 2002, 207, 208; vgl auch OLG Celle NJW-RR 2000, 1438). Diese Überwachungspflicht soll sich nach Ansicht des BGH auch auf die Sicherheit solcher **Einrichtungen des Leistungsträgers** erstrecken, die erst vor Ort bei diesem gebucht werden. Dies gelte aber nur, soweit der Veranstalter durch die Gestaltung seines Prospekts beim Reisekunden den Eindruck erweckt habe, selbst für die Qualität auch dieser Einrichtungen sorgen zu wollen (BGH NJW 2000, 1188, 1190). Gegen diese Pflicht verstoße der Reiseveranstalter, wenn er in seinem Prospekt auf einen vom Vertragshotel oder Vertragsferienclub betriebenen Reitstall mit 16 Pferden (Araber, Berber) sowie auf Reitkurse und Reitausflüge hinweist, ohne sich in angemessenen Abständen danach zu erkundigen, ob die bei den Ausflügen eingesetzten Pferde die dafür erforderliche Eignung und Zuverlässigkeit besitzen (BGH NJW 2000, 1188, 1190). Dagegen scheidet auch nach Auffassung des BGH eine deliktische Haftung des Reiseveranstalters aus, wenn ein weiterer Veranstalter eine Reiseleistung – Ski/Snowboardtour auf einem Gletscher – als Sonderleistung anbietet und der Erstveranstalter auf deren Ausführung – insbes die Auswahl und Einweisung der Ski- und Bergführer – weder einen rechtlichen noch einen tatsächlichen Einfluss hatte (BGH RRa 2002, 207, 209). Dieser Einschränkung der Auswahl- und Kontrollpflichten des Erstveranstalters ist zuzustimmen, da bei einem erkennbar als Sonderleistung angebotenen und durchgeführten Spezialprogramm eines Zweitveranstalters keine Organisationspflicht des Erstveranstalters besteht, die dieser verletzt haben könnte. Gleichwohl begünstigt die Rspr des BGH zu den Kontrollpflichten des Reiseveranstalters den Reisenden einseitig, weil dem Reiseveranstalter im Deliktsrecht weder die kurzen Ausschluss- und Verjährungsfristen des § 651g noch die Möglichkeit der Haftungsbeschränkung nach § 651h offen stehen. Umgekehrt belasten derartige in die Nähe einer Gefährdungshaftung reichenden Sorgfaltsanforderungen den Reiseveranstalter unangemessen (vgl FÜHRICH, Reiserecht Rn 354 c; GERAUER BB 1989, 1003; SEYDERHELM § 651a Rn 156; vgl auch Vorbem zu §§ 651a ff Rn 24). In jedem Fall beschränkt sich die Verkehrssicherungspflicht des Reiseveranstalters aber auf regelmäßige Kontrollen vor Ort, die offen erkennbare Sicherheitsrisiken feststellen sollen (OLG Düsseldorf NJW-RR 2000, 787 ff).

77 Die Verletzung einer Verkehrssicherungspflicht durch den Reiseveranstalter kommt daher nur in Betracht, wenn er sich nicht in regelmäßigen Abständen von der Einhaltung der **örtlichen Sicherheitsvorschriften** überzeugt, **offenkundige** oder ihm **angezeigte Sicherheitsmängel** ignoriert, **entdeckte Mängel** nicht unverzüglich abstellt oder nicht für eine **Organisation** seines Betriebes sorgt, die eine Kontrolle durch sachkundige und pflichtbewusste Beauftragte sowie eine Meldung von Sicherheitsmängeln gewährleistet (so zutreffend OLG München RRa 1999, 174 f; OLG Celle NJW-RR 2000, 1438; OLG Celle RRa 2003, 13 f; Führich Rn 354 c). Dies gilt erst recht für Mängel im Organisationsbereich der von ihm unabhängigen anderen Reiseveranstalter (BGH RRa 2002, 207, 209) und Leistungsträger, soweit diese ihre Leistungen außerhalb des Reisevertrages gesondert anbieten. Hier endet die Verkehrssicherungspflicht des Veranstalters. Diese erstreckt sich ausschließlich auf die gebuchten Leistungen. Den Reiseveranstalter trifft daher keine deliktsrechtliche Haftung für einen Unfall des Reisenden – Sturz in eine Gletscherspalte mit der Folge einer Querschnittslähmung, den dieser auf einer Gletschertour erleidet, die er als Sonderleistung bei einem anderen Veranstalter gebucht hat. Dies gilt allerdings nur, wenn der Erstveranstalter auf deren Ausführung keinen tatsächlichen oder rechtlichen Einfluss hat (BGH RRa 2002, 207, 209). Der Reiseveranstalter haftet zB auch dann nicht unter dem Gesichtspunkt der Verletzung einer Verkehrssicherungspflicht, wenn ein Reisender beim Besuch eines Freizeitparks am Urlaubsort einen Unfall erleidet, soweit dieser Besuch nicht Bestandteil der Reise war (LG Hamburg RRa 2000, 97 f). Gleiches gilt, wenn der Reisende nur Übernachtung mit Frühstück bzw Halbpension (Abendessen) gebucht hat, im Hotel aber auch das Mittagessen einnimmt und wegen des verdorbenen Mittagessens eine Salmonellenvergiftung erleidet (AG Bad Homburg RRa 2000, 137 f). In Fällen wie diesen ist allerdings **abzugrenzen**: Einerseits besteht die grundsätzliche Möglichkeit, den Reisevertrag am Urlaubsort um weitere Leistungen wie Ausflüge, Sportangebote, Mahlzeiten zu ergänzen, andererseits begründet aber der bloße Hinweis des Veranstalters bzw der Reiseleitung vor Ort auf entsprechende zusätzliche Angebote für sich genommen noch keine Veranstaltereigenschaft auch für diese Angebote (LG Hamburg RRa 2000, 97 f). Entsprechend ist auch in den Fällen abzugrenzen, in denen der Reisende seinen im Rahmen einer Pauschalreise gebuchten Hotelaufenthalt durch Vereinbarung mit der Leitung des Hotels verlängert und während dieser Zeit einen Unfall erleidet. Auch dieser Unfall tritt außerhalb der gebuchten Reiseleistung ein und begründet keine Haftung des Veranstalters (LG Frankfurt aM RRa 2000, 22 ff). Maßstab für die Sicherheitsstandards sind die **örtlichen Verhältnisse**, nicht dagegen ein europäischer Standard (OLG München RRa 1999, 174 f). Daher haftet der Veranstalter zB nicht für den Diebstahl von Wertgegenständen aus einem nicht dem europäischen Sicherheitsstandard entsprechenden Hotelsafe (OLG München aaO). Zu einem derartigen Sicherheitsstandard gehört auch nicht die Ausstattung einer Badewanne mit Antirutschmatte und Haltegriff (AG Bad Homburg RRa 2000, 63; vgl auch LG Kleve RRa 2000, 206). Den Reiseveranstalter treffen auch nicht allein deshalb Verkehrssicherungspflichten hinsichtlich der Rutschgefahr im Bereich des Swimmingpools einer Unterkunft, weil der Weg zum Swimmingpool mit glattem Steinbelag versehen ist. Mit der dadurch hervorgerufenen Rutschgefahr müssen Reisende in jedem Fall rechnen (OLG Frankfurt aM RRa 2001, 243; RRa 2003, 19; LG Frankfurt aM RRa

2000, 14 f; LG Kleve RRa 2000, 206). Der Reiseveranstalter muss aber zB die Einhaltung der örtlichen Sicherheitsstandards für den Fall eines Hotelbrandes (OLG Köln NJW-RR 1992, 1185) und die Aufhängung eines 30 kg schweren Boilers (OLG Frankfurt aM NJW-RR 1994, 560) überprüfen. Er hat auch dafür einzustehen, dass ein Reiseteilnehmer während eines Animationsprogramms in der Hotelanlage eine den Swimmingpoolbereich begrenzende, nur 30–40 cm hohe Steinmauer übersteigt und einige Meter dahinter nahezu senkrecht zum Meer abfallende Klippen hinabstürzt. Insoweit muss der Veranstalter die Absturzgefahr erkennen und durch den Hotelbetreiber beseitigen lassen (OLG Celle NJW-RR 2000, 1438). Gleiches gilt für die regelmäßige Vergewisserung, ob an schwer erkennbaren Stufen vorhandene Farbmarkierungen noch vorhanden sind (OLG Düsseldorf RRa 2003, 14, 18 f). Dagegen ist er nicht verpflichtet, einzelne Mahlzeiten (OLG Düsseldorf NJW-RR 1990, 187, 188), das Buffetgeschirr auf vorhandene Beschädigungen (AG Stuttgart RRa 1993, 6, 7), ein Fenster eines Hotels auf Verschluss bei nahendem Unwetter (AG Frankfurt aM NJW-RR 1990, 317), eine Balkontür auf eindringendes Regenwasser (OLG Frankfurt aM NJW-RR 1990, 188), ein thailändisches Ausflugsboot auf Holzsplitter (OLG Düsseldorf NJW-RR 1990, 825) oder eine Theke auf deren Standfestigkeit hin zu kontrollieren (OLG Düsseldorf VuR 1995, 135). Eine Verletzung der Verkehrssicherungspflicht liegt im Übrigen auch nicht vor, wenn ein Busreiseveranstalter heißen Kaffee in Plastikbechern ausschenkt und sich der Fahrgast deshalb Verbrennungen zuzieht (LG Frankfurt aM RRa 1994, 158). Gleiches gilt, soweit es um die Entdeckung verborgener Mängel geht (OLG München RRa 1999, 174 f). Der Veranstalter muss nur Sicherheitsrisiken feststellen, die sich bei genauerem Hinsehen jedermann offenbaren. Der Reiseveranstalter haftet daher auch nicht wegen Verletzung seiner Verkehrssicherungspflicht, wenn sich in einer als kinderfreundlich bezeichneten Ferienanlage in Tunesien ein Esel angepflockt, aber ansonsten unbewacht befindet und einem Kind in den Unterarm beißt (OLG Celle RRa 2003, 13 f). Dies gilt jedenfalls dann, wenn nicht feststeht, dass sich der Esel regelmäßig an diesem Ort befindet, weil dann auch regelmäßige Kontrollen des Veranstalters nicht dazu geführt hätten, dass der Veranstalter den Esel dort vorgefunden hätte. Im Übrigen hätte der Veranstalter auch dann das unbewachte Anpflocken des Esels nicht beanstanden müssen, weil Esel in Tunesien landestypische Arbeitstiere sind.

Für seine rechtlich und wirtschaftlich selbständigen **Leistungsträger** haftet der Reiseveranstalter in aller Regel nicht nach § 831, da diese mangels Abhängigkeit und Weisungsgebundenheit gegenüber dem Reiseveranstalter für gewöhnlich keine Verrichtungsgehilfen im Sinne dieser Vorschrift sind (BGHZ 45, 311, 313; 103, 298, 303; OLG Düsseldorf NJW-RR 1989, 735, 736; 1991, 55, 56; RRa 1997, 81, 82; OLG Frankfurt aM NJW 1993, 1329; RRa 1997, 181, 183; NJW-RR 2000, 53; 2000, 351; RRa 2001, 243, 244; OLG München RRa 2002, 57; LG Frankfurt aM NJW 1985, 2424; 1990, 520; RRa 1993, 32; 1994, 98; 1995, 84; 2000, 59; 2001, 30; LG Düsseldorf NJW-RR 2001, 1348; LG München I RRa 2001, 160; vgl § 651a Rn 52). Dies gilt insbesondere für ein eigenmächtiges Verhalten des Leistungsträgers. Schaltet zB der vom Reiseveranstalter mit der Durchführung einer Rundreise beauftragte Transportunternehmer ohne Rücksprache mit dem Veranstalter einen **Subunternehmer** ein, der den Anforderungen an einen sorgfältig ausgewählten und kontrollierten Leistungsträger nicht genügt, haftet der Reiseveranstalter für die von diesem verursachten Schäden des Reisenden nicht (OLG Frankfurt aM RRa 1999, 211 f). In allen anderen Fällen genügt der Reiseveranstalter seiner **eigenen Verkehrssicherungspflicht**, wenn er die Leistungsträger und deren Leistungen vor Ort in regelmäßigen Abständen überwacht und solche Sicherheitsrisiken feststellt und beseitigt, die sich bei genauerem Hinsehen jedermann offenbaren (OLG Düsseldorf NJW-RR 2000, 787 ff).

79 Der Reisende kann neben § 651f Abs 2, der Entschädigung für die entgangene Urlaubsfreude gewährt, auch **Schmerzensgeld** nach § 253 Abs 2 verlangen. Macht er dies wegen einer Gesundheitsverletzung geltend, so muss er zunächst darlegen, dass die Störungsursache auf eine Verkehrssicherungspflichtverletzung des Reiseveranstalters zurückgeht oder von Verrichtungsgehilfen des Reiseveranstalters gesetzt worden ist (vgl LG München FVE Bd 9 Nr 938). Die Rspr neigt dazu, derartige Schmerzensgeldansprüche nur bei besonders schwerwiegenden Beeinträchtigungen zuzulassen. So sollen bloße Schlafstörungen nicht per se gesundheitsschädlich sein. Vielmehr soll der Reisende beweisen müssen, dass eine gesundheitsschädliche Schlafstörung vorgelegen habe (vgl LG München FVE Bd 9 Nr 938; vgl aber auch OLG Stuttgart FVE Bd 8 Nr 812). Urlauber, die bei Tag und Nacht einer Geräuschbelästigung durch Baulärm in unmittelbarer Nähe ihres Hotels und dem dazugehörigen Strand ausgesetzt sind, sind jedoch in ihrem körperlichen Wohlbefinden so beeinträchtigt, dass auch Schmerzensgeldansprüche in Betracht kommen können (vgl OLG Stuttgart FVE Bd 8 Nr 812). Bei der Bemessung des Schmerzensgeldes kann die Entschädigung nach § 651f Abs 2 zu berücksichtigen sein (LG Frankfurt aM NJW-RR 1989, 310, 311).

VI. Darlegungs- und Beweislast bei Schadensersatzansprüchen nach § 651f

80 Der Reisende muss die den Grund und die Höhe des Anspruchs bildenden Tatsachen vortragen. Sofern die Höhe des Anspruchs nicht beziffert werden kann, sind zumindest die Tatsachen anzugeben, aufgrund derer das Gericht den Anspruch schätzen kann (§ 287 ZPO). Dabei sind auch die Dauer und der Preis der Reise anzugeben (vgl H-W Eckert, Pauschalreiserecht 144; Führich Rn 355; Pick Rn 136, 139; Seyderhelm Rn 57).

81 Der Reisende muss also im Rahmen von § 651f Abs 1 zunächst einen vom Reiseveranstalter **zu vertretenden Reisemangel** darlegen (vgl Baumgärtel/Strieder Rn 1). In diesem Zusammenhang ist aber nach der Neufassung des § 651f Abs 1 von einem Verschulden des Veranstalters auszugehen, so dass dieser darlegen und beweisen muss, dass er den Umstand, auf dem der Mangel beruht, nicht zu vertreten hat. Dies gilt insbesondere hinsichtlich eines Auswahl- oder Überwachungsverschuldens bei Leistungsträgern. Der Reiseveranstalter muss daher darlegen und beweisen, dass ihn im Hinblick auf die Auswahl oder die Überwachung der Leistungsträger kein Verschulden trifft. Der Reiseveranstalter muss darüber hinaus auch nachweisen, dass die Leistungsträger die Schädigung nicht zu vertreten haben.

82 Der Reisende hat, soweit er Schadensersatz wegen **vertanen Urlaubs** geltend macht, dessen Voraussetzungen und die Berechnungsgrundlagen für den Schadensersatzanspruch zu beweisen. Bei einem Ersatzurlaub zu Hause muss der Reisende darlegen und beweisen, dass er zu Hause keinerlei oder nur eingeschränkte Erholungsmöglichkeiten hatte (Baumgärtel/Strieder Rn 2; Bartl NJW 1979, 1384, 1388; aA Seyderhelm Rn 58). Die Festlegung der Höhe der Entschädigung liegt nach Auffassung des BGH weitgehend im Bereich tatrichterlicher Würdigung (§ 287 ZPO), ist also der revisionsgerichtlichen Nachprüfung nur in Grenzen zugänglich (BGH NJW 1983, 35, 37; 1983, 218, 219 mwN; Bidinger/Müller 178).

Titel 9 · Werkvertrag und ähnliche Verträge § 651g
Untertitel 2 · Reisevertrag

§ 651g
Ausschlussfrist, Verjährung

(1) Ansprüche nach den §§ 651c bis 651 f hat der Reisende innerhalb eines Monats nach der vertraglich vorgesehenen Beendigung der Reise gegenüber dem Reiseveranstalter geltend zu machen. § 174 ist nicht anzuwenden. Nach Ablauf der Frist kann der Reisende Ansprüche nur geltend machen, wenn er ohne Verschulden an der Einhaltung der Frist verhindert worden ist.

(2) Ansprüche des Reisenden nach den §§ 651c bis 651 f verjähren in zwei Jahren. Die Verjährung beginnt mit dem Tage, an dem die Reise dem Vertrage nach enden sollte.

Schrifttum

BECHHOFER, Rechtsprobleme bei der Geltendmachung von Gewährleistungsansprüchen, in: Deutsche Gesellschaft für Reiserecht (Hrsg), DGfR-Jahrbuch 1999 (2000) 91
FÜHRICH, Reisevertrag nach modernisiertem Schuldrecht, NJW 2002, 1082
ISERMANN, Keine Vollmachtsvorlage beim Geltendmachen von Reisemängeln, MDR 1995, 224
ders, Zur Geltendmachung von Reisemängeln ohne Vollmachtsvorlage nach § 174 BGB, RRa 1995, 98
ders, Klageerhebung vor Ablauf der Ausschlußfrist des § 651g Abs 1 BGB, RRa 1995, 178
ders, Schuldrechtsmodernisierung und Reiserechtsverjährung, RRa 2001, 135
KAPPUS, Originalvollmachtsvorlage bei der Reisemängelanmeldung – Überflüssige Förmeleien im Recht, RRa 2001, 19
LEUBE, Die Anmeldung reisevertraglicher Gewährleistungsansprüche und § 174 BGB, RRa 2000, 219
RIXECKER, Ausschluß- und Verjährungsfristen im Reisevertragsrecht, VersR 1985, 216
SCHLOTMANN, Reiseklamationen und Reiseklagen in der touristischen Praxis, RRa 1995, 2, 22, 42

TEMPEL, Die Bevollmächtigung bei der Anmeldung von Ersatzansprüchen im Reiserecht, NJW 2001, 1905
ders, Rechtsfragen der Geltendmachung von Ansprüchen des Reisenden nach Reiseende (§ 651g BGB), NJW 1987, 2841
ders, Unzulässigkeit der Geltendmachung von Ansprüchen wegen Reisemangel vor Beendigung der Reise, NJW 1987, 1532
ders, Das Reisebüro als Adressat für die Anmeldung der Ansprüche des Reisenden nach § 651g Abs 1 BGB, RRa 1996, 3
ders, Die 30-jährige Verjährungsfrist im Reisevertragsrecht, NJW 2000, 3677
ders, Die Bevollmächtigung bei der Anmeldung von Ersatzansprüchen im Reiserecht, NJW 2001, 1905
TONNER, Zum Nachweis der Einhaltung der Einmonatsfrist des § 651g I BGB und zum Anwendungsbereich dieser Rügefrist, VuR 1987, 37
ders, Die Insolvenzabsicherung im Pauschalreiserecht und das Zweite Reiserechtsänderungsgesetz (2002)
WÜRFEL, Zur Auslegung von § 651g, MDR 1982, 539.

Systematische Übersicht

I.	**Inhalt und Zweck**		
1.	Allgemeines		1
2.	Hinweispflicht des Reiseveranstalters		5
3.	Sachlicher Geltungsbereich der Norm		6
II.	**Ausschlussfrist (§ 651g Abs 1)**		
1.	Fristberechnung		8

2. Beginn des Laufs der Ausschlussfrist ... 9
3. Adressat der Geltendmachung ... 10
4. Arglist und Ausschlussfrist ... 14
5. Art der Geltendmachung ... 16
a) Formlosigkeit der Geltendmachung ... 16
b) Wirksamwerden der Geltendmachung ... 19
6. Unverschuldetes Versäumnis der Ausschlussfrist (§ 651g Abs 1 S 2) ... 20
7. Rechtsfolgen des Ablaufs der Ausschlussfrist ... 24
a) Ausschlusswirkung, Allgemeines ... 24
b) Reichweite der Ausschlusswirkung ... 25
8. Verhältnis zu spezialgesetzlichen Regelungen ... 27
9. Abweichende Regelungen in Allgemeinen Reisebedingungen ... 28

III. Verjährung von Gewährleistungsansprüchen (§ 651g Abs 2) ... 29
1. Beginn der Verjährung ... 30
2. Hemmung der Verjährung ... 31

a) Voraussetzungen der Hemmung der Verjährung ... 33
b) Rechtsfolge der Hemmung der Verjährung ... 34
c) Dauer der Hemmung der Verjährung ... 36
d) Ablaufhemmung ... 39
e) Hemmung durch Rechtsverfolgung ... 40
3. Neubeginn der Verjährung ... 42
4. Verwirkung von Gewährleistungsansprüchen ... 43
5. Verjährung von Ansprüchen nach §§ 280 ff, 320 ff ... 44
6. Allgemeine Reisebedingungen ... 45
7. Gesetzliche Sonderregelungen ... 46
8. Verkürzung der Verjährung ... 47

IV. **Gerichtsstand** ... 48

V. **Darlegungs- und Beweislast** ... 50

Alphabetische Übersicht

Abhilfe ... 13
Abhilfeverlangen ... 13
Ablaufhemmung ... 39
Analoge Anwendung ... 6
Anmeldung Gewährleistungsansprüche ... 13
– Form ... 16 ff
– Konkretisierung ... 17 f
Anwendungsbereich ... 6 f
ARB ... 5, 27 ff, 45, 47
Arglist ... 14 ff, 30
Ausschlussfrist ... 8 ff
– Beginn ... 9
– Fristberechnung ... 8
Ausschlusswirkung bei Fristablauf ... 24 f

Beanstandungen
– am Urlaubsort ... 11
– mündliche ... 11
Beginn Verjährung ... 30
Beweisaufnahme ... 4
Beweislast ... 50 f
Beweissicherung ... 13

culpa in contrahendo ... 6 f, 25

Deliktsrecht ... 6 f, 25
– Verjährung ... 26

Einspruch gegen Vollstreckungsbescheid ... 36

Fehlinformationen ... 21
Ferienhaus ... 6
Filialsystem ... 12, 19
Fristversäumnis ... 20 ff
– Wegfall Hindernis ... 23

Gerichtsstand ... 48 ff
Gewährleistungsansprüche ... 6
– Adressat ... 10 ff
– Verjährung ... 29 ff
– Verwirkung ... 43

Hemmung Verjährung ... 1, 31 ff
– Ablaufhemmung ... 39
– Dauer ... 36
– Ende ... 41
– Rechtsfolge ... 34
– Rechtsverfolgung ... 40
– Verhandlungen ... 32 f, 35, 43

Titel 9 · Werkvertrag und ähnliche Verträge **§ 651g**
Untertitel 2 · Reisevertrag **1**

– Voraussetzungen	32	– Hinweispflicht auf Fristen	5
Hinweispflicht Reiseveranstalter	5	– Untätigbleiben nach Anmeldung Gewährleistungsansprüche	31
Klageerhebung	40	– Prüfung Ansprüche	31, 38
Konditionenempfehlung	26, 425	Reisevermittlungsvertrag	6
Kulanzangebot	36	Rückbeförderung, Verzögerung	9
Luftfrachtführer	46	Scheckeinreichung	36
Luftverkehrsgesetz	49	Spezialgesetze	27, 46, 49
Mängelanzeige am Zielort	12 f	Unmöglichkeit	6 f, 25, 44
Mängelprotokoll	11	Untätigbleiben Reiseveranstalter	31
Mahnbescheid	40	Verbraucherschutz	1, 16, 20
Mangelfolgeschaden	7	Vergleichsangebot	36
Neubeginn Verjährung	42	Verhandlungen	32 f, 35, 43
Normzweck	1 ff	Verjährung	
		– Beginn	30
Positive Forderungsverletzung	6 f, 25	– Gewährleistungsansprüche	29 ff
Postverzögerungen	22	– Frist	1
Prospekt	5, 20	– Hemmung	31 ff
Prozesskostenhilfe	40	– Neubeginn	42
Prüfung Ansprüche durch Reiseveranstalter		– Verkürzung	47
	31, 38	Verjährungsgleichlauf	4
		Verschulden bei Versäumnis Ausschlussfrist	
Regressansprüche Reiseveranstalter	13		15, 20 ff
Reisebestätigung	5, 20	Versicherung des Reiseveranstalters	37
Reisebüro	12, 19 ff	Verzögerung Rückbeförderung	9
Reiseleiter	13, 21		
Reisender, Verschulden	15	Warschauer Abkommen	27, 46, 49
Reiseveranstalter		Wegfall Hindernis für Fristwahrung	23
– Regressansprüche	1, 13	Widerspruch gegen Mahnbescheid	36

I. Inhalt und Zweck

1. Allgemeines

§ 651g unterwirft die Geltendmachung von Gewährleistungsansprüchen des Reisen- **1**
den **kurzen Ausschluss- und Verjährungsfristen**, um dem Reiseveranstalter alsbald
nach dem vereinbarten Ende der Reise einen Überblick über etwa gegen ihn bestehende Forderungen zu ermöglichen. Darüber hinaus soll die Überprüfung der
Berechtigung erhobener Mängelrügen und die Verfolgung von Regressansprüchen
des Reiseveranstalters gegenüber seinen Leistungsträgern erleichtert werden (BT-
Drucks 8/2343, 11; BGH NJW 1986, 1748, 1750; BGHZ 90, 363, 367; MünchKomm/Tonner Rn 1;
Pick Rn 2 f; Seyderhelm Rn 2; Soergel/H-W Eckert Rn 2). Durch das **2. ReiseRÄndG** vom
23. Juli 2001 (BGBl 2001 I 1658) wurde in Abs 1 ein neuer S 2 eingefügt, wonach § 174
auf die Geltendmachung der Ansprüche nach den §§ 651c bis 651f **nicht anzuwenden**
ist, obwohl diese eine rechtsgeschäftsähnliche Handlung ist. Der Gesetzgeber hat

sich mit dieser ausdrücklichen Anordnung von der Rspr des BGH (BGHZ 145, 343, 346 f) und der meisten Instanzgerichte (vgl OLG Düsseldorf RRa 1999, 206; LG Düsseldorf NJW-RR 1992, 443; LG Kleve NJW-RR 1995, 316; RRa 1999, 162; aA OLG Karlsruhe NJW-RR 1991, 54; LG Hamburg NJW-RR 1997, 502), die für die Anmeldung der Ansprüche durch einen Stellvertreter des Reisenden in entsprechender Anwendung des § 174 die Vorlage einer Originalvollmacht verlangten, bewusst abgekehrt (vgl die Stellungnahme des Bundesrats, in: BT-Drucks 14/5944, 19; dies wird begrüßt von FÜHRICH NJW 2001, 3082, 2087; TONNER, Insolvenzabsicherung 56). Der Gesetzgeber hielt es im Interesse des Verbraucherschutzes für angemessen und im Sinne des mit dem Reisevertragsrecht angestrebten Interessenausgleichs für geboten, dass nicht allein das Fehlen einer Originalvollmacht zu einem Rechtsverlust führe. Dem Reiseveranstalter bleibe es unbenommen, bei Zweifeln an einer Bevollmächtigung den Nachweis der Vollmacht zu verlangen (BT-Drucks 14/5944, 19). Im Rahmen der **Schuldrechtsmodernisierung** wurde die **Verjährungsfrist** des Abs 2 von sechs Monaten auf **zwei Jahre** erhöht (vgl dazu BT-Drucks 14/6040, 268; kritisch dazu der Bundesrat BT-Drucks 14/6857, 38; FÜHRICH NJW 202 1082, 1083; ISERMANN RRa 2001, 135, 136 f). Nach Abschaffung der kurzen sechsmonatigen Verjährung im Kauf- und Werkvertragsrecht bestand nach Ansicht des Gesetzgebers kein Grund, allein im Rahmen des Reisevertrages an der sechsmonatigen Verjährungsfrist festzuhalten. Der Reiseveranstalter sei zudem durch die kurze Ausschlussfrist des Abs 1 hinreichend geschützt (BT-Drucks 14/6040, 2689). Zugleich wurde dem Reiseveranstalter im neuen § 651m S 2 die Möglichkeit eröffnet, die Verjährungsfrist durch vertragliche Vereinbarung – auch in Allgemeinen Geschäftsbedingungen (BT-Drucks 14/6040, 269; insoweit sind die Grenzen des § 309 Nr 7 u 8 a zu beachten) zu verkürzen, vor Mitteilung des Mangels allerdings nicht auf unter ein Jahr. Der bisherige Abs 2 S 3, der eine **Hemmung der Verjährung** geltend gemachter Ansprüche bis zu dessen schriftlicher Zurückweisung durch den Reiseveranstalter vorsah, ist durch § 203 nF überflüssig geworden.

2 Ansprüche nach §§ 651c–f hat der Reisende nach **§ 651g Abs 1 S 1** innerhalb eines Monats nach der vertraglich vorgesehenen Beendigung der Reise gegenüber dem Reiseveranstalter geltend zu machen. Diese gesetzliche Regelung entspricht weitgehend den Regelungen in Allgemeinen Reisebedingungen vor In-Kraft-Treten des Reisevertragsgesetzes (vgl zB AG Frankfurt aM FVE Nr 198; AG Stuttgart FVE Nr 203; AG München FVE Bd 10 Nr 1068). Hält der Reisende diese **einmonatige Ausschlussfrist** nicht ein, so kann er die Ansprüche nach den §§ 651c–f grundsätzlich nicht mehr geltend machen. Etwas anderes gilt nur dann, wenn ihn **kein Verschulden an der Nichteinhaltung der Frist** des § 651g Abs 1 S 1 trifft (§ 651g Abs 1 S 3). Die Ausschlussfrist ist vom Gericht **von Amts wegen** zu berücksichtigen.

3 Ansprüche des Reisenden nach §§ 651c–f **verjähren** nach § 651g Abs 2 S 1 in zwei Jahren. Diese Regelung vervierfacht die Verjährungsfristen in den bisher üblichen Reisebedingungen (vgl dazu BGH NJW 1975, 1187; BGH FVE Nr 74; OLG Nürnberg FVE Nr 64; BayObLG FVE Nr 99; AG Frankfurt aM FVE Nr 195; AG Hamburg FVE Nr 219; vgl auch BT-Drucks 8/2343, 11; BARTL Rn 112; ERMAN/SEILER Rn 1). Die Verjährungsfrist des § 651g Abs 2 gilt auch für Ansprüche gem § 651j (OLG Frankfurt aM FVE Nr 300; BIDINGER/ MÜLLER 184; SEYDERHELM Rn 5, 43). Vor In-Kraft-Treten des Reisevertragsgesetzes ging der BGH von der sechsmonatigen Verjährungsfrist auch aus, wenn der Unternehmer, welcher nur vermittelnd tätig werden wollte, als Reiseveranstalter auftrat (BGH FVE Bd 8 Nr 807). § 651g Abs 2 gilt nur für **Ansprüche des Reisenden** (vgl zur

Verjährung des Anspruchs auf den Reisepreis § 651a Rn 143), und zwar auch für Ansprüche gem § 651e Abs 3 (BGH WM 1983, 63).

Die zweijährige Verjährung ist für das Reisevertragsrecht **nicht sachgerecht**. Der Reiseveranstalter hat im Massentourismus ein berechtigtes Interesse daran, spätestens innerhalb eines halben Jahres Klarheit über die auf ihn zukommenden Ansprüche zu haben, zumal sich bei einer verzögerten Geltendmachung der Gewährleistungsansprüche für beide Seiten erhebliche Beweisschwierigkeiten ergeben können (vgl BGH NJW 1986, 1748, 1750; LG Frankfurt aM FVE Nr 138; H-W Eckert, Pauschalreiserecht 140; Tempel NJW 1987, 2841; ders, NJW 2000, 3677). Der Reisende wird durch eine Verjährungsfrist von sechs Monaten auch in aller Regel nicht benachteiligt, weil ihm die Reisemängel nach der Durchführung der Reise bekannt sind und er ein eigenes Interesse daran hat, die Gewährleistungsansprüche schnell abzuwickeln (Münch-Komm/Tonner Rn 1; Seyderhelm Rn 2, 40; Tempel NJW 2000, 3677). Der Gesetzgeber des Schuldrechtsmodernisierungsgesetzes hat sich über diese Argumente kühn hinweg gesetzt und die für das Reisevertragsrecht angemessene und bewährte sechsmonatige Verjährungsfrist des § 651g Abs 1 S 1 aF vervierfacht. Dahinter standen ausschließlich formale Argumente des **Verjährungsgleichlaufs** mit dem kauf- und werkvertraglichen Gewährleistungsrecht, für deren Mängelansprüche nunmehr ebenfalls grdsl eine zweijährige Verjährungsfrist statt der bisherigen sechsmonatigen eingeführt wurde (§§ 438 Abs 1 Nr 3, 634 Abs 1 Nr 3). Der Gesetzgeber sah eben keinen Grund mehr, nach der Abschaffung der sechsmonatigen Verjährung beim Kauf- und Werkvertrag allein für den Reisevertrag an dieser Verjährung festzuhalten. Zudem wurde auf den Schutz des Reiseveranstalters durch die Ausschlussfrist des § 651j Abs 1 verwiesen (BT-Drucks 14/6040, 268 f; s o Rn 1). Der sachliche Grund, der für eine Differenzierung hinsichtlich der Verjährung spricht, liegt vor allem im unterschiedlichen **Vertragsgegenstand** beim Kauf- und Werkvertrag einerseits und beim Reisevertrag andererseits (Führich NJW 2002, 1082, 1083; Isermann RRa 2001, 135, 136). Da der Vertragsgegenstand beim Kauf- und Werkvertrag zumeist verkörpert ist, sind Mängel der Kaufsache oder der Werkleistung auch noch lange Zeit nach dem Gefahrübergang nachweisbar. Dies ist beim Reisevertrag anders. Er ist wesentlich zeitbestimmt. Schon kurze Zeit nach Reiseende ändern sich die maßgebenden Umstände und eine verlässliche Beweisaufnahme im Reiseprozess wird wesentlich erschwert. Dem trug die sechsmonatige Verjährung angemessen Rechnung, um für eine schnelle Abwicklung von Gewährleistungsansprüchen im Massentourismus zu sorgen (s o Rn 1). Diese Zielsetzung des § 651g Abs 2 hat der Gesetzgeber nun gegen das formale Ziel einer Vereinheitlichung des Verjährungsrechts ausgetauscht. Damit müssen die Gerichte künftig Einzelheiten des Reiseablaufs auch noch zwei Jahre nach Reiseende aufklären. Da hierfür in aller Regel nur Zeugenaussagen und Berichte von Reiseleitern zur Verfügung stehen, dürfte eine sachgerechte **Beweisaufnahme** und **Entscheidungsfindung** im Reiseprozess deutlich **erschwert** sein: Die Zeugen verlieren durch zwischenzeitlich unternommene Reisen an Erinnerungskraft, und die häufig saisonal tätigen Reiseleiter werden entweder nur schwer zu ermitteln sein oder kaum noch Erinnerung an eine ganz bestimmte Reise haben (so zutreffend AnwKomm-BGB/ Niehuus Rn 12). Diese Nachteile der zweijährigen Verjährung werden durch die Möglichkeit ihrer vertraglichen Verkürzung auf ein Jahr (§ 651m S 2) nur wenig kompensiert, da auch diese Frist immer noch doppelt so lang ist wie die für das Reisevertragsrecht sachgerechte sechsmonatige Verjährungsfrist. Allerdings kann die Ausschlussfrist des **§ 651g Abs 1** dem Veranstalter die Beweissicherung erleichtern, doch erscheint auch insoweit fraglich, ob dies zum Schutz des Reiseveranstalters ausreicht. Dabei ist insbes zu berücksichtigen, dass das übliche Beweismittel des Reiseveranstalters Berichte der Reiseleiter sind. Abgesehen davon, dass diese Reiseleiter zwei Jahre nach Reiseende oft nur mit Mühe erreichbar sind, handelt es sich um Berichte juristischer Laien, die nicht beurteilen können, welche Tatsachen für den Reiseprozess von Bedeutung sein werden (AnwKomm-BGB/Niehuus Rn 13).

2. Hinweispflicht des Reiseveranstalters

5 Nach § 6 Abs 2 Nr 8 BGB-InfoV hat der Reiseveranstalter den Reisenden über die nach § 651g einzuhaltenden Ausschluss- und Verjährungsfristen zu informieren und dabei auch die Stelle anzugeben, gegenüber der Ansprüche geltend zu machen sind. Die Angaben müssen grundsätzlich in der **Reisebestätigung** (§ 6 Abs 2 Nr 8 BGB-InfoV), können aber auch im **Reiseprospekt** bzw in den **ARB** des Veranstalters erfolgen (§ 6 Abs 4 BGB-InfoV). Unterlässt der Veranstalter diesen Hinweis, so ist die Unkenntnis des Reisenden von der **Ausschlussfrist** des § 651g Abs 1 S 1 als **unverschuldet** anzusehen. Der Reisende muss daher seine Ansprüche zwar weiterhin anmelden, doch führt die Versäumung der einmonatigen Ausschlussfrist nicht zu einem Ausschluss der Ansprüche (§ 651g Abs 1 S 3). Außerdem tritt analog § 634a Abs 3 an die Stelle der kurzen **Verjährungsfrist** des § 651g Abs 2 die **regelmäßige dreijährige Frist** bei kenntnisabhängigem Beginn nach §§ 195, 199 (vgl BGHZ 88, 174; 103, 298; Führich NJW 2002, 1082, 1083; Palandt/Sprau Rn 4; Seyderhelm Rn 4, 42; einschränkend Tempel NJW 2000, 3677: § 852 aF analog; vgl zur allgemeinen Hinweispflicht des Veranstalters außerhalb der InfVO unten Rn 20).

3. Sachlicher Geltungsbereich der Norm

6 § 651g findet ausschließlich auf die vertraglichen Ansprüche des Reisenden aus den **§§ 651c ff** Anwendung, also zB nicht auch auf Ansprüche aus §§ 280 Abs 1, 311 Abs 2, 241 Abs 2 **(culpa in contrahendo)**, §§ 280 Abs 1, 241 Abs 2 **(positive Forderungsverletzung)** oder §§ 280 Abs 1 u 3, 283 ff, 311 a, 320 ff **(Unmöglichkeit)** (BT-Drucks 8/2343, 11; OLG München NJW-RR 1987, 493; OLG Düsseldorf NJW-RR 1990, 825; H-W Eckert, Pauschalreiserecht 151; Erman/Seiler Rn 1; Palandt/sprau Rn 1; **aA** LG Frankfurt aM NJW 1987, 132 f; Bechhofer 108; Bidinger/Müller 184; Führich Rn 359; Jauernig/Teichmann Rn 5; BGB-RGRK/Recken Rn 2; Seyderhelm Rn 6). Das Recht des Reisenden zur Geltendmachung **deliktischer Ansprüche** bleibt von § 651g ebenfalls unberührt (BGHZ 103, 298, 302; OLG München NJW-RR 1987, 493, 494; OLG Köln NJW-RR 1992, 1185, 1186; OLG Düsseldorf VersR 1992, 892; LG Konstanz RRa 1994, 152, 153; Bidinger/Müller 184; Führich Rn 360; Jauernig/ Teichmann Rn 5; MünchKomm/Tonner Rn 2; Pick Rn 9; Seyderhelm Rn 7; Soergel/H-W Eckert Rn 6; **aA** LG Frankfurt aM NJW 1987, 132; NJW 1990, 520; Bechhofer 108; Tempel, Materielles Recht 465). Die Parteien können aber die Ausschlussfrist des § 651g Abs 1 vertraglich – auch in ARB – auf deliktische Ansprüche erstrecken (OLG Frankfurt aM RRa 2003, 20, 21 ff; RRa 2003, 64, 65 ff; LG Frankfurt aM NJW 1990, 520; RRA 2002, 68; RRa 2003, 70 f; **aA** Kappus RRa 2003, 57, 59 f; vgl Rn 25). Eine **analoge Anwendung** verbietet sich schon aus allgemeinen Gesichtspunkten. Dies gilt insbesondere für den **Reisevermittlungsvertrag** (MünchKomm/Tonner Rn 2; Soergel/H-W Eckert Rn 5; **aA** AG Baden-Baden RRa 1995, 28) und die Erbringung **einzelner Reiseleistungen** wie zB bei der Überlassung von Ferienhäusern (**aA** Soergel/H-W Eckert Rn 5). Dagegen bezieht sich § 651g auch auf den in **§ 651e Abs 3 S 1** nicht ausdrücklich geregelten Rück-

zahlungsanspruch des Reisenden (BGH NJW 1983, 448; LG Frankfurt aM NJW 1985, 146; Erman/Seiler Rn 1; Führich Rn 359), da dieser Anspruch auf der Rückabwicklung des Vertrages beruht und keinen Bereicherungsanspruch darstellt (vgl § 651e Rn 38). Gleiches gilt aus denselben Gründen für den Rückzahlungsanspruch aus §§ **651j Abs 2 S 1, 651e Abs 3 S 1** (Bidinger/Müller 184; Erman/Seiler Rn 1; Führich Rn 359; MünchKomm/ Tonner Rn 2; Seyderhelm Rn 5, 43; Soergel/H-W Eckert Rn 5; aA AG Stuttgart RRa 1995, 227). Str ist, ob § 651g Abs 1 herangezogen werden kann, wenn der Reisende die Reise erst gar nicht angetreten hat, weil er bereits im Voraus wegen eines ihm mitgeteilten Mangels gem § **651i** vom Vertrag zurückgetreten ist. Dies ist zu bejahen, obwohl der Veranstalter in diesen Fällen über den Mangel bereits informiert ist, weil durch § 651g Abs 1 gerade auch eine rechtzeitige Unterrichtung des Veranstalters über die bevorstehende Durchsetzung der Gewährleistungsansprüche gesichert werden soll (Bechhofer 108; Bidinger/Müller 185; Palandt/Sprau Rn 1 a; Seyderhelm Rn 5; aA LG Frankfurt aM NJW-RR 1994, 376; LG Düsseldorf RRa 1994, 115; AG Hamburg RRa 2000, 186; AG Kleve NJW RR 2001, 1062; Führich Rn 359; MünchKomm/Tonner Rn 2).

§ 651g Abs 1 bezieht sich auch auf Schadensersatzansprüche wegen **Mangelfolgeschä-** 7 **den** (vgl dazu auch § 651f Rn 33). Soweit man dieser Auffassung nicht folgt, wird man den Reiseveranstalter für befugt erachten müssen, diese Ansprüche in seinen Allgemeinen Reisebedingungen einer gleichartigen Ausschlussfrist zu unterwerfen. Ein Verstoß gegen § 307 Abs 2 Nr 1 ist dadurch nicht gegeben (vgl Soergel/Mühl Rn 5; vgl aber auch Eberle DB 1979, 341, 345). Erst recht liegt kein Verstoß gegen § **651m S 1** vor, da es sich bei diesen Ansprüchen, sofern man sie als von § 651f nicht erfasst ansieht, nicht um solche handelt, die im Reisevertragsrecht, also in den §§ 651c–f, geregelt werden. Dies gilt auch für sonstige Ansprüche aus **positiver Forderungsverletzung, culpa in contrahendo, Unmöglichkeit** sowie aus **Delikt** (vgl LG Frankfurt aM NJW 1982, 1538 f; 1990, 520; Bartl Rn 108; H-W Eckert, Pauschalreiserecht 151 f, 155 f; Erman/Seiler Rn 1; Führich Rn 360; Wolf/Horn/Lindacher § 9 AGBG R 100; aA OLG München NJW-RR 1987, 493, 494; OLG Celle VersR 1992, 892; OLG Düsseldorf NJW-RR 1990, 825; OLG Köln NJW-RR 1992, 1185; Löwe 145 f; ders BB 1979, 1357, 1364; Bidinger/Müller 185; MünchKomm/Tonner Rn 2; Ulmer/ Brandner/Hensen Anh §§ 9 ff AGBG Rn 598; vgl auch unten Rn 26).

II. Ausschlussfrist (§ 651g Abs 1)

1. Fristberechnung

Die **Berechnung** der Ausschlussfrist des Abs 1 und der Verjährungsfrist nach Abs 2 8 erfolgt nach §§ 187 Abs 1, 188 Abs 2, 1. Alt, 193 (OLG Karlsruhe NJW-RR 1991, 54; Erman/Seiler Rn 2; Jauernig/Teichmann Rn 4, 6; Soergel/H-W Eckert Rn 10). Der Tag, auf den das vertraglich vereinbarte Ende der Reise fällt, wird folglich nicht mitgerechnet (BGH NJW 1988, 488, 489; OLG Karlsruhe NJW-RR 1991, 54; LG Hamburg RRa 1997, 60; Erman/Seiler Rn 2; AG Hamburg RRa 2001, 248; Führich Rn 363; Seyderhelm Rn 24; Soergel/H-W Eckert Rn 10; aA AG Hamburg RRa 1999, 141). Die Mindestfrist von einem Monat kann wegen § 651m S 1 **nicht verkürzt** werden (vgl Bartl Rn 106; ders NJW 1979, 1384, 1388; Erman/Seiler Rn 2; Führich Rn 363). Allerdings ist es wegen des halbzwingenden Charakters des § 651m S 1 zulässig, die Ausschlussfrist **zu verlängern** (vgl Soergel/H-W Eckert Rn 19).

2. Beginn des Laufs der Ausschlussfrist

9 Fristbeginn ist nach der ausdrücklichen Regelung des § 651g Abs 1 S 1 die **vertraglich vorgesehene Beendigung der Reise** (vgl BARTL Rn 105; BECHHOFER 109; FÜHRICH Rn 362). Obwohl Sinn und Zweck der Regelung es nahe gelegt hätten, auf die tatsächliche Beendigung der Reise abzustellen, hat sich der Gesetzgeber aus Gründen der **Rechtssicherheit** für den vertraglich vorgesehenen Termin des Reiseendes entschieden. Bricht also der Reisende den Urlaub vorzeitig ab, so ist nicht der Zeitpunkt seiner tatsächlichen Rückkehr, sondern allein der vertraglich vorgesehene Beendigungszeitpunkt maßgebend (vgl BT-Drucks 8/2343, 11). Tritt der Reisende die Reise gar nicht erst an, so ist ebenfalls auf das vertraglich vereinbarte Reiseende abzustellen (vgl BT-Drucks 8/786, 32; BECHHOFER 109; FÜHRICH Rn 362; MünchKomm/TONNER Rn 4; RGRK/RECKEN Rn 9; SOERGEL/H-W ECKERT Rn 9; aA PICK Rn 7). Ob dies auch dann gilt, wenn die Rückbeförderung nicht rechtzeitig erfolgt, erscheint indessen zweifelhaft. Im Interesse eines effektiven Schutzes des Reisenden wird man davon ausgehen müssen, dass bei einer **Verzögerung der Rückbeförderung** diesem auf jeden Fall nach seiner Rückkehr noch die volle Monatsfrist zur Verfügung steht (LG Frankfurt aM NJW 1986, 594; AG Hamburg RRa 1994, 75; BECHHOFER 109; FÜHRICH Rn 362; MünchKomm/TONNER Rn 4; BGB-RGRK/RECKEN Rn 9; SEYDERHELM Rn 26; SOERGEL/H-W ECKERT Rn 9; TEMPEL NJW 1987, 2841; aA LG Kleve RRa 1996, 146; PALANDT/SPRAU Rn 2). Die Ausschlussfrist ist **von Amts wegen** zu beachten (LÖWE 149).

3. Adressat der Geltendmachung

10 Die Geltendmachung der Ansprüche gem §§ 651c–651f hat gegenüber dem **Reiseveranstalter** zu erfolgen (vgl AG Bad Homburg RRa 1994, 136; LG Kleve RRa 2000, 56 ff; BARTL Rn 106; BECHHOFER 109; BIDINGER/MÜLLER 190; MünchKomm/TONNER Rn 5). Dies gilt uneingeschränkt, wenn der Reiseveranstalter in seinen ARB ausdrücklich nur seinen Geschäftssitz als empfangsbevollmächtigt für die Anmeldung von Gewährleistungsansprüchen bezeichnet (LG Kleve RRa 2000, 56 ff; AG Bad Homburg RRa 2000, 29 f).

11 In Rspr und Lehre wird vertreten, dass sich der Reiseveranstalter auf den Ablauf der Ausschlussfrist nicht berufen könne, wenn der Reisende bereits **am Urlaubsort** gegenüber dem Veranstalter bzw dessen Reiseleiter **Reisemängel beanstandet** hat (LG Frankfurt aM NJW 1978, 1488; NJW 1983, 1127; 1984, 1628; 1985, 146; NJW-RR 1987, 568; OLG Frankfurt aM FVE Nr 294; PALANDT/SPRAU Rn 2 a). In diesem Zusammenhang wurde von der Rechtsprechung verschiedentlich hinterfragt, ob eine mündliche Rüge am Urlaubsort genügt oder ob schriftlich gerügt werden müsse (OLG München DB 1975, 494; offen gelassen von OLG Frankfurt aM FVE Nr 294). Diese Entscheidungen betrafen jedoch eine besondere Fallkonstellation, bei der der Reiseveranstalter am Urlaubsort ein **förmliches Mängelprotokoll** anfertigen ließ, das nach seinen ARB anschließend an seine Zentrale weitergeleitet wurde. Hierdurch wurde beim Reisenden das schutzwürdige Vertrauen erweckt, er könne bereits bei der örtlichen Reiseleitung seine Gewährleistungsansprüche anmelden (vgl BECHHOFER 110). Diese Konstellation kann aber nicht verallgemeinert werden (ablehnend auch BECHHOFER 110; ERMAN/SEILER Rn 2; PICK Rn 52 f; aA TEMPEL NJW 1985, 149; ders NJW 1987, 2841, 2846 f; ders NJW 1987, 1532, 1533 f; H-W ECKERT, Pauschalreiserecht 139; MünchKomm/TONNER Rn 8; SOERGEL/H-W ECKERT Rn 11).

Eine Geltendmachung gegenüber dem **vermittelnden Reisebüro** (vgl LG Frankfurt aM **12**
FVE Nr 305; LG Kleve RRa 2000, 56 ff; BARTL Rn 106; **aA** BGHZ 102, 80, 83; BIDINGER/MÜLLER
190; FÜHRICH Rn 365; MünchKomm/TONNER Rn 5; BGB-RGRK/RECKEN Rn 21; SEYDERHELM
Rn 8 f; SOERGEL/H-W ECKERT Rn 8) reicht zur Wahrung der Ausschlussfrist ebenso wenig
aus wie die **Mängelanzeige am Urlaubsort** gegenüber dem Reiseleiter (vgl §§ 651c
Abs 2, 651d Abs 2, 651e Abs 2; vgl BGHZ 90, 363, 367; OLG Frankfurt aM MDR 1982, 752;
OLGR 1999, 369; OLG Düsseldorf NJW 1985, 148; LG Kleve RRa 2000, 56 ff; LG Düsseldorf RRa
2000, 195; LG Frankfurt aM RRa 2001 77; BARTL Rn 106; BECHHOFER 111; FÜHRICH Rn 366; PICK
Rn 51 ff; RIXECKER VersR 1985, 216 f; SOERGEL/H-W ECKERT Rn 11; **aA** LÖWE 147 f; TONNER,
Reisevertrag Rn 10). Eine Ausnahme für den Fall, dass der Reisende bereits während
der Reise Mängel **eindeutig und vorbehaltlos** als Gewährleistungsansprüche geltend
macht, ist mit dem eindeutigen Wortlaut des § 651g Abs 1, der unmissverständlich an
die vertraglich vorausgesetzte Beendigung der Reise anknüpft, unvereinbar und deshalb abzulehnen (vgl OLG Düsseldorf NJW 1985, 148; OLG München NJW-RR 1987, 369; NJW
1987, 2844 f; LG Kleve NJW-RR 1995, 316; LG Hannover NJW-RR 1987, 749, 1988, 1454; LG
Düsseldorf RRa 2001, 201; AG Düsseldorf RRa 1997, 151; AG Berlin-Tiergarten RRa 2001, 122;
BECHHOFER 111; ERMAN/SEILER Rn 2; FÜHRICH Rn 367; NIEHUUS § 11 Rn 22; TEICHMANN JZ 1988,
516; **aA** BGHZ 90, 363, 367 ff; 102, 80, 81, 86; OLG Frankfurt aM NJW 1981, 2068; LG Frankfurt aM
NJW 1978, 1488; 1983, 1129; 1984, 1688; NJW-RR 1987, 368 f; 1987, 568 f; RRa 1995, 170; LG
Stuttgart VuR 1991, 117; AG Köln NJW-RR 1989, 1527; AG Kleve RRa 1996, 108; AG Baden-Baden
RRa 1995, 185; BIDINGER/MÜLLER 189; MünchKomm/TONNER Rn 7 a, 10; BGB-RGRK/RECKEN
Rn 12; SEYDERHELM Rn 12 ff; SOERGEL/H-W ECKERT Rn 11). Auch der bloße **Hinweis auf
eine genaue Mängelrüge** genügt aus denselben Gründen nicht, selbst wenn der Veranstalter durch diese die notwendigen Informationen über die Mängel erlangt hat (vgl
ERMAN/SEILER Rn 2; TEMPEL NJW 1984, 1753 f; ders NJW 1985, 149; **aA** BGHZ 90, 363, 367 ff; 102,
80, 86 f; FÜHRICH Rn 369; MünchKomm/TONNER Rn 10 a; BGB-RGRK/RECKEN Rn 18; SOERGEL/
H-W ECKERT Rn 11). Der Mangel muss also zusätzlich zur Mängelanzeige während der
Reise erneut nach dem Vertragsende geltend gemacht werden. Verfügt der Reiseveranstalter über ein **Filialsystem**, so ist die Geltendmachung bei jeder Filiale ausreichend (vgl MünchKomm/TONNER Rn 5).

Da beide Erklärungen, das **Abhilfeverlangen** bzw die **Mängelanzeige** nach §§ 651c **13**
Abs 2, 651d Abs 2 und 651e Abs 2 einerseits sowie die **Anmeldung** nach § 651g Abs 1
andererseits, unterschiedliche Zwecke verfolgen, sind sie **nebeneinander** erforderlich.
Allerdings birgt dieses Nebeneinander unterschiedlicher Erklärungspflichten für den
Reisenden die Gefahr, dass er meint, mit einer bereits am Urlaubsort vorgenommenen Beanstandung alles seinerseits Erforderliche getan zu haben, und aus diesem
Grunde die Anmeldefrist versäumt (vgl MünchKomm/TONNER Rn 10; SOERGEL/H-W ECKERT
Rn 11). Gleichwohl schließt die Erfüllung der Anzeigepflicht am Urlaubsort die Notwendigkeit der Geltendmachung nach § 651g Abs 1 nicht aus (vgl PICK Rn 51 ff; RIXECKER VersR 1985, 216 f). Das Verhältnis dieser beiden Erklärungen ergibt sich unmittelbar aus der **verschiedenen Funktion** des § 651g Abs 1 einerseits und der §§ 651c Abs 2,
651d Abs 2 und 651e Abs 2 andererseits. Dabei kommt es angesichts des klaren
Gesetzeswortlauts überhaupt nicht darauf an, ob bereits am Urlaubsort von der
Reiseleitung eine Niederschrift über gerügte und nicht behobene Mängel angefertigt
worden ist (vgl aber LG Frankfurt aM MDR 1984, 757; NJW 1983, 1127, 1129; H-W ECKERT,
Pauschalreiserecht 139; MünchKomm/TONNER Rn 8; SOERGEL/H-W ECKERT Rn 11; vgl auch PICK
Rn 52 f). Die Anzeige am Urlaubsort dient in erster Linie dazu, dem zuständigen
Reiseleiter Gelegenheit zu geben, im Rahmen des Möglichen **Abhilfe zu schaffen**

und, wenn dies nicht möglich ist, die Mängel sofort an Ort und Stelle festzuhalten und damit eine **Beweissicherung** für eine spätere Überprüfung der Ansprüche vorzunehmen (vgl MünchKomm/TONNER Rn 7; PICK Rn 50). Die Notwendigkeit der Geltendmachung der Ansprüche innerhalb eines Monats nach dem vertraglich vereinbarten Termin des Reisenden hat dagegen den Zweck, dem Reiseveranstalter die Möglichkeit zu geben, innerhalb einer absehbaren Frist überblicken zu können, welche **Gewährleistungsansprüche** auf ihn zukommen, und ihm Gelegenheit zu geben, seinerseits mögliche **Regressansprüche** gegenüber seinen Vertragspartnern **zu sichern** (so zutreffend AG Frankfurt aM FVE Nr 228; MünchKomm/TONNER Rn 7; PICK Rn 50). Mit zunehmendem Zeitablauf wird die Sachaufklärung und damit die Durchsetzbarkeit von Ansprüchen des Reiseveranstalters gegenüber den Leistungsträgern immer gefährdeter. Dies rechtfertigt die kurze Ausschlussfrist des § 651g Abs 1. Bereits kalkulatorische Erwägungen zwingen daher zu einer alsbaldigen Benachrichtigung des Reiseveranstalters über die Geltendmachung von Minderungs- und Schadensersatzansprüchen. Mit der Anzeige von Mängeln am Urlaubsort steht nämlich noch nicht fest, dass der Reisende gegen den Veranstalter tatsächlich Ansprüche geltend machen und diese gegebenenfalls gerichtlich durchsetzen wird (vgl AG Frankfurt aM FVE Nr 1481; MünchKomm/TONNER Rn 7; PICK Rn 50). Daher wird mit einer Unfallmeldung an die örtliche Reiseleitung nicht die Frist gem § 651g Abs 1 gewahrt (OLG Frankfurt aM RRa 2003, 20, 21).

4. Arglist und Ausschlussfrist

14 Nach der Rspr (LG Frankfurt aM FVE Nr 137; FVE Nr 313) vor In-Kraft-Treten des Reisevertragsgesetzes konnte sich ein Reiseveranstalter dann nicht auf eine Allgemeine Reisebedingung, wonach Gewährleistungsansprüche vier Wochen nach Beendigung der Reise geltend zu machen sind, berufen, wenn er die beanstandeten Mängel **arglistig verschwiegen** hatte. § 651g Abs 1 hat diese Regelung nicht übernommen. Die einmonatige **Ausschlussfrist entfällt** also **nicht** deshalb, weil der Reiseveranstalter den Reisemangel arglistig verschwiegen hat (LG Frankfurt aM NJW 1987, 132; NJW-RR 1991, 317; FÜHRICH Rn 361; MünchKomm/TONNER Rn 15; PICK Rn 16; BGB-RGRK/RECKEN Rn 11; SOERGEL/H-W ECKERT Rn 12; TEMPEL, Materielles Recht 465; ders NJW 2000, 3677, 3684). Vielmehr kann der Reisende gem § 651g Abs 1 S 2 nach Ablauf der Frist Ansprüche nur noch geltend machen, wenn er ohne Verschulden an der Einhaltung der Frist gehindert war.

15 Dieses Verständnis des § 651g Abs 1 ist sachgerecht. Die überwiegend behauptete Parallele zu § 438 Abs 3 bzw § 634 a Abs 3 besteht nicht, da dem Reisenden nach Reiseende die Mängel in der Regel bekannt sind und ihm deshalb die Einhaltung gesetzlicher oder vertraglicher Ausschlussfristen auch **zumutbar** ist (LG Frankfurt aM NJW 1987, 132; NJW-RR 1991, 317; FÜHRICH Rn 361; TEMPEL NJW 2000, 3677, 3684; **aA** LG Frankfurt aM NJW 1978, 1008; NJW 1978, 1488; BARTL Rn 110; ders NJW 1978, 1008; ders NJW 1978, 729, 735; ders NJW 1979, 1384, 1389). Für die Anwendung des Rechtsgedankens des § 634 Abs 3 wäre daher nur dann Raum, wenn nachgewiesen wird, dass es sich ausnahmsweise um „**verdeckte Mängel**" handelt, die bis zum Reiseende nicht zutage getreten sind (vgl LG München I FVE Bd 9 Nr 917; TEMPEL NJW 2000, 3677, 3685). In diesen Fällen kann jedoch dem Reisenden immer über § **651g Abs 1 S 2** geholfen werden, da er ohne sein Verschulden an der Einhaltung der Ausschlussfrist gehindert war. Arglist ist daher nur dann zu bejahen, wenn der Reiseveranstalter den Reisenden bewusst

dazu veranlasst hat, die Geltendmachung von Ansprüchen innerhalb der Ausschlussfrist zu unterlassen (AG Frankfurt aM FVE Nr 253).

5. Art der Geltendmachung

a) Formlosigkeit der Geltendmachung

Die Anmeldung der Ansprüche ist eine **rechtsgeschäftsähnliche Handlung** des Reisenden, durch die er dem Veranstalter mitteilt, dass er Ansprüche gemäß §§ 651c bis f erheben will (BGH NJW 2001, 289, 290 = BGHZ 145, 343, 346 f; LG Kleve NJW-RR 1995, 316; RRa 2000, 56 ff; ERMAN/SEILER Rn 2; aA [reine Mitteilung von Tatsachen] OLG Karlsruhe NJW-RR 1991, 54; LG Hamburg RRa 1997, 60; AG Freising RRa 2000, 6 f; FÜHRICH RRa 1995, 108; ISERMANN MDR 1995, 224, 225 f; SOERGEL/H-W ECKERT Rn 7; TEMPEL RRa 1998, 19, 29). Ihr Zweck und ihre Wirkung bestehen darin, dem Reisenden die Gewährleistungsrechte zu erhalten. Sie ist damit zur Wahrung dieser Rechte notwendig und geht mit dieser rechtserhaltenden Wirkung über eine bloße Tatsachenmitteilung hinaus. Eine bestimmte **Form** der Geltendmachung der Ansprüche nach §§ 651c–f ist in § 651g Abs 1 S 1 **nicht vorgeschrieben** (vgl BT Drucks 8/2343, 11; BARTL Rn 107; BGHZ 90, 363, 365 f; ERMAN/SEILER Rn 1; FÜHRICH Rn 368; MünchKomm/TONNER Rn 6; PALANDT/SPRAU Rn 2). Eine mündliche Anmeldung der Ansprüche ist daher ausreichend. Meldet ein **Rechtsanwalt** für den Reisenden Gewährleistungsansprüche an, so müsste an sich seinem Schreiben eine Originalvollmacht beigefügt sein, da anderenfalls die Anmeldung entsprechend § 174 S 1 unwirksam ist, wenn sich der Reiseveranstalter unverzüglich darauf beruft (so zur alten Rechtslage: BGH NJW 2001, 289, 290 f = BGHZ 145, 343, 348 ff; OLG Düsseldorf RRa 1999, 206). Gleiches müsste dann gelten, wenn ein **Mitreisender** oder ein **Familienmitglied** Gewährleistungsansprüche eines Reisenden anmeldet. Der Gesetzgeber hat nunmehr diese Frage gegen die bisherige Rspr des BGH und der meisten Instanzgerichte (vgl die Nachweise in STAUDINGER/ECKERT [2001] Rn 16) in § 651g Abs 1 S 2 ausdrücklich dahin geregelt, dass § 174 auf die Geltendmachung der Ansprüche nach §§ 651c bis 651 f **nicht anzuwenden** ist (vgl o Rn 1). Dahinter steht die Überlegung, dass ein Rechtsverlust allein aufgrund dieser Formalität den Verbraucherschutz unangemessen einschränken würde (BT-Drucks 14/5944, 19). Der Reiseveranstalter kann danach die durch einen Stellvertreter des Reisenden (Rechtsanwalt, Mitreisender, Familienangehöriger) geltend gemachten Ansprüche nicht mit der Begründung zurückweisen, der Vertreter habe keine Originalvollmachtsurkunde vorgelegt. Sofern Reiseveranstalter in ihren **Allgemeinen Reisebedingungen** die Einhaltung der Schriftform als Wirksamkeitsvoraussetzung der Geltendmachung der Ansprüche verlangen, weicht dies zum Nachteil des Reisenden von der Bestimmung des § 651g Abs 1 S 1 ab und ist daher gem § 651m S 1 **unwirksam** (vgl BT-Drucks 8/2343, 11; BGHZ 90, 363, 3657; FÜHRICH Rn 368; LÖWE BB 1979, 1357, 1364; PALANDT/SPRAU Rn 1; SOERGEL/H-W ECKERT Rn 7).

Da § 651g Abs 1 S 1 die Geltendmachung der Ansprüche nach den §§ 651c bis 651 f voraussetzt, muss der Reisende konkret und substantiiert zu erkennen geben, für **welche Mängel** er Minderung bzw Schadensersatz begehrt (vgl ERMAN/SEILER Rn 2). Der Reiseveranstalter muss erkennen können, in welchem Umfang und wegen welcher Mängel welche Ersatzansprüche auf ihn zukommen. Dies ist schon deshalb geboten, damit er sich seinerseits seine Regressansprüche gegen seine Leistungsträger sichern kann. Der Reisende muss also ebenso wie bei § 377 HGB einen Mangel **substantiiert rügen**. Hierfür kann allerdings eine stichwortartige Bezeichnung ausreichen (LG Frankfurt aM NJW 1983, 1127, 1129; AG Königstein RRa 1954, 29; LG Kleve RRa 2000, 56 ff;

BIDINGER/MÜLLER 188; enger [bis ins Einzelne gehende Beschreibung] OLG Düsseldorf NJW 1985, 146). Zur Einhaltung der Ausschlussfrist ist somit erforderlich, dass der Reisende konkrete Mängel substantiiert aufführt und mitteilt, dass er wegen der Mangelhaftigkeit der Reiseleistung ganz oder teilweise Rückzahlung des Reisepreises bzw Schadensersatz verlangen werde. Eine Festlegung auf einen bestimmten Gewährleistungsanspruch ist hingegen nicht erforderlich (vgl BT-Drucks 8/2343, 11; vgl BGH NJW 1988, 488, 490; LG Frankfurt aM NJW 1983, 1127, 1129; BIDINGER/MÜLLER 188; MünchKomm/ TONNER Rn 11 f).

18 Zur Wahrung der Ausschlussfrist ist zwar **keine Bezifferung**, wohl aber eine **hinreichende Konkretisierung** der Reisemängel erforderlich, damit der mit der Ausschlussfrist verfolgte Zweck erreicht werden kann (vgl aber auch LÖWE BB 1979, 1357; AK-BGB/ DERLEDER Rn 2; BECHHOFER 113; ERMAN/SEILER Rn 2; MünchKomm/TONNER Rn 12; SOERGEL/ H-W ECKERT Rn 7; TEICHMANN JZ 1993, 990, 991). Keinesfalls genügen allgemeine Erklärungen wie die „Bitte um Überprüfung" oder bloße Ankündigungen zukünftiger ausführlicher Darstellungen (LG Hannover MDR 1987, 671; LG Frankfurt aM NJW-RR 1998, 563; AG Düsseldorf MDR 1986, 317; ERMAN/SEILER Rn 2; teilw **aA** MünchKomm/TONNER Rn 13).

b) Wirksamwerden der Geltendmachung

19 Die Geltendmachung muss dem **Reiseveranstalter** oder **einer sonstigen empfangszuständigen Person** nach § 130 BGB zugehen (vgl ESTEL NJW 1986, 1734; 1735; MünchKomm/ TONNER Rn 5). Verfügt der Reiseveranstalter über ein **Filialsystem**, so ist die Anzeige bei einer beliebigen Filiale ausreichend (vgl MünchKomm/TONNER Rn 5). Die Geltendmachung gegenüber dem vermittelnden **Reisebüro** ist nur dann ausreichend, wenn der Reiseveranstalter dieses zur empfangszuständigen Person erklärt hat. Für die **Rechtzeitigkeit des Zugangs** gilt ebenfalls § 130, so dass ein Zugang nur während der gewöhnlichen Geschäftszeiten des Reiseveranstalters möglich ist. Die Ausschlussfrist des § 651g Abs 1 S 1 wird daher nicht gewahrt, wenn das Anspruchsanmeldungsschreiben per Telefax übersandt wird und am Tag des Fristablaufs erst nach der Geschäftszeit des Reiseveranstalters bei diesem eingeht (LG Frankfurt aM MDR 1985, 233; LG Hamburg RRa 1999, 141; AG Kleve RRa 2001, 142; FÜHRICH Rn 363; **aA** LG Düsseldorf RRa 2000, 98 f; AG Hamburg RRa 2000, 150).

6. Unverschuldete Versäumnis der Ausschlussfrist (§ 651g Abs 1 S 3)

20 Nach § 651g Abs 1 S 3 kann der Reisende nach Ablauf der Frist Ansprüche nur geltend machen, wenn er **ohne Verschulden** an der Einhaltung der Frist gehindert worden ist. Die Härte der kurzen Ausschlussfrist des § 651g Abs 1 S 1 wird also dadurch abgemildert, dass der Reisende seine Ansprüche nicht verliert, wenn er ohne Verschulden an der Einhaltung der Frist gehindert war. Entscheidend für die Feststellung eines Verschuldens des Reisenden ist auch hier der **Maßstab des § 276** (BT-Drucks 8/2343, 11). Selbst dann, wenn der Reisende persönlich verhindert ist, die Ausschlussfrist einzuhalten, wird man verlangen müssen, dass er versucht, Ersatzlösungen zu organisieren. Eine schuldlose Fristversäumung kann aber zB bei einer längeren schweren Erkrankung des Reisenden (ERMAN/SEILER Rn 3) oder bei einem fehlenden Hinweis des örtlichen Reiseleiters oder des Reisebüros auf die Notwendigkeit der Anzeige vorliegen (AG Bad Homburg NJW-RR 1995, 1523; ERMAN/SEILER Rn 3; MünchKomm/TONNER Rn 16). Die Kenntnis derartiger Ausschlussfristen kann von einem Reisenden allerdings nicht erwartet werden. Auch dann, wenn der Reiseveranstalter

seine Anschrift weder im Prospekt noch auf der Reisebestätigung mitgeteilt hat und dadurch dem Reisenden die rechtzeitige Geltendmachung von Ansprüchen erschwert, kann eine schuldlose Fristversäumung vorliegen (LG Hannover NJW-RR 1990, 572; FÜHRICH Rn 372; ERMAN/SEILER Rn 3). Ein Verschulden muss aber ebenso verneint werden, wenn der Reiseveranstalter in seinen Allgemeinen Reisebedingungen nicht auf die Ausschlussfrist aufmerksam macht, da anderenfalls mit der Regelung der Ausschlussfrist in § 651g Abs 1 nicht ein Mehr, sondern ein Weniger an Verbraucherschutz erreicht wäre (vgl BARTL Rn 107; vgl aber auch ders Rn 109). Von einem Reisenden kann jedenfalls nicht erwartet werden, dass ihm die Dauer der Ausschlussfrist bekannt ist (vgl aber auch BARTL Rn 109). Allerdings ist den Reiseveranstaltern dringend zu empfehlen, die gesetzliche Regelung des § 651g Abs 1 in ihre ARB mit aufzunehmen. Unterlassen sie dies, so müssen sie die Reisenden im **Prospekt** bzw in der **Reisebestätigung** auf die Ausschlussfrist hinweisen (vgl § 6 Abs 2 Nr 8, Abs 4 BGB-InfoV). Ansonsten ist die Fristversäumnis nicht verschuldet iSv § 651g Abs 1 S 3 (vgl FÜHRICH Rn 372; MünchKomm/TONNER Rn 17; PICK Rn 24; SEYDERHELM Rn 37; SOERGEL/H-W ECKERT Rn 12). Die Interessen des Veranstalters werden demgegenüber durch die kurze Verjährung des § 651g Abs 2 gewahrt.

Der Reisende hat insbesondere bei **Fehlinformationen** durch den örtlichen Reise- 21 leiter, das Reisebüro oder den Veranstalter die Fristversäumnis nicht zu vertreten. Ein Verschulden ist ebenfalls zu verneinen, wenn der Reisende die Beanstandung beim Reisebüro vorbringt, dieses den Reisenden über seine **fehlende Zuständigkeit** jedoch nicht belehrt (LÖWE 149).

Zweifelhaft ist auch, ob vom Reisenden erwartet werden kann, dass er die **richtige** 22 **Person** in Anspruch nimmt (vgl aber BARTL Rn 107). Hiervon ist grundsätzlich auszugehen. Man wird allerdings dann, wenn der Reiseveranstalter entgegen § 6 Abs 2 Nr 8 BGB-InfoV auf die Ausschlussfrist des § 651g Abs 1 nicht aufmerksam macht, nicht von einem Verschulden des Reisenden sprechen können, wenn er diese Ausschlussfrist versäumt. Bei **postalischen Verzögerungen** ist davon auszugehen, dass der Reisende die Verzögerung grundsätzlich nicht zu vertreten hat (vgl LG Frankfurt aM NJW-RR 1987, 177; AK-BGB/DERLEDER Rn 3; FÜHRICH Rn 372). Etwas anderes gilt jedoch, wenn der Reisende das Schreiben erst am Tag vor dem Ablauf der Ausschlussfrist abschickt, da er mit einer regelmäßigen **Postlaufzeit** von drei Tagen rechnen muss (LG Frankfurt aM RRa 1994, 97, 98; AG Kleve RRa 1996, 156; BIDINGER/MÜLLER 191; FÜHRICH Rn 372).

Fällt der Hinderungsgrund weg, so ist der Reisende zur **unverzüglichen Geltend-** 23 **machung** (§ 121) verpflichtet (vgl LG Frankfurt aM NJW 1987, 132 f; BIDINGER/MÜLLER 191; ERMAN/SEILER Rn 3; FÜHRICH Rn 372; PALANDT/SPRAU Rn 3; SEYDERHELM Rn 38; SOERGEL/ H-W ECKERT Rn 13; XANKE/DUTSCHKE Rn 128). Dies folgt schon aus dem Sinn der Ausschlussfrist. Nach Wegfall des Hindernisses steht dem Reisenden die Frist des § 651g Abs 1 S 1 also nicht erneut voll zur Verfügung. Vielmehr muss er den Anspruch dann unverzüglich geltend machen.

7. Rechtsfolgen des Ablaufs der Ausschlussfrist

a) Ausschlusswirkung, Allgemeines
Mit dem **Ablauf der Ausschlussfrist** des § 651g Abs 1 verliert der Reisende, der seine 24

Ansprüche schuldhaft nicht rechtzeitig angezeigt hat, die Ansprüche gem §§ 651c–f. Dem Reiseveranstalter steht nicht etwa nur eine Einrede zu (vgl Erman/Seiler Rn 3).

b) Reichweite der Ausschlusswirkung

25 Die Ausschlussfrist erfasst keine **Ansprüche aus** §§ 280 Abs 1 u 3, 283 ff, 311 a, 320 ff **(Unmöglichkeit)**, §§ 280 Abs 1, 311 Abs 2, 241 Abs 2 **(culpa in contrahendo)**, §§ 280 Abs 1, 241 Abs 2 **(positiver Forderungsverletzung)** oder §§ 823 ff. Erfasst werden vielmehr nur die Ansprüche aus §§ 651c bis 651 f. Fraglich ist aber, ob der Reiseveranstalter die Ausschlussfrist durch eine Regelung in seinen Allgemeinen Geschäftsbedingungen auch auf andere Ansprüche ausdehnen kann. Dies ist namentlich für Ansprüche aus unerlaubter Handlung str. Für die Zulässigkeit derartiger Regelungen spricht entscheidend, dass eine uneinheitliche Abwicklung des Vertragsverhältnisses im Hinblick auf die vom Gesetz bezweckte schnelle Klärung der Ansprüche unsinnig erscheint (so auch OLG Frankfurt aM RRa 2003, 20, 22 f; RRa 2003, 64, 66; LG Frankfurt aM NJW 1982, 1538 f; 1987, 132, 133; 1990, 520; RRa 2002, 68; RRa 2003, 70 f; H-W Eckert, Pauschalreiserecht 151 f, 155 f; Erman/Seiler Rn 1; Führich Rn 360; BGB-RGRK/Recken Rn 3, 7; Rixecker VersR 198, 216, 218; **aA** OLG München NJW-RR 1987, 493, 494; OLG Celle VersR 1992, 892; OLG Düsseldorf NJW-RR 1990, 825; OLG Köln NJW-RR 1992, 1185; Kappus RRa 2003, 57, 59; Löwe 145, 146; MünchKomm/Tonner Rn 2; Ulmer/Brandner/Hensen Anh §§ 9–11 AGBG Rn 598; Wolf/Horn/Lindacher § 9 AGBG Rn R 101).

26 Nr 13 der Konditionenempfehlung des DRV für Allgemeine Geschäftsbedingungen für Reiseverträge, der anordnet, dass alle Ansprüche wegen nicht vertragsgemäßer Erbringung der Reise innerhalb eines Monats nach der vertraglich vorgesehenen Beendigung der Reise gegenüber dem Reiseveranstalter geltend zu machen sind, geht daher nicht zu weit. Die Klausel ist nicht gem § 651m S 1 unwirksam, da sie gerade nicht von den §§ 651c–f zum Nachteil des Reisenden abweicht (vgl Soergel/ H-W Eckert Rn 6). Die Klausel verstößt aber auch nicht gegen § **307 Abs 1, 2 Nr 2** (OLG Frankfurt aM RRa 2003, 20, 22 f; RRa 2003, 64, 65 ff; LG Frankfurt aM NJW 1987, 132; 1990, 520; RRa 2003, 70 f; Erman/Seiler Rn 1; Führich Rn 360; Soergel/H-W Eckert Rn 6; **aA** Kappus RRa 2003, 57, 58 f; Löwe 145, 146; ders BB 1979, 1357, 1364; MünchKomm/Tonner Rn 2).

8. Verhältnis zu spezialgesetzlichen Regelungen

27 Soweit Spezialgesetze wie Art 29 WA besondere Ausschluss- und Verjährungsfristen vorsehen, gehen diese grundsätzlich § 651g Abs 1 und 2 vor. Hieran können auch Allgemeine Reisebedingungen nichts ändern, soweit die spezialgesetzlichen Bestimmungen zwingend sind (zB Art 32 WA; vgl Bartl Rn 108; Bidinger/Müller 185; Führich Rn 382).

9. Regelungen in Allgemeinen Reisebedingungen

28 Eine Klausel des Inhalts, dass Ansprüche nicht geltend gemacht werden können, die nicht innerhalb eines Monats nach der Reiserückkehr **schriftlich** bei dem Reiseveranstalter angezeigt worden sind, ist unwirksam (vgl BGHZ 90, 363, 365 f; Ulmer/Brandner/ Hensen Anh §§ 9–11 AGBG Rn 598; Wolf/Horn/Lindacher § 9 AGBG Rn R 103). Dies folgt zwar nicht allein daraus, dass im Rahmen des § 651g Abs 1 auf das vertraglich vorgesehene Reiseende und nicht auf die tatsächliche Reiserückkehr abgestellt wird, doch kann die Schriftform nicht zur **Wirksamkeitsvoraussetzung** der Geltendmachung

erhoben werden, sondern ausschließlich der Beweiserleichterung dienen (vgl LG Frankfurt aM NJW 1977, 2165; ULMER/BRANDNER/HENSEN Anh §§ 9–11 AGBG Rn 598; vgl auch schon Rn 16). In Allgemeinen Reisebedingungen kann ebenfalls nicht festgelegt werden, dass die Geltendmachung von Ansprüchen durch den Reisenden voraussetzt, dass er seine Beanstandungen bereits während der Reise beim Reiseleiter mündlich oder schriftlich geltend gemacht und dass dieser ein **Mängelprotokoll** errichtet hat (LÖWE 148; ULMER/BRANDNER/HENSEN Anh §§ 9–11 AGBG Rn 598).

III. Verjährung von Gewährleistungsansprüchen (§ 651g Abs 2)

Die reisevertraglichen Gewährleistungsansprüche **verjähren in zwei Jahren** ab dem Tag des vereinbarten Endes der Reise (§ 651g Abs 2 S 1 u 2). Diese kurze Verjährungsfrist soll die schnelle Abwicklung der Gewährleistungsansprüche des Reisenden gewährleisten, um dadurch Beweisschwierigkeiten zu vermeiden (s o Rn 4).

1. Beginn der Verjährung

Nach § 651g Abs 2 S 2 **beginnt** die Verjährung mit dem Tage, an dem die Reise dem Vertrag nach enden sollte. Entscheidend ist daher das **vertraglich vereinbarte Reiseende**, nicht die tatsächliche Reisebeendigung (vgl ERMAN/SEILER Rn 4). Ob dies auch dann gilt, wenn der Reisende zum Zeitpunkt des vertraglich vereinbarten Reiseendes an der Rückkehr gehindert ist, ist zweifelhaft. Da eine Abnahme des Werkes „Reise" durch den Reisenden nicht möglich ist, hat der Gesetzgeber die Vollendung des Werkes für entscheidend erachtet. Dabei kommt es für den Lauf der Verjährungsfrist nicht darauf an, ob das Werk mangelfrei erbracht worden ist oder nicht. Für die Fristberechnung gelten die §§ 187 Abs 1, 188 Abs 2, 193 (ERMAN/SEILER Rn 4). Nach dem allgemeinen Rechtsgedanken der §§ **634 a Abs 3 S 1, 438 Abs 3 S 1** soll sich der Reiseveranstalter bei **arglistigem Verschweigen des Mangels** nach allgemeiner Auffassung auf die Verjährung nicht berufen können. An die Stelle der zweijährigen Verjährungsfrist des § 651g Abs 2 soll danach die regelmäßige dreijährige Verjährungsfrist des § 195 bei kenntnisabhängigem Beginn (§ 199) treten (vgl BGH NJW 1983, 2699, 2701; 1988, 1380; LG Frankfurt aM NJW-RR 1991, 317; FÜHRICH Rn 375; MünchKomm/TONNER Rn 25; PICK Rn 78; RGRK/RECKEN Rn 22; SEYDERHELM Rn 45; SOERGEL/H-W ECKERT Rn 14; einschränkend [analoge Anwendung von § 852 Abs 1 aF]: TEMPEL NJW 2000, 3677 ff; **aA** OLG Düsseldorf NJW 1985, 148). Diese Auffassung überzeugt nicht. Der Hinweis auf den Rechtsgedanken der §§ 438 Abs 3, 634 a Abs 3 trägt bei der Verjährung der Gewährleistungsansprüche nach § 651g Abs 2 ebenso wenig wie bei der Ausschlussfrist nach § 651g Abs 1 (s o Rn 15). Dem Reisenden sind nach der Beendigung der Reise deren Mängel im Regelfall bekannt, so dass ihm die Geltendmachung seiner Gewährleistungsrechte innerhalb von zwei Jahren nach dem vereinbarten Reiseende auch dann zumutbar ist, wenn er vom Reiseveranstalter oder dessen Erfüllungsgehilfen über das Vorliegen eines Mangels durch dessen Verschweigen oder das Vorspiegeln von Mangelfreiheit arglistig getäuscht wurde. Etwas anderes kann hier wie bei § 651g Abs 1 (s o Rn 15) daher nur gelten, wenn es sich ausnahmsweise um einen **„verdeckten Mangel"** handelt, der dem Reisenden während der Reise verborgen bleibt und dessen Auswirkungen sich erst nach Reiseende zeigen (vgl dazu PICK Rn 79; TEMPEL NJW 2000, 3677, 3678). Dies ist zB bei einer Unterkunft denkbar, die gesundheitsgefährdende Baustoffe und Materialien enthält, oder bei unhygienischen Zuständen in Küche, Schwimmbad oder Sauna, die erst nach Reiseende zu einer

Erkrankung des Reisenden führen (vgl TEMPEL NJW 2000, 3677, 3678). Bei derartigen verdeckten Mängeln greift die kurze Verjährung des § 651g Abs 2 schon aus dem Rechtsgedanken der §§ 438 Abs 3, 634 Abs 3 nicht ein (TEMPEL NJW 2000, 3677, 3678). Anders verhält es sich dagegen im Regelfall der „**offenen Mängel**". Hier weiß der Reisende trotz arglistigen Verschweigens des Veranstalters bei Beendigung der Reise, welche Mängel diese aufwies. Daher trägt hier die Argumentation mit §§ 438 Abs 3, 634a Abs 3 nicht, weil diese Vorschriften auf dem Gedanken beruhen, dass dem Käufer bzw Besteller unbekannte Mängel erst nach der Ablieferung der Kaufsache bzw der Abnahme des Werks, also während des Laufs der zweijährigen Verjährungsfrist, hervortreten und deshalb bei Arglist des Verkäufers bzw Werkunternehmers dem Interesse des Käufers bzw Bestellers an einer längeren Verjährungsfrist Rechnung getragen werden muss. Dieser Rechtsgedanke passt von vornherein nicht, wenn dem Reisenden die Mängel der Reise bei deren Ende bekannt sind. Daher kann hier nur der **allgemeine Grundsatz des § 242** weiterhelfen, dass der arglistig Handelnde keinen Schutz durch kurze Verjährungsfristen verdient (so zutreffend TEMPEL NJW 2000, 3677, 3678).

2. Hemmung der Verjährung

31 Für die **Hemmung** und den **Neubeginn** der Verjährung gelten nach der Schuldrechtsmodernisierung die allgemeinen Bestimmungen der §§ 203–213. § 651g Abs 2 S 3 aF ordnete an, dass die Verjährung immer dann, wenn der Reisende die Ansprüche geltend gemacht hat, bis zu dem Tage **gehemmt** war, an dem der Reiseveranstalter die Ansprüche **schriftlich** zurückwies, also dem Reisenden ein entsprechendes Schreiben zugegangen war (vgl dazu STAUDINGER/ECKERT [2001] Rn 31 ff). Diese Bestimmung trat neben die allgemeinen Bestimmungen über die Hemmung der Verjährung. Sie sollte dem Reiseveranstalter die Möglichkeit nehmen, durch Untätigbleiben nach dem Abschluss der Prüfung der Ansprüche des Reisenden den Verjährungseintritt herbeizuführen. Die Veranstalter konnten wegen der Notwendigkeit der schriftlichen Zurückweisung der Ansprüche des Reisenden nicht auf Zeit spielen.

32 Der Gesetzgeber des **Schuldrechtsmodernisierungsgesetzes** hat diese bewährte Sonderregelung zur Hemmung der Verjährung in § 651g Abs 2 S 3 aF aufgehoben, weil diese durch die neue allgemeine Hemmungsregelung des § 203 obsolet geworden sei (BT-Drucks 14/6040, 269). Diese Entscheidung ist zu bedauern, weil § 203 den bisherigen § 651g Abs 2 S 3 nur **höchst unvollkommen** ersetzt (vgl FÜHRICH NJW 2002, 1082, 1083; MANSEL NJW 202, 91, 96; MANSEL/BUDZIKIEWICZ, Das neue Verjährungsrecht § 8 Rn 27; PALANDT/ SPRAU Rn 6). Eine für den Reisenden nachteilige Abweichung ist darin zu sehen, dass die Hemmung der Verjährung nun nicht mehr bereits mit der bloßen Geltendmachung von Gewährleistungsansprüchen beginnt, sondern **schwebende Verhandlungen** zwischen dem Reiseveranstalter und dem Reisenden voraussetzt. Der Veranstalter muss sich also auf einen Meinungsaustausch mit dem Reisenden über die Ansprüche oder deren tatsächliche Grundlagen einlassen. Dies setzt eine Entgegnung des Veranstalters auf die Geltendmachung der Ansprüche voraus, die über eine bloße Erfüllungsverweigerung hinaus geht. Daran wird es in der Praxis häufig fehlen. Noch problematischer ist aber, dass der Gesetzgeber in § 203 bewusst darauf verzichtet hat, für das **Ende der Verhandlungen** eine **schriftliche Ablehnungserklärung** zu verlangen (so noch § 210 des Diskussionsentwurfs vom 4. August 2000). Die genaue Bestimmung des Endes der Verhandlungen sollte der Rechtsprechung überlassen bleiben (BT-Drucks 14/6040, 111 f). Diese Entscheidung des Gesetzgebers, die Verhandlung iSd § 203 nicht in ein Schema von schriftlichen Erklärungen pressen zu wollen, führt zu erheblichen Unsicherheiten bei der Behandlung **„eingeschlafener" Verhandlungen** ohne eindeutige Erklärung eines Beteiligten über das Ende seiner Verhandlungsbereitschaft. Hier hilft der Hinweis des Gesetzgebers auf die Formel der Rspr des BGH zu § 852 Abs 2 aF, wonach die Hemmung in dem Zeitpunkt enden sollte, in welchem der nächste Verhandlungsschritt nach Treu und Glauben zu erwarten gewesen wäre (BT-Drucks 14/6040, 112 unter Hinweis auf BGH NJW 1986, 1337, 1338), nicht weiter (so auch FÜHRICH NJW 2002, 1082, 1083). Schließlich ist auch das Ziel, das § 651g Abs 2 S 3 aF in erster Linie erreichen sollte, dem Reiseveranstalter eine **Verschleppung** der Anspruchsbearbeitung bis zum Eintritt der Verjährung unmöglich zu machen, mit § 203 nur höchst eingeschränkt zu erreichen. In einem hinhaltenden und zögerlichen Verhandeln des Reiseveranstalters kann nur ausnahmsweise eine Verweigerung der Fortsetzung der Verhandlungen iSd § 203 S 1 gesehen werden. Das setzt voraus, dass im Einzelfall eindeutig festgestellt werden kann, dass der Veranstalter keine Anspruchsklärung und -erledigung beabsichtigt (vgl AnwKomm-BGB/ MANSEL § 203 Rn 9). Auch hieran wird es meist fehlen. Dem Reisenden kann daher nur geraten werden, weitere hemmende Maßnahmen zu ergreifen, wenn die Verhandlungen einzuschlafen drohen. Die Ersetzung des § 651g Abs 2 S 3 aF durch § 203 nF führt also zu erheblichen **Nachteilen für den Reisenden** und zu gesteigerten **Unsicherheiten von Beginn und Ende der Hemmung** der Verjährung, die eine Flut neuer Reiseprozesse fürchten lassen (FÜHRICH NJW 2002, 1082, 1083). Für die Praxis empfiehlt es sich, entweder den Zeitpunkt zu vereinbaren, ab dem die Verhandlungen als gescheitert gelten sollen, oder jedenfalls dieses Scheitern in ARB entsprechend der bisherigen Regelung in § 651g Abs 2 S 3 aF an eine schriftliche Ablehnungserklärung zu knüpfen.

a) Voraussetzungen der Hemmung der Verjährung
Die Hemmung der Verjährung setzt zunächst voraus, dass der Reisende seine Ansprüche geltend macht und **Verhandlungen** mit dem Reiseveranstalter über diese Ansprüche **schweben** (§ 203 S 1). Der **Begriff der Verhandlungen** ist in Übereinstimmung mit der Rspr zu § 852 Abs 2 aF weit auszulegen (vgl BGH NJW 1993, 2075; NJW-RR 2001, 1168). Es genügt jeder **Meinungsaustausch** über den Anspruch oder die ihn begründenden Tatsachen, solange der Reiseveranstalter nicht sofort und unmissverständlich jede Anspruchserfüllung ablehnt (BGH NJW 2001, 885, 886; BGH NJW-RR 2001, 1168, 1169). Ausreichend ist dennoch, dass der Reiseveranstalter erklärt, er sei zur Mitwirkung bei der Aufklärung des Sachverhalts bereit, oder dass er unter Darlegung des eigenen Rechtsstandpunkts um ein Gespräch bittet (vgl BGH NJW 1997, 3447; NJW-RR 001, 1168, 1169). Andererseits reicht die bloße Geltendmachung von Ansprüchen durch den Reisenden für eine Verhandlung iSd § 203 S 1 nicht aus. Verhandeln setzt eben voraus, dass sich der Reiseveranstalter zu den geltend gemachten Ansprüchen äußert. Keine Verhandlung liegt selbstverständlich auch dann vor, wenn der Reiseveranstalter klar und dem Reisenden erkennbar alle Gespräche und Erörterungen im Zusammenhang mit den angemeldeten Ansprüchen ablehnt. **Gegenstand der Verhandlungen** ist der Lebenssachverhalt, aus dem sich die Ansprüche herleiten. Dabei ist im Wege der Auslegung zu ermitteln, welche Ansprüche Gegenstand der Verhandlungen und damit gem § 203 gehemmt sind. Im Zweifel sind alle Ansprüche erfasst, die aus dem Lebenssachverhalt, über den verhandelt wird, erwachsen und die auf dasselbe Gläubigerinteresse gerichtet sind (vgl Anw-

Komm-BGB/MANSEL Rn 3). Also sind zB bei Verhandlungen über einen Schadensersatzanspruch aus § 651f auch deliktsrechtliche Schadensersatzansprüche Verhandlungsgegenstand. Es ist dem Reisenden in jedem Fall anzuraten, die Verhandlungen zu **dokumentieren**, um spätere Beweisprobleme hinsichtlich des Beginns und des Endes von Verhandlungen zu vermeiden.

b) Rechtsfolge der Hemmung der Verjährung

34 Die **Rechtsfolge** der Hemmung ergibt sich aus § 209. Danach wird der Zeitraum, während dessen die Verjährung **gehemmt** ist, nicht in die Verjährungsfrist einberechnet.

35 Die Hemmung der Verjährung endet gem § 203 S 1, wenn der Reiseveranstalter oder der Reisende die Fortsetzung der Verhandlungen verweigert. Eine **Verweigerung der Fortsetzung der Verhandlungen** liegt in jedem Fall dann vor, wenn der Reiseveranstalter **ausdrücklich** erklärt, die Verhandlungen nicht mehr weiterführen zu wollen. Ein **klares und eindeutiges Verhalten** des Reiseveranstalters, dass die Beendigung der Verhandlungen zum Ausdruck bringt, steht dem gleich (vgl BGH NJW 1998, 2819). Problematisch sind die Fälle, in denen weder eine ausdrückliche noch eine konkludente Beendigungserklärung vorliegt, sondern die Verhandlungen lediglich „einschlafen". Insoweit hat es sich der Gesetzgeber mit dem Hinweis auf die Formel, dass die Hemmung dann endet, wenn der nächste Schritt nach Treu und Glauben zu erwarten gewesen wäre (BT-Drucks 14/6040, 112; BGH-NJW 1986, 1337), entschieden zu leicht gemacht (s o Rn 32). Allerdings lässt sich daraus zB ableiten, dass es bei einer von den Parteien vereinbarten Verhandlungspause grds Sache des Reiseveranstalters ist, die Initiative zum Weiterverhandeln zu ergreifen, wenn er ein Ende der Hemmung herbeiführen will (vgl BGH NJW 1986, 1337; PALANDT/HEINRICHS § 203 Rn 4). In anderen Fällen bleibt die Abgrenzung allerdings schwierig, so dass den Parteien dringend zu empfehlen ist, als Voraussetzung für das Ende der Hemmung der Verjährung entsprechend dem § 651g Abs 2 S 3 aF eine **schriftliche Zurückweisungserklärung** des Reiseveranstalters zu vereinbaren, was nach § 202 ohne weiteres – auch in ARB – zulässig ist (vgl FÜHRICH Rn 378 a mit einem Formulierungsvorschlag für eine solche Klausel; ders NJW 2002, 1082, 1083; MANSEL NJW 2002, 91, 96).

c) Dauer der Hemmung der Verjährung

36 Hat der Reiseveranstalter die Ansprüche **zurückgewiesen**, so endet die Hemmung der Verjährung. Die Zurückweisung erfordert **keine Begründung**. Entscheidend ist insoweit allein der **Zugang** der Erklärung des Reiseveranstalters beim Reisenden. Dies folgt daraus, dass die Zurückweisung der Gewährleistungsansprüche eine **empfangsbedürftige Willenserklärung** ist (vgl ERMAN/SEILER Rn 5). Inhaltlich muss die Erklärung des Reiseveranstalters die vollständige oder teilweise Zurückweisung der vom Reisenden geltend gemachten Ansprüche zum Gegenstand haben (vgl ERMAN/SEILER Rn 5). Eine derartige Zurückweisung liegt auch vor, wenn der Reiseveranstalter lediglich ein sog **Kulanz- oder Vergleichsangebot** unterbreitet (vgl OLG Düsseldorf NJW-RR 1993, 635; LG Hannover MDR 1982, 1018 f; AG Berlin-Charlottenburg RRa 2000, 9; BIDINGER/MÜLLER 192; ERMAN/SEILER Rn 5; FÜHRICH Rn 378 e; LÖWE 150; SOERGEL/H-W ECKERT Rn 17; einschränkend [für Kulanzangebote] OLG Celle NJW-RR 1996, 372; AG Königstein RRa 1997, 154; AG Bad Homburg RRa 1998, 136; AG Köln RRa 2000, 73 ff; BARTL NJW 1983, 1092, 1095; BGB-RGRK/RECKEN Rn 25; RIXECKER VersR 1985, 216, 217). Der Kulanzcharakter der Erklärung muss sich aber aus der Stellungnahme des Reiseveranstalters eindeutig er-

geben. Korrespondiert der Reiseveranstalter also mit dem Reisenden, so kann er sich zumindest dann auf die Verjährung berufen, wenn er in dieser Korrespondenz die Berechtigung der Mängelansprüche klar und eindeutig bestreitet und lediglich eine Kulanzlösung in Aussicht stellt (s o Rn 33). Eine Hemmung iSd § 203 S 1 ist dann nicht mehr gegeben. Eine Ablehnung von Verhandlungen iSd § 203 S 1 liegt vielmehr vor (vgl auch FÜHRICH Rn 378 e mit weiteren Beispielen). Löst der Reisende einen ihm mit dem Vergleichsangebot übersandten Scheck ein, so liegt darin eine Annahme des Vergleichs (AG Baden-Baden RRa 1996, 55; AG Kleve RRa 1998, 72; AG Ludwigsburg RRa 1998, 115; FÜHRICH Rn 378 e; SEYDERHELM Rn 52). Da die Ablehnung von Verhandlungen nicht begründet werden muss, liegt auch in einem **Widerspruch** des Veranstalters gegen einen **Mahn-** bzw einen **Einspruch** gegen einen **Vollstreckungsbescheid** des Reisenden ein Ende der Hemmung (BGH NJW 1983, 2699).

Eine **Zurückweisung** der Gewährleistungsansprüche des Reisenden und damit eine **37** Verweigerung von Verhandlungen liegt auch dann vor, wenn der Veranstalter nur einen **Teil** der Ansprüche zurückweist, einen Teil aber unter klarer Beschränkung anerkennt (LÖWE 150). Es liegt dann hinsichtlich des zurückgewiesenen Teils kein Anerkenntnis im Sinne von § 212 vor, das zum Neubeginn der Verjährung führt. Keine Zurückweisung liegt hingegen vor, wenn der Veranstalter dem Reisenden lediglich mitteilt, dass er die Angelegenheit zur Weiterbearbeitung seiner **Versicherung überlassen** habe (vgl LG Frankfurt aM NJW-RR 1994, 179; RRa 1995, 46; RRa 2000, 71 f; FÜHRICH Rn 378 f; LÖWE 150). Hier endet die Hemmung der Verjährung erst mit der Ablehnung der Ansprüche durch den Versicherer.

Kündigt der Veranstalter eine **erneute Prüfung** der geltend gemachten Ansprüche an, **38** so ist die Verjährungsfrist erneut gehemmt (LG Frankfurt aM NJW-RR 1994, 179; RRa 2000, 71 f; AG Hamburg RRa 1998, 91; AG Bad Homburg RRa 1998, 136; FÜHRICH Rn 378 g; MünchKomm/TONNER Rn 23; PICK Rn 73; TEMPEL NJW 1987, 2841, 2850; SOERGEL/H-W ECKERT Rn 18). Der Reisende muss ein derartiges Verhalten nicht dahin deuten, dass der Veranstalter lediglich den Ablauf der Verjährungsfrist abwarten will (so zutreffend LG Frankfurt aM FVE Nr 310).

d) Ablaufhemmung
Da das Ende der Verhandlungen für den Gläubiger überraschend eintreten kann, **39** ordnet § 203 S 2 eine Ablaufhemmung an. Danach tritt die Verjährung **frühestens drei Monate** nach dem Ende der Hemmung ein. Dies gibt dem Reisenden ausreichend Zeit, über weitere Schritte nachzudenken und gegebenenfalls Rechtsverfolgungsmaßnahmen – insbes Klageerhebung – einzuleiten, die dann eine neue Hemmung der Verjährung nach § 204 herbeiführen (s Rn 40).

e) Hemmung durch Rechtsverfolgung
Die Verjährung wird auch durch Rechtsverfolgungsmaßnahmen des Reisenden ge- **40** hemmt. Insoweit kommen insbes eine **Klageerhebung** (§ 204 Abs 1 Nr 1) und die **Zustellung eines Mahnbescheids** (§ 204 Abs 1 Nr 3) in Betracht. Die Klage wird durch **Zustellung** der Klageschrift erhoben (§ 253 Abs 1 ZPO). Ist die Klage während des Laufs der Verjährungsfrist **anhängig** gemacht geworden, hat der Kläger auch innerhalb dieser Frist die Gerichtsgebühr einbezahlt und wird die Klageschrift dem Reiseveranstalter **demnächst zugestellt,** so wirkt die Zustellung auf den Zeitpunkt der Einreichung der Klage zurück. Dies bedeutet, dass die Verjährung ab dem Zeitpunkt

der Einreichung der Klage gehemmt ist (§ 167 ZPO). Für die Hemmung der Verjährung kommt es dabei wegen § 167 ZPO allein auf die Tage zwischen dem Eintritt der Verjährung und der Zustellung an. Die Verjährung wird auch durch die **Zustellung eines Mahnbescheides** gemäß §§ 204 Abs 1 Nr 3, 209 BGB, 253, 261, 696 Abs 3 ZPO gehemmt. Die Zustellung erfolgt aber nur dann „demnächst", wenn den Reisenden hinsichtlich der Verzögerung kein Verschulden trifft. Dies ist zB dann nicht der Fall, wenn der Reiseveranstalter in dem Antrag auf Erlass eines Mahnbescheides ungenau bezeichnet wird (AG Frankfurt aM FVE Nr 281). Auch ein Antrag auf Gewährung von **Prozesskostenhilfe** führt zu einer Hemmung der Verjährung (§ 204 Abs 1 Nr 14).

41 Die Hemmung der Verjährung gem § 204 Abs 1 **endet** sechs Monate nach der rechtskräftigen Entscheidung oder sonstigen Beendigung – zB durch Vergleich oder Klagrücknahme – des Verfahrens (§ 204 Abs 2 S 1). Sie endet aber auch dann, wenn das Verfahren nicht betrieben wird (§ 211 Abs 2). In diesem Fall verjähren die Gewährleistungsansprüche des Reisenden sechs Monate nach der letzten Prozesshandlung der Parteien bzw des Gerichts.

3. Neubeginn der Verjährung

42 Der Neubeginn der Verjährung tritt nach den allgemeinen Vorschriften der **§§ 212, 213** ein. Er bewirkt nach § 212 Abs 1, dass die bereits angelaufene Verjährungszeit nicht beachtet wird und die Verjährungsfrist in voller Länge erneut zu laufen beginnt. Einen Neubeginn sieht § 212 Abs 1 nur für das **Anerkenntnis** des Schuldners (Nr 1) und eine **Vollstreckungshandlung** bzw einen **Vollstreckungsantrag** (Nr 2) vor. Für das Reiserecht ist insoweit vor allem das Anerkenntnis des Reiseveranstalters relevant. Dieses kann ausdrücklich erklärt werden, aber vor allem auch in einer Abschlagszahlung oder der Übersendung eines Schecks bzw Gutscheins liegen (vgl Führich Rn 280).

4. Verwirkung von Gewährleistungsansprüchen

43 Die Tatsache, dass die Hemmung der Verjährung in § 203 keinen zeitlichen Grenzen unterliegt, überzeugt nicht. Gleichwohl kann nicht davon ausgegangen werden, dass spätestens **nach einem Jahr** die Grundsätze der Verwirkung eingreifen (vgl aber Bartl Rn 115; Bidinger/Müller 194). Solange der Reiseveranstalter die Ansprüche des Reisenden nicht zurückgewiesen hat, hat dieser keinen Anlass, von sich aus etwas zu unternehmen (ebenso Führich Rn 378 h). Der Reiseveranstalter hat es selbst in der Hand, mit der Zurückweisung der Ansprüche oder der unmissverständlichen Beendigung von Verhandlungen über diese die Hemmung außer Kraft zu setzen. Das Problem, wann der Erhebung der Einrede der Verjährung von Seiten des Reiseveranstalters der Einwand der unzulässigen Rechtsausübung nach § 242 entgegensteht, stellt sich angesichts der in § 203 getroffenen Regelung nicht. Hat der Reiseveranstalter die Regulierung der behaupteten Gewährleistungsansprüche schriftlich abgelehnt, so hat er wegen der Hemmung der Verjährungsfrist den Reisenden nicht davon abgehalten, die Verjährung zu unterbrechen. Auch ist es ausgeschlossen, dass der Veranstalter durch seine schriftliche Ablehnung den Eindruck erweckt, dass er auf die Einrede der Verjährung verzichten wird.

5. Verjährung von Ansprüchen nach §§ 280 ff, 320 ff

Geht man davon aus, dass neben den Gewährleistungsansprüchen nach §§ 651c–f **44** noch Ansprüche gem §§ 280 ff, 320 ff bestehen können, wenn die Reise insgesamt ausfällt (vgl Vorbem 11 zu §§ 651c ff), so ist zu klären, wann zB ein **Schadensersatzanspruch nach §§ 280 Abs 1, 3, 283 S 1** verjährt. Schadensersatzansprüche gem §§ 280 **Abs 1, 3, 283 S 1** verjähren an sich in derselben Frist wie der vertragliche Erfüllungsanspruch (vgl zum alten Recht: RGZ 111, 102; RGZ 116, 281, 285 f; BGHZ 57, 191, 195; 107, 179, 184 f; BGH WM 1991, 1737, 1738; Staudinger/Otto [2001] § 325 Rn 89). Selbst wenn man bei Reiseleistungen weiterhin zwischen Nichtleistung und Mangelhaftigkeit der Leistung unterscheidet, erscheint es jedoch wenig sinnvoll, Ansprüche gem §§ 651c–f dem § 651g Abs 2 und Schadensersatzansprüche gem §§ 280 Abs 1, 3, 283 S 1 der regelmäßigen Verjährungsfrist des § 195 mit kenntnisabhängigem Beginn gem § 199 zu unterwerfen (so auch BGH WM 1983, 63; AG Bad Homburg RRa 1999, 74 f; AK-BGB/Derleder Rn 2, 4; aA Oetker/Maultzsch 527; Teichmann JZ 1979, 737; OLG Celle NJW 1979, 770, 771; vgl auch LG Frankfurt aM NJW 1982, 1538).

6. Allgemeine Reisebedingungen

Soweit in Nr 13 Abs 2 S 1 der Konditionenempfehlung des DRV für Allgemeine **45** Geschäftsbedingungen für Reiseverträge festgelegt ist, dass Ansprüche des Reisenden nach den §§ 651c bis 651f in einem Jahr verjähren, ist diese Klausel unbedenklich, weil Ansprüche aus unerlaubter Handlung der regelmäßigen Verjährung gem §§ 195, 199 unterliegen sollen (Ulmer/Brandner/Hensen Anh §§ 9–11 AGBG Rn 508; Führich Rn 381). Die Verkürzung der zweijährigen Verjährungsfrist des § 651g Abs 2 auf 1 Jahr ist gem § 651m S 2 zulässig. Dies kann auch in AGB erfolgen, soweit die Grenzen des § 309 Nr 7 u 8 a beachtet werden. Dies ist bei Nr 13 Abs 2 S 1 der Konditionenempfehlung der Fall. Die Regelungen in Nr 13 Abs 2 S 2 u 3 wiederholen nur die gesetzliche Regelung des § 203 und sind schon deshalb unbedenklich.

7. Gesetzliche Sonderregelungen

Sehen **gesetzliche Sonderregelungen** längere Verjährungsfristen vor (vgl zB Art 19 **46** WA), so haben diese Vorrang. Dies kann zB der Fall sein, wenn der Reiseveranstalter als vertraglicher Luftfrachtführer in Anspruch genommen wird (Art 19 WA; vgl auch Bartl Rn 113; Führich Rn 382).

8. Verkürzung der Verjährung

Eine **Verkürzung der zweijährigen Verjährungsfrist** des § 651g Abs 2 S 1, ist nunmehr **47** gem § **651m S 2** möglich. Der Reiseveranstalter hat danach die Möglichkeit, vor Mitteilung eines Mangels die Verjährungsfrist des § 651g Abs 2 auf **bis zu ein Jahr** durch vertragliche Vereinbarung zu verkürzen. Diese Vereinbarung kann sowohl **individualvertraglich** als auch in **ARB** erfolgen. Im letzteren Fall sind die Grenzen des § 309 Nr 7 u 8 a zu beachten (BT-Drucks 14/6040, 269). Nr 13 Abs 2 S 1 der Konditionenempfehlung des DRU hat von dieser Möglichkeit in zulässiger Weise Gebrauch gemacht (s o Rn 45).

IV. Gerichtsstand

48 Klagen des Reiseveranstalters aufgrund des Reisevertrages oder über das Bestehen eines solchen Vertrages gegen den Reisenden sind nach §§ 12, 13 ZPO am Gericht des Wohnsitzes des Reisenden zu erheben. Eine Gerichtsstandsvereinbarung kann in zulässiger Weise nur nach § 38 Abs 3 ZPO getroffen werden.

49 Klagen des Reisenden gegen den Reiseveranstalter sind an dessen allgemeinem Gerichtsstand zu erheben, der sich im Regelfall aus § 17 Abs 1 ZPO ergibt. Die Voraussetzungen des § 21 ZPO werden dann gegeben sein, wenn der Reiseveranstalter selbständige Buchungsstellen unterhält (vgl BIDINGER/MÜLLER 195). Greifen gesetzliche Sonderregelungen (Warschauer Abkommen, LuftVG) ein, so sind diese auch für den Gerichtsstand maßgeblich.

V. Darlegungs- und Beweislast

50 Die Wahrung der Ausschlussfrist des § 651g Abs 1 hat der Reisende zu beweisen (BayObLG NJW 1967, 57; BAUMGÄRTEL/STRIEDER Rn 1, 3; FÜHRICH Rn 386; MünchKomm/TONNER Rn 26). Ist fraglich, ob der Reisende die Nichteinhaltung der Frist zu vertreten hat, so trifft den Reisenden die volle **Darlegungs- und Beweislast**, dass er das Versäumnis nicht zu vertreten hat, da der Hinderungsgrund in seiner Sphäre liegt (arg §§ 282, 285; AK-BGB/DERLEDER Rn 3; BAUMGÄRTEL/STRIEDER Rn 1, 3; FÜHRICH Rn 385; LÖWE 151; MünchKomm/TONNER Rn 26; SOERGEL/H-W ECKERT Rn 20).

51 Die Voraussetzungen der **Verjährung** hat nach allgemeinen Grundsätzen der Reiseveranstalter, die Voraussetzungen der **Hemmung** oder des **Neubeginns** der Verjährung der Reisende zu beweisen (BAUMGÄRTEL/STRIEDER Rn 4; FÜHRICH Rn 386; LÖWE 151; MünchKomm/TONNER Rn 26; SOERGEL/H-W ECKERT Rn 20). Der Reiseveranstalter hat, soweit der Reisende die rechtzeitige Anmeldung der Ansprüche bewiesen hat, den Zeitpunkt nachzuweisen, zu dem die Hemmung endete, also die Zurückweisung von Mängelansprüchen wirksam geworden ist (BAUMGÄRTEL/STRIEDER Rn 4; MünchKomm/TONNER Rn 26).

§ 651h
Zulässige Haftungsbeschränkung

(1) Der Reiseveranstalter kann durch Vereinbarung mit dem Reisenden seine Haftung für Schäden, die nicht Körperschäden sind, auf den dreifachen Reisepreis beschränken,
1. soweit ein Schaden des Reisenden weder vorsätzlich noch grob fahrlässig herbeigeführt wird oder
2. soweit der Reiseveranstalter für einen dem Reisenden entstehenden Schaden allein wegen eines Verschuldens eines Leistungsträgers verantwortlich ist.

(2) Gelten für eine von einem Leistungsträger zu erbringende Reiseleistung internationale Übereinkommen oder auf solchen beruhende gesetzliche Vorschriften, nach denen ein Anspruch auf Schadensersatz nur unter bestimmten Voraussetzungen oder Beschränkungen entsteht oder geltend gemacht werden kann oder unter be-

stimmten Voraussetzungen ausgeschlossen ist, so kann sich auch der Reiseveranstalter gegenüber dem Reisenden hierauf berufen.

Schrifttum

GRUNEWALD, Der Leistungsträger als atypischer Erfüllungsgehilfe des Reiseveranstalters, NJW 1980, 1924

NIEBLING, Haftungsbeschränkung für Leistungsträger auch durch AGB?, DAR 1982, 151
WOLTER, Rechtsprobleme der §§ 651f und 651h BGB, NJW 1988, 396.

Systematische Übersicht

I. **Inhalt und Zweck**
1. Allgemeines ___ 1
2. Rechtspolitische Einschätzung der Haftungsbeschränkung ___ 6
3. Anwendungsbereich des § 651h ___ 13
a) Personelle Unterscheidung ___ 13
b) Sachlicher Anwendungsbereich der Haftungsbeschränkung ___ 15

II. **Vertragliche Haftungsbeschränkung (§ 651h Abs 1)**
1. Vereinbarung ___ 19

2. Verschulden des Reiseveranstalters (§ 651h Abs 1 Nr 1) ___ 24
3. Alleiniges Verschulden des Leistungsträgers (§ 651h Abs 1 Nr 2) ___ 26
4. Darlegungs- und Beweislast ___ 33

III. **Haftungsbeschränkung nach § 651h Abs 2** ___ 38

Alphabetische Übersicht

Abhilfeverlangen ___ 31
AGBG ___ 18, 21, 32
Angestellte ___ 13
Anwendungsbereich ___ 13 ff
– personeller ___ 13 f
– sachlicher ___ 15 ff
ARB ___ 10, 19 ff
Auswahlverschulden ___ 24, 31, 39

Beweislast ___ 29, 33 ff, 45

CIV ___ 43
COTIF ___ 43
culpa in contrahendo ___ 16 f

Deliktsrecht ___ 6, 16 f

EG- Pauschalreise-Richtlinie ___ 4 f, 22, 42
Eigenverschulden Reiseveranstalter ___ 24
Eisenbahnverkehr ___ 11, 43
Erfüllungsgehilfen ___ 1, 9, 11, 24

– Arten ___ 12

Fahrlässigkeit, Abgrenzung ___ 25
Fluggesellschaft ___ 11, 13, 26, 30
Flugverspätung ___ 23
Flugzeugcharter ___ 23
Fremdleistungen ___ 22

Gastwirtshaftung ___ 11, 44

Haftung für Höchstbeträge ___ 11
Haftungsausschluss ___ 32
Haftungsbeschränkung
– gesetzliche ___ 21
– rechtspolitische Einschätzung ___ 6 ff
– vertragliche ___ 19 ff, 40
Haftungsrisiko, Kalkulierbarkeit ___ 11
Hotel ___ 13, 26

IATA-Klausel ___ 40
Individualabrede ___ 18 f, 21

Internationale Übereinkommen 2, 5, 38 ff, 41	
Konditionenempfehlung 20, 22	
Körperschaden 4, 6, 15, 17, 22, 39	
Leistungsträger 1 f, 10 f, 13, 24	
– Abhängigkeit von Reiseveranstalter 28 ff	
– ausländische 3, 30	
– Auswahl und Überwachung 31	
– Kontrolle durch Reiseveranstalter 11, 27	
– alleiniges Verschulden 26 ff	
Luftbeförderung 43	
Luftverkehrsgesetz 23	
Massentourismus 3	
Nichtpersonenschäden 1	
Normzweck 1 ff	
Organisationsverschulden 24 f, 39	
Personenschäden 7	
Positive Forderungsverletzung 16 f	
Reedereien 11	
Regressansprüche Reiseveranstalter 2	
Reiseleiter 13	
Reisepreis 11, 20, 22, 25 f	
Reiseveranstalter	
– Auswahlverschulden 24, 31	
– Eigenverschulden 24	
– Kontrolle Leistungsträger 11, 27	
– Regressansprüche 2	
– Sorgfaltspflichten 6	
– Überwachungsverschulden 24	
– Verschulden 24 f	
Sachschäden 7, 22	
Schwerstschädigung 6	
Seebeförderung 44	
Sorgfaltspflichten Reiseveranstalter 6	
Tarifbedingungen 40	
Tod Reisender 6	
Tourismus als Massengeschäft 3	
Übereinkommen, internationale 2, 5, 38 ff	
Überwachungsverschulden 24, 31	
Unmöglichkeit 16 f	
Verbraucherschutz 10	
Verschulden Reiseveranstalter 24 f	
Warschauer Abkommen 23, 43	
Zusatzabkommen von Guadalajara 43	

I. Inhalt und Zweck

1. Allgemeines

1 § 651h regelt zwei unterschiedliche Gestaltungen der **Beschränkung der Schadensersatzhaftung** des Reiseveranstalters. **§ 651h Abs 1** eröffnet dem Reiseveranstalter die Möglichkeit, seine Haftung für **Nichtpersonenschäden** des Reisenden durch Vereinbarung auf den **dreifachen Reisepreis** zu beschränken. Diese Regelung bedeutete seinerzeit einen **Kompromiss**. Sie verbesserte einerseits die Rechtsstellung des Reiseveranstalters, indem sie eine Haftungsbeschränkung überhaupt und bei der Haftung für das Verschulden eines Leistungsträgers sogar bei Vorsatz und grober Fahrlässigkeit zuließ, machte aber andererseits der vor ihrem In-Kraft-Treten üblichen Praxis der Reiseveranstalter ein Ende, ihre Haftung in ARB auf den einfachen Reisepreis zu beschränken (vgl zB OLG Hamm NJW 1975, 1364; OLG Frankfurt aM NJW 1973, 470 f; OLG Köln MDR 1976, 314; OLG Bremen FVE Nr 696; AG Bonn FVE Nr 216; vgl MEDICUS, SchuldR II Rn 400; MünchKomm/TONNER Rn 1). Eine **vertraglich vereinbarte Haftungsbeschränkung** nach § 651h Abs 1 ist nur zulässig, soweit der Schaden des Reisenden vom **Reiseveranstalter** bzw dessen **Erfüllungsgehilfen** weder vorsätzlich noch grob fahrlässig herbeigeführt wurde (§ 651h Abs 1 Nr 1) oder der Schaden allein auf dem **Verschulden eines Leistungsträgers** beruhte (§ 651h Abs 1 Nr 2).

§ 651h Abs 2 schützt den Reiseveranstalter davor, für einen von einem Leistungs- 2 träger verursachten Schaden haften zu müssen, obwohl ihm der Regress bei diesem aufgrund internationaler Übereinkommen verwehrt ist. Er kann sich danach **ohne vorherige Vereinbarung** mit dem Reisenden auf die für seinen **Leistungsträger** geltenden Haftungsbeschränkungen und Haftungsausschlüsse berufen, wenn diese in einem **internationalen Übereinkommen** oder einem auf solchem beruhenden Gesetz geregelt sind.

Mit der Regelung des § 651h Abs 1 Nr 1 sollte den Besonderheiten des **Tourismus als** 3 **Massengeschäft** Rechnung getragen werden, bei dem gelegentliche leichtere Fehlleistungen von Erfüllungsgehilfen auch bei ordnungsgemäßer Überwachung nicht gänzlich vermieden werden können (BT-Drucks 8/2343, 11). Die Regelung lässt daher in Anlehnung an § 309 Nr 7 eine Haftungsbeschränkung für **einfache Fahrlässigkeit** zu. § 651h Abs 1 Nr 2 sollte insbesondere dem Umstand gerecht werden, dass der Reiseveranstalter auf die Organisation und den Geschäftsbetrieb gerade **ausländischer Leistungsträger** nur begrenzten Einfluss hat (BT-Drucks 8/2343, 11 f). Deshalb erlaubt die Vorschrift über § 309 Nr 7 hinausgehend eine Haftungsbeschränkung auch für vorsätzliches oder grob fahrlässiges Fehlverhalten eines Leistungsträgers. § 651h Abs 2 will sicherstellen, dass der Reiseveranstalter nicht schärfer haftet als der Leistungsträger selbst, in dessen Sphäre die alleinige Ursache für den Schaden des Reisenden lag (BT-Drucks 8/2343, 12).

§ 651h Abs 1 unterschied in seiner ursprünglichen Fassung nicht nach der Art des 4 Schadens und ließ eine vertragliche Haftungsbeschränkung auf den dreifachen Reisepreis auch bei **Körperschäden** des Reisenden zu. **Art 5 Abs 2 S 4 der EG-Pauschalreise-Richtlinie** lässt jedoch eine Haftungsbeschränkung nur für solche Schäden zu, die nicht Körperschäden sind. In Umsetzung dieser Bestimmung ist § 651h Abs 1 mit Wirkung ab dem 1.11.1994 dahingehend geändert worden, dass eine vertragliche Haftungsbeschränkung auf den dreifachen Reisepreis nunmehr nur noch für Schäden möglich ist, die **nicht Körperschäden** sind (vgl BT-Drucks 12/5354, 11).

Im Rahmen des **§ 651h Abs 2** war unter der Geltung der ursprünglichen Fassung, die 5 sich eindeutig nur auf Haftungsbeschränkungen bezog, str, ob sich der Reiseveranstalter auch auf solche Vorschriften berufen konnte, die die Einstandspflicht des Leistungsträgers **vollständig ausschlossen** (so H-W Eckert, Pauschalreiserecht 171; Staudinger/Schwerdtner[12] Rn 32; aA BGHZ 87, 191, 193 ff; OLG Frankfurt aM NJW 1982, 2200; Bartl NJW 1979, 1384, 1389; Löwe 141 f). Durch Art 4 Nr 2 des 2. Seerechtsänderungsg v 25.7.1986 (BGBl 1986 I, 1120) wurde der Wortlaut des § 651h Abs 2 geändert und dadurch ausdrücklich klargestellt, dass die Bestimmung auch für **gesetzliche Haftungsausschlüsse** zugunsten der Leistungsträger gelten sollte (BT-Drucks 10/3852, 38 f). In Umsetzung des Art 5 Abs 2 S 3 der **EG-Pauschalreise-Richtlinie**, der nur noch Haftungsbeschränkungen gemäß den **internationalen Übereinkommen** zulässt, ist § 651h mit Wirkung ab dem 1.11.1994 erneut geändert worden. Nunmehr kann sich der Reiseveranstalter nicht mehr auf ausschließlich nationale Haftungsbeschränkungsregelungen berufen.

2. Rechtspolitische Einschätzung der Haftungsbeschränkung

6 Insbesondere § 651h Abs 1 hatte in seiner bis zum 1.11. 1994 geltenden Fassung heftige **rechtspolitische Kritik** hervorgerufen (vgl zB H-W Eckert, Pauschalreiserecht 170; Erman/Seiler Rn 6; Grunewald NJW 1980, 1294, 1297; RGRK/Recken Rn 2; Staudinger/Schwerdtner[12] Rn 6 f; Ulmer/Brandner/Hensen[7] Anh §§ 9–11 AGBG Rn 539). Diese richtete sich vor allem gegen die Erstreckung des Anwendungsbereichs der Vorschrift auch auf Fälle der Körperverletzung und Tötung des Reisenden. Gerade bei diesen Schadensfolgen konnte es zu **Schwerstschädigungen** kommen, deren Höhe schnell das Dreifache des Reisepreises überstieg. Dies empfand man als unbillig. Die Rechtsprechung versuchte die daraus folgende Härte für den Reisenden bzw seine Hinterbliebenen auf verschiedenen Umwegen zu vermeiden. So wurde im Rahmen des § 651h Abs 1 Nr 2 die Möglichkeit der Haftungsbeschränkung auch bei Vorsatz und grober Fahrlässigkeit des Leistungsträgers durch eine **Überstrapazierung der eigenen Sorgfaltspflichten** des Reiseveranstalters bei der Auswahl und Überwachung der Leistungsträger eingeschränkt (Staudinger/Schwerdtner[12] Rn 21; vgl Seyderhelm Rn 2). Außerdem umging die Rechtsprechung die vertragliche Haftungsbeschränkung dadurch, dass **deliktische Schadensersatzansprüche** nach §§ 823, 831, 253 Abs 2 gerade bei Körperverletzungen und Tötungen von Reisenden aus dem Anwendungsbereich des § 651h Abs 1 ausgeschlossen (vgl BGHZ 100, 157, 180 ff) und damit zugleich die Schadensersatzansprüche gegen den Veranstalter immer mehr in das Deliktsrecht verlagert wurden (vgl Staudinger/Schwerdtner[12] Rn 20 f; Seyderhelm Rn 2).

7 Der Kritik an der Unbilligkeit des § 651h bei Personenschäden ist durch die **Neufassung** des § 651h Abs 1 weitgehend die Grundlage entzogen worden, da nunmehr Körperschäden von der Möglichkeit der vertraglichen Haftungsbeschränkung ausdrücklich ausgeschlossen sind. Bei **reinen Sachschäden** erscheint eine Beschränkung der Haftung auf das Dreifache des Reisepreises aber in der Tat weder unbillig noch unbefriedigend, zumal sich der Reisende gegen höhere Schäden relativ preiswert versichern kann (so zutreffend Seyderhelm Rn 3).

8 Gleichwohl bleiben in dogmatischer Hinsicht gewisse Zweifel an der **rechtspolitischen Zweckmäßigkeit** des § 651h. Diese betreffen sowohl die Haftungsbegrenzung für „klassische" Erfüllungsgehilfen (§ 651h Abs 1 Nr 1) als auch die Haftungsbeschränkung für Leistungsträger (§ 651h Abs 1 Nr 2).

9 § 278 S 2 lässt zwar den individualvertraglich vereinbarten Haftungsausschluss für **Erfüllungsgehilfen** uneingeschränkt zu. Über Allgemeine Geschäftsbedingungen kann jedoch grundsätzlich lediglich die Haftung für gewöhnliche oder leichte Fahrlässigkeit ausgeschlossen werden (§ 309 Nr 7 b). Diese allgemeine Regelung wird durch § 651h einerseits eingeschränkt und andererseits aufgelockert; der Reiseveranstalter haftet auch für leichte Fahrlässigkeit seiner Erfüllungsgehilfen, kann dafür jedoch die Haftung summenmäßig begrenzen.

10 Noch problematischer ist die Haftungsbegrenzung für Schädigungen durch **Leistungsträger** in § 651h Abs 1 Nr 2. Diese Leistungsträger sind **Erfüllungsgehilfen** iSd § 278 (vgl § 651a Rn 52), so dass der Reiseveranstalter nach § 309 Nr 7 b an sich für deren vorsätzliches oder grob fahrlässiges Verhalten zwingend einstehen müsste. Dieser Grundsatz des § 309 Nr 7 b wird durch § 651h Abs 1 Nr 2 erheblich relativiert.

Mit dieser Bestimmung wird nämlich für den Reiseveranstalter die Möglichkeit eröffnet, seine Haftung für Leistungsträger auf den dreifachen Reisepreis zu beschränken (vgl dazu GRUNEWALD NJW 1980, 1924 f). Damit hat der Gesetzgeber die Rechtsstellung des Reisenden teilweise **verschlechtert**, obwohl das Gesetz an sich den Verbraucherschutz verbessern wollte (so zutreffend GRUNEWALD NJW 1980, 1924, 1925; vgl auch BARTL NJW 1979, 1384, 1390; LÖWE BB 1979, 1357, 1358; MünchKomm/TONNER Rn 1; vgl zum Ganzen auch BT-Drucks 8/786, 9; BT-Drucks 8/2443, 6, BT-Drucks 12/5354, 8).

Der Grund für die gesetzliche Neuregelung in § 651h Abs 1 Nr 2 ist nur auf den **11** ersten Blick einsichtig: Zwar wird die Eigenschaft der Leistungsträger als Erfüllungsgehilfen anerkannt, doch hält man eine Überwälzung des Risikos von Pflichtwidrigkeiten des Leistungsträgers auf die Reiseveranstalter wegen des nicht seltenen **Fehlens einer Kontrollmöglichkeit** für nicht sachgerecht (vgl BT-Drucks 8/786, 31 f; BT-Drucks 8/2343, 6, 12; BT-Drucks 12/5354, 8). Der **Kompromisscharakter** des § 651h überzeugt allerdings nicht. Es ist zwar einzuräumen, dass der Reiseveranstalter gerade auf ausländische Leistungsträger nur in beschränktem Umfang einwirken kann. Es sei hier nur an die in- und ausländischen Eisenbahn- und Flugzeuglinien, Reedereien oder großen Hotelketten erinnert. Trotzdem bleiben rechtspolitische Bedenken. Einmal werden mit § 651h allgemeine zivilrechtliche Wertungen aufgegeben. Das BGB kennt, abgesehen von § 702, keine Begrenzung der Haftung auf Höchstbeträge und unterscheidet nicht zwischen verschiedenen Arten von Erfüllungsgehilfen. Zum anderen überzeugt die in § 651h eröffnete Möglichkeit der summenmäßigen Haftungsbegrenzung, orientiert am Reisepreis, auch bei reinen Sachschäden nicht. Daran kann auch der Hinweis auf die Notwendigkeit der Kalkulierbarkeit des Haftungsrisikos nichts ändern (vgl dazu ARNDT 123; EBERLE DB 1978, 2197). Denn es überzeugt nicht, dass ein Reisender, der auf Hawaii einen Sachschaden erleidet, einen größeren Teil des Schadens ersetzt erhält als ein Reisender, dem dies in der Lüneburger Heide passiert (vgl dazu zu § 651 aF zutreffend GRUNEWALD NJW 1980, 1924, 1927). Ob allerdings ein Anknüpfen am durchschnittlichen Reisepreis sachgerechter wäre, erscheint ebenso zweifelhaft (vgl aber GRUNEWALD NJW 1980, 1924, 1927).

Weiterhin überzeugt es nicht, dass § 651h überhaupt zwischen **zwei Arten von Er- 12 füllungsgehilfen** unterscheidet und hinsichtlich der Leistungsträger eine Einschränkung von § 309 Nr 7 b enthält. Damit bleibt das geltende Recht erheblich hinter dem Schutz des Reisenden zurück, den die Rspr in der Zeit vor In-Kraft-Treten des Reisevertragsgesetzes entwickelt hatte (so zutreffend BLAUROCK 18; vgl auch GRUNEWALD NJW 1980, 1924). Es stellt sich aber auch die Frage, ob der Gesetzgeber mit § 651h nicht eine Regelung getroffen hat, die einer weitergehenden Kontrolle durch die §§ 307 ff nicht mehr zugänglich ist (vgl dazu unten Rn 21).

3. Anwendungsbereich des § 651h

a) Personelle Unterscheidung

Hinsichtlich der Reichweite einer möglichen Haftungsbeschränkung muss zwischen **13** Angestellten und anderen in einem Arbeitsverhältnis zum Reiseveranstalter stehenden Personen einerseits (zB Mitarbeiter, angestellte oder freiberuflich tätige Reiseleiter, Wander- und Bergführer; vgl dazu OLG München RRa 2002, 57; LG München I RRa 2001, 160) und veranstalterunabhängigen Leistungsträgern andererseits (zB Hotelier, Fluggesellschaft) unterschieden werden (vgl SOERGEL/H-W ECKERT Rn 1).

14 § 651h Abs 1 Nr 1 betrifft nur die Haftung für eigenes Verschulden des Veranstalters sowie für dasjenige seiner **Erfüllungsgehilfen** mit Ausnahme der **Leistungsträger**. § 651h Abs 1 Nr 2 betrifft dagegen die Haftung der Erfüllungsgehilfen, die Leistungsträger sind.

b) **Sachlicher Anwendungsbereich der Haftungsbeschränkung**

15 Die **Möglichkeit zur Haftungsbeschränkung** nach § 651h Abs 1 bezieht sich auf alle **Schadensersatzansprüche des Reisenden**, die **nicht Körperschäden** erfassen. Sie umfasst daher nicht die Gewährleistungsrechte des Reisenden wegen Reisemängeln aus den §§ 651c Abs 3, 651d und 651e Abs 3, 4 (BGHZ 100, 157, 180 ff; BIDINGER/MÜLLER 200; FÜHRICH Rn 389, 397; MünchKomm/TONNER Rn 4, 24; PICK Rn 30; BGB-RGRK/RECKEN Rn 2; SOERGEL/H-W ECKERT Rn 3).

16 Im Übrigen besteht die Möglichkeit der summenmäßigen Haftungsbegrenzung bei weder vorsätzlicher noch grob fahrlässiger Schädigung bzw bei einem Fehlverhalten von Leistungsträgern aber unabhängig davon, auf welcher **Rechtsgrundlage** der Schadensersatzanspruch beruht. Es ist also gleichgültig, ob der Reisende Ansprüche aus **§§ 280 ff, 286, 311 a Abs 2 oder 651f** geltend macht (vgl OLG München NJW-RR 1999, 1358; BECHHOFER 122; FÜHRICH Rn 389; GRUNEWALD NJW 1980, 1924; MünchKomm/TONNER Rn 5; SOERGEL/H-W ECKERT Rn 3; WOLF/HORN/LINDACHER § 9 AGBG Rn R 92). Auch für die **deliktischen Ansprüche** der §§ 823, 831 ist eine vertragliche Haftungsbeschränkung zulässig (vgl BARTL Rn 130; BROX JA 1979, 493, 497; HEINZ 160 ff, 163; LARENZ, SchuldR II[13] 391; SOERGEL/H-W ECKERT Rn 3; **aA** die hM: BGHZ 100, 157, 182; AK-BGB/DERLEDER Rn 2; BRENDER 193 ff; ERMAN/SEILER Rn 5; FÜHRICH Rn 390; PALANDT/SPRAU Rn 1; ULMER/BRANDNER/HENSEN Anh §§ 9–11 AGBG Rn 594; WOLF/HORN/LINDACHER[9] AGBG Rn R 92). Eindeutig ist der Anwendungsbereich allerdings nicht zu bestimmen. § 651h bezieht sich aber jedenfalls nicht ausdrücklich nur auf Ansprüche gem § 651f. Daraus könnte man im Vergleich zu § 651g ableiten, dass von § 651h zB auch Ansprüche wegen Nichterfüllung erfasst werden.

17 Die hM ist abweichend von dem hier vertretenen Standpunkt der Auffassung, dass von § 651h Ansprüche aus unerlaubter Handlung nicht erfasst werden (vgl BGHZ 100, 157, 182; OLG Köln NJW-RR 1992, 1185 f; ERMAN/SEILER Rn 5; MünchKomm/TONNER Rn 4 f). So berechtigt diese Ansicht hinsichtlich der Haftungsbeschränkung für Körperschäden auch gewesen sein mag, so problematisch erscheint es, für Nichtpersonenschäden den mit § 651h angestrebten Risikoausgleich zwischen Veranstalter und Reisendem beschränkt für den Bereich des Deliktsrechts aufzuheben (so zutreffend SOERGEL/H-W ECKERT Rn 3). Auch die teilweise vertretene Beschränkung der Norm auf Ansprüche aus § 651f, also die Ausklammerung der vertraglichen Ansprüche aus §§ 280 ff, 286, 311a Abs 2 (LÖWE 132 f), kann nicht überzeugen. Angesichts des Umstandes, dass Mangelhaftigkeit und Nichterfüllung häufig nicht exakt abgrenzbar sind, erscheint es daher trotz der systematischen Stellung des § 651h innerhalb des reisevertragsrechtlichen Gewährleistungsrechts sachlich gerechtfertigt, davon auszugehen, dass § 651h **alle Ersatzansprüche**, gleich welchen Rechtsgrundes, erfasst (vgl auch EBERLE DB 1979, 341, 346; SOERGEL/H-W ECKERT Rn 3).

18 Es wäre dem Gesetzgeber auch möglich gewesen, den Inhalt des § 651h in die §§ 307 ff aufzunehmen (vgl EBERLE DB 1979, 341, 346). Hiervon hat er aber zu Recht abgesehen. Eine derartige Aufnahme (vgl § 309 Nr 7) hätte die Gerichte mit der

Daueraufgabe der Abgrenzung von **Individualabrede und Allgemeinen Reisebedingungen** belastet. Mit der Regelung in § 651h steht dagegen fest, dass Regelungen, die von § 651h zum Nachteil des Reisenden abweichen, auch dann unwirksam sind, wenn es sich bei ihnen um Individualabreden handelt.

II. Vertragliche Haftungsbeschränkung (§ 651h Abs 1)

1. Vereinbarung

Die Haftungsbeschränkung nach § 651h Abs 1 setzt eine wirksame Vereinbarung des 19
Reiseveranstalters mit dem Reisenden voraus. Da eine Individualvereinbarung dieses Inhalts in der Praxis selten sein dürfte, wird sie in aller Regel durch die Verwendung entsprechender **Allgemeiner Reisebedingungen** und deren Einbeziehung in den Reisevertrag getroffen (vgl BGHZ 100, 157, 179; LG Frankfurt aM NJW-RR 1986, 214, 215; BIDINGER/MÜLLER 200; FÜHRICH Rn 392; ULMER/BRANDNER/HENSEN Anh §§ 9–11 AGBG Rn 593).

Damit stellt sich die Frage, ob eine vertraglich vereinbarte Haftungsbeschränkung 20
auf den dreifachen Reisepreis bei Fahrlässigkeit des Reiseveranstalters oder seiner Angestellten bzw eine Haftungsbeschränkung auf den dreifachen Reisepreis bei Leistungsträgern, soweit sie in **Allgemeinen Reisebedingungen** vereinbart ist, noch der Inhaltskontrolle des § 307 unterliegt, selbst wenn sie nur den Wortlaut des § 651h Abs 1 wiederholt (vgl Nr 11.1 der Konditionenempfehlung des DRV für ARB). Dies wird zu Recht bejaht (BARTL Rn 129; FÜHRICH Rn 391; LÖWE 136; ULMER/BRANDNER/HENSEN Anh §§ 9–11 AGBG Rn 592, 594).

Ausgangspunkt ist dabei § 307 Abs 3 S 1. Danach gelten die §§ 307 Abs 1 u 2, 308 u 21
309 nur für Bestimmungen in Allgemeinen Geschäftsbedingungen, durch die von Rechtsvorschriften abweichende oder diese ergänzende Regelungen vereinbart werden (vgl BARTL Rn 129). Eine derartige Überprüfungsnotwendigkeit würde bereits entfallen, wenn die Haftungsbeschränkung nach § 651h Abs 1 Nr 2 nur im Wege der **Individualabrede** vereinbart werden könnte (vgl NIEBLING DAR 1982, 151). Diese Extremposition verbietet sich aber schon deshalb, weil Individualabreden im Massentourismus kaum erreichbar sein dürften. Es ist daher davon auszugehen, dass § 307 Abs 3 S 1 einer Anwendbarkeit des § 307 Abs 1 u 2 nicht entgegensteht, weil die Haftungsbeschränkungsklausel in den ARB den § 651h Abs 1, der selbst **keine gesetzliche Haftungsbeschränkung** enthält, im Sinne des § 307 Abs 3 S 1 ergänzt (BGHZ 100, 157, 179; BIDINGER/MÜLLER 204; FÜHRICH Rn 391; LÖWE 136; MünchKomm/TONNER Rn 14 f; SOERGEL/H-W ECKERT Rn 4; ULMER/BRANDNER/HENSEN Anh §§ 9–11 AGBG Rn 592; WOLTER NJW 1988, 396; **aA** SEYDERHELM Rn 13; TEMPEL, Materielles Recht 456). Allerdings geht § 651h Abs 1 Nr 2, der eine Haftungsbeschränkung bei Verschulden des Leistungsträgers auch bei Vorsatz und grober Fahrlässigkeit zulässt, dem zeitlich früher erlassenen § 11 Nr 7 AGBG und damit auch dem neuen **§ 309 Nr 7 b** als lex specialis vor, nach dem Haftungsbegrenzungen für vorsätzliche oder grob fahrlässige Vertragsverletzungen in AGB unzulässig sind (vgl BT-Drucks 8/2343, 11; BT-Drucks 12/5354, 8; BGHZ 100, 157, 179; 119, 152; H-W ECKERT, Pauschalreiserecht 172; ERMAN/SEILER Rn 6; FÜHRICH Rn 391; SOERGEL/H-W ECKERT Rn 4; ULMER/BRANDNER/HENSEN Anh §§ 9–11 AGBG Rn 593). Gleiches hat aber auch für den neuen **§ 309 Nr 7a** zu gelten, nach dem jegliche Haftung für Körper- oder Gesundheitsverletzungen auch bei leichter Fahrlässigkeit nicht durch AGB einschränkbar ist (vgl dazu BT-Drucks 14/6040 156; EuGH EuZW 2000, 506,

508; FÜHRICH Rn 391). Dieser Vorrang des § 651h ergibt sich insbes daraus, dass der Regelungsgegenstand des § 651h Abs 1 Nr 2 (Haftungsbeschränkung für Leistungsträger) ein ganz anderer ist als der des § 309 Nr 7 a (Haftungsbeschränkung bei der Verletzung von Leben, Körper und Gesundheit) (FÜHRICH Rn 391). Damit bleibt es bei der Anwendbarkeit des § 307, die durch § 651h Abs 1 somit nicht ausgeschlossen wird (vgl BARTL Rn 129; FÜHRICH Rn 391; SOERGEL/H-W ECKERT Rn 4).

22 Legt der Reiseveranstalter in seinen Allgemeinen Reisebedingungen fest, dass seine Haftung unabhängig vom Rechtsgrund für Sachschäden insgesamt auf die Höhe des zweifachen, bei Körperschäden auf die Höhe des vierfachen Reisepreises beschränkt ist, wenn der Schaden weder vorsätzlich noch grob fahrlässig durch ihn oder einen Leistungsträger herbeigeführt wird (so Ziff 12.1 der Konditionenempfehlung des DRV in der Fassung von 1976), so widerspricht diese Klausel in Bezug auf Sachschäden § 651h Abs 1. Diese Abweichung wird auch nicht im Rahmen eines irgendwie gearteten Günstigkeitsprinzips durch die Regelung bei Personenschäden – abgesehen davon, dass diese nach der heutigen Fassung des § 651h Abs 1 ohnehin unwirksam ist – ausgeglichen (so iE auch MünchKomm/TONNER Rn 7). Ebenso wenig kann der Reiseveranstalter eine Haftung für leicht fahrlässige Schädigungen durch Leistungsträger schlechthin ausschließen. Der Gesetzeswortlaut von § 651h deckt völlige Haftungsausschlüsse nicht. Auch die generelle Beschränkung der Haftung auf den dreifachen Reisepreis ohne Differenzierung zwischen Personen- und Sachschäden ist wegen Verstoßes gegen §§ 651h Abs 1, 651m S 1 unwirksam. Gleiches gilt für Klauseln in ARB, die die Haftung für Personenschäden summenmäßig begrenzen. **Nr. 11.1 der Konditionenempfehlung** des DRV wiederholt für vertragliche Schadensersatzansprüche lediglich den Wortlaut des § 651h Abs 1 und ist daher unbedenklich (FÜHRICH Rn 405). **Nr. 11.2**, der die Haftungsbeschränkung für Schadensersatzansprüche aus unerlaubter Handlung regelt, ist nunmehr wirksam, nachdem die früher vorgesehene Haftungsbeschränkung bei Personenschäden auf 150.000 DM gem § 651m S 1 unwirksam war, da sie die Grenzen des § 651h Abs 1 zum Nachteil des Reisenden überschritt (vgl BGHZ 100, 157, 180 ff; OLG Köln NJW-RR 1992, 1185; SOERGEL/H-W ECKERT Rn 2; im Ergebnis ebenso [wegen Verstoßes gegen Art 5 Abs 2 S 4 EG-Pauschalreise-Richtlinie]: FÜHRICH[3] Rn 390; SEYDERHELM Rn 15; vgl dazu STAUDINGER/ECKERT [2001] Rn 22). Diese Klausel verstößt jetzt nicht mehr gegen **§ 651m S 1**, da sie nur noch eine Haftungsbeschränkung für Sachschäden vorsieht, deren Höhe zu dem in Übereinstimmung mit § 651h Abs 1, der nach der hier vertretenen Auffassung auch auf deliktische Ansprüche anwendbar ist (s o Rn 16), auf den dreifachen Reisepreis beschränkt ist. Die Klausel hält aber auch einer Inhaltskontrolle nach § 307 stand. Eine unangemessene Benachteiligung des Reisenden kann in einer Haftungsbegrenzung, die sich im Rahmen der Vorgaben des § 651h Abs 1 (dreifacher Reisepreis) hält, nicht gesehen werden (so auch FÜHRICH Rn 405). Schließlich ist auch die Klausel der **Nr 11.3** unbedenklich, die eine Haftung des Reiseveranstalters für Leistungsstörungen im Zusammenhang mit solchen Reiseleistungen ausschließt, die als **Fremdleistungen** lediglich **vermittelt** werden. Insoweit ist allerdings schon wegen § 651a Abs 2 allein maßgebend, ob nach den Gesamtumständen des Einzelfalls die Fremdleistungen **tatsächlich nur vermittelt** werden, während die ausdrückliche Kennzeichnung als Fremdleistung schon wegen § 651a Abs 2 keine Bedeutung hat (s § 651a Rn 109).

23 Wird in Allgemeinen Reisebedingungen bestimmt, dass der Reiseveranstalter für eventuell eintretende Flugverspätungen keine Haftung übernimmt, so ist eine derartige Klausel nach § 307 Abs 1 S 1 unwirksam (vgl §§ 49 a, 51 LuftVG, Art 19, 22 des Warschauer Abkommens), weil der Reiseveranstalter im Einzelfall als Luftfrachtführer tätig werden kann, zB als Charterer eines Flugzeuges (vgl dazu SCHWENK BB 1970, 285), und die im Warschauer Abkommen vorgesehene Haftung für Verspätungsschäden nicht über Allgemeine Reisebedingungen ausgeschlossen werden kann (vgl LG München I Urt vom 22. 9. 1981 – 7 O 7694/81; vgl aber Nr 11.5 der Konditionenempfehlung des DRV).

2. Verschulden des Reiseveranstalters (§ 651h Abs 1 Nr 1)

§ 651h Abs 1 Nr 1 erfasst den Fall, dass ein Schaden des Reisenden vom **Reiseveran-** **24** **stalter** selbst oder seinen **Erfüllungsgehilfen**, die nicht Leistungsträger sind, herbeigeführt worden ist. Die Vorschrift geht dabei über §§ 278 S 2, 276 hinaus. Eine Haftungsbeschränkung ist nur bei **einfacher Fahrlässigkeit** möglich. Für vorsätzliche oder grob fahrlässige Schädigungen kann der Veranstalter wegen seiner weitreichenden Einwirkungsmöglichkeiten auf seine Erfüllungsgehilfen keine Haftungsbeschränkung vereinbaren. Zu dem Personenkreis des § 651h Abs 1 Nr 1 gehören insbesondere Angestellte und Arbeiter des Reiseveranstalters, als freie Mitarbeiter tätige Reiseleiter, Wander- und Bergführer sowie die Reisebüro-Agenturen des Veranstalters und deren Mitarbeiter (vgl OLG München RRa 2002, 57; LG München I RRa 2001, 160; BECHHOFER 123 f; BIDINGER/MÜLLER 202 f; ERMAN/SEILER Rn 2; FÜHRICH Rn 393; MünchKomm/TONNER Rn 9; PICK Rn 15 ff; BGB-RGRK/RECKEN Rn 5; SEYDERHELM Rn 8; SOERGEL/H-W ECKERT Rn 5). § 651h Abs 1 Nr 1 ist auch dann anwendbar, wenn der **Reiseveranstalter selbst** einzelne Reiseleistungen durch eigenes Personal erbringt – zB ein veranstaltendes Busunternehmen die Busfahrt – (BIDINGER/MÜLLER 202; LÖWE 134 f; SOERGEL/H-W ECKERT Rn 6). Entsprechendes kann gelten, wenn den Reiseveranstalter ein **Eigenverschulden** (Organisationsverschulden) bei der Auswahl und Überwachung des Leistungsträgers trifft, das neben dessen Verschulden tritt (BIDINGER/MÜLLER 202 f; LÖWE BB 1979, 1357, 1365; MünchKomm/TONNER Rn 10, 12; vgl aber unten Rn 31, 39).

Nach § 651h Abs 1 Nr 1 darf der Veranstalter seine Haftung auf den dreifachen **25** Reisepreis nur bei Vorliegen einfacher Fahrlässigkeit beschränken, während er bei Vorsatz und grober Fahrlässigkeit der Höhe nach unbeschränkt haftet. Für die danach erforderliche Abgrenzung zwischen **einfacher** und **grober Fahrlässigkeit** gelten die allgemeinen Grundsätze (vgl STAUDINGER/LÖWISCH [1993] § 276 Rn 82 ff). Sie kann stets nur im **Einzelfall** erfolgen (vgl STAUDINGER/LÖWISCH [1993] § 276 Rn 87). Formeln wie „das kann jedem passieren" oder „das darf aber nicht passieren" sind allerdings in der konkreten Sachverhaltskonstellation nur schwer umsetzbar. Die Verschuldensform der groben Fahrlässigkeit ist aber nun einmal durch das geltende Recht vorgegeben (vgl zB § 277, § 309 Nr 7 b; §§ 6 Abs 3, 61 VVG, § 45 Abs 2 SGB X). Die Rspr umschreibt die grobe Fahrlässigkeit mit verschiedenen, letztlich aber bedeutungsgleichen Formulierungen: Fehlen der geringsten Vorsicht oder Aufmerksamkeit (RGZ 58, 162, 164), Verletzung der erforderlichen Sorgfalt in ungewöhnlich hohem Maße, wobei einfachste, ganz nahe liegende Überlegungen nicht angestellt wurden (RGZ 163, 104, 106) und dasjenige unbeachtet blieb, was im gegebenen Fall jedem einleuchten musste (RGZ 141, 129, 131; 163, 104, 106; 166, 98, 101; BGHZ 10, 14, 16; BGH NJW 1988, 1265, 1266; 1992, 3235, 3236). Für das Reiserecht gilt es festzuhalten, dass die subjektiven Elemente der groben Fahrlässigkeit („subjektiv schlechthin unentschuldbare Pflichtverletzung", vgl BSG DB 1978, 307, 308) hier zurücktreten müssen, da es um

Fehlleistungen innerhalb **großer Organisationen** geht, die auf Organisationsmängel zurückzuführen sind (vgl MünchKomm/HANAU § 277 Rn 3; STAUDINGER/LÖWISCH [1993] § 276 Rn 86; RÖHL JZ 1974, 526; vgl auch BGH VersR 1974, 766, 768).

3. Alleiniges Verschulden des Leistungsträgers (§ 651h Abs 1 Nr 2)

26 Nach § 651h Abs 1 Nr 2 kann der Reiseveranstalter durch Vereinbarung mit dem Reisenden seine Haftung auf den dreifachen Reisepreis auch dann beschränken, wenn er für einen dem Reisenden entstandenen Schaden allein wegen eines Verschuldens eines Leistungsträgers (zB Hotelier, Fluggesellschaft und deren Personal) über § 278 verantwortlich ist. Anders als bei Nr 1 ist hier auch eine Haftungsbeschränkung bei Vorsatz oder grober Fahrlässigkeit des Leistungsträgers und seines Personals zulässig. Damit wird der Reiseveranstalter gegenüber anderen Unternehmern, für deren Freizeichnung § 309 Nr 7 b wesentlich engere Grenzen festlegt, privilegiert (vgl MünchKomm/TONNER Rn 11; SOERGEL/H-W ECKERT Rn 1).

27 § 651h Abs 1 Nr 2 beruht auf der gesetzgeberischen Erwägung, dass der Reiseveranstalter nur beschränkte Einwirkungsmöglichkeiten auf seine ihm gegenüber selbständigen **Leistungsträger** hat (vgl BT-Drucks 8/786, 32; BT-Drucks 8/2343, 12). Hält man diesen Gesichtspunkt für einen tragfähigen Unterscheidungsgrund (kritisch H-W ECKERT, Pauschalreiserecht 173 ff; MünchKomm/TONNER Rn 11), so versteht es sich von selbst, dass der Veranstalter für Personen, die nicht Leistungsträger sind, in weiterem Umfang einzustehen hat als für seine eigenen – ihm gegenüber rechtlich unselbständigen – Erfüllungsgehilfen (so zutreffend MünchKomm/LÖWE[1] Rn 5). Keine Leistungsträger sind insbesondere alle Personen, die für den Reisveranstalter die Reise organisieren, den Reisenden unterwegs oder am Zielort betreuen (Reiseleiter) oder bei der Buchung die Verhandlungen mit den Kunden führen (so zutreffend ERMAN/SEILER Rn 2; FÜHRICH Rn 393; MünchKomm/TONNER Rn 9).

28 Das Schrifttum versucht teilweise, die Haftungsbeschränkungsmöglichkeit nach § 651h Abs 1 Nr 2 einzugrenzen. So soll die dort vorgesehene Haftungsbeschränkungsmöglichkeit nicht eingreifen, wenn der Leistungsträger ausnahmsweise **wirtschaftlich** oder **organisatorisch** vom Reiseveranstalter abhängig oder mit ihm **verbunden** (Beteiligung) ist (so BARTL Rn 125; BECHHOFER 124; H-W ECKERT, Pauschalreiserecht 130; FÜHRICH Rn 395; LÖWE 134 f; MünchKomm/TONNER Rn 12; aA BIDINGER/MÜLLER 204; einschränkend SEYDERHELM Rn 12).

29 Diese Auffassung kann nur bei einer wirtschaftlichen Verbundenheit zwischen Reiseveranstalter und Leistungsträger überzeugen. Nur bei einer **institutionellen Verflechtung** kann und muss – und zwar unabhängig vom Ausmaß der Beteiligung – davon ausgegangen werden, dass der Reiseveranstalter auf den Leistungsträger einwirken kann. Eine organisatorische oder wirtschaftliche Abhängigkeit ist dagegen nur schwer quantifizierbar. Auch ist unsicher, welcher Zeitpunkt für die Feststellung der Abhängigkeit maßgebend sein soll. Darüber hinaus dürfte eine derartige Begrenzung der Möglichkeit zur Haftungsbeschränkung nach § 651h Abs 1 Nr 2 auch eine Fülle überflüssiger Rechtsstreitigkeiten auslösen, weil der Reisende die Voraussetzungen der organisatorischen oder wirtschaftlichen Abhängigkeiten darlegen und beweisen muss. Einer derartigen Darlegungs- und Beweislast wird er jedoch im Regelfall nicht nachkommen können.

Überhaupt ist bei der Kritik des § 651h Abs 1 Nr 2 eine gewisse Zurückhaltung **30**
geboten. Es mag sein, dass der Hinweis auf die oftmals begrenzten Einwirkungsmöglichkeiten auf den ausländischen Leistungsträger (BT-Drucks 8/786, 32; BT-Drucks 8/2343, 12) der Wertung des § 278 und dem Schutzzweck der §§ 651a ff widerspricht (so H-W Eckert, Pauschalreiserecht 173 ff; Erman/Seiler Rn 4; MünchKomm/Tonner Rn 11; Larenz VersR 1980, 689, 692). Gleichwohl kann es Situationen geben, die für den Reiseveranstalter nicht kontrollierbar sind. So kann ein Veranstalter unmöglich staatlich konzessionierte Schifffahrts-, Flug- oder Bahnlinien kontrollieren und überwachen (vgl dazu OLG München FVE Bd 8 Nr 813). Auch ist zu berücksichtigen, dass der Gesetzgeber sehr wohl gesehen hat, dass die Leistungsträger nur „meist" selbständig sind und der Veranstalter nur „oftmals" lediglich **beschränkte Einwirkungsmöglichkeiten** hat. Wenn er gleichwohl keine Einschränkung in die Regelung des § 651h Abs 1 Nr 2 aufgenommen hat, ist diese von § 278 abweichende Sonderregelung für den Bereich des Reisevertragsrechts hinzunehmen und darf nicht durch eine „restriktive Auslegung" (so MünchKomm/Tonner Rn 12) unterlaufen werden (so zutreffend Bidinger/Müller 204). Dies gilt umso mehr, als seit der Neufassung des § 651h die früher als unbillig empfundene Haftungsbeschränkung für Personenschäden nicht mehr zulässig ist.

Zurückhaltung ist auch bei der Annahme eines Eigenverschuldens des Reiseveranstalters bei der **Auswahl und Überwachung der Leistungsträger** geboten. Insbesondere **31**
sollten hierbei die Anforderungen an den Reiseveranstalter nicht zu sehr überspitzt werden (vgl aber Führich Rn 393; MünchKomm/Tonner Rn 10). Sicherlich gehört es zu den Sorgfaltspflichten eines Reiseveranstalters, die Leistungsträger so auszuwählen, dass eine Schädigung der Reisenden nach Möglichkeit vermieden wird. Von etwaigen Mängeln wird der Reiseveranstalter bereits aufgrund von Abhilfeverlangen der Reisenden Kenntnis erlangen. Ob ihn unabhängig davon eine laufende Überwachungspflicht seiner Leistungsträger während der vertraglichen Bindung trifft, erscheint zweifelhaft (vgl aber MünchKomm/Tonner Rn 11). Zumindest bei kleineren Mängeln in der Sphäre eines Leistungsträgers kann ein Überwachungsverschulden nicht mit der Konsequenz einem Auswahlverschulden gleichgestellt werden, dass dem Reiseveranstalter die Berufung auf eine vertraglich vereinbarte Haftungsbeschränkung gem § 651h Abs 1 Nr 2 verwehrt ist. Vielmehr hat der Reisende in diesem Fall zu beweisen, dass der Reiseveranstalter aufgrund vorangegangener Vorfälle verpflichtet war, durch gehörige Überwachung Abhilfe zu schaffen (vgl auch LG Düsseldorf NJW-RR 1987, 176).

Eine Haftungsbegrenzung, die sich auf vorsätzliche oder grob fahrlässige Handlun- **32**
gen des Reiseveranstalters selbst oder seiner Erfüllungsgehilfen bezieht, ist schon nach § 651m S 1 unwirksam. Ein Rückgriff auf § 309 Nr 7 b ist insoweit überflüssig.

4. Darlegungs- und Beweislast

Da die Haftungsbeschränkung des § 651h Abs 1 nur bei einer entsprechenden ver- **33**
traglichen **Vereinbarung** eingreift, hat der Reiseveranstalter die von ihm behauptete Haftungsbeschränkung zu beweisen (AK-BGB/Derleder Rn 7; Baumgärtel/Strieder Rn 1; Bartl Rn 129; Führich Rn 407; MünchKomm/Tonner Rn 43 ff; BGB-RGRK/Recken Rn 16; Soergel/H-W Eckert Rn 12). Er hat im Rahmen des § 651h Abs 1 Nr 1 auch nachzuweisen, dass Vorsatz und grobe Fahrlässigkeit nicht vorliegen, da es sich dabei

um die Voraussetzungen einer zulässigen Haftungsbeschränkung handelt (so zutreffend BARTL Rn 128; BAUMGÄRTEL/STRIEDER Rn 1; MünchKomm/TONNER Rn 43). Der Reiseveranstalter muss also beweisen, dass der Schaden lediglich **fahrlässig** herbeigeführt worden ist (BAUMGÄRTEL/STRIEDER Rn 1; LÖWE BB 1979, 1357, 1365).

34 Eine **abweichende Vereinbarung** hinsichtlich der Beweislastverteilung ist nicht zulässig (BAUMGÄRTEL/STRIEDER Rn 2; AK-BGB/DERLEDER Rn 7; MünchKomm/TONNER Rn 43). Eine derartige Abrede ist bereits mit § 651m S 1 unvereinbar, verstößt aber auch gegen § 309 Nr 12 (AK-BGB/DERLEDER Rn 7; BAUMGÄRTEL/STRIEDER Rn 1). Ist also zB in Allgemeinen Reisebedingungen bestimmt, dass sich im Falle von Fahrlässigkeit der Schadensersatzanspruch auf den dreifachen Reisepreis beschränkt, so wird dadurch trotz der Formulierung nicht die Beweislast für den Fall umgekehrt, dass der Reisende einen höheren Schadensersatzanspruch geltend machen will (vgl auch MünchKomm/TONNER Rn 43).

35 Im Rahmen des **§ 651h Abs 1 Nr 2** muss der Reiseveranstalter beweisen, dass der Schaden durch einen echten **Leistungsträger**, also nicht durch einen Erfüllungsgehilfen im engeren Sinne, herbeigeführt wurde (vgl BAUMGÄRTEL/STRIEDER Rn 2; BARTL NJW 1979, 1384, 1389; MünchKomm/TONNER Rn 44).

36 Str ist die Beweislastverteilung, wenn zweifelhaft ist, ob der Schaden von einem Leistungsträger oder vom Reiseveranstalter selbst herbeigeführt worden ist. Teilweise wird vertreten, der Veranstalter müsse beweisen, dass der Schaden ausschließlich von einem Leistungsträger verursacht wurde. Mache dagegen der Reisende geltend, dass § 651h Abs 1 Nr 2 wegen eines Eigenverschuldens des Reiseveranstalters keine Anwendung finde, so soll hierfür der Reisende beweispflichtig sein (vgl BAUMGÄRTEL/STRIEDER Rn 2). Diese Unterscheidung ist widersprüchlich, da die Beweislastverteilung von dem zufälligen Vorbringen des Reisenden abhängig ist. Der Reisende muss vielmehr stets das Eigenverschulden des Reiseveranstalters bzw seiner Erfüllungsgehilfen beweisen. Sache des Reiseveranstalters ist es dann, nachzuweisen, dass ausschließlich ein Verschulden der Leistungsträger vorliegt.

37 Folgt man der Auffassung, dass bei wirtschaftlicher oder organisatorischer **Abhängigkeit des Leistungsträgers** die Möglichkeit der Haftungsbeschränkung nach § 651h Abs 1 Nr 2 entfällt (vgl Rn 28), so ist der Reisende für diese Voraussetzungen beweispflichtig (so auch BAUMGÄRTEL/STRIEDER Rn 3; LÖWE BB 1979, 1357, 1359; **aA** MünchKomm/TONNER Rn 44).

III. Haftungsbeschränkung nach § 651h Abs 2

38 Nach § 651h Abs 2 kann sich der Reiseveranstalter gegenüber Schadensersatzansprüchen des Reisenden auch **ohne ausdrückliche Vereinbarung** auf internationale Übereinkommen oder darauf beruhende gesetzliche Vorschriften berufen, die zugunsten eines Leistungsträgers die Haftung einschränken oder ausschließen. Diese Vorschrift soll sicherstellen, dass der Reiseveranstalter dem Reisenden gegenüber nicht schärfer haftet, als der Leistungsträger gegenüber dem Reiseveranstalter (vgl oben Rn 2). Eine weitergehende Haftung des Reiseveranstalters wäre unbillig, weil die Haftung in diesen Fällen ihre Ursache allein im Bereich des Leistungsträgers hat (BT-Drucks 8/2343, 12; BGHZ 87, 191, 196; MünchKomm/TONNER Rn 20; vgl ULMER/

BRANDNER/HENSEN Anh §§ 9–11 AGBG Rn 596). Dies stellen die Materialien eindeutig klar:

„Nach Abs. 2 kann der Reiseveranstalter auch dem Reisenden gegenüber die Haftungsbeschränkungen geltend machen, die für die vom Leistungsträger zu erbringende Reiseleistung anzuwenden sind. Die Vorschrift beruht auf dem Gedanken, daß der Reiseveranstalter nicht schärfer haften soll als der Leistungsträger, wenn der Schaden des Reisenden seine Ursache lediglich im Bereich des Leistungsträgers hatte. Es wäre nicht gerechtfertigt, wenn etwa im ausländischen Beförderungsrecht für die Haftung eines Beförderers Grenzen vorgesehen wären, der Reiseveranstalter aber für das Verschulden dieses Beförderers uneingeschränkt einstehen müßte" (BT-Drucks 8/2343, 12).

§ 651h Abs 2 greift daher nur dann ein, wenn der Reiseveranstalter selbst den Schaden nicht zu vertreten hat, also insbesondere kein Auswahl- oder Organisationsverschulden vorliegt (vgl LG Frankfurt aM RRa 2002, 210 f; ERMAN/SEILER Rn 8; JAUERNIG/TEICHMANN Rn 2; PALANDT/SPRAU Rn 5). Die Vorschrift gilt wie § 651h Abs 1 nur für **Schadensersatzansprüche** des Reisenden, nicht für die Gewährleistungsrechte aus §§ 651c Abs 3, 651d, 651e Abs 3 u 4 (vgl BT-Drucks 8/786, 31; vgl auch oben Rn 15). Sie erfasst aber anders als Abs 1 **alle Arten von Schäden**, also auch Körperschäden. 39

Die Haftungsbegrenzung nach § 651h Abs 2 ist auch deshalb sachgerecht, weil der Reisende bei einem unmittelbaren Vertragsabschluss mit dem Leistungsträger ebenfalls mit dieser Haftungsbegrenzung rechnen müsste. **Rechtsgeschäftliche Abreden** zwischen dem Reiseveranstalter und dem Leistungsträger – zB IATA-Klauseln oder behördlich genehmigte Tarifbedingungen (vgl MünchKomm/TONNER Rn 26) – können im Rahmen des § 651h Abs 2 allerdings schon deshalb keine Berücksichtigung finden, weil es ansonsten der Reiseveranstalter in der Hand hätte, seine Haftung beliebig einzuschränken (BT-Drucks 8/2343, 12; ERMAN/SEILER Rn 8; MünchKomm/TONNER Rn 25; SOERGEL/H-W ECKERT Rn 9). 40

Nach der ab dem 1.11.1994 geltenden Neufassung des § 651h Abs 2 kann sich der Reiseveranstalter vielmehr gegenüber dem Reisenden nur noch auf solche für den Leistungsträger geltenden Haftungsbeschränkungen berufen, die ihre Grundlage in **internationalen Übereinkommen** oder auf solchen beruhenden **gesetzlichen Vorschriften** haben. Damit ist ihm die frühere generelle Berufung auf in- und ausländische Gesetze verschlossen. 41

§ 651h Abs 2 erfasst nach dem ausdrücklichen Wortlaut der Vorschrift nicht nur Vorschriften, welche die Einstandspflicht besonderen Voraussetzungen und Beschränkungen unterwerfen, sondern auch solche, die eine **Haftung des Leistungsträgers vollständig ausschließen** (vgl oben Rn 5). Dieser weite Rahmen des § 651h Abs 2 ist mit Art 5 Abs 2 S 3 der EG-Pauschalreise-Richtlinie unvereinbar, der nur zulässt, dass die Entschädigung gemäß den internationalen Übereinkommen über die nach dem Vertrag geschuldeten Leistungen „beschränkt" wird. Die nach § 651h Abs 2 zulässige Berufung auch auf Haftungsausschlüsse ist daher **nicht mehr richtlinienkonform** (vgl auch BIDINGER/MÜLLER 200). Gleiches gilt für **Nr 11.4 der Konditionenempfehlung** des DRV für ARB, der im Wesentlichen den Gesetzeswortlaut wiederholt. 42

Internationale Übereinkommen, die zu Haftungsbeschränkungen für den Leistungsträger und damit auch für den Reiseveranstalter führen können, bestehen ins- 43 besondere im Bereich der internationalen **Beförderung** (vgl ausführlich FÜHRICH Rn 399 ff; MünchKomm/TONNER Rn 29 ff). Dabei ist allerdings vorab stets zu prüfen, ob derartige Regelungen die §§ 651c ff nicht ohnehin verdrängen, da dann für § 651h Abs 2 kein Anwendungsbereich bleibt (vgl Vorbem 37, 39 zu §§ 651c–g). Im Übrigen kann sich der Reiseveranstalter bei einer internationalen **Luftbeförderung** auf die Art 17 ff des Warschauer Abkommens (WA) in der Fassung des Zusatzabkommens von Guadalajara (ZAG) berufen (vgl OLG Frankfurt aM NJW-RR 1993, 1147; AG Hannover RRa 2002, 890 f; FÜHRICH Rn 401; MünchKomm/TONNER Rn 33 ff). Für den grenzüberschreitenden **Eisenbahnverkehr** kommen die Art 26 ff des Übereinkommens über den internationalen Eisenbahnverkehr (COTIF) sowie dessen Anlage A (CIV) in Betracht (vgl FÜHRICH Rn 400; MünchKomm/TONNER Rn 30 ff).

44 **Gesetzliche Vorschriften** des deutschen Rechts, die auf internationalen Übereinkommen beruhen, sind insbesondere die §§ 701 ff, die eine verschuldensunabhängige Zufallshaftung des Gastwirts für eingebrachte Sachen statuieren. Sie beruhen auf dem Pariser Übereinkommen des Europarates vom 17. 12. 1962 (BGBl 1966 II, 269; vgl FÜHRICH Rn 404; MünchKomm/TONNER Rn 28; vgl auch Vorbem 33 zu §§ 651c–g). Diese **Gastwirtshaftung** ist für § 651h Abs 2 allerdings ohne Bedeutung, da sie den Reiseveranstalter ohnehin nicht trifft (vgl FÜHRICH Rn 404; MünchKomm/TONNER Rn 28; SEYDERHELM Rn 20; vgl auch Vorbem 31 zu §§ 651c–g). Für die **Seebeförderung** kann sich der Veranstalter auf die §§ 664 ff HGB und die Anlage zu § 664 HGB („Bestimmungen über die Beförderung von Reisenden und ihrem Gepäck auf See") berufen, die auf das Athener Übereinkommen von 1974 über die Haftung bei der Beförderung von Reisenden und ihrem Gepäck zurückgeht (vgl LG Frankfurt aM RRa 2002, 210 f; MünchKomm/TONNER Rn 40; vgl auch Vorbem 39 zu §§ 651c–g).

45 Handelt es sich im Rahmen des § 651h Abs 2 um **ausländische Rechtsnormen**, aus denen sich eine Haftungsbeschränkung zugunsten eines Leistungsträgers ergibt, so obliegt dem Reiseveranstalter insoweit die **Darlegungs- und Beweislast** (BAUMGÄRTEL/STRIEDER Rn 4; BARTL Rn 136; MünchKomm/TONNER Rn 45). Der Reiseveranstalter hat also darzulegen, welche gesetzliche Vorschrift anzuwenden ist. Darüber hinaus hat er die tatbestandlichen Voraussetzungen dieser Norm durch deren Vorlage zu beweisen (so BAUMGÄRTEL/STRIEDER Rn 4; SOERGEL/H-W ECKERT 12).

§ 651i
Rücktritt vor Reisebeginn

(1) Vor Reisebeginn kann der Reisende jederzeit vom Vertrag zurücktreten.

(2) Tritt der Reisende vom Vertrag zurück, so verliert der Reiseveranstalter den Anspruch auf den vereinbarten Reisepreis. Er kann jedoch eine angemessene Entschädigung verlangen. Die Höhe der Entschädigung bestimmt sich nach dem Reisepreis unter Abzug des Wertes der vom Reiseveranstalter ersparten Aufwendungen sowie dessen, was er durch anderweitige Verwendung der Reiseleistungen erwerben kann.

(3) Im Vertrage kann für jede Reiseart unter Berücksichtigung der gewöhnlich ersparten Aufwendungen und des durch anderweitige Verwendung der Reiseleistungen gewöhnlich möglichen Erwerbs ein Vomhundertsatz des Reisepreises als Entschädigung festgesetzt werden.

Schrifttum

BECHHOFER, Einheitliche Stornopauschalen in § 651 Abs 3, in: Deutsche Gesellschaft für Reiserecht (Hrsg), Zur Notwendigkeit einer weiteren Reiserechts-Novelle (2000) 79
EICHINGER, Der Rücktritt des Reisenden vom Reisevertrag vor Reisebeginn (§ 651i BGB) (1984)
HANSEN Der Rücktritt des Reisenden vom Reisevertrag gemäß § 651i BGB (1988)
HASCHE, Der Rücktritt des Reisenden und der Entschädigungsanspruch des Veranstalters nach § 651i BGB (1987)
STUPP, Die Bedeutung der Attentate am 11. September 2001 für die Beendigung reiserechtlicher Verträge, RRa 2002, 54
TEMPEL, Zur Wirksamkeit von Stornoklauseln im Reisevertragsrecht, in: Deutsche Gesellschaft für Reiserecht (Hrsg), Zur Notwendigkeit einer weiteren Reiserechts-Novelle (2000), 85
TONNER/KRAUSE, Urlaub und Witterungsrisiko, NJW 2000, 3665.

Systematische Übersicht

I.	**Inhalt und Zweck**	
1.	Allgemeines	1
2.	Verhältnis zu anderen Lösungsmöglichkeiten des Reisenden	3
3.	Zeitlicher Anwendungsbereich	9
a)	Rücktritt vor Reiseantritt	9
b)	Rücktritt nach Reiseantritt	10
II.	**Rücktrittserklärung**	
1.	Anforderungen	15
2.	Form	17
3.	Umbuchungen	18
III.	**Rechtsfolgen der Ausübung des gesetzlichen Rücktrittsrechts**	
1.	Wegfall des Anspruchs auf Zahlung des Reisepreises (§ 651i Abs 2 S 1)	19
2.	Anspruch auf angemessene Entschädigung (§ 651i Abs 2 S 2)	21
a)	Rechtsnatur	22
b)	Konkrete Berechnung (§ 651i Abs 2 S 3)	27
aa)	Angemessenheit	29
bb)	Anderweitige Verwendung der Reiseleistungen	32
c)	Pauschalierung der Entschädigung (§ 651i Abs 3)	36
aa)	Allgemeines	36
bb)	Berechnungsmodalitäten	39
cc)	Inhaltskontrolle nach dem AGBG	49
d)	Einzelne Ausgestaltungen	52
e)	Rückgriff auf konkrete Berechnung	59
f)	Rechtsfolgen des Verstoßes gegen § 651i Abs 3	61
IV.	**Reiserücktrittskostenversicherung**	62
V.	**Lösungsmöglichkeiten des Reiseveranstalters**	
1.	Zulässigkeit der Vereinbarung sonstiger Lösungstatbestände	63
2.	Fristlose Kündigung während der Reise	68
VI.	**Darlegungs- und Beweislast**	71

Alphabetische Übersicht

ABC-Flug	57	Abmahnung	68 f

AGBG 24, 26, 44 f, 49 ff, 70 ff
– Anwendbarkeit 49, 51
Anfechtung 7
Angemessenheit Entschädigungs-
  anspruch 29 ff
APEX-Flug 57
ARB 42, 44, 49 ff
Arbeitsrecht 69
Aufhebungsvertrag 8
Aufklärungspflichten 7
Aufwendungen
– gewöhnlich ersparte 14, 27 ff, 41, 48, 51
– Ersatz 13, 51

Bahnreise 39, 57
Begründung Rücktrittserklärung 16
Berechnung Pauschale 39 ff
Berechnung Entschädigungsanspruch 27 ff
Bereicherungsrecht 20
Besetzung freier Plätze 42
Beweislast 17, 45, 71 ff
Buchungsbestätigung 11
BULK-Flug 57
Busreise 39, 57

Charterflug 52, 57
culpa in contrahendo 7

Durchschnittskalkulation 42

EG-Pauschalreise-Richtlinie 66
Einzelfallbezogenheit Berechnung 43 ff
Empfang Rücktrittserklärung 9
Entschädigung 72 ff
– Angemessenheit 29 ff, 72 ff
– Ausschluss Gegenbeweis 53 f, 56
– Angemessenheit 3, 21, 56, 75
– Berechnung 21, 27 ff
– konkrete Berechnung 59 ff
– Pauschalierung 1, 26, 29, 36 ff, 75
– Rechtsfolgen unwirksamer
  Pauschalierung 61, 75
– geltungserhaltende Reduktion 61
– und Reisepreis 31
Entschädigungsanspruch 3, 21 ff
– Rechtsnatur 22 ff
Erklärungsfiktion 2, 18
Erkrankung Reisender 4
Ersatzkunde 35

Ersatzreisender 42, 57
Ersparte Aufwendungen 30, 31
Erwerb, gewöhnlich möglicher 32 ff, 37, 41, 48
ET- Charterflug 55

Ferienwohnung 39, 57
Flugreise 39, 52
Form Rücktrittserklärung 17
Freie Plätze, Besetzung 42

Gastschulaufenthalt 3, 21
Geltungserhaltende Reduktion 61
Gesamtschuldner 21
Gewinn, entgangener 34

Hinweispflicht Reiseveranstalter 53, 62
Hochsaison 40, 43, 73
Höhere Gewalt 3, 66
Hotel 29

Kartellrecht 58
Konditionenempfehlung
  6, 13 f, 18, 28, 36, 57 f, 67 f
Konkrete Berechnung der Entschädigung 59 ff
Kostenrisiko 16
Krankenhausaufenthalt 12
Kündigung
– aus wichtigem Grund 64, 68 ff
– fristlose 6

Leistungsträger 28, 43, 73
– Erstattung von ersparten Aufwendungen 14
Linienfluggesellschaft 57
Lösungsmöglichkeiten vom Vertrag für
  Reiseveranstalter 62 ff

Mehrkosten 57 f, 70
Mindestteilnehmerzahl 65 ff

Nebensaison 43
Neuanmeldung 18, 57
Nichtantritt der Reise 17, 31, 55, 62
Normzweck 1

Obergrenze Pauschale 41

Pauschale 26, 29, 36 ff
– Angemessenheit 45
– Berechnung 39 ff

Titel 9 · Werkvertrag und ähnliche Verträge § 651i
Untertitel 2 · Reisevertrag

– Einzelfallbezogenheit	43 ff	Rücktrittserklärung	8, 15 ff
– Obergrenze	41	– Begründung	16
– Rechtsfolgen Unwirksamkeit	61	– Form	17
– geltungserhaltende Reduktion	61	– Zugang	15, 71
– überhöhte	38	Rücktrittsfiktion	8
– Üblichkeit	47	Rücktrittsgebühr	54
Pauschalierungsabreden		Rücktrittskostenversicherung	51
– Gestaltung	52 ff	Rücktrittsrecht, Zeitpunkt	9 ff
– Vergleich mit anderen Verwendern	46		
Positive Forderungsverletzung	7	Schadensersatz	24 f, 34, 51, 53 f, 56
		Schadenspauschalierung	24
Rationalisierung	45, 51 ff	Schiffsreise	39, 57
Rechtsnatur Entschädigungsanspruch	22 ff	Stornogebühr	31, 36, 38
Reduktion, geltungserhaltende	61	Stornoklausel	23, 26, 58
Reiseabbruch	15, 62	Stornokosten	58
Reiseantritt	10	Stornopauschalen, analoge Anwendung	
Reisearten	39	AGBG	49 f, 51
Reisebüro	58	Stornoversicherung	62
Reiseleistungen, anderweitige		Strafsanktionen	60
Verwendung	32 ff	Stromkosten	3
Reiseleiter	69		
Reisender		Tod Reisender	62
– Erkrankung	4	Transportausfallkosten	55
– Krankenhausaufenthalt	12	Treu und Glauben	51, 64
– Neuanmeldung	57		
– Rückzahlungsanpruch	20	Überraschungsklausel	73
– Umbuchungswünsche	57	Üblichkeit Pauschale	47
– Unfall	12	Umbuchungen	1, 8, 18
– Verschulden	66	Umbuchungsentgelt	18
– vertragswidriges Verhalten	68 ff	Umbuchungskosten	43
Reisepreis, Wegfall Zahlungsanspruch	19 f	Unfall Reisender	12, 62
Reiserücktrittskostenversicherung	62	Unmöglichkeit	12, 28
Reiseveranstalter			
– Aufklärungspflichten	7	Verbraucherschutz	56
– ersparte Aufwendungen	27 f	Vergütungsanspruch	7, 74
– Aufwendungsersatz	13	– Wegfall	19 f
– Entschädigungsanspruch	21 ff	Verpflegung	17, 29
– Hinweispflicht	53, 62	Verschulden Reisender	66
– Kündigung während der Reise	68 ff	Vertragsänderung	18
– Möglichkeiten zur Lösung vom		Vertragsverletzung	25
Vertrag	62 ff	Verzug	28
– Rückführungspflicht			
Reisender	70	Werkvertrag	5, 12, 19, 74
– Rücktritt	65	Widerruf	11
Rückgewährschuldverhältnis	20		
Rückreise, vorzeitige	12, 14	Zugang Rücktrittserklärung	17
Rücktransport Reisender	70	Zustellung Rücktrittserklärung	9

I. Inhalt und Zweck

1. Allgemeines

1 Nach § 651i Abs 1 kann der **Reisende** bis zum Reiseantritt jederzeit und ohne Angabe von Gründen vom Vertrag zurücktreten. Dem **Reiseveranstalter** ist dagegen grundsätzlich kein Rücktrittsrecht eingeräumt, sieht man einmal von § 651j ab. Bei dem Gestaltungsrecht des § 651i handelt es sich um ein **freies Rücktrittsrecht**, dessen Ausübung **keiner Begründung** und **keiner Form** bedarf. Mit dieser Regelung trägt das Gesetz dem Umstand Rechnung, dass bei der langfristigen zeitlichen Planung von Reisen im Allgemeinen und von Pauschalreisen im Besonderen Umstände eintreten können, die es dem Reisenden unmöglich machen, die Reise anzutreten. Er wird regelmäßig auch nicht einen Ersatzreisenden nach § 651b benennen können. Darüber hinaus ähnelt § 651i inhaltlich § 649 S 1 (Bartl Rn 140; Erman/Seiler Rn 1). § 651i und § 649 sind allerdings hinsichtlich der Voraussetzungen und der Rechtsfolgen anders ausgestaltet. Insbesondere hat der Gesetzgeber dem Reisenden in § 651i ein **Rücktritts- und kein Kündigungsrecht** eingeräumt. Eine Verweisung auf die Rücktrittsfolgen der §§ 346 ff fehlt jedoch. Systemwidrig verliert der Reiseveranstalter vielmehr nach § 651i Abs 2 S 1 durch den Rücktritt den Anspruch auf den Reisepreis, an dessen Stelle nach § 651i Abs 2 S 2, 3 ein **Entschädigungsanspruch** tritt. Diese Entscheidung des Gesetzgebers für ein freies Rücktrittsrecht des Reisenden und gegen eine Kündigung ist mit der Begrifflichkeit und dem System des BGB nicht zu vereinbaren und im Verhältnis zu den anderen Lösungsmöglichkeiten des Reisenden nach §§ 651e Abs 1 u 651j widersprüchlich (vgl Erman/Seiler Rn 1; MünchKomm/Tonner Rn 2; Wolter AcP 183, 35, 60 Fn 91). Diese als Kündigungsrechte einzuordnenden Lösungsmöglichkeiten haben nämlich ganz besondere, einschränkende Voraussetzungen und völlig andere Rechtsfolgen als § 651i.

2 Die Höhe der Entschädigung kann nach § 651i Abs 3 auch vertraglich **pauschal** festgesetzt werden, was in der Praxis die übliche Verfahrensweise darstellt (vgl Nr 5.1 der Konditionenempfehlung des DRV für ARB). Die Rechte des Reisenden sind demgegenüber vollständig ungeregelt geblieben (vgl krit Erman/Seiler Rn 1). Der Gesetzgeber wollte mit § 651i sicherstellen, dass niemand gegen seinen Willen gezwungen werden soll, eine Reise anzutreten (vgl BT-Drucks 8/786, 19). Eine Klausel in Allgemeinen Reisebedingungen, wonach Umbuchungen hinsichtlich des Reisetermins, des Reiseziels, der Unterkunft oder der Beförderungsart (vgl Nr 5.2 der Konditionenempfehlung des DRV für ARB) wie ein Rücktritt, verbunden mit einer Neuanmeldung der Reise, behandelt werden, ist wegen Verstoßes gegen § 308 Nr 5 unwirksam (BGH NJW 1992, 3158, 3161 f; OLG Frankfurt aM NJW 1982, 2198; OLG Hamburg NJW 1985, 3030, 3031; Bidinger/Müller 214; Führich Rn 429; MünchKomm/Tonner Rn 17 f; Pick Rn 151; Soergel/H-W Eckert Rn 10; Ulmer/Brandner/Hensen §§ 9–11 AGBG Rn 589; Wolf/Horn/Lindacher § 9 AGBG Rn R 70). **Nr. 5.2 der Konditionenempfehlung** des DRV für ARB in der aktuellen Fassung enthält keine derartige **Erklärungsfiktion** mehr und ist daher nicht zu beanstanden (Führich Rn 429; Tonner Reisevertrag Rn 30).

2. Verhältnis zu anderen Lösungsmöglichkeiten des Reisenden

3 Die speziellen Kündigungsregelungen der §§ **651e** und **651j** setzen das Vorliegen bestimmter Gründe (erhebliche Reisemängel bzw höhere Gewalt) voraus und schließen daher in ihrem Anwendungsbereich die allgemeine Rücktrittsregelung des § 651i aus (vgl Führich Rn 409 f; Seyderhelm 4 f; Soergel/H-W Eckert Rn 2; vgl auch § 651e Rn 4 u § 651j Rn 7). Im Verhältnis zum Kündigungsrecht nach § **651e** ist allerdings zu bedenken, dass dieses bei einer erheblichen Beeinträchtigung der Reise auch schon vor Reiseantritt ausgeübt werden kann (vgl dazu § 651e Rn 4 u 7), wenn die speziellen Voraussetzungen des § 651e – erhebliche Beeinträchtigung der Reise – vorliegen. Dieses spezielle Kündigungsrecht des Reisenden nach § 651e geht in seinem Anwendungsbereich der allgemeinen Rücktrittsnorm des § 651i vor (Führich Rn 307 a u 409; Soergel/H-W Eckert Rn 4; § 651e Rn 4). § 651i gilt daher nicht für Störungen des Reisevertrags, die aus der Sphäre des Reiseveranstalters herrühren, ist also bei einer Lösung vom Vertrag aufgrund von Reisemängeln nicht anwendbar (Seyderhelm Rn 4). Zu § **651j** gibt es keine Abgrenzungsprobleme, da insoweit keine Überschneidungen denkbar sind. § 651j regelt die Kündigung des Vertrages wegen höherer Gewalt, während § 651i allein Störungen aus der Sphäre des Reisenden zum Gegenstand hat. Beide Tatbestände schließen sich daher aus (so zutreffend Seyderhelm Rn 5). Im Einzelfall kann allerdings fraglich sein, ob bereits die Voraussetzungen des § 651j vorliegen. Das gilt zB dann, wenn keine konkrete erhebliche Gefährdung der Reise vorliegt, sondern der Reisende nur Angst vor Nachbeben im Urlaubsgebiet hat und die Sicherheitslage schwer einzuschätzen ist. Dann kann der Reisende nur nach § 651i zurücktreten und nicht nach § 651j kündigen (AG Nürtingen RRa 2001, 95 f). Die Abgrenzung zum Kündigungsrecht des Reisenden bei Gastschulaufenthalten gem § **651l Abs 4** bereitet ebenfalls keine Schwierigkeiten. Dem Nebeneinander von § 651l Abs 3 und 4 ist zu entnehmen, dass sich Abs 3 auf das Rücktrittsrecht gem § 651i Abs 1 vor Reisebeginn bezieht, während Abs 4 allein die Funktion hat, dem Reisenden abweichend von § 651i auch nach Reisebeginn ein allgemeines Kündigungsrecht zu geben. Für die Abgrenzung ist also allein der Zeitpunkt des Rücktritts bzw der Kündigung maßgebend (vgl Palandt/Sprau § 651l Rn 7). Zu beachten ist, dass § 651l Abs 3 den **Verlust des Entschädigungsanspruchs** des Reiseveranstalters nach § 651i Abs 2 S 2 u 3, Abs 3 anordnet, wenn dieser den Reisenden über Namen und Anschrift der Gastfamilie bzw des Ansprechpartners informiert und nicht angemessen auf den Aufenthalt vorbereitet. Auch das gesetzliche Rücktrittsrecht des Reisenden nach § **651a Abs 5 S 2** ist gegenüber § 651i lex specialis (vgl Führich Rn 412; Seyderhelm Rn 3; Soergel/H-W Eckert Rn 2; vgl auch § 651a Rn 176). Alle diese spezielleren Möglichkeiten des Reisenden zur Lösung vom Vertrag sind für diesen schon deshalb günstiger, weil sie **stornokostenfrei** sind.

Fraglich ist das Verhältnis des § 651i zu den §§ **326 Abs 2, 645 Abs 1 S 1**, wenn **vor** **4** **Reiseantritt** eine Störung des Reisevertrages aus der **Sphäre des Reisenden** – zB Erkrankung des Reisenden – auftritt. Soweit der Reisende in einem solchen Fall den Rücktritt nicht ausdrücklich erklärt, sondern ausschließlich aus von ihm zu vertretenden Gründen die Reise **nicht antritt**, müsste an sich § **326 Abs 2** Anwendung finden (vgl dazu BGHZ 60, 14; OLG Frankfurt aM NJW-RR 1987, 494; AG Berlin-Charlottenburg FVE Bd 9 Nr 960). Da dem Reisenden bis zum Reisebeginn ein freies, also von Art und Grund völlig unabhängiges Rücktrittsrecht zusteht, wird man aber § 651i in diesen Fällen analog anwenden müssen. Auch § 10 Abs 1 S 2 des Regierungsentwurfs wollte für den Fall, dass der Reisende die Reise nicht antritt, die Rechtsfolgen des Rücktritts entsprechend anwenden (vgl BT-Drucks 8/2343, 12; MünchKomm/Tonner Rn 19 f). Eine Anwendung von § 326 Abs 2 kommt daher bei einer Unmöglichkeit des Reiseantritts durch den Reisenden nicht in Betracht (vgl BRENDER 204; FÜHRICH Rn 411; JAUERNIG/ TEICHMANN Rn 1; MünchKomm/TONNER Rn 19; SOERGEL/H-W ECKERT Rn 3).

5 Auch § 645 Abs 1 S 1 wird in diesen Fällen aus den genannten Gründen von § 651i verdrängt (so zutreffend BRENDER 202 ff; FÜHRICH Rn 411; LARENZ, SchuldR II[13] 392; Münch-Komm/TONNER Rn 20; SOERGEL/H-W ECKERT Rn 3; aA BGHZ 60, 14, 18 f; BERNREUTHER 129 f, 134 f; WOLTER AcP 183, 35, 70 ff, 73 f). Gerade der Umstand, dass § 651i nicht nach Art und Grund des Rücktritts unterscheidet, spricht dafür, alle denkbaren Rücktrittsfälle vor Reisebeginn einheitlich nach § 651i zu behandeln und nicht danach zu unterscheiden, ob der Reisende die Reise nicht antreten wollte oder konnte (vgl SOERGEL/H-W ECKERT Rn 3).

6 Ein Reisevertrag kann auch schon **vor Reiseantritt** vom Reiseveranstalter gem § 314 **fristlos gekündigt** werden (vgl LG Frankfurt aM NJW 1983, 2884, 2885; 1991, 499). Dies kommt insbesondere bei der Verletzung einer der vielfältigen Mitwirkungs- und Nebenpflichten des Reisenden in Betracht, etwa durch die Nichtbeschaffung von Dokumenten oder die Nichtdurchführung von Impfungen und ärztlichen Untersuchungen, die für das Zielland vorgeschrieben sind. Die Rechtsfolgen einer derartigen Kündigung bestimmen sich wiederum nach § 651i Abs 2, 3 analog. Dem entspricht auch die Regelung in Nr 7 a der Konditionenempfehlung des DRV für Allgemeine Geschäftsbedingungen für Reiseverträge.

7 Der Reisevertrag ist wie jedes andere Rechtsgeschäft nach §§ 119, 123 **anfechtbar** (vgl LG Frankfurt aM NJW-RR 1989, 308 f; BIDINGER/MÜLLER 210). Im Schrifttum ist vereinzelt vertreten worden, dass sich der Reisende bei Verletzung von Aufklärungspflichten durch den Veranstalter auch über einen Schadensersatzanspruch aus §§ 280 Abs 1, 311 a Abs 2, 241 Abs 2 (**culpa in contrahendo**) und §§ 280 Abs 1, 241 Abs 2 (**positiver Forderungsverletzung**) entschädigungslos vom Reisevertrag lösen können soll (LÖWE 62, 63). Diese Auffassung ist jedoch abzulehnen, weil sie das in sich geschlossene Gewährleistungsrecht der §§ 651c ff auflöst. Die Verletzung einer Aufklärungspflicht führt allein zu einem Mangel mit den Rechtsfolgen der §§ 651e und f. Kann aufgrund der Verletzung der Aufklärungspflicht die Reise gar nicht erst angetreten werden, so hat der Veranstalter die Unmöglichkeit zu vertreten, verliert also seinen Anspruch auf den Reisepreis (vgl Vorbem 20 zu §§ 651c ff).

8 Den Parteien steht es ohne weiteres frei, den Reisevertrag durch Abschluss eines **Aufhebungsvertrages** zu beenden. **Änderungen** und **Umbuchungen** dürfen hingegen wegen der den Reisenden belastenden Rechtsfolgen des § 651i Abs 2 u 3 nicht ohne weiteres über Allgemeine Reisebedingungen in Rücktrittserklärungen umfunktioniert werden. Derartige Rücktrittsfiktionen verstoßen vielmehr gegen § 308 Nr 5 (vgl unten Rn 18).

3. Zeitlicher Anwendungsbereich

a) Rücktritt vor Reiseantritt

9 Nach § 651i Abs 1 kann der Reisende **vor Reisebeginn** jederzeit vom Vertrag zurücktreten. Maßgeblich ist insoweit der **Eingang** der Rücktrittserklärung beim Reiseveranstalter oder einer anderen empfangszuständigen Person (vgl auch Nr 5.1 der Konditionenempfehlung des DRV für Allgemeine Geschäftsbedingungen für Reiseverträge). In Eilfällen

verbleibt daher nur die Möglichkeit der Übermittlung mittels Telefon, Telefax oder E-Mail.

b) Rücktritt nach Reiseantritt
Nach dem **Reiseantritt** steht dem Reisenden dagegen kein freies Rücktrittsrecht gem § 651i mehr zu. Die Reise ist angetreten, sobald der Reisende eine **Reiseleistung** zumindest teilweise **angenommen** hat (OLG Dresden RRa 2001, 254; LG Hannover NJW-RR 1986, 602, 603; LG Stuttgart TranspR 1991, 349; LG Chemnitz RRa 2001, 168; LG München I RRa 2002, 183 f; AG München RRa 2001, 213 f; 2002, 184). Dies ist bei einer Flugreise dann der Fall, wenn der Reisende am Flughafenschalter eincheckt, dagegen noch nicht bei der privat organisierten Anfahrt zum Flughafen (LG München I RRa 2002, 183 f). Hier kann es im Einzelfall erhebliche Abgrenzungsschwierigkeiten geben. So liegt zB noch kein Einchecken und damit kein Reiseantritt vor, wenn einer von zwei Reisenden während des Eincheckvorgangs am Flugschalter zusammenbricht, nachdem die Reisenden bereits ihre Ausweise und Flugscheine auf den Schalter gelegt hatten und das Einchecken fortgesetzt wird, weil das Schalterpersonal den Zusammenbruch nicht bemerkt und der andere Reisende sich um ärztliche Hilfe bemüht (AG München RRa 2001, 213 f). Dieser Zeitpunkt der erstmaligen Inanspruchnahme der Leistungen des Reiseveranstalters erscheint auf den ersten Blick willkürlich gewählt, weil sich die Frage aufdrängt, warum der Reisende, der gegen seinen Willen keine Reise anzutreten braucht, genötigt sein soll, eine bereits angetretene Reise zu vollenden. Allerdings ist bereits die Frage schief gestellt, da überhaupt kein Reisender gezwungen werden kann, einen Urlaub anzutreten oder zu Ende zu führen. Dies zeigen die anderen Möglichkeiten des Reisenden, sich auch nach Reiseantritt vom Vertrag zu lösen (vgl o Rn 3 ff). § 651i mit der Zäsur des Reiseantritts will daher ausschließlich dem Umstand Rechnung tragen, dass es dem Reiseveranstalter nach Reiseantritt regelmäßig nicht mehr möglich ist, organisatorische Maßnahmen zur Kompensation der Folgen des Rücktritts eines Reisenden zu treffen. Allein aus diesem Grund müssen den Reisenden regelmäßig die vollen Reisekosten treffen, es sei denn, die Störung entstammt nicht seinem Risikobereich (vgl §§ 651e u 651j). Auch muss der Reiseveranstalter auf jeden Fall von einem bestimmten Zeitpunkt an mit festen Daten rechnen können. Die organisierte Pauschalreise darf den Reiseveranstalter nicht während ihrer gesamten Dauer mit zusätzlichen organisatorischen Maßnahmen und Risiken belasten, die durch ein **zeitlich unbefristetes Rücktrittsrecht** ausgelöst würden.

Auf den **Widerruf** eines dem Veranstalter zugegangenen und daher bindenden (§§ 130 Abs 1 S 1, 145) **Vertragsangebots** des Reisenden vor Zugang der Buchungsbestätigung ist § 651i entsprechend anzuwenden (BGB-RGRK/Recken Rn 18; Soergel/H-W Eckert Rn 4; aA Pick Rn 61). Es leuchtet nicht ein, warum der Reisende vom geschlossenen Vertrag ohne Angabe von Gründen frei zurücktreten kann, dagegen an ein bloßes Angebot in den Grenzen des § 130 Abs 1 S 2 gebunden sein sollte.

Da § 651i das freie Rücktrittsrecht des Reisenden unmissverständlich auf den Zeitpunkt bis zum Reiseantritt begrenzt, scheidet eine **analoge** Anwendung der Vorschrift für den Zeitraum **nach Reiseantritt** aus (Brender 205; Erman/Seiler Rn 3; Führich Rn 418; Hansen 73 ff; Heinz 96; Löwe 55; ders BB 1979, 1357, 1366; Seyderhelm Rn 6; Soergel/H-W Eckert Rn 5). Gleichwohl wird die Auffassung vertreten, die für die Zeit nach Reiseantritt angeblich bestehende Gesetzeslücke durch eine analoge Anwendung des § 651i und nicht durch Heranziehung des § 326 Abs 2 zu schließen (CLAUSSEN NJW 1991, 2813; JAUERNIG/TEICHMANN Rn 1; MünchKomm/TONNER Rn 21; PICK Rn 68; BGB-RGRK/RECKEN Rn 2; TEICHMANN JZ 1979, 737, 740; WOLTER AcP 183, 35 70 ff). Die §§ 645, 649 sind hier jedenfalls nicht anwendbar, da diese Regelung von § 651i verdrängt wird (vgl SOERGEL/H-W ECKERT Rn 6; vgl auch oben Rn 4; aA BGHZ 60, 14, 17 ff; ERMAN/SEILER Rn 3; HEINZ 100 f; JAUERNIG/TEICHMANN Vor §§ 651c–f Rn 3; SCHMITT JZ 1987, 265 ff, 270; SEYDERHELM Rn 6; WOLTER AcP 183, 35, 72 ff). Zuzugestehen ist dieser Ansicht allerdings, dass der Normzweck des § 651i auch die Fälle erfasst, in denen der Reisende aus persönlichen Gründen eine bereits angetretene Reise vorzeitig abbricht oder einzelne der von ihm gebuchten Reiseleistungen nicht mehr in Anspruch nimmt. Hinderungsgründe, die den Reisenden zwingen, entsprechend umzudisponieren, sind vor und nach Reiseantritt denkbar, zB wenn der Reisende aufgrund eines von ihm selbst verschuldeten Unfalls stationär im Krankenhaus behandelt werden oder die Rückreise antreten muss. § 651i gewährt aber gerade ein **freies Rücktrittsrecht**. Ein solches kommt nach Reiseantritt nicht in Betracht, weil der Reiseveranstalter kurzfristig keine anderweitigen Dispositionen mehr treffen kann. Dem Reiseveranstalter auch in diesen Fällen den Anspruch auf den Reisepreis zu nehmen und ihn auf eine angemessene Entschädigung zu verweisen, obwohl er bereits einen Teil der geschuldeten Reiseleistungen erbracht hat, ist nicht einsichtig. § 651i kann daher nicht generell analog auf den Rücktritt nach Reiseantritt angewendet werden. Es müsste vielmehr auf den Rücktrittsgrund abgestellt werden. Ein derartiges Vorgehen wäre aber keine Analogie mehr, sondern eine Umgestaltung des eindeutigen Normgehalts des § 651i. Es muss daher beim Abbruch der angetretenen Reise bei der Anwendung des § 326 und insbesondere des **§ 322 Abs 2** bleiben (vgl OLG Frankfurt aM OLGZ 84, 86; OLG Celle NJW 1982, 770; LG Frankfurt aM NJW-RR 1986, 214; BIDINGER/MÜLLER 215; H-W ECKERT, Pauschalreiserecht 236 ff; FÜHRICH Rn 418; HANSEN 73 ff; HEINZ 96; LÖWE 54 f; ders BB 1979 1357, 1366; SOERGEL/H-W ECKERT Rn 5 f). Damit behält der Reiseveranstalter in allen diesen Fällen seinen Anspruch auf Zahlung des Reisepreises. Die Einheit des BGB, die durch das Reisevertragsgesetz ohnehin in Frage gestellt wurde, ist mit einem Rücktrittsrecht des Reisenden nach Reiseantritt analog § 651i nicht zu vereinbaren (vgl aber TEICHMANN JZ 1979, 737, 740). Dies hat auch für die Fälle der nachträglichen, aus der Sphäre des Reisenden stammenden, von ihm nicht zu vertretenden Unmöglichkeit zu gelten. Auch insoweit bleibt es daher bei den allgemeinen Bestimmungen. Im Schrifttum (vgl nur MünchKomm/TONNER Rn 21; TEICHMANN JZ 1979, 737 740) wird allerdings hinsichtlich dieser Fälle dennoch die Anwendbarkeit des § 651i befürwortet.

13 Soweit **Nr 5.1 Abs 2** der Konditionenempfehlung des DRV für Allgemeine Reisebedingungen anordnet, dass der Kunde im Falle des Rücktritts dem Veranstalter angemessenen Ersatz für die getroffenen Reisevorkehrungen und für seine Aufwendungen zu leisten hat, ist diese Klausel zu weit gefasst, da sie auch die Rücktrittsfälle erfasst, die nicht auf einer freien Entscheidung des Reisenden beruhen (vgl zB Rücktritt nach § 323). Die Zulässigkeit dieser Klausel ist daher zweifelhaft (vgl LÖWE 61).

14 Ist bereits absehbar, dass der Reisende einzelne der von ihm gebuchten Reiseleistungen infolge seiner vorzeitigen Rückreise oder aus sonstigen zwingenden Gründen nicht in Anspruch nehmen kann, so wird sich der Veranstalter nach **Nr 6 S 1** der Konditionenempfehlung des DRV für Allgemeine Reisebedingungen bei den Leistungsträgern um die Erstattung der ersparten Aufwendungen bemühen. Die

Verpflichtung hierzu entfällt nach **Nr 6 S 2**, wenn es sich um völlig unerhebliche Leistungen handelt oder wenn einer Erstattung gesetzliche oder behördliche Bestimmungen entgegenstehen. Angesichts der grundsätzlich fortbestehenden Zahlungspflicht des Reisenden ist eine solche Klausel sowohl im Hinblick auf § 651m S 1 als auch auf § 307 unbedenklich (vgl SOERGEL/H-W ECKERT Rn 7; kritisch MünchKomm/ TONNER Rn 22). Keinerlei Bedenken bestehen schließlich dagegen, dass der Veranstalter auch in den Fällen des Reiseabbruchs ein Rücktrittsrecht entsprechend § 651i einräumt (LÖWE 55).

II. Rücktrittserklärung

1. Anforderungen

Der Rücktritt setzt grundsätzlich eine **formfreie Erklärung** gegenüber dem Reise- 15 veranstalter oder dessen Empfangsbevollmächtigten voraus (MünchKomm/TONNER Rn 5; PALANDT/SPRAU Rn 1; SOERGEL/H-W ECKERT Rn 8 f; vgl auch § 349). Die Erklärung wird mit ihrem **Zugang (§ 130)** wirksam. Die Wirksamkeit der „Rücktrittserklärung" ist vom Gebrauch des Wortes Rücktritt, von der Einhaltung einer Form oder von der Angabe von Gründen vollkommen unabhängig (BT-Drucks 8/2343, 12; ERMAN/SEILER Rn 2).

Die Ausübung des Rücktrittsrechts gemäß § 651i bedarf **keiner Begründung** (vgl 16 ERMAN/SEILER Rn 2). Ein Begründungszwang oder die ausschließliche Anerkennung ganz bestimmter Rücktrittsgründe würde den Interessen aller am Reisevertrag Beteiligten nicht gerecht. Die dadurch ausgelösten Streitigkeiten würden einen der beiden Vertragspartner stets mit dem vollen Kostenrisiko belasten, je nachdem, ob der Reiseveranstalter oder der Reisende im Streit um die Berechtigung des Rücktritts unterliegt. Die generelle Aufrechterhaltung eines Entschädigungsanspruchs des Reiseveranstalters ist aber auch deshalb sachgerecht, weil es nur unter bestimmten zeitlichen Voraussetzungen für ihn möglich ist, noch organisatorische Maßnahmen zu treffen, um den zurücktretenden Reisenden zu ersetzen bzw die durch diesen entstehenden Kosten zu vermeiden.

2. Form

Hinsichtlich der **Form** der Rücktrittserklärung dürfen Allgemeine Reisebedingungen 17 die **Schriftform** nur zu Beweissicherungszwecken empfehlen (so zutreffend LÖWE 55; MünchKomm/TONNER Rn 5; SOERGEL/H-W ECKERT Rn 9). Wird dagegen in ARB die Einhaltung einer bestimmten Form als **Wirksamkeitsvoraussetzung** vorgeschrieben, so liegt darin ein Verstoß gegen § 651m S 1. Eine Klausel, die den Rücktritt vor Reisebeginn von einer schriftlichen Erklärung abhängig macht, ist daher unwirksam (vgl KG FVE Nr 330; LG Berlin FVE Nr 301; EICHINGER, Rücktritt 45; HANSEN 43; LÖWE 55; Münch-Komm/TONNER Rn 5; SOERGEL/H-W ECKERT Rn 9; aA WOLF/HORN/LINDACHER § 9 AGBG Rn R 71). Da der Rücktritt nach § 651i frei ist und keiner Begründungspflicht unterliegt, muss der Reisende lediglich eindeutig zum Ausdruck bringen, dass er die Stornierung der Reise will. Dies kann auch durch **konkludentes Handeln** erfolgen (LÖWE 55; ders BB 1979, 1357, 1366; MünchKomm/TONNER Rn 5; PICK Rn 91; SOERGEL/H-W ECKERT Rn 9). Der Rücktritt kann auch durch den bloßen **Nichtantritt der Reise** ohne jede weitere Erklärung („no show") ausgeübt werden, indem der Reisende zB einfach nicht zum Abflugtermin am Flughafen oder zur Abfahrtzeit am Bahnhof erscheint (vgl ERMAN/SEILER Rn 2; FÜHRICH Rn 416; LÖWE 55; ders BB 1979, 1357, 1366; MünchKomm/TONNER Rn 5; SOERGEL/H-W ECKERT Rn 9; TEICHMANN JZ 1979, 737, 739; aA BIDINGER/MÜLLER 213 f; PICK Rn 93 ff, 101 f; BGB-RGRK/RECKEN Rn 16; SEYDERHELM Rn 17). Ein Rücktritt des Reisenden durch Nichtantritt der Reise liegt auch dann vor, wenn dem Reisenden in Wirklichkeit der Wille, den Vertrag zu beenden, fehlte und er sich nur **verspätet** hat. Auch hier muss der Reiseveranstalter das Nichterscheinen des Reisenden als Rücktritt verstehen, es sei denn, der Reisende erklärt ihm ausdrücklich seinen entgegenstehenden Willen (H-W ECKERT, Pauschalreiserecht 217 f; SOERGEL/H-W ECKERT Rn 9). Bei einem Rücktritt im Wege des **Nichtantritts der Reise** hat der Veranstalter im Regelfall keine anderweitige Verwendungsmöglichkeit für die Reiseleistungen, so dass sich die Entschädigung auf den vollen Reisepreis belaufen wird, soweit der Veranstalter nicht für die nicht in Anspruch genommenen Beförderungsmittel oder die ersparte Verpflegung Gutschriften erhält (vgl LÖWE 55).

3. Umbuchungen

18 Vom Reisenden gewünschte **Umbuchungen** dürfen nicht in einen Rücktritt, verbunden mit dem Abschluss eines neuen Reisevertrages, umgedeutet werden. ARB-Klauseln, die dieses fingieren, sind gem § 308 Nr 5 unwirksam (vgl oben Rn 8). Nr 5.2 der Konditionenempfehlung des DRV enthält **keine** derartige **Erklärungsfiktion** und ist daher rechtlich nicht zu beanstanden (vgl FÜHRICH Rn 429; MünchKomm/TONNER Rn 18; PICK Rn 151; SOERGEL/H-W ECKERT Rn 10; ULMER/BRANDNER/HENSEN Anh §§ 9–11 AGBG Rn 590). Die Klausel bestimmt, dass für Umbuchungen vor Ablauf bestimmter Fristen ein **Umbuchungsentgelt** erhoben werden kann. Dies ist wegen des mit Umbuchungen regelmäßig verbundenen Verwaltungsaufwandes unproblematisch, solange dieses Entgelt maßvoll (vgl §§ 308 Nr 7 b, 309 Nr 5 b) ist (BIDINGER/MÜLLER 214; FÜHRICH Rn 429; MünchKomm/TONNER Rn 17; ULMER/BRANDNER/HENSEN Anh §§ 9–11 AGBG Rn 589). Umbuchungswünsche nach Ablauf dieser Fristen können dagegen nur nach stornokostenpflichtigem **Rücktritt** vom Reisevertrag und gleichzeitiger **Neuanmeldung** durchgeführt werden. Auch dies ist nicht zu beanstanden, da es dem Reiseveranstalter grundsätzlich frei steht, einen Umbuchungswunsch des Reisenden, der als Antrag auf Vertragsänderung (§ 311 Abs 1) zu verstehen ist, anzunehmen (vgl SOERGEL/H-W ECKERT Rn 10).

III. Rechtsfolgen der Ausübung des gesetzlichen Rücktrittsrechts

1. Wegfall des Anspruchs auf Zahlung des Reisepreises (§ 651i Abs 2 S 1)

19 Tritt der Reisende rechtzeitig vom Vertrag zurück, so verliert der Reiseveranstalter in Abweichung von § 649 seinen **Anspruch auf den vereinbarten Reisepreis**. Eine etwa schon gezahlte Vergütung ist vorbehaltlich etwaiger Ansprüche des Reiseveranstalters nach § 651i Abs 2 S 2 nach §§ 346 ff (vgl Rn 20) zurückzugewähren. Mit der Abwendung von der Vergütungsregelung des § 649 in § 651i Abs 2 S 1 wird der Reiseveranstalter nicht unangemessen beeinträchtigt, weil an die Stelle des ursprünglichen Vergütungsanspruchs ein Anspruch des Reiseveranstalters auf eine angemessene Entschädigung tritt. Hiermit hat der Gesetzgeber eine im Vergleich zu § 649 S 2 annähernd gleichwertige Rechtsfolge angeordnet (so zutreffend BARTL Rn 140).

Tritt der Reisende gem § 651i Abs 1 vom Vertrag zurück, so steht ihm ein **Anspruch** **20**
auf Rückzahlung des Reisepreises gem §§ **346 ff** zu (vgl ERMAN/SEILER Rn 5; FÜHRICH
Rn 419; HEINZ 89 ff; LÖWE 56; ders BB 1979, 1357, 1366; RGRK/RECKEN Rn 19; SOERGEL/H-W
ECKERT Rn 11). Eine Rückabwicklung über die §§ 812 ff scheidet aus, da durch den
Rücktritt das Vertragsverhältnis nach allgemeinen Grundsätzen nicht vollständig
beendet, sondern in ein **Rückgewährschuldverhältnis** umgewandelt wird (aA EICHINGER
Jura 1981, 185, 195; WEDEPOHL 70). Der Rückzahlungsanspruch des Reisenden kann
allerdings im Wege der Aufrechnung um die dem Reiseveranstalter nach § 651i
Abs 2 S 2 u Abs 3 geschuldete Entschädigung gekürzt werden.

2. Anspruch auf angemessene Entschädigung (§ 651i Abs 2 S 2)

Nach § 651i Abs 2 S 2 kann der Reiseveranstalter bei einem Rücktritt des Reisenden **21**
von diesem eine **angemessene Entschädigung** verlangen. Handelt es sich zB um eine
Flugreise für zwei Personen mit Unterbringung in Doppelzimmern, so sind die Reisenden im Falle des Rücktritts hinsichtlich der Stornogebühren **Gesamtschuldner** iSd
§ 427 (vgl AG Berlin-Charlottenburg FVE Nr 282). Die Höhe der Entschädigung kann
konkret (§ 651i Abs 2 S 3) oder anhand einer vertraglich festgesetzten **Pauschalquote**
(§ 651i Abs 3) bestimmt werden. Bei Gastschulaufenthalten iSd § 651l ist der Anspruch auf angemessene Entschädigung **ausgeschlossen**, wenn der Reiseveranstalter
gegen seine Informations- und Vorbereitungspflichten verstößt (§ **651l Abs 3**).

a) Rechtsnatur

Str ist, ob es sich bei dem Anspruch auf eine angemessene Entschädigung um einen **22**
Ausgleichsanspruch (so SOERGEL/MÜHL[11] Rn 2; ähnlich TEICHMANN JZ 1979, 737, 739) oder um
einen **Schadensersatzanspruch eigener Art** (so die ganz hM: BGH NJW-RR 1990, 114; OLG
Hamburg NJW 1981, 2420; OLG Frankfurt aM NJW 1982, 2198, 2199; LG Braunschweig NJW-RR
1986,144; LG Frankfurt aM NJW-RR 1988, 638; FÜHRICH Rn 420; MünchKomm/TONNER Rn 6;
SEYDERHELM Rn 24; SOERGEL/H-W ECKERT Rn 12; WOLTER AcP 183, 35, 74 f; WOLF/HORN/
LINDACHER § 9 AGBG Rn R 75) handelt. Hierbei spricht allerdings bereits gegen einen
Schadensersatzanspruch im Sinne des BGB, dass § 651i ein **voraussetzungsloses Rücktrittsrecht** auslöst.

Die Frage nach der **Rechtsnatur des Entschädigungsanspruchs** des § 651i Abs 2 S 2 hat **23**
insoweit Bedeutung, als sie zugleich darüber entscheidet, ob **Stornoklauseln** auch an
§ **309 Nr 5 b** gemessen werden können (vgl dazu unten Rn 26, 51 ff; bejahend BGH NJW 1992,
3163 f; OLG Hamburg NJW 1981, 2420; OLG Frankfurt aM NJW 1982, 2198, 2199; LG Braunschweig
NJW-RR 1986, 144; LG Hannover NJW-RR 1987, 1079; LG Frankfurt aM NJW-RR 1988, 638;
BIDINGER/MÜLLER 218 f; FÜHRICH Rn 421, 423; LÖWE 59; ders BB 1979, 1357, 1366; MünchKomm/TONNER Rn 13 f; SCHLOSSER/COESTER-WALTJEN/GRABA § 11 Nr 5 AGBG Rn 22; SEYDERHELM Rn 39; WOLF/HORN/LINDACHER § 9 AGBG Rn R 75; WOLTER AcP 183, 35, 74 f; aA ERMAN/
SEILER Rn 8; SOERGEL/H-W ECKERT Rn 16).

Das Meinungsbild ist bunt und unübersichtlich (vgl unten Rn 5 f, 51 ff). Während LÖWE **24**
(MünchKomm/LÖWE[1] Rn 13 f; ihm folgend ERMAN/SEILER Rn 8) die Anwendbarkeit des § 309
Nr 5 b mit dem Argument verneint, dass es sich bei dem Anspruch nach § 651i Abs 2
S 2 nicht um einen Schadensersatzanspruch handele (vgl aber noch LÖWE BB 1979, 1366),
hält BARTL (Rn 143) diesen Hinweis für ein „nicht von der Hand zu weisendes Argument", behandelt aber dennoch derartige Klauseln als Schadenspauschalierungen

mit der Folge, dass sie an § 309 Nr 5 b zu messen sind. Gelegentlich geht das Schrifttum ohne jedes Problembewusstsein davon aus, dass Stornoklauseln von Reiseveranstaltern an § 309 Nr 5 b zu messen sind (vgl zB BIDINGER/MÜLLER 218 f). Nach FÜHRICH (Rn 420) entspreche zwar der Entschädigungsanspruch in Terminologie und Systematik nicht dem BGB, doch sei er wegen seiner überwiegend schadensersatzrechtlichen Elemente gleichwohl an § 309 Nr 5 b zu messen. H-W ECKERT sieht im Umgang der Rechtsprechung mit § 309 Nr 5 b eine unzulässige Vermischung von konkreter und pauschaler Entschädigungsberechnung (SOERGEL/H-W ECKERT Rn 16; ähnlich BECHHOFER 130; H-W ECKERT, Pauschalreiserecht 231 f; EICHINGER, Rücktritt 108 ff, 113, 118; XANKE/DUTSCHKE Rn 143) und geht davon aus, dass § 651i den § 309 Nr 5 b als lex specialis verdrängt.

25 Die bloße Feststellung, dass es sich bei dem Anspruch aus § 651i Abs 2 S 2 im Gegensatz zu § 649 nicht um den ursprünglichen Erfüllungsanspruch, sondern um einen **Entschädigungsanspruch** handelt (so OLG Hamburg NJW 1981, 2420; MünchKomm/ TONNER Rn 6; WOLF/HORN/LINDACHER § 9 AGBG Rn R 75), reicht zur Begründung der Annahme eines Schadensersatzanspruchs nicht aus. Auch die Verweisung in der Begründung zu § 8 des Regierungsentwurfs zum Reisevertragsgesetz (BT-Drucks 8/2343, 12) auf die AGB-Regelung trägt den Schluss auf einen Schadensersatzanspruch für sich allein nicht (aA OLG Hamburg NJW 1981, 2420, 2421). Die Entstehungsgeschichte kann insgesamt nichts daran ändern, dass § 651i ein freies Rücktrittsrecht gewährt und dass die Einräumung eines voraussetzungslosen Rücktrittsrechts die Annahme einer Schadensersatzverpflichtung ausschließt.

26 **Stornoklauseln** können daher entgegen der hM nicht an § 309 Nr 5 b gemessen werden. § **309 Nr 5 a** scheidet schon deshalb als Maßstab für Stornoklauseln aus, weil die Berechnungskriterien des § 651i Abs 3 als speziellere gesetzliche Regelung vorrangig sind (vgl BIDINGER/MÜLLER 219; ULMER/BRANDNER/HENSEN Anh §§ 9–11 AGBG Rn 589; aA BGH NJW-RR 1990, 114, 115; FÜHRICH Rn 426). Die gesetzgeberische Entscheidung in § 651i Abs 2, 3 schließt aber auch eine Überprüfung derartiger Stornoklauseln auf ihre Vereinbarkeit mit § 308 Nr 7 (aA BGH WM 1985, 57 ff; FÜHRICH Rn 426; ULMER/ BRANDNER/HENSEN Anh §§ 9–11 AGBG Rn 589) und § 309 Nr 6 aus. Ein über § 651i Abs 2 S 3 hinausgehender Verbraucherschutz nach dem AGBG wäre übertrieben. Eine Überprüfung am Maßstab des § 309 Nr 5 entfällt zudem schon deshalb, weil ansonsten die gesetzgeberische Entscheidung für die Pauschalierungsmöglichkeit ihren Sinn verlieren würde (vgl dazu Rn 51).

b) **Konkrete Berechnung (§ 651i Abs 2 S 3)**

27 Die **Höhe der Entschädigung** bestimmt sich gem § 651i Abs 2 S 3 nach dem **Reisepreis** unter Abzug des Wertes der vom Reiseveranstalter ersparten **Aufwendungen** (zB Gutschriften von nicht in Anspruch genommenen Beförderungs-, Unterbringungs- oder Verpflegungsleistungen) sowie dessen, was er durch **anderweitige Verwendung** der Reiseleistungen (zB Verkauf des frei gewordenen Platzes im ausgebuchten Flugzeug oder Weitervermietung des Zimmers im ausgebuchten Hotel) erwerben kann. Da der Gesetzgeber bei der Berechnung der Entschädigung vom Reisepreis ausgeht, verbleibt dem Reiseveranstalter stets sein Gewinn- und Unkostenanteil.

28 Sehen Allgemeine Reisebedingungen bei einem Rücktritt des Reisenden vom Reisevertrag oder beim Nichtantritt der Reise vor, dass der Veranstalter angemessenen

Ersatz für die getroffenen Reisevorbereitungen und für seine Aufwendungen, die auch Zahlungen an die Leistungsträger einschließen, verlangen kann, so verstößt dies gegen §§ 651i Abs 2, 651m S 1, wenn eine Anrechnung ersparter Aufwendungen und anderer Einsatzmöglichkeiten darin nicht erwähnt wird (wie dies aber in Nr 5.1 der Konditionenempfehlung des DRV für ARB ausdrücklich erfolgt; vgl dazu unten Rn 57 f). Zumindest wird dem Kunden durch eine solche Formulierung der falsche Eindruck vermittelt, der Entschädigungsanspruch des Veranstalters vermindere sich unter keinen Umständen um bestimmte Abzugsposten.

aa) Angemessenheit
Die **Höhe der Entschädigung** nach § 651i Abs 2 S 2 bestimmt sich gem § 651i Abs 2 S 3 **29** nach dem Reisepreis unter Abzug des Wertes der vom Reiseveranstalter ersparten Aufwendungen sowie dessen, was er durch anderweitige Verwendung der Reiseleistungen erwerben kann. Hierfür gilt ein **objektiver Maßstab** (vgl BT-Drucks 8/2343, 12). Eine Unangemessenheit der Entschädigung liegt vor, wenn der Reiseveranstalter bei der Bemessung der Höhe der Entschädigung ersparte Verpflegungs-, Unterbringungs- oder Beförderungskosten unberücksichtigt lässt (so zutreffend BARTL Rn 141). Die praktische Bedeutung der Regelung des § 651i Abs 2 ist allerdings relativ gering, da der Reiseveranstalter regelmäßig von der Möglichkeit Gebrauch machen wird, die Entschädigung nach § 651i Abs 3 zu **pauschalieren**. Abs 2 kommt aber dann zur Geltung, wenn eine Pauschalierung unwirksam ist (so auch BECHHOFER 130; EICHINGER, Rücktritt 100, 118; HEINZ 94; SEYDERHELM Rn 25; SOERGEL/H-W ECKERT Rn 13; vgl unten Rn 64 f).

Ersparte Aufwendungen im Sinne von § 651i Abs 2 S 3 sind zB Kosten für Beförde- **30** rungsmittel und Gutschriften der Hotels für nicht in Anspruch genommene Unterkunfts- und Verpflegungsleistungen, aber auch Flughafengebühren, Kurtaxen und ähnliche Nebenleistungen (vgl BIDINGER/MÜLLER 217; FÜHRICH Rn 421; HEINZ 92; SOERGEL/H-W ECKERT Rn 13; TONNER, Reisevertrag Rn 10 ff). Erfolgt der Rücktritt durch **Nichtantritt der Reise**, so umfasst die Entschädigung im Regelfall den vollen Reisepreis, da dem Veranstalter anderweitige Dispositionen kaum noch möglich sein werden (vgl oben Rn 17).

Eine Entschädigung nach § 651i Abs 2 hat sich zunächst am **Reisepreis** zu orientieren. **31** Dem liegt die zutreffende Erwägung zugrunde, dass der Reiseveranstalter bereits zu diesem Zeitpunkt umfangreiche Aufwendungen gehabt hat. Der Gesetzgeber geht also nicht davon aus, dass der Reiseveranstalter vor Antritt der Reise nur organisatorische Aufwendungen hat, also insbesondere noch keine Zahlungen an Leistungsträger erbracht hat (so aber TONNER DB 1980, 1629, 1631 Fn 31). Gleichwohl hat der Reiseveranstalter bei der Entschädigung diejenigen Aufwendungen in Abzug zu bringen, die er erspart hat. Gelingt es ihm also, einen Vertrag mit einem Leistungsträger personell zu reduzieren, so muss er die ersparten Aufwendungen als Abzugsposten in Rechnung stellen. Fraglich ist aber, ob von ersparten Aufwendungen auch dann gesprochen werden kann, wenn der Reiseveranstalter diese nicht in seine Kalkulation einbeziehen kann. Dies ist im Ergebnis zu verneinen: Mit dem freien, dh an keine Begründungspflicht gekoppelten Rücktrittsrecht korrespondiert die Pflicht des Reisenden, auch dann den Reisepreis als Entschädigung zu leisten.

bb) Anderweitige Verwendung der Reiseleistungen
Abweichend von § 649 hat sich der Reiseveranstalter den objektiv noch möglichen **32**

anderweitigen Erwerb und nicht nur den „böswillig" unterlassenen Erwerb anrechnen zu lassen (vgl OLG Nürnberg NJW 1999, 3128; dazu auch REBMANN DRiZ 1978, 269, 271; EBERLE DB 1979, 341, 346; ERMAN/SEILER Rn 4; FÜHRICH Rn 422; kritisch LEONARDY DRiZ 1978, 267, 269; vgl auch BT-Drucks 8/2343, 12). Dies bedeutet aber wohl keinen qualitativen Unterschied zwischen beiden Regelungen, sondern nur eine Konzession an den modernen Sprachgebrauch (vgl aber auch BT-Drucks 8/2343 zu § 651i).

33 Ist die Reise trotz des Rücktritts eines Reisenden **gleichwohl ausgebucht**, so erhält der Reiseveranstalter nach § 651i Abs 2 S 2, 3 nur seine Unkosten für die fehlgeschlagene Buchung des zurückgetretenen Reisenden (BECHHOFER 130; EBERLE DB 1979, 341, 346; H-W ECKERT, Pauschalreiserecht 221 f; ERMAN/SEILER Rn 4; MünchKomm/TONNER Rn 8; SEYDERHELM Rn 28; SOERGEL/H-W ECKERT Rn 13).

34 War die Reise noch **nicht ausgebucht** und buchen nach dem Rücktritt eines Reisenden noch andere Kunden, so kann sich der zurücktretende Kunde nicht darauf berufen, dass gerade sein durch den Rücktritt frei gewordener Reiseplatz belegt worden ist (FÜHRICH Rn 442). Der Veranstalter seinerseits kann eine anderweitige Verwendung der Reiseleistung bei ausgebuchter Reise nicht mit dem Hinweis darauf bestreiten, dass der Ersatzreisende andernfalls bei ihm eine andere Reise gebucht hätte (vgl LÖWE 56, 57; MünchKomm/TONNER Rn 8). Die Entschädigung nach § 651i ist nun einmal kein Schadensersatzanspruch, in dessen Rahmen allein der entgangene Gewinn Berücksichtigung finden könnte (§ 252).

35 Die Reiseleistung ist also anderweitig verwandt, wenn es dem Reiseveranstalter möglich war, einen **Ersatzkunden** zu gewinnen, der die dem ausscheidenden Reisenden zugedachte Reiseleistung in Anspruch genommen hat (vgl ERMAN/SEILER Rn 4). Dies ist jedoch nur der Fall, wenn die Reise völlig ausgebucht war (ERMAN/SEILER Rn 4).

c) **Pauschalierung der Entschädigung (§ 651i Abs 3)**
aa) **Allgemeines**

36 § 651i Abs 3 eröffnet dem Reiseveranstalter eine vereinfachte Entschädigungsregelung, nämlich die Möglichkeit der **Pauschalierung der Entschädigung** nach § 651i Abs 2. Dem Reiseveranstalter ist es in der Regel nicht zuzumuten, ganz genau zu beziffern, wie hoch sein Entschädigungsanspruch im Einzelfall ist. Dies ist bereits deshalb kaum möglich, weil bei der Buchung, Vermittlung und Durchführung einer Reise vielfältige Kosten entstehen, deren Aufschlüsselung auf einzelne Kostenfaktoren, einzelne Reisen und einzelne Reisende mit erheblichen Schwierigkeiten verbunden ist, die in keinem Verhältnis zur Höhe der Beträge stehen (vgl LG Frankfurt aM FVE Bd 8 Nr 928). Die Reiseveranstalter sind deshalb schon frühzeitig dazu übergegangen, in ihren Allgemeinen Reisebedingungen die Stornogebühren zu pauschalieren, und zwar gestaffelt nach dem Zeitpunkt, zu dem der Rücktritt erklärt wird (vgl Nr 5.1 der Konditionenempfehlung des DRV für ARB).

37 Da die konkrete Berechnungsweise der Entschädigung ausgesprochen schwierig ist, hat der Gesetzgeber in Übereinstimmung mit der bisherigen Vertragspraxis die Rechtsstellung des Reiseveranstalters in § 651i Abs 3 insoweit verstärkt, als danach in dem Reisevertrag ein **Vomhundertsatz des Reisepreises** als Entschädigung festgelegt werden kann, und zwar für jede Reiseart unter Berücksichtigung der **gewöhnlich ersparten Aufwendungen** und des durch anderweitige Verwendung der Reiseleistung

gewöhnlich möglichen Erwerbs. Welcher durch eine anderweitige Verwendung der Reiseleistungen gewöhnlich mögliche Erwerb dabei der Pauschalierung zugrunde zu legen ist, soll sich nach objektiven Gesichtspunkten richten. Diese Pauschalierung muss aber stets vertraglich **vereinbart** worden sein. Der Reiseveranstalter kann sich darüber hinaus in dem Vertrag auch das Recht einräumen lassen, zwischen der konkreten Berechnung nach § 651i Abs 2 und der Pauschalierung nach § 651i Abs 3 **zu wählen** (vgl BGH NJW-RR 1990, 114, 115; OLG München NJW-RR 1987, 493; Bidinger/Müller 216; Führich Rn 423; Hasche 72 ff; Palandt/Sprau Rn 4; Pick Rn 140; Seyderhelm Rn 34; Wolf/Horn/Lindacher § 9 AGBG Rn R 73; **aA** LG Frankfurt aM NJW-RR 1988, 638; RGRK/Recken Rn 23).

Die gesetzliche Ausgestaltung der Pauschalierungsmöglichkeit in § 651i Abs 3 **privi- 38 legiert den Reiseveranstalter**, dem eine konkrete Berechnung des Entschädigungsanspruchs und damit die Offenlegung seiner internen Kalkulationsgrundlagen erspart wird. Der Referentenentwurf 1973 sah für die Pauschalentschädigung noch Höchstsätze vor. 35% des Reisepreises durften danach nicht überschritten werden (BT-Drucks 8/786, 5). Nach der Rechtsprechung des BGH (BGHZ 60, 14) vor In-Kraft-Treten des Reisevertragsgesetzes hatten sich die Stornogebühren grundsätzlich an den vom Veranstalter geleisteten Arbeiten zu orientieren. Rechtspolitisch war die Möglichkeit einer Pauschalentschädigung bereits im Gesetzgebungsverfahren strittig. Für sie lassen sich insbesondere eine langjährige Praxis in der Reisebranche und die Schwierigkeiten der konkreten Berechnung der Entschädigung ins Feld führen (vgl Bartl Rn 142). Fraglich bleibt jedoch, ob die in § 651i Abs 3 vorgesehenen **gesetzlichen Kautelen** gegen überhöhte Pauschalentschädigungen wirklich geeignet sind, den Verbraucher vor einer Übervorteilung zu schützen.

bb) Berechnungsmodalitäten

Das Gesetz verlangt eine Festlegung in Form eines **Prozentsatzes des Reisepreises und 39 eine Unterscheidung je nach der Reiseart** (vgl Erman/Seiler Rn 6; Seyderhelm Rn 35). Bei einer **Schiffsreise** ist die Pauschale üblicherweise höher als bei einer **Flugreise** und bei dieser höher als bei einer **Bahnreise** (vgl Bartl NJW 1979, 1384, 1389; Eberle DB 1979, 341, 346; Führich Rn 424 f). Dies entspricht der Erfahrung, dass Schiffsreisen am schwersten kurzfristig anderweitig unterzubringen sind; ähnliches gilt für die Vermittlung von Ferienwohnungen. Der Reiseveranstalter hat daher nicht nur zu prüfen, ob bei den unterschiedlichen **Reisearten** (Flug-, Schiffs- und Bahn-/Busreisen) das Leerbleiben eines Platzes zu unterschiedlichen Kosten führt, und danach die Pauschalen unterschiedlich zu gestalten. Er muss vielmehr ausnahmslos die verschiedenen Reisearten mit unterschiedlichen Pauschalentschädigungen ausweisen. Ob diese Differenzierung nach Beförderungsarten für eine gerechte Bemessung der Pauschale ausreicht (vgl kritisch Führich Rn 424; MünchKomm/Wolter[2] Rn 12), mag bezweifelt werden. Immerhin ist sie ein brauchbares Kriterium. Die Einbeziehung weiterer Kriterien – zB Reiseziel, Reisezeit, Größe des Reiseveranstalters, Marktmacht des Reiseveranstalters gegenüber den Leistungsträgern (vgl Führich Rn 424; MünchKomm/Wolter[2] Rn 12; Seyderhelm Rn 35) – mag zwar theoretisch sinnvoll sein, wäre aber mit dem Zweck einer praktikablen Pauschalierungsabrede unvereinbar. Gleichwohl ist die Frage, wie einzelfallbezogen die pauschalierte Entschädigung zu berechnen ist, nicht einfach zu beantworten. Eine pauschalierte Rücktrittsgebühr, die der Veranstalter ausschließlich nach der Zeitdauer zwischen Rücktrittserklärung und Reisebeginn bemisst, ist aber jedenfalls unwirksam (OLG Frankfurt aM NJW 1982, 2200).

40 Hinsichtlich der **zulässigen Höhe** einer Stornoklausel war auch die **Rechtsprechung vor In-Kraft-Treten des Reisevertragsgesetzes** höchst unsicher. So hat das AG Frankfurt aM eine Pauschale von 50% gebilligt, und zwar bei einem Rücktritt von einer Reise vier Tage vor Reiseantritt (AG Frankfurt aM FVE Bd 9 Nr 965). Das AG Ludwigshafen hat dagegen eine vereinbarte Rücktrittspauschale von 75% auf 15% zuzüglich einer Bearbeitungsgebühr herabgesetzt, als ein Reisender bei Reisebeginn ohne irgendwelche Erklärungen einfach nicht erschien. Der BGH (BGHZ 60, 14) ist vor In-Kraft-Treten des Reisevertragsgesetzes davon ausgegangen, dass es auch darauf ankommen kann, ob der Rücktritt innerhalb oder außerhalb der Hochsaison ausgeübt wird oder ob der Rücktritt eine Reise betrifft, die erst kurz vor Reisebeginn gebucht worden ist (last-minute-Reisen). Die **Rechtsprechung nach In-Kraft-Treten** des Reisevertragsgesetzes bewegt sich ebenfalls annähernd auf dieser Linie. Unzulässig sind danach auch bei kurzfristigem Rücktritt jedenfalls Stornogebühren in Höhe von **100%** (BGH NJW 1985, 633; OLG Celle RRa 1995, 52; OLG Nürnberg NJW 1999, 3128). **50%** werden dagegen bei kurzfristigem Rücktritt stets für zulässig gehalten (BGH NJW 1992, 3163; OLG Frankfurt aM NJW 1982, 2198; OLG Nürnberg NJW 1999, 3128; LG Hannover NJW-RR 1987, 1979; LG Düsseldorf VuR 1991, 111). **80%** sollen bei einem Rücktritt einen Tag vor Reisebeginn zulässig sein (AG Stuttgart FVE Nr 560). 30 Tage vor dem Reisebeginn können andererseits **80%** nicht verlangt werden (BGH NJW-RR 1990, 114). Ob bei einer Flug- und Rundreise wegen des mit ihr regelmäßig verbundenen höheren organisatorischen Aufwandes daher eine Pauschale von **90%** bei einem Rücktritt innerhalb von zwei Wochen vor Reisebeginn tatsächlich nicht zu beanstanden ist, erscheint daher fraglich (so aber LG Köln NJW-RR 2001, 1064, 1066).

41 Die **Wirksamkeit** einer Pauschalierungsabrede nach § 651i Abs 3 hängt zunächst davon ab, ob der Reiseveranstalter in Übereinstimmung mit der gesetzlichen Regelung, ausgehend vom **Reisepreis**, bei der Bemessung des Prozentsatzes die **gewöhnlich ersparten Aufwendungen** und den durch anderweitige Verwertung der Reiseleistungen **gewöhnlich möglichen anderweitigen Erwerb** berücksichtigt hat. Die im Einzelfall ersparten Aufwendungen sind insoweit allerdings ohne Bedeutung. Der Gesetzgeber hat mit diesem Ausgangspunkt keineswegs alles der Rechtsprechung überlassen (so aber EBERLE DB 1979, 341, 343). Es ist sogar zu begrüßen, dass der Gesetzgeber auf die Festlegung von Obergrenzen hinsichtlich der Pauschalen für die einzelnen Reiseleistungen verzichtet hat (vgl aber EBERLE DB 1979, 341, 347). **Obergrenzen** bringen immer die Gefahr mit sich, dass sie auch in vollem Umfang ausgeschöpft werden.

42 Pauschalen in **Allgemeinen Reisebedingungen**, die **über 50%** hinausgehen, erscheinen jedenfalls grundsätzlich bedenklich (vgl aber OLG Nürnberg NJW 1999, 3128: 55% unbedenklich). § 651i Abs 3 geht eben vom gewöhnlichen Lauf der Dinge aus und nach diesem gewöhnlichen Lauf der Dinge ist ein Teil kurzfristig stornierter Reisen absetzbar. Der Pauschale hat die Durchschnittskalkulation zugrunde zu liegen. Es ist deshalb auch nichts gegen eine Gleichbehandlung der Fälle einzuwenden, in denen der nicht in Anspruch genommene Platz anderweitig besetzt worden ist, also nur Umbuchungskosten entstanden sind, mit denjenigen, in denen der Platz frei geblieben ist (so zutreffend EBERLE DB 1979, 341, 346). Der Reiseveranstalter kann die festgesetzte Pauschale auch dann in voller Höhe verlangen, wenn er im Einzelfall den durch den Rücktritt freigewordenen Platz mit einem anderen Teilnehmer besetzen konnte. Demgegenüber sah § 8 Abs 3 des Regierungsentwurfs noch vor, dass dem

Reiseveranstalter ein Anspruch auf die Pauschalentschädigung nicht zustehen sollte, soweit die Pauschale unter Berücksichtigung der Umstände des Falles, insbesondere einer anderweitigen Verwertung der Reiseleistungen, unverhältnismäßig hoch ist.

Bezüglich der **Einzelfallbezogenheit** der Entschädigung herrscht aber im Einzelnen **43** Unklarheit. Nach TONNER (Reisevertrag Rn 16 f) muss der Reiseveranstalter bei der Berechnung der Pauschalentschädigung berücksichtigen, was er bei Leerbleiben eines Platzes an den einzelnen Leistungsträger zu zahlen hat. Dabei soll vor allem in die Berechnung einbezogen werden, dass, soweit ein Ersatzreisender gefunden wird, lediglich Umbuchungskosten anfallen. Eine Pauschalregelung, welche die Fälle der anderweitigen Vergabe und des Leerbleibens von Plätzen einheitlich behandelt, sei danach unzulässig. Dies gelte zumindest bei entsprechenden Vereinbarungen in Allgemeinen Reisebedingungen, weil eine derartige Regelung mit § 309 Nr 5 b nicht im Einklang stehe. Außerdem wird die Einbeziehung **zusätzlicher Kriterien** wie der Reisecharakter (Anfahrt eines Zielortes oder Rundreise), die Unterscheidung zwischen Haupt-, Zwischen- und Nebensaison, die Beliebtheit des Reiseziels und die wirtschaftliche Größe des Veranstalters gefordert (vgl OLG Nürnberg NJW 1999, 3128; H-W ECKERT, Pauschalreiserecht 225 f; MünchKomm/TONNER Rn 12; SOERGEL/H-W ECKERT Rn 14 f; TEMPEL RRa 1998, 19, 35). Zu berücksichtigen sollen auch die **Informationspflichten** des Reiseveranstalters, zB über drohende Naturkatastrophen im Urlaubsgebiet, sein. Da die Stornogebühren umso niedriger seien, je frühzeitiger der Reisende kündige, stellten durch unterlassene oder verspätete Informationen von Seiten des Veranstalters verursachte höhere Stornokosten einen Schaden des Reisenden dar, der zu einer Herabsetzung der Stornokosten auf den Betrag führen müsse, der im Zeitpunkt der frühestmöglichen Information fällig gewesen wäre (TONNER/KRAUSE NJW 2000, 2665, 2667).

Die wohl überwiegende Meinung (vgl nur OLG Hamburg DB 1981, 1718; OLG Frankfurt aM **44** NJW 1982, 2198) steht ebenfalls auf dem Standpunkt, dass trotz der grundsätzlichen Möglichkeit der Pauschalierung nach § 651i Abs 3 breiter Raum für einzelvertragliche Regelungen und Allgemeine Reisebedingungen verbleibt, deren Ausfüllung als eine den § 651i ergänzende Regelung nach § 307 Abs 3 AGBG der Inhaltskontrolle nach §§ 307 Abs 1, 2, 308, 309 unterliegt.

Diese Auffassung ist abzulehnen, weil sie letzthin darauf hinausläuft, dass der Reise- **45** veranstalter die Pauschale **stets einzelfallbezogen** zu errechnen hat. Dann käme § 651i Abs 3 aber praktisch keine eigenständige Bedeutung mehr zu. Die mit dieser Regelung **angestrebte Rationalisierung** des Vertragswesens würde im Ergebnis leerlaufen (so auch FÜHRICH Rn 424), die gesetzliche Regelung des § 651i Abs 3 würde der AGB-Kontrolle unterworfen. Dem Reisenden bleibt es aber vorbehalten, im Einzelfall die **Angemessenheit** der **Pauschale zu bestreiten**. Die **Darlegungs- und Beweislast** für die Voraussetzungen der Entschädigung trägt nun einmal zunächst der Reiseveranstalter (vgl BT-Drucks 8/2243, 12; ERMAN/SEILER Rn 9; LÖWE 58).

Der Reisende muss aber, wenn er die Angemessenheit der Stornogebühren bestrei- **46** ten will, im Einzelnen substantiiert vortragen, dass diese der Höhe nach nicht dem gewöhnlichen Lauf der Dinge entsprechen. Ein einfaches Bestreiten, die pauschale Entschädigung sei zu hoch, reicht insoweit nicht aus (SEYDERHELM Rn 43). Vielmehr muss der Reisende zB die Unangemessenheit durch einen Vergleich mit abweichenden Pauschalierungsabreden desselben oder anderer Verwender von ARB plausibel machen (vgl OLG Frankfurt aM NJW 1982, 2198; OLG Karlsruhe NJW-RR 1998, 841; OLG Nürnberg NJW 1999, 3128; AG Berlin-Charlottenburg FVE Nr 250). Allerdings dürfen an die Substantiierung des Bestreitens keine überhöhten Anforderungen gestellt werden, da dem Reisenden in der Regel die kalkulatorischen Grundlagen des Reiseveranstalters unbekannt sind.

47 Hat der Reisende die Angemessenheit der Stornopauschale bestritten, so muss der Reiseveranstalter die **Üblichkeit** der Rechnungsposten dartun und beweisen. Die Darlegung und der Beweis einer Reihe von Fällen, in denen die Berechnungsart „passt", ist dafür nicht ausreichend (aA wohl BARTL NJW 1979 1384, 1389), da auch eine Mehrzahl von Fällen nicht repräsentativ zu sein braucht. Gelingt dem Reiseveranstalter dieser Beweis nicht, so ist die Pauschalierungsabrede nach §§ 651i Abs 3, 651m S 1 unwirksam. Der Reiseveranstalter kann sodann aber zur konkreten Berechnung nach § 651i Abs 2 übergehen.

48 Es ist also zu verlangen, dass der Reiseveranstalter anhand einer Vielzahl von vergleichbaren Fällen die **normalerweise ersparten Aufwendungen** und den **gewöhnlichen Erwerb nachweist** (BARTL NJW 1979, 1384, 1389; BAUMGÄRTEL/STRIEDER Rn 3; SEYDERHELM Rn 43; SOERGEL/H-W ECKERT Rn 18). Unter Berücksichtigung der Reiseart und des bis zum Reisebeginn verbleibenden Zeitraums hat der Veranstalter dafür vergleichbare Abwicklungsfälle gruppenmäßig zusammenzufassen und ihre gemeinsamen Folgen darzulegen (so zutreffend OLG Nürnberg NJW 1999, 3128; BAUMGÄRTEL/STRIEDER Rn 3). Die danach erforderliche Offenlegung der Berechnungsweise setzt zwar nicht die Offenlegung seiner Kalkulationsgrundlagen voraus (aA SOERGEL/MÜHL Rn 18), doch muss der Veranstalter eventuell Vorjahresstatistiken sowie hinsichtlich der ersparten Aufwendungen auch seine Verträge mit den Leistungsträgern vorlegen (SOERGEL/H-W ECKERT Rn 18).

cc) **Inhaltskontrolle nach den §§ 307 ff**

49 Ob Pauschalvereinbarungen im Sinne des § 651i Abs 3 darüber hinaus auch an den Maßstäben der §§ 307 ff zu messen sind, ist str (vgl ERMAN/SEILER Rn 8; FÜHRICH Rn 426; MünchKomm/TONNER Rn 13; SEYDERHELM Rn 38 ff; SOERGEL/H-W ECKERT Rn 16). Auch wenn man Pauschalen über 50% für bedenklich hält, steht damit noch nicht fest, dass Pauschalierungsabreden, soweit sie in Allgemeinen Reisebedingungen erfolgen, überhaupt der **Kontrolle der §§ 307 ff** unterliegen (dies bejahend: BGH NJW-RR 1990, 114; NJW 1992, 3158 u 3163; OLG Hamburg NJW 1981, 2420; OLG Frankfurt aM NJW 1982, 2198; OLG Nürnberg NJW 1999, 3128; LG Frankfurt aM NJW-RR 1988, 638; LG Hannover NJW-RR 1987, 1079; LG Darmstadt VuR 1990, 82; BIDINGER/MÜLLER 218 f; ERMAN/SEILER Rn 8; FÜHRICH Rn 426; MünchKomm/TONNER Rn 13; BGB-RGRK/RECKEN Rn 22; ULMER/BRANDNER/ HENSEN Anh §§ 9—11 AGBG Rn 588; WOLF/HORN/LINDACHER § 9 AGBG Rn R 71; aA EICHINGER, Rücktritt 97 f; kritisch SEYDERHELM Rn 38; vgl auch oben Rn 23 ff). Auch diesem Streit kommt allerdings kaum praktische Bedeutung zu, da eine Stornopauschale, die den Maßstäben des § 651i Abs 3 standhält, auch nicht nach den §§ 307, 308 Nr 7, 309 Nr 5 a und b unwirksam sein wird (vgl auch SEYDERHELM Rn 38).

50 Zunächst leuchtet es nicht ein, dass eine zwingende, an einem einzelnen Rechtsgeschäftstyp ausgerichtete Regelung, die als Verbraucherschutzsystem konzipiert ist und die eigene Berechnungsgrundlagen ausweist, zusätzlich an §§ 307 ff gemessen

werden soll, obwohl das Reisevertragsgesetz gerade nicht die Kumulierung des Schutzes durch die §§ 307 ff und des Schutzes durch zwingendes Gesetzesrecht anstrebt. Im **Gesetzgebungsverfahren** ist gerade bei der Beratung des heutigen § 651m S 1 darauf aufmerksam gemacht worden, dass ein Schutz durch die §§ 307 ff nicht geboten sei. Ein zusätzlicher, über § 651m S 1 hinausgehender Verbraucherschutz nach den §§ 307 ff erscheint überzogen (vgl auch SEYDERHELM Rn 38). So überrascht es nicht, dass diejenigen, die eine umfassende Inhaltskontrolle befürworten, bei ihrer Argumentation häufig in Widerspruch zu den Wertungen des Reisevertragsgesetzes geraten (auf den Gleichlauf von § 651i Abs 2 u 3 einerseits und §§ 309 Nr 5 a, 308 Nr 7 und 307 andererseits weist auch SEYDERHELM Rn 38 hin).

Allgemeine Reisebedingungen über Pauschalentschädigungen können nicht an **§ 308 Nr 7 b** und **§ 309 Nr 5 a, b** gemessen werden. Diese Normen knüpfen an Aufwendungsersatz und pauschalierten Schadensersatz an. Beides ist in § 651i Abs 3 nicht geregelt (vgl oben Rn 23 ff; aA BARTL Rn 143; BAUMGÄRTEL/STRIEDER Rn 3; FÜHRICH Rn 420; MünchKomm/TONNER Rn 6; BGB-RGRK/RECKEN Rn 20). § 651i Abs 1 normiert vielmehr allein eine Rücktrittsentschädigung. Allerdings geht die Rspr verstärkt den Weg einer Inhaltskontrolle dieser gesetzlichen Grundentscheidung, wendet also § 309 Nr 5 unmittelbar oder analog auf Stornopauschalen an. Eine Pauschalierung, die sich an den Maßstäben des § 651i Abs 3 orientiert, kann den Vertragspartner des Reiseveranstalters auch nicht entgegen den Geboten von Treu und Glauben iSd § 307 unangemessen benachteiligen (so zutreffend SEYDERHELM Rn 38; aA OLG Nürnberg NJW 1999, 3128; ERMAN/SEILER Rn 8). Der Reisende hat nach dem oben Gesagten (Rn 45 ff) immer die Möglichkeit, die Angemessenheit der im Einzelfall geltend gemachten Pauschalentschädigung anzugreifen. Gelingt es dem Reiseveranstalter nicht, darzulegen und zu beweisen, dass er sich an die Berechnungsmodalität des § 651i Abs 3 gehalten hat, so erhält er keine Pauschalentschädigung. Der Gesetzgeber war sich bei der Schaffung des § 651i Abs 3 bewusst, dass die Pauschalentschädigung in der Praxis nicht über Individualvereinbarungen, sondern nur über Allgemeine Reisebedingungen zu realisieren ist. Die von ihm eröffnete Möglichkeit der Rationalisierung des Vertragswesens wird jedoch durch Heranziehung des § 307 wieder zunichte gemacht, wenn man auf die Angemessenheit der Pauschale im Einzelfall abstellt (vgl ERMAN/ SEILER Rn 8; HANSEN 124 ff; SOERGEL/H-W ECKERT Rn 16; TEMPEL NJW 1984, 2398, 2399; aA HEINZ 95; LÖWE BB 1979, 1357, 1366). In diesem Zusammenhang kann, da § 651i Abs 1 ein voraussetzungsloses Rücktrittsrecht einräumt, auch nicht danach unterschieden werden, ob der Reisende den Rücktritt zu vertreten hat. Dadurch würde der Rationalisierungseffekt des § 651i Abs 3 wieder entscheidend beeinträchtigt. Dabei ist gleichgültig, dass Rücktrittskostenversicherungen eine entsprechende Unterscheidung treffen. Der Hinweis darauf, dass dieselbe Wirkung, also eine Beeinträchtigung der Rationalisierung des Vertragswesens, auch ansonsten bei der Anwendung des § 309 Nr 5 eintrete, ändert hieran wenig, weil im Rahmen des Reisevertragsgesetzes der Verwender der Pauschalierungsabrede im Gegensatz zu den sonstigen Fällen lediglich von einer ihm vom Gesetz ausdrücklich eingeräumten Möglichkeit Gebrauch macht. Von daher ist es fragwürdig, den Rationalisierungsverlust im Interesse der Einzelfallgerechtigkeit hinnehmen zu wollen (so aber LÖWE 60).

d) Einzelne Ausgestaltungen

In ARB ist die folgende Staffelung von Stornogebühren für Flugpauschalreisen geläufig (vgl OLG Frankfurt aM NJW 1982, 2198; SEYDERHELM Rn 36):

„Die pauschalierten Rücktrittsgebühren betragen je angemeldeten Teilnehmer:
Bis 30 Tage vor Reisebeginn: 4%
28. bis 22. Tag vor Reisebeginn: 8%
21. bis 15. Tag vor Reisebeginn: 25%
14. bis 7. Tag vor Reisebeginn: 40%
Ab 6. Tag vor Reisebeginn: 50%"

53 Eine derartige Klausel ist nach vertretener Auffassung unwirksam, wobei allerdings nicht immer eindeutig ist, ob die Unwirksamkeit aus § 651m S 1 oder aus einem Verstoß gegen § 307 Abs 2 Nr 1 hergeleitet wird (vgl die zweigleisige Argumentation des OLG Frankfurt aM NJW 1982, 2198, 2200).

Die **Unwirksamkeit der Klausel** wird damit **begründet**, dass der Reiseveranstalter mit ihr nicht hinreichend deutlich zum Ausdruck bringe, dass die Pauschale auf der im Gesetz vorgesehenen Berechnungsweise (vgl § 651i Abs 2 u 3) basiert. Dies soll einen Verstoß gegen **§ 307 Abs 2 Nr 1** darstellen (OLG Frankfurt aM NJW 1982, 2198, 2199). Daneben soll eine derartige ARB-Klausel aber auch gegen **§ 309 Nr 5 b** verstoßen (vgl zur Anwendbarkeit von § 309 Nr 5 b aber auch ERMAN/SEILER Rn 8), da es sich bei einer so berechneten Rücktrittspauschale der Sache nach um Schadensersatz handele. Bei diesem dürfe dem Vertragspartner des Verwenders nicht der Nachweis abgeschnitten werden, ein Schaden sei nicht oder nur in wesentlich geringerem Umfang entstanden. Ein Verstoß gegen diesen Grundsatz und damit gegen § 309 Nr 5 b soll dabei bereits vorliegen, wenn die ARB-Klausel ohne dies ausdrücklich festzustellen, den Eindruck erwecke, der Gegenbeweis sei ausgeschlossen (BGH NJW 1985, 633; NJW-RR 1990, 114; NJW 1992, 3158; OLG Frankfurt aM NJW 1982, 2198, 2200; OLG Stuttgart NJW 1981, 1105, 1106; LG Hannover NJW-RR 1987, 1079; LG Braunschweig NJW-RR 1986, 144; FÜHRICH Rn 426; Münch-Komm/TONNER Rn 14).

54 Diese Begründung überzeugt nicht. Verlangt man, dass der Reiseveranstalter unter Heranziehung der Kriterien des § 651i Abs 3 über die betriebswirtschaftlich zutreffende und vertretbare Kalkulation hinaus zu erkennen gibt, dass er auf der in § 651i Abs 2 vorgesehenen Berechnungsweise aufbaut, so wird die konkrete Berechnung der Entschädigung nach § 651i Abs 2 S 3 in unzulässiger Weise mit der pauschalen Berechnung nach § 651i Abs 3 vermengt (vgl SOERGEL/H-W ECKERT Rn 16). Zugleich wird dadurch dem Reiseveranstalter entweder die Möglichkeit der Pauschalierung der Entschädigung genommen oder eine Transparenz der Rechtslage vorgetäuscht, die in Wirklichkeit nicht gegeben ist. Selbst wenn der Reiseveranstalter im letzteren Fall auf die Berechnungsweise hinweist, so ist dem Kunden doch immer noch nicht klar, wie er die Berechnung angreifen soll. Viel bedeutsamer ist jedoch, dass § 651i Abs 2 S 2 gar **keine Schadensersatzverpflichtung** anordnet. Aus der Verbindung des Rücktrittsrechts mit dem Anspruch auf Entschädigung kann nicht geschlossen werden, dass der Rücktritt zumindest in seinen Folgen mit einer Vertragsverletzung gleichgestellt werden sollte, die zum Schadensersatz führt. § 309 Nr 5 kann daher auf derartige Klauseln weder direkt noch analog angewandt werden (vgl oben Rn 51; **aA** OLG Hamburg NJW 1981, 2420). Zuzugestehen ist der Gegenansicht allerdings, dass durch die Verwendung des Begriffs „Rücktrittsgebühren" beim Kunden der Eindruck erweckt wird, dass es sich hierbei um feststehende Sätze handelt. Dabei ist aber zu berücksichtigen, dass auch bei Anwendung des § 309 Nr 5 die Rechtslage für den Kunden nicht unbedingt transparent ist. Die hL (vgl ULMER/BRANDNER/HENSEN § 11

Nr 5 AGBG Rn 18; Löwe/vWestphalen/Trinkner § 11 Nr 5 Rn 12) hält es nämlich im Rahmen von § 309 Nr 5 keineswegs für erforderlich, dass auf die Möglichkeit des Gegenbeweises ausdrücklich hingewiesen wird. Letztlich zeigt sich in diesem Zusammenhang erneut ein Grundübel der halbzwingenden Regelung der §§ 651a ff: Durch die gesetzliche Regelung wird die Transparenz der Rechtslage für den Verbraucher beeinträchtigt, die über Allgemeine Reisebedingungen zumindest noch in Grenzen herbeigeführt werden könnte. Die Vorstellung, dass dem Reisenden das Reisevertragsgesetz bekannt ist, ist eine bloße, meist nicht der Wirklichkeit entsprechende, Unterstellung.

55 Unwirksam soll auch folgende Stornoklausel sein:

„a) Danach kommen folgende pauschalierte Stornierungskosten in Anrechnung:

	Pauschalreisen	ET-Charterflug
29–20 Tage vor Abflug	25%	25%
19–10 Tage vor Abflug	40%	50%
9–2 Tage vor Abflug	50%	85%

Bei Stornierungen am Tage der Abreise oder bei Nichtantritt der Reise werden Transportausfallkosten fällig

	65%	100%

Die vorgenannten Gebühren sind sofort nach Rechnungstellung zahlbar.
b) Änderungen der Leistungen und Preise ... sind ausdrücklich vorbehalten und bedingen keinen Anspruch."

56 Die Rspr neigt dazu, derartige Klauseln an **§ 309 Nr 5** zu messen (vgl OLG Hamburg NJW 1981, 2420; LG München I AGBG II § 11 Nr 58). Dies ist nach dem oben Gesagten (Rn 23 ff, 49 ff u 54) problematisch, da § 309 Nr 5 nur die Pauschalierung von **Schadensersatzansprüchen** zum Gegenstand hat, während § 651i Abs 2 von einem **Entschädigungsanspruch** ausgeht. Derartige Stornoklauseln sind auch keine Abwicklungsklauseln nach § 308 Nr 7 oder Vertragsstrafeversprechen nach § 309 Nr 6. Insbesondere die Einordnung derartiger Klauseln unter § 309 Nr 6 wäre mit der nach § 651i Abs 3 ausdrücklich angeordneten Zulässigkeit von Stornoklauseln schwer vereinbar (so zutreffend OLG Hamburg NJW 1981, 2420, 2421). Die Stornoklauseln können entgegen der Rspr (OLG Hamburg NJW 1981, 2420; LG München I AGBG II § 11 Nr 58) aber auch nicht an § 309 Nr 5 b gemessen werden. Bei der Entschädigung nach § 651i Abs 2 handelt es sich eben nicht um einen Schadensersatzanspruch (so Rn 23 ff, 49 ff u 54). Wendet man aber mit der Gegenauffassung § 309 Nr 5 b auf derartige Stornoklauseln an, so ist fragwürdig, ob dem Kunden der Nachweis des Fehlens oder des geringeren Umfangs des Schadens – mit der Folge der Unwirksamkeit der ARB-Klausel nach § 309 Nr 5 b – allein dadurch abgeschnitten wird, dass der Verwender es unterlassen hat, auf die Möglichkeit eines solchen Gegenbeweises hinzuweisen. ZT wird die Auffassung vertreten, dass ein solcher Gegenbeweis **auch konkludent** abgeschnitten werden könne (BGH NJW 1985, 633, 634; OLG Frankfurt aM NJW 1982, 2198, 2199; OLG Stuttgart NJW 1981, 1105, 1106; MünchKomm/Tonner Rn 14; Wolf/Horn/Lindacher § 11 Nr 5 AGBG Rn R 29). Der rechtsunkundige Durchschnittsreisende (vgl dazu BGH NJW 1981, 867) soll danach von einem Ausschluss des Gegenbeweises, dass im konkreten Einzelfall ein Schaden überhaupt nicht entstanden oder doch wesentlich niedriger ist, ausgehen, wenn die Klausel ua keinen Hinweis darauf enthält, dass auch Ersatz für entgangenen Gewinn verlangt werde. Ebenso sollen Wortwahl und Diktion den Ausschluss des Gegenbeweises eines fehlenden oder geringeren Schadens zum Ausdruck bringen können (BGH NJW 1985, 633; NJW-RR 1990, 114; NJW 1992, 3158; OLG Stuttgart NJW 1981, 1105, 1106; OLG Hamburg NJW 1981, 2420; Führich Rn 426; MünchKomm/Tonner Rn 14). Diese Auffassung ist abzulehnen. Der Verbraucherschutz hat in § 309 Nr 5 b keinen derart weitgehenden Niederschlag gefunden, und dies aus gutem Grund: Eine entsprechende ausdrückliche Hinweisobliegenheit des Reiseveranstalters kann nämlich den Kunden zu einem zumeist risikolosen Bestreiten des Anspruches verlocken (so Ulmer/Brandner/Hensen § 11 Nr 5 AGBG Rn 2 unter Hinweis auf die Materialien). Soweit das OLG Hamburg (NJW 1981, 2420, 2421) darauf hinweist, dass kein Verwender sich angesichts dieser Regelung auf einen ausdrücklichen Ausschluss des Gegenbeweises einlassen wird und dass es deshalb Sinn und Zweck des Verbraucherschutzes gebieten, § 309 Nr 5 b auch auf solche Klauseln anzuwenden, die diesen Ausschluss durch Wortwahl und Diktion bewirken, überspielt es bewusst die gesetzgeberische Ausgangsentscheidung. Dies gilt insbesondere dann, wenn ein entsprechender Ausschluss vorschnell angenommen wird.

57 Nr 5 der Konditionenempfehlung des DRV für Allgemeine Reisebedingungen sieht folgende Regelung vor:

5.1 Der Kunde kann jederzeit vor Reisebeginn von der Reise zurücktreten. Maßgeblich ist der Zugang der Rücktrittserklärung beim Reiseveranstalter. Dem Kunden wird empfohlen, den Rücktritt schriftlich zu erklären.

Tritt der Kunde vom Reisevertrag zurück oder tritt er die Reise nicht an, so kann der Reiseveranstalter Ersatz für die getroffenen Reisevorkehrungen und für seine Aufwendungen verlangen. Bei der Berechnung des Ersatzes sind gewöhnlich ersparte Aufwendungen und gewöhnlich mögliche anderweitige Verwendungen der Reiseleistungen zu berücksichtigen.

Der Reiseveranstalter kann diesen Ersatzanspruch unter Berücksichtigung der nachstehenden Gliederung nach der Nähe des Zeitpunktes des Rücktritts zum vertraglich vereinbarten Reisebeginn in einem prozentualen Verhältnis zum Reisepreis pauschalieren:

I. Flugpauschalreisen mit Bedarfsluftverkehrsgesellschaften (Charter)
Bis 30 Tage vor Reiseantritt   Ab 14. Tag vor Reiseantritt
Ab 29. bis 22. Tag vor Reiseantritt   Ab 6. Tag vor Reiseantritt
Ab 21. bis 15. Tag vor Reiseantritt

II. ABC, APEX u. ä.
Bei ABC-Flügen, APEX-Flügen, BULK- o. ä. Flügen aufgrund behördlich genehmigter Sondertarife, die ständigen Veränderungen unterliegen, sind entsprechend den in diesen Reisebedingungen festgelegten Grundsätzen die jeweils geltenden tariflichen Fristen festzusetzen.

III. Flugpauschalreisen mit Linienfluggesellschaften
1. Einzel-IT
Bis 30. Tag vor Reiseantritt   Ab 14. Tag vor Reiseantritt
Ab 29. bis 15. Tag vor Reiseantritt
2. Gruppen-IT
Bis 95. Tag vor Reiseantritt   Ab 21. bis 15. Tag vor Reiseantritt
Ab 94. bis 45. Tag vor Reiseantritt   Ab 14. bis 7. Tag vor Reiseantritt
Ab 44. bis 22. Tag vor Reiseantritt   Ab 6. Tag vor Reiseantritt

IV. Schiff
Bis 50. Tag vor Reiseantritt   Ab 21. bis 15. Tag vor Reiseantritt

Ab 49. bis 35. Tag vor Reiseantritt	Ab 14. Tag vor Reiseantritt
Ab 34. bis 22. Tag vor Reiseantritt	

V. Omnibus

Bis 22. Tag vor Reiseantritt	Ab 14. bis 7. Tag vor Reiseantritt
Ab 21. bis 15. Tag vor Reiseantritt	Ab 6. Tag vor Reiseantritt

VI. Bahn

Bis 30. Tag vor Reiseantritt	Ab 14. Tag vor Reiseantritt
Ab 29. bis 15. Tag vor Reiseantritt	

VII. Ferienwohnungen

Bis 45. Tag vor Reiseantritt	Ab 29. Tag vor Reiseantritt
Ab 44. bis 30. Tag vor Reiseantritt	

VIII. Andere Reisearten

Die in den Ziffern I bis VII nicht genannten Reisearten werden hinsichtlich der Rücktrittsfolgen entsprechend den in diesen Reisebedingungen entwickelten Grundsätzen behandelt.

5.2 Werden auf Wunsch des Kunden nach der Buchung der Reise für einen Termin, der innerhalb des zeitlichen Geltungsbereiches der Reiseausschreibung liegt, Änderungen hinsichtlich des Reisetermins, des Reiseziels, des Ortes des Reiseantritts, der Unterkunft oder der Beförderungsart vorgenommen (Umbuchung), kann der Reiseveranstalter bei Einhaltung der nachstehenden Fristen ein Umbuchungsentgelt pro Reisenden erheben.

I. Bei Flugpauschalreisen mit Bedarfsverkehrsgesellschaften (Charter)
    Bis 29. Tag vor Reiseantritt

II. Bei Flugpauschalreisen mit Linienfluggesellschaften

1. Bei Einzel-IT	Bis 30. Tag vor Reiseantritt
2. Bei Gruppen-IT	Bis 95. Tag vor Reiseantritt

III. Bei Schiff
    Bis 50. Tag vor Reiseantritt

IV. Bei Omnibus
    Bis 22. Tag vor Reiseantritt

V. Bei Bahn
    Bis 30. Tag vor Reiseantritt

VI. Bei Ferienwohnungen
    Bis 45. Tag vor Reiseantritt

Umbuchungswünsche des Kunden, die nach Ablauf der Fristen erfolgen, können, sofern ihre Durchführung überhaupt möglich ist, nur nach Rücktritt vom Reisevertrag zu Bedingungen gemäß Ziff. 5.1 und gleichzeitiger Neuanmeldung durchgeführt werden. Dies gilt nicht bei Umbuchungswünschen, die nur geringfügige Kosten verursachen.

5.3 Bis zum Reisebeginn kann der Reisende verlangen, daß statt seiner ein Dritter in die Rechte und Pflichten aus dem Reisevertrag eintritt. Der Reiseveranstalter kann dem Eintritt des Dritten widersprechen, wenn dieser den besonderen Reiseerfordernissen nicht genügt oder seiner Teilnahme gesetzliche Vorschriften oder behördliche Anordnungen entgegenstehen.

Tritt ein Dritter in den Vertrag ein, so haften er und der Reisende dem Reiseveranstalter als Gesamtschuldner für den Reisepreis und die durch den Eintritt des Dritten entstehenden Mehrkosten.

5.4 Im Falle eines Rücktritts kann der Reiseveranstalter vom Kunden die tatsächlich entstandenen Mehrkosten verlangen.

Die Veranstalter haben aus **kartellrechtlichen Gründen** in der Konditionenempfehlung von der Festlegung eines bestimmten Prozentsatzes des Reisepreises als Pauschale abgesehen (vgl FÜHRICH Rn 428). Im Übrigen ist Nr 5.1 der Konditionenempfehlung mit dem gesetzlichen Regelungsgehalt nicht vollkommen deckungsgleich. S 4 lässt nicht erkennen, dass **Bemessungsgrenze** des Anspruchs der **Reisepreis** ist (Führich Rn 427; MünchKomm/Tonner Rn 9; Seyderhelm Rn 32). Auch ist zu beanstanden, dass in S 5 mit der Berücksichtigung der gewöhnlich ersparten Aufwendungen und der gewöhnlich möglichen anderweitigen Verwendungen allein auf die Kriterien der Pauschalierung nach § 651i Abs 3, nicht dagegen auf diejenigen des § 651i Abs 2 S 2 Bezug genommen wird (vgl Führich Rn 427; MünchKomm/Tonner Rn 9; Seyderhelm Rn 32). Problematisch erscheint schließlich Nr 5.4 der Konditionenempfehlung, aufgrund der sich der Veranstalter vorbehält, vom Kunden die **tatsächlich entstandenen Mehrkosten** zu verlangen. Eine Kostenerstattungspflicht ist in § 651i nicht vorgesehen und daher nach § 651m S 1 unwirksam (vgl OLG München NJW-RR 1987, 493; Führich Rn 430; MünchKomm/Tonner Rn 9; Seyderhelm Rn 32).

e) Rückgriff auf konkrete Berechnung

59 Gelingt es dem Reiseveranstalter im Bestreitensfall nicht zu beweisen, dass er bei der Berechnung der Pauschalentschädigung die gewöhnlich ersparten Aufwendungen und den durch anderweitige Verwertung der Reiseleistungen gewöhnlich möglichen Erwerb berücksichtigt hat, so ist die Pauschalierung schon nach § 651i Abs 3 **unwirksam** (§ 651m S 1), da diese Berechnungsart vom Gesetzgeber zwingend festgelegt ist (so zutreffend Erman/Seiler Rn 7; MünchKomm/Löwe[1] Rn 14).

60 Dem Reiseveranstalter steht jedoch weiterhin die Möglichkeit offen, nunmehr seinen Anspruch nach § 651i Abs 2 **konkret** zu berechnen (vgl Bidinger/Müller 220; Erman/Seiler Rn 7). Dies ist ihm nicht deshalb verwehrt, weil die Zulässigkeit des Rückgriffs auf die konkrete Berechnung den Reiseveranstalter zur gefahrlosen Festlegung überhöhter Pauschalentschädigungen verleiten könne. Das Zivilrecht sollte bei der Statuierung solcher Sanktionen Zurückhaltung üben.

f) Rechtsfolgen des Verstoßes gegen § 651i Abs 3

61 Sind die in die Kalkulation aufgenommenen Durchschnittswerte und damit die vereinbarten Prozentsätze, gemessen an § 651i Abs 3, zu hoch, so ist die Vereinbarung **unwirksam**. Dies folgt bereits aus § 651m S 1. Der Reiseveranstalter kann jedoch in diesen Fällen die Entschädigung ebenfalls noch nach **§ 651i Abs 2** berechnen (vgl Erman/Seiler Rn 7; **aA** [es gilt der gesetzlich zulässige Prozentsatz] Palandt/Sprau Rn 4). Eine **geltungserhaltende Reduktion** des vereinbarten Prozentsatzes durch die Gerichte innerhalb der Allgemeinen Reisebedingungen kommt aber nicht in Betracht (LG Braunschweig NJW-RR 1986, 144, 145; LG Frankfurt aM NJW-RR 1988, 638; Bidinger/Müller 220; Führich Rn 426). Es ist grundsätzlich nicht die Aufgabe der Gerichte, gerade noch zulässige Allgemeine Geschäftsbedingungen zu formulieren. Es kommt hinzu, dass der Gesetzgeber im vorliegenden Zusammenhang die Zulässigkeitsgrenzen von Pauschalentschädigungen im Einzelnen festgelegt hat. Es gilt daher nach § 306 Abs 2 die Regelung des § 651i Abs 2 S 2, wobei die Höhe der Entschädigung von einigen Gerichten gem § 287 Abs 1 ZPO geschätzt wird (OLG Celle RRa 1995, 52, 53; LG Frankfurt aM NJW-RR 1988, 639; vgl Führich Rn 426).

IV. Reiserücktrittskostenversicherung

62 Manche Reiseveranstalter rechnen in den Reisepreis bereits die Prämie für eine Reiserücktrittskostenversicherung ein. Die Reiserücktrittskostenversicherung deckt, soweit nicht Ausnahmetatbestände vorliegen, das Risiko des Nichtantritts der Reise

bzw des Reiseabbruchs aus bestimmten Gründen (zB Krankheit oder Unfall des Reisenden selbst oder bestimmter naher Angehöriger, Tod eines nahen Angehörigen, Schwangerschaft, Impfunverträglichkeit) ab. Der Veranstalter muss den Reisenden im Reisevertrag auf die Möglichkeit einer Reiserücktrittskostenversicherung hinweisen (vgl § 6 Abs 2 Nr 9 BGB-InfoV). Unterlässt er einen derartigen Hinweis bei einem Risiko, das die Versicherung abgedeckt hätte, führt dies zum Wegfall seiner Entschädigung nach § 651i Abs 2, 3 (BIDINGER/MÜLLER 220; MünchKomm/TONNER Rn 15) bzw einer Reduzierung der Höhe dieser Entschädigung auf die vom Reisenden eingesparte Prämie. Zugleich macht sich der Veranstalter dem Reisenden gegenüber aus §§ 280 Abs 1, 241 Abs 2 bzw §§ 280 Abs 1 u 3, 282 **(positiver Forderungsverletzung)** schadensersatzpflichtig (ERMAN/SEILER Rn 10).

V. Lösungsmöglichkeiten des Reiseveranstalters

1. Zulässigkeit der Vereinbarung sonstiger Lösungstatbestände

Der **Rücktritt des Reisenden** vor Reiseantritt gemäß § 651i Abs 1 ist der Hauptfall der Rückgängigmachung des Reisevertrages. Der Reisevertrag muss aber vor und während der Reise auch aus anderen Gründen auflösbar sein. Über Allgemeine Reisebedingungen können daher auch nach Reiseantritt für den Reisenden noch weitergehende Rücktrittsrechte eröffnet werden (LÖWE 55). 63

Für den **Reiseveranstalter** sehen die §§ 651a ff, abgesehen von § 651j, keine Möglichkeit zur Lösung vom Reisevertrag vor. § 651j ist aber nicht als abschließende Regelung gedacht, so dass auch dem Reiseveranstalter weitere **gesetzliche Kündigungs- und Rücktrittsrechte** zustehen. Solche können sich aus § 323 oder aus § 314 bei Vorliegen eines wichtigen Grundes ergeben (vgl LG Frankfurt aM NJW RR 1993, 1145; 1994, 375, 376; BIDINGER/MÜLLER 210). Daneben können weitergehende Kündigungs- und Rücktrittsrechte des Reiseveranstalters auch **vertraglich vereinbart** werden (vgl H-W ECKERT, Pauschalreiserecht 201 f). 64

Der Regierungsentwurf bestimmte in § 9 Abs 1 Nr 2 noch, dass der **Reiseveranstalter vor Reisebeginn** vom Vertrag zurücktreten kann, wenn die Mindestteilnehmerzahl nicht erreicht wird, eine entsprechende Rücktrittsmöglichkeit im Vertrag vorgesehen ist und die Rücktrittserklärung gegenüber dem Reisenden unverzüglich erfolgt (vgl BT-Drucks 7/5141). Der Reiseveranstalter sollte in diesen Fällen eine bereits entrichtete Vergütung zurückzugewähren haben. In die §§ 651a–f wurde eine derartige Regelung allerdings nicht aufgenommen. 65

Gleichwohl folgt die Zulässigkeit eines Rücktritts des Reiseveranstalters in solchen Fällen schon aus der in § 651a Abs 5 vorgesehenen Möglichkeit der zulässigen Absage einer Reise (vgl hierzu § 651a Rn 175 ff). Angesichts des erheblichen praktischen Bedürfnisses wird man sich gegen den abschließenden Charakter der §§ 651a ff aussprechen und dem Reiseveranstalter ein entsprechendes Rücktrittsrecht einräumen müssen. Dieses ist allerdings zusätzlich an Art 4 Abs 6 der EG-Pauschalreise-Richtlinie zu messen. Danach darf der Veranstalter, abgesehen von einem **Verschulden des Verbrauchers** und bei **Nichterreichen einer Mindestteilnehmerzahl** (dazu vgl § 651a Rn 176 ff) nur in Fällen höherer Gewalt zurücktreten. 66

67 Auch die Konditionenempfehlung des DRV für Allgemeine Reisebedingungen sieht in Nr 7 a ein derartiges **weitergehendes Rücktrittsrecht** vor:

> **7. Rücktritt und Kündigung durch den Reiseveranstalter**
> Der Reiseveranstalter kann in folgenden Fällen vor Antritt der Reise vom Reisevertrag zurücktreten oder nach Antritt der Reise den Reisevertrag kündigen:
> **a) Ohne Einhaltung einer Frist**
> Wenn der Reisende die Durchführung der Reise ungeachtet einer Abmahnung des Reiseveranstalters nachhaltig stört oder wenn er sich in solchem Maße vertragswidrig verhält, daß die sofortige Aufhebung des Vertrages gerechtfertigt ist. Kündigt der Reiseveranstalter, so behält er den Anspruch auf den Reisepreis; er muß sich jedoch den Wert der ersparten Aufwendungen sowie diejenigen Vorteile anrechnen lassen, die er aus einer anderweitigen Verwendung der nicht in Anspruch genommenen Leistung erlangt, einschließlich der ihm von den Leistungsträgern gutgebrachten Beträge.

2. Fristlose Kündigung während der Reise

68 Nach **Nr 7 a** der Konditionenempfehlung des DRV für Allgemeine Reisebedingungen kann der Reiseveranstalter den Reisevertrag auch nach Antritt der Reise ohne Einhaltung einer Kündigungsfrist kündigen, wenn der Reisende die Durchführung der Reise ungeachtet einer Abmahnung des Reiseveranstalters **nachhaltig stört** oder wenn er sich in einem solchen Maße **vertragswidrig** verhält, dass die sofortige Aufhebung des Vertrages gerechtfertigt ist. Für den Fall der **Ausübung des außerordentlichen Kündigungsrechts** sieht Nr 7 a S 2 der Allgemeinen Reisebedingungen vor, dass der Reiseveranstalter den Anspruch auf den Reisepreis behält. Er muss sich jedoch den Wert der ersparten Aufwendungen sowie diejenigen Vorteile anrechnen lassen, die er aus einer anderweitigen Verwendung der nicht in Anspruch genommenen Leistungen erlangt, einschließlich der ihm von den Leistungsträgern erteilten Gutschriften.

69 Diese Klausel ist zunächst insoweit **unbedenklich**, als sie bei einem vertragswidrigen Verhalten des Reisenden dem Reiseveranstalter ein **Recht zur außerordentlichen Kündigung** einräumt. Diese Klausel spricht dem Reiseveranstalter nur eine Rechtsstellung zu, die ihm nach § 314 ohnehin zukommt (vgl § 651e Rn 7). Zu beachten ist aber, dass eine solche außerordentliche Kündigung grundsätzlich nur wirksam ist, wenn ihr eine **Abmahnung** vorausgegangen ist. Hinsichtlich der Anforderungen an die Abmahnung kann auf die Anforderungen an die Abmahnung im Arbeitsverhältnis zurückgegriffen werden. Es muss also in einer für den Reisenden hinreichend deutlichen Art und Weise das vertragswidrige Verhalten beanstandet und damit der Hinweis verbunden werden, dass im Wiederholungsfall der Fortbestand des Reisevertrages gefährdet ist. Das Wort „Kündigung" braucht nicht verwandt zu werden (BAG DB 1980, 1351). Abmahnungsberechtigt ist dabei nicht nur der **Reiseveranstalter**. Vielmehr sind alle Personen **abmahnungsberechtigt**, die aufgrund ihrer Aufgabenstellung dazu befugt sind, Weisungen hinsichtlich des vertragsgemäßen Verhaltens des Reisenden zu erteilen. Zu diesem Personenkreis sind insbesondere die **Reiseleiter** zu rechnen. Den Reiseveranstaltern ist jedoch zu empfehlen, den Kreis der abmahnungsbefugten Personen zu konkretisieren (vgl hierzu auch § 651e Rn 7).

70 Fraglich ist, ob die in Nr 7 a S 2 für den Fall der außerordentlichen Kündigung angeordneten **Rechtsfolgen** einer Inhaltskontrolle standhalten. Da sich diese Rechtsfolgen an § 651i Abs 2 anlehnen, wird man dies bejahen müssen (vgl BIDINGER/MÜLLER 211; WOLF/HORN/LINDACHER § 9 AGBG Rn R 77). Ob auch § 651i Abs 3, also die Möglichkeit der Vereinbarung einer Pauschalentschädigung, auf außerordentliche Kündigungen des Reiseveranstalters – analog – anwendbar ist, erscheint demgegenüber zweifelhaft. Soweit eine analoge Anwendung des § 651e Abs 3 mit dem Hinweis darauf abgelehnt wird, dass bei einer außerordentlichen Kündigung des Reiseveranstalters die Lösung vom Vertrag vom Kunden zu vertreten ist, ist dies zwar zutreffend (so auch MünchKomm/LÖWE[1] Rn 23). Dass aber gerade im Falle der vom Reisenden zu vertretenden fristlosen Kündigung dem Reiseveranstalter die günstige Pauschalierungsabrechnung versagt ist, liegt im Fortbestehen des Anspruchs des Reiseveranstalters auf den Reisepreis begründet. § 651i Abs 3 ist daher entsprechend anwendbar. Mehrkosten einer vom Veranstalter vermittelten oder vom Reisenden selbst gebuchten Rückreise vor dem vertraglich vorgesehenen Reiseende hat der Reisende selbst zu tragen. Eine Verpflichtung des Reiseveranstalters zur Rückführung des Reisenden kann in diesen Fällen nur in extremen Ausnahmesituationen angenommen werden. Dies ist zB der Fall, wenn dem Reisenden überhaupt keine oder keine zumutbare Rückkehrmöglichkeit zur Verfügung steht (vgl § 651e Rn 60 ff).

VI. Darlegungs- und Beweislast

Der Reisende hat die **Rücktrittserklärung**, ihren **Zeitpunkt** und ihren **Zugang** beim **71** Reiseveranstalter darzulegen und zu beweisen, soweit er den Reisepreis zurückfordert (SEYDERHELM Rn 41; BGB-RGRK/RECKEN Rn 27). Selbst wenn es erwiesen ist, dass der Reisende das Rücktrittsschreiben abgeschickt hat, ist damit noch nicht bewiesen, dass das Rücktrittsschreiben den Veranstalter auch tatsächlich erreicht hat (vgl AG Berlin-Neukölln FVE Nr 204; ERMAN/SEILER Rn 9). Der Kunde trägt also insoweit die **Beweislast** für die **Stornierung** (vgl auch AG Duisburg-Ruhrort FVE Nr 183). Bei empfangsbedürftigen Willenserklärungen ist grundsätzlich der Absender beweispflichtig, dass das Schreiben den Empfänger auch erreicht hat. Dem Reiseveranstalter ist es nicht möglich, den Nichtzugang zu beweisen. Es spricht auch kein Beweis des ersten Anscheins dafür, dass ein in den Postbereich gelangtes Schreiben tatsächlich dem Empfänger zugegangen ist (BGHZ 24, 313).

Die **Angemessenheit der Entschädigung nach § 651i Abs 2 S 2** hat der Reiseveran- **72** stalter **darzutun und ggf zu beweisen** (vgl BAUMGÄRTEL/STRIEDER Rn 1 f; MünchKomm/TONNER Rn 16; SEYDERHELM Rn 42). Dies gilt ohne Einschränkung. Der Gesetzgeber wollte hinsichtlich der Darlegungs- und Beweislast eine Einheitsregelung erreichen. In den Materialien wird ausdrücklich darauf hingewiesen, dass die Angemessenheit der Entschädigung der Reiseveranstalter darzutun und zu beweisen habe. Der Reisende sei überfordert, wenn er dartun müsse, welche **Aufwendungen** der Reiseveranstalter **erspart** habe und welche **anderweitige Verwendung** der Reiseleistung **möglich** gewesen wäre (FÜHRICH Rn 432; SEYDERHELM Rn 42; vgl auch bereits LG Frankfurt aM FVE Bd 8 Nr 828).

Dieser Auffassung kann nur mit Abstrichen gefolgt werden. Sicherlich muss der **73** Reiseveranstalter dartun und beweisen, welche Aufwendungen angefallen sind. Er muss also auch seine **Vertragsbeziehungen zu seinen Leistungsträgern** offenbaren. Dagegen muss er nicht dartun und beweisen, dass eine **andere Verwertung der Reiseleistungen** nicht möglich war (so aber BGH NJW-RR 1990, 114; BARTL Rn 205; BAUMGÄRTEL/

STRIEDER Rn 1 f; FÜHRICH Rn 432; MünchKomm/TONNER Rn 16; PALANDT/SPRAU Rn 2). Einen derartigen Beweis kann der Reiseveranstalter sinnvollerweise nicht erbringen. Insoweit ist daher der Reisende darlegungs- und beweispflichtig (vgl auch LG Düsseldorf FVE Nr 131). Ob dabei dem Reisenden Erfahrungssätze des Inhalts zugute kommen, dass Reisen in der Hochsaison normalerweise ausgebucht sind, erscheint ebenfalls mehr als zweifelhaft. Es ist nicht auszuschließen, dass der Gesetzgeber der Darlegungs- und Beweislast und den sich daraus ergebenden Schwierigkeiten bei der Einzelabrechnung deshalb nicht näher nachgegangen ist, weil er dieser Art der Berechnung der Entschädigung keine größere praktische Bedeutung beigemessen hat. Denn je schwieriger sich die Gestaltung der konkreten Einzelabrechnung darstellt, desto eher werden die Reiseveranstalter von der pauschalen Abrechnung nach § 651i Abs 3 Gebrauch machen.

74 Den Veranstalter trifft also grundsätzlich die Darlegungs- und Beweislast hinsichtlich des **Entschädigungsanspruchs nach § 651i Abs 2** (so AK-BGB/DERLEDER Rn 1; BAUMGÄRTEL/STRIEDER Rn 1; MünchKomm/TONNER Rn 16). Diese von § 649 abweichende Beweislastverteilung erklärt sich daraus, dass der Reiseveranstalter im Gegensatz zum Werkunternehmer iSv § 649 seinen Anspruch auf das vereinbarte Entgelt völlig verliert, während der Vergütungsanspruch im Rahmen des § 649 grundsätzlich bestehen bleibt und lediglich die ersparten Aufwendungen in Abzug zu bringen sind (so zutreffend BAUMGÄRTEL/STRIEDER Rn 1).

75 Auch die Angemessenheit einer **pauschalen Entschädigung nach § 651i Abs 3** hat im Bestreitensfall der Reiseveranstalter darzutun und zu beweisen. Er muss dazu alle nach § 651i Abs 3 relevanten Kriterien darlegen und beweisen (BAUMGÄRTEL/STRIEDER Rn 4; EICHINGER, Rücktritt 98, 119; MünchKomm/TONNER Rn 16; SOERGEL/H-W ECKERT Rn 18; s o Rn 45 ff).

§ 651j
Kündigung wegen höherer Gewalt

(1) Wird die Reise infolge bei Vertragsabschluss nicht voraussehbarer höherer Gewalt erheblich erschwert, gefährdet oder beeinträchtigt, so können sowohl der Reiseveranstalter als auch der Reisende den Vertrag allein nach Maßgabe dieser Vorschrift kündigen.

(2) Wird der Vertrag nach Absatz 1 gekündigt, so finden die Vorschriften des § 651e Abs. 3 Satz 1 und 2, Abs. 4 Satz 1 Anwendung. Die Mehrkosten für die Rückbeförderung sind von den Parteien je zur Hälfte zu tragen. Im Übrigen fallen die Mehrkosten dem Reisenden zur Last.

Schrifttum

BETHÄUSER, Reiserecht und Umweltprobleme – Eine systematische Darstellung der Rechtsprechung, DAR 1991, 441

EISNER, Algen – ein Reisemangel?, DAR 1989, 333

FÜHRICH, Die Risikoverteilung bei höherer Gewalt im Reisevertragsrecht, BB 1991, 493

ders, Umwelteinflüsse bei Pauschalreisen und ihre Konfliktlösungen im Reisevertragsrecht, NJW 1991, 2192
ders, Terror, Angst und höhere Gewalt – Antworten des Reiserechts, RRa 2003, 50
LETTOW, Die Rechtsprechung zur höheren Gewalt, insbesondere bei politischen Unruhen, RRa 1994, 38
PETER/TONNER, Umweltbeeinträchtigungen auf Reisen, NJW 1992, 1794
RECKEN, Neuere Entscheidungen des Bundesgerichtshofs zur Reisestörung durch höhere Gewalt, VuR 1990, 326
ders, Die Rechtsprechung des BGH zum Recht des Reisevertrages, WM 1987, 889
SUDBRINK, Die Kündigung des Reisevertrages wegen höherer Gewalt (§ 651j BGB) unter besonderer Berücksichtigung des Entschädigungsanspruchs des Reiseveranstalters (1990)

TEICHMANN, Die Haftung für „Mängel" und „höhere Gewalt" im Reiserecht, JZ 1990, 1117
ders, JZ 1990, 436
ders, Die Entwicklung der Rechtsprechung zum Reiserecht von 1986 bis 1993, JZ 1993, 823
TEICHMANN/THEIS, Zum Begriff der höheren Gewalt in § 651j BGB, JZ 1987, 826
TEMPEL, Stornokosten bei Kündigung des Reisevertrags wegen höherer Gewalt?, NJW 1990, 821
ders, Probleme der Berechnung von Vergütung und Entschädigung bei höherer Gewalt in Reisesachen, NJW 1997, 621
ders, Zur Kündigung von Reiseverträgen wegen terroristischer Anschläge, NJW 1998, 1827
TONNER/KRAUSE, Urlaub und Witterungsrisiko, NJW 2000, 3665.

Systematische Übersicht

I. Inhalt und Zweck
1. Allgemeines — 1
2. Dogmatische Einordnung des Kündigungsrechts — 4
3. Konkurrenz von Kündigungsrechten — 5
4. Unmöglichkeit der Erbringung der Reiseleistung — 10
5. Wegfall der Geschäftsgrundlage — 13

II. Voraussetzungen des Kündigungsrechts (§ 651j Abs 1)
1. Höhere Gewalt — 14
2. Erhebliche Erschwerung, Gefährdung oder Beeinträchtigung der Reise — 24
3. Zeitpunkt der Kündigung — 25
4. Form der Kündigungserklärung — 26
5. Wirksamwerden der Kündigungserklärung — 27
6. Kündigungsberechtigter — 28

III. Rechtsfolgen der Kündigung (651j Abs 2) — 29
1. Wegfall des Anspruchs auf Zahlung des Reisepreises, Anspruch auf Entschädigung — 30
2. Verpflichtung zur Vornahme der notwendigen Maßnahmen — 33
3. Kostentragungspflicht hinsichtlich der Mehrkosten — 34
4. Rückzahlungsanspruch hinsichtlich des Reisepreises — 36
5. Stornokosten des Reiseveranstalters — 39

IV. Regelungen in Allgemeinen Reisebedingungen — 40

V. Darlegungs- und Beweislast — 43

Alphabetische Übersicht

Allgemeines Lebensrisiko — 18
Anordnungen, hoheitliche — 17, 19
ARB — 1, 40 ff
Arbeitskampf — 22
Atomreaktorunfall — 18
Ausschluss Reisender durch Fluggesellschaft — 12
Außergewöhnliche Umstände — 14, 41

Auswärtiges Amt — 19

Beeinträchtigung, Erheblichkeit — 24
Bereicherungsrecht — 37
Beschlagnahmen — 1
Beweislast — 42
Bürgerkrieg — 19
Bundesregierung — 17

Charterflug — 34
culpa in contrahendo — 20

Diskothek — 8

EG-Pauschalreise – Richtlinie — 16
Einreisebedingungen — 12
Elektrische Versorgung — 24
Embargo — 1
Empfehlung Bundesregierung — 17
Entschädigung, Berechnung — 31
Entschädigungsanspruch — 2
Epidemie — 17
Erdbeben — 18
Erdrutsch — 8, 18
Erheblichkeit Beeinträchtigung — 24
Erkundigungspflichten — 20
Ersatzreisender — 28

Fluggesellschaft — 12, 39
Fluglotsen — 21

Gefährdungshaftung — 22
Gewährleistungsrechte — 8, 13
Gewinnspanne — 32
Gruppenreise — 28

Haftpflichtrecht — 14
Havarien — 1
Höhere Gewalt — 14 ff
Hotel — 39
– Personal — 21, 25
Hurrikan — 20, 26

Informationspflichten — 20

Konditionenempfehlung — 42
Krieg — 17, 19, 41
Kriegsgefahr — 19

Kündigung
– Berechtigter — 28
– Erklärung — 26 ff
– Grund — 6 f
– konkludente — 26
Kündigungsrecht
– Voraussetzungen — 14 ff
– Zeitpunkt — 25

Landerechte — 1
Lawine — 18
Lebensrisiko, allgemeines — 18
Leistungsträger — 22 f
Linienflug — 34

Maßnahmen, notwendige — 33
Meeresverschmutzung — 18
Mehrkosten — 2, 34 ff
Meistbegünstigungsprinzip — 6
Minderung — 9
Mindeststandard — 16

Nachtruhe — 8
Naturkatastrophe — 1, 17 f, 24 f
Normzweck — 1 ff

Passbeamte — 21
Positive Forderungsverletzung — 20, 33
Prognoserisiko — 19

Rechtsnatur Kündigungsrecht — 4
Reisender
– Ausschluss durch Fluggesellschaft — 12
– Rückbeförderung — 26, 33
Reisepreis, Rückzahlungsanspruch — 36 ff
Reiseveranstalter
– Informationspflichten — 20
– Entschädigungsanspruch — 2, 31
– notwendige Maßnahmen — 33
– Rückbeförderungspflicht — 33
– Vorsorgepflicht — 22
Rückgewährschuldverhältnis — 30, 37
Rückreise, Organisation — 26

Schnee — 18
Selbstfahrer — 34
Stornokosten — 2, 39
Strahlengefahr — 18
Strandverschmutzung — 18, 20

Titel 9 · Werkvertrag und ähnliche Verträge § 651j
Untertitel 2 · Reisevertrag 1–3

Streik	17, 21 ff, 41	Vergütungsanspruch, Wegfall	30
Streikdrohung	26	Verjährung	38
		Vorrang	6
Taifun	24	Vorsorgepflicht	22
Terroranschlag	19		
Terroristendrohung	17	Warnhinweise des Auswärtigen Amtes	19
Treu und Glauben	34	Wasserversorgung	8, 20, 24
Trockenheit	20	Wegfall Geschäftsgrundlage	4, 12, 39
Tschernobyl	18	Wegfall Vergütungsanspruch	30
		Werkvertragsrecht	11
Umstände, außergewöhnliche	14, 41	Wetter	18
Unmöglichkeit Reiseleistung	1, 10 ff, 24	Wintersport	18
Unruhen	17, 19	Wirbelsturm	18
Unvorhersehbarkeit	14, 20, 22		
Urlaubszweck	13	Zeitpunkt Kündigungsrecht	25
		Zollbeamte	21
Verbraucherschutz	23	Zustellung Kündigung	27

I. Inhalt und Zweck

1. Allgemeines

§ 651j Abs 1 gewährt **beiden Vertragsparteien** ein Kündigungsrecht, wenn die Reise 1
durch bei Vertragsschluss nicht vorhersehbare **höhere Gewalt** erheblich erschwert,
gefährdet oder beeinträchtigt wird. Das Kündigungsrecht des § 651j setzt dabei nicht
voraus, dass die Reise **unmöglich** geworden ist. § 651j Abs 1 entspricht weitgehend
den vor In-Kraft-Treten des Reisevertragsgesetzes üblichen Allgemeinen Reisebedingungen, die einfach zu einer Gesetzesnorm gemacht wurden.

Hinsichtlich der **Rechtsfolgen** der Kündigung verweist § 651j Abs 2 im Ausgangs- 2
punkt auf die Vorschriften des § 651e Abs 3 u 4, regelt aber die Zuordnung der
kündigungsbedingten Mehrkosten abweichend von § 651e. Als **Folge der Kündigung**
einer Vertragspartei nach § 651j Abs 1 **verliert** der Reiseveranstalter seinen **Vergütungsanspruch**. Für bereits erbrachte Reiseleistungen (bei Kündigung vor Reiseantritt nach
§ 314 evtl auch für Stornokosten: BGHZ 109, 224, 229) steht ihm jedoch ein nach § 638 Abs 3
zu berechnender **Entschädigungsanspruch** zu. Die durch die Rückbeförderung entstehenden Mehrkosten tragen die Parteien je zur Hälfte, sonstige Mehrkosten gehen
zu Lasten des Reisenden (vgl § 651j Abs 2 iVm § 651e Abs 3 S 1 u 2, Abs 4 S 1).
Damit wird der Reisende schlechter gestellt als bei einer Kündigung wegen eines
erheblichen Reisemangels nach § 651e. Er wird aber besser gestellt als bei einer
Ausübung seines freien Rücktrittsrechts aus persönlichen Gründen nach § 651i.
Diese unterschiedlichen Rechtsfolgen erscheinen **sachgerecht**.

Die am 1.11.1994 in Kraft getretene **Neufassung** des § 651j Abs 1 hat durch die 3
Einfügung der Worte „allein nach Maßgabe dieser Vorschrift" den **Vorrang des
§ 651j gegenüber § 651e** ausdrücklich klargestellt (BT-Drucks 12/7334, 11, 17). Der Gesetzgeber ist damit der hL (LG Frankfurt aM NJW-RR 1991, 691; BARTL NJW 1983, 1092, 1096;
H-W ECKERT, Pauschalreiserecht 185; ders DB 1994, 1069, 1074; FÜHRICH EuZw 1993, 347, 350; ders

NJW 1994, 2446, 2449; Pick Rn 11 ff; Teichmann JZ 1979, 737, 740 f; ders JZ 1983, 109 ff; Wolter AcP 183, 35, 51) gefolgt und hat der gegenteiligen Auffassung des BGH, die bei einer erheblichen Reisebeeinträchtigung infolge höherer Gewalt einen Vorrang des § 651e annahm (BGHZ 85, 50, 55 ff; OLG Düsseldorf NJW-RR 1990, 252, 253; OLG Köln NJW-RR 1992, 1014, 1015; ebenso Peter/Tonner NJW 1992, 1794, 1797; Tonner VuR 1992, 13, 17; BGB-RGRK/ Recken Rn 7 ff, 11 f), eine Absage erteilt.

2. Dogmatische Einordnung des Kündigungsrechts

4 Dogmatisch soll es sich bei dem Kündigungsrecht nach § 651j um einen Fall des **Wegfalls der Geschäftsgrundlage (§ 313)** handeln. Dies erscheint schon deshalb zweifelhaft, weil es sich bei § 651j um eine Störung des **Leistungsinhalts** und nicht der „zur Grundlage des Vertrags" gewordenen Umstände (§ 313 Abs 1) oder wesentlichen Vorstellungen (§ 313 Abs 2) handelt (Oetker/Maultzsch 533). Die hL, die in § 651j einen gesetzlich geregelten Sonderfall des Wegfalls der Geschäftsgrundlage erblickt (vgl BT-Drucks 8/786, 21; BT-Drucks 8/2343, 12; BGHZ 109, 224; Führich Rn 433; MünchKomm/ Tonner Rn 1; BGB-RGRK/Recken Rn 1), hat den Versuch des Gesetzgebers, in § 651j einzelne Anwendungsfälle des Wegfalls der Geschäftsgrundlage aus dem Bereich des Reisevertragsrechts zu konkretisieren, wegen der dadurch ausgelösten Unklarheiten und erheblichen Abgrenzungsschwierigkeiten kritisiert (vgl Teichmann JZ 1979, 737, 740; Erman/Seiler Rn 1). Gleichwohl wird man in § 651j ein **außerordentliches Kündigungsrecht iSd § 314** zu sehen haben (vgl auch Führich Rn 433), das zugleich für den Fall der höheren Gewalt die allgemeinen Regeln des § 313 über den Wegfall der Geschäftsgrundlage verdrängt. Allerdings erscheint die in § 651j Abs 2 vorgesehene Entschädigung dann systemwidrig (vgl auch Erman/Seiler Rn 1).

3. Konkurrenz von Kündigungsrechten

5 Dem **Reisenden** stehen im Gegensatz zum Reiseveranstalter, dem allein das Kündigungsrecht nach § 651j Abs 1 zusteht, Kündigungs- und Rücktrittsrechte nach § 651e Abs 1 sowie §§ 651i, j Abs 1 und 651l Abs 4 zu. Das Verhältnis dieser Gestaltungsrechte zueinander bedarf schon wegen der den Reisenden in unterschiedlicher Weise belastenden Rechtsfolgen der Klärung.

6 Gegenüber dem freien Rücktrittsrecht des **§ 651i** geht die von engeren Voraussetzungen abhängige Kündigung nach § 651j als lex specialis vor (vgl Bartl Rn 164; Coester-Waltjen Jura 1995, 329, 332; Erman/Seiler Rn 8; Führich Rn 436; Pick Rn 13; Soergel/ H-W Eckert Rn 2; vgl auch § 651i Rn 2). Soweit der Reisende seine Kündigung nicht begründet, hat das **Prinzip der Meistbegünstigung** zu gelten, nach dem der für den Reisenden günstigste Beendigungstatbestand anzunehmen ist (vgl auch Erman/Seiler Rn 8; Führich Rn 436). Da der Reisende durch § 651j besser gestellt wird als durch § 651i (arg: § 651i Abs 2 u 3, so zutreffend Erman/Seiler Rn 8; Soergel/H-W Eckert Rn 1), ist also, soweit deren Voraussetzungen vorliegen, im Zweifel von einer Kündigung nach § 651j auszugehen. Das Kündigungsrecht gem § 651j wegen höherer Gewalt ist kraft ausdrücklicher gesetzlicher Anordnung auch gegenüber dem Kündigungsrecht des Reisenden bei einem Gastschulaufenthalt nach Beginn der Reise gem **§ 651l Abs 4** vorrangig (§651l Abs 4 S 4).

7 Die Abgrenzung des Kündigungsrechts nach **§ 651e** zu demjenigen nach § 651j hat

der Gesetzgeber durch die Neufassung des § 651j Abs 1 im Sinne eines grundsätzlichen **Vorrangs des** § **651j** klargestellt (vgl oben Rn 3). Der über diese Frage bis dahin bestehende Streit ist dadurch gegenstandslos geworden. § 651e ist im Anwendungsbereich des § 651j nicht anwendbar (vgl § 651e Rn 3).

Etwas anderes gilt nur dann, wenn die Reise sowohl durch höhere Gewalt als auch, **8** unabhängig davon, durch **sonstige Mängel** erheblich beeinträchtigt wird (H-W ECKERT, Pauschalreiserecht 185 f; FÜHRICH Rn 437; SEYDERHELM Rn 9; SOERGEL/H-W ECKERT Rn 2; TEMPEL NJW 1997, 621, 624 f; offen gelassen von OLG Frankfurt aM FVE Nr 300). Ein solcher Fall kann zB gegeben sein, wenn die Wasserversorgung am Zielort aufgrund eines Erdrutsches zusammenbricht und zugleich der Reisende wegen einer Diskothek keine Nachtruhe findet. Dann greift die Ausschlusswirkung des § 651j nicht ein (FÜHRICH Rn 437; SOERGEL/H-W ECKERT Rn 2; TEMPEL NJW 1997, 621, 625).

Eine **Minderung** hinsichtlich der vom Veranstalter bis zur Kündigung wegen höherer **9** Gewalt erbrachten Leistungen ist beim Reisevertrag bereits deshalb ausgeschlossen, weil der Reiseveranstalter mit Wirksamwerden der **Kündigung** seinen Anspruch auf Zahlung des Reisepreises verliert. Wegen dieser atypischen Gestaltungswirkung kommt eine Minderung neben einer Kündigung nach § 651j nicht in Betracht (§ 651j Abs 2 S 1, § 651e Abs 3 S 1; vgl OLG Frankfurt aM FVE Nr 300; FÜHRICH NJW 1991, 2192; PALANDT/SPRAU § 651d Rn 3; SEYDERHELM Rn 10). Machen die Parteien dagegen von der Kündigungsmöglichkeit nach § 651j keinen Gebrauch und wird die Reise trotz der auf höherer Gewalt beruhenden Störung der Reiseleistung durchgeführt, so ist eine Minderung des Reisepreises nach § 651d möglich, da sich höhere Gewalt und die Annahme eines Reisemangels ebenso wenig ausschließen wie höhere Gewalt und Minderung (OLG Celle RRa 1995, 163, 164 f; LG Kleve RRa 2000, 99; AG Bad Homburg RRa 2000, 24; AG Hamburg RRa 2000, 187; H-W ECKERT, Pauschalreiserecht 186 f; FÜHRICH Rn 437 a; MünchKomm/TONNER Rn 7; PICK Rn 25; SEYDERHELM Rn 10; TEMPEL RRa 1996, 210; TONNER, Reisevertrag Rn 6; **aA** LG Hamburg RRa 1997, 114; AG Königstein RRa 1996, 147; AG Kleve RRa 200, 7).

4. Unmöglichkeit der Erbringung der Reiseleistung

Wird die Reise wegen nicht vorhersehbarer höherer Gewalt nicht nur erheblich **10** erschwert, gefährdet oder beeinträchtigt, sondern sogar **unmöglich**, so stellt sich das Problem, ob § 651j auch dann anwendbar ist oder ob in diesem Fall § 326 anzuwenden ist. Die Materialien sind zu dieser Frage nicht eindeutig (vgl BT-Drucks 8/2343, 12; vgl zum Ganzen ERMAN/SEILER Rn 9; TEICHMANN JZ 1979, 737, 740). Angesichts der Abgrenzungsschwierigkeiten von Unmöglichkeit und erheblicher Erschwerung, Gefährdung oder Beeinträchtigung der Reise erscheint es aber sinnwidrig, hier § 326 anzuwenden. Es wäre auch unbillig, § 651j dann nicht anzuwenden, wenn die Reise durch höhere Gewalt nicht nur erheblich beeinträchtigt, sondern sogar ganz undurchführbar gemacht wird (ERMAN/SEILER Rn 9). In dieser Situation müssen daher erst recht die Rechtsfolgen des § **651j** eingreifen (so auch AK-BGB/DERLEDER Rn 1; ERMAN/SEILER Rn 9; LARENZ VersR 1980, 689, 690, 693; SOERGEL/H-W ECKERT Rn 3; TEICHMANN JZ 1979, 737, 740). § 651j verdrängt als Sonderregelung den § 326 aber nur dann, wenn entweder der Reisende oder der Reiseveranstalter sein Kündigungsrecht nach § 651j ausgeübt hat (ERMAN/SEILER Rn 9).

11 Ist die Reise undurchführbar, weil sich die Einreisebestimmungen geändert haben oder weil in der Person des Reisenden ein persönlicher Hinderungsgrund (zB Krankheit, Schwangerschaft, Tod eines nahen Angehörigen) eingetreten ist, so hat die Rspr (BGHZ 60, 14) bis zum In-Kraft-Treten des Reisevertragsgesetzes § 645 analog angewandt. Hieran ist auch unter Geltung der §§ 651a ff festzuhalten (BARTL Rn 164; vgl auch § 651i Rn 14). An die Stelle der analogen Anwendung des § 645 ist nicht § 651j getreten. Dagegen spricht, dass die in § 651j vorgesehene Risikoverteilung in beiden Fällen – der von beiden Seiten nicht zu vertretenden Erschwerung, Gefährdung oder Beeinträchtigung der Reise aufgrund höherer Gewalt einerseits und des der Sphäre des Reisenden zuzurechnendem Leistungshindernisses andererseits – deutlich voneinander abweicht. Die Vergütungspflicht nach § 651j Abs 2 ist derjenigen des § 651e Abs 3 angenähert. Diese Rechtsfolge ist jedoch unangebracht, wenn das Leistungshindernis in der **Sphäre des Reisenden** liegt. Dies gilt selbst dann, wenn der Reiseveranstalter für seine Reisenden eine Reiserücktrittskostenversicherung auch für die Fälle unverschuldeter Unmöglichkeit abgeschlossen hat (vgl auch LG Düsseldorf FVE Nr 131). Die Höhe der Versicherungsleistung hat sich an den Ansprüchen des Reiseveranstalters zu orientieren und nicht umgekehrt. Gegen eine analoge Anwendung des § 645 spricht auch nicht, dass Allgemeine Reisebedingungen vor In-Kraft-Treten des Reisevertragsgesetzes trotz Unmöglichkeit gelegentlich Rücktrittsrechte entsprechend § 651j eingeräumt haben (vgl § 651i Rn 12).

12 Eine ganz andere Frage ist es, ob ein Reiseveranstalter oder eine Fluggesellschaft einen Reisenden **von der Beförderung** mit der Begründung **ausschließen** darf, dass die Einreisebedingungen des Zielflughafens nicht erfüllt sind (offen gelassen von LG Frankfurt aM FVE Nr 209). Es ist zwar richtig, dass es allein Sache des Einreiselandes ist, die Bedingungen festzulegen, unter denen es die Einreise gestattet, und deren Einhaltung zu kontrollieren (vgl LG Frankfurt aM FVE Nr 209). Trotzdem wird man dem Reiseveranstalter oder der Fluggesellschaft ein Zurückweisungsrecht einräumen müssen, damit diese nicht Gefahr laufen, mit den Behörden des Gastlandes in Konflikt zu geraten. Der Reiseveranstalter oder das Beförderungsunternehmen ist jedoch auf keinen Fall befugt, die öffentlichen Einreisebestimmungen eines Ziellandes eigenmächtig zu verschärfen (LG Frankfurt aM FVE Nr 209).

5. Wegfall der Geschäftsgrundlage

13 Auf die allgemeinen Grundsätze über den Wegfall der Geschäftsgrundlage nach § 313 kann im Anwendungsbereich des § 651j ebenfalls nicht zurückgegriffen werden (vgl SOERGEL/H-W ECKERT Rn 3). Sie können daher nur dann angewandt werden, wenn der Urlaubszweck durch Umstände gestört wird, die **weder höhere Gewalt** sind **noch Gewährleistungsansprüche** nach §§ 651c–f auslösen (vgl OLG Braunschweig NJW 1976, 570 f; AG Berlin-Charlottenburg FVE Nr 250; H-W ECKERT, Pauschalreiserecht 194 f; NETTESHEIM BB 1986, 547 f; TEMPEL JuS 1984, 81, 89).

II. Voraussetzungen des Kündigungsrechts (§ 651j Abs 1)

1. Höhere Gewalt

14 Das Kündigungsrecht nach § 651j Abs 1 setzt zunächst voraus, dass ein Fall nicht vorausehbarer **höherer Gewalt** vorliegt. Der Begriff der höheren Gewalt hat in den verschiedenen Rechtsgebieten einen höchst unterschiedlichen Inhalt. Im Rahmen des § 651j Abs 1 ist von dem **haftpflichtrechtlichen Begriff** der höheren Gewalt (vgl §§ 1 Abs 3 HaftPflG, 701 Abs 2 BGB) auszugehen (absolute, objektive Theorie; so zutreffend BGHZ 100, 185, 188; SOERGEL/H-W ECKERT Rn 4; TONNER/KRAUSE NJW 2000, 3665, 3667). Danach beschreibt höhere Gewalt ein von außen kommendes, keinen betrieblichen Zusammenhang aufweisendes, auch durch die äußerste, nach Lage der Sache vom Betroffenen vernünftigerweise zu erwartende Sorgfalt nicht abwendbares Ereignis (RGZ 101, 95; 117, 12; BGHZ 100, 185, 188; ERMAN/SEILER Rn 3; FÜHRICH Rn 438; JAUERNIG/TEICHMANN Rn 3; MünchKomm/TONNER Rn 8; SOERGEL/H-W ECKERT Rn 4; TONNER/KRAUSE NJW 2000, 3665, 3667). Zur höheren Gewalt gehört, dass das Ereignis **unvorhersehbar** und **erheblich** war (TONNER/KRAUSE NJW 2000, 3665, 3667). Dies kann für den Reisenden zu bejahen und für den Reiseveranstalter zu verneinen sein (so zutreffend ERMAN/SEILER Rn 3), so dass uU das Kündigungsrecht nur von einem Vertragspartner ausgeübt werden kann. Der Begriff „höhere Gewalt" ist auf jeden Fall wesentlich enger als der Begriff „außergewöhnliche Umstände".

Die höhere Gewalt ist also im Sinne eines **von außen kommenden Ereignisses** zu 15 verstehen, das von den Parteien auch bei Beachtung äußerster zumutbarer Sorgfalt nicht verhindert werden konnte. Deshalb unterfallen **auch Einzelmaßnahmen**, wie etwa behördliche Einreiseerschwerungen oder Streiks der öffentlichen Transportdienste, dem § 651j (vgl TEICHMANN JZ 1979, 737, 741).

Dieser Begriff der höheren Gewalt ist **enger** als derjenige in **Art 4 Abs 6 S 2 der EG-** 16 **Pauschalreise-Richtlinie**, da es danach unerheblich ist, ob das Ereignis **von außen** kommt. Dies ist indessen unschädlich, da die bisherige engere Definition für den Reisenden insoweit günstiger ist, als sie weniger Fälle in die für ihn gegenüber § 651e nachteiligere Regelung des § 651j (arg: § 651e Abs 3 S 3, der für § 651j nicht gilt) einbezieht. Die bisherige Definition kann daher wegen des **Mindeststandardcharakters** der EG-Pauschalreise-Richtlinie (Art 8) weiter verwandt werden (ebenso BIDINGER/MÜLLER 223; MünchKomm/TONNER Rn 8; SEYDERHELM Rn 12; SOERGEL/H-W ECKERT Rn 4).

Der Gesetzgeber des Reisevertragsgesetzes hatte ursprünglich beabsichtigt, als Stö- 17 rungsursachen iSd § 651j beispielhaft **Krieg, innere Unruhen, Streik, hoheitliche Anordnungen, Epidemien** und **Naturkatastrophen** anzuführen (vgl BT-Drucks 8/786, 21). Im späteren Gesetzgebungsverfahren ist dann aber auf eine derartige Festlegung verzichtet worden. Fraglich ist, ob damit eine sachliche Änderung eingetreten ist (vgl zB TONNER, Reisevertrag Rn 2). Krieg, innere Unruhen und Naturkatastrophen stellen sicherlich Fälle der höheren Gewalt dar (vgl BT-Drucks 8/2343, 12; SOERGEL/H-W ECKERT Rn 5). Ebenso handelt es sich bei einer Terroristendrohung, die zur Gefährdung der Reise führt, um höhere Gewalt (vgl BARTL NJW 1979, 1384, 1390; ERMAN/SEILER Rn 4; SOERGEL/H-W ECKERT Rn 5; SUDBRINK 12 ff; vgl aber unten Rn 19). Auf die Wahrscheinlichkeit der Realisierung der Drohung kommt es insoweit nicht an. Die Empfehlung der Bundesregierung, an bestimmten Veranstaltungen im Ausland nicht teilzunehmen, stellt dagegen für sich keine höhere Gewalt im Sinne von § 651j dar (AG Berlin-Charlottenburg FVE Nr 250; vgl aber auch Rn 19).

Höhere Gewalt liegt insbesondere bei **Naturkatastrophen**, wie zB einem schweren 18 Wirbelsturm (BGH NJW 1983, 33; NJW-RR 1990, 1334; NJW 2002, 3700, 3701; OLG Düsseldorf NJW-RR 1990, 252; OLG Frankfurt aM RRa 2003, 110, 111 f; LG Frankfurt aM NJW-RR 1991, 313;

LG Hamburg RRa 1997, 114), Algenpest (LG Frankfurt aM NJW-RR 1990, 761, 763), einem schweren Erdrutsch, der Straßen unpassierbar macht (LG Frankfurt aM NJW-RR 1990, 1017), einem Blitzeinschlag (LG Frankfurt aM NJW-RR 1991, 1272), einem Erdbeben im Zielgebiet (AG Nürtingen RRa 2001, 95; nicht aber eine Woche nach dem Erdbeben, wenn keine fortbestehenden Gefährdungen bzw Erschwernisse der Reise vorliegen, LG Köln NJW-RR 2001, 1064 ff) und Epidemien (AG Bad Homburg VuR 1992, 313, 314; AG Königstein RRa 1996, 32), vor. Der Atomreaktorunfall von Tschernobyl berechtigte wegen der **Strahlengefahr** auch bei Reisen nach Tschechien, Ungarn, Schweden und Polen zur Kündigung nach § 651j (BGHZ 109, 224, 226; LG Freiburg NJW-RR 1988, 953; AG Ansbach NJW-RR 1987, 497; AG Rendsburg NJW-RR 1987, 1080). Reisestörungen durch Naturereignisse, die dem **allgemeinen Lebensrisiko** zuzurechnen sind (schlechte Wetter- oder Schneelage, Strand- oder Meeresverschmutzungen) berechtigen hingegen grundsätzlich nicht zur Kündigung gem § 651j (vgl Führich Rn 439; Soergel/H-W Eckert Rn 6; vgl aber auch § 651c Rn 28 ff). So sind zB auch größere Schneefälle beim Wintersport in aller Regel hinzunehmen, es sei denn, sie erreichen eine solche Intensität, dass – wie zB bei eingeschneiten Orten oder Lawinen – das öffentliche Leben zum Erliegen kommt und die Versorgung zusammenbricht (Führich Rn 439; ders NJW 1991, 2192, 2193 f; Seyderhelm Rn 16).

19 Höhere Gewalt liegt weiterhin bei **Krieg, Kriegsgefahr** und **bürgerkriegsähnlichen Unruhen** vor (BT-Drucks 8/786, 6; OLG Düsseldorf NJW-RR 1990, 573; OLG Köln NJW-RR 1992, 1014; LG Frankfurt aM NJW-RR 1991, 314; 1991, 691; AG Stuttgart NJW-RR 1992, 312). Gleiches gilt von **hoheitlichen Anordnungen** staatlicher Stellen, zB im Zusammenhang mit politischen Spannungsfällen (vgl OLG Düsseldorf NJW-RR 1990, 573; LG Frankfurt aM NJW-RR 1991, 691, 694; 1991, 1205). Andererseits reichen **vereinzelte terroristische Anschläge** – auch wenn sie gegen Touristen gerichtet sind – nicht aus, um höhere Gewalt anzunehmen (OLG Köln RRa 2000, 47; LG Frankfurt aM RRa 1995, 88, 89; NJW-RR 1995, 883; AG Ludwigsburg NJW-RR 1994, 56; 1994, 311; RRa 994, 43; AG Berlin-Charlottenburg NJW-RR 1994, 312; AG Düsseldorf RRa 1995, 122; AG Stuttgart RRa 1995, 104; 1995, 227; AG Bad Homburg NJW-RR 1994, 635 f; AG Hamburg RRa 1994, 150 f; AG Heidelberg NJW-RR 1998, 434 f; AG Düsseldorf MDR 2000, 201; AG Bad Homburg RRa 2001, 226; Bidinger/Müller 223 f; Führich Rn 439 a; MünchKomm/Tonner Rn 10; Seyderhelm Rn 25; aA AG Worms NJW-RR 2001, 348). Nach den Terroranschlägen vom **11. September 2001** in den USA lag ebenfalls keine höhere Gewalt iSd § 651j vor, soweit die Durchführung der Reisen nicht konkret beeinträchtigt wurde (AG Neuwied RRa 2002, 231; Führich Rn 439 a; aA AG Hannover RRa 2002, 226; Stuppi RRa 2002, 54, 55). Etwas anderes galt nur für die Zeit, in der der Luftraum über den USA behördlich gesperrt war. Die notwendige Abgrenzung zwischen einzelnen Terrorakten und flächendeckenden bürgerkriegsähnlichen Unruhen ist im Einzelnen schwierig und unterliegt einem erheblichen **Prognoserisiko** (Seyderhelm Rn 19). Ein wichtiges **Indiz** für eine erhebliche Beeinträchtigung der Reise können **Warnhinweise des Auswärtigen Amtes** für das betreffende Urlaubsziel sein (AG Frankfurt aM RRa 1994, 151 f; Führich Rn 439 a; MünchKomm/Tonner Rn 11 a; Seyderhelm Rn 19; Soergel/H-W Eckert Rn 8).

20 Keine höhere Gewalt liegt vor, wenn die außergewöhnlichen Ereignisse bei Vertragsschluss **vorhersehbar** waren, weil sie bereits bekannt waren oder regelmäßig zu bestimmten Zeiten auftreten (vgl BGH NJW 2002, 3700, 3701; OLG Düsseldorf NJW-RR 1990, 573; LG Frankfurt aM NJW-RR 1991, 313 f; 1991, 691, 694; Bartl Rn 147; Bidinger/Müller 225; Führich Rn 440; Löwe 68; Seyderhelm Rn 18 f). Ein Ereignis ist nur dann nicht vorhersehbar, wenn es nicht vorausgesehen worden ist und dies nicht auf Fahrlässigkeit beruht (ERMAN/SEILER Rn 3). Vorhersehbar sind etwa Ereignisse infolge politischer Unruhen, wenn bei einer **ex ante Beurteilung** in absehbarer Zeit nicht mit der Beendigung einer Gefahrenlage gerechnet werden konnte (LG Frankfurt aM NJW-RR 1991, 1205). So lag zB keine höhere Gewalt vor, als im Jahre 1999 eine kurdische Organisation das gesamte Gebiet der Türkei einschließlich der Touristenzonen zum „Kriegsgebiet" erklärte, weil die Auseinandersetzungen zwischen der PKK und dem türkischen Staat schon seit Jahrzehnten andauern (AG Düsseldorf MDR 2000, 201). Nicht unvorhersehbar sind aber zB auch jährlich wiederkehrende Naturereignisse wie Strandverschmutzungen oder der Ausfall der Wasserversorgung infolge großer Trockenheit (vgl BIDINGER/MÜLLER 226; SOERGEL/H-W ECKERT Rn 6). Insoweit treffen den Reiseveranstalter **Erkundigungs- und Informationspflichten**, bei deren Verletzung er dem Reisenden nach §§ 280 Abs 1 S 1, 311a Abs 2, 241 Abs 2 **(culpa in contrahendo)** oder nach §§ 280 Abs 1, 241 Abs 2 **(positive Forderungsverletzung)** schadensersatzpflichtig ist (BGH NJW 2002, 3700 f; OLG Köln NJW-RR 1992, 1014, 1016 f; OLG Frankfurt aM RRa 2003, 110, 111; LG Frankfurt aM NJW-RR 1991, 313; 1991, 695, 696). Diese Schadensersatzpflicht setzt eine schuldhafte Verletzung der Erkundigungs- und Informationspflichten des Reiseveranstalters voraus, die auch dann vorliegt, wenn mit dem Eintritt des schädigenden Ereignisses (Hurrikan in der Dominikanischen Republik) **mit erheblicher** (Eintreffwahrscheinlichkeit von 1 : 4), und nicht erst dann, wenn mit ihm mit überwiegender **Wahrscheinlichkeit** zu rechnen ist (BGH NJW 2002, 3700 f gegen OLG Frankfurt aM RRa 2001, 178). Der BGH weist dabei zutreffend auf den Zusammenhang zwischen den Erkundigungs- und Informationspflichten des Reiseveranstalters einerseits und dem Kündigungsrecht des Reisenden aus § 651j andererseits hin und bejaht bei einem mit erheblicher Wahrscheinlichkeit drohenden Hurrikan ein Kündigungsrecht wegen nicht voraussehbarer höherer Gewalt (BGH NJW 2002, 3700, 3701).

Str ist, ob auch **streikbedingte Urlaubsstörungen** höhere Gewalt darstellen. Der Rechtsausschuss des Deutschen Bundestages (BT-Drucks 8/2343, 12; vgl aber auch BT-Drucks 8/786, 21) war der Auffassung, dass **Streik keine höhere Gewalt** sei. Im Schrifttum ist eine gewisse Tendenz auszumachen, das Risiko von Streik dem Reiseveranstalter zuzurechnen. Der Streik wird hierzu nicht als außergewöhnliches und unvorhersehbares Ereignis angesehen (vgl zB TONNER, Reisevertrag Rn 5; H D SCHMIDT NJW 1979, 15, 18). Ganz überwiegend wird indessen eine pauschale Bewertung der Auswirkungen von Streikmaßnahmen für unmöglich gehalten und dementsprechend eine differenzierende Betrachtung für geboten erachtet (vgl ERMAN/SEILER Rn 4; FÜHRICH Rn 440; LARENZ VersR 1980, 689, 690; LÖWE 68; ders NJW 1979, 1384, 1390; ders BB 1979, 1357, 1366; MünchKomm/ TONNER Rn 11 a; PICK Rn 29 f; SOERGEL/H-W ECKERT Rn 7). Höhere Gewalt soll danach dann abzulehnen sein, wenn der Streik dem Risiko- und Verantwortungsbereich des Reiseveranstalters zuzurechnen ist. Dies soll zB beim Streik von Hotelpersonal oder Personal des Reiseveranstalters der Fall sein (BT-Drucks 8/2343, 12; BARTL Rn 148; BIDINGER/MÜLLER 224 f; H-W ECKERT, Pauschalreiserecht 180; FÜHRICH Rn 440; MünchKomm/ TONNER Rn 119; PALANDT/SPRAU Rn 3; RGRK/RECKEN Rn 5; SEYDERHELM Rn 15; SOERGEL/H-W ECKERT Rn 7). Danach soll höhere Gewalt entfallen, wenn es sich bei den Arbeitskämpfen um „übliche" Streiks im Reiseland handelt, die Störungsursache also für den Reiseveranstalter vorhersehbar war (so bereits der Rechtsausschuss des Bundestages BT-Drucks 8/2343, 12; EBERLE DB 1979, 341, 347; ERMAN/SEILER Rn 4; LÖWE 68; SOERGEL/H-W ECKERT Rn 7). Gleichfalls sollen Streiks, die in die **Risikosphäre des Reiseveranstalters** fallen, was regelmäßig bei Streiks von Leistungsträgerpersonal – zB von Hotelangestellten –

der Fall sein soll, keine höhere Gewalt darstellen, weil es sich nicht um betriebsfremde, von außen kommende Ereignisse handele (AK-BGB/DERLEDER Rn 2; ERMAN/ SEILER Rn 4; FÜHRICH Rn 440; LARENZ VersR 1980, 689, 690; LÖWE 68; MünchKomm/TONNER Rn 11 a; PICK Rn 29; SEYDERHELM Rn 15; SOERGEL/H-W ECKERT Rn 7). Dagegen soll höhere Gewalt vorliegen, wenn dritte, nicht zur eigentlichen Erbringung der Reiseleistungen eingesetzte Personen – zB die Fluglotsen des Zielflughafens, das Flughafenpersonal oder die Pass- und Zollbeamten des Ziellandes – überraschend streiken (LG Frankfurt aM NJW-RR 1991, 691; LG Hannover NJW-RR 1989, 820 f; FÜHRICH Rn 440; LÖWE 68; ders BB 1979, 1357, 1366; PICK Rn 30; SOERGEL/H-W ECKERT Rn 7; aA SUDBRINK 17 ff, 24 f, der diese Unterscheidung ablehnt und allein für maßgebend hält, ob der Streik für den Reiseveranstalter bereits bei Abschluss des Reisevertrages konkret vorhersehbar war oder nicht; vgl gegen die Anerkennung des Streiks als höhere Gewalt auch AG Frankfurt aM FVE Nr 201; aA für rechtswidrige Streiks der Fluglotsen AG Mülheim/Ruhr FVE Bd 9 Nr 970; LG Hannover NJW-RR 1989, 820 f).

22 Eine **einheitliche Lösung** dürfte in der Tat **kaum möglich** sein. Eine tragfähige Lösung muss davon ausgehen, dass Arbeitskämpfe heute zum gewöhnlichen Risiko jedes Unternehmers gehören. Jeden Unternehmer trifft insoweit eine gewisse **Vorsorgepflicht** (vgl BROX/RÜTHERS/SCHLÜTER, Arbeitskampfrecht Rn 389, 390). Ihr Umfang richtet sich nach dem jeweiligen Vertragstyp (vgl BROX/RÜTHERS/SCHLÜTER, Arbeitskampfrecht Rn 385 ff). Dabei ist vor allem der Unterschied zwischen einem normalen Umsatzgeschäft und dem Reisevertrag zu berücksichtigen. Reiseveranstalter haben mittel- und langfristig zu planen. Auch können sie bereits aus wirtschaftlichen Gründen nicht für alle von ihnen angebotenen Reisen alternative Programme für mögliche Störungen durch Arbeitskämpfe organisieren. Gleichwohl sind ihnen Störungen durch Arbeitskämpfe in ihrem eigenen Risikobereich grundsätzlich zuzurechnen. Dies betrifft Streiks der eigenen Angestellten des Reiseveranstalters ebenso wie Streiks der Angestellten seiner Leistungsträger. Dies folgt zwar nicht aus einer Abwendungs- oder Organisationspflicht des Reiseveranstalters, es ergibt sich aber aus dem Begriff der höheren Gewalt (s o Rn 14) selbst. Arbeitskämpfe des eigenen Personals stellen ebenso wenig wie solche des Personals der Leistungsträger von außen kommende, keinen betrieblichen Zusammenhang aufweisende Ereignisse dar (so zutreffend SOERGEL/H-W ECKERT Rn 7). Deshalb können dem Reiseveranstalter diese Störungen durch Arbeitskämpfe zugerechnet werden. Dies gilt erst recht, wenn es sich um **dauernde, immer wiederkehrende Arbeitskämpfe im Urlaubsgebiet** handelt. Allerdings kann kein Reiseveranstalter bei der Vielzahl der Reisegebiete die Laufzeit von Tarifverträgen und damit die Gefahr von Arbeitskämpfen sicher feststellen und eine Reiseplanung so durchführen, dass die Reisen für die Gesamtheit der Reisenden ungestört verlaufen. Deshalb kann auch wegen eines Streiks kein Schadensersatzanspruch geltend gemacht werden, weil es an einem Verschulden des Reiseveranstalters fehlt (vgl TONNER, Reisevertrag Rn 6). Dies gilt auch für den **Streik des Leistungsträgerpersonals**, obwohl es sich dabei um Erfüllungsgehilfen des Reiseveranstalters nach § 278 handelt. Insoweit muss sich der Reiseveranstalter das Verhalten der streikenden Arbeitnehmer seiner Erfüllungsgehilfen nicht zurechnen lassen. Der Vorteil des Reiseveranstalters – die Hilfe Dritter –, den die Haftungsausdehnung des § 278 gerade voraussetzt, fällt bei Arbeitskämpfen ja vollkommen aus (so zutreffend BROX/ RÜTHERS, Arbeitskampfrecht Rn 386). Dementsprechend ist **nach den Rechtsfolgen** zu **unterscheiden**. Wird der Urlaubszweck durch arbeitskampfbedingte Störungen im Leistungsbereich beeinträchtigt, so kann der Reisende den Reisepreis mindern, da § 651d eine verschuldensunabhängige Haftung begründet. Darüber hinaus kann der

Reiseveranstalter seinerseits bei seinem Leistungsträger Rückgriff nehmen. Schadensersatzansprüche nach § 651f kommen aber nur ausnahmsweise in Betracht, wenn der Reiseveranstalter wegen der Häufigkeit der Arbeitskämpfe im Urlaubsland die Störungen vorhersehen konnte (vgl § 651f Rn 29). Darüber hinaus scheidet auch bei **nicht vorhersehbaren Arbeitskämpfen** des eigenen Personals des Reiseveranstalters oder des Personals seiner Leistungsträger eine Kündigung des Reisevertrages durch eine der beiden Vertragsparteien nach § 651j aus. Dies folgt auch daraus, dass der Unternehmer das Betriebsrisiko zu tragen hat und dass der Streik eben zum Betriebsrisiko gehört (vgl TONNER, Reisevertrag Rn 5; H D SCHMIDT NJW 1979, 15, 18). Dabei bleibt allerdings ein gewisses Unbehagen, weil der Leistungsträger seinerseits den Arbeitskampf hinzunehmen hat, ohne ihn rechtlich verhindern zu können. Wegen der Unmöglichkeit von Vorsorgemaßnahmen führt die angestrebte Verbesserung des Verbraucherschutzes also dazu, dem Reiseveranstalter auch nicht organisierbare Maßnahmen abzuverlangen (TONNER, Reisevertrag Rn 2). Etwas anderes gilt dagegen von Streiks außerhalb des Leistungsbereichs. Störungen durch **Arbeitskämpfe dritter Personen**, die nicht zur Erbringung der geschuldeten Reiseleistungen eingesetzt sind – zB Streiks der Fluglotsen, des Flughafenpersonals, der Pass- oder Zollbeamten, des öffentlichen Nahverkehrs oder der Gastronomie des Urlaubslandes – treten außerhalb des Risikobereichs des Reiseveranstalters ein und können diesem folglich nicht zugerechnet werden. Insoweit handelt es sich daher um höhere Gewalt (LG Frankfurt aM NJW-RR 1987, 823; LG Hannover NJW-RR 1989, 820; BRENDER 130 f; ERMAN/SEILER Rn 4; FÜHRICH Rn 440; MünchKomm/TONNER Rn 11 a; PICK Rn 30; SEYDERHELM Rn 15; SOERGEL/H-W ECKERT Rn 7).

Somit ist davon auszugehen, dass der **Streik des Personals von Leistungsträgern** im **23** Regelfall keinen Fall nicht vorhersehbarer **höherer Gewalt** darstellt (vgl LG Frankfurt aM NJW 1980, 1696; BARTL Rn 148; BIDINGER/MÜLLER 224 f; H-W ECKERT, Pauschalreiserecht 180; FÜHRICH Rn 440; MünchKomm/TONNER Rn 11 a; PALANDT/SPRAU Rn 3; PICK Rn 29; RGRK/ RECKEN Rn 5; SOERGEL/H-W ECKERT Rn 7; TONNER, Reisevertrag Rn 5). Wiederholte, „übliche", dh **vorhersehbare Streiks** im Urlaubsland stellen schon mangels Unvorhersehbarkeit keinen Fall der höheren Gewalt dar (vgl zutreffend SOERGEL/H-W ECKERT Rn 7). Dagegen können Streiks von **dritten Personen**, die nicht zur Leistungserbringung eingesetzt sind, höhere Gewalt sein.

2. Erhebliche Erschwerung, Gefährdung oder Beeinträchtigung der Reise

In Fällen unvorhersehbarer höherer Gewalt greift das Kündigungsrecht aber nur **24** dann ein, wenn dadurch die **Reise erheblich erschwert, gefährdet oder beeinträchtigt** wird. SEILER (vgl ERMAN/SEILER Rn 2) hat zu Recht darauf hingewiesen, dass diese Aufzählung nach Art archaischer Gesetzgebung keine exakt voneinander abzugrenzenden, einander ausschließenden Tatbestände umschreibt (vgl H-W ECKERT, Pauschalreiserecht 180; FÜHRICH Rn 443; JAUERNIG/TEICHMANN Rn 2; SOERGEL/H-W ECKERT Rn 9). Die Aufzählung lässt sich vielmehr am ehesten dahingehend zusammenfassen, dass eine **erhebliche Beeinträchtigung iSd § 651e Abs 1 S 1** gegeben sein muss (so ERMAN/SEILER Rn 2; SOERGEL/H-W ECKERT Rn 9). Daran können Zweifel bestehen, wenn zB eine Naturkatastrophe das Urlaubsland heimsucht, das konkrete Reiseziel hiervon aber nicht betroffen wird (vgl SOERGEL/H-W ECKERT Rn 9). Eine Kündigung ist aber zB zulässig, wenn sich auf dem Flug zum Reiseziel herausstellt, dass ein Taifun die elektrische Versorgung und die Wasserversorgung am Zielort wesentlich beeinträchtigt hat (LG

Frankfurt aM FVE Nr 261). Gleiches gilt, wenn angesichts eines heraufziehenden Hurrikans und namentlich nach der Herausgabe einer Hurrikanvorwarnung mit dem Eintritt des schädigenden Ereignisses mit hoher Wahrscheinlichkeit zu rechnen ist (OLG Frankfurt aM RRa 2003, 110, 111 f). Darüber hinaus erfasst § 651j auch Fälle, in denen die Reise infolge höherer Gewalt **unmöglich** geworden ist (BT-Drucks 8/2343, 12; BRENDER 123 ff; ERMAN/SEILER Rn 9; LARENZ VersR 1980, 689, 690, 693; WOLTER AcP 183, 35, 68 ff; vgl oben Rn 10 ff).

3. Zeitpunkt der Kündigung

25 Das Kündigungsrecht gem § 651j Abs 1 kann **vor und nach Reisebeginn** ausgeübt werden (vgl BGH NJW 1990, 572, 573; OLG Frankfurt aM RRa 2003, 110, 111 f; ERMAN/SEILER Rn 5; FÜHRICH Rn 435; MünchKomm/TONNER Rn 3; PALANDT/SPRAU Rn 1; PICK Rn 3; SEYDERHELM Rn 6; SOERGEL/H-W ECKERT Rn 1; **aA** TEMPEL, Materielles Recht 462; ders NJW 1990, 821). Auch schon vor In-Kraft-Treten des Reisevertragsgesetzes legten die Allgemeinen Reisebedingungen idR fest, dass die nunmehr in § 651j benannten Umstände auch zur Kündigung nach Reiseantritt berechtigen (vgl LG Traunstein FVE Nr 167). Dies ist auch interessengerecht. Es kann keinen Unterschied machen, ob die Reise wegen einer Naturkatastrophe von vornherein erheblich erschwert, gefährdet oder beeinträchtigt ist oder ob sich eine derartige Naturkatastrophe erst während des bereits angetretenen Urlaubs ereignet.

4. Form der Kündigungserklärung

26 Die **Form der Kündigung** richtet sich nach den Regeln für die Kündigung nach § 651e Abs 1 (vgl § 651e Rn 33). Sie bedarf daher weder einer Form noch einer Begründung (H-W ECKERT, Pauschalreiserecht 181; FÜHRICH Rn 444; SEYDERHELM Rn 26; SOERGEL/H-W ECKERT Rn 10). Der Reisende muss sich auch nicht schon in der Kündigungserklärung auf die höhere Gewalt berufen. Gleichwohl ist dem Reisenden zu empfehlen, sich schon bei Abgabe der Kündigungserklärung auf die höhere Gewalt zu berufen, damit klar ist, dass er nicht freiwillig abreist (so zutreffend SEYDERHELM Rn 26). Zweifelhaft ist, wann von einer **konkludenten Kündigung** auszugehen ist. Dies ist sicher der Fall, wenn die Reiseleitung die Reisenden auffordert, angesichts einer drohenden Naturkatastrophe die Koffer zu packen und die Heimreise anzutreten (LG Hamburg RRa 1997, 114; FÜHRICH Rn 444) oder wenn der Reisende nach der Zerstörung eines Hotels durch einen Hurrikan den sofortigen Rücktransport verlangt (AG Bad Homburg RRa 2000, 208). Eine konkludente Kündigung kann aber zB auch in Betracht kommen, wenn ein Reisender die **Reise** zunächst, wenn auch wegen eines Falls der höheren Gewalt mangelhaft, **fortsetzt**, zugleich aber seine eigene Rückbeförderung organisiert (**aA** AG Frankfurt aM FVE Nr 271).

5. Wirksamwerden der Kündigungserklärung

27 Die Kündigungserklärung wird wirksam, wenn sie der jeweils anderen Seite, also dem Reiseveranstalter bzw dem Reisenden, oder einer sonstigen empfangszuständigen Person **zugeht** (vgl § 651e Rn 32).

Titel 9 · Werkvertrag und ähnliche Verträge § 651j
Untertitel 2 · Reisevertrag 28–32

6. Kündigungsberechtigter

Kündigungsberechtigt sind grundsätzlich der Reiseveranstalter und der Reisende. Hat 28
ein Dritter iSd § 651b an der Reise teilgenommen, so ist er zur Ausübung des Kündigungsrechts nach § 651j befugt (vgl ERMAN/SEILER Rn 5; JAUERNIG/TEICHMANN Rn 5; vgl auch
§ 651b Rn 21). Bei **Gruppenreisen** kann jeder einzelne Mitreisende die Kündigung für
sich selbst erklären. Ist der Buchende als Vertreter der Mitreisenden aufgetreten, so
folgt dies bereits daraus, dass der Reisevertrag Rechte und Pflichten nur für den
Vertretenen begründet (vgl BGH NJW 1989, 2750; s o § 651a Rn 78 f). Wurde dagegen nur
der Buchende selbst aus dem Reisevertrag berechtigt und verpflichtet, weil er im
eigenen Namen gehandelt hat, so muss es unter den Voraussetzungen des § 651j
ebenfalls Sache jedes einzelnen Mitreisenden sein, ob er bereit ist, die Gefährdung
zB durch eine Naturkatastrophe auf sich zu nehmen oder die Kündigung zu erklären.
Von diesen Fällen ist die Konstellation zu unterscheiden, in der die Kündigungserklärung für die ganze **Gruppe** als solche abgegeben werden soll. Hier hängt die
Wirksamkeit der Kündigung wesentlich vom Umfang der Vertretungsmacht des
Kündigenden ab. Die Erklärung muss daher entweder von oder gegenüber dem
Buchenden oder aber gegenüber allen Mitreisenden gemeinsam erklärt werden
(MünchKomm/TONNER Rn 7).

III. Rechtsfolgen der Kündigung (§ 651j Abs 2)

Für die **Rechtsfolgen** der Kündigung nach § 651j Abs 1 hat § 651j Abs 2 eine **starre** 29
Ausgleichsregelung angeordnet.

1. Wegfall des Anspruchs auf Zahlung des Reisepreises, Anspruch auf Entschädigung

Mit der Kündigung **verliert** der Reiseveranstalter zunächst gem § 651j Abs 2 S 1 iVm 30
§ 651e Abs 3 S 1, 2 seinen **Anspruch auf den vereinbarten Reisepreis**. Dafür erhält er
einen **Anspruch auf eine Entschädigung**. Diese Entschädigung bezieht sich auf die
bereits erbrachten und noch bis zur Beendigung der Reise zu erbringenden Leistungen. Dabei kommt es, da es um die Verteilung des Risikos der höheren Gewalt
geht, nicht darauf an, ob die erbrachten und noch zu erbringenden Leistungen für den
Reisenden überhaupt **von Interesse** sind. Deshalb ist es **sachgerecht**, dass in § 651j
Abs 2 S 1 nicht auf § 651e Abs 3 S 3 verwiesen wird. Im Übrigen orientiert sich die
Höhe der Entschädigung nach den Grundsätzen des § 651e Abs 3 (so zutreffend ERMAN/
SEILER Rn 6; vgl § 651e Rn 41 ff). Der Entschädigungsanspruch des Veranstalters und der
Erstattungsanspruch des Reisenden ergeben sich aus einem **vertraglichen Rückabwicklungsverhältnis** (BGH NJW 1983, 33).

Die **Bemessung der Entschädigung** nach § 651j anhand des § 638 Abs 3 bedeutet, dass 31
der Wert der vom Veranstalter erbrachten Leistungen zum Wert der nach dem
Reisevertrag geschuldeten Leistungen ins Verhältnis zu setzen ist. Da es im Rahmen
der Bestimmung der Entschädigung nach § 651j auf einen Interessenfortfall nicht
ankommt, sind die Kosten für den Hin- und Rückflug voll anzusetzen (OLG Frankfurt aM FVE Nr 300).

Die **Gewinnspanne des Veranstalters**, die sich in den Preisen für die Einzelleistungen 32 niederschlägt, ist auch bei der Bemessung der dem Veranstalter zustehenden Entschädigung für die erbrachten Einzelleistungen in Ansatz zu bringen, weil sie dazu dient, die Eigenleistungen des Veranstalters zu vergüten (OLG Frankfurt aM FVE Nr 300). Dabei ist jedoch stets zu prüfen, ob die Einzelleistungen auch mangelfrei erbracht worden sind.

2. Verpflichtung zur Vornahme der notwendigen Maßnahmen

33 Der Reiseveranstalter hat nach § 651j Abs 2 S 1, § 651e Abs 4 die infolge der Vertragsbeendigung **notwendigen Maßnahmen** zu treffen, also insbesondere **für die Rückbeförderung des Reisenden Sorge zu tragen**, soweit der Vertrag die Rückbeförderung umfasste (vgl Führich Rn 447; vgl auch § 651e Rn 44). Kommt der Reiseveranstalter dieser Pflicht nicht nach, so ist er dem Reisenden gem §§ 280 Abs 1, 241 Abs 2 **(positive Forderungsverletzung)** schadensersatzpflichtig (H-W Eckert, Pauschalreiserecht 187; Tempel NJW 1997, 621, 624; Tonner, Reisevertrag Rn 14). Dies gilt natürlich nicht, wenn gerade die Rückbeförderung durch die höhere Gewalt, die Anlass der Kündigung ist, ausgeschlossen ist. Hierfür reicht allerdings die Behauptung des Veranstalters, die Rückbeförderung sei unmöglich gewesen, weil das Flugzeug am Zielort des Reisenden neue Passagiere aufnehmen musste, nicht aus. Der Veranstalter muss vielmehr darlegen und beweisen, dass das Flugzeug tatsächlich ausgebucht war (OLG Frankfurt aM RRa 2003, 110, 111 f).

3. Kostentragungspflicht hinsichtlich der Mehrkosten

34 Die **Mehrkosten für die Rückbeförderung** sind nach § 651j Abs 2 S 2 von den Parteien je zur Hälfte zu tragen. Diese **Kostenteilung** setzt aber voraus, dass dem Reisenden nach dem Vertrag überhaupt ein Rückbeförderungsanspruch zustand. War also zB ein Charterflug vereinbart und wird nunmehr ein Linienflug notwendig, so ist die Differenz von beiden Parteien je zur Hälfte zu tragen (vgl BT-Drucks 8/2343, 13). Aber auch dann, wenn keine Rückbeförderung vereinbart war (Selbstfahrer), kann der Reiseveranstalter nach **Treu und Glauben** zur Rückbeförderung verpflichtet sein. Der Reisende hat dann jedoch die gesamten Kosten der Rückbeförderung selbst zu tragen.

35 **Sonstige Mehrkosten** hat der Reisende allein zu tragen. Hierunter fallen zB erhöhte Unterkunftskosten, wenn bei Ablauf der Vertragsdauer eine Rückkehr nicht möglich ist, oder ein dadurch verursachter Verpflegungsmehraufwand (vgl dazu BT-Drucks 8/2343, 13; Erman/Seiler Rn 7; Tonner, Reisevertrag Rn 14; krit H-W Eckert, Pauschalreiserecht 182 ff).

4. Rückzahlungsanspruch hinsichtlich des Reisepreises

36 Ob dem Reisenden bei Ausübung des Kündigungsrechts gem § 651j Abs 1 ausschließlich ein **Anspruch auf Rückzahlung des bereits geleisteten Reisepreises** gem §§ 812 ff zusteht, ist zweifelhaft. Es gelten insoweit die gleichen Grundsätze wie bei § 651e (vgl § 651e Rn 36 ff; vgl zum Ganzen Erman/Seiler Rn 7).

37 In den §§ 651e und j ist ein Anspruch des Reisenden, der idR vorgeleistet hat, auf **Rückzahlung des Reisepreises** nicht ausdrücklich geregelt. Daraus ist abgeleitet wor-

den, dass der Reisende nur einen Anspruch aus **ungerechtfertigter Bereicherung** geltend machen könne (vgl BT-Drucks 8/2589, 4; ERMAN/SEILER § 651e Rn 14; LÖWE BB 1979, 1357, 1363; PICK § 651e Rn 74). Unabhängig davon, ob in derartigen Fallkonstellationen die Interessen des Reisenden durch § 818 Abs 3 gefährdet sind, hat der Reisende aber einen Anspruch auf Zahlung des Differenzbetrages zwischen dem Reisepreis und der Entschädigungssumme aus einem **gesetzlichen Rückgewährschuldverhältnis** (§§ 346 ff). Der Umstand, dass die Kündigung den Anspruch auf den Reisepreis entfallen lässt, ändert nichts daran, dass das Vertragsverhältnis als Ganzes dadurch nicht aufgelöst wird (so im Ergebnis auch BGHZ 85, 50, 59; 85, 301, 304; OLG Frankfurt aM FVE Nr 300; BIDINGER/MÜLLER 162; H-W ECKERT, Pauschalreiserecht 113 ff; LARENZ VersR 1980, 689, 691; RGRK/ RECKEN § 651e Rn 11; SEYDERHELM § 651e Rn 41; SOERGEL/H-W ECKERT § 651e Rn 14; vgl auch § 651e Rn 39).

Der Rückforderungsanspruch steht allein dem Vertragspartner zu, auch wenn gleich- **38** zeitig ein Dritter aus dem Vertrag begünstigt wird (OLG Frankfurt aM FVE Nr 300). In welcher Frist dieser Anspruch **verjährt**, ist zweifelhaft. In § 651g Abs 2 wird auf § 651j nicht verwiesen. Trotzdem wird man davon ausgehen müssen, dass auch insoweit die dort angeordnete **zweijährige Verjährungsfrist** gilt (vgl OLG Frankfurt aM FVE Nr 300).

5. Stornokosten des Reiseveranstalters

Nicht zu den Mehrkosten im Sinne des § 651 Abs 2 S 2, 3 gehören etwaige aufgrund **39** der Kündigung entstandene **Stornokosten** für die vom Reiseveranstalter bereits vorgenommenen notwendigen Reservierungen bei den Leistungsträgern – zB Hotels, Fluggesellschaften – (BGHZ 109, 224, 226 f; ERMAN/SEILER Rn 7; TEMPEL NJW 1990, 821 f). Diese allein im Verhältnis zwischen Reiseveranstalter und Leistungsträger begründeten Kosten können daher nicht nach § 651j Abs 2 S 2 hälftig zwischen Reiseveranstalter und Reisendem geteilt werden. Dagegen spricht bereits, dass diese Kosten weder zu den vom Reiseveranstalter bereits erbrachten noch zu den bis zur Beendigung der Reise zu erbringenden **Reiseleistungen** (§§ 651j Abs 2 S 1 iVm 651e Abs 3 S 2) gehören (so zutreffend ERMAN/SEILER Rn 7). Gleichwohl hat der BGH (BGHZ 109, 224, 228) in einem solchen Fall die Grundsätze des § 313 über den **Wegfall der Geschäftsgrundlage** angewandt und damit eine hälftige Kostenteilung zwischen den Parteien begründet. Diese Auffassung ist abzulehnen, da § 651j die Rechtsfolgen einer Kündigung wegen Reisestörungen infolge höherer Gewalt **abschließend regelt**, also auch hinsichtlich der Tragung der Mehrkosten die Grundsätze über den Wegfall der Geschäftsgrundlage verdrängt (ebenfalls ablehnend ERMAN/SEILER Rn 7; FÜHRICH Rn 446; SEYDERHELM Rn 36; SOERGEL/H-W ECKERT Rn 13; TEICHMANN JZ 1990, 436, 437; TEMPEL NJW 1990, 821 f; einschränkend MünchKomm/TONNER Rn 12 b; STUPPI RRa 2002, 54, 55; aA PALANDT/SPRAU Rn 6).

IV. Regelungen in Allgemeinen Reisebedingungen

Legen **Allgemeine Reisebedingungen** fest, dass der Reisende auch vom Vertrag zu- **40** rücktreten kann, wenn eine hierzu berufene Behörde oder staatliche Institution das Vorliegen von außergewöhnlichen Umständen und eine daraus resultierende Erschwernis, Gefährdung oder Beeinträchtigung bei der Durchführung der geplanten Reise bestätigt, so ist eine solche Klausel nicht wegen Verstoßes gegen § 307 Abs 1

S 1 iVm § 651j unwirksam. Dies wäre nur dann zu bejahen, wenn mit dieser Allgemeinen Reisebedingung der Reiseveranstalter das Rücktrittsrecht des § 651j vom Vorliegen einer behördlichen Bestätigung über das Vorliegen außergewöhnlicher Umstände und einer daraus resultierenden Erschwernis abhängig machen würde. Gerade dies ist aber nicht gewollt. Diese Klausel ist vielmehr dahin zu verstehen, dass mit ihr das Rücktrittsrecht des Reisenden erweitert wird. Soweit jedoch Fälle höherer Gewalt vorliegen, verbleibt es ausschließlich bei der Anwendung des § 651j Abs 1.

41 Die Rspr (LG Frankfurt aM Urt vom 11. 3. 1981 – 2/6 O 601/80; LG München I Urt vom 22. 9. 1981 – 7 O 7694/81) hat eine Klausel des Inhalts, dass der Reiseveranstalter berechtigt ist, vom Vertrag zurückzutreten, wenn die Durchführung der Reise infolge von bei Vertragsabschluss nicht absehbarer **außergewöhnlicher Umstände**, zB Krieg, Streik ua, erschwert wird, für unwirksam erachtet. Dies überzeugt nicht restlos. Zwar sieht § 651j ein Kündigungsrecht nur für den Fall vor, dass die Durchführung der Reise erheblich erschwert wird. Auch darf nach § 651l von dieser Vorschrift nicht zum Nachteil des Kunden abgewichen werden. Es kann aber nicht davon ausgegangen werden, dass § 651j die Lösungstatbestände beim Reisevertrag auch über die Fälle der höheren Gewalt hinaus abschließend regelt (vgl § 651i Rn 64). Darüber hinaus ist es schwer nachvollziehbar, warum eine kriegsbedingte Störung nur zu einer unerheblichen Erschwerung der Reise führen soll.

42 **Nr 8 der Konditionenempfehlung** des DRV für ARB stimmt weitgehend mit dem Wortlaut des § 651j überein und ist daher **inhaltlich unbedenklich** (Führich Rn 449; BGB-RGRK/Recken Rn 15; Ulmer/Brandner/Hensen Anh §§ 9–11 AGBG Rn 587).

V. Darlegungs- und Beweislast

43 Die tatbestandlichen Voraussetzungen des außerordentlichen Kündigungsrechts sind von demjenigen darzulegen und zu beweisen, der sich darauf beruft (Baumgärtel/Strieder Rn 1; Führich Rn 450; Löwe 69; MünchKomm/Tonner Rn 14; Pick Rn 74; BGB-RGRK/Recken Rn 17; Soergel/H-W Eckert Rn 14). Dies kann der Reisende, aber auch der Reiseveranstalter sein. An die Substantiierungspflicht können im Rahmen des § 651j keine übertriebenen Anforderungen gestellt werden. Es muss insoweit ausreichen, dass **Presseberichte** (MünchKomm/Tonner Rn 11 a) vorgelegt werden, die auf eine erhebliche Reisebeeinträchtigung infolge höherer Gewalt schließen lassen. Auch entsprechende Warnungen des Auswärtigen Amtes reichen daher aus (AG Hamburg RRa 1994, 151; aA MünchKomm/Tonner Rn 11 a). Die Darlegungs- und Beweislast für die Höhe des **Entschädigungsanspruchs** und die zu dessen Ermittlung erforderlichen Kriterien trägt der Reiseveranstalter.

§ 651k
Sicherstellung, Zahlung

(1) Der Reiseveranstalter hat sicherzustellen, dass dem Reisenden erstattet werden
1. **der gezahlte Reisepreis, soweit Reiseleistungen infolge Zahlungsunfähigkeit oder Eröffnung des Insolvenzverfahrens über das Vermögen des Reiseveranstalters ausfallen, und**

Titel 9 · Werkvertrag und ähnliche Verträge § 651k
Untertitel 2 · Reisevertrag

2. notwendige Aufwendungen, die dem Reisenden infolge Zahlungsunfähigkeit oder Eröffnung des Insolvenzverfahrens über das Vermögen des Reiseveranstalters für die Rückreise entstehen.

Die Verpflichtungen nach Satz 1 kann der Reiseveranstalter nur erfüllen
1. durch eine Versicherung bei einem im Geltungsbereich dieses Gesetzes zum Geschäftsbetrieb befugten Versicherungsunternehmen oder
2. durch ein Zahlungsversprechen eines im Geltungsbereich dieses Gesetzes zum Geschäftsbetrieb befugten Kreditinstituts.

(2) Der Versicherer oder das Kreditinstitut (Kundengeldabsicherer) kann seine Haftung für die von ihm in einem Jahre insgesamt nach diesem Gesetz zu erstattenden Beträge auf 110 Millionen Euro begrenzen. Übersteigen die in einem Jahr von einem Kundengeldabsicherer insgesamt nach diesem Gesetz zu erstattenden Beträge die in Satz 1 genannten Höchstbeträge, so verringern sich die einzelnen Erstattungsansprüche in dem Verhältnis, in dem ihr Gesamtbetrag zum Höchstbetrag steht.

(3) Zur Erfüllung seiner Verpflichtung nach Absatz 1 hat der Reiseveranstalter dem Reisenden einen unmittelbaren Anspruch gegen den Kundengeldabsicherer zu verschaffen und durch Übergabe einer von diesem oder auf dessen Veranlassung ausgestellten Bestätigung (Sicherungsschein) nachzuweisen. Der Kundengeldabsicherer kann sich gegenüber einem Reisenden, dem ein Sicherungsschein ausgehändigt worden ist, weder auf Einwendungen aus dem Kundengeldabsicherungsvertrag noch darauf berufen, dass der Sicherungsschein erst nach Beendigung des Kundengeldabsicherungsvertrags ausgestellt worden ist. In den Fällen des Satzes 2 geht der Anspruch des Reisenden gegen den Reiseveranstalter auf den Kundengeldabsicherer über, soweit dieser den Reisenden befriedigt. Ein Reisevermittler ist dem Reisenden gegenüber verpflichtet, den Sicherungsschein auf seine Gültigkeit hin zu überprüfen, wenn er ihn dem Reisenden aushändigt.

(4) Reiseveranstalter und Reisevermittler dürfen Zahlungen des Reisenden auf den Reisepreis vor der Beendigung der Reise nur fordern oder annehmen, wenn dem Reisenden ein Sicherungsschein übergeben wurde. Ein Reisevermittler gilt als vom Reiseveranstalter zur Annahme von Zahlungen auf den Reisepreis ermächtigt, wenn er einen Sicherungsschein übergibt oder sonstige dem Reiseveranstalter zuzurechnende Umstände ergeben, dass er von diesem damit betraut ist, Reiseverträge für ihn zu vermitteln. Dies gilt nicht, wenn die Annahme von Zahlungen durch den Reisevermittler in hervorgehobener Form gegenüber dem Reisenden ausgeschlossen ist.

(5) Hat im Zeitpunkt des Vertragsschlusses der Reiseveranstalter seine Hauptniederlassung in einem anderen Mitgliedstaat der Europäischen Gemeinschaften oder in einem anderen Vertragsstaat des Abkommens über den Europäischen Wirtschaftsraum, so genügt der Reiseveranstalter seiner Verpflichtung nach Absatz 1 auch dann, wenn er dem Reisenden Sicherheit in Übereinstimmung mit den Vorschriften des anderen Staates leistet und diese den Anforderungen nach Absatz 1 Satz 1 entspricht; Absatz 4 gilt mit der Maßgabe, dass dem Reisenden die Sicherheitsleistung nachgewiesen werden muss.

(6) Die Absätze 1 bis 5 gelten nicht, wenn

1. der Reiseveranstalter nur gelegentlich und außerhalb seiner gewerblichen Tätigkeit Reisen veranstaltet,
2. die Reise nicht länger als 24 Stunden dauert, keine Übernachtung einschließt und der Reisepreis 75 Euro nicht übersteigt,
3. der Reiseveranstalter eine juristische Person des öffentlichen Rechts ist, über deren Vermögen ein Insolvenzverfahren unzulässig ist.

Schrifttum

BRÖNNEKE, Notwendigkeit einer Novelle aus Sicht der Verbraucher, in: Deutsche Gesellschaft für Reiserecht (Hrsg), Zur Notwendigkeit einer weiteren Reiserechts-Novelle (2000) 97
H-W ECKERT, Das neue Reiserecht, DB 1994, 1069
ders, Der Konkurs des Reiseveranstalters und seine Auswirkungen für den Reisenden, KTS 1987, 201, 213
ders, Die Abwicklung von Reisepreiszahlungen an das vermittelnde Reisebüro in der Insolvenz des Reiseveranstalters, RRa 1999, 43
ders, Das vermittelnde Reisebüro zwischen dem Reisenden und dem Insolvenzverwalter des Reiseveranstalters, DB 200, 1951
ders, Der Missbrauch von Sicherungsscheinen und die Haftung des Insolvenzabsicherers, RRa 2002, 50
ders/MATTHIESSEN, Der Anspruch des Insolvenzverwalters des Reiseveranstalters auf die beim Reisebüro verbuchten Kundengelder, RRa 2003, 98
FISCHER, Regenschirmfonds zur Optimierung der Insolvenzsicherung, RRa 1999, 5
FISCHER/LINDNER, Schließt der formularmäßige Sicherungsschein die bisherigen Schutzlücken?, RRa 2002, 151
FÜHRICH, Das neue Reiserecht nach der Umsetzung der EG-Pauschalreise-Richtlinie, NJW 1994, 2446
ders, Gemeinschaftsrechtliche Staatshaftung wegen verspäteter Umsetzung der EG-Pauschalreise-Richtlinie, EuZW 1993, 725
ders, Die Umsetzung der EG-Pauschalreise-Richtlinie in deutsches Reisevertragsrecht, EuZW 1993, 347
ders, Sieben Stolpersteine des neuen Reiserechts, RRa 1994, 89, 90
ders, Der neue Insolvenzschutz des Pauschalreisenden, VersR 1995, 1138

ders, 1 Jahr Insolvenzsicherung – Erste Erfahrungen im Reiserecht, RRa 1996, 119
ders, Anzahlung nur mit Sicherungsschein, RRa 1997, 51
ders, Zur Notwendigkeit der Reform der Insolvenzsicherung für Reiseveranstalter, RRa 1999, 83
ders, Zweite Novelle des Reisevertragsrechts zur Verbesserung der Insolvenzsicherung und der Gastschulaufenthalte, NJW 2001, 3082
HAGEN, Die Insolvenzsicherungspflicht im Reiserecht (1998)
HUFF, Sommer, Sonne und die Pleite, EuZW 1993, 521
ders, Luxemburg entscheidet – Fragen bleiben, RRa 1996, 217
ders, Eine erste Bewertung des EuGH-Urteils Dillenkofer, NJW 1996, 3190
ISERMANN, Neuregelung zum Reisevertragsrecht, ZAP 1994, F 6, 229
JOACHIM, Aktuelle Probleme des Reiserechts, DZWiR 1994, 56
KALLER, Die rechtliche Problematik der Ausnahmetatbestände von der Insolvenzsicherungspflicht des § 651k Abs 6 BGB, RRa 1996, 191
KEMPER, Ersatzfähigkeit von Ausfallschäden des Reisenden in der Insolvenz des Reiseveranstalters, NJW 1993, 3293
KHAN, Staatshaftung für verpfuschten Urlaub?, NJW 1993, 2646
KLOSE, Die Insolvenzsicherungspflicht von Gelegenheitsveranstaltern nach § 651k BGB, MDR 1995, 976
LEIBLE/SOSNITZA, „MP Travel Line", EG-Recht und Staatshaftung, MDR 1993, 1159
SCHLOTMANN, Praxis und Rechtsfragen nach drei Jahren Insolvenzschutz für die Reisebranche, DZWiR 1998, 28
dies, Gesetzliches Konkursabsicherungsregister

oder freiwillige „weiße Liste" für die Reisebranche? DZWiR 1998, 299
dies, Ein Ende der Doppelbezahlungen von Reisenden?, DZWiR 1998, 344
SCHMID, Kein Beförderungsanspruch des Reisenden aus dem Flugschein, RRa 1994, 7
SEYDERHELM, Insolvenzschutz im Pauschalreiserecht, ZAP 2000, Fach 6, 1205
TONNER, Die EG-Richtlinie über Pauschalreisen, EuZW 1990, 409
ders, Reiserecht im Überblick, VuR 1992, 311
ders, Staatshaftung wegen verspäteter Umsetzung der EG-Pauschalreise-Richtlinie, ZIP 1993, 1205
ders, Insolvenzschutz und Pauschalreiserichtlinie, VuR 1996, 215
ders, Theorie und Praxis des Insolvenzschutzes bei Pauschalreisen, EuZW 1999, 395
ders, Die Insolvenzsicherung im Pauschalreiserecht (2001)
WITTKOWSKI, Der „MP-Travel-Linie"-Konkurs im Lichte der Francovich-Rechtsprechung des EuGH, NVwZ 1993, 3293
WOLF, Die Novellierung des Pauschalreiserechts unter besonderer Berücksichtigung der richtlinienkonformen Umsetzung der Insolvenzsicherungspflicht (2001).

Systematische Übersicht

I.	Inhalt und Zweck	1
II.	Abzusichernde Risiken (§ 651k Abs 1 S 1)	8
III.	Sicherungsmittel (§ 651k Abs 1 S 2)	13
IV.	Haftungsbegrenzung	16
V.	Erfüllung der Sicherungspflicht	19
1.	Unmittelbarer Anspruch	19
2.	Sicherungsschein	22
VI.	Zahlung des Reisepreises (§ 651k Abs 4)	24
1.	Zahlung auf den Reisepreis	24
2.	Zahlung an den Reisevermittler	25
3.	Rechtsfolgen von Verstößen gegen § 651k Abs 4 S 1	29
VII.	Ausländische Reiseveranstalter (§ 651k Abs 5)	30
VIII.	Ausnahmen von der Pflicht zur Insolvenzsicherung (§ 651k Abs 6)	31
IX.	Regelungen in allgemeinen Reisebedingungen	36
X.	Darlegungs- und Beweislast	38

Alphabetische Übersicht

Abbruch der Reise	9
Anmeldefrist	17
Anzahlung	9, 24, 29
Anscheinsinkassovollmacht	26 ff
ARB	36 f
Aufwendungsersatz	11
Ausflugsfahrt	34
Ausländische Reiseveranstalter	30
Ausnahmen von Insolvenzsicherungspflicht	31 ff
Bank	16
Bankgarantie	15
Besichtigungsfahrt	34
Betriebsausflug	32
Beweislast	38
BGB-InfoV	22, 31, 33
Bürgschaft	15
Dänemark	13
Deckungsstock	4, 16
Direktanspruch	19
EG-Pauschalreise-Richtlinie	1, 11, 18 f, 24, 30 f
– verzögerte Umsetzung	2
Einwendungen, Sicherungsgeber	19

Ferienhäuser	30	Museumsbesuch	34
Fernabsatzgesetz	4		
Feuerwehrfonds	13	Niederlande	13
Flugschein	2	Normzweck	1 ff
Flugticket	11		
Forderungsübergang gesetzlicher	6, 19	Ordnungswidrigkeit	29
Forderungsverletzung positive	6, 23	Organisation Rückreise	11
Freistellung von Insolvenzsicherungspflicht	30		
Fremdenverkehrsamt	35	Rechtsanwaltskammer	35
		Reiseabbruch	9
Garantiefonds	13, 30	Reiseantritt	9
Gelegenheitsveranstalter	31, 33	Reisebüro, Insolvenz	8
Geschäftsjahr	16 f	Reisender, Aufwendungen	11
Gewährleistungsansprüche	12	Reisepreis	
Gewerbeordnung	21, 29	– Sicherungsverein	14
Großbritannien	13	– Unterschlagung	8
Großveranstalter	15	– Zahlung	24 ff
		Reiseveranstalter	
Haftungsbegrenzung	4, 5, 16 ff	– ausländische	3, 30
Hochschule	35	– nichtgewerbliche	3, 31, 33
Höchstbetrag	3, 16 f, 38	Reisevermittler	6 f, 23, 25, 29
Hotelgutschein	2	Richtlinienkonformität	5 f, 8, 18 f, 35
Hotelkosten	10	Richtlinienumsetzung, verzögerte	2
		Risiken, abzusichernde	8 ff
Idealverein	32	Rückflug	10
Insolvenzsicherung	5 f, 19 ff	Rückreise, Organisation	11
Innung	35	Rundfunkanstalt	35
Insolvenzsicherungspflicht	19 ff, 31 ff		
		Schadensminderungspflicht	11
Jahresprogramm	33	Schulen	33, 35
Jugendorganisation	33	Schwarztouristiker	14
Juristische Personen des öffentlichen Rechts	3, 35	Sicherungsgeber	3, 11, 16, 18, 38
		– Einwendungen	19
Kaffeefahrt	34	Sicherungsmittel	13 ff
Kartellrecht	13	Sicherungspflicht	19 f
Kirche	35	– unmittelbarer Anspruch	19 f
Kirchengemeinde	33	– Sicherungsschein	22 f
Konditionenempfehlung	36	Sicherungsschein	3, 9, 22 ff, 36 f
Konzertfahrt	34	– Ausgestaltung	22
Kreditinstitut	3, 13 ff	– Wirkung	22
Kundengeldabsicherer	6, 8, 21	Sicherungsvertrag	19
		Sozialversicherungsträger	35
Leistungsträger, Insolvenz	8	Sportvereine	33
Liste weiße	14, 21	Staatshaftung	2, 5, 18, 35
		Stiftung	35
Mehrkosten	11		
Mittelstandsförderung	13	Tagesreise	3, 34, 37
Monopolbildung	13		
		Umsetzung EG-Pauschalreise-Richtlinie	2

Unlauterer Wettbewerb	29	Vertrag zugunsten Dritter	19
Unterbringungskosten	10	Volkshochschule	35
Unterlassungsklagegesetz	14	Vorauskasse-Rechtsprechung	1, 24, 27
Unterschlagung Reisepreis	8	Vorauszahlungen	29
Verbraucherschutz	13	Wartezeit	11
Vereinsreisen	32	Wettbewerb, unlauterer	29
Versicherung, freiwillige	13 ff		
Versicherungspool	13	Zug-um-Zug-Prinzip	24
Versicherungsunternehmen	14, 16		

I. Inhalt und Zweck

Mit dem zum 1. 11. 1994 neu in das BGB eingefügten § 651k wird **Art 7 der EG-** **1** **Pauschalreise-Richtlinie** in deutsches Recht umgesetzt. Nach Art 7 hat der Reiseveranstalter nachzuweisen, dass im Fall der **Zahlungsunfähigkeit** oder der **Eröffnung des Insolvenzverfahrens** die Erstattung gezahlter Beträge und die Rückreise des Verbrauchers sichergestellt sind (vgl Vorbem 73 ff zu §§ 651a ff). Ziel des § 651k ist es, den Reisenden gegen das **Risiko einer Insolvenz** seines Reiseveranstalters wirksam abzusichern (EuGH NJW 1998, 2201; 1999, 3181; BGH NJW 2001,1934, 1935; 2002, 2238, 2239). Dies war erforderlich, weil der Reisende bis dahin durch die dogmatisch umstrittene **Vorauskasse-Rechtsprechung** des BGH (vgl BGH NJW 1986, 1613; BGHZ 100, 157; 119, 152; BGH NJW 1993, 263; vgl auch §§ 651a Rn 125 ff) nur unvollständig gegen dieses Risiko geschützt war (vgl H-W Eckert, Pauschalreiserecht 246 f; Führich Rn 454; ders EuZW 1993, 725, 728; Seyderhelm Rn 8; Tonner ZIP 1993, 1205, 1209; vgl § 651a Rn 131). Der unnötig ausführlich gefasste (Erman/Seiler Rn 1) § 651k bewirkt, dass der Reisende nunmehr gegen die Risiken des Verlustes des vorausgezahlten Reisepreises und zusätzlicher Aufwendungen für nicht erbrachte Reiseleistungen – zB für den Rückflug bei einer Insolvenz während der Reise – abgesichert ist. Einen vollständigen Schutz bietet sie ihm hingegen nicht, weil sie das Risiko, Gewährleistungsansprüche bei einer Insolvenz des Veranstalters nicht mehr durchsetzen zu können, nicht auffängt (vgl dazu LG Aachen R+S 1998, 342; Führich Rn 457; Kemper NJW 1993, 3295; Palandt/Sprau Rn 1a; Münch-Komm/Tonner Rn 11; Soergel/H-W Eckert Rn 8).

Die EG-Pauschalreise-Richtlinie musste nach Art 9 Abs 1 bis zum 31. 12. 1992 in das **2** Recht der Mitgliedstaaten umgesetzt werden. Der deutsche Gesetzgeber hat dies erst zum 1. 7. 1994 bzw zum 1. 11. 1994 getan (Art 4 des Umsetzungsgesetzes, BGBl 1994 I, 1322). Die **verzögerte Umsetzung** der Richtlinie erlangte vor dem Hintergrund der Insolvenzen einiger Reiseveranstalter im Jahre 1993 eine erhebliche Bedeutung. Tausende von Urlaubern, die den Reisepreis im Voraus gezahlt hatten, saßen in ihren Urlaubsländern fest. Ihre Hotelgutscheine und Flugscheine wurden von den Leistungsträgern nicht mehr anerkannt, da diese ihrerseits von den Veranstaltern keine Zahlungen erhalten hatten. Die Bundesregierung musste teilweise die Rückbeförderung der Urlauber vorfinanzieren. Ihren finanziellen Schaden verlangten diese Urlauber von der Bundesrepublik Deutschland ersetzt. Der EuGH hat ihnen zu Recht Entschädigungsansprüche gegen die Bundesrepublik aus **Staatshaftung wegen verzögerter Richtlinienumsetzung** zugesprochen (vgl EuGH NJW 1996, 3141; vgl Vorbem 79 zu §§ 651a ff).

3 Die Insolvenzsicherung des § 651k umfasst einerseits den vom Reisenden im Voraus bezahlten Reisepreis, andererseits notwendige Aufwendungen für die Rückreise, die vom Reisenden erbracht werden müssen, da der Reiseveranstalter aufgrund von Zahlungsunfähigkeit oder Insolvenz hierzu nicht in der Lage ist (§ 651k Abs 1 S 1). Die Sicherung durch den Reiseveranstalter muss entweder durch den Abschluss einer Versicherung bei einem den deutschen versicherungsrechtlichen Bestimmungen genügenden **Versicherer** oder durch das Zahlungsversprechen eines in Deutschland zum Geschäftsbetrieb befugten **Kreditinstituts** (**Kundengeldabsicherer**, vgl § 651k Abs 2 S 1) erfolgen (§ 651k Abs 1 S 2). Für den Reiseveranstalter begründet § 651k Abs 1 eine **reisevertragliche Nebenpflicht**, deren Erfüllung durch den Reisenden unmittelbar erzwungen werden kann (so zutreffend ERMAN/SEILER Rn 2). Ein durchsetzbarer Erfüllungsanspruch des Reisenden erscheint hier einzig sinnvoll, weil ihn ein bloßer Schadensersatzanspruch gem §§ 280 Abs 1, 241 Abs 2 nicht wirksam gegen das Insolvenzrisiko schützen könnte (ERMAN/SEILER Rn 2). **Erfüllt** also der **Reiseveranstalter** den Anspruch des Reisenden aus § 651k Abs 1 **nicht**, so kann dieser auf Erfüllung klagen und Ersatz des Verzögerungsschadens verlangen (§§ 280 Abs 2 iVm § 286). Er kann dem Reiseveranstalter aber auch eine Frist setzen und nach deren erfolglosem Ablauf gem §§ 280 Abs 3, 281 Schadensersatz statt der Leistung verlangen oder gem § 323 vom Reisevertrag zurücktreten. Wichtiger ist indessen seine Befugnis, die ganze oder teilweise Bezahlung des Reisepreises bis zur Erfüllung der Verpflichtung des Reiseveranstalters aus § 651k Abs 1 zu verweigern und Zahlungen nur Zug um Zug gegen Übergabe des Sicherungsscheins oder Leistung von Sicherheiten zu erbringen (§§ 273, 274; vgl ERMAN/SEILER Rn 10). Der **Sicherungsgeber** kann seine Haftung auf einen Höchstbetrag von nunmehr 110 Millionen Euro begrenzen (§ 651k Abs 2 S 1). Überschreiten die nach § 651k Abs 1 zu erstattenden Beträge innerhalb eines Jahres diese Grenze, so werden alle Ansprüche anteilig gekürzt (§ 651k Abs 2 S 2). Der Reiseveranstalter muss dem Reisenden einen unmittelbaren Anspruch gegen den Sicherungsgeber verschaffen und dem Reisenden dafür eine vom Sicherungsgeber ausgestellte Bestätigung (**Sicherungsschein**) übergeben (§ 651k Abs 3 S 1). Ohne die Übergabe dieses Sicherungsscheins darf der Reiseveranstalter vor Beendigung der Reise Zahlungen auf den Reisepreis weder fordern noch annehmen (§ 651k Abs 4 S 1). Ein Reiseveranstalter, der seinen **Hauptsitz außerhalb Deutschlands** hat, aber innerhalb der EU oder eines Vertragsstaates des Abkommens über den Europäischen Wirtschaftsraum, genügt seiner Insolvenzsicherungspflicht nach § 651k Abs 1-4 auch dann, wenn er dem Reisenden Sicherheit in Übereinstimmung mit dem Recht dieses Staates leistet und ihm dies vor der Forderung oder Entgegennahme von Vorauszahlungen auf den Reisepreis nachweist (§ 651k Abs 5). Von der Pflicht zur Insolvenzsicherung sind neben den Veranstaltern von Tagesreisen mit einem Reisepreis bis nunmehr 75 Euro (§ 651k Abs 6 Nr 2) auch Reiseveranstalter **ausgenommen**, bei denen es sich um juristische Personen des öffentlichen Rechts handelt, über deren Vermögen ein Insolvenzverfahren unzulässig ist (§ 651k Abs 6 Nr 3), sowie vor allem solche, die außerhalb einer gewerblichen Tätigkeit nur gelegentlich, also etwa ein- bis zweimal jährlich (vgl BT-Drucks 12/5354, 13), Reisen anbieten (§ 651k Abs 6 Nr 1).

4 § 651k ist durch das Fernabsatzgesetz v 27. 6. 2000 (BGBl 2000 I, 897) dahin geändert worden, dass die Haftungsbegrenzung nunmehr auf eine Höchstsumme von 110 Millionen Euro festgelegt wurde (vgl BT-Drucks 14/2658 zu Nr 5). Zugleich wurde in

Abs 6 Nr 2 die Grenze für kleine Reisen, für welche die Vorschriften über den Sicherungsschein nicht gelten, im Verhältnis 2 : 1 auf 75 Euro festgelegt.

Durch das am 1. September 2001 in Kraft getretene **Zweite Gesetz zur Änderung** 5 **reiserechtlicher Vorschriften** vom 23. Juli 2001 (2. ReiseRÄndG BGBl 2001 I 1658) wurde § 651k ergänzt und modifiziert, obwohl der Gesetzgeber nach wie vor davon ausging, mit der Insolvenzschutzregelung des § 651k „eine angemessene und marktorientierte Umsetzung der EG-rechtlichen Vorgaben" erreicht zu haben (BT-Drucks 14/5944, 8). Der Gesetzgeber sah sich aber durch ein Urteil des EuGH und den Bericht der Europäischen Kommission über die Durchführung der Richtlinie 90/314/EWG über Pauschalreisen in den innerstaatlichen Rechtsvorschriften der EG-Mitgliedsstaaten (Arbeitsdokument SEK [1999] 1800 vom 5. November 1999), der sich eingehend mit den Problemen einer wirksamen Insolvenzsicherung befasst, zu einer konsequenteren Ausgestaltung des Verbraucherschutzes veranlasst (BT-Drucks 14/5944, 8). In seinem Urteil vom 15. Juni 1999 (EuGH NJW 1999, 3181 – Rechberger) hat der EuGH eine **Haftungshöchstgrenze** für die Summe aller von einem Kundengeldabsicherer übernommenen Verpflichtungen in Österreich als richtlinienwidrig angesehen und damit keinen Zweifel gelassen, dass er auch eine Haftungsbegrenzung wie diejenige in § 651k Abs 2 für unzulässig hält (vgl auch bereits EuGH NJW 1996, 3141 – Dillenkofer). Ganz in diesem Sinne sah die ursprüngliche Fassung eines Diskussionsentwurfs für das 2. ReiseRÄndG vom Oktober 2000 die ersatzlose Streichung der Haftungsbegrenzung vor (abgedruckt in: Deutsche Gesellschaft für Reiserecht [Hrsg], DGfR-Jahrbuch 2000 [2001], 103 ff). Nach einer Anhörung im Dezember 2000 kehrte der Regierungsentwurf nach Intervention des Bundeswirtschaftsministeriums im neu gefassten § 651k Abs 2 zu einer Haftungsbegrenzung von 110 Millionen Euro zurück. Dahinter standen Bedenken der Versicherungswirtschaft, die europarechtlich gebotene unbeschränkte Haftung sei nicht realisierbar und vor allem nicht zurückversicherbar. In der Begründung des Gesetzentwurfs wird dem EuGH zu Unrecht unterstellt, er habe im Rechberger-Urteil zwar eine effektive Sicherstellung aller vom Reisenden gezahlten Beträge verlangt, nicht jedoch ein System mit Deckungshöchstsummen per se für unzulässig erklärt und keinesfalls ein System verlangt, das jede auch nur theoretische Sicherungslücke schließe (BT-Drucks 14/5944 11; vgl dazu Tonner, Insolvenzabsicherung 31; der Diskussionsentwurf hatte dies noch für realistisch gehalten, während der Regierungsentwurf einen Ausfallschaden nur bei einer Versicherung aller führenden Reiseveranstalter bei einem Versicherer und gleichzeitiger Insolvenz aller dieser Veranstalter, also für „faktisch ausgeschlossen" hält, BT-Drucks 14/5944, 11), weshalb wiederum eine Staatshaftung wegen unzureichender Umsetzung der Richtlinie in Betracht kommt (so zutreffend Führich Rn 460).

Der Gesetzgeber hat sich daher auf weniger grundsätzliche **Änderungen** und **Ergän-** 6 **zungen** des § 651k beschränkt. In Abs 2 wurde für die Begriffe Versicherer und Kreditinstitut der neue Oberbegriff **„Kundengeldabsicherer"** neu eingefügt (Abs 2 S 1). Zugleich wurden die bislang in Abs 2 S 1 enthaltenen **niedrigeren Haftungshöchstbeträge**, die in den ersten Jahren nach dem Inkrafttreten des Umsetzungsgesetzes bis 1997 in gestaffelter Form den Aufbau eines Rechnungsstocks durch Ansammlung von Rückstellungen ermöglichen sollten, aufgehoben. Sie waren durch Zeitablauf obsolet geworden und gelten, wie die Übergangsvorschrift des Art 229 § 4 EGBGB klarstellt, nur noch für die Vergangenheit weiter (vgl dazu Staudinger/Eckert [2003] Art 229 § 4 EGBGB Rn 1). In **Abs 3 S 2** wurde nunmehr klargestellt, dass der

Reiseveranstalter den Sicherungsschein nicht notwendigerweise selbst übergeben muss, sondern dass es ausreicht, wenn dies auf seine Veranlassung geschieht. **Abs 3 S 2** stellt nunmehr ausdrücklich klar, dass der Vertrag zwischen dem Reiseveranstalter und dem Kundengeldabsicherer dem Reisenden einen **einwendungs- und einredefreien Anspruch** gegen den Kundengeldabsicherer verschafft. Diese allein richtlinienkonforme Lösung wurde von einem Teil der Lehre bislang mit der Fiktion einer stillschweigenden Abbedingung des an sich auf den Absicherungsvertrag anwendbaren § 334 begründet (vgl ERMAN/SEILER Rn 9; FÜHRICH Rn 462; dagegen die Voraufl Rn 16). Das ließ sich allerdings dogmatisch kaum begründen, so dass die Klarstellung in Abs 3 S 2 zu begrüßen ist. Der neue **Abs 3 S 3** verschafft dem Kundengeldabsicherer durch **gesetzlichen Forderungsübergang** einen Ersatzanspruch gegen den Reiseveranstalter, wenn er den Reisenden befriedigt, obwohl er auf Grund des Versicherungsvertrages hierzu nicht verpflichtet ist. Dieser Anspruch dürfte kaum praktische Bedeutung erlangen, weil er die Insolvenz des Reiseveranstalters voraussetzt und daher ins Leere geht (TONNER, Insolvenzabsicherung 37). Nach **Abs 3 S 4** ist der **Reisevermittler**, der einen Sicherungsschein aushändigt, verpflichtet, diesen auf seine Gültigkeit hin zu überprüfen. Verletzt er diese Pflicht, ist er dem Reisenden nach § 280 Abs 1 aus positiver Forderungsverletzung zum Schadensersatz verpflichtet, wenn dieser keinen Anspruch gegen den Kundengeldabsicherer erlangt hat.

7 In **Abs 4 S 1** wird die Pflicht des Reiseveranstalters, vor Übergabe des Sicherungsscheins keine Zahlungen auf den Reisepreis zu fordern oder anzunehmen, auf den **Reisevermittler** ausgedehnt. **Abs 4 S 2 und 3** behandeln das Problem der **Insolvenz des Reisevermittlers** nach Erlangung und vor Weiterleitung des Reisepreises an den Veranstalter (vgl LG Hamburg RRa 2000, 123; LG Düsseldorf RRa 1999, 215; 2000, 153). Hier stellt sich die Frage, ob der Reisende ein zweites Mal zahlen oder der Reiseveranstalter die Leistung erbringen muss, ohne eine Gegenleistung zu erlangen. Bisher war die Rechtslage insoweit unsicher. Deshalb sollen die in Abs 4 neu eingefügten Sätze 2 und 3 klarstellen, unter welchen Umständen der Reisevermittler als zur Annahme von Zahlungen ermächtigt gelten soll mit der Folge, dass er dann die Reise durchführen muss, auch wenn er infolge der Insolvenz des Reisevermittlers keine Zahlung erhält. **Abs 4 S 2** stellt insoweit eine **widerlegliche gesetzliche Vermutung** für eine Inkassovollmacht des Reisevermittlers auf, wenn dieser einen Sicherungsschein übergibt oder sonstige dem Veranstalter zuzurechnende Umstände ergeben, dass er von diesem mit der Vermittlung betraut ist. Dies gilt nach **Abs 4 S 3** nur dann nicht, wenn der Veranstalter die Annahme von Zahlungen „in hervorgehobener Form" ausdrücklich ausgeschlossen hat.

II. Abzusichernde Risiken (§ 651k Abs 1 S 1)

8 Die Anwendung des § 651k setzt zunächst einen **wirksamen Reisevertrag** iSd § 651a Abs 1 voraus, also einen Vertrag über eine Gesamtheit von Reiseleistungen. Die Einstandspflicht des Kundengeldabsicherers ist damit auf Reisen iSd §§ 651a ff beschränkt (BGH NJW 2002, 2238 ff). Daran fehlt es nach der hier vertretenen Auffassung, wenn nur eine einzelne Reiseleistung angeboten wird (vgl ERMAN/SEILER Rn 5; aA BGH NJW 2000, 1639, 1640). Nach § 651k Abs 1 S 1 hat der Reiseveranstalter sicherzustellen, dass im Falle seiner Zahlungsunfähigkeit oder seiner Insolvenz dem Reisenden der von ihm bereits gezahlte Reisepreis und die notwendigen Aufwendungen für die Rückreise erstattet werden. Nach § 651k ist folglich nur die **Insolvenz des Reiseveran-**

stalters abgesichert, nicht dagegen die Insolvenz eines **Leistungsträgers** oder eines vermittelnden **Reisebüros** (OLG Frankfurt aM NJW-RR 1997, 1209; LG Aachen RuS 1998, 342; AG Ebersberg RRa 1999, 24 ff; ERMAN/SEILER Rn 5; FÜHRICH Rn 456; SEYDERHELM Rn 7; SOERGEL/ H-W ECKERT Rn 5). Diese Einschränkung ist sinnvoll, weil der Veranstalter alleiniger Vertragspartner des Reisenden ist. Er bleibt dem Reisenden auch bei einer Insolvenz eines seiner Vertragspartner zur Leistung verpflichtet (so zutreffend SOERGEL/H-W ECKERT Rn 5). Unterschlägt der Vermittler oder Veranstalter den Reisepreis, so liegt ebenfalls kein nach § 651k abzusicherndes Risiko vor (FÜHRICH Rn 456).

Nach § 651k Abs 1 S 1 Nr 1 ist die **Erstattung des** im Voraus gezahlten **Reisepreises** **9** abzusichern, soweit Reiseleistungen insolvenzbedingt ausfallen. Da der Reisende den Reisepreis in aller Regel bereits ganz oder teilweise im Voraus entrichtet hat, geht es bei § 651k Abs 1 S 1 Nr 1 um die Absicherung der zukünftigen Ansprüche des Reisenden auf Rückzahlung des Reisepreises für die infolge der Insolvenz des Reiseveranstalters ausgefallenen Reiseleistungen. Diese **Rückzahlungspflicht des Reiseveranstalters**, die durch § 651k Abs 1 S 1 Nr 1 nur präzisiert wird, folgt in der Regel aus §§ 651d bis 651 f und § 651i. Die Rückzahlungspflicht entsteht mit der Insolvenz des Reiseveranstalters und beschränkt sich auf den vorausgezahlten Reisepreis sowie die infolge dieser Insolvenz ausgefallenen Reiseleistungen (vgl ERMAN/SEILER Rn 6; PICK Rn 18). Tritt die Zahlungsunfähigkeit des Veranstalters bereits **vor Reiseantritt** ein, so muss ebenfalls die Erstattung aller vom Reisenden gezahlten Beträge abgesichert sein. Dies umfasst die vollständige Rückzahlung aller geleisteten Anzahlungen und Restzahlungen (BGH NJW 2001, 1934 ff; FÜHRICH Rn 456 a; MünchKomm/TONNER Rn 6). Der Gesetzgeber hat § 651k Abs 4 S 1 schon durch das Änderungsgesetz vom 20. 12. 1996 (BGBl 1996 I, 2090) dahingehend geändert, dass ein Sicherungsschein bereits für die Anzahlung auszuhändigen ist. Damit hat er klargestellt, dass von § 651k auch schon diese erfasst wird (FÜHRICH Rn 456 a). Tritt die Insolvenz **nach Reiseantritt** ein, so ist der Reisepreis anteilig in dem Umfang zu erstatten, in dem die Reiseleistungen ausgefallen sind (vgl EuGH RRa 1998, 131; FÜHRICH Rn 456 b; ders, NJW 1994, 2449; MünchKomm/TONNER Rn 7). Diese Erstattungspflicht erstreckt sich auch auf solche Reiseleistungen, die zwar bereits vor der Insolvenz vollständig erbracht wurden, aber durch den insolvenzbedingten Ausfall nachfolgender Leistungen **nutzlos** geworden sind. Dies ist zB denkbar, wenn der Reisende noch zum Urlaubsort befördert wird, dort aber die gebuchte Hotelunterkunft ausfällt. Die Berechnung des zu erstattenden Betrages ist **entsprechend § 651e Abs 3** einschließlich dessen S 3 vorzunehmen (vgl ERMAN/SEILER Rn 6; MünchKomm/TONNER Rn 7; SOERGEL/H-W ECKERT Rn 6; aA FÜHRICH Rn 456 b; SEYDERHELM Rn 10). Danach ist der **gesamte Reisepreis** zu erstatten, wenn die bereits erbrachten Leistungen für den Reisenden wegen des insolvenzbedingten vorzeitigen Abbruchs der Reise **ohne Interesse** waren (ERMAN/SEILER Rn 6). Zum Reisepreis gehören bei **Gastschulaufenthalten** auch **Taschengeldzahlungen**, die von den Teilnehmern an den Veranstalter gezahlt werden und den Schülern vor Ort im Gastland ausbezahlt werden sollen (OLG Köln RRa 2003, 136 f). Da diese Zahlungen im Voraus und auf Grundlage des Reisevertrags geleistet werden, unterliegen sie dem von Art 7 der EG-Pauschalreiserichtlinie und von § 651k bezweckten umfassenden Schutz der vom Reisenden gezahlten Beträge in der Insolvenz des Veranstalters.

§ 651k Abs 1 S 1 Nr 1 ist richtlinienkonform dahin auszulegen, dass zu dem vom **10** Reisenden gezahlten Reisepreis auch **zusätzliche Hotelkosten** gehören, die der Reisende noch einmal an den Hotelier zahlen muss, weil er nur so das Hotel verlassen kann, um seinen Rückflug antreten zu können. Zwingt also ein Hotelier einen Reisenden, der den Reisepreis bereits vollständig an den Veranstalter gezahlt hat, zur erneuten Zahlung der Unterbringungskosten, weil er seinerseits vom Reiseveranstalter wegen dessen Insolvenz keine Zahlungen erlangt hat, so fallen auch diese Kosten unter § 651k Abs 1 S 1 Nr 1 (EuGH NJW 1998, 2201 f; FÜHRICH Rn 456 e; HUFF RRa 1998, 133; SCHLOTMANN DZWiR 1998, 344 ff; vgl Vorbem 77 zu §§ 651a–651m).

11 Nach § 651k Abs 1 S 1 Nr 2 sind dem Reisenden auch die **notwendigen Aufwendungen für die Rückreise** zu erstatten. Auch hier wird die zukünftige Erstattungspflicht des Reiseveranstalters abgesichert, die sich aus §§ 651c Abs 3 S 1, 651e Abs 4 S 2 ergibt. Die Sicherstellungspflicht setzt allerdings voraus, dass die Rückreise zum Inhalt des Reisevertrages gehört (ERMAN/SEILER Rn 7). Zu den notwendigen Aufwendungen für die Rückreise gehören außer den Kosten für die Rückbeförderung selbst (zB Flugticket) auch weitere **Mehrkosten**, die mit der Rückreise notwendig verbunden sind, wie zB zusätzliche Unterkunfts-, Verpflegungs- und Transferkosten (EuGH NJW 1996, 3143; EuZW 1998, 440; FÜHRICH Rn 457; MünchKomm/TONNER Rn 8 f; SEYDERHELM Rn 11; SOERGEL/H-W ECKERT Rn 7). Die Erstattungspflicht ist auf die **notwendigen** Aufwendungen beschränkt. Der Reisende hat daher die Aufwendungen nach dem Rechtsgedanken des § **254** möglichst gering zu halten (ERMAN/SEILER Rn 7; FÜHRICH Rn 457; SEYDERHELM Rn 12). Daraus folgt, dass der Reisende die Rückreise **unverzüglich anzutreten** hat. Der Reisende kann also nicht den Urlaub wie geplant zu Ende führen und dann alle Kosten nach § 651k Abs 1 S 1 Nr 2 vom Sicherungsgeber erstattet verlangen (ERMAN/ SEILER Rn 7; FÜHRICH Rn 457; MünchKomm/TONNER Rn 9). Er muss sich vielmehr um den nächstmöglichen Rückflug bemühen. Dabei darf er jedoch nicht sofort einen teuren Linienflug buchen, wenn ihm das Warten auf einen kostengünstigeren Rückflug zumutbar ist. Insoweit erscheint eine **Wartezeit** von 1–2 Tagen angemessen, zumal dem Reisenden die dadurch entstehenden Unterkunftskosten für den notwendigen Zwischenaufenthalt zu erstatten sind (FÜHRICH Rn 459; MünchKomm/TONNER Rn 10; **aA** SEYDERHELM Rn 12). Nicht nach § 651k Abs 1 S 1 Nr 2 ersatzfähig ist der für die **Organisation der Rückreise** erforderliche Zeitaufwand des Reisenden. Diese Vorschrift verlangt nur die Sicherstellung der Erstattung der für die Rückreise notwendigen Aufwendungen, nicht dagegen die Sicherstellung der Rückreise selbst. Danach ist der Reisende verpflichtet, die Rückreise in eigener Verantwortung selbst zu organisieren. Dies widerspricht jedoch Art 7 der EG-Pauschalreise-Richtlinie, durch den dem Reisenden ein Recht auf Absicherung seiner Rückreise und nicht nur auf die Erstattung seiner Rückreisekosten verliehen wird (vgl EuGH NJW 1996, 3141 ff). Der Reiseveranstalter hat daher auch die Organisation der Rückreise abzusichern. § 651k Abs 1 S 1 Nr 2 setzt somit Art 7 der EG-Pauschalreise-Richtlinie **nicht richtlinienkonform** um (vgl FÜHRICH Rn 63; TONNER, Reiserecht in Europa 281; **aA** GRAZIANI-WEISS 55; SEYDERHELM Rn 13; vgl Vorbem 78 zu §§ 651a–651m).

12 Der Insolvenzabsicherungspflicht nach § 651k Abs 1 S 1 **unterliegen** nicht die **Gewährleistungsansprüche** des Reisenden wegen aufgetretener Reisemängel, mögen diese auch mittelbar auf die Insolvenz des Reiseveranstalters zurückzuführen sein (ERMAN/SEILER Rn 6; FÜHRICH Rn 457; MünchKomm/TONNER Rn 11; PICK Rn 18; SEYDERHELM Rn 10; SOERGEL/H-W ECKERT Rn 8).

III. Sicherungsmittel (§ 651k Abs 1 S 2)

Die Absicherung des Reisenden kann nach § 651k Abs 1 S 2 entweder durch den 13
Abschluss einer freiwilligen Versicherung oder das Zahlungsversprechen eines Kreditinstituts erfolgen. Damit steht dem Reiseveranstalter gegenüber § 648a nur eine **stark eingeschränkte Wahlmöglichkeit** hinsichtlich der **Art der Sicherheitsleistung** zur Verfügung (so zutreffend ERMAN/SEILER Rn 9). Der Gesetzgeber hat sich bewusst für eine **freiwillige Versicherung** und gegen die im Gesetzgebungsverfahren diskutierte Bildung eines branchenverbindlichen Versicherungspools mit Zwangsmitgliedschaft aller Veranstalter entschieden. Für ein derartiges Garantiefonds-Modell spricht allerdings, dass es in einigen anderen EU-Staaten (Dänemark, Italien und den Niederlanden) existiert (vgl SEK KOM 1800 [1999] vom 5. November 1999, 29, 38) und aus Gründen des Verbraucherschutzes und der Mittelstandsförderung zu begrüßen ist (vgl FÜHRICH Rn 458; ders EuZW 1993, 347, 351; ders RRa 1994, 53, 55; TONNER, Reiserecht in Europa 146 ff). Zugleich hätte mit einem solchen System der Forderung der Verbraucherschutzverbände nach einem „Feuerwehrfonds" für insolvente Veranstalter ohne Kundengeldabsicherung die Grundlage entzogen werden können (vgl dazu FISCHER RRa 999, 5; TONNER EuZW 1999, 400; kritisch FÜHRICH RRa 1999, 83, 84). Der Gesetzgeber wollte aber mit seiner Entscheidung für eine freiwillige Versicherung einer Monopolbildung auf dem Versicherungsmarkt im Interesse der Offenhaltung der Märkte und der Stärkung des Wettbewerbs entgegenwirken. Er sah in einer Zwangsmitgliedschaft in einem Versicherungspool einen Verstoß gegen die Bestimmungen des EG-Vertrages über den freien Dienstleistungsverkehr (Art 49–55 EGV) und das EG-Kartellrecht (Art 81 EGV; vgl BT-Drucks 12/5354, 11; BECHHOFER 139; BIDINGER/ MÜLLER 231; FÜHRICH Rn 458; ders EuZW 1993, 347, 351; SOERGEL/H-W ECKERT Rn 9; SOLVEEN/TONNER 76 ff).

Nach § 651k Abs 1 S 2 Nr 1 kann die Sicherung des Reisenden durch eine **freiwillige** 14
Versicherung erbracht werden. In diesem Fall muss der Veranstalter dem Reisenden einen unmittelbaren Anspruch gegen den Versicherer verschaffen, der auch die Erstattung solcher Zahlungen sicherstellt, die der Reiseveranstalter vor Reisebeginn annimmt oder fordert. Daran fehlt es, wenn Anzahlungen ohne Versicherungsschutz bleiben, die zB 10% des Reisepreises oder den Betrag von 250 Euro übersteigen (vgl BGH NJW 2001, 1934). Das Gleiche gilt, wenn auch weitere Zahlungen nicht abgesichert werden, die früher als einen Monat vor dem aus der Buchungsbestätigung ersichtlichen Abreisetag erfolgen. In beiden Fällen bleibt eine Sicherungslücke, die § 651k widerspricht (BGH NJW 2001, 1936). Enthalten AGB des Versicherers entsprechende Klauseln, so geht es zwar eigentlich nur um den Vertrag zwischen Reiseveranstalter und Versicherer, so dass an sich die §§ 307 ff und namentlich § 1 UKlaG nur eingeschränkt anwendbar wären (§§ 3 Abs 2 UKlaG, 310 Abs 1 BGB). Dies gilt aber nicht im Falle des § 651k, da es gerade Sinn dieser Regelung ist, dem Reisenden unmittelbar Ansprüche gegen den Versicherer zu geben, mit der Folge, dass sich der Schutz der §§ 307 ff und des UKlaG auch auf die dem Reisenden aus dem Vertrag zwischen dem Versicherer und dem Reiseveranstalter zukommenden Rechte erstreckt (BGH NJW 2001, 1935). Das Versicherungsunternehmen muss den deutschen versicherungsrechtlichen Bestimmungen entsprechen, braucht allerdings wegen der in der EU bestehenden Dienstleistungsfreiheit (Art 49 EGV) nicht seinen Sitz in Deutschland zu haben (MünchKomm/TONNER Rn 14). Die Absicherung kann nicht nur durch ein bereits bestehendes **Versicherungsunternehmen** erfolgen, sondern auch

durch die zum Zwecke der Absicherung nach § 651k erfolgende Gründung eines neuen Versicherungsunternehmens (BT-Drucks 12/5354, 12; H-W Eckert, DB 1994, 1069, 1074; ders, Pauschalreiserecht 250; Führich VersR 1995, 1138, 1140; MünchKomm/Tonner Rn 14; Seyderhelm Rn 16). Die Touristikbranche hat von dieser Möglichkeit Gebrauch gemacht und den Deutschen Reisepreis-Sicherungsverein VVaG (DRS) gegründet (vgl dazu Führich Rn 458). Das Gesetz eröffnet weiterhin die Möglichkeit, dass sich bestehende Versicherungsunternehmen zu einem Pool zusammenschließen (BT-Drucks 12/5354, 12; MünchKomm/Tonner Rn 14). Gegenwärtig gibt es acht Anbieter derartiger freiwilliger Versicherungen, die am Rande der Wirtschaftlichkeit arbeiten. Dabei ist besonders problematisch, dass das Prämiensystem mit seinen Beitragseinnahmen und der Zwang zur Rückversicherung praktisch keinen Wettbewerb zulassen (vgl eingehend Führich Rn 458; Tonner, Insolvenzabsicherung 66 ff). Dies begünstigt auch in diesem Bereich Monopolisierungstendenzen, die mit dem Bestreben, auch bei der Kundengeldabsicherung die Märkte offen zu halten, kaum vereinbar sind. Besonders problematisch ist die Tatsache, dass nach wie vor Reisen, die nach § 651k absicherungspflichtig sind, ohne Insolvenzschutz sind. Die Schätzungen über die Quote dieser „**Schwarztouristiker**" [Hamburger, Insolvenzschutz-Probleme aus der Sicht der Praxis, Deutsche Gesellschaft für Reiserecht (Hrsg), Zur Notwendigkeit einer weiteren Reiserechts-Novelle (2000) 131] gehen allerdings zwischen „**sehr gering**" (Hamburger aaO) über **10%** (Führich Rn 458) und **25–30%** (FVW Heft 1/1998 15) auseinander (vgl zu den fehlenden und den zu beanstanden Sicherungsscheinen im einzelnen: Tonner, Insolvenzabsicherung 77 ff). Die Branche hat im Vorfeld des 2. ReiseRÄndG auf freiwilliger Grundlage im Internet eine „**weiße Liste**" aller abgesicherten Reiseveranstalter erstellt (www.fvw.de oder www.tip.de) und damit den Gesetzgeber erfolgreich davon abgehalten, ein **gewerberechtliches Register aller Reiseveranstalter** vorzuschreiben. Auch diese weiße Liste ist im Ergebnis allerdings nicht ausreichend, weil der Kunde in dieser Liste nicht alle in Deutschland tätigen Reiseveranstalter findet bzw andererseits dort nicht aufgeführte Veranstalter gleichwohl abgesichert sein können. Andererseits handelt es sich hierbei sicher um einen Schritt in die richtige Richtung, zumal die von den Organisatoren erhoffte Sogwirkung in der Zwischenzeit dazu geführt hat, dass Anfang 2002 bereits 6437 von geschätzten 7000 Reiseveranstaltern registriert waren (Richter RRa 2000, 131), die Freiwilligkeit also die Vollständigkeit der Liste nicht gefährdet (Tonner, Insolvenzabsicherung 88).

15 Neben der Absicherung über eine freiwillige Versicherung besteht nach § 651k Abs 1 S 2 Nr 2 die Möglichkeit, das Insolvenzrisiko durch ein Zahlungsversprechen eines im Geltungsbereich dieses Gesetzes zum Geschäftsbetrieb befugten **Kreditinstituts** (vgl dazu § 1 Abs 1 Nr 8 KWG) abzusichern. Wegen der Dienstleistungsfreiheit nach Art 49 EGV genügt allerdings auch die Zulassung eines solchen Kreditinstituts in einem der EU-Mitgliedstaaten (vgl EuGH RRa 1999, 50 ff; Führich Rn 459; MünchKomm/ Tonner Rn 15; Soergel/H-W Eckert Rn 10). Die Absicherung durch eine **Bankgarantie** oder eine **selbstschuldnerische Bürgschaft** hat in der Praxis nur für Großveranstalter eine gewisse Bedeutung, da für diese die Kosten der Absicherung wesentlich niedriger sein dürften als beim Abschluss einer freiwilligen Versicherung (vgl dazu Führich RRa 1994, 53; ders RRa 1996, 199, 123; Seyderhelm Rn 17).

IV. Haftungsbegrenzung

16 Nach § 651k Abs 2 S 1 kann der Sicherungsgeber seine Haftung auf **110 Millionen**

Euro pro Geschäftsjahr (1. 11.–31. 10.) begrenzen, um so eine Rückversicherung und den Aufbau des notwendigen Deckungsstocks zu ermöglichen. Dabei galten für die **Anlaufzeit** vom 1. 11. 1994 bis zum 31. 10. 2000 gestaffelte Höchstbeträge von 70 Millionen DM für das erste, 100 Millionen DM für das zweite, 150 Millionen für das dritte und 200 Millionen DM für das vierte, fünfte und sechste Jahr, um so den Deckungsstock allmählich ansammeln zu können. Diese Regelung ist durch Zeitablauf obsolet geworden und wurde daher in § 651k Abs 2 S 1 aF gestrichen. Die gestaffelten Höchstbeträge finden sich nunmehr in der Übergangsvorschrift des **Art 229 § 4 EGBGB**, da sie für die o g Zeiträume weiter gelten. Die Haftungsbegrenzung des § 651k Abs 2 S 1 gilt für den jeweiligen Sicherungsgeber, also für jedes Versicherungsunternehmen bzw jede Bank separat. Hat daher ein Sicherungsgeber mehrere Insolvenzen verschiedener Reiseveranstalter abzuwickeln, so können für die Zahlungsunfähigkeit eines Reiseveranstalters unter Umständen nur Beträge zur Verfügung stehen, die deutlich unter den Höchstbeträgen des § 651k Abs 2 S 1 liegen (vgl Führich Rn 460; Seyderhelm Rn 18; Tonner, Insolvenzabsicherung 30 ff; vgl o Rn 5).

Überschreiten die nach § 651k Abs 1 zu erstattenden Beträge innerhalb eines Geschäftsjahres diese Höchstbeträge, so werden nach § 651k Abs 2 S 2 alle Ansprüche anteilig in dem Verhältnis gekürzt, in dem der Gesamtbetrag zum Höchstbetrag steht. Da der Sicherungsgeber dies erst am Ende des jeweiligen Geschäftsjahres feststellen kann, sind die Erstattungsansprüche nicht vor Ablauf der jeweiligen Abrechnungsperiode fällig (vgl BT-Drucks 12/5354, 12; Bidinger/Müller 232; Erman/Seiler Rn 9; Führich Rn 460; Pick Rn 22; Seyderhelm Rn 21; Soergel/H-W Eckert Rn 11; **aA** Münch-Komm/ Tonner Rn 17). Anderenfalls müsste der Sicherungsgeber zunächst alle angemeldeten Ansprüche erfüllen, um anschließend die bereits ausgezahlten Erstattungsansprüche nach den §§ 812 ff von den Reisenden zurückzufordern, soweit sie überhöht waren. Das widerspräche dem mit der Kürzung beabsichtigten Entlastungseffekt (Erman/Seiler Rn 9). Damit der Sicherungsgeber nach Ablauf des Geschäftsjahres schnell einen Überblick über die Insolvenzschäden bekommen kann, kann er zwar in seinen Bedingungen **Anmeldefristen** für Ansprüche der Reisenden festlegen, deren Nichteinhaltung darf jedoch nicht zum Ausschluss führen (BT-Drucks 12/5354, 12; Seyderhelm Rn 22). **17**

Da Art 7 der EG-Pauschalreise-Richtlinie keine Höchstbeträge erlaubt, hat der deutsche Gesetzgeber diese Regelung **nicht richtlinienkonform** umgesetzt. § 651k Abs 2, der eine Haftungsbegrenzung auf 110 Millionen Euro je Absicherer zulässt, verstößt damit gegen Art 7 der EG-Pauschalreise-Richtlinie (Führich Rn 460; MünchKomm/Tonner Rn 18; Seyderhelm Rn 19; **aA** Soergel/H-W Eckert Rn 12). Auch wenn sich durchaus praktische Gründe für eine Begrenzung der Leistungspflicht der Sicherungsgeber durch Höchstgrenzen anführen lassen, ändern diese doch nichts daran, dass eine **Staatshaftung** wegen unzureichender Umsetzung der Richtlinie in Betracht kommt, wenn Reisende aufgrund der Haftungsbeschränkung nur anteilig entschädigt werden (Führich Rn 460; Seyderhelm Rn 19; **aA** Soergel/H-W Eckert Rn 12; vgl bereits o Rn 5 und zum Ganzen auch Vorbem 74 zu §§ 651a–m). **18**

V. Erfüllung der Sicherungspflicht

Der Reiseveranstalter ist unabhängig von der von ihm gewählten Art der Insolvenzsicherung nach **§ 651k Abs 3 S 1** verpflichtet, dem Reisenden einen **unmittelbaren** **19**

Anspruch gegen den Versicherer oder das Kreditinstitut zu verschaffen und dies durch Übergabe einer vom Kundengeldabsicherer oder auf dessen Veranlassung ausgestellten Bestätigung **(Sicherungsschein)** nachzuweisen.

1. Unmittelbarer Anspruch

Der Reiseveranstalter muss dem Reisenden einen unmittelbaren Anspruch gegen den Kundengeldabsicherer für den Sicherungsfall, also den Eintritt der Voraussetzungen des § 651k Abs 1 S 1 Nr 1 u 2, verschaffen. Dazu muss der Reiseveranstalter mit dem Sicherungsgeber einen **Sicherungsvertrag** abschließen, der als **echter Vertrag zugunsten der Reisenden** (§ 328) wirkt (vgl BIDINGER/MÜLLER 232; ERMAN/SEILER Rn 9; FÜHRICH Rn 461; MünchKomm/ TONNER Rn 25; PALANDT/SPRAU Rn 4; SOERGEL/H-W ECKERT Rn 13). Dies hat an sich zur Konsequenz, dass der Sicherungsgeber nach § 334 dem Reisenden die **Einwendungen** aus dem Vertrag mit dem Reiseveranstalter entgegenhalten kann, zB wenn der Veranstalter seine Versicherungsprämie nicht bezahlt oder andere Obliegenheiten verletzt hat (vgl zur alten Rechtslage: BIDINGER/MÜLLER 233; MünchKomm/TONNER Rn 25; PALANDT/SPRAU Rn 6; **aA** [Ausschluss entsprechend § 3 Nr 4 PflVG] ERMAN/ SEILER Rn 9; FÜHRICH[3] Rn 463; SEYDERHELM Rn 24; STAUDINGER/ECKERT [2001] Rn 16). Dies würde allerdings dazu führen, dass der Schutz der Reisenden gerade bei insolvenzbedrohten oder unseriösen Veranstaltern weitgehend leerläuft (vgl BT-Drucks 12/5354, 12). Ein Vorschlag des Bundesrates, die Anwendbarkeit des § 334 auszuschließen (BT-Drucks 12/5354, 22), ist 1994 leider nicht Gesetz geworden, so dass es bei der für den Reisenden unbefriedigenden Regelung des § 334 blieb. Allerdings verlangt Art 7 der EG-Pauschalreise-Richtlinie einen einwendungsfreien Anspruch des Reisenden, so dass eine Verletzung der Richtlinie vorliegt, wenn der Reisende infolge von Einwendungen nach § 334 keinen Insolvenzschutz erhält (so zutreffend MünchKomm/TONNER Rn 25). Diesen Mangel des § 651k Abs 3 aF hat das 2. ReiseRÄndG behoben, indem es in **§ 651k Abs 3 S 2** ausdrücklich anordnet, dass sich der Kundengeldabsicherer gegenüber dem Reisenden, dem ein Sicherungsschein ausgehändigt worden ist, weder auf Einwendungen aus dem Kundengeldabsicherungsvertrag mit dem Reiseveranstalter noch darauf berufen kann, dass der Sicherungsschein erst zu einem Zeitpunkt ausgestellt worden ist, als dieser Vertrag bereits beendet war. Damit ist die Anwendbarkeit des § 334 kraft Gesetzes ausgeschlossen, und der Reisende erlangt mit Aushändigung des Sicherungsscheins den nach Art 7 der EG-Pauschalreise-Richtlinie vorgeschriebenen einrede- und einwendungsfreien Anspruch gegen den Kundengeldabsicherer. Dieser kann sich insbes nicht darauf berufen, der Reiseveranstalter habe die vereinbarten Prämien nicht gezahlt oder der Absicherungsvertrag sei gekündigt worden (vgl PALANDT/SPRAU Rn 6).

20 Kommt es zum Einwendungsausschluss des Kundengeldabsicherers gegenüber dem Reisenden nach § 651k Abs 3 S 2, so muss er Ansprüche des Reisenden befriedigen, obwohl er dazu auf Grund des Versicherungsvertrages mit dem Reiseveranstalter gar nicht verpflichtet ist. Für diesen Fall ordnet **§ 651k Abs 3 S 3** einen **gesetzlichen Forderungsübergang** an. Der Kundengeldabsicherer erhält den Anspruch des Reisenden gegen den Reiseveranstalter, soweit er den Reisenden befriedigt. Diese cessio legis wird dem Kundengeldabsicherer im Regelfall nicht viel nützen, weil der Anspruch des Reisenden die Insolvenz des Reiseveranstalters voraussetzt, der Regressanspruch des Kundengeldabsicherers also meist nicht durchsetzbar sein wird (vgl FÜHRICH Rn 462; TONNER, Insolvenzabsicherung 36 f; s o Rn 6).

Der neue **Art 238 Abs 2 EGBGB** soll den Reisenden dadurch zusätzlich schützen, 21
dass der Kundengeldabsicherer die zuständige Gewerbebehörde von der Beendigung
des Absicherungsvertrages mit dem Reiseveranstalter informieren muss. Die Gewerbebehörde kann dann überprüfen, ob eine neue Insolvenzabsicherung für den Reiseveranstalter besteht und gegebenenfalls die notwendigen Maßnahmen einleiten. Damit soll die **gewerberechtliche Kontrolle** der Insolvenzabsicherung erleichtert werden
(BT-Drucks 14/5944, 11 f). Die Aufnahme dieser Vorschrift in das EGBGB ist im Schrifttum zu Recht kritisiert worden (FÜHRICH Reiserecht Rn 462; TONNER, Insolvenzabsicherung
87), da es sich um eine **gewerberechtliche Vorschrift** handelt, die systematisch in die
GewO gehört hätte. Auch ist zutreffend darauf hingewiesen worden, dass die Regelung nicht weit genug geht. Die Mitteilungspflicht des Kundengeldabsicherers
hätte auch auf die Fälle erstreckt werden müssen, in denen der Absicherer den
Antrag eines Reiseveranstalters auf Abschluss eines Insolvenzabsicherungsvertrages
ablehnt (vgl TONNER, Insolvenzabsicherung 87 f). Die von der Reisebranche ins Internet
gestellte „**weiße Liste**" auf freiwilliger Basis kann diese Defizite des Art 238 Abs 2
EGBGB nur unvollkommen ausgleichen (vgl o Rn 14).

2. Sicherungsschein

Der **Sicherungsschein** dient allein dem **Nachweis** über den mit dem Sicherungsgeber 22
abgeschlossenen Sicherungsvertrag (BT-Drucks 12/5354, 12; BIDINGER/MÜLLER 233; H-W
ECKERT, Pauschalreiserecht 250 f; FÜHRICH Rn 463; TONNER, Reisevertrag Rn 20). Er hat hingegen **keine konstitutive Bedeutung** für den Anspruch des Reisenden (FÜHRICH VersR
1995, 1138, 1142; MünchKomm/TONNER Rn 27; SEYDERHELM Rn 25; SOERGEL/H-W ECKERT Rn 13).
Die **Übergabe** des Sicherungsscheins wirkt grundsätzlich nur **deklaratorisch**, dient
also dem Reisenden zur Beweiserleichterung (ERMAN/SEILER Rn 9; MünchKomm/TONNER
Rn 27). Das gilt jedenfalls, soweit der Sicherungsvertrag dem Reisenden auch ohne
Übergabe des Scheins gemäß § 328 eigene Erstattungsansprüche einräumt. Macht
der Sicherungsvertrag hingegen die Berechtigung des Reisenden von der Übergabe
des Sicherungsscheins abhängig (vgl LG München RRa 1998, 213), hat die Übergabe
konstitutive Bedeutung (ERMAN/SEILER Rn 9). Besteht ein wirksamer Sicherungsvertrag,
so hat der Reisende auch dann einen unmittelbaren Anspruch gegen den Sicherungsgeber, wenn ihm kein Sicherungsschein übergeben wurde (BIDINGER/MÜLLER 233; FÜHRICH Rn 463). Die **Ausgestaltung** des Sicherungsscheins war bis zum 2. ReiseRÄndG
nicht geregelt. Das schränkte die **Transparenz** des Sicherungsscheins, von dem die
Wirksamkeit des in § 651k geregelten Sicherungssystems wesentlich abhängt, deutlich ein. Der Gesetzgeber sah insoweit sowohl hinsichtlich des **Inhalts** als auch hinsichtlich der **Gestaltung** des Sicherungsscheins in der reiserechtlichen Praxis deutliche
Mängel. Die Sicherungsscheine enthielten häufig Texte, deren Inhalt der durchschnittliche Kunde nicht ohne Schwierigkeiten erfassen konnte. Hinzu kam der Umstand, dass sich die Sicherungsscheine von ihrer äußeren Gestaltung her sehr stark
unterschieden. Dies beeinträchtigte ebenfalls ihre Handhabbarkeit für den Reisenden. Der Gesetzgeber wollte daher Inhalt und Gestaltung der Sicherungsscheine
möglichst weitgehend vereinheitlichen, damit der Reisende die Übersicht behalten
und eine unzureichende Absicherung sofort erkennen könne (BT-Drucks 14/5944, 17;
FÜHRICH RRa 1999 83). Deshalb ermächtigt der neue **Art 238 Abs 1 Nr 2 EGBGB** das
Bundesministerium der Justiz, den Inhalt und die Gestaltung der Sicherungsscheine
nach § 651k Abs 3 S 1 festzulegen. Von dieser Verordnungsermächtigung hat das
Justizministerium durch die Erste Verordnung zur Änderung der BGB-Informations-

pflichten-Verordnung vom 13. März 2002 (BGBl 2002 I 1141 u 1230) Gebrauch gemacht, die einen neuen § 9 BGB-InfoV sowie das darin zur Verwendung vorgeschriebene **Muster für den Sicherungsschein** (Anl zu § 9 BGB-InfoV) in die BGB-InfoV einfügte (vgl oben und zu Inhalt und Gestaltung des Sicherungsscheins die Kommentierung zu § 9 BGB-InfoV im Anh zu § 651a; vgl zu Art 238 Abs 1 Nr 2 EGBGB STAUDINGER/ECKERT [2003] Art 238 EGBGB Rn 6 f). Wichtig ist aber, dass eine über die Grenzen des § 9 Abs 2 S 1 BGB-InfoV hinausgehende Abweichung des Sicherungsscheins vom Inhalt oder von der Gestaltung, die in § 9 BGB-InfoV bzw dem Muster für den Sicherungsschein vorgeschrieben sind, dazu führt, dass der Reiseveranstalter keinen Sicherungsschein iSd § 651k Abs 3 S 1 aushändigt und damit seine Verpflichtung nach § 651k Abs 4 S 1 nicht erfüllt. Er kann damit vor der Beendigung der Reise keine Zahlungen auf den Reisepreis verlangen (FÜHRICH Rn 464; vgl § 9 BGB-InfoV Rn 5). Da aber der Sicherungsschein nach dem oben Gesagten keine konstitutive Bedeutung für den Direktanspruch des Reisenden gegen den Kundengeldabsicherer hat, ändert auch ein solcher Verstoß gegen § 9 BGB-InfoV nichts an diesem Anspruch (BT-Drucks 14/5944, 17, FÜHRICH Rn 464; ders NJW 2001, 3083; PALANDT/SPRAU Rn 5).

23 Der Reisende hat in der Praxis keine Möglichkeit, die Echtheit eines Sicherungsscheins zu überprüfen. Dies ist nur dem vom Reiseveranstalter eingeschalteten **Reisebüro** möglich, über das die Reisepapiere im Regelfall an den Reisenden ausgehändigt wurden. Daher erlegt **§ 651k Abs 3 S 2** dem **Reisevermittler** eine **Prüfungspflicht** hinsichtlich der Gültigkeit des Sicherungsscheins auf. Dies ist im Zusammenhang mit § 651k Abs 4 S 1 zu sehen, der die Verpflichtung, bei der Annahme von Zahlungen des Reisenden auf den Reisepreis einen Sicherungsschein zu übergeben, nunmehr ausdrücklich auch auf den Reisevermittler erstreckt. Diese Prüfungspflicht nach § 651k Abs 3 S 4 besteht gegenüber dem Reisenden, so dass eine Pflichtverletzung einen Schadensersatzanspruch des Reisenden gegen das Reisebüro gem § 280 Abs 1 aus **positiver Forderungsverletzung** des Geschäftsbesorgungsvertrages hinsichtlich der nicht abgesicherten Kundengelder begründet (BT-Drucks 14/5944, 12; FÜHRICH Rn 465; TONNER, Insolvenzabsicherung 37). Dieser Anspruch ist für den Reisenden vor allem deshalb von Bedeutung, weil meist der Reisevermittler auch nach der Insolvenz des Veranstalters noch zahlungsfähig ist (vgl FÜHRICH NJW 2001, 3083, 3085).

VI. Zahlung des Reisepreises (§ 651k Abs 4)

1. Zahlung auf den Reisepreis

24 Nach § 651k Abs 4 S 1 dürfen der Reiseveranstalter und der Reisevermittler ohne Übergabe des Sicherungsscheins vor Beendigung der Reise Zahlungen auf den Reisepreis weder fordern noch annehmen. Dies gilt selbst für **Anzahlungen**. Nach der bis zum 1. 1. 1997 geltenden Fassung des § 651k Abs 4 S 1 konnte der Veranstalter vor Übergabe des Sicherungsscheins eine Anzahlung von allenfalls 10% des Reisepreises, höchstens aber 500 DM verlangen. Damit war der Reisende zu Zahlungen verpflichtet, ohne dass ein nachgewiesener Insolvenzschutz bestand. Diese Regelung entsprach nicht den Vorgaben von Art 7 der EG-Pauschalreise-Richtlinie (EuGH NJW 1996, 3141, 3144 – DILLENKOFER) und wurde daher durch Gesetz vom 20. 12. 1996 novelliert (BGBl 1996 I, 2090). Nach der nunmehr geltenden Fassung des § 651k Abs 4 gibt es keine Begrenzung der Höhe von Anzahlungen mehr. Dafür ist nunmehr auch für

Anzahlungen die Aushändigung eines Sicherungsscheins erforderlich. Dies stellt sicher, dass der Kundengeldabsicherer dem Reisenden bei einer Insolvenz des Veranstalters den tatsächlich gezahlten Reisepreis zu erstatten hat (vgl BGH NJW 2000, 1934; 2001, 1934, 1935; Führich Rn 466). Daraus kann allerdings nicht geschlossen werden, dass der Reiseveranstalter nunmehr gegen die Aushändigung des Sicherungsscheins Anzahlungen in beliebiger Höhe verlangen könnte. Es ist vielmehr weiterhin am Zug-um-Zug-Prinzip festzuhalten. Andererseits ist aber zu berücksichtigen, dass das Insolvenzrisiko für den Reisenden gegenüber der Rechtslage, die die Grundlage für die Vorauskasse-Rechtsprechung des BGH (BGHZ 100, 157, 159 ff) bildete, durch die Übergabe des Sicherungsscheins erheblich verringert worden ist. Da der Reiseveranstalter ein sachlich begründetes Interesse daran hat, seine Vorausleistungen an Leistungsträger abzusichern und den Reisenden mit einer Anzahlung frühzeitig an die Buchung zu binden, erscheint eine Anzahlung in Höhe von **bis zu 20% des Reisepreises** als durchaus angemessen (Führich Rn 145, 467; ders RRa 1994, 90; Noll RRa 1993, 42 f; **aA** MünchKomm/Tonner Rn 30; Seyderhelm Rn 32; vgl zum Ganzen § 651a Rn 129).

2. Zahlung an den Reisevermittler

Besondere Probleme können sich bei **Zahlungen** des Reisenden an den **Reisevermitt-** **25** **ler** ergeben. § 651k schützt den Reisenden bei Zahlungen an den Reiseveranstalter, falls dieser vor der Leistungserbringung insolvent wird, indem er diesen zur Insolvenzsicherung verpflichtet. Da es für Leistungen des Reisebüros aber keine Insolvenzsicherungspflicht gibt, stellt sich die Frage, wie die Fälle zu lösen sind, in denen der Reisende den Reisepreis ganz oder zum Teil an das Reisebüro zahlt und dieses insolvent wird, bevor es die Gelder an den Veranstalter weitergeleitet hat. Muss der Reisende hier ein zweites Mal zahlen, um in den Genuss der gebuchten Reise zu gelangen, oder muss der Reiseveranstalter die Reiseleistungen erbringen, ohne eine Gegenleistung zu erhalten (vgl LG Hamburg RRa 2000, 123; LG Düsseldorf RRa 2000, 153; Tonner, Insolvenzabsicherung 43)? Der Reiseveranstalter muss sich Zahlungen des Reisenden auf den Reisepreis an das die Reise vermittelnde Reisebüro nur dann zurechnen lassen, wenn er dem Reisebüro ausdrücklich oder stillschweigend eine **Inkassovollmacht** erteilt hat (LG Essen RRa 1993, 12; LG Frankfurt aM RRa 1994, 82; AG Ebersberg RRa 1999, 24; Führich Rn 468; Palandt/Sprau Rn 7 a). Ist dies nicht der Fall, kann der Reiseveranstalter noch einmal die Zahlung des Reisepreises an sich verlangen. Liegt dagegen eine Inkassovollmacht vor, so kann sich das Reisebüro, das zwischen der Zahlung durch den Reisenden und der Weiterleitung an den Veranstalter insolvent wird, nicht darauf berufen, der eingezogene Reisepreis gehöre zu seiner Insolvenzmasse. Die Kundengelder stehen vielmehr auch bereits vor ihrer Abführung an den Reiseveranstalter diesem und nicht dem Reisebüro zu. Daher besteht auch keine Befugnis des Reisebüros, über von ihm als Inkassobevollmächtigtem eingezogene Zahlungen auf den Reisepreis zu verfügen und diese zB bei einer Insolvenz des Veranstalters den Reisenden zurückzuerstatten (BGH NJW 2003, 743, 744 f; Führich Rn 468; Tonner RRa 2000, 3; **aA** OLG Stuttgart RRa 2000, 92; LG Aachen NJW-RR 1999, 1005; H-W Eckert RRa 1999, 43; ders DB 2000, 1951; ders/Matthiessen RRa 2003, 98 ff; so auch noch Staudinger/Eckert [2001] Rn 5). Der Reisende hat in diesem Fall vielmehr nur einen unmittelbaren Anspruch gegen den Kundengeldabsicherer gem § 651k Abs 3 S 1.

Damit hängt die Verteilung des Insolvenzrisikos hinsichtlich des Reisevermittlers **26** entscheidend davon ab, unter welchen Voraussetzungen eine Inkassovollmacht anzunehmen ist. Der Gesetzgeber ist zwar bereits bei Erlass des § 651k Abs 4 aF davon ausgegangen, dass das Reisebüro grdsl als Inkassostelle des Reiseveranstalters fungiert und sich der Veranstalter folglich Zahlungen an das Reisebüro zurechnen lassen muss (BT-Drucks 14/5944, 12). Gleichwohl erfolgte die Beurteilung dieser Fälle bislang uneinheitlich. Während einige Gerichte eine **Anscheins-Inkassovollmacht** annahmen, wenn der Reiseveranstalter die Entgegennahme von Zahlungen durch das Reisebüro duldete, mit der Folge, dass der Reisende voll abgesichert war (vgl BT-Drucks 14/5944, 12; LG Aachen NJW-RR 1999, 1005; LG Düsseldorf RRa 2000, 153; AG Düsseldorf RRa 2000, 101), lehnten andere dies unter Berufung auf § 97 HGB ab (OLG Stuttgart RRa 2000, 92). Diese Unsicherheit hat das 2. ReiseRÄndG beseitigt, indem es in **§ 651k Abs 4 S 2** eine **widerlegliche gesetzliche Vermutung** für das Vorliegen einer **Anscheins-Inkassovollmacht** aufstellt. Diese Regelung entspricht der Empfangsvollmacht des Ladenangestellten gem § 56 HGB, die auch die Annahme von Zahlungen umfasst. Damit wird für alle Reisebüros unabhängig davon, ob sie als Handelsvertreter iSd §§ 84 ff HGB oder als Handelsmakler iSd §§ 93 ff HGB handeln (vgl dazu § 651a Rn 63), eine Inkassovollmacht **fingiert**. Zugleich wird für den Handelsmakler die Regel des § 97 HGB, wonach dieser im Zweifel keine Inkassovollmacht hat, umgedreht (BT-Drucks 14/5944, 12).

27 Die Anscheins-Inkassovollmacht des Reisevermittlers nach § 651k Abs 4 S 2 hat folgende **Voraussetzungen**. Zunächst muss der Reiseveranstalter den Reisevermittler **mit der Vermittlung** von Reisen für ihn **betraut** haben. Die Betrauung muss nicht ausdrücklich erfolgen. Es genügt, wenn sie sich aus den für den Reisenden erkennbaren und dem Reiseveranstalter zuzurechnenden Umständen ergibt (§ 651k Abs 4 S 2 Alt 2). Wann dies anzunehmen ist, muss im Einzelfall geklärt werden. Jedenfalls ist eine Geschäftsbeziehung des Reiseveranstalters mit dem Reisebüro erforderlich, da sonst der Reisende nicht schutzwürdig ist (BT-Drucks 14/5944, 13). Ein solcher Anschein der Betrauung liegt dagegen in jedem Fall dann vor, wenn das Reisebüro dem Reisenden einen Sicherungsschein übergibt (§ 651k Abs 4 S 2 Alt 1), da dies vom Reisenden nur als Bevollmächtigung des Reisebüros durch den Veranstalter verstanden werden kann. Weiterhin setzt § 651k Abs 2 S 2 voraus, dass der Reisende **schutzwürdig** ist. Daran fehlt es entsprechend §§ 54 Abs 3 HGB, 173 BGB, wenn er im Zeitpunkt der Zahlung das Fehlen der Inkassovollmacht kannte oder jedenfalls kennen musste (BT-Drucks 14/5944, 12 f; PALANDT/SPRAU Rn 7 a).

28 Keine Anscheins-Inkassovollmacht liegt vor, wenn der Reiseveranstalter die Annahme von Zahlungen durch den Reisevermittler in hervorgehobener Form gegenüber dem Reisenden **ausgeschlossen** hat (**§ 651k Abs 4 S 3**). Hierbei handelt es sich letztlich um einen Sonderfall der fehlenden Schutzwürdigkeit des Reisenden (s o; PALANDT/SPRAU Rn 7 a). Damit wird klargestellt, dass der Reiseveranstalter zwar weiterhin in der Lage ist, die Inkassobefugnis seiner Reisevermittler im Innenverhältnis zu beschränken, dass aber die Möglichkeit, dies mit Wirkung auch im Außenverhältnis zu tun, deutlich beschränkt ist (BT-Drucks 14/5944, 12 f). Erforderlich ist dazu wie bei § 56 Abs 3 HGB ein **klarer Hinweis**, den der Reisende nicht übersehen kann. Eine AGB-Klausel reicht insoweit nicht aus (BT-Drucks 14/9544, 13; FÜHRICH Rn 468; aA PALANDT/SPRAU Rn 7 a).

3. Rechtsfolgen von Verstößen gegen § 651k Abs 4 S 1

Verlangt oder akzeptiert ein **Reiseveranstalter** entgegen § 651k Abs 4 S 1 Vorauszahlungen auf den Reisepreis, ohne dem Reisenden zuvor einen Sicherungsschein im Sinne des § 651k Abs 3 S 1 zu übergeben oder eine Sicherheitsleistung gem § 651k Abs 5 nachzuweisen, so ist dies nicht nach § 134 zu beurteilen, sondern stellt einen **Verstoß gegen § 147b GewO** und damit eine **Ordnungswidrigkeit** dar (vgl BGH NJW 2000, 1639, 1641; ERMAN/SEILER Rn 2). Gleiches gilt nach dem 2. ReiseRÄndG nunmehr auch für den **Reisevermittler**, der für den Veranstalter entgegen § 651k Abs 4 S 1 eine Zahlung auf den Reisepreis ohne Angabe eines Sicherungsscheins annimmt. Dies ist die eigentliche Funktion der ausdrücklichen Erstreckung der Verpflichtung des § 651k Abs 4 S 1 auf den Reisevermittler gewesen, die dem strafrechtlichen Analogieverbot Rechnung tragen sollte (BT-Drucks 14/5944, 12; TONNER, Insolvenzabsicherung 12). Darüber hinaus kann eine solche Vorgehensweise regelmäßig als **unlauterer Wettbewerb** nach §§ 1, 13, 25 UWG geahndet werden, da sie mit dem Sinn und Zweck des Leistungswettbewerbs und den guten kaufmännischen Sitten nicht im Einklang steht (vgl BGH NJW 2000, 1639, 1641; OLG München RRa 1996, 113; LG Frankfurt aM RRa 1995, 168; 1996, 257; BIDINGER/MÜLLER 233 f). Der BGH (BGH NJW 2000, 1639, 1641) hat in diesem Zusammenhang zutreffend darauf hingewiesen, dass die Bestimmung des § 651k zwar unmittelbar nur die Leistungsbeziehungen zwischen dem Reiseveranstalter und dem Reisenden regele, mittelbar aber auch zu **gleichen Wettbewerbsbedingungen** unter den Reiseveranstaltern beitrage, indem sie als zwingende und damit für alle Reiseveranstalter verbindliche Norm den Schutz der Verbraucher in allen einschlägigen Fällen regele. Dabei hebt der BGH zu Recht hervor, dass die Nichtbeachtung der Pflichten aus § 651k regelmäßig mit einer **Ausnutzung der fehlenden Rechtskenntnis** des Reisenden verbunden ist. Diese Bewertung verstößt auch nicht gegen die in Art 49, 50 EGV normierte **Freiheit des Dienstleistungsverkehrs**, da deren Beeinträchtigung durch zwingende Gründe des Allgemeininteresses, nämlich den Verbraucherschutz (vgl EuGHE 1997 I – 3875, 3893), gerechtfertigt ist. Art 7 der EG-Pauschalreise-Richtlinie, welcher der Regelung des § 651k zugrunde liegt, dient in diesem Sinne dem Verbraucherschutz (BGH NJW 2000, 1639, 1641; vgl EuGHE 1998 I – 7875).

Solange dem Reisenden kein Sicherungsschein übergeben wurde, kann er die **Zahlung** des Reisepreises **verweigern**. Das folgt ohne weiteres aus § 651k Abs 4 S 1. Wird ihm dagegen ein ungültiger Sicherungsschein ausgehändigt, kann er den Reisevertrag außerordentlich nach § 314 kündigen (vgl H-W ECKERT RRa 2002, 50; FÜHRICH Rn 474; ders RRa 1999, 85; SCHLOTMANN DZWir 1998, 303) und vom Veranstalter **Schadensersatz** gem §§ 280 Abs 1 bzw 280 Abs 1 u 3 iVm 282 verlangen. Verletzt das **Reisebüro** seine Pflicht zur Überprüfung eines von ihm ausgehändigten Sicherungsscheins, so ist es dem Reisenden gem § 280 Abs 1 aus positiver Forderungsverletzung des Geschäftsbesorgungsvertrages schadensersatzpflichtig. Gleiches gilt, wenn das Reisebüro entgegen § 651k Abs 4 S 1 Zahlungen an den Reisenden auf den Reisepreis ohne Übergabe eines Sicherungsscheins annimmt. Diese Ansprüche sind auf den Ersatz des **Ausfallschadens** des Reisenden (Reisepreis, zusätzliche Kosten für Aufenthalt und Rückreise) gerichtet, wenn diesem eine nicht gem § 651k abgesicherte Reise vermittelt wurde (FÜHRICH Rn 474).

VII. Ausländische Reiseveranstalter (§ 651k Abs 5)

30 § 651k Abs 5 trägt dem Umstand Rechnung, dass die EG-Pauschalreise-Richtlinie in den Mitgliedstaaten der EU oder des Europäischen Wirtschaftsraums ebenfalls umgesetzt worden ist. Deshalb werden grenzüberschreitend anbietende Reiseveranstalter, die ihren Hauptsitz in einem **EU- bzw EWR-Staat** haben, von der Pflicht zur Insolvenzsicherung nach § 651k Abs 1–4 freigestellt. Voraussetzung ist allerdings, dass das Herkunftsland die EG-Pauschalreise-Richtlinie umgesetzt hat und der Veranstalter dem Reisenden in Übereinstimmung mit dem umgesetzten Art 7 der Richtlinie eine den Anforderungen des § 651k Abs 1 S 1 entsprechende Sicherheit leistet. Auch diese Sicherheit muss dem Reisenden bei Zahlung des Reisepreises nachgewiesen werden, doch ist dafür nicht notwendigerweise die Aushändigung eines Sicherungsscheins erforderlich (§ 651k Abs 5 HS 2 iVm Abs 4). Er muss auch nicht die Anforderungen des § 9 BGB-InfoV an den Sicherungsschein beachten (vgl § 9 Abs 1 BGB-InfoV: „vorbehaltlich des § 10"). Allerdings muss er den Nachweis nach § 651k Abs 5 S 2 in deutscher oder einer anderen, für den Reisenden leicht verständlichen Sprache führen (§ 10 BGB-InfoV). Nicht unter die Privilegierung des § 651k Abs 5 fallen Reiseveranstalter, die weder in einem EU- noch in einem EWR-Staat ihren Hauptsitz haben. Dies gilt selbst dann, wenn in dem betreffenden Staat die Pauschalreiserichtlinie umgesetzt und ein Garantiefonds geschaffen worden ist, wie etwa in der Schweiz. Für Veranstalter aus diesen Staaten gelten vielmehr die normalen Anforderungen des § 651k Abs 1–4 (vgl Führich Rn 469; Seyderhelm Rn 35; Soergel/ H-W Eckert Rn 18). Fraglich ist, wie die Sicherungspflicht dann zu beurteilen ist, wenn die von einem grenzüberschreitend tätig werdenden Reiseveranstalter angebotene Leistung nach dem Recht seines Heimatstaates nicht als Reise angesehen wird (zB Vermietung von Ferienhäusern). Hier wird man einen Insolvenzschutz nach § 651k Abs 1–4 verlangen müssen (so zutreffend Seyderhelm Rn 34; Soergel/H-W Eckert Rn 19). Eine **Freistellung** eines solchen ausländischen Reiseveranstalters von der Pflicht zur Insolvenzsicherung nach dem Recht seines Herkunftslandes kann in Deutschland nur dann anerkannt werden, wenn die Voraussetzungen des § 651k Abs 6 vorliegen (vgl Soergel/H-W Eckert Rn 19).

VIII. Ausnahmen von der Pflicht zur Insolvenzsicherung (§ 651k Abs 6)

31 Von der Pflicht zur Insolvenzsicherung sind neben den Veranstaltern von Tagesreisen mit einem Reisepreis bis 75 Euro (§ 651k Abs 6 Nr 2) auch Reiseveranstalter **ausgenommen**, bei denen es sich um juristische Personen des öffentlichen Rechts handelt (§ 651k Abs 6 Nr 3), sowie vor allem solche, die außerhalb einer gewerblichen Tätigkeit nur gelegentlich Reisen anbieten (§ 651k Abs 6 Nr 1). Diese Ausnahmetatbestände sind mit Art 7 der EG-Pauschalreise-Richtlinie vereinbar, da die betroffenen Reisen von vornherein aus dem Anwendungsbereich der Richtlinie herausfallen (vgl Art 2 Nr 1, 2 der EG-Pauschalreise-Richtlinie; vgl dazu Vorbem 47 ff zu §§ 651a–m). Die §§ 651a–m S 1 gehen zwar insoweit über die Richtlinie hinaus, als sie die nach § 651k Abs 6 privilegierten Reiseveranstalter grundsätzlich erfassen (BT-Drucks 12/5354, 13), doch werden diese wegen des geringen Insolvenzrisikos bzw der geringen Auswirkung einer Insolvenz auf den Reisenden von der Insolvenzsicherungspflicht ausgenommen (vgl Seyderhelm Rn 37; Soergel/H-W Eckert Rn 20; kritisch Kaller Rn 464). Der Anwendungsbereich des § 651k Abs 6 überschneidet sich teilweise mit dem des § 11 BGB-InfoV, weshalb der private Gelegenheitsreiseveranstalter weder den Hinweispflichten nach den §§ 4–8 BGB-InfoV noch der Insolvenzsicherungspflicht nach § 651k Abs 1–4 unterliegt (vgl SEYDERHELM Rn 36).

§ 651k setzt in jedem Fall das Tätigwerden eines **Reiseveranstalters** voraus. Es besteht 32 daher keine Insolvenzsicherungspflicht, wenn es an einem Veranstalter im Sinne des § 651a fehlt (vgl BGH NJW 2002, 2238; FÜHRICH Rn 470; JAUERNIG/TEICHMANN Rn 2; KALLER Rn 456; PALANDT/SPRAU Rn 9). Dies ist zB bei Betriebsausflügen oder selbst organisierten Reisen von Idealvereinen der Fall, an denen nur die Betriebsangehörigen bzw die Vereinsmitglieder teilnehmen (vgl KALLER Rn 456). Daneben sind Reiseveranstalter in den Fällen des § 651k Abs 6 von der Insolvenzsicherungspflicht befreit.

Nach § 651k Abs 6 Nr 1 besteht die Insolvenzsicherungspflicht nicht bei **privaten** 33 **Gelegenheitsveranstaltern**, die **außerhalb ihrer gewerblichen Tätigkeit** Reisen durchführen (vgl auch § 11 BGB-InfoV). Diese beiden Voraussetzungen müssen **kumulativ** vorliegen (BT-Drucks 12/5354, 13; BIDINGER/ MÜLLER 235; ERMAN/SEILER Rn 4; FÜHRICH Rn 471; JAUERNIG/TEICHMANN Rn 2). Der **gewerbliche Veranstalter** fällt daher nicht unter die Ausnahmeregelung des § 651k Abs 6 Nr 1, wenn die Reise einen Bezug zu seinem Gewerbe hat. Dies gilt auch für den **gewerblichen Gelegenheitsveranstalter**, der nur hin und wieder außerhalb seiner Haupttätigkeit Reisen veranstaltet, wie zB ein Reisebüro, das gelegentlich eigene Reisen durchführt, oder ein Zeitungsverlag, der Leserreisen veranstaltet (vgl BT-Drucks 12/5354, 13). In diesen Fällen kann schon deshalb keine Ausnahme von der Insolvenzsicherungspflicht gemacht werden, weil das Risiko besteht, dass der vorausgezahlte Reisepreis von einer Insolvenz des Gewerbebetriebes erfasst wird (vgl BT-Drucks 12/5354, 13). **Nichtgewerbliche** Veranstalter, wie Sportvereine, Schulen, Kirchengemeinden oder Jugendorganisationen, sowie gewerbliche Veranstalter, die außerhalb ihres Gewerbes Reisen organisieren, sind nur dann von der Insolvenzsicherungspflicht befreit, wenn sie **nur gelegentlich** Reisen veranstalten. Die Geringfügigkeitsschwelle ist bei **1–2 Reisen pro Jahr** noch nicht überschritten, doch dürfen die Reisen zusätzlich nicht in einem **Jahresprogramm** festgelegt sein (vgl BT-Drucks 12/5354, 13). Der Gelegentlichkeit haftet also ein gewisses Moment der Zufälligkeit an. Werden daher regelmäßig zu bestimmten Zeiten Reisen angeboten, so liegt schon mangels der Unregelmäßigkeit dieses Angebots keine Gelegentlichkeit vor, selbst wenn nur 1–2 Reisen pro Jahr organisiert werden (so zutreffend BIDINGER/MÜLLER 235). Ob dagegen, unabhängig von der Anzahl der jährlich veranstalteten Reisen, allein auf die **Unregelmäßigkeit** der Reisen abgestellt werden kann (so FÜHRICH Rn 474; ders RRa 1996, 119, 121; SEYDERHELM Rn 38), erscheint allerdings angesichts des Wortlauts der Vorschrift fragwürdig. „Gelegentlich" umfasst eben nicht nur den Mangel an Planung und Organisation, sondern auch die geringe Anzahl. Bei der Durchführung von 5, 10 oder 20 Reisen, auch wenn unregelmäßig über ein Jahr verteilt, ist daher die durch die Formulierung „nur gelegentlich" gezogene Grenze jedenfalls überschritten.

Nach § 651k Abs 6 Nr 2 sind **Tagesreisen**, die nicht länger als 24 Stunden dauern, 34 keine Übernachtung einschließen und nicht mehr als 75 Euro kosten, ebenfalls von der Insolvenzsicherungspflicht ausgenommen. Auch bei derartigen Reisen ist das Insolvenzrisiko gering, weil gerade bei einer Tagesreise mit dem Bus, der am Zielort verbleibt, das in § 651k Abs 1 S 1 Nr 2 aufgeführte Rückbeförderungsrisiko von vornherein entfällt (vgl BT-Drucks 12/5354, 13). Da der Reiseveranstalter aber auch bei Tagesreisen nach Zahlung des Reisepreises und vor Reiseantritt insolvent werden kann, wurde eine Wertgrenze von 75 Euro festgelegt, um so den Schutz des Reisenden gerade für die zunehmend angebotenen Tagesflugreisen, deren Wert meist höher ist, zu gewährleisten (vgl BT-Drucks 12/5354, 13). Zu den nach § 651k Abs 6 Nr 3 zählenden Reisen, bei denen die Insolvenzsicherung einen unverhältnismäßig großen Aufwand erfordern würde, zählen zB Kaffeefahrten, Ausflugsfahrten, Besichtigungsfahrten oder Bus- bzw Bahnfahrten, die mit einem Konzert-, Musical- oder Museumsbesuch am Zielort verbunden sind (vgl BT-Drucks 12/5354, 13).

35 Nach § 651k Abs 6 Nr 3 sind schließlich **juristische Personen des öffentlichen Rechts** von der Sicherungspflicht ausgenommen, da bei diesen kein Insolvenzrisiko besteht (vgl BT-Drucks 12/5354, 13; vgl §§ 89 Abs 1 u 2, 12 Abs 1 Nr 1 InsO). Dies begünstigt den Bund, die Länder, Kreise und Gemeinden sowie sonstige Körperschaften, Anstalten und Stiftungen des öffentlichen Rechts, wie zB staatliche Schulen und Hochschulen, kommunale Volkshochschulen, kommunale Fremdenverkehrsämter sowie Kirchen (Führich Rn 472; Klose MDR 1995, 976, 977; MünchKomm/Tonner Rn 39; Pick Rn 32; Seyderhelm Rn 44; Soergel/H-W Eckert Rn 23). Allerdings gilt diese Privilegierung nicht, wenn diese Einrichtungen **privatrechtlich** – zB als AG, GmbH, KG, Verein oder privatrechtliche Stiftung – betrieben werden (Führich Rn 473; MünchKomm/Tonner Rn 39; Seyderhelm Rn 44; Soergel/H-W Eckert Rn 23). Derartige privatrechtlich organisierte Einrichtungen können zahlungsunfähig werden, selbst wenn ihr alleiniger Gesellschafter eine öffentlich-rechtliche Gebietskörperschaft ist. Daher besteht für sie eine Insolvenzsicherungspflicht. Zu beachten ist weiter, dass bestimmte Körperschaften des öffentlichen Rechts, wie zB Sozialversicherungsträger, öffentlich-rechtliche Rundfunkanstalten, Innungen und Rechtsanwaltskammern insolvenzfähig sind (vgl Kaller Rn 461; ders RRa 1996, 191, 195). Da § 651k Abs 6 Nr 3 aF auch solche insolvenzfähigen juristischen Personen des öffentlichen Rechts von der Sicherungspflicht befreite, war die EG-Pauschalreise-Richtlinie in diesem Punkt unzureichend in deutsches Recht umgesetzt worden. Dem hat das 2. ReiseRÄndG Rechnung getragen und in § 651k Abs 6 Nr 3 ausdrücklich klargestellt, dass nur diejenigen Körperschaften des öffentlichen Rechts von der Insolvenzabsicherungspflicht ausgenommen sind, die tatsächlich **nicht insolvenzfähig** sind (BT-Drucks 14/5944, 13).

IX. Regelungen in allgemeinen Reisebedingungen

36 Nr 2 der Konditionenempfehlung des DRV für ARB entspricht weitgehend § 651k und ist daher inhaltlich unbedenklich (vgl Führich Rn 478; Seyderhelm Rn 48). Danach dürfen Zahlungen auf den Reisepreis vor der Reise nur gegen Aushändigung des Sicherungsscheins im Sinne von § 651k Abs 3 erfolgen. Mit Vertragsschluss kann eine Anzahlung gefordert werden. Weitere Zahlungen werden zu den vereinbarten Terminen, die Restzahlung spätestens bei Aushändigung oder Zugang der Reiseunterlagen fällig, sofern die Reise nicht mehr aus den in Ziff 7 b) oder 7 c) genannten Gründen abgesagt werden kann. Diese Regelung ist unproblematisch, soweit der Reiseveranstalter die Fälligkeit des Restpreises nur für den Zeitraum der vier Wochen vor Reiseantritt festlegt. Eine weitere Vorverlegung wäre unzulässig (Führich Rn 478; Seyderhelm Rn 48; vgl auch § 651a Rn 128).

37 Dauert die Reise nicht länger als vierundzwanzig Stunden, schließt sie keine Übernachtung ein und übersteigt der Reisepreis 75 Euro nicht, so darf der volle Reisepreis nach Nr 2 ARB auch ohne Aushändigung eines Sicherungsscheins verlangt werden.

Auch diese Regelung ist insoweit unproblematisch, als auf das Erfordernis eines Sicherungsscheins verzichtet wird (vgl § 651k Abs 6 Nr 2). Zu beachten ist aber, dass auch hinsichtlich der von der Insolvenzsicherung befreiten Tagesreisen die Veranstalter von den sonstigen Vorschriften der §§ 651a ff erfasst werden (vgl BT-Drucks 12/5354, 13). Daher haben auch die Veranstalter der Tagesreisen die Vorauskasse-Rechtsprechung des BGH zu beachten. Danach kann nur eine verhältnismäßig geringe Anzahlung von ca 20% verlangt werden, die vollständige Zahlung des Reisepreises dagegen nur bei Aushändigung der qualifizierten Reisepapiere ca vier Wochen vor Reiseantritt (vgl Führich Rn 478; Seyderhelm Rn 48). Insoweit ist Nr 2 ARB korrekturbedürftig.

X. Darlegungs- und Beweislast

Der **Reiseveranstalter** hat darzulegen und zu beweisen, dass er seine Insolvenzsicherungspflicht entsprechend § 651k Abs 1–4 erfüllt und den Sicherungsschein übergeben hat. Er hat weiter die Voraussetzungen eines der Ausnahmetatbestände des § 651k Abs 5 u 6 nachzuweisen (Führich Rn 479; Seyderhelm 57; Soergel/H-W Eckert Rn 27). Der **Sicherungsgeber** hat die Voraussetzungen eines Haftungshöchstbetrages nach § 651k Abs 2 S 1 sowie die Voraussetzungen einer Kürzung nach § 651k Abs 2 S 2 zu beweisen. Der **Reisende** muss den Abschluss des Reisevertrages, die Höhe der gezahlten Beträge sowie die Notwendigkeit seiner Aufwendungen nach § 651k Abs 1 S 1 Nr 2 darlegen und beweisen (Führich Rn 479; Seyderhelm Rn 58; Soergel/H-W Eckert Rn 27).

§ 651l
Gastschulaufenthalte

(1) Für einen Reisevertrag, der einen mindestens drei Monate andauernden und mit dem geregelten Besuch einer Schule verbundenen Aufenthalt des Gastschülers bei einer Gastfamilie in einem anderen Staat (Aufnahmeland) zum Gegenstand hat, gelten die nachfolgenden Vorschriften. Für einen Reisevertrag, der einen kürzeren Gastschulaufenthalt (Satz 1) oder einen mit der geregelten Durchführung eines Praktikums verbundenen Aufenthalt bei einer Gastfamilie im Aufnahmeland zum Gegenstand hat, gelten sie nur, wenn dies vereinbart ist.

(2) Der Reiseveranstalter ist verpflichtet,
1. für eine bei Mitwirkung des Gastschülers und nach den Verhältnissen des Aufnahmelands angemessene Unterbringung, Beaufsichtigung und Betreuung des Gastschülers in einer Gastfamilie zu sorgen und
2. die Voraussetzungen für einen geregelten Schulbesuch des Gastschülers im Aufnahmeland zu schaffen.

(3) Tritt der Reisende vor Reisebeginn zurück, findet § 651i Abs 2 Satz 2 und 3 und Abs 3 keine Anwendung, wenn der Reiseveranstalter ihn nicht spätestens zwei Wochen vor Antritt der Reise jedenfalls über
1. Namen und Anschrift der für den Gastschüler nach Ankunft bestimmten Gastfamilie und

2. Namen und Erreichbarkeit eines Ansprechpartners im Aufnahmeland, bei dem auch Abhilfe verlangt werden kann,
informiert und auf den Aufenthalt angemessen vorbereitet hat.

(4) Der Reisende kann den Vertrag bis zur Beendigung der Reise jederzeit kündigen. Kündigt der Reisende, so ist der Reiseveranstalter berechtigt, den vereinbarten Reisepreis abzüglich der ersparten Aufwendungen zu verlangen. Er ist verpflichtet, die infolge der Kündigung notwendigen Maßnahmen zu treffen, insbesondere, falls der Vertrag die Rückbeförderung umfasste, den Gastschüler zurückzubefördern. Die Mehrkosten fallen dem Reisenden zur Last. Die vorstehenden Sätze gelten nicht, wenn der Reisende nach § 651e oder § 651j kündigen kann.

Schrifttum

FÜHRICH, Zweite Novelle des Reisevertragsrechts zur Verbesserung der Insolvenzsicherung und der Gastschulaufenthalte, NJW 2001, 3083
TONNER/ECHTERMEYER, Der Regierungsentwurf eines zweiten Reiserechtsänderungsgesetzes, RRa 201, 67
TONNER, Die Insolvenzabsicherung im Pauschalreiserecht und das Zweite Reiserechtsänderungsgesetz (2002).

Systematische Übersicht

I. Inhalt und Zweck	**3.** Mitwirkung des Gastschülers ___ 15
1. Zweck ___ 1	
2. Inhalt ___ 5	**IV. Rücktritt des Reisenden vor Reisebeginn** ___ 18
II. Anwendungsbereich	1. Informationsobliegenheiten
1. Voraussetzungen ___ 6	(Nr 1 u 2) ___ 21
2. Kurzaufenthalte und Praktika ___ 9	2. Angemessene Vorbereitung ___ 23
III. Pflichten des Reiseveranstalters und des Gastschülers (Abs 2) ___ 10	**V. Kündigung nach Reisebeginn (Abs 4)** ___ 24
1. Unterbringung in einer Gastfamilie (Nr 1) ___ 11	**VI. Darlegungs- und Beweislast** ___ 25
2. Regelmäßiger Schulbesuch ___ 13	

Alphabetische Übersicht

AFS Intercultural Programs Finland ___ 2	Beweislast ___ 25 ff
Anbieter ___ 7	BGB-InfoV ___ 1, 5, 20 f
Ankunftsadresse ___ 21	
Ansprechpartner ___ 22	Darlegungslast ___ 25 ff
Anwendungsbereich ___ 6 ff	
Aufenthalts-, Umzugsadresse ___ 21	Entschädigung ___ 18, 20, 24
Aufnahmeland ___ 6	
Aufwendungen ersparte ___ 24, 27	Gastfamilie ___ 8, 10 f, 18, 21
Au-Pair-Aufenthalt ___ 9	– Auswahl ___ 11
	– Betreuung angemessene ___ 12

Titel 9 · Werkvertrag und ähnliche Verträge § 651l
Untertitel 2 · Reisevertrag 1, 2

– Betreuungsbereitschaft	12	Pauschalreise-Richtlinie	2
– Mitwirkungsobliegenheit	16	Pflichten des Reiseveranstalters	10 ff
– Weltanschauung Religion Sekte	12	Praktika	9
Gastschüler	6, 16, 24		
		Reiseantritt	20
Informationsobliegenheiten	21	Reisemangel	12, 25
Informationspflichten	4 f, 18, 26	Reisender	7, 15 f, 18, 21, 24
		Reisepreis	24
Kündigung	5, 24	Reiseveranstalter	7, 16, 18, 21
– Kündigungserklärung	24, 27	Reisevertrag	7
– Kündigungsrecht	24	Rückbeförderung	24
– Rückbeförderung	24	Rücktritt	5, 18 ff
Kurzaufenthalt	9	– Rücktrittserklärung	26
		– stornofreies Rücktrittsrecht	5, 18 f, 26
Leistungspflichten	5		
		Schüleraustausch	1, 5 f
Mehrkosten	24, 27	Schulbesuch	8, 10, 13 f, 16
Mitwirkungsobliegenheiten	10, 15 f, 25		
– Folgen der Verletzung	17	Unterbringung Beaufsichtigung Betreuung	8, 10, 11 f, 16, 25
Mitwirkungspflichten	9, 15	– Angemessenheit	8, 12
Normzweck	1, 3	Vorbereitung	23
		Vorbereitungscamp	21
Obliegenheiten des Reiseveranstalters	18		
Organisationspflicht	13 f		

I. Inhalt und Zweck

1. Zweck

Schülerreisen im Rahmen internationaler Gastschulaufenthalte erfreuen sich immer **1** größerer Beliebtheit. In den letzten Jahren stieg die Zahl der Jugendlichen, die an Schüleraustauschreisen ins Ausland teilnahmen, stark an. Allein 10.000 bis 12.000 Schüler absolvierten in den vergangenen Jahren ein High-School-Jahr in den USA (BT-Drucks 14/5944, 9). Der durch das **Zweite Gesetz zur Änderung reiserechtlicher Vorschriften** vom 23. Juli 2001 (2. ReiseRÄndG BGBl 2001 I 1658) neu in das BGB eingefügte § 651l verfolgt das Ziel, den Besonderheiten von Reisen im Rahmen internationaler Gastschulaufenthalte besser Rechnung zu tragen (BT-Drucks 14/5944 Vorblatt). Derartige Reisen wurden allerdings bereits vor dem Inkrafttreten des neuen § 651l zum 1. September 2001 von der **Rechtsprechung** überwiegend in den Anwendungsbereich der §§ 651a ff einbezogen (vgl BGH NJW 1993, 263; OLG Karlsruhe NJW-RR 1998, 841; OLG Stuttgart OLGR 1999, 313; OLG Köln RRa 2001, 3; LG Darmstadt RRa 1996, 58; LG Köln RRa 1999, 135; LG Düsseldorf RRa 2001, 75; AG Heidelberg RRa 1998, 52). Zu Gunsten der Reisenden galten danach insbes die §§ 651c ff und die Informationspflichten des Reiseveranstalters nach §§ 4 ff BGB-InfoV unmittelbar oder analog.

Diese Rechtsprechung wurde allerdings durch das Urteil des **EuGH** vom 11. Februar **2** 1999 in der Rechtssache **AFS Intercultural Programs Finland** (EuGH EuZW 1999, 219) in

Frage gestellt. Gegenstand dieses Urteils war die Problematik, ob eine Schülerreise, bei der die Beförderung ins Gastland, die Auswahl der Gastfamilie sowie die Möglichkeit eines Schulbesuchs organisiert wurden, als Pauschalreise im Sinne der EG-Pauschalreise-Richtlinie qualifiziert werden kann. Der EuGH stellt dazu fest, dass zwar die Organisation der Beförderung mit Linienflügen das Tatbestandsmerkmal der „Beförderung" iSv Art 2 Nr 1 a der Pauschalreise-Richtlinie erfülle, der Aufenthalt eines Schülers in einer Gastfamilie, in der er wie ein Familienmitglied behandelt wird, jedoch nicht als „Unterbringung" iSv Art 2 Nr 1 b anzusehen sei. Es liege aber auch keine „andere touristische Dienstleistung" iSv Art 2 Nr 1 c der Pauschalreise-Richtlinie vor, da die Auswahl einer Schule durch den Veranstalter speziell der Bildung und nicht touristischen Zwecken diene. Dies gelte auch für die Auswahl der Gastfamilie, die nicht unter Art 2 Nr 1 b falle, da sie als Nebenleistung iSv Art 2 Nr 1c anzusehen sei (vgl dazu bereits Vorbem 47 zu § 651a).

3 Dieses Urteil des EuGH schloss allerdings eine Anwendung des Reisevertragsrechts auf Gastschulaufenthalte nicht aus, da die EG-Pauschalreise-Richtlinie nach Art 8 lediglich einen **Mindeststandard** setzt. Die deutschen Gerichte waren also nicht gehindert, auch nach diesem Urteil in der Auswahl der Gastfamilie abweichend vom EuGH eine Reiseleistung zu sehen und den internationalen Gastschulaufenthalt in den Anwendungsbereich der §§ 651a ff einzubeziehen (so ausdrücklich OLG Köln RRa 2001, 3; LG Düsseldorf RRa 2001, 75; TONNER, Insolvenzabsicherung 58). Gleichwohl fürchtete der Gesetzgeber, dass von dem Urteil eine **Verunsicherung** auch hinsichtlich der deutschen Rechtslage ausgehen könne. Die deutschen Gerichte könnten das Urteil als Argument für eine Einschränkung des Anwendungsbereichs der §§ 651a ff verstehen. Dies würde zu einer nicht sachgerechten Regelungslücke hinsichtlich der Gastschulaufenthalte führen. § 651l sollte daher der **Klarstellung** dienen, dass die §§ 651a ff zum Schutz der meist unerfahrenen Reisenden auf internationale Gastschulverträge anwendbar sind (BT-Drucks 14/5944, 9).

4 Aber auch abgesehen von dieser Klarstellungsfunktion hielt der Gesetzgeber eine gesetzliche Regelung der internationalen Gastschulaufenthalte für geboten. Insoweit sah er Defizite vor allem hinsichtlich der **Informationspflichten** des Veranstalters derartiger Reisen. Die §§ 651a ff stellten in der bisherigen Fassung nicht in allen Fällen sicher, dass der Jugendliche und seine Eltern rechtzeitig alle Informationen erhielten, die aus ihrer Sicht wichtig seien. Vor allem erführen die Gastschüler immer wieder erst nach ihrer Ankunft im Aufnahmeland Ort und Namen der Gastfamilien (BT-Drucks 14/5944, 9 f). Ziel des § 651l ist es also auch, einige **ergänzende Sonderregelungen** zu den §§ 651a ff zu schaffen, die den besonderen Informationsbedürfnissen der Jugendlichen und ihrer Eltern bei internationalen Gastschulaufenthalten Rechnung tragen (TONNER, Insolvenzabsicherung 56 f). Damit wird zugleich der **Anwendungsbereich** der §§ 651a ff über touristische Dienstleistungen hinaus (vgl dazu TEICHMANN RRa 1998, 232, der unter Reise iSd § 651a nur die „Urlaubsreise" versteht) **erweitert**.

2. Inhalt

5 Abs 1 regelt den **sachlichen Anwendungsbereich** der Bestimmung und beschränkt diesen auf den „klassischen" Schüleraustausch von mindestens 3 Monaten Dauer (Abs 1 S 1). Dagegen sind Kurz- und Praktikumsaufenthalte nur bei besonderer Vereinbarung in den Anwendungsbereich der Norm einbezogen (Abs 1 S 2). **Abs 2**

bestimmt die besonderen **Leistungspflichten** des Reiseveranstalters hinsichtlich der Unterbringung des Schülers in einer Gastfamilie (Nr 1) und der Voraussetzungen für einen geregelten Schulbesuch (Nr 2). In **Abs 3** wird dem Reisenden ein **kostenloses Rücktrittsrecht** nach § 651i eingeräumt, wenn der Reiseveranstalter seine in Nr 1 und 2 vorgesehenen zusätzlichen Informationspflichten hinsichtlich des Namens und der Anschrift der Gastfamilien sowie der Erreichbarkeit eines Ansprechpartners nicht gibt bzw den Reisenden nicht angemessen auf die Reise vorbereitet. Diese Informationspflichten decken sich teilweise mit § 7 Nr 1 und 2 BGB-InfoV (vgl dazu die Kommentierung zu § 7 BGB-InfoV im Anhang zu § 651a). Die Unterschiede zwischen beiden Regelungen bestehen darin, dass einerseits § 7 Nr 1 u 2 BGB-InfoV auch spätere Veränderungen hinsichtlich der Gastfamilie und des Ansprechpartners im Aufnahmeland erfasst, also über § 651l Abs 3 hinausgehend sicherstellen will, dass der Reisende die erforderlichen Informationen auch und gerade während der Dauer des Gastschulaufenthaltes erhält, andererseits aber § 651l im Gegensatz zu § 7 BGB-InfoV über § 651m S 1 halbzwingendes Recht ist. **Abs 4** schließlich gewährt dem Reisenden ein **freies Kündigungsrecht** bis zur Beendigung der Reise. Dieses soll eine Kündigung aus Gründen ermöglichen, die in der Person des Gastschülers liegen. Der Rücktritt ist in diesen Fällen allerdings nicht kostenfrei. Die Rechtsfolgen entsprechen vielmehr der Regelung des § 651j Abs 2 S 1u 2, so dass der Reisende den Hauptteil der Kosten zu tragen hat.

II. Anwendungsbereich

1. Voraussetzungen

Abs 1 S 1 stellt klar, dass § 651l keinen neuen Vertragstyp für internationale Gastschulaufenthalte schafft, sondern lediglich die §§ 651a ff ergänzt und Sonderregelungen für einen Reisevertrag schafft, der einen mindestens drei Monate andauernden und mit einem geregelten Schulbesuch verbundenen Aufenthalt bei einer Gastfamilie in einem anderen Staat zum Gegenstand hat. Der sachliche Anwendungsbereich der Vorschrift beschränkt sich daher vornehmlich auf den **„klassischen" Schüleraustausch** (BT-Drucks 14/5944, 13; Führich NJW 2001, 3083, 3986). Indem ein solcher Vertrag als Reisevertrag bezeichnet wird, stellt Abs 1 S 1 zugleich klar, dass es sich bei diesem Vertrag um einen Reisevertrag iSd § 651a handelt, auf den die §§ **651a ff anwendbar** sind (BT-Drucks 14/5944, 13; Tonner, Insolvenzabsicherung 59). § 651l Abs 1 S 1 führt allerdings einige **neue Begriffe** in das Reisevertragsrecht ein. So werden der Staat, in den der Schüler reist, als **Aufnahmeland** und der Schüler, der an der Reise teilnimmt, als **Gastschüler** definiert. Letzterer kann zugleich Reisender iSd § 651a sein, doch wird es daran häufig fehlen, weil wegen der Minderjährigkeit des Gastschülers sein gesetzlicher Vertreter, also meist ein Elternteil, den Vertrag abschließt und deshalb Reisender iSd § 651a ist (vgl dazu § 651a Rn 48, 79).

§ 651l setzt zunächst den **Abschluss eines Reisevertrages** iSv § 651a voraus, weil die Vorschrift die §§ 651a ff ergänzen und lediglich zusätzliche Sonderregelungen für Gastschulverträge schaffen will. Dieser Reisevertrag wird zwischen dem Anbieter des Gastschulaufenthaltes als Reiseveranstalter und dem Reisenden geschlossen. Reisender ist der Vertragspartner des Reiseveranstalters und damit nicht unbedingt der Gastschüler, der tatsächlich an der Reise teilnimmt (vgl § 651a Rn 48, 79). Reisender kann auch jeder beliebige Dritte sein. Da der Gastschüler häufig aber minderjährig sein wird, werden oftmals die Eltern oder andere gesetzliche Vertreter, die den Reisevertrag im eigenen Namen abschließen, Reisende iSd § 651a sein.

8 Dieser Reisevertrag muss nach § 651l Abs 1 S 1 einen Gastschulaufenthalt zum Gegenstand haben, der **mindestens drei Monate** andauern, mit einem **geregelten Schulbesuch verbunden** sein und bei einer **Gastfamilie** in einem **anderen Staat** (Aufnahmeland) stattfinden muss. Unerheblich ist hingegen, ob der Gastschüler **minderjährig ist**. Der Gesetzgeber hat zwar erwogen, den Anwendungsbereich des § 651l auf Minderjährige zu beschränken, dies aber letztlich verworfen, weil sich ein volljähriger Schüler, der an einem Gastschulaufenthaltsprogramm im Ausland teilnimmt, in der Regel in derselben Lebenssituation befinde wie ein Minderjähriger und damit desselben Schutzes bedürfe (BT-Drucks 14/5944, 13). Allerdings ergibt sich das besondere Schutzbedürfnis des Gastschülers nach Auffassung des Gesetzgebers gerade daraus, dass an Gastschulaufenthalten in der Regel minderjährige, jedenfalls aber noch zur Schule gehende Jugendliche, die üblicherweise noch im Elternhaus leben und damit zumeist über eine geringere Selbständigkeit als bereits berufstätige junge Menschen verfügen, teilnehmen (BT-Drucks 14/5944, 13). Dies hat das Gesetz auch darin zum Ausdruck gebracht, dass sich die zusätzlichen Pflichten des Reiseveranstalters gem § 651l Abs 2 Nr 1 auch auf die „Beaufsichtigung und Unterbringung des Gastschülers in einer Gastfamilie" erstrecken. Hieraus kann aber nicht geschlossen werden, dass der Gastschüler beaufsichtigungs- und betreuungsbedürftig sein muss (aA PALANDT/SPRAU Rn 3). Der Gesetzgeber hat sich eben dafür entschieden, für den Anwendungsbereich der Norm nicht auf das Alter, sondern auf die besondere Situation des Gastschülers im Ausland abzustellen. Diese wird aber durch das prägende Element des regelmäßigen Schulbesuchs und nicht durch das Alter oder die geistige Entwicklung des Gastschülers im Einzelfall bestimmt. Der Schulbesuch macht den besonderen Charakter dieser Verträge aus und unterscheidet sie auch von anderen Reiseverträgen, bei denen der besondere Schutz des § 651l nicht gerechtfertigt ist (BT-Drucks 14/5944, 13). Dies gilt namentlich für touristische Reisen von Jugendlichen, die nicht unter § 651l, wohl aber unter die §§ 651a ff im Übrigen fallen (vgl AG Bielefeld RRa 2001, 183; TONNER, Insolvenzabsicherung 59).

2. Kurzaufenthalte und Praktika

9 Nach § 651l Abs 1 S 2 findet die Vorschrift grdsl keine Anwendung auf Reiseverträge, die einen **kürzeren Gastschulaufenthalt** von unter drei Monaten oder einen mit der geregelten Durchführung eines **Praktikums** verbundenen Aufenthalt bei einer Gastfamilie im Aufnahmeland zum Gegenstand haben. Der Gesetzgeber ging davon aus, dass Praktikumsaufenthalte anders als Gastschulaufenthalte üblicherweise auf Jugendliche und Heranwachsende ausgerichtet sind, die bereits die Schule beendet haben und damit in der Regel bereits über eine größere Selbständigkeit als Schüler verfügen. Daher hielt er den durch § 651l beabsichtigten Schutz in diesen Fällen nicht für zwingend erforderlich. Hinzu kamen Praktikabilitätserwägungen des Gesetzgebers, der davon ausging, dass Praktikumsaufenthalte sehr unterschiedlich organisiert würden und sich somit einer zwingenden einheitlichen Regelung entzögen (BT-Drucks 14/5944, 13). Der Gesetzgeber hat allerdings offen gelassen, was genau unter einem Praktikum iSd § 651l Abs 1 S 2 zu verstehen ist. Fraglich erscheint insoweit insbesondere, ob auch Au-Pair-Aufenthalte unter die Vorschrift fallen. Hierfür sprechen

gute Gründe. Soweit Au-Pair-Aufenthalte durch Veranstalter organisiert werden, ist die Interessenlage die gleiche wie bei Gastschulaufenthalten. Da sie regelmäßig mit einer praktischen Tätigkeit im Haushalt der Gastfamilie und bei der Kinderbetreuung verbunden sind, fallen sie auch unter den Begriff des Praktikums (so zutreffend TONNER, Insolvenzabsicherung 59; für eine ausdrückliche Einbeziehung von Au-Pair-Aufenthalten TONNER/ECHTERMEYER RRa 2001, 71). Fallen derartige Auslandsaufenthalte auch nicht zwingend unter § 651l, so steht es den Parteien doch frei, die Anwendung dieser Vorschrift vertraglich zu **vereinbaren**. Damit greift der Schutz des § 651l für die in Abs 1 S 2 genannten Verträge nicht kraft Gesetzes, sondern nur kraft ausdrücklicher Vereinbarung ein. Der Reiseveranstalter soll den Anwendungsbereich des § 651l auch deshalb vertraglich erweitern können, um auf diese Weise seine mit internationalen Schul- und Praktikumsaufenthalten verbundenen Reiseverträge rechtssicher parallel gestalten zu können. Kommt es zu keiner Vereinbarung über die Geltung des § 651l, so bleibt es insoweit bei der bisherigen Rechtslage, also der Anwendung der allgemeinen reiserechtlichen Vorschriften der §§ 651a ff mit Ausnahme des § 651l (BT-Drucks 14/5944, 14; FÜHRICH NJW 2001, 3083, 3086). Dass die Parteien außerhalb des zwingenden Anwendungsbereichs des § 651l den Inhalt dieser Bestimmung vereinbaren können, ergibt sich bereits aus dem Grundsatz der Vertragsfreiheit (§ 311 Abs 1). Die Vorschrift stellt daher lediglich den Anwendungsbereich derartiger Vereinbarungen klar und unterstreicht, dass § 651m S 1 einer solchen Vereinbarung der Parteien nicht entgegen steht (vgl PALANDT/SPRAU Rn 3; kritisch zur Schädlichkeit des § 651l Abs 1 S 2 dagegen TONNER, Insolvenzabsicherung 60), da § 651l nicht nur Pflichten des Reiseveranstalters, sondern zugleich auch Mitwirkungspflichten des Gastschülers am „Gelingen" des Gastschulaufenthaltes begründet (BT-Drucks 14/5944, 15; FÜHRICH Rn 486: **aA** PALANDT/SPRAU Rn 3).

III. Pflichten des Reiseveranstalters und des Gastschülers (Abs 2)

§ 651l Abs 2 regelt die zusätzlichen Pflichten des Reiseveranstalters sowie die Mitwirkungsobliegenheiten des Gastschülers während des Aufenthalts im Gastland. Diese Pflichten ergeben sich aus dem Wesen und den Besonderheiten des internationalen Gastschulaufenthalts. Der Reiseveranstalter ist danach verpflichtet, für eine angemessene **Unterbringung** des Gastschülers **in einer Gastfamilie** zu sorgen (Nr 1) und die Voraussetzungen für einen geregelten **Schulbesuch** des Gastschülers zu schaffen (Nr 2). Diese Pflichten des Veranstalters präzisieren § 651c Abs 1 hinsichtlich der Unterbringung und begründen eine zusätzliche Organisationspflicht hinsichtlich des Schulbesuchs. Den Gastschüler trifft eine **Obliegenheit zur Mitwirkung** am Gelingen des Gastschulaufenthalts (Nr 1).

1. Unterbringung in einer Gastfamilie (Nr 1)

Abs 2 Nr 1 verpflichtet den Reiseveranstalter, für eine Gastfamilie zu sorgen, die den Gastschüler angemessen **unterbringen** kann. Die Gastfamilie muss in der Lage sein, den Gastschüler zu betreuen und zu beaufsichtigen sowie die Gewähr dafür bieten, dass dies auch tatsächlich geschieht. Gerade von der Unterbringung des Gastschülers in einer Gastfamilie hängt das Ge- oder Misslingen des Gastschulaufenthalts entscheidend ab. Das Leben in der Gastfamilie prägt den Aufenthalt im Gastland und ist sowohl für den menschlichen, als auch für den pädagogischen Erfolg des Schüleraustauschs von entscheidender Bedeutung (BT-Drucks 14/5944, 14). Dabei hatte der Gesetzgeber zwei gegenläufige Interessen zu bedenken. Auf der einen Seite soll der Gastschüler die Lebenswirklichkeit im Aufnahmeland kennen lernen. Dies ist nur möglich, wenn er nicht zielgerichtet in einer bestimmten Gastfamilie untergebracht wird, die seinen persönlichen Vorstellungen und den Wünschen seiner Eltern entspricht. Er muss also in einer zufällig ausgewählten Gastfamilie „mittlerer Art und Güte" untergebracht werden und sich auf diese einstellen. Andererseits muss die Gastfamilie aber bereit und in der Lage sein, sich dem Gastschüler zu widmen und ihn zu beaufsichtigen und zu betreuen (BT-Drucks 14/5944, 14).

12 Der Gesetzgeber hat insoweit einen vernünftigen **Kompromiss** gesucht und gefunden. Einerseits hat der Gastschüler nach Abs 2 Nr 1 Anspruch darauf, dass er in einer Gastfamilie untergebracht wird, die bereit und in der Lage ist, sich um ihn zu kümmern. Die Gastfamilie muss also insbesondere über die innere Bereitschaft, den Schüler zu beaufsichtigen und zu betreuen, die entsprechenden erzieherischen Fähigkeiten, aber auch über die für die Beaufsichtigung und Betreuung erforderliche Zeit verfügen (BT-Drucks 14/5944, 14). Es stellt daher zB einen **Reisemangel** dar, wenn die Gasteltern den Gastschüler sich selbst überlassen, nicht für einen regelmäßigen Schulbesuch sorgen, den Schüler immer wieder zu anderen Personen außerhalb der Gastfamilie abschieben oder wegen übermäßigen Alkoholgenusses nicht in der Lage sind, ihn zu beaufsichtigen (BT-Drucks 14/5944, 14; FÜHRICH NJW 2001, 3086). Der Reiseveranstalter hat den Reisenden aber auch über eine außergewöhnlich intensive Weltanschauung, Religion oder Sektenzugehörigkeit der Gastfamilie aufzuklären (vgl OLG Stuttgart OLGR 1999, 313). Andererseits dürfen der Gastschüler und seine gesetzlichen Vertreter aber auch **keine übertriebenen Erwartungen** hinsichtlich der Unterbringung, Beaufsichtigung und Betreuung haben. Der Reiseveranstalter schuldet nicht die Unterbringung bei einer idealen Gastfamilie, sondern er hat lediglich für eine Gastfamilie zu sorgen, die den Schüler **angemessen** unterbringen, beaufsichtigen und betreuen kann und will. Für die Angemessenheit kommt es nicht auf deutsche Maßstäbe oder die subjektiven Vorstellungen des Gastschülers und seiner gesetzlichen Vertreter an, sondern allein auf die **durchschnittlichen Verhältnisse des Aufnahmelandes** (vgl BT-Drucks 14/5944, 14). Der Gastschüler soll also zugleich die Lebenswirklichkeit des Gastlandes und die Vielgestaltigkeit des Lebens kennenlernen. Deshalb hat er ohne besondere Vereinbarung keinen Anspruch, in einer bestimmten Familie, einer Familie einer bestimmten sozialen Schicht oder in einem bestimmten finanziellen oder räumlichen Umfeld untergebracht zu werden. Es stellt daher keinen Reisemangel dar, wenn der Teilnehmer einer Sprachreise nach England in einer Gastfamilie untergebracht wird, die nicht aus England stammt. Die Unterbringung in einer englischstämmigen Gastfamilie ist dabei auch nicht als zugesicherte Eigenschaft anzusehen (AG Heidelberg RRa 1999, 171; FÜHRICH Rn 484). Allerdings steht es den Parteien des Reisevertrages nach dem Grundsatz der Vertragsfreiheit (§ 311 Abs 1) selbstverständlich frei, eine Unterbringung in einer bestimmten Gastfamilie, in einer bestimmten sozialen Schicht oder in einem bestimmten finanziellen Umfeld – in der Regel gegen ein höheres Entgelt – zu **vereinbaren**. Werden derart vertraglich zugesagte Unterbringungsstandards nicht eingehalten, liegt ein Reisemangel iSd § 651c Abs 1 vor (BT-Drucks 14/5944, 14; FÜHRICH NJW 2001, 3086).

2. Regelmäßiger Schulbesuch (Nr 2)

Nach **Abs 2 Nr 2** ist der Reiseveranstalter zusätzlich verpflichtet, die Voraus- 13
setzungen für einen **geregelten Schulbesuch** des Gastschülers im Aufnahmeland zu
schaffen. Hinsichtlich dieses zweiten wesentlichen Elements des Gastschulaufenthalts trifft den Reiseveranstalter danach eine bloße **Organisationspflicht**, da er den
Schulbesuch durch den Gastschüler nicht erzwingen kann (vgl die Stellungnahme des
Bundesrates zum Regierungsentwurf, BT-Drucks 14/5944, 20). Diese Organisationspflicht
kommt neben der Auswahl der Gastfamilie maßgebliche Bedeutung für das Gelingen
des Gastschulaufenthalts zu, weil dem Gastschüler bei einer unzureichenden Organisation seiner Reise erhebliche Nachteile drohen. Der Auslandsaufenthalt selbst
leidet und nach der Rückkehr können ihm in Deutschland zusätzliche Schwierigkeiten entstehen, soweit es um eine Anrechnung der im Ausland verbrachten Zeit auf
die Schulzeit geht, da diese teilweise den Nachweis eines geregelten, also kontinuierlichen Schulbesuchs voraussetzt (BT-Drucks 14/5944, 14; Führich NJW 2001, 3087). Der
Gesetzgeber wollte aber auch verhindern, dass der Veranstalter seine Verantwortung
für die Organisation des Schulbesuchs auf den Reisenden, also in aller Regel die
Eltern des Gastschülers, abwälzt.

Die Organisationspflicht selbst wird in Abs 2 Nr 2 über die Regelmäßigkeit des 14
Schulbesuchs hinaus nicht näher präzisiert. Der Gesetzgeber geht aber davon aus,
dass der Schulbesuch **altersgemäß** sein und dem **Ausbildungsstand** entsprechen muss.
Es besteht allerdings auch hier kein Anspruch auf den Besuch einer bestimmten
Schule oder auf eine besondere **Qualität des Unterrichts**. Der Unterricht muss vielmehr den durchschnittlichen Verhältnissen im Aufnahmeland und am Aufnahmeort
entsprechen (vgl BT-Drucks 14/5944, 15). Da der Schulbeginn in den Aufnahmeländern
höchst unterschiedlich ist, ist es schon aus organisatorischen Gründen hinzunehmen,
dass der Schulbeginn am Aufnahmeort nicht mit dem Beginn des Gastschulaufenthalts und damit dem tatsächlichen Schulantritt des Gastschülers zusammenfällt (BT-Drucks 14/5944, 15; Tonner, Insolvenzabsicherung 61).

3. Mitwirkung des Gastschülers

Der Gastschüler hat nach Abs 2 Nr 1 bei seiner Unterbringung, Beaufsichtigung und 15
Betreuung mitzuwirken. Da der Gastschüler häufig nicht selbst unmittelbar am
Vertragsverhältnis mit dem Reiseveranstalter beteiligt ist, handelt es sich hierbei
um keine selbständig einklagbare Leistungspflicht, sondern um eine **gesetzliche Mitwirkungsobliegenheit** des Gastschülers, die dieser im eigenen Interesse an einem
erfolgreichen Gastschulaufenthalt zu erfüllen hat (vgl die Stellungnahme des Bundesrates
und die Gegenäußerung der Bundesregierung, BT-Drucks 14/5944, 20 f). Die Regelung ist sowohl hinsichtlich ihrer Stellung in Abs 2 als auch hinsichtlich ihres Inhalts **misslungen**
(vgl ebenfalls kritisch Tonner, Insolvenzabsicherung 60). Der Regierungsentwurf hatte insoweit einen eigenen Abs 2 S 2 vorgesehen, nach dem der **Reisende** zur Mitwirkung,
insbes zum Besuch der Schule im Aufnahmeland, verpflichtet war (vgl Art 1 Nr 3 des
Regierungsentwurfs, BT-Drucks 14/5944, 5). Danach war einerseits klargestellt, dass sich die
Mitwirkungsobliegenheit auf das Gelingen des Gastschulaufenthalts im Ganzen, also
nicht nur auf die Einfügung in die Gastfamilie, sondern auch und gerade auf den
regelmäßigen Schulbesuch beziehen sollte (vgl BT-Drucks 14/5944, 15). Andererseits traf
die Mitwirkungsobliegenheit den Reisenden, also den Vertragspartner des Reise-

veranstalters. In den praktisch häufigen Fällen, in denen nicht der Gastschüler selbst, sondern seine Eltern den Reisevertrag abschließen, hätte dies zu der auch gewährleistungsrechtlich sinnvollen Lösung geführt, dass den Reisenden – also die Eltern – die Obliegenheit traf, dafür zu sorgen, dass der Gastschüler im erforderlichen Umfang aktiv am Gelingen des Aufenthalts mitwirkt. Diese klarere Regelung wurde auf die Stellungnahme des Bundesrates hin zu Gunsten der jetzigen Verordnung der Mitwirkungsobliegenheit in Abs 2 Nr 1 abgeändert. Dies ist zu bedauern und wirft neue Abgrenzungsprobleme auf.

16 So stellt sich zunächst die Frage nach dem **Umfang der Mitwirkungsobliegenheit**. Insoweit fragt sich insbesondere, ob diese nur für die Unterbringung, Beaufsichtigung und Betreuung in der Gastfamilie gelten oder sich auch auf den regelmäßigen Schulbesuch erstrecken soll. Hier wird man entgegen dem Wortlaut von Abs 2 Nr 1 davon ausgehen müssen, dass sich die Obliegenheit auf die aktive Mitwirkung am Gelingen des Aufenthalts im Ganzen bezieht, also insbes auch auf den **regelmäßigen Schulbesuch**. Dies war die eindeutige Absicht des Gesetzgebers, an der sich auch durch die Stellungnahme des Bundesrates und die Neufassung des Abs 2 Nr 1 nichts ändern sollte. Auch der Bundesrat hatte vielmehr gerade die Pflicht des Gastschülers zum Schulbesuch im Aufnahmeland vor Augen (vgl Nr 5 der Stellungnahme des Bundesrates, BT-Drucks 14/5944, 20). Zum anderen ist fraglich, wem die Mitwirkung obliegt. Hier hat sich der Gesetzgeber gegen eine Pflicht des Reisenden als Vertragspartner des Veranstalters, dafür zu sorgen, dass der Gastschüler im erforderlichen Maße mitwirkt, und für eine bloße Obliegenheit des **Gastschülers** selbst entschieden (Nr 5 der Stellungnahme des Bundesrates, BT-Drucks 14/5944, 20 und Gegenäußerung der Bundesregierung zu Nr 5 BT-Drucks 14/5944, 21).

17 Damit bleibt aber die Frage zu beantworten, wie sich eine Verletzung dieser Mitwirkungsobliegenheit des Gastschülers auf die Vertragsbeziehung des Reiseveranstalters zum Reisenden und insbes auf dessen Gewährleistungsrechte auswirkt. Dabei kann insbes problematisch sein, ob und wie sich die Verletzung der Mitwirkungsobliegenheit auf das Vorliegen eines Reisemangels bzw den Ausschluss von Gewährleistungsrechten des Reisenden auswirkt. So stellt es einerseits sicher eine bis zum vollständigen Verlust der Ansprüche aus §§ 651c ff führende Verletzung der Mitwirkungsobliegenheit dar, wenn sich der Gastschüler nachhaltig der Beaufsichtigung entzieht und die Schule schwänzt. Gleiches gilt dann, wenn er über den PC der Gastfamilie und deren Internetanschluss „Free-Porno-Seiten" herunter lädt und auf einem anderen Server wieder hoch lädt, um unter Hinzufügen eines eigenen Banners Tausende von Besuchern auf diese Seite zu locken und auf diese Weise Geld zu verdienen (LG Frankfurt aM RRa 2002, 212 ff). Andererseits kann aber ein Mangel der Beaufsichtigung und damit ein Reisemangel iSd § 651c Abs 1 gerade darin bestehen, dass sich der Gastschüler der Beaufsichtigung entziehen und der Schule fern bleiben bzw als Porno-Anbieter im Internet kommerziell tätig werden kann (vgl TONNER, Insolvenzabsicherung 61). Die Mitwirkung des Gastschülers spielt eben auf zwei unterschiedlichen Ebenen eine Rolle, und zwar einerseits hinsichtlich des Vorliegens eines Reisemangels und andererseits als Ausschlusstatbestand für die Gewährleistungsrechte ähnlich dem § 254. Es ist daher immer in einem ersten Schritt zu prüfen, ob – unter Berücksichtigung der erforderlichen eigenen Integrationsleistung des Gastschülers – ein Reisemangel in Gestalt des Abs 2 Nr 1 oder Nr 2 vorliegt, und anschließend zu fragen, ob die daraus resultierenden Gewährleistungsrechte des

IV. Rücktritt des Reisenden vor Reisebeginn (Abs 3)

Nach § 651i Abs 1 kann der Reisende vor Reisebeginn ohne Weiteres vom Reisevertrag zurücktreten. Der Reiseveranstalter verliert dann zwar seinen Anspruch auf den Reisepreis (§ 651i Abs 2 S 1), kann aber gem **§ 651i Abs 2 S 2 u 3, Abs 3** eine angemessene **Entschädigung** verlangen. Diesen Entschädigungsanspruch des Reiseveranstalters schließt § 651l Abs 3 aus, wenn dieser den Reisenden nicht spätestens zwei Wochen vor Reiseantritt über die Gastfamilie und über einen Ansprechpartner im Aufnahmeland informiert sowie auf den Aufenthalt im Gastland angemessen vorbereitet hat. Dem Reisenden wird unter diesen Voraussetzungen also ein **stornofreies Rücktrittsrecht** eingeräumt. § 651l Abs 3 schafft also keinen eigenständigen Rücktrittsgrund, sondern schränkt lediglich die Rücktrittsfolgen des § 651i unter den genannten Voraussetzungen ein (BT-Drucks 14/5944, 15). **18**

Die in Abs 3 Nr 1 u 2 geregelten zusätzlichen **Informationspflichten** des Reiseveranstalters sind **keine vertraglichen Nebenpflichten**, sondern lediglich **Obliegenheiten**, deren Verletzung allein mit einem stornofreien Rücktrittsrecht des Reisenden vor Reisebeginn sanktioniert wird (BT-Drucks 14/5944 15; FÜHRICH NJW 2001, 3087). Hieraus folgt, dass der Reisende, der von dem kostenlosen Rücktrittsrecht keinen Gebrauch macht und sich trotz nicht rechtzeitig erteilter Informationen oder nicht angemessener Vorbereitung auf den Aufenthalt der Reise für die Durchführung des Auslandsaufenthalts entscheidet, später nicht berechtigt ist, aus der Verletzung der Informations- bzw Vorbereitungspflicht gegen den Veranstalter Schadensersatzansprüche herzuleiten (BT-Drucks 14/5944, 15). **19**

Die in Abs 3 normierten Obliegenheiten des Reiseveranstalters sollen gewährleisten, dass der Reisende rechtzeitig vor dem Antritt der Reise die wesentlichen Informationen über seinen Aufenthalt im Gastland erhält. Deren Regelung in § 651l macht neben **§ 6 BGB-InfoV** Sinn. Während nämlich § 651l wegen § 651m S 1 halbzwingendes Recht ist, sind die in § 6 BGB-InfoV genannten Informationen nur zu erteilen, „sofern nach der Art der Reise von Bedeutung" (§ 6 Abs 2 BGB-InfoV). Daran fehlt es, wenn dem Reiseveranstalter im Reisevertrag ein einseitiges Bestimmungsrecht hinsichtlich einzelner Reiseleistungen eingeräumt ist. Gerade dies soll aber hinsichtlich der ausgewählten Gastfamilie anzunehmen sein (OLG Karlsruhe NJW-RR 1998, 841). Die Informationspflichten des Abs 3 Nr 1 u 2 werden auch durch den neu eingefügten **§ 7 BGB-InfoV** sinnvoll ergänzt. Die Obliegenheiten gem § 651l Abs 3 bestehen **vor Reiseantritt**. Ihre Verletzung führt dazu, dass der Gastschüler die Reise nicht antreten muss, sondern ohne Entschädigungspflicht vom Reisevertrag zurücktreten kann. Macht er von dieser Möglichkeit keinen Gebrauch und entscheidet er sich trotz der nicht oder unvollständig erteilten Informationen für die Durchführung der Reise, so will § 7 BGB-InfoV sicherstellen, dass er die erforderlichen Informationen über die Gastfamilie und Ansprechpartner jedenfalls während der Dauer seines Gastschulaufenthalts erhält (BT-Drucks 14/5944, 17; vgl FÜHRICH Rn 553; TONNER, Insolvenzabsicherung 63). Dies kommt sprachlich darin zum Ausdruck, dass § 7 Nr 1 u 2 BGB-InfoV den Reiseveranstalter verpflichten, den Reisenden auch über spätere **Veränderungen** hin- **20** sichtlich der Gastfamilie oder des Ansprechpartners zu informieren (vgl die Kommentierung zu § 7 BGB-InfoV Rn 1 im Anhang zu § 651a).

1. Informationsobliegenheiten (Nr 1 u 2)

21 Nach § 651l Abs 3 Nr 1 muss der Reiseveranstalter den Reisenden spätestens zwei Wochen vor Reiseantritt über **Namen und Anschrift** der für den Gastschüler nach der Ankunft im Aufnahmeland bestimmten **Gastfamilie** informieren. Hierunter ist die **Ankunftsadresse** der ersten Gastfamilie zu verstehen, die vom Reiseveranstalter verbindlich für die Unterbringung des Gastschülers vorgesehen ist. Es genügt insoweit auch die Adresse einer „welcome-family", die den Schüler zunächst nach seiner Ankunft im Aufnahmeland in Empfang nimmt und während der ersten Wochen seines Aufenthalts unterbringt. Da sich diese „welcome-families" häufig dazu entschließen, den zunächst nur vorübergehend aufgenommenen Schüler für die gesamte Dauer seines Aufenthalts unterzubringen, ist der Gastschüler hinreichend geschützt, wenn er bzw seine Eltern zwei Wochen vor Reiseantritt jedenfalls Namen und Anschrift der ihn zunächst aufnehmenden Gastfamilie kennt (BT-Drucks 14/5944, 15; **aA** FÜHRICH Rn 487). Dabei ist auch zu berücksichtigen, dass der Reiseveranstalter den Reisenden, also im Regelfall die Eltern des Gastschülers als dessen gesetzliche Vertreter, nach § 7 Nr 1 BGB-InfoV über alle späteren Veränderungen hinsichtlich des Namens und der Anschrift der Gastfamilie – dh die tatsächliche Aufenthalts- und die Umzugsadresse – zu informieren hat, die Eltern also stets über den tatsächlichen Aufenthaltsort des Gastschülers informiert sind. Dagegen reicht die Angabe einer Gastfamilie, die den Reisenden zwar nicht unmittelbar nach seiner Ankunft, wohl aber im Verlauf seines weiteren Aufenthalts aufzunehmen bereit ist, nicht aus. Es ist dem Gastschüler bzw seinen gesetzlichen Vertretern nicht zuzumuten, nicht zu wissen, wo der Gastschüler unmittelbar nach seiner Ankunft untergebracht und erreichbar ist. Ebenso wenig reichen Informationen über den Namen und die Anschrift eines bloßen „Vorbereitungscamps" aus. Der Gastschüler bzw seine Eltern müssen dann, wenn zunächst eine Unterbringung in einem Vorbereitungscamp geplant ist, zwei Wochen vor Antritt der Reise bereits den Namen und die Anschrift der nach der Beendigung des Vorbereitungscamps vorgesehenen Gastfamilie kennen (BT-Drucks 14/5944, 15 f). Die Bestimmung der ersten Gastfamilie ist also für den Reiseveranstalter **verbindlich**. Es handelt sich bei der Mitteilung der Ankunftsadresse nicht lediglich um eine Prognose des Veranstalters, so dass der Gastschüler noch bis zum tatsächlichen Reisebeginn einer anderen Gastfamilie, die möglicherweise in einer ganz anderen Region des Aufnahmelandes wohnt, zugewiesen werden kann (vgl die Stellungnahme des Bundesrates zu Nr 6, BT-Drucks 14/5944, 20). Nur so ist es dem Gastschüler bzw seinen gesetzlichen Vertretern möglich, bereits vor Reiseantritt mit der Gastfamilie in Kontakt zu treten und sich die erforderlichen Informationen zu verschaffen (BT-Drucks 14/5944, 16).

22 Der Reiseveranstalter hat den Reisenden nach **Abs 3 Nr 2** spätestens zwei Wochen vor Reiseantritt auch über den Namen und die Erreichbarkeit eines **Ansprechpartners** im Aufnahmeland zu informieren, bei dem auch Abhilfe gem § 651c Abs 2 verlangt werden kann. Dieser Ansprechpartner muss für den Gastschüler auch tatsächlich erreichbar und zu den erforderlichen Abhilfemaßnahmen bereit und in der Lage sein.

2. Angemessene Vorbereitung

Schließlich hat der Reiseveranstalter den Gastschüler angemessen auf den Aufenthalt vorzubereiten. Der Gastschüler muss hinreichend über die ihn im Aufnahmeland erwartenden Sitten und Gebräuche sowie über die für seinen Aufenthalt relevanten Lebensumstände informiert werden. Dazu gehören insbes auch Regeln, mit deren Vorhandensein der Gastschüler nicht zu rechnen braucht, die aber die Fortsetzung seines Aufenthalts gefährden können. Unerheblich ist, wie diese Vorbereitung erfolgt. Sie kann entweder im Rahmen eines Vorbereitungsseminars oder schriftlich oder durch die Übergabe von Prospekten erfolgen (BT-Drucks 14/5944, 16). 23

V. Kündigung nach Reisebeginn (Abs 4)

§ 651l Abs 4 S 1 gewährt dem Reisenden nach Reiseantritt und bis zur Beendigung der Reise ein **allgemeines Kündigungsrecht**. Dieses inhaltlich der Regelung des § 649 nachempfundene Kündigungsrecht setzt keine Angabe von Gründen voraus, um insbes eine Kündigung aus Gründen zu ermöglichen, die in der Person des Gastschülers liegen. Einem minderjährigen Gastschüler, der vertragsgemäß zu einem mehrmonatigen Gastschulaufenthalt im Ausland verpflichtet ist, ist es nach zutreffender Auffassung des Gesetzgebers nicht zumutbar, diesen Vertrag nur bei Vorliegen der in den §§ 651e und 651j vorausgesetzten Umstände kündigen zu können. Er muss vielmehr den Vertrag auch dann vorzeitig kündigen dürfen, wenn Gründe auftreten, die der Reiseveranstalter nicht zu vertreten hat, wie vor allem bei persönlichen Problemen des Gastschülers, bei denen der Wunsch nach einer vorzeitigen Beendigung des Aufenthalts nachvollziehbar ist (vgl BT-Drucks 14/5944, 16). Da sich der Gastschüler im Zeitpunkt der Kündigung im Ausland aufhält, ist der Reiseveranstalter nach § 651l Abs 4 S 2 verpflichtet, die infolge der Kündigung notwendigen Maßnahmen zu treffen, insbes, falls der Vertrag die Rückbeförderung umfasste, den Gastschüler zurückzubefördern. Erfolgt aber ein Reiseabbruch aus Gründen, die in der Privatsphäre des Gastschülers liegen, wäre es unangemessen, den Reiseveranstalter insoweit finanziell zu belasten und ihn auf einen bloßen Entschädigungsanspruch für bisher erbrachte Leistungen wie in § 651e Abs 3 zu verweisen (FÜHRICH Rn 491). Die jederzeitige Kündigungsmöglichkeit des Reisenden korrespondiert daher wie bei § 649 damit, dass der Reiseveranstalter für den Fall, dass die Kündigung weder von ihm zu vertreten noch auf höhere Gewalt zurückzuführen ist, vom Reisenden den **vereinbarten Reisepreis** abzüglich der **ersparten Aufwendungen** (§ 651l Abs 4 S 2) sowie **Ersatz der Mehrkosten** (§ 651l Abs 4 S 4) verlangen kann. Damit wollte der Gesetzgeber zugleich eine pädagogische Wirkung verbinden und den Gastschüler von einem leichtfertigen Abbruch der Reise, weil er „keine Lust" mehr habe, abhalten (BT-Drucks 14/5944, 16). Wegen dieser für den Reisenden nachteiligen Rechtsfolgen der Kündigung nach § 651l Abs 4 ist es für ihn vorteilhafter, ein etwa bestehendes Kündigungsrecht wegen eines erheblichen Mangels nach § 651e bzw wegen höherer Gewalt nach § 651j auszuüben. Dementsprechend ordnet § 651l Abs 4 S 5 einen **Vorrang** der Kündigungsvorschriften wegen Reisemängel **(§ 651e)** und wegen höherer Gewalt **(§ 651j)** vor dem Kündigungsrecht aus § 651l Abs 4 S 1 und seinen besonderen Rechtsfolgen an. Stützt der Reisende seine Kündigung nicht auf § 651e oder § 651j, obwohl deren Voraussetzungen vorliegen, so ist die Kündigung nicht etwa wegen § 651l Abs 4 S 5 unwirksam. Aus der ursprünglichen Fassung des Regie- 24 rungsentwurfs, nach dem die §§ 651j und 651e „unberührt" blieben, ist vielmehr zu schließen, dass § 651l Abs 4 S 5 den Reisenden nur besser stellen will. Die ausgesprochene Kündigung bleibt daher wirksam, doch richten sich die Rechtsfolgen dieser Kündigung allein nach den Spezialvorschriften der §§ 651e und 651j (Führich Rn 490; Palandt/Sprau Rn 7). Die **Kündigungserklärung** muss nach § 651l Abs 4 durch den **Reisenden**, also den Vertragspartner des Reiseveranstalters, der nicht zwingend der Gastschüler ist, gegenüber dem Reiseveranstalter erfolgen. Eine Kündigung gegenüber dem Ansprechpartner des Reiseveranstalters vor Ort oder gegenüber der Gastfamilie ist grdsl nicht wirksam, sofern diese nicht zur Entgegennahme der Kündigungserklärung vom Reiseveranstalter ermächtigt sind (Palandt/Sprau Rn 7).

VI. Darlegungs- und Beweislast

25 Das Vorliegen einer Pflichtverletzung des Reiseveranstalters gem § **651l Abs 2** und damit eines Reisemangels iSd § 651c Abs 1 muss der Reisende darlegen und beweisen. Er muss zur Unterbringung, Beaufsichtigung und Betreuung durch die Gastfamilie substantiiert vortragen und im Einzelnen darlegen, welche Mängel hinsichtlich der Organisation des regelmäßigen Schulbesuchs vorlagen. Der Reiseveranstalter trägt dagegen die Darlegungs- und Beweislast für eine Verletzung der Mitwirkungsobliegenheit des Reisenden, die entweder zu einer Verneinung eines Reisemangels oder aber zum Ausschluss der Gewährleistungsrechte nach §§ 651c ff führen kann.

26 Im Rahmen des § **651l Abs 3** hat der Reisende die **Rücktrittserklärung**, ihren **Zeitpunkt** und ihren **Zugang** beim Reiseveranstalter darzulegen und zu beweisen, soweit er – wie wegen der Vorauskassepraxis üblich – den Reisepreis zurückfordert. Er hat auch die Voraussetzungen des stornofreien Rücktrittsrechts, nämlich die Verletzung der besonderen Informations- und Vorbereitungspflichten des Reiseveranstalters, darzulegen und zu beweisen. Gelingt ihm dies nicht, verliert der Reiseveranstalter zwar seinen Anspruch auf den Reisepreis, kann aber nach § 651i Abs 2 S 2 u 3, Abs 3 eine angemessene Entschädigung verlangen. Insoweit gelten die für § 651i geltenden Grundsätze zur Darlegungs- und Beweislast (vgl § 651i Rn 71 ff).

27 Im Rahmen des § **651l Abs 4** trägt der Reisende die Darlegungs- und Beweislast für die **Kündigungserklärung** und ihren **Zugang** beim Reiseveranstalter. Der Reisende hat auch die Darlegungs- und Beweislast bezüglich der **ersparten Aufwendungen** des Reiseveranstalters zu tragen. Dies ist deswegen problematisch, weil es hierbei auch um Interna des Reiseveranstalters geht, in die der Reisende keinen Einblick hat. Gleichwohl ist an dieser grundsätzlichen Darlegungs- und Beweislast des Reisenden festzuhalten, da diese Schwierigkeiten letztlich Folge seiner auf persönlichen Gründen beruhenden Kündigung des Reisevertrages sind. Der Reiseveranstalter ist dagegen für die kündigungsbedingten **Mehrkosten** darlegungs- und beweispflichtig.

§ 651m
Abweichende Vereinbarungen

Von den Vorschriften der §§ 651a bis 651l kann vorbehaltlich des Satzes 2 nicht zum Nachteil des Reisenden abgewichen werden. Die in § 651g Abs 2 bestimmte Verjährung kann erleichtert werden, vor Mitteilung eines Mangels an den Reiseveranstalter jedoch nicht, wenn die Vereinbarung zu einer Verjährungsfrist ab dem in § 651g Abs 2 Satz 2 bestimmten Verjährungsbeginn von weniger als einem Jahr führt.

Schrifttum

R Müller, Inkrafttreten des neuen Reisevertragsrechts – Außerkrafttreten des gesetzlichen Schutzes für den Reisenden?, NJW 1994, 2470

Tempel, Die Zulässigkeit von Vertragsänderungen und Verzichtserklärungen im Reiserecht, RRa 1999, 107.

Systematische Übersicht

I.	Reisevertragsrecht als halbzwingendes Recht	1	IV. Verstoß gegen halbzwingende Normen	7
II.	Nachteilige Regelungen iSd § 651l	5	V. Verzichtserklärungen	11
III.	Reichweite des § 651l	6	VI. Gerichtsstandsklauseln	12
			VII. Verjährungserleichterungen	13

Alphabetische Übersicht

Abfindungssumme	10		Kündigungsrecht	4
Abhilfemaßnahme	10			
Abweichungsverbot	4		Leistungsträger	10
Allgemeine Geschäftsbedingungen	4, 9			
Anmeldung Gewährleistungsansprüche	10		Massentourismus	2
Anwendungsbereich	6			
ARB	2, 6, 9		Normzweck	1 ff
Bereicherungsrecht	7		Privatautonomie	2
Gerichtsstandsklauseln	11		Rechtsfolgen Verstoß	7 ff
Gewährleistungsansprüche	10		Rücktrittsrecht	4
Günstigkeitsvergleich	4		Schadensersatz	4
Halbzwingendes Recht	1 ff		Unklarheitenregel	8
Individualabrede	2, 6		Unterlassungsklagegesetz	1
InfVO	3		Unwirksamkeit	7
Konditionenempfehlung	6, 11		Verbandsklage	1, 8

Verbraucherschutz	1	Verjährungserleichterungen	4, 13
Verbraucherschutzgesetze	6 f	Verjährungsgleichlauf	4
VerbrKrG	6	Verzichtserklärung	10

I. Reisevertragsrecht als halbzwingendes Recht

1 § 651m S 1 entspricht dem früheren § 651l. Diese Bestimmung wurde durch das 2. ReiseRÄndG, das den neuen § 651l über internationale Gastschulaufenthalte in das BGB einfügte, zu § 651m S 1. § 651m S 1 sichert die **verbraucherschützende Wirkung** des Reisevertragsrechts generell und durchgehend, indem Vereinbarungen, die zum Nachteil des Reisenden von den §§ 651a bis 651l abweichen, untersagt werden. Dagegen sind entsprechend dem sozialen Schutzzweck der Vorschriften Vereinbarungen zum Nachteil des Reiseveranstalters zulässig. § 651m S 1 ordnet damit entsprechend den Regelungen der §§ 536 Abs 4, 569 Abs 5, 571 Abs 3 BGB, 42 VVG den **halbzwingenden Charakter** der §§ 651a bis 651l an. Die Anordnung des halbzwingenden Charakters der §§ 651a bis 651l war wohl geboten, um den Auswüchsen im Reisevertragswesen iS eines effektiven Verbraucherschutzes entgegenzuwirken. Da das Reisevertragsgesetz jedoch keine vollständige Regelung des Reisevertrages enthält, wird die Inhaltskontrolle von Allgemeinen Reisebedingungen nach den §§ 307 ff auch weiterhin dann herangezogen werden müssen, wenn Regelungsprobleme in den §§ 651a ff nicht gelöst wurden (vgl dazu LÖWE BB 1979, 1357, 1358). Insbesondere ist die Inhaltskontrolle von Klauseln in ARB nach §§ 307ff im Hinblick auf die Möglichkeit der **Verbandsklage** nach §§ 1, 3 UKlaG von Bedeutung (vgl FÜHRICH Rn 494).

2 Der Vorschrift des § 651m S 1 unterliegen **alle Bestimmungen der §§ 651a bis 651l**. Sie sind zum Nachteil des Reisenden weder über Allgemeine Reisebedingungen noch über Individualvereinbarungen abänderbar (ERMAN/SEILER Rn 2). Ist damit auch erstmals ein Vertragstyp des BGB geschaffen worden, der durchgehend aus halbzwingendem Recht besteht (vgl ERMAN/SEILER Rn 1), so darf doch der dadurch ausgelöste Verlust an privatautonomer Gestaltungsfreiheit nicht überschätzt werden, weil Individualabreden im Massentourismus ohnehin kaum von Bedeutung sind.

3 § 651m S 1 erfasst über die Ermächtigungsnorm des Art 238 EGBGB auch die **BGB-InfoV**, die nur aus rechtstechnischen Gründen nicht in die §§ 651a–m aufgenommen wurde, und verleiht deren Bestimmungen ebenfalls **halbzwingenden Charakter** (FÜHRICH Rn 493; MünchKomm/TONNER Rn 1; SOERGEL/H-W ECKERT Rn 1; TEMPEL NJW 1996, 1625 ff; ders RRa 1998, 19, 24). Nur dieses Verständnis entspricht dem sozialen Schutzzweck der BGB-InfoV sowie dem zwingenden Charakter der EG-Pauschalreise-Richtlinie.

4 § 651m S 2 wurde durch das **Gesetz zur Modernisierung des Schuldrechts** (BGBl 2001 I 3138) neu eingefügt. Es handelt sich dabei um eine **Folgeänderung** aus der Verlängerung der bisherigen Verjährungsfrist des § 651g Abs 2 aF von sechs Monaten auf nunmehr zwei Jahre. Diese Verlängerung soll einen **Verjährungsgleichlauf** mit den Regelungen des Werkvertragsrechts (§ 634 a) schaffen. Im Werkvertragsrecht besteht aber in den Grenzen der §§ 309 Nr 7 und 8 die Möglichkeit, die Verjährung vertraglich auf ein Jahr zu verkürzen. Wäre § 651m aF unverändert beibehalten worden, hätte der Reiseveranstalter keine Möglichkeit gehabt, die Verjährungsfrist

vertraglich zu verkürzen. Dem stünde § 651m aF (= § 651m S 1 nF) entgegen, da danach nicht von den Regelungen der §§ 651a–l und damit auch nicht von § 651g Abs 2 zu Lasten des Reisenden abgewichen werden darf. Der vom Gesetzgeber angestrebte Verjährungsgleichlauf mit dem Werkvertragsrecht setzt daher eine **Öffnung des Abweichungsverbots** hinsichtlich der Verjährung voraus. Diese erfolgte durch die Einfügung des neuen Satzes 2 in § 651m, der nunmehr dem Veranstalter die Möglichkeit der **Vereinbarung von Verjährungserleichterungen** eröffnet. Insbes kann der Reiseveranstalter danach vor Mitteilung eines Mangels die **Verjährungsfrist** des § 651g Abs 2 von zwei Jahren auf **bis zu einem Jahr** durch vertragliche Vereinbarung verkürzen. Das Reisevertragsrecht wird dadurch in diesem eingegrenzten Bereich **dispositives Recht** (BT-Drucks 14/6040, 269). Die verjährungserleichternden Vereinbarungen können sowohl individualvertraglich als auch in **Allgemeinen Geschäftsbedingungen** erfolgen. Im letzteren Fall sind allerdings die Grenzen des § 309 Nr 7 und 8a zu beachten (BT-Drucks 14/6040, 269).

II. Nachteilige Regelungen iSd § 651m S 1

Ob durch eine Vertragsklausel von den Vorschriften der §§ 651a bis 651l einschließlich 5 der Regelungen der BGB-InfoV zum Nachteil des Reisenden abgewichen wird, bestimmt sich nach den allgemeinen Auslegungsregeln. Bei Klauseln in ARB ist dabei gemäß § 305c Abs 2 von der für den Reisenden günstigsten Auslegung auszugehen. Der **Günstigkeitsvergleich** bezieht sich dabei stets auf die jeweilige **einzelne Regelung**. Es ist also zu prüfen, ob die Anforderungen an den Vertragsschluss und die Voraussetzungen eines Kündigungs- oder Rücktrittsrechts den Regelungen der §§ 651a bis 651l entsprechen oder günstiger sind. Eine **Gesamtbeurteilung** in dem Sinne, dass nachteilige Klauseln durch begünstigende als ausgeglichen anzusehen sind, ist nicht zulässig (so zutreffend ERMAN/SEILER § 651 Rn 3; FÜHRICH Rn 483; MünchKomm/TONNER Rn 5; PICK Rn 26; RGRK/RECKEN § 651k Rn 2; SEYDERHELM Rn 10; SOERGEL/H-W ECKERT Rn 3; XANKE/ DUTSCHKE Rn 153). Dies folgt schon daraus, dass ansonsten die Rechtssicherheit und Rechtsklarheit aufs Äußerste gefährdet wäre. Ob nämlich im Einzelfall eine günstigere Kündigungsmöglichkeit durch eine nachteiligere Schadensersatzregelung ausgeglichen wird, ist kaum einer sicheren Beurteilung zugänglich und angesichts der Individualität der Sachverhaltskonstellation nicht sachgerecht.

III. Reichweite des § 651m S 1

Die halbzwingende Wirkung des § 651m S 1 entfaltet nur insoweit Wirkungen, als das 6 **Reisevertragsgesetz** den fraglichen Komplex einer **Regelung** zugeführt hat. Damit allein ist der Rahmen zulässiger Allgemeiner Geschäftsbedingungen und Individualabreden jedoch keineswegs klar abgesteckt. So kann zB beim Rücktrittsrecht gem § 651i Abs 1 die Auffassung vertreten werden, dass aus der ausschließlichen Einräumung des Rücktrittsrechts an den Reisenden ein Rücktrittsrecht für den Veranstalter, sieht man von § 651j ab, generell ausgeschlossen ist (vgl aber § 651i Rn 1). Folgt man dieser Auffassung nicht, so gerät man bei der Inhaltskontrolle derartiger Allgemeiner Reisebedingungen schnell an die Grenzen, an denen die Rechtswissenschaft nicht weiter weiß. Insbesondere wenn es um die Bestimmung von Erklärungsfristen geht, erscheint vieles vage und spekulativ. Unwirksam sind in jedem Fall Klauseln über Haftungsbeschränkungen und -ausschlüsse, die über das nach § 651h Zulässige hinausgehen, über Abhilfepflichten des Reisenden oder das uneingeschränkte Verlangen einer unverzüglichen Anzeige von Beanstandungen ohne Hinweis auf die Erhaltung der Minderung gemäß § 651d Abs 2 bei einem unverschuldeten Unterlassen der Anzeige (OLG Frankfurt aM MDR 1984, 1024; vgl zum Ganzen ERMAN/SEILER Rn 2). Entsprechend den Regelungen in anderen Verbraucherschutzvorschriften (vgl § 306 a, 487 Abs 2, 506, 655e Abs 1) ist § 651m S 1 aber jedenfalls auch auf Vertragsgestaltungen anzuwenden, durch welche die Vorschriften der §§ 651a–l **umgangen** werden sollen (vgl ERMAN/SEILER Rn 3; FÜHRICH Rn 493; BGB-RGRK/RECKEN § 651k Rn 2).

IV. Verstoß gegen halbzwingende Normen

7 Weicht eine Vereinbarung zum Nachteil des Reisenden vom Regelungsgehalt der §§ 651a–l ab, so ist sie **unwirksam**. Ein Rückgriff auf § 134 ist dafür nicht notwendig (so zutreffend ERMAN/SEILER § 651 Rn 4; **aA** BGHZ 90, 363, 365; OLG Düsseldorf NJW-RR 1992, 245; FÜHRICH Rn 492; MünchKomm/ TONNER Rn 1; PALANDT/SPRAU Rn 1; SEYDERHELM Rn 15; SOERGEL/H-W ECKERT Rn 2). Die Nichtigkeit folgt vielmehr **unmittelbar aus dem halbzwingenden Charakter** der §§ 651a–l. Die übrigen Reisevertragsbestandteile bleiben jedoch wirksam. An die Stelle der unwirksamen Teile der Vereinbarung tritt die gesetzliche Regelung (ERMAN/SEILER Rn 4; FÜHRICH Rn 495). § 139 ist bei Verbraucherschutzgesetzen dahingehend modifiziert anzuwenden, dass die Frage der Gültigkeit des Rechtsgeschäfts im Übrigen unabhängig von dem hypothetischen Parteiwillen zu beantworten ist (vgl BT-Drucks 8/786, 19; BIDINGER/ MÜLLER 237; PALANDT/HEINRICHS § 139 Rn 18; **aA** [auf den Parteiwillen abstellend] FÜHRICH Rn 495; MünchKomm/TONNER Rn 8; PALANDT/ SPRAU Rn 1; PICK Rn 3 f). Dabei führt die Auslegung nach dem Schutzzweck der Verbotsnorm angesichts der verbraucherfreundlichen Ziele des Reisevertragsrechts im Regelfall zum **Fortbestehen des Reisevertrages im Übrigen** (ERMAN/SEILER Rn 4). Eine **Analogie zu § 306**, der nur Ausdruck dieses allgemeinen Schutzprinzips ist, ist jedoch nicht geboten (ERMAN/ SEILER Rn 4; **aA** MünchKomm/TONNER Rn 8). Für den Reisevertrag folgt dies bereits aus dem Umstand, dass der Streit um die Wirksamkeit von Klauseln regelmäßig erst während oder nach dem Urlaub entsteht. In diesen Situationen das Rechtsverhältnis zwischen Reisendem und Reiseveranstalter § 812 zu unterstellen, wäre aber grob sachwidrig.

8 Gelangt man außerhalb des Verbandsprozesses (vgl Vorbem 97 zu §§ 651a–651m) im Wege der **Unklarheitenregel** (§ 305c) zu dem Ergebnis, dass die Klausel bei der für den Reisenden günstigsten Auslegung mit §§ 651a ff vereinbar ist, so liegt kein Verstoß gegen § 651m S 1 vor.

9 Der Vertrag hat also bei Unwirksamkeit einer abweichenden Vereinbarung im Übrigen **Bestand**. Dem entspricht die Regelung in **Nr 15 der Konditionenempfehlung** des DRV für ARB. Diese Reduktion des § 139 gilt bei allen Verbraucherschutzgesetzen (vgl MünchKomm/MAYER-MALY § 139 Rn 1). Die Unwirksamkeit nach § 651m S 1 ist kein Ergebnis einer AGB-spezifischen Kontrolle. § 651m S 1 steht auch entsprechenden Individualabreden entgegen. Soweit in den §§ 651a–l keine Sonderregelung getroffen ist, kann allerdings eine unmittelbare Anwendung der §§ 305–310 in Betracht kommen.

10 Aus der Rechtsnatur des § 651m S 1 als Verbotsgesetz folgt, dass die Abweichung **von Amts wegen** zu beachten ist (vgl FÜHRICH Rn 493; BGB-RGRK/RECKEN § 651k Rn 1).

V. Verzichtserklärungen

Nach Auffassung der hM (OLG Düsseldorf NJW-RR 1992, 245; 1998, 922; LG Frankfurt aM **11** NJW 1984, 1762, 1763; NJW-RR 1986, 539, 540; LG Kleve NJW-RR 1992, 245; AG Kleve NJW-RR 2001, 1560 f; FÜHRICH Rn 496; ISERMANN 178; JAUERNIG/TEICHMANN Rn 1; MünchKomm/TONNER Rn 4; PALANDT/SPRAU Rn 1; SEYDERHELM Rn 10 ff; TEMPEL, Materielles Recht 455; **aA** LG Hamburg RRa 1994, 186; AG Hamburg RRa 1994, 32; ERMAN/SEILER Rn 2) sind Erklärungen des Reisenden am Urlaubsort über einen Verzicht auf Gewährleistungsansprüche auch dann **generell** wegen Verstoßes gegen § 651m S 1 **unwirksam**, wenn eine **Abfindungssumme** oder andere Ersatzleistungen vereinbart werden (vgl LG Frankfurt aM NJW 1984, 1762; **aA** LG Hamburg RRa 1994, 185; AG Ludwigsburg RRa 1998, 74). Dies wird im Wesentlichen mit der **Ausnahmesituation** begründet, in der sich der Reisende am Urlaubsort befinde; dieser solle im Urlaub nicht unter Druck gesetzt werden (FÜHRICH Rn 496; SEYDERHELM Rn 11). Zudem wird darauf hingewiesen, dass das Anmeldeverfahren nach § 651g Abs 1 eine Geltendmachung der Ansprüche **nach Reiseende** vorschreibe. Damit soll dem Reisenden die Möglichkeit eröffnet werden, auch noch nach Abschluss der Reise seine Ansprüche geltend zu machen und notfalls vor deutschen Gerichten durchzusetzen (vgl LG Frankfurt aM NJW 1984, 1762, 1763; LG Kleve NJW-RR 1992, 1525; FÜHRICH Rn 496). Dieser Schutz des Reisenden würde unterlaufen, wenn er bereits vor Reiseende wirksam auf Gewährleistungsansprüche verzichten könnte. Diese Auffassung ist abzulehnen. § 651m S 1 bezieht sich ausschließlich auf individualvertraglich oder in AGB vereinbarte Vertragsklauseln, durch die zum Nachteil des Reisenden von den §§ 651a bis 651l abgewichen wird. Dagegen erstreckt sich die Reichweite des § 651m S 1 **nicht auf bereits entstandene Gewährleistungsansprüche** (so zutreffend ERMAN/SEILER Rn 2). Aber auch das **Anmeldeverfahren** nach § 651g Abs 1 hat nicht die Funktion, dem Reisenden die Geltendmachung seiner Ansprüche nach Reiseende offen zu halten. Es dient ausschließlich dazu, den Veranstalter rechtzeitig über die gegen ihn erhobenen Ansprüche zu informieren, damit er seine Rechte gegenüber den Leistungsträgern wahren kann (vgl § 651g Rn 1). Deshalb muss der Reisende seine Ansprüche **spätestens** innerhalb der Monatsfrist des § 651g Abs 1 anmelden (vgl BGHZ 90, 363, 367 f; 102, 80, 83 f; vgl § 651g Rn 8 ff). Dies schließt aber keinesfalls die Geltendmachung von Gewährleistungsansprüchen vor Reiseende aus (vgl BGHZ 102, 80, 83 f). Dementsprechend muss der Reisende auch grundsätzlich die Möglichkeit haben, vor Reiseende auf seine Ansprüche zu verzichten (LG Hamburg RRa 1994, 186, 187; AG Ludwigsburg RRa 1998, 74; AG Frankfurt aM RRa 2000, 9; BIDINGER/MÜLLER 238; ERMAN/SEILER Rn 2). Etwas anderes kann nur dann gelten, wenn der Veranstalter tatsächlich im Einzelfall unzulässigen Druck auf den Reisenden ausübt, eine entsprechende Verzichtserklärung abzugeben, zB indem er davon gebotene Abhilfemaßnahmen abhängig macht (so zutreffend BIDINGER/MÜLLER 238). In diesen Fällen kann dem Reisenden ausnahmsweise mit einer Nichtigkeit des Verzichts nach § 138 oder über den Grundsatz von Treu und Glauben nach § 242 geholfen werden (vgl ERMAN/SEILER Rn 2).

VI. Gerichtsstandsklauseln

Eine **Gerichtsstandsklausel** des Inhalts, dass Gerichtsstand der Sitz des Reiseveranstalters ist, ist unwirksam. Eine derartig weitgefasste Gerichtsstandsklausel enthält nämlich nicht nur den Hinweis auf den allgemeinen Gerichtsstand des Reiseveranstalters. Sie ist daher gemäß § 307 Abs 2 in Verbindung mit § 38 ZPO unwirksam (vgl auch § 651g Rn 47). Dagegen ist **Nr 16 der Konditionenempfehlung** des DRV für ARB nicht zu beanstanden, soweit darin als allgemeiner Gerichtsstand für **Klagen des Reisenden** der Sitz des Reiseveranstalters bestimmt ist (FÜHRICH Rn 506).

VII. Verjährungserleichterungen

13 § **651m S 2** ermöglicht abweichend von § 651m S 1 die **Vereinbarung** von Verjährungserleichterungen im Rahmen des § 202. Der Reiseveranstalter hat damit insbes die Möglichkeit, die **Verjährungsfrist vertraglich abzukürzen.** Diese Möglichkeit wird durch § 651m S 2 dahin eingeschränkt, dass **vor Mitteilung eines Mangels** eine Abkürzung der Verjährungsfrist nur **bis zu einem Jahr** zulässig ist. **Nach Mitteilung** eines Mangels gelten dagegen die allgemeinen Grundsätze, dh die Verjährungsfrist kann auch auf unter ein Jahr verkürzt werden (vgl MünchKomm/GROTHE § 302 Rn 9; PALANDT/ SPRAU Rn 2). Eine Mitteilung des Mangels an den Reiseveranstalter ist in jeder Information des Veranstalters durch den Reisenden über das Vorliegen eines Mangels zu sehen, die **zum Zwecke der Mängelrüge** erfolgt (PALANDT/SPRAU Rn 2). Hierzu ist keine Geltendmachung eines Mangels iSd § 651g Abs 1 erforderlich. Es genügt vielmehr auch ein Abhilfeverlangen iSd § 651c Abs 2, das an den Veranstalter gerichtet ist. Eine Mitteilung an Leistungsträger genügt im Regelfall nicht. Etwas anderes gilt nur dann, wenn diese vom Veranstalter ausdrücklich zur Entgegennahme von Mängelrügen bevollmächtigt sind. Liegt eine Mitteilung eines Mangels iSd § 651m S 2 vor, so gilt die anschließend vereinbarte Verkürzung der Verjährungsfrist für alle Reisemängel, aus denen der Reisende Gewährleistungsrechte nach §§ 651c ff herleitet und nicht nur für den mitgeteilten Reisemangel (so zutreffend PALANDT/SPRAU Rn 2). Abgesehen von einer Verkürzung der Verjährungsfrist erlaubt § 651m S 2 aber auch die Vereinbarung sonstiger Verjährungserleichterungen. Dazu gehört insbes die Möglichkeit des § 202, die Gründe einer **Hemmung der Verjährung** zu erweitern oder die **Ablaufhemmung** nach § 203 S 2 zu erleichtern (BT-Drucks 14/6040, 110; FÜHRICH NJW 2002, 1083; MANSEL NJW 2002, 96; PALANDT/HEINRICHS § 203 Rn 2).

Sachregister

Die fetten Zahlen beziehen sich auf die Paragraphen, die mageren Zahlen auf die Randnummern.

Abbruch der Reise
 nach Reiseantritt **Vorbem 651c–g** 22; **651f** 63; **651i** 12
 und Schadenminderungspflicht **651f** 38
ABC-Flug 651b 12; **651i** 57
Abenteuerreise
 und Ersetzungsverlangen **651b** 11
 Erwartung, fehlende einer – **651c** 24
 Reisemangel **651c** 10, 29
 als Reisevertrag **651a** 39
 Risikovoraussage, nicht exakte **651a** 40
 Routenabweichung als Reisemangel **651c** 71
 Routenabweichung und sonstige Mängel **651c** 31
 Unterrichtung des Reisenden **651c** 12
Abhilfe
 Abhilfeverlangen und Abhilfe **651c** 145 ff
 Entbehrlichkeit einer Fristsetzung **651e** 28 ff
 Ersatzquartier **651e** 31, 60, 72
 Form **651c** 157 ff
 nach Fristablauf **651e** 25, 35
 Kosten **651c** 154 f
 Reisemangel
  s. dort
 und Reisendeninteresse an sofortiger Kündigung **651e** 31
 Reiseveranstalter-Pflicht **Vorbem 651a–m** 67
 Selbstabhilfe
  s. dort
 Unmöglichkeit **651c** 155, 168, 168 f; **651d** 30; **651e** 29
 Unverhältnismäßiger Aufwand **651c** 155 f
 Verweigerung **651c** 155 f; **651e** 29
Abhilfeverlangen
 und Abhilfe **651c** 145 ff
 und Anspruchsanmeldung **651g** 13
 und Anzeigeobliegenheit **651d** 13
 Fristsetzung **651e** 23 ff
 und Leistungsträgerauswahl, -überwachen **651h** 31
 bei mangelhafter Reiseleistung **651c** 145 ff; **Vorbem 651c–g** 2, 4; **Vorbem 651s–g** 8
 Nachfristsetzung **651c** 153
 Rechtsnatur **651c** 146 f
 und Schadensersatzanspruch wegen Nichterfüllung **651f** 8 f
Ablehnungsandrohung
 Kündigungsrecht des Reisenden ohne – **651e** 26

Ablehnungsandrohung (Forts.)
 Minderung des Reisepreises ohne – **651d** 1
Abmahnung
 des Reisenden durch den Veranstalter **651e** 6; **651i** 68 f
Abreden
 s. Individualabreden
Abreise
 s. Abbruch der Reise
 s. Reisebeginn
 nach unwirksamer Kündigung **651d** 4
Absage der Reise
 s. a. Kündigungsrecht des Reiseveranstalters
 EG-Pauschalreise-Richtlinie **Vorbem 651a–m** 65
 Frist **651a** 134
 Rechtsfolge **651a** 149
 durch Reiseveranstalter **651a** 185
 Vorbehalt der – **651a** 175
Abschlußvollmacht 651a 63
Abschussmöglichkeit 651a 42
Absicherung von Kundengeld
 s. Insolvenz des Reiseveranstalters
Abtretung
 Mängel bei Gruppenreise **651a** 84
Abtretungsverbot
 Reiseveranstalter-AGB **Vorbem 651a–m** 98
Abwässer
 und Reisemangel **651c** 76 ff
Abwendungsverschulden
 des Reiseveranstalters **651f** 26 ff
Abwertung
 und Preisermäßigung **651a** 139
Adressenliste
 Vermittlungstätigkeit **651a** 30
Änderungen
 Leistungsänderungen
  s. dort
 Preisänderungen
  s. dort
Änderungsvertrag
 statt Ersatzreisebefugnis **651b** 32
Äquivalenzverhältnis
 und nachträgliche Preis- und Leistungsänderungen **651a** 146, 148
AGB, AGBG
 AGB-Übermittlung vor Vertragsabschluß **Anh zu 651a 6 InfVO** 16
 ARB-Einbeziehung **651a** 85 ff
 ARB-Empfehlungen **Vorbem 651a–m** 95 ff

AGB, AGBG (Forts.)
Ausländisches Recht und AGBG-Geltung Vorbem 651a–m 89
Drucklegungsklausel 651c 13
Einstandspflicht von Reisenden 651a 83
Entschädigungsanspruch des Reiseveranstalters 651e 77; 651i 44 f, 49 ff
Erfüllungsgehilfenhaftung 651h 10
und halbzwingende Wirkung des Reisevertragsrechts 651m 5
Höhere Gewalt und Rücktrittsrecht 651j 40
Inhaltskontrolle 651a 90, 131
Kündigung, fristlose und Pauschalierung 651i 70 ff
Örtliche Reiseleitung, fehlende 651c 151
Pauschalierung 651i 44 f, 49 ff, 70 ff
Pauschalierung eines Aufwendungsersatzes 651b 28
Rechtslage vor In-Kraft-Treten des Reisevertragsgesetzes Vorbem 651a–m 10 f
Rücktrittsfiktionen 651i 8, 22
Rücktrittsrecht 651a 182
Schriftformklausel 651c 19
Stornoklauseln nach Reisendenrücktritt vor Reisebeginn 651i 23, 26
Unklarheitenregel 651m 7
Agence de voyage Vorbem 651a–m 87
Agentur des Reiseveranstalters
als Reisevermittler Vorbem 651a–m 50
Aktivlegitimation
Rechtsauseinandersetzungen 651a 84
Aktivurlaub
Unterrichtung des Reisenden 651c 12
Allgemeine Geschäftsbedingungen
s. a. Allgemeine Reisebedingungen
Online-Buchungen 651a 68
Verjährungserleichterungen 651m 4
Allgemeine Reisebedingungen
Abhilfeverlangen und Rechtsverlust 651c 145
Abschluß eines Reisevertrages 651a 74
Änderungsvorbehalte 651a 146 ff
Anmeldung von Gewährleistungsansprüchen 651g 16
Annahme unter Änderungen 651a 93
Annahmezeit, Zeit für Angebotsablehnung 651a 95
Anspruchsanmeldung, Frist 651g 28
Anzahlungsverpflichtung 651a 135 ff
Anzeigeobliegenheit, unterlassener Hinweis 651d 30
Ausschlußfrist, Verjährungsfrist 651g 5, 7, 20
Dissens 651a 89
Druckfehlerklausel 651a 93
Drucklegungsklausel 651a 121
DRV-Empfehlung Vorbem 651a–m 99

Allgemeine Reisebedingungen (Forts.)
Einbeziehung in den Reisevertrag Anh zu 651a 6 InfVO 17; 651a 85 ff
Einbeziehung, nicht wirksam erfolgte 651a 90
Einstandspflicht 651a 83
Einverständnis des Reisenden 651a 88
Entschädigungsanspruch im Kündigungsfall 651e 41, 58
Ersatzreisender und pauschalierte Mehrkosten 651b 28
Ersatzreisender als Rückritt mit Neubuchung 651b 33
Haftungsbeschränkung 651h 18, 19 ff
Konditionenempfehlung des DRV s. dort
Kündigung wegen höherer Gewalt 651j 40 ff
Leistungsänderungsvorbehalt und Gewährleistungsrecht 651c 38
Minderungsvoraussetzungen 651d 31, 32
Örtliche Reiseleitung, fehlende 651c 151
Pauschalierte Entschädigung nach Reisendenrücktritt vor Reisebeginn 651i 42
Preisänderungsklauseln 651a 155 ff
Reiseleistung und Ortsüblichkeit 651c 25
Schriftformklausel 651a 72, 122
Stellvertreterklausel 651a 78
Umbuchungsklausel 651a 94
Verjährung vertraglicher Ansprüche 651g 45
Vorleistungsklauseln 651a 129 ff
Allgemeines Lebensrisiko
und Kündigungsrecht wegen höherer Gewalt 651j 18
und Reisemangel 651c 56 ff, 122
Altersbeschwerden
Bedürfnisse und Veranstalterhinweise 651c 84
Amtspflichtverletzung
Bordgewalt des Flukkapitäns 651a 55
Analogie
Einzelleistungen und Ersatz für vertane Urlaubszeit 651f 61
Ferienhausentscheidungen und Anwendung der §§ 651a ff Vorbem 651a–m 18
Rücktrittsrecht, freies und Reiseantritt 651i 12
Anderweitiger Erwerb
nach Rücktritt des Reisenden vor Reisebeginn 651i 32 ff, 37, 41, 48
Anerkenntnis
von Reisemängeln 651g 42
Anfängliches Leistungshindernis
und Unmöglichkeit Vorbem 651c–g 21
Anfängliches Unvermögen
des Reiseveranstalters 651i 75

Anfechtung
Reisevertrag **651a** 94; **651i** 7
des Reisevertrags vor Reiseantritt
Vorbem 651c–g 28
Angebot des Reisenden
s. Buchung
Angebotshinweise des Veranstalters
Abgrenzung zur Vertragsergänzung **651f** 77
Angelreise 651a 42
Angemessenheit
Entschädigung des Veranstalters nach
Reisendenrücktritt vor Reisebeginn
651i 21 ff
Nachfristsetzung für Abhilfe **651c** 165 ff
Angestellte
des Veranstalters, von Leistungsträgern
651h 13
Animateur
Betreuungsverpflichtung **651a** 41
Reisemangel **651c** 34
Tätigkeit, unterbleibende **651c** 138
Wertlosigkeit der Reise **651d** 34
Anmeldefall
Gewährleistungsansprüche
Vorbem 651a–m 23
Anmeldung
von Gewährleistungsansprüchen (Form,
Frist) **651g** 13, 16 ff; **651m** 11
Annahme des Reiseangebots
s. Reisebestätigung
Anschlußzeiten
und Reisemangel **651c** 64 ff
Antritt der Reise
s. Reisebeginn
Anzahlung
und AGBG **651a** 136
bei Buchung **651a** 136
EG-Pauschalreise-Richtlinie
Vorbem 651a–m 28
und Insolvenzsicherung **Vorbem 651a–m** 30;
651k 9, 24, 29
Prospektangaben **Anh zu 651a 2 InfVO** 4
durch Reisebüro **651a** 138; **651k** 5
Reisendenverpflichtung zur – **651a** 135 ff
Rücktrittsrecht und Rückgewähr der –
651a 177
Vorauskasse-Rechtsprechung **651a** 130 ff;
Vorbem 651a–m 20
Vorleistungsklauseln **651a** 129 ff
Vorleistungsrisiken **651a** 128
Anzeige
Reisemangel
s. Reisemangel (Anzeigeobliegenheit)
APEX-Flug 651i 57
Appartment
und Hotelvergleich **651c** 12
ARB
s. Allgemeine Reisebedingungen

Arbeitgeber
und Betriebsausflug **651a** 45
Arbeitnehmer
als Erfüllungsgehilfen des Reiseveranstalters **651a** 52
Arbeitsaufnahme
nach nutzlos aufgewendeter Urlaubszeit
651f 69
Arbeitskampf
und höhere Gewalt **651j** 21 ff
Reisemangel und Vertretenmüssen **651c** 22;
651f 23
Arbeitskollegen
und Gruppenreise **651a** 82
Arbeitsleben
und Ersatz für vertane Urlaubszeit **651f** 55
Arbeitslosigkeit
und Entschädigung für vertane Urlaubszeit
651f 43, 49, 55, 57
Arglist
Verschweigen eines Reisemangels **651g** 14,
30
Athener Übereinkommen
Haftungsbeschränkung **651h** 45
Aufbewahrungspflicht
Nebenpflicht des Reiseveranstalters
651a 124
Aufhebungsvertrag 651i 8
Aufklärungspflichten
Änderungen, spätere tatsächliche **651c** 13
als Hauptpflichten **Vorbem 651c–g** 24
Höhere Gewalt und Reisemangel **651c** 55
Inlandsreisen, Auslandsreisen **651c** 11
Leistungsniveau, unterdurchschnittliches
651c 25
und Loslösung vom Vertrag **651i** 7
Reisebüro **651a** 63
Auftrag
Reisevermittlung **651a** 59
Aufwendungen
Abhilfe und unverhältnismäßige – **651c** 3,
155
Beschaffung zusätzlichen Urlaubs **651f** 45
Rücktritt vor Reisebeginn und ersparte –
651i 14, 27 ff, 41, 48, 51
Aufwendungsersatz
Mehrkosten durch Ersatzreisenden
651b 26 ff
Rückreise nach Insolvenz **651k** 11
Rücktritt vor Reisebeginn und Veranstalteranspruch auf – **651i** 13, 51
Selbsthilfe des Reisenden **651c** 171 f
Selbstfahrer und Rückbeförderung **651e** 66
Aufzug
Ausstattungsmangel **651c** 106; **651e** 22
Lärmfolge **651c** 83
Störung **651c** 74

Ausflug
   Betriebsausflug
      s. dort
   Reisemangel wegen fehlenden Angebots
      651a 117
   als selbständige Leistung 651a 16
   Zusatzleistung als Vermittler oder Veranstalter 651a 100, 117
Ausgleichsanspruch
   s. Entschädigungsanspruch
Auskünfte
   des Reisevermittlers 651a 62
Auskunftspflicht
   des Reisebüros 651a 62
Ausländische Agentur
   als Reiseleiter 651a 52
Ausländischer Leistungsträger
   Kontrollmöglichkeit 651h 11
Ausländischer Reiseveranstalter
   und Insolvenzsicherung 651k 30
Ausländisches Recht
   und Anwendung des zwingenden Verbraucherschutzrechts Vorbem 651a-m 89
   Haftungsbeschränkung zugunsten Leistungsträger 651h 45
Auslandsflug
   und Entschädigungsleistung 651e 53
Auslandsreise
   und Abhilfefrist 651e 32
   und allgemeines Lebensrisiko 651c 56
   und Aufklärungspflicht 651c 11
   eines Minderjährigen, Unterrichtungspflichten vor Reisebeginn Anh zu 651a 8 InfVO 7
   Ortsspezifische Besonderheiten 651c 21 ff
   und Reiseleitung 651c 137
   Statistik Vorbem 651a-m 5
   und Vermittlerklausel 651a 107
Auslegung
   Nachteilige Regelungen 651l 4
   Richtlinienkonforme – 651a 174;
      Vorbem 651a-m 38, 77
Ausschlußfrist (Geltendmachung von Gewährleistungsrechten)
   ARB-Regelungen 651g 28
   Arglist und – 651g 14 f
   Ausschlußwirkung (Reichweite) 651g 25
   Beginn des Laufs (Reiseende) 651g 9
   Berechnung 651g 8
   Gewährleistungsansprüche, Geltendmachung 651g 1, 10 ff
   Konditionenempfehlung Vorbem 651c-g 8; 651g 26
   Minderung ohne Mängelanzeige 651d 2
   Rechtsfolge des Ablaufs 651g 24 ff
   Reisebestätigung, Hinweis Anh zu 651a 6 InfVO 14
   Rückbeförderung, verzögerte 651g 9

Ausschlußfrist (Geltendmachung von Gewährleistungsrechten) (Forts.)
   und spezialgesetzliche Regelungen 651g 27
   Unverschuldete Versäumnis 651g 20 ff
   Verlängerung 651g 8
Aussicht
   Reisemangel 651c 100
Ausstattung
   der Reise, Unterrichtung 651c 12
Ausstellung
   als Fremdleistung 651a 109;
      Vorbem 651c-g 8
Austauschrecht
   Ersatzreisender
      s. dort
Auswärtiges Amt
   Warnhinweise 651j 19
Auswechselung
   eines Reiseteilnehmers 651b 6
Autodiebstahl
   Gefahrenhinweis 651a 123

Bad
   Reisemangel 651c 100
Badereise
   Abwässer/Strandverschmutzung 651c 76 ff
   Algenpest 651c 8
   und Fehlerbegriff 651c 8
   Minderung 651d 38
   Reisebeschreibung 651c 57
   und Reisemangel 651c 52
   Unterrichtung des Reisenden 651c 12
Bahnbeförderung
   s. Eisenbahnbeförderung
Balkon-Urteil
   Verkehrssicherungspflicht des Reiseveranstalters Vorbem 651a-m 24;
      Vorbem 651c-g 30; 651f 76
Balkonurlaub
   nach nutzlos aufgewendeter Urlaubszeit 651f 67 ff
Balkonzusage
   Hotelunterkunft 651c 113
Bankgarantie
   Insolvenzrisiko 651k 12
Bar
   und Lärmerwartung 651c 23, 81 f, 87
   Luxusschiff 651c 74
Baukastenprinzip
   Individualreise 651a 5, 19
Baulärm
   Erkundigungspflichten und Mängelursachen 651f 16
   Gesundheitsbelästigung 651f 79
   Minderung 651d 25
   als Reisemangel 651c 79 f
   Reisemangel und erhebliche Reisebeeinträchtigung 651e 15

Baulärm (Forts.)
und unmögliche Mangelbeseitigung
651d 25
Beanstandungen
von Reisemängeln 651g 11
Bearbeitungsgebühr 651a 94, 141
Beeinträchtigung der Reise
und Entschädigung wegen vertaner
Urlaubszeit 651f 63 ff
und Entschädigungsbemessung nach
Kündigung 651e 45
Erheblichkeit der – 651f 11, 42, 64 ff, 74
wegen höherer Gewalt 651j 24
Intensität 651c 4
Minderung 651d 39 ff
Reisemangel 651e 12
und Selbstabhilferecht 651c 164
Beendigung der Reise
s. Reisebeendigung
Beerdigungskosten
Ersatzpflicht 651f 34
Beförderung
Abhilfeform 651c 157
Anschluß- und Koordinationsfehler
651c 64 ff
Art 651a 94, 148
Art und Ausstattung 651c 59 ff
Aufwendungen, ersparte aufgrund Rücktritts vor Reisebeginn 651i 27 ff
Bordgewalt des Kapitäns 651a 55
Busreise
s. dort
Einreisebedingungen, nicht erfüllte 651j 12
als einzelne Reiseleistung 651a 26, 33 f
Eisenbahnbeförderung
s. dort
Entschädigung nach Reisendenrücktritt
vor Reisebeginn 651j 29
und Entschädigung des Reiseveranstalters
nach Kündigung 651e 51 ff
Erfüllungsgehilfe 651f 25
und Ersetzungsbefugnis 651b 11, 13
Flugreise
s. dort
Frankfurter Minderungstabelle **Anh 651d**
Gegenstand des Reisevertrags 651e 63
Gepäckankunft, verspätete und Gepäckverlust 651c 64
Geringfügige Leistung 651f 17
und Gesamtheit von Reiseleistungen
651a 15
Gewährleistungsrecht 651a 56
Individualreise **Vorbem 651a–m** 2, 7
Internationale Übereinkommen zur
Leistungsträger-Haftungsbeschränkung
651h 43
Kosten 651a 150 ff

Beförderung (Forts.)
Pauschalierte Entschädigung nach Reisendenrücktritt vor Reiseantritt 651i 39
Prospektangabe zu den Beförderungsmitteln **Anh zu 651a 2 InfVO** 7
Rechtsverhältnis Reiseveranstalter/
Leistungsträger 651a 51;
Vorbem 651a–m 2
als Reiseleistung 651a 13
Reisemangel (Einzelfälle) 651c 59 ff
Reiseveranstalterhaftung 651c 39
Reiseveranstalterpflichten und Mangelursachen 651f 16
Rückbeförderungspflicht nach Kündigung
durch den Reisenden 651e 60 ff
und Schadensersatzanspruch wegen Nichterfüllung 651f 5
Selbstabhilfe ohne Nachfristsetzung
651c 168
Selbstfahrer und Rückbeförderung 651e 66
Subunternehmereinschaltung 651f 78
Transportmittel und Prospektangaben **Anh
zu 651a 2 InfVO** 7
Unannehmlichkeiten, bloße 651c 49
Unternehmen 651a 45, 49, 131
Verbindung von Einzelleistungen durch
eine – 651a 19
Verkehrssicherungspflicht des Veranstalters 651f 76
und Vermittlerklausel 651a 111 ff
Vertrag 651a 18, 51, 114
Vertrag zugunsten Dritter 651a 131
Zeitpunkt, Unterrichtung vor Reisebeginn
Anh zu 651a 8 InfVO 2 ff
Beginn der Reise
s. Reisebeginn
Begleitschäden
Mietrechtlicher Nichterfüllungsschaden,
Anknüpfung 651f 31
als Schäden infolge Nichterfüllung
(Beispiele) 651f 32
Beherbergung
s. a. Unterkunft
Gewährleistungsrecht 651a 56
Individualreise **Vorbem 651a–m** 2, 7
Rechtsverhältnis Reiseveranstalter/
Leistungsträger 651a 50;
Vorbem 651a–m 2
und Reisevertrag, Abgrenzung 651a 34
Vertrag zugunsten Dritter 651a 131
Behinderung
Bedürfnisse und Veranstalterhinweise
651c 84
Persönliche Verhältnisse und Unzumutbarkeit für den Behinderten 651e 21 f
Reisemangel, ausgeschlossener wegen
Gästezusammensetzung 651c 122

Behördliche Anordnungen
und Ersetzungsverlangen **651b** 12
Belästigungen
und allgemeines Lebensrisiko **651c** 56
und Behinderung **651c** 122
durch Bettler **651c** 77
durch Kinder **651c** 77
durch Mitreisende **651c** 123
Sexuelle – **651c** 54, 56
durch Tiere **651c** 115
Beleidigung
von Mitreisenden **651a** 144; **651e** 6
Belgien
Umsetzung der EG-Pauschalreise-Richtlinie **Vorbem 651a–m** 86
Beobachtungspflichten
und allgemeines Lebensrisiko **651c** 57
des Reiseveranstalters **651c** 57
Beratungspflichten
Nebenpflicht des Reiseveranstalters **651a** 124
Berechnungsangaben
bei Reisepreiserhöhung **651a** 154
Bergtour 651a 16
Beschaffenheitsangaben
für die Reise **651c** 9
Beschlagnahme
des Hotels als Reisehindernis **651a** 123
Beseitigung des Reisemangels
als Abhilfe **651c** 146
Besichtigungsprogramm
Abkürzung **651f** 17
und Reisemangel **651c** 7, 32 f, 62, 69
Besonderheiten am Urlaubsort
und Beobachtungspflicht des Reiseveranstalters **651c** 57
Bestätigung der Reise
s. Reisebestätigung
Bestimmungsort
Prospektangabe **Anh zu 651a 2 InfVO** 6
Reisebestätigung und Angabe des – **Anh zu 651a 6 InfVO** 7
Betreuung von Kindern
Prospektzusage **651c** 140 ff
Betriebsausflug 651a 45; **651k** 22
Bettenwechsel
Hotelunterkunft **651c** 114
Beweislast
Abhilfeverlangen **651c** 177
Abhilfeverlangen und unverhältnismäßiger Aufwand **651c** 156
Anzeige von Reisemängeln **651g** 50
Anzeige von Reisemängeln, entbehrliche **651d** 27
Anzeige von Reisemängeln, schuldhaftes Unterlassen **651d** 42
Entschädigungsanspruch des Reiseveranstalters **651e** 76; **651i** 72; **651j** 43

Beweislast (Forts.)
Ersetzungsbefugnis und Mehrkosten **651b** 31
Haftungsbeschränkung bei Nichtkörperschäden **651h** 33
Höhere Gewalt und Rücktrittsrecht **651j** 43
Insolvenzsicherung **651k** 38
Kündigungsrecht des Reisenden **651e** 73 ff
Mängelanzeige, unterlassene **651d** 42
und Mängelprotokoll **651d** 19
Minderung **651d** 27, 41 f
Pauschalierungsabreden im Kündigungsfall **651e** 77
Reisemangel **651c** 120, 156, 174 ff; **651e** 74
Reisemangel, zu vertretender **651f** 13, 81
Reisevertrag (Abschluß, Inhalt, Änderungen) **651a** 197; **651k** 28
Rücktritt des Reisenden vor Reisebeginn **651i** 71
Schadensersatzanspruch wegen Nichterfüllung **651f** 80 ff
Schadensherbeiführung durch Leistungsträger oder Reiseveranstalter **651h** 36
Verjährung von Ansprüchen **651g** 51
Vermittlerklausel, unbeachtliche **651a** 198
Widerspruchsrecht gegen Ersetzungsverlangen **651b** 14
Beweislastumkehr
Minderung **651d** 19 f
Nilschiffentscheidung **Vorbem 651a–m** 22
Beweissicherung
Reisemängelanzeige am Urlaubsort **651d** 10, 16, 19; **651g** 13
Reisemangel, Erheblichkeit **651e** 73
Bewirtungsvertrag
Individualreise **Vorbem 651a–m** 2, 7
Reiseveranstalter und Leistungsträger **Vorbem 651a–m** 2
BGB-Einheit
und Reisevertragsgesetz **651i** 12
BGB-Gesellschaft
Organisator als Reiseteilnehmer **651a** 45
BGB-InfoV
s. Informationspflichten
Bild- und Tonträger
Informationspflichten **Anh zu 651a 2 InfVO** 16
Bildungsreise
Niveau, gehobenes **651a** 38
Nutzlos aufgewendete Urlaubszeit **651f** 67
und Reisemangel **651c** 33, 52
Unterrichtung des Reisenden **651c** 12
Billigreisen
und Ermessensausübung des Reiseveranstalters **651a** 37
Fortuna-Reisen **651c** 37
Mindeststandard **651c** 27
und Reisemangel **651c** 26

Billigreisen (Forts.)
 Unterrichtung des Reisenden **651c** 12
Billigstunterkunft
 und Scheinleistung **651a** 18
Bindungswirkung
 der Prospektangaben **Anh zu 651a 2**
 InfVO 13 ff
Binnengewässer
 Seebeförderung **Vorbem 651c–g** 40
Bootscharter
 Analoge Anwendung der §§ 651a ff
 651a 33, 35
 Entschädigung für vertane Urlaubszeit
 651f 61
Bordgewalt des Flugkapitäns 651a 55
Bordverpflegung 651a 14, 16 f
Bote
 Abhilfeverlangen und Empfangsbote
 651c 149
 Reisebüro als – **651a** 58
 Reisevermittler als – **651a** 58
Brüsseler Übereinkommen
 über den Reisevertrag **651a** 5;
 Vorbem 651a–m 12
Buchung
 s. a. Reisebestätigung
 Änderungen, spätere tatsächliche **651c** 13
 als Angebot des Reisewilligen **651a** 64, 65
 und Angestelltenvollmacht **651c** 19
 Annahmefrist **651a** 71
 und Anzahlungsverpflichtung **651a** 136
 und ARB-Einbeziehung **651a** 87
 Beobachtungspflicht des Reiseveranstalters
 und Zeitpunkt der – **651c** 57
 Drucklegungsklausel **651c** 13
 von Ehegatten **651a** 77
 von einzelnen Reiseleistungen **651a** 103
 Ersatzreisender **651b** 7, 18
 Formular **651a** 122
 Hotelprospekt, Ortsprospekt, Aushändigung bei – **651c** 16
 und Informationspflichten **Anh zu 651a 6**
 InfVO 3
 Kenntnisnahme von persönlichen Umständen bei der – **651e** 21
 Langfristige – **651a** 146
 und Leistungsbeschreibung **651a** 121
 Mündliche Abreden, Vertretungsfrage
 651c 19
 Neuanmeldung
 s. dort
 Online-Buchungen
 s. dort
 und Reiseantritt, Informationspflichten
 651a 123
 Reisebüro-Entgegennahme **651a** 64
 und Reisepreisschuld **651b** 24
 und Rücktritt des Reisenden **651i** 11

Buchung (Forts.)
 Telefonische – **651a** 87
 Umbuchung
 s. dort
 Unterlagen **651a** 110, 123
 Vermittlerklausel und Umstände der –
 651a 107
Buchungsaufkommen
 und Rücktrittsrecht wegen wirtschaftlicher
 Unmöglichkeit **651a** 180
Buchungsstelle 651a 60, 88, 124
Bündelung von Reiseleistungen 651a 19 f
Bürgerkriegsunruhen
 als höhere Gewalt **651j** 19
 und Reisemangel **651c** 51
BULK-Flug 651i 57
Bungalow
 und angebotene Wohneinheiten **651c** 15
 Belegung des gebuchten – **651a** 115
 Leistungsänderung **651a** 171
 Luxusbungalow **651c** 24, 52
 Prospektbeschreibung **651c** 100
Busreise
 Entschädigung des Veranstalters im Rücktrittsfall **651i** 39, 57
 Pauschalreise als – **651a** 12
 und Reisemangel **651c** 59 f
 durch Reiseveranstalter **651a** 20
 Sicherheitsstandard **651f** 77
 Verkehrssicherungspflicht des Veranstalters **651f** 76
Busunternehmer 651a 51

Camping-Platz
 Hotelunterkunft und naher – **651c** 118
CCV
 Internationales Übereinkommen über den
 Reisevertrag **Vorbem 651a–m** 12
Charter von Hochseeyachten
 und analoge Anwendung des Reiserechts
 651a 27
Chartern eines Bootes
 s. Bootscharter
Chartervertrag
 Flugreise
 s. dort
 Gewährleistungsrecht **651a** 56
 Rechtsverhältnis Reiseveranstalter/
 Leistungsträger **651a** 51
Clubreisen
 und Animation **651c** 138
 und Gästezusammensetzung **651c** 123, 124
 und Lärmhinweis **651c** 22
 Prüfungspflicht des Veranstalters **651f** 16
 Reiseleistung **651a** 14
 und Reisemangel **651c** 34
 als Reisevertrag **651a** 41
 Sportmöglichkeiten, zugesagte **651c** 131

Computerreservierungssysteme
und schriftliche Reisebestätigung **651a** 87
und Vertragsabschluß **651a** 87
COTIF
Verspätungsfolge **651a** 54
CRS 651a 87
Culpa in contrahendo
Anwendungsbereich **Vorbem 651c-g** 27
Ausschluß- und Verjährungsfristen des Reiserechts, keine Anwendung auf — **651g** 6, 25
Erkundigungspflichten des Veranstalters **651j** 20
und Haftungsbeschränkung bei Nichtkörperschäden **651h** 16
Informationspflichten, verletzte **Anh zu 651a Vorbem z. InfVO** 6
und Lösung vom Reisevertrag **651i** 7
Prospektinhalt und Istbeschaffenheit **651c** 11
Schadensersatzanspruch wegen – **651f** 4

Dänemark
Umsetzung der EG-Pauschalreise-Richtlinie **Vorbem 651a-m** 86
Darlehensanspruch
und Reisemängel **651a** 140
Dauerschuldverhältnis
Reisevertrag **651a** 7, 8; **651c** 40, 58; **651e** 2, 6
Detailplanung 651a 39
Deutsche Bahn
Pauschalreiseveranstaltungen **651a** 44
Deutsche Küche
und Auslandsreise **651c** 126
Deutscher Reisepreis-Sicherungsverein VVaG
Insolvenzrisiko **651k** 14
Devisenbestimmungen 651a 123, 144
Diabetiker
Verpflegungsmangel **651f** 14
Diätverpflegung
und Kündigungsrecht **651e** 32
Diebstahl
und allgemeines Lebensrisiko **651c** 56
im Hotel **651f** 20
Reisemangel **651c** 60
von Wertgegenständen aus Hotelsafe **651f** 77
Dienstleistungen
und Pauschalreisebegriff **Vorbem 651a-m** 47
als Reiseleistungen **651a** 13
Touristische – **651a** 13
Dienstleistungsfreiheit
EG-Pauschalreise-Richtlinie **Vorbem 651a-m** 25
Dienstvertrag
Beherbergungsvertrag **651a** 34
und Reisevermittlung **651a** 59

Dillenkofer-Entscheidung
Anzahlung des Reisenden **651a** 135
Diskothek
Entschädigung im Kündigungsfall **651e** 45
Lärm als Reisemangel **651c** 81 ff
Minderung **651d** 10
Ortsübliche Besonderheit **651c** 22 f
Doppelzimmer 651a 126; **651c** 96, 100, 158
Dritter, Dritte
Eintritt in den Reisevertrag **651b** 3, 10, 12, 18 ff
und Erfüllungsgehilfen, Abgrenzung **651c** 54
Höhere Gewalt wegen Verhaltens – **651j** 21
Reisemangel, Herbeiführung durch – **651c** 51, 53 f
Drittschadensliquidation
Schäden des Ersatzreisenden **651b** 3
Druckfehlerklausel 651a 93
Drucklegungsklausel
und Reisemangel **651c** 13
Risikoabwälzung **651a** 93
Durchschnittsreisender
und Reisemangelbegriff **651c** 40, 122
Unterkunft, Hotel **651c** 99

EDV-Angebot
Rechtsnatur **651a** 65
EG-Pauschalreise-Richtlinie
Abhilfepflicht des Veranstalters **Vorbem 651a-m** 67
Beförderung und Unterbringung **651a** 13
Binnenmarktbedeutung **Vorbem 651a-m** 25
Dienstleistungsmarkt, Verwirklichung **Vorbem 651a-m** 42
Ersatzreisender **651b** 4
Gesamtpreis, Einzelleistungsberechnung **651a** 24
Haftung des Reiseveranstalters **Vorbem 651a-m** 68 ff
Höhere Gewalt **651j** 16
Informationspflichten **Vorbem 651a-m** 54 ff, 60 ff
und InformationspflichtenVO s. Informationspflichten
Insolvenzschutz **Vorbem 651a-m** 74 ff; **Vorbem 651k** 1, 11, 18 f, 24, 30 f
Körperschäden und Haftungsbeschränkung **651h** 4
Kommentierung **Vorbem 651a-m** 38 ff
Mindeststandardprinzip **651a** 5; **Vorbem 651a-m** 81
Pauschalreise **Vorbem 651a-m** 47
Präambel **Vorbem 651a-m** 42 f
Prospektinhalt **Vorbem 651a-m** 54 ff, 60 ff
Rechtspolitische Bewertung **Vorbem 651a-m** 33
Reisemangel und Vertretenmüssen **651f** 2

EG-Pauschalreise-Richtlinie (Forts.)
 Reiseveranstalter, Begriff **651a** 46
 Reisevertragsrecht, Grundbegriffe
  Vorbem 651a–m 46
 Rücktrittsvorbehalt des Reiseveranstalters
  651a 174
 Umsetzung **Vorbem 651a ff** 3, 84, 87;
  651k 1
 Veranstalter **Vorbem 651a–m** 49
 Verbraucherbegriff **651a** 48;
  Vorbem 651a–m 51
 Verbraucherschutz **Vorbem 651a–m** 42
 Vermittler **Vorbem 651a–m** 50
 Vertragsbegriff **Vorbem 651a–m** 52
 Zweck **Vorbem 651a–m** 44
EGV
 und Insolvenzrisiko **651k** 13, 29
Eheleute
 und Reisevertrag **651a** 77
Eigenschaftsirrtum
 über die Reise **651a** 92
Eigenschaftszusicherung
 und Fehlerbegriff **651c** 44 ff; **651e** 13
 Minderung **651d** 7, 41
Eigenverantwortlicher Anbieter
 und einzelne Reiseleistungen **651a** 27
Einheitslösung
 Reise-Gewährleistungsrecht
  Vorbem 651c–g 16
Einkommensverhältnisse
 und Bemessung nutzlos vertaner Urlaubszeit **651f** 74
Einreisebestimmungen 651a 62; **651j** 11 f
Einreisegebühren 651a 153
Einreiseverbot Vorbem 651c ff 21
Einrichtungen
 Ausfall von Hoteleinrichtungen **651c** 121 f
Einstandspflicht
 Verschuldensunabhängige für Reisemängel
  651c 2
Einzelleistungen
 Analoge Anwendung des Reiserechts auf
  einzelne Reiseleistungen **651a** 27 f
 Angebot **651a** 103
 Ausfall einzelner Leistungen als Reisemangel (Einzelfälle) **651c** 131 ff
 Ausschluß- und Verjährungsfristen des
  Reiserechts, keine Anwendung auf –
  651g 6, 25
 Isolierte Betrachtung **651c** 39
 Koordinationspflicht **651a** 120
 Mangelhaftigkeit **651c** 41 ff
 und Minderungsgrundlage **651d** 37
 und Reise-Gewährleistungsrecht
  Vorbem 651c–g 31 ff
 Reisemangel von erheblichem Gewicht
  651e 14; **651f** 66
 und Reisevertrag **651a** 12 ff

Einzelleistungen (Forts.)
 und Schadensersatz wegen vertanen
  Urlaubs **651f** 61
 Unmöglichkeit **Vorbem 651c–g** 22
 und Vermittlerklausel **651a** 101 ff
Einzelplatz
 und Scheinleistung **651a** 18
Einziehungsermächtigung
 für Mitreisende **651a** 84
Eisenbahnbeförderung
 Bahnpauschalreise und Fremdleistungsklausel **651a** 12
 Haftung **Vorbem 651c–g** 41
 Haftungseinschränkung aufgrund internationaler Übereinkommen **651h** 43
 Liegewagen, fehlender **651c** 67
 Pauschalierte Entschädigung nach Reisendenrücktritt vor Reisebeginn **651i** 39
 Pauschalreise und – **651a** 12
 Reiseleistung, einzelne **651a** 33
 Rückreise **651e** 64
 Vertspätungsfolgen **651a** 54
EisenbahnVO 651a 54
Elektronischer Geschäftsverkehr
 Online-Buchungen
  s. dort
Empfindlichkeit
 und nichtzuberücksichtigende Unannehmlichkeiten **651c** 49
Endreinigung 651a 141
Entschädigungsanspruch des Reisenden
 für nutzlos aufgewendete Urlaubszeit
  651f 39 ff
Entschädigungsanspruch des Reiseveranstalters bei höherer Gewalt
 für erbrachte Reiseleistungen **651j** 2, 30 f
Entschädigungsanspruch des Reiseveranstalters im Kündigungsfall
 Auslandsflug **651e** 53
 Beeinträchtigung des Gesamturlaubs
  651e 45
 Beförderung, einwandfreie **651e** 51
 Beförderungskosten, verbleibende **651e** 46
 Berechnung **651e** 7, 35, 42 ff
 Einzelleistungen **651e** 45
 Gepäck, Nichtaushändigung **651e** 51
 Kalkulation des Veranstalters **651e** 40
 Kosten, effektive aufgewendete **651e** 46
 und Minderungskriterien **651e** 43
 Minderungsquote mindestens 50% **651e** 48
 Pauschalierung **651e** 58
 Schätzung § 287 ZPO **651e** 57
 Teilvergütungsanspruch, keine Wertvergütung **651e** 39
 Unterkunft, mangelhafte **651e** 56
 Wegfall wegen Interesselosigkeit **651e** 47 ff
 Zeitpunkt der Kündigungserklärung
  651e 54

495

Entschädigungsanspruch des Reiseveranstalters im Kündigungsfall (Forts.)
Zerlegungsproblematik **651e** 45

Entschädigungsanspruch des Reiseveranstalters im Rücktrittsfall
Allgemeine Reisebedingungen **651i** 42, 44, 49 ff
Angemessenheit **651i** 29 ff
Ausbuchung **651i** 34
Ausgleichsanspruch **651i** 22 ff
Berechnung (konkrete) **651i** 27 ff, 59 ff
Ersatzkunde **651i** 35
Flugpauschalreise, Stornogebühren **651i** 52 ff
Gesamtschuldner **651i** 21
Konditionenempfehlung **651i** 28, 36, 57 f
Pauschalierung **651i** 36 ff
Pauschalvereinbarungen, AGBG-Kontrolle **651i** 49
Reiseart und Pauschalierung **651i** 39 ff
Reiseleistung, anderweitige Verwendung **651i** 32 ff
Reisepreis, ersparte Aufwendungen als Maßstab **651i** 29 ff, 37
Reiserücktrittskostenversicherung **651i** 62
Stornoklauseln und AGBG **651i** 23 ff

Epidemieverdacht
und Leistungsträgerausfall **651c** 143

Erfüllungsgehilfe
Arbeitskampf, rechtswidriger **651f** 25
und Dritte, Abgrenzung **651c** 54
Einfacher, qualifizierter – **651c** 53
des Erfüllungsgehilfen **651f** 27
Haftungsausschluß für – **651h** 9
Leistungsträger als – **651a** 52; **651f** 25; **651h** 10 f
Reisebeeinträchtigung durch – **651c** 53
Reisemangel und Vertretenmüssen **651f** 11
Reisevermittler als – **651a** 63
und Schuldnereinfluß **651a** 53

Erfüllungspflichten
des Reiseveranstalters **651c** 8;
Vorbem **651c-g** 1

Erheblichkeit der Reisebeeinträchtigung
Reisemangel und – **651c** 164; **651e** 14 ff; **651f** 11, 42, 64 ff, 74

Erholungsreise
Reisemangel **651c** 10
Reisevertrag und geschuldeter Erfolg **651a** 11
Unterrichtung des Reisenden **651c** 12
Vermögenswert **651f** 43

Erkundigungspflichten
des Reiseveranstalters **651j** 20

Ersatzkunde
Anderweitiger Erwerb nach Reisendenrücktritt vor Reisebeginn **651i** 35

Ersatzreise, Ersatzleistung
und Abhilfeform **651c** 157
Auswahl **651a** 187
und Entschädigung wegen vertaner Urlaubszeit **651f** 70
Gleichwertigkeit **651a** 188; **651c** 158
Höherwertige – **651c** 159
nach nutzlos aufgewendeter Urlaubszeit **651f** 70
Reisepreiserhöhung und Anspruch auf – **651a** 163
Rücktrittsrecht Reisender **651a** 173
und Selbstabhilfe **651c** 172

Ersatzreisender
Alter **651b** 11
Beweislast **651b** 14
Geschlechtszugehörigkeit **651b** 11
Gesundheit **651b** 11 f
Gewährleistungsrechte **651b** 3, 21; **651f** 38
Informationspflichten **651b** 20
Mehrkosten **651b** 4, 23 ff, 32
Rechtsstellung **651b** 18 ff
Sicherungsschein **651b** 20
Vertragliche Hindernisse **651b** 13

Ersatzunterkunft 651c 89 f, 95, 185; **651e** 31, 60, 72
Minderung **651d** 25

Ersatzurlaub
als Balkonurlaub **651f** 82
und Entschädigung für vertane Urlaubszeit **651f** 46

Erschwerung der Reise
wegen höherer Gewalt **651j** 24

Ersetzungsverlangen
Abdingbarkeit **651b** 32
und alternatives Reisendenrecht zum Rücktritt **651b** 1, 17, 30, 33
Umdeutung **651b** 17
Voraussetzungen **651b** 5 ff
Wirksamkeit **651b** 29
Zeitpunkt **651b** 7
Zustimmung des Veranstalters **651b** 19 f

Erstattungsanspruch
des Reisenden nach Kündigung **651e** 71

Erwerb, anderweitiger
nach Rücktritt des Reisenden vor Reisebeginn **651i** 32 ff, 37, 41, 48

Erwerbstätigkeit
und Entschädigung für nutzlose vertane Urlaubszeit **651f** 43, 51, 57

EU-Staat
Reiseveranstaltersitz und Insolvenzsicherungspflicht **651k** 3

EU-Staatsangehörige
und Unterrichtungspflichten **Anh zu 651a** 5
InfVO 2

EuGVÜ
Pauschalreisevertrag **Vorbem 651a-m** 94

Europäischer Gerichtshof
Rechtssache AFS (Gastschulaufenthalt) 651l 2
Rechtssache Rechberger **Vorbem 651a-m** 29
Europäisches Reisevertragsrecht
Pauschalreisen, grenzüberschreitende **Vorbem 651a-m** 81 ff
Expeditionsreise
Nebenpflichten 651a 124
und Reisemangel 651c 29
als Reisevertrag 651a 39

Fähigkeiten
und Ersetzungsverlangen 651b 11
Fähre 651a 15
Fahrkarten
Ersetzungsverlangen und Mehrkosten 651b 27
Vermittlung, Verkauf 651a 45, 114
Fahrlässigkeit
und Haftungsbeschränkung bei Nichtkörperschäden 651h 25
und Kenntnis des Reisemangels 651d 29
Fahrplanauskunft 651a 62
Fahrplanzeiten
Unterrichtung vor Reisebeginn **Anh zu 651a 8 InfVO** 2
Fahrstuhl
s. Aufzug
Fahrzeit 651a 62, 171
Fahrzeitenänderung
als Leistungsänderung 651a 171
Familienreise
Anmeldung von Gewährleistungsansprüchen 651g 16
Auswechselung eines Teilnehmers 651b 6
und Gewährleistungsrecht 651a 84
Rechtsstellung von Mitreisenden 651a 48, 81
Reisemangel 651c 50, 94, 158; 651e 34
Fax
Reisebuchung 651a 71
Fehler
s. a. Reisemangel
Maßstab 651c 39 f
Reisemangel und Begriff des – 651c 5 ff, 122, 135
und zugesicherte Egenschaft, Abgrenzung 651c 46
Ferien vom Ich 651c 12
Ferienclubreisen
s. Clubreisen
Ferienfahrschule
Teilnahme als Reiseleistung 651a 13
Ferienhaus
Analoge Anwendung des Reisevertragsrechts 651a 26; **Vorbem 651a-m** 18, 48

Ferienhaus (Forts.)
Entschädigung im Rücktrittsfall vor Reisebeginn 651i 39, 57
Miete als einzelne Reiseleistung 651a 26
Nichterfüllung 651e 16
Rechtslage vor In-Kraft-Treten des Reisevertragsgesetzes **Vorbem 651a-m** 11
und Schadensersatz wegen vertanen Urlaubs 651f 61
Vermietung an Ehegatten 651a 77
und Vermittlerklausel 651a 115
Werk- oder Mietrechtsanwendung 651a 30 ff
Ferienwohnung 651a 30, 104, 115; 651c 94, 97; 651d 25; 651e 13
Fernabsatzverträge
und Reiseverträge 651a 67
Fernsehmöglichkeit
Fehlende – 651c 49, 105
Filialsystem
Anmeldung von Ansprüchen 651g 19
und Geltendmachung von Ansprüchen 651g 12
oder Reisebüroinanspruchnahme 651a 64
Finnland
Umsetzung der EG-Pauschalreise-Richtlinie **Vorbem 651a-m** 86
Fixgeschäft
Reisevertrag 651a 10; 651c 171; **Vorbem 651c-g** 23
FKK-Urlaub
Möglichkeit, fehlende 651c 135
Prospektangaben 651c 14
Fluggerät 651a 171
Fluggesellschaft
Angestellte 651h 13
Leistungsträger-Verträge **Vorbem 651a-m** 2
Flughafen
Transfer zur Stadt 651a 14, 17
Transfer, verzögerter 651e 42
Verkehrslärm 651c 85
Flugreise
ABC-Flüge 651b 12; 651i 57
Abhilfeform 651c 157
Änderungen von Flugzeiten 651a 171
APEX-Flug 651i 57
Ausfall 651c 64
Auslandsflug 651e 53
Ausschließliche Reiseleistung 651a 33
Ausschluß Reisender 651c 64
Beförderungsleistung, Umfang 651a 14
Billigflug 651c 62
Bordgewalt des Kapitäns 651a 55
Bündelung zu einer Leistungsgesamtheit 651a 19
BULK-Flug 651i 57

Flugreise (Forts.)
Charterflug **Vorbem 651a-m** 18, 35, 48;
  651c 62, 64, 157, 172; **651e** 64, 70;
  651f 15; **651h** 23; **651i** 52, 57
Economyclass **651c** 62
und Ersetzungsbefugnis **651b** 11, 13
Flugschein **651a** 62, 112, 114, 132
Flugtauglichkeit **651a** 16, 39
Flugzeit, Flugzeitänderung **651a** 171
Gepäckverlust **651f** 15
Haftung **Vorbem 651c-g** 34 ff
Haftungseinschränkung aufgrund internationaler Übereinkommen **651h** 43
Internationale – **651c** 64
IT-Flug, Flugpauschalreise **651a** 112
Kartenverkauf, ausschließlicher **651a** 45, 114
Leistungsträgerverschulden und Haftungsbegrenzungen **651h** 26 ff
Linienflug **651a** 13, 16, 111 f, 171
Linienflug statt Charterflug **651c** 62
Linienveranstalter **651a** 113
Luftfrachtführer, ausführender
  Vorbem 651c-g 35
Minderung **651d** 37
Nebenleistungen **651a** 17
Non-stop-Flug **651c** 62
Pauschalierte Entschädigung nach Reisendenrücktritt vor Reisebeginn **651i** 39, 52 ff
Pauschalreise-Bestandteile **651a** 113
Prospektangebot ausschließlicher – **651a** 34
Reiseantritt (Abgrenzungsprobleme) **651i** 10
Reisemangel (Einzelfälle) **651c** 62
Reisepreis **651a** 113
Rückbeförderung **651e** 64
Rückflugroute **651c** 73
Rückflugzeit **651c** 64
Rückreise nach Insolvenz **651k** 11
Schadensfall **651c** 64
Scheinleistung **651a** 18
Überbuchung **651c** 64; **Vorbem 651c** ff 20; **Vorbem 651c-g** 16
Unterbrechung **651c** 64; **651e** 13
Verlegung **651c** 73
und Vermittlerklausel **651a** 101, 111 ff
Verspätungen **651c** 62, 64, 73; **651h** 23
Verzögerung **651c** 49; **651e** 13
Wartezeiten **651a** 165
Folkloregruppe **651c** 54
Form
der Abhilfe **651c** 157 ff
Abhilfeverlangen **651c** 148
Anmeldung von Ansprüchen **651g** 16 ff
Annahme des Reisevertrags **651a** 72
Kündigung wegen höherer Gewalt **651j** 26
Mängelanzeige **651d** 16

Form (Forts.)
Rücktrittsrecht des Reisenden vor Reisebeginn **651i** 17
Fortbildung **651a** 42
Fortuna-Reisen
Leistungsbestimmungsrecht des Veranstalters **651a** 37
und Reisemangel **651c** 37
Fotomaterial
im Prospekt **651c** 12
Frankfurter Flughafen
Umsteigezeit **651c** 64
Frankfurter Reiserecht
Herausbildung **Vorbem 651a-m** 37
Minderung des Reisepreises
  Vorbem 651a-m 37; **651d** 40; **Anh 651d**
Frankreich
Agence de voyage **Vorbem 651a-m** 37
Umsetzung der EG-Pauschalreise-Richtlinie **Vorbem 651a-m** 86
Freizeiteinrichtungen
als Reiseleistung **651a** 14
Freizeitgestaltung
Haftung des Veranstalters **651c** 39
Leistungsänderung **651a** 171
Spezialreisen mit Möglichkeit der – **651a** 42
Freizeitpark
Unfall bei Besuch eines – **651f** 77
Fremdenverkehrsausschuß
des Deutschen Bundestags **651a** 161
Fremdenverkehrsbüro **651a** 30, 34
Fremdleistungen
s. a. Leistungsträge; Vermittlerklausel
und Gesamtheit von Reiseleistungen
  651a 25
Frist
Abhilfefrist als Kündigungsvoraussetzung
  651e 23 ff
Annahme des Angebots des Reisenden
  651a 71
Ausschlußfrist
  s. dort
Nachfrist
  s. dort
Preiserhöhung **651a** 150
Verjährungsfrist
  s. dort
Frühstück **651a** 16
Führer
Reiseleistung der Zurverfügungstellung
  651a 13
Fürsorgepflicht **651a** 57

Gästezusammensetzung
Hotelaufenthalt und Reisemangel infolge –
  651c 122 ff
Garantie
und Eigenschaftszusicherung **651c** 47

Garantiefonds-Modell
und Insolvenzrisiko **651k** 10
Gastschulaufenthalte
Angemessene Unterbringung **651l** 12
Aufenthaltsvorbereitung **651l** 23
Beweisrecht **651l** 25 ff
EuGH-Fall AFS Intercultural Programs Finland **651l** 2
Informationsobliegenheit **651l** 21 f
Klarstellungszweck (Reisevertrag) **651l** 3 f
Klassischer Schüleraustausch **651l** 5, 6
Kündigung nach Reisebeginn **651l** 24
Kurz- und Praktikumsaufenthalte **651l** 5, 9
Minderjährigkeit, Volljährigkeit **651l** 8
Obliegenheiten des Gastschülers **651l** 10, 15 ff
Reisemangel **651l** 12, 25
Reisevertrag **651l** 7
Rücktritt vor Reisebeginn **651l** 18 ff
Schulbesuch, regelmäßiger als Organisationspflicht **651l** 13 f
Unterbringung in einer Gastfamilie **651l** 2, 8, 10, 11 f, 16, 25
Zweites ReiseRÄndG 2001 **Vorbem 651a-m** 30; **651l** 1
Gastwirtshaftung
für eingebrachte Sachen **651h** 43
und Haftung des Reiseveranstalters **Vorbem 651c-g** 33
Gattungsschuld
und Fortuna-Reisen **651a** 37
Gebirgs-Trekking 651a 124
Gebührenerhöhung 651a 150
Gefährdung der Reise
wegen höherer Gewalt **651j** 24
Gefahren am Urlaubsort
und Beobachtungspflicht des Reiseveranstalters **651c** 57
und Reiseveranstalterhaftung **651c** 52; **651f** 19
Verkehrssicherungspflicht des Veranstalters **651f** 75 ff
Gefahrenlage
und höhere Gewalt **651j** 20
Gefahrübergang
Wandelung, Kündigung vor – **Vorbem 651c-g** 28
Gelegenheitsveranstalter
EG-Pauschalreise-Richtlinie **Vorbem 651a-m** 49
und Insolvenzsicherung **651k** 33
und Reiseveranstalter-Begriff **651a** 46
und Unterrichtungspflichten vor – **Anh zu 651a 8 InfVO** 1 ff
Gepäck
Fehlleitung als Kündigungsgrund **651e** 31
Haftungsbeschränkungen und Veranstalterhaftung **651a** 113

Gepäck (Forts.)
Nichtaushändigung **651e** 51; **651f** 15
Reisemängel und Vertretenmüssen **651f** 15
Gerichtsstand
Klagen des Reisenden, des Reiseveranstalters **651g** 48 f; **651m** 12
Geruchsauswirkungen
als Reisemangel **651c** 112
Gerüche und Geräusche
und allgemeines Lebensrisiko **651c** 56
Gesamtgläubigerschaft
und Gesamtschuldnerschaft **651a** 126
Gesamtheit der Reiseleistungen
Beseitigung von Hindernissen **651a** 123
Leistungsänderungsvorbehalte **651a** 148, 165, 171
und mangelhafte Einzelleistung **651c** 41 ff; **651e** 44
Mangelhaftigkeit der Reise **651c** 2
und Minderungsberechnung **651d** 33
Rechtspolitisch problematisches Erfordernis **651a** 27
als Reise **651a** 12
und Reise-Gewährleistungsrecht **Vorbem 651c-g** 31 ff
und Schadensersatz wegen vertanen Urlaubs **651f** 61
und Vermittlerklausel **651a** 102
Gesamtpreis
s. Reisepreis
Gesamtschuld
Buchender und Ersatzreisender **651b** 4, 18, 23, 30
und Gesamtgläubigerschaft **651a** 126
Geschäftsbesorgung
Rechtslage vor In-Kraft-Treten des Reisevertragsgesetzes **Vorbem 651a-m** 8
Reisender/Reisevermittler **651a** 5, 49, 58
Geschäftsmäßigkeit
der Reiseveranstaltertätigkeit **651a** 44
Geschäftsreise 651a 29
Geschlechtszugehörigkeit
Ersatzreisender **651b** 11
und Gästezusammensetzung **651c** 123
Gesellschaftsreise
und Mitreisendenprobleme **651c** 50
Gesetzliche Vertretung
Reisevertrag mit Minderjährigen **651a** 76
Gesetzliche Vorschriften
und Ersatzungsverlangen **651b** 12
Gesetzliches Rücktrittsrecht
s. Rücktrittsrecht des Reisenden (gesetzliches)
Gesetzliches Verbot
und Regierungsempfehlung **651a** 91
Gestaltungsrecht
s. Kündigungsrecht; Rücktrittsrecht

Gesundheitliche Anforderungen
und Ersetzungsverlangen **651b** 11
Gesundheitsgefahren
als allgemeines Lebensrisiko **651a** 123
und Gesundheitszustand **651a** 124
einer Unterkunft **651e** 31
Gesundheitspolizeiliche Formalitäten
Nebenpflichten des Reisenden **651a** 144
Prospektangabe **Anh zu 651a 2 InfVO** 11
Reisehindernisse **651a** 123
Unterrichtung vor Vertragsabschluß **Anh zu 651a 5 InfVO** 1 f
Gesundheitsverletzung
durch Lärmbelästigung **651c** 79
Schmerzensgeld **651f** 79
Unterbringung **651c** 116
Gesundheitszustand
Fahrstuhl **651c** 106
Gewährleistungsrecht
Abdingbarkeit **Vorbem 651c-g** 1
Abhilfe, Abhilfeverlangen
s. dort
Abschluß des Vertrages **Vorbem 651c-g** 15
Aktivlegitimation **651f** 38
Anfechtung **651a** 92; **Vorbem 651c-g** 28
Anmeldefall **Vorbem 651a-m** 23
Anspruchsanmeldung nach Reisebeendigung **651g** 1 ff
und Anzahlung **651a** 138
Anzeige eines Reisemangels
s. Reisemangel (Anzeige)
und ARB **Vorbem 651c-g** 7 ff
Ausschlußfrist
s. dort
Culpa in contrahendo
s. dort
Doppelgleisigkeit **Vorbem 651c-g** 10
EG-Pauschalreise-Richtlinie
Vorbem 651a-m 68
Einheitslösung **Vorbem 651c-g** 16
Einstandspflicht, verschuldensunabhängige **Vorbem 651c-g** 1
Einzelleistungen **Vorbem 651c-g** 31
Eisenbahnbeförderung **Vorbem 651c-g** 41
Erfolg, mangelfreie Herbeiführung
Vorbem 651c-g 1
Ersatzreisender **651b** 4, 21
Europäisches Recht im Vergleich
Vorbem 651a-m 86 ff
Gastwirtshaftung **Vorbem 651c-g** 33
Gesamtheit von Reiseleistungen
Vorbem 651c-g 31
Geschlossenheit des – **651i** 7
Gruppenreisen, Mehrheit von Reisenden
651a 84
Haftungskumulationen, unbillige
Vorbem 651c-g 31
Höhere Gewalt und Reisemangel **651c** 55

Gewährleistungsrecht (Forts.)
Informationspflichten, verletzte **Anh zu 651a Vorbem z. InfVO** 6
und Insolvenzrisiko **651k** 9
Körperschäden
s. dort
Konditionenempfehlung **Vorbem 651c-g** 7 f
Kündigungsrecht des Reisenden
s. dort
Leistungsänderung und Reisemangel
651a 171
Leistungsänderung, wesentliche **651a** 164, 170 f, 173
Leistungsänderungsbegehren **651a** 148
Leistungsänderungsvorbehalt **651c** 38
Leistungsstörungsrecht, allgemeines
Vorbem 651a-m 21; **Vorbem 651c-g** 11 ff
Leistungsstörungsrecht, Anwendung des allgemeinen **Vorbem 651c-g** 11 ff
Leistungträgerstellung **651a** 56
Luftbeförderung (Haftung)
Vorbem 651c-g 34 ff
Mangelfolgeschaden
s. dort
Mangelfreiheit und Erfüllungspflicht
651c 2
Minderung des Reisepreises
s. dort
Nebenpflichtenverletzung **651a** 144
Pflichtverletzung als zentraler Begriff (Schuldrechtsmodernisierung)
Vorbem 651a-m 35
Positive Forderungsverletzung
s. dort
Reiseantritt **Vorbem 651c** ff 19;
Vorbem 651c-g 15
Reisearten, besondere **651c** 26 ff
Reisemangel
s. dort
Reisender und Vertrag Reiseveranstalter/Leistungsträger **651a** 56
Sachschäden
s. dort
Schadensersatz
s. dort
Schadensersatz wegen Nichterfüllung
s. dort
Schadensersatz für nutzlose aufgewendete Urlaubszeit
s. dort
Seebeförderung (Haftung)
Vorbem 651c-g 39 f
Störung der Geschäftsgrundlage
Vorbem 651c-g 29
Überblick **Vorbem 651c-g** 1 ff
Unannehmlichkeiten
s. dort

Gewährleistungsrecht (Forts.)
Uneinheitlichkeit durch nicht abgestimmtes Reisevertragsrecht **Vorbem 651a-m** 35
Unerlaubte Handlung
s. dort
Unmöglichkeit
s. dort
Verjährungsfrist
s. dort
Vermieterhaftung **Vorbem 651c-g** 32
Verschuldensunabhängige Einstandspflicht **651c** 2
Verzichtserklärungen am Urlaubsort **651l** 10
Verzug
s. dort
und Werkvertragsrecht, allgemeines **Vorbem 651c-g** 9 f
Gewerbeaufsicht
Insolvenzabsicherung **651k** 21
Insolvenzsicherung **Vorbem 651a-m** 30
Gewerbsmäßigkeit
des Reiseveranstalters **651a** 44; **651k** 33
Gleichwertigkeit
von Ersatzleistungen **651a** 188; **651c** 158
Golfplatz 651a 42; **651c** 35, 131 f, 134
Graumarkt-Flugticket 651a 62
Griechenland
Umsetzung der EG-Pauschalreise-Richtlinie **Vorbem 651a-m** 86
Großbritannien
Umsetzung der EG-Pauschalreise-Richtlinie **Vorbem 651a-m** 86
Großveranstalter
und unselbständige Buchungsstelle **651a** 136
Gruppenreise
Auswechselung eines Teilnehmers **651b** 6
und Ersetzungsverlangen **651b** 11
Geltendmachung von Mängeln **651a** 84
Kündigung wegen höherer Gewalt **651j** 28
und Kündigungsrecht des Reisenden **651e** 34
und Rechtsstellung von Mitreisenden **651a** 80
und Reisender **651a** 48
Reisepreishaftung **651a** 80
Gruppenunterricht
Sportmöglichkeit **651c** 131
Gutschein 651a 18

Haager Protokoll
Internationale Luftbeförderung **Vorbem 651c-g** 34
Hafen 651c 32, 69, 72, 143
Hafengebühr 651a 151, 153
Haftpflichtrecht
und Begriff der höheren Gewalt **651j** 14

Haftung
für Auskünfte **651a** 62
Eisenbahnbeförderung **Vorbem 651c-g** 41
Ersatzreisender und Buchender **651b** 4, 18, 22 ff, 32
EU-Staaten und Haftungsstandard **Vorbem 651a-m** 88
Flug als Bestandteil einer Pauschalreise **651a** 113
des Leistungsträgers **651a** 56
Luftbeförderung **Vorbem 651c-g** 34 ff
Rechtsscheinhaftung **651d** 14
des Reisebüros **651a** 61
des Reiseveranstalters **651a** 52; **Vorbem 651c-g** 8
des Reisevermittlers **651a** 61
Seebeförderung **Vorbem 651c-g** 39 f
Staatshaftung
s. dort
Zusagen und allgemeines Lebensrisiko **651c** 57
Zusagen, haftungsbegründende **651c** 57
Haftungsbeschränkung
ARB-Einbeziehung, wirksame **651a** 90
Beeinträchtigung durch Dritte **651c** 53
EG-Pauschalreise-Richtlinie **Vorbem 651a-m** 69
Insolvenz des Reiseveranstalters **651k** 16 ff
wegen internationaler Übereinkommen **651h** 38 ff
Konditionenempfehlung **Vorbem 651c-g** 8
Leistungsträgerverschulden **651a** 52; **651h** 26 ff, 38 ff
bei Nichtpersonenschäden **651h** 1 ff
Reiseveranstalter **Vorbem 651a-m** 69; **Vorbem 651c-g** 8, 30, 37; **651f** 3, 6
Reiseveranstalter bei Leistungsträger-Verschulden **651h** 26 ff
des Sicherungsgebers **651k** 3, 16 ff
Vertragliche **651h** 19 ff, 40
Haftungsrisiko 651a 66
Halbpension 651a 16
Hallenbad
Fehlen eines zugesagten – **651c** 110
Frankfurter Minderungstabelle und fehlendes – **Anh 651d**
Handeln mit Verträgen 651a 59
Handelsmaklerrecht
Rechtsbeziehung Reiseveranstalter/Reisevermittler **651a** 49, 63
Handelsvertreterrecht
Rechtsbeziehung Reiseveranstalter/Reisevermittler **651a** 49, 63
Hauptleistung
und Gesamtheit von Reiseleistungen **651a** 14
des Reisenden **651a** 125 ff

Hauptleistung (Forts.)
des Reiseveranstalters **651a** 120 ff;
Vorbem **651c–g** 14, 24
Hausfrau
und Entschädigung für vertane Urlaubszeit **651f** 43, 57
Hausrecht 651a 55
Hautfarbe
und Gästezusammensetzung **651c** 123
Heilerfolg
und Schadensersatz wegen vertanen Urlaubs **651f** 60
Heizung
Ausfall **651c** 111
Luxusreise **651c** 28
Hemmung der Verjährung
Ansprüche wegen Reisemangels **651g** 31 ff
High-School-Besuch
als Reisevertrag **651a** 42
Hilfspersonen 651a 52
Hinweispflicht
als Hauptpflichten Vorbem **651c–g** 24
Nebenpflicht des Reiseveranstalters **651a** 124
Hobbykurs
Teilnahme als Reiseleistung **651a** 13
Veranstalterleistung **651a** 117
Höhere Gewalt
Absage der Reise **651a** 174 f
Allgemeines Lebensrisiko, Abgrenzung **651j** 18
Analoge Anwendung § 645 BGB **651j** 11
Arbeitskampfmaßnahme **651f** 29; **651j** 21 ff
Begriff **651j** 14 ff
Europäisches Recht im Vergleich
Vorbem **651a–m** 87
Hoheitliche Anforderungen **651j** 19
Krieg, Kriegsgefahren, Unruhen **651j** 19
Kündigungsrecht des Reisenden, des Reiseveranstalters **651e** 3; **651j** 1 ff
und Minderung **651d** 1
Naturkatastrophen **651j** 18
Persönliche Hinderungsgründe **651j** 11
und Reisemangel **651c** 55; **651j** 8
Reisemangel und Vertretenmüssen **651f** 14
Rücktrittsrecht des Reiseveranstalters **651i** 66
Strahlengefahr **651j** 18
Terroranschläge **651j** 19
und Unmöglichkeit **651j** 10
Vorhersehbarkeit von Ereignissen **651j** 20
Hoheitliche Anordnungen
als höhere Gewalt **651j** 19
Hotel
Abhilfeform **651c** 157
Analoge Anwendung der §§ 651a ff **651a** 33
Angestellte **651h** 13
Aufenthaltsverlängerung **651f** 77

Hotel (Forts.)
Ausfall von Einrichtungen **651c** 121 f
Ausstattung **651c** 27
Balkonsturz-Fall
s. dort
Balkonzusage **651c** 113
Baukastenprinzip **651a** 19
Baulärm **651c** 79 f
Belästigungen im – **651c** 54
Betten **651c** 10
Bettenwechsel **651c** 114
Bettenzahl, größere **651c** 117
Boutique, fehlende **651c** 104
Brand **651f** 77
Bündelung zu einer Leistungsgesamtheit **651a** 19
Campingplatz, nahegelegener **651c** 118
Diebstahl **651f** 20, 77
Duschmöglichkeiten **651c** 114
Eigenes Hotel des Veranstalters **651a** 20
Einzelleistung **651a** 16, 33
Entschädigung des Reiseveranstalters im Kündigungsfall **651e** 44
Erfüllungsgehilfe **651f** 25
Ersatzreisender **651b** 13, 27
Fahrstuhl, fehlender **651c** 106
Fernsehmöglichkeit, fehlende **651c** 105
Fremdleistung **651a** 25
Gästezusammensetzung **651c** 122 ff
Gefahrenabwendungspflicht **651f** 19
Geruchsauswirkungen **651c** 112
Gesundheitsbelästigung **651f** 79
Gewährleistungsrecht **651a** 56
Größe **651c** 106
Grünanlage **651c** 118
Heizungsausfall **651c** 111
Hellhörigkeit **651c** 86
Höhere Gewalt und Reisemangel **651c** 55
Hotelwechsel als Reisemangel **651a** 171; **651c** 88 ff
Hundehaltung **651c** 115
und Insolvenzsicherung **651k** 7
Katalogmäßiger Vertrieb **651a** 33
Kategorie **651a** 37, 171; **651c** 89, 113, 157, 160, 172; **651d** 36; **651e** 70
Kette **651a** 44, 53
Kinderfreundlichkeit **651c** 141
Kindergarten **651c** 142
Kündigungsrecht des Reisenden und weitere Aufenthaltsgewährung **651e** 62
Leistungsänderung durch Wechsel des – **651a** 171
Leistungsbeschreibung **651c** 11
Leistungsträger-Rechtsbeziehung **651a** 49, 51; Vorbem **651a–m** 2
Leistungsträgerverschulden und Haftungsbegrenzungen **651h** 26 ff
Lüftungsbedingungen **651c** 113

Hotel (Forts.)
Luxushotel **651c** 10, 12, 172
Massage-und Körperpflegemöglichkeiten, fehlende **651c** 107
Minderung **651d** 35
Minderung (Frankfurter Tabelle) **Anh 651d**
Nebenleistung **651a** 17
Ortsspezifische Besonderheiten **651c** 21, 22
Pauschalreise **651a** 13
Personal **651c** 141
Prospekt **651c** 16
Prüfungspflicht des Reiseveranstalters **651f** 16
Reisebestätigung und Buchung, Abweichungen **651a** 73
Reiseleistung allein durch Unterbringung **651a** 16, 33
Reisemangel (Einzelfälle) **651c** 88 ff
Reisemangel und erhebliche Reisebeeinträchtigung **651e** 15
Reisemangel und Vertretenmüssen **651f** 14
Reiseveranstalterhaftung **651c** 39
Reiseveranstalter/Leistungsträger-Beziehung **651a** 49, 51; **Vorbem 651a-m** 2
Sauberkeit, erforderliche **651c** 113
Schließfächer **651f** 20
Selbstabhilfe **651c** 172
Sicherheitsstandard **651f** 77
Standard **651c** 23
Strandentfernung **651c** 12, 76
Strandverschmutzung **651c** 78
Streik **651e** 11; **651f** 23
Terrasse **651f** 75
Überbuchung **Vorbem 651c-g** 16; **651f** 14
Ungeziefer **651c** 119 f
Unmöglichkeit des Verlassens **651c** 51
Unterkunftszusicherung **651c** 9
Verkehrssicherungspflicht des Veranstalters **651f** 76
und Verkehrssicherungspflichten **651f** 75
Vermittlung **651a** 25
Verpflegung als Krankheitsursache **651c** 130
Voucher **651a** 18, 126
Wechsel des Hotels **651a** 171; **651c** 88 ff
Zimmer im – **651a** 34
Hundehaltung
Hotelunterkunft **651c** 115
Hurrikan
Reisemangel infolge eines – **651c** 55

IATA-Klausel 651a 171; **651h** 40
Immaterieller Schaden
Urlaubszeit, vertane als Vermögensschaden oder als – **651f** 41 ff
Impfbestimmungen 651a 144

Impfschadenfall
Rechtslage vor In-Kraft-Treten des Reisevertragsgesetzes **Vorbem 651a-m** 11
Incentive Pauschalreise
als Reisevertrag **651a** 21
Vertragspartner **651a** 79
Individualabrede
Anwendungsbereich des § 651a ff, ausgeschlossener **651a** 5
und halbzwingende Wirkung des Reisevertrgsrechts **651l** 5
Leistungsänderungsvorbehalt **651a** 164, 169
und Massentourismus **651a** 133
und Reisebestätigung **651a** 122
und Reiseveranstalterpflichten **651a** 119
Sonderwünsche **651a** 122
Vorrang vor ARB **651a** 72
Individualreise
Ferienhausvermietung **651a** 29
Initiative des Reisenden **651a** 19
und Pauschalreise, Abgrenzung **Vorbem 651a-m** 2
Informationspflichten
Allgemeine Geschäftsbedingungen, Übermittlung vor Vertragsabschluß **Anh zu 651a 6 InfVO** 16 f
und allgemeines Lebensrisiko **651c** 57
ARB-Einbeziehung **Anh zu 651a 6 InfVO** 17
Auslandsreisen Minderjähriger **Anh zu 651a 8 InfVO** 7
Ausschluß- und Verjährungsfrist **651g** 5, 20
Ausschlußfrist (Reisebestätigung) **Anh zu 651a 6 InfVO** 14
Beförderungsinformationen **Anh zu 651a 8 InfVO** 1 ff
Bestimmungsort (Reisebestätigung) **Anh zu 651a 6 InfVO** 7
Bestimmungsortangabe **Anh zu 651a InfVO** 6
BGB-InfoV **651a** 3 f, 194 ff; **Vorbem 651a-m** 3, 27, 30, 32, 83
Bild- und Tonträger **Anh zu 651a 2 InfVO** 16
CD-Rom, Disketten **Anh zu 651a 2 InfVO** 16
Culpa in contrahendo **Anh zu 651a Vorbem z. InfVO** 6
Datenträger **Anh zu 651a 2 InfVO** 16
EG-Pauschalreise-Richtlinie **Anh zu 651a Vorbem z. InfVO** 1 ff; **Anh zu 651a 5 InfVO** 1; **Anh zu 651a 6 InfVO** 2; **651a** 18 f; **Vorbem 651a-m** 54, 60 ff
Ersatzreisender **651b** 20
EU-Mitgliedstaaten, Angehörige **Anh zu 651a 5 InfVO** 2
Fahrplanzeiten **Anh zu 651a 8 InfVO** 2
Gefahren, Gefahrenverwirklichung **651c** 57

Informationspflichten (Forts.)
Gelegenheitsveranstalter, ausgenommener **Anh zu 651a 11 InfVO 1; 651a 46**
Gesundheitspolitische Formalitäten **Anh zu 651a InfVO 11**
Gesundheitspolizeiliche Formalitäten, Fristenhinweis **Anh zu 651a 5 InfVO 1**
Gewährleistungsrecht **Anh zu 651a Vorbem z. InfVO 6**
Hauptpflichten **Vorbem 651c–g 24; 651f 4**
InfVO 1994 **Anh zu 651a Vorbem z. InfVO 1 ff**
InfVO 1994 als halbzwingendes Recht **651l 3**
Inhalt **Anh zu 651a Vorbem z. InfVO 4**
Kreuzfahrten **Anh zu 651a InfVO 10**
Kritik **Anh zu 651a Vorbem z. InfVO 3**
Last-minute-Reisen **Anh zu 651a 6 InfVO 19**
Leistungsänderungsvorbehalt und Prospektbindung **Anh zu 651a InfVO 15**
Minderjährigkeit und Auslandsreisen **Anh zu 651a 8 InfVO 7**
Mindestteilnehmerzahl **Anh zu 651a InfVO 12**
Pass- und Visumerfordernisse **Anh zu 651a InfVO 11**
Paß- und Visumerfordernisse, Fristeninformation **Anh zu 651a 5 InfVO 1**
Positive Forderungsverletzung wegen Verletzung von – **651f 4**
Prospekt (Verweisungsmöglichkeit) **Anh zu 651a 6 InfVO 18; Anh zu 651a 8 InfVO 8**
Prospektangaben **Anh zu 651a InfVO 1, 1 ff; 651a 138; Vorbem 651a–m 54**
Prospektangaben und Bindungswirkung **Anh zu 651a InfVO 13 ff**
vor Reisebeginn **Anh zu 651a 8 InfVO 1 ff**
Reisebeschreibung **Vorbem 651a–m 54**
Reisebestätigung, Erfordernis und Inhalt **Anh zu 651a 6 InfVO 1 ff**
Reisebestätigung (Verweisungsmöglichkeit) **Anh zu 651a 8 InfVO 8**
Reisedatum (Reisebestätigung) **Anh zu 651a 6 InfVO 8**
Reisemängel und Obliegenheiten (Reisebestätigung) **Anh zu 651a 6 InfVO 13**
Reisemangel verursachende Umstände **651f 16**
Reisemerkmale und Änderungsvorbehalt **Anh zu 651a 2 InfVO 15**
Reisemerkmale und Prospektangaben **Anh zu 651a InfVO 5 ff**
Reisepreis und inbegriffene Leistungen (Reisebestätigung) **Anh zu 651a 6 InfVO 9**
Reisepreis und Prospektinhalt **Anh zu 651a InfVO 3**
Reisepreisänderungsvorbehalte (Reisebestätigung) **Anh zu 651a 6 InfVO 10**

Informationspflichten (Forts.)
Reiseroute **Anh zu 651a InfVO 10**
Reiserücktrittskosten-Versicherung (Belehrung) **Anh zu 651a 4 InfVO 3**
Reiseveranstalter (Name und Anschrift in der Reisebestätigung) **Anh zu 651a 6 InfVO 12**
Reiseveranstalterpflichten **651a 119**
Reiseveranstalterstellung **651a 43**
Reiseversicherungen (Reisebestätigung) **Anh zu 651a 6 InfVO 15**
Rundreisen **Anh zu 651a InfVO 10**
Sanktionen bei Verletzung **Anh zu 651a Vorbem z. InfVO 5**
Schadensersatzanspruch **Anh zu 651a Vorbem z. InfVO 6**
Sitzplatzbenennung **Anh zu 651a 8 InfVO 5**
Sonderwünsche (Reisebestätigung) **Anh zu 651a 6 InfVO 11**
Staatsangehörigkeit **Anh zu 651a 5 InfVO 2**
Streikrisiken **651f 24**
Transportmittelangabe **Anh zu 651a InfVO 7**
Treu und Glauben und begrenzte – **651a 123**
Unterbringungsangaben **Anh zu 651a InfVO 8**
Verbraucherschutz **Anh zu 651a Vorbem z. InfVO 1**
Verjährungsfrist (Reisebestätigung) **Anh zu 651a 6 InfVO 14**
Verordnung **651a 194**
Verpflegungsangaben **Anh zu 651a InfVO 9**
Vertragliche Pflichten **Anh zu 651a Vorbem z. InfVO 4**
Vertretung des Reiseveranstalters, örtliche **Anh zu 651a 8 InfVO 6**
Verweisungsmöglichkeit (Prospekt) **Anh zu 651a 6 InfVO 18**
Verweisungsmöglichkeit (Prospekt, Reisebestätigung) **Anh zu 651a 8 InfVO 8**
Videokassetten **Anh zu 651a 2 InfVO 16**
Vorvertragliche Pflichten **Anh zu 651a Vorbem z. InfVO 4; 651a 138**
Wettbewerbsrecht **Anh zu 651a Vorbem z. InfVO 7**
Zahlungsmodalitäten und Prospektangaben **Anh zu 651a InfVO 3**
Zweistufigkeit der Information **Anh zu 651a 6 InfVO 2 f**

Informationsverordnung
Umsetzung der EG-Pauschalreise-Richtlinie und – **651a 194 f**

Inhaltsirrtum
über die Reise **651a 92**

Insekten 651c 56

Inserat 651a 34

Insolvenz des Reiseveranstalters
Absicherung des Reisenden (Reisepreis, Rückreise) **651a** 17, 43, 46; **651k** 1 ff
Anspruch des Reisenden auf Sicherung, nmittelbarer **651k** 19 ff
Ausfall von Reiseleistungen, insolvenzbedingter **651k** 9 ff
Ausnahmen von der Sicherungspflicht **651k** 31 ff
Bankgarantie, Bankbürgschaft **651k** 15
EG-Pauschalreise-Richtlinie **Vorbem 651a-m** 74 ff; **Vorbem 651k** 1, 11, 18 f, 24, 30 f
EuGH-Rechtssache Rechberger **Vorbem 651a-m** 29
Gewährleistungsansprüche, ausgeschlossene **651k** 12
Gewerbliche Kontrolle **Vorbem 651a-m** 30; **651k** 21
Haftungsbegrenzung **651k** 16 ff
Konditionenempfehlung zur Insolvenzabsicherung **651k** 36 f
Kundengeldabsicherer **651k** 6, 8, 21
und Leistungsträgerstellung **651a** 56
Pflichtenverstöße bei Zahlungsannahme **651k** 29
Reisepreiszahlung vor Reisebeginn **651a** 125, 128, 133 f; **651k** 1 ff
Schwarztouristiker **651k** 14
Sicherungsschein
s. dort
Umsetzung der EG-Richtlinie, verspätete in Deutschland **Vorbem 651a-m** 84; **651k** 2
Versicherung, freiwillige **651k** 14
Vorauskasse-Rechtsprechung, frühere **651k** 1
und Vorkasse-Entscheidungen **651a** 131
Zahlung auf den Reisepreis/an den Reisevermittler (Sicherungsbedingungen) **651k** 24 ff
Zweites ReiseRÄndG 2001 **Vorbem 651a-m** 29; **651k** 5
Insolvenz des Reisevermittlers
Absicherung des Reisenden aufgrund Kundengeldinempfangnahme **651k** 6 f, 23, 25, 29
Insolvenzrisiken
Leistungsträger **651k** 8
Reisebüro **651k** 8
Zug-um-Zug-Leistung **651a** 131
Interessewegfall
für den Reisenden **651e** 48, 52, 57
Internationale Gastschulaufenthalte
s. Gastschulaufenthalte
Internationale Übereinkommen
Haftungseinschränkung zugunsten von Leistungsträgern **651h** 38 ff

Internationale Zuständigkeit
Pauschalreisevertrag **Vorbem 651a-m** 94
Internationales Privatrecht
Pauschalreisevertrag **Vorbem 651a-m** 89 ff
Internet
Annahme des Angebots **651a** 72
Reisebuchung **651a** 72, 87
und schriftliche Reisebestätigung **651a** 87
Invitatio ad offerendum
Reisebuchung **651a** 65
Irland
Umsetzung der EG-Pauschalreise-Richtlinie **Vorbem 651a-m** 86
Irrtumsanfechtung
Reisevertrag von Reiseantritt **Vorbem 651c-g** 28
IT-Flugreise
Reisebuchung **651a** 108, 112
und Vermittlerklausel **651a** 112
Italien
Umsetzung der EG-Pauschalreise-Richtlinie **Vorbem 651a-m** 86

Jagdreise **651a** 42; **651c** 144
Joker-Reisen
und Reisemangel **651c** 37
Jugend-Club 651a 41
Jugendfreizeit 651a 44
Jugendreise 651b 11
Juristische Personen des öffentlichen Rechts
und Insolvenzsicherung **651k** 3, 35

Kaffeefahrt
in das Ausland **Vorbem 651a-m** 90
Kalkulation
des Reiseveranstalters **651e** 77; **651i** 42
Kalkulationsfehler 651a 126, 153 f, 175, 180
Kartellrecht
und Insolvenzrisiko **651k** 13
und Konditionenempfehlung **651i** 58
Katalog
s. a. Leistungsbeschreibung
ARB-Hinweis **651a** 87
Baukastensystem und Gesamtkatalog **651a** 19
und Buchungszeitpunkt **651c** 12
Dienstleistungen, Verbund **Vorbem 651a-m** 48
Doppelcharakter **651c** 11
Drucklegungsklausel **651c** 13
Eigenschaftszusicherung **651c** 46
Ferienhausangebot durch Touristikunternehmen **651a** 31
Gesamtheit von Reiseleistungen **651a** 102
Irreführungsverbot **Vorbem 651a-m** 54 f
und Prospektbegriff **Anh zu 651a 2 InfVO** 1
und Reisebestätigung, Abweichung **651c** 18 f

Katalog (Forts.)
Reisemangel und Bedeutung des – **651c** 10 ff
Kaufvertrag
Abschaffung der kurzen Verjährungsfrist **Vorbem 651a-m** 31
Beschaffenheitsvereinbarung **Vorbem 651a-m** 31
Reisebürotätigkeit **651a** 45
Reiseleistung, einzelne **651a** 34
und Reisevermittlung **651a** 59
und Reisevertrag, Verjährungsgleichlauf **651g** 4; **651m** 4
Kenntnis
und Ersetzungsverlangen **651b** 11
Mangelkenntnis **651d** 25, 29; **651e** 32
Persönliche Umstände des Reisenden **651e** 22
Kerosinpreis
Kostensteigerung und Preiserhöhung **651a** 154
Kinderbetreuung
Frankfurter Minderungstabelle und fehlende – **Anh 651d**
Zusage **651c** 140 ff
Kindergarten
Zusicherung **651c** 142
Kinderspielplatz 651c 140 ff
Kirche
als Reiseveranstalter **651a** 44; **651k** 35
Klage, Klagbarkeit
Klagen des Reisenden, des Reiseveranstalters **651g** 48 f; **651l** 11
Verjährungsproblematik **651g** 4
Kleidung 651a 124
Kletterurlaub
und Ersetzungsverlangen **651b** 11
Klimaanlage 651c 32, 59, 97, 111
Klimatische Verhältnisse
und allgemeines Lebensrisiko **651c** 56
Klinikaufenthalt
und Schadensersatz wegen vertanen Urlaubs **651f** 60
Körperliche Beschwerden
Bedürfnisse und Veranstalterhinweise **651c** 84
Ruhewunsch und Vertragsinhalt **651c** 84
Körperschäden
ARB-Haftungsklauseln **651h** 22
Deliktische Haftung **651h** 6, 17, 22
EG-Pauschalreise-Richtlinie **651h** 4
Haftungsbeschränkung aufgrund internationaler Abkommen **651h** 38
Haftungsbeschränkung, ausgenommene – **651h** 15
Haftungslage in Deutschland **Vorbem 651a-m** 69
als Mangelfolgeschaden **651f** 3, 33

Körperschaften des öffentlichen Rechts
und Insolvenzsicherung **651k** 35
Komfort
Kreuzfahrt **651c** 32, 75
Luxushotel **651c** 12
und Reisemangel **651c** 29
Kommerzialisierung
des Urlaubs **651f** 43, 52, 56
Konditionenempfehlung
s. a. Allgemeine Reisebedingungen
Absagevorbehalt **651a** 175 ff
Anmeldung und Einstandspflicht **651a** 83
Anspruchsanmeldung, Frist **651g** 26
und Anzahlungsverpflichtung **651a** 137
Ersatzreisender und Mehrkosten **651b** 30
Ersetzungsbefugnis **651b** 30
Fremdleistungsklauseln **651a** 110 f
Gewährleistungsrecht **Vorbem 651c-g** 7 f
Haftungsbeschränkung **Vorbem 651c-g** 8; **651h** 22
Höhere Gewalt und Rücktrittsrecht **651j** 42
und Insolvenzsicherung **651k** 36
Kündigung durch den Reisenden **651e** 10
Leistungsänderungsvorbehalt **651a** 166 f
Nichterreichen der Mindestteilnehmerzahl **651a** 176
Örtliche Reiseleitung, fehlende **651c** 150
Preisänderungsvorbehalt **651a** 151 ff
Reiseveranstalterpflichten **651a** 120
Rücktrittsrecht des Reiseveranstalters vor Reiseantritt **651i** 6
Umbuchung, einvernehmliche **651a** 190
Umfang vertraglicher Leistungen **651c** 17
Verjährung vertraglicher Ansprüche **651g** 45
Verstoß gegen halbzwingendes Recht **651l** 8
Vorzeitige Rückreise und ersparte Aufwendungen **651i** 14
Kontingentvertrag 651a 51
Koordinationsfehler
bei der Beförderung **651c** 64 ff
Korrespondenzreisebüro 651a 62
Kosten
der Abhilfe **651c** 154
und Entschädigungsbemessung nach Kündigung **651e** 46
Ersatzreisender, Mehrkosten **651b** 25
Kündigung durch den Reiseveranstalter, außerordentliche **651e** 6
Mehrkosten nach Kündigung wegen höherer Gewalt **651j** 34
Mehrkosten nach Rücktritt des Reisenden **651e** 68 ff
Preisänderungsklauseln **651a** 155 f
Rückreise nach Insolvenz **651k** 11
Stornokosten nach Kündigung wegen höherer Gewalt **651j** 39
Umbuchungskosten **651i** 43

Krankenhausaufnahmevertrag
und Schadensersatz wegen vertanen
Urlaubs **651f** 60
Krankheit
und Kündigungsrecht **Vorbem 651c–g** 4;
651e 6
nach nutzlos aufgewendeter Urlaubszeit
651f 69
Selbstabhilfe ohne Nachfristsetzung
651c 168
Verpflegung als Ursache **651c** 130
Kreditierte Reise
und Reisemängel **651a** 140
Kreditinstitut
Insolvenzrisiko **651k** 3, 13 ff
Kreditkartenunternehmen
Reiseangebote **651a** 44
Kreditwürdigkeit 651a 133
Kreuzfahrt
s. a. Schiffsreise
Bestandteile **651c** 32
Einsatz anderen Schiffs **651c** 75
Frankfurter Minderungstabelle **Anh 651d**
als Reiseleistung **651a** 15
Reisemangel **651c** 10, 32, 54
als Reisevertrag **651a** 40
Krieg, Kriegsgefahr
als höhere Gewalt **651j** 19
Kündigungsrecht wegen höherer Gewalt
AGBG-Kontrolle **651j** 40 f
Allgemeine Reisebedingungen **651j** 1, 40 ff
Allgemeines Lebensrisiko, Abgrenzung
651j 18
Außergewöhnliche Umstände **651j** 14, 41
Beeinträchtigung der Reise, erhebliche
651j 24
für beide Vertragsparteien **651j** 1, 28
Culpa in contrahendo **651j** 20
Darlegungs- und Beweislast **651j** 43
Dogmatische Einordnung **651j** 4
EG-Pauschalreise-Richtlinie **651j** 16
Entschädigungsanspruch des Reiseveranstalters (Teilleistungen) **651j** 2, 31
Erbrachte Reiseleistungen (Entschädigung)
651j 2, 31
Erklärung **651j** 26 ff
Erkundigungspflichten **651j** 20
Gefährdung, erhebliche der Reise **651j** 24
Gewährleistungsrechte **651j** 8, 13
Gruppenreisen **651j** 28
Höhere Gewalt (Begriff, Beispiele)
s. Höhere Gewalt
Informationspflichten **651j** 20
Konditionenempfehlung **651j** 42
Konkludente Erklärung **651j** 26
Konkurrenz von Kündigungsrechten
651j 6 ff
Kostentragung, Mehrkosten **651j** 34

Kündigungsrecht wegen höherer Gewalt (Forts.)
Kündigungsberechtigte (Reisender, Reiseveranstalter) **651j** 28
Meistbegünstigungsprinzip (Konkurrenz von Kündigungsgründen) **651j** 6
und Minderung **651j** 9
Normzweck **651j** 1 ff
Notwendige Maßnahmen des Reiseveranstalters **651j** 33
und positive Forderungsverletzung **651j** 20, 33
Rechtsnatur **651j** 4
vor Reisebeginn, nach Reisebeginn **651j** 25
Reisemangel und höhere Gewalt **651c** 55
Reisepreis, Rückzahlungsanspruch
651j 36 ff
Rückbeförderungspflicht **651j** 33
Rückgewährschuldverhältnis **651j** 30, 37
und Rücktrittsrecht, freies des Reisenden
651i 3
Stornokosten **651j** 2, 39
Treu und Glauben **651j** 34
Ungerechtfertigte Bereicherung **651j** 37
Unmöglichkeit der Reiseleistung **651j** 1, 10 ff, 24
Verbraucherschutz **651j** 23
Verjährung **651j** 38
Vorsorgepflicht **651j** 22
Wegfall der Geschäftsgrundlage **651j** 4, 12, 39
Zeitpunkt **651j** 25
Zustellung der Erklärung **651j** 27
Kündigungsrecht des Reisenden wegen Reisemangels
Abgrenzung zu anderen Lösungsmöglichkeiten **651e** 3 ff
Abhilfe, unmögliche **651e** 29
Abhilfe, unterbliebene **651e** 27
Abhilfe, verweigerte **651e** 30
Abhilfeanbieten, nachträgliches **651e** 8
Abhilfefrist **651e** 23 ff
Abhilfefrist, entbehrliche **651e** 28 ff
Ablehnungsandrohung, nicht erforderliche
651e 26
Abweichende Vereinbarungen **651e** 10
Alternative Kündigungsmöglichkeiten
651e 19
nach Ankunft, nach Ablauf störungsfreier
Zeit **651e** 54
Ausschlußfrist, Verjährungsfrist **651g** 1 ff
Außerordentliches Kündigungsrecht § 242
651e 6
Balkonzusage **651c** 113
Besonderes Reisendeninteresse an der –
651e 31 f
Beweislast **651e** 73 ff
bis Reiseantritt **651e** 4

**Kündigungsrecht des Reisenden wegen
Reisemangels** (Forts.)
Duldungspflichten des Veranstalters
  651e 62
als eigenständiges Kündigungsrecht **651e** 2
Einzelfallbedingungen **651e** 15
Entschädigungsanspruch des Reiseveranstalters
  s. dort
Erhebliche Beeinträchtigung für den
  Reisenden **651e** 11 ff
Erklärung **651e** 33
Erstattungsanspruch des Reisenden **651e** 71
Fehler, fehlende zugesicherte Eigenschaften **651e** 13
Fristablauf als Voraussetzung **651e** 27
Fristsetzung, entbehrlicher **651e** 28 ff
Gruppenreise, Besonderheiten **651e** 34
Höhere Gewalt **651j** 1 ff
Hotelaufenthalt, weiterer **651e** 62
Konditionenempfehlung **Vorbem 651c–g** 8
Mehrkosten **651e** 68 ff
und Minderung **651d** 4, 34
Minderungsquote, Bedeutung **651e** 17
und nachwirkende Vertragspflichten des
  Veranstalters **651e** 60 ff
Nichterfüllung einer Reiseleistung **651e** 16
nach nutzlos aufgewendeter Urlaubszeit
  651f 70
Preisänderung um mehr als 5% **651e** 5
Rechtsfolgen **651e** 35 ff
vor Reiseantritt **651e** 7
Reiseleistung, wesentliche Änderung **651e** 5
Reisemangel von besonderem Gewicht
  651e 11 ff
Reisepreis, Anspruchsverlust **651e** 35 ff
Rückabwicklungsverhältnis eigener Art als
  Folge **651e** 2
Rückbeförderungspflicht **651e** 60 ff
nach Rückkehr von der Reise **651e** 8
und Rücktrittsrecht des Reisenden, freies
  vor Reisebeginn (Abgrenzung) **651** 3
Rücktrittsregelung, modifizierte **651e** 2
Schadensersatzanspruch **651e** 72
und Schadensersatzanspruch wegen Nichterfüllung **651f** 3
Umgestaltung des Vertragsverhältnisses
  651e 38
Ungerechtfertigte Bereicherung **651e** 36
Unterkunftsgewährung, weitere **651e** 60
Unzumutbarkeit der Reise **651e** 11 ff
Verpflegungsgewährung, weitere **651e** 60
Verwirkung **651e** 8
während der Reise **651e** 7
Wichtiger Kündigungsgrund **651e** 6
Kündigungsrecht des Reiseveranstalters
Höhere Gewalt und Kündigungswettlauf
  651e 3

Kündigungsrecht des Reiseveranstalters (Forts.)
Vertragliches Recht, gesetzliche Gründe
  (Übersicht) **651i** 64
Kulanzangebot
und Verjährung **651g** 36
Kulturveranstaltung
Teilnahme als Reiseleistung **651a** 13
Kundengeldabsicherer
  s. Insolvenz des Reiseveranstalters
Kunstführung 651a 16
Kurtaxe 651a 135
Kurzurlaub
und Reisebeeinträchtigung **651e** 45, 54

Lärm
und allgemeines Lebensrisiko **651c** 56
Baulärm
  s. dort
durch Diskotheken **651c** 81
Entschädigung des Reiseveranstalters im
  Kündigungsfall **651e** 45
durch Fahrstühle **651c** 81
Gesundheitsbeeinträchtigung **651c** 79;
  651f 79
Hinweis auf Quellen **651c** 12
Hotel-Hellhörigkeit **651c** 86 f
Hundelärm **651c** 115
Minderung **651d** 34
durch Mitreisende **651c** 54, 123
Musikalische Veranstaltungen als – **651c** 22
zur Nachtzeit **651c** 82
Ortsüblichkeit **651c** 82
Ortsspezifische Besonderheiten **651c** 22
Prüfungsobliegenheit **651c** 79
Reisemangel (Einzelfälle) **651c** 79 ff
Reisemangel und erhebliche Reisebeeinträchtigung **651e** 15
Tiere **651c** 115
und unmögliche Mangelbeseitigung
  651d 25
und Unterkunft **651c** 39
Urlaubsort, Bedeutung **651c** 12
Verkehrslärm **651c** 85
Landestypische Verpflichtungen
Reiseveranstalter und ortsspezifische
  Besonderheiten **651c** 21
Landesüblichkeitsklausel 651a 121
Last-minute-Reisen
und Annahme des Reiseveranstalters
  651a 72
EG-Pauschalreise-Richtlinie
  Vorbem 651a–m 61
Ersetzungsbefugnis **651b** 7
Informationspflichten **Anh zu 651a** 6
  InfVO 19
Lebensbedarf der Familie
und Reisevertrag **651a** 77

Lebensgemeinschaft
und Vertragspartnerfrage 651a 81
Lebenshaltungskosten
und Reisepreiserhöhung 651a 163
Lebensmittelvergiftung 651d 29; 651e 45
Lebensrisiko
s. Allgemeines Lebensrisiko
Lebensverhältnisse
Ortsspezifische Besonderheiten 651c 22
Leistungsänderung
und Abhilfeform 651c 157
Einseitige 651a 193
Erheblichkeit 651a 168 ff
Erklärung 651a 172
Nachträgliche 651a 150 ff
Rechtsbehelfe Reisender 651a 173, 184 ff
Rechtsfolge 651a 149
Vertragswidrige – 651c 157
Vorbehalt, Prospektangaben und – **Anh zu** 651a 2 InfVO 15
Vorbehalt und Reisemangel 651c 38
Vorbehaltsklausel 651a 148, 164 ff; 651c 38
Wirtschaftliche Gründe 651a 165
Zumutbarkeit 651a 167, 169
Leistungsbeschreibung
s. a. Katalog; Prospekt
Änderungshinweis 651a 169
in der Buchungserklärung, in der Reisebestätigung 651a 121
Eigenschaftszusicherung 651c 45
und Reisebestätigung, Abweichung 651c 18 f
Unwägbarkeiten der Natur 651c 8
Leistungsbestimmungsrecht
Fortuna-Reisen 651a 37; 651c 37
Leistungseinheit
Reiseveranstaltungs –, Reisevermittlungsvertrag 651a 107
Leistungshindernisse
Anfängliche, nachträgliche **Vorbem** 651c-g 21 f
und Sphärenzuordnung 651j 11
Leistungsmerkmale
und Eigenschaftszusicherung 651c 47
Leistungsstörungen
Mängel der Reise
s. Gewährleistungsrecht
und Reise-Gewährleistungsansprüche **Vorbem** 651c-g 11 ff
Reisevertragsgesetz, Entstehungsgeschichte **Vorbem** 651a-m 14
Reisevertragsrecht, unterbliebene Anpassung an das allgemeine Recht der – **Vorbem** 651a-m 35
Reisvertragsrecht und Anwendung des allgemeinen Rechts der – **Vorbem** 651c-g 11 ff

Leistungsträger
Abhängigkeit vom Veranstalter 651h 28 ff
Adressat des Abhilfeverlangens 651c 149 ff
Angestellte 651f 25, 27; 651h 13
Ansprüche des Reisenden 651a 56
Ausfall bei Quarantäne 651c 143
Ausländischer – 651h 3, 30
Auswahl 651a 120; 651f 76; 651h 31
Auswahl und Überwachung 651a 120
Eigenmächtiges Verhalten 651f 78
als Erfüllungsgehilfe 651f 25
Erfüllungsgehilfen, qualifizierte 651a 52
und Ersetzungsbefugnis 651b 13
Haftungsbegrenzung für den – 651h 10
Haftungseinschränkung aufgrund internationaler Übereinkommen 651h 43
Haftungseinschränkung für den Veranstalter bei Verschulden des – 651h 26 ff
Insolvenzrisiko 651k 8
Kontrolle durch den Veranstalter 651h 11, 27
Kontrollmöglichkeit und Haftungsbegrenzung 651h 11
Koordination 651c 31
Legaldefinition 651a 2
Mängelanzeige gegenüber – 651d 15
Pauschalierte Entschädigung nach Reisendenrücktritt vor Reisebeginn 651i 43
Rechtsbeziehungen 651a 49
Regreß des Reiseveranstalters 651e 37
Reisebeeinträchtigung durch – 651c 53
Reisemangel und Vertretenmüssen 651f 11
und Reisender 651a 56
und Reiseveranstalter, Verbundenheit 651h 28 ff
und Reiseveranstalterorganisation 651a 52
Sphäre 651f 23
Stornokosten nach Kündigung wegen höherer Gewalt 651j 39
Streik des Personals 651j 22
Überwachungspflicht des Reiseveranstalters 651f 76, 78
Verhältnis Reiseveranstalter und – 651a 51 ff
und Verkehrssicherungspflichten 651f 76 f
Verrichtungsgehilfenstellung, fehlende 651f 78
Verschulden 651f 11, 25
Verschulden, alleiniges 651h 26 ff
Leistungsverweigerungsrecht
AGB-Ausschluß 651a 129
Leitbild
des Reisevertrags 651a 182
Leserreise 651a 44
Linienflug
s. Flugreise

Lösungsmöglichkeiten vom Reisevertrag
  durch Reisenden (Übersicht) **651i** 3, 63;
  651j 5 ff
  durch Reiseveranstalter (Übersicht) **651i** 64
Lüftungsbedingungen
  Hotelunterkunft **651c** 113
Luftaufsicht 651a 55
Luftbeförderung
  s. Flugreise
Luftfrachtführer 651a 113; **Vorbem 651c–g** 35
Luftverkehr 651a 55
Luftverkehrsgesellschaft 651a 51; **651b** 13;
  651f 15
LuftVG 651a 55
Luxusreise
  Luxushotel **651c** 10, 12, 172
  Reisemangel **651c** 10, 28
  Unterrichtung des Reisenden **651c** 12

Mahnung
  Verzug des Reisenden **651a** 142
Mainzer Minderungsspiegel 651d 40
Maklervertrag
  Erfüllungsgehilfeneigenschaft, fehlende
    des Maklers **651a** 64
  Rechtslage vor In-Kraft-Treten des Reise-
    vertragsgesetzes **Vorbem 651a–m** 8
  und Reisevermittlung **651a** 58
Mangel der Reise
  s. Reisemangel
Mangelfolgeschäden
  Ausschlußfrist, Verjährungsfrist **651g** 7
  Mietrechtlicher Nichterfüllungsschaden,
    Anknüpfung **651f** 31
  Personenschäden, Sachschäden **651f** 32
  als Schäden infolge Nichterfüllung
    Vorbem 651c–g 5
  als Schäden infolge Nichterfüllung
    (Beispiele) **651f** 33
Mangelfreiheit
  und Erfüllungspflicht **651c** 2
Massentourismus
  Beeinträchtigung durch Mitreisende
    651c 54
  Gepäckproblem **651e** 31
  und Haftungsbeschränkungen **651h** 3
  und Individualabreden **651a** 133; **651l** 2
  und Reisebeeinträchtigungen **651c** 9
  und Reiseunannehmlichkeiten **651c** 49
  Unannehmlichkeiten **651c** 121
  und Verjährungsfrist **651g** 4
Mauritiusentscheidung
  Konkurrenzverhältnis zwischen Kündi-
    gungsmöglichkeiten **Vorbem 651a–m** 19
Mehrheit von Reiseleistungen
  s. Gesamtheit von Reiseleistungen
Mehrheit von Reisenden 651a 84

Mehrkosten
  s. Kosten
Meistbegünstigungsprinzip
  Konkurrenz von Kündigungsgründen
    651j 6
Meldepflicht 651a 144
Messe
  Teilnahme **651a** 13
Mietrecht
  Ferienhausüberlassung
    s. dort
  Nichterfüllungsschaden **651f** 31
  Pauschalreise und – **651a** 28, 34
  Reiseleistung, einzelne **651a** 26
  und Veranstalterhaftung **Vorbem 651c–g** 32
Mietwagen
  Fehlen eines zugesagten – **651c** 139
  Stellung als Reiseleistung **651a** 13
  als Zusatzleistung **651a** 100, 117
Militärstationierung
  als Reisemangel **651c** 102
Minderjährigkeit
  und Auslandsreisen, Unterrichtungspflich-
    ten vor Reisebeginn **Anh zu 651a** 8
  InfVO 7
  Gastschulaufenthalte **651l** 8
  und Reisebuchung **651a** 76
Minderung
  Abhilfeverlangen und Mängelanzeige,
    Verhältnis **651d** 13
  Ablehnungsandrohung mit Fristsetzung,
    nicht erforderliche **651d** 1
  Abweichende Vereinbarung **651d** 31
  Anzeigeobliegenheit des Reisenden
    651d 8 ff
  Anzeigeunterlassen, schuldhaftes
    651d 28 ff
  ARB-Regelungen **651d** 16, 19 f, 30 ff
  Ausschlußfrist, Verjährungsfrist **651g** 1 ff
  Beeinträchtigungsgrad **651d** 39
  Berechnung **651d** 2, 33 ff
  Beweislast **651d** 27, 41 f
  Beweislastumkehr **651d** 19 f
  Beweissicherung **651d** 10, 16, 19
  Beweiswürdigung **651d** 19
  Darlegungs- und Beweislast **651d** 41 f
  Dauer des Rechts zur – **651d** 3
  Dauernde Störungen **651d** 39
  Eigenschaftszusicherung **651d** 7, 41
  und Entschädigungsanspruch des Reise-
    veranstalters im Kündigungsfall **651e** 43,
    48
  Erklärung, nicht erforderliche der – **651d** 1
  Form der Mängelanzeige **651d** 16 ff
  Frankfurter Tabelle **Anh 651d**
  Geringfügige Beträge **651d** 35
  Gesamtheit der Leistungen, Bedeutung
    651d 33

Minderung (Forts.)
Höhere Gewalt **651d** 1
Hurrikanbeeinträchtigung **651c** 55
Hypothetische – **651d** 4
InfVO **651d** 30
Kalkulation, betriebswirtschaftliche **651d** 37
Kenntnis vom Mangel **651d** 25, 29
Konditionenempfehlung **Vorbem 651c-g** 8
kraft Gesetzes **651d** 1
und Kündigung **651d** 4; **651e** 35
und Kündigungsrecht bei höherer Gewalt **651j** 9
Mainzer Minderungsspiegel **651d** 40
Quotenbildung und Kündigungsrecht des Reisenden **651e** 17
Quotierung und Erheblichkeit einer Reisebeeinträchtigung **651f** 65
Rechtsscheinhaftung **651d** 14
Reduzierung auf Null **651d** 34
Reiseleiter **651d** 14, 15, 16, 19, 24, 30
Reisemangel, erforderlicher **651d** 7
Reisepreisgrundlage **651d** 37
Reiserücktrittskostenversicherung **651d** 37
Reiseveranstalter **651d** 1, 4, 25 f
und Reisevertrag **651d** 6
und Schadensersatzanspruch **651d** 5
und Schadensersatzanspruch wegen Nichterfüllung **651f** 3
Schätzung eines Prozentsatzes des Gesamtpreises **651d** 40
Schematisierte Rechtsanwendung **651d** 40
Sonstige Mängel (Frankfurter Tabelle) **Anh 651d**
Streik **651f** 23
Tabellen **651d** 40
Teilleistung, beeinträchtigte **651c** 42
Transportmängel (Frankfurter Tabelle) **Anh 651d**
Treuwidrigkeit, auszuschließende **651d** 1
Ungerechtfertigte Bereicherung **651d** 6
Unmöglichkeit der Abhilfe **651d** 15, 24 ff, 30
Unterkunftsmängel (Frankfurter Tabelle) **Anh 651d**
Urlaubszeit, vertane **651d** 5
Vergütungsanspruch, Wegfall **651d** 34
Verpflegungsmängel (Frankfurter Tabelle) **Anh 651d**
Verschuldensunabhängige Rechtsfolge **Vorbem 651c-g** 3; **651d** 1
Werkvertrag und Reisevertrag, Vergleich **651d** 1
Zeitpunkt der Mängelanzeige **651d** 23
Zeitraum der Minderung **651d** 3
Zusammengesetzte Reise **651d** 38

Mindeststandard
und Leistungsbestimmungsrecht des Veranstalters **651a** 37
Mindeststandardprinzip
der EG-Pauschalreise-Richtlinie **651a** 5
Mindestteilnehmerzahl
Nachträglicher Wegfall **651a** 179
Nichterreichen **651a** 176 ff
Prospektangabe **Anh zu 651a 2 InfVO** 12
Mini-Golf
Frankfurter Minderungstabelle und fehlender – **Anh 651d**
Mitreisende
Anmeldung von Gewährleistungsansprüchen **651g** 16
Beeinträchtigung der Reise durch – **651c** 54
Lärm, Belästigungen durch – **651c** 123
Rechtsstellung **651a** 80 ff
Reisemangel **651e** 34
Unannehmlichkeiten, bloße **651c** 49
Mitteilungspflicht
des Kundengeldabsicherers **Vorbem 651a-m** 30
des Reiseveranstalters **651a** 168, 172, 185
Mitwirkungsobliegenheiten 651a 145
Mündliche Abreden
Angestellte, Buchungsstellen **651c** 19
Eigenschaftszusicherung **651c** 48
Leistungsbeschreibung **651c** 19
und Schriftformklausel **651a** 122
Mündliche Erklärung
Anmeldung von Gewährleistungsansprüchen **651g** 16
Museumsbesuch
Wegfall angekündigten – **651c** 68
Musik
und Lärmempfinden **651c** 22

Nachbesserungsrecht
und Abhilfeverlangen des Reisenden **651c** 146
Nachfrist
Abhilfeverlangen und Notwendigkeit einer – **651c** 153
Angemessenheit **651c** 165 ff
Bemessungskriterien **651c** 167
und besonderes Interesse **651c** 177 ff
Beweislast **651c** 177
Darlegungslast **651c** 177
Entbehrlichkeit **651c** 177 ff
Reiseverzögerung, Rücktritt ohne – **651a** 10
Schadensersatzverlangen **651f** 8 f
Nachtleben
Urlaubsort, Bedeutung **651c** 12
Nachtruhe
und Baulärm **651c** 79
Diskothekenlärm **651c** 81
Kurzzeitige Störung **651c** 42

Nachtruhe (Forts.)
Minderung **651d** 34
Ortsspezifische Besonderheiten **651c** 22
Näherprinzip
und Reiseveranstalterhaftung **651f** 27
Nationalität
und Gästezusammensetzung **651c** 123
Natur
Unwägbarkeiten und Leistungsbeschreibung **651c** 8
Naturereignisse
Höhere Gewalt **651j** 18
und Reisemangel **651c** 51
Reisemangel und Vertretenmüssen **651f** 14
Unterrichtungspflicht **651a** 123
Nebenkosten 651a 141
Nebenpflichten
und Gesamtheit von Reiseleistungen **651a** 14
und positive Forderungsverletzung **Vorbem 651c** ff 26; **Vorbem 651c-g** 25
des Reisenden **651a** 144 f; **651i** 6
des Reiseveranstalters **651a** 124; **651f** 4; **651k** 3
Unbedeutende – **651a** 17
Neuanmeldung
ARB-Klausel bei Ersetzungsverlangen **651b** 33
Umbuchung und – **651a** 192
Neubeginn der Verjährung
Anerkenntnis des Reiseveranstalters; Vollstreckungshandlung **651g** 42
Nichtantritt der Reise
als Rücktritt des Reisenden **651i** 17
Nichteheliche Lebensgemeinschaft
und Vertragspartnerfrage **651a** 81
Nichterfüllungsschaden
s. Schadensersatzanspruch wegen Nichterfüllung
Nichtgewerbliche Anbieter
und Anwendung des Reisevertragsrechts **Vorbem 651a-m** 87
und Insolvenzsicherung **651k** 23
Nichtigkeit
von Reiseverträgen **651a** 91
Verstoß gegen halbzwingende Normen **651m** 6
Nichtpersonenschäden
Haftungsbeschränkung für den Reiseveranstalter **651h** 1 ff
Nichtvermögensschäden
Entschädigung für vertane Urlaubszeit **651f** 44 ff, 49 ff
Uminterpretation **651f** 56 ff
Niederlande
Umsetzung der EG-Pauschalreise-Richtlinie **Vorbem 651a-m** 86
Nilreise 651a 171

Nilschiffentscheidung
Beweislastumkehr zu Lasten des Reiseveranstalters **Vorbem 651a-m** 22
Nothilfe
Bordgewalt des Kapitäns **651a** 55
Notstand
Bordgewalt des Kapitäns **651a** 55
Notwehr
Bordgewalt des Kapitäns **651a** 55
Nutzlose Aufwendung
von Urlaubszeit **651f** 67 ff
Obhutspflichten
Nebenpflicht des Reiseveranstalters **651a** 124
Nebenpflichten des Reisenden **651a** 39
Obliegenheiten
Anzeige des Reisemangels
s. Reisemangel (Anzeigeobliegenheit)
Hinweisobliegenheit auf Mängelanzeige **651d** 30
Informations-, Informationsbeschaffungsobliegenheit des Reiseveranstalters **651f** 16 ff
Mitwirkungsobliegenheiten des Reisenden **651a** 145
Reisebestätigungshinweis auf – **Anh zu 651a** 6 InfVO 13
des Schülers bei einem Gastschulaufenthalt **651l** 10, 15 ff
Öffentliche Ordnung
Bordgewalt des Kapitäns **651a** 55
Öffentliche Sicherheit
Bordgewalt des Kapitäns **651a** 55
Örtlicher Reiseleiter
s. Reiseleiter
Österreich
Umsetzung der EG-Pauschalreise-Richtlinie **Vorbem 651a-m** 86
Olympische Spiele
Reisevertrag und Nichtteilnahme an den – **651a** 91
Online-Buchungen
Pflichtverletzungen des Reiseveranstalters **651a** 69
Vertragsabschluß, Reiseveranstalterpflichten **651a** 67 f
Zugangsfiktion **651a** 70
Opfergrenze
Wirtschaftliche – **651a** 175, 180 f
Ordnungswidrigkeit
Reisepreisvorauszahlung ohne Sicherungsschein **651k** 29
Organisation
des Reiseveranstalters, Abgrenzung zu Leistungsträgern **651a** 52

Organisationsverschulden
des Reiseveranstalters **Vorbem 651a–m** 93;
651c 150; **651f** 14, 26, 28; **651h** 24 f, 39
Organisator einer Reise
Abgrenzung zum Reiseveranstalter **651a** 45
Ort der Reise
s. Reiseort;Urlaubsort
Ortsbesonderheiten
und Beobachtungspflicht des Reiseveranstalters **651c** 57
und Reisemangel **651c** 21 ff
Ortsprospekt
Aushändigung bei der Buchung **651c** 16
Ortsüblichkeit
Reiseleistung und Maßstab der – **651c** 10, 21 ff, 25, 113, 119
Ortswechsel
Leistungsänderung **651a** 171; **651c** 158

Pacta sunt servanda
und Ersatzreisender **651b** 1
und nachträgliche Preis- und Leistungsänderungen **651a** 150 ff
Parc-Urlaub
und Reiseleistung **651a** 14
Parteiautonomie
und Rechtswahl **Vorbem 651a–m** 89
Paß- und Visumerfordernisse
Prospektangaben **Anh zu 651a 2 InfVO** 11
Reisemangel und Vertretenmüssen **651f** 14
Unterrichtung vor Vertragsabschluß **Anh zu 651a 5 InfVO** 1 f
Veranstalterhinweis **Vorbem 651a–m** 60
Paßbestimmungen 651a 123, 144
Pauschalgebühren 651a 88
Pauschalierung
Entschädigung nach Kündigung **651e** 58, 77
Entschädigung wegen Reisendenrücktritts vor Reisebeginn **651i** 36 ff
Ersatzreisender und pauschalierte Mehrkosten **651b** 28
Zweck der Rationalisierung **651i** 45
Pauschalpreis 651a 22, 96, 118
Pauschalreise
Begriff nach §§ 651a ff **Vorbem 651a–m** 2, 47
Besonderheit **Vorbem 651a–m** 2
Dienstleistungen **Vorbem 651a–m** 47
EG-Pauschalreise-Richtlinie
s. dort
Incentivreise **651a** 21
Individualreise, Abgrenzung **Vorbem 651a–m** 2
Rechtslage vor In-Kraft-Treten des Reisevertragsgesetzes **Vorbem 651a–m** 8 ff
Reisevertrag
s. dort

Pauschalreise (Forts.)
und Reisevertragsrecht **Vorbem 651a–m** 2
Statistik **Vorbem 651a–m** 5
und Vermittlerklausel **651a** 99
Volkswirtschaftliche Bedeutung **Vorbem 651a–m** 2
und Werkvertragsrecht **Vorbem 651a–m** 33
Wirtschaftliche Bedeutung **Vorbem 651a–m** 5 ff
Persönliche Reisendenverhältnisse
und analoge Anwendung § 645 BGB bei undurchführbarer Reise **651j** 11
und Unzumutbarkeit der Reise **651e** 18 ff
Persönlichkeitsrecht
und nutzlos aufgewendete Urlaubszeit **651f** 41
Personalstatut
und Tatortrecht **Vorbem 651a–m** 93
Personenschäden
Haftung des Veranstalters **Vorbem 651c–g** 8
Pflichtverletzung
und Reisemangel **Vorbem 651a–m** 35
Schadensersatzansprüche
s. dort
Pkw 651a 16
Polizei
Anwesenheit als Reisemangel **651c** 103
Portugal
Umsetzung der EG-Pauschalreise-Richtlinie **Vorbem 651a–m** 86
Positive Forderungsverletzung
Anwendungsbereich **Vorbem 651c–g** 24
Ausschluß- und Verjährungsfristen des Reiserechts, keine Anwendung auf – **651g** 6, 25
BGB-Systematik und Reiserecht **Vorbem 651c–g** 11
Erkundigungspflichten des Veranstalters **651j** 20
Ersetzungsverlangen, rechtswidriger Veranstalterwiderspruch **651b** 16
und Haftungsbeschränkung bei Nichtkörperschäden **651h** 16
Informationspflichten, verletzte **Anh zu 651a Vorbem z. InfVO** 6; **651a** 123
und Lösung vom Reisevertrag **651i** 7
Nebenpflichtenverletzung **651f** 4
Rückbeförderungspflicht nach Kündigung wegen höherer Gewaqlt **651j** 33
und Schadensersatzanspruch wegen Nichterfüllung **651f** 4
Verjährung vertraglicher Ansprüche **651g** 44
Postlaufzeit
Anspruchsanmeldung, Versäumnis der Ausschlußfrist **651g** 22
Preis der Reise
s. Reisepreis

Preisänderung
s. Reisepreis
Privates Alltagsleben
und allgemeines Lebensrisiko **651c** 56
Prospekt
s. a. Katalog
s. a. Leistungsbeschreibung
Abweichungen **Vorbem 651a-m** 57
und allgemeines Lebensrisiko **651c** 57
Anforderungen **Vorbem 651a-m** 55
Angaben **Vorbem 651a-m** 55 ff
Angaben, unrichtige **Vorbem 651c-g** 27
und Angebot einzelner Reiseleistungen **651a** 104 f
Anzeigeobliegenheit, unterlassener Hinweis **651d** 30
ARB-Hinweis **651a** 86 f
Ausschluß- und Verjährungsfristen **651g** 5, 20
Beförderungsleistung, Angebot einzelner **651a** 34
Begriff **Anh zu 651a 2 InfVO** 1
Bindungswirkung der Angaben **Anh zu 651a 2 InfVO** 13 ff
Dienstleistungen, Verbund **Vorbem 651a-m** 48
Drucklegungsklausel **651a** 121
EG-Pauschalreise-Richtlinie **Vorbem 651a-m** 55 ff
Eigenschaftszusicherung **651c** 45
Einzelreisebedingungen **651a** 144
Erkundigungspflichten und Mängelursachen **651f** 16
Ersatzort und Feriengebiet **651a** 171
Ferienhausverschaffung **651a** 115
Fortuna-Reise **651a** 37
Fotomaterial **651c** 12
und Fremdleistungsklauseln **651a** 110 ff
Gestaltung **651a** 98, 105
Haftungsbegründende Zusagen **651c** 57
Hotelprospekt **651c** 16
Informationspflichten **Anh zu 651a 2 InfVO** 1 ff
Inhalt **Vorbem 651a-m** 54 ff
als invitatio ad offerendum **651a** 65 f
Irreführungsverbot **Vorbem 651a-m** 54 f
Kinderbetreuung, zugesagte **651c** 140 ff
Klarheit **651a** 121
Klarheit, Wahrheit **Vorbem 651a-m** 42, 55
Konkretisierung der Leistung **651a** 121
Kreuzfahrt **651a** 40
Lärmhinweise **651c** 82
und Leistungsbeschreibung **651a** 121
Leistungsträger-Einrichtungen **651f** 76
Linienflüge **651a** 111
Naturereignisse, Ortsgefahren **651c** 52
Online-Buchungen **651a** 67
Ortsprospekt **651c** 16

Prospekt (Forts.)
Preis des Prospektes **651a** 126
Reiseangaben, deutlich lesbare, klare und genaue **651c** 47
und Reisebestätigung, Abweichung **651c** 18 f
Reisehindernisse **651a** 123
Reiseleistung, Angebot einzelner **651a** 34
Reisemangel und Bedeutung des – **651c** 10 ff
Reisemerkmale, Angaben **Anh zu 651a 2 InfVO** 5 ff
Reisepreisangaben **Anh zu 651a 2 InfVO** 3; **651a** 126, 141
Reiseziel und Veranstalterprobleme **651c** 13
Retuschierungen **651c** 12
Schriftgröße **651a** 112
Sportarten, angebotene **651c** 131
Umfeld der Reise und Reisemangel **651c** 51
Urlaubsort, Bedeutung **651c** 12
Vermittlerklausel und Gestaltung des – **651a** 98, 117
Vertragliche Bindung **Vorbem 651a-m** 57
Vollständigkeitsgrundsatz **651c** 11
und vorvertragliche Informationspflichten **Anh zu 651a Vorbem z. InfVO** 4
Wahrheit **651a** 121
Wahrheit, Klarheit **651c** 11
Werbung **651a** 104
Zahlungsmodalitäten, Angaben **Anh zu 651a 2 InfVO** 4
Zusatzleistungen **651a** 117
Protokoll
Mängelanzeige **651d** 16 ff
Mängelprotokoll und Gewährleistungsansprüche **651g** 11
Provision 651a 25, 97
Prozeßkostenhilfe
und Hemmung der Verjährung **651g** 40
Prüfungsobliegenheit
des Reiseveranstalters (Baulärm) **651c** 79

Qualifizierte Reisepapiere 651a 131 ff, 137
Quarantäne
und Leistungsträgerausfall **651c** 143
Querulantentum
und Unannehmlichkeiten **651c** 49

Ratenzahlung
bei Reisepreis **651a** 140
Rechberger
EuGH-Rechtssache **Vorbem 651a-m** 29
Rechenfehler 651a 93
Rechtsanwalt
Anmeldung von Gewährleistungsansprüchen **651g** 16

Rechtsform
und Insolvenzsicherung **651k** 25
Rechtsgeschäftsähnliche Handlung
Abhilfeverlangen **651c** 147
Anmeldung von Gewährleistungsansprüchen **651g** 16
Rechtsscheinhaftung
und Entgegennahme von Anzeigen **651d** 14
Rechtswahl
Parteiautonomie als Grundsatz
Vorbem 651a-m 89
Verbraucherverträge, Einschränkungen der – **Vorbem 651a-m** 89 ff
Reederei 651a 53
Reihenfolge
der Reiseleistungen **651a** 167
Reinigungskosten
Aufwendungsersatzanspruch bei Selbstabhilfe **651c** 171
Reise
Absage der Reise
s. dort
und analoge Anwendung § 645 BGB bei undurchführbarer Reise **651j** 11
Antritt
s. Reisebeginn
Aufhebung oder Minderung des Nutzens **651c** 2
Beeinträchtigung der Reise
s. dort
Begriff **651a** 12
Beschaffenheitsangaben **651c** 9
Einzelleistung
s. dort
Erlebniswert **651e** 49, 53
Gesamtcharakter **651a** 148, 166
Gesamtheit von Reiseleistungen
s. dort
Höhere Gewalt, Auswirkungen auf die – **651j** 24
Individualreise
s. dort
Informationen von Bedeutung für die –
Anh zu 651a 2 InfVO 2
Legaldefintion **651a** 2
als Leistungspaket **651c** 42
Neuanmeldung **651i** 57
Nichtantritt **651i** 17
Nichterbringung der Reise/eines wesentlichen Teils **Vorbem 651c-g** 14
und nutzlos aufgewendete Urlaubszeit **651f** 67 ff
Pauschalreise
s. dort
und Reiseveranstalter **651a** 43
Risiken **651c** 24, 52
Stornierung **651a** 174
Umfeldbeeinträchtigung **651c** 8

Reise (Forts.)
Unzumutbarkeit **651e** 18 ff
Vereitelung **651f** 63 ff
Wert, Tauglichkeit (aufgehobene, geminderte) **651c** 9
Wertlosigkeit insgesamt **651d** 34
Zusammengesetzte – **651d** 38
Zweck, Nutzen **651c** 6, 51
Zweckverfehlung **651c** 71
Reiseangebot
Günstigstes – **651a** 62
Reiseart
und Beeinträchtigung infolge Reisemangels **651e** 15; **651f** 42
und nutzlos aufgewendete Urlaubszeit **651f** 42
Pauschalierte Entschädigung nach Reisendenrücktritt vor Reisebeginn **651i** 39
und Reisemangel **651c** 26 ff
Reisemangel und Bedeutung der – **651c** 10
Unterrichtung des Reisenden **651c** 12
Reiseausstattung
Unterrichtung des Reisenden **651c** 12
Reisebeeinträchtigung
s. Beeinträchtigung der Reise
Reisebeendigung
und Geltendmachung von Ansprüchen **651g** 12
Vertragliche vereinbarte – **651g** 30
Reisebeginn
Abbruch nach – **651i** 12
Abreisetermin **651a** 150, 159; **651c** 64
Buchung, Veränderungen gegenüber Zeitpunkt der – **651c** 13
Ersatzreisender
s. dort
und Gewährleistungsregeln
Vorbem 651c-g 15
Insolvenz des Veranstalters vor, nach – **651k** 8 f
Kündigungsrecht wegen höherer Gewalt vor und nach – **651j** 25
Kündigungsrecht des Reisenden vor – **651e** 4, 7
und Mindestteilnehmerzahl **651a** 178
und Reisepreisänderung **651a** 162
Rücktrittsrecht des Reisenden, freies vor –
s. Rücktrittsrecht des Reisenden
Rücktrittsrecht des Reiseveranstalters vor – **651i** 6
Rücktrittsrecht bei Verzögerung **651a** 10
und Unmöglichkeit einzelner Leistungen
Vorbem 651c-g 22
und Unterrichtungspflichten vor – **Anh zu 651a 8 InfVO** 1 ff
Vorbehaltloser Antritt **651a** 193
Zeitpunkt **651i** 10

Reisebeschreibung
s. a. Katalog
s. a. Leistungsbeschreibung
s. a. Prospekt
Fremdleistungsklauseln **651a** 109
Irreführungsverbot **Vorbem 651a–m** 54 f
Reisemangel und Bedeutung des –
   651c 10 ff
Reisebestätigung
Abweichungen **651a** 73
und Änderungsvorbehalt **651a** 147
Anforderungen an die Teilnehmer, besondere **651b** 11
Annahme durch – **651a** 65, 72 f
Annahmefrist **651a** 71
ARB-Hinweis **651a** 85
Ausschluß- und Verjährungsfristen **Anh zu 651a 6 InfVO** 14; **651g** 5, 20
Bestimmungsort **Anh zu 651a 6 InfVO** 7
und Buchung, Abweichung **651a** 72
Buchung, Veränderungen gegenüber Zeitpunkt der – **651c** 13
Erfordernis, Mindestinhalt **Anh zu 651a 6 InfVO** 1 ff
Inhalt, zwingend vorgeschriebener **651a** 122
und Katalog, Abweichungen **651c** 18 f
Konkludente Annahme **651a** 73
und Leistungsbeschreibung **651a** 121
Mündliche Abreden **651a** 122
Obliegenheiten bei Reisemängeln **Anh zu 651a 6 InfVO** 13
Preisänderungsvorbehalte **Anh zu 651a 6 InfVO** 10
Reisedatum **Anh zu 651a 6 InfVO** 8
Reiseveranstalter, Name und Anschrift **Anh zu 651a 6 InfVO** 12
Reiseversicherungen, Abschlußmöglichkeit **Anh zu 651a 6 InfVO** 15
Schriftform **651a** 72
Sonderwünsche **Anh zu 651a 6 InfVO** 11; **651a** 116
Sonstige Leistungen **Anh zu 651a 6 InfVO** 9
Verjährungsfrist **Anh zu 651a 6 InfVO** 14
Vermittlerstellung bezüglich Einzelleistungen **651a** 110
als Vertragsannahme **651a** 65
Reisebetreuung 651a 13
Reisebüro
Anmeldung von Ansprüchen **651g** 19
Anzahlung, dem Reiseveranstalter erbrachte **651a** 136, 138
ARB-Kenntnisnahme bei dem – **651a** 86
Bezeichnung als – **651a** 111
Eigenschaftszusicherung **651c** 48
Einzelleistungen, zum Pakte verbundene durch – **651a** 20
Erfüllungsgehilfe **651a** 63

Reisebüro (Forts.)
Fahrkartenverkauf **651a** 114
Ferienhausvermittlung **651a** 30
Flugscheinausgabe **651a** 110
Haftung **651a** 61
Insolvenzrisiko **651k** 8
Kompetenzen **651a** 64
Mängelanzeige gegenüber – **651d** 15; **651g** 12
Pflichten **651a** 62
und Reisehindernisse **651a** 123
als Reiseveranstalter **651a** 60
und Reiseveranstalter **651a** 45, 49
als Reisevermittler **651a** 49, 58; **Vorbem 651a–m** 50
Reisevertrag-Zustandekommen **651a** 72
Risiko fehlerhafter Weiterleitung **651c** 48
Übermittlungsfehler **651a** 122
Reisedatum
Reisebestätigung und Angabe des – **Anh zu 651a 6 InfVO** 8
Reisedokumente **651a** 144
Reiseerfordernisse
und Ersetzungsverlangen **651b** 10 ff
Reisegepäck
s. Gepäck
Reisegepäckversicherung **651a** 14
Reisegesetz
s. Reiserecht
Reisegruppe
s. a. Gruppenreise
Reisehindernisse
Beseitigungspflicht des Reiseveranstalters **651a** 123
Reiseleistung
Änderungen und Kündigungsrecht des Reisenden **651e** 5
Änderungen der Reihenfolge **651a** 171
Anderweitiger Erwerb nach Reisendenrücktritt vor Reisebeginn **651i** 32
Angebotshinweise und Vertragsergänzung, Abgrenzung **651f** 77
Beförderung
   s. dort
Bündelung **651a** 19 f
und Eigenschaftszusicherung **651c** 44 ff
Einzelleistungen
   s. dort
Entschädigungsanspruch im Kündigungsfall
   s. dort
Gesamtheit der Reiseleistungen
   s. dort
Gewährleistungsrecht
   s. dort
Gleichwertigkeit **651c** 158
Mehrheit von Leistungen **651a** 12 ff
Nichterfüllung **651e** 16, 26

Sachregister — Reisemangel

Reiseleistung (Forts.)
und Prüfungspflichten des Veranstalters **651f** 16
Teilleistung
s. dort
Überprüfungspflicht des Veranstalters **651f** 75 f
Umfang **651a** 14; **651c** 10 ff
Unterkunft
s. dort
Vermittlung **651a** 25
Verpflegung
s. dort
Verschmelzung einzelner – **651a** 19
Zeitgebundenheit **651a** 10
Zerlegung in mangelfreie/mangelhafte **651e** 42 ff
Zusatzleistung
s. dort
Reiseleiter
Abhilfeverlangen gegenüber dem örtlichen – **651c** 149 ff
Adressat des Abhilfeverlangens **651c** 149
Anweisungen des Reiseveranstalters, erforderliche **651c** 79
Befähigung **651c** 137
Deutschsprachiger **651c** 14, 137
als Erfüllungsgehilfe des Reiseveranstalters **651a** 52
Fehlen eines befähigten – **651c** 137
Frankfurter Minderungstabelle bei fehlendem – **Anh 651d**
Kündigungserklärung gegenüber dem örtlichen – **651e** 33
Kündigungsrecht wegen Fehlens eines – **651e** 32
Mängelanzeige gegenüber dem örtlichen – **651d** 15; **651g** 11 f
und Mängelprotokoll **651d** 19
Örtlicher – **651a** 14, 17; **651c** 149 ff
Sprachkenntnisse **651c** 33, 137
Reisemangel
s. a. Gewährleistungsrecht
Abhilfe, Abhilfeverlangen
s. dort
ARB **651c** 17, 25, 38
Arglistiges Verschweigen **651g** 14, 30
Arten **651c** 4
Beanstandungen **651g** 11
Begriff **Vorbem 651a-m** 31
Begriff, zweigeteilter ggü Kaufrechts- und Werkvertragsrechtsregelung **651c** 5
Beherrschbarkeit des Mangels **651c** 51 f
von besonderem Gewicht (Kündigungsrecht des Reisenden) **651e** 11 ff
Darlegungs- und Beweislast **651c** 174 ff
Dauer, Umfang **651e** 13
und deliktische Haftung **651f** 75 ff

Reisemangel (Forts.)
Dritte als Verursacher **651c** 53 f
Durchschnittsreisender, Maßstabsfrage **651c** 39
Eigenschaftszusicherung **651c** 44 ff; **651e** 13
Einfache (Rechtsfolgen) **651c** 4; **651e** 14
Einstandspflicht, Grenzen **651c** 49 f
Einteilung, systematische **651c** 4
Einzelfälle
s. Alphabetische Übersicht zu § 651c
Einzelleistungen, mangelhafte **651c** 41 ff
Entschädigung
s. dort
Erhebliche (Rechtsfolgen) **651c** 4
Fehlerbegriff **651c** 4 ff; **651d** 7; **651e** 13
Fehler/zugesicherte Eigenschaft (zweigeteilter Mangelbegriff) **651c** 5
und freies Rücktrittsrecht vor Reisebeginn **651i** 3
Gastschulaufenthalt **651l** 12, 25
und Gesamtreise, Ausstrahlung **651d** 37
und Gruppenreise **651e** 34
Höhere Gewalt **651c** 55; **651j** 8
Informationspflichten, verletzte **Anh zu 651a Vorbem z. InfVO** 6; **651f** 16
und Insolvenzrisiko **651k** 12
Kaufvertrag, Abgrenzung **Vorbem 651a-m** 31; **651c** 5
Konkretisierung, Substantiierung **651g** 17 f
Kündigung durch den Reisenden
s. dort
Lebensrisiko, allgemeines **651c** 56 ff
und Leistungsänderungsvorbehalte **651c** 38
Leistungsstörungsrecht, allgemeines **Vorbem 651a-m** 35; **Vorbem 651c-g** 11 ff
Mangelfolgeschaden
s. dort
Minderung
s. dort
Mündliche Zusicherungen **651c** 19
Offener Mangel **651g** 30
Ortsspezifische Besonderheiten **651c** 21 ff
Pflichtverletzung **Vorbem 651a-m** 35
Prospekt, Beschreibungen (Bedeutung für die Fehlervoraussetzung) **651c** 9
Qualität, Quantität **651c** 7
Reiseart, Bedeutung **651c** 10 ff, 26 ff
Reisenutzen, aufgehobener oder geminderter **651c** 8
Reiseveranstalterpflichten zur Ursachenkenntnis **651f** 16
Reisevereitelung, Reisebeeinträchtigung und Entschädigung für vertane Urlaubszeit **651f** 63 ff
und Reisezweckverfehlung **651f** 67 ff
Schadensersatz wegen Nichterfüllung
s. dort

Reisemangel (Forts.)
  Umfeldbeeinträchtigung **651c** 8
  UN-Kaufrecht als Regelungsmodell
    Vorbem 651a-m 35
  und Unannehmlichkeiten
    s. dort
  Unkenntnis, grob fahrlässige **651d** 29
  und Urlaubszeit, vertane (Entschädigung) **651f** 39 ff
  Verdeckter – **651g** 15, 30
  Verschuldensunabhängige Einstandspflicht **651c** 2
  Verschweigen eines – **651g** 14
  Vertretenmüssen **651f** 11 ff
  und Wegfall einer Entschädigung nach Reisendenkündigung **651e** 47 ff
  Werkvertrag, Abgrenzung
    Vorbem 651a-m 31; **651c** 5
  und Werkvertragsrecht **651c** 8
  Wert oder Tauglichkeit der Reise **651c** 9
  und Zerlegung der Reise in mangelfreien/mangelbehafteten Teil **651e** 42 ff
  Zugesicherte Eigenschaft/Fehler (zweigeteilter Mangelbegriff) **651c** 5
Reisemangel (Anzeigeobliegenheit)
  und Abhilfeverlangen, Abgrenzung **651c** 145
  Adressat **651d** 14 f
  und Anspruchsanmeldung **651g** 13
  Entbehrlichkeit **651d** 24 ff
  Form **651d** 16
  und Minderung des Reisepreises **651d** 8 ff
  Mündliche Erteilung **651d** 16
  und Nachbesserungsmöglichkeit **651d** 10
  Obliegenheit **651d** 9
  Obliegenheitshinweis **Anh zu 651a 6 InfVO** 13
  Protokoll **651d** 16, 18
  und Schadensersatzanspruch wegen Nichterfüllung **651f** 8 ff
  Schuldhaft unterlassene – **651d** 28 ff
  Unbekannte Mängel abzustellen als Normzweck **651f** 8
  Unterlassene Anzeige und Mitverschuldensfolge **651f** 9 f
  am Urlaubsort **651g** 11 f
  Zeitpunkt **651d** 23
  Zweck der Anzeigeobliegenheit **651d** 12
Reisemerkmale
  und Leistungsänderungsvorbehalt **Anh zu 651a 2 InfVO** 15
  Prospektangaben **Anh zu 651a 2 InfVO** 5 ff
Reisender
  Abhilfe, Abhilfeverlangen
    s. dort
  Abmahnung durch den Veranstalter **651e** 6
  Allgemeines Lebensrisiko **651c** 56 ff
  Alter **651c** 84, 106

Reisender (Forts.)
  Anspruchsanmeldung, Versäumnis der Ausschlußfrist **651g** 20 ff
  Arbeitsleben und Erwerbstätigkeit **651f** 57
  Aufwendungsersatzanspruch bei Selbstabhilfe **651c** 171 f
  Auswechselung **651b** 6
  Begriff **651a** 48
  Behinderung **651e** 21
  und Bemessung nutzlos vertaner Urlaubszeit **651f** 71 ff
  Durchschnittsreisender und Reisemangelbegriff **651c** 40, 122
  Einkommen **651f** 73
  Einreisebedingungen, nicht erfüllte **651j** 12
  Einreiseverweigerung **651f** 14
  Empfindlichkeit **651c** 40, 49
  Erfordernisse, besondere **651b** 10 ff
  Erfüllungsanspruch **651c** 146
  Ersatzreisender
    s. dort
  Festhalten durch Polizei **651c** 68
  Gesundheit **651e** 22, 64
  Gesundheitsverletzung **651f** 79
  Gesundheitszustand **651c** 106
  Häusliche Aufwendungen, ersparte **651e** 46, 56
  Hauptpflicht **651a** 125 ff
  Insolvenz des Reiseveranstalters
    s. dort
  Interessewegfall **651e** 48, 52, 57
  Krankenhausaufenthalt **651i** 12
  Kreditwürdigkeit **651a** 133
  Kündigungsrecht
    s. dort
  und Leistungsträger **651a** 56
  Mängelanzeige
    s. Reisemangel (Anzeige)
  und Massentourismus **651c** 49
  Mitverschulden **651c** 63; **651f** 9 f, 19
  Mitwirkungspflichten **651a** 145;
    Vorbem 651a-m 34; **Vorbem 651c-g** 8;
    651i 6
  Nebenpflichten **651a** 144; **651i** 6
  Neuanmeldung einer Reise **651i** 57
  Nichtantritt der Reise **651f** 63
  Persönliche Teilnehmerpflichten **651b** 2
  Persönliche Verhältnisse **651e** 19 ff
  Personenwechsel **Vorbem 651a-m** 62
  Querulant **651a** 133
  Rechte bei Leistungsänderungen **651a** 173
  und Reiseteilnehmer **651a** 48
  und Reisevermittler **651a** 49
  und Reisevertrag **651a** 49
  Rückbeförderungsanspruch nach Kündigung **Vorbem 651c-g** 4; **651e** 1, 49, 55, 60, 64, 66

Reisender (Forts.)
Rücktrittsrecht
s. dort
Rückzahlungsanspruch **651i** 20
Schadensminderungspflicht **651f** 37
Selbstabhilfe
s. dort
Selbstfahrer **651e** 66
Sonderwünsche **651a** 62
Sonderwünsche und Eigenschaftszusicherung **651c** 48
Sphäre des – **Vorbem 651c–g** 21 f; **651e** 6; **651i** 3, 12; **651j** 11
Tod **651f** 34; **651h** 6
Umbuchungswunsch **651i** 57
Unfall **651i** 12
Unterrichtung über Reiseart, Charakter, Ausstattung **651c** 12
als Verbraucher **651a** 48
Verletzung **651a** 124
und Vermittlerklausel **651a** 118
Vermögensverhältnisse **651f** 56
Vertragspartner/bloßer Reiseteilnehmer **651a** 79
Vertragswidriges Verhalten **651e** 6; **651i** 68 ff
Verzichtserklärung am Urlaubsort **651l** 10
Wechsel in der Person (EG-Pauschalreise-Richtlinie) **Vorbem 651a–m** 62
Wunsch, besonderer **651c** 10
Reiseort
s. a. Urlaubsort
und Abhilfeform **651c** 158
Änderung **651a** 94
Zielortverfehlung **651c** 71
Reisepapiere
Mitwirkungsobliegenheit des Reisenden **651a** 145
Qualifizierte – **651a** 131 ff, 137
Reisemangel und Vertretenmüssen **651f** 14
und Rücktrittsrecht des Reisenden **651e** 20
und Vorleistungsklauseln **651a** 131
Reisepreis
Abbruch angetretener Reise **651i** 12
Abwertung und Preisermäßigung **651a** 139
Änderungen **651a** 140 ff; **Vorbem 651a–m** 63
Änderungen und Kündigungsrecht des Reisenden **651e** 5
Änderungsklausel **651a** 160
Änderungsvorbehalte **651a** 147, 151 f
– Preisänderungsklauseln **651a** 155 ff
– Reisebestätigungshinweis **Anh zu 651a 6 InfVO** 10
Anzahlung
s. dort
Aufspaltung eines Gesamtpreises **651a** 23
und Bemessung nutzlos vertaner Urlaubszeit **651f** 71 ff

Reisepreis (Forts.)
EG-Pauschalreise-Richtlinie
Vorbem 651a–m 56
als Endpreis **651a** 126
Entschädigung im Kündigungsfall
s. dort
Entschädigung nach Rücktritt vor Reisebeginn
s. dort
Erhöhung
– Erklärung **651a** 162
– Fristen **651a** 150
– Rechtsbehelfe Reisender **651a** 184 ff
– Rechtsnatur **651a** 162
– Schonfrist **651a** 159
– Umfang **651a** 163
Ersatzreisender **651b** 1, 4, 16, 18, 22 ff, 24, 32
Fälligkeit **651a** 126 f
Gesamtpreis und Leistungseinheit **651a** 107
Gesamtpreis als Minderungsgrundlage **651d** 37
Gesamtpreis und Vermittlerklausel **651a** 107
Gesamtpreisaufspaltung **651a** 112
und Haftungsbeschränkung bei Nichtkörperschäden **651h** 25
Höhe **651a** 141
Insolvenzsicherung
s. dort
Kalkulationsgrundlage **651a** 154
und Konditionenempfehlung **651a** 137
Kreditierung **651a** 140
Kündigung wegen höherer Gewalt und Wegfall der Vergütung **651j** 2, 30
Kündigungsrecht des Reisenden und Anspruchsverlust des Reiseveranstalters **651e** 35 ff
Kündigungsrecht des Reiseveranstalters, außerordentliches **651e** 6
Minderung
s. dort
PAngVO **651a** 141
Preisänderungsklauseln **651a** 155 ff
Preistabelle **651a** 141
Prospektangaben **Anh zu 651a 2 InfVO** 3
Raten **651a** 140
und Reisemangel **651c** 10, 26
Reisevermittlung **651a** 117
Reisevertrag und Erfordernis eines Gesamtpreises **651a** 22 ff
Rücktritt vor Reisebeginn und Wegfalls des Anspruchs auf – **651i** 19
Rückzahlung **651a** 175, 182; **Vorbem 651c–g** 22
Rückzahlung aufgrund Minderung **651d** 6
Rückzahlung nach Kündigung wegen höherer Gewalt **651j** 36 ff

Reisepreis (Forts.)
Rückzahlung als Schadensersatz wegen Nichterfüllung **651f** 14, 36
Rückzahlungsanspruch, vertraglicher im Kündigungsfall **651e** 38
Senkung **651a** 139, 152
Sonstige Leistungen, inbegriffene **Anh zu 651a 6 InfVO** 9
Tagesreisen **651a** 137
und Verbraucherschutz **651a** 161
Vergütungsgefahr **651c** 72
Verjährung **651a** 143
Vermittlerklausel und Gesamtpreisvereinbarung **651a** 97
Verzug **651a** 142; **Vorbem 651c-g** 23
Vorauskasseentscheidungen **Vorbem 651a-m** 20
Vorleistung
s. Anzahlung
Zusatzleistungen **651a** 141
Reiseprogramm
Umstellungen **651c** 73
Reiseprospekt
s. Prospekt
Reiseprozeß
Aktivlegitimation **651a** 84
Reiserecht
Anwendungsbereich **651a** 5 ff
Aufspaltungsproblematik **651a** 26
und Deliktsrecht **Vorbem 651a-m** 93
Entstehungsgeschichte **Vorbem 651a-m** 7 ff, 13 ff
als halbzwingendes Recht **651a-m** 1; **651m** 1 ff
Individualreise
s. dort
Leistungsstörungsrecht und Schuldrechtsmodernisierung **Vorbem 651a-m** 35
Lückenhafte Regelung **Vorbem 651a-m** 37
Pauschalreise
s. dort
Reformbedarf **651a** 6
Regelungseinheit **651a** 32
Reisevertrag (Pauschalreise)
s. Reisevertrag
System **Vorbem 651a-m** 35 ff
und Umsetzung der EG-Pauschalreise **Vorbem 651a-m** 28
Ziel **651a** 57
Zweites Gesetz zur Änderung reiserechtlicher Vorschriften von 2001 **Vorbem 651a-m** 29
Reiserisiken
Aufklärungspflichten **651a** 123
Reiseroute
Abenteuerreise **651c** 31
Abweichungen als Reisemangel **651c** 69 ff
Kreuzfahrt **651c** 32

Reiseroute (Forts.)
Prospektangabe **Anh zu 651a 2 InfVO** 10
Reiserückkehr
Rückbeförderungspflicht im Kündigungsfall
s. dort
und spätere Kündigung durch den Reisenden **651e** 9
Reiserücktrittskostenversicherung
Aktivlegitimation **651a** 14, 17
Reisetauglichkeit
Aufgehobene, geminderte – **651c** 9
Reiseteilnehmer
Gruppenreise
s. dort
Homogenität **651b** 11
Reisetermine
s. a. Fixgeschäft
Änderungswunsch **651a** 94
Anschluß- und Koorinationsfehler **651c** 64 ff
Reiseumfeld
und Reisemangel **651c** 51
Reiseunternehmen
Marktstruktur **Vorbem 651a-m** 6
Reiseveranstalter
Absage der Reise
s. dort
Abwendungsverschulden **651f** 26 ff
Adressat des Abhilfeverlangens **651c** 149
Anbieterverhalten, entscheidendes **651a** 43
Anfängliches Leistungshindernis **Vorbem 651c-g** 21
Anspruchstellung des Reisenden gegenüber dem – **651g** 10 ff
Ansprüche, zurückgewiesene **651g** 35
Arbeitskampfmaßnahmen **651j** 22
Aufklärungspflichten
s. dort
Aufwendungen für Selbsthilfe, Vorschußpflicht **651c** 173
Auskunftspflicht **651c** 11
Ausländischer – **Vorbem 651a-m** 92; **651k** 30
Auswahlverschulden **651f** 77; **651h** 24, 31, 39
und Bahnreisen **651a** 54
Balkon-Urteil **651f** 76
Baustellenkenntnis **651c** 79 f
Begriff **651a** 2, 43; **Vorbem 651a-m** 2, 49, 52
Beherrschbarkeit und Reisemangel **651c** 51
Beobachtungspflichten **651c** 57
Bereichsbeherrschung und Reisemangel **651c** 42
Buchungsstelle **651a** 60
Deutsche Zentrale **651c** 151

Sachregister

Reiseveranstalter (Forts.)
EG-Pauschalreise-Richtlinie **651a** 46; **Vorbem 651a–m** 49
Eigenschaftszusicherung **651c** 45
Eigenverschulden **651h** 24
Einflußsphäre **651c** 8
Empfangsbote **651c** 149
Entschädigungsanspruch
s. dort
Erfüllungsgehilfen, einfache und qualifizierte **651a** 52
Erfüllungspflicht **651c** 8; **Vorbem 651c–g** 1
Erkundigungs- und Informationspflichten **651j** 20
Erkundigungspflichten und Mängelursachen **651f** 16
Ersatzreisender **651b** 2
Gastwirtshaftung **Vorbem 651c–g** 33
Gewährleistungsansprüche, Prüfung **651g** 31, 38
Gewerblichkeit **Vorbem 651a–m** 87
Gewerbs- und Geschäftsmäßigkeit **651a** 44
Haftung, Haftungsbeschränkung
s. dort
Hinweispflicht **651a** 124; **Vorbem 651c–g** 24; **651c–g** 12; **651g** 5
Informationspflichten
s. dort
Insolvenz
s. dort
Kalkulation **651e** 40, 77
Kenntnis vom Reisemangel **651d** 25; **651e** 32
Kündigungsrecht
s. Kündigungsrecht des Reiseveranstalters
und Lebensrisiko des Reisenden, allgemeines **651c** 56 ff
und Leistungsträger **651a** 49
Leistungsträger und Regreß des – **651e** 37
Leistungsträger-Verträge **Vorbem 651a–m** 2
Leistungsträgerkontrolle **651h** 11, 27
Luftfrachtführer, vertraglicher **Vorbem 651c–g** 34
und Mängelanzeige **651d** 14
Marktstruktur **Vorbem 651a–m** 1, 6
und Massentourismus **651c** 49
Mitteilungspflicht **651a** 168, 172
Nachträgliches Leistungshindernis **Vorbem 651c–g** 22
Nachwirkende Vertragspflichten **651e** 60 ff
Näherprinzip **651f** 27
Namen und Anschrift (Reisebestätigung) **Anh zu 651a 6 InfVO** 12
Nebenpflichten **651a** 117; **Vorbem 651c–g** 25
Örtliche Vertretung, Unterrichtung vor Reisebeginn **Anh zu 651a 8 InfVO** 6
Online-Buchungen **651a** 68 f

Reiseveranstalter (Forts.)
Ordentlicher – **651f** 12
Organisationsverschulden
Vorbem 651a–m 93; **651c** 150; **651f** 14, 26, 28; **651h** 24 f, 39
und Organisator einer Reise, Abgrenzung **651a** 45
Ortsspezifische Besonderheiten **651c** 21
Pauschalreise **651a** 47; **Vorbem 651a–m** 2
Pflichten **Vorbem 651a–m** 22
Prüfungsobliegenheiten **651c** 79
Prüfungspflichten, Informationspflichten zu Mangelursachen **651f** 16
Rechtliche Unabhängigkeit **651a** 60
Rechtsbeziehungen des – **Vorbem 651a–m** 2
Regreßansprüche gegen Leistungsträger **651e** 37; **651g** 1, 13; **651h** 2
und Reisebegriff **651a** 43
und Reisebüro **651a** 45
Reisebüro als – **651a** 60
Reisemangel und Abhilfepflicht **651c** 8 f
Reisemangel, Kenntnis **651c** 170
Reisender als Vertragspartner **651a** 48
und Reisevermittler **651a** 49, 63
und Reisevertrag **651a** 49
Rücktrittsrecht **651a** 142, 174, 176
Selbstabhilfemaßnahmen, drohende **651c** 147
Sicherheitsmaßnahmen **651f** 21
Sicherheitsvorschriften, Überprüfung örtlicher **651f** 77
Sorgfaltsanforderungen, übermäßige **651f** 76
Sorgfaltsmaßstab **651f** 25
Sorgfaltspflichten **651f** 12; **651h** 6
Sphäre des – **Vorbem 651c–g** 21 f; **651e** 6, 61; **651f** 23; **651i** 3; **651j** 21
Überprüfungspflichten **651f** 16, 19, 77
Überwachung von Leistungsträgereinrichtungen **651f** 76
Überwachungsverschulden **651h** 24
Unerreichbarkeit **651c** 151
Untätigbleiben nach Anmeldung von Ansprüchen **651g** 31 f
Unternehmerrisiko **651c** 51
Unternehmerrisiko und allgemeines Lebensrisiko **651c** 57
Verkehrssicherungspflicht
s. dort
Vermieterhaftung **Vorbem 651c–g** 32
Vermittlerklauseln
s. dort
Verschulden **651h** 24 f
Verschuldensgrad **651f** 74
Verschuldensunabhängige Einstandspflicht für Reisemangel **651c** 2
und Vertragspartner/bloßer Reiseteilnehmer **651a** 79

Reiseveranstalter (Forts.)
Vertretenmüssen eines Reisemangels
651f 11 ff
Verwendungsrisiko **651c** 52
Vorleistungspflicht **651a** 127
Vorsorgepflicht **651j** 22
Widerspruch gegen Ersetzungsverlangen
651b 1, 8, 9, 15, 16
und Wunsch des Reisenden **651c** 10
Zahlung auf den Reisepreis/Insolvenzsicherung **651k** 24
Zusagen
s. dort
Zusatzleistungen, Hinweis **651a** 118
Zustimmung zum Ersetzungsverlangen
651b 19 f
Reiseveranstaltungsvertrag
s. Reisevertrag
Reiseverlauf
Veranstalterhinweis **Vorbem 651a–m** 60
Reisevermittler
Angebotsentgegennahme **651a** 64
Anscheins-Inkassovollmacht **651k** 27
Auskunftshaftung **651a** 62
Ausschluß- und Verjährungsfristen des
Reiserechts, keine Anwendung auf –
651g 6, 25
Begriff **Vorbem 651a–m** 50
als Bote **651a** 58
Doppelfunktion **651a** 58
EG-Pauschalreise-Richtlinie
Vorbem 651a–m 50
als Erfüllungsgehilfe des Reiseveranstalters
651a 63
Geschäftsbesorgung **651a** 5, 58
Günstigstes Reiseangebot **651a** 62
Haftung gegenüber Kunden **651a** 61
Handelsmaklertätigkeit **651a** 63
Handelsvertretertätigkeit **651a** 63
Insolvenz und Reisendenabsicherung
651k 6 f, 23, 25, 29
und Leistungsträger **651a** 49
Maklerrecht, unanwendbares **651a** 58
Pflichten **651a** 62
und Preisgestaltung **651a** 117
Rechtsnatur **651a** 59
Rechtsstellung **651a** 58 ff
Reisebüro als – **651a** 58
Reiseleistung als Gegenstand **651a** 117
und Reisender **651a** 49
als Reiseveranstalter **651a** 60
und Reiseveranstalter **651a** 49
Reiseveranstalter, Einstehen für den –
651a 63
Reisevertragsrecht und nicht erfaßter –
651a 5
als Stellvertreter **651a** 58
Übermittlungsfehler **651a** 122

Reisevermittler (Forts.)
Vermittlerklausel
s. dort
Wissenszurechnung **651c** 19
Zahlungen an den Vermittler/Insolvenzsicherung **651k** 25 ff
Reiseversicherungen
Reisebestätigung, Hinweis **Anh zu 651a** 6
InfVO 15
Reisevertrag
s. a. Buchung;Reisebestätigung
s. a. Reisender;Reiseveranstalter
Absagefrist **651a** 134
Abschluß **651a** 49; **Vorbem 651c–g** 15
Änderung **651a** 94
und AGB **Vorbem 651a–m** 10 f
Anfechtung **651a** 92; **Vorbem 651c–g** 28;
651i 7
Angebot
s. Buchung
Angebotshinweise und Vertragsergänzung,
Abgrenzung **651f** 77
Anmeldung Gewährleistungsansprüche
Vorbem 651a–m 23
Annahme
s. Reisebestätigung
und ARB **Vorbem 651a–m** 95 ff
ARB-Einbeziehung **651a** 85 ff
ARB-Empfehlungen **651a** 74
Aufhebungsvertrag **651i** 8
Begriff **651a** 5 ff, 50
Besondere Arten **651a** 36 ff
Beteiligung Dritter **651a** 72
Beweislastumkehr **Vorbem 651a–m** 28, 68
BGB-InfoV
s. Informationspflichten
Buchung
s. dort
und Deliktsrecht **Vorbem 651a–m** 4
Drittfinanzierter – **651a** 140
EG-Pauschalreise-Richtlinie
s. dort
mit Eheleuten **651a** 77
Erholungserfolg **651a** 11
Ersatzreisender
s. dort
Europäisches und internationales Recht
Vorbem 651a–m 85 ff
Fehlerhafter – **651a** 91 ff
Form der Annahme **651a** 72
Fremdleistungen, lediglich vermittelte
651a 25
und Fürsorgepflichten **651a** 57
Gastschulaufenthalte **651l** 3 f, 7
und Gastwirtshaftung **Vorbem 651c–g** 33
Gefahrübergang **Vorbem 651c–g** 28
als gegenseitiger Vertrag **651a** 1
Gegenstand **Vorbem 651a–m** 1

Reisevertrag (Forts.)
Gelegenheitsveranstalter **Vorbem 651a-m** 49
Gewährleistung **Vorbem 651a-m** 28
Gewährleistungsrecht
s. dort
Haftung, Haftungsbeschränkung
s. dort
Haftungsbeschränkung **Vorbem 651a-m** 43, 69
Hauptpflichten **651a** 120 ff
Incentivreise **651a** 21
Individualabreden
s. dort
Inhalt **Vorbem 651a-m** 57
Kodifikation des Rechts **Vorbem 651a-m** 95
Kündigung
s. dort
Leistungsänderungen **651a** 164 ff
Leistungsstörungsbegriff **Vorbem 651c-g** 11
Leitbild **651i** 76
Lösungsmöglichkeiten **651e** 3
Mängelgewährleistung **Vorbem 651a-m** 3
und Mietvertrag **651f** 31
mit Minderjährigen **651a** 76
Mündliche Abreden, Vertretungsfrage **651c** 19
Mündliche Zusicherungen **651c** 19
Online-Buchungen
s. dort
Pauschalpreis als Indiz **651a** 23
Pauschalreise
s. dort
Pflichten der Parteien **651a** 119 ff
Pflichten des Veranstalters **Vorbem 651a-m** 22
Rechtsbeziehungen, geregelte **651a** 49
Rechtsfortbildung, richterliche **Vorbem 651a-m** 16 ff
Rechtsnatur **651a** 7 ff, 30; **Vorbem 651a-m** 7 ff, 34
und Rechtsprechung **Vorbem 651a-m** 16, 39
Reisebüro-Vermittlung **651a** 72
Reiseleistung
s. dort
Reisepreis
s. dort
als Reiseveranstaltungsvertrag **651a** 5
Rückabwicklung **651e** 6
Rücktritt
s. dort
Schuldrechtsmodernisierungsgesetz
s. dort
Standard, einzuhaltender
s. dort
Stellvertretung
s. dort
Stornierung **Vorbem 651a-m** 43
Übertragbarkeit **Vorbem 651a-m** 43

Reisevertrag (Forts.)
Umgestaltung im Kündigungsfall **651e** 38
Urkunde **Vorbem 651a-m** 31
Verbraucherschutz
s. dort
Vermittlerklauseln
s. dort
Verstoß gegen halbzwingende Normen **651m** 7
Vertragspartner **651a** 96 ff
Vertragspartner/bloßer Reiseteilnehmer **651a** 79
Vertragsübernahme **Vorbem 651a-m** 28
Vertragsverhandlungen **651a** 108
Vorvertragliche Pflichten
s. dort
und Werkvertrag **Vorbem 651a-m** 4, 8; **651f** 31
Zustandekommen **651a** 65 ff
Zweck **651a** 1 ff
und Zweistufigkeit von Informationen **Anh zu 651a 6 InfVO** 3
Reisevertragsgesetz
s. Reiserecht
Reisevorbereitung
Reiseveranstalterpflichten **651a** 120
Reisewert
Aufgehobener, geminderter – **651c** 9
Reisezeit 651a 148
Reiseziel 651a 94, 113
Ortsspezifische Besonderheiten **651c** 21 ff
und Veranstalterprobleme **651c** 13
Reisezuschnitt
und Abhilfeform **651c** 158
Reisezweck
und nutzlos aufgewendete Urlaubszeit **651f** 67 ff
Verfehlung **651e** 1
Reiten
und Reisemangel **651c** 35, 131, 134
Reithalle 651a 42
Reitstall
Prospektaussagen **651f** 76
Rentner
und Entschädigung für vertane Urlaubszeit **651f** 45 ff, 55, 57
Reservierungsgesellschaft
einer Hotelkette als Reiseveranstalter **651a** 44
Resterholungswert
nach nutzlos aufgewendeter Urlaubszeit **651f** 67 ff
Richterliche Rechtsfortbildung
Reiseleistungen, Anwendung der §§ 651a ff auf einzelne **651a** 28
Risiken der Reise
Abenteuer, gewolltes **651c** 24
Aufklärungspflichten **651a** 123

Risiken der Reise (Forts.)
  Verwendungsrisiko 651c 52
Risikoabsicherung
  und Insolvenzsicherung 651k 8 ff
Rollstuhlfahrer
  Hinweis gegenüber Reiseveranstalter
    651e 22
  und Reisemangel 651c 84, 100
Rückbeförderung des Reisenden
  und Abhilfeverlangen 651c 147
  und außerordentliche Kündigung durch
    den Reiseveranstalter 651e 6; 651i 70
  nach Kündigung wegen höherer Gewalt
    651j 33
  nach Kündigungserklärung gegenüber
    Reiseveranstalter 651e 60 ff
Rückgewährschuldverhältnis
  Kündigung wegen höherer Gewalt 651j 30,
    37
  Rücktritt des Reisenden vor Reiseantritt
    651i 20
Rücktrittskostenversicherung 651i 51
Rücktrittsrecht des Reisenden
  Abgrenzung § 651a Abs 4 S 2 und § 651i
    651i 3
  als Absage der Reise 651a 174
  AGBG-Kontrolle von Stornoklauseln
    651i 23, 26
  Allgemeine Reisebedingungen 651i 17
  Aufklärungspflicht, verletzte 651i 7
  Begründung, nicht erforderliche 651i 16
  BGB-System, nicht einzuordnendes –
    651i 1
  Entschädigungsanspruch des Reiseveranstalters
    s. dort
  Erklärung des Reisenden 651i 15 ff
  Ersetzungsbefugnis und alternatives Recht
    des – 651b 1, 17, 30, 33
  Formfreiheit 651i 17
  Freies Rücktrittsrecht vor Reisebeginn
    651i 1, 12, 49
  Gebühren 651a 73, 76, 90, 92
  Höhere Gewalt 651i 3
  Konditionenempfehlung 651i 1, 6, 13 f,
    18
  Konkludentes Handeln 651i 17
  Konkurrenz von Kündigungsgründen
    651j 6
  Krankheit vor Reiseantritt 651i 4
  und Kündigungsmöglichkeit 651i 3
  und Kündigungsrecht wegen höherer
    Gewalt 651j 6
  Lösungsmöglichkeiten, andere 651i 3
  Mehrkosten 651e 68 ff
  Meistbegünstigungsprinzip 651j 6
  Nichtantritt der Reise 651i 17
  nach Reiseantritt 651i 10 ff

Rücktrittsrecht des Reisenden (Forts.)
  vor Reisebeginn 651g 6; 651i 9
  Reisemangel 651i 3
  Reisendenrechte, ungeregelte 651i 2
  Reisepreisanspruch, wegfallender 651i 19 f
  Rückgewährschuldverhältnis 651i 20
  Selbstfahrer und Rückbeförderung 651e 66
  Sphäre des Reisenden 651i 3, 4
  Sphäre des Veranstalters 651i 3
  Umbuchung 651a 94; 651i 18
  bei Verzögerung des Reisebeginns 651a 10
Rücktrittsrecht des Reisenden (gesetzliches)
  Reiseleistung, erhebliche Änderung
    wesentlicher 651a 166, 168, 186
  Reisepreiserhöhung um mehr als 5 %
    651a 147, 163, 186
  und Rücktrittsrecht, freies vor Reisebeginn
    651i 3
Rücktrittsrecht des Reiseveranstalters
  s. a. Kündigungsrecht des Reiseveranstalters
  Erklärung 651a 183; 651j 26 ff
  und halbzwingendes Reisevertragsrecht
    651l 5
  Höhere Gewalt 651a 174; 651j 1 ff
  Mindestteilnehmerzahl, nicht erreichte
    651a 174, 176, 181
  Verbraucherverschulden, höhere Gewalt,
    nicht erreichte Mindestteilnehmerzahl
    651i 66 ff
  Verzug des Reisenden mit der Zahlungspflicht 651a 140, 142
Rückzahlungsanspruch
  Ausschluß- und Verjährungsfristen des
    Reiserechts, keine Anwendung auf –
    651g 6, 25
  Fälle
    s. Reisepreis
  und Insolvenzsicherung 651k 9
Rüge
  eines Reisemangels
    s. Reisemangel (Anzeigeobliegenheit)
Ruhe
  s. a. Lärm
  und Reisemangel 651c 23, 46, 79, 84
Ruheerwartung
  und ortsspezifische Besonderheiten 651c 23
Ruhestörung
  Kurzzeitige – 651c 42
  Nachtruhe
    s. dort
  Nebenpflichten des Reisenden 651a 144
Rumänienfall
  Rechtslage vor In-Kraft-Treten des Reisevertragsgesetzes Vorbem 651a-m 11
Rundreise 651a 38, 171

Sachschäden
ARB-Klauseln **651h** 22
Haftungsbeschränkung für den Reiseveranstalter **651h** 7
als Mangelfolgeschäden **651f** 32 f
Safari
Kündigung **651e** 7
Reisemangel **651c** 29, 51, 56, 69, 129, 144
Salmonellenbefall
Hinweispflicht **651c** 130
Verkehrssicherungspflicht **651f** 77
Sammelbestellung
und Begriff des Reisenden **651a** 48
Sammelvisum
und Ersetzungsverlangen **651b** 10, 12
Sauberkeit
Reisemangel **651c** 23, 27, 129
Sauna
Fehlen zugesagter – **651c** 109
Frankfurter Minderungstabelle und fehlende – **Anh 651d**
Schadensersatzansprüche
s. Culpa in contrahendo
s. Positive Forderungsverletzung
Ausschlußfrist, Verjährungsfrist **651g** 1 ff
und Haftungsbeschränkung bei Nichtkörperschäden **651h** 1 ff
Online-Buchungen, Veranstalterpflichten **651a** 69
Schadensersatz statt der Leistung im Verzugsfall **Vorbem 651c-g** 23
Schuldnerverzug **Vorbem 651c-g** 23
Sicherungsschein, Aushändigung eines ungültigen **651k** 29
Urlaubszeit, nutzlos aufgewendete **651f** 39 ff
Urlaubszeit, vertane als Vermögensschaden oder als immaterieller Schaden **651f** 41 ff
Verletzung nicht leistungsbezogener Nebenpflichten **Vorbem 651c-g** 24 ff; **651f** 4
Schätzung
Minderung des Reisepreises **651d** 40
Scheinleistungen
Reiseleistungen als – **651a** 18
Scheinunterkunft 651a 18
Schiffsreise
Hafeneinlauf, nicht möglicher **651c** 72
Haftungsbeschränkung **Vorbem 651c-g** 8
Haftungsbeschränkung aufgrund internationaler Übereinkommen **651h** 45
Kartenverkauf, ausschließlicher **651a** 45
Kreuzfahrt
s. dort
und Leistungsträgerausfall **651c** 143
Luxusschiff **651c** 74

Schiffsreise (Forts.)
Pauschalreise **651a** 12
Reisebüro als Vermittler **651a** 114
Reisemangel (Einzelfälle) **651c** 74 f
Reiseroute, abweichende **651c** 69
Stellenwert **651e** 53
Überfüllung **651c** 56
Schlafwagen
Beförderung im – **651a** 15, 17
Schlüsselgewalt
und Reisevertrag **651a** 77
Schmerzensgeld
neben Entschädigung für entgangene Urlaubsfreude **651f** 79
Schnee
und allgemeines Lebensrisiko **651a** 123
Schonfrist
bei Preiserhöhungen **651a** 159
Schriftformklausel
Abhilfeverlangen **651c** 148
und Bedeutung mündlicher Abreden **651a** 122; **651c** 19
Reisebestätigung und Vertragsabschluß **651a** 72
Schriftgröße des Prospektes 651a 112
Schüler
und Entschädigung für nutzlose vertane Urlaubszeit **651f** 45 f, 49, 55, 57
Schüleraustausch
s. Gastschulaufenthalte
Schüleraustauschprogramm
als Reisevertrag **651a** 42
Schulaufenthalte
s. Gastschulaufenthalte
Schuldrecht
und Individualreisen **Vorbem 651a-m** 7
Schuldrechtskommission
und Leistungsstörungsbegriff **Vorbem 651c-g** 17
Schuldrechtsmodernisierungsgesetz
BGB-InfoV **651a** 3 f, 194 ff; **Vorbem 651a-m** 3, 27, 30, 32, 83
Hemmung der Verjährung **651g** 32
Mangelbegriff, einheitlicher im Kaufrecht/Werkvertragsrecht **651c** 5
Pflichtverletzung als zentraler Begriff **Vorbem 651a-m** 35
und Reisevertragsrecht **Vorbem 651a-m** 31 f
Verjährungsfrist, Abschaffung der Sechs-Monats-Frist **Vorbem 651a-m** 31
Verjährungsfrist, neue zweijährige **651g** 1, 4; **651m** 4
Schutzpflichten
Nebenpflicht des Reiseveranstalters **651a** 124
und Verhältnis Reisender/Reiseveranstalter **651a** 57

Schweigen
als Annahme **651a** 73
Schwerbehinderung
Bedürfnisse und Veranstalterhinweise **651c** 84
Schwimmbad
Fehlen eines zugesagten – **651c** 133
Sportreise **651a** 42
Seebeförderung
Haftung **Vorbem 651c-g** 39 f
Segelboot 651a 13
Segeltour
und Ersetzungsverlangen **651b** 11
Sehenswürdigkeiten
Bildungs- und Studienreisen **651a** 38
Selbstabhilfe
Aufwendungsersatz **651c** 171
Eigentliche, erweiterte – **651c** 164
nach Kündigung durch den Reisenden **651e** 71
und Kündigungsrecht des Reisenden **651e** 24
Maßnahmen **651c** 147
Recht zur – **651c** 3 f, 163 ff; **651e** 24
und Schadensersatzanspruch wegen Nichterfüllung **651f** 3
Selbstanbieter
Abgrenzungsfragen **651a** 107
Selbstfahrer 651a 33
Senioren-Club 651a 41
Seniorenreise 651b 11
Sexuelle Belästigungen
und allgemeines Lebensrisiko **651c** 56
als Reisemangel **651c** 54
Sicherheitsmaßnahmen
Erforderlichkeit von – **651f** 21
Reiseleiterverpflichtung **651f** 76
Sicherheitsvorschriften
Reiseveranstalter-Verkehrssicherungspflicht bezüglich örtlicher – **651f** 77
Sicherungsschein
für Anzahlungen **651a** 135
Aushändigung durch Reiseveranstalter **651a** 17
Ersatzreisender **651b** 20
Insolvenzsicherung **651a** 134; **651k** 3, 9, 22 ff, 36 f
Tagesreisen **651a** 137
Verordnungsermächtigung (Inhalt, Gestaltung) **651a** 196; **Vorbem 651a-m** 30
Zug-um-Zug-Prinzip **651a** 137
Sicherungsvertrag
Insolvenzsicherung **651k** 19
Sitzplatz
Unterrichtung vor Reisebeginn **Anh zu 651a 8 InfVO** 5
Skipper 651a 13, 35

Skireise
und Ersetzungsverlangen **651b** 11
und Fehlerbegriff **651c** 8
Reisehindernisse und Hinweispflichten **651a** 123
Schneemangel **651c** 51, 57
Unwägbarkeiten **651c** 8
Sonderwünsche
Reisebestätigung und Angabe von – **Anh zu 651a 6 InfVO** 11
und Reisemangel **651c** 48
Reisevermittlerpflichten **651a** 62
und Schweigen des Reiseveranstalters **651a** 122
Sorgfaltspflichten 651a 57, 63; **651h** 6
Soziale Organisationen
als Reiseveranstalter **651a** 44
Spanien
Umsetzung der EG-Pauschalreise-Richtlinie **Vorbem 651a-m** 86
Sparreise 651a 37
Spezialreisen
als gewöhnliche Reiseverträge **651a** 42
Sphärenzuordnung
Reisender **651j** 11
Spielplatz für Kinder 651c 140 ff
Sportanlagen
Clubreisen und Lage von – **651a** 41
Sportreise und – **651a** 42
Sportausrüstung
Aufwand, nutzloser **651f** 18
Sporteinrichtungen
als Reiseleistung **651a** 14
und Verkehrssicherungspflichten **651f** 75
Sportkurs
Teilnahme als Reiseleistung **651a** 13
Sportmöglichkeiten
Ausfall zugesagter – **651c** 124, 131
Leistung als Veranstalter/als Vermittler **651a** 109, 116
Sportreise
Ausfall der Sportmöglichkeiten **651f** 18
und Reisemangel **651c** 35, 134
als Spezialreise **651a** 42
Wegfall von Freizeitmöglichkeiten **651a** 171
Sportschule
Frankfurter Minderungstabelle und fehlende – **Anh 651d**
Sportveranstaltung
als Fremdleistung **651a** 109; **Vorbem 651c-g**
Reiseleistung einer Teilnahmemöglichkeit **651a** 13
Sportverein
als Reiseveranstalter **651a** 44
Sprachkurs
und Reisemangel **651c** 36

Sprachkurs (Forts.)
als Spezialreise **651a** 42
Teilnahme als Reiseleistung **651a** 13
Staatsangehörigkeit
und Unterrichtungspflichten **Anh zu 651a 5 InfVO** 2
Staatshaftung
Insolvenzsicherung des Reisenden, unzureichende RL-Umsetzung **651k** 2, 5, 18, 35
Stadtrundfahrt
Ausfall vorgehener **651c** 65
Städtereise 651a 38
Standard
Besonderheiten, Gefahren **651c** 57
Billigreisen **651c** 27
Durchschnittlicher – **651c** 25
Fortuna-Reisen **651c** 37
Hotelwechsel **651c** 89
Sicherheitsstandard **651f** 77
Unterkunft **651c** 23, 27
Verpflegung **651c** 23, 27
START
als elektronisches Reservierungssystem **651a** 72
Stationäre Behandlung
und Schadensersatz wegen vertanen Urlaubs **651f** 60
Stellvertretung
Buchung einer Reise **651a** 78
Buchungsstelle und fehlende Befugnis zur – **651c** 19
Geltendmachung von Gewährleistungsansprüchen **651g** 1
Örtliche Vertretung, Unterrichtung vor Reisebeginn **Anh zu 651a 8 InfVO** 6
und Reisevermittlung **651a** 58
Reisevertrag **651a** 58, 78 ff
Störung der Geschäftsgrundlage
Kündigung wegen höherer Gewalt als Fall des – **651j** 4, 13
Reiseverträge **Vorbem 651c–g** 29
Wirtschaftliche Unmöglichkeit **651a** 181; **651i** 75
Störungen des Reisevertrages
und Abhilfeverlangen **651c** 152
Dauernde – **651d** 39
und freies Rücktrittsrecht des Reisenden **651i** 3
Gewährleistungsrecht
s. dort
Höhere Gewalt
s. dort
infolge Gästezusammensetzung **651c** 122
durch Mitreisende **651c** 54
der Nachtruhe **651c** 79
Ortsspezifische Besonderheiten **651c** 22

Störungen des Reisevertrages (Forts.)
Reisemangel
s. dort
Sphärenzuordnung **Vorbem 651c–g** 21 f; **651e** 6, 61; **651i** 3, 12; **651j** 11
Umfeldstörungen und Reisemangel **651c** 51
Stopover-Programm 651a 13
Stornierung der Reise
s. Rücktrittsrecht des Reisenden
Stornokosten
des Reiseveranstalters nach Kündigung wegen höherer Gewalt **651j** 39
Strahlengefahr
Höhere Gewalt **651j** 18
Strand
Reisemangel **651e** 13, 15, 52 f, 80, 110
Strandverschmutzung
Frankfurter Minderungstabelle **Anh 651d**
und höhere Gewalt **651j** 20
als Reisemangel **651c** 76 ff
Streik
und höhere Gewalt **651j** 21 ff
Hotelpersonal **651f** 23
Informationspflicht **651a** 123
Reiseveranstalterhaftung **651f** 23
Studien- und Bildungsreise **651c** 52
Student
und Entschädigung für nutzlose vertane Urlaubszeit **651f** 45 f, 49, 55, 57
Studentenreise
und Ersetzungsverlangen **651b** 11
Studienreise
Niveau, gehobenes **651a** 38
Reisebeeinträchtigung **651f** 42
Reisemangel **651c** 10, 33, 52
Subunternehmer
des Leistungsträgers **651f** 78
Südliche Szenerie
Ortsspezifische Besonderheiten **651c** 22
Swimmingpool
Reisemangel **651c** 78, 121, 133

Tagesreisen
EG-Pauschalreise-Richtlinie **Vorbem 651a–m** 48
und Insolvenzsicherung **651k** 3, 24, 27
Reisepreiszahlung **651a** 137
Tagessatzhöhe
nach nutzlos aufgewendeter Urlaubszeit **651f** 71 ff
Taschengeld
Reisevertrag mit Minderjährigen **651a** 76
Taucherurlaub
Ausübung, nicht mögliche **651c** 131, 134
und Ersetzungsverlangen **651b** 11
und Fehlerbegriff **651c** 8
Unwägbarkeiten **651c** 8

Tauglichkeitsminderung
und Eigenschaftszusicherung **651c** 46
Teilleistung
als Einzelleistung
s. dort
Minderungsrecht bei beeinträchtigter
651c 42
Teilpauschalreise
und Stellung des Reiseveranstalters
651a 102
Telefax
Buchung des Reisenden **651a** 71
Telefonische Annahme
des Angebots durch den Reiseveranstalter
651a 72
Telefonische Buchung
als Angebot des Reisenden **651a** 71, 87
Telex
Buchung des Reisenden **651a** 71
Tennisplatz
Frankfurter Minderungstabelle und fehlender – **Anh 651d**
Sportreise und angekündigter – **651a** 42
Wegfall angekündigter Benutzung
651a 117; **651c** 131
Tennisurlaub
Ausübung, nicht mögliche **651c** 131, 134
Terroranschlag
und Erkundigungspflichten **651f** 16
als höhere Gewalt **651j** 19
Theaterbesuch
als Fremdleistung **651a** 109;
Vorbem 651c-g 8
Thermalbad
Fehlen eines zugesagten – **651c** 109, 132
Tierbelästigung
und allgemeines Lebensrisiko **651c** 56
Ameisen **651c** 21, 23, 49, 119 f
Insekten **651c** 56
Lärmquelle **651c** 115
Reisemangel (Einzelfälle) **651c** 119 ff
Tod
eines Reisenden **651h** 6
Tonträger
Informationspflichten **Anh zu 651a** 2
InfVO 16
Tourismus
Dienstleistungen und moderner – **651a** 13
Touristikunternehmen 651a 31 ff
Transfer
s. a. Beförderung
trotz Kündigung durch den Reisenden
651e 62
Nebenleistung, unbedeutende **651a** 14, 17
Transport
s. Beförderung
Treibstoffpreis 651a 146, 153

Trekking-Reisen
und Ersetzungsverlangen **651b** 11
Treu und Glauben
Entschädigung nach Reisendenrücktritt
vor Reisebeginn **651j** 51
Ersatzleistung, höherwertige **651c** 159
Informationspflicht des Veranstalters
651a 123
Kündigungs- und Rücktrittsrechte des
Veranstalters **651j** 64
Kündigungsrecht, außerordentliches **651e** 6
Leistungsänderungsvorbehalt **651a** 165 f
Reiseveranstalter, Mangelkenntnis **651d** 26
Risikoaufklärung **651a** 123
Verjährungsfristen, kurze **651g** 30
Vermittlerklausel **651a** 106, 108
Tropentauglichkeit
und Ersetzungsverlangen **651b** 10
Nebenpflichten des Reisenden **651a** 144
Truppenübungsplatz
und Lärmbelästigung **651c** 81
Türkei
Auseinandersetzungen PKK/türkischer
Staat **651j** 20

Überbuchung
EG-Pauschalreise-Richtlinie
Vorbem 651a-m 65
und Leistungsänderungsvorbehalt **651a** 165
Reisemangel **651c** 64, 88 f; **651f** 14
und wirtschaftliche Unmöglichkeit
651a 180
Überfallgefahr
und allgemeines Lebensrisiko **651c** 56
und Reisemangel **651c** 52
Übermittlungsfehler 651a 122
Übernahmevertrag
Ersatzreisender **651b** 19, 22
Überprüfungspflicht
des Reiseveranstalters **651f** 75 f
Überraschungsklausel 651a 97, 178
Umbuchung
ARB-Klausel zur – **651a** 94
Einvernehmliche – **651a** 191 ff
Entgelt **651a** 191
Leistungsänderung und Angebot einer –
651a 166
Umdeutung, nicht mögliche **651i** 8, 18
als Vertragsübernahme **651b** 32
Umdeutung
Ersetzungsverlangen, unzulässiges **651b** 17
Umfeld der Reise
Beeinträchtigung **651c** 8
Umsteigezeit
und Reisemangel **651c** 64
Umweltfaktoren
und Reisemangel **651c** 8, 51

Unannehmlichkeiten
Beispiele **651c** 49
Massentourismus **651c** 121
Ortsüblichkeit, allgemeines Lebensrisiko
651c 119
und Reisemangel, Abgrenzung **651c** 4, 43, 49

Unerlaubte Handlung
Ausschluß- und Verjährungsfristen des Reiserechts, keine Anwendung auf –
651g 6, 25
und Haftungsbeschränkung bei Nichtkörperschäden **651h** 16
Internationales Deliktsrecht
Vorbem 651a–m 93
Leistungsträger **651a** 56
Reiseleistung, mangelhafte **651f** 75 ff
und Reisevertragsrecht **Vorbem 651a–m** 4;
Vorbem 651c–g 30
und Schadensersatzanspruch wegen Nichterfüllung **651f** 5
Schmerzensgeld **651f** 79

Unfall
des Reisenden **651i** 12, 62

Unfallgefahr
und allgemeines Lebensrisiko **651a** 123;
651c 56

Ungerechtfertigte Bereicherung
Kündigung wegen höherer Gewalt **651j** 37
Minderungsanspruch **651d** 6
Reisepreis und Kündigungsrecht des Reisenden **651e** 36 f
Reisevertrag mit Minderjährigen **651a** 76
Rücktritt des Reisenden vor Reiseantritt
651i 20

Ungeziefer
als Reisemangel **651c** 119 f

UNIDROIT
Internationales Übereinkommen über den Reisevertrag **Vorbem 651a–m** 12

Unmöglichkeit
Abbruch angetretener Reise **651i** 12
Abhilfe des Reisemangels **651c** 168;
651d 30; **651e** 28 f
Allgemeine Unmöglichkeitsregeln
Vorbem 651c–g 20
Anfängliches Leistungshindernis
Vorbem 651c–g 21
Anzeige des Reisemangels **651d** 29
Ausschluß- und Verjährungsfristen des Reiserechts, keine Anwendung auf –
651g 6, 25
und freies Rücktrittsrecht vor Reisebeginn
651i 3
und Haftungsbeschränkung bei Nichtkörperschäden **651h** 16
Nachträgliches Leistungshindernis
Vorbem 651c–g 22

Unmöglichkeit (Forts.)
der Reiseleistung und Rechtsfolge der Kündigung wegen höherer Gewalt
651j 1, 10
und Reisemangel, Abgrenzung **651c** 142
Reisevertrag als Fixgeschäft **651a** 10;
651c 171
Veränderung zwischen Buchung und Reisebestätigung **651c** 13
Wirtschaftliche – **651a** 180 ff; **651i** 75

Unterbringung
Entschädigung nach Reisendenrücktritt vor Reisebeginn **651j** 29
Gastschulaufenthalte **651l** 2, 8, 10, 11 f, 16, 25

Unterhaltungsprogramm
Reisemangel **651c** 34, 138, 160

Unterkunft
s. a. Beherbergung
Abenteuer- und Expeditionsreise **651c** 29
Abhilfeform **651c** 158
Änderung **651a** 94, 148
Aufwendungen, ersparte aufgrund Rücktritts vor Reisebeginn **651i** 27 ff
Auswechselung **651c** 92 ff
Baulärm **651c** 79 f
Beschlagnahme **651f** 22
Bündelung von Einzelleistungen **651a** 110
Bungalow
s. dort
Durchschnittsanforderungen **651c** 99
als einzelne Reiseleistung **651a** 26
Einzelzimmer, Doppelzimmer **651c** 96
Entschädigung des Reiseveranstalters im Kündigungsfall **651e** 45
Entschädigungsanspruch nach Kündigung
651e 56
Erkundigungspflichten und Mängelursachen **651f** 16
Ersatzquartier **651c** 89 f, 95, 185; **651e** 31, 60, 72
Fortuna-Reisen **651c** 37
Gästezusammensetzung **651c** 122 ff
Gastschulaufenthalt/Problematische Einordnung **651l** 2
Gefahrenabwendungspflicht **651f** 19
und Gesamtheit von Reiseleistungen
651a 15
Gesundheitsbeeinträchtigung **651c** 116
Gesundheitsgefahr **651e** 31
Heizungsausfall **651c** 111
Hellhörigkeit **651c** 86
Hotel
s. dort
Kündigungsrecht des Reisenden und weitere Gewährung von – **651e** 60 ff
und Lärmbelästigung **651c** 39
Leistungsänderung **651a** 94, 148

Unterkunft (Forts.)
  Leistungsbeschreibung **651c** 11
  Mangelbeseitigung, nicht mögliche
    651c 169
  Minderung **651d** 25, 34
  Minderung (Frankfurter Tabelle) **Anh 651d**
  Ortsspezifische Besonderheiten **651c** 21
  Prospektangabe **Anh zu 651a 2 InfVO** 8
  als Reiseleistung **651a** 12 ff
  Reisemangel, einfacher **651e** 14
  Reisemangel (Einzelfälle) **651c** 86 ff, 92 ff
  Reisemangel und erhebliche Reisebeeinträchtigung **651c** 167; **651e** 15
  Reiseveranstalterhaftung **651c** 39
  Reservierung, unterbliebene **651e** 31
  Sauberkeit, erforderliche **651c** 113
  Sicherheitsmängel **651f** 19
  Sicherheitsstandard **651f** 77
  Sonderwünsche und Eigenschaftszusicherung **651c** 48
  Spezialreisen **651a** 42
  Standard, einzuhaltender **651c** 23, 27
  Unannehmlichkeiten, bloße **651c** 49
  Ungeziefer **651c** 119 f
  Urlaubsort, Bedeutung **651c** 12
  Verkehrslärm **651c** 85
  Verkehrssicherungspflicht des Veranstalters **651f** 76
  und Verkehrssicherungspflichten **651f** 75, 76
  Vermieterhaftung und Haftung des Reiseveranstalters **Vorbem 651c–g** 32
  mit Vollpension als Reiseleistung **651a** 102
  Werkvertrag **651a** 115
  Zusicherung **651c** 9
  Zustand der Räume **651c** 108
Unternehmerrisiko
  Opfergrenze und Rücktrittsrecht **651a** 181
  des Reiseveranstalters **651c** 51
  des Reiseveranstalters und allgemeines Lebensrisiko **651c** 57
Unvermögen
  Anfängliches des Veranstalters **651i** 75
Unzumutbarkeit der Reise
  Kündigungsrecht des Reisenden wegen subjektiver – **651e** 18 ff
Urkunde
  Reisevertrag **Vorbem 651a–m** 31
Urlaub
  Vermögenswert **651f** 39
Urlaubsart
  s. Reiseart
Urlaubsdauer
  und Selbstabhilferecht **651c** 167
Urlaubsfreude
  Ersatz für entgangene – **651f** 58, 74, 79
Urlaubsland
  Wechsel des – **651a** 171

Urlaubsort
  s. a. Reiseort
  Abwässer, Strandverschmutzung **651c** 76 ff
  und Ausstattung der Reise **651c** 12
  und Beobachtungspflicht des Reiseveranstalters **651c** 57
  und Gefahrenerwartung **651c** 57
  Lärm (Baulärm usw.) **651c** 79 ff
  Reisemangel (Einzelfälle) **651c** 76 ff
  Reisemangel bei Gefahren am – **651c** 52
  Reservierung, unterbliebene **651e** 30
  Verzichtserklärungen am Urlaubsort **651l** 10
Urlaubstage
  Verlorene – **651a** 177
Urlaubszeit
  Entschädigung für nutzlos aufgewendete **651f** 39 ff
Urlaubszweck 651a 34; **651f** 44, 68
Veranstaltungsprogramm
  und Gesamtheit von Reiseleistungen **651a** 15
Verbraucher
  Begriff **651a** 48
  EG-Pauschalreise-Richtlinie **651a** 48
  Pauschalreisender als – **651a** 48;
    Vorbem 651a–m 51
  und Rechtswahleinschränkung
    Vorbem 651a–m 89
Verbraucherschutz
  Ausländisches Recht und deutscher –
    Vorbem 651a–m 89
  und halbzwingendes Reisevertragsrecht
    651l 5
  und Insolvenzrisiko **651k** 13
  Pauschalreisender, erforderlicher **651a** 26, 48
  Preiserhöhungsklauseln **651a** 161
  und Rechtszersplitterung
    Vorbem 651a–m 37
  und Reisevertragsrecht **Vorbem 651a–m** 34
  Reisevertragsrecht als typisches Beispiel
    Vorbem 651a–m 33
  Stornoklauseln und freies Rücktrittsrecht
    651i 56
  Vollmachtsnachweis und Anspruchsanmeldung **651g** 1
  Weitergabe von Auftragnehmervorteilen
    651a 139
Verdeckter Reisemangel
  und Anspruchsanmeldung **651g** 15
  und Verjährung von Ansprüchen **651g** 30
Vereinsreise
  und Rechtsstellung von Mitreisenden
    651a 44 f

Vereitelung der Reise
und Entschädigung wegen vertaner Urlaubszeit **651f** 63 ff
Verfassungsrecht, Verfassungsmäßigkeit
Analoge Anwendung des Reiserechts auf einzelne Reiseleistungen **651a** 28
Behinderung und Reisemangel (Art 3 GG) **651c** 122
Vergleichsangebot
und Verjährung **651g** 36
Vergnügungseinrichtungen
Club-Reisen **651c** 124
Frankfurter Minderungstabelle **Anh 651d**
Vergütung
s. Reisepreis
Verjährung
des Reisepreisanspruchs **651a** 143
Rückforderungsanspruch nach Kündigung wegen höherer Gewalt **651j** 38
Verjährung (Gewährleistungsansprüche)
ARB **651g** 45
Arglist, verdeckter Mangel **651g** 30
Beginn der Verjährung **651g** 30
Gesetzliche Sonderregelungen **651g** 46
Hemmung **651g** 31 ff
Kulanz- oder Vergleichsangebot **651g** 36
Reisebestätigung, Hinweis **Anh zu 651a 6 InfVO** 14
Unmöglichkeit der Reiseleistung **651g** 25
Verkürzung **651g** 47
Zurückweisung der Ansprüche **651g** 34 f
Verjährung (Gewährleistungsrecht)
Abschaffung der Sechs-Monats-Frist **Vorbem 651a-m** 31
Neubeginn der Verjährung **651g** 42
Rechtsverfolgung **651g** 40
Reisevertrag/Kaufvertrag/Werkvertrag (Verjährungsgleichlauf) **651g** 4; **651m** 4
Schadensersatzansprüche wegen Pflichtverletzungen **651g** 44
Verkürzung **651m** 4, 13
Verkaufsstelle
Fahrkartenverkauf **651a** 114
Verkaufsveranstaltung
Teilnahme als Reiseleistung **651a** 13
Verkehrsanschauung
und zugesicherte Eigenschaft **651c** 45
Verkehrslärm
s. Lärm
Verkehrssicherungspflicht
und allgemeines Lebensrisiko **651c** 56
und Reise-Gewährleistungsrecht **Vorbem 651c-g** 30
Reiseveranstalterhaftung **651f** 75 ff
des Reiseveranstalters (Balkonsturzfall) **Vorbem 651a-m** 24
und Schadensersatzanspruch wegen Nichterfüllung **651f** 5

Verletzungsgefahr
und allgemeines Lebensrisiko **651c** 56
Vermittlerklausel
Beweislast **651a** 118, 198
Einschränkung **651a** 56, 96 ff
und einzelne Reiseleistungen **651a** 101 ff
Flug als Bestandteile einer Pauschalreise **651a** 113
Flugpauschalreise **651a** 112
und Gesamtheit von Reiseleistungen **651a** 102
Gesamtpreis und Leistungseinheit **651a** 107
und Gewerbsmäßigkeit **651a** 44
Konditionenempfehlungen **651a** 107 f
Linienmaschinenhinweis **651a** 112
Pauschalreise **651a** 99
Reichweite **651a** 98 ff
und Reisevermittlertätigkeit **651a** 116
Reisevertragspflichten, Schutz durch – **651a** 47
Überraschende Klausel **651a** 98
Unbeachtlichkeit **651a** 96 ff, 198
Verkauf von Fahrkarten usw. **651a** 114 ff
und Verschaffung einzelner Reiseleistungen **651a** 101 ff
Vermögensschaden
Urlaubszeit, vertane als immaterieller Schaden oder als – **651f** 41 ff
Verpflegung
Abenteuer- und Expeditionsreise **651c** 29
Atmossphäre **651c** 39
Aufwendungen, ersparte aufgrund Rücktritts vor Reisebeginn **651i** 27 ff
Aufwendungsersatzanspruch (Selbstabhilfe) **651c** 171
Diabetiker **651f** 14
Diätverpflegung, erforderliche **651e** 32
Einheimische – **651c** 126
Einheitliche – **651c** 129
als einzelne Reiseleistung **651a** 26
Entschädigung nach Reisendenrücktritt vor Reisebeginn **651j** 17, 29
Gesamtheit von Reiseleistungen **651a** 15 f
Geschmack **651c** 127
als Krankheitsauslöser **651c** 130
Kündigungsrecht des Reisenden und weitere Gewährung von – **651e** 60 ff
Minderung (Frankfurter Tabelle) **Anh 651d**
Ortsspezifische Besonderheiten **651c** 21
Prospektangabe **Anh zu 651a 2 InfVO** 9
als Reiseleistung **651a** 13
Reisemangel, einfacher **651e** 14
Reisemangel (Einzelfälle) **651c** 125 ff
Reiseprospekt, Reisebeschreibung **651c** 10
Reiseveranstalterhaftung **651c** 39
Salmonellenvergiftung **651f** 77
Schiffsreise **651c** 74
Selbstabhilfe **651c** 171

Verpflegung (Forts.)
Sicherheitsstandard **651f** 77
Standard, einzuhaltender **651c** 23, 27
Streik **651f** 23
Unannehmlichkeiten, bloße **651c** 49
Verdorbenes Essen **651c** 130
Verkehrssicherungspflicht des Veranstalters **651f** 76
und Vermittlerklausel **651a** 111 ff
Wertlosigkeit der Reise **651d** 34
Verrichtungsgehilfe
und Leistungsträgerstellung **651a** 52; **651f** 78
Verschulden
Anspruchsanmeldung, Versäumnis der Ausschlußfrist **651g** 20
Anzeige des Reisemangels, unterlassene **651d** 28 ff
Haftungsbeschränkung bei Nichtkörperschäden **651h** 24 f
Leistungsträgerverschulden und Haftungsbeschränkung **651h** 26 ff
des Reisenden und Rücktrittsrecht des Veranstalters **651i** 66
Verschuldensunabhängige Einstandspflicht
für Reisemangel **651c** 2, 79; **651d** 1
Versicherung
Zusatzgebühren **651a** 126
Versicherungsschutz
Insolvenzrisiko **651k** 13 ff
Verspätung
Flugverkehr **651a** 113
Vertane Urlaubszeit
Entschädigung **651f** 39 ff
Vertrag zu Lasten Dritter
Übernahmevertrag Reisender/Ersatzreisender **651b** 19
Vertrag mit Schutzwirkungen zugunsten Dritter
Reisender und Vertragsverhältnis Reiseveranstalter/Leistungsträger **651a** 57
Vertrag zugunsten Dritter
Ersatzreisender **651b** 3
Familienreise **651a** 81
Krankenhausaufnahmevertrag **651f** 60
Reisender und Vertrag Reiseveranstalter/Leistungsträger **651a** 56
Reiseteilnehmer **651a** 48, 72
Vertragsübernahme
Ersatzreisender **651b** 1, 4, 18 ff
Vertretenmüssen
Reisemangel und Schadensersatzanspruch **651f** 11 ff
Vertretung
s. Stellvertretung
Verweisungsmöglichkeit
Informationspflichten **Anh zu 651a 6 InfVO** 18; **Anh zu 651a 8 InfVO** 8

Verwendungsrisiko
des Reiseveranstalters **651c** 52
Verwirkung
Gewährleistungsrechte **651g** 43
Kündigungsrecht des Reisenden **651e** 7
Verzichtserklärung
auf Gewährleistungsansprüche am Urlaubsort **651m** 11
Verzichtsklausel
ARB-Kenntnisnahme **651a** 87
Verzug (Schuldnerverzug)
und Haftungsbeschränkung bei Nichtkörperschäden **651h** 16
Reiseleistungen, einzelne und Reise insgesamt **Vorbem 651c–g** 23
Selbstabhilferecht ohne Erfordernis eines – **651c** 163
Visumerfordernisse
Hinweis- und Beratungspflichten des Reiseveranstalters **Vorbem 651a–m** 22
Nebenpflichten des Reisenden **651a** 144
Prospektangaben **Anh zu 651a 2 InfVO** 11
Unterrichtung vor Vertragsabschluß **Anh zu 651a 5 InfVO** 1 f
Veranstalterhinweis **651a** 123; **Vorbem 651a–m** 60
Volkshochschule
als Reiseveranstalter **651a** 44
als Reisevermittler **651a** 107
Volljährigkeit
Gastschulaufenthalte **651l** 8
Vollmacht
Anmeldung von Gewährleistungsansprüchen **651g** 16
Anscheins-Inkassovollmacht des Reisevermittlers **651k** 27
Geltendmachung von Gewährleistungsansprüchen **651g** 1
Vollpension 651a 16, 102
Vorbehalt der Absage 651a 175
Vorleistung
s. Anzahlung
Vorschußpflicht
Selbstabhilfe **651c** 173
Vorsorgepflicht
des Reiseveranstalters **651j** 22
Vorvertragliche Pflichten
AGB-Übermittlung **Anh zu 651a 6 InfVO** 16
Informationspflichten, Übersicht **Anh zu 651a Vorbem z. InfVO** 4

Wachpersonal
Anwesenheit als Reisemangel **651c** 103
Wandelung
Kündigungsrecht des Reisenden als modifizierte – **651e** 2, 38

Warschauer Abkommen
Internationale Luftbeförderung
    Vorbem 651c-g 8, 34
Wasser
Algenpest **651c** 8
Ausfall **651c** 21, 23
Mangel **651c** 101
Ortsspezifische Besonderheiten **651c** 21
Temperatur Swimmingpool **651c** 133
Verschmutzung **651c** 130
Versorgung **651c** 27
Warmes – **651c** 101
Wasserskianlage 651a 42
Wechselkurs
Änderung **651a** 150, 153
Weichwährungs-Flugschein 651a 62
Weisungsgebundenheit
Verhältnis Reiseveranstalter und Leistungsträger **651a** 52
Werbung
Anpreisungen, allgemeine **651c** 11
Kinderfreundlichkeit **651c** 141
und Prospektbegriff **Anh zu 651a 2 InfVO** 1
und Reiseleistungsbeschreibung **651c** 11
Veranstalterauftreten **651a** 97, 106, 112
und Vermittlerklausel **651a** 98
Werkunternehmer 651a 96
Werkvertrag
Abschaffung der kurzen Verjährungsfrist **Vorbem 651a-m** 31
und analoge Anwendung § 645 BGB bei undurchführbarer Reise **651j** 11
Beherbergungsvertrag **651a** 34
Beschaffenheitsvereinbarung **Vorbem 651a-m** 31
Eigenschaftszusicherung **651c** 45
Entschädigungsanspruch nach Rücktritt, Beweislastverteilung **651i** 80
Ferienhausüberlassung **651a** 30 f, 115
Gewährleistungsrecht **651c** 1, 8
Mangelschaden, Mangelfolgeschaden **651f** 31
Minderungsregelung **651d** 1
Nachbesserungsanspruch und Abhilfeverlangen des Reisenden **651c** 146
und Pauschalreise **Vorbem 651a-m** 33
Rechtslage vor In-Kraft-Treten des Reisevertragsgesetzes **Vorbem 651a-m** 8 f
Reiseleistung, einzelne **651a** 26
Reisepreis, Fälligkeit **651a** 127
Reisevermittlungsvertrag **651a** 58
Reisevertrag als Unterfall **651a** 7 ff
und Reisevertrag, Verjährungsgleichlauf **651g** 4; **651m** 4
und Reisevertragsrecht **Vorbem 651a-m** 4; **Vorbem 651c-g** 1, 9 f; **651f** 31
Rücktritt nach Reiseantritt **651i** 12

Werkvertrag (Forts.)
Rücktritt vor Reisebeginn und § 645 BGB **651i** 5
Vergütungsregelungen §§ 649 und 651i Abs 2 S 1 im Vergleich **651i** 80
Vorschußpflicht **651c** 173
Zug-um-Zug-Leistung **651a** 129
Wertgegenstände
und Veranstalterhaftung **651f** 20
Wettbewerbsrecht
Höhe des Reisepreises **651a** 141
Informationspflichten, verletzte **Anh zu 651a Vorbem z. InfVO** 7
und Insolvenzsicherung **651k** 29
Wetterverhältnisse
und allgemeines Lebensrisiko **651a** 42; **651c** 56
Kreuzfahrt **651a** 40; **651c** 32
Wichtiger Grund
Kündigungsrecht des Reisenden, des Reiseveranstalters **651e** 6
Kündigungsrecht des Reisenden (subjektive Unzumutbarkeit) **651e** 18 ff
Widerruf
eines bindenden Vertragsangebots **651i** 11
Widerspruch
gegen Ersetzungsverlangen des Reisenden **651b** 8 ff
Wild 651a 42
Wohneinheiten
und Bungalowangebot **651c** 15
Wohnmobil
Analoge Anwendung der §§ 651a ff **651a** 33
Entschädigung für vertane Urlaubszeit **651f** 61
Mietvertrag **651a** 35
Stellung als Reiseleistung **651a** 13

Yacht
Reiseleistung **651a** 35
Yachtcharterentscheidung
und analoge Anwendung des Reiserechts **651a** 27

ZAG
Internationale Luftbeförderung
    Vorbem 651c-g 34
Zahlungsmodalitäten
Prospektangaben **Anh zu 651a 2 InfVO** 4
Zeitgebundenheit
der Reiseleistung **651a** 10
Zeitliche Reihenfolge
Programmumstellung **651c** 73
Zeitungsinserat 651a 30
Zeitungsverlage
und Durchführung von Leserreisen **651a** 44
Zelt 651a 171
Zielgebiet 651a 37

Zimmerservice 651a 17
Zollbestimmungen 651a 144
Zug-um-Zug-Leistung
  Anzahlungsverlangen **651a** 135, 137
  Reisevertrag und Insolvenzsicherung
    651k 24
  Reisevertrag und Isolvenzrisiko **651a** 131
  Werkvertrag, Reisevertrag im Vergleich
    651a 129
Zugang
  Anmeldung von Ansprüchen **651g** 19
  Annahmeerklärung des Veranstalters
    651a 72
  Anspruchsanmeldung und Verjährungshemmung **651g** 31 ff
  Ansprüche, zurückgewiesene **651g** 35
  Online-Buchungen **651a** 68, 70
  Rücktritt des Reisenden vor Reisebeginn
    651i 71
  Rücktrittserklärung des Reisenden vor
    Reisebginn **651i** 15 f
Zugesicherte Eigenschaft
  und Fehlerbegriff **651c** 44 ff
Zugreise
  s. Eisenbahnbeförderung

Zumutbarkeit
  der Reise **651e** 18 f
Zusagen
  Haftungsbegründende – **651c** 57
  Individuelle – **651c** 48
  Lebensrisiko, allgemeines und haftungsbegründende – **651c** 57
  Mündliche Zusagen
    s. dort
Zusammengesetzte Reise
  und mangelhafter Reiseteil **651d** 38
Zusatzgebühr 651a 126
Zusatzleistungen
  und Reisepreishöhe **651a** 141
  Reiseveranstalterhinweis auf – **651a** 117
  Vermittler oder Veranstalter **651a** 100
Zuständigkeit
  Internationale gerichtliche –
    Vorbem 651a–m 94
Zustimmung
  Vertragsübernahme Buchender/Ersatzreisender **651b** 19
Zweckverfehlung
  und nutzlos aufgewendete Urlaubszeit
    651f 67 ff
  als Reisemangel **651c** 71

Warschauer Abkommen
Internationale Luftbeförderung
  Vorbem 651c-g 8, 34
Wasser
  Algenpest **651c** 8
  Ausfall **651c** 21, 23
  Mangel **651c** 101
  Ortsspezifische Besonderheiten **651c** 21
  Temperatur Swimmingpool **651c** 133
  Verschmutzung **651c** 130
  Versorgung **651c** 27
  Warmes – **651c** 101
Wasserskianlage 651a 42
Wechselkurs
  Änderung **651a** 150, 153
Weichwährungs-Flugschein 651a 62
Weisungsgebundenheit
  Verhältnis Reiseveranstalter und Leistungsträger **651a** 52
Werbung
  Anpreisungen, allgemeine **651c** 11
  Kinderfreundlichkeit **651c** 141
  und Prospektbegriff **Anh zu 651a 2 InfVO** 1
  und Reiseleistungsbeschreibung **651c** 11
  Veranstalterauftreten **651a** 97, 106, 112
  und Vermittlerklausel **651a** 98
Werkunternehmer 651a 96
Werkvertrag
  Abschaffung der kurzen Verjährungsfrist
    Vorbem 651a-m 31
  und analoge Anwendung § 645 BGB bei undurchführbarer Reise **651j** 11
  Beherbergungsvertrag **651a** 34
  Beschaffenheitsvereinbarung
    Vorbem 651a-m 31
  Eigenschaftszusicherung **651c** 45
  Entschädigungsanspruch nach Rücktritt, Beweislastverteilung **651i** 80
  Ferienhausüberlassung **651a** 30 f, 115
  Gewährleistungsrecht **651c** 1, 8
  Mangelschaden, Mangelfolgeschaden **651f** 31
  Minderungsregelung **651d** 1
  Nachbesserungsanspruch und Abhilfeverlangen des Reisenden **651c** 146
  und Pauschalreise **Vorbem 651a-m** 33
  Rechtslage vor In-Kraft-Treten des Reisevertragsgesetzes **Vorbem 651a-m** 8 f
  Reiseleistung, einzelne **651a** 26
  Reisepreis, Fälligkeit **651a** 127
  Reisevermittlungsvertrag **651a** 58
  Reisevertrag als Unterfall **651a** 7 ff
  und Reisevertrag, Verjährungsgleichlauf **651g** 4; **651m** 4
  und Reisevertragsrecht **Vorbem 651a-m** 4; **Vorbem 651c-g** 1, 9 f; **651f** 31
  Rücktritt nach Reiseantritt **651i** 12

Werkvertrag (Forts.)
  Rücktritt vor Reisebeginn und § 645 BGB **651i** 5
  Vergütungsregelungen §§ 649 und 651i Abs 2 S 1 im Vergleich **651i** 80
  Vorschußpflicht **651c** 173
  Zug-um-Zug-Leistung **651a** 129
Wertgegenstände
  und Veranstalterhaftung **651f** 20
Wettbewerbsrecht
  Höhe des Reisepreises **651a** 141
  Informationspflichten, verletzte **Anh zu 651a Vorbem z. InfVO** 7
  und Insolvenzsicherung **651k** 29
Wetterverhältnisse
  und allgemeines Lebensrisiko **651a** 42; **651c** 56
  Kreuzfahrt **651a** 40; **651c** 32
Wichtiger Grund
  Kündigungsrecht des Reisenden, des Reiseveranstalters **651e** 6
  Kündigungsrecht des Reisenden (subjektive Unzumutbarkeit) **651e** 18 ff
Widerruf
  eines bindenden Vertragsangebots **651i** 11
Widerspruch
  gegen Ersetzungsverlangen des Reisenden **651b** 8 ff
Wild 651a 42
Wohneinheiten
  und Bungalowangebot **651c** 15
Wohnmobil
  Analoge Anwendung der §§ 651a ff **651a** 33
  Entschädigung für vertane Urlaubszeit **651f** 61
  Mietvertrag **651a** 35
  Stellung als Reiseleistung **651a** 13
Yacht
  Reiseleistung **651a** 35
Yachtcharterentscheidung
  und analoge Anwendung des Reiserechts **651a** 27
ZAG
  Internationale Luftbeförderung
    Vorbem 651c-g 34
Zahlungsmodalitäten
  Prospektangaben **Anh zu 651a 2 InfVO** 4
Zeitgebundenheit
  der Reiseleistung **651a** 10
Zeitliche Reihenfolge
  Programmumstellung **651c** 73
Zeitungsinserat 651a 30
Zeitungsverlage
  und Durchführung von Leserreisen **651a** 44
Zelt 651a 171
Zielgebiet 651a 37

Zimmerservice 651a 17
Zollbestimmungen 651a 144
Zug-um-Zug-Leistung
  Anzahlungsverlangen **651a** 135, 137
  Reisevertrag und Insolvenzsicherung
    651k 24
  Reisevertrag und Isolvenzrisiko **651a** 131
  Werkvertrag, Reisevertrag im Vergleich
    651a 129
Zugang
  Anmeldung von Ansprüchen **651g** 19
  Annahmeerklärung des Veranstalters
    651a 72
  Anspruchsanmeldung und Verjährungs-
    hemmung **651g** 31 ff
  Ansprüche, zurückgewiesene **651g** 35
  Online-Buchungen **651a** 68, 70
  Rücktritt des Reisenden vor Reisebeginn
    651i 71
  Rücktrittserklärung des Reisenden vor
    Reisebginn **651i** 15 f
Zugesicherte Eigenschaft
  und Fehlerbegriff **651c** 44 ff
Zugreise
  s. Eisenbahnbeförderung

Zumutbarkeit
  der Reise **651e** 18 f
Zusagen
  Haftungsbegründende – **651c** 57
  Individuelle – **651c** 48
  Lebensrisiko, allgemeines und haftungsbe-
    gründende – **651c** 57
  Mündliche Zusagen
    s. dort
Zusammengesetzte Reise
  und mangelhafter Reiseteil **651d** 38
Zusatzgebühr 651a 126
Zusatzleistungen
  und Reisepreishöhe **651a** 141
  Reiseveranstalterhinweis auf – **651a** 117
  Vermittler oder Veranstalter **651a** 100
Zuständigkeit
  Internationale gerichtliche –
    Vorbem 651a–m 94
Zustimmung
  Vertragsübernahme Buchender/Ersatzrei-
    sender **651b** 19
Zweckverfehlung
  und nutzlos aufgewendete Urlaubszeit
    651f 67 ff
  als Reisemangel **651c** 71

J. von Staudingers
Kommentar zum Bürgerlichen Gesetzbuch
mit Einführungsgesetz und Nebengesetzen
Übersicht vom 1. Oktober 2003

Die Übersicht informiert über die Erscheinungsjahre der Kommentierungen in der 13. Bearbeitung und deren Neubearbeitungen (= Gesamtwerk STAUDINGER). *Kursiv* geschrieben sind die geplanten Erscheinungsjahre.

Die Übersicht ist für die 13. Bearbeitung und für deren Neubearbeitungen zugleich ein Vorschlag für das Aufstellen des „Gesamtwerk STAUDINGER" (insbesondere für solche Bände, die nur eine Sachbezeichnung haben). Es wird empfohlen, die Austauschbände chronologisch neben den überholten Bänden einzusortieren, um bei Querverweisungen auf diese schnell Zugriff zu haben. Bei Platzmangel sollten die ausgetauschten Bände an anderem Ort in gleicher Reihenfolge verwahrt werden.

	13. Bearb.	Neubearbeitungen	
Buch 1. Allgemeiner Teil			
Einl BGB; §§ 1–12; VerschG	1995		
§§ 21–89; 90–103 (1995)	1995		
§§ 90–103 (2004); 104–133	*2004*		
§§ 134–163	1996	2003	
§§ 164–240	1995	2001	
Buch 2. Recht der Schuldverhältnisse			
§§ 241–243	1995		
AGBG	1998		
§§ 244–248	1997		
§§ 249–254	1998		
§§ 255–292	1995		
§§ 293–327	1995		
§§ 255–314		2001	
§§ 315–327		2001	
§§ 328–361	1995		
§§ 328–361b		2001	
§§ 362–396	1995	2000	
§§ 397–432	1999		
§§ 433–534	1995		
Wiener UN-Kaufrecht (CISG)	1994	1999	
§§ 535–563 (Mietrecht 1)	1995		
§§ 564–580a (Mietrecht 2)	1997		
2. WKSchG; MÜG (Mietrecht 3)	1997		
§§ 535–562d (Mietrecht 1)		2003	
§§ 563–580a (Mietrecht 2)		2003	
§§ 581–606	1996		
§§ 607–610	*J.*		
VerbrKrG; HWiG; § 13a UWG	1998		
VerbrKrG; HWiG; § 13a UWG; TzWrG		2001	
§§ 611–615	1999		
§§ 616–619	1997		
§§ 620–630	1995		
§§ 616–630		2002	
§§ 631–651	1994	2000	2003
§§ 651a–651l	2001		
§§ 651a–651m		2003	
§§ 652–704	1995		
§§ 652–656		2003	
§§ 705–740	2003		
§§ 741–764	1996	2002	
§§ 765–778	1997		
§§ 779–811	1997	2002	
§§ 812–822	1994	1999	
§§ 823–825	1999		
§§ 826–829; ProdHaftG	1998	2003	
§§ 830–838	1997	2002	
§§ 839, 839a	2002		
§§ 840–853	2002		
Buch 3. Sachenrecht			
§§ 854–882	1995	2000	
§§ 883–902	1996	2002	
§§ 903–924; UmweltHaftR	1996		
§§ 903–924		2002	
UmweltHaftR		2002	
§§ 925–984	1995		

	13. Bearb.	Neubearbeitungen
§§ 985–1011	1993	1999
ErbbVO; §§ 1018–1112	1994	2002
§§ 1113–1203	1996	2002
§§ 1204–1296; §§ 1–84 SchiffsRG	1997	2002
§§ 1–64 WEG	*2004*	

Buch 4. Familienrecht

	13. Bearb.	Neubearbeitungen
§§ 1297–1320; NeLebGem (Anh §§ 1297 ff); §§ 1353–1362	2000	
§§ 1363–1563	1994	2000
§§ 1564–1568; §§ 1–27 HausratsVO	1999	
§§ 1569–1586b	*2004*	
§§ 1587–1588; VAHRG	1998	
§§ 1589–1600o	1997	
§§ 1589–1600e; Anh §§ 1592, 1600e		2000
§§ 1601–1615o	1997	2000
§§ 1616–1625	2000	
§§ 1626–1633; §§ 1–11 RKEG	2002	
§§ 1638–1683	2000	
§§ 1684–1717; Anh § 1717	2000	
§§ 1741–1772	2001	
§§ 1773–1895; Anh §§ 1773–1895 (KJHG)	1999	
§§ 1896–1921	1999	

Buch 5. Erbrecht

	13. Bearb.	Neubearbeitungen
§§ 1922–1966	1994	2000
§§ 1967–2086	1996	
§§ 1967–2063		2002
§§ 2064–2196		2003
§§ 2087–2196	1996	
§§ 2197–2264	1996	
§§ 2265–2338a	1998	
§§ 2339–2385	1997	

EGBGB

	13. Bearb.	Neubearbeitungen
Einl EGBGB; Art 1–2, 50–218	1998	
Art 219–222, 230–236	1996	

EGBGB/Internationales Privatrecht

	13. Bearb.	Neubearbeitungen
Einl IPR; Art 3–6	1996	
Art 7, 9–12	2000	
IntGesR	1993	1998
Art 13–18	1996	
Art 18; Vorbem A + B zu Art 19		2003
IntVerfREhe	1997	
Kindschaftsrechtl Ü; Art 19	1994	
Art 19–24		2002
Art 20–24	1996	
Art 25, 26	1995	2000
Art 27–37	2002	
Art 38	1998	
Art 38–42		2001
IntWirtschR	2000	
IntSachenR	1996	

	13. Bearb.	Neubearbeitungen
Gesamtregister	*2004*	
Vorläufiges Abkürzungsverzeichnis	1993	
Das Schuldrechtsmodernisierungsgesetz	2002	2002
BGB-Synopse 1896–1998	1998	
BGB-Synopse 1896–2000		2000
100 Jahre BGB – 100 Jahre Staudinger (Tagungsband 1998)	1999	

Demnächst erscheinen

§§ 2197–2264	2003
Einl IPR; Art 3–6 EGBGB	2003
Art 13–17b EGBGB	2003
Art 219–245 EGBGB	2003

Dr. Arthur L. Sellier & Co. KG – Walter de Gruyter GmbH & Co. KG oHG, Berlin
Postfach 30 34 21, D-10728 Berlin, Telefon (030) 2 60 05-0, Fax (030) 2 60 05-222